HANS PLANITZ / DIE DEUTSCHE STADT IM MITTELALTER

HANS PLANITZ

DIE DEUTSCHE STADT IM MITTELALTER

Von der Römerzeit bis zu den Zunftkämpfen

2., unveränderte Auflage

1965

BÖHLAU-VERLAG / GRAZ-KÖLN

Alle Rechte vorbehalten

Einband E. Cyran, München
Copyright © 1965 by Hermann Böhlaus Nachf., Graz
Photomechanischer Nachdruck der 1954 bei R. Spies & Co., Wien, gedruckten Auflage
Gesamtherstellung Böhlau-Verlag, Graz-Köln, gemeinsam mit Verlag H. Geyer, Wien

VORWORT

Mein Plan, ein Buch über die Stadt im deutschen Mittelalter zu schreiben, geht schon auf mehr als 20 Jahre zurück. Damals begannen auch die ersten Vorarbeiten. Sie waren anfänglich ausschließlich der Geschichte der Stadt K ö l n gewidmet, deren Urkundenwesen mich lange Zeit beschäftigt hatte. Dann wandte ich mich der Kölner Stadtverfassung zu und stellte fest, daß Köln in der Gruppe der niederfränkischen Städte eine führende Stellung einnahm und in der Zeit Heinrichs V. als E i d g e n o s s e n s c h a f t sich zu einer wohlorganisierten Stadt im Rechtssinne entfaltet hatte. Weitere Forschungen haben ergeben, daß die a n t i k e S t a d t in der Völkerwanderungszeit als rechtsfähige Person untergegangen war; nun setzte erst seit der Karolingerzeit die F r ü h g e s c h i c h t e der Stadt ein. Sie schuf in germanischem Geiste aus B u r g u n d W i k neue städtische Bildungen, nämlich die K a u f m a n n s g e m e i n d e und sodann die Eidgenossenschaftliche S t a d t g e m e i n d e der Bürger, die Grundlage der neuen Stadt. So erschien als erste Aufgabe meines Buches, die Anfänge und Entstehung der deutschen Stadt darzustellen und sie bis zum Ende des 12. Jahrhunderts in historischer Schau zu verfolgen. Dieser erste Teil schließt mit Seite 158 ab.

Der zweite Teil des Buches beschränkt sich historisch nur auf etwa 150 Jahre, von etwa 1200 bis 1350. Bekanntlich wächst seit der zweiten Hälfte des 14. Jahrhunderts die Masse der städtischen Urkunden ins Ungeheuerliche, so daß deren Bearbeitung in einem Werk, das grundsätzlich alle wichtigeren Städte einschließen möchte, unmöglich wird. Eine noch radikalere Einschränkung machte sich für die zu behandelnden Gegenstände notwendig. Ich entschloß mich, die Darstellung im zweiten Teil auf die T o p o g r a p h i e, die S o z i a l g e s c h i c h t e und die S e l b s t v e r w a l t u n g und A u t o n o m i e der Stadt zu beschränken. Das sind drei wichtige Gebiete im Städtewesen des Hochmittelalters, ohne deren Kenntnis die Fortschritte der Städte in dieser Zeit nicht klar genug erkannt werden können. Daß hierbei das Wirtschaftsleben, Stadtherr und stadtherrliche Beamte, Städtebünde und viele andere Gegenstände ausgeschaltet bleiben mußten, war dringende Notwendigkeit, konnte aber um so mehr in Kauf genommen werden, als diesen Gegenständen ohnehin manche grundlegende Darstellung gewidmet worden war.

Ein Buch, dessen Gegenstand die Städte des alten Deutschen Reiches sind, konnte nicht ohne historische Stadtpläne geschrieben werden. Es war unmöglich, für jede Entwicklungszeit einer Stadt besondere Pläne zeichnen zu lassen; es wurde vielmehr für jede Stadt nur ein Plan zugelassen, und in diesem Plan sollten die Entwicklungsetappen möglichst klar erkennbar aufscheinen. Ich ging dabei von den Römerstädten aus, kam zu den ottonischen Wiken, den spätsalischen und staufischen Eidgenossenschaften und bis zur Stadt des 13. und 14. Jahrhunderts. Von jeder Gruppe suchte ich möglichst charakteristische Beispiele aus. Die Grundlagen konnte ich dem Schrifttum entnehmen. Durch einen tüchtigen Zeichner ließ ich die Pläne im Sinne der von uns angenommenen Entwicklungsgeschichte bearbeiten. Natürlich wurden besonders wichtige Städte zur Bearbeitung herangezogen. Leider mußten z. B. Leipzig, Berlin und Basel ausfallen, da deren Grundlagen nicht sicher genug ermittelt waren. Aufgenommen wurden 45 Stadtpläne und 14 Tafeln, die Städtebilder und Stadtsiegel zeigen. Der Kundige wird verstehen, daß nicht zeitgenössische, sondern etwas jüngere Abbildungen gewählt werden mußten, da erst im 16. Jahrhundert genügend wirklichkeitsgetreue Darstellungen vorkommen.

Früher waren für die deutsche Stadtverfassung Theorien üblich, die Anspruch erhoben, allgemeine Bedeutung im Städtewesen zu haben. Da galt einstmals die Munizipaltheorie, die eine Kontinuität zwischen antiken und mittelalterlichen Städten annahm[1]), dann die Hofrechtstheorie[2]), die Gildetheorie, die aus der Verbindung des Einungswesens mit der altgermanischen Gemeindegenossenschaft die

---
[1]) W. Arnold, Verfassungsgeschichte der deutschen Freistädte, 1854.
[2]) K. W. Nitzsch, Ministerialität und Bürgertum, 1859.

Stadtverfassung entstehen ließ[3]), die Markttheorie, die das Stadtrecht aus dem Marktrecht hervorgehen ließ[4]), und die Landgemeindetheorie, nach der die neuen städtischen Bildungen der Organisation der Landgemeinde entstammen[5]). Heute können solche Theorien nicht mehr Anspruch auf allgemeine Geltung erheben.

Gewiß kann man für diese Lehren Beispiele anführen, in denen sich eine solche Theorie zeitlich mit Vorgängen in einer Stadt deckt. Aber das sind nur S c h e i n w a h r h e i t e n. Einerseits hatten alle älteren Städte schon die Epoche von Burg und Wik des Kaufmanns an sich vorüberziehen lassen; andrerseits konnte die jüngere Stadt seit dem 13. Jahrhundert eine Stadtbildung erleben, der es möglich war, frühere Stadien zu überspringen. Erst die neueste Zeit hat das Bild der Stadtentstehung in diesem evolutionistischen Sinne zu verstehen gelernt. E s g i b t k e i n e S p e z i a l t h e o r i e, d i e e i n e E r k l ä r u n g f ü r a l l e P h ä n o m e n e f i n d e t.

Unsere neueren Stadtforscher haben vorurteilslos die Entstehung des Städtewesens mit neuen historischen Methoden verfolgt; sie sind im wesentlichen zu dem Ergebnis gelangt, überall die gleichen Etappen vorzufinden. Es kann nicht meine Aufgabe sein, die heute auf dem richtigen Wege befindlichen Forscher festzustellen. Auch ist es geradezu unmöglich, die große Zahl derer, die mir Anregung und Hilfe boten, namentlich anzuführen. Daher sei mir gestattet, ihnen allen in dieser Weise zu danken und viel Erfolg für künftige Arbeit zu wünschen.

Neben allen Mitarbeitern an diesem Werke danke ich noch vielen, die mir im Laufe langer Jahre durch wissenschaftlichen Rat sowie durch Zusendung zahlloser Sonderdrucke und Stadtgrundrisse geholfen haben.

Für Förderung der Herstellung des Buches bin ich vor allem Herrn Bundeskanzler Dr. Konrad A d e n a u e r und den zuständigen Behörden der Bundesrepublik Deutschland und den Städten Köln, Nürnberg und

---

[3]) W. E. W i l d a, Das Gildenwesen im Mittelalter, 1831. O. v. G i e r k e, Das deutsche Genossenschaftsrecht, 1868—1913.

[4]) G. W a i t z, Deutsche Verfassungsgeschichte, 8 Bde. Zur deutschen Verfassungsgeschichte, 1896. R. S o h m, Entstehung des deutschen Städtewesens, 1890. S. R i e t s c h e l, Markt und Stadt in ihrem rechtlichen Verhältnis, 1897.

[5]) G. v. B e l o w, Der Ursprung der deutschen Stadtverfassung, 1892. G. L. v. M a u r e r, Geschichte der Städteverfassung in Deutschland, 4 Bde., 1869—1871.

Lübeck verbunden. Bei der Beschaffung der Literatur und der Bildtafeln unterstützten mich die Österreichische Nationalbibliothek und zahlreiche Universitätsbibliotheken.

Für Überprüfung des Materials und der Korrektur danke ich Frau Dr. Anna Benna, Frau Dr. Thea Buyken und Herrn Professor Dr. Herbert Fischer, ebenso Herrn Dr. Theo Mayer-Maly, der mich bei der Anlegung der Register sehr unterstützt hat.

Nicht zuletzt aber danke ich meiner Frau, deren Mitwirken bei den Korrekturarbeiten mir eine große Hilfe war.

Seit Juli 1953 erschienene Literatur konnte nur mehr zum Teil berücksichtigt werden. — Das in den Anmerkungen angeführte Schrifttum wird beim ersten Zitat ungekürzt, später abgekürzt angegeben.

Wien, im Jänner 1954.

Hans Planitz.

INHALTSVERZEICHNIS

I. Teil

ANFÄNGE UND ENTSTEHUNG DER DEUTSCHEN STADT

1. Abschnitt

VORGESCHICHTE DER DEUTSCHEN STADT

Seite

- I. Vorgeschichte 3
- II. Römerzeit 5
  1. Geschichte des römischen Städtewesens 5
  2. Militärische und bürgerliche Stadt 9
  3. Aufbau der Stadt 12
  4. Arten der Städte 16
  5. Stadtverfassung 19
  6. Handels- und Wirtschaftsleben 21
- III. Merowingerzeit 24
  1. Untergang und Nachleben der römischen Stadt 24
  2. Untergang der Stadtverfassung 28
  3. Kulturelles Nachleben 30

2. Abschnitt

FRÜHGESCHICHTE DER DEUTSCHEN STADT

- I. Karolingerzeit 35
  1. Römerstädte in der Karolingerzeit 35
  2. Verlegung des Schwergewichtes nach dem Norden 43
  3. Entwicklung in Austrasien 46
  4. Handelsniederlassung und Kaufmannssiedlung der Karolingerzeit . . 54
- II. Ottonenzeit und Salierzeit bis Heinrich III. (936—1056) 60
  1. Verbreitung der Kaufmannswiken. Bischofs-, Kloster- und Burgstädte 60
  2. Gestaltung des Wik 65
  3. Königsburg 70
  4. Königsmunt 72
  5. Kaufmannsgilde und Kaufmannsgemeinde 75
  6. Kaufmannsrecht 79
  7. Märkte und Handwerker 81

3. Abschnitt

DIE ENTSTEHUNG DER DEUTSCHEN STADT ZWISCHEN 1056 UND 1197

- I. Politische und wirtschaftliche Grundlagen 85
  1. Politische Grundlagen 85
  2. Neue wirtschaftliche Grundlagen 86
  3. Formen des Marktes 89

Inhaltsverzeichnis

	Seite
II. Die Eidgenossenschaft in den älteren Städten	98
1. Entstehung des Bürgertums	98
2. Die eidgenössische Bewegung	102
3. Aufbau der neuen Stadt	111
a) Eidgenossenschaft und Friedensordnung	111
b) Die Stadt als rechtsfähige Person	113
c) Stadtfreiheit	116
d) Städtische Organe	118
e) Das Meliorat	122
III. Stadtgründungen und Stadterhebungen des 12. Jahrhunderts	130
1. Königliche und erzbischöfliche Städte	130
2. Zähringische Städte	132
3. Gründungen der Welfen	139
4. Wettinische Gründungen	148
5. Babenbergische Gründungen	149
6. Staufische Gründungen	150
7. Klosterstädte	155
8. Deutsche Kaufmannssiedlungen im Ausland	156

II. Teil

DIE DEUTSCHE STADT SEIT DEM 13. JAHRHUNDERT

1. Abschnitt

STADTGRÜNDUNGEN UND TOPOGRAPHIE

I. Stadtgründungen	161
1. Motive der Stadtgründung	161
a) Fernhandelsstädte	161
b) Stadtbegründung durch gewerbliche Märkte	163
c) Die Burg als Vorsiedlung	165
2. Stadtgründungen als Maßnahme der Territorialpolitik	168
a) Übersicht über die Stadtgründungen	168
b) Städte als Residenzen und Verwaltungsmittelpunkte der Territorien	179
c) Landesstädte und Reichsstädte	180
II. Aufbau der Stadt	184
1. Siedlungskerne als Ausgang der städtischen Entwicklung	184
a) Die Burg	184
b) Das Dorf	186
c) Der Markt	190
d) Bergwerks- und Bäderstädte	195
2. Äußere Gestalt der Gesamtanlage der Stadt	196
3. Stadtumfang	198
a) Ältere Zeit	198
b) Stadtausdehnung	200
III. Stadterweiterungen	205
1. Sondergemeinden	205
2. Doppelstädte	210
3. Vorstädte	217
4. Vorgang der Stadterweiterung	225
IV. Befestigung der Stadt	229
1. Stadtmauer	229
2. Wall und Graben	241
3. Stadttore	242
4. Stadttürme	249

2. Abschnitt

SOZIALGESCHICHTE DER STADT — STADTBEVÖLKERUNG

- I. Gruppen 251
  - 1. Die Bürger 251
    - a) Eidgenossenschaft 251
    - b) Bürgeraufnahme und Bürgereid 253
    - c) Stadtluft macht frei 254
    - d) Begriff der Bürger 255
  - 2. Das Patriziat 256
    - a) Patriziernamen 257
    - b) Zusammensetzung des Patriziats 260
    - c) Reichtum des Patriziats 264
    - d) Soziale Stellung des Patriziats 265
  - 3. Mitbewohner: Pfahlbürger, Ausbürger, Gäste 275
  - 4. Die Juden 277

- II. Genossenschaften 283
  - 1. Genossenschaften des Patriziats 283
    - a) Kaufmannsgilden 283
    - b) Die Hanse 284
    - c) Die Richerzeche und andere Patrizierverbände 285
    - d) Erbbürger 286
    - e) Münzerhausgenossenschaften 287
  - 2. Genossenschaften der Handwerker 289
    - a) Amt und Brüderschaft 289
    - b) Zunftzwang 291
    - c) Organisation der Genossenschaft 291
    - d) Aufgaben der Zunft 293
    - e) Zunftverbote 293

3. Abschnitt

SELBSTVERWALTUNG UND AUTONOMIE

- I. Die Stadt als juristische Person 295
- II. Der Stadtrat 297
  - 1. Vorläufer des Stadtrates 297
    - a) Melioresverband 297
    - b) Stadtgeschworene 298
    - c) Stadtschöffen 298
  - 2. Das italienische Konsulat 299
  - 3. Durchsetzung des Ratsgedankens 302
    - a) Der Rat in den Bischofsstädten 302
    - b) Der Rat im kölnisch-lübischen Kreise 303
    - c) Sachsen 305
    - d) Schwaben 306
    - e) Franken 307
    - f) Bayern 308
    - g) Österreich 308
  - 4. Einsetzung des Stadtrates 310
    - a) Wahl 310
    - b) Zahl der Ratsmitglieder 311
    - c) Amtsdauer 313
    - d) Ratsfähigkeit 313
  - 5. Funktionen des Rates 316
    - a) Wehr- und Steuerhoheit 316
    - b) Stadtverwaltung 319

Inhaltsverzeichnis

	Seite
c) Der Rat als Vertreter der Stadt	320
d) Amtspflichten der Räte	322
e) Bürgermeister	323
6. Zunftverfassung	325
a) Anfänge der politischen Beteiligung der Handwerker	325
b) Die gleiche Teilung zwischen Aristokratie und Zünftlern	326
c) Die volle Zunftherrschaft und der Gedanke der Gemeinde	329
d) Das oligarchische System	330
III. Das Stadtrecht	332
1. Quellen des Stadtrechtes	332
a) jus mercatorum	332
b) Das eidgenossenschaftliche Recht	336
c) jus civitatis	338
2. Arten der Stadtrechtsquellen	340
a) Die Handfesten	340
b) Die Willküren. Die Autonomie	340
3. Die Stadtrechtsfamilien	342
Anmerkungen	345
Register	
Städteverzeichnis	505
Sachverzeichnis: Allgemeines	511
Sachverzeichnis: Topographisches	517
Personenverzeichnis	519
Verzeichnis der Tafeln	XIII
Verzeichnis der Stadtpläne	XIV

VERZEICHNIS DER TAFELN

Seite

Städteansichten:

AACHEN. Aus Topographia Westphaliae, Matthäus M e r i a n (Ach, Aquisgranum) nach p. 6 [1655] 48

BAUTZEN. Aus Ausführliche und grundrichtige Beschreibung des ganzen Elbstromes, Nürnberg [1686] bei Chr. Riegels 336

BERLIN. Aus Ausführliche und grundrichtige Beschreibung des ganzen Elbstromes, Nürnberg [1686] bei Chr. Riegels 224

BRÜNN. Aus Urbium praecipuarum totius mundi liber quartus, G. B r a u n und F. H o g e n b e r g (Brunn, vulgo Brinn) nach p. 29 [1572] 320

GOSLAR. Aus Topographia Saxoniae Inferioris, Matthäus M e r i a n (Goslaria, Goßlar) nach p. 100. 1653 272

HUY. Aus Theatrum Urbium Belgicae Regiae, Joanne B l a e u (Huyum vulgo Huy) nach IX E. 1694 80

KIEL. Aus Urbium praecipuarum totius mundi liber quartus, G. B r a u n und F. H o g e n b e r g (Chilonium vulgo Kyell) nach p. 34 [1572] 156

LANDSHUT. Aus Topographia Bavariae, Matthäus M e r i a n (Landshutt), nach p. 26. 1644 288

LEIPZIG. Aus Vues 15. (Stark ähnlich mit B r a u n - H o g e n b e r g, liber sextus nach p. 17 [1572].) 148

LÜBECK. Aus Urbium praecipuarum totius mundi liber primus, G. B r a u n und F. H o g e n b e r g (Lubeca) nach p. 24 [1572] 128

ROSTOCK. Aus Urbium praecipuarum totius mundi liber quintus, G. B r a u n und F. H o g e n b e r g (Rostochium) nach p. 47 [1572] 208

SPEYER. Aus Topographia Palatinatus Rheni, Matthäus M e r i a n (Speyer) nach p. 48. 1645 64

ULM. Aus Anhang zu der Topographia Sveviae des Matthäus M e r i a n, verfertigt durch Martin Z e i l l e r n (Ulm gegen Zuyd-West) nach p. 114. 1654 ... 128

WÜRZBURG. Aus Urbium praecipuarum totius mundi liber primus, G. B r a u n und F. H o g e n b e r g (Herbipolis, communiter Wirtzburg) nach p. 37 [1572] .. 96

Sämtliche Vorlagen stammen aus der Österreichischen Nationalbibliothek in Wien.

Stadtsiegel:

KÖLN. Ältestes Siegel der Stadt Köln 1268. (Bildarchiv Rh. Museum, Köln) .. 232

LÜBECK. Siegel der Stadt Lübeck III [1280]. (Archiv der Hansestadt Lübeck) .. 232

TRIER. Das älteste Siegel der Stadt Trier 1221 [1113]. (Aus dem Besitz des Stadtarchivs Trier) 232

WIEN. Siegel der Stadt Wien [1221]. Von der Urkunde Nr. 4 vom 18. 2. 1255 (Archiv der Stadt Wien) 232

Weitere Abbildungen:

Porta Nigra in Trier (Zeichnung) ....

Das Rathaus von Lübeck (Zeichnung) 15

Prägung auf dem Einband: Holstentor in Lübeck.

VERZEICHNIS DER STADTPLÄNE
unter Angabe der benutzten Quellen.

Seite

ANDERNACH. Plan nach Kunstdenkmäler des Kreises Mayen 1941 S. 167, neu bearbeitet. Dazu Timme in der Rörig-Gedächtnisschrift 1953 S. 401 ff. . . . 127

AUGSBURG. Plan bei Püschel, Das Anwachsen der deutschen Städte 1910, neu bearbeitet 109

BERN. Plan nach Matthäus Merian, Topographia Helvetiae 1642 (1635) und Johann Adam Riedinger 1716. Dazu H. Strahm, Der zähringische Gründungsplan der Stadt Bern, Arch. d. Hist. V. d. Kant. Bern 39, 1948. Zur Verfassung der mittelalterlichen Stadt mit besonderer Berücksichtigung des Gründungsplanes der Stadt Bern, Zs. Schw. G. 30, 1950, neu bearbeitet 174

BRANDENBURG. Plan bei J. Siedler, Märkischer Städtebau im Mittelalter 1914 und Kunstdenkmäler der Provinz Brandenburg II 2, neu bearbeitet 211

BRAUNSCHWEIG. Plan nach dem Braunschweiger Urkundenbuch Bd. 3 und Timme, Niedersächsisches Jahrbuch 22, 1950, neu bearbeitet . . 215

BREMEN. Plan von 1664, neu bearbeitet. Dazu Prüser, Die Balge, in der Rörig-Gedächtnisschrift 1953 S. 477 ff. 73

BRESLAU. Plan nach Püschel, Anwachsen der deutschen Städte in der Zeit der mittelalterlichen Kolonialbewegung 1910 und Meurer, Der mittelalterliche Stadtgrundriß im nördlichen Deutschland, Abb. 46, neu bearbeitet 178

DANZIG. Plan aus P. Simson, Gesch. d. St. Danzig II S. 569 und Stadtplan um 1590 bei U. Wendlow, Danzig im Jahre 1593, 1937 S. 16, neu bearbeitet 212

DORSTAT. Plan nach Holwerda, Dorestad en onze vroegste Middeleeuwen 1929 und dazu Bericht der röm.-germ. Kommission 1927 S. 146, neu bearbeitet . . 48

DORTMUND. Plan nach v. Winterfeld in: Beiträge zur Geschichte Dortmunds und der Grafschaft Mark 48, 1950 S. 69 Karte 5, neu bearbeitet . . . 77

DRESDEN. Plan nach Raumforschung und Raumordnung 5, 1941 S. 200, neu bearbeitet 192

ERFURT. Plan nach Püschel, Anwachsen der deutschen Städte in der Zeit der mittelalterlichen Kolonialbewegung 1910, neu bearbeitet. Dazu Schnellenkamp, Zur Stellung Erfurts in der Frühgeschichte Thüringens, Zs. d. Ver. für Thür. G. N. F. 34, 1940 51

FRANKFURT am Main. Plan nach Püschel, Anwachsen der deutschen Städte in der Zeit der mittelalterlichen Kolonialbewegung 1910, neu bearbeitet 240

FREIBERG. Plan nach Meurer, Der mittelalterliche Stadtgrundriß im nördlichen Deutschland 1914, Abb. 52, neu bearbeitet 196

FREIBURG im Breisgau. Plan nach Ernst Hamm, Die Städtegründungen der Herzöge von Zähringen in Südwestdeutschland 1932, neu bearbeitet 133

HAGENAU. Plan nach Hella Fein, Die staufischen Städtegründungen im Elsaß (Schriften des Wissenschaftlichen Instituts der Elsaß-Lothringer im Reiche an der Universität Frankfurt, N. F. 23, 1939), neu bearbeitet 151

Verzeichnis der Stadtpläne

Seite

HAMBURG. Plan nach C. F. G a e d e c h e n s, Hamburg zur Hansezeit um 1400 und H. R e i n c k e, Hamburg einst und jetzt 1933. Dazu R e i n c k e, Das städtebauliche Wesen und Werden Hamburgs bis zum Ausgang der Hansezeit in: Forschungen und Skizzen zur hamburgischen Geschichte 3, 1951 S. 8 ff., neu bearbeitet 68

HANNOVER. Plan im N i e d e r s ä c h s i s c h e n S t ä d t e a t l a s II 2, 1933 und K u n s t d e n k m ä l e r der Provinz Hannover, neu bearbeitet 171

HILDESHEIM. Plan nach Fr. M e u r e r, Der mittelalterliche Stadtgrundriß im nördlichen Deutschland, Abb. 4, neu bearbeitet 70

KÖLN. Plan nach K o e b n e r, Die Anfänge des Gemeinwesens der Stadt Köln 1921, neu bearbeitet 7

KONSTANZ. Plan nach Franz B e y e r l e (unveröffentlicht), Albert von H o f m a n n, Die Stadt Konstanz 1922 und Stadtplan von 1633 bei v. Hofmann, neu bearbeitet 238

LÜBECK. Plan bei Fr. L e n z, Die räumliche Entwicklung der Stadt Lübeck, Diss. Hannover 1936 und M e u r e r, Der mittelalterliche Stadtgrundriß im nördlichen Deutschland, Diss. Braunschweig 1914, neu bearbeitet 141

LÜNEBURG. Plan nach B r a u n und H o g e n b e r g, Civitates orbis terrarum I, 1574, neu bearbeitet 147

MAGDEBURG. Plan nach P ü s c h e l, Anwachsen der deutschen Städte in der Zeit der mittelalterlichen Kolonisation 1910, neu bearbeitet. Dazu W. U n v e r z a g t in der Rörig-Gedächtnisschrift 1953 S. 461 ff. 66

MAINZ. Plan nach Matthäus M e r i a n, Topographia Archiepiscopatum Maguntinensis, Trevirensis et Coloniensis 1646, neu bearbeitet. Dazu S c h u m a c h e r, Siedlungs- und Kulturgeschichte der Rheinlande II, 1923 Tafel 4 21

MEMMINGEN. Plan bei K. O. M ü l l e r, Die oberschwäbischen Reichsstädte 1912 mit den Stadtplänen von 1914 und E l s e n, Wie entstand die altbayrische Stadt? in: Das Bayerland 46, 1935 S. 487, neu bearbeitet. 220

MÜNCHEN. Plan nach Pius D i r r, Grundlagen der Münchner Stadtgeschichte 1937 und A. E l s e n, Wie entstand die altbayrische Stadt? in: Das Bayerland 46, 1935 S. 491, neu bearbeitet 140

HANN. MÜNDEN. Plan nach B e u e r m a n n, Hann. Münden 1951 (Göttinger Geographische Abhandlungen 9), neu bearbeitet 96

MÜNSTER. Plan nach Matthäus M e r i a n in: Deutsche Städte im 17. Jhdt. (Amthor), M e u r e r, Der mittelalterliche Stadtgrundriß im nördlichen Deutschland 1914 S. 12 Abb. 2 und R o t h e r t, Westfäl. Geschichte I 1949 S. 241, neu bearbeitet 91

NÜRNBERG. Plan nach P ü s c h e l, Anwachsen der deutschen Städte 1910 und B o c k, Nürnberg 1938 (Plan um 1806), neu bearbeitet 222

OSNABRÜCK. Plan nach H. R o t h e r t, Geschichte der Stadt Osnabrück im Mittelalter I 1938, neu bearbeitet 208

PASSAU. Plan nach S c h m i d, Illustrierte Geschichte der Stadt Passau 1927, neu bearbeitet 42

REGENSBURG. Plan nach P ü s c h e l, Anwachsen der deutschen Städte 1910, H e u w i e s e r, Die Entwicklung der Stadt Regensburg 1924 (mit zwei Stadtplänen im Anhang) und E l s e n, Wie entstand die altbayrische Stadt? in: Das Bayerland 46, 1935 S. 512, neu bearbeitet 38

ROTTWEIL. Plan nach Ernst H a m m, Die Städtegründungen der Herzöge von Zähringen in Südwestdeutschland 1932 Abb. 5, neu bearbeitet 245

SOEST. Plan nach H. R o t h e r t in der Rörig-Gedächtnisschrift 1953 S. 426, neu bearbeitet 105

STADE. Plan nach B r a u n und H o g e n b e r g, Civitates Orbis Terrarum 1, 1574, neu bearbeitet 65

Verzeichnis der Stadtpläne

Seite

STENDAL. Plan nach J. S i e d l e r, Märkischer Städtebau im Mittelalter 1914 S. 45 (Plan von etwa 1755), neu bearbeitet 188

STRASSBURG. Plan nach W. G l e y in: G. Wolfram und W. Gley, Elsaß-Lothringischer Atlas, Kartenband 1931 Nr. 36 a (Veröffentlichung des Wissenschaftlichen Instituts der Elsaß-Lothringer im Reiche an der Universität Frankfurt am Main), neu bearbeitet 32

TRIER. Plan nach K e n t e n i c h, Karte zur älteren Verfassungsgeschichte der Stadt Trier und E i d e n, Die spätere Kaiserresidenz Trier im Lichte neuer Ausgrabungen in: Rheinischer Verein für Denkmalpflege und Heimatschutz, Jg. 1952 S. 8, neu bearbeitet 15

ÜBERLINGEN. Plan nach K. O. M ü l l e r, Die oberschwäbischen Reichsstädte 1912 mit den Stadtplänen von 1914, neu bearbeitet 189

WIEN. Plan nach Adalbert K l a a r und Karl O e t t i n g e r in: Oettinger, Das Werden Wiens 1951 Abb. 14 u. 15 S. 180 u. 184, neu bearbeitet 27

WIENER NEUSTADT. Plan nach Adalbert K l a a r, Der Stadtgrundriß von Wiener Neustadt in: Unsere Heimat, Verein für Landeskunde von Niederösterreich 17, 1946 S. 147, neu bearbeitet 194

WISMAR. Plan nach P ü s c h e l, Anwachsen der deutschen Städte 1910, neu bearbeitet 162

WORMS. Plan nach Peter H a m m a n von 1630, neu bearbeitet 41

ZÜRICH. Plan nach: Das alte Zürich, historisch-topographisch dargestellt von S. V ö g e l i n, entworfen und herausgegeben von H. K e l l e r 1829, Plan der Stadt Zürich bis zum Jahre 1336, bearbeitet von Paul S c h w e i z e r 1908 und Stadtplan von H. V o g e l 1705, neu bearbeitet 226

I. TEIL

ANFÄNGE UND ENTSTEHUNG DER DEUTSCHEN STADT

1. Abschnitt

VORGESCHICHTE DER DEUTSCHEN STADT

I. VORGESCHICHTE

Die deutsche Stadt des Mittelalters ist eine Neubildung eben dieser Epoche. In der germanischen Zeit hat es keine Städte gegeben[1]). Tacitus spricht es in seiner Germania aus: Den germanischen Volksstämmen war es unbekannt, in Städten zu wohnen[2]), und diese Ablehnung war nicht begründet in der Ummauerung der Stadt an sich[3]), sondern vielmehr in der Geschlossenheit der Siedlung überhaupt; jeder germanische Hof war nach alter Sitte durch reichliche Zwischenräume vom anderen geschieden[4]). Dieses Bedürfnis nach Weiträumigkeit fiel weg, wenn eine Stätte für Kampf oder Spiel geweiht war[5]). Fremde Weihestätten, zu denen die oppida gehörten, waren für die Germanen tabu und wurden von ihnen nicht betreten[6]). Eigene gebannte und befestigte Plätze dagegen, die dem Volke in Kriegszeiten eine Zuflucht boten, waren seit alters in Gebrauch. Das germanische Wort, das die Römer mit oppidum übersetzten, war ohne Zweifel **Burg**. Eines der ältesten oppida, das schon in der Bronzezeit die Handelswege sicherte[7]), wird von Tacitus Asciburgium[8]) genannt. Dem Wortstamme nach geht Burg auf bergen zurück, also umschließen, in Sicherheit bringen, schützen; Burg ist der befestigte Platz[9]). Häufig waren die Burgen der germanischen Zeit auf Bergen hochgelegen, womit die Sicherheit gesteigert wurde. Das sehen wir z. B. in Huy, wo die Aduatuker ein hochgelegenes, natürlich befestigtes oppidum errichteten[10]); dahin gehören auch die Eresburg (Obermarsberg)[11]), die Altenburg in Hessen[12]) usw. Andere oppida waren durch Wasserläufe gesichert, wie Asciburgium, das an der Mündung der Ruhr in den Rhein lag, das oppidum Batavorum, an Rheinmündung und Nordsee gelegen, und endlich das oppidum Ubiorum, das später den Stadtkern von Köln darstellte[13]). Das oppidum Ubiorum war infolge des römischen Einflusses schon zur dauernden Besiedlung eingerichtet, während die meisten oppida der Germanen nur vorübergehend, besonders zu Kriegszwecken bewohnt wurden. Eine Dauersiedlung dürfen wir annehmen für die Eresburg des Segestes[14]), für Mattium, die Hauptstadt der Chatten, das meist Altenburg genannt wird, und endlich für Gudensberg (Wodansberg), eine andere dauernd bewohnte Volksburg der Chatten[15]). Manche Volksburgen der germanischen Zeit dienten wohl in erster Linie als Thing- oder Kultstätten[16]), vielleicht auch als Gauburgen für Verwaltungszwecke[17]). Da sie meist Herrenburgen waren[18]), konnten alle diese Funktionen in der Hand des Burgherren vereinigt werden.

Von den Burgen der germanischen Zeit hat, soweit ich sehe, keine aus sich heraus den Weg zur mittelalterlichen Stadt gefunden[19]). Heute sucht man eine andere Lösung und findet Großorte, die schon seit prähistorischer bis zur Karolingerzeit in ihrem Gebiet ein ausgeprägtes Wegenetz und zahlreiche Funde hervorgebracht haben, die eine ununterbrochene Entwicklung zur mittelalterlichen Stadt anzeigen[20]). Aber damit könnte im besten Falle eine topographische Kontinuität bewiesen werden, die für Entstehung und Wesen der Stadt bedeutungslos ist[21]). Man darf nicht verkennen, daß die mittelalterliche Stadt bereits ein differenziertes Gebilde war, das nur als Produkt historischer Vorgänge verständlich ist; die germanische Zeit brachte aus sich heraus nur den Begriff der Burg bei, der in der Fortbildung während der Karolingerzeit zur Königsburg ein wesentliches Element der Stadtbildung darstellte.

II. RÖMERZEIT

1. GESCHICHTE DES RÖMISCHEN STÄDTEWESENS

Schon zur Römerzeit[1]) entwickelte sich auf dem Boden des späteren Deutschen Reiches ein blühendes Städtewesen. Seit Cäsar und Augustus die Grenzen des römischen Weltreiches in ruhmvollen Feldzügen gesichert hatten, konnten südlich der Donau und westlich des Rheins Städte erstehen. Bereits 44 v. Chr., im Sterbejahr Cäsars, wurde einer römischen Kaufmannssiedlung unweit des Rheinknies in der Nähe des heutigen Basel das italische Stadtrecht verliehen. Damals wurde, als erste römische Stadt auf deutschem Boden, Colonia Raurica begründet, die schon in vorrömischer Zeit ein keltisches oppidum gewesen war. Von Augustus erhielt sie den Namen Augusta. Später wurde sie Augst genannt[2]).

Unter Augustus, dessen glänzendes Prinzipat 27 v. Chr. begann und 14 n. Chr. mit seinem Tode endete, wurden die Grenzen Roms an Rhein und Donau durch zahlreiche Legionslager und Kastelle befestigt. Drusus und Tiberius, die Stiefsöhne des Kaisers, drangen bis zur Donau vor und unterwarfen die Alpenvölker der römischen Herrschaft. Augustus schlug alle Aufstände nieder, erklärte sich zum Nachfolger der Könige von Noricum[3]) und errichtete an der Donau mehrere Standlager, wie Carnuntum und Vindobona, und viele Kastelle, wie Lauriacum. Um dieselbe Zeit entstanden auch Lager in Augusta Vindelicorum (später Augsburg), Vindonissa (Windisch) und Xanten (Vetera), Kastelle in Mainz (Mogontiacum), Koblenz, Andernach und Basel[4]).

Anders lagen die Dinge in K ö l n und T r i e r. Nachdem Cäsar die Eburonen vernichtet hatte, überließ er das Land und die Kölner Bucht den bereits unterworfenen Ubiern, die nach Vereinbarung eines Treubundes mit Marcus Vipsanius Agrippa seit etwa 38 v. Chr. die Grenzwacht am linken Rheinufer übernahmen[5]). Innerhalb der civitas der Ubier nun wurde, etwa um das Jahr 12 v. Chr., auf einer hochwasserfreien Niederterrasse das oppidum Ubiorum angelegt. Dieses oppidum war zunächst nichts anderes als ein stadtartiger Vorort der civitas im späteren Stadtkern von Köln. Zwar war es schon stadtähnlich nach Art einer hellenistisch-römischen Stadtanlage[6]), aber noch nicht als municipium organisiert. Maßgebend war noch das Recht der ubischen civitas. Ähnlich wie Köln in der civitas Ubiorum ist auch Trier von Augustus im Bereich der civitas Treverorum angelegt worden. Die Treverer waren ein germanischer, aber gallisierter Stamm, der gegen Cäsar langdauernde Freiheitskämpfe ausgefochten hatte (58—51 v. Chr.). In den Jahren 16—13 v. Chr. begründete Augustus die Augusta Treverorum auf Grund einer hellenistisch-römischen Stadtanlage als Vorort des Stammes der Treverer[7]).

Unter Tiberius (14—37 n. Chr.), besonders aber unter Claudius (41—54 n. Chr.), nahm die Entwicklung in verstärktem Maße ihren Fortgang. Durch die Besetzung des Mainzer Vorlandes wurde auch das Oberrheingebiet strategisch gesichert. Damals wurde Argentoratum Legionsstandort und Bingen, Mainz, Worms, Speyer und Zürich erhielten militärischen Schutz durch Kastelle. Die Donau wurde als Militärgrenze durch viele Kastelle, wie Bojodurum (Innstadt bei Passau), Lentia (Linz) und Aelium Cetium (St. Pölten) ausgebaut. Ein reiches Städtewesen blühte hier auf[8]). Am Rhein ist unter Tiberius das bereits erwähnte oppidum Ubiorum eine starke Stadtfestung geworden[9]). Zahlreiche römische Veteranen wurden dahin deduziert[10]). Im Jahre 50 erhoben Claudius und Agrippina dann Köln zur Kolonie römischer Bürger, zur Colonia Juris Italici. 20 Jahre später war die ganze Stadt mit Mauern und Türmen umgeben[11]). In der Colonia Claudia Ara Agrippinensium stellten die Veteranen die führende Schicht, während die Ubier zunächst ihre Rechtsstellung fortbehielten[12]). Die gleiche Entwicklung fand in Trier statt, auch sie wurde zur Kolonie erhoben (Colonia Augusta Treverorum)[13]). Im Süden wurden damals den Städten Brigantium (Bregenz), Cambodunum (Kempten), Juvavum (Salzburg), Teurnia und Celeia (Cilli) die Stadtrechte bestätigt. Die Kaiser aus dem Hause der Flavier endlich schoben die römische Herrschaft am Oberrhein zunächst bis zum Schwarzwald und zur Donauquelle vor. Später gewannen sie auch noch die Wetterau,

---

KÖLN. 1 St. Alban um 1149. 2 St. Andreas 817. 3 St. Aposteln 965. 4 St. Brigida 1172. 5 St. Cäcilie 941. 6 St. Columba 980. 7 St. Gereon 4. Jh. 8 St. Georg 1056—67. 9 St. Jakob 1069. 10 St. Johann Baptist 948. 11 St. Kunibert 663. 12 St. Laurenz um 1135. 13 St. Maria im Kapitol (vorkarolingisch). 14 St. Maria Lyskirchen. 15 St. Martin (groß) 935—965. 16 St. Martin (klein) um 1130. 17 St. Mauritius. 18 St. Pantaleon 866. 19 St. Peter um 1152. 20 St.-Peter-Dom. 21 St. Severin 348. 22 St. Ursula (merowingisch). 23 Bachtor. 24 Bayenturm. 25 Ehrenpforte. 26 Eigelsteintor. 27 Frankenturm. 28 Friesentor. 29 Gereonstor. 30 Hahnentor. 31 Hohe Pforte. 32 Johannispforte. 33 Judenpforte. 34 Kunibertsturm. 35 Löwenpforte. 35 a Marktpforte. 36 Pantaleonstor. 37 Saphirenturm. 38 Schafenpforte. 39 Severinstor. 40 Ulrepforte. 41 Beyertor. 42 Würfelpforte. 43 Alter Markt. 44 Griechenmarkt. 45 Heumarkt. 46 Holzmarkt. 47 Neumarkt. 48 Hacht. 49 Rathaus. 50 Sandkaule. 51 Berlich. 52 Hohe Straße. 53 Judengasse. 54 Münze.

50 n. Chr. Colonia Claudia Agrippina ········. / *Bischofshof 8. Jhs.* / *Um 950 Rheinvorstadt* ———. / *1106 neue Mauer mit Oversburg, Niederich und St. Aposteln* ·—·—·. / *Große Mauer seit 1180* ——

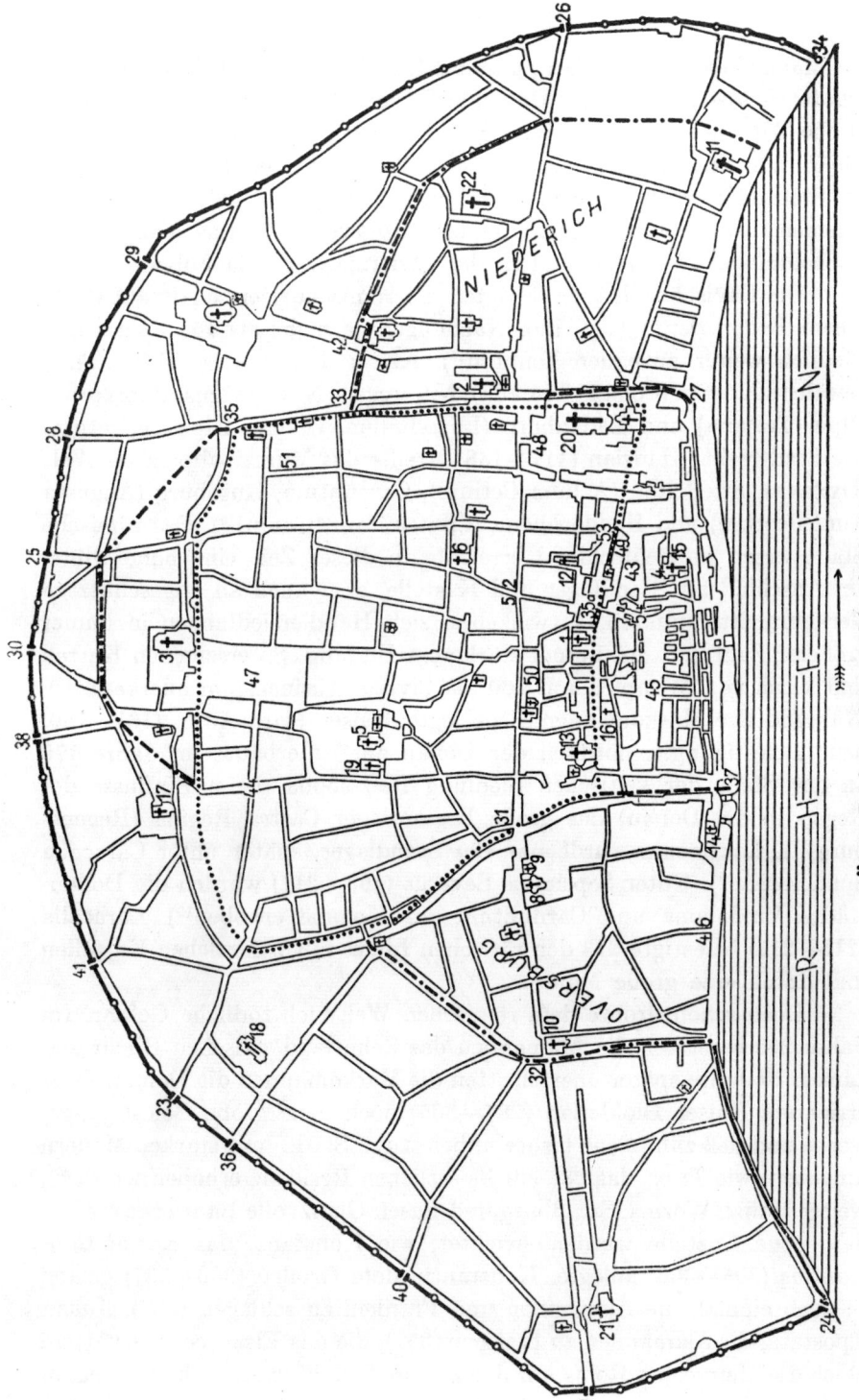

KÖLN: Zeichenerklärung siehe Seite 6.

das Maingebiet bis Miltenberg und das Neckargebiet der römischen Herrschaft; sie überschritten die Donau in Rätien und fügten auch die Schwäbische Alb ihrem Reiche ein. Überall wurden jetzt Kastelle angelegt, wie etwa in Friedberg, Neuenheim-Heidelberg, Miltenberg und Cannstatt. Zu Städten wurden erhoben Aventicum (Avesnes), Vindonissa, Sumelocenna (Rottenburg), Arae Flaviae (Rottweil), Civitas Vangionum, Borbetomagus (Worms), und in der Steiermark Flavia Solva.

Die flavischen Kaiser festigten die römische Herrschaft auf deutschem Boden derart, daß ihre Nachfolger sie mehr als 150 Jahre lang friedlich weiter ausbauen konnten[14]). Kaiser Trajan (98—117 n. Chr.) gewährte Xanten (Colonia Trajana), Nimwegen (Noviomagus, Batavorum Ulpia Trajana) und Ladenburg (Lopodunum, Civitas Ulpia Nicretum) das Stadtrecht; Hadrian (117—138) erteilte das Munizipalrecht an Wels (Ovilava), St. Pölten (Aelium Cetium), Carnuntum, Augsburg (Augusta Vindelicorum) und Heddernheim (Civitas Taunensium)[15]). Das römische Städtewesen in Deutschland erreichte in dieser Zeit eine hohe Blüte. Im Anschluß an Standlager und Kastelle, aber auch an ungeschützten Verkehrsmittelpunkten, entwickelten sich Händlersiedlungen in immer größerer Zahl und mit immer stärkerem Umfang. So erscheinen Kastell und vicus von Wimpfen um 160 als Civitas Alisinensium anerkannt[16]). Während der Markomannenkriege legte Kaiser Marc Aurel (161—180) neue Befestigungen nördlich der Donau an. Er erbaute im Jahre 179 an der Stelle der keltischen Siedlung Radasbona (beim Einflusse des Regen in die Donau) das große Legionslager Castra Regina (Regensburg)[17]). Lauriacum wurde um 190 Standlager, später unter Caracalla municipium[18]). Unter Septimius Severus (193—211) wurden die Donaustädte Vindobona und Carnuntum zur Kolonie erhoben[19]). Caracalla (211—217) befestigte 213 den rätischen Limes mit zahlreichen Kastellen und durch eine große Mauer.

Doch schon drohte dem römischen Weltreich tödliche Gefahr. Im Jahre 260 besetzten die Alamannen das Zehntland zwischen Rhein und Limes. 10 Jahre später überschritten die Markomannen die Donau. Zwar errichtete Kaiser Diokletian (284—305) noch neue große Befestigungswerke und ließ zahlreiche bisher unbefestigte Städte mit starken Mauern umgeben, wie Trier, das 286 zur kaiserlichen Residenz erhoben wurde[20]), weiter Mainz, Worms, Straßburg und Basel. Glanzvolle Bauwerke erstanden, neue Kastelle wurden errichtet, wie Konstanz, das Kaiser Constantius (305—306) anlegte. Konstantin dem Großen (306—337) gelang es noch einmal, die Alamannen und Franken zu schlagen (307), Julian Apostata, die Alamannen zu besiegen (357), die das Elsaß besetzt hatten. Doch die Herrschaft Roms auf deutschem Boden neigte sich seit Beginn des 5. Jh. ihrem Ende zu. Im Jahre 406 besetzten die salischen Franken Flandern bis zum Meer, die ribuarischen das linke Rheinufer von Köln bis nach Andernach. 436 begründeten die Alamannen ihre Herrschaft am Ober- und Mittelrhein und dehnten sie bald auch über die Schweizer Vorlande aus. Gleichzeitig entstand das Reich der Burgunder in Savoyen. Im Osten konnte sich die römische Herrschaft im 5. Jh. nur noch im Inneren von Noricum (mit der Hauptstadt Teurnia)[21] behaupten. Im übrigen wurden das östliche Rätien, Noricum und Pannonien zum Schauplatz streitender Germanen, Hunnen, Slawen und Awaren, bis endlich der Stamm der Bayern, vom Norden herkommend, dem Lande einen neuen Frieden gab.

2. MILITÄRISCHE UND BÜRGERLICHE STADT

Im römischen Weltreich waren zeitweise Kräfte am Werk, die die volle Herrschaft über Kelten und Germanen anstrebten, daher Germanien von Rhein und Donau her bis zur Elbe unterjochen wollten. Militärische Befestigung, Errichtung von Legionslagern oder Kastellen, war der Ausgangspunkt für die Eroberung des Landes. Man hat geglaubt aus diesem Zusammenhang heraus auch das Werden der römischen Stadt auf deutschem Boden verstehen zu können. Das hat sich jedoch als unrichtig erwiesen; gerade die bedeutendsten Römerstädte des Rheins, Köln und Trier, waren anderen Ursprungs. Sie waren zunächst nachweislich bürgerliche Städte und wurden erst als coloniae durch die Aufnahme von Veteranen mit militärischem Geist erfüllt[1]).

Zwar gab es gerade in Deutschland auch zahlreiche Städte, die den Raum eines Legionslagers oder Kastells mit bürgerlicher Bevölkerung besiedelten und sie so zur bürgerlichen Stadt umwandelten. Hierher gehört Sumelocenna (Rottenburg), die bald wichtigste Stadt der rechtsrheinischen Provinz, die in das flavische Kastell eine schnell anwachsende Bevölkerung aufnahm und durch großartige Zivilgebäude städtischen Charakter erhielt[2]). Auch Ladenburg (Lopodunum), unter Vespasian als Alenkastell errichtet, erscheint bereits unter Trajan als civitas Ulpia Sueborum Nicretum im ummauerten viereckigen Kastellraum[3]). Ein weiteres Beispiel für Städte dieser Art bildet am Rhein Andernach, dessen augusteisches Kastell später eine bürgerliche Stadt einnahm[4]). Doch darf man sich wie gesagt nicht verleiten lassen, hieraus eine für die römische Stadt allgemeingültige Regel abzuleiten.

Das Standlager in Wien, das bereits in frühflavischer Zeit in Stein erbaut worden war, blieb bis zum Ende der Römerherrschaft Militärlager. Die Zivilstadt aber entwickelte sich hier aus den canabae der

Kaufleute und zog sich jenseits der Wien auf den südlich ansteigenden Hängen am später sogenannten Rennweg hin[5]). Auch in Regensburg, dessen Standlager erst im Jahre 179 errichtet worden war, ist die Kaufmannssiedlung vor den Toren des castrum (im Westen) entstanden[6]). Die gleiche Entwicklung läßt sich noch bei vielen anderen Städten nachweisen. Besonders klar kann man sie in Mainz verfolgen. Hier war das römische Kastell von Brutus (nach 16 v. Chr.) auf der Höhe vor dem Rhein, dem später sogenannten Kästrich, angelegt worden. An diese schloß sich nachher eine große bürgerliche Siedlung dem Rhein zu an, die später das Militär aufnahm und um 300 ummauert wurde. Das alte Kastell auf dem Kästrich konnte daher aufgegeben werden[7]). Auch in Bingen und Bingerbrück entstanden neben den Auxiliarkohorten des 1. Jh. canabae; diese bürgerliche Siedlung wurde erst nach 260 ummauert[8]). Ebenso ging es in Worms, wo sich an das frührömische Kastell (am späteren Domplatz) Kaufmannssiedlungen anschlossen, die noch im Verlauf des 1. Jh. n. Chr. zur civitas ausgebaut wurden[9]). Auch in Straßburg entstanden neben dem Legionskastell solche canabae, die dann seit dem 2. Jh. die Grundlage einer Zivilniederlassung wurden[10]). Besonders schöne Beispiele für das Nebeneinander von Militär und bürgerlicher Siedlung bieten Wimpfen und Heddernheim. In beiden Städten schloß sich zur Zeit der Flavier die bürgerliche Stadt unmittelbar an das Kastell an; im 2. Jh. finden wir sie als civitates anerkannt[11]). Das gleiche gilt für Rottweil, das seit flavischer Zeit Kastell war. Seine bürgerlichen Siedlungen entfalteten sich zum Teil auf dem anderen Ufer des Neckar[12]). In Basel war der Münsterhügel in augusteischer Zeit von den Römern kastellartig befestigt worden; vielleicht schloß er schon damals eine städtische Bevölkerung mit ein. Der Schwerpunkt für Handel und Gewerbe aber lag unterhalb, südwestlich des Hügels[13]). Ähnliche Verhältnisse finden wir in Vindonissa: neben das Römerlager zwischen Reuß und Aare legte sich vor dem Westtor eine Händlersiedlung mit mächtigem Forum[14]). Aus dem Donaugebiet gehört Augsburg zu diesem Stadttyp. Während nämlich das augusteische Legionslager auf dem linken Wertachufer bei Oberhausen angelegt war, entwickelte sich gleichzeitig die römische Stadt auf der von Lech und Wertach gebildeten Landzunge; unter Hadrian wurde Augusta Vindelicorum das Stadtrecht verliehen[15]). Carnuntum hatte infolge seiner günstigen Lage an der großen von der Ostsee kommenden Bernsteinstraße frühzeitig große kaufmännische Bedeutung. Auch hier entstanden westlich von dem Standlager auf dem Burgfeld weit ausgedehnte canabae, die unter Hadrian als Kern eines neuen municipium verwendet wurden[16]).

Neben diesen an Lager und Kastelle angelehnten Städten fehlen aber schon in frührömischer Zeit keineswegs solche, die aus rein bürgerlichen Motiven erwachsen sind. Die meisten von ihnen setzten alte keltische, zum Teil auch germanische Siedlungen fort. Kennzeichnend für diesen Typ sind besonders Städte des Alpen- oder Voralpengebietes, die schon in vorrömischer Zeit als keltische Vororte eine gewisse Bedeutung erlangt hatten. So wurde z. B. Aventicum, nicht weit vom Murtensee gelegen, der Mittelpunkt des Helvetiervolkes, noch unter Vespasian zur Römerstadt mit Kolonialrecht von gewaltiger Ausdehnung ausgebaut und mit einer großen Stadtmauer umgeben[17]). Weit älter noch als Aventicum war Teurnia, seit etwa dem 4. Jh. v. Chr. Vorort der keltischen Taurisker; es erhielt unter Claudius römisches Stadtrecht In spätrömischer Zeit wurde Teurnia Hauptstadt des restlichen Noricum[18]). Im Voralpengebiet entwickelte sich der Vorort der keltischen Vindeliker Brigantium (Bregenz), ein wichtiger Straßenknotenpunkt, unter Claudius zur Stadt, und zwar im Raum des sogenannten Ölrains unterhalb der hochgelegenen Keltenfeste. In spätrömischer Zeit wurde die Stadt in die Oberstadt verlegt[19]). Von Bregenz führte die Römerstraße über Isny (Vemania) und Kempten (Cambodonum) nach Augsburg. Dieses Cambodonum war Vorort der keltischen Estionen gewesen mit dem Sitz auf der Burghalde. In der frühen Römerzeit entstand nun hier auf dem Lindenberg eine bedeutende Handelsstadt mit einer großartigen Forumanlage[20]). Auch in Salzburg gab es eine keltische Siedlung auf dem Rainberg. Die Römerstadt Juvavum dagegen wurde unter Claudius auf dem späteren Domhügel angelegt; auf dem Domplatz war das Forum[21]). An der Traun wurde die ursprünglich keltische Siedlung Ovilava (Wels) unter Hadrian als Römerstadt, unter Caracalla als Kolonie anerkannt. In spätrömischer Zeit lag dort die Zivilverwaltung von Ufernoricum[22]).

Im Westen sind, wie schon erwähnt wurde, als bürgerliche Städte vor allem Köln und Trier entstanden. Das in Köln um das Jahr 12 v. Chr. angelegte oppidum Ubiorum war zwar stadtähnlich erbaut, aber noch keine Stadt, vielleicht ein vicus; entscheidend wurde hier die Erhebung durch Claudius und Agrippina zur Colonia Claudia Ara Agrippinensium[23]). Um 15 v. Chr. wurde Trier von Kaiser Augustus unter dem Namen Augusta Treverorum zum Vorort der keltisch-germanischen Treverer erhoben; doch sind im Raume der Stadt vorrömische Siedlungen nicht nachgewiesen worden[24]). Die Römerstadt wurde nach selbständigem Plane schachbrettartig neben einem Erdkastell erbaut. Claudius erhob Trier zur colonia. Bis dahin war auch sie nur ein vicus. Seit 286 war Trier kaiserliche Residenz. Ausgedehnter Wein- und Tuchhandel ließ großen Reichtum aufkommen, prächtige Bauten wurden errichtet[25]). Aus den Bedürfnissen der Badetherapie heraus entstanden Bäderstädte wie Aachen, das seit der Zeit des Tiberius als vicus auftritt (Aquae Grani)[26]), oder Baden-Baden (Aurelia Aquensis), das seit Claudius als römisches Bad, seit 197 als Civitas Aquensis bezeugt ist (übrigens seit Vespasian durch zwei Kastelle gesichert)[27]). Ähnlich ging es mit Wiesbaden, dessen bürgerliche Siedlung bei den Bädern schon in vorrömischer Zeit durch Germanen begründet, dann von Domitian wieder belebt, unter Trajan zur Civitas Mattiacorum erhoben wurde, während in flavischer Zeit ein Kohortenkastell auf dem Heidenberg errichtet worden war; seine Thermen erhielten im 2. Jh. eine gewaltige Ausdehnung[28]). Militärsiedlungen neben älteren oder gleichzeitigen bürgerlichen Siedlungen kommen übrigens auch sonst vor, so z. B. in Kreuznach (Cruciniacum), dessen Kastell erst in konstantinischer Zeit neben den weit älteren vicus trat[29]). Dasselbe gilt für Alzey (vicus Altaiensis) und Jünkerath (Egorigium)[30]).

3. AUFBAU DER STADT

Cäsar hatte die Rheingrenze, Augustus die Donaulinie gesichert. An Donau und Rhein lagen deshalb von vornherein die wichtigsten Römerstädte. Sie wurden nicht auf Bergen, wie die keltischen und germanischen oppida, sondern in der Ebene, an den römischen Heerstraßen selbst, angelegt. Die Straßen am linken Rhein- und am rechten Donauufer samt deren Zugangsstraßen vom Süden und vom Westen her waren mit Kastellen und Römerstädten geradezu besät. In flavischer Zeit entstanden dann auch an der rechten Uferstraße des Rheins und an deren Seitenstraßen nach Osten zu, die das vom Limes umfaßte Gebiet erschlossen, allmählich Römersiedlungen.

Die ersten römischen Anlagen auf deutschem Boden mußten sich mit den landesüblichen Baumaterialien, also Holz und Erde, begnügen[1]). Selbst Kastelle wurden zunächst aus Erde hergestellt. Aber die Römer brachten die im Orient bereits entwickelte Steinbaukunst nach Germanien mit, und bald wurden nicht nur die Kastelle, sondern auch die städtischen Gebäude vielfach aus Stein erbaut. Die Kastelle und Standlager wurden in quadratischem oder rechteckigem Grundriß angelegt, und diese Form übernahm man auch für die Stadtgrundrisse, wobei man der griechisch-römischen Tradition folgte[2]). (Kleinere Abweichungen scheuten die Römer freilich nicht, sofern diese durch die Geländeverhältnisse bedingt waren.) Einen fast völlig exakt-rechteckigen Grundriß wiesen z. B. im Rheingebiet Köln, Trier und Straßburg auf, im Donaugebiet Carnuntum, Ovilava, Regensburg und Flavia Solva, am Limes Heddernheim,

Lopodunum, Wimpfen und Sumelocenna. Colonia Trajana (Xanten) hatte einen trapezförmigen Grundriß[3]). Manche von ihnen, wie Trier, Heddernheim und Wimpfen, erlebten im Laufe der Zeit Veränderungen des ursprünglichen Planes. Andere Römerstädte wieder fügten sich von Anfang an nicht in das Normalschema ein, wie Metz, Basel, Aventicum, Teurnia. Hierbei handelt es sich um alte keltische Siedlungen, die von den Römern übernommen wurden und deren Geländeverhältnisse eine besondere Form verlangten. Aber auch Neubildungen, wie Solothurn (Salodurum) und Mainz, widerstrebten in ihrer Glockenform dem römischen Schema[4]). Eigenartig ist die römische Topographie von Brigantium, wo, bei grundsätzlicher Durchführung des Normalplans, die Straßenzüge die Bogen der Durchgangsstraße nach Osten mitmachen[5]).

Wie der Gesamtumriß der Stadt, so war auch die Straßen- und Quartiereinteilung meist rechteckig angelegt. Die einzelnen Quartiere wurden als insulae bezeichnet. Die Stadt war jeweils von zwei Hauptstraßen durchschnitten, dem decumanus und dem cardo, die miteinander ein Straßenkreuz bildeten. Den decumanus schloß auf der einen Seite die porta decumana, auf der anderen die porta praetoria ab. Regelmäßig führte durch die Stadt auch eine Heerstraße, die als via principalis bezeichnet wurde. Das Prinzip wurde sowohl in den Lagerstädten wie in den bürgerlichen Neugründungen durchgeführt. In K ö l n z. B. kreuzte sich die sogenannte Obenmarspforte (decumanus) rechteckig mit der via principalis, der Hohen Straße. Die porta praetoria lag dem Rhein zu. Ebenso öffnete sich in Regensburg die porta praetoria nach dem Fluß, der Donau hin. Auch in Straßburg ist die via principalis noch heute in der Rosenbad- und Münstergasse zu erkennen. In Augsburg war die Stadt von der via Claudia (Richtung Verona—Donau) durchzogen. In T r i e r, das erst in spätrömischer Zeit seine gewaltige Ausdehnung erfahren hat, läßt sich die Gründungsstadt aus der Zeit des Augustus mit Sicherheit aus dem klaren Aufbau des römischen Normalschemas erkennen: rechtwinklig schneiden sich die Straßen von 10 m Breite in regelmäßigen Abständen, rechteckig ist auch die Gestalt der insulae[6]). Rechtwinklige Straßenkreuzung sehen wir auch in dem ausgegrabenen Cambodunum und in Carnuntum, wo die Anlage der Stadt nach dem Schachbrettmuster durchgeführt worden ist[7]).

Von den Römerstädten auf deutschem Boden weisen manche, wie Augst und Teurnia, eine halbtausendjährige, andere, wie Köln, Trier und Juvavum, eine 400jährige Geschichte auf. Die Städte im Bereich des sogenannten Limes brachten es höchstens zu 200jähriger Existenz[8]). Im Grenzland aufgebaut, mußten die Städte die wechselvollen Schicksale der Grenzkämpfe durchleben. Bei diesem Auf und Ab der Ereignisse kann die Geschichte der Römerstadt nicht ausschließlich in dem Sinne verstanden werden, daß jeweils einer Gründungsepoche eine Zeit friedlichen Aufblühens und dieser wiederum eine Periode des Niedergangs gefolgt sei. Was Umfang und Bedeutung der Stadt und die Intensität des städtischen Lebens anbelangt, dürfte vielmehr gerade die spätrömische Zeit die Epoche der höchsten Blüte gewesen sein. Bekanntlich hat T r i e r seine größte Ausdehnung erst damals erfahren; seine großartigsten Bauwerke, wie die gewaltige Basilika[9], aber auch ein Forum und ein Zirkus, sind erst von Konstantin dem Großen (306—337) erbaut worden[10]), und unter Valentinian (364—375) und dessen Sohn Gratian (367—383) erlebte das römische Trier seine Glanzzeit als Stadt des Handels und Gewerbes, der Kunst und Wissenschaft[11]).

Der wirtschaftliche Mittelpunkt der Römerstadt lag in seinem F o r u m. Eine ganze Anzahl solcher fora sind ausgegraben oder wenigstens näher untersucht worden, die von Heddernheim, Ladenburg, Augst, Vindonissa, Brigantium, Cambodunum, Teurnia, Virunum, Carnuntum[12]). Das Forum war ein rechteckiger Platz, meist am Schnittpunkt der Hauptstraße gelegen, wie z. B. in Carnuntum und Cambodunum. In Bregenz lag es an der Hauptstraße, in Xanten im Westteil nördlich des decumanus. Das von Xanten hatte quadratische Form, wie anfänglich auch das von Cambodunum. Vielfach war das Forum von Säulen umgeben, wie z. B. in Augsburg und Bregenz, oder von Hallen oder Bauten eingeschlossen, wie in Heddernheim, Teurnia und Virunum. In Vindonissa bestand es aus einem einzigen mächtigen Gebäude, ebenso auch in Xanten. Neben dem Hauptforum gab es vielfach noch Nebenforen für bestimmte Waren, wie in Augusta Raurica und Köln. Am Forum oder in dessen Nähe lagen häufig auch die größeren Gebäude des Gerichtes oder der Verwaltung, so z. B. eine Basilika für Gerichtssitzungen und Kaufläden bestimmt, wie etwa in Trier und Augsburg, oder eine curia, ein Versammlungshaus für den Stadtrat. Andere öffentliche Gebäude, wie die Tempel, die Theater und Amphitheater oder die Thermen, lagen häufig außerhalb des Stadtzentrums, vielfach sogar außerhalb des engeren Stadtbereiches. In Trier z. B. kann man geradezu von einer selbständigen Tempelstadt sprechen, und das Amphitheater lag dort noch außerhalb der spätrömischen Stadtmauer. Auch in Köln[13]) und in Poetovio gab es einen solchen heiligen Bezirk[14]). In Mainz gehörten Theater und Amphitheater zum Forum. In Aventicum war das Theater in das Hügelgelände neben der ursprünglichen Stadt eingebaut. Neben der Stadt Andernach war ein Tempel auf dem Kranenberg errichtet worden. Dagegen war in Virunum und Lauriacum der Tempelbezirk in die Forumanlagen mit eingeschlossen. In Xanten lag das Amphitheater in der Südostecke der

Aufbau der Stadt

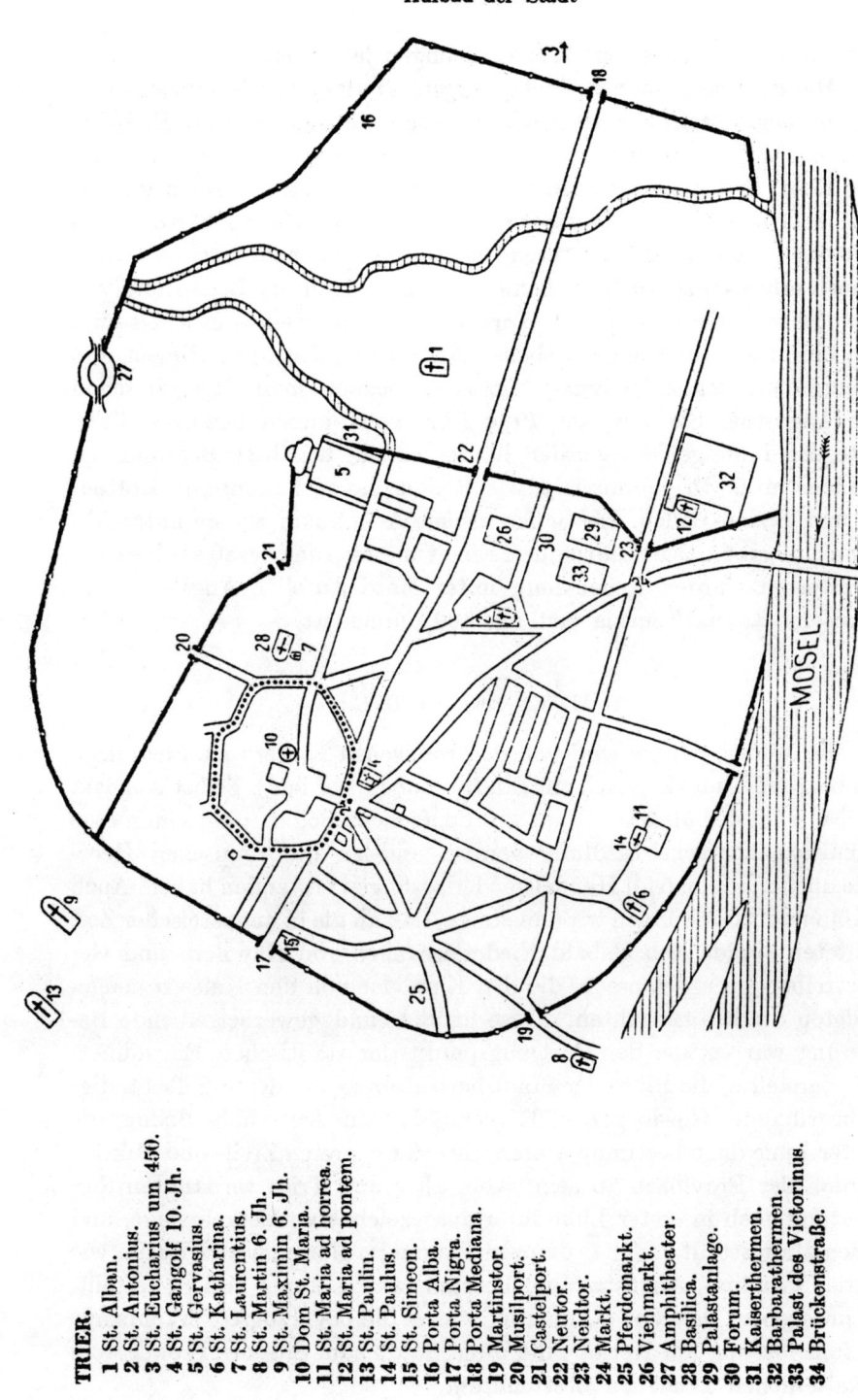

TRIER.
1 St. Alban.
2 St. Antonius.
3 St. Eucharius um 450.
4 St. Gangolf 10. Jh.
5 St. Gervasius.
6 St. Katharina.
7 St. Laurentius.
8 St. Martin 6. Jh.
9 St. Maximin 6. Jh.
10 Dom St. Maria.
11 St. Maria ad horrea.
12 St. Maria ad pontem.
13 St. Paulin.
14 St. Paulus.
15 St. Simeon.
16 Porta Alba.
17 Porta Nigra.
18 Porta Mediana.
19 Martinstor.
20 Musilport.
21 Castelport.
22 Neutor.
23 Neidtor.
24 Markt.
25 Pferdemarkt.
26 Viehmarkt.
27 Amphitheater.
28 Basilica.
29 Palastanlage.
30 Forum.
31 Kaiserthermen.
32 Barbarathermen.
33 Palast des Victorinus.
34 Brückenstraße.

15 v. Chr. Augusta Treverorum ——— . / *1142 Stadtummauerung von Dom und Marktstadt* .... / *13. Jh. mittelalterliche Stadtmauer* ———

Stadt. Reste der römischen Wasserleitungen lassen sich noch heute in Köln, Mainz, Trier, Aachen, Metz, Augst, Vindonissa, Carnuntum und Poetovio nachweisen. Gewaltige Kanalisationsanlagen besaß z. B. Köln.

Manche Römerstädte sind niemals u m m a u e r t worden, so etwa Basel, Genf, Bregenz, Carnuntum, Flavia Solva, Poetovio. Doch war die Stadtmauer nicht nur äußeres Symbol der Stadt, sondern gehörte zu den loca sancta, die dem Römer verehrungswürdig und heiß ersehnt waren. Dennoch erhielten selbst linksrheinische Städte von der Bedeutung von Mainz, Trier[15]), Straßburg und Worms erst in der Zeit vom 3. bis zum 5. Jh. eine feste Stadtmauer, ebenso Andernach, Koblenz, Bingen und Saarburg. Mit der Befestigung von Köln begann man dagegen schon unter Augustus. Sie war um 70 v. Chr. vollkommen fertiggestellt[16]). Städte des Limesgebiets wurden häufig bereits bei ihrer Begründung, spätestens im 2. Jh., ummauert, wie Heddernheim, Ladenburg, Rottenburg und Baden-Baden. Im Süden erhielt Aventicum schon unter Vespasian eine großartige Stadtmauer. Eine Ummauerung besaß auch Augst. Im Südosten wurden Regensburg unter Marc Aurel[17]), Augsburg und Ovilava im 3. Jh., Teurnia erst um 400 ummauert.

4. ARTEN DER STÄDTE

Nur wenige Städte sind von den römischen Kaisern als Siedlungsraum begründet und zugleich zur Stadt erhoben worden[1]). Selbst Augusta Raurica, wohl der ältesten Stadt auf deutschem Boden, ging schon eine vorrömische keltische Siedlung voraus, und an der römischen Heerstraße dürften schon früh Handelsniederlassungen bestanden haben. Auch für Köln und Trier können wir annehmen, daß an die in augusteischer Zeit errichteten oppida sich alsbald Niederlassungen von Händlern und Gewerbetreibenden anschlossen, die den Kern der von den Kaisern neugegründeten Stadt ausmachten. Diese handel- und gewerbetreibende Bevölkerung war es, die den Ausgangspunkt der städtischen Einwohnerschaft darstellte, die Blüte der Stadt herbeiführte und deren Selbständigkeit begründete. Gewiß gab es Römerstädte auf deutschem Boden, die in erster Linie dazu bestimmt waren, Sitz der obersten Zivil- und Militärbehörden der Provinzen zu sein. Köln aber und Trier verdankten ihre Bedeutung doch in erster Linie ihrer ausgezeichneten Verkehrslage, und mit den Hauptstädten der Provinzen Pannonia, Noricum und Rätia, wie Savaria, Virunum, Augusta Vindelicorum, war es kaum anders bestellt. Im Limesgebiet, den agri decumates, war es die bevorzugte Verkehrslage von Sumelocenna am Neckar, die diese Stadt zum Sitz des Prokurators der kaiserlichen Domänen bestimmte[2]).

So gingen also der Römerstadt meist Niederlassungen von Kaufleuten und Handwerkern bei den Legionslagern und den Kastellen, die gallischen und germanischen oppida an Straßenkreuzungen oder an sonstigen Verkehrsmittelpunkten, voraus. Sie wurden als canabae, Verkaufshallen, bezeichnet. Waren die canabae zahlreich geworden, so trug die ganze Zivilsiedlung den Namen v i c u s[3]). Der vicus zog sich meist an der Heerstraße mit je einer Häuserreihe zu beiden Seiten der Straße hin[4]). Der Gebrauch von vicus in städtischen Verhältnissen als Straßen- oder Stadtviertel wird schon im 1. Jh. v. Chr. bezeugt. Offenbar ist das Wort vom griechischen οἶκος, Haus, Häuserkomplex, abzuleiten und zeigt mit dieser Abstammung die Herkunft aus dem hellenistischen Städtewesen an. Es wäre völlig irrig, diese vici als Dörfer zu charakterisieren; sie waren nicht landwirtschaftliche, sondern kaufmännische gewerbliche Siedlungen[5]). Viele von ihnen sind über die Situation eines vicus in römischer Zeit nicht hinausgewachsen, so im linksrheinischen Nieder- und Obergermanien etwa Aachen, Kreuznach, Alzey, Solothurn, Eborodunum (Yverdon), Baden und Zürich, in Rätien Chur, Günzburg (Guntia) und Ponione (Faimingen). Vor allem innerhalb des Limesgebietes blieben viele Ansiedlungen im Zustand des vicus stecken, wie Badenweiler, Cannstatt, Friedberg, Miltenberg, Osterburken, Rottweil. Für andere, wie Baden-Baden, Heddernheim, Ladenburg, Wiesbaden, Wimpfen, können wir noch den Weg vom vicus zur Stadt verfolgen. Sehr klar sehen wir die Entwicklung in Worms, dessen frührömische canabae in der Flavierzeit durch eine Zivilstadt abgelöst wurden[6]), oder in Mainz, wo die vici der Händler und Handwerker erst um 260—270 zur Stadtgemeinde zusammengeschlossen wurden[7]). Im Südosten bietet Pettau (Poetovio) ein gutes Beispiel: Die abseits vom Lager in der Zeit des Tiberius (14—37) entstandenen canabae bildeten hier die Grundlage für die von Trajan (98—117) anerkannte Stadt[8]), und in Carnuntum entstand die Zivilstadt aus den 2,5 km vom Legionslager entfernt gelegenen canabae aus flavischer Zeit, die Kaiser Hadrian (117—138) zum municipium erhob[9]).

Der vicus war also häufig eine wichtige Grundlage für die künftige römische Stadt[10]). Was ist nun unter „Stadt" nach römischen Grundsätzen zu verstehen? Einen einheitlichen Stadtbegriff wie die Griechen, die nur die polis kannten, haben die Römer nicht entwickelt. Urbs blieb grundsätzlich der Name nur für Rom. Oppidum, ursprünglich Burg, Feste, wurde zwar allmählich ein übergeordneter Begriff, ohne aber die verschiedenen Stadttypen, municipium, colonia, civitas, auszulöschen.

Das m u n i c i p i u m[11]) umschloß, wie schon sein Name besagt, die städtischen Bürger (municipes), die verpflichtet waren, zu den städtischen Lasten beizutragen. Zunächst galt das nur für Latium, seit dem

Abschluß der Bundesgenossenkriege für ganz Italien. Seit der Kaiserzeit wurde dann das latinische Stadtrecht auch Provinzialstädten verliehen. So erhob z. B. Claudius 5 Orte in Noricum zu Munizipien, nämlich Virunum, Celeia, Teurnia, Aguntum und Juvavum, von denen sicher einige Vororte keltischer Volksgemeinden gewesen waren, wie Teurnia, die Stadt der keltischen Taurisker[12]. Aventicum, der Mittelpunkt des Volkes der keltischen Helvetier, wurde um das Jahr 74 Kolonie[13]. Die keltischen Volksgemeinden, die c i v i t a t e s, waren von Haus aus nicht städtisch. Der Vorort hatte keinen städtischen Aufbau; er bildete vielmehr nur den Mittelpunkt des Personalverbandes der Völkerschaft[14]. Im Westen waren solche Vororte etwa Augst und Besançon für den keltischen Stamm der Sequaner, Genf und Metz für die keltischen Stämme der Allobroger und Mediomatriker, Tongern für den keltisierten germanischen Stamm der Tungrer. Auch Speyer und Worms werden Vororte der germanischen Stämme der Nemeter und Vangionen gewesen sein, die sich der keltischen Verfassung angepaßt hatten[15]. Von besonderer Wichtigkeit war es, daß Augustus für die beiden großen germanischen Stämme der Ubier und Treverer nach keltischem Vorbilde stadtartige oppida anlegte. Die Sonderstellung der civitates im Bereich des römischen Städtewesens verschwand bald, je schneller sich die Vororte mit eigenem städtischem Leben erfüllten. In der Civitas Cambodonum, dem Vorort der keltischen Estionen, erreichte die städtische Siedlung bereits im 1. Jh. den Höhepunkt. Als sie im 3. Jh. zerstört worden war, wurde sie nicht wieder aufgebaut[16]. Seit Trajan (98—117) wurden zahlreiche Orte im Limesgebiet mit dem Titel civitas ausgezeichnet, obwohl von echten Volksgemeinden keine Rede mehr sein konnte, wie etwa Ladenburg, Rottenburg, Dieburg, Wiesbaden, Heddernheim, Wimpfen und Baden-Baden[17]. Der Name für Baden-Baden, civitas Aquensis, verzichtete schon darauf, eine Volksgemeinde vorzutäuschen. Seit dem 2. Jh. bereits wurde in der Umgangssprache das Wort civitas als Bezeichnung für Stadt verwendet. In der späteren Kaiserzeit ist dann die volksgemeindliche Ordnung verschwunden und civitas zur Bezeichnung einer autonomen Stadt geworden, und zwar einer Stadt von größerer Bedeutung. In der Notitia Galliarum, einer um 400 entstandenen Aufzeichnung[18], werden solche Städte als civitates aufgeführt, die als Bischofssitze kirchliche und staatliche Vororte eines Gebietes waren. Da sind jetzt auch Köln und Straßburg als civitates miteinbegriffen, aber ihre Namen: civitas Agrippinensium, Argentoratensium[19] zeigen deutlich, daß nicht die volksgemeindliche, sondern die städtische Ordnung zugrunde gelegt ist, wenn von ihnen als von einer civitas gesprochen wird.

Eine besondere Stadtform stellte endlich auch die c o l o n i a dar. Anfänglich diente sie der Beschaffung von Ackerland und der Versorgung der zivilen Bevölkerung in der Kaiserzeit, dann vor allem der Abfindung der ausgedienten Soldaten, zunächst mit Land, später mit Geld[20]). Rechtlich erscheinen die coloniae als Tochterstädte Roms und wurden daher noch unter Hadrian nicht für so selbständig wie die Munizipien angesehen. Doch boten sie aus ihrem Rechtsaufbau heraus gewisse Vorzüge, wie die Freiheit von einzelnen Abgaben und ein bevorzugtes Eigentum nach quiritischem Recht. Die Veteranen erschienen als eine städtische Oberschicht[21]). In Pannonien wurde 34 v. Chr. Emona als Kolonie begründet, am Rhein Augusta Raurica, bereits 44 v. Chr., und Köln im Jahre 51 n. Chr.[22]). Seit Claudius wurden auch Vororte keltisch-germanischer Volksgemeinden, wie Aventicum und Speyer, zu Titularkolonien erhoben[23]). Trajan verlieh um das Jahr 100 Poetovio das Kolonialrecht[24]). Seit dem 2. Jh. erhielten auch viele Munizipien Titel und Rechtsstellung nach Art einer Kolonie, wie Ovilava, Virunum, Flavia Solva, Aelium Cetium und Carnuntum[25]): Die Kolonien erscheinen jetzt als die vornehmsten Städte.

5. STADTVERFASSUNG

Trotz dieser verschiedenen Stadtformen der civitates und coloniae war die Verfassung der römischen Stadt auf deutschem Boden in großen Zügen einheitlich. Unsere Nachrichten darüber sind leider sehr spärlich und dulden keinen Vergleich mit dem, was die uns erhaltenen Gesetze Domitians für die latinischen Städte Salpensa und Malaca auf südspanischem Boden bieten[1]). Aber wir sahen ja bereits, wie in spätrömischer Zeit die Stadtformen sich immer mehr einander anglichen, so daß sich ein allgemeiner städtischer Schematismus entwickelte. Die noch verbleibenden Unterschiede berührten den Kern der Verfassung nicht.

Die Gesetzgebung Caracallas von 212 verlieh allen Einwohnern des Reiches das römische Bürgerrecht. Schon unter Claudius hatte die Bevorzugung des römischen Bürgerrechtes vor dem latinischen, das bis dahin für die Munizipien meist maßgeblich gewesen war, begonnen. Die freie Bürgerschaft zerfiel in die Klassen der cives (municipes) und der incolae. Die cives hatten in der Stadt Heimatrecht, die incolae nur Wohnsitz[2]). Aktives Wahlrecht besaßen beide Gruppen, passives nur die cives. Die Bürgerschaft war in mehrere (meist zehn) tribus oder curiae eingeteilt. Die tribus wählten die Beamten der Stadt, meist vier, nämlich die duoviri jure dicundo, die den römischen Konsuln entsprechen, und die duoviri aediles. Die duoviri standen an der Spitze der gesamten Verwaltung, beriefen Stadtrat und Volksversammlung ein, verwalteten das Gemeindevermögen und sprachen Recht. Die Ädilen verwalteten die Polizei, das Straßen-, Bau- und Marktwesen. Alle fünf Jahre hatten die Duoviri quinquenales die Bürgerschaft zu schätzen, den städtischen Etat aufzustellen und den Stadtrat zu wählen. Ein Stadtrat[3], ordo decurionum, auch Senat genannt, meist 100 Personen, hatte die Vertretung der Stadt, die sich zur juristischen Person entwickelte, weiter die Beschlußfassung über die gesamte Gemeindeverwaltung. Er verfügte auch über den Stadtboden, beaufsichtigte die Beamten und nahm deren Rechnungslegung entgegen. Die Beamten hatten Sitz im Stadtrat; alle Ratsmitglieder mußten mindestens 25 Jahre alt, frei und unbescholten sein und ein hinreichendes Vermögen besitzen. Sie gehörten mit ihren Familien zum ersten Stand der honestiores[4] und wurden mit hohen Ehrentiteln ausgestattet. Für die Aufbringung und Zahlung der städtischen Steuern hatten alle Ratsmitglieder persönlich aufzukommen.

Seit dem Ende des 2. Jh. trat infolge der Mißwirtschaft im Reich ein Niedergang auch der städtischen Finanzen ein. Die Bevölkerung erwartete von der städtischen Patrizierschaft, daß diese für Brot und Spiele, aber auch für Schmuckbauten, Theater und Tempel sorge. Nur Männer mit großem Vermögen konnten solche Opfer tragen[5]. Die Haftung der Ratsmitglieder für die Steuern nahm schließlich derartige Form an, daß die Übernahme einer Ratsstelle strafweise verhängt werden konnte! Eine starke staatliche Bevormundung, ausgeübt durch die Statthalter der Provinzen, setzte ein. Im übrigen erschien das Dekurionat als eine erbliche Kaste, die aus dem niederen Stadtvolk immer höhere Steuern erpreßte. Diese oberen Klassen konnten sich meist nicht über eine bis zwei Generationen halten[6].

Zum Schutz des Volkes vor solchen Bedrückungen schuf Valentinian I. im Jahre 364 das Amt des defensor civitatis, eines kaiserlichen Beamten, der nicht aus dem Kreise der Dekurionen genommen werden durfte[7]. Die Selbstverwaltung der römischen Stadt geriet damit in Gefahr. Zu einer wirklichen Beseitigung der Mißstände ist es jedoch bis zum Zusammenbruch der römischen Herrschaft nicht gekommen.

Im vicus galt die Verfassung der Stadt nicht. Immerhin konnte für die cives Romani ad canabas consistentes auch ein ordo decurionum, ein Rat bestellt werden. An Stelle der vier städtischen Beamten stand im vicus anfänglich ein Kurator, später kommen mehrere magistri und ein Ädil vor. Für Bitburg (Beda vicus) werden 198 mehrere curatores genannt[8]. Die Entwicklung der vici führte die meisten von ihnen zur Verleihung der Stadtverfassung. Zum Teil ging diese Entwicklung allerdings langsam vonstatten; Mainz z. B. war architektonisch längst eine bedeutende Stadt, als es juristisch noch aus mehreren vici bestand[9]). Für die canabae an den Legionslagern, die sogenannten Lagerstädte, galt insofern eine Besonderheit, als ihre Bewohner, ebenso wie die Legionäre, kein Heimatrecht besaßen. Das hat Septimius Severus beseitigt, indem er auch diesen canabae munizipale Rechte, besonders aber das Gemeindebürgerrecht, verlieh[10]).

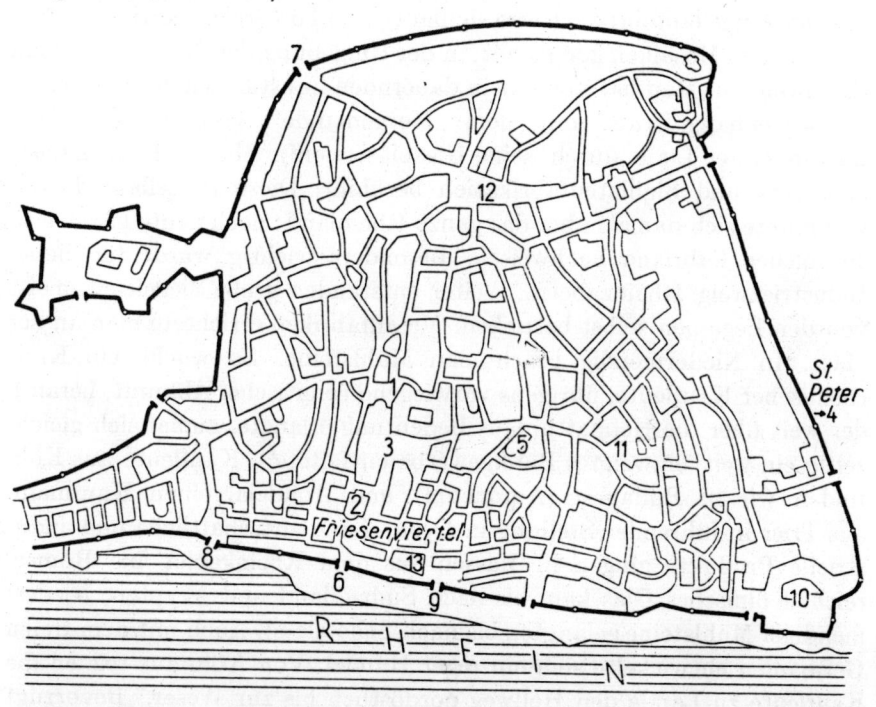

MAINZ. 1 St. Johannis 534—548. **2** Unser-Lieben-Frauen-Stift St. Maria. **3** St.-Martin-Dom 753. **4** St. Peter (an Stelle des Jupitertempels). **5** St. Quintin (fränkisch). **6** Fischpforte. **7** Gaupforte. **8** Holzpforte. **9** Leisentörlein. **10** Schloß. **11** Flachsmarkt. **12** Dietmarkt. **13** Rathaus.
Mogontiacum um 300. / 748 Erzbistum Mainz, civitas publica. / 886 Friesenviertel abgebrannt. / Um 1120 Stadtmauer; 1158 abgerissen; 1200 Neuaufbau. / 13. Jh. Stadterweiterung (Selenhofen) ———.

6. HANDELS- UND WIRTSCHAFTSLEBEN

Wirtschaftlich war die städtische Entwicklung des Rheinlandes der in den Donaugebieten bei weitem überlegen. Die Gründe dafür sind unschwer festzustellen. Am Rhein lag der Schwerpunkt des Kampfes mit den Germanen; ständig waren in diesem Gebiet große Truppenmassen zusammengezogen, deren Bedürfnisse den ersten Anreiz zur Entstehung eines bedeutenden Warenhandels gaben. Metz, Worms, Speyer und

Straßburg blieben mittlere Städte. In der Hauptsache konzentrierte sich der Handel auf die drei großen Metropolen der Provinzen Belgica, Unter- und Obergermanien, nämlich T r i e r, K ö l n und M a i n z[1]). Diese Städte wurden schon im 1. Jh. führende Handelsplätze und konnten alle in kurzer Zeit den Umfang ihres Handels verdreifachen. Eine reiche Industrie entwickelte sich. Vielseitig war Trier[2]): Dort wurden Tuche gewebt, Porzellanfabriken (terra sigillata) und Töpfereien betrieben, Fensterglas und Mosaiken hergestellt; in der Umgebung der Stadt baute man Moselwein an. Man hat von einem dauernden künstlerisch-geschäftlichen Zusammenhang Triers mit dem „Morgenlande" gesprochen[3]). Köln war in erster Linie durch seine Glasbläsereien[4]), Mainz durch Kunsthandwerk und Sigillatenfabrikation berühmt. Diese Porzellanindustrie verbreitete sich damals über das ganze Rheinland; noch heute lassen sich 40 solcher Fabriken nachweisen. Besonders wichtig wurde für diesen Industriezweig Rheinzabern. Weiter entstanden große Ziegeleien, meist von den Legionen selbst betrieben. Metallfabriken errichtete man an der Maas. In Niedermendig brach man Mühlsteine. So wuchs ein Kreis rheinischer Kaufleute, übrigens vorwiegend semitischer Abkunft, heran[5]), der weit über die Heimat hinaus Bedeutung erlangte, zumal sich gleichzeitig ein weitverzweigtes Bankgewerbe entfaltete[6]). Kaufleute aus Köln finden wir in Budapest (Aquincum) und Aquileia, einen Kaufmann aus Trier in führender Stellung in Lyon. Landwirtschaftliche und industrielle Produkte gingen in Massen aus dem Rheingebiet ins Römerreich. Kölnisches Glas kam bis nach Südrußland und Ägypten, Niedermendiger Mühlsteine gelangten bis nach Schottland. Auch mit dem freien Germanien entwickelte sich ein reger Handel. Von Köln aus reisten die Kaufleute zu Lande den Hellweg nordöstlich bis zur Weser. Bevorzugt aber war der Seeweg, der im Osten bis nach Gotland führte. Nach Britannien fuhr man von Domburg auf Walcheren aus[7]). Man importierte aus Germanien Bernstein, Sklaven, Felle, Pech und Harz und brachte dafür Textilien, Wein, Schmuck, Bronze und sonstiges Metall[8]). Naturgemäß war der Eigenverbrauch des Rheinlandes sehr groß und erreichte einen hohen kulturellen Stand[9]), wie die üppigen öffentlichen Gebäude und die privaten Villen, wie Plastiken, Mosaiken, Fresken, Marmor, Gläser und Sigillaten zeigen, die man dort ausgegraben hat. Im rechtsrheinischen Gebiet trug am ehesten Heddernheim mit seinen ausgedehnten Töpferwerkstätten das Gepräge der linksrheinischen Wirtschaftskultur[10]).

An der Donau war C a r n u n t u m weitaus die bedeutendste Handelsstadt mit großem Umfang und eigener Wollweberei. Die günstige Lage an der Donau und an der von Danzig kommenden Bernsteinstraße gab seinem Handel eine große Ausdehnung[11]). Auch die Zivilstadt von

Wien dürfte nicht wesentlich kleiner gewesen sein, doch sind unsere Nachrichten über sie äußerst dürftig. Im Noricum war nur Wels von größerer wirtschaftlicher Bedeutung, und zwar für den Handel mit Eisen und Wolle[12]). Lauriacum ging wie die übrigen norischen Munizipalstädte nicht über den Stand einer Mittelstadt hinaus. In Rätien waren Augsburg[13]), Bregenz und Cambodonum wirtschaftlich bedeutsam. Doch konnte sich der rätische Handel mit dem rheinischen in keiner Weise vergleichen[14]). Er beschränkte sich hauptsächlich auf Holz, Harz, Pech, Honig und Käse, während die Eisengewinnung aufgegeben war. Im ganzen Donaugebiet sind auch viel einfachere Gegenstände in Gebrauch gewesen. Die Kleidung, die Sigillaten, die Gläser waren primitiv gegen die des Rheinlandes. Vielfach findet sich auch eine grobe einheimische Keramik.

In Rätien, Noricum und den zu unserer Untersuchung gehörenden Teilen Pannoniens wurde die Bevölkerung, die nur in Südrätien etruskisch, sonst in der Hauptsache illyrisch und keltisch war, schnell romanisiert. Ebenso rasch ging aber auch die Romanisierung des Rheinlandes vor sich, und zwar nicht nur der keltischen, sondern auch der germanischen Bevölkerung am Ober- und Niederrhein, die besonders in der Gegend um Mainz starke keltische Zuwanderung aus Gallien erhielt. Innerhalb der agri decumates wanderten ebenfalls zu der dünnen germanischen Bevölkerung viele Kelten zu. Andrerseits zogen aber auch viele freie Germanen über den Rhein, um dort in den Städten Arbeit zu finden. So nahm das germanische Element hier zu. Die soziale Struktur der noch erhaltenen Römerstadt an Rhein und Donau hatte schon am Beginn des 5. Jh. seinen städtischen Charakter verändert, die Bürgerschaft war verarmt, ein neuer Reichtum trat auf, das soziale Gleichgewicht war zerstört.

III. MEROWINGERZEIT
1. UNTERGANG UND NACHLEBEN DER RÖMISCHEN STADT

Mit dem Einbruch der Alemannen in das Zehntland um das Jahr 260 beginnt der Untergang der Römerstädte auf deutschem Boden. Zuerst wurden die rechtsrheinischen Städte des Limesgebietes von der Welle der Zerstörung erfaßt: Friedberg, Heddernheim und Wiesbaden wurden damals vernichtet; Ladenburg, Wimpfen, Rottenburg und Rottweil folgten ihnen. Mit der Begründung des Alemannenreiches an Mittel- und Oberrhein im Jahre 436 waren alle Römerstädte auch dieses Gebietes in die Hand der Eroberer gekommen, besonders Worms, Speyer, Straßburg und Breisach. Bereits um 450 wurden dann Basel, Augst, Vindonissa, Zürich, Konstanz, Chur ebenfalls alemannisch. Schon in der Mitte des 3. Jh. hatten die Alemannen Avenches und Cambodunum, am Ende des 4. Jh. Augsburg geplündert und schwer beschädigt.

Am Rhein eroberten seit dem Beginn des 5. Jh. die ribuarischen Franken die alten Römerstädte von Andernach bis hinab nach Köln, während die salischen Franken, vom Niederrhein aus nach Westen vorstoßend, die Orte bis zur Somme besetzten und dann ihr Reich an der Mosel mit Metz und Trier und am Rhein von Köln bis Speyer ausdehnten[1]. Köln hatte bereits im Jahre 355 eine schwere Plünderung erlebt[2], Trier wurde seit 411—427 viermal von den Franken verheert, bis es um 460 fränkisch wurde[3]. Auch Mainz war innerhalb der Jahre 368 und 406 starken Plünderungen ausgesetzt, ebenso Worms, das 409 schwer beschädigt wurde, aber von 413—436 Sitz der Burgunderkönige war. Beide wurden schließlich dem fränkischen Reich einverleibt. Metz erlitt noch im Jahre 451 einen Überfall der Hunnen[4].

Für die Römerstädte des Donaugebietes im Südosten begann der Verfall gegen Ende des 4. Jh. Unsere Nachrichten über diese Vorgänge sind sehr dürftig; nur die Vita des Heiligen Severinus, der etwa vom Jahre 453—482 in Noricum bedeutenden Einfluß hatte, gibt einige Einblicke. Darnach waren die Legionsstädte Vindobona und Carnuntum bereits um 400 von ihrer militärischen Besatzung fast entblößt und mußten schwere Schädigungen durch germanische Stämme aushalten. Dasselbe gilt auch für alle übrigen Donaukastelle, wie etwa

Castra Batava, Lentia, Lauriacum[5]), Comagena; Castra Regina wurde dagegen lange verschont[6]). Ovilava erlitt im 5. Jh. ebenfalls große Zerstörungen[7]). Nur in Innernoricum hielt sich noch die römische Herrschaft über die Zeiten Theoderichs des Großen hinaus. Die Hauptstadt des Gebietes, Teurnia, wurde erst im Kampf zwischen Slawen und Bayern am Ende des 6. Jh. vernichtet[8]). Flavia Solva dagegen wurde schon um 400 zerstört[9]).

Es ist unbestreitbar: die sogenannte Völkerwanderung hat das römische Städtewesen auf deutschem Boden schwer getroffen. Zahlreiche bedeutende Städte sind damals endgültig zugrunde gegangen, wie das glanzvolle Heddernheim (die civitas Taunensium), die altehrwürdige Colonia Raurica (Augst) und Vindonissa, im Südosten Carnuntum, Flavia Solva, Virunum, Teurnia. Bedeutungslose Siedlungen sind später in ihrer Nähe entstanden, von denen nur Augst und Windisch den alten Namen aufgenommen haben. Die wirtschaftliche und politische Funktion der untergegangenen Städte ging dann erst im Mittelalter auf andere nahegelegene Orte, wie Frankfurt, Basel, Zürich, Wien, Graz und Villach über. Zugrunde gegangen sind damals auch die römischen Stadtsiedlungen von Xanten (Colonia Trajana), Bonn, Kreuznach, Bregenz, Cambodonum, Vindobona, Poetovio. Doch haben die meisten von ihnen nicht nur ihren Namen im Mittelalter forterhalten: neue Siedlungen sind, wenn auch nicht am gleichen Platz, so doch in unmittelbarer Nähe entstanden. In Bonn z. B. lag die mittelalterliche Stadt neben dem Kastell in der villa Basilica (civitas Verona), in Bregenz im Raum der hochgelegenen keltischen Feste (die Römerstadt dagegen in der Niederung zum Bodensee). Auch in Cambodonum gab man den Raum der Römerstadt auf und zog sich in die höher gelegene keltische Burghalde am anderen Illerufer zurück[10]). In Pettau lag die Römerstadt am rechten, die mittelalterliche Stadt am linken Drauufer[11]). Enger schon ist die siedlungsgeschichtliche Kontinuität in Aventicum. Das mittelalterliche Avenches nahm wenigstens einen kleinen Teil der alten Römerstadt ein[12]). Das römische Lopodunum war doppelt so groß wie das in seinen Raum aufgenommene mittelalterliche Ladenburg[13]). In Trier war im Mittelalter das Gebiet der alten Römerstadt nur zu einem kleinen Teil bewohnt. Und auch in Augsburg nahm die frühmittelalterliche Bischofsstadt nur die kleinere, südliche Hälfte der römischen Zivilstadt ein[14]). In Wien wanderten seit dem 4. Jh. die Bewohner der alten Zivilsiedlung am Rennweg in das von den Truppen verlassene Militärlager. Die so entstandene Stadt konnte sich über die Völkerwanderungszeit mit einer Reststadt im südöstlichen Stadtraum erhalten und sich unter der Herrschaft Samos (gest. 660) im Nordosten um eine große Burganlage erweitern[15]).

Völlig klar liegt die siedlungsgeschichtliche Kontinuität bei Städten, die in der Römerzeit wie im Frühmittelalter den gleichen Raum einnahmen. Beachtlicherweise ist diese Erscheinung für die Bischofsstädte am Rhein geradezu typisch. Der Raum der Römerstadt wie auch der frühmittelalterlichen Stadt ist in Köln durch die römische Stadtmauer festgelegt. Köln war bis 510 Sitz der ribuarischen Könige, später noch des letzten Merowingerkönigs[16]). Auch in Mainz blieb die römische Stadtmauer maßgebend; hier wurde die mittelalterliche Mauer zum Teil einfach auf die römische gesetzt[17]). In Worms und Speyer blieb ebenfalls der römische Kern erhalten. Die Burgunder haben in dem alten römischen Stadtgebiet von Worms ihre Siedlungen gehabt. Legionskastell und vicus waren auch in Straßburg Ausgangspunkt für die mittelalterliche Stadt[18]). Der Münsterhügel in Basel umschloß in römischer Zeit Kastell und vicus durch eine feste Stadtmauer. An seinem Fuß war ein offener gewerblicher vicus. Die ganze Siedlung wurde später die Grundlage der mittelalterlichen Stadt Basel[19]). Auch das Römerkastell Constantia auf dem Münsterhügel mit dem vicus an der Brückenstraße entspricht nachweislich der frühmittelalterlichen Stadt Konstanz[20]). Und die Römerstadt in Metz ist gleichfalls räumlich identisch mit der mittelalterlichen Bischofsstadt[21]).

Übrigens kommen am Rhein Kastellstädte vor, die die gleiche Kontinuität aufweisen. So ist z. B. in Andernach innerhalb des Kastells sogar die Straßeneinteilung der römischen Zeit im Mittelalter erhalten geblieben[22]), und in die römische Kastellmauer von Boppard hat man später die mittelalterliche Stadt eingebaut. In Bingen wurde nach dem Verlust des Limes (nach 260) die bürgerliche Siedlung ummauert und diese Mauer später für die mittelalterliche Stadt verwendet[23]). Auch die mittelalterliche Altstadt von Nimwegen war identisch mit dem Raum der canabae castrenses in frührömischer Zeit[24]). Auf dem Basaltrücken von Friedberg standen in römischer Zeit Kastell und vicus, im Mittelalter Reichsburg und Stadt; ebenso lag es mit dem Bergrücken von Breisach (Mons Brissiacus)[25]). Auch der mittelalterliche Stadtgrundriß von Solothurn entsprach dem des spätrömischen castrum, das den älteren vicus einschloß. Das spätrömische Kastell in Chur (Curia) nebst vicus, die im 4. Jh. zerstört worden waren, gaben ebenfalls den Rahmen für die mittelalterliche Stadt ab[26]).

Aus dem Südosten lassen sich gleiche Nachrichten erweisen, wenn auch in geringerer Zahl. An das Legionslager in Regensburg (Castra Regina) schloß sich in spätrömischer Zeit westlich ein vicus an. Der Raum der mittelalterlichen Stadt unterschied sich von der alten Siedlung nur insofern, als die Zivilniederlassung sich erheblich über die römischen

Untergang und Nachleben der römischen Stadt

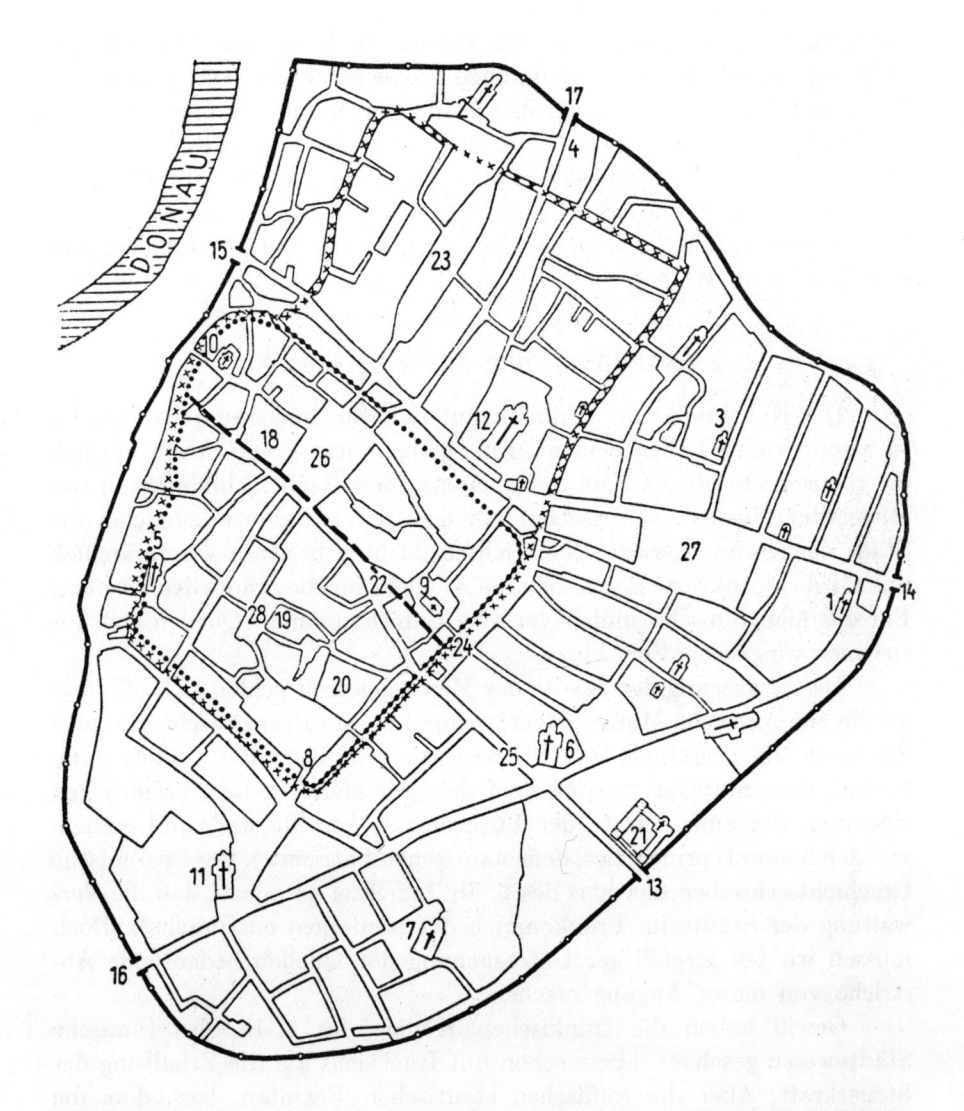

WIEN. **1** Kloster St. Clara 1305. **2** Dominikanerkloster 1257. **3** Kloster Himmelpforten 1267. **4** Kloster St. Jakob 1301. **5** St. Maria in littore 1188. **6** St. Michael 1221. **7** Minoritenkloster um 1230. **8** St. Pankratius 1158. **9** St. Petrus. **10** St. Rupert 1198. **11** Schottenkloster 1158. **12** St. Stefan 1147. **13** Burgtor 1276. **14** Kärntner Tor 1296. **15** Roter Turm 1288. **16** Schottentor 1276. **17** Stubentor 1291. **18** Der Berghof. **19** Burg des 11. Jhs. **20** Burg des 12. Jhs. **21** Die Neue Burg 1296. **22** Der Dreiecksmarkt an den Tuchlauben um 1000. **23** Die Bäckerstraße um 1100. **24** Der Graben 12. Jh. Ende. **25** Der Kohlmarkt (Witmarkt) vor 1231. **26** Der Hohe Markt 1257. **27** Der Neue Markt 1276. **28** Der Judenplatz (vor 1321).

Vindobona 1. Jh. n. Chr.; Standlager ·········. / *Civilstadt am Rennweg; Reststadt seit 5. Jh., Berghof* ———. / *Um 1000 Stadtmauer jenseits von Tuchlauben, Dreiecksplatz St. Peter.* / *Um 1100 Vorstadt Bäckerstraße; Marktplatz.* / *Nach 1100 neue Pfalz am Hof; 1172 civitas St. Stefan, Graben* ×××××. / *Vor 1230 große Stadtmauer* —•—•—.

Grundlagen ausgedehnt hat. In Passau bildeten die um 400 errichteten Castra Batava die Grundlage für die mittelalterliche Altstadt[27]). Auch in Salzburg deckte sich der Raum der Römersiedlung, der den Domplatz als Mittelpunkt hatte, mit dem der frühmittelalterlichen Stadt. Und das hadrianische offene municipium Ovilava mit seinem schachbrettartigen Aufbau, das in spätrömischer Zeit ummauert worden ist, entspricht nach Bodenfläche und Bauplan der mittelalterlichen und heutigen Stadt Wels[28]).

2. UNTERGANG DER STADTVERFASSUNG

Die Kontinuität in Hinblick auf den Siedlungsraum der Städte ist also in vielen Fällen evident. Eine ganz andere Frage ist die, ob sich die römische Stadt als Kulturerscheinung und Rechtsgebilde bis in das Mittelalter hinein hat fortsetzen können. Betrachten wir zunächst die Stadt der Merowingerzeit! Nachrichten darüber besitzen wir anfänglich nur für das fränkische Reich selbst, also allein für die Städte des Westens. Für das alemannische und bayerische Gebiet kommen Quellen erst aus spätmerowingischer Zeit hinzu.

Die Verfassung der Städte der Merowingerzeit schloß sich offenbar an die spätrömische Munizipalverfassung an. Nordfranzösische Formeln des 6.—8. Jh. bestätigen das. Sie berichten von der curia publica (ordo curiae), dem Stadtrat, weiter dem defensor civitatis, dem öffentlichen Beamten, der zum Schutz der Bürgerschaft bestellt war, und endlich von den honorati principales, dem städtischen Patriziat[1]). Der oströmische Geschichtsschreiber Agathias des 6. Jh. berichtet geradezu, daß die Verwaltung der Städte im Frankenreich der römischen entspräche[2]). Doch müssen wir bei sorgfältiger Untersuchung der Quellen bedeutende Abstriche von dieser Angabe machen.

Gewiß haben die fränkischen Könige des 6. Jh. das römische Städtewesen geschont, allein schon mit Rücksicht auf die Erhaltung der Steuerkraft. Aber die römischen städtischen Beamten, besonders die Quattuorviri, sind damals offensichtlich beseitigt worden: Der König nahm vielmehr durch seinen **comes** die Herrschaft in der Stadt an sich[3]). Dieser comes war Kommandant der königlichen Truppe für den Gau, mit der zugleich er in der Stadt seinen Sitz hatte. Er übte in ihr, wie im ganzen Gau, die Polizeigewalt aus. Weiter hatte der comes die Aufgabe, die Eintreibung der Steuern durch seine exactores zu überwachen[4]). Ein Drittel der geleisteten Abgaben fiel an ihn (während in römischer Zeit das Drittel an die Stadt kam). Bedeutsame Rechte und Pflichten der alten römischen Munizipalbehörden sind somit zur Zeit der

Merowinger auf den königlichen Grafen übergegangen: die Rechtsstellung der autonomen Bürgergemeinde ist durch die Stadtherrschaft des Königs abgelöst worden.

Sehr bald schon trat in den Städten der Bischof mit dem Grafen in Konkurrenz. Seit unter der Herrschaft Konstantins des Großen (306—337) das Christentum im römischen Reich den anderen Religionen gleichgestellt worden war, begann es, schnell sich zur führenden Macht zu entwickeln. Alsbald hören wir auch von Bischöfen in den wichtigeren Städten des Westens. In Köln ist Bischof Maternus für das Jahr 313 bezeugt. Mindestens gleichzeitig gab es einen Bischof in Trier[5]. Wenige Jahrzehnte später erscheint einer in Tongern[6]. Noch für das 4. Jh. dürfen Bischöfe auch in Mainz, Worms, Speyer und Straßburg, in Metz. Toul und Verdun angenommen werden[7]. Im Süden und Osten lassen sich in spätrömischer Zeit Bischöfe in Augst und Vindonissa, in Chur und Augsburg, in Lauriacum und Virunum, in Aguntum und Teurnia nachweisen[8]. Und diese Tradition setzte sich in der Merowingerzeit fort. Es handelt sich für diese Epoche um die gleichen Bischofsstädte, nur daß der Bischof von Tongern seit etwa 500 in Maastricht, der von Augst in Basel[9], der von Vindonissa in Konstanz[10], der von Augsburg in Seben seine Residenz hatte[11]. Doch wurde Augsburg schon unter Dagobert I. (629—639) wieder Bischofssitz[12]. Im bayerischen Gebiet, vor allem dem einstigen Noricum, gingen die Bistümer der Römerzeit zugrunde: im Innernoricum seit etwa 600, nach der Einwanderung von Slawen und Awaren; damals wurde auch Teurnia zerstört[13]. Nur Lauriacum erhielt sich als kirchliche Metropole, zugleich als Hauptstadt der Bayern, bis auch sie um das Jahr 700 von den Awaren zerstört wurde[14]. Auch in den fränkischen Teilen des Reiches mag die römische Tradition zeitweise wohl Unterbrechungen erfahren haben; seit dem 6. Jh. aber knüpfte man bewußt wieder daran an[15].

Chlodwig war es, der die Macht in den Römerstädten an sich zog und seinem comes die Verwaltung darin übertrug[16]. Er verstand es vortrefflich, die Vorherrschaft der Bischöfe in den Städten zu zügeln. Doch waren seine Beziehungen zu diesen Männern romanischer Abkunft (noch auf dem Konzil von Orléans von 511 trugen von 32 Bischöfen nur 2 germanische Namen!) in bester Ordnung[17]. Im Verlauf des 6. Jh. trat dann eine entscheidende Wendung ein. Durch große Schenkungen hatte sich der Grundbesitz der Kirche gewaltig vermehrt, und es gelang jetzt den Bischöfen, für diesen Besitz vom König Immunitätsrechte zu erwerben[18]. Die Insassen der Immunität waren der Macht des comes, besonders dessen Steueransprüchen, entzogen[19]. Die bischöflichen Immunitätsgebiete entwickelten so eine starke Anziehungskraft, die den Bischöfen immer neue

Landschenkungen und Schutzhörige einbrachte. Diese Entwicklung führte schließlich dazu, daß die Macht in den Städten dem König wieder genommen wurde und auf die Bischöfe überging. Schon König Chilperich (561—584) soll das offen zugegeben haben, wie Gregor von Tours berichtet[20]). Ein besonders klares Beispiel dafür bietet T r i e r. Bischof Niketius (525—566), aus vornehmer gallo-römischer Familie stammend, zog die Gewalt in der Stadt an sich, erneuerte die Blüte ihres Handels und belebte die römisch-christliche Baukunst, indem er den Dom wiederherstellte und die Basilika von St. Maximin schuf. Er fühlte sich bereits durchaus als Herr der Stadt[21]).

Die alte römische Stadtverfassung ist also im Verlauf der Merowingerzeit zugrundegegangen. Sie blieb nur der Form nach erhalten. Gegenüber der Macht der königlichen Beamten und des Bischofs konnte sich die Selbstverwaltung der Bürgerschaft nicht mehr durchsetzen. Schließlich verlor die Stadt ihre Qualität als selbständige juristische Person. Sie geriet in den Machtstreit von Graf und Bischof: Der Graf wollte sie zum bloßen Vorort seines Gaues degradieren, der Bischof den Stadtraum und dessen Bewohner in seine Immunität einfügen. Zunächst fiel freilich in diesem Kampf noch keine klare Entscheidung. Erst für die Karolingerzeit steht der Sieg· des Bischofs fest.

3. KULTURELLES NACHLEBEN

Auch die Zusammensetzung der Stadtbevölkerung änderte sich in der Merowingerzeit erheblich. Während die Zahl der kirchlichen Schutzhörigen sich ständig mehrte, blieb von der alten, freien Bürgerschaft nur ein begrenzter Teil übrig. Die Merowinger haben diese freien Bürger in auffälliger Weise steuerlich geschont[1]). Aber es waren eben seit dem Sturz der Römerherrschaft und im Verlauf der Völkerwanderung viele römische Bürgerfamilien ausgestorben oder ausgewandert. Die Einwohnerzahl der Städte war bedeutend zurückgegangen[2]). Eine Zuwanderung von Germanen erfolgte nur spärlich, da diese städtisches Leben scheuten[3]). In den großen Städten des Westens, wie Trier, Köln und Mainz, deren Mauern in der Römerzeit ganz mit Einwohnern angefüllt gewesen waren, aber auch z. B. in Regensburg, gab es jetzt bereits unbebaute Flächen, auf denen man wieder Landwirtschaft betrieb[4]). Auch außerhalb der Mauern wurde von Bürgern der Ackerbau gepflegt. Es wäre aber verfehlt, zu glauben, die Römerstädte seien in der Merowingerzeit zu reinen Agrarstädten herabgesunken. Vielmehr setzte diese Epoche auch den Handel in den Formen der Römerzeit weiter fort[5]). Der Schwerpunkt des Handels freilich lag damals in den Mittelmeergebieten. Die meisten Händler waren Römer, Juden und andere Orientalen, besonders Syrer[6]), sie handelten mit Geld, Seide, Gewürzen, Spezereien, Edelsteinen und anderen Luxusartikeln. Theoderich der Große galt als besonderer Förderer des Handels. Seine Fürsorge für die Sicherheit im Handelsverkehr zog fremde Kaufleute von überallher nach Italien[7]). Aber auch im Merowingerreich war der alte Handelsgeist in den römischen civitates lebendig geblieben. Das bezeugt uns vor allem die Historia Francorum des Gregor von Tours (gest. 594) mit vielen Beispielen[8]), und in der fränkischen Geschichte des sogenannten Fredegar wird für das Jahr 623—624 vom Handel fränkischer Kaufleute selbst im slawischen Osten berichtet[9]). Der Handel, der einst von Lauriacum aus mit den Ostvölkern betrieben wurde[10]), setzte sich offenbar fort, da er bereits 805 von Karl dem Großen bestätigt wurde[11]). Die Kaufleute versorgten die Städte nicht allein mit Lebensmitteln[12]), sondern auch mit weit hergebrachten Luxusgegenständen. Schon im 6. und 7. Jh. bestanden wieder zwischen Italien und Austrasien bis zum Niederrhein, ja bis nach England hin langdauernde und umfangreiche Wirtschaftsbeziehungen, die über die Bündner und Tiroler Pässe liefen[13]).

Die K a u f l e u t e waren freie Bürger[14]), die wohl jetzt nach römischem Recht lebten. Außer ihnen gab es in den Städten der Merowingerzeit neben unfreien auch freie H a n d w e r k e r, die besonders im Kunsthandwerk, im Bau- und Textilgewerbe, in der Schneiderei, im Münzgewerbe usw. tätig waren. Die Stadtbevölkerung war in der Römerzeit weitgehend romanisiert worden, auch soweit sie aus keltischem oder germanischem Blut kam. Das hat die Ausgrabung von Gräberfeldern z. B. für Mainz, Worms und Ladenburg erwiesen. In der Merowingerzeit aber kommen auf den Grabsteinen von Mainz neben römischen auch bereits germanische Namen vor[15]). Romanen und Germanen waren damals schon durch das Christentum zur Einheit verbunden. Erst im 8. Jh. sind in Mainz alle Namen fränkisch. Ähnliche Ergebnisse lieferten Ausgrabungen für Regensburg[16]). Der Germanisierungsprozeß innerhalb der Städte war also erst in karolingischer Zeit beendet.

Wie mit den Stadtbewohnern, so steht es auch mit den S t a d t n a m e n. Viele vorgermanische, meist keltische Ortsnamen haben sich durch die Römerzeit hindurch bis zur Gegenwart erhalten. Mogontiacum hat sich in Mainz, Borbetomagus in Worms, Novaesium in Neuß, Baudobriga in Boppard, Cambodunum in Kempten, Lopodunum in Ladenburg, Turicum in Zürich, Lauriacum in Lorch, Poetovio in Pettau gewandelt. Der Name des Vorortes der Mediomatricer, der römischen Militärstation Mediomatricum, wurde zu Metz germanisiert. Aus Augusta Treverorum wurde Trier. Solch starke sprachlichen Veränderungen bedurften einer vielhundertjährigen Entwicklung, setzten daher eine konstante Siedlung voraus. Übrigens erging es den römischen Namen ebenso, wie z. B. Colonia (Köln), Augusta Vindelicorum (Augsburg), Castra Regina (Regensburg), Castra Batava (Passau), Trajectum (Maastricht, Utrecht), Confluentes (Koblenz), Curia Raetorum (Chur) beweisen. Auch sie wandelten sich zu germanisierter Form. Erst seit dem Ende der Mero-

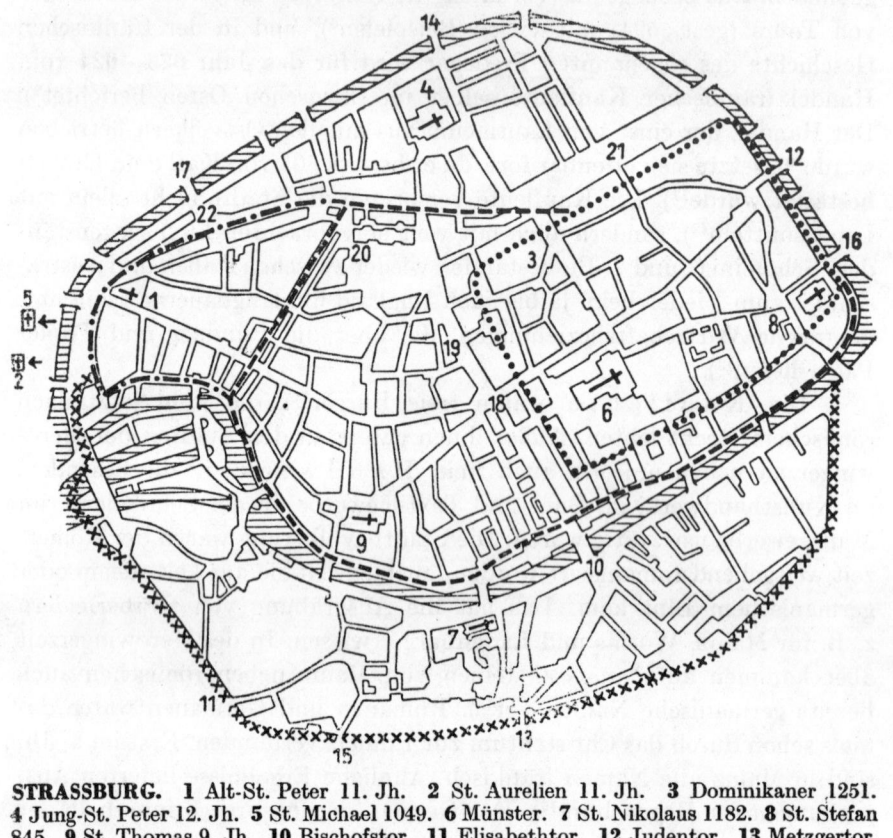

STRASSBURG. 1 Alt-St. Peter 11. Jh. 2 St. Aurelien 11. Jh. 3 Dominikaner 1251. 4 Jung-St. Peter 12. Jh. 5 St. Michael 1049. 6 Münster. 7 St. Nikolaus 1182. 8 St. Stefan 845. 9 St. Thomas 9. Jh. 10 Bischofstor. 11 Elisabethtor. 12 Judentor. 13 Metzgertor. 14 Peterstor. 15 Spitaltor. 16 Steintor. 17 Zolltor. 18 Martinsplatz. 19 Pfalz. 20 Barfüßerplatz. 21 Roßmarkt. 22 Weinmarkt.

Römisches castrum (Argentorate 16 n. Chr.) ········. / Fränkische Siedlung 737, Bischofssitz, vicus 9. Jh. ———. / Erste Stadterweiterung um Alt-St. Peter vor 1200 ·—·—·. / Zweite Stadterweiterung im Illraum 1202—20 um Jung-St. Peter. / Dritte Stadterweiterung um St. Nikolaus um 1228 ××××××.

wingerzeit kamen in manchen Römerstädten deutsche Namen an Stelle der antiken in Gebrauch, so in Speyer, nämlich Spira für die civitas Nemetum, entnommen aus dem Namen des Speyerbachs und seit dem 6. Jh. bezeugt, in Straßburg Stradiburc, d. h. Burg an der Straße, für

Argentorate, zwischen 727 und 749 nachweisbar, oder in Salzburg, Burg an der Salzach, für das römische Juvavum, das seit der Karolingerzeit bezeugt ist[17]). Solche Namensänderungen deuten indessen für keine dieser Städte eine Unterbrechung der Siedlungskontinuität an.

Auch die alten römischen S t r a ß e n blieben während der Merowingerzeit wohl zum größten Teil erhalten. Waren doch die Hauptstraßenzüge der Städte meist nur ein Teil der großen Heerstraßen, und stellten diese doch die gradlinigsten Verbindungen von Stadt zu Stadt dar. In Worms z. B. sind zwei römische Straßen, die von Süden nach Norden die Stadt durchzogen, bis auf den heutigen Tag die Hauptverkehrsadern geblieben. Ebenso steht es mit der Hohen Straße in Köln, der Emmeram-Straße in Mainz, die vom Legionskastell zur Rheinbrücke führte, dem Straßenzug Gellertstraße—St. Alban-Vorstadt—Blumenrain—St. Johann-Vorstadt in Basel, der via Claudia in Augsburg. Von größter Bedeutung waren weiter seit Beginn der Völkerwanderungszeit die römischen S t a d t m a u e r n. Manche von ihnen wurden erst vom 3. bis zum 5. Jh. erbaut[18]). Zwar wird häufig von ihrer Zerstörung gesprochen; bald darauf aber erweist sich wieder, daß sie in brauchbarem Zustand sind. Daß die römische Mauer zerstört worden sei, wird uns z. B. in Köln für die Jahre 355 und 356 berichtet[19]); in Wahrheit haben aber die Römermauern hier trotz erheblicher Schädigungen das Mittelalter überdauert! Ebenso stand es in Mainz und Worms, in Metz und Regensburg[20]), in Neuß, Andernach und Bingen. Selbst in Vindobona ist die Mauer der Legionsstadt nicht völlig von den Awaren zerstört worden und auch der mittelalterliche Aufbau der Stadt Wien hat sich zunächst im Rahmen der alten Römermauern gehalten. Offenbar sind in vielen Städten die Mauern wieder instandgesetzt worden[21]).

Was sonst noch von den Römern an öffentlichen Gebäuden oder Einrichtungen errichtet worden war, dürfte schon in der Merowingerzeit zugrundegegangen oder seinem ursprünglichen Zweck entfremdet worden sein. Die römischen Wasserleitungen, die Kanalisationsanlagen verfielen. Theater, Amphitheater und Tempel gingen zugrunde, soweit sie nicht als christliche Kultstätten weiter verwendet wurden. So wurden z. B. die Ruinen der Amphitheater von Trier und Metz in merowingischer Zeit als christliche Kapellen benutzt, ebenso in Aachen ein spätrömischer Thermenbau. Die Dome von Worms und Straßburg wurden an der Stelle römischer Tempel aufgebaut. Die St. Galluskirche in Ladenburg ruht auf dem Hallenbau einer dreischiffigen römischen Basilika aus dem 3. Jh. Aus dem sacellum des römischen Legionslagers in Regensburg entstand in fränkischer Zeit eine Kapelle, und an der Stelle der sacella vor den Lagertoren in Vindobona wurde die älteste Kirche Wiens, St. Peter, unter

Benutzung römischer Mauerreste und Mosaiken errichtet. Auch die frühkarolingische Kirche St. Alban in Mainz erstand auf dem Boden eines frühchristlichen Heiligtums aus dem 4. Jh.

Neu errichtet hat die merowingische Zeit keine Städte; sie lebte ausschließlich von der antiken Erbschaft. Nur Pfalzen legten die merowingischen Herrscher in den Römerstädten an, wie in Köln, Mainz, Trier und Worms, wobei sie die Form römischer Villentradition entlehnten. Auch sind damals viele Gotteshäuser neu entstanden, mehrere in Köln, Trier und Mainz, je eines in Straßburg, Metz, Toul, Cambrai, Worms und Basel. Man gab ihnen die Formen der Spätantike: des Zentralbaues oder der Basilika.

2. Abschnitt

FRÜHGESCHICHTE DER DEUTSCHEN STADT

I. KAROLINGERZEIT

1. RÖMERSTÄDTE IN DER KAROLINGERZEIT

In der Karolingerzeit war die römische Tradition in den früheren Römerstädten zu Ende. Das zeigt sich besonders deutlich am Beispiel der Stadtverfassung. Es gibt keine Spuren der alten römischen Munizipalverfassung mehr in dieser Epoche. Selbst die freiwillige Gerichtsbarkeit der alten Munizipalbeamten ist nur noch auf französischem und spanischem, nicht aber auf deutschem Boden erhalten geblieben[1]). Im gallischen Westen konnten diese Beamten ein Scheindasein fortführen. In Deutschland jedoch waren sie völlig überflüssig; sie verschwanden, und mit ihnen der defensor civitatis sowie der Stadtrat. Obwohl es auch in der Karolingerzeit in Stadt und Land freie Leute mit bedeutendem Vermögen gab, führt nachweislich keiner von ihnen in den Urkunden einen munizipalen Ehrentitel[2]), wie das zur Römerzeit doch unumgänglich war. Ein ordo decurionum bestand also unter den Karolingern nicht mehr[3]). Erst 4 Jahrhunderte später entstand wieder ein Stadtrat, aber auf neuer Basis. Ebensowenig bestand unter den Karolingern eine Stadtgemeinde im Sinne des römischen Rechtes; es gab auch keine wahlberechtigten Bürger, wenngleich der Ausdruck civis sich damals noch in der Literatur erhielt. Doch wurde er gemeinhin schon nicht mehr verstanden und z. B. auch auf die ländliche Bevölkerung angewandt[4]). Die römische städtische Selbstverwaltung war also völlig tot. An ihre Stelle war die Herrschaft königlicher Beamter getreten.

Diese Beamten waren der Graf und der Bischof. Beide hatten ihren Sitz in der Stadt. Doch gab es Ausnahmen; in Mainz z. B. residierte kein Graf: die Stadt gehörte zum Wormsgau[5]). Der G r a f war also kein Stadtgraf, comes civitatis, wie er zwar gelegentlich genannt wird[6]), sondern Gaugraf. Er hatte die Gerichts- und Verwaltungshoheit in seiner

3*

Grafschaft, zu der auch die civitas gehörte. Die civitas war seine Residenz, der Gaumittelpunkt. Darum hielt er hier auch das echte Thing ab[7]). Sein Gericht war also kein Stadt-, sondern ein Gaugericht, und seine Verwaltung war keine Stadtverwaltung, sondern sie erstreckte sich gleichmäßig auf den ganzen Gau. Dennoch wäre es falsch, zu sagen, die karolingische Stadt sei rechtlich ein Dorf gewesen[8]). Sie war vielmehr für den Grafen die ihm vom König zugewiesene Gauburg.

In der Regel bestand die Römerstadt als Gauburg des Grafen in einem befestigten Königshof. Aus T r i e r z. B. hören wir, daß dort der Gaugraf Arbogast (um 470) sein palatium in der konstantinischen Basilika errichtet habe[9]). Seit Dagobert I. (629—639) bestand in Trier eine Merowingerpfalz in der Nähe der königlichen Getreidespeicher und eine andere mehr an den Bergen[10]). Hier residierte der Graf in Stellvertretung des Königs. Merowingische Pfalzen finden wir auch in Köln am späteren Domhügel[11]), in Mainz in der Nähe des Albanklosters, wo die fränkischen Könige von Dagobert I. bis Ludwig dem Frommen Hof hielten[12]), in Worms seit Dagobert I. Zwar brannte die dortige Pfalz 790 ab, wurde aber bald wieder aufgebaut[13]). In Basel stand im 6. Jh. ein Königshof auf dem Münsterhügel; er wurde in der Karolingerzeit durch eine Königspfalz abgelöst[14]). In der Karolingerzeit lassen sich königliche Pfalzen noch an vielen anderen Römerplätzen nachweisen, in Maastricht, Utrecht, Speyer und Regensburg, in Nimwegen, Aachen, Frankfurt und Kreuznach, in Brumath und Zürich[15]), fast alle von Karl dem Großen errichtet. In den meisten von ihnen hatten Grafen ihre Residenz. In Wien gab es seit 791 die große Burg im Nordosten der Stadt, den späteren „Berghof", den Sitz des ersten Markgrafen Ottokar nach 826, eines Grafen aus dem Geschlecht der Wilhelminer[16]).

Auch die B i s c h ö f e schufen sich seit der fränkischen Zeit ihre eigene Domburg. In Trier baute bereits Bischof Niketius (525—560) die römische Audienzhalle zur Bischofskirche um, an welche sich ein Bischofshof anschloß. Im 8. Jh. verlegte der Erzbischof von Köln seinen Dom aus dem Süden der Stadt an die Stelle der königlichen Pfalz an der Nordostecke der alten Römersiedlung. In Mainz wurde mit der Domkirche St. Martin 753 eine Bischofspfalz errichtet, in der Karl der Große mehrfach residiert hat. In Worms wurde neben dem Domstift St. Peter schon in merowingischer Zeit ein Bischofshof gebaut. Die Pfalz Karls des Großen in Speyer südlich neben dem Dom St. Mariä wurde später als die „Pfalz des Königs und des Bischofs" bezeichnet. In Straßburg befand sich neben dem Dom St. Mariä, der im 7. Jh. entstanden ist, ein kastellartiger Bischofshof, und zwar zwischen dem Römerlager und der Ill. In Augsburg lag das zuerst 826 erwähnte Domstift St. Mariä mit der Bischofspfalz auf der Stelle des alten römischen Forums. Und in Regensburg gab es neben der kaiserlichen Pfalz eine bischöfliche, die im Osten innerhalb des Römerlagers in der Nähe des um 700 errichteten Domstiftes St. Peter angelegt worden war[17]). In Chur, Konstanz und Maastricht sind in der Karolingerzeit die römischen Kastelle zu Domburgen der Bischöfe ausgebaut worden. In Utrecht entstand eine Bischofsburg im 8. Jh. am Platze des zerstörten römischen Kastells unter Benutzung der Mauerreste[18]). In Passau errichtete der Bischof im 8. Jh. seine Burg am Sitz der Bataverkohorte. In Salzburg ging die Burg des bayerischen Herzogs im 8. Jh. auf das Domstift über[19]).

Nicht nur als Gauburg des Grafen, auch als Bischofsburg erscheint also in karolingischer Zeit die alte Römerstadt. Aber dieser Burgbegriff blieb nicht auf die Amtssitze der königlichen Beamten beschränkt. In manchen dieser Städte hatten die Römermauern die Völkerwanderung überdauert und waren bis zur Karolingerzeit stehengeblieben. Vor allem die Mauern von Köln, Mainz und Worms hatten allen Zerstörungen getrotzt[20]), ja die von Köln und Mainz konnten nach den Verwüstungen, die von den Normannen besonders im Jahre 882 angerichtet worden waren, im alten Umfang wieder erstehen[21]). Nur Trier mit seinen gewaltigen Stadtmauern von 6500 m Länge wurde damals derart in Schutt und Asche gelegt, daß die mittelalterliche Befestigung fast nur noch die halbe Länge maß und nur etwa ein Sechstel der alten Römermauer verwandte[22]). Dagegen besaß Metz, das bereits 451 von den Hunnen schwer beschädigt worden war, in karolingischer Zeit noch dieselbe Ummauerung wie die römische Stadt: schon zur Zeit der Merowinger hatte Venantius Fortunatus (530—610) ihren Bischof wegen seiner Verdienste um die Wiederherstellung der Römermauern gerühmt[23]). Auch in Basel war der ganze Burghügel bis zum Anfang des 10. Jh. durch die Römermauer befestigt[24]). Von Regensburg bezeugt die Lebensbeschreibung des hl. Emmeram aus der Mitte des 9. Jh., daß es mit Steinmauern und gewaltigen Türmen bewehrt gewesen sei[25]). Offenbar war hier die römische Mauer niemals in erheblichem Umfang zerstört worden. In derselben Zeit wird das alte Castra Regina zum erstenmal als Reganespurc (804) bezeichnet[26]). Der Ausdruck Burg ist also hier nicht nur für die königliche oder bischöfliche Pfalz verwandt, sondern für den ganzen ummauerten Raum der alten Römerstadt. Gleichzeitig wird auch Köln als Stadt von den Friesen Colnaburg genannt[27]), und in Basel hieß der seit der Römerzeit ummauerte Burghügel während des ganzen Mittelalters „die Burg"[28]). Auch die alten Römerstädte Argentoratum, Augusta Vindelicorum und Juvavum hießen seit karolingischer Zeit Straßburg, Augsburg, Salzburg[29]). Die alte Römerstadt hat, wie wir sehen, sich in eine germanische Burg verwandelt.

In den lateinisch geschriebenen Quellen der Karolingerzeit findet sich der Ausdruck c i v i t a s, dem u r b s gleichgestellt ist. Civitas oder urbs wird damals hauptsächlich für Tongern, Köln, Metz, Trier, Mainz, Worms, Speyer, Straßburg, Basel, Konstanz, Chur und

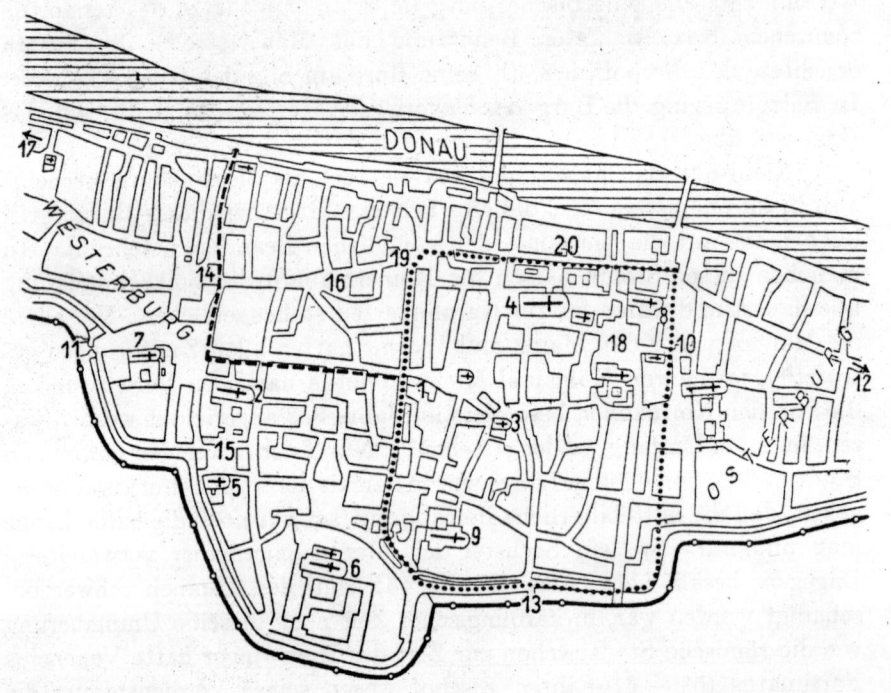

REGENSBURG. **1** Augustiner 1308. **2** St. Blasius (Dominikaner). **3** St. Cassian 973. **4** Dom St. Peter um 700. **5** St. Egidien 1279. **6** St. Emmeram um 700. **7** St. Jacob 1293, Schottenkloster. **8** Niedermünster 1170. **9** Obermünster um 1000. **10** Schwarzes Burgtor. **11** Jacobstor. **12** Ostentor. **13** Peterstor. **14** Tor Roselind. **15** Arnulfpfalz. **16** Haidplatz. **17** Herzogsburg. **18** Kaiserpfalz. **19** Kohlenmarkt. **20** Porta praetoria.

Castra Regina, Standlager 179 n. Chr. ········· . / *Civitas 795.* / *Pfalz 9. Jh.* / *Kaufleutesiedlung und Haidplatz, 917 befestigt* ———. / *Kaiserpfalz Heinrichs II. 1002—24.* / *Stadterweiterung 1320 mit Stadtamhof 1322* ——— .

Augsburg verwendet[30]). Diese 12 Orte waren alle alte Römerstädte, alle befestigt und — seit der Merowingerzeit — Bischofssitze. Römerstädte dagegen, die erst in der ersten Hälfte des 8. Jh. als Bischofssitze gegründet wurden, wie Utrecht, Passau und Salzburg, heißen seltener civitas[31]), allerdings mit Ausnahme von Regensburg, das meist civitas oder urbs genannt wird. Gewiß nimmt Regensburg deshalb eine Sonderstellung ein, weil es Hauptstadt des bayerischen Stammes und bevorzugter Sitz der deutschen Karolinger war[32]). Aber nicht hierin lag der Grund für die Anerkennung dieser Stadt als civitas, sondern in seiner starken Befestigung durch die Römermauern. In Utrecht, Passau und Salzburg waren im 8. Jh. die Bischofsburgen erst im Entstehen begriffen und noch schwach. Der Name civitas aber konnte nur einer starken Burg beigelegt werden. Daher wird civitas im karolingischen Schrifttum dem deutschen „Burg" gleichgestellt. Eine populosa civitas (volkreiche Stadt) z. B. heißt nach einer Glosse Dietpurc (Volksburg)[33]). Daher konnte auch ein römisches Kastell als Burg bezeichnet werden. Beda castrum wurde zu Bitburg, Lopodunum zu Ladenburg[34]). Civitas aber heißen solche „Burgen" nur selten. Der Ausdruck civitas bleibt im allgemeinen den Bischofsstädten vorbehalten.

Die führenden Bischofsstädte der Karolingerzeit wurden in wachsendem Maße zu K l e r i k e r b u r g e n. Voraus gingen bei dieser Entwicklung Köln, Trier, Mainz, Metz, Regensburg und Straßburg. Köln z. B. besaß in den Zeiten Karls des Großen neben der Domkirche St. Peter noch 6 bedeutende Stiftskirchen, von denen 3 auf spätrömische Grundlagen zurückgingen (St. Gereon, St. Ursula, St. Severin), 2 andere in merowingischer (St. Kunibert, St. Maria im Kapitol), 1 in karolingischer Zeit begründet worden waren (St. Andreas). Innerhalb der Römermauern lagen freilich nur St. Peter und St. Maria im Kapitol, alle anderen außerhalb, nämlich an der Heerstraße, im Norden St. Ursula und St. Andreas, im Süden St. Severin, am Rheinufer St. Kunibert, im Nordwesten St. Gereon[35]). Pfarrkirche für die Stadt war ausschließlich der Dom. In Trier bestand seit spätrömischer Zeit das Domstift St. Peter und außerhalb der Mauern die Begräbniskirche St. Eucharius, die sich später zum Benediktinerkloster St. Matthias wandelte. In merowingischer Zeit kamen auch hier noch weitere 6 Kirchen hinzu, nämlich die berühmten Stiftskirchen St. Maximin und St. Paulin, weiter St. Martin, St. Maria ad Martyres, St. Symphorion und Oehren (St. Maria ad horreum), sämtlich — außer Oehren — außerhalb der Römerstadt gelegen[36]). Indem Karl der Große die Bistümer Metz, Toul und Verdun wieder Trier als Metropole unterordnete[37]), stellte er den Glanz der alten Hauptstadt wieder her. In Mainz stand die St. Albankirche im Norden der Römermauer, an diese angelehnt. Sie war auf dem Boden eines spätrömischen christlichen Heiligtums erbaut. In fränkischer Zeit erhielt die Stadt den Dom St. Martin (753) und die Kirchen St. Mariä, St. Quintin und Altenmünster; außerhalb lagen St. Lambert, St. Nicomedes, St. Viktor, St. Peter und St. Theonest[38]). In Metz finden wir neben dem Dom zu St. Stefan das Kanonikerstift St. Apostel, die Nonnenklöster St. Glodeind und St. Peter sowie St. Martin[39]). In Regensburg lagen innerhalb der Römermauern das Stift St. Peter, die Chorfrauenklöster Ober- und Niedermünster aus der Mitte des 8. Jh. und das Kanonikerstift St. Mariä von 875. Außerhalb lag die Friedhofskirche St. Emmeram, wie St. Peter aus dem Anfang des 8. Jh. stammend[40]). Straßburg besaß neben dem Domstift St. Mariä aus dem 7. Jh. ein Frauenstift St. Stefan aus dem 8. Jh. und das Kanonikerstift St. Thomas aus den Jahren 810—820. St. Thomas lag außerhalb der Römermauern[41]). In K o n s t a n z entstanden in karolingischer Zeit das Domstift St. Mariä und das Kanonikerstift St. Stefan, in Salzburg zwischen 710 und 720 das Domstift St. Peter und das Nonnenkloster St. Mariä[42]). In Augsburg, Chur, Passau, Utrecht und Worms gab es in karolingischer Zeit nur das Domstift[43]). Die Herrschaft über die Kultstätten machte den Bischof zum eigentlichen „Stadtherrn", zum Träger einer ideellen, von der Antike zur Karolingerzeit führenden Kontinuität, die noch nicht vorhandenes städtisches Leben zwar nicht ersetzen, aber neues vorbereiten konnte[44]).

Für die wachsende Zahl von Klerikern, Mönchen und Nonnen war die Bischofsburg in rechtlicher Hinsicht Burg und F l u c h t b u r g zugleich. Fluchtburg war aber die alte Römerstadt auch für die Bevölkerung der Grafschaft wie für die Immunitätsleute und Ministerialen des Königs, des Grafen, des Bischofs und der geistlichen Institute. Der Platz, den die in harten Zeiten ausgewanderte oder ausgestorbene Stadtbevölkerung freigemacht hatte, konnte im Notfall zu einem Teil für die Ernährung der Burgbewohner als Ackerland Verwendung finden, wie wir das z. B. von Mainz erfahren[45]). Aber im Kreise der Burgbewohner war die Zahl der dingpflichtigen Grafschaftsfreien sicher außerordentlich gering. Um so zahlreicher waren die Kirchenhörigen, sei es des Bischofs selbst oder der im Raum der Stadt gelegenen Kirchen. Neben der Grundherrlichkeit hatten die Bischöfe zum größten Teil wohl schon in der Merowingerzeit für die Kirchengüter Immunität erlangt. Für Trier und Worms, für Konstanz und Utrecht, Speyer und Straßburg läßt sich das nachweisen[46]). Selten besaß eine Stiftskirche, wie St. Maximin in Trier, schon in derselben Zeit die Immunität. Die meisten Burgbewohner waren vielmehr der bischöflichen Immunität eingegliedert. So fühlte sich der B i s c h o f w i r k l i c h a l s H e r r d e r S t a d t. In den Formeln der Karolingerzeit wird er auch ausdrücklich als Stadtherr bezeichnet, wie z. B. der Erzbischof von Köln[47]).

Das bedeutet jedoch nun keineswegs, daß der Bischof alle Rechte des Königs im Stadtraum hätte an sich reißen können. In T r i e r, wo ein Dynastengeschlecht fast ein Jahrhundert lang den bischöflichen Stuhl innehatte, scheint das in der Spätmerowingerzeit allerdings der Fall gewesen zu sein. Denn um 753 entzog König Pippin dem Bischof die von ihm okkupierten Rechte auf Münze, Zoll, Steuern usw. wieder und übertrug sie dem Grafen, als dem dafür zuständigen königlichen Beamten, zurück[48]). Um so weniger standen Bannrecht, Königsfriede, Gerichtshoheit in der Hand des Bischofs. Aufsicht über Markt und Maß kam jedoch schon früh dem Bischof zu. Er hatte sie nach den Weisungen des Königs durchzuführen, wie Pippin im Jahre 744 ausdrücklich be-

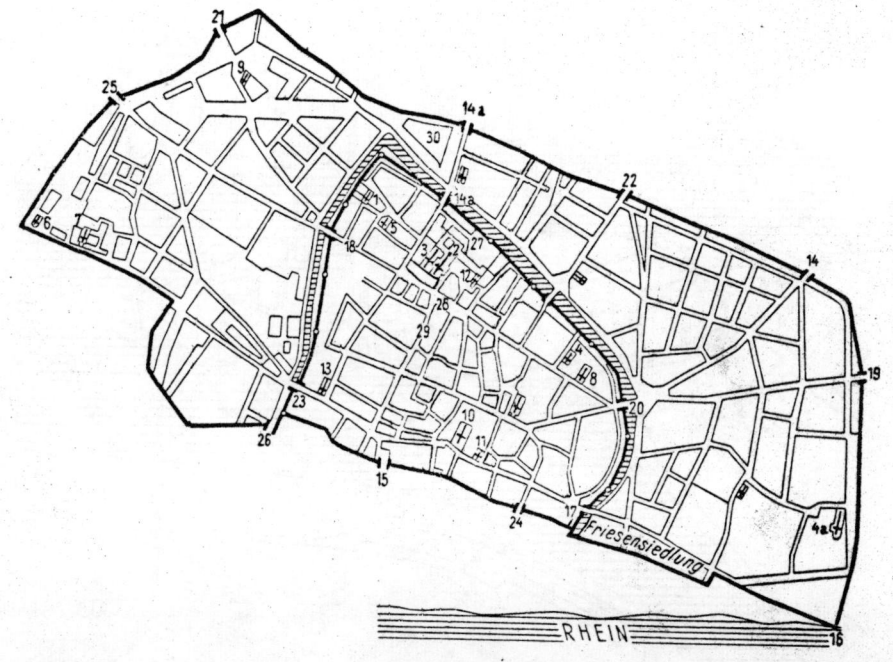

WORMS. 1 St. Andreas. 2 Dom. 3 St. Johannis. 4 St. Lampert. 4a Liebfrauenkirche. 5 St. Magnus. 6 St. Mainhart. 7 Marienmünster. 8 St. Martin. 9 St. Michaelis. 10 St. Paulus. 11 St. Ruprecht. 12 St. Stefan. 13 St. Valentin. 14 Altmühlheimauer Pforte. 14a Innere und äußere Andreaspforte. 15 Fischerpförtlein. 16 Güldpforte. 17 Judenpforte. 18 Leonhardspforte. 19 Mainzer Pforte. 20 Martinuspforte. 21 Michaelispforte. 22 Neue Pforte. 23 Pfaupforte. 24 Rheinpforte. 25 Speyerpforte. 26 Viehpforte. 27 Bischofshof. 28 Münze und Markt. 29 Bürgerhof. 30 Judenbegräbnis.
90 n. Chr. civitas Vangionum, 260 ummauert. | 630 Königspfalz. | 891—914 Mauerbauordnung, Friesensiedlung. | 1000 Befestigung durch Bischof Burchard ▬▬. *| Um 1370 Stadterweiterung durch Einbeziehung neuer Vorstädte* ▬▬.

stimmte[49]). Die vollen Grafenrechte aber hat kein Bischof bereits in der Karolingerzeit besessen. Gewiß hat Karl der Große die Bischöfe zu Mitträgern seines Staates gemacht und ihre Immunitätsrechte begünstigt. Aber nach den Grundsätzen des germanischen Eigenkirchenrechtes, die erst Karl der Große nach der Eroberung Italiens voll durchführen konnte, war die Bischofsburg in Wahrheit eine Königsburg[50]).

Daß **Handel und Gewerbe** sich in den Bischofsstädten, die auf antike Grundlagen zurückgingen, während der karolingischen Epoche erhalten haben, ist unbestreitbar. Einhart berichtet uns in seiner Translatio der Heiligen Marcellinus und Petrus (827—830) von Kölner Kaufleuten, die eine Handelsfahrt nach dem Main unternehmen[51]), von Kaufleuten aus Mainz, die in Oberdeutschland Getreide aufkaufen und auf dem Main weiterverfrachten[52]), von Maastricht als blühender Handels-

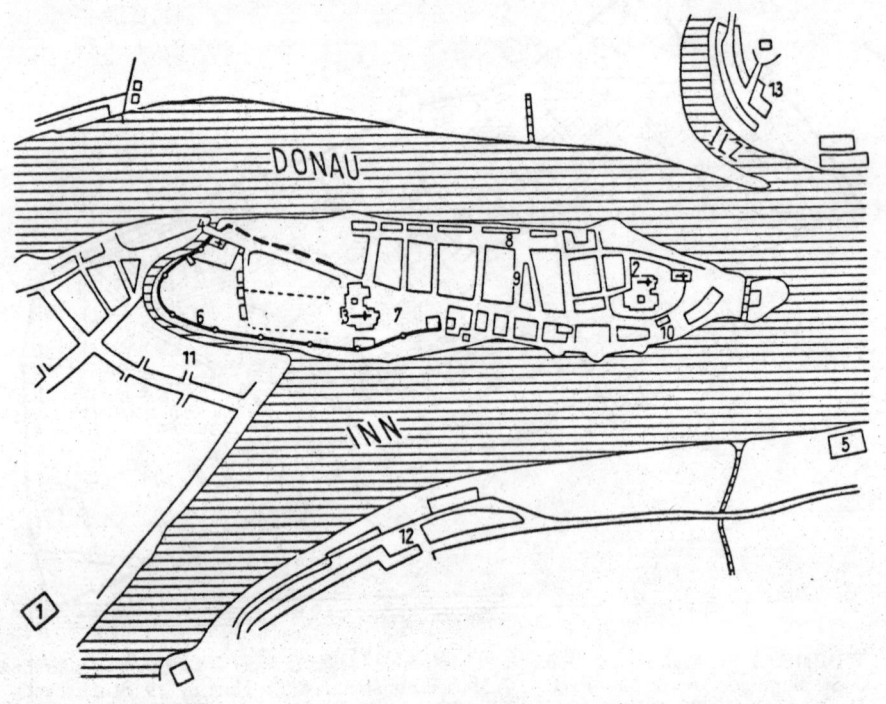

PASSAU. **1** Kloster St. Nicola um 1070. **2** Kloster Niedernburg (St. Mang) 738. **3** Domstift St. Stefan vor 738. **4** Altstadttor. **5** Boiodurum. **6** Römerwehr. **7** Unter-Kramern. **8** Fischmarkt. **9** Marchgasse. **10** Salzlände. **11** Vorstadt. **12** Dorf enthalb Inn. **13** Ilzstadt.

Bojodurum 130 n. Chr.; castra Batava 400 n. Chr. / 731—739 Bischofssitz; neue Ummauerung 971—991 – – – . / *1209 neue Stadtmauer vor dem Neumarkt* –•–•– .

stadt[53]). Aus anderen Quellen erfahren wir von Kaufleuten in Worms, Speyer, Straßburg und Regensburg[54]). Diese Kaufleute hatten ihren Sitz anfänglich wohl durchweg innerhalb der Mauern. So saßen z. B. in Köln seit der Römerzeit die Juden im Osten der Stadt innerhalb der Mauern in der Nähe des späteren Rathauses: an diese schloß sich offenbar südlich und westlich bis zur Hohen Straße (im Bereich der späteren Pfarren St. Laurenz und St. Alban) die Siedlung der Kaufleute an[55]).

In Regensburg hatten die Kaufleute ihren Sitz im Pfalzgebiet in der Königspfarrei St. Cassian, in Passau im Bereich der Domburg, also des alten Römerlagers[56]), in Trier und Augsburg im Bereich der römischen Zivilsiedlung[57]). Auch in Mainz saßen die Kaufleute im Inneren der Stadt, vermutlich neben der Judensiedlung, nämlich am Zugang zur Rheinbrücke[58]). In Worms wird es ursprünglich nicht anders gewesen sein[59]).

Eine Neubildung läßt sich jedoch seit der Zeit Karls des Großen verfolgen. Unter Erzbischof Lullus (gest. 786) wurde in Mainz eine Siedlung von friesischen Händlern angelegt. Diese erhielten dafür „den besten Teil der Stadt", d. h. die Rheinfront. Die Siedlung lag also innerhalb der Römermauern. Als sie von den Normannen 886 zerstört worden war, ließ Erzbischof Hatto (891—914) die Mauer nach dem Rhein zu erneuern[60]). Dagegen lag der Friesenbezirk in Worms außerhalb der Stadtmauern; er erhielt aber schon im 9. Jh. eine selbständige Befestigung[61]). Vielleicht entstand auch in Köln bereits in karolingischer Zeit eine Friesensiedlung östlich der Römermauer zum Rhein hin[62]). Auch in Regensburg entwickelte sich gleichzeitig westlich der Römerstadt an der Donau eine Kaufmannssiedlung, später „pagus mercatorum" genannt, die sich langsam bis nach St. Emmeram hin ausdehnte[63]). In Passau siedelten Kaufleute auch in der gräflichen Südostseite der Innstadt[64]). Am Oberrhein war diese Entwicklung die Regel: In Straßburg schloß sich vor den Mauern der Bischofsburg eine kaufmännische Ansiedlung an die Stadt an, die schon im 8. Jh. als nova civitas bezeichnet wurde[65]). In Basel lag die Händlerstadt am Fuß des befestigten Domhügels[66]); in Konstanz erstreckte sie sich vor der Domburg östlich der Stefanskirche dem See zu[67]). Auch am Niederrhein lag die Händlersiedlung häufig vor der Domburg, durch den Fluß getrennt. So war es in Utrecht, wo der vicus Trajectum vetus (Oudwijk) des 8. Jh. ziemlich entfernt auf dem rechten Rheinufer entstanden war[68]), oder in Maastricht; hier lag der vicus auf der rechten Maasseite, der Domburg auf dem linken Flußufer unmittelbar gegenüber[69]). Übrigens waren auch in Verdun Domburg und Händlersiedlung durch die Maas getrennt[70]).

2. VERLEGUNG DES SCHWERGEWICHTES NACH DEM NORDEN

Es war also unter Karl dem Großen wieder so, wie einstmals zur Römerzeit: Wie damals neben dem Lager oder dem Kastell ein vicus von Handel- und Gewerbetreibenden entstanden war, so lagen jetzt neben der Bischofsburg Händlersiedlungen, auch sie wieder als vici bezeichnet, wie in Utrecht. In dieser halbtausendjährigen Zeit bis zur Herrschaft Karls des Großen hatte sich freilich die Welt entscheidend geändert. Während in der Merowingerzeit trotz politischer Trennung die Idee des römischen Weltreiches in seiner Kultur noch fortwirkte, schuf das 8. Jh. bereits die Bedingungen für ein neues, von Ostrom geschiedenes Imperium des Westens, das zwar seine Ideologie noch vom Römerstaat bezog, in seiner Wesenheit aber völlig anders orientiert war[1]). Der kulturelle und politische Schwerpunkt, der zur Merowingerzeit noch in den mittelmeerischen Gebieten gelegen hatte, verlagerte sich in Frankreich nach dem Norden. In dem Raum zwischen Rhein und Seine erstand das neue politische und kulturelle Zentrum des Reiches Karls des Großen.

Bedingt war diese Entwicklung durch den endgültigen Zerfall des römischen Weltreiches. Noch Theoderich der Große hatte sein Ostgotenreich in das römische Imperium eingefügt, und Ähnliches hatten selbst noch die Westgoten versucht. Die Langobarden dagegen schufen einen neuen Staat auf germanischer Grundlage. Und als die Araber in raschem Siegeszug Ägypten, Nordafrika und Spanien eroberten und durch die Besetzung von Narbonne die Oberhand im westlichen Mittelmeer gewannen[2]), da blieb von dem riesigen römischen Weltreich nur Byzanz übrig, das jetzt in seiner Macht auf das nordöstliche Mittelmeer begrenzt war. Um die Wende zum 8. Jh. war der ständige kulturelle Austausch aller Teile des früheren römischen Weltreiches miteinander endgültig zerstört[3]).

So ging denn auch im Frankenreich die römische Tradition zugrunde. Ein neues Herrengeschlecht bemächtigte sich im 8. Jh. des in Auflösung begriffenen Staates. Es kam aus dem germanischen Nordosten und baute das Reich neu im germanischen Sinne. Schon Karl Martell erhob den Gedanken der Gefolgschaftstreue zur Grundlage des Staates. Karl der Große ging den Bund mit der Kirche ein, den er zum Grundpfeiler seines Imperiums machte. Wohl pflegte sein christlich-germanischer Weltstaat noch die Tradition antiker Kultur, aber nur mehr als fremd, nicht mehr als eigen.

Auch die Wirtschaft erfuhr damit eine wesentliche Veränderung[4]). Die grundherrlich lebenden Gefolgsleute hatten im Staat die Oberhand gewonnen, und so gab nunmehr auch die Grundherrschaft der Wirtschaft das Gepräge. Die traditionelle Stellung der Städte ging damit verloren; eine neue Agrarwirtschaft setzte sich neben die alte Stadtwirtschaft der Römerzeit. Besonders in Südfrankreich wurde der Handel der Städte schwer geschädigt, als die Araber den Verkehr auf dem Mittelmeer sperrten[5]). Aber den gleichen Niedergang können wir auch für Mittel- und Nordfrankreich nachweisen. In manchen Städten ging das Zentrum des Handels in der Karolingerzeit völlig zugrunde, und erst im 10. oder 11. Jh. erwuchs dann im Raum der Stadt, oder abseits von ihr, in der

Nähe, in Anlehnung an den Bischofssitz oder an eine mächtige Abtei, eine neue Marktsiedlung[6]). Zu beachten bleibt dabei, daß die Verhältnisse in den einzelnen Städten sehr verschieden lagen. Nur wenige fielen damals als Siedlungen völlig aus. In den meisten erhielt sich noch die Gewohnheit des Zusammenwohnens, damit auch die Notwendigkeit eines wenn auch anders gearteten Handels. Selbst der Stand der Fernhändler ging keineswegs gänzlich zugrunde[7]).

Der Handel der Karolingerzeit[8]) trägt andere Züge als der der merowingischen Epoche. Mit dem Zusammenbruch der Beziehungen zu den Mittelmeerländern wurde das wirtschaftliche Schwergewicht nach dem Norden hin verlegt. Das karolingische Handelszentrum befand sich, wie schon angedeutet wurde, in den Ländern zwischen Seine und Rhein[9]). Karolingische Königsurkunden heben als wichtigste Zollstätten des Reiches Rouen, Quentowik, Amiens, Maastricht und Dorstat hervor[10]), alles Seehäfen, mit Ausnahme von Quentowik, Binnenhäfen von Seine, Somme, Maas und Rhein, die den Handel nach England und nach dem Inneren des großen Frankenreiches vermittelten. Quentowik, ein besonders wichtiger Handelsplatz[11]), bot den Vorteil des kürzesten Weges nach England[12]), war aber wohl auch Ausfuhrhafen für die flandrischen Tuche, die in Fortsetzung der gallo-römischen Weberei in Térouanne und Arras und deren Umgebung gewebt wurden[13]). Dorstat bildete in karolingischer Zeit den Mittelpunkt der Schiffahrt des friesischen Stammes, der damals fast ausschließlicher Träger der deutschen Schiffahrt war[14]). Die Einfügung der Friesen in das fränkische Reich war erst im Verlauf des 8. Jh. gelungen. Von friesischen Kaufleuten hören wir bereits 753 in St. Denis[15]), gleichzeitig in London und York[16]), wie überhaupt die Fahrt nach England von besonderer Wichtigkeit für die Händler war. Ebenso bedeutend wie die Seefahrt nach England und Nordfrankreich war auch die friesische Handelsfahrt den Rhein hinauf. Wein gegen Tuch handelten die Friesen bis nach Straßburg[17]). Nach dem Zusammenbruch von Dorstat haben sich friesische Kaufleute in allen größeren Plätzen am Rhein, wie Köln, Mainz und Worms, angesiedelt[18]). Vernichtet wurde der Handel Dorstats durch die Normannen; seit 863 ist sein Name, ebenso wie der von Quentowik, verschwunden[19]).

Selbstverständlich sind keineswegs die Friesen[20]) und nach ihnen gar etwa die Normannen die alleinigen Träger des Handels in karolingischer Zeit gewesen. Zahlreiche Flüsse und die noch erhaltenen Römerstraßen gaben dem fränkischen Kaufmann ganz allgemein gute Möglichkeiten für sein Geschäft. So führte z. B. eine Handelsstraße von Boulogne über Tournai und Maastricht[21]) nach Köln, eine andere von Quentowik über Amiens, Noyon, Soissons, Reims, Verdun, Metz nach Straßburg[22]).

Auch begegnen wir allerlei neuen Handelsplätzen im 9. Jh., die keinen Zusammenhang mehr mit den römischen civitates aufweisen, wie den schon genannten Quentowik und Dorstat[23]). Doch blieben von den alten Römerstädten noch manche im Handel aktiv. In etwa 15 Bischofsstädten haben wir bereits Händlersiedlungen kennengelernt[24]).

Überhaupt darf nicht übersehen werden, daß im Weltreich Karls des Großen die Handelsstockung weitgehend überwunden wurde. Auch mittelmeerische Kaufleute treten im Fernhandel häufig hervor. Nur sind jetzt die Syrer verschwunden und die führende Stelle nehmen die Juden ein[25]). So steigerte z. B. die Einfügung Italiens in das Reich die Möglichkeiten des Handels über die Alpenpässe erheblich[26]). Auch der Handel auf dem Mittelmeer lebte damals wieder auf[27]), und die spanischen Araber brachten Orientwaren ins fränkische Reich; doch wurden diese auch vom Rhein aus eingeführt[28]).

Von ausschlaggebender Bedeutung war hierbei das große Warenbedürfnis der Kirche. Bischöfe und Klöster brauchten für kirchliche und profane Zwecke kostbare Gewebe und Kleidungsstücke, kunstgewerbliche Erzeugnisse, Bücher[29]) und Reliquien, orientalische Gewürze und Rauchwerk. Weiter erforderte die neu belebte kirchliche Baukunst die Beschaffung von Baumaterialien, kostbaren Glasfenstern, Glocken und anderen Schmiedearbeiten[30]). Auch die Ostmission des fränkischen Reiches und die Romfahrten der Pilger belebten nicht nur den Personenverkehr zwischen dem Kontinent und England, sondern auch den Güteraustausch[31]). Es ist kein Wunder, daß sich vielfach an die Errichtung von Kirchen und Klöstern neue Handelsplätze anschlossen, wie umgekehrt an Verkehrsknotenpunkten auch kirchliche Anstalten neu erstanden[32]).

3. ENTWICKLUNG IN AUSTRASIEN

Die Zeit Karls des Großen schuf die Grundlagen für die neue Stadt des Mittelalters, die bedeutend später, erst im 12. Jh., vollendet erscheint. Im 8. Jh. kam es nur zur Ausbildung der Königsburg und der sich anschließenden Kaufmannssiedlung. Über 20 neue Orte — außer den Römerstädten — entstanden in dem austrasischen Teil des Frankenreiches, in denen Burg und vicus sich in der Karolingerzeit zusammenfanden. An solchen Doppelsiedlungen finden wir zunächst im Westen am Kanal Quentowik, am Rhein Dorstat, dann die lange Kette der Römerstädte bis nach Basel und Konstanz hinauf. An der Ostgrenze des Karolingerreiches lag im Norden die deutsch-dänische Kaufmannssiedlung Schleswig-Hedeby. An der Elbe errichtete Karl der Große Grenzburgen zum Schutz der drei Elbübergänge bei Bardowiek, Jeetzel und

Magdeburg[1]). Weiter südlich erhielt 806 Halle an der Saale ein Kastell zur Sicherung seiner Salzquellen[2]). Gleichzeitig bewehrte Karl der Große Erfurt, Hallstatt am Main, Forchheim an der Regnitz und Pfreimt, endlich auch Regensburg und Lorch an der Donau, das alte Lauriacum[3]), mit Burgen, um den Handel nach Osten zu sichern. In das innere Norddeutschland waren wohl schon in frühkarolingischer Zeit Friesen auf der Weser eingedrungen, von Bremen her, vielleicht bis nach Fulda hinauf[4]). Karl der Große, der 30 Jahre mit dem Sachsenstamm gerungen hat, legte auch die Grundlage für das reiche niederdeutsche Städtewesen. Zur Erschließung des neu eroberten Nordostens errichtete Karl an den Heerstraßen vom Westen aus zahlreiche Königshöfe[5]) und Militärstationen, zunächst zur Kriegsfahrt, die aber bald auch als kirchliche Mittelpunkte und Handelsetappen Bedeutung erlangten. Der wichtigste Weg war der Hellweg, der schon für die Römerzeit nachgewiesen ist[6]). Er ging von Köln vom Rhein aus und führte über Dortmund, Soest nach Paderborn und von da aus entweder über Hameln, Hildesheim oder über Corvey, Gandersheim, Goslar, Halberstadt nach Magdeburg. Ein anderer Weg ging von Dortmund aus über Münster und Osnabrück nach Bremen, weiter über Stade, Itzehoe nach Hedeby, oder über Herford, Minden und Verden nach Hamburg oder über Lüneburg nach Bardowiek[7]). Alle diese Orte erhielten befestigte Königshöfe, wobei zum Teil altsächsische Herrenhöfe Verwendung fanden[8]). Wie die alte germanische Burg nur mit Erdwällen und Holzpalisaden befestigt war, so galten auch diese karolingischen Königshöfe mit ihren Erdwällen und Palisaden als Burg. Und die neuen Bischofssitze und Klöster mußten sich ebenfalls zunächst mit der gleichen Befestigung begnügen[9]). Die Königshöfe hatten bis zur Weser quadratische oder rechteckige Form nach Art der römischfränkischen curtis, von da ab waren sie nach Art der sächsischen Rundlinge errichtet[10]). Die Domburg der Bischofsplätze nahm den größten Teil des Königshofes ein. Zu Bischofssitzen wurden in Sachsen von Karl oder von Ludwig dem Frommen erhoben: Bremen, Hamburg, Verden, Minden, Paderborn, Münster, Osnabrück, Hildesheim und Halberstadt[11]). In anderen Orten entstanden Klöster, wie in Corvey, Hameln, Herford, Gandersheim und Helmstedt[12]), die wie die Domburgen der Bischofsstädte als Klosterburgen die gleiche Funktion besaßen. Nach den Grundsätzen des germanischen Eigenkirchenrechtes sind beide Formen als Königsburgen anzusehen.

Neben diese Burgen des Königs traten im Laufe der Zeit kaufmännische Siedlungen. Im einzelnen Fall mag sogar die Händlersiedlung der Errichtung einer Burg vorangegangen sein; die Burg sollte dann dem Schutze des Handels und der Erhebung der kaufmännischen Abgaben dienen. So wird es vor allem bei manchem Grenzhandelsort gewesen sein, bei dem die Initiative des wagenden Kaufmannes voranging, der Staat mit seinem Schutze und seinen Zollansprüchen nachfolgte. Im Westen war das wohl der Fall besonders bei Quentowik und Dorstat. Quentowik, schon römischer Hafen (wohl unter dem Namen portus Itius Gessoreacum), dann in der Karolingerzeit der wichtigste Kanalhafen für die Fahrt nach den britischen Inseln und bedeutende Zollstation des Frankenreiches, heißt häufig nur Wicus[13]), seit 847 auch Stapulas (heute Étaples). Seit 841 von den Normannen häufig geplündert, wurde es um 900 normannisch[14]). Leider ist der wichtige Ort bisher noch nicht

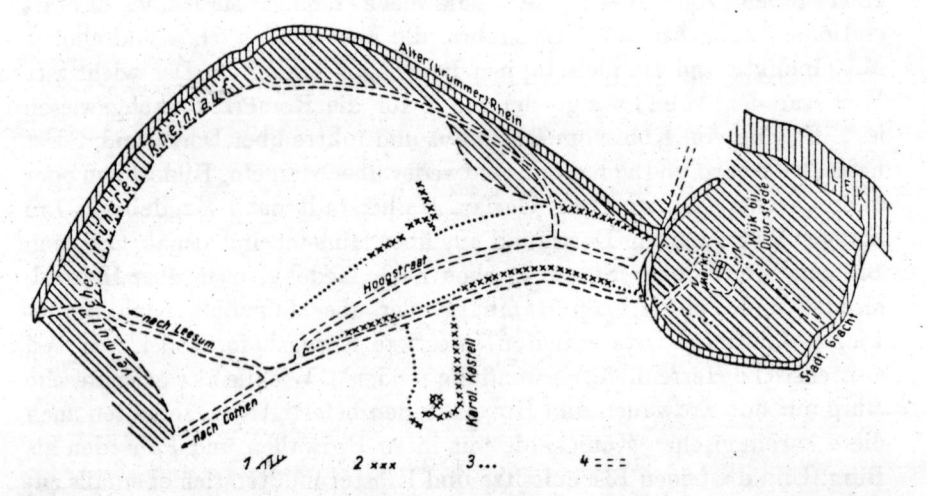

DORSTAT. **1** Heutige Wasserläufe. **2** Ausgegrabene Palisadenreste. **3** Palisadenergänzungen. **4** Heutige Wege.

erforscht worden. Wesentlich besser steht es mit Dorstat, das von I. H. Holwerda ausgegraben worden ist[15]). Dieser Ort war bereits im 7. Jh. ein bedeutender friesischer Handelsplatz am Lek. Übrigens lag schon in der Römerzeit in der Nähe das Lager Manaritium. Nach dem Sieg Pippins des Mittleren von 689, wobei die Franken in Dorstat reiche Beute machten, wurde dort ein fränkisches Kastell errichtet und der Ort zur Münzstätte und 750 zur Reichszollstätte erhoben. 100 Jahre lang blühte hier ein reicher Handel[16]), den die Normannen im 9. Jh. vernichteten. Damals wanderten die friesischen Kaufleute aus, und Dorstat sank zu einem unbedeutenden, auf engen Raum begrenzten Ort herab, Wijk bij Duurstede[17]). Infolgedessen konnte Holwerda den Grundriß des alten Dorstat fast vollständig wieder auffinden und ausgraben. Dorstat war, so stellte er fest, ein Ort von 1 km Länge und 90 bis 150 m breit. Es

Aachen

besaß nur eine auf der Westseite eng bebaute Straße, die Hoogstraat, deren Südteil am krummen Rhein hinlief und mit der Kaufmannskirche St. Martin, die 777 zuerst erwähnt wird, abschloß. Die Ostseite des Ortes war unbebaut und bot Raum für Aufstapelung und Angebot der Waren. Westlich von der Hoogstraat lag das karolingische Kastell. Kastell wie Ort bestanden aus Holzbauten und waren mit einer Palisadenanlage von 3 bis 4 m langen Pfählen befestigt.

Das gleiche Schicksal wie Dorstat erlitt die friesische Siedlung S t a v o r e n, die sich im 9. Jh. um das Odulphskloster gebildet hatte. Offenbar war dort bereits ein nicht unbeträchtliches Handelsleben entstanden. Dieser Ort wurde 991 von den Normannen zerstört, trat aber wenige Jahrzehnte später wieder als Handelsplatz hervor und spielte seit dem 11. Jh. im Seehandel eine wichtige Rolle[18]). In Nimwegen entstand in merowingischer Zeit, abseits vom römischen castrum, ein Kastell auf dem später sogenannten Valkhof, das von Karl dem Großen und dessen Sohn zur Pfalz ausgebaut wurde. 880 eroberten die Normannen diese Pfalz. Der vicus schloß sich westlich an die Pfalz an, erlangte aber erst in salischer Zeit größere wirtschaftliche Bedeutung[19]). Lüttich, seit dem 8. Jh. Domburg des Bischofs von Tongern-Maastricht[20]), besaß 858 einen vicus, der sich westlich vom Bischofspalast um den Dom St. Lambert hinzog[21]). Auch die alte römische Bäderstadt Aachen lebte in karolingischer Zeit wieder auf. An den gewaltigen Pfalzkomplex Karls des Großen lehnte sich damals eine vom römischen vicus unabhängige Kaufmannssiedlung an der Heerstraße nach Köln an, für welche Ludwig der Fromme 820 besondere Bestimmungen aufstellte[22]). In Bonn entwickelte sich die karolingische Kaufmannssiedlung südlich vom Römerlager innerhalb des umfangreichen Cassiusstiftes. Sie wird bereits 788 als villa Basilica erwähnt[23]).

Im Nordosten des Karolingerreiches lag die dänische Kaufmannssiedlung H e d e b y an der Schlei, schon damals mit zum Teil friesisch-sächsischer Bevölkerung, der wichtigste Handelsplatz der niederrheinischen Kaufleute für deren Handel mit Skandinavien. Über Birka in Schweden führte man Pelze aus und Tuche ein. Der Weg ging zu Schiff von Dorstat bis Hollingstedt und von dort aus mit Wagen über die Landenge nach Hedeby[24]). In den deutschen Quellen wird Hedeby 804 Sliasthorp, um 830 Sliaswich (S c h l e s w i g) genannt. Die Kaufmannssiedlung lag am Ufer der Schlei; an sie schloß sich ein Handwerkerviertel an, in welchem vor allem ein Metallgußverfahren und Glasschmelzerei betrieben wurden[25]). Ein Teil der Kaufleute und die Handwerker wohl insgesamt waren ansässig[26]), ihren Schutz fanden die Wikinsassen in der nahegelegenen Hochburg, die für sie Fluchtburg war. Sliaswich wird als portus und vicus charakterisiert. Oppidum heißt es erst um 960. Damals wurde es im Halbkreis mit Wall, Graben und Palisadenverhau befestigt. Die Ausgrabungen ergaben als älteste Verteidigungslinie einen Graben mit spitzem Profil und einer dahinter liegenden Holzplankenwand, die ihrerseits mit einem breiten Erdwall befestigt war. Auf diesem wieder erhob sich ein durch Grassoden abgesteifter Walloberteil mit breitem Umgang und Plankenwand[27]).

Sehr instruktiv ist der Vergleich mit dem schwedischen B i r k a, das zu Beginn der Wikingerzeit (um 800) als wichtigster Handelsplatz der Svear auf der Insel Björkö im Mälarsee entstanden war. Neben dem vicus mit ansässigen Kaufleuten lag die Hochburg, die den Siedlern in Notzeiten Schutz bot. Seit der Mitte des 10. Jh. wurde Birka durch halbkreisförmige Erdwälle geschützt; als letztes Verteidigungswerk war eine Anhöhe nach Art einer Fluchtburg ausgebaut[28]).

H a m b u r g war in vorkarolingischer Zeit eine Fluchtburg der nordelbischen Sachsen gewesen. Unter Karl dem Großen erhielt es (um 811) eine Taufkirche; 831 wurde es zum Bischofssitz für Nordalbingien und 834 zum Erzbischofssitz für den Norden (für die Dänen und Schweden) und den Osten (für die Wenden) erhoben[29]). Neben der Domburg mit der Domkirche St. Marien entwickelte sich alsbald eine Kaufmannssiedlung[30]). Doch wurden Burg und Wik bereits 845 durch die Wikinger wieder zerstört, so daß der Bischofssitz nach Bremen verlegt werden mußte[31]). Wenig wissen wir leider über B a r d o w i e k, das, wie Schleswig, schon in seinem Namen die Kaufmannssiedlung andeutet. Karl der Große bestimmte 805 diesen Ort zum Grenzhandelsplatz mit Markt und Münzstätte und sicherte ihn durch die Ertheneburg. Von Anfang an dürfte dort der Handel mit Lüneburger Salz bedeutend gewesen sein[32]). Bardowiek wurde 1189 von Heinrich dem Löwen zerstört[33]). Zu größter Bedeutung dagegen erwuchs der zweite, 805 zuerst genannte Grenzhandelsort an der Elbe: M a g d e b u r g. Karl der Große errichtete dort auf dem späteren Domhügel ein Kastell, an dessen Füßen sich nach Süden zu an der Elbe ein Kaufmannswik hinzog. In Zusammenhang mit ihm wurde noch im 9. Jh. die Kaufmannskirche St. Stefan begründet, die später durch die Fluten der Elbe weggespült worden ist[34]). Wie in der Nähe von Magdeburg noch ein zweites Elbkastell Karls des Großen, B u r g, errichtet worden war, wurde in karolingischer Zeit neben H a l l e die Burg Giebichenstein erbaut zur Sicherung der Saalelinie. An beiden Burgen befanden sich Kaufmannssiedlungen, und zwar in Halle neben den Salzquellen, unmittelbar an der Saale an einer alten Saalefurt, auf dem Gelände der späteren Moritzkirche; das Kastell lag vielleicht am Platz der späteren Gertraudenkirche[35]). E r f u r t wurde

742 durch Bonifaz Bistum[36]). Auf dem Petersberg lag bereits vorher eine thüringische Gauburg, die von Karl dem Großen zur Königspfalz ausgebaut wurde. Dort residierte 805 ein fränkischer Graf, der den Grenzhandel zu überwachen hatte[37]). Auf dem Domberg dagegen war die Burg des Erfurter, später des Mainzer Bischofs. Hier stand auch das Domstift Mariä, dem sich noch vor 836 das Kanonikerstift St. Severus anschloß[38]).

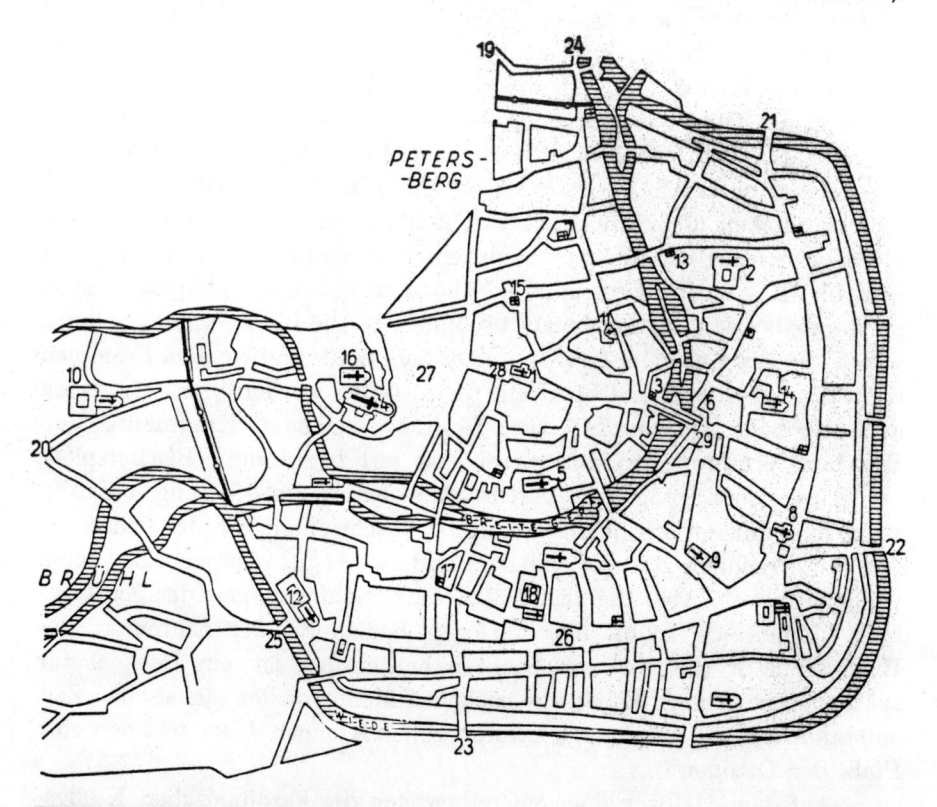

ERFURT. **1** Allerheiligen. **2** Augustinerkirche. **3** St. Benedikt. **4** Dom. **5** Dominikanerkirche. **6** St. Egidien. **7** St. Georg. **8** Kaufmannskirche. **9** St. Lorenz. **10** St. Martin. **11** St. Michael. **12** Neuwerkskloster. **13** St. Nikolai. **14** Schotten. **15** St. Servatius. **16** Severistift. **17** St. Veit. **18** St. Wigbert. **19** Andreastor. **20** Brühlertor. **21** Johannestor. **22** Krämpfertor. **23** Löbertor. **24** Moritztor. **25** Wassertor. **26** Angermarkt. **27** Brühlmarkt. **28** Marktstraße. **29** Wenigenmarkt.

9. Jh. Petersberg, Pfalz und bischöflicher Brühlmarkt. / 10. Jh. königlicher Angermarkt, Kaufmannskirche. / Um 1167 erste Stadtmauer; 1149 Gesamtgemeinde, 1212 Rat ——.

Schon in spätkarolingische Zeit dürften hier die ersten Ansätze zur Entwicklung von Kaufmannssiedlungen verlegt werden: der bischöflichen am Brühl, der kaiserlichen jenseits der Gera am Anger[39]). Über die karolingischen Grenzburgen in Hallstatt am Main, Forchheim an der Regnitz usw. besitzen wir keine näheren Nachrichten. Forchheim war Königspfalz; sie wurde von den späten Karolingern häufig besucht[40]). Von Lorch wissen wir nur, daß die Römerstadt Lauriacum um 700 von den Awaren zerstört worden ist, daß der Ort aber immerhin 805 wieder als Handelsplatz durch einen fränkischen Grenzgrafen mit dessen Truppe gesichert wurde[41]). Schon um 900 wurde Lorch durch das auf dem anderen Flußufer entstehende Enns abgelöst[42]).

Auf den Straßen Norddeutschlands, die von Westen nach Osten oder Nordosten führten und denen unter Karl dem Großen als Heerstraßen und, bei fortschreitender Befriedung, als Handelsstraßen große Bedeutung zukam, werden sich an die militärischen Etappenstationen wohl schon in karolingischer Zeit oftmals Kaufmannssiedlungen angeschlossen haben. Schriftliche Nachricht über das Handelsleben auf dem Hellweg besitzen wir freilich erst durch einen arabischen Kaufmann aus dem 10. Jh., der uns Soest und Paderborn als Kastelle und speziell Soest als wohlhabenden, volkreichen Ort schildert[43]). Die Bischofssitze Sachsens waren alle von Karl dem Großen und seinem Sohn Ludwig dem Frommen errichtet und mit einer Domkirche ausgestattet worden[44]). Sicher waren auch sie bald Anziehungspunkte für den wagenden Kaufmann. Von Hamburg erfahren wir, daß dieser erst 831 begründete Bischofsplatz bei seiner Zerstörung 845 bereits eine Kaufmannssiedlung besaß[45]). Immerhin müssen wir mangels exakter Nachrichten für den einzelnen Ort damit rechnen, daß der eine oder andere erst in sächsischer Zeit einen vicus entfaltete. Aber die grundsätzliche Gleichförmigkeit der Entwicklung können wir schon hier darlegen. Duisburg, der Endpunkt der Ruhr-Lippe-Straße, die von Sachsen herkommt, ist ein Beispiel für spätere Begründung. Es ist offensichtlich nicht vor der sächsischen Zeit entstanden, besaß also keinen karolingischen Königshof, sondern erst eine Pfalz der Ottonen[46]).

Auf dem Hellweg dagegen reihen sich die karolingischen Königshöfe geradezu aneinander, mit Dortmund und Soest beginnend. In Dortmund lag der rechteckige, befestigte Königshof an der Straßenkreuzung nördlich des Hellweges und östlich der Brückstraße; an dieser Straße siedelten sich die ersten Kaufleute an[47]). Soest bietet dazu eine vollkommene Parallele. Auch hier lag der rechteckige, befestigte Königshof nördlich des Hellweges, und die Kaufmannssiedlung zog sich west-nördlich, vermutlich in einreihiger Straße, vor der Befestigung hin[48]). In den sächsischen Bischofsstädten entstanden die Domburgen im Raum der karolingischen, mit Wall und Graben befestigten Königshöfe, und die Kaufmannssiedlungen schlossen sich unmittelbar an die Befestigungen an. Ein besonders interessantes Beispiel für solche Siedlungsweise stellt

Münster dar, wo in der Gegend des späteren Prinzipalmarktes die ursprünglich einreihig gebaute Kaufmannsstraße der Domburg gegenüber lag[49]). Auch in Minden errichteten die Kaufleute ihre Siedlung westlich von der mit Graben und Palisaden befestigten Domburg in einer langen Straße, und von der Domburg in Bremen zog sich die schon für das 9. Jh. bezeugte Kaufmannssiedlung nach Westen bis zur Weser hin[50]). In Hildesheim war die Entwicklung etwas später, aber der Art nach völlig gleich: die Domburg zeigte die Form eines sächsischen Rundlings, und die Kaufmannssiedlung lag in einer ursprünglich wohl einreihigen Straße nördlich der Domburg[51]). Eine Ausnahme machte Osnabrück: hier befand sich die Kaufmannssiedlung innerhalb der Domburg, wie wir das ähnlich schon in Bonn gesehen haben[52]).

Auch an manche im 8. oder 9. Jh. auf sächsischem Boden entstandenen Klöster schlossen sich schon in karolingischer Zeit Kaufmannssiedlungen an, wie z. B. in Corvey, Hameln und Gandersheim. In Hameln hatten die Kaufleute ihren Sitz an der Heerstraße nach Hildesheim[53]). In Herford lag der vicus von der Abtei aus gesehen am jenseitigen Ufer der Aa; er wird später als Rodewich bezeugt[54]). Ob sich an die hessischen Klöster Fulda, Fritzlar und Hersfeld, die im 8. Jh. begründet wurden, schon in karolingischer Zeit Kaufmannssiedlungen angeschlossen haben, wissen wir nicht. Jedenfalls dürfen wir sie auch da ziemlich früh vermuten. In Fritzlar z. B. zog sich die Kaufmannssiedlung als Straße vor der Klosterburg hin, wie etwa in Minden[55]). Auch in St. Gallen war der vicus sehr alt: er wurde schon 953 durch Wall, Graben und Türme gegen die Ungarn befestigt[56]).

Auch im Anschluß an eine Pfalz der Karolinger mag mancher vicus entstanden sein. Bei Aachen lernten wir diesen Typ bereits kennen. Auch Düren, 748 Pfalz, das schon 761 als villa publica bezeichnet ist[57]), gehört hierher. Gleiches ist von Frankfurt am Main zu vermuten, wo Karl der Große 793 eine Pfalz besaß, längere Zeit mit seiner Gemahlin Fastrada lebte und eine Kirchensynode abhielt. Ihre glänzende Verkehrslage an der Frankenfurt über den Main mußte die Kaufleute geradezu anlocken. Daß Frankfurt 793 als villa bezeichnet wird[58]), spricht nur für unsere Ansicht, da villa von vicus abzuleiten ist (der kleine vicus). Auch in Ulm, 854 königliche Pfalz, 856 villa genannt, lag vielleicht schon in karolingischer Zeit neben dem Königshof an der Donau ein vicus[59]). In der karolingischen Königspfalz Zürich hatte ein Graf seinen Sitz, der das dortige Reichsgut verwaltete. 853 heißt auch dieser Ort villa[60]), wohl entsprechend dem vicus der Römerzeit.

An den süddeutschen Bischofssitzen Würzburg, Eichstätt und Freising, die wohl noch in der Zeit vor Bonifaz neu errichtet worden sind und wohl noch zur Zeit Karls des Großen außer der Domkirche ein Kanoniker- oder Frauenstift erhielten, haben sich ohne Zweifel schon in karolingischer Zeit Kaufleute angesiedelt. Wir erfahren darüber freilich nichts. Auch die dortigen Märkte werden erst im Anfang des 10. Jh., in Freising sogar erst 996 erwähnt. Doch wurden in Würzburg nachweislich schon unter Ludwig dem Kinde Münzen geprägt. Hier lag die Kaufmannssiedlung auf dem rechten Ufer des Mains. In Freising befand sie sich am Fuße des Domberges[61]).

4. HANDELSNIEDERLASSUNG UND KAUFMANNSSIEDLUNG DER KAROLINGERZEIT

Kaufmannssiedlungen kamen in karolingischer Zeit hauptsächlich im Westen des Reiches vor. Hier hatte der Kaufmann bereits seine feste Ansiedlung, hier überwinterte er, und von da aus begann er seine jährliche Handelsfahrt. Auch an der Donau mögen solche Siedlungen bestanden haben. Im Raum zwischen Elbe und Weser dagegen dürften in karolingischer Zeit wohl nur Handelsniederlassungen entstanden sein, wo der wandernde Kaufmann seine Waren unter dem Schutz des Königsboten deponieren konnte. Insoweit solche Niederlassungen an der Reichsgrenze errichtet worden waren, wie das schon Karl der Große 805 getan hatte, kann man von Grenzhandelsumschlagplätzen sprechen. Eine solche Station bestand z. B. in Magdeburg[1]), wo erst in ottonischer Zeit eine Kaufmannssiedlung nachgewiesen ist. Wann solche Veränderungen eintraten, läßt sich freilich meist nicht näher verfolgen, wie überhaupt eine genaue zeitliche Feststellung von Handelsniederlassungen und Kaufmannssiedlungen selten möglich sein wird. Es ist bemerkenswert, daß beide Begriffe in einem Worte „Wik" zusammengefaßt wurden.

Burg und Kaufmannssiedlung waren in der Regel getrennte Raumgebilde. Die Kaufmannssiedlung führte den alten römischen Namen vicus[2]). Freilich hat man das bestritten. Man glaubte, den Namen Wik vom nordischen vic = Bucht ableiten zu können[3]). Andere gingen vom germanischen „weichen" aus und betrachteten die Wike als Plätze zum Aufstapeln von Waren[4]). Selbst die Wikinger brachte man damit in Zusammenhang und faßte sie als „Wikbesucher", typische Kaufleute, auf[5]). Aber wir haben schon gesehen, daß die Entstehung der Wike nicht vom Norden, sondern vom Westen ausging. Und es ist doch nur wahrscheinlich, daß die vom Westen nach dem Osten kommenden Kaufleute den alten Namen mitbrachten, der nun einmal seit der Römerzeit üblich gewesen war[6]). Auch erklärt eine altsächsische Glosse das lateinische Wort vicus ausdrücklich als „Handelsniederlassung"[7]). Vielleicht kann man zugeben, daß die starke Verbreitung des lateinischen Wortes vicus in Deutschland darin begründet war, daß der Germane „Wik" mit dem heimischen „wiken" zusammenbrachte und ihm den Sinn „Zufluchtsort" gab. „Wik" kann als Gemeingut aller indogermanischen Sprachen angesehen werden[8]).

Wik ist also in der Karolingerzeit der maßgebende Ausdruck für die Kaufmannssiedlung gewesen. Im westfränkischen Teil des Reiches sprach man häufig auch von p o r t u s (Hafen), wie z. B. in Flandern, wo man den Stadtbürger noch im Mittelalter als „poorter" bezeichnete. In Deutschland kommen nur Seeplätze wie Schleswig und Stade als portus vor[9]). Auch s u b u r b i u m ist nur in Frankreich als Entsprechung für Wik üblich gewesen. In Deutschland dagegen verstand man unter suburbium kein bestimmtes geschlossenes Gebiet[10]). Wie stark sich der Gebrauch von Wik durchgesetzt hat, zeigt allein die Tatsache, daß eine Reihe von Städten ihrem Namen die Silbe wik anfügte, wie Quentowik, Bardowiek, Schleswig, Osterwiek und Brunswik (Braunschweig). Die ersten beiden sind schon im 8. Jh., die 3 anderen im 9. Jh. nachweisbar[11]). Braunschweigs Anfänge liegen in der Begründung der Burg Thankwarderode durch die Brunonen Bruno und Thankward am Ende des 9. Jh., an die sich alsbald eine Kaufmannssiedlung anschloß, die später als die „Alte Wiek" bezeichnet wurde[12]). Besonders kennzeichnend ist es, wenn London schon im 7. Jh. als Handelsplatz Lundenwik, als Burg Lundenburg genannt wird[13]). Der Ausdruck wik muß allgemein üblich gewesen sein, denn noch im Hochmittelalter sprach man vom Wikbild (Weichbild) als dem Recht, das in der Stadt (der Kaufmannssiedlung) galt[14]).

Anfänglich nahm die Ansiedlung der Kaufleute nur einen engen Raum ein. Wenn ein Fluß in der Nähe war, so suchte man nach Möglichkeit diesen auf, um die Waren leicht vom Schiff und zum Schiff transportieren zu können. In den Römerstädten finden wir daher häufig den Wik am Fluß: der Uferstreifen wurde besiedelt. Das war z. B. der Fall in Mainz und in Worms[15]). In Regensburg erlangte der Uferstreifen allmählich die führende Bedeutung. Ebenso ging es in dem flüssereichen Passau[16]). In Dorstat lag der Wik ebenfalls am Flußufer[17]). Dieser Gebrauch hielt sich auch in späterer Zeit. In Halle befand sich die älteste Kaufmannssiedlung am Ufer der Saale, besonders die Siedlung der Salzsieder, die sogenannte Talstadt[18]). Die alte Kaufmannsstadt St. Martin in Bremen nahm das Ufer der Weser ein, und nicht anders war es in der Hafenstadt Hamburg[19]). Auch an Flußübergängen finden wir Kaufmannssiedlungen, wie am Okerübergang den Alten Wiek in Braunschweig, an der Weser in Höxter den Brückenmarkt, die Straße am Brückentor in Hameln, an der Aa den Rodewich in Herford[20]).

Anfänglich beschränkte sich der Wik meist auf eine einzige, zunächst nur einseitig bebaute Straße. Das läßt sich klar an dem Beispiel D o r s t a t s verfolgen. Die Ausgrabungen Holwerdas ergaben eine lange Handelsstraße mit nur einer eng gebauten Häuserreihe[21]). Man darf sich alle Uferstreifen in dieser Form vorstellen. Auch sonst ist die Kaufmannsstraße als Wik für die Frühzeit charakteristisch. So zog sich in Basel die Freie Straße vor der ummauerten civitas hin, in Straßburg der straßenförmige Martinsplatz vor der Münsterimmunität; in Augsburg ging die Straße am Obstmarkt entlang vor der Bischofsstadt hin[22]). Straßenförmig erstreckte sich der Markt in Minden vor dem Domhof, in Soest der Kungelmarkt vor der Stadtmauer bis zur Georgskirche. In Hildesheim lief der Alte Markt als Straße vor der Domburg zur Kaufmannskirche St. Andreas, in Münster der Prinzipalmarkt zur Lambertikirche[23]). Straßenförmige Kaufmannswiken finden sich weiter auch in Bonn und Erfurt; der vicus Bonnensis bestand nur aus einer kurzen Straßenzeile zwischen Römerplatz und Münsterplatz im Zuge der Remigiusstraße[24]).

Dieser beschränkte Raum des Wik zeigt, daß nur eine kleine Zahl von Ansiedlern die Niederlassung aufsuchte. In der Tat handelte es sich in karolingischer Zeit um kleine Zahlen. Denn die Bewohner der Wike waren ausschließlich Kaufleute, die Wike reine Kaufmannskolonien. An einem Ort wie D o r s t a t, der außer der königlichen Burg, in der regelmäßig nur der Graf mit seinen Burgmannen residierte, bloß aus einer einseitig bebauten Kaufmannsstraße bestand[25]), gab es keine konsumfähige Bewohnerschaft, die den Kaufleuten einen ertragreichen Platzhandel hätte gewährleisten können, Dorstat war also für die Kaufleute nur der Ort, von dem aus sie ihre Waren bequem aufsuchen und absetzen konnten, eine Zwischenhandelsstation, ein passiver Handelsplatz[26]). Und was für Dorstat gilt, ist typisch für fast alle Kaufmannswiken der Karolingerzeit, nicht nur für die neu gegründeten Kastellorte, wie etwa Soest, Bardowiek oder Halle, die neu gegründeten Bischofssitze, wie etwa Minden, Münster, Bremen oder Würzburg. Auch in den civitates wird die römische Tradition durch die germanischen Bildungen von Burg und Wik ersetzt, nur daß in einigen von ihnen, wie Mainz, Köln oder Trier, ein Platzhandel bereits bessere Möglichkeiten gefunden haben mag.

Der Kaufmann der Karolingerzeit hatte nicht die Aufgabe, den Platz seines regelmäßigen Sitzes mit ständig gewünschten Massenwaren zu versorgen. Die Bedürfnisse des täglichen Lebens an Nahrung, Kleidung und Behausung wurden vielmehr noch im Hause selbst befriedigt. So hatten auch der König und seine Großen ihre Grundherrschaften dahin eingerichtet, daß neben den landwirtschaftlichen Arbeitern Handwerker jeden Gewerbezweiges ausgebildet wurden, deren Arbeit allen Erforderlassen genügen konnte[27]). Gegenstände des Handels der Karolingerzeit waren vornehmlich Salz, Gewürze und Rauchwerk, Metalle, Waffen und andere Schmiedearbeiten, Bernstein, Schmuck und Glaswaren, Tuche und Webwaren, Wolle und Seide, Wachs, Honig, Öl, Pelze und Sklaven[28]). Diese Waren entsprachen den Kulturbedürfnissen des königlichen Hofes und der kirchlichen und weltlichen Oberschicht[29]). Zum Teil mußten sie aus entfernten Gebieten des großen Frankenreiches, aus England oder Skandinavien, aus Italien oder dem Orient oder auch aus Rußland über weite Strecken herangeschafft werden. Da ein eigenes Transportgewerbe damals noch nicht bestand, war es Sache des Kaufmanns, die Waren am Produktionsort aufzusuchen und selbst unter eigenem Risiko bis zu den Absatzplätzen zu verfrachten. So war der Kaufmann den größten Teil des Jahres auf der Reise. Er besaß zwar einen festen Sitz, doch lag er dort nur im Winterquartier; im Frühjahr ging er auf die Kauffahrt, um erst im Spätherbst zurückzukehren. Der karolingische Kaufmann vertritt den Typ der **Wander- und Fernkaufleute**. Er kannte die Handelswege, war mit den Sitten und Gebräuchen fremder Völker vertraut und sprach deren Sprache[30]).

Allein konnte der Wanderkaufmann seine Handelsfahrt wohl nur in Ausnahmefällen bestehen. In der Regel schloß er sich einer Schar, einer **hanse**[31]) an, die das gleiche Ziel verfolgte. Das waren in karolingischer Zeit nicht nur Leute aus demselben Wik. Die Fahrtgenossen fanden sich vielmehr im Laufe der Fahrt durch Zuzug auch aus anderen Plätzen zusammen[32]). Bei Reisen über See mußten vielfach mehrere Schiffe ausgerüstet werden[33]). Für die Zeit der Reise verbanden sie sich zu einer Schwurgemeinschaft, Gilde[34]). Die Karawanen zogen jedes Jahr den gleichen Weg, und an den Orten, die sie berührten, hielten sie ihre Waren zum Verkauf feil. So spielten sich im Laufe der Zeit Jahrmärkte ein, die im Frühjahr und Herbst bei Ausreise und Rückreise abgehalten wurden. Zu Beginn des 10. Jh. werden die ersten Jahrmärkte erwähnt[35]). Wurden die Märkte innerhalb eines Wik abgehalten, wie wir es am frühesten von St. Denis erfahren[36]), so war die Handelsstraße zugleich der Ort des Marktes. Aber die Märkte waren offenbar nicht auf die Wike beschränkt. Eine Formel von Sens spricht das ausdrücklich aus[37]). Wohl aber waren alle Märkte konzessionspflichtig, da die Herrscher dort ihre Zölle erhoben. Aus dem königlichen Zollregal folgte also ein königliches Marktregal[38]). In spätkarolingischer Zeit wurde manchem geistlichen Herren die Erhebung von Marktzöllen verliehen, wie z. B. den Bischöfen von Bremen (888) und Eichstätt (908)[39]).

Die Wanderkaufleute wurden auf ihren gefahrvollen Handelsfahrten waffentüchtig, rauh und dem Abenteuer geneigt. Sie lernten die Welt kennen. Manche von ihnen, die dann auch in der hanse Führerstelle zu erlangen vermochten, zeigten sich politisch gewandt und erwarben bedeutenden Reichtum. Waren sie höriger oder unfreier Abkunft, so verstanden sie sich loszukaufen oder ihre Abkunft vergessen zu machen. Vor allem aber traten sie in die Munt des Königs ein, in die sie durch schriftliches Privileg aufgenommen wurden. Über die Praxis der königlichen Kanzlei in dieser Frage sind wir durch 2 Formeln aus den Formulae imperiales Ludwigs des Frommen aus den Jahren 825 und 828 genau unterrichtet[40]). Die Königsmunt sicherte dem Händler Frieden und Schutz gegenüber allen Untertanen des Reiches[41]). Für Gewährung dieses Schutzes hatte der Muntling der königlichen Kammer unter Vorweisung seines Schutzbriefes periodisch Abgaben zu leisten[42]). Die Kaufleute konnten im ganzen Reich Handel treiben, sie waren vor jeder Beeinträchtigung ihrer Handelsfreiheit, besonders der Wegnahme ihrer Schiffe, geschützt[43]). Zollpflichtig waren sie nur in Quentowik, Dorstat und an den Alpenpässen[44]). Von der Einziehung zum Heer waren sie befreit[45]). In besonders schwierigen Fällen nahmen sie Recht nach Billigkeit vor dem Königsgericht[46]) oder vor besonders dafür eingesetzten Königsboten. Über diese Königsboten für die Kaufleute hören wir sonst nur, daß sie den Kaufleuten vorgesetzt waren (praeponere)[47]). Dementsprechend finden wir in Köln im 11. Jh. den praepositus negotiatorum, in Paris und Valenciennes den prévôt des marchands[48]). Für diesen Königsbeamten haben wir in England schon im 7. Jh. eine Parallele in des Königs wicgerefan[49]). Dieser Wikgraf erscheint in Deutschland im 9. Jh. als comes vici für Schleswig und ist als Wikgraf in Minden (1181), als Wikvogt in Stade noch lange bezeugt[50]). Königlicher Beamter für die Kaufleute war auch der Hansegraf, der in Regensburg ebenso wie für Flandern und Norddeutschland belegt ist[51]). In dem schwedischen Birka findet sich der königliche praefectus, der die Steuern einzog und von den Kaufleuten eine Kopfgebühr als Friedensabgabe erhielt. Er war für die Verteidigung von Birka verantwortlich und saß dem dortigen Thing als Stellvertreter des Königs vor[52]).

Der Präpositus war aber nicht nur Richter. Eingesetzt wurde er offenbar, um den königlichen Schutz für die Kaufleute auf der Handelsfahrt durchzuführen und von ihnen die Abgaben einzutreiben, die sie dem König für dessen Schutz schuldeten. Er hieß Hansegraf[53]), weil er die Hansefahrten der Kaufleute zu betreuen hatte[54]), Wikgraf, weil er innerhalb des Wik, der Kaufmannssiedlung, verwaltend und richtend tätig sein sollte[55]). Schließlich wurde die Abgabe selbst als Hanse bezeichnet, weil sie von dem Gewinn der jährlichen Hansefahrt zu leisten war[56]).

Diese Kaufleute, die vom König ein solches Muntprivileg erhalten hatten, waren also schon in karolingischer Zeit mercatores regis. Sie unterstanden dem fränkischen Königsrecht, genossen Königsbann und einen besonderen Königsfrieden[57]). Durch das königliche Privileg waren sie mit einem Sonderrecht ausgestattet, das freilich nur diesen Privilegierten, und ihnen nur für die Zeit ihrer Privilegierung, zustand. Ein allen Kaufleuten zustehendes Kaufmannsrecht gab es in der karolingischen Zeit noch nicht. Doch sorgte der Herrscher für Frieden auf den Handelsstraßen, versprach, nur die altüberlieferten und gerechten Zölle einzufordern, und regelte das Münz- und Maßwesen, was allen Handeltreibenden zugute kam.

Kaufleute, die nicht königlichen Schutz genossen, gab es vor allem in Bischofs- und Abteiburgen. Bischöfliche Kaufleute sind für Utrecht, Straßburg und Passau im 9. Jh. belegt[58]), klösterliche für Prüm und Murbach[59]). Das waren Kirchenhörige[60]), die die Erzeugnisse der kirchlichen Grundherrschaften zu veräußern und Rohstoffe und Lebensmittel für sie zu beschaffen hatten. Von diesen Hörigen sind die königlichen Kaufleute streng zu sondern[61]). Die kirchlichen Kaufleute unterstanden dem Hofrecht, die königlichen Kaufleute aber dem fränkischen Königsrecht.

Von einer **Gemeindebildung im Wik** kann in dieser Zeit noch nicht gesprochen werden. Nur auf der Reise einte der Schwurverband die Kaufleute. Im Wik galt nicht eine genossenschaftliche, sondern eine herrschaftliche Ordnung, vom König geschaffen und von den Königsboten durchgeführt. Als freie Leute unterstanden die Kaufleute dem Hochgericht des Grafen, sonst dem Wikgrafen. Bischöfe und Äbte hatten den Wikkaufleuten ihrer Dom- und Klosterburgen gegenüber weder Gerichts- noch Verwaltungshoheit. Der Wik war vom bischöflichen Immunitätsgebiet streng getrennt. Bald aber traten entscheidende Änderungen ein.

II. OTTONENZEIT UND SALIERZEIT BIS HEINRICH III. (936—1056)

Eine neue Epoche in der Frühgeschichte der deutschen Stadt stellt die Zeit der Ottonen dar. Zwar liegt auch in ihr noch der Schwerpunkt auf dem Gegensatz von Burg und Wik. Doch der Wik tritt nun aus seiner rein passiven Haltung heraus, er beginnt eigenes gemeindliches Leben zu entfalten. Seine Einwohner, die Kaufleute, schließen sich zur Gilde zusammen und reißen darüber hinaus gemeindliche Aufgaben an sich. Das Recht, das der König den Kaufleuten durch Privileg verliehen hat, wird allmählich zum Recht des Wik. So entwickelt sich der Wik zum Orte eines königlichen Sonderrechts, der sich aus der allgemeinen stammesrechtlichen Ordnung löst.

Die Regierung der machtvollen Sachsenherrscher führte für den mitteleuropäischen Raum eine neue Blütezeit herauf. Das Erbe der großen Karolinger war durch die Einbrüche der Normannen, Slawen und Ungarn in Zentraleuropa in schwere Gefahr geraten[1]). Schon Arnulf von Kärnten (887—899) war es zwar gelungen, die Normannengefahr auf austrasischem Boden in ihrer vollen Stärke zu brechen. Aber erst Otto I. schuf sich nach gewaltigen Siegen über Slawen und Ungarn in der zweiten Hälfte seiner Regierungszeit ein vollbefriedetes Wirtschaftsgebiet zwischen Maas, Elbe und Donau, das er im Osten durch Marken sicherte. Damit waren die Wirren der späten Karolingerzeit endgültig überwunden. Der Handel konnte, wie unter Karl dem Großen, neu erblühen und sollte alles Voraufgegangene bald erheblich übertreffen. Unter Otto I. sind manche karolingische Handelsniederlassungen zu Kaufmannssiedlungen aufgewachsen, wie vor allem Magdeburg[2]).

1. VERBREITUNG DER KAUFMANNSWIKEN. BISCHOFS-, KLOSTER- UND BURGSTÄDTE

Wie schon zur Zeit der Karolinger waren die Kaufleute als Fernkaufleute auch jetzt in erster Linie auf die Schiffahrt angewiesen. Daher gehörten die Friesen[3]) nach wie vor zu den wichtigsten Elementen der mitteleuropäischen Kaufmannschaft. Die großen Ströme, wie

Rhein, Donau und Elbe, waren die bedeutenden Handelsstraßen der Zeit. Unmittelbar an ihren Ufern oder doch nicht weit von ihnen lagen alle maßgebenden Handelsstädte. Am Rhein wurden Utrecht, Nimwegen, Duisburg, Köln, Bonn, Koblenz, Mainz, Worms, Speyer, Straßburg, Basel und Konstanz bekannte Handelswiken. Die Stelle des zerstörten Dorstat hatte T i e l eingenommen, das zur Reichszollstation für den Handel mit England bestimmt worden war[4]. An der Elbe oder mit ihr eng verbunden traten jetzt Stade, Hamburg, Bardowiek, Magdeburg und Meißen hervor. Magdeburg und Meißen wurden freilich 983 zerstört und lebten erst am Ende des 12. Jh. wieder auf[5]. An der Donau gab es in Ulm, Donauwörth, Regensburg, Passau und wohl auch schon in Linz und Krems Kaufmannswiken[6]. Auch an kleineren Grenzflüssen, wie im Westen an der Maas, im Osten an der Saale, lagen zahlreiche Kaufmannssiedlungen: hier Verdun, Huy, Lüttich und Maastricht[7], dort Naumburg, Merseburg und Halle[8]. Allmählich wurden im Inneren des Reiches auch die kleineren Flüsse dichter mit Wiken besiedelt: so die Weser und deren Zusammenflüsse Werra und Fulda; an ihr lagen Minden und Bremen[9]; so auch der Main, wo sich Bamberg, Würzburg und Frankfurt folgten[10]. An der Mosel blieb es bei den altbekannten Toul, Metz und Trier[11]. Am Neckar traten damals Heilbronn und Wimpfen hervor[12]. Selbst kleine Flüsse erhielten nun ihre Wiken: die Ems Meppen, die Ruhr Essen, die Nahe Kreuznach, die Iller Kempten, der Lech Augsburg, die Isar Freising, die Salzach Salzburg[13].

Die alten H e e r - u n d H a n d e l s s t r a ß e n aus der Zeit der Römer und Karolinger blieben zum Teil auch in sächsischer Zeit in Gebrauch, und daran schlossen sich neue Kaufmannswiken an. Neben dem Rheingebiet verdichtete sich in ottonischer und salischer Zeit besonders stark das s ä c h s i s c h e Gebiet durch ein Netz von solchen Ansiedlungen[14]. Von Köln aus z. B. beginnt bei Dortmund der Hellweg, der sich über Soest und Paderborn nach Corvey und Höxter, über Gandersheim nach Goslar und Halberstadt fortsetzte, von wo aus wieder Wege nach Braunschweig und Nordhausen, nach Quedlinburg und Magdeburg abzweigten. Von Nordhausen aus zog man über Sangerhausen nach Halle. Der Weg von Dortmund über Münster und Osnabrück führte über Bremen nach Stade, über Herford und Minden nach Verden und Hamburg, nach Lüneburg und Bardowiek, über Hameln nach Hildesheim und nach Braunschweig, das zum Zentrum der Verfrachtung von Goslarer Erz auf Oker und Aller wurde[15]. Ein reiches Wegesystem fand damals schon seinen Mittelpunkt in E r f u r t, das durch Fulda und Frankfurt mit Mainz, durch Merseburg mit Halle, durch Mühlhausen und Osterwieck mit Goslar, durch Sangerhausen mit Quedlinburg und Halberstadt, im Süden mit Würzburg und Bamberg verbunden war[16]). Als stärkste Handelszentren des Rheins hatten auch **Köln und Mainz** ein dichtes Wegenetz ausgebildet, das am Rhein entlang nach Norden und Süden und vom Rhein nach Osten und Westen führte. Westliche Straßen mündeten z. B. in Aachen und Brügge, in Metz und Trier. Die stärksten Verkehrszentren des Südens aber waren noch immer die alten Römerstädte Straßburg, Augsburg, Regensburg und Passau.

Das Wegenetz verdichtete sich in sächsischer Zeit überall erheblich. Nicht nur an den altgewohnten Verkehrsstraßen entstanden damals neue Kaufmannswiken. An der **Nordsee** treten in sächsischer Zeit Antwerpen, Middelburg, Leiden, Stavoren und Stade[17]) hervor, die — vielleicht mit Ausnahme von Stade — nicht aus dem Bedürfnis des Straßenverkehrs, sondern als Fischer- und Schiffersiedlungen entstanden waren. Quedlinburg, Nordhausen und Duderstadt wurden als sächsische Königshöfe von Heinrich I. zu Burgen ausgebaut[18]) und bald mit Kaufmannswiken ausgestattet. Von Hauptverkehrswegen lagen sie entfernt. Ebensowenig aus Verkehrsgründen wurden Altenburg, Zeitz und Leipzig zu wichtigen Reichsburgen der Ottonenzeit erhoben[19]), an die sich alsbald Wiken anschlossen; sie sollten vielmehr als Grenzburgen dienen. Noch andere Ursachen führten zu dem schnellen Aufblühen von Lüneburg und Goslar. Für diese Orte sind im 10. Jh. **Salz- und Silberabbau** mit Sicherheit überliefert, ebenfalls Burg und Wik: in **Lüneburg** die Burg Hermann Billungs, bezeugt 951; in **Goslar** wurde der Königshof von Heinrich II. zur Pfalz erhoben. In **Gittelde** führte der Eisenerzbau schon unter Otto I. 965 zur Anerkennung des vicus[20]). Entscheidend bleibt überall die Entstehung der Königsburg, die den Schutz der Kaufleute übernahm. Einige dieser Burgen wurden von den sächsischen Kaisern zu **Bischofsburgen** ausgebaut, wie der Pfalzort Merseburg und die Burg Zeitz von Otto I., der vor allem Magdeburg 968 zum Erzbistum erhob; Konrad II. verlegte dann das Bistum Zeitz 1028 nach Naumburg in den Schutz der Burg der Ekkehardiner[21]). Schon vorher hatte Heinrich II. 1007 in seine Burg Babenberg einen Bischofssitz gelegt[22]). In anderen Königshöfen wurden **Klöster** eingerichtet, wie in Meschede durch Konrad I., in Heeslingen durch Heinrich I. und in Quedlinburg durch Otto I., in Helmarshausen durch Otto III., in Einbeck 1060 durch den Grafen von Northeim auf der Grundlage eines alten Königsgutes. Auch in Nörten wurde 1055 ein Stift gegründet[23]). An diese Klosterburgen lehnten sich alsbald ebenfalls Kaufmannssiedlungen an[24]). Neben den etwa 40 Bischofs- und 20 Klosterstädten dieser Zeit rechne ich noch etwa 60 weitere königliche Burgstädte hinzu, von denen sich etwa 12 als eigentliche Pfalzstädte bezeichnen lassen, nämlich Aachen, Dortmund, Duisburg, Frankfurt, Goslar, Heilbronn, Mühlhausen, Nimwegen, Nürnberg, Solothurn, Ulm und Zürich. In den königlichen Burgstädten hatte regelmäßig ein königlicher Graf seinen Sitz. Aber auch die Bischofs- und Klosterstädte hörten trotz dieser Bestimmung nicht auf, königliche Burgstädte zu sein.

Von den Städten der sächsischen und salischen Zeit waren offenbar Köln, Mainz und Magdeburg die bedeutendsten. In den Privilegien der Kaiser werden vor allem diese **Metropolitanstädte** als die wichtigsten Vorbilder für andere Städte genannt[25]. Nach ihnen folgten im Rang Trier, Straßburg, Speyer, Worms, Konstanz, Augsburg und Regensburg[26], aber auch Bremen, Dortmund, Goslar und Zürich[27]. Zumeist sind das Bischofsstädte; nur Dortmund, Goslar und Zürich schlossen sich an **Pfalzen** an.

Entsprach nun die Bedeutung dieser Städte auch dem Umfang ihrer **Klerikerburg**? Für Köln und Mainz trifft das ohne Zweifel zu. **Köln** besaß bis zur Mitte des 11. Jh. 11 Stiftskirchen, davon 8 Kanoniker- und 3 Kanonissenstifter, außerdem 2 Benediktinerklöster und 4 Pfarrkirchen. Viele der Stiftskirchen besaßen bedeutende Immunitäten. Dieser gewaltigen Klerikerburg stand der Erzbischof vor, der unter Otto I. seinen Sitz an die Stelle der königlichen Pfalz an der Nordostecke der alten Römerstadt verlegt hatte[28]. Ähnlich war die Entwicklung in **Mainz**. Neben 8 Stiftskirchen finden wir bis zur gleichen Zeit 4 Klöster. Der Erzbischof residierte seit der Epoche der Ottonen in der königlichen Pfalz, die unter Erzbischof Willigis um das Jahr 1000 durch einen neuen Bau ersetzt wurde[29]. Den beiden rheinischen Metropolen stand **Magdeburg** erheblich nach. Neben dem Domstift entstanden dort in sächsischer Zeit nur 3 Kanonikerstifte und 2 Klöster, wenig mehr als in Hildesheim, wo es 5[30], oder in **Halberstadt**, wo es 4 Kirchen gab[31]. Aber Otto I. hatte in Magdeburg eine Kaiserpfalz errichtet, die lange Zeit fast als Residenz des Reiches in Geltung gewesen war, und in dieser Pfalz saß nunmehr der Erzbischof. Das gab seiner Stadt die Bedeutung[32]. Der Umfang der Klerikerburg war freilich in den Bischofsstädten des Westens, vor allem in Trier, aber selbst in Metz, Lüttich, Verdun und Toul, entschieden bedeutender als in Magdeburg. Gab es doch in **Trier** außer dem Domstift 9 Stiftskirchen und Klöster, darunter die berühmten St. Maximin und St. Paulin mit großen Immunitäten[33], und auch in Metz und Lüttich zählte man bis zur Hälfte des 11. Jh. je 10, in Verdun 9, in Toul[34] 7 kirchliche Institute größerer Bedeutung! Geringer war die Klerikerburg in anderen Städten des Südwestens. In Worms gab es, wie auch in Würzburg, 5; in Straßburg 4, in Konstanz 3, in Speyer und Chur je 2 Kirchen[35]. Im Südosten war

Regensburg am wichtigsten mit 6 Kirchen, Augsburg folgte mit 5, Eichstätt mit 4, danach kamen Bamberg und Salzburg mit je 3, Passau und Freising mit je 2 Kirchen[36]).

Die alten Bischofsstädte des Rhein- und Donaugebietes haben also auch in der sächsischen Kaiserzeit ihre hervorragende Bedeutung bewahrt: Köln und Mainz, Trier, Augsburg und Regensburg, aber auch Straßburg, Speyer und Worms waren nach wie vor die wichtigsten Städte des Reiches. Alles kam hier zur Förderung des Platzes zusammen: Die hervorragende Gunst der Lage an großen Strömen, die aus römischer Zeit stammenden Vorzüge, wie das gut ausgebaute Straßennetz oder die stark entwickelte handwerkliche Technik, die sich weiter fortsetzte, eine lange Reihe tatkräftiger Bischöfe, die aus dem alten Mauerwerk der Römer prächtige Dom- und Stiftskirchen und reiche Klöster nach dem neuen romanischen Baustil errichteten und damit eine gewaltige Klerikerburg erstehen ließen, eine große Zahl von Klerikern, von denen viele aus den vornehmsten Geschlechtern des Reiches stammten, und neben ihnen zahlreiche Ministeriale der Bischöfe und Stifter, die zumeist ritterlich zu leben begannen. So entstand in der Burg der Kleriker und Ritter eine vornehme Oberschicht, die eine hohe kulturelle Blütezeit heraufführte. Auch brachte der große grundherrliche Besitz der Klöster und Stifter eine wachsende Masse von bäuerlichen Abgaben in die Klerikerburg, und das Kapital, das sich dort bildete, gab wiederum die Möglichkeit, wachsende wirtschaftliche und kulturelle Bedürfnisse zu befriedigen. Von nationalökonomischer Seite her hat man diesem sogenannten „Konsumtionsfonds" die geschichtliche Bedeutung zugewiesen, die Ansiedlung von Händlern und Handwerkern überhaupt ermöglicht und damit die Stadtbildung primär verursacht zu haben[37]). Daß dem nicht so gewesen ist, hat uns schon die Betrachtung der Karolingerzeit gelehrt. Nicht wegen des Platzgeschäftes, sondern wegen der günstigen Verkehrslage siedelten sich ursprünglich die Kaufleute an; der Wik war für sie nur eine Zwischenhandelsstation. Das änderte sich nun freilich in der sächsischen Kaiserzeit in entscheidender Weise. In den ganz großen Kleriker- und Ritterburgen mit ihren ständig wachsenden Bedürfnissen mochte der Kaufmann bereits sein Auskommen finden. Aber solcher Burgen waren doch nur wenige. Weitaus die Überzahl der Burgen, in deren Schutz sich Kaufleute angesiedelt hatten, hielten sich in engen Grenzen. Noch besaßen selbst die meisten Bischofsstädte in der sächsischen Kaiserzeit neben dem Domstift nur 1 bis 2 Stifte. In einer Stadt wie Bremen gab es z. B. bis zur Zeit des Erzbischofs Adelbert (1045—72) sogar nur das Domstift St. Peter! Und doch erscheint Bremen in den Kaiserprivilegien als eine bedeutende Stadt, der schon Otto I. 965 ein berühmtes Privileg erteilte[38]).

1. *S. Marcus.* 2. *S. Iacob.* 3. *S. Marxthor.* 4. *Barfüsser Closter.* 5. *Capuciner Closter* 6. *S. Germany.* 7. *Alt Pörlain.* 8. *S. Iohannes* 9. *Iesuiter Coll.* 10. *Die Domkirch* 11. *Der Bischoffhofe.* 12. *Weidthor* 13. *Widenberg. S. Guiden.* 14. *S. Martha.* 15. *S. Clara.* 16. *Lazaret.*

Speyer

Das Recht der Kaufleute von D o r t m u n d verlieh Otto III. bereits 990 denen von G a n d e r s h e i m, und doch gab es in Dortmund nur die von den Kaisern gelegentlich besuchte Pfalz[39]). Offensichtlich lag also hier der Schwerpunkt nicht in der Burg, sondern im Wik.

2. GESTALTUNG DES WIK

Das Wesen des Wik hat sich in der Kaiserzeit nicht verändert. Er besaß selbst im 11. Jh. noch immer eine kleine Bewohnerzahl[1]) und be-

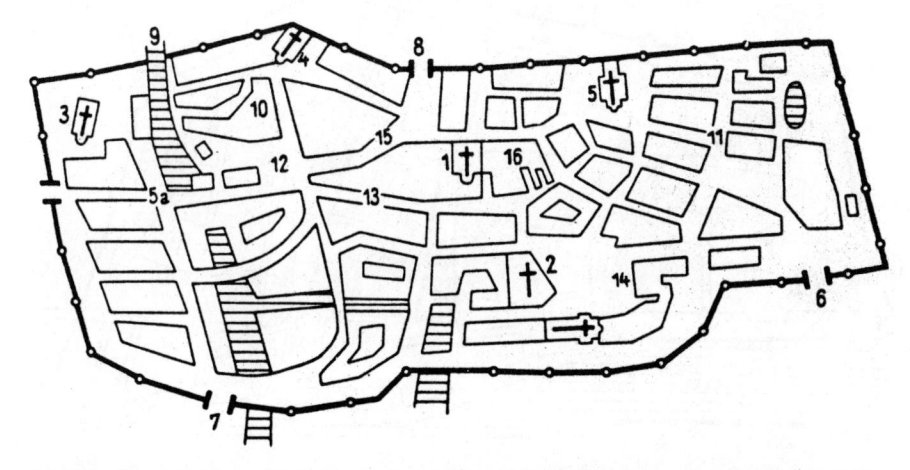

STADE. 1 St. Cosmas und Damian 1132. 2 St. Georg 1132, Kloster. 3 St. Nikolai 1132. 4 St. Pankratius 1132. 5 St. Wilhadi 9. Jh. 5a Caentor. 6 Hohes Tor. 7 Kehdinger Tor. 8 Salztor. 9 Schiffertor. 10 Gräfliche Burg (Spiegelberg). 11 Bischofshof. 12 Fischmarkt. 13 Hökerstraße. 14 Pferdemarkt. 15 Salzstraße. 16 Rathaus.
994 Wik Stathe zerstört; 1012 Burg (Spiegelberg) gräflich; gräfliche Marktsiedlung; 1038 erzbischöflich. / 1144 Heinrich der Löwe als Stadtherr; 1180 _ .gum; 1181 Umwallung; 1189 Privileg; 1204 civitas; 1209 Privileg; 1236 Ummauerung ———.

stand auch jetzt vielfach noch aus einer einseitig bebauten Straße, die sich außerhalb der Befestigungen der Burg hinzog. Häufig lag er direkt am Flußufer. Thietmar von Merseburg erzählt für das Jahr 994, in Stade habe die Burg (urbs) mit Namen Stethu direkt am Ufer gelegen, und der Wik, wohl ein friesischer Handelsplatz, wird von ihm Hafen (portus) genannt[2]). Gleichzeitig entstand ein Einstraßen-Wik auf der Windauinsel, der sich 1243 zur Stadt Tondern entwickelte[3]). Ein anderes Beispiel bildet Salzburg. Dort lag der Wik am Flußufer unterhalb der Domsiedlung[4]). Vielfach waren Burg und Wik durch den Fluß voneinander getrennt, wie z. B. in den flandrischen Städten Gent, Brügge, Ypern[5]), aber auch in Verdun, Maastricht, Mecheln und Utrecht. In Verdun lag

66   Ottonenzeit und Salierzeit bis Heinrich III. (936—1056)

der Wik der Stadt gegenüber auf dem anderen Ufer der Maas, war aber durch 2 Brücken mit ihr verbunden[6]). In Utrecht erbaute Bischof Balderich im 10. Jh. den neuen vicus Stathe auf dem linken Rheinufer gegenüber der Domburg[7]). Die Kaufmannssiedlung auf dem Anger in Erfurt war durch den Fluß Gera von der Königspfalz auf dem Petersberg geschieden[8]). Auch in Bamberg wurde zu Beginn des 11. Jh. der Wik gegenüber der Domburg am anderen Regnitzufer angelegt[9]). Meist

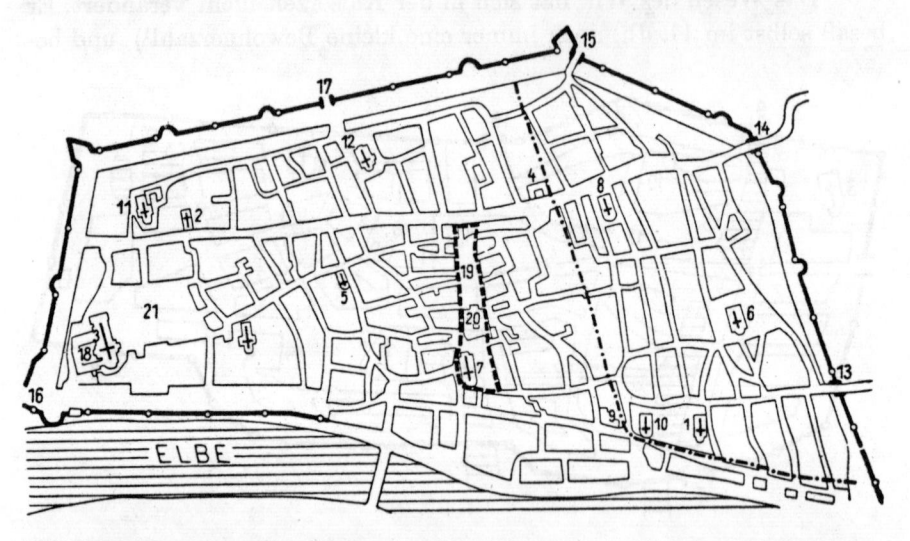

MAGDEBURG. 1 Augustinerkloster um 1285. 2 Dominikanerkloster um 1224. 3 Domstift (St.-Moritz-Kloster) 937. 4 Franziskanerkloster 1225. 5 Heiligengeisthospital 1214. 6 St. Jacobi 1253. 7 St. Johannes 941. 8 St. Katharina. 9 Marien-Magdalenen-Stift um 1250. 10 St.-Petri-Pfarrkirche um 1150. 11 St.-Sebastian-Stift um 1015. 12 St.-Ulrich-Pfarrkirche. 13 Hohe Pforte um 1230. 14 Krökentor um 1230. 15 Schrotdorfer Tor 1188. 16 Sudenburger Tor. 17 Ulrichstor. 18 Pfalz. 19 Alter Markt 941. 20 Rathaus. 21 Neuer Markt.

Pfalz- und Domburg 805. / 941 Neuer Markt an der Johanniskirche — — —. / Ausbau der Altstadt bis 1200 •—•—•. / Neuer Markt. / Neustadt 1209. / Gesamtstadt •——•.

aber schloß sich der Wik auch in sächsischer Zeit unmittelbar an die Burg an. So war es in Trier, wo die Kaufmannssiedlung sich vor die befestigte Domburg legte[10]), und in Quedlinburg, wo sie am Fuße der Burg errichtet wurde[11]). Ähnlich zog sich in Merseburg der Straßenmarkt, die Burgstraße, zum Entenplan hin[12]). In Dortmund lag der vicus in der Nähe der königlichen curia in der Brückstraße[13]). In Zürich befand sich der Wik vor dem Lindenhof, wo schon das römische Kastell, dann die Karolinger- und die Kaiserpfalz ihren Platz hatten[14]). Im 11. Jh. finden wir die gleiche Lage in Lüneburg, hier zog sich die Altstadt vor der Burg Hermann Billungs hin[15]). In Naumburg lag der Wik östlich der Domfreiheit im St. Johannviertel[16]), in Fritzlar nördlich der Klosterimmunität. Schon im 10. Jh. ging dann die Entwicklung einen bedeutenden Schritt weiter. In den großen Metropolitanstädten Köln, Mainz und Magdeburg entfaltete sich bereits zur Zeit Ottos I. der Wik aus einer einseitig bebauten Straße nicht nur zur doppelseitig bebauten, sondern eher zu einem **länglichen straßenförmigen Rechteck**. In K ö l n lag die Kaufmannssiedlung an der Ostseite der Römermauer. Zunächst war sie nur einseitig bebaut, während das Terrain nach dem Rhein zu durch Wasserläufe unterbrochen und versumpft war. Im 10. Jh. ließ aber Erzbischof Bruno dieses Gebiet planmäßig auffüllen[17]) und verlieh es neu zuziehenden Kaufleuten zur Erbleihe. Damit erhielt die Siedlung die Gestalt eines länglichen Rechtecks, das erst später durch Errichtung der erzbischöflichen Münze in 2 Teile zerlegt wurde, nämlich in den Heumarkt und den Alten Markt[18]). In M a g d e b u r g war die karolingische Handelsniederlassung an der Elbe einer Katastrophe ausgesetzt gewesen, so daß Otto I. den Wik auf Bitten seiner Gemahlin Editha auf die Höhe des jetzigen Marktes verlegte; dort entstand auch eine Kaufmannskirche als Vorläufer der Johanneskirche[19]). Der Wik erhielt die Gestalt eines straßenähnlichen länglichen Rechtecks, das erst im 13. Jh. durch den Einbau des Rathauses in 2 Teile zerlegt wurde. Es ist anzunehmen, daß die Friesensiedlung in Mainz im 10. Jh. den gleichen Ausbau erfahren hat[20]). Besonders klar läßt sich aber diese Entwicklung in S t r a ß b u r g verfolgen, wo die Kaufmannssiedlung westlich von der Domburg den Charakter einer breiten, zweiseitig bebauten Handelsstraße angenommen hat[21]). In S p e y e r gestaltete Heinrich III. den Kaufmannswik zu einer breiten Prunkstraße als Zugang zum Kaiserdom[22]). Eine ähnliche Form hatte der Wik von Tiel, der unter Otto II. maßgebende Bedeutung gewann[23]). Der von Lüttich erscheint als ein langes Rechteck[24]). Seit dem 11. Jh. wird diese Wikform häufig nachgeahmt. So in Hamburg, wo zwischen 1100 und 1140 eine Fernhändlersiedlung in Form eines breiten Rechtecks angelegt wurde[25]).

Der Wik war, wie wir sahen, ein von der Burg getrenntes, selbständiges Raumgebilde, das sich daher auch zunächst eine selbständige **Befestigung** schaffen mußte. In der Regel bestand diese aus **Wall, Graben und Palisaden**. Wir lernten das schon in Dorstat und Schleswig kennen[26]), finden aber das gleiche seit dem Beginn des 11. Jh. noch in Bremen, Eichstätt[27]), Naumburg[28]) und Goslar, um nur einige Orte zu nennen. Dabei war z. B. in Bremen (wie in Dorstat und übrigens auch in Augsburg)[29]) selbst die Domburg erst 994 nur umwallt worden; zwischen 1013 und 1029 wurde dann auch der Wik von einem festen Wall umgeben[30]). Von Goslar erfahren wir erst aus dem Jahre

1073, daß die Kaufmannssiedlung mit Wall und Graben befestigt war[31]). Steinmauern finden wir außerhalb der Römerstädte spät. Von manchen wichtigen Handelsplätzen, wie Aachen, Dortmund, Erfurt, Halberstadt, Halle und Paderborn, wissen wir sogar, daß man erst in staufischer Zeit zu ihrer Ummauerung übergegangen ist[32]).

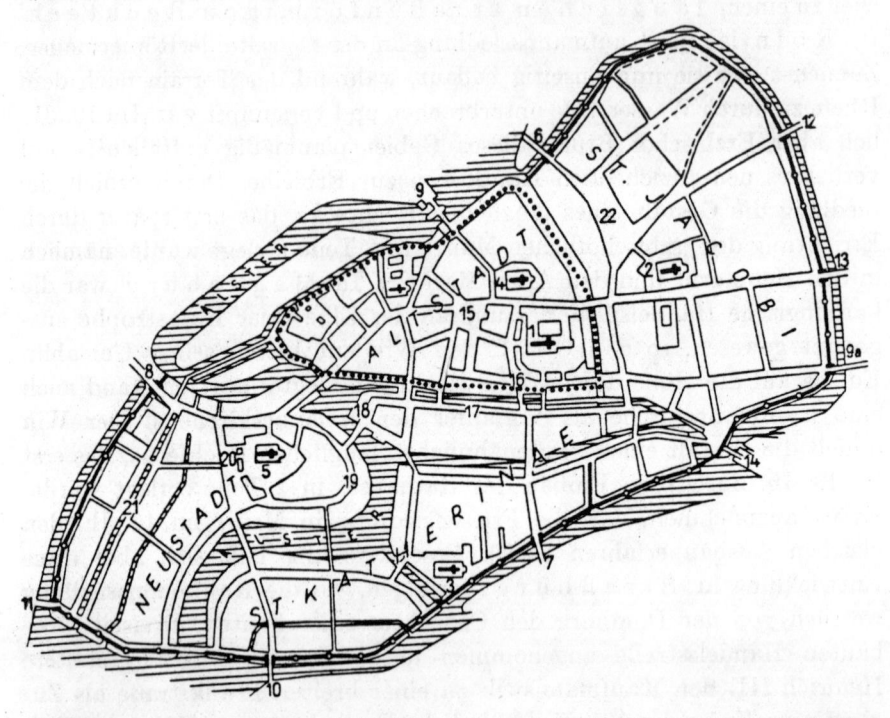

HAMBURG. 1 Domkirche St. Marien 1035—43 (831). **2** St. Jacobi 1254. **3** St. Katharinen um 1250. **4** St. Petri 1195 (um 1050). **5** St. Nicolai 1195. **6** Alstertor. **7** Brooktor. **8** Millerntor. **9** Mühlentor. **9 a** Niederntor. **10** Schaaltor. **11** Schaartor. **12** Spitalertor. **13** Steintor. **14** Winzertor. **15** Marktplatz (Berg) 10. Jh. **16** Fischmarkt. **17** Reichenstraße 1100—40. **18** Rathaus. **19** Neue Burg. **20** Hopfenmarkt. **21** Rödingsmarkt um 1250. **22** Pferdemarkt.
Altstadt um 950 ········ . / *Reichenstraße zwischen 1100 und 1140.* / *Neustadt 1188.* / *Stadterweiterung 1228—64.* / *1300 Ummauerung der Gesamtstadt* —•— .

Völlig anders stand es freilich um die Römerorte, wo die Ummauerung immer Tradition geblieben war. Hier wurde vielfach auch der Wik selbständig ummauert. Das dürfen wir z. B. für Straßburg und Worms annehmen, wo schon seit karolingischer Zeit neben der Domburg eine neue Burg erscheint, eben der Wik, der also ebenso befestigt war, wie die Burg selbst[33]). Auch der um 985 erwähnte Wik in Verdun war offenbar von Mauern umgeben[34]). In Basel erfolgte die Ummauerung des kaufmännischen Suburbiums am Fuße des Domhügels durch Bischof

Burchard um 1080[35]). Und in Speyer erhob Bischof Rüdiger 1084 die villa Spira, die den Juden überlassen war, durch Mauerbau zur Burg[36]).

Freilich kam es in den Römerorten auch häufig genug vor, daß **innerhalb der Burg selbst Kaufleute** ansässig waren, wie anfänglich in Köln und Regensburg, in Passau im mittleren bischöflichen Teil der Stadt, in Augsburg, Speyer[37]) und auch in **Bonn**[38]), wo die Kaufmannssiedlung innerhalb des Kassiusstiftes lag. Auch die neuen Bischofsstädte Osnabrück und Merseburg bieten das gleiche Bild. In Osnabrück saßen die Kaufleute innerhalb der Domburg[39]), in Merseburg wenigstens zum Teil innerhalb der Burgmauern[40]). Doch blieben das Ausnahmen. Wesentlich wichtiger ist die Feststellung, daß man bisweilen auch ursprünglich selbständige Wike in die Burg aufnahm. Das geschah z. B. in **Regensburg**, wo sich westlich der Römerstadt die neue Kaufmannssiedlung von der Donau bis nach St. Emmeram hin ausdehnte und 917 als „pagus mercatorum" der Befestigung der Altstadt angeschlossen wurde[41]). In **Köln** wurde die Handelssiedlung am Rhein 948 ummauert und so ebenfalls der civitas angegliedert[42]). Noch früher, sogar schon im 9. Jh., hatte **Mainz** seine Friesensiedlung in die civitas mit einbezogen[43]). Hier wurde also schon früh erreicht, daß Burg und Wik in einer Mauer zusammengeschlossen lagen[44]). Und diesem Beispiel folgte Otto I. bereits für seine Residenzstadt **Magdeburg**, als er dieser durch die völlige Ummauerung von Burg und Wik ihre Stellung als civitas nach Art der Römerstädte sichern wollte. Freilich gelang es ihm nicht, die Mauer zu vollenden. Erst Erzbischof Gero brachte 1023 den Bau zum Abschluß[45]). Inzwischen waren andere Bischofsstädte Magdeburg zuvorgekommen[46]). Unmittelbar durch die nahegelegenen Römerstädte beeinflußt, ummauerte Bischof Notger von Lüttich (972 bis 1008) um das Jahr 1000 die dortige Domburg und den Wik und faßte sie zu einer urbs zusammen[47]). In **Hildesheim** erbaute der große Bischof Bernward um das Jahr 1000 stark befestigte Türme und Mauern im Ost- und Westteil der civitas zum Schutz der „Bürger"; damit dürfte der Alte Markt mit ummauert gewesen sein[48]). Endlich erbaute Bischof Heinrich von **Würzburg** (995—1018), ebenfalls um 1000, eine Mauer, die den im suburbium gelegenen locus Würzburg mit umschloß[49]). Damit scheint aber der Kreis der Städte erschöpft zu sein, die noch im 11. Jh. den Schritt zur gemeinsamen Ummauerung von Burg und Wik getan haben[50]). Die Ausführung solcher Pläne wurde den Stadtherren durch die Anwendung des Burgbanns erleichtert: noch im 11. Jh. wirkten die Bauern der Umgebung bei dem Bau mit[51]). Neben den führenden Römerstädten an Rhein und Donau waren es Magdeburg und einige Bischofsstädte des Rheins, die hervorragenden Stadtherren die Erreichung dieses

Ziels verdankten. Damit war der erste Anstoß dazu gegeben, die bisher in getrennten Räumen lebenden und getrennter rechtlicher Ordnung unterliegenden Bewohner von Burg und Wik zusammenzuführen.

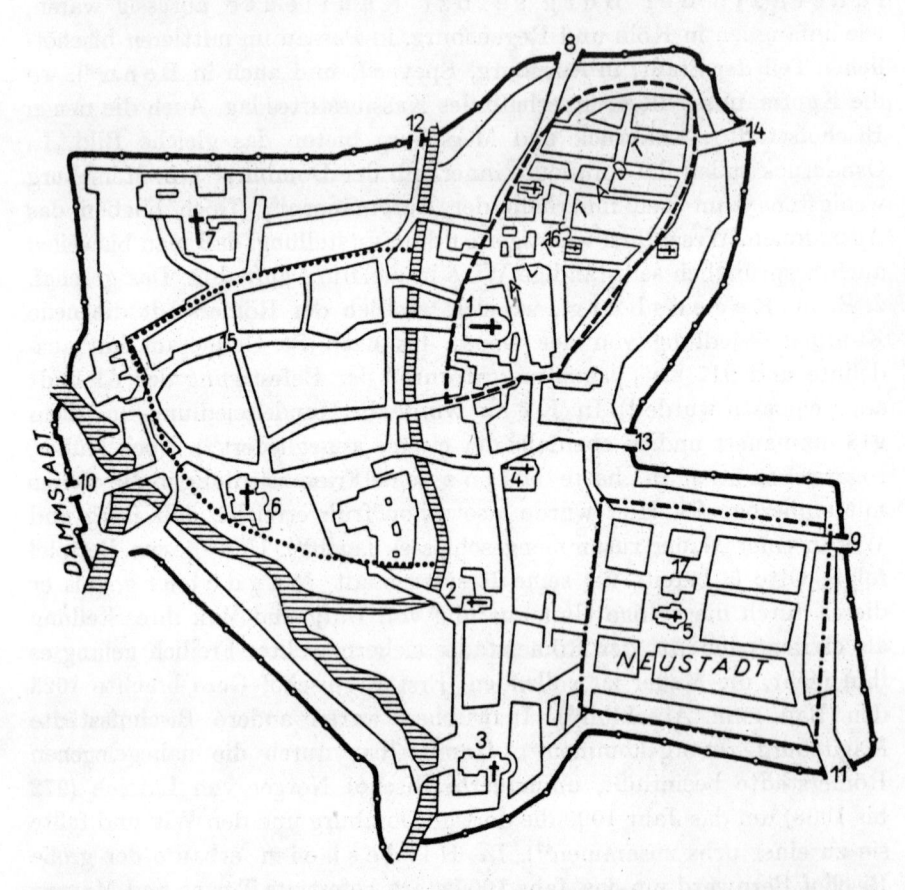

HILDESHEIM. **1** St. Andreas um 1030. **2** Dominikaner 1230. **3** St. Godehard 1136. **4** Heiligkreuz 1079. **5** St. Lampert um 1215. **6** Dom St. Martin 815. **7** St. Michael um 1000. **8** Almerstor. **9** Braunschweiger Tor. **10** Dammtor. **11** Goslarsches Tor. **12** Hagentor. **13** Friesentor. **14** Ostertor. **15** Alter Markt um 1000. **16** Alter Markt der Altstadt. **17** Neustädter Markt um 1215.
Domburg 9. Jh., Alter Markt 10. Jh., Befestigung um 1000 ·········. / *Altstadt 11. Jh.* ———. / *Neustadt um 1212—16* ·—·—·. / *Dammstadt 1196; 1333 zerstört.* / *Vereinigung aller Städte im 14. Jh.* —·—.

3. KÖNIGSBURG

Solche Hochziele freilich erreichte die städtische Entwicklung in sächsischer Zeit nur für ihre Spitzen. Im übrigen blieben Burg und Wik wie bisher räumlich getrennt. Herr war in beiden der König. Alle Burgen, aber auch alle Wiken waren königlich. Die Stellung des Bischofs und seiner Burg erfuhr zwar in ottonischer Zeit eine außerordentliche Stärkung. Denn zu der Immunität, die den Bischöfen schon in karolingischer Zeit hinsichtlich ihres grundherrlichen Gebietes erteilt worden war, kam jetzt dank der ottonischen Privilegien noch die hohe Gerichtsbarkeit hinzu, die dem Grafen genommen und dem Bischof und dessen Beamten übertragen wurde[1]). Damit fielen nun auch die freien Bewohner des Wik unter die hohe Gerichtsbarkeit des bischöflichen Burggrafen oder Vogtes; sie gerieten jedoch keineswegs dadurch etwa in die Grundherrschaft oder Immunität des Bischofs. Die hohe Gerichtsbarkeit bewahrte vielmehr auch in seiner Hand ihren staatsrechtlichen Charakter. Im Staate Ottos des Großen erschien ja der Bischof dem staatlichen Amtsrecht ebenso unterstellt wie der Graf, ja er war es sogar in stärkerem Maße, denn bei ihm fiel die Gefahr der Ausbildung einer erblichen Dynastie weg. Mit der Einfügung der Bischöfe in die Beamtenhierarchie gab Otto dem Reich den festen staatlichen Aufbau. Die Übertragung von Rechten des Reiches an die geistlichen Würdenträger bedeutete unter ihm für diese nicht allein eine Steigerung ihrer Rechte, sondern auch ihrer Pflichten, für das Reich keinen Substanzschwund, sondern Substanzsteigerung. Die Gerichtsbarkeit, bisher von den Grafen, jetzt von den Bischöfen ausgeübt, blieb königlich. Das deutsche Königtum stand auf der Höhe seiner Macht.

Die Bischofsstädte wie auch die Abteistädte waren also von den königlichen Burg- und Pfalzstädten nur tatsächlich, nicht rechtlich unterschieden. In allen galt das Prinzip, daß die Befestigungshoheit ein königliches Vorrecht sei. Nur der König konnte Burgen errichten und sie unterhalten. Dieses Prinzip hatte Otto I. nach fränkischem Vorbild aufgestellt und mit eifersüchtiger Energie darüber gewacht. Gewiß hatte es schon in germanischer Zeit H e r r e n b u r g e n gegeben, und in spätfränkischer Zeit lassen sich solche bei den Sachsen, Thüringern und Alemannen nachweisen[2]). Aber diese Burgen bewahrten im wesentlichen den Charakter der Fluchtburg. Nur in Notzeiten wurden sie von der Adelssippe, die sonst auf ihren Herrenhöfen saß, auf längere Dauer bewohnt. Soweit bei den Franken solche Herrenburgen vorgekommen waren, hatte Chlodwig sie wohl schon beseitigt, da er fränkischen Adel nur noch als königlichen Dienstadel anerkannte. In Sachsen aber hatte Karl der Große die Herrenburgen zu Königsburgen gemacht und dort seine Grafen zur Gauverwaltung eingesetzt. Ebenso verfuhr nun Otto I. Seine Herzöge, Pfalzgrafen, Markgrafen und Grafen residierten im Namen des Königs auf Königsburgen. Gerade im 10. Jh. wurde es üblich, die Burg dauernd zu bewohnen. So saß z. B. Hermann Billung in Lüneburg, die Grafen von

Stade in Stade, die Grafen von Dillingen in Donauwörth, die Markgrafen von Vohburg in Eger, die Welfen in Ravensburg, die Zähringer in Villingen usw.[3]). Inwieweit die eine oder andere dieser Burgen als Herrenburg entstanden ist oder später als solche anerkannt wurde, bedürfte noch genauerer Untersuchung. Aber auch dann würden sie nach königlichem Befestigungsrecht nur einem besonderen Privileg ihre Anerkennung verdanken. Jedenfalls würde es sich dabei um für die Stadtrechtsgeschichte bedeutungslose Ausnahmefälle handeln. Der tatsächliche Besitz und die Neugründung von Burgen in den Händen weltlicher und geistlicher Herren wurde zwar im 10. und 11. Jh. geduldet[4]), widersprach aber damals noch dem Reichsrecht. Erst 1184 wurde das Befestigungsrecht der Großen reichsrechtlich anerkannt[5]).

4. KÖNIGSMUNT

Auch in den Wiken war der König der Herr, und die Kaufleute waren auch jetzt wie schon in karolingischer Zeit Muntmannen des Königs. Diese Rechtsstellung erlangten sie nach wie vor durch königliche Muntprivilegien. Übrigens lebten neben den germanischen Kaufleuten auch jüdische in diesen Wiken, besonders an der Ostgrenze, so in Magdeburg und Merseburg[1]), von wo aus sie Sklavenhandel über den Rhein bis nach Spanien betrieben. Auch die Juden besaßen kaiserliche Muntprivilegien[2]). Während aber in karolingischer Zeit das Privileg nur dem einzelnen Kaufmann oder einer Gruppe verliehen wurde, richtete sich das Privileg in sächsischer Zeit **an die gesamte Kaufmannschaft** des einzelnen Wik. Das älteste uns erhaltene Privileg gewährte Otto I. 965 dem Hamburger Erzbischof für die Kaufmannschaft von Bremen[3]). Die Urkunde enthält 2 Teile, als ersten ein Marktprivileg für den Erzbischof, als zweiten ein Privileg für die Bremer Kaufleute, die der Kaiser damit in seine Munt aufnahm[4]). „Kraft kaiserlichen Gebotes" sollten sie, wie es darin heißt, den Schutz der königlichen Munt und die Rechtsstellung der Kaufleute der Königsburgen genießen[5]). Der Wortlaut der Urkunde läßt keinen Zweifel darüber zu, daß diese Aufnahme der Bremer Kaufleute in die königliche Munt nicht die erste ihrer Art gewesen ist, daß vielmehr die Kaufleute aller Königsburgen bereits diese Gunst genossen. Einen Beleg dafür finden wir denn auch in einer Urkunde Ottos II. von 975, in der er den Magdeburger Kaufleuten das von Otto I. erteilte Privileg bestätigt, wonach sie unter königlichem Schutz, also als Königsmuntlinge, ihren Handel ausüben konnten[6]). Offenbar hat Otto I. seit Beginn seiner Regierungszeit den Kaufmannsgemeinden als **ihr Herr solche Privilegien unmittelbar erteilt**

Königsmunt 73

Bemerkenswert ist freilich, daß gerade die führenden Handelsstädte, wie etwa Köln, Mainz und Regensburg, nicht eine einzige Kaiserurkunde aus dieser Zeit bis zum 11. Jh. aufweisen können, die ihren Kaufleuten Schutz und Recht gewährt[7]). Daß diese aber wirklich eine besondere Rechtsstellung besaßen, ergibt sich allein schon aus der Tatsache, daß im 10. Jh. Kaufleuten anderer Orte das Recht dieser Städte übertragen wurde. So beruft sich z. B. das Privileg Ottos III. für Quedlinburg von 994 auf das der Kaufleute von Köln, Mainz und Magdeburg[8]). Offenbar

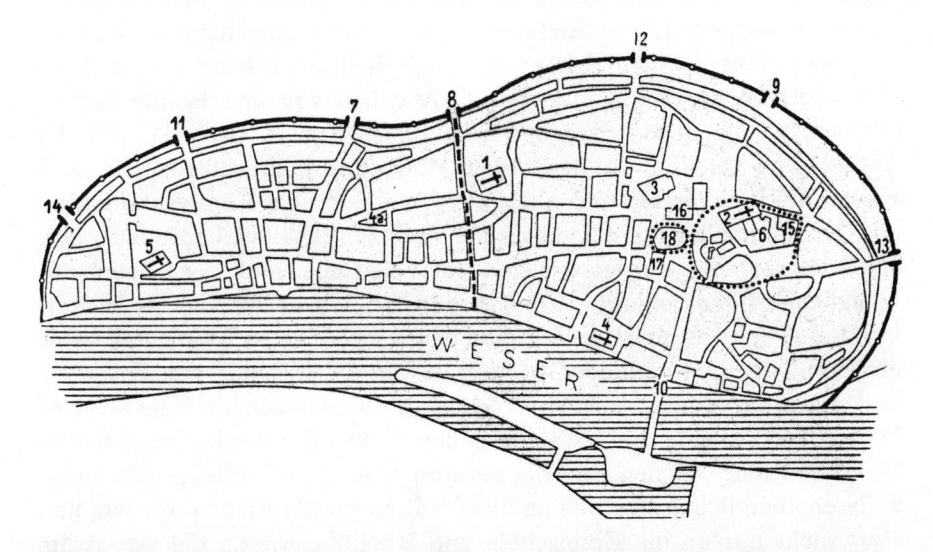

BREMEN. 1 Anscharikirche 13. Jh. Anfang. 2 Dom St. Petri 789. 3 Unser-Lieben-Frauen-Kirche 1013—29. 4 Martinikirche. 4a Nikolaikirche. 5 Stephanikirche 1139. 6 Wilhardikirche 11. Jh. 7 Abbentor 1232. 8 Anscharitor. 9 Bischofstor 1274. 10 Brükkentor 1552. 11 Doventor 1367. 12 Herdentor 1229. 13 Ostertor 1267. 14 Stephanstor 1284. 15 Erzbischöfliche Pfalz 1286. 16 Rathaus. 17 Schütting. 18 Markt.
Domimmunität mit Markt und Mauer 1030 ········. / *Zweiter Mauerbau um 1200* — — — . / *Einbeziehung von St. Stephan um 1305* ———.

waren den Kaufleuten von Köln und Mainz solche Privilegien seit alter Zeit erteilt worden; sie mögen nur in den späteren Kämpfen mit ihren Stadtherren vernichtet worden sein.

Die Kaufleute der Königsburgen (in dem weiten, von uns angenommenen Sinne) standen in Schutz und Munt des Königs. Den Königsschutz erhielten die Kaufleute durch den Königsbann, und zwar in Höhe von 60 Schillingen[9]). Nur den Kaufleuten kam dieser königliche Hochbann zu, während sonst der Grafenbann von 15 Schillingen in Geltung war. Die familia des bischöflichen Stadtherrn, also seine hofherrlichen Leute, waren von diesem Schutz ausgeschlossen[10]). Dagegen standen die Kaufleute als Königsmuntlinge unter dem Schutz des königlichen Hochbanns und somit unter einem privilegierten Königsfrieden[11]).

Für diesen Königsschutz hatten die Kaufleute dem König periodisch Abgaben zu leisten, die in einem Teil ihres Geschäftsgewinnes bestanden. So berichtet z. B. Alpert von Metz, die Kaufleute von Tiel hätten erklärt, falls der König sie nicht gegen den Grafen von Kennemerland schütze, der den Englandhandel versperre und hohe Zölle von ihnen erpresse, könnten sie den englischen Handel nicht weiter betreiben und somit auch nicht genug verdienen, um ihre Abgaben an den König erhöhen zu können[12]). Die Abgaben wurden ursprünglich vom Wikgraf, dem Hansegraf, für den König eingezogen[13]). Doch schon in ottonischer Zeit übertrug der König das Recht, Abgaben von den Kaufleuten zu erheben, an die neuen Stadtherren. So verlieh z. B. Otto III. 994 der Äbtissin von Quedlinburg neben dem Münz- und Zollrecht auch die nach Kaufmannsrecht zu zahlenden Abgaben, wie sie früher Könige und Kaiser an Köln, Mainz, Magdeburg oder andere ähnliche Orte verliehen hätten[14]). Noch deutlicher bestätigt das der Abt von Reichenau, der seinem mit königlicher Genehmigung 1075 gegründeten Markt in Allensbach verbrieft, daß er selbst und der Vogt von den neusiedelnden Kaufleuten keine größeren Abgaben verlangen wollten, als an die Bischöfe von Konstanz und Basel zu zahlen seien[15]). Nach dem Gandersheimer Vogtweistum haben die Kaufleute dreimal jährlich dem Vogt „Geschenke" zu geben[16]). Schon seit den Ottonen sind die Muntabgaben der Kaufleute mit vielen anderen königlichen Rechten an die Stadtherren übertragen worden, und zwar nicht nur an die Erzbischöfe und Bischöfe, wie an die von Köln, Mainz, Magdeburg, Konstanz und Basel, sondern auch an Äbte und Äbtissinnen, wie die von Quedlinburg, Reichenau und Gandersheim. Die Folge davon mußte freilich sein, daß mit der Aufgabe des ottonischen Staatskirchenrechts im Laufe der Zeit der alte Zusammenhang der Kaufleute und des Wikgrafen mit dem Königtum in Vergessenheit geriet, und daß die Stellung des Bischofs als des Stadtherrn in den Vordergrund trat[17]). In ottonischer Zeit aber und bis zum Ende der Regierung Heinrichs III. war das königliche Muntband noch so stark, daß es keinerlei Schwächung erfuhr.

Der Königsschutz kam dem Kaufmann überall zu, wo er seinen Handel trieb. Denn auch in sächsischer Zeit war der Kaufmann in erster Linie noch Wanderkaufmann. Noch immer zogen die Fernhandel treibenden Kaufleute, zu Fahrtgenossenschaften, Hansen, verbunden, alljährlich aus, und nur die Winterszeit verbrachten sie im Wik[18]). Noch immer war der wichtigste Teil des Handels ein Luxushandel für die geistliche und ritterliche Oberschicht[19]). Und so führte er seit Otto I. wieder weit über die Grenzen des Reiches hinaus. Gewährten doch die Kaiser den Kaufleuten Schutz auch zur Fahrt bis tief ins slawische Gebiet hinein. Deutsche Kaufleute reisten damals nach Ungarn und Rußland, nach Skandinavien, nach dem slawischen Handelsplatz Jomsburg (Junne) an der Mündung der Oder und nach dem preußischen Samland[20]), nach England, Flandern, Frankreich und Italien[21]). Als „Kaufleute des Kaisers" (homines imperatoris)[22]) genossen sie vielfach auf fremdem Boden weitgehende Bevorzugung, wie schon zur Ottonenzeit in England[23]). Innerhalb des Reiches aber besaßen sie die Stellung von Königskaufleuten (mercatores regis), die ihnen Handelsfreiheit und Freizügigkeit im ganzen Reich, Zollbefreiung, Waffenfähigkeit und manche anderen Vorrechte noch gewährte[24]). Der Königsfriede sicherte ihnen und ihren Waren vollen Schutz.

Auch im Wik selbst genoß der Kaufmann den Schutz der königlichen Munt. So konnten sich z. B. die Kaufleute von Tiel an Heinrich II. wenden mit der Bitte, er möge sie gegen den Grafen schützen, der in dem nahegelegenen Wald eine Zwingburg gegen sie errichtet habe[25]). Der Wik war also selbst eine Stätte des königlichen Hochbanns, des königlichen Friedens[26]), und die Kaufleute waren nicht nur Wanderkaufleute, sondern auch ansässig, manentes, incolae[27]). Im Wik lebte eine fest angesiedelte Kaufmannsgemeinde. Dieser hatten die Ottonen ihre Privilegien erteilt. So konnte Otto II. 975 für Magdeburg erklären, er habe den dort ansässigen Kaufleuten und deren Nachfahren das Kaufmannsrecht gewährt[28]).

5. KAUFMANNSGILDE UND KAUFMANNSGEMEINDE

Der Verband der Kaufleute war ein besonders enger. Sie lebten miteinander zugleich als Gildebrüder. Die Kaufmannsgilde war die Kaufmannsgemeinde der städtischen Frühzeit[1]). Zugleich stellte sie auch die einzige Gilde von Gewerbetreibenden dieser Epoche dar, denn erst im 12. Jh. treten Gilden von Handwerkern auf. Die Kaufmannsgilde wird schon von dem Mönch Widukind von Corvey in seiner Sachsengeschichte für die Zeit Heinrichs I. erwähnt[2]). Und der Mönch Alpert von Metz erzählt von der Kaufmannsgilde von Tiel aus den Jahren 1021—24, die dortigen Kaufleute hielten an besonderen Festtagen Gildegelage ab und besäßen ein eigenes Gildegericht, in welchem sie nach Kaufmannsrecht selbst Urteil sprächen[3]). Für Schleswig-Hedeby, wo schon seit der Karolingerzeit neben normannisch-dänischem auch deutsches Kaufmannsrecht maßgebend war, ist uns bereits im 10. Jh. ein solches Gildefest überliefert[4]). Die hervorragendsten Quellen dafür aber sind das Statut der

Kaufmannsgilde von Valenciennes aus der zweiten Hälfte des 11. Jh.[5]) und die Gildesatzung von St. Omer[6]) aus der gleichen Zeit. Obwohl Valenciennes zwar zum Reich, aber zum vorwiegend romanischen Sprachgebiet, St. Omer sogar politisch zu Frankreich gehörte, herrscht doch in beiden Satzungen niederfränkisch-germanisches Leben[7]). Und so sind sie für unsere Kenntnis des germanischen Einungslebens von entscheidendem Wert, zumal es im rechtsrheinischen Deutschland erst für das 13. Jh. gleichwertige Gildesatzungen gibt, wie die von Stendal von 1231 und die von Riga von 1252[8]). Im übrigen müssen wir uns mit gelegentlichen Hinweisen auf das Bestehen einer Kaufmannsgilde begnügen. Wenn die Kaiser den Kaufleuten von Bremen 965 oder Magdeburg 975 Privilegien verliehen, so zeigt das, daß diese nicht nur gleiches Recht genießen sollten, sondern daß sie auch bereits zu einer Kaufmannsgemeinde verbunden waren, denn sie sollten, wie es darin heißt, selber über die Anwendung dieses Rechtes zu entscheiden haben[9]). Für Köln ist eine Gildeliste aus den Jahren zwischen 1130 und 1140 überliefert, betitelt „fraternitas mercatorum gilde". Sie stammt aus der Endzeit der Kölner Kaufmannsgilde, die schon wenige Jahre später durch die neuentstandene Richerzeche abgelöst wurde[10]). In Dortmund ist erst für die Mitte des 13. Jh. die Reinoldigilde als „maior gilda" bezeugt. Es ist das die Gilde der Kaufleute, die ihren Sitz am ältesten Wik, der Brückstraße, westlich der Königspfalz und der Reinoldikirche, hatte; sie gehört also sicher dem 10. Jh. an[11]). Auch in Minden bestand eine Gilde spätestens im 11. Jh. Für ihre Mitglieder ist nämlich seit 1075 die Marktkirche St. Johannes als Begräbnisstätte bezeugt[12]). Und wenn z. B. die ganze Kaufmannsgemeinde von Groß-Jena in den neuen Wik neben der neugegründeten Domburg von Naumburg übersiedelte und dort mit gleichem Kaufmannsrecht ausgestattet wurde, so kann kein Zweifel darüber sein, daß sie als Kaufmannsgilde auftrat[13]).

Für die niederdeutschen Fernhandelsplätze darf wohl durchwegs eine Kaufmannsgilde angenommen werden. Bestätigt finden wir sie in Tiel und Schleswig, in Bremen und Magdeburg, in Köln und Dortmund, in Goslar und Naumburg, in Halberstadt und Minden[14]). Weiter finden wir diese Gilde in Soest, wo das Genossengericht der Fernkaufleute überliefert ist, und in Duisburg, dessen Kaufleute 1155 ihre seniores zur Verfügung stellen sollten, um die im Krieg erhöhten Zölle auf deren ursprüngliches Maß zurückzuführen[15]). In dem Alten Wiek von Braunschweig, der ältesten Kaufmannssiedlung der Stadt, wird 1240 die gracia vendendi als „inninge" erklärt[16]). Wie in Dortmund gibt es auch in Höxter eine maior fraternitas, „que theutunice grote gilde dicitur"[17]). Trotz der relativ späten Nachrichten spricht alle Wahrscheinlichkeit dafür, daß auch in diesen alten Etappenstationen sich schon früh eine eigene Kaufmannsgilde entwickelt hat. Für den Wik des 10. und 11. Jh. ist also die Kaufmannsgemeinde in Form einer Kaufmannsgilde charakteristisch gewesen[18]). Sie umfaßte sämtliche männlichen freien Einwohner des Wik, die als mercatores Fernhandel betrieben. Man darf annehmen, daß in allen Wiken, in denen sich eine größere Zahl von Fernkaufleuten ansiedelte,

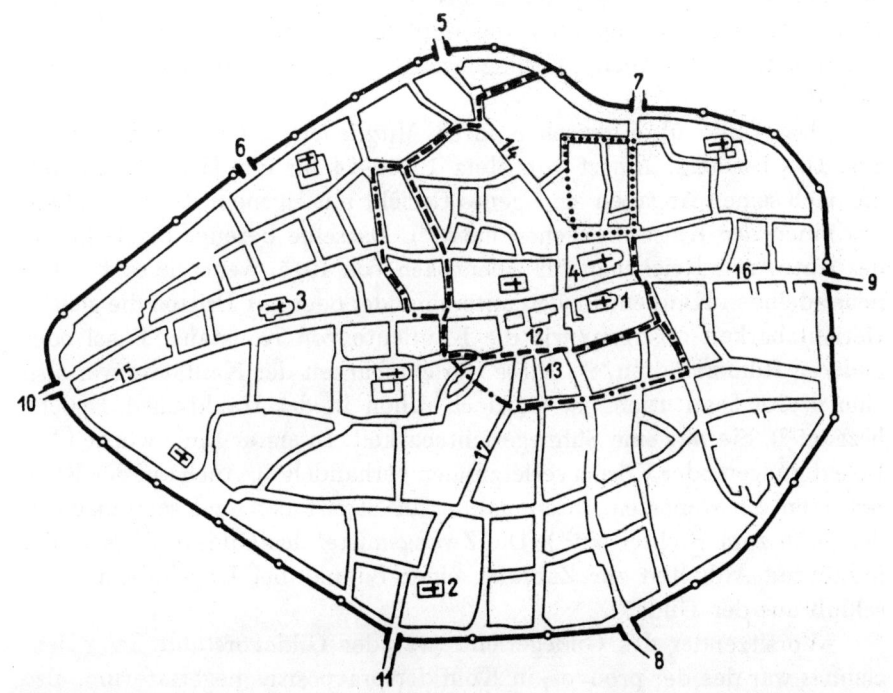

DORTMUND. 1 Marienkirche 1170—1200. **2** Nikolaikirche um 1200. **3** Petrikirche 1319. **4** Reinoldskirche 10. Jh. **5** Burgtor. **6** Katharinentor. **7** Kuckeltor. **8** Neutor. **9** Ostentor. **10** Westentor. **11** Wiszstraßentor. **12** Markt. **13** Rathaus. **14** Brückstraße. **15** Westenhellweg. **16** Ostenhellweg. **17** Wiszstraße.
Karolingischer Königshof ········ / *Erste Stadterweiterung 10. Jh.* ——. / *Zweite Stadterweiterung 11. Jh.* ·—·—·. / *Letzte Stadterweiterung um 1200* —◦—.

eine solche Kaufmannsgilde entstand. Offenbar wurde sie früh von den Stadtherren bekämpft und unterdrückt. Besonders die kirchlichen Stadtherren mochten an den germanischen Bräuchen der Gilden Anstoß nehmen, so daß sie nur im Dunkeln fortleben konnten.

Gildegelage und Gildegericht sind die kennzeichnenden äußeren Indizien aller Kaufmannsgilden. In den Gildegelagen lebte die germanische Tischgemeinschaft mit ihrer gemeinschaftsbildenden Kraft fort[19]). Die Toten der Gilde wurden darin durch Trankopfer gefeiert. Der Totenkult für die Brüder war eine Hauptaufgabe der Gilde[20]). Sie stand somit an Stelle der Sippe, die damals nur auf dem Lande noch die alten Funktionen besaß. Die Gilde brachte die in der Sippe lebenden Ideen des Friedens und der Ehre[21]) zu neuer Wirksamkeit. Sie war eine künstliche Sippe, durch Schwurbrüderschaft gegründet. Die Gildebrüder waren zu Rache und brüderlicher Treue verbunden. Der Feind eines Bruders war der Feind aller[22]). Und jeder mußte für den anderen einstehen, ihm Eideshilfe und Beistand im Zweikampf leisten, ihm auf der Reise, bei Krankheit, Schiffbruch, Gefangenschaft und drückenden Schulden helfen[23]).

Die Gilde übte zwischen ihren Mitgliedern eine Gerichtsbarkeit aus. Das bestätigt Alpert von Metz 1021—24 für die Tieler Kaufleute, die nach seinen Angaben ein eigenes Gericht mit eigenem Recht besaßen, das ihnen der Kaiser verliehen hatte[24]). Dasselbe bezeugt die Urkunde des Abtes von Reichenau für Allensbach von 1075, wenn sie sagt: „Die neusiedelnden Kaufleute sollen untereinander oder mit Dritten die gleiche Gerichtsbarkeit ausüben, wie die Kaufleute von Konstanz, Basel oder anderen Römerstädten."[25]) Diese Gerichtsbarkeit der Kaufleute war also eine uralte Institution, ist sie doch schon in der fränkischen Epoche bezeugt[26]). Sie war eine Sühnegerichtsbarkeit. In erster Linie wurde über Beleidigungen oder Körperverletzungen verhandelt[27]). Auch auf der Reise richteten die Genossen untereinander in Streitfällen und setzten einen der ihren zum Richter ein[28]). Die Zwangsmittel des Gildegerichts waren indirekte: Anhalten zur Zahlung einer Sühne, bei Ungehorsam Ausschluß aus der Gilde[29]).

Vorsitzender des Gildegerichts war der Gildevorstand. In Valenciennes war das der prouvos, in Köln der praepositus negotiatorum, also der königliche Sendbote für die Kaufmannschaft[30]). Aber im 11. Jh. wurde der herrschaftliche Gedanke durch den genossenschaftlichen abgelöst. Schon in der Gildesatzung von Valenciennes wird der prouvos von den Gildegenossen und aus dem Kreis der Kaufleute gewählt[31]). Dieser Gildevorstand war aber noch mehr; er war zugleich der Gemeindevorstand des Wik! Das wissen wir mit voller Sicherheit aus Köln, wo der Vorstand der Kaufmannsgilde zugleich der Gemeindevorstand von St. Martin gewesen ist. Der Bezirk von St. Martin aber war im 10. und 11. Jh. der Kölner Kaufmannswik[32]). In Halberstadt wurde um die Mitte des 11. Jh. der Kaufmannsgemeinde ihre Allmende, die ihr am Ende des 10. Jh. verliehen worden war, um einige Wiesen erweitert. Im 13. Jh. war die Kaufmannsgilde Leihebesitzerin eines Platzes; wie es in der Nachricht heißt, „seit undenklicher Zeit"[33]). Hier sind offensichtlich Kaufmannsgilde und Kaufmannsgemeinde als identisch bezeugt und werden im

Bodenrecht als Berechtigte tätig. In Prag schloß der vicus Teutonicorum mit den böhmischen Königen politische Verträge ab[34]), und unzweifelhaft waren es die Kaufmannsgemeinden und Kaufmannsgilden, denen die sächsischen Kaiser ihre Schutzprivilegien verliehen; auch hier treten sie als politische Gemeinden auf[35]). Die Aufnahme eines neuen Gildebruders, soweit es sich nicht um den Sohn eines Genossen handelte, stellte daher anfänglich zugleich eine Aufnahme in den Wik dar. Da eine solche Aufnahme aber weiter der Munt des Königs und bedeutender Vorrechte teilhaftig machte, konnte auch nur der königliche Praepositus über sie entscheiden[36]). Endlich stellte die Kaufmannsgemeinde zugleich die Mitglieder der Pfarrgemeinde der Kaufmannskirche. In jedem Wik bestand eine solche Kaufmannskirche. Häufig war sie dem St. Martin geweiht, wie in Köln, Dorstat, Straßburg, Bremen und Halberstadt. Johanneskirchen als Kaufmannskirchen sind bezeugt für Magdeburg, Konstanz und Minden, Nikolaikirchen für Hamburg, Schleswig, Lübeck, Braunschweig, Xanten, eine Georgskirche für Gandersheim. Doch kommen auch andere Schutzheilige der Kaufleute vor, wie St. Andreas in Hildesheim, St. Lambert in Münster, Peter und Paul in Höxter, Remigius in Bonn, St. Stefan in Wien[37]). Mancher Kaufmannsgemeinde wurden besondere Sendprivilegien zugestanden, wie das in Halberstadt und Quedlinburg der Fall war[38]).

6. KAUFMANNSRECHT

Die Kaufmannsgemeinde lebte unter dem Kaufmannsrecht, dem jus mercatorum[1]). Als Königsmuntlinge erfreuten sich die Kaufleute des königlichen Schutzes; sie waren gesichert durch erhöhten Königsbann und -frieden. Dies Recht war das Sonderrecht der Kaufleute, in Kraft nach den Grundsätzen des Personalitätsprinzips[2]). Es erschien als Recht der Wikbewohner, nicht des Wikraumes. Erst am Ende des 11. Jh. trat die Lokalisierung des Rechtes ein, und aus dem alten Kaufmannsrecht wurde damals das „Wikbild", d. h. das Recht für den selbständigen Wik[3]). Die grundlegende Rechtsquelle, die den Kaufleuten gestattete, ein von den übrigen Volksgenossen abweichendes Recht zu haben und in diesem Rahmen ein Gewohnheitsrecht zu brauchen und weiter auszubauen, war das Privileg des Königs. Die Kaufleute waren nicht nur Königsmuntlinge, sondern auch eine Gruppe unter ihnen, die vom König mit besonderen Vorrechten ausgestattet worden war. Die Königsprivilegien waren unmittelbar an die Gemeinschaft der Kaufleute eines Wik gerichtet. Treffende Beispiele bieten die Privilegien Ottos II. für Magdeburg von 975 und Konrads II. für Naumburg von 1033[4]). Inhaltlich verleihen oder bestätigen die Privilegien den Kaufleuten das Kaufmannsrecht. Meist werden die damit verbundenen Vorrechte nicht im einzelnen aufgezählt, doch werden gelegentlich hervorgehoben: allgemeine Handelsfreiheit, Zollbefreiungen, Festlegung der Abgaben auf bestimmte Höhe und Freizügigkeit[5]). Das Kaufmannsrecht[6]) erschöpfte sich jedoch keineswegs in bloßen Handelsprivilegien der wandernden Kaufleute[7]). Durch sein Privileg anerkannte der Kaiser vielmehr ihre persönliche Freiheit und Verbandsfähigkeit. Mochte der Kaufmann gleich hörigen Schichten entstammen: durch die Aufnahme in die königliche Munt und in die Kaufmannsgilde erlangte er die Rechtsstellung eines freien Königsmuntlings. Von einer solchen Art der Freilassung berichtet eine Urkunde Ottos II. von 983. Der Regensburger Kaufmann Wilhelm, von Ottos Vorgängern mit der Freiheit begabt, verfügt darin als Königsmuntling mit Zustimmung des Kaisers zugunsten von St. Emmeram über seinen Boden[8]). Ohne Zweifel waren die Kaufleute auch waffenfähig und waren auf der Handelsfahrt bewehrt[9]). Noch der Reichslandfriede Friedrichs I. von 1152 gestattete den Kaufleuten ausdrücklich das Mitführen von Waffen auf der Reise[10]). Von der Einziehung zum Heer aber waren sie befreit[11]).

Das Kaufmannsrecht gestaltete auch das Bodenrecht um. Die Kaufleute wohnten in geschlossenen Siedlungen[12]) auf königlichem oder stadtherrlichem Boden, aber im eigenen Haus. Für die Nutzung des Bodens nun zahlten sie in der Regel einen geringen Zins, wie das dem Kaufmannsrecht entsprach; gelegentlich fiel dieser aber auch ganz weg[13]). Es handelte sich also um eine freie Erbleihe. Da die Kaufleute die Freizügigkeit besaßen, konnte es vorkommen, daß sie im Falle ihres Abzugs über ihren Besitz verfügen wollten. Konrad II. gewährte den neu zugezogenen Kaufleuten von Naumburg 1033 das Recht, über den Erbleiheboden zu verfügen[14]), und die ganze Stelle entspricht dem Kaufmannsrecht[15]). Im Gegensatz zum damals geltenden sächsischen Stammesrecht, das den Boden noch einer festen Sippebindung unterwarf, konnte der Kaufmann also bereits über den Erbleiheboden ohne Erbenlaub und ohne Zustimmung des Stadtherrn frei verfügen[16]). Nur wenn er das Haus allein veräußerte, verlor er sein Recht am Boden, an der area[17]). In den Römerstädten besaßen Kaufleute schon vor dem 8. Jh. Boden zu Eigentum und nahmen Seelvergabungen vor, wie wir aus kirchlichen Traditionsbüchern erfahren. An das Kloster Fulda kamen z. B. Schenkungen aus Straßburg und Mainz, denen sich später solche aus Freising, Augsburg, Ulm, Konstanz und Regensburg anschlossen[18]).

Sicherlich hat das jus mercatorum bereits zahlreiche Probleme aufgeworfen und geregelt, über die wir nur wenig erfahren. Das ist z. B.

Huy

der Fall mit dem Fahrnisnachlaß des auf der Reise gestorbenen Kaufmanns. Schon im Privileg Ludwigs des Frommen von 815 für Utrecht wurde dieser unter Königsschutz gestellt[19]), da er dem König als dem Muntherren zustand. Weiter: wurde der Kaufmann wegen einer Leistung beklagt, so genügte sein mit Eideshelfern geschworener Reinigungseid; dem Gottesurteil des Zweikampfes brauchte er sich nicht zu unterziehen. Während die Regelung des kaufmännischen Nachlasses sich aus der Königsmunt ergab, war dieser Erlaß des Zweikampfes ein echtes Vorrecht, ähnlich dem der jüdischen Kaufleute, die schon in der fränkischen Zeit vom Gottesurteil befreit waren. Sicher hat dieses Kaufmannsrecht noch einen erheblich größeren Umfang gehabt, wir können seinen Inhalt aber leider nur aus späten Quellen erschließen[20]).

Privileg war es auch, daß der Kaufmann nicht nach den strengen Sätzen des Stammesrechtes, sondern nach Billigkeit gemäß dem Kaufmannsrecht gerichtet wurde. Nach Billigkeit richtete im fränkischen Reich in besonderen Fällen das Königsgericht, sonst der praepositus. In sächsischer und salischer Zeit tat es das Gildegericht der Kaufleute, das Gericht des praepositus und das Gericht des königlichen und geistlichen Vogtes oder des Burggrafen. Aber nicht der Richter sprach das Recht, sondern die Urteiler, die aus dem Kreis der Kaufleute genommen waren. So kam Kaufmannsrecht zum Ausspruch nicht nur im Gildegericht, im Gericht des praepositus, sondern auch im Hochgericht des Grafen, Burggrafen oder Vogtes. Auch hier traten die Kaufleute als Schöffen oder Urteiler auf und urteilten über den Kaufmann nach ihrem Sonderrecht. Denn nur aus ihren Kreisen konnte die Kenntnis des Kaufmannsrechtes kommen, über das geurteilt werden sollte.

7. MÄRKTE UND HANDWERKER

Eine größere Rolle beginnen in ottonischer Zeit die Märkte zu spielen. Wir besitzen noch heute eine erhebliche Zahl von Kaiserprivilegien, die kraft des Marktregals des Königs einem Marktherren das Recht gewährten, eigene und fremde Kaufleute und Käufer zum Markt zuzulassen und von ihnen den Marktzoll zu erheben. Meist erhielt der Marktherr zugleich das Münzrecht. Dabei war nicht Voraussetzung, daß der Marktort eine Kaufmannssiedlung besaß oder deren Begründung für ihn angestrebt wurde. Auch Dörfer ohne Burg und ohne Wik, aber mit einem Marktprivileg, sind in sächsischer Zeit keineswegs selten. So gab es einen St.-Galler Markt in Rorschach (947), einen Lorscher Markt in Wiesloch (965), einen Reichenauer Markt in Allensbach (989), einen von St. Maximin-Trier in Wasserbillig (1000), einen Lorscher in Weinheim

(1000), einen Salzburger in Rincka (1004), einen Kaufunger in Wolfsanger (1019)[1]. Hier handelt es sich offenbar um rein agrarische Dörfer, von denen nur einige, und diese erst sehr spät, zu städtischer Entwicklung übergegangen sind. Diese Märkte waren Verkaufs- und Umschlagplätze für die Produkte der geistlichen Grundherrschaften, wie wir das z. B. deutlich in Rorschach sehen. Für die Vorgeschichte der deutschen Stadt sind diese Märkte demnach nicht heranzuziehen. Der Markt als zwar immer wiederkehrende, aber grundsätzlich vorübergehende Einrichtung führte nicht die Entstehung einer Marktgemeinde herbei, von der eine Gemeindebildung ausgehen konnte.

Nun wissen wir, daß in sächsischer Zeit fast in allen größeren Städten mit Burg und Wik Märkte abgehalten worden sind. Marktprivilegien für solche Orte besitzen wir zwar nur wenige, nämlich nur für Bremen, Passau, Eichstätt, Magdeburg, Verden, Halberstadt, Freising, Salzburg und Würzburg[2]. Für die Römerstädte fehlen sie ganz. Doch hören wir von Köln, Mainz, Speyer, Straßburg, Konstanz, Augsburg und Regensburg, sie seien Vorbilder für neu gegründete Märkte gewesen[3]. Aus Kaiserurkunden[4], aus den Ergebnissen der Münzforschung[5] usw. erfahren wir dann noch von so vielen weiteren Märkten[6], daß wir den Satz aufstellen können: In der Regel gehörte zum Kaufmannswik auch ein Markt. Und solange er noch nicht bestand, suchte der Stadtherr das Marktprivileg zu erwerben, da es ihm bedeutende Einkünfte beschaffte und zugleich weitere Ansiedler herbeizog.

Auch in der Ottonenzeit wird der Markt recht selten forum[7] genannt. Fast durchweg wird vielmehr von mercatus gesprochen. Wie wir wissen, bestand der Wik damals in der Regel noch aus éiner einzelnen Handelsstraße[8], und nur in besonders entwickelten Städten aus einem länglichen, straßenförmigen Rechteck[9]; für beide Formen wäre in der Tat die Bezeichnung forum nicht angebracht gewesen. So dürfen wir mit Sicherheit davon ausgehen, daß der Markt regelmäßig im Wik abgehalten wurde. Als Marktort wird der Wik damals mit dem Ausdruck mercatus bezeichnet[10].

Man darf annehmen, daß die Marktzeit anfänglich nicht fest bestimmt war. Alle im Wik ansässigen und durch den Wik reisenden Fernkaufleute konnten vielmehr jederzeit, diese nach ihrer Ankunft, ihre Waren absetzen, und der Marktherr durfte dann von ihnen den Zoll einziehen. Gelegentlich wird auch von einem täglichen Markt gesprochen[11]. Da die Kaufleute nun in Karawanen reisten, war deren Anlangen für den Beginn des Marktes entscheidend. Angesichts der großen Transportschwierigkeiten war eine genaue Festlegung des Termins anfangs wohl nicht möglich. Erst allmählich dürfte sich der Weg der Kaufleute, die ja meist die gleiche Route bereisen, auf bestimmte Termine eingespielt haben, so daß die Festsetzung von Jahrmärkten möglich wurde. Für den Beginn des 10. Jh. sind uns die ersten Jahrmärkte überliefert[12]). Auf ihnen erwartete man die Fernkaufleute. Die Einrichtung von Wochenmärkten[13]) hatte dagegen von vornherein einen anderen Sinn. Dorthin kamen Kaufleute und Handwerker höchstens nur aus nächster Nähe, und der Lebensmittelmarkt nahm auf ihnen bei steigender Bevölkerung allmählich den Vorrang ein. Bauern und Handwerker setzten darauf ihre Produkte ab.

Von selbständigen Handwerkern hört man im 10. Jh. fast nichts. Auch in den Städten waren, wie auf dem Lande, die grundherrlichen Unfreien und hörigen Leute als Handwerker die Regel. Als unselbständige Arbeiter waren sie innerhalb der Grundherrschaft tätig, verarbeiteten ihnen fremde Rohstoffe mit fremden Handwerkszeugen, und soweit ihre Erzeugnisse verkauft wurden, geschah das durch den Grundherrn. Neben ihnen aber hat es in den Römerstädten am Rhein schon früh selbständige Handwerker gegeben[14]), von denen jedoch nur ein Teil im Besitz voller Freiheit gewesen ist. Von solchen selbständigen Handwerkern, die ihre eigenen Produkte selbst absetzten, sprechen wohl einige Kaiserprivilegien aus der Ottonenzeit, nach denen die artifices von den negotiatores zwar unterschieden, aber ihnen rechtlich gleichgestellt werden[15]). Auch jener Kammacher in Schleswig-Hedeby, dessen Werkstatt samt Werkzeugen, Rohstoffen und Halbfertigfabrikaten 1930 ausgegraben worden ist[16]), gehörte wohl zu ihnen. Wenn der Handwerker mercator sein wollte, hatte er an den König dieselben Muntabgaben zu leisten, die auch der Kaufmann zu leisten verpflichtet war[17]). Damit war er selbst zum Kaufmann geworden. Es gab also in der Frühzeit Handwerker, die als Kaufleute behandelt wurden, weil sie wie diese ihre Waren selbst einkauften und verkauften, nachdem sie be- oder verarbeitet worden waren. Noch im Jahre 1075 versprach der Abt von Reichenau den Hofhandwerkern des Ortes Allensbach, sie zu Kaufleuten zu machen[18]). In der Frühzeit wurden also einzelne selbständige Handwerker als mercatores behandelt und von den Kaiserprivilegien unter diesem Begriff mit umfaßt. Die älteren Kaufmannsgilden nahmen daher anfänglich auch solche Leute auf. Das ausgehende 11. Jh. aber schuf die Grundlagen für einen völligen Neuaufbau des Kaufmannsstandes.

3. Abschnitt

DIE ENTSTEHUNG DER DEUTSCHEN STADT ZWISCHEN 1056 UND 1197

I. POLITISCHE UND WIRTSCHAFTLICHE GRUNDLAGEN

1. POLITISCHE GRUNDLAGEN

120 Jahre lang vermochte der Staat Ottos des Großen Mitteleuropa eine feste Ordnung zu sichern. Er beruhte auf der autoritären Herrschaft des Königs sowohl im Reiche wie auch in der Kirche. Das weltliche wie das geistliche Schwert hatte Gott dem Herrn des Reiches übertragen, der Papst war nur sein oberster geistlicher Berater. So dienten die Bischöfe des Reiches dem König in gleicher Funktion wie die weltlichen Beamten. Und da sie ja nicht Träger erblicher Dynastien werden konnten, schien es gefahrlos, in ihrer Hand immer neue Reichsrechte zu häufen. Den Höhepunkt solch gesicherter Herrschaft erreichte schon Otto I. selbst, dann wieder Heinrich II. und nach ihm der erste Salier, Konrad II.

Unter Heinrich III. sah es so aus, als könne diese Herrschaft eine weitere Steigerung erfahren. Er setzte als Herr der Kirche Päpste ab und verlieh seinen eigenen Kandidaten den päpstlichen Thron. Aber diese Kandidaten waren Träger der kirchlichen Reform, und diese Reform erneuerte nicht nur das Papsttum, sondern negierte letzten Endes die Oberherrschaft des Kaisers in der Kirche. Der Geist von Cluny, der rein geistliche Ziele zu verfolgen schien, mußte konsequent zur Bekämpfung der Macht des Kaisers in der Kirche führen. Denn wenn die Kirche als eine von Gott gegebene rein geistliche Institution erkannt wurde, so konnte in ihr auch nur der geistliche Herr, der Papst, nicht aber der weltliche Herr, der Kaiser, die Gewalt haben. Mit Leo IX. brachte Heinrich III. 1048 selbst die Cluniazensische Bewegung zur Herrschaft in der Kirche. Diese politische Tat sollte für das deutsche Königtum unabsehbare Konsequenzen haben. Als Heinrich III. unerwartet 1056 starb und das Reich einem 6jährigen Kinde hinterließ, übten die wirkliche Gewalt im Reiche ehrgeizige Bischöfe aus. Diese steigerten nicht nur ihre von den Königen überlassene Macht, sondern bahnten die Befreiung der Kirche vom königlichen Eigenkirchenrecht und der königlichen Munt an. Bei so verwandelter Gesinnung der kirchlichen Machtträger war Gregors VII. Investiturverbot nur der letzte Schritt zur Lösung von der ottonischen Staatsidee. In der Kirche siegte das kanonische Recht, das allein den Papst zum Herrn der Kirche machte; er allein setzte die Bischöfe ein. Nur für die Erlangung der weltlichen Macht brauchten die neuen Bischöfe nach dem Wormser Konkordat von 1122 noch eine Investitur des Kaisers. Aber das Bistum wurde damit nicht mehr königliches Eigenkirchengut, der Bischof selbst nicht königlicher Muntling; er selbst wie sein Gut traten vielmehr in den Reichslehnsverband ein.

Das ganze 12. Jh. ist von dem Gedanken des Lehnsstaates getragen gewesen, der durch Friedrich Barbarossa seine volle Ausbildung erfuhr. Die Einheit von Staat und Kirche war damals aufgegeben, der Papst als ausländische Macht anerkannt. Von den weltlichen Beamten des Königs wurden die Stammesherzöge beseitigt, die Grafen in der Heerschildordnung herabgesetzt. Fürsten des Reiches waren jetzt nur noch die unmittelbaren Reichslehnsträger, und zwar ausschließlich die Bischöfe (und einige Reichsäbte) und ein enger Kreis weltlicher Herren. Unter großen Herrschern, wie Friedrich I. und Heinrich VI., schien damit dem Reiche eine neue stabile Ordnung geschaffen zu sein.

Für die Städte bedeuteten diese 150 Jahre deutscher Reichsgeschichte eine völlige Umwälzung. Nach Ablauf der ersten 50 Jahre dieser Zeit, um 1100, waren die ersten Städte im Rechtssinne zur Entstehung gelangt, und am Ende dieser Epoche waren schon weit über 100 Städte als solche anerkannt. Eine Stadtgemeinde war entstanden, und es gab bereits Städte, in denen die Gemeinde die Geschicke der Stadt selbst in die Hand genommen hatte.

2. NEUE WIRTSCHAFTLICHE GRUNDLAGEN

Auch in wirtschaftlicher Hinsicht hat das 11. Jh. einen großen Fortschritt gebracht: die Ausbildung der gewerblichen Arbeit, deren Produkte für den Markt bestimmt waren, also die Entstehung des gewerblichen Marktes. Gewiß haben die Ottonen das Marktwesen erheblich gefördert. Die Romfahrten machten die Deutschen mit der früher sich entfaltenden italienischen gewerblichen Wirtschaft bekannt, und der Kaiserin Theophanu, der Byzantinerin, und ihrem Sohne Otto III. lagen die mittelmeerischen Begriffe im Blut. Hier mögen wohl bereits Anfänge des gewerblichen Marktwesens entstanden sein, aber sie blieben sicher auf die wenigen großen Zentren, wie Köln, Mainz oder Magdeburg, beschränkt. Allgemeine Erscheinung wurde dieser Markt erst im 11. Jh. Bis dahin war der Jahrmarkt der Karawanen oder der lokale Verkaufs- oder Umschlagsmarkt der Grundherrschaft die Regel.

Der gewerbliche Markt setzt die Entstehung einer breiten Schicht für den Markt arbeitender, selbständiger Handwerker voraus. In der Zeit der Sachsenherrscher gab es zwar bereits — wenigstens in den Römerstädten, aber auch an anderen wichtigen Handelsplätzen — selbständige Handwerker, die aus selbstangeschafftem Rohmaterial Kaufmannsgüter herstellten, aber ihrem Typ nach waren sie nicht Handwerker, sondern Kaufleute, die die von ihnen be- oder verarbeiteten Waren auf eigenen Fernfahrten selbst veräußerten. Auch rechtlich erschienen sie als Kaufleute[1]), wurden in die Kaufmannsgilde und -gemeinde aufgenommen und lebten nach Kaufmannsrecht. Die große Masse der Handwerker dagegen waren die Hofhandwerker, die als unselbständige Arbeiter für die Grundherrschaft tätig waren und nach Hofrecht lebten. Sie verarbeiteten dem Grundherrn gehörige Rohstoffe mit dessen Handwerkszeug. Soweit ihre Erzeugnisse überhaupt verkauft wurden, geschah das durch den Herrn. In Städten, in denen mehrere Grundherren Höfe besaßen, wie Bischof, König, Herzog, Graf, Stifter oder sonstige Klöster, waren diese ministerialischen Handwerker über den ganzen städtischen Raum verteilt. Im 11. Jh. kam es nun in steigendem Maße vor, daß solche Hofhandwerker mehr zu produzieren vermochten, als dem Bedürfnis ihrer Grundherrschaft entsprach. Mit oder ohne deren Erlaubnis verkauften sie dann ihre überschüssigen Produkte auf offenem Markte. Dafür haben wir urkundliche Belege. Der Erzbischof von Mainz gestattete z. B. 1109, daß Hörige aus der familia von Fritzlar als Handwerker auch für den Markt tätig waren[2]). Für den Markt arbeitende Handwerker aus der familia des Straßburger Bischofs bezeugt noch das Bischofsrecht[3]). Freilich konnte die Herrschaft solche Verkäufe unterbinden. Aber schon Bischof Burchard von Worms sagt in seinem Hofrecht von 1024 zu, daß dann der Grundherr dem arbeitslosen Hofhandwerker nicht eine minderwertige, sondern eine bevorzugte Arbeit anbieten müsse; andernfalls könne der Hofhörige es vorziehen, Munt- und Heersteuer zu zahlen und damit selbständiger Handwerker, d. h. Kaufmann zu werden. Er habe dann Recht und Pflicht, die echten Thinge des Grafen aufzusuchen[4]). Am Ende des 11. Jh. war diese Entwicklung noch einen Schritt weitergegangen. Viele dieser hofhörigen Leute hatten nämlich inzwischen ein eigenes Haus und eine eigene Werkstatt errichtet und lebten, zwar persönlich noch unfrei, als selbständige Handwerker. Heinrich IV. verfügte daher, daß nur Hörige, die noch tatsächlich im Herrenhof lebten, dem Hofrecht unterstehen sollten, während für den selbständig wohnenden, wenn auch unfreien Handwerker das gemeine Recht der Bürger maßgebend sei[5]). Heinrich V. begründete denselben Satz in seinen Privilegien für Lüttich von 1107 und für Maastricht von 1109 damit, daß ein solcher Handwerker ja ein öffentlicher Kaufmann sei[6]). Und den gleichen Satz spricht selbst das Straßburger Bischofsrecht aus[7]), das doch anstrebte, alle Bürger einer Fronpflicht zu unterwerfen[8]).

Zu den hofhörigen und selbständigen Handwerkern innerhalb des städtischen Raumes trat nun im 11. Jh. eine dritte Handwerkergruppe hinzu: ländliche Arbeiter, die in die Stadt einwanderten, weil sie dort bessere Lebensmöglichkeiten zu finden glaubten. Von ihnen hören wir von der Mitte des 11. Jh. an. Die Handfeste von Huy von 1066 spricht von „Unfreien, die zuwandern", und sagt, sie sollten weiter unfrei im Dienste ihres Herrn bleiben[9]). Könne der Herr die Unfreiheit nachweisen, so müsse man ihm auf Verlangen den Unfreien herausgeben[10]). Doch stand der Herausgabeanspruch nur einem gerechten Herrn zu. Durch ungebührliche Fronansprüche ging er verloren[11]). Duldete der Herr die dauernde Abwesenheit des Unfreien in der Stadt, oder verlor ein ungerechter Herr seinen Anspruch auf Herausgabe, so hatte der Unfreie seinem Herrn nur begrenzte Dienste zu leisten, und im Todesfall war nur eine geringe Sterbeabgabe von 4 Denaren zu zahlen[12]). Damit wurde die Unfreiheit faktisch der persönlichen Freiheit sehr nahe gerückt. Man darf annehmen, daß diese Zuwanderung halb- oder unfreier Landhandwerker in allen Städten des deutschen Westens einsetzte[13]). Sie kamen zum größten Teil aus der nächsten dörflichen Umgebung der Stadt. Wir können das z. B. aus den Kölner Schreinsurkunden ersehen, wo viele dort überlieferte Familiennamen von solchen Dorfnamen abgeleitet sind[14]). Die Wohnungen dieser Landhandwerker waren über den ganzen städtischen Raum verstreut[15]). In Köln finden wir die Weber später vor allen Dingen in dem neuen Vorort Airsbach angesiedelt[16]). Zugewanderte oder alteingesessene Handwerker halb- oder unfreier Abstammung wurden in immer stärkerem Maße dem gleichen Recht unterstellt. Die Satzungen Heinrichs V. richten für alle diese Handwerker neue Rechte auf: „Privilegiert sollen sein alle, die in der Stadt Speyer wohnen oder in Zukunft wohnen, woher sie auch kommen oder welcher Freiheitsgruppe sie angehören. Alle sollen vom Sterbefall befreit sein und brauchen das Thing ihres grundherrlichen Vogtes nicht mehr zu besuchen[17]). Ihre grundherrliche Abkunft soll vergessen, ihre Rechtsstellung der der anderen Bürger gleich sein, und endlich sollen die grundherrlichen Vögte die Abgabenrückstände ihrer in der Stadt wohnenden Hörigen nur noch durch das städtische

Gericht eintreiben dürfen"[18]). Aus diesen Satzungen können wir den Rückschluß ziehen, welch bedeutsames Element der Stadtbewohnerschaft die vom Land zugewanderten Handwerker inzwischen geworden waren.

Anfänglich mögen wohl die Kaufleute in der Stadt zahlenmäßig überwogen haben. Aber im 11. Jh. war der gewerbliche Markt in schnellem Aufblühen begriffen. Der große von Otto I. geschaffene Wirtschaftsraum befestigte sich in der Hand der mächtigen salischen Kaiser Konrad II. und Heinrich III., und das kam vor allem den Städten des deutschen Westens zugute. Überall wurden reiche Stifte gegründet, große Dome errichtet, und der kirchliche Kult trieb üppige Blüten. Mit wachsenden wirtschaftlichen Bedürfnissen wuchs nun auch die Zahl der Handwerker schnell an.

Es wird schon im 11. Jh. bezeugt, daß an manchen Orten, wie Würzburg und Besançon, täglich Markt gehalten wurde[19]). Kennzeichnend ist, daß an Stelle des bisher üblichen mercatus[20]) sich nun der Gebrauch des Wortes forum durchsetzte. Es ist schon 1058 für St. Pölten[21]) überliefert, tritt dann in den Zeiten Heinrichs V. häufig auf[22]) und hält sich während des ganzen 12. Jh.[23]). Der Markt war also nicht mehr allein der Wik der Kaufleute, ihre Wohnsiedlung und Warenniederlassung; er war jetzt vor allem ein Platz, wo Kaufleute und Handwerker ihre Erzeugnisse feilhalten konnten. Der Umfang des Marktes wuchs ständig.

Seit Heinrich IV. wird auch von einem jus forense, jus fori gesprochen[24]). Damit wird das deutsche „Marktrecht", das freilich erst für spätere Zeit nachzuweisen ist, in das lateinische übersetzt[25]). Beachtlich ist, daß nicht von jus mercatus, sondern von jus fori gesprochen wird. Offenbar soll damit zum Ausdruck gebracht werden, daß es sich hier nicht um das Recht des freien Marktverkehrs, sondern um das auf der Marktansiedlung in Geltung stehende Recht handelt. Kaufmannsrecht und Marktrecht sind daher, auch ihrem Wesen nach, etwas ganz Verschiedenes[26]). Zum Marktrecht wird alles Recht gehört haben, das der Ordnung des gewerblichen Marktes diente, z. B. Maß und Gewicht, Münzen, Abgaben[27]) usw. In Lübeck erscheint es 1182 als ein Teil des Stadtrechtes[28]). Im 13. Jh. hält sich das Marktrecht nur mehr für Märkte und kleinere Städte[29]).

3. FORMEN DES MARKTES

Aus dem Gebrauch des Wortes forum darf man nun aber nicht schließen, daß man im 11. Jh. der alten Handelsstraße plötzlich abgesagt habe und ganz zum rechteckigen Marktplatz übergegangen sei. Im Gegenteil ging man von der alten Wikform aus und gestaltete sie, den neuen Bedürfnissen entsprechend, um. Dabei sind schon im 10. Jh. die führenden Handelsplätze vorangegangen. Für Köln[1]) sahen wir bereits, daß damals der vor der Römermauer liegende Teil der Uferstraße zu einem **langgestreckten, rechteckigen Marktplatz** ausgebaut wurde, und in Lüttich[2]) lag es ebenso. Ja in Magdeburg[3]) hatte Otto der Große den neuerrichteten vicus nicht längs der Uferstraße, sondern senkrecht von der Höhe auf den Fluß zu errichtet, und zwar in einem länglichen Rechteck. Aber solche Beispiele sind im 11. Jh. nur selten nachgeahmt worden. In Straßburg[4]) wurde der vicus vor der Römermauer zu einem langen Rechteck ausgebaut, und in Basel[5]) schob sich im Zuge der Freien Straße der Markt als ein langes Rechteck ein. In Konstanz errichtete der Bischof um das Jahr 1050 im Anschluß an die Kirche St. Stefan parallel zur Durchgangsstraße einen neuen Markt in Form eines langgezogenen Rechtecks. Wie in Konstanz[6]) wurde auch in Andernach[7]) der neue Markt in gleicher Gestalt vor die Römermauer abseits der Heerstraße gelegt, während in den königlichen Burgstädten Friesach[8]), Fritzlar[9]) und Heiligenstadt[10]) der Markt als ein langgestrecktes Rechteck im Zuge der Hauptstraße erscheint. Noch häufiger sind für diese Zeit planmäßige Straßenmarktanlagen in der Form der einfachen Verbreiterung eines Teiles oder der ganzen Hauptstraße. In den westfälischen Bischofsstädten Münster (in der Mitte des 12. Jh.) und Minden entstanden so vor der Domburg die Märkte an der Lamberti- und Johanneskirche[11]). Auch in Stade[12]) wandten sowohl der Graf wie der Bischof bei der Errichtung ihrer Märkte 1012 bzw. 1038 das System der Straßenverbreiterung an. Von Speyer hörten wir bereits das gleiche und können dasselbe für Wels, Villach[13]) (1060) und Besançon (1044) nachweisen. Aber selbst die einfache, unverbreiterte Handelsstraße kommt im 11. Jh. noch öfters vor, wie in Fulda 1019[14]), Goslar 1020, Naumburg 1033, Essen 1041, St. Pölten 1058, Bamberg 1062, übrigens selbst noch im 12. Jh., wo man sie in Judenburg 1103, Heilbronn 1130, Lübeck 1143, Hamburg-Altstadt 1150, Überlingen 1152, Nürnberg-St. Sebald 1163, Danzig-St. Nikolaus 1178 und Innsbruck 1180 nachweisen kann. Es handelt sich hier überall um Neugründungen, die sich erst bewähren sollten, und von denen der größte Teil nach der Bewährung zu neuen Marktformen überging.

Weit häufiger jedoch war im 12. Jh. die **planmäßige Straßenmarktanlage**, und zwar nun in den stärker ausgebauten Formen. Nur an den Grenzen des Reiches kommt bei Neugründungen die einfache Verbreiterung der Hauptstraße selbst am Ende des Jahrhunderts vor, wie in Steyr[15]) 1170, Klagenfurt 1181—93 oder Bozen 1192. Maßgebend wird jetzt vielmehr die Gestaltung der ganzen Hauptstraße zur Straßenmarktanlage. Führend ist dabei bekanntlich für den Südwesten des Reiches die Gründung von Freiburg im Breisgau[16]) durch die Zähringer im Jahre 1120 geworden. Diese legten hier die ganze Stadtsiedlung darauf an, daß sie

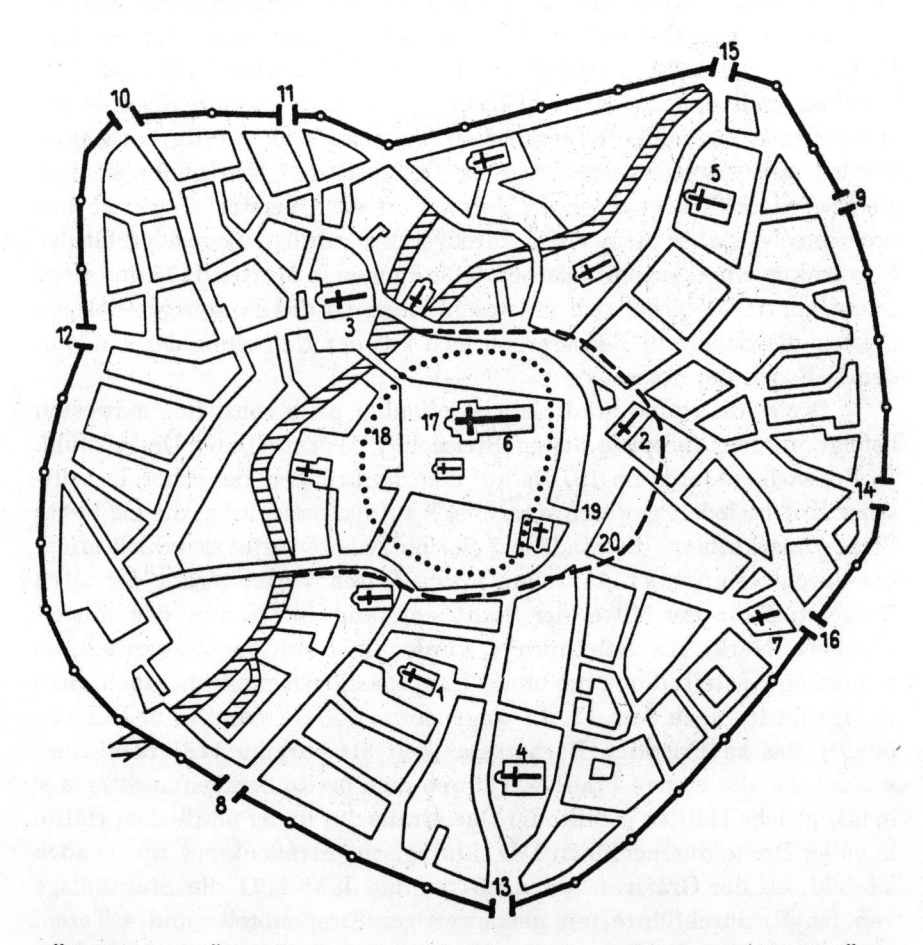

MÜNSTER. 1 St. Ägidii um 1150. **2** St. Lamberti (spätestens 1090). **3** Liebfrauen (Überwasser) 1040. **4** St. Ludgeri um 1173. **5** St. Martini um 1187. **6** Dom St. Pauli um 800. **7** St. Servati um 1221. **8** Ägiditor. **9** Hörstertor. **10** Judefelder Tor. **11** Kreuztor. **12** Liebfrauentor. **13** Ludgeritor. **14** Mauritztor. **15** Neubrückentor. **16** Servatitor. **17** Königshof (karolingisch). **18** Bischofsburg um 840. **19** Marktplatz (Prinzipalmarkt). **20** Rathaus 1250.

802 Domburg im Königshof, Ummauerung ········. / *11. Jh. Marktstraße* ‒‒‒. / *Nach 1150 Stadtbefestigung (Wassergräben und Erdbefestigung)* ⎯⎯.

in ihrer gesamten Länge von der überall gleich breiten Handelsstraße durchschnitten wurde. Ausschließlich an dieser Straße siedelten sie die Gewerbetreibenden an, ausschließlich an ihr entfaltete sich das gewerbliche Leben, das im Laufe der Zeit an 3 Hauptmärkten, dem Rindermarkt, dem Hauptmarkt und dem Fischmarkt, seinen Mittelpunkt fand. An dieser Methode haben die Zähringer auch bei ihren späteren Städtegründungen festgehalten. Doch schalteten sie bei dem Aufbau von Villingen[17]) um 1130, Rottweil um 1150 und Neuenburg 1171—80[18])[19]) schon ein anderes Prinzip ein: Während nämlich in Freiburg die quer zur Hauptstraße angeordnete Verkehrsstraße nicht gleichwertig entwickelt worden war, erscheint wenigstens in Villingen und Neuenburg ein fast gleichwertiges Straßenkreuz; in Rottweil ist die Querstraße zwar ebenso breit angelegt, aber nicht völlig durchgeführt worden. Dagegen fehlt das Straßenkreuz in den zähringischen Gründungen in Murten 1175 und Bern (nicht vor 1152)[20]), die sich im wesentlichen an das Freiburger Beispiel halten; die Sackform Berns ergab sich aus der Einfügung der Stadt in den U-Bogen der Aare.

Der zähringische Stadtplan ist offenbar auch sonst im Südwesten befolgt worden. Beispiele bieten Breisach[21]), Worms[22]) und Dinkelsbühl. In Breisach entstand im 12. Jh. auf dem Bergrücken, der schon in keltischer Zeit besiedelt gewesen war, eine Kaufmannssiedlung, die als breite Straßenmarktanlage die Stadt in 2 gleiche Teile zerlegte; sie erhielt offenbar durch Heinrich VI. 1185 ihre Form. Durch Verbreiterung der alten Römerstraße in der Mitte der Stadt entstand in Worms der mittelalterliche Markt. In Solothurn[23]) wurde die Stadt im Mauerring des römischen Kastells durch die breite Hauptgasse zerschnitten; auch diese Anlage dürfte noch dem 12. Jh. angehören. Ebenso stand es in Dinkelsbühl[24]), das zu Friedrich Barbarossas Zeit als burgum 1181 bezeichnet wurde: die alte engere Stadt war durch eine breite Straßenmarktanlage in fast gleiche Hälften geteilt, die Querstraße nur in der nördlichen Hälfte in voller Breite durchgeführt. Das zähringische Straßenkreuz wurde auch Vorbild, als der Graf von Veringen um das Jahr 1171 die Stadtanlage von Isny[25]) durchführte mit gleichwertiger Straßenbreite und 4 Toren. Übrigens haben die Zähringer selbst von ihrem Plan eine Ausnahme gemacht: in Rheinfelden haben sie die Marktgasse um 1150 aus der Mittelachse genommen und an das Rheinufer verlegt. Die erste Marktanlage von Iglau[26]), die wohl noch vor das Jahr 1200 gesetzt werden darf, zeigt 2 sich im Straßenkreuz schneidende verbreiterte Handelsstraßen.

Auch in Norddeutschland ist der Zähringer Stadtplan nachgeahmt worden. Bernhard II. von der Lippe, der Freund Heinrichs des Löwen, begründete um 1168 die beiden Städte Lippstadt[27]) und Lemgo und legte sie als Parallelogramme mit breitem Straßenmarkt in der Mitte an. Und als die alten Marktstädte Dortmund[28]) und Soest[29]) im 12. Jh. ihre Märkte weiter ausgestalten wollten, gingen sie dazu über, längere Rechtecke unabhängig von der Hauptstraße anzulegen. Dagegen begnügten sich Neugründungen des Nordostens aus der gleichen Zeit, wie Schwerin, Salzwedel-Altstadt[30]) und Tangermünde[31]), mit einer einfachen Straßenmarktanlage in der Form der bloßen Verbreiterung der Hauptstraße. In Schwerin und Salzwedel war der Straßenmarkt als ursprünglicher Burgflecken sogar an die Peripherie der Stadt gelegt und folgte in Salzwedel den Windungen der Straße, während er in Tangermünde planmäßig die Mittelachse einnahm. In Mitteldeutschland hat die Breite Straße der Altstadt Bernburg a. d. Saale[32]) die gleiche Bedeutung. Im übrigen nahmen hier die Marktgründungen aus der Zeit Barbarossas schon eine kompliziertere Form des Straßenmarktes an: er tritt hier als langes Rechteck im Zuge der Hauptstraße auf. Kennzeichnende Beispiele sind der Markt in Eisleben[33]), der der Hallischen Straße folgte und mehr als die halbe Länge der Altstadt in großer Breite durchlief, der Untermarkt der Altstadt Mühlhausen[34]), der Altmarkt der Unterstadt von Oschatz[35]) und der Markt von Rochlitz[36]); die beiden letzteren überraschen durch die Größe der Märkte im Verhältnis zu der geringen Bedeutung dieser Städte. Nach dem Vorbild von Magdeburg sind die Straßenmarktanlagen von Gotha[37]) und Altenburg[38]) gebildet, etwa zwischen 1170 und 1180 entstanden. Als lange Rechtecke stehen sie unabhängig von der Hauptstraße da. Übrigens kommt auch in Nord- und Mitteldeutschland das Straßenkreuz bei Neugründungen des 12. Jh. nicht selten vor, besonders klar in Ülzen[39]), wohl einer Gründung Heinrichs des Löwen. In Aken[40]), der Gründung Albrechts des Bären, ist am Schnittpunkt ein Markt eingeschlossen, ebenso in Helmstedt, das wegen der Aufnahme des Dorfes einen unregelmäßigen Plan behielt. In Brandenburg-Neustadt[41]), um 1196 gegründet, wurde die südöstliche Teilstraße zur Straßenmarktanlage erweitert. In Ingolstadt[42]) und Gelnhausen[43]) geht ein Doppelstraßenzug von West nach Ost, durchschnitten von der nordsüdlichen Hauptstraße, während in Rothenburg o. d. Tauber[44]) am Schnittpunkt der beiden Hauptstraßen eine Straßenmarktanlage seitlich eingefügt wurde.

Im Südosten des Reiches finden sich die gleichen Straßenmarktformen: Die einfache Verbreiterung der Hauptstraße in Judenburg um 1103 und St. Veit a. d. Glan[45]), und zwar hier im nördlichen Teil um etwa 1176, während der südliche Teil vom Beginn des 13. Jh. einen Straßenmarkt im Zuge der Hauptstraße in Form eines langen Rechtecks aufweist, und zwar so, daß die ganze Stadt durch ein Straßenkreuz geteilt wurde. Auch in Marburg a. d. Drau[46]) läßt sich um 1185 ein Straßenmarkt in Form eines langen Rechtecks im Zuge der Hauptstraße nachweisen. Vollendet ist diese Form in Enns[47]), wo der langgestreckte rechteckige Markt (wohl aus dem Jahr 1195) von beiden Seiten der Hauptstraße durchzogen wird. Auch in Wien[48]) ist die Straßenmarktform herrschend geworden, am frühesten um 1100 in dem Wik an der Bäckerstraße und weiter in dem am Ende des 12. Jh. angelegten Graben südlich vor dem römischen Legionslager. Ihm dürfte aber eine ältere Marktsiedlung in Dreieckform vorangegangen sein, die um das Jahr 1000 nördlich vor St. Peter an der Tuchlauben errichtet wurde.

Solche **Dreiecksmärkte** begegnen schon im 10. Jh. Das älteste Beispiel dafür bildet Trier[49]) mit seinem Dreiecksmarkt, der vor der bischöflichen Immunität an der Durchgangsstraße von der Porta Nigra zur Moselbrücke angelegt worden war. Dort findet sich schon 958 das Marktkreuz. Eine völlige Parallele dazu bietet das flandrische Doornik[50]) mit seinem Dreiecksmarkt vor St. Quentin, ebenfalls aus dem 10. Jh. In gleicher Zeit dürfte der Markt am Flußufer in Salzburg[51]) seine Dreiecksform erhalten haben. Im Südosten wurde diese Dreiecksgestaltung sehr häufig. Außer in Salzburg und Wien finden sich Dreiecksmärkte an der Donau in Krems 1014, Hainburg 1050[52]) und Tulln nach 1100. Der älteste Markt in Nürnberg[53]) scheint der Dreiecksplatz vor St. Jacobi (um 1050) gewesen zu sein, in Frankfurt[54]) der dreieckige Platz vor dem Saalhof am Ufer des Main (1074). Im 12. Jh. lassen sich Dreiecksmärkte in Soest (um 1120)[55]), Halle (um 1120), Aachen (1166), Bonn (1167), Höxter (um 1150), Kassel-Altstadt (um 1150), Innsbruck (vor 1180) und Gardelegen (1196) nachweisen. Entstanden sind alle diese Märkte offenbar aus Verbreiterungen oder sonstiger Neugestaltung der alten Handels- oder Uferstraßen, sind also mit den Straßenmarktanlagen auf gleiche Stufe zu stellen. Dahin gehören auch die Straßenmarktanlagen in **Keilform**. Schon der Markt in Osnabrück[56]) vor der Domfreiheit zeigt eine solche Form; er dürfte in das 11. Jh. zu setzen sein ebenso wie der Markt in Einbeck (1060). In diese Zeit gehört vielleicht auch der keilförmige Markt in Passau[57]) und Mainz[58]) (der damalige Dietplatz). Bei der Gründung von Landsberg am Lech[59]) hat Heinrich der Löwe ebenfalls für den Markt die Keilform angewandt (1150). Auch die Quedlinburger Altstadt aus der gleichen Zeit hat einen keilförmigen Markt[60]), ebenso Graz 1164, Biberach 1170, Pfullendorf 1170[61]), Hamburg-Neustadt 1189 St. Nicolai[62]), Eger 1195—1203, Friesach und Kempten um 1200[63]).

Alle diese Marktbildungen des 11. und 12. Jh. gehen, wie wir sahen, auf die alte Handelsstraße zurück. Aus den Bedürfnissen des gewerblichen Marktes ergaben sich die Neubildungen zur planmäßigen Straßenmarktanlage in Rechteck-, Dreieck- oder Keilform. Diese Anlagen beginnen sich langsam von der Straße zu lösen und werden selbständige Raumgebilde. Besonders lehrreich ist die Betrachtung der älteren Städte, die ihre früheren Marktstätten durch neue ersetzten. Sie bauten entweder die alten aus, wie Köln, Speyer, Soest oder Erfurt[64]), oder sie errichteten andere in neuen Formen, wie Magdeburg, Worms oder Dortmund[65]). Diese neuen Märkte entstanden meist außerhalb des alten Stadtraumes, im Suburbium. Besonders klare Beispiele hierfür bieten niederfränkische Städte. In Arras z. B. schließen sich die neuen Märkte des 11. Jh. östlich dem alten Stadtkern um S. Vaast und S. Géry an. In C a m b r a i entstand im 11. Jh. der große Markt bei St. Nicolas südlich von Notre Dame und S. Géry, in Douai östlich vom Stadtkern. In Namur wurde der neue Markt im 11. Jh. abseits vom alten portus und dem Fluß auf dem jenseitigen Ufer angelegt. Ebenso ging es in Maastricht[66]). Die Form der Märkte war nicht einheitlich: langgestreckte Rechtecke in Utrecht, Cambrai und Douai, annähernd quadratisch in Namur, dreieckig in Maastricht. Ähnliches geschah in Mitteldeutschland. In Hildesheim[67]) entstand östlich vom Alten Markt und der Marktkirche St. Andreas im 12. Jh. ein neuer Alter Markt, um den sich eine breite gewerbliche Niederlassung ansiedelte, die sogenannte Altstadt. In Halle lehnte sich nördlich an den alten Stadtkern mit dem Alten Markt der neue gewerbliche Markt an, der im Laufe der Zeit durch Ausbau des nördlichen Teils zum Zentrum der Stadt wurde[68]). Das gleiche gilt für Halberstadt[69]). Neben dem nördlich vor der Domburg gelegenen Kaufmannswik entstand südöstlich im 12. Jh. der Markt mit dem Martiniplan. Er erscheint als unregelmäßiges Sechseck, während der Markt in Hildesheim fast quadratische, der in Halle unbestimmte Form hatte; seine jetzige Form erhielt er erst im 16. Jh. In diesen älteren Städten entstanden also damals Neubildungen, die sich nicht mehr an das alte Schema hielten, sondern sich den topographischen Gegebenheiten anpaßten. Sie waren deshalb in ihrer Gestalt nicht geeignet, Vorbilder für Neugründungen abzugeben.

Führend in der Marktbildung wurden vielmehr Neugründungen, die seit der zweiten Hälfte des 12. Jh. einsetzten. Auch hier ging man von der Handelsstraße aus, legte aber längs von ihr einen rechteckigen Markt an. Die stärkste Initiative entwickelte Heinrich der Löwe. Bei der Gründung Münchens[70]) 1158 errichtete er längs der breiten Kaufinger Straße den rechteckigen, langgestreckten Schrannenplatz; die Durchgangsstraßen stellten ein Straßenkreuz dar. Das gleiche Prinzip verfolgte der Welfe bei der Gründung des Hagen in der Stadt Braunschweig 1160[71]), und nahegelegene Städte, wie Herford-Altstadt (1170) und Helmstedt, zeigten bald eine ähnliche Marktbildung. Auch Albrecht der Bär griff bei seinen Stadtgründungen diese Anregungen auf. Bei der Gründung Stendals (zwischen 1160 und 1170)[72]) legte er westlich der Breiten Straße senkrecht zu ihr einen langgestreckten, rechteckigen Markt an. Ähnliche

Grundsätze verfolgte er in Aken (1160) und der Altstadt Brandenburg (1176)[73]). Übrigens entstand vor 1183 auch in Konstanz ein solcher neuer Markt längs zur Römerstraße in der Richtung auf Chur.

Bei dem Aufbau des Stendaler Marktes hatte Albrecht der Bär zur Entlastung des Marktes der Breiten Straße eine schmale Parallelstraße

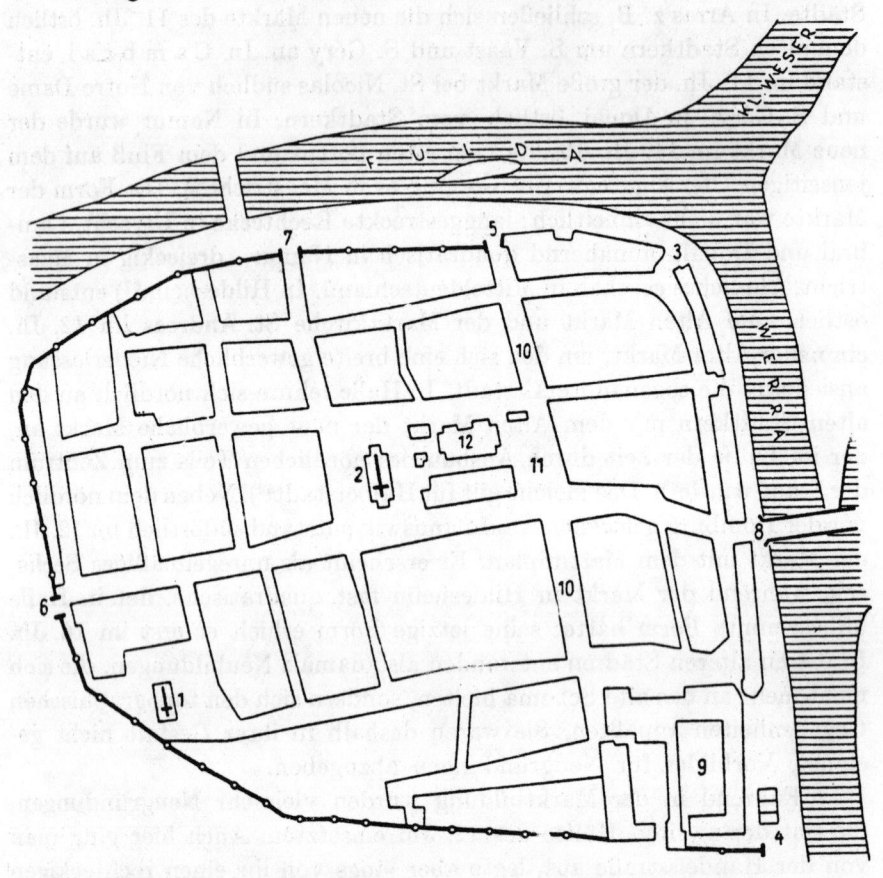

HANN. MÜNDEN. 1 St.-Ägidien-Kirche 13. Jh. 2 St. Blasii etwa 1180. 3 Fischpforte. 4 Herrenpforte. 5 Mühlenpforte. 6 Obertor. 7 Tanzwerderpforte. 8 Unteres Tor. 9 Burg. 10 Marktstraße. 11 Markt. 12 Rathaus.
Zwischen 1170 und 1175 Gründung durch Heinrich den Löwen; 1182—85 Durchführung der Gründung durch Landgraf von Thüringen ⎯⎯.

zur Seite gesetzt. Bei der Gründung des Lübecker Marktes 1159 hat Heinrich der Löwe diese Parallelstraßen zum Prinzip erhoben. Das Vorbild dafür fand er bereits in der Altstadt Braunschweig[74]), die vielleicht sein Großvater Lothar bald nach 1100 gegründet hatte. Hier war der Breiten Straße eine Parallelstraße zur Umrahmung des Marktes entgegen-

Würzburg

gestellt. In Lübeck[75]) hat Heinrich der Löwe 1159, als er die Stadt vom Ende der von Trave und Wakenitz umschlossenen Landzunge wegverlegte, die ganze Siedlung in deren Mitte gesetzt, und zwar an die Westseite, nach der Trave zu, abseits von der Hauptdurchgangsstraße, der Königsstraße. Markt und Kirchplatz bildeten den Mittelpunkt der Siedlung und waren von 4 Längs- und Querstraßen umschlossen; 2 von ihnen führten nach der Trave zum Fern- und Binnenhafen. Der Markt hatte hier die Form eines Rechtecks im Verhältnis von 2 : 3. Auch in Hannover[76]), wo im 11. Jh. die Schmiedestraße die Funktion eines Straßenmarktes ausübte, begründete Heinrich einen von 2 Straßen umschlossenen rechteckigen Markt. Einen ähnlichen Plan verfolgte übrigens Erzbischof Wichmann von Magdeburg bei der Gründung von Jüterbog (1174)[77]. Nach der Zerstörung Bardowieks 1189 verlegte Heinrich den Salzhandel von Bardowiek nach Lüneburg[78]) selbst und errichtete hier ebenfalls einen neuen Markt, der, im Verhältnis von 2 : 3 angelegt, von 2 Parallelstraßen eingeschlossen wurde. Das gleiche System wendete zur selben Zeit, als Lübeck gegründet wurde, Otto der Reiche bei der Begründung von Leipzig an (um 1160)[79]). Der neu errichtete Markt (es gab schon im 11. Jh. eine Kaufmannssiedlung in Leipzig) war von 4 Straßen umrahmt und lag jenseits von dem Straßenkreuz, das seit dem Beginn des 13. Jh. die Hauptverkehrsstraßen, nämlich die Reichsstraße und die Grimmaische Straße, bildeten; der Markt war ein langgestrecktes Rechteck im Verhältnis von 1 : 2, von Parallelstraßen eingeschlossen, nur schnitt die nördliche Querstraße den Markt im oberen Viertel. Den Leipziger Plan adaptierte offenbar der Landgraf von Thüringen Ludwig III. bei der Bildung des Marktes von Hannöversch-Münden, 1182—85[80]). Er legte nämlich den Markt westlich neben die Hauptstraße und ließ ihn in beträchtlicher Größe und im Verhältnis von 4 : 7 von 4 Straßen umrahmen. Indem so der Markt in den Mittelpunkt der Stadt gerückt und durch die gleichmäßige Verteilung von Längs- und Querstraßen zum eigentlichen Herzen der Stadt erhoben wurde, wurde ein neues Stadtplansystem eingeleitet, das im 13. Jh. zahlreiche Stadtgründungen im Westen, vor allem aber des neu kolonisierten Ostens, beherrschen sollte: das System der Zentralanlage des Marktes.

II. DIE EIDGENOSSENSCHAFT IN DEN ÄLTEREN STÄDTEN

Mit dieser Schilderung der Entwicklung des Marktes als Raumgebilde im 11. und 12. Jh. sind wir freilich unserer eigenen Darstellung weit vorausgeeilt. Wir standen noch bei der Zeit Heinrichs III. Die Betrachtung der Stadtpläne zeigte uns, wie in 150 Jahren die alte Handelsstraße sich über die Straßenmarktanlage zum Marktplatz umgestaltete, weil sie ihre Funktionen wesentlich verändert hatte. Diese Veränderung hatte ihren Grund in den schon geschilderten sozialen Neubildungen, und diese führten nun auch zur rechtlichen Neugestaltung der Stadt.

1. ENTSTEHUNG DES BÜRGERTUMS

Diese rechtliche Neugestaltung der Stadt vollzog sich in älteren Städten, deren wesentlichste damals Bischofsstädte waren. Der Schwerpunkt des Geschehens lag in den Bischofsstädten am Rhein. Schon die Ottonen hatten die Stellung der Bischöfe in ihren Städten beträchtlich verstärkt. Durch die Verleihung der Grafenrechte im Raum von Burg und Wik waren die geistlichen Herren zugleich die obersten Richter über die Kaufleute geworden. Der bischöfliche Vogt oder der Burggraf übte für den Bischof die Hochgerichtsbarkeit aus[1]. Königsbann und Königsfriede wurden den Kaufleuten durch die bischöflichen Beamten vermittelt[2]. Darüber hinaus hatten schon die Ottonen die Muntabgaben der Kaufleute mit anderen Rechten an diese bischöflichen Stadtherren übertragen[3]. Trotz dieser Stellung der Bischöfe übte zwar noch Heinrich III. in den Bischofsstädten nach Eigenkirchenrecht selbst die entscheidende Gewalt aus[4]. Während der Minderjährigkeit Heinrichs IV. aber vernichtete der Geist von Cluny[5] die Autorität des deutschen Kaisers in der Kirche fast bis zur Katastrophe. Im Investiturstreit stieg die Stadtherrschaft der Bischöfe zur Unabhängigkeit vom Kaiser auf.

Damit war die Frage der Rechtsstellung der königlichen Kaufleute in den Bischofsstädten in Gefahr. Nicht mehr als königliche Muntleute, sondern als bischöfliche Hörige wurden sie jetzt von den geistlichen Stadtherren betrachtet. Ein schlagendes Beispiel für die Mentalität der Bischöfe bietet die Erzählung Lamperts von Hersfeld über den Kölner

Aufstand von 1074[6]). Der Erzbischof von Köln ließ einem reichen Kaufmann sein zur Reise gerüstetes Handelsschiff beschlagnahmen, um es selbst für einen Transport zu gebrauchen[7]). Ein Recht zu dieser Beschlagnahme konnte der Bischof nur auf Hörigkeit oder auf Unfreiheit des Kaufmanns begründen. Davon aber war in Wirklichkeit keine Rede. Der Kaufmann selbst wie auch sein Sohn, von dem gesagt wird, daß er wegen seiner nahen Verwandtschaft mit den ersten Kaufleuten der Stadt diesen besonders teuer und wert gewesen sei[8]), waren freie Leute und gehörten zur Kölner Kaufmannsgilde. Der Erzbischof vertrat also den Standpunkt, daß die Kölner Kaufmannschaft ihm hörig sei. Die Kaufleute dagegen hielten an der alten königlichen Muntlingschaft fest und wandten sich in ihrer Not mit Recht an den König als ihren alleinigen Herrn[9]), der ihnen freilich damals nicht helfen konnte. Bezeichnend ist auch, daß die Einwohnerschaft der Bischofsstädte während des Investiturstreites im Kampfe gegen Rudolf von Rheinfelden und ihren Bischof 1077 für Heinrich IV. eintrat[10]). Die weitere städtefreundliche Politik Heinrichs IV. und Heinrichs V. beruhte auf der Anschauung, daß die Stadtbewohner als Königsleute anzusehen seien, und das ist ausschließlich aus der alten königlichen Muntlingschaft zu verstehen.

Was für die Kaufleute galt, wurde von den Bischöfen in weit verstärktem Maße noch auf die Handwerker angewandt. Ohne Zweifel waren diese in ihrer großen Masse leibhörig. Aber doch nur ein Teil von ihnen gehörte dem Stadtherrn selbst; die meisten waren fremden Herren dienstpflichtig. Soweit die Grundherrschaft im Stadtraum selbst ihren Mittelpunkt hatte, konnte sie wohl ihren Besitzstand auf längere Zeit noch wahren. Zugewanderte leibhörige Handwerker dagegen wurden bald nach dem Grundsatz: „Luft macht eigen"[11]) vom Stadtherrn selbst beansprucht. Um die Leibhörigkeit aller Handwerker nahmen die Bischöfe den Kampf auf, wie noch das Straßburger Bischofsrecht zeigt[12]). Doch fanden sie einen immer stärker werdenden Gegner in der sich bildenden Stadtgemeinde, die den Schutz des Königtums zu gewinnen vermochte.

Um die Mitte des 11. Jh. beginnen die beiden Gruppen der Kaufleute und Handwerker sich nicht nur in ihrer rechtlichen Lage, sondern auch wirtschaftlich und politisch einander anzunähern. Die Kaufleute, bisher in erster Linie Wanderhändler, fanden damals am Sitze ihrer Niederlassung einen ständig wachsenden Kundenkreis. Ihr Fernhandel ergänzte sich durch den Verkauf der Produkte, die das Gewerbe der eigenen Stadt hervorbrachte, besonders solche des Textil- und Metallgewerbes. Damit traten die Kaufleute zu den Handwerkern ihrer Stadt in wirtschaftliche Beziehung, die der kapitalkräftigeren Kaufmannschaft eine autoritäre Stellung gegenüber den Handwerkern einbrachte, war sie doch obendrein durch ihre Reisen vielerfahren und durch ihre Gilde- und Gemeindebildung bereits politisch geschult. Die Handwerkerschaft kam somit in eine natürliche Zugehörigkeit und Abhängigkeit zur Kaufmannschaft. Sie suchte sich ihrem Vorbild entsprechend zu Handwerkerzünften zusammenzuschließen. Ein schwieriges Unterfangen, da die Hörigkeit gegenüber verschiedenen Grundherren überwunden werden mußte! Weiter war das zunächst nur mit Zustimmung des Stadtherrn möglich, der dagegen Leistungen an die Kirche auferlegte[13]. Die Einführung von Handwerkerzünften, die mit dem Beginn des 12. Jh. einsetzte, hat die Anerkennung der vollen Rechtspersönlichkeit des hörigen Handwerkers außerordentlich beschleunigt. Die Assoziierung löste den Handwerker aus der Hofgenossenschaft seines Grundherrn und verankerte ihn in der gewerblichen Gemeinschaft. Kaufleute und Handwerker aber wurden in dieser gewerblichen Gemeinschaft zusammengefaßt, die im Markt ihren natürlichen Mittelpunkt fand[14]. An die Stelle des mercatus, des rein kaufmännischen „Marktes", trat nun das kaufmännisch-handwerkliche forum, neben das Kaufmannsrecht (mercatorium jus) das Marktrecht (jus forense)[15], das sich in der Zeit Heinrichs V. in das Stadtrecht (jus civile), das Recht der Bürger, umwandelte[16] und das für Kaufleute u n d Handwerker galt. Denn die cives sind von den forenses abgeleitet, also denen, die am gewerblichen Leben der Stadt teilnehmen[17]. Ausgeschlossen vom Stadtrecht blieb nur eine kleine Gruppe hofhöriger Handwerker, solche, die im Hofe und Brote ihres Grundherrn lebten[18], besonders Hofhandwerker kirchlicher Grundherren[19].

An Stelle der mercatores, der Kaufleute der Ottonenzeit, tritt jetzt in der Stadt die neue Gruppe der B ü r g e r (cives) auf. Von ihnen wird in Toul bereits im Jahre 1069 gesprochen, gleichzeitig auch in Würzburg, 1074 in Köln, bald auch in Hildesheim, Bremen, Speyer und Cambrai[20]. Alle diese Städte waren civitates, und so konnten ihre Bürger als cives bezeichnet werden. Der Ausdruck burgenses wurde zunächst nur dann gebraucht, wenn die Stadt keine civitas war, und civitas war ja anfänglich nur die alte Bischofsstadt. Von burgenses wird im Reich zum erstenmal 1066 in der Maasstadt Huy gesprochen, dann im 12. Jh. häufig, besonders in den Neugründungsstädten Freiburg i. Br., Soest, Braunschweig, Hagen, Lübeck, Hamburg-Neustadt, Bonn[21] usw. Gleichbedeutend mit burgenses wird das Wort urbani gebraucht, das sich schon in der Wormser Mauerbauordnung (um 1000), dann aber auch in Augsburg 1156 und Regensburg findet[22]. Die Stadt war also auch eine Burg, eine urbs. Dabei muß, wie die Handfeste von Huy erweist, die Stadt vom castrum, nämlich der neben der Stadt liegenden Burg des Bischofs, streng getrennt werden[23]. Die Einwohner der Stadt waren keine castrenses, sondern burgenses. Aber die Stadt stellte auch eine Burg dar. Sie war zwar nicht ummauert, jedoch in germanischem Sinne befestigt, d. h. von Erdwerken, Wall und Graben und Holzpalisaden umschlossen. Für das Jahr 1073 erfahren wir von Goslar, daß hier die neben der Pfalz liegende Siedlung der Gewerbetreibenden mit starken Wällen und Gräben befestigt war. Deutsche Glossen des 11. und 12. Jh. erklären daher „concives" mit „purgliuti"[24]), „suburbia" mit „furiburgi", „forburge"[25]). Niederfränkische Städte gebrauchen im 11. Jh. das Wort burgum, burgus nicht für die Bezeichnung des stadtherrlichen castrum, sondern für die gewerbliche Niederlassung. In Reims heißt es 1090: „Castrum cum burgo, quod adjacet"[26]). In Arras wird um 1100 der vetus burgus dem novus burgus gegenübergestellt[27]). Auch für Burgund ist dieser Gebrauch bezeugt, wie z. B. in Besançon, aber auch in Chur[28]). 1152 wird die Stadt Dortmund als burgum Tremonia bezeichnet. 1160 spricht man in Bamberg vom advocatus burgi, dem Stadtvogt. 1163 heißt in Nürnberg die Sebaldersiedlung burgum, 1174 Maastricht burgus, 1180 Stade burgum[29]) usw.[30]). Diese Worte burgum, burgus sind nichts weiter als eine Latinisierung des deutschen Wortes Burg, denn die gewerbliche Niederlassung wurde vom Volk als Burg anerkannt, weil auch sie befestigt war. Damit ist auch der Gebrauch des Wortes burgensis hinreichend geklärt: eben als Bewohner einer Burg, einer gewerblichen Niederlassung wurden sie mit Recht als burgenses bezeichnet.

Von cives wird aber im 12. Jh. weit häufiger gesprochen. Nicht nur die Bewohner der Bischofsstädte heißen so, nicht nur die der Pfalzstädte, wie Duisburg und Frankfurt, sondern auch die der Neugründungsstädte, wie etwa Schleswig, Leipzig, Braunschweig und Lübeck. Es hat im 12. Jh. eine außerordentliche Verbreitung der Bezeichnung civitas gegeben. Auch die Neugründungsstädte werden im 12. Jh. als civitates bezeichnet. Das deutet eine grundsätzliche Veränderung des Begriffes von civitas an. Civitas heißt jetzt jede Stadt im Rechtssinne.

Was aber ist die Stadt im Rechtssinne? Sie ist eine civitas, weil ihre Bewohner cives sind, d. h. die civitas hat eine Stadtgemeinde. In jeder Stadt hat eine Gemeindebildung stattgefunden. Auch der Handwerker wird jetzt als mitberechtigter Stadtbewohner anerkannt. Alle Gewerbetreibenden sind cives oder auch burgenses, urbani, also Bürger.

Diese Gemeinde aber hat sich gebildet, um in der Stadt maßgebende Funktionen auszuüben. Das wird uns schon für das Jahr 1066 in der Stadt Huy überliefert. Dort verwalteten die Bürger in der Zeit der Sedisvakanz des Lütticher Bischofs die Burg, und zwar „nach gehöriger Beratung in ihrem Kreise"[31]). Die Bürger stellten demnach eine Beschlußversammlung dar. Dasselbe besagt das Recht von Toul 1069: Die Einsetzung der Torhüter bedurfte „der allgemeinen Zustimmung"[32]). Heinrich IV. rühmt 1074, daß die Wormser ihm „mit gemeinsamer Macht aller Bürger" bewaffnet zur Seite gestanden hätten[33]). Für die Fischhändlerzunft eben dieser Stadt erließ man 1106 Bestimmungen „mit gemeinsamem Rat aller Bürger"[34]. In Speyer sollten (1111) Münzänderungen mit „gemeinsamem Rat der Bürger" erfolgen[35]). In Lüttich wurde 1119 der Brotpreis „durch gemeinsamen Rat der ganzen Stadt" festgesetzt. Es bestand also an all diesen Orten eine städtische Gemeinde, die alle Bürger der Stadt zusammenfaßte, und diese beratschlagte über Angelegenheiten, die für die Stadt bedeutsam waren. Über die Zusammensetzung der Stadtgemeinde erfahren wir aus den Quellen des 11. Jh. nichts. Immerhin hebt sich bereits die bevorzugte Gruppe der meliores heraus. Schon Thietmar von Merseburg berichtet von den optimi civitatis in Magdeburg zwischen 1009 und 1018[36]). Nach dem Grafenrecht von Toul von 1069 besaßen die meliores civitatis neben der Stadtgemeinde, oder ohne diese, ein besonderes Recht, gehört zu werden[37]). In Köln führten 1074 die primores civitatis die Stadt zum Aufruhr gegen den Bischof an. Daß diese primores der Kaufmannschaft angehörten, wird uns von Lampert von Hersfeld bezeugt[38]). Mit ihren meliores bildete also die Gesamtheit der Kaufleute einen wichtigen, den maßgebenden Bestandteil innerhalb der Stadtgemeinde. Diese Kaufleute, ursprünglich freie Königsmuntlinge, in der Kaufmannsgilde, in einer politischen und kirchlichen Kaufmannsgemeinde zusammengefaßt, traten jetzt in den weiteren Verband der Stadtgemeinde über.

2. DIE EIDGENÖSSISCHE BEWEGUNG

Wie hat man sich nun die Bildung der Gemeinde vorzustellen? Eine Stadtgemeinde bestand bereits 1066 in Huy, 1069 in Toul[1]). Über ihre Entstehung erfahren wir aber nichts. Günstiger liegen die Dinge in C a m b r a i. Dort hatten die Bewohner schon 958 eine Empörung gegen den Bischof unternommen[2]), freilich noch ohne Erfolg. Im Jahre 1076 schlossen dann nach derselben Quelle die Bürger eine Eidgenossenschaft ab und versuchten, den Bischof zu deren Genehmigung zu zwingen[3]). Dies Unternehmen war schon lange vorher von den Bürgern ins Auge gefaßt worden[4]). Eine Stadtgemeinde bestand aber vor diesem Zeitpunkt noch nicht. Es handelte sich vielmehr nur um eine revolutionäre Stimmung, hervorgerufen durch das gehässige Verhalten des bischöflichen Châtelains Hugo, das Bischof Lietbert, der sich um die Stadt im übrigen wohl verdient gemacht hatte, nicht zu zügeln vermochte. Erst nach dem Tode Lietberts kam für die Bürger die Gelegenheit zum Aufruhr, als der neugewählte Bischof Gerhard II. die Stadt verlassen hatte. Sie bemächtigten sich der Befestigung, die noch aus Wall, Graben und Palisaden bestand[5]), und verwehrten dem Bischof, als er zurückkehren wollte, den Eintritt in die Stadt. Durch ihre Eidgenossenschaft schufen sie die Stadtgemeinde. Zunächst gelang dies nur vorübergehend. 1101 mußte aber der Bischof die Eidgenossenschaft anerkennen[6]).

Später als in Cambrai liegt die Entstehung der Stadtgemeinde in Köln. Der mißlungene Aufstand des Jahres 1074, der gegen die Gewalttaten des Erzbischofs gerichtet war, ging von der Kaufmannschaft aus, und die Strafe dafür traf nur sie. Gewiß war auch das übrige Stadtvolk an der Empörung beteiligt, doch kann nach dem Bericht Lamperts von Hersfeld von einer organisierten Stadtgemeinde noch nicht gesprochen werden[7]). Noch war der Erzbischof stark genug, deren Entstehung zu verhindern. Erst im Kampf für Heinrich IV. 1106 erwuchs die Kölner Bürgerschaft zu einer engverbundenen Schicksalsgemeinschaft. Auf Anweisung des Königs besetzten damals die Bürger die Stadtmauern, befestigten selbst die Vorstädte Oversburg und Niederich und nahmen so die Verteidigung von Köln in eigene Hand[8]). Wenige Jahre später genehmigte dann der Stadtherr, daß sich das ganze Stadtvolk zu einer Schwurgemeinschaft (coniuratio) zusammenschloß, die an den Geschicken der Stadt selbst teilnehmen konnte[9]).

In Köln und in Cambrai können wir die Entstehung der Stadtgemeinde sonach klar verfolgen[10]). In beiden Städten schlossen sich Kaufleute und Handwerker zu einer Eidgenossenschaft zusammen, um gegen die Gewalttätigkeiten des Bischofs und seiner Beamten geschützt zu sein. Sie bemächtigten sich zu diesem Zweck vor allem der Stadtbefestigung, wie wir in Cambrai sehen[11]). Daß es den Kölner Bürgern gelang, gegenüber einem so mächtigen Stadtherrn, wie es der Erzbischof tatsächlich war, die Stadtmauer fest in der Hand zu behalten, beruhte auf dem Privileg Heinrichs IV.; es gewährte der Stadt die besonders schnelle Entfaltung ihrer Selbstverwaltung. Beachtlich ist, daß auch die ältesten Nachrichten über die deutsche Stadtgemeinde von deren Funktion hinsichtlich der Stadtbefestigung sprechen: In Huy soll die Gemeinde das Recht haben, die Burg zur Zeit der Sedisvakanz des Bischofs in ihrer Hut zu haben, und in Toul bedarf die Bestellung des Torwächters der Zustimmung der Gemeinde[12]).

In Köln wie in Cambrai kam es also zur Entstehung der Eidgenossenschaft, zu einer Kommune, in Köln 1112, in Cambrai bereits 1101[13]). In beiden Städten behauptete sich die Kommune auch trotz vieler Wechselfälle. Heinrich V. zwang 1107 die Stadt Cambrai, die Eidgenossenschaft abzuschwören; sie wurde wenige Jahre später wieder eingeführt.

Friedrich I. hob 1182 die dortige Kommune ganz auf: sie bestand ruhig weiter[14]).

Auch in Köln mußte die Stadt ihre Eidgenossenschaft immer aufs neue gegen den mächtigen Stadtherrn verteidigen. Aber hier war sie stark und diplomatisch gewandt genug, ihre eidgenössische Verfassung durchhalten und weiterentwickeln zu können. 1114 kämpfte sie mit ihrem Stadtherrn gegen Heinrich V., und 5 Jahre später öffnete sie diesem die Tore der Stadt trotz seiner Feindschaft mit dem Erzbischof[15]). Als Erzbischof Philipp 1179 gegen Heinrich den Löwen in Westfalen zu Felde zog, beschloß die Stadt die Errichtung einer neuen großen Befestigungsanlage durch Wall und Graben, die gegen den Erzbischof, aber auch gegen den Kaiser errichtet war, von dem sie harte Strafe wegen Unbotmäßigkeit befürchten mußte. Den Widerspruch des Erzbischofs vermochte die Stadt durch Abtretung eines hohen Abstandsgeldes auszuräumen; den Kaiser bewog man, über den Vertrag eine Urkunde zu erteilen, die den Kölnern obendrein zum ersten Male ihre Verbandsrechte ausdrücklich bestätigte[16]).

Köln und Cambrai gehörten zum deutschen Reiche. Beide Städte waren, eine im deutschen, die andere im romanischen Sprachgebiet gelegen, verbunden durch die ihnen gemeinsame niederfränkische Kultur, die sich seit der Karolingerzeit zwischen Rhein und Seine glanzvoll entwickelt hatte. Ihre Eidgenossenschaft ist ein typisches Erzeugnis der großen kommunalen Bewegung, die im 11. Jh. durch den ganzen Raum ging[17]). Nur wenige Eidgenossenschaften des französischen Gebietes gelangten früher zur Anerkennung als die von Cambrai und Köln[18]), und das Kommuneprivileg für Cambrai von 1101 — freilich nur im Bruchstück erhalten — steht zeitlich allen anderen voraus[19]).

Manches, was uns das alte Kölner Recht über seine Eidgenossenschaft vorenthält, erfahren wir aus dem Recht der ältesten Tochterstadt Kölns, Soest. Das älteste, vom Erzbischof von Köln verliehene Soester Stadtrecht, dessen erste Artikel jedenfalls der ersten Hälfte des 12. Jh. angehören[20]), geht schon von der Existenz einer Bürgergemeinde aus. Nach ihm wählt die Gemeinde den Richter[21]), die Stadtschöffen[22]) und den Gerichtsboten[23]), übt eine Sühnegerichtsbarkeit aus[24]), kontrolliert Maß und Gewicht[25]) und sorgt für die Lebensmittelpolizei[26]). Die Einberufung der ganzen Gemeinde durch Glockenläuten erfolgt durch deren Organe[27]). Alle Einwohner haben an den städtischen Lasten in gleichem Anteil mitzutragen[28]). Als kommunale Exekutionsform tritt die Hauszerstörung auf[29]). Die meliores besitzen in der Stadt eine maßgebende Autorität. Ein Stadtsiegel wird bereits 1168 verwendet[30]).

Auch in den 3 Bischofsstädten des Mittelrheins, Mainz, Worms und Speyer, begann die Kommunebewegung schon im 11. Jh., am frühesten in W o r m s. Bereits 1073 vertrieben die dortigen Bürger ihren Bischof aus der Stadt, nahmen Heinrich IV. auf, leisteten ihm den Treueid und unterstützten ihn militärisch und finanziell, wofür er ihnen 1074

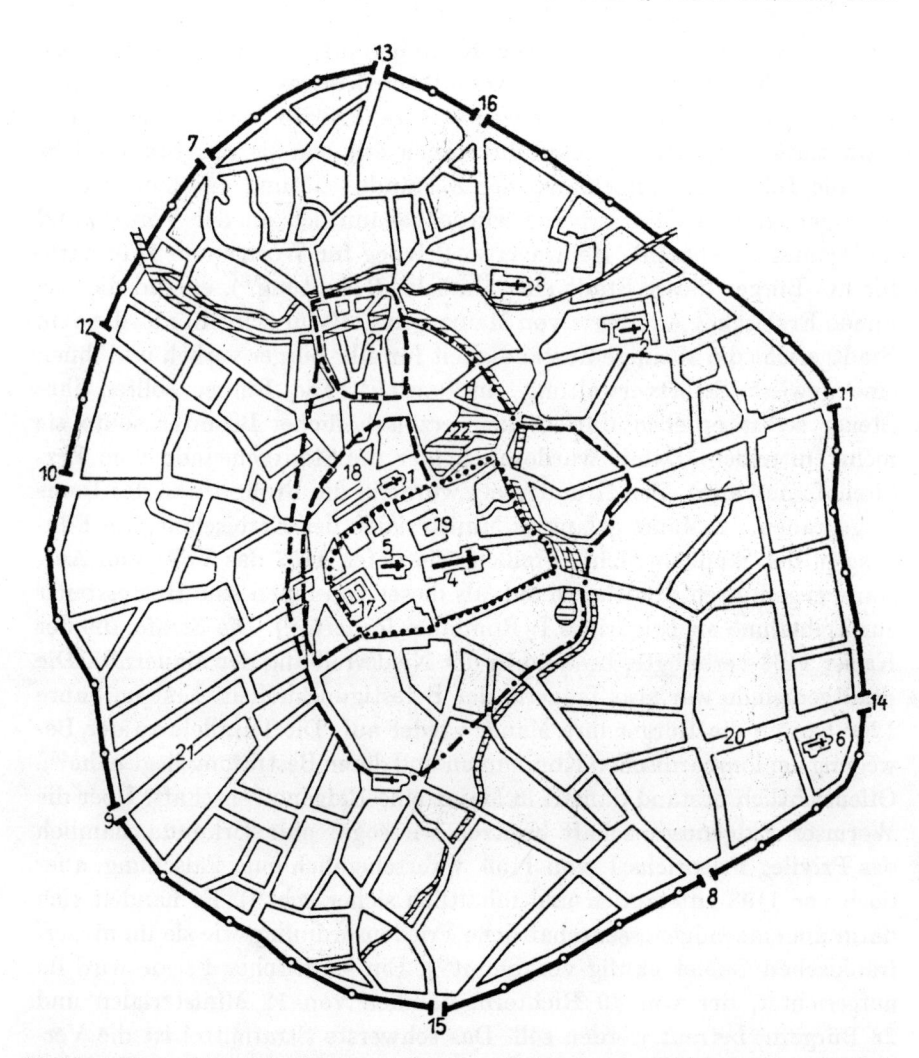

SOEST. 1 St. Georgii 11. Jh., Kaufmannskirche. 2 Maria zur Höhe um 1200. 3 Maria zur Wiese 1314. 4 Patrokli-Münster 10. Jh. 5 St. Petri um 1150. 6 St. Thomae um 1200. 7 Brüdertor. 8 Grandwegertor. 9 Jakobitor. 10 Nöttentor. 11 Osthofentor. 12 Schönekindtor. 13 Schültinger Tor. 14 Thomaetor. 15 Ulrichtor. 16 Walburger Tor. 17 Pfalz. 18 Markt. 19 Rathaus. 20 Hellweg. 21 Salzmühle. 22 Großer Teich.
Stadtkern der Ottonenzeit ········, *mit Marktsiedlung und Salzviertel* ———. / *Stadt um 1150* ·—·—. / *Große Ringmauer seit 1169—79* ———.

ein Zollprivileg gewährte[31]). Die Stadtgemeinde war damit anerkannt[32]). In Mainz wurde 1077 der Erzbischof zusammen mit Rudolf von Rheinfelden von der Bürgerschaft aus der Stadt vertrieben. Für Speyer wird in der Urkunde Heinrichs IV. von 1101 ein allgemeines Stadtrecht anerkannt[33]). Später vertrieben die Speyerer den tyrannischen Bischof, und Heinrich V. gewährte darauf 1111 die berühmten beiden Privilegien[34]). Gewiß waren das keine Kommuneprivilegien im eigentlichen Sinne, doch beseitigten sie den vom Bischof angestrebten Satz: „Luft macht eigen" durch das entgegengesetzte Prinzip, das an den Satz: „Stadtluft macht frei" heranführt; auch erhoben sie das Stadtgericht für alle Bürger zu ausschließlicher Zuständigkeit und anerkannten die Stadtgemeinde[35]). Das Privileg wurde bekanntlich an der Vorderwand des Domes angebracht. Heinrichs V. Privileg für Worms von 1114 hatte für die Bürger dieser Stadt eine ähnliche Bedeutung[36]), ebenso die Urkunde Erzbischof Adalberts von Mainz von 1119 für seine Stadt, die dem Stadtgericht die alleinige Zuständigkeit für alle Bürger verlieh und ihnen eine gewisse Selbstverwaltung einräumte[37]). Die Bürger sollten ihre Steuer selbst erheben dürfen, kein erzbischöflicher Beamter sollte sie mehr eintreiben. Damit wurde auch hier die Stadtgemeinde vom Erzbischof anerkannt. Das Grundgesetz wurde in die Bronzetüren des Doms eingegraben. In Mainz gelang es Ministerialen des Erzbischofs, die Führung in der Stadt an sich zu reißen. Sie riefen 1157 das Volk zum Aufstand gegen ihren Stadtherrn auf, als dieser von ihnen eine Heeressteuer zur Teilnahme an Friedrichs I. Romfahrt forderte[38]). Die Strafe, die der Kaiser 1163 verhängte, bestand in der Niederreißung der Mauern[39]). Die Stadtgemeinde war also Trägerin der Befestigungshoheit. Erst im Jahre 1200 bauten die Bürger ihre Mauer wieder auf. Die Parallele zu der Bewegung der lombardischen Kommunen und deren Bestrafung liegt nahe[40]). Offensichtlich bestand damals in Mainz eine Eidgenossenschaft. Über die Wormser Eidgenossenschaft besitzen wir sogar eine Urkunde, nämlich das Privileg Friedrichs I. von 1156, wahrscheinlich eine Fälschung, aber doch vor 1198 entstanden und inhaltlich sicher echt[41]). Es handelt sich darin um eine eidgenossenschaftliche Friedensordnung, wie sie im niederfränkischen Gebiet häufig vorkommt[42]). Ein städtischer Friede wird da aufgerichtet, der von 40 Richtern, nämlich von 12 Ministerialen und 28 Bürgern, betreut werden soll. Das schwerste Strafmittel ist die Verweisung aus der Stadt. Die Bürger sind untereinander hilfepflichtig.

In den 3 Bischofsstädten des Mittelrheins, Mainz, Worms und Speyer, hat also die Kommunebewegung nicht allein früh eingesetzt, sie hat sich auch — zwar gegen scharfe Widerstände — bis zur Entstehung der Ratsverfassung erhalten können. Ein ausgesprochenes Kommuneprivileg hat freilich keine dieser Städte besessen. Die Bischöfe duldeten vielmehr notgedrungen die Kommune, ohne sie ausdrücklich anzuerkennen, und suchten nur nach einer passenden Gelegenheit, sich ihrer zu entledigen. Mehr oder weniger war das wohl in allen Bischofsstädten an der Westgrenze der Fall. Leider sind die Nachrichten darüber sehr spärlich. Die bischöflichen Stadtherren, wohl durchweg Gegner der Bewegung, vermieden schriftliche Zugeständnisse, und die Städte haben — Köln bildet eine Ausnahme — erst im Ausgang des 12. Jh. Urkunden hervorgebracht; um so wichtiger sind für uns auch verstreute Notizen.

In Trier haben sich die Bürger (sie werden 1122 zuerst cives genannt)[43]) unter Mitwirkung erzbischöflicher Ministerialen unter Erzbischof Adalbero (1131—52) mit dessen Einwilligung zu einer Eidgenossenschaft zusammengeschlossen (um das Jahr 1142)[44]. Es handelte sich damals um den Kampf gegen einen gemeinsamen Feind, den Grafen Heinrich von Namur. Die Eidgenossen umgaben die Stadt mit einer neuen Mauer und führten seit 1149 das Stadtsiegel[45]). Aber dem neuen Erzbischof Hillin erschien die Eidgenossenschaft gefährlich, so daß auf sein Betreiben hin Friedrich I. sie 1157 und dann wieder 1161 verbot; während dieser 4 Jahre war sie nämlich bereits erneuert worden[46]). Seitdem treten 14 Schöffen als Vertreter der Stadtgemeinde auf und führen das Stadtsiegel, jedoch in Abhängigkeit vom Erzbischof.

Noch ungeklärt ist die Geschichte der Kommune von Metz und Verdun. In Metz nahmen die Bürger im Investiturstreit die Partei des Königs und vertrieben den Bischof[47]). Neben den bischöflichen Beamten für die Stadt tritt schon früh ein Schöffenmeister auf, der mit 13 Schöffen die Stadt regierte. Die Abhängigkeit vom Bischof war schwankend; 1163 kam es zum Aufstand, 1180 kommt das erste Stadtsiegel vor[48]). In Verdun begann der Kampf gegen den Bischof 1122[49]) und damit wohl auch die Kommunebewegung. Der Aufstand wiederholte sich 1181[50]). In Lüttich, wo es bereits 1025—37 einen Stadtrichter gab, wurde 1107 ein Stadtrecht (jus civile) anerkannt[51]). 1119 bestimmte die Stadt mit gemeinsamem Rat über den Brotpreis[52]). Der von Lampert le Bègue geführte Kampf gegen die simonistischen Bischöfe wurde nach dessen Tod unter Führung der patrizischen Schichten fortgesetzt. Seit 1184 treten 10 Geschworene im Stadtregiment auf[53]). Von Utrecht erfahren wir, daß sich dort 1159 anläßlich eines Aufstandes eine Schwurgemeinschaft bildete[54]). Anfänge einer Selbstverwaltung begannen in der Hand des Schöffenkollegs, das 1177 für Marktsachen zuständig wurde[55]).

Für die südwestdeutschen Bischofsstädte ist die Deutung der überlieferten Nachrichten nicht einfach. In Konstanz, wo die Stellung des Königs überwiegend blieb, trat 1105 eine kommunale Bewegung gegen den Bischof auf[56]). Für 1153 läßt sich eine allgemeine Bürgerversammlung nachweisen[57]). 1192 befreite Heinrich VI. die Stadt von der bischöflichen Steuer gegen Leistung einer Reichssteuer[58]). Für Straßburg finden sich neben starker Stadtherrlichkeit des Bischofs wichtige Anzeichen bürgerlicher Selbständigkeit und Verwaltung[59]). Heinrich V. anerkannte hier 1119 ein allen Bürgern gemeinsames Stadtrecht und schaffte ein ihnen schädliches Gewohnheitsrecht, nämlich den bischöflichen Weinzapf, ab[60]). Neben dem Stadtrecht (jus civile) bestand aber bereits ein jus publicum civitatis, und dieses wurde gehandhabt von den Rektoren, nämlich den Führern der Bürgerschaft, wie wir sie gleichzeitig in Köln und in Freiburg i. Br. finden. Die Rektoren erhoben Steuern für städtische Zwecke und versuchten bereits, hofhörige Handwerker heranzuziehen[61]). Diesem Entwicklungszustand entsprechen die Bestimmungen Lothars III. von 1129. Danach soll das Straßburger Stadtgericht ausschließlicher Gerichtsstand für alle Bürger sein; auch die Abgaben der hofhörigen Handwerker sollen nur vor diesem eingetrieben werden können[62]). Solche Sätze führen unmittelbar zu „Stadtluft macht frei". Das Bischofsrecht aus der Mitte des 12. Jh., das dem Bischof eine monarchische Stellung in der Stadt zuweist und ein „Bild naturalwirtschaftlicher Herrschaftsplanung" darstellt[63]), entspricht nicht mehr der Wirklichkeit[64]). Und selbst aus ihm kann man die Selbständigkeit der Bürgerschaft ablesen, denn die Friedensordnung der Einleitung atmet deutlich den Geist der eidgenossenschaftlichen Bewegung der Zeit[65]).

Auch die Bischofsstädte an der Donau sind von der eidgenossenschaftlichen Bewegung erfaßt worden. Das gilt in erster Linie von Regensburg, das im 11. Jh. zu den volkreichsten Städten des Reiches gehörte. Zeitweise Residenz der Könige, besaß die Stadt mehrere Stadtherren, den Bischof und den Herzog von Bayern. Diese Konkurrenz verschaffte ihrer Bürgerschaft früh eine günstige Rechtslage. Leider sind die Vorgänge im einzelnen, insbesondere die Aufstände gegen den Bischof, die seit 1132 vorkamen, wenig bekannt[66]). Sehr aufschlußreich sind aber das Stadtrecht Philipps von Schwaben von 1207 und das Friedrichs II. von 1230[67]). Von ihren Artikeln sind eine Anzahl aus verlorenen Privilegien Friedrichs I. und Heinrichs VI. entnommen[68]). Dazu gehört besonders der Artikel 2, der in beiden Stadtrechten an gleicher Stelle wiederkehrt. Darin wird die geschworene Friedenseinung der Bürger anerkannt[69]). Weiter überliefert dieser Artikel eine Sühnegerichtsbarkeit mit dem Zwangsmittel der Hauszerstörung, wie sie der niederfränkischen Eidgenossenschaft entsprach. Bruch des Friedensschwurs wird mit Hauszerstörung gesühnt[70]). Wesentlich ungünstiger war die Stellung der Bürgerschaft in Passau. Hier hatte der Bischof schon im Ausgang des

10. Jh. die volle Stadtherrschaft errungen[71]). Zwar besaß die Stadt eine reiche, vielgereiste Kaufmannschaft, und die eidgenössische Bewegung war auch in ihr zu Hause. Doch erst 1209 erfahren wir von einer Kommission von 24 Bürgern zu Einhebung einer Steuer für den Mauerbau[72]).

Auch in Augsburg hatte die eidgenössische Bewegung zu Anfang des 12. Jh. die Bürgerschaft erfaßt. So war sie Herrin der Stadtbefesti-

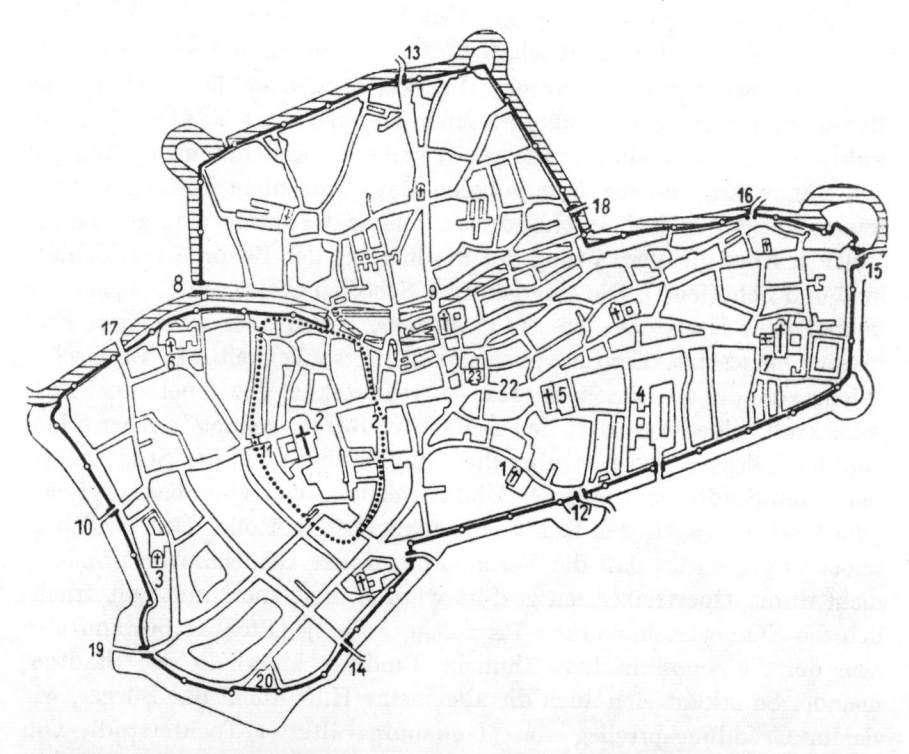

AUGSBURG. **1** St. Annen (1320). **2** Dom (um 823). **3** St. Georg (1135). **4** St. Katharinen um 1280. **5** St. Moritz um 1020. **6** St. Stefan (969). **7** St. Stefan und Afra (um 800). **8** Oblattertor. **9** Barfüßertor. **10** Fischertor. **11** Frauentor. **12** Göggingertor. **13** Jacobertor. **14** Klinkertor. **15** Rotes Tor. **16** Schwibbogentor. **17** Stephingertor. **18** Vogeltor. **19** Wertachbruchertor. **20** Judenwall. **21** Obstmarkt. **22** Perlach. **23** Rathaus.
Augusta Vindelicorum 15 v. Chr. | Um 650 Bistum — 955 Befestigung der Bischofsstadt (Domburg mit Kaufmannssiedlung, Obstmarkt) .... *| 12. bis 13. Jh. Ausdehnung bis Rotes Tor (Perlach), 1251 Stadtmauer, Stadtsache. | Um 1380 Einbeziehung von Wertach (St. Georg und St. Stefan) und Oblatter Vorstadt* ———.

gung geworden. Doch bestrafte Lothar III. sie im Streit mit dem König 1132 mit dem Abbruch der Mauern[73]). Damit war offenbar die Schwungkraft der Bewegung gebrochen. Das Stadtrecht Friedrichs von 1156 betont die Stadtherrschaft des Bischofs[74]), anerkennt freilich das Bestehen einer Stadtgemeinde, auch nimmt es den eidgenössischen Gedanken des Stadtfriedens auf[75]). In Würzburg befand sich die Bürgerschaft bereits 1077 im Aufruhr gegen den mit Rudolf von Rheinfelden verbündeten Bischof[76]). Die schon 1069 und wieder 1115 genannten urbani cives[77]) waren hier zu einer Stadtgemeinde zusammengeschlossen. Handwerker verbanden sich in Würzburg bereits 1128 zu Zünften und legten ihre Abgaben an den Stadtherrn fest[78]). Die seit 1156 bezeugte Stadtgemeinde war schon Steuergemeinde[79]) und trat handelnd auf.

In den sächsischen Bischofsstädten traten die eidgenossenschaftlichen Elemente stärker zurück. Hier verstanden es die Bischöfe, die Bewegung der Bürger in ruhige Bahnen zu lenken. Es ist aber doch unwahrscheinlich, daß eine Handelsstadt von so ausgedehnten Beziehungen wie Magdeburg von der kommunalen Bewegung nicht berührt worden sein sollte. Schon früh spielten hier offenbar die optimi eine gewichtige Rolle[80]). Aber die Verwaltung der Stadt oblag der Behörde von Schultheiß und Schöffen[81]). Die Magdeburger Schöffen entstammten sicher wie überall dem Kreis der „besseren" Bürger, waren aber wohl vom Erzbischof eingesetzt. Eine so überragende Persönlichkeit wie Erzbischof Wichmann, der 40 Jahre von 1152—92 regierte, hat gewiß bei seiner Auswahl kraft seiner Autorität den Beifall der Bürger gehabt[82]). Aber schon bald nach dessen Tod schwuren die Schöffen ihren Eid der Stadt selbst. Sie waren Stadtgeschworene[83]). Und der conventus civium hatte bei entscheidenden Fragen der Stadt eine maßgebende Rolle. Der Stadtherr selbst sorgte dafür, daß die Verhandlungen der Gemeindeversammlung nicht durch Quertreibereien gestört wurden, und anerkannte ausdrücklich die Sühnegerichtsbarkeit für solche Fälle[84]). Offenbar bestand also eine der Eidgenossenschaft ähnliche Bindung innerhalb der Stadtgemeinde. So erklärt sich auch die allgemeine Hilfepflicht der Bürger, wie sie im Gründungsprivileg von Magdeburgs ältester Tochterstadt, von Leipzig, aufgestellt wird[85]).

In Halberstadt hat die kommunale Bewegung früh eingesetzt. Schon 1105 bestätigte der Bischof den Bürgern ihre althergebrachten Rechte und bürgerlichen Statuten, besonders die Lebensmittelpolizei und die Kontrolle über Maß und Gewicht, ja er schärfte die regelmäßige Abhaltung der Gemeindeversammlung ein und war mit den Handlungen der von der Gemeinde gewählten Vertreter einverstanden[86]). Kommune und kommunale Behörde waren demnach dort anerkannt. In Hildesheim liegen die Nachrichten weit später, aber die civium universitas, der bereits 1167 die Stadtbefestigung überlassen ist, tritt 1171—90 handelnd auf[87]). Für Bremen besitzen wir Nachrichten erst aus dem Ende des 12. Jh. Die seit 1181 bezeugte universitas civitatis[88]) war von Friedrich I.

1186 mit einzelnen Privilegien, wie sie Heinrich der Löwe seinen Städten gab, ausgestattet worden[89]).

Auch in den westfälischen Bischofsstädten ist der Einfluß der niederfränkischen Kommune unverkennbar. Wie in Köln gab es auch in Osnabrück einen rector civitatis, seit 1162 bezeugt[90]), der als Unterrichter mit Schöffen Gericht hielt, dann aber auch die Stadt verwaltete. Im Gegensatz zu Köln waren aber hier nur die Schöffen Bürger, der Rektor dagegen noch ein bischöflicher Ministerial. Die Bürger gaben nur vor dem Stadtrichter Recht, der nach dem Gewohnheitsrecht der Stadt urteilte[91]). In Münster, wo der „Bürger" 1137 urkundlich zum erstenmal erwähnt wird, finden sich im 12. Jh. noch keine Anhaltspunkte für eine Kommunebewegung[92]). Aber die Rechtsmitteilung der Stadt Münster an Bielefeld von 1221 atmet den Geist der niederfränkischen Kommune. Die Gemeindeversammlung, die kein Bürger versäumen durfte[93]), entschied in Münster über die Bürgeraufnahme[94]). Nach Jahr und Tag trat die volle Freiheit der Aufgenommenen, selbst Unfreier, ein[95]). Die Bürger traf eine allgemeine Hilfepflicht, sie hafteten für die Delikte und Schulden ihrer Mitbürger[96]). Schöffen verwalteten die Stadt, wiesen das Stadtrecht[97]) und übten eine Sühnegerichtsbarkeit auch ohne den Richter aus[98]).

3. AUFBAU DER NEUEN STADT

a) Eidgenossenschaft und Friedensordnung

Die neue Stadt baute sich auf der Stadtgemeinde auf, die durch den freien Zusammenschluß der Bürger entstand. Diese freie Einung geschah in der Form der Eidgenossenschaft. Berühmt ist die Kölner conjuratio von 1112[1]), und sie ist führend geworden für die meisten Bischofsstädte sowie auch für die wichtigsten Tochterstädte, wie Soest, Freiburg und Lübeck.

Durch die Eidgenossenschaft wurde zwischen den Bürgern der Zustand des Friedens begründet. Sie stellte also selbst einen Friedensverband dar, der von allen Bürgern beschworen wurde. Die Bürgergemeinde war eine pax[2]). Wie sehr der Friedensgedanke dem Wesen der Eidgenossenschaft entsprach, ersehen wir aus einer angeblichen Urkunde Friedrichs I. für Worms von 1156, die im Kreise der Bürgerschaft selbst hergestellt worden ist und deren Ideen wiedergibt. In ihr erscheint die pax als die Friedenssatzung selbst, die Friedensgemeinde, der Friedensbereich[3]). Trägerin des Stadtfriedens soll die Eidgenossenschaft selbst sein[4]).

Die Eidgenossenschaft war eine Schwurbrüderschaft nach germanischem Recht. Sie verpflichtete alle Genossen zu gegenseitiger brüderlicher Treue. Fehde der Bürger untereinander war mit der Brudertreue unvereinbar. Wer einem Mitbürger Fehde ansagen wollte, mußte vorher sein Bürgerrecht aufgeben. Das erfahren wir aus dem Recht von Soest, das dem Recht der Mutterstadt Köln entspricht[5]). Ebenso lag es im Freiburger Recht, wonach Fehdehandlungen der Bürger untereinander auch außerhalb der Stadt gegen die Friedenspflicht verstießen[6]). Eine Rachepflicht der Schwurbrüder untereinander im Falle von Tötung und Verletzung bestand freilich nicht. Dazu war in den deutschen Städten die Friedensordnung schon zu weit fortgeschritten. Um so stärker hatte sich für solche Fälle bereits ein bürgerliches Sühnegericht entfaltet. Die frühesten Nachrichten darüber besitzen wir aus dem zum Reich gehörigen Valenciennes vom Jahre 1114[7]). Im Falle einer Feindschaft, so erfahren wir aus dieser Quelle, wurde dem Verletzten vom Friedensgericht des Verbandes eine Sühne angeboten, deren Ablehnung als Friedensbruch strafbar war. Das Friedensgericht entschied in einer Besetzung von 16 Friedensgeschworenen unter Vorsitz des praepositus. Seine Zuständigkeit war weit ausgedehnt; es urteilte z. B. auch über Raub und Plünderung. Das gleiche hören wir aus Cambrai[8]). Weit beschränkter war — offenbar mit Rücksicht auf die Rechtsprechung des Schöffengerichts — das Kölner Gericht über ungewoinde. Es richtete nur über tätliche Beleidigungen und Schimpfreden. Wenigstens nach dem Großen Schied von 1258 war es so[9]). Aus dem 12. Jh. erfahren wir indessen bereits, daß für die Verletzung einer städtischen Verordnung eine Stadtbuße von 10 Mark und einem Fuder Wein auferlegt wurde[10]). Und im Falle einer Fehdeansage eines Bürgers gegen einen anderen verhängte nach den Eidbüchern die Stadtbehörde eine Buße von 10 Mark und ordnete ein Sühnegebot an[11]).

Nach dem Soester Recht bestand ein Gericht der Bürger für den Fall des Blutvergießens[12]). Die Sühne wurde von den Bürgern festgelegt, durfte aber über die Königsbuße von 60 Schillingen nicht hinausgehen. Zwei Drittel der Sühne verfiel der Bürgerschaft, ein Drittel dem Gericht[13]). Es handelte sich also um ein echtes Sühnegericht für Fehdesachen mit der Tötung als äußerstem Fall[14]) und mit dem Ziel, die Fehde durch Sühne zu ersetzen. Gleichgestellt waren Auflauern oder Hausfriedensbruch an Mitbürgern[15]). Vorsitzender des Sühnegerichtes konnte der Vogt oder der Schultheiß sein[16]). Gegen die hier festgesetzte Sühne durfte kein fremdes oder höheres Gericht angerufen werden, sonst verfiel obendrein eine Buße von 10 Mark und ein Fuder Wein an die Bürgerschaft[17]). Bekanntlich hat das Recht von Lübeck das Soester Sühnegericht übernommen mit offenbar erheblich umfangreicherer Zuständigkeit, einer Sühne aber, die wie in Soest zu 2 Dritteln an die Bürgerschaft zu zahlen war[18]). Es kannte auch die Buße von 10 Mark und einem Fuder Wein, die an die Bürgerschaft fielen[19]). Von den Satzungen Heinrichs des Löwen kannte das Schweriner Recht dieses Sühnegericht. Nach diesem verfiel unus solidus pacis der Bürgerschaft[20]). Das Stadtrecht Friedrichs I. für Hagenau von 1164 gibt über ein Sühnegericht der loci fideles Auskunft, das bei Verwundungen und Beleidigungen zuständig war[21]). Auch der conventus civium in Magdeburg scheint eine Sühnegerichtsbarkeit ausgeübt zu haben. Ihm war jedenfalls die Ordnung des jus civile übertragen, und das Stadtrecht von 1188 gewährte ihm eine Strafgerichtsbarkeit für den Fall der Widersetzlichkeit gegen seine Anordnungen[22]).

Die Zwangsmittel des Sühnegerichts bestanden in der Verweisung des schuldigen Genossen aus der Gemeinschaft und der Zerstörung seines Hauses[23]). Nur wenn der Beklagte die Sühne ablehnte und, was dann regelmäßig geschah, aus der Stadt floh, setzte der Verband seine Zwangsmittel ein[24]). Zu unmittelbarer Anwendung kamen diese Zwangsmittel bloß dann, wenn die Tat gegen die Gemeinschaft selbst gerichtet war, z. B. wenn ein Genosse seine von der Gemeinde angeordnete Kriegsdienstpflicht verweigert hatte[25]). Verweisung und Hauszerstörung erscheinen als eine einzige Strafe, die sich in 2 Handlungen auswirkte. Das war der Fall in Soest, wo die Hauszerstörung mit der Verweisung zusammen verhängt wurde[26]). Die Verweisung war nichts andres als die Ausstoßung aus der Schwurgemeinschaft. Sie wurde tatsächlich durch Verweisung aus der Stadt vollzogen[27]). Die Hauszerstörung war eine Form der Aufhebung der Gemeinschaft mit dem schuldigen Genossen und ging daher mit der Ausstoßung Hand in Hand. Obwohl wir keine näheren Nachrichten darüber besitzen, besteht kein Zweifel, daß die Hauszerstörung nach Art einer geregelten Fehde, einer Volksrache, von der Gemeinde durchgeführt wurde[28]). Nach dem Soester Recht wurde das gesamte Gut des Täters vernichtet[29]).

Wenn auch eine gegenseitige Rachepflicht der Schwurbrüder nicht mehr bezeugt ist, so ergibt sich doch aus den Quellen für alle eine weit ausgedehnte gegenseitige Hilfepflicht. Für das Magdeburger Recht erfahren wir das aus der Leipziger Handfeste von 1156—70, wonach der ganze Schwurverband zum Schutze des angegriffenen Bruders verpflichtet ist[30]). Der Feind eines Genossen ist auch der Feind seiner Mitgenossen[31]).

b) Die Stadt als rechtsfähige Person

Jeder Bürger schuldete dem Schwurverband Treue; er hatte daher seine ganze Person für ihn einzusetzen. Für Schulden der Stadt hatte jeder Bürger aufzukommen[1]). Seine wichtigste Pflicht war aber, bei der Stadtverteidigung zu helfen. Es mußte ja das erste Ziel der Eidgenossenschaft sein, die **Wehrhoheit** in der Stadt aus der Hand des Stadtherrn an sich zu ziehen[2]). Schon im Kölner Aufstand von 1074 hatten die Kaufleute gemeinsam mit dem übrigen Stadtvolk die Mauern der Kaufmannsstadt besetzt, und bereits 1106 erteilte Heinrich IV. der Bürgerschaft den Auftrag, die Kaufmannsstadt samt der Altstadt und den Vororten Airsbach und Niederich sowie der Immunität von St. Aposteln mit einer Mauer zu umschließen und die Gesamtstadt für den Kaiser zu verteidigen. Damals organisierte sich die Bürgerschaft militärisch; sie übertrug den Sondergemeinden die Verteidigung bestimmter Befestigungsabschnitte. Köln hat diese Wehrhoheit trotz manchen Streites mit dem Erzbischof nicht wieder aufgeben müssen. 1154 anerkannte dieser, daß die von Wall und Mauer der Stadt umschlossenen Stadtteile die städtischen Steuern zu leisten hätten[3]). Als dann 1180 Köln zum Bau der großen Mauer schritt, gaben Erzbischof und Kaiser ihre Zustimmung dazu[4]). Mauerbau und Stadtverteidigung waren in Köln seit der Entstehung der Eidgenossenschaft die wichtigsten Pflichten, die alle Stadtbürger gleichmäßig angingen[5]). Ihnen gesellten sich Steuerpflichten bei, die die Stadt seit etwa 1150 den Besitzern von Grund und Boden auferlegte[6]). Aus einer Urkunde Heinrichs V. erfahren wir, daß auch die Bürger von Worms 1112 die Verteidigung der Stadt übernommen haben[7]). Sie sind die Herren der Stadtmauer geworden. Auch in Augsburg muß es zeitweise so gewesen sein, denn es wäre sonst nicht zu verstehen, weshalb Lothar III. 1132 die Stadtmauer zur Bestrafung der Bürger zerstört hätte[8]). Um 1142 konnten die Bürger von Trier Schwierigkeiten des Erzbischofs Adalbero dahin ausnützen, daß ihre Eidgenossenschaft eine neue Mauer um die Stadt errichten durfte[9]). Auch in Mainz war die Mauer offenbar schon 1119 aus der Hand des Erzbischofs gekommen, denn wir erfahren, daß die Stadt Abgaben erheben konnte, die ausdrücklich für die Stadtbefestigung bestimmt waren[10]). Freilich standen hier die Bürger unter der Vorherrschaft mächtiger Ministerialengeschlechter. Als die Stadt 1158 dem Erzbischof die Heeressteuer verweigerte, die sie ihm für die Teilnahme an der Heerfahrt Friedrichs I. nach Italien geschuldet hätte, bestrafte der Kaiser auch sie mit der Niederreißung der Stadtmauer[11]). Erst im Jahre 1200 konnten die Bürger an den Wiederaufbau denken[12]). und zwar wieder unter eigener Befestigungshoheit.

Es war demnach das wichtigste Bestreben der Eidgenossenschaft, die Wehrhoheit in der Stadt an sich zu ziehen. Alle Bürger waren verbunden, die Stadt zu verteidigen, und weiter, alle Lasten auf sich zu nehmen, die diese Politik erforderte[13]).

Auch in Straßburg war die Stadtbefestigung Sache der Stadt: in Kriegszeiten hatte jeder Bürger der Stadt mit seiner Wehrkraft zur Verfügung zu stehen[14]). Schon 1129 hatten in Straßburg die Rektoren versucht, die Hörigen des Domkapitels mit zu den Stadtlasten heranzuziehen[15]). In Hildesheim errichtete die Bürgerschaft 1167 im Kampfe gegen Heinrich den Löwen eine neue Stadtbefestigung[16]). In älteren königlichen Städten, wie Aachen, Dortmund und Goslar, dürfte bei der regelmäßigen Abwesenheit des Stadtherrn die faktische Wehrhoheit schon früh auf die Stadt übergegangen sein. Die Staufer, die ihren Städten die Funktionen von Burgen übertrugen[17]), geboten den Bürgern festungsmäßigen Ausbau der Stadt, wie es z. B. Friedrich I. 1172 für Aachen befahl[18]). Von den älteren erzbischöflichen Landstädten, wie Soest, Erfurt und Koblenz, stellte Soest noch 1200 fest, daß die Stadt seit alters die städtischen Lasten gleichmäßig an ihre Bürger verteile[19]). In Koblenz forderte die Stadt 1182 einen Teil der Zolleinnahmen vom Simeonsstift in Trier zur Unterhaltung der Stadtmauer[20]).

Erstes Ziel der eidgenössischen Bewegung war also die Erlangung der Wehr- und Steuerhoheit für die Stadtgemeinde. Eine ganze Anzahl älterer Städte erreichte dieses Ziel, wie gesagt, noch im 12. Jh. Hoheitsträger wurde die Stadtgemeinde, die universitas civium[21]). Die Kölner Stadtgemeinde führte daher bereits von 1149 ab in ihrem Stadtsiegel die Stadtmauer[22]). Ein weiteres Beispiel bietet Utrecht, in dessen sigillum burgensium 1196 Stadttor, Mauer und 3 Türme aufgenommen sind[23]).

Durch die Führung eines S t a d t s i e g e l s, das von 1149 ab zahlreiche eidgenössische Städte geführt haben, brachte die Stadtgemeinde zum Ausdruck, daß sie als eine rechts- und handlungsfähige Person anzusehen sei. Mit ihrem Siegel signierte sie ihre eigenen U r k u n d e n. Städtische Urkunden öffentlich-rechtlichen Inhalts treten in Köln seit der Mitte des 12. Jh. auf[24]). Der älteste Vertrag zwischen 2 Städten ist der Zollvertrag zwischen Köln und Trier von 1149[25]). 20 Jahre später entstand die älteste Urkunde von Soest[26]). In anderen Städten ist die Quellenlage nicht so günstig wie in Köln. Doch beginnen auch hier die städtischen Urkunden im ganzen bedeutend später. So lassen sich z. B. in Utrecht, Worms, Straßburg, Speyer und Regensburg städtische Urkunden erst um die Wende zum 13. Jh. nachweisen[27]). Stadtsiegel führten nach Köln und Trier 1149: Mainz 1150, Soest 1168, Metz 1180, Würzburg 1195, Utrecht 1196, Worms und Koblenz 1198, Straßburg 1200.

Als Korporation schuf sich die Stadt weiter einen Sitz durch Errichtung eines B ü r g e r h a u s e s[28]). In Köln ist dieses Gebäude bereits 1149 als domus civium urkundlich nachweisbar[29]). Auch in Soest ist die domus burgensium außerordentlich früh entstanden[30]). In Cambrai hieß das Haus domus pacis[31]). Überall wird das Gebäude als der Versammlungsort der Gemeinde und damit als das Zentrum der städtischen

Verfassung und Verwaltung charakterisiert. Hier wurden die städtischen Verordnungen erlassen, hier die städtischen Urkunden niedergeschrieben, hier wurden auch die städtischen Bußen abgeliefert und die städtischen Steuern eingezahlt.

c) Stadtfreiheit

Durch Glockenläuten wurden die Bürger in das Haus einberufen. Das Läuten der Glocke erscheint in den niederfränkischen wie auch in den deutschen Städten als ein besonderes Symbol der Stadtfreiheit[1]). Geläute berief die Bürger zur Beratung oder zur Wahlversammlung ein[2]). Die Glocke ertönte bei der Verkündung einer neuen oder bei der Abschaffung einer bisherigen städtischen Verordnung[3]), sie bot die Eidgenossen auch auf zur Hilfe bei sühnbaren Verbrechen und Unfällen[4]). Von den Feinden der eidgenossenschaftlichen Freiheit wurde das Läuten der Glocke hartnäckig bekämpft[5]).

Als Korporation entschied die Stadtgemeinde frei über die Aufnahme neuer Bürger[6]). Nur der konnte Bürger werden, der sich durch seinen Eid erbot, alle Pflichten eines solchen getreulich auf sich zu nehmen[7]). Die meist geringe Eintrittsgebühr fiel an die Stadtgemeinde[8]). Der Eid des Neubürgers war übrigens keineswegs auf diesen beschränkt: jeder Bürger hatte vielmehr den Bürgereid zu leisten[9]), wie sich das aus dem Wesen der Stadtgemeinde als einer Eidgenossenschaft ergab. Von einem bestimmten Lebensalter an war jeder Einwohner der Stadt eidespflichtig[10]).

Viele der neu aufgenommenen Bürger verdankten ihre Freiheit erst der Eidgenossenschaft. Schon die ausgehende Salierzeit hatte den hofhörigen selbständigen Handwerker dem freien mercator gleichgestellt, so daß für ihn das Stadtrecht maßgebend wurde[11]). Aber immer noch bezahlten die Gewerbetreibenden Abgaben an den Herrn, und viele verharrten in der Hofhörigkeit. Aber getragen von der eidgenossenschaftlichen Bewegung mit ihrem Grundsatz der brüderlichen Hilfepflicht gewährten Kaiser und bischöfliche Stadtherren der großen Masse im Stadtraum die Befreiung von grundherrlichen Abgaben[12]), die Unterstellung unter Stadtrecht und Stadtgericht: die Stadtfreiheit mit den neuen städtischen Pflichten[13]). Ausgeschlossen blieben von der städtischen Freiheit jedoch sicher viele, deren Herr mächtig genug war, ihr Aufgehen in die Stadtbewohnerschaft erfolgreich zu verhindern.

Schwierig blieb die Rechtslage für die Zuwanderer, die ihrem Herrn entflohen waren, um sich nun in der Stadt ein neues Leben aufzubauen. Vor dem Bestehen der Eidgenossenschaft mußte die Stadt den Flüchtling an dessen Herrn wieder ausliefern, so z. B. in Huy noch 1066. Beließ der

Herr den Mann in der Stadt, so blieb dieser in vollem Umfang abgabenpflichtig[14]). Aber schon im Rahmen der eidgenossenschaftlichen Bewegung schaffte Heinrich V. für Speyer und Worms die Sterbeabgabenpflicht auch für die Zuwanderer ab, und Lothar III. bestimmte für Straßburg, daß zwar die sonstigen Abgaben zu leisten seien, diese aber nur noch vor dem Stadtgericht eingetrieben werden könnten. Auch ein Freiheitsprozeß gehörte seitdem ausschließlich vor das Stadtgericht. Die eidgenossenschaftlichen Städte aber gingen noch einen Schritt weiter. Der Gedanke der Schwurbrüderschaft verband Bürger und aufgenommene Zuwanderer derart, daß jeder für den anderen einzustehen, für seine Freiheit einzutreten hatte. Mit der Eidgenossenschaft wurde zugleich die Idee „Stadtluft macht frei" geboren[15]). Nur um die rechtliche Ausgestaltung im einzelnen ging noch der Kampf. Denn die Anerkennung der Stadtfreiheit eines Zugewanderten konnte zugleich für den Leibherrn den Verlust eines Hörigen oder Unfreien bedeuten, den dieser nicht zu dulden gewillt war. Je mächtiger nun der Leibherr war, desto weniger konnte es die Stadt auf einen Konflikt mit ihm ankommen lassen. Es war letzten Endes eine reine Machtfrage.

Aus dem Kölner Recht besitzen wir für das 12. Jh. nur wenige Nachrichten. Einige große Herren strengten gegen Kölner Bürger Freiheitsprozesse an, die sie indessen, so weit wir wissen, alle verloren[16]), zum Teil, weil die Bürger nachwiesen, daß sie Wachszinsige waren, zum Teil, weil die Herren die Aussichtslosigkeit ihres Prozesses einsahen und selber nicht zum Termin erschienen. Offenbar war der Nachweis der Unfreiheit im Stadtgericht nicht zu erbringen[17]).

Daß die Rechtslage für die Rückforderung eines Unfreien oder Vogtmannes anders war, wenn es sich um eine civitas oder nur um ein Dorf oder um ein Städtchen handelte, bestätigte Friedrich Barbarossa 1179[18]). Nur die civitas, der Heinrich VI. einen burgus regni gleichstellte[19]), hatte die assoziierende und verteidigende Kraft. Friedrich I. hat diese Kraft in mehreren Städteprivilegien anerkannt[20]), in völliger Stärke freilich nur in denen für Bremen und Lübeck. Der Satz für Bremen von 1186 bestimmt, daß ein Bürger, der Jahr und Tag in der Stadt unangegriffen gewohnt habe, sich gegenüber einem klagenden Herrn auf Verschweigung seiner Rechte berufen könne[21]). Und trotz anderer Formulierung kommt Friedrichs I. Privileg für Lübeck von 1188 auf das gleiche Ergebnis hinaus: „Stadtluft macht frei" nach Ablauf von Jahr und Tag[22]).

Der Satz, der die Jahresfrist einfügte, ist im niederfränkischen Raum entstanden, und zwar auf Anregung des französischen und gleichzeitig auch des englischen Königs, die als Schiedsrichter damit den Streit über die Freiheit der zuwandernden Hörigen zwischen den Feudalherren und den Städten beendeten[23]). Offenbar hat Heinrich der Löwe ihn als erster für seine neugegründeten Städte angenommen[24]). Wenn wir auch keine Privilegien dieses Herrschers im Original besitzen, haben doch alle späteren Bestätigungen einen wesentlich gleichen Inhalt[25]). Der Satz des Hagenrechts gibt sogar niederfränkische Bestimmungen mit fast identischem Wortlaut wieder[26]).

„Stadtluft macht frei nach Jahr und Tag" ist nun seit dem Ausgang des 12. Jh. Rechtssatz der meisten civitates geworden, wenn sich auch im einzelnen Verschiedenheiten in der Behandlung dieser Frage erhielten. Immer aber blieb der Satz Kennzeichen der Stadtfreiheit der civitates. Nicht die Könige hatten ihn geschaffen — sie gaben ihm nur seine Kompromißform —, sondern die Eidgenossenschaft, deren Wesen er entsprang, hatte ihn auch geprägt.

d) Städtische Organe

Als Eidgenossenschaft sorgte die Stadtgemeinde im Kreise der Städter für Frieden und Ordnung. Sie entschied über die Aufnahme neuer Bürger. Darüber hinaus rief sie alle zu aktivem Vorgehen auf: Zur gegenseitigen Hilfeleistung, zur Sicherung der Freiheit aller, zu Kriegsdienst und Mauerbau, zu Finanzleistungen, die die Unabhängigkeit der Stadt als politische Korporation garantierten. Grundsätzlich lag die Durchführung dieser großen Aufgaben in der Hand der Genossenversammlung. Aus den Quellen erfahren wir, daß die notwendigen Beschlüsse mit Rat und Zustimmung aller Bürger[1]) in eben dieser Versammlung[2]) gefaßt wurden. Entscheidend waren die universi cives, die universitas civium (civitatis)[3]). Von communitas (commune) wird in Deutschland erst seit dem Ende des 12. Jh. gesprochen, wie wir aus Köln wissen[4]).

Zur Verwirklichung der von ihr selbst gesetzten Ziele bedurfte die Stadtgemeinde selbständiger Organe. Während des ganzen 12. Jh. gab es noch keine einheitlich benannte städtische Behörde. In den 20 bis 25 Städten, für die wir eine so frühe Entwicklung nachweisen können, üben Verbandsbehörden mit verschiedenen Namen und Amtsstellungen und mit sehr abweichender Zuständigkeit städtische Funktionen aus. Da sind die kollegialen Behörden der städtischen Schöffen (scabini civitatis), der Geschworenen (jurati), der „Genannten" (denominati), der „Vierundzwanzig", weiter der „rectores", der Bürgermeister (magistri civium) usw. Von besonderer Wichtigkeit war die Stellung der meliores.

Offenbar hat jede Stadt mit ihrem Herrn einen mehr oder weniger heftigen Kampf um die Anerkennung ihrer Behörde ausfechten müssen. Da wir jedoch keine Kommuneprivilegien besitzen, können wir weder die Zeit von deren Einsetzung genau bestimmen noch die Frage ihrer Anerkennung durch den Stadtherrn mit Sicherheit lösen.

Am klarsten läßt sich infolge der Gunst der Quellenlage wieder die Entwicklung in K ö l n verfolgen[5]). Hier hatte der Aufstand des Jahres 1074 den revolutionären Willen der Kaufmannschaft im vicus von St. Martin gestärkt. 1106 verband sie sich infolge der Übernahme der Stadtbefestigung mit den höheren Schichten der Altstadt und mit den Sondergemeinden zum Kreise der m e l i o r e s , der Reichen, der sich alsbald nach Art einer Gilde organisierte und einen Ausschuß mit der Leitung der Geschäfte betraute. Als jedoch der Erzbischof 1112 die Eidgenossenschaft anerkannte, gewährte er zwar dem Stadtvolk die Teilnahme an den Geschicken der Stadt, lehnte aber die Mitwirkung des meliores-Verbandes ab[6]). Die neue Bürgerversammlung stand unter der Leitung von 2 rectores[7]), die ausschließlich aus den Kreisen der Bürgerschaft gewählt wurden[8]). Eingesetzt aber wurden sie durch Burggraf und Stadtvogt[9]), waren also in erster Linie Vertrauensmänner des Erzbischofs, nicht der Bürgerschaft.

Ebenso erging es auch mit der zweiten eidgenössischen Behörde, mit den S c h ö f f e n . Noch im großen Schied von 1258 vertrat der Erzbischof den Standpunkt, daß Gerichtsbarkeit und Verwaltung in der Stadt nur von den von ihm eingesetzten Richtern, Schöffen und Unterrichtern ausgeübt werden könnten[10]). In der Tat werden in den städtischen Urkunden dieser Zeit als Vertreter der Stadt „Judices, scabini et universi cives"[11]) bezeichnet. Das war die vom Stadtherrn anerkannte Formel. Daneben kam seit 1174 die stadtgenossenschaftliche Formel auf: „scabini et magistratus urbis pro universis civibus"[12]). In dem Vertrag der Städte Köln und Verdun treten die Schöffen (senatores) mit den prudentissimi civitatis als Stadtvertreter auf[13]).

Auch die Schöffen waren wie die rectores B ü r g e r der Stadt, wurden aber vom Erzbischof oder dessen Beamten eingesetzt[14]). Vom Stadtherrn völlig unabhängig dagegen waren die magistratus urbis[15]), die mit den p r u d e n t i s s i m i c i v i t a t i s[16]), den „officiales de Rigerzeche" des Schieds von 1258, gleichzustellen sind. Ihnen galt noch im 13. Jh. der Kampf des Erzbischofs. Schon 1258 mußte er sich jedoch von den Schiedsrichtern sagen lassen, daß die Rechtsstellung der Richerzeche und der von ihr eingesetzten Bürgermeister durch eine seit alters gehandhabte Gewohnheit gesichert sei. Faktisch hatten Kaiser und Erzbischof bereits 1180 die Richerzeche anerkannt. Die Richerzeche aber war nichts anderes als die 1106 zusammengeschlossene Gruppe der meliores, die Patrizierschaft der Gesamtgemeinde Köln[17]). Ihr war es schon in der ersten Hälfte des 12. Jh. gelungen, die Führung in der Stadt an sich zu ziehen. Sie kontrollierte das Gewerbewesen, erbaute das Bürgerhaus, führte das Stadtsiegel und erließ, ohne den Erzbischof zu fragen, städtische Verordnungen[18]). Ihre gildemäßige Organisation hatte sie nach Art der Kölner städtischen Korporationen durch die Einsetzung von Amtleuten stärker konsolidiert[19]). Die für ein Jahr gewählten, die Geschäfte führenden Amtleute der Richerzeche werden spätestens zwischen 1179 und 1182 mit dem Titel „magistri civium" bezeichnet[20]).

Schon zu Ende des 12. Jh. war die Stellung der Richerzeche so maßgebend in der Stadt geworden, daß neben ihr alle anderen Stadtorgane zurücktraten. Das Schöffenkolleg, dessen Mitglieder selbst den Geschlechtern entstammten, verwandte die Richerzeche gern zur formalen Repräsentation der Stadt zwecks Stärkung der eigenen Autorität. Sachlich war aber das Schöffenkolleg im wesentlichen auf die Gerichtsbarkeit beschränkt[21]) und suchte als Ersatz durch Ausbau des Schöffenschreins die freiwillige Gerichtsbarkeit stärker an sich zu ziehen[22]). Die Rektoren verloren damals die Führung in der Gemeindeversammlung an die Richerzeche und traten nur noch als Unterrichter auf[23]). Die Gemeindeversammlung endlich blieb der Form nach das maßgebende Stadtorgan, wurde aber derart von der Autorität der Richerzeche beherrscht, daß sie für den Regelfall auf einen kleinen, hauptsächlich aus den Mitgliedern der Richerzeche bestehenden Kreis zusammenschrumpfte[24]). Die übrige Bürgerschaft konnte auf Gehör in der Versammlung nicht mehr rechnen, pflegte auch nur noch vereinzelt zur Tagung zu kommen. In Notzeiten freilich erschien die Bürgerversammlung den herrschenden Geschlechtern als ein gutes Ventil für die Volksstimmung[25]). Alle Gewalt in der Stadt vereinigte sich so in der Richerzeche, die durch ihre Amtleute mit 2 Bürgermeistern an der Spitze, die das Stadtsiegel verwahrten[26]), die von ihr selbst erlassenen Verordnungen zur Ausführung bringen ließ.

In den meisten Bischofsstädten des Westens läßt sich, genau wie in Köln, das **Schöffenkolleg** und der **meliores-Verband** nachweisen. Schon im Grafenrecht für Toul von 1069 wirken beide Gruppen bei Aufgaben der Stadtverwaltung mit[27]). In Metz tritt um 1000 ein bischöflicher Schöffenmeister auf, der später, seit Beginn des 13. Jh., die Stadt mit 13 Schöffen verwaltete. Die Schöffen wurden von den patrizischen Familienverbänden (paraiges) bestimmt[28]). Ebenso maßgebend war das Schöffenkolleg in Trier, das sich aus den Geschlechtern rekrutierte. Es mußte freilich seine Stadtherrschaft bald wieder unter den Bischof stellen[29]). Auch in Utrecht scheint nach dem Aufstand von 1159 das Schöffenkolleg Aufgaben der Stadtverwaltung an sich gezogen zu haben[30]). Dagegen war in Worms die Stellung der Schöffen hauptsächlich auf die Gerichtsbarkeit beschränkt. Die Verwaltung der Stadt ging offenbar schon in frühstaufischer Zeit in die Hand des Verbandes der majores über, der seit dem Beginn der eidgenössischen Bewegung bezeugt ist und dann in der Behörde der 40 Richter die Stadtgeschicke leitete[31]). Der Stadt Speyer gewährte Heinrich VI. das Recht, 12 Bürger aus dem Kreis der meliores mit der Verwaltung der Stadt zu betrauen[32]). In Würzburg treten schon 1131 die „potentissimi civitatis" auf, denen die Leitung der Stadt zukommt, ohne daß eine Stadtbehörde urkundlich nachweisbar wäre[33]). In Straßburg waren die Schöffen ausschließlich auf die Gerichtsbarkeit beschränkt[34]). Die Bewegung auf eine Selbstverwaltung hin ging offenbar auch hier von dem Verband der majores aus, der schon 1118 bezeugt ist[35]) und wenige Jahre darauf durch seine Rektoren sogar von den unselbständigen Handwerkern des Domkapitels Steuern für Stadtzwecke einzuziehen versuchte[36]). Ebenso stand es in Basel. Schon 1118 verfügte dort die Stadtgemeinde unter Führung der „nobiliores civium" über städtischen Besitz. Dieser Verband erteilte dann zwischen 1164 und 1176 einer Bürgerin die Genehmigung zum Ankauf eines Allodiums außerhalb der Stadt, womit die Stadt diesen Erwerb unter ihren Schutz nahm[37]). Ein Schöffenkolleg scheint in Basel nur richterliche Funktionen ausgeübt zu haben[38]).

Von den rheinisch-westfälischen Städten weisen alle größeren Handelsplätze nach dem Vorbild Kölns einen meliores-Verband und ein Schöffenkolleg auf. So in erster Linie Soest, die älteste Tochterstadt Kölns. Schon die erste städtische Urkunde, zwischen 1165 und 1170 entstanden, bezeugt, daß die meliores, ein gildemäßig organisierter Kreis, damals die Stadtversammlung fest in ihrer Hand hatten[39]). Die Schöffen hatten nur gerichtliche Kompetenz[40]). In Dortmund war die Reinoldsgilde der meliores-Verband[41]). In Minden, Osnabrück und Paderborn besaßen die „discretiores" eine bevorzugte Stimme in der Verwaltung der Stadt[42]). In Andernach bestellte die Gemeinde die Schöffen zur Stadtverwaltung. Aber der Erzbischof verfügte 1171, daß die Wahl durch die meliores zu erfolgen habe[43]). Für manche Städte wird nur von dem Schöffenkolleg berichtet, aber wir dürfen wohl annehmen, daß die Schöffen aus den Kreisen der meliores gewählt wurden. So lag es in Koblenz, dessen Schöffenkolleg schon 1104 einen Marktzolltarif wies[44]), so in Aachen, dessen Schöffenkolleg 1192 die Stadtverwaltung ausübte[45]). Auch in den führenden Handelsstädten des sächsisch-thüringischen Gebietes ist der meliores-Verband frühzeitig entwickelt worden. Schon Thietmar von Merseburg spricht von den „optimi civitatis" von Magdeburg[46]), und dieser Kreis kehrt in den Quellen des 12. Jh. ständig wieder. Er besaß in der Bürgerversammlung eine autoritäre Stellung[47]). Die Stadtverwaltung lag in der Hand des Schöffenkollegs, das jedenfalls seit Ende des 12. Jh. von den Bürgern gewählt und auf diese vereidet war[48]). In Goslar dagegen, wo ein Schöffenkolleg fehlte, waren es die „optimi cives"[49]), die von der Gemeinde mit städtischen Geschäften betraut wurden; es wird daher ein Kreis von 18 Bürgern erwähnt[50]).

Von den Gemeindebehörden des Südostens erfahren wir im 12. Jh. noch wenig. Die „2 senatores sublimes genere", die in Regensburg zwischen 1070 und 1095 eine beträchtliche Stiftung machten[51]), waren offenbar Vertreter der Kaufmannsgilde, aber wohl zugleich im städtischen Leben von führender Bedeutung. Auch später spielten die „honestiores" in Regensburg eine maßgebende Rolle[52]). Städtische Behörde dürften im 12. Jh. die aus den Kreisen der Oberschicht entnommenen, von der Gemeinde gewählten Genannten (denominati)[53]) gewesen sein. Auch der Hansgrave ist mindestens zeitweise schon im 12. Jh. Gemeindevertreter gewesen[54]). Passau, das niemals der bischöflichen Stadtherrschaft endgültig entgehen sollte, besaß meliores und 20 „denominati", die aber vom Richter eingesetzt wurden[55]). In Wien, das bald die Mutterstadt Regensburg überflügelte, leiteten die meliores die Stadtgemeinde[56]). Der Stadtherr ernannte aus ihrem Kreise 100 „fideliores et prudentiores" zur Auskunft über private Angelegenheiten[57]). Verwaltung von Markt und Stadt lagen in den Händen von 24 prudentiores, unabhängig von jeder Einwirkung der stadtherrlichen Richter[58]).

Wie in den niederfränkischen Städten kommt auch in Deutschland die städtische Behörde der jurati vor[59]). Zwar werden auch hier manchmal alle Bürger als j u r a t i bezeichnet, da jeder von ihnen den Bürgerschwur zu leisten hatte. Diesen Gebrauch können wir 1164 in Hagenau und anderwärts nachweisen[60]). Häufiger aber erscheint ein engerer Kreis geschworener Bürger, der zu einer besonderen Verwaltungs- und Gerichtsbehörde zusammengeschlossen ist. Wie in Valenciennes und Cambrai, so treten 1184 auch in Lüttich jurati auf, denen die Stadtverwaltung zukommt[61]). In größerer Häufigkeit kann die städtische Behörde der Geschworenen freilich erst im 13. Jh. nachgewiesen werden.

e) Das Meliorat

Die wichtigste Gruppe der cives waren die m e l i o r e s, von denen wir bereits seit dem 11. Jh. hören[1]). Schon Thietmar von Merseburg berichtet für Magdeburg (zwischen 1009 und 1018) von den optimi civitatis[2]), in Toul wirken meliores civitatis nach der Rechtsordnung für den Grafen von 1069 bei der Bewachung der Weingärten wie der Bestellung des Torwächters mit[3]), und in Köln begünstigten die primores civitatis, die als Mitglieder der Kölner Kaufmannschaft näher charakterisiert werden, 1074 den Aufstand gegen den Erzbischof[4]). Namen der meliores werden in diesen Quellen nicht angegeben. Anders liegt es mit gleichzeitigen Urkunden, die Zeugenlisten aufführen, zwar die angegebenen Personen nicht ausdrücklich als meliores bezeichnen, diese aber sich als meliores aus anderen Indizien erweisen. In einer Schenkungsurkunde des Bischofs Burchard von Worms von 1016 werden 43 laici als Zeugen aufgeführt, die in der Hauptsache urbani (nicht Ministerialen) waren; Dietmarus und Sigebodo kehren in späteren Wormser Urkunden wieder[5]. In einer Mainzer Urkunde von 1028 werden 20 laici namentlich und alle übrigen Bürger der Stadt ohne Namensnennung als Treuhänder für eine Stiftung gestellt; die 20 vorweg Genannten waren offensichtlich meliores[6]. Das Zollprivileg des Kölner Erzbischofs von 1084 führt 5 laici als Zeugen mit dem Rufnamen an; die Zuweisung an bestimmte Geschlechter, die später einen dieser Vornamen bevorzugen, muß zu Fehlschlüssen führen, aber daß es sich hier um meliores handelt, ist unbestreitbar[7]. Auch die senatores sublimes genere in Regensburg (1070—95) müssen zu den meliores gerechnet werden[8].

Im 12. Jh. hat die Entwicklung des Meliorats nur langsame Fortschritte gemacht. Zunächst hielt man daran fest, die Person des melior ausschließlich durch den R u f n a m e n zu identifizieren. Das kann man in manchen Städten bis zum Ende des 12. Jh. verfolgen, so vor allem in Nord- und Mitteldeutschland, wie in Magdeburg, Halle, Erfurt, Hamburg[9], in Speyer und Worms bis etwa 1160[10], in Konstanz, Freiburg und Straßburg bis etwa 1150[11]. Anderswo ging man früher zu Doppelnamen über, so in Mainz schon 1104[12], in den großen Handelsstädten Köln und Regensburg seit 1130[13], übrigens auch in Zürich, sodann in Lübeck und Burg[14]. Infolge der starken Steigerung des Handelsverkehrs bedurfte der einzelne melior einer genaueren Kennzeichnung.

Eine besonders frühe und naheliegende Form, den einzelnen melior näher zu identifizieren, stellte die vor, neben seinen R u f n a m e n den des V a t e r s zu stellen. In Mainz kommt 1104 ein Ruprecht, Erenberti filius, in Köln 1106 ein Amelricus, filius Sigfridi Coloniensis vor[15]. Bald begnügt man sich mit der Beifügung des väterlichen Rufnamens im Genitiv[16] oder verwandelt diesen zum Geschlechtsnamen[17]. Endlich wird der Name des Erzeugers im Nominativ neben den Rufnamen gestellt[18]. Der gleiche Gebrauch wird für den M u t t e r n a m e n entwickelt. In Zürich wird jemand 1149 als filius Adelheidis identifiziert, in Gent einer 1169 als filius Margarete[19]; in Speyer tritt der mütterliche Rufname im Genitiv, dann auch im Nominativ auf[20].

Bald sucht man eine bessere, vom Rufnamen unabhängige Individualisierung des melior zu erreichen. Hierbei gehen die großen Handelsplätze voraus. In Regensburg vor allem wird es bereits um 1130 üblich, die Familie nach ihrem Wohnsitz zu bezeichnen: de Porta, de Haida, super Danubio, inter Latinos, de Prunnlete[21]). Aber auch in Köln sind die Wohnsitznamen keineswegs selten und sind den Regensburgern gleichzeitig, so die de Saltgazze, de Novo foro, de S. Laurentio, von Lyskirchen, Aducht, von der Mühlengasse, Quattermart, Mummersloch, de Erenporce[22]). Auch andere alte Städte, wie Basel und Zürich, aber auch Salzburg, Erfurt und Gent verwenden Wohnsitznamen[23]).

Familiennamen werden häufig aus Ortsnamen abgeleitet. Handelt es sich um Ortsnamen aus der näheren Umgebung, so kann man annehmen, daß ländliche Grundbesitzer in Betracht kamen, die in der Stadt kraft ihres Grundbesitzes sich eine Stellung zu verschaffen wußten. Besonders häufig kamen solche in Zürich[24]) vor, das damit seine ländlich-partikuläre Bedeutung in Erscheinung treten läßt. Solche Umgebungsnamen kommen auch in Straßburg, Regensburg und Köln vor[25]). Viel bedeutsamer als diese sind die Namen, die auf den Fernhandel hinweisen. In Lübeck überwiegen in der Gründungszeit vollständig die Ortsnamen der Handelsplätze, aus denen die Kaufleute zusammengeströmt waren[26]). Ähnlich haben in der Kaufmannsstadt Burg bei Magdeburg 1179 4 Bürger Namen nach ihrer flandrischen Abkunft[27]). In Freiburg ist noch ein de Colonia überliefert[28]). In den Kölner Gildelisten des 12. Jh. sind die Namen der Fernhandelsstädte bei den Gildekaufleuten in großer Zahl vertreten, und zwar sowohl für die Niederlande wie auch den Rhein herauf, aber auch in Innerdeutschland[29]); noch weiter führen die Stammesbezeichnungen, wie Romanus, Anglicus, Ruce[30]). Unter den Kölner meliores sind solche Namen selten, da diese Identifizierung in einer Großstadt wie Köln nicht mehr genügend erschien[31]).

Berufsbezeichnungen werden bereits häufig dem Namen des melior angefügt, wie etwa mercator, incisor, advocatus, comes, monetarius, telonearius[32]), aber sie sind noch nicht Familiennamen geworden. Es ist bezeichnend, daß es in Köln während des 12. Jh. keinen melior gab, der nach seinem Beruf bezeichnet worden wäre[33]).

Häufig werden dagegen bereits Übernamen, die den melior nach seinen körperlichen Eigenschaften charakterisieren. Schon in einer Mainzer Urkunde von 1104 werden bereits 8 Zeugen mit körperlichen Eigenschaften gekennzeichnet[34]). Die Kölner Gildeliste (seit 1130) hat fast dieselben und andere körperliche Eigenschaften übernommen[35]), und unter den Kölner maiores finden sich zwischen 1140 und 1150 ein Magnus, Canus, Hoger, Niger, Parvus, Vetscholder (Pinguis-Scapula)[36]). Gleichzeitig tritt in Straßburg ein Puer und ein Longus, in Zürich ein Longus, Niger, Albus, in Freiburg ein Zophilare und Niger auf[37]). Etwas später folgen Salzburg, Wien, Erfurt und Worms[38]).

Daß geistige Eigenschaften zur Kennzeichnung eines melior verwandt werden, finden wir vor allem in den großen Handelsplätzen Regensburg und Köln. Die eigenartigen Namen der meliores in Regensburg, die sich als Spott- und Necknamen ausweisen, verschwinden sehr bald; nur Helletampf hielt sich von 1170 bis 1341[39]). Ganz anders in Köln. Hier führt schon die Gildeliste zahlreiche Namen auf[40]), noch mehr aber sind meliores von langer Dauer ihrer Geschlechter nachgewiesen, deren Namen ihnen offensichtlich von der Großstadtbevölkerung aus Spott oder Haß verliehen worden war[41]). Ähnliches ist aber auch für Lübeck, Salzburg, Worms und Halle nachzuweisen[42]).

Dazu kommen endlich noch Übernamen, die an Tiere, Pflanzen oder andere Gegenstände erinnern sollen. Solche finden wir schon in der alten Kölner Gildeliste[43]). Unter den Kölner meliores treten mit Tiernamen Sparwere, Lembechin, de Aquila, mit Pflanzennamen von Linde, Birklin, mit Namen anderer Gegenstände Spiegel, de Baculo (Staf) auf[44]). Tiernamen finden sich schon früh in Zürich[45]), sodann in Straßburg, etwas später in Erfurt[46]).

Die wichtigsten Großstädte haben also bereits im 12. Jh. eine bunte Reihe von meliores-Namen entstehen lassen. Nur die Berufsnamen fehlen noch ganz. Man darf daraus schließen, daß der Beruf noch nicht vielseitig genug war, um zur Individualisierung zu genügen. Die große Masse der Meliores waren eben doch die mercatores, deren Beruf eindeutig bestimmt war. Lampert von Hersfeld spricht für Köln von 600 Mitgliedern der Kaufmannschaft[47]), die zu den primores gehörten. In der Kölner Gildeliste der ersten Hälfte des 12. Jh. sind dann auch die Namen der Fernhandelsstädte für die Gildekaufleute weitaus am stärksten vertreten[48]). Im weiteren Verlauf dieses Jahrhunderts genügt diese Charakterisierung nur noch in wenigen Fällen, wie für das Geschlecht der de Aquis oder de Maguntia[49]); meist verschwinden solche Namen ganz, oder das Geschlecht taucht jetzt unter neuem Namen auf, wie die von Basel (1150), die schon seit 1170 Minnevuz heißen[50]). Aus den Übernamen, die dann überwiegen, läßt sich nur selten etwas über die kaufmännische Ableitung der Geschlechter ermitteln. Aber wir wissen z. B. von hervorragenden Kaufleuten bei den Birklin, Cleingedank, Gir, Grin, Hardevust, Minnevuz, Overstolz, Scherfgin, Schonewedder[51]). Das gleiche hören wir aber auch von Geschlechtern mit Wohnsitznamen, wie die von der Lintgasse, von Lyskirchen, von der Marspforte, von der Mühlengasse, von Mummersloch, Quattermart[52]). So darf man sagen: Die große Masse der Kölner meliores ist sicher aus dem Handel gekommen. Sie werden als die Reichen bezeichnet[53]), und diesen Reichtum an wirtschaftlicher und damit auch politischer Macht haben sie sich weitaus zum größten Teil aus dem

Handel erworben. Der Kreis der meliores konsolidierte sich in der Richerzeche als einem verfassungsmäßigen Organ der Stadt[54]). **Ministerialen** als meliores haben in Köln eine ganz geringe Bedeutung gehabt. Beim Aufstand von 1074 und der ersten Vereinigung der Kölner meliores von 1112 fielen Ministeriale völlig aus: sie fochten auf Seite ihrer Herren gegen die neue Stadtgemeinde. Die Schöffen mußte der Erzbischof schon im 12. Jh. aus der Bürgerschaft entnehmen, ebenso die erzbischöflichen Zöllner, während von den Münzern einige zu den Bürgern, andere noch zur familia des Erzbischofs gehörten[55]). Von der sonstigen stadtherrlichen Beamtenschaft war nur der Vogt erzbischöflicher Ministerial, während die Unterrichter des Burggrafen und des Vogtes aus der Bürgerschaft entnommen wurden; der secundus comes und der secundus advocatus waren seit 1112 zugleich rectores, Leiter der Bürgerversammlung[56]). Ministerialischer Ursprung ist wohl für die Familie der Raitze (Razo) anzunehmen, die seit Anfang des 12. Jh. Dienstmannen von S. Pantaleon waren[57]). Im Laufe des 12. Jh. mag noch die eine oder die andere ministerialische Familie hinzugekommen sein, die durch die Gewinnaussichten der Kaufmannschaft angezogen wurde[58]). Auch städtische **Grundbesitzer** werden bei der ersten Vereinigung der Kölner meliores von 1112 in deren Kreis aufgenommen worden sein. Doch können ihre Namen kaum mit Sicherheit erschlossen werden. Aus der Führung eines Namens, der einen altstädtischen Wohnsitz enthält, ist jedenfalls kein sicherer Schluß möglich, da auch ein späterer Erwerb in Betracht kommen könnte[59]).

Auch in den Tochterstädten Kölns geht die Gemeindebildung von der Kaufmannschaft aus. Das sieht man deutlich in Andernach. Hier soll die Stadtverwaltung in der Hand der von den meliores auf Lebenszeit gewählten 14 Schöffen liegen, und die Schöffenordnung des Erzbischofs Reinald von Dassel vom Jahre 1171 ermöglicht jedem Schöffen, trotz seiner Amtspflichten seiner Kaufmannschaft nachzugehen[60]). Die Schöffen waren in ihrer Mehrzahl Kaufleute. Ministerialen spielen also in Andernach keine Rolle. In der neubegründeten Handelsstadt Freiburg spielten die Kaufleute, wie die Handfeste von 1120 ausdrücklich berichtet[61]), die entscheidende Rolle. Noch am Ende des 12. Jh. war ein Kölner Kaufmann in Freiburg ansässig, dessen Familie bis zum Ende des 14. Jh. zum Freiburger Patriziat gehörte[62]). Zähringische Ministerialen waren freilich schon vor der Stadtgründung am Fuße des Burghügels ansässig[63]). Doch blieben diese Ministerialen auch nach 1120 aus dem Stadtbereich ausgeschlossen, wenn nicht die Stadtgemeinde ihre Zulassung besonders beschloß[64]). Schon in der alten Handfeste wurde der Stadtrichter (advocatus, rector) aus den Kreisen der Bürger von diesen selbst gewählt[65]). Die Gründerfamilien Lübecks beweisen schon durch ihre Namen ihre fernhändlerische Abkunft[66]), und die Führung der Stadt lag von Anfang an in den Händen der Kaufleute. Doch traten neben ihnen herzogliche Ministerialen als Stadtrichter, Zöllner und Münzer auf; besonders die Einsetzung des Stadtrichters behielt sich der Herzog und später der Kaiser vor[67]). Allmählich gingen aber die Funktionen der Zöllner und Münzer auf Bürgerfamilien über, so

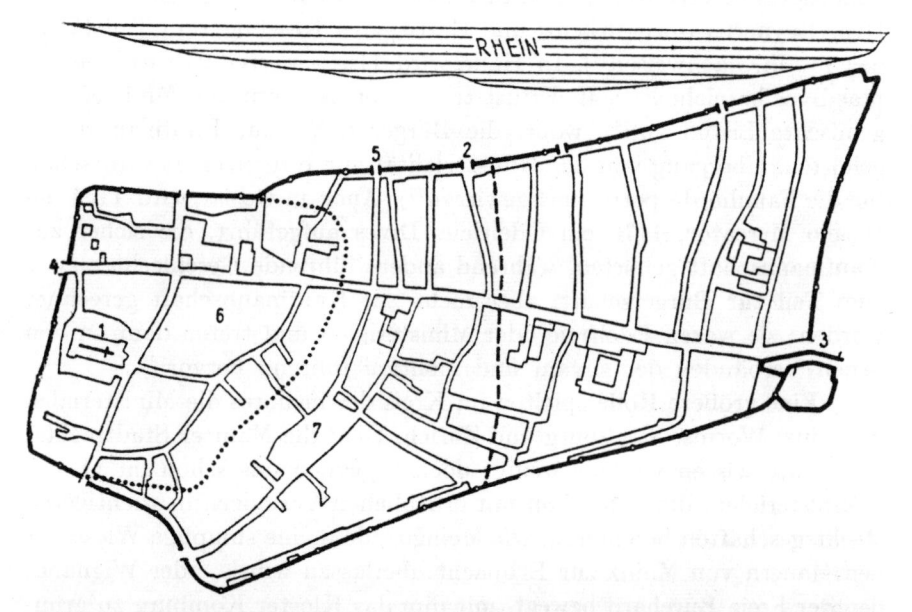

ANDERNACH. 1 St.-Maria-Pfarrkirche 11. Jh. 2 Fischtor. 3 Koblenzer Tor. 4 Kölner Tor. 5 Neutor. 6 Drusus-Castell. 7 Markt.
Römercastell Andernacum 12 v. Chr. .... / *Stadtmauer durch Erzbischof Friedrich I. 1100—1131* — — —. / *Um 1300 Beginn der neuen Stadtmauer* —○—.

daß diese Ministerialen verschwanden oder im Bürgertum aufgingen[68]). Lübeck wurde zur reinen Kaufmannsstadt.

Neben Köln mit seinen Tochterstädten ist Regensburg als die führende Handelsstadt des Reiches im 12. Jh. bekannt. Hier lag der Schwerpunkt des Donauhandels; ein Kreis von Kaufmannsgeschlechtern hatte sich in der Hanse vereinigt[69]). Etwa 10 Melioresgeschlechter lassen sich schon für das 12. Jh. bezeugen, die wohl alle zur Kaufmannschaft gehörten; manche von ihnen treten für die Hanse auf[70]). Ob bereits damals Ministerialen neben den Kaufleuten als städtische meliores anerkannt waren, ist nicht sicher zu entscheiden. Das von 1179 bis 1257 bezeugte Geschlecht der Kargil scheint hierhergehört zu haben, desgleichen die von Aue, die, seit 1161 bezeugt, 1330—34 die Herrschaft in der Stadt an sich rissen[71]). Im 12. Jh. waren jedenfalls die Kaufleute durchaus führend. Und genau so wird es wohl auch in Wien gewesen sein[72]).

Auch in den großen mitteldeutschen Handelsplätzen Magdeburg, Halle und Erfurt treten Kaufleute als die Meliores auf. Schon die erzbischöfliche Urkunde für Magdeburg von 1108 führt nach 6 erzbischöflichen Ministerialen 5 cives auf[73]). 1166 enthält eine Liste von cives die honestiores de civitate. Namentlich lassen sich jetzt die Geschlechter des Ovo, Reynerus (foris urbem) und Christianus Keseling zum Teil bis in das 14. Jh. nachweisen[74]). In Halle wird 1184 ein civitatis urbanus als praedives bezeichnet[75]). In Erfurt treten von Bürgern und Ministerialen gemischte Listen auf[76]), wobei die Bürger sicher zur Kaufmannschaft gehörten. Übergang von der Ministerialität zur Bürgerschaft wird schon für die Familie de porta nachgewiesen[77]). Auch in Goslar wird 1154 ein Wicelo Mercator, 1176 ein Odelricus Dives aufgeführt, die sicher zur Kaufmannschaft gehörten, während andere führende Geschlechter zwar zum Teil zur Bürgerschaft, aber nicht zur Kaufmannschaft gerechnet wurden; sie waren Edelfreie oder Ministerialen und treten dann in den neuen Verbänden der silvani und montani führend hervor[78]).

Eine größere Rolle spielten im Kreis der meliores die Ministerialen in Mainz, Worms, Straßburg und Zürich. Über die Mainzer Stadtrechtsgeschichte wissen wir nur wenig; doch begegnen uns schon im 11. Jh. 2 Ministerialen, die sich schon mit erheblichem Vermögen in wichtigeren Rechtsgeschäften beteiligten, wie Meingoz, dem eine sumpfige Wiese vor den Mauern von Mainz zur Erbpacht überlassen wurde, oder Wignand, den der Freie Burchard bewegt, mit ihm das Kloster Komburg zu gründen[79]). Beide sind als Meliores zu bewerten. In Worms nehmen bischöfliche Ministerialen neben cives meliores von Anfang an die Rolle einer städtischen Oberschicht ein. Als einem Wormser Bürger Wernhero, honorato et spectabili viro, 1160 ein Hof in Worms vom Kloster Lorch verpachtet wird, werden 14 ministeriales Wormatienses neben 11 cives in der Zeugenliste getrennt aufgeführt[80]). Auch später gibt es noch solche getrennte Listen[81]), aber 1190 kommt eine gemischte Liste vor, die Bürger und Ministerialen vereinigt: quam de plebe cives Wormatiensis civitatis, ministeriales quoque domini Wormatiensis extra civitatem in rure habitantes[82]). Die Stellung der ministeriales hält sich in Worms im 13. Jh. dahin, daß sie in die Ratsverfassung eingegliedert werden[83]). Auch in Straßburg finden wir bereits 1129 eine gemischte Liste von Ministerialen und concives[84]). Ministerialen und Kaufleute treten in den Zeugenlisten der Züricher meliores schon im 12. Jh. nebeneinander auf. Ministerialen begegnen frühestens seit 1127, und mehrere dieser Geschlechter sind noch

STÄDTEANSICHTEN

Ulm — Lübeck

LVBECA VRBS IMPERIAL
DALICARVM ET INCLYT

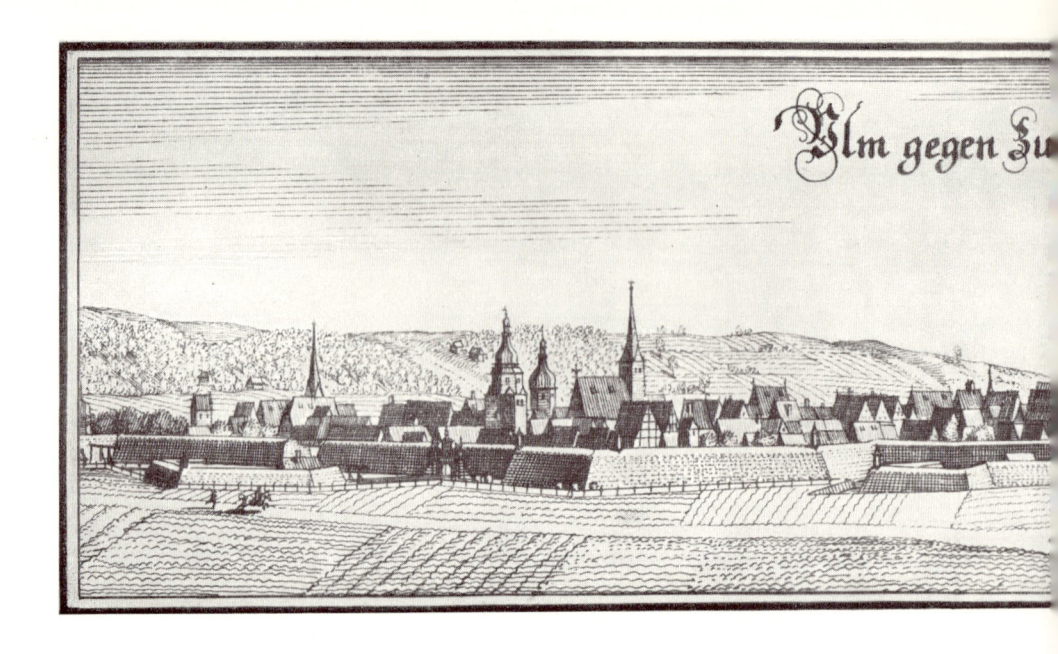

eft

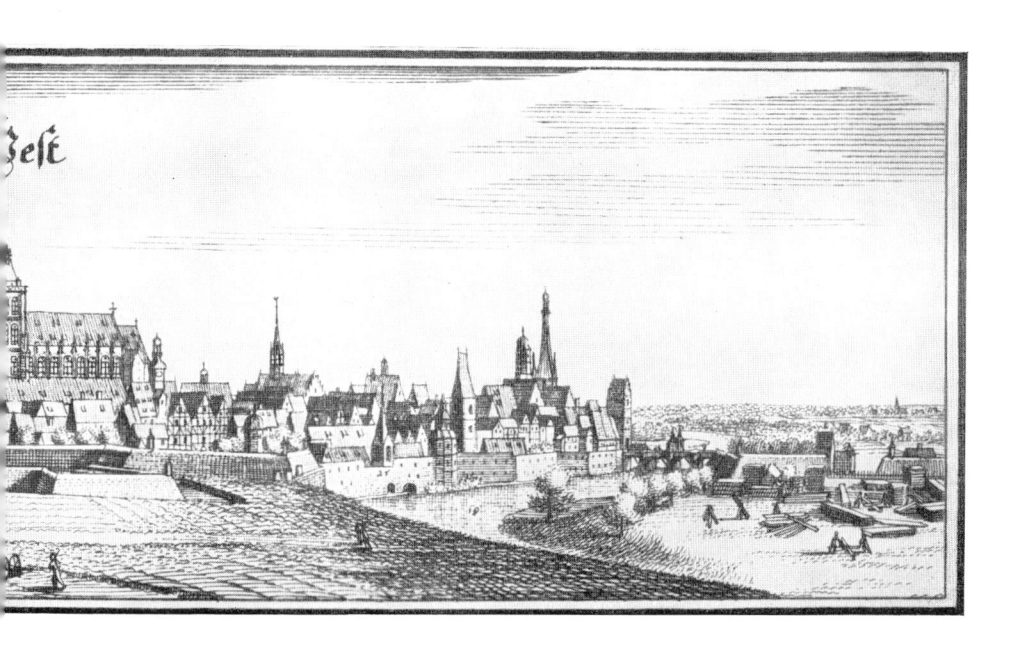

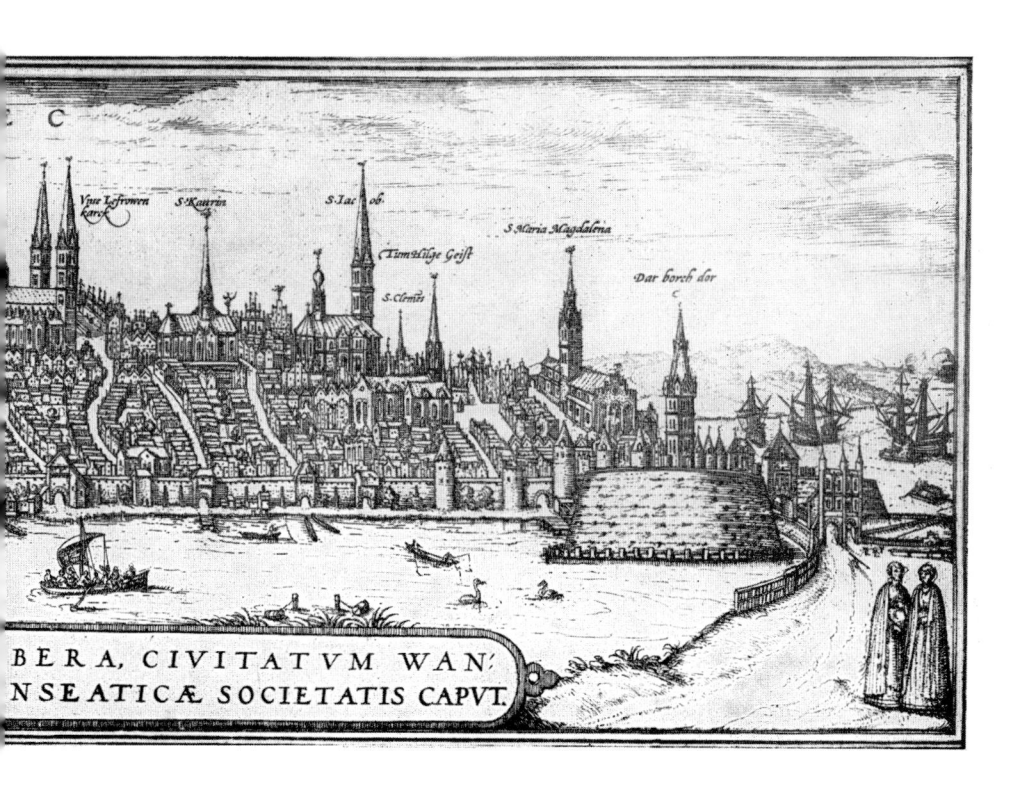

Vnse Frowen	S. Kaurin	S. Jacob
	kark	Tum ttilige Geist	S. Maria Magdalena
		S. Clemes	Dar borch dor

BERA, CIVITATVM WAN
NSEATICÆ SOCIETATIS CAPVT.

im 13. Jh. im Stadtrat verzeichnet[85]); seit 1225 scheiden die Ratslisten milites und cives. Kaufmännischer Herkunft waren z. B. die Niger, Wallo und Biberli[86]). Beide Gruppen wurden untereinander gemengt und miteinander als burgenses, urbani, concives oder als cives zusammengefaßt[87]).

III. STADTGRÜNDUNGEN UND STADTERHEBUNGEN DES 12. JAHRHUNDERTS

1. KÖNIGLICHE UND ERZBISCHÖFLICHE STÄDTE

In den Bischofsstädten, vor allem in den rheinischen, ist der Begriff der Stadt im Rechtssinne entstanden. Das 12. Jh. war die Zeit der ersten Neugründungen, die nicht als bloße Kaufmannssiedlung anzusprechen sind, sondern von vornherein den neuen Stadttyp darstellen sollten. Von ihnen sind die wichtigsten Freiburg i. Br., Lübeck und Leipzig, die eine an der Westgrenze, die beiden anderen an der Ostgrenze des Reiches, Etappenstationen der deutschen Ostkolonisation. Stadtgründer war nicht der König, sondern ein weltlicher Großer des Reiches, dem der König die Genehmigung zur Stadtgründung erteilt hatte. Die ersten Genehmigungen dieser Art gehören der Zeit Heinrichs V. an. Diese Städte stellten dann wieder ein neues Vorbild auf, das von den meisten Neugründungen befolgt worden ist.

Man darf dabei nicht übersehen, daß damals auch eine ganze Anzahl wichtiger Städte, deren Anfänge noch auf karolingische oder ottonische Zeit zurückgingen, als Städte anerkannt worden sind. Ausdrückliche Stadterhebungsurkunden besitzen wir von keiner Stadt, es sind auch wohl keine ausgestellt worden. Entscheidend war, daß sich in ihnen allen eine Stadtgemeinde gebildet hatte, die der Stadtherr stillschweigend anerkannte.

Von den königlichen Städten erfahren wir das am frühesten von Goslar aus der Zeit Heinrichs V. Schon nach einer Urkunde von 1108 gab es dort einen Kreis von besonders hervorragenden Bürgern, wohl Vertretern der Kaufmannsgilde, die bereits 1120 als eine Gemeindevertretung mit freilich nicht zu ermittelnder Zuständigkeit für die Stadt auftraten[1]. Offenbar bestand eine Eidgenossenschaft, die den städtischen Richter wählte, eine Sühnegerichtsbarkeit ausübte und den Markt verwaltete. Die städtischen Lasten wurden von der Bürgerschaft gemeinsam getragen. Das alles ergibt sich aus Friedrichs II. Stadtrecht von 1219, das sich auf ältere Königsprivilegien beruft[2]. Eine starke Stadtbefestigung scheint schon im Anfang des 12. Jh. entstanden zu sein. Ungewiß bleibt, ob auch die alte Wik- und Gildestadt Dortmund damals als Stadt anerkannt wurde. Das Privileg Konrads III. (1138—52), das uns nur aus einer Bestätigung von 1220 erhalten ist, anerkannte jedenfalls die Kompetenz des Stadtgerichts, gewährte aber sonst nur Sätze des Kaufmannsrechts. 1152 heißt Dortmund burgum, d. h. ein mit Wall, Graben und Palisaden befestigter gewerblicher Platz. Civitas wird Dortmund 1220 genannt. Erst um das Jahr 1200 scheint Dortmund eine starke Mauer erhalten zu haben[3]). Doch sind die älteren Urkunden Dortmunds verbrannt, unsere Kenntnis also unvollständig. Duisburg, das in sächsischer Zeit eine königliche Pfalz, in frühsalischer eine Kaufmannssiedlung besaß, scheint unter Konrad III. Stadt geworden zu sein. 1155 herrscht dort das Stadtrecht (jus civile)[4]). Frankfurt wird noch 1142 als oppidum, d. h. als befestigter Marktflecken bezeichnet. Aber bereits 1150 heißen die Frankfurter cives; von civitas wird 1184 gesprochen[5]). So darf man die Stadtwerdung wohl noch in die Zeit Konrads III. legen. Auch Nürnberg dürfte in der gleichen Zeit Stadt geworden sein. Es wird 1163 burgum genannt[6]).

Manche Städte des Westens, deren Stadtherren Erzbischöfe waren, wurden früh als solche anerkannt. Von den erzbischöflich-kölnischen Städten am Rhein ist schon für 1100—17 in Remagen eine Gemeindevertretung von 12 Vornehmen (primores) bezeugt, die später als Stadtrat erscheinen[7]). Für Andernach, dessen Römermauer Anfang des 12. Jh. wiederhergestellt wurde, bezeugte der Erzbischof 1171, daß die Stadtschöffen bisher von der Stadtgemeinde gewählt wurden; in Zukunft, so sagte er, solle das Wahlrecht auf die meliores beschränkt sein[8]). Aber genauere Kenntnis bleibt uns für beide Städte versagt. Ganz anders liegt es mit Soest. Diese Stadt war die älteste Tochterstadt Kölns. Manches, was uns das alte Kölner Recht über seine eidgenössische Verfassung verschweigt, erfahren wir aus dem Recht Soests. Das älteste vom Erzbischof von Köln verliehene Stadtrecht, dessen erste Artikel jedenfalls der ersten Hälfte des 12. Jh. angehören[9]), geht von der Existenz einer Bürgergemeinde aus. Nach ihm wählt die Gemeinde den Richter, die Stadtschöffen und den Gerichtsboten[10]), übt eine Sühnegerichtsbarkeit aus[11]), kontrolliert Maß und Gewicht und sorgt für die Lebensmittelpolizei[12]). Die Einberufung der ganzen Gemeinde durch Glockenläuten erfolgt durch deren Organe[13]). Alle Einwohner haben nach altem Rechtsgebrauch an den städtischen Lasten nach gleichen Anteilen mitzutragen[14]). Als kommunale Exekutionsform tritt die Hauszerstörung auf[15]). Die meliores, Mitglieder der Kaufmannsgilde, besaßen in der Stadt eine maßgebende Autorität. Die Soester Fernkaufleute, deren Haupthandel sie nach der Ostsee führte, hielten auch außerhalb der Stadt ein Genossengericht ab[16]). Friesische und wälsche Kaufleute kamen häufig nach

Soest[17]). Bereits um 1168 wurde ein Stadtsiegel verwandt[18]). Schon sehr früh errichtete man in der Stadt ein Gemeindehaus[19]). Im Verlaufe des 12. Jh. dehnte sie sich so weit aus, daß 1179 an Stelle der Pfarre zu St. Petri 6 Pfarreien eingerichtet wurden. Ihr Umfang betrug jetzt 101 ha[20]). Die Stadt wurde neu umwallt und mit 10 Toren und 26 Türmen bewehrt.

Das Soester Recht wurde 1144 auf Wik und Markt von Medebach übertragen, das ein Tafelgut der Kölner Kirche war. 1165 war die Stadtgemeinde der Bürger (cives)[21]) anerkannt, die über die Aufnahme von Neubürgern entschied. Die Stadt war eine Friedensgenossenschaft, die ein Sühnegericht abhielt[22]). Es bestand auch ein Stadtgericht, in welchem nach Stadtrecht geurteilt wurde. Die Stadt war mit Wall und Graben befestigt[23]). In ihr spielten die Fernhändler, die vor allem mit Skandinavien und Rußland[24]) Handel trieben und auch außerhalb der Stadt in ihren Hansen ein Sühnegericht abhielten, die erste Rolle. Doch wurde Medebach 1179 zerstört und sank dann zu einem bloßen Marktflecken herab.

In der erzbischöflich-mainzischen Stadt E r f u r t hatte sich bis 1149 eine Gesamtgemeinde[25]) entwickelt; 14 Kirchen und Stifte, darunter mehrere Pfarrkirchen mit eigener Priesterwahl der Bürgerschaft, sind für diese Zeit nachgewiesen. 1167 war die Stadt ummauert; am Ende des 12. Jh. entstand eine Gemeindevertretung von 24 Bürgern[26]).

Mit der Regierung Erzbischof Wichmanns begann für M a g d e b u r g eine Blütezeit, die sich im 13. Jh. fortsetzte. Die vom Erzbischof 1183 anerkannte Kaufmannsgilde erscheint als Trägerin eines blühenden Handels. 1294 erwarb die Stadt das Schultheißenamt vom Stadtherrn. Aus einer Grenzstadt war sie zum Mittelpunkt eines weiten Wirtschafts- und Rechtsgebietes geworden. So wurde es nötig, den Stadtkern, für den um 1250 bereits ein großes Kaufhaus errichtet worden war[27]), völlig neu aufzubauen und die Stadt nach Norden und Westen zu erweitern[28]).

Auch H a l l e, das 968 dem Erzbistum Magdeburg zugeteilt war, wurde noch vor der Mitte des 12. Jahrhunderts Stadt. 1128 wird hier ein reiches Handelsleben bezeugt[29]), getragen von einer Kaufmannsgilde. Das Burding der Bürger war bis 1172 das Beschlußorgan der Stadt[30]). Neben ihm standen Schultheiß und Schöffen als städtische Verwaltungsbehörde. Gleichzeitig begann die Befestigung, die nur zum Teil in einer Ummauerung bestand.

2. ZÄHRINGISCHE STÄDTE

Von epochaler Bedeutung für die deutsche Stadtgeschichte war die Gründung F r e i b u r g s i. Br. Diese Gründung ist auf das Jahr 1120 anzusetzen. Etwa 30 Jahre früher, im Jahre 1091, errichtete dort auf seinem Allodialgut, das er vielleicht durch Rodung von Reichsgut erworben hatte, der Zähringer Berthold II. eine Burg[1]). Neben der Burg war — auch auf Allodialgut — ein locus, genannt Freiburg, entstanden[2]). Dieser Ort stellte im Verhältnis zur Burg ein Suburbium dar, konnte daher, wie wir schon aus den Glossen kennen lernten, die Bezeichnung „vri-

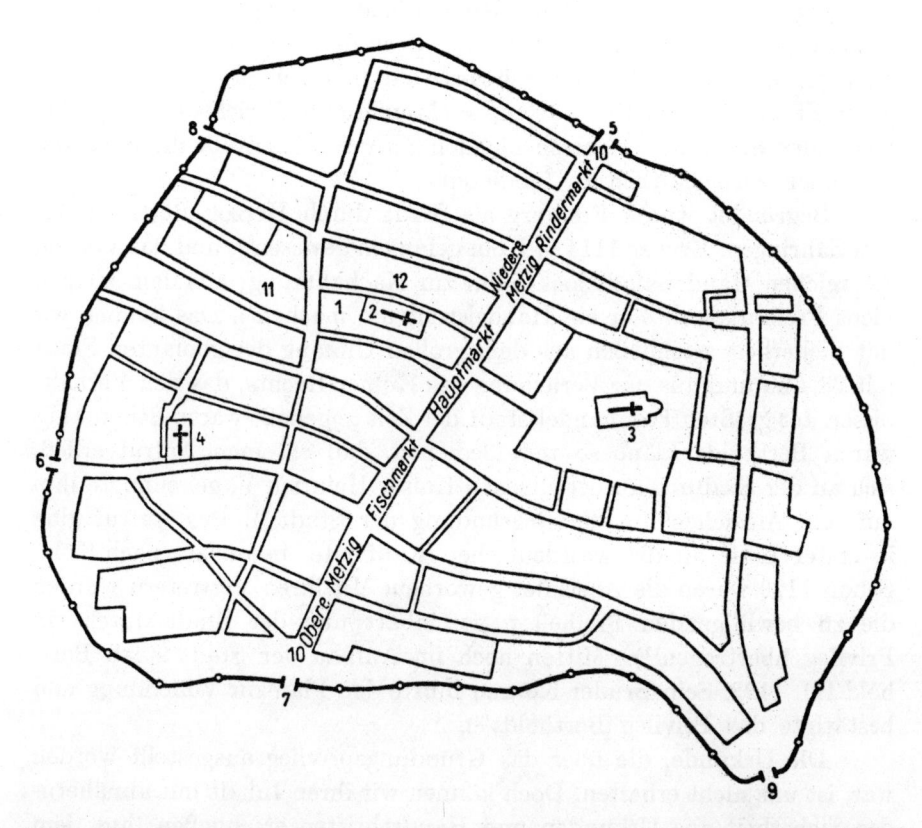

FREIBURG/BR. 1 Franziskanerkloster 1246. **2** St. Martin 1245. **3** Münster, Pfarrkirche nach 1120. **4** St. Peter 1260. **5** Christophstor. **6** Lehenertor. **7** Martinstor (Untertor). **8** Predigertor. **9** Schwabentor (Obertor) 13. Jh. erste Hälfte. **10** Marktstraße. **11** Rathaus (1303). **12** Gerichtslaube (um 1300).

Vor 1120 locus Freiburg. / 1120 Gründung von Freiburg. / Nach 1200 Ummauerung der Stadt ⊶.

burg"[3]) führen. Wahrscheinlich hatte sich dort eine Kaufmannssiedlung entwickelt und sich bereits mit Erdwerken und Palisaden befestigt. Diese Vorgeschichte der Stadt ist urkundlich ausreichend belegt, hat auch alle Wahrscheinlichkeit für sich. Schon in der Römerzeit besaß die oberrheinische Tiefebene eine starke Verkehrsentwicklung, und das alte

Tarodunum, das spätere Zarten in nächster Nähe Freiburgs, war das Zentrum eines ausgedehnten Handels gewesen[4]). Seit der Angliederung Burgunds an das Reich durch Konrad II. (1032/33) erlebte die Südwestecke noch einmal einen bedeutenden Verkehrsaufschwung, der sich nun in kaufmännischen Ansiedlungen am Oberrhein auswirkte. Wenn auch Freiburg weder an der maßgebenden Nordsüd- noch Ostweststraße dieses Gebietes lag, so war seine Verkehrslage doch durchaus nicht ungünstig[5]). Und die Zähringer, die den Schwarzwald politisch organisiert und in ihren Staat eingegliedert hatten, suchten durch Errichtung einer bedeutenden Stadt an der entscheidenden Schwarzwaldstraße ihren Staatsbau auch wirtschaftlich zu fundieren.

Begründet wurde Freiburg als Stadt durch Herzog Berthold III. von Zähringen. Er war 1114 in Köln gefangen gewesen[6]), und das Vorbild der reichen Handelsstadt lockte ihn zur Nachahmung; aus dem kleinen vicus Freiburg wollte er ein Handelszentrum machen[7]). Das können wir mit Sicherheit erschließen aus dem großen Umfang der geplanten Stadt mit 28,4 ha und aus der Verleihung des Kölner Rechts, das den Verhältnissen der größten Fernhandelsstadt der Zeit angepaßt war[8]). Schon 1118 waren Bertholds Pläne so weit gediehen, daß er einen Aufruf erließ, sich an der Siedlung zu beteiligen[9]). Kaiser Heinrich V. genehmigte ihm auf sein Ansuchen hin die Begründung der Stadt[10]). Der Aufruf ging in erster Linie an die westdeutschen Kaufleute, besonders nach Köln. Schon 1120 waren die Ansiedler geworben. Mit ihren Vertretern wurden die zu bewilligenden Freiheiten vereinbart und der Stadt durch ein Privileg übertragen[11]). Mitten noch im Aufbau der Stadt starb Berthold III. 1122. Sein Bruder Konrad führte den Plan zur Vollendung und bestätigte das Privileg Bertholds[12]).

Die Urkunde, die über das Gründungsprivileg ausgestellt worden war, ist uns nicht erhalten. Doch können wir ihren Inhalt mit annähernder Sicherheit aus Urkunden und Handschriften erschließen: aus dem uns erhaltenen Stadtrotel, einer Rechtsaufzeichnung der Freiburger Bürgerschaft von 1218; aus der sogenannten Tennenbacher Handschrift von 1341, die 15 Artikel des Freiburger Rechts aus der Zeit vor 1218, 40 weitere, die zwischen 1218 bis 1368 entstanden sind, wiedergibt; endlich aus den Rechtsaufzeichnungen von Tochterstädten Freiburgs, wie denen von Flumet von 1228, Freiburg im Üchtlande von angeblich 1249 und von Bremgarten von wohl 1258 usw.[13]). Im einzelnen wird darüber gestritten, welche Artikel schon in das Gründungsprivileg aufgenommen waren. Sicher darf man Einleitung und Epilog sowie die Artikel 1, 3, 4, 5, 6 zum alten Bestand rechnen; auch Artikel 2 gehört dazu, ist uns aber aus Freiburg selbst nur in einer überarbeiteten Form überliefert. Doch dürfte der Text von Flumet Artikel 4 dem ursprünglichen Text des Artikels 2 nahestehen[14]).

Dem Privileg lag ein Vertrag zugrunde, den der Herzog mit den Siedlern abschloß, durch einen Eid mit 12 seiner hervorragendsten Ministerialen beschwor und durch ein Treugelöbnis an die Vertreter der Zuwanderer bekräftigte[15]). Vertragspartner von seiten der Siedler waren nach dem Epilog des Privilegs 2 Gruppen: die eine, die „conjuratores fori", die andere, unbezeichnet, vertreten durch einen „liber homo", einen freien Mann[16]). Auch in der Einleitung treten 2 solche Gruppen auf: die eine, die mercatores personati, also die vornehmen Kaufleute, die andere, unusquique mercator, also alle übrigen Kaufleute[17]).

Daraus ergibt sich folgendes: alle Siedler waren Kaufleute; auch die zuwandernden Handwerker wurden als selbständige Gewerbetreibende den Kaufleuten rechtlich gleichgestellt. Im übrigen werden die Kaufleute im Privileg als burgenses bezeichnet, und zwar mit Recht, da die Siedlung vor und nach der Gründung eine „Burg" war[18]). Alle Zuwanderer erscheinen von vornherein als freie Leute: ein liber homo ist ihr Vertreter[19]). Aus der Masse der Siedler tritt nun in der Einleitung die besondere Gruppe der vornehmen Kaufleute hervor. Sie werden im Epilog auch als die conjuratores fori hervorgehoben, übrigens auch in Artikel 2, der insoweit altes Recht wiedergibt. Diese vornehmen Kaufleute hatte offenbar der Stadtgründer aus Westdeutschland, vor allem aus Köln, herbeigerufen; ihretwegen versprach er den Siedlern für Streitfälle die Anwendung des Kölner Kaufmannsrechts. Diese meliores sollten der neuen Siedlung den wirtschaftlichen Aufschwung bringen, daher auch in ihr eine bevorzugte Stellung einnehmen. Die Bezeichnung als conjuratores fori kann nicht anders verstanden werden, als daß sie — entsprechend dem Gebrauch niederfränkischer Städte[20]) — innerhalb der Marktniederlassung als Geschworene eine Behörde darstellen sollten. Zuständig war diese nach dem Privileg allerdings nur für die Verwahrung des erblosen Gutes[21]). Aber der Schwerpunkt des Wesens der conjuratores lag in ihrer Eigenschaft als mercatores personati: sie waren sicher ein gildeartiger Verband[22]), dem die Führung in der Bevölkerung oblag. Vor allem aber hatten sie bei der Marktgründung durch Vereinbarung mit dem Herzog den Auftrag übernommen, die Ansiedler in einer Eidgenossenschaft[23]) zusammenzuschließen und mit dieser den Stadtraum planmäßig anzulegen und sachgemäß auszubauen. Auf ihre Mitwirkung dürfte vor allem der praktische Stadtplan[24]), der die Mittelachse zum Markt, 2 Plätze rechts und links von ihr für die Kirche und das Stadtgericht bestimmte, zurückzuführen sein. Es wäre aber doch unrichtig, den Verband als ein Gründungsunternehmerkonsortium[25]) zu bezeichnen in dem Sinne, daß er den Stadtboden vom

Herzog erworben hätte; der Boden blieb vielmehr Eigentum des Herzogs. Der Herzog gewährte unmittelbar jedem Ansiedler eine Wohnstätte von gleicher Größe, 100 Fuß lang und 50 Fuß breit, zur Erbleihe gegen einen jährlichen Zins von einem Schilling, und zwar aus seinem eigenen Boden[26]). Das galt aber wohl nur für die Masse der mercatores. Die Sonderrechte der meliores dürften schon vorher festgelegt worden sein.

Einen Verband bildeten aber nicht nur die vornehmen Kaufleute, sondern alle burgenses zusammen. Die Einleitung stellt fest, daß durch die Vermittlung der mercatores personati eine Eidgenossenschaft aller Ansiedler[27]) abgeschlossen worden sei. Diese Eidgenossenschaft bildete eine Wahlversammlung, zuständig für die Wahl des Stadtrichters (des advocatus) und des Priesters. Der Stadtherr behielt sich hier nur ein Bestätigungsrecht vor, während er auf die Einsetzung des Richters und auf das aus seinem Eigenkirchenrecht an der Marktkirche fließende Recht zur Ernennung des Priesters verzichtete[28]). In streitigen Rechtsfällen sollten die burgenses nach Kaufmannsrecht entscheiden, dessen maßgebende Form das Recht der Kölner Kaufleute darstellte, und zwar in einem besonderen Gericht unter dem Vorsitz des von den burgenses gewählten rector, der mit dem advocatus identisch war. Im Rahmen des Kölner Rechts sollte den Kaufleuten also ein Korerecht zustehen, das ihnen die Gleichheit mit der Kölner Verfassung garantierte[29]). Bei der Verleihung des Privilegs trat bereits der Verband als Vertragspartner auf.

Diese Freiburger Verfassung ist also **der von Köln nachgestaltet**. In der nach 1112 in Köln eingesetzten Bürgerversammlung stand die Leitung 2 Bürgern zu, die als **rectores** oder als secundus comes beziehentlich secundus advocatus bezeichnet werden[30]). Auch in Freiburg war der **Rektor** der Versammlungsleiter, und ohne Zweifel war er mit dem advocatus identisch. In Köln war der rector immer ein Bürger, und auch in Freiburg lag in der Wahlzuständigkeit der Bürgerversammlung, daß mit der Wahl eines **Bürgers** gerechnet wurde. Eine Bestätigung des Rektors durch den Stadtherrn wurde in beiden Städten gefordert. Völlig unabhängig von ihm war dagegen in Köln die Stellung der **meliores**, in Freiburg der **mercatores personati**. Sie waren in Köln die Führer der Eidgenossenschaft, die sie gegenüber dem Erzbischof zum Sieg führten, in Freiburg das aktive Element beim Aufbau der Stadt. Als Behörde war ihre Zuständigkeit im langsamen Vordringen begriffen, in Köln zunächst noch gehindert durch die bevorzugte Stellung der erzbischöflichen Schöffen, die ja in Freiburg fehlten.

Bedeutete die Gründung Freiburgs eine Stadt- oder Marktgründung? Im Gründungsprivileg wird von Marktgründung gesprochen, auch der Stadtrotel von 1218 erzählt noch davon (Artikel 30)[31]), dann aber auch von der prima fundatio civitatis (Artikel 77)[32]). Eine civitas wird Freiburg im Gründungsprivileg aber nicht genannt[33]). Auch gibt es noch kein Stadtrecht, sondern nur ein Kaufmannsrecht im Sinne der Wike der ottonischen Periode. Eine Befestigung hat Freiburg schon gehabt, aber als locus noch nicht eine Ummauerung, sondern nur Erd- und Holzwerke, wie es schon sein Name „Burg" anzeigt, und wovon in Artikel 2 nach dem Text von Flumet die Rede ist (ad edificationem loci). Für die Anerkennung einer Stadt spricht aber das Vorhandensein einer Gemeinde der Bürger, die als Wahlversammlung zusammentrat, um ihren Vorstand, den rector, zu wählen; dieser leitete zugleich als Stadtrichter das Niedergericht, in welchem die Bürger das Urteil wiesen. Weiter bildeten die mercatores personati eine Stadtbehörde mit zunächst geringer, aber schnell wachsender Zuständigkeit. Die Freiburger Verfassung von 1120 stellt sich also als eine Stadtverfassung dar, die die Eierschalen der Ottonischen Wike noch nicht völlig abgestreift hatte[34]).

Im weiteren Verlauf des 12. Jh. erscheint Freiburg nicht mehr als Forum, sondern als eine civitas oder auch als eine urbs, wie sie in Zusätzen zum Stadtprivileg genannt wird[35]). Das Kaufmannsrecht war durch ein Stadtrecht (jus civitatis) ersetzt[36]). Der aus der Kölner Verfassung entnommene advocatus oder rector hieß jetzt nach süddeutschem Stil scultetus oder causidicus[37]). Aus dem Kreis der conjuratores fori bildete sich nun eine Behörde der 24, wie wir aus einem Zusatz zu Artikel 2 erfahren[38]). Die Stadtgemeinde entschied in der Bürgerversammlung über die Wahl von Priester und Schultheiß, über die Aufnahme von Neubürgern, besonders auch von Mannen des Stadtherrn, die Wohnrecht und Bürgerrecht nur von der Bürgerversammlung erhalten konnten[39]). Die Mitglieder der Bürgergemeinde heißen in den ältesten Freiburger Satzungen burgenses (urbani)[40]), bald dann auch cives[41]). Alle Bürger wurden bei der ersten Ansiedlung frei, von den neu Zuwandernden nur die Hörigen, während unfreie Leute von ihrem Herrn zurückgefordert werden konnten. Doch mußte dem Herzog der Nachweis der Unfreiheit durch das Zeugnis von 7 Verwandten des Unfreien erbracht werden[42]). Die Gesamtheit der Bürger stellte eine Eidgenossenschaft dar[43]). In der Stadt herrschte eine Stadtbehörde. Alle Bürger waren zu einer gegenseitigen Friedens- und Freundschaftspflicht verbunden, so daß sie auch außerhalb der Stadt keinen Streit austragen durften[44]). Jeder Bürger war der Stadt zu Kriegsdiensten verpflichtet. Folgte er dem städtischen Aufgebot nicht, so wurde sein Haus zerstört[45]) (Artikel 33). Hauszerstörung traf auch jeden Friedensbrecher, der floh[46]). Die Sätze der niederfränkischen Eidgenossenschaft sind also offensichtlich schon mit der Stadtgründung stillschweigend aufgenommen worden, jetzt wurden sie in den Zusätzen ausdrücklich festgelegt.

Die Zähringer haben während des 12. Jh. eine große Zahl von Städten gegründet, sei es in ihrem alemannischen Stammland, sei es als Rektoren in Burgund[47]). Wie wir schon früher sahen, haben sie hierbei das in Freiburg entwickelte Planschema mit einzelnen Abweichungen auch auf die Neugründungen angewandt. Über die Form des Marktes, das Straßenkreuz, sprachen wir schon oben. Vor allem aber haben sie auch dem einzelnen Ansiedler die gleich große Hofstätte gegeben, nämlich 100 : 50 Fuß in Freiburg i. Br. und Neuenburg, 100 : 60 Fuß in Freiburg im Üchtlande und Bern[48]). Die ältesten Gründungen, Villingen (von wohl 1130), Rottweil (um etwa 1140) und Offenburg, haben zwar den Freiburger Stadtplan und das Freiburger Siedlerrecht erhalten, aber es spricht nichts dafür, daß sie damals auch die Freiburger Stadtverfassung bekamen; eine Stadtgemeinde ist in diesen Städten erst im 13. Jh. nachweisbar. Anders lag es dagegen in Freiburg im Üchtlande[49]), gegründet nach 1160, Neuenburg[50]), gegründet zwischen 1170 und 1181, und Bern[51]), wohl schon zwischen 1152 und 1191 entstanden. Freiburg im Üchtlande erhielt um 1170 das Freiburger Privileg, wie wir aus dem uns erhaltenen Stadtrecht von 1249 wissen[52]). Eidgenossenschaftliche Verfassung mit Friedenspflicht und durch Hauszerstörung gesichert sowie die Behörde von 24 Geschworenen gehören dort zum alten Bestand[53]). Die Privilegien von Bern und Neuenburg stammen aus dem 13. Jh.[54]), haben bereits die Ratsverfassung durchgeführt, aber auch sie enthalten die Hauptgrundsätze des Freiburger Rechts. Offenbar haben die Zähringer diesen Städten bei ihrer Begründung die Freiburger Stadtverfassung verliehen.

An das zähringische Schema hat sich bei seinen Stadtgründungen auch das Geschlecht der K i b u r g e r gehalten. Hartmann von Kiburg verlieh der 1178 von ihm gegründeten Stadt Diessenhofen das Freiburger Privileg in besonderer Reinheit[55]). Erhalten ist es freilich nur in einer Neuredaktion von 1260, wo außer anderen Zusätzen besonders die Ratsverfassung eingefügt ist. Der Name der ursprünglichen Selbstverwaltungsbehörde ist uns daher unbekannt. Die Wohnstätte des Ansiedlers betrug hier wie in Freiburg i. Br. 100 : 50 Fuß. Oberste Richtschnur der Rechtssprechung sollte das Recht der Bürger von Köln sein[56]). Die Vorsiedlung war der Hof des Diezzo, der schon im 8. Jh. bezeugt ist (Deozincova). Später bestand dort eine Burg, der „Unterhof" genannt, an den die Kiburger planmäßig die neue Stadt im Rechteck anschlossen[57]). Auch Winterthur wurde damals von den Kiburgern gegründet. Doch entstand nur eine Kaufmannssiedlung, deren mercatores sich neben einem Dorf leibhöriger Bauern ansiedelten[58]). Die ganze Ansiedlung wurde alsbald befestigt. Stadt ist Winterthur erst in der Mitte des 13. Jh. geworden[59]). Aber noch das Privileg Rudolfs I. von 1264 betont die Machtstellung des Stadtherrn[60]).

3. GRÜNDUNGEN DER WELFEN

Den Stadtgründungen der Zähringer stehen die der Welfen an Bedeutung nicht nach, ja die Begründung Lübecks leitete eine neue Epoche der deutschen Ostkolonisation ein. Heinrich der Löwe[1]) hatte offenbar als Schwiegersohn Konrads von Zähringen wichtige Anregungen zur Errichtung eigener Städte erfahren. Aber wie er nicht sklavisch nachahmte, sondern eine eigene Stadtform entwickelte, so hat er auch der Stadtverfassung neue Impulse gegeben.

Über die ältesten Gründungen Heinrichs, München und Landsberg am Lech, wissen wir nur wenig. Nach Verlegung des Marktes Föhring nach München wurde von Friedrich Barbarossa auf Grund des Schiedes zwischen dem Bischof von Freising und Heinrich dem Löwen (1158) diesem der Markt München zugesprochen[2]). Wegen seiner günstigen Verkehrslage an der Salzstraße baute Heinrich sofort den Markt zu einer nicht unbeträchtlichen Niederlassung für die Salzhändler aus[3]). Diese erwarben den Boden vom Herzog zu Eigentum. Die Siedlung wurde bald ummauert und als urbs bezeichnet[4]). In ihr galt Marktrecht (jus fori)[5]). Nach diesem sprachen die Kaufleute unter dem Vorsitz eines Stadtrichters[6]) Recht (um 1170). Auch eine Selbstverwaltung besaßen sie im Rahmen ihrer Kaufmannsgilde und -gemeinde. Die Entstehung einer Stadtgemeinde gehört offenbar erst dem Beginn des 13. Jh. an. Als civitas wird München zuerst 1221 bezeichnet[7]). Noch später entwickelte sich der ebenfalls 1180 von Heinrich errichtete Markt Landsberg zur Stadt; erst 1297 besaß Landsberg ein Stadtsiegel.

Völlig anders verfuhr Heinrich der Löwe bei seinen Stadtgründungen in Norddeutschland, von denen ich Lübeck, Braunschweig-Hagen, Schwerin, Lüneburg und Stade hervorhebe. Obwohl wir keine Privilegien dieses Herrschers im Original besitzen, können wir doch deren Inhalt ermitteln, da für all diese Städte spätere Bestätigungen der Privilegien mit wesentlich gleichem Inhalt auf uns gekommen sind. Die Privilegien für Lübeck, Braunschweig-Hagen und Schwerin wurden um 1160 erlassen, dann erneuert und erhalten im Privileg Friedrichs I. für Lübeck von 1188, im Hagenrecht Ottos des Kindes um 1227 und im Stadtrecht von Güstrow von 1228. Das Privileg Heinrichs für Stade von 1189 kennen wir aus der Bestätigung Ottos IV. von 1209, das für Lüneburg aus dem Stadtrecht von 1247. Viele Bestimmungen dieser Privilegien tragen einen so ein-

140 Stadtgründungen und Stadterhebungen des 12. Jahrhunderts

heitlichen Charakter, daß sie nur auf eine gemeinsame Quelle zurückgeführt werden können. Durchaus vorbildlich wurde die Gründung von Lübeck.

Heinrich der Löwe wandte nach der Eroberung des Obotritenlandes alle Energie darauf, es in sein norddeutsches Herrschaftsgebiet einzu-

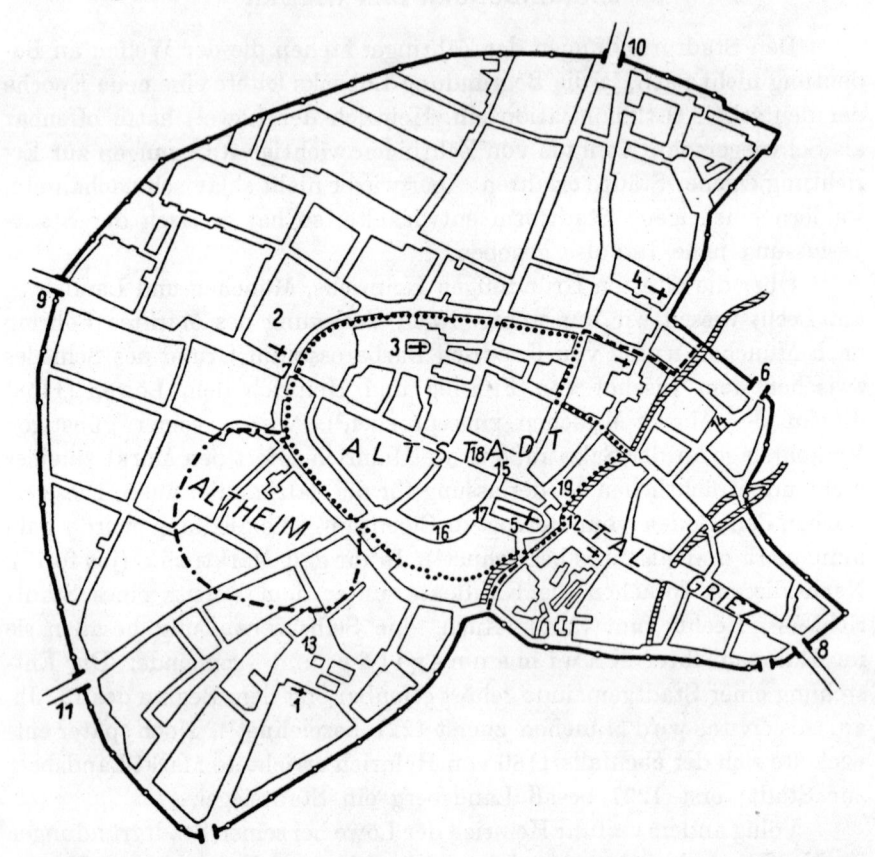

MÜNCHEN. 1 Angerkloster (St. Clara am Anger mit Jacobskirche). 2 Augustinerkloster. 3 Unser-Lieben-Frauen-Kirche. 4 Minoritenkloster. 5 St.-Peters-Kirche. 6 Grakkowtor. 7 Kaufinger Tor. 8 Niederes Tor. 9 Oberes Tor. 10 Schwabinger Tor. 11 Sendlinger Tor. 12 Talburgtor. 13 Dultplatz. 14 Graggenau. 15 Kornmarkt. 16 Rindermarkt. 17 Roßmarkt. 18 Dinghaus. 19 Rathaus.
1158 Heinrich der Löwe, Burg, Kaufmannssiedlung und Markt München; Ummauerung 1164 ········ *. / Um 1255 Tal und Griez mit ummauert* ———*. / Altheim* —·—·—*. Um 1310 Beginn der großen Ummauerung* ——·—*.*

fügen. Er zerstörte das dänische Schleswig 1156/57 und suchte als Ersatz dafür das glänzend gelegene Lübeck in seine Hand zu bekommen, um es zur ersten Handelsstadt an der Ostsee auszubauen. Über die Frühgeschichte Lübecks sind wir durch die Slawenchronik des Pfarrers Hel-

Gründungen der Welfen

molt bis zum Jahre 1171 gut unterrichtet[8]). Neben dem slawischen Burgwall Alt-Lübeck des christlich erzogenen Obotriten Gottschalk (gestorben 1066) war bereits eine deutsche Kaufmannssiedlung entstanden, die 1138 durch den wendischen Fürsten Race zerstört wurde. Als Ersatz für sie begründete 1143 Graf Adolf von Schauenburg, den Heinrich der Löwe als Graf bestätigt hatte, im Süden der Halbinsel zwischen Trave und Wakenitz eine Kaufmannssiedlung, im Norden eine Burg. Der Wik entwickelte

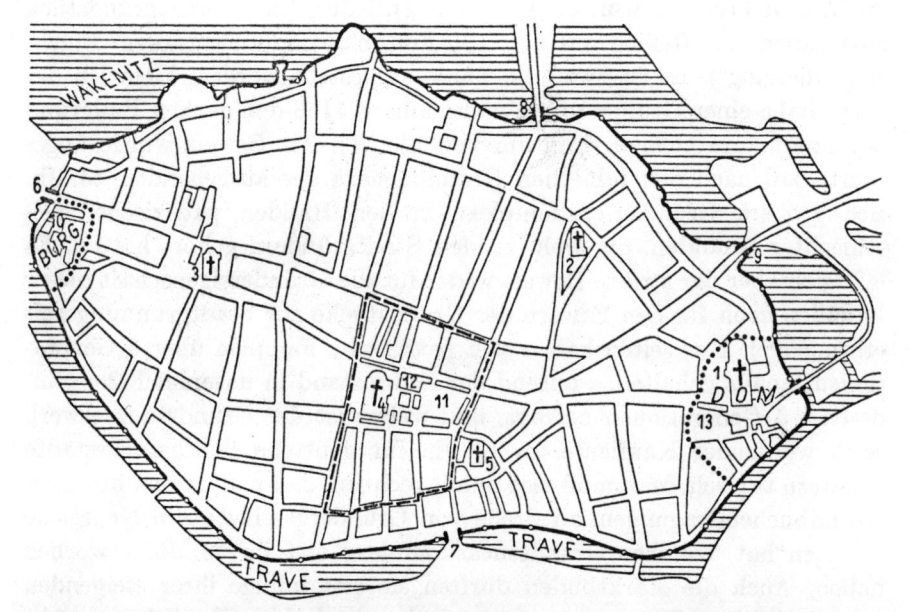

LÜBECK. 1 Dom 1163. 2 St. Ägidien. 3 St. Jacob. 4 St. Marien 1170. 5 St. Petri 1170. 6 Burgtor. 7 Holstentor. 8 Hüxter Tor. 9 Mühlentor. 10 Burg. 11 Markt. 12 Rathaus. 13 Bauhof.
Um 1050 wendische Burg mit Siedlung; 1138 Zerstörung; 1143 Gründung durch Adolf von Schauenburg (Domgegend) ········. / 1158 Gründung durch Heinrich den Löwen ———. / 1160 Bistum, 1163 Stadt Lübeck ummauert. / 1188 Barbarossa-Privileg; 1201—25 Dänenherrschaft; nach 1225 Ummauerung —·—·—. / 1226 Lübeck Reichsstadt; 1251/52 Bau der Marienkirche.

sich schnell und bestand aus den Straßenmärkten zwischen Bauhof und Klingenberg und der Mühlenstraße, der Kaufmannskirche an der Stelle des späteren Doms und dem Handelshafen an der Wakenitzmündung und dem angrenzenden Traveufer. Infolge des Kampfes zwischen Heinrich dem Löwen und dem dänischen König Svend um Schleswig zogen 1156 die meisten deutschen Kaufleute aus Schleswig nach Lübeck und siedelten sich dort am Petrihügel an. Diesen Wik suchte Heinrich der Löwe jetzt zu erwerben. Als die Verhandlungen mit Graf Adolf jedoch scheiterten, erbaute er südlich von Lübeck an der Wakenitz die Löwenstadt, die aber wegen geringen Tiefgangs des Hafens für Fernhandel nicht geeignet war. Er gab daher die Stadt wieder auf und zwang Adolf durch eine Handelssperre, ihm Lübeck abzutreten.

Als Stadtherr von Lübeck gab der Herzog den alten Wik im Süden auf und baute ihn zu einem geistlichen Zentrum aus; er ließ dort 1173 den massiven Steinbau des Doms errichten. Die neue Stadt verlegte er nach der Mitte des Werders mit dem Schwergewicht nach der Trave zu. Wie in Freiburg wurde hier jedem Ansiedler ein Einheitsgrundstück zugewiesen, das freilich nur 25 : 100 Fuß maß und zu zinslosem Eigentum überging[9]). Es ist zwar die These aufgestellt worden, Heinrich der Löwe habe einer Gruppe von Unternehmern 1158 den ganzen Baugrund der Stadt zum Gemeineigentum veräußert[10]). Als Beweis wurde angeführt, daß nach den lübischen Grundbüchern des ausgehenden 13. Jh. sich größere Grundstückskomplexe in den Händen patrizischer Geschlechter befanden, die wohl zu den Stadtgründern gehört hätten. Es läßt sich aber der strikte Beweis weder für die Gründereigenschaft dieser Familien noch für den Erwerb der Grundstücke zur Stadtgründungszeit erbringen[11]). Nur selten haben sich patrizische Familien über 3 Generationen hinaus gehalten, während der Zeitabstand in unserem Falle mindestens 5 Generationen beträgt, und weiter ist der Grundstückserwerb reich werdender Kaufleute im 13. Jh. für deutsche Fernhandelsstädte geradezu typisch. Man muß also damit rechnen, daß man in den besagten Grundbucheintragungen an Stelle von Gründergeschlechtern Neureiche vor sich hat, die ihre Grundstückskomplexe erst im 13. Jh. erworben haben. Auch die Marktbuden dürften sie erst infolge ihrer steigenden wirtschaftlichen Bedeutung an sich gebracht haben. Endlich ist nicht einzusehen, wie dieses Gemeineigentum sich in Einzeleigentum verwandelt haben könnte; wahrscheinlicher wäre dann doch, daß es um 1300 als Ratseigentum erschienen wäre. Damit ist die These von dem Gemeineigentum der lübischen Unternehmergruppe wohl als bloße Hypothese dargetan.

Ihr richtiger Kern ist dennoch nicht zu verkennen. Warum hat Heinrich, wie sich Helmolt ausdrückt, seiner neuen Stadt Lübeck die ehrenvollste Rechtsstellung („jura honestissima")[12]) übertragen? Wie zurückhaltend erwies er sich in München! Hier in Lübeck aber kam es ihm darauf an, die erste Fernhändlerschicht Deutschlands heranzuziehen. Hier in Lübeck konnte der Fernhandel mit Skandinavien und Rußland sein Zentrum finden. Das sah Heinrich der Löwe, und das sahen die rheinisch-westfälischen Kaufleute, die schon bisher in Schleswig und im alten Lübeck und in der Löwenstadt gesessen hatten und jetzt darauf vertrauten, daß unter der Führung und dem Schutze eines so großen

Herzogs ihr Handel erst recht aufblühen werde. Denn er konnte für den Nordosten geradezu als Vertreter des Kaisers erscheinen[13]). Diese Handelskreise heranzuziehen war Heinrichs Ziel, und er wußte, daß er es nur erreichen werde durch Gewährung und Weiterausbau aller der Vorrechte, die diese Kaufleute in ihren westdeutschen Städten bereits genossen hatten. In der Tat verlieh er ihnen, wie Arnold von Lübeck erzählt, das Soester, d. h. eben das Kölner Recht[14]), damals das fortgeschrittenste Recht seiner Zeit. Darum baute er ihnen einen Markt, wie er für spätere Zeiten noch Vorbild geworden ist, legte die Wohnsiedlung der Fernkaufleute in die nächste Nähe des Fernhandelshafens und errichtete diesen zweckmäßig am Unterlauf der Trave. Alsbald wurde die erste Stadtbefestigung mit Erd- und Pfahlwerk durchgeführt, während der Herzog Befestigungen anderer Herren in der Stadt ausdrücklich verbot[15]). Den lübischen Kaufleuten gewährte er Zoll- und Abgabenfreiheit im ganzen Herzogtum Sachsen und bestätigte ihnen die Vorrechte der Kaufleute, die Abschaffung der Gefahr im Rechtsgang, den Schutz des erbenlosen Nachlasses[16]). Auch den Handel der fremden Ostseekaufleute förderte er mit zahlreichen Privilegien[17]).

Bei der Stadtgründung hatte sich der Herzog des sachverständigen Rates und der tatkräftigen Mitwirkung der Fernhändler zu erfreuen. Diese dürften von Anfang an eine gildenartige Vereinigung[18]) dargestellt haben. Schon im Gründungsstadium spielten sie eine entscheidende Rolle; sie werden von Helmolt als die patres rei publice Lubicanae[19]) bezeichnet. Nach Urkunden der Mitte des 13. Jh. treten diese majores neben dem Rat und dem Stadtvolk als verantwortlich auf für Gewalttaten, die der Graf von Holstein in der Stadt erlitten hatte[20]). Ohne Zweifel stellten diese majores aus ihrem Kreise seit der Stadtgründung eine Stadtbehörde, die vielleicht von Anfang an aus 24 Personen bestand. Doch war sie nicht ein Stadtrat im technischen Sinne. Dessen Entwicklung gehört erst dem Ende des 12. Jh. an. Lübische Chroniken teilen zwar eine Ratswahlordnung mit, die Heinrich der Löwe 1163 eingesetzt habe[21]). Aber es handelt sich da um ein Elaborat des späten 13. Jh., das nur insofern historischen Wert besitzt, als es wahrscheinlich macht, daß Heinrich der Löwe bereits eine Selbstverwaltungsbehörde eingesetzt hatte. Von dieser Stadtbehörde erfahren wir bloß, daß sie das Gewicht der stadtherrlichen Münzen beaufsichtigen konnte, freilich aus dem Barbarossa-Privileg von 1188[22]), das nur in einer Überarbeitung von 1225 erhalten ist und die Kompetenz dem Stadtrat zuweist[23]).

Lübeck heißt schon bei Helmold civitas[24]). Es handelte sich also von vornherein um eine Stadtgründung. Es bestand eine Stadtgemeinde, die in Form einer Eidgenossenschaft zusammengeschlossen war und eine

Friedensgemeinschaft darstellte. Das erfahren wir aus dem Privileg Heinrichs des Löwen für die gotländischen Kaufleute von 1161. Er sagt darin von seinen Städten (civitates), er habe da den Frieden unter Eid aufgerichtet[25]). Im ältesten Stadtsiegel von Lübeck von 1230 erheben 2 Bürger im Schiff die Schwurhand. Die Wahl des Stadtrichters (advocatus) stand der Gemeindeversammlung nicht zu; dessen Einsetzung hatte sich der Herzog vorbehalten[26]). Dagegen verlieh Heinrich den Bürgern das Recht, an seiner Stelle den Pfarrer der Marienkirche zu wählen und dem Bischof zur Bestätigung zu repräsentieren[27]). Weiter besaß die Bürgerversammlung das Recht der Kore, d. h., sie konnte im Rahmen des der Stadt verliehenen Soest-Kölner Rechtes Weistümer (decreta) erteilen, die der Rechtssprechung zugrundezulegen waren[28]). Im Gegensatz zu Freiburg wird schon 1161 nicht mehr von einem Kaufmannsrecht, sondern von Stadtrecht (jus civitatis) gesprochen[29]).

Die Friedensordnung der Eidgenossenschaft führte auch in Lübeck zur Anerkennung eines Sühnegerichts, das dem Soester Recht entnommen war[30]), aber offenbar eine erheblich umfangreichere Zuständigkeit besaß, und einer Sühne, die, wie in Soest, zu zwei Dritteln an die Bürgerschaft fiel[31]). Es kannte auch die Buße von 10 Mark und einem Fuder Wein, die an die Bürger zu zahlen waren[32]). Die Bürger waren untereinander zu gegenseitiger Hilfe verpflichtet[33]). Die Pflicht zur Stadtverteidigung traf alle gleichmäßig[34]). Auch mußte jeder sich selbst richtig für die Steuer einschätzen[35]).

Das Problem der Freiheit der Bürger führte bereits Heinrich der Löwe zum Abschluß. Zwar ist die Satzungsbestimmung für Lübeck nicht im Original erhalten, aber der Vergleich mit den Normen für die Schwesterstädte Braunschweig-Hagen, Schwerin, Stade und Lüneburg zeigt, welche Tendenz Heinrich verfolgte. Heranzuziehen wäre auch noch Barbarossas Privileg für Bremen von 1186, denn der Kaiser bestätigte hier wohl im wesentlichen, was Herzog Heinrich während seiner Herrschaft in Bremen (seit 1142) an Privilegien gewährt hatte. Trotz verschiedenartiger Formulierung laufen alle diese Bestimmungen darauf hinaus, daß ein Bürger, der Jahr und Tag in der Stadt unangegriffen gewohnt hatte, sich gegenüber einem klagenden Herrn auf seine Freiheit berufen konnte: „Stadtluft macht frei nach Ablauf von Jahr und Tag." Dieser Satz war, wie schon oben ausgeführt, bereits vorher von den Königen des Westens entwickelt worden. Offenbar hat Heinrich der Löwe ihn auf Drängen seiner westdeutschen Kaufleute für Lübeck und dann für die anderen Städte übernommen. Durchführen konnte einen solchen Satz nur ein mächtiger Herrscher wie Heinrich. Denn die Machtfrage spielte dabei eine entscheidende Rolle.

So hat Heinrich der Löwe in der Lübecker Verfassung ein vorbildliches Beispiel geschaffen. Die Motive des Herzogs lagen nicht in übermäßiger Habgier, wie manche meinen, auch nicht in altruistischer, auf Geldgewinn verzichtender Gesinnung, wie andere gedacht haben[36]). Er führte die großen wirtschaftlichen Fortschritte der westdeutschen Städte auf ihre freiere Verfassung zurück und wollte ihre Erfolge seinem Kolonialland zugute kommen lassen. So gewährte er freie Rechte und entfesselte damit die gewaltigen, in Westdeutschland entfalteten Kräfte, um in Lübeck eine große Blüte des Ostseehandels hervorzurufen. Hierin liegt die weltgeschichtliche Bedeutung des großen Herzogs. Das ist die politische Seite der Sache. Wirtschaftlich hat dann der deutsche Kaufmann die Ostsee in das deutsche Wirtschaftsgebiet eingefügt[37]).

Nach der Ächtung Heinrichs des Löwen wurde Lübeck eine königliche Stadt. Sie war jedoch bereits in Verfassung und Wirtschaft so stabilisiert, daß Friedrich Barbarossa keine Veränderungen vornahm, sondern in seinem Privileg von 1188 einfach Heinrichs Handfeste im wesentlichen bestätigte.

Auch **Braunschweig** erreichte in der Zeit Heinrichs des Löwen eine führende wirtschaftliche Stellung, besonders als Umschlagsplatz für die Goslarer Erze und deren Verfrachtung auf der Oker. Als ihr Herr erteilte der Herzog der Stadt bedeutende Schiffahrtsprivilegien für die Fahrt nach Celle und Bremen[38]). Zu der schon bestehenden Alten Wiek[39]) und der von Lothar III. um 1130 gegründeten Altstadt[40]) stellte Heinrich 1160 den von ihm gegründeten Hagen. Während in der Altstadt die Metallhändler überwogen, siedelten sich im Hagen flandrische Woll- und Tuchhändler und Weber an[41]). Auch die Neustadt im Nordwesten hat Heinrich gegründet. An diesen Gründungen beteiligte sich die Kaufmannschaft der Altstadt[42]). Den flandrischen Einwanderern des Hagens mußte der Herzog die Rechte der niederfränkischen Eidgenossenschaft bewilligen oder, wie eine spätere Quelle sich ausdrückt, die „jura burgimundii ac libertates", d. h. die Schutzherrschaft des Herzogs über die Stadt und die kaufmännischen Vorrechte ihrer Bürger[43]). Der Satz „Stadtluft macht frei" scheint seiner Form nach direkt einer flandrischen Quelle entnommen zu sein[44]). Der Hagen wurde alsbald mit Wall, Graben und Planken befestigt, was vielleicht auch sein Name ausdrückt[45]). Die Stadtgemeinde wählte den Vogt aus dem Kreis der Mitbürger und den Priester[46]). Auch eine städtische Selbstverwaltungsbehörde muß schon im Privileg Heinrichs zugesichert gewesen sein. Denn Artikel 15 des Privilegs Ottos des Kindes, das die Ratsverfassung einführt, bestätigt ausdrücklich, daß in Braunschweig schon früher eine Behörde bestand, deren Aufgabe es war, die Stadt zu regieren[47]). Wegen der Einführung der Ratsverfassung mußte also Heinrichs Privileg geändert werden. Mitglieder dieser Stadtbehörde waren wohl die „seniores ac discreti", von denen eine spätere Bestimmung des Hagen spricht[48]). Übrigens hat Heinrich der Löwe noch die Altstadt, Hagen und Neustadt gemeinsam befestigt[49]). Um 1170—75 ist H a n n ö v e r s c h - M ü n d e n unter Heinrich dem Löwen geplant und gegründet worden, das nach der Ächtung Heinrichs noch im Stadium des Stadtbaues auf den Landgrafen von Hessen überging[50]).

Als Heinrich der Löwe 1160 S c h w e r i n eroberte, bestand dort bereits neben der wendischen Burg eine deutsche Kaufmannssiedlung mit einem deutschen Pfarrer[51]). Heinrich erhob die Siedlung zur Stadt (civitas), befestigte sie[52]) und gab ihr Stadtrecht und eine eidgenössische Verfassung. Als Friedensgemeinschaft übte sie ein Sühnegericht aus[53]). Der Satz: „Stadtluft macht frei" machte hier den Eintritt der Freiheit nicht von der Jahresfrist abhängig[54]). Das Recht der Kore und die Stadtverwaltung standen einer bürgerlichen Behörde zu, der Vorläuferin des Rats[55]).

Burg und Stadt S t a d e fielen 1144 an Heinrich den Löwen nach dem Tode des letzten Grafen von Stade[56]). Der Ort bestand damals aus 2 Marktsiedlungen, der gräflichen und der erzbischöflich-hamburgischen, besaß zwar 4 Kirchen, aber noch keine städtische Verfassung[57]). Heinrich vereinigte die beiden Siedlungen zu einem Wik, der durch einen Wikvogt geleitet wurde. Darum wurde Stade nach 1180 burgum genannt[58]). 1181 befestigte der Herzog die Stadt, die jetzt zur civitas aufstieg[59]) und erteilte ihr alsbald ein Privileg. Aus ihm erfahren wir nur von der Bedeutung der optimi cives, dem Sühnegericht im Falle eines Friedensbruches und von dem Satze: „Stadtluft macht frei"[60]).

L ü n e b u r g erhielt sein Privileg von Heinrich dem Löwen erst nach der Zerstörung Bardowieks im Jahre 1189. Die ursprünglich billungische Stadt war seit 1139 welfisch geworden. Sie betrieb zunächst keinen Fernhandel, sondern nur Salzproduktion. Das wurde 1189 anders; der Salzhandel wurde nach Lüneburg konzentriert. Heinrich gründete den neuen Markt und die Stadt. 1200 wird von cives gesprochen. Heinrichs Privileg ist uns nur in dem Ottonianum von 1247 erhalten[61, 62]).

Nach dem Vorbild Heinrichs des Löwen errichtete dessen Freund Bernhard II. von der Lippe[63]) nach Einholung der kaiserlichen Genehmigung die neue Stadt L i p p s t a d t. Bernhard war Stadtherr in Lehensabhängigkeit von der Kölner Kirche. Der Ort wurde zwischen 1185 und 1190 als planmäßige Straßenmarktanlage mit Längsplatzanlage des Kirchplatzes angelegt und mit Graben, Wall und Holzplanken befestigt. Es entstand offenbar zunächst nur ein Wik. Später faßte Bernhard den

Entschluß, den Ort durch Zuzug neuer Einwohner in der Richtung einer starken Befestigung zu einer Stadt zu erheben[64]). Er gestattete den Einwohnern, daß sie das für sie beste Stadtrecht wählen könnten. Diese entschieden sich damals für das Soester Recht, mit dem Vorbehalt, weniger geeignete Sätze durch günstigere ersetzen zu dürfen[65]). Dieses Lippstädter Recht ließ dann Bernhard mit Zustimmung aller Bürger aufschreiben. Die Zeit des Privilegs ist nicht sicher zu ermitteln. Doch gehört es wahrscheinlich in das Jahr 1200, in welchem Bernhard II. ins

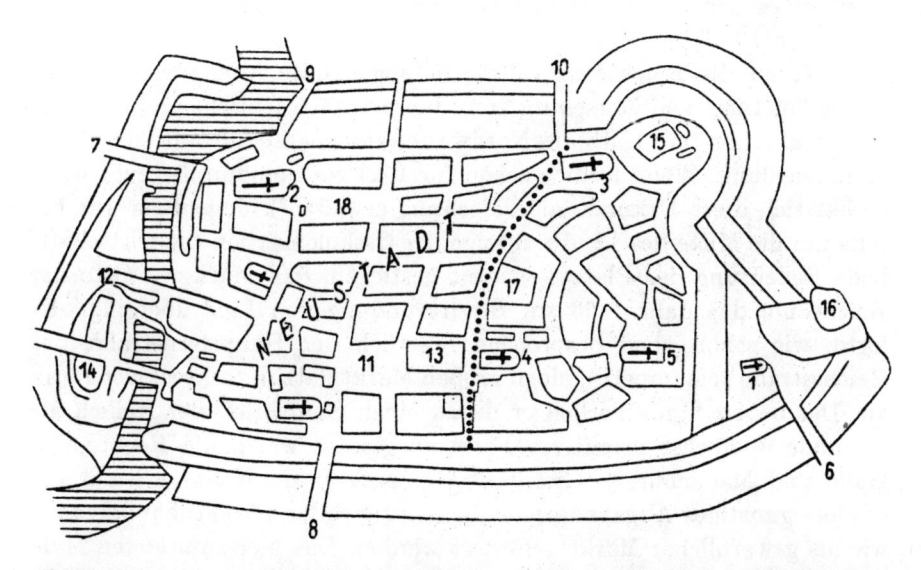

LÜNEBURG. 1 Cyriakskirche. 2 Johanniskirche, karolingisch. 3 Lambertikirche vor 1269. 4 Marienkirche 1250. 5 Michaeliskirche. 6 Neues Tor 1369. 7 Altenbrückertor 1328. 8 Bardewikertor 1274. 9 Rotes Tor 1288. 10 Sülztor 1350. 11 Markt 1200. 12 Fischmarkt. 13 Rathaus. 14 Kaufhaus. 15 Saline. 16 Kalkberg. 17 Neue Sülze. 18 Sand. *10. Jh. Burg, Saline; 1013 Wik. / Vor 1200 Gründung des Neumarkts (Heinrich der Löwe?) .... / 1254 Ummauerung der Gesamtstadt.*

Kloster eintrat[66]). Gleichzeitig wurde die Ratsverfassung durchgeführt. 1168 gründete Bernhard II. auch L e m g o, und zwar nach dem gleichen Stadtplan wie vorher Lippstadt, wohl ebenfalls zunächst als Wik, doch fehlen uns gleichzeitige Nachrichten. In der Mitte des 13. Jh. wurde Lemgo Stadt[67]).

Zur Begründung eines neuen Nordseehafens in H a m b u r g schloß Wirad von Boizenburg, ein Lehensmann Heinrichs des Löwen, als Führer einer Unternehmergruppe 1188[68]) einen Vertrag mit Graf Adolf III. von Schauenburg ab. Westdeutsche und flandrische Kaufleute erwarben im Gebiet der „neuen Burg" Gelände zu erblichem und gleichem Recht in

10*

annähernd 50 Anteilen[69]). Diese Kaufmannssiedlung erhielt von Friedrich I. 1189 ein Stadtprivileg.

4. WETTINISCHE GRÜNDUNGEN

Von den Gründungen der Wettiner kommt für das 12. Jh. als Stadtgründung nur die von L e i p z i g in Betracht. In dieselbe Zeit fällt zwar auch die Gründung von Oschatz und Rochlitz, aber bei ihnen handelte es sich nur um Märkte; Städte wurden beide frühestens in der Mitte des 13. Jh.[1])

Neben die Reichsburg Libzi, die sogenannte Altenburg, von der schon Thietmar von Merseburg zum Jahre 1017 Nachricht gibt[2]), stellte sich wohl schon im 11. Jh. im Nordwesten der späteren Stadt eine Kaufmannssiedlung. Wenn freilich schon für 1021 ein oppidum bezeugt wird, so hat sich diese Urkunde als Fälschung erwiesen[3]). Jedenfalls war bereits um die Mitte des 12. Jh. infolge der Ostkolonisation die wirtschaftliche Bedeutung des Platzes so weit gestiegen, daß Markgraf Otto der Reiche um das Jahr 1160 zur Stadtgründung von Lipz überging. Er legte, wie schon oben besprochen, westlich der Hauptfernstraße, der Reichsstraße (via imperii), einen großen Marktplatz in rechteckiger Form an. Der neuen Stadt verlieh er durch einen Stadtbrief, der freilich als Urkunde in höchst primitiver Form ausgestellt war[4]), die Rechte von Halle und Magdeburg[5]). Gleichzeitig erteilte er ihren Bürgern ein besonders günstiges Abgabenprivileg[6]). Leipzig sollte als Fernhandelsstadt wie als gewerblicher Markt gefördert werden. Das hier zum ersten Male auftretende Bannmeilenrecht sicherte dem Markt sein Absatzgebiet[7]).

Die Stadt wurde als civitas, die Einwohner wurden als cives anerkannt. Die Stadtgemeinde tritt auf und erscheint dem Stadtherrn gegenüber als Bedeschuldner, beschränkt auf den Fall einer Reichsromfahrt[8]). Sie war zugleich Markgemeinde[9]). Innerhalb des Stadtbereichs galt Stadtrecht (Weichbild)[10]). Die Hochgerichtsbarkeit unterstand dem Stadtvogt, die Niedergerichtsbarkeit dem Stadtrichter (judex, dann Schultheiß genannt)[11]). Die Gildegerichtsbarkeit wurde durch den Dekan ausgeübt[12]). Die Bürger waren freie Leute und durften nur in ein Muntverhältnis zu ihrem Leiheherrn eintreten[13]). Die von ihnen erworbenen Grundstücke standen den Bürgern nach Marktrecht zu freier Erbzinsleihe zu[14]). Untereinander waren sie zu einer Eidgenossenschaft verbunden, die der Markgraf insofern anerkannte, als er sie selbst zu gegenseitiger Hilfe gegen jeden Rechtsbrecher aufrief[15]). Daraus ergibt sich weiter, daß auch ein bürgerliches Sühnegericht bestand. Von einer Stadtbehörde erfahren wir zwar nichts, doch dürfte wie in Magdeburg und Halle ein Schöffenverband

Leipzig

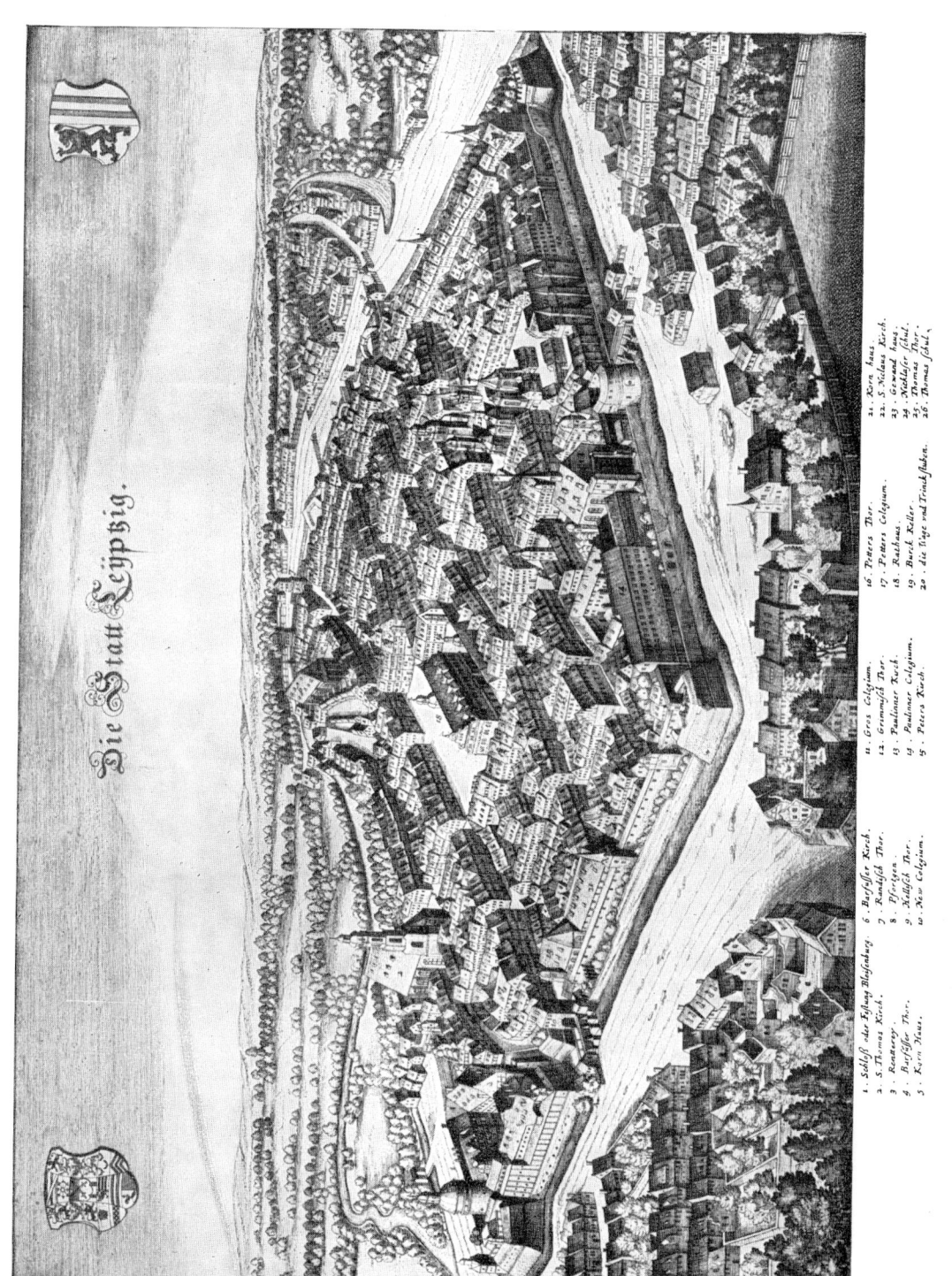

als Rechtssprechungsbehörde existiert und eine Behörde der Jurati die Stadt verwaltet haben[16]). Die in der neubegründeten Stadt Leipzig maßgebenden Rechtssätze entsprachen weitgehendst dem niederfränkischen Recht. Wahrscheinlich lag flandrisches Recht zugrunde[17]).

Die Gründungen der A s k a n i e r aus der gleichen Zeit beschränkten sich auf Errichtung neuer Märkte. Das war z. B. bei S t e n d a l der Fall. Zwischen dem 1022 angelegten deutschen Dorf Stendal im Norden und der markgräflichen Burg im Süden[18]) legte Albrecht der Bär um das Jahr 1164 eine Marktsiedlung an[19]), die von zwei Armen des Flüßchens Uchte umschlossen wurde. Den Einwohnern der neuen villa verlieh Albrecht das Magdeburgische Recht und setzte den Lokator als Stadtrichter ein[20]). Stadt wurde Stendal erst im Beginn des 13. Jh. Ebenso stand es mit Albrechts Marktgründungen A k e n und S a l z w e d e l[21]).

5. BABENBERGISCHE GRÜNDUNGEN

Das Städtewesen des deutschen Südostens hat mit besonderen Hindernissen rechnen müssen. Freilich war die Donaulinie schon zur Römerzeit mit vielen Städten und Wiken besetzt gewesen. Aber in karolingischer Zeit war der östlichste Handelsplatz Lorch (Lauriacum), im 10. Jh. war die Grenze schwankend, und am Ende des 10. Jh. verlief sie von Krems bis nach St. Pölten. Das Wiener Becken, wo noch Konrad II. 1030 eine Niederlage erlitt, konnte in der Mitte des 11. Jh. als gesichert angesehen werden. Im 11. Jh. füllte der Donauraum sich von neuem mit Kaufmannssiedlungen und Märkten, wie in Wien (um 1000), Krems (1014)[1]), St. Pölten (1058), Wels (1061), Tulln[2]) usw. Schon in der ersten Hälfte des 12. Jh. begann man, diese Siedlungen als civitates zu bezeichnen. Das können wir bei Krems und St. Pölten (1125), Wien (1137), Linz (1140), Steyr (1170), übrigens auch bei Friesach (1134—36) und Graz (1189) nachweisen[3]). Was bedeutet nun hier civitas? Keineswegs eine Stadt mit einer Gemeinde, wie sie im deutschen Westen zu Beginn des 12. Jh. so zahlreich entstanden waren. In der „civitas" St. Pölten z. B. herrschte 1125 das Marktrecht (jus forense)[4]), nicht Stadtrecht! Civitas heißt hier vielmehr Burg, Festung. Hier an der Grenze wurden im 12. Jh. durch die Politik der Babenberger die führenden Marktniederlassungen zu Burgen ausgebaut und, wenn möglich, ummauert. In mancher Römerstadt, wie Wels, Linz, St. Pölten, Tulln, mag noch die Römerzeit ausreichendes Mauerwerk hinterlassen haben. Das war vor allem in Wien der Fall: die älteste Markt- und Kaufmannssiedlung lag im Raum des römischen Legionslagers. Seine Mauern waren zum Teil erhalten geblieben und konnten als solche weiter Verwendung finden. Schon um das Jahr 1000 war in der Südostecke des alten Römerlagers an Tuchlauben der Dreiecksplatz entstanden, der erste Marktplatz der Stadt[5]), und um 1100 hatte sich östlich der Römermauern der neue Wik an der Bäckerstraße mit seiner Straßenmarktanlage angesiedelt[6]). Noch im Laufe des 12. Jh. ist dann die südöstliche Stadt im Rechtssinn entstanden. Unter Herzog Heinrich Jasomirgott (1144—77), der Wien zu seiner Residenz erhob, den Bau der neuen Pfalz am Hof vollendete (1158), in dessen Regierungszeit St. Stephan geweiht (1147), das Schottenkloster errichtet wurde (um 1154), blühte Wien so reich und glücklich auf, daß Arnold von Lübeck die Stadt 1172 als die „civitas metropolitana" Österreichs bezeichnen konnte[7]). Vor allem unter Leopold VI. dem Glorreichen (1198—1230) erreichte die Stadt bereits ihre erste Blütezeit. Es entfaltete sich ein reiches Handels- und Gewerbewesen. Wien wurde eigener Stadtgerichtsbezirk, und noch vor Beendigung des Jahrhunderts wurde der Graben vor der Stadtmauer zum gewerblichen Markt ausgebaut[8]). Gleichzeitig dürfte die Stadt ihr erstes Stadtprivileg (schon vor 1191)[9]) erhalten haben, das die Stadtgemeinde und eine Stadtbehörde zur Verwaltung der städtischen Angelegenheiten anerkannte. Noch ein weiterer Umstand kam fördernd hinzu. Das Lösegeld des englischen Königs Richard Löwenherz hatte bereits Herzog Leopold V. zur Verbesserung der Wiener Mauer, aber auch zur Begründung von Grenzfestungsstädten verwendet, vor allem von Wiener Neustadt, Hainburg und Laa[10]). Wiener Neustadt wurde 1192 aus wilder Wurzel fast genau nach dem Wiener Stadtplan in annähernd quadratischem Mauerring errichtet[11]).

6. STAUFISCHE GRÜNDUNGEN

Die staufischen Herrscher des 12. Jh. können sich als Stadtgründer nicht entfernt mit den Zähringern und Welfen messen. Konrad III. hat, soweit wir wissen, keine Städte begründet. Wohl sind die alten Wike Dortmund[1]), Duisburg[2]), Frankfurt[3]) und Nürnberg[4]) in seiner Zeit faktisch Städte geworden, aber ohne daß ihnen besondere Stadtprivilegien erteilt worden wären. Dagegen hat Friedrich Barbarossas fast 40jährige glorreiche Herrschaft das deutsche Städtewesen stark beeinflußt[5]). So hat er Augsburg ein wichtiges Stadtrecht gegeben (1152—56), das freilich die Stellung des Bischofs stark begünstigte[6]). Osnabrück (1171)[7]), Speyer (1182), Worms (1184)[8]) und Regensburg (1161—85)[9]) erteilte er Privilegien, ja den Kölnern gewährte er das Recht zum Bau der neuen Mauer und bestätigte ihnen ihr Gewohnheitsrecht[10]). Nach der Ächtung Heinrichs des Löwen hat er auch den führenden norddeutschen Seestädten Bremen (1186), Lübeck (1188) und Hamburg

(1189)[11]) günstige Gesetze gegeben, die der von Heinrich gewährten Rechtsordnung entsprachen, offenbar mit dem Ziel, diese wichtigen Städte dadurch stärker an sich zu fesseln. Aber den Eidgenossenschaften der Städte im allgemeinen stand Barbarossa aus seiner herrschaftlich orientierten Staatsauffassung her ablehnend gegenüber. Wie er die lombardischen Städte niederzwang, so vernichtete er die Trierer und Mainzer Eidgenossenschaft (1161, 1163)[12]). Um so bemerkenswerter ist

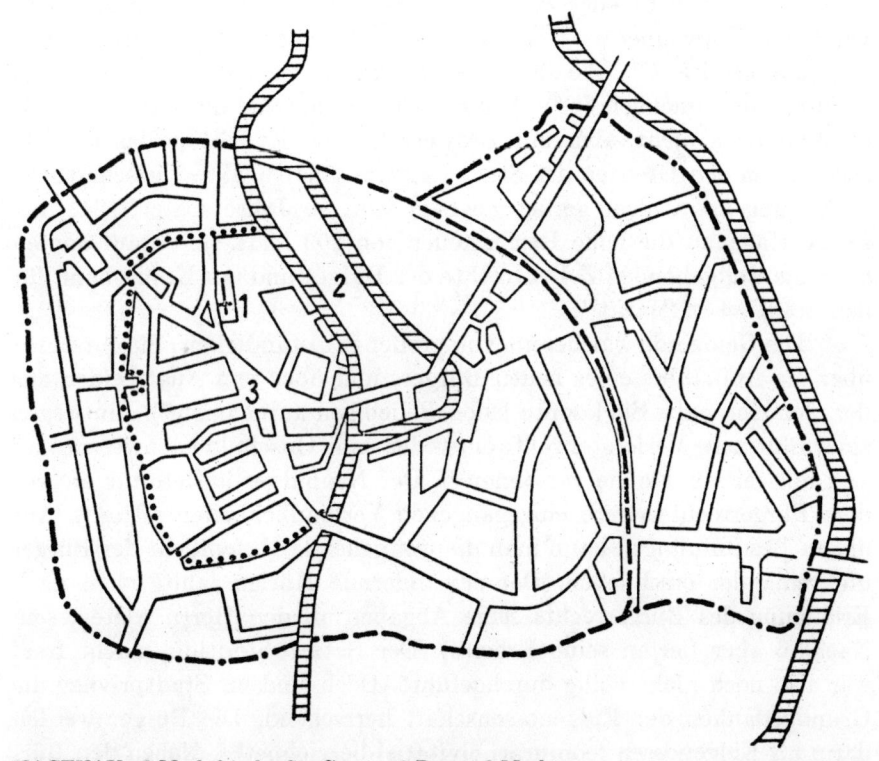

HAGENAU. 1 Marktkirche St. Georg. 2 Burg. 3 Markt.
Altstadt Friedrichs I. 1164 ·······. / *Königsau Heinrichs (VII.) 1221—35* – · –.
Gesamtstadt um 1300 ·—·—·.

es, daß der Kaiser den Wik seiner Lieblingspfalz Hagenau, die er zum Machtzentrum des Imperiums am Oberrhein auszubauen unternahm, mit so großen Vorrechten ausstattete. Er hatte die Pfalz der von Aachen nachgebildet: Hagenau sollte jetzt an Stelle von Aachen die Residenz des Reiches werden.

Die Burg Hagenau war von den Etichonen zwischen 1025 und 1035 erbaut worden. Das Geschlecht der Grafen von Egisheim starb um 1100 aus und Heinrich IV. verlieh die Burg dem Staufer Friedrich von Bühren[13]). Dieser gründete zwischen 1105 und 1125 in Hagenau neben der Burg eine Kaufmannssiedlung, die 1143 eine Pfarrei besaß[14]). Damals bestand bereits ein Markt. Zur Stadt erhoben wurde Hagenau 1164 durch Friedrich Barbarossa[15]). Sie erhielt von dem Kaiser das bedeutendste Privileg, das er je einer Stadt erteilt hat. Freilich wird die Stadt von ihm meist nur als locus oder als villa bezeichnet, was auf einen bloßen Wik hindeuten würde. Doch kann das nicht entscheidend sein. Es kommt immerhin in dem Privileg zweimal die Bezeichnung civitas für Hagenau vor[16]). Die Einwohner der Stadt werden als Bürger, als cives oder burgenses, charakterisiert[17]). Sie sind in einer Stadtgemeinde, dem consortium civium, zusammengefaßt[18]). Ummauert worden ist die Stadt damals offenbar noch nicht, aber mit Erdwerken befestigt. Schon das Privileg spricht von den Grenzen der Stadt (termini ville)[19]). Ihre wirtschaftliche Bedeutung kann nicht gering gewesen sein. 80 Jahre später, 1241, bezahlte Hagenau die hohe Reichssteuer von 200 Mark[20]). Darauf deuten auch die weitgehenden Zollvorrechte der Bürger und der Königsbann für den städtischen Markt[21]).

Die Gemeinde war bereits von großer Selbständigkeit. Sie entschied über die Aufnahme eines neuen Bürgers und über sein Ausscheiden aus der Gemeinschaft. Sie konnte jeden Beliebigen aufnehmen[22]). Ein wegen einer Blutsache Verfolgter sollte entweder seine Unschuld nachweisen oder sich mit seinem Feinde versöhnen[23]). Der Neubürger haftete für die vor dem Bürgerrechtserwerb eingegangenen Verbindlichkeiten allein[24]). Aus diesen Bestimmungen kann man die weitgehende Hilfepflicht der Bürger untereinander erschließen. Der zuwandernde Hörige zahlte auch nach Erlangung des Bürgerrechts seine Abgaben an den Herrn weiter; sein Nachlaß aber fiel an seine Erben[25]). Der Satz: „Stadtluft macht frei" war also noch nicht völlig durchgeführt. Doch sind im Stadtprivileg die Grundgedanken der Eidgenossenschaft herrschend. Die Bürger werden darin als Eidgenossen (conjurati civitatis) bezeichnet[26]). Neben den Bürgern steht eine bevorzugte Gruppe der meliores, die der Kaiser seine Getreuen, loci fideles, nennt. Die Getreuen waren freie Leute, von jeden Abgabe- und Herbergspflichten befreit. Sie bildeten eine Selbstverwaltungsbehörde, die einen Nachlaß, dessen gesetzlicher Erbe in der Stadt nicht anwesend war, auf ein Jahr zu verwahren hatte. Den Lebensmittelhandel wie auch den Weinschank und das Bäckereigewerbe hatten sie zu überwachen[27]). Im städtischen Sühnegericht traten sie als Öffentlichkeitszeugen auf[28]). Dieses Sühnegericht war neben Verstößen gegen Bürgerpflichten auf kleinere Fehdesachen, wie Beleidigungen und Wunden, beschränkt[29]). Das Strafmittel des Sühnegerichts war der Ausschluß aus der Gemeinde und damit die Verweisung aus der Stadt[30]). Richter war der kaiserliche Schultheiß, der aber aus bürgerlichen Kreisen gestellt wurde[31]). Für die Bürger war allein das Stadtgericht zuständig[32]). Die maßgebende Rechtsordnung ergab sich aus dem Stadtrecht (jus civile)[33]).

Im Jahre 1165 hat vermutlich Friedrich I. bei seiner Anwesenheit im Pleißenland zur weiteren Befestigung des Reichsgutes Chemnitz, Zwickau und Altenburg zu Städten erhoben, der Stadt Altenburg eine Handfeste erteilt und ihren Stadtraum erheblich erweitert[34]). Aus dem Kreise seiner Pfalzstädte hat Friedrich I. für Gelnhausen 1170 ein Gründungsprivileg erteilt[35]). Aber dessen Inhalt zeigt, daß hier nur eine Kaufmannssiedlung (villa) ins Auge gefaßt war. Den Gelnhäuser Kaufleuten wird darin weitgehende Zollfreiheit und freies Bodenrecht gewährt und der Wik zu einem selbständigen Gerichtsbezirk erhoben[36]). Stadt dürfte Gelnhausen erst am Ende des 13. Jh. geworden sein[37]). Auch die Pfalzstadt Aachen erhielt 1166 von Friedrich eine neue Rechtsordnung. Das Privileg vom 9. Jänner stellt sich als ein echtes Kaufmannsprivileg dar. Es regelt die Aachener Jahrmärkte, Geleit und Zollfreiheit für die Kaufleute, Jahrmarktfrieden, Münze und Geldwechsel. Aachen erscheint hier noch als Wik (locus regalis)[38]). In dem einen Tag früheren Privileg Barbarossas vom 8. Jänner 1166 wird allen Einwohnern Aachens die persönliche Freiheit zugesichert, nicht nur den Kaufleuten, Zuwandernde ausgenommen. Aber die Einwohner (indigene) werden nicht als cives bezeichnet, und wenn Aachen „civitas sacra et libera" genannt wird, so bezieht sich das ohne Zweifel auf die Pfalz Karls des Großen[39]). Immerhin wird hier der Übergang zur Stadtverfassung angedeutet. Wenige Jahre später nämlich, 1172, befahl Barbarossa den Aachenern, binnen 4 Jahren eine Mauer um die ganze Stadt zu errichten[40]). Das geschah, und so ist Aachen noch im Laufe des 12. Jh. zur Stadt emporgestiegen. 1192 tritt die universitas der Bürger und das Kommunalorgan des Schöffenkollegs, bald danach das Stadtsiegel auf[41]). Das Privileg für Wetzlar von 1180 endlich beschränkt sich auf die Erteilung des Kaufmannsrechtes[42]).

Die Städtepolitik Friedrich Barbarossas zielte in erster Linie darauf ab, die Stadt als Großburg zur Sicherung der Reichs- und Landherrschaft zu verwenden. Wie er am Oberrhein und in Schwaben Burgen errichtete und mit seinen Reichsdienstmannen besetzte, so förderte er hier auch die städtische Entwicklung, um feste Bollwerke seiner Herrschaft zu erzielen[43]). Besonders klar kann man das in Schwaben verfolgen, wo er die Ostgrenze gegen Bayern sicherte durch Förderung von Ulm, Donauwörth, Schwäbisch-Gmünd, Bopfingen, Schwäbisch-Hall, Dinkelsbühl und Rothenburg ob der Tauber. Die Ulmer Königspfalz mit ihrem Wik hatte Heinrich der Stolze 1131 und 1134 zerstört, dann Konrad III. wieder hergestellt. Friedrich I. ließ Pfalz und Marktsiedlung stark befestigen. 1184 heißt Ulm civitas[44]). Donauwörth ließ Barbarossa 1179 ummauern[45]). In Schwäbisch-Gmünd treten schon 1162 15 cives als Zeugen auf, und der Ort wird 1188 burgum genannt[46]), wie auch Bopfingen und Dinkelsbühl[47]). Schwäbisch-Hall blühte schon im 11. Jh. durch seine Salzquelle auf, erhielt 1156 einen Jahrmarkt und wurde in den letzten Regierungsjahren Friedrichs I. zur Reichsmünzstätte und zur Stadt erhoben und stark befestigt. 1200 heißt der Ort civitas[48]). Die meisten dieser Städte sind im 12. Jh. wirtschaftlich unbedeutend geblieben und waren mehr als Festungen dem Kaiser wertvoll. Nur Ulm, Schwäbisch-Hall und vielleicht Donauwörth konnten sich mit älteren Städten vergleichen; die Stadtgemeinde war aber auch in ihnen erst im Werden begriffen.

Eine zweite Gruppe von Städten begünstigte Friedrich I., weil sie Mittelpunkte des Reichsgutes waren. Neben Gelnhausen erhob Friedrich die Burgen von Eger[49]) und Wimpfen zu Reichspfalzen (um 1180) und förderte die neben ihnen entstandenen Wiken, so daß Eger bereits 1195[50]) civitas[51]) genannt wird. Gleichzeitig wird von einer Stadtgemeinde gesprochen, die sich in Eger 1203 als eine Steuergemeinde erweist[52]). In Wimpfen scheint die Entwicklung langsamer fortgeschritten zu sein[53]).

Wenn Mühlhausen und Nordhausen 1180 als kaiserliche Städte (civitates imperatoris)[54]) charakterisiert werden, so liegt hier wohl eine irrende Übertreibung vor. Denn Nordhausen war seit 1158 von Friedrich I. dem dortigen Reichsstift überlassen und ist erst 1220 unter Friedrich II. aus der Stiftsabhängigkeit ausgelöst worden[55]). Beide Orte waren noch keine Städte. Mühlhausen war in der Karolingerzeit eine fränkische Ansiedlung und Burg gewesen und unter den Ottonen zur Pfalz erhoben worden. Unter den Staufern bestand in Mühlhausen eine Marktansiedlung, die vermutlich von Friedrich I. mit einem Privileg ausgestattet worden ist. Denn das Mühlhauser Reichsrechtsbuch, eine Privatarbeit, die um 1200 entstanden ist, berichtet von der Herrschaft des Satzes: „Stadtluft macht frei" und anderer kaufmännischer Sätze[56]), die der Verleihung bedurften. Beide Orte sind im Beginn des 13. Jh. Städte geworden[57]).

Als Städtegründer kommt Friedrich Barbarossa also nur in sehr wenigen Fällen in Betracht. Aber seine starke Hand hat dem Reiche eine so große politische und wirtschaftliche Blüte gebracht, daß diese gerade den Städten in höchstem Maße zugute kam. In seiner Regierungszeit hat sich das ganze Reich mit neuen Wiken durchsetzt, haben sich diese mit wirtschaftlicher Kraft vollgesogen. Nur so ist es verständlich, daß das 13. Jh. die größte Stadtgründungsepoche geworden ist, die die Deutschen erlebt haben.

Heinrichs VI. kurze Regierungszeit gibt keinen genügenden Anhalt, um das Wesen seiner Städtepolitik zu erkennen. Ihn einen „verständnisvollen Förderer der Selbstverwaltung der Städte" zu nennen, dazu liegt kein genügender Anlaß vor. Außer Zoll- und Handelsprivilegien für einige Pfalz- und Bischofsstädte kann man dafür nur 3 Privilegien für Worms, Speyer und Konstanz anführen, die die Selbstverwaltungskörper der Bürger ordneten und in Konstanz eine bischöfliche Steuer aufhoben[58]). Nur die Stadtgründung von Breisach kann man Heinrich VI. mit Sicherheit zuschreiben[59]). Den ganzen Reichsbesitz um den Breisachberg, der schon in vorrömischer Zeit besiedelt gewesen war, hatte Kaiser Heinrich II. dem Bischof von Basel geschenkt. Neben der Burg und dem Hof Breisach war aber 1146 bereits eine Kaufmannsniederlassung (villa) auf dem Berg entstanden[60]). Als nun die Zähringer mit der Begründung der Stadt Neuenburg (zwischen 1171 und 1181) an den Rhein vorgestoßen waren, beschlossen die Staufer, sich ebenfalls auf dem rechten Rheinufer festzusetzen. Heinrich VI. schloß 1185 mit dem Bischof von Basel einen uns erhaltenen Vertrag[61]), der ihm gestattete, den Bergrücken zu einer Stadt von Gewerbetreibenden mit eigenem Gerichtsbezirk auszubauen. Der Stadtgemeinde verlieh Heinrich VI. alsbald ein Privileg, das zwar nicht erhalten ist, dessen Inhalt aber zum Teil aus der Bestätigung Rudolfs I. von 1275 ermittelt werden kann[62]). Er schloß sich in manchen Bestimmungen an das Freiburger Stadtrecht an, wie auch der Stadtplan dem zähringischen entsprach[63]). Die Stadt heißt burgum[64]), war also mit Erdwerken befestigt; eine Ummauerung erhielt sie erst im Anfang des 14. Jh.

Vielleicht hat Heinrich VI. auch Memmingen zur Stadt erhoben[65]). Der Ort war in fränkischer Zeit eine alemannische Dorfsiedlung mit der Pfarrkirche des St. Martin, wurde im 10. Jh. welfisch und bald ein Hauptsitz der Welfen. Neben Dorf und Burg stand um die Mitte des 12. Jh. eine Kaufmannssiedlung mit einem umfangreichen Marktplatz; sie wurde mit Wall und Graben umgeben. Diese spätere Altstadt, 1165 oppidum genannt, heißt bereits 1182 civitas. 1191 fiel Memmingen nach dem Tode Welfs VI. an die Hohenstaufen. Alsbald erhielt die Altstadt einen Mauerring in fast viereckiger Form mit 4 Toren, vermutlich durch Heinrich VI., der damit diesen wichtigen Grenzplatz zur Festung und zur Stadt erhob, um seinen schwäbischen Besitz zu sichern.

7. KLOSTERSTÄDTE

Von den Klosterstädten, deren Märkte zum Teil bereits im 10. oder 11. Jh. von den Kaisern verliehen worden waren, haben manche schon am Ende des 12. Jh. die Entwicklung zur Stadt erlebt. Zwischen 1170 und 1180 sind die Altstädte von Herford und Quedlinburg begründet worden[1]). Zwischen 1185 und 1206 kämpften die Bürger von Hameln mit denen von Minden einen Zollstreit aus[2]). Eine Stadtgemeinde darf also in all diesen Orten am Ende des 12. Jh. angenommen werden. Auch hessische Klosterstädte haben früh diese Entwicklung durchgemacht. In Fulda, wo bereits 1019 ein Markt bestand, legte der Abt Marquart I., wohl um 1160, die Stadt an[3]). Hersfeld heißt 1170[4]), Wetzlar 1180 civitas[5]): beide Orte zeigen bald ein starkes gemeindliches Leben.

8. DEUTSCHE KAUFMANNSSIEDLUNGEN IM AUSLAND

Besonders lehrreich sind für das 12. Jh. auch die deutschen Kaufmannssiedlungen im Ausland. Sie halten sich auf der Stufe der Wike; ihre deutschen Bewohner sind Kaufleute, in Schwurgilden geeinigt. Das berühmteste Beispiel bietet das schwedische W i s b y auf Gotland[1]). Hier sammelten sich Kaufleute schon im Beginn des 12. Jh., nachdem Birkas Blütezeit schon im 10. Jh. zugrunde gegangen war. Lothar III. gewährte den Deutschen in Wisby ein Privileg, das sie als Kaufleute des Kaisers (mercatores imperatoris Gotlandiam frequentantes) unter seine Munt nahm, 1133—36[2]). Die Kaufleute lebten miteinander in einem beschworenen Frieden, und der Aldermann ihrer Hanse übte mit der universitas der Kaufleute Selbstverwaltung und Gerichtsbarkeit aus[3]). Lothars Enkel, Heinrich der Löwe, nahm die Politik des Ahnen auf und bestätigte dessen Privileg 1161 dahin, daß er als Vertreter des Kaisers im Norden diesen Königsschutz bekräftigte und ihn durch Sätze öffentlichen Strafrechtes sowie durch Ernennung des Aldermanns Adalrich zum Vogt der Kaufleute weiter ausbaute[4]). Diese universitas der Kaufleute auf Gotland war die wichtigste Organisation des deutschen Kaufmanns im Ostseeraum, von der die Geschichte der Deutschen Hanse ihren Ausgang nahm[5]). Die Entwicklung Wisbys zur Stadt vollendete sich erst nach der Mitte des 13. Jh., nachdem sich Deutsche und Goten zu einer Stadtgemeinde zusammengeschlossen hatten (commune civitatis tam Theotonicorum quam Gutensium)[6]).

Wie im schwedischen Wisby bestand auch in dem dänischen S c h l e s w i g im 12. Jh. eine Schwurgilde der Kaufleute. Das alte Sliaswich-Hedeby am Südufer der Schleibucht, einstmals der führende Platz besonders für den Austausch deutscher Tuche und skandinavischer Pelze, war 1066 durch die Wenden zerstört worden[7]). Eine neue Ansiedlung wurde am Ende des Jahrhunderts am Nordufer der westlichen Schleibucht auf einer künstlichen, zur Insel umgestalteten Landzunge

Kiel

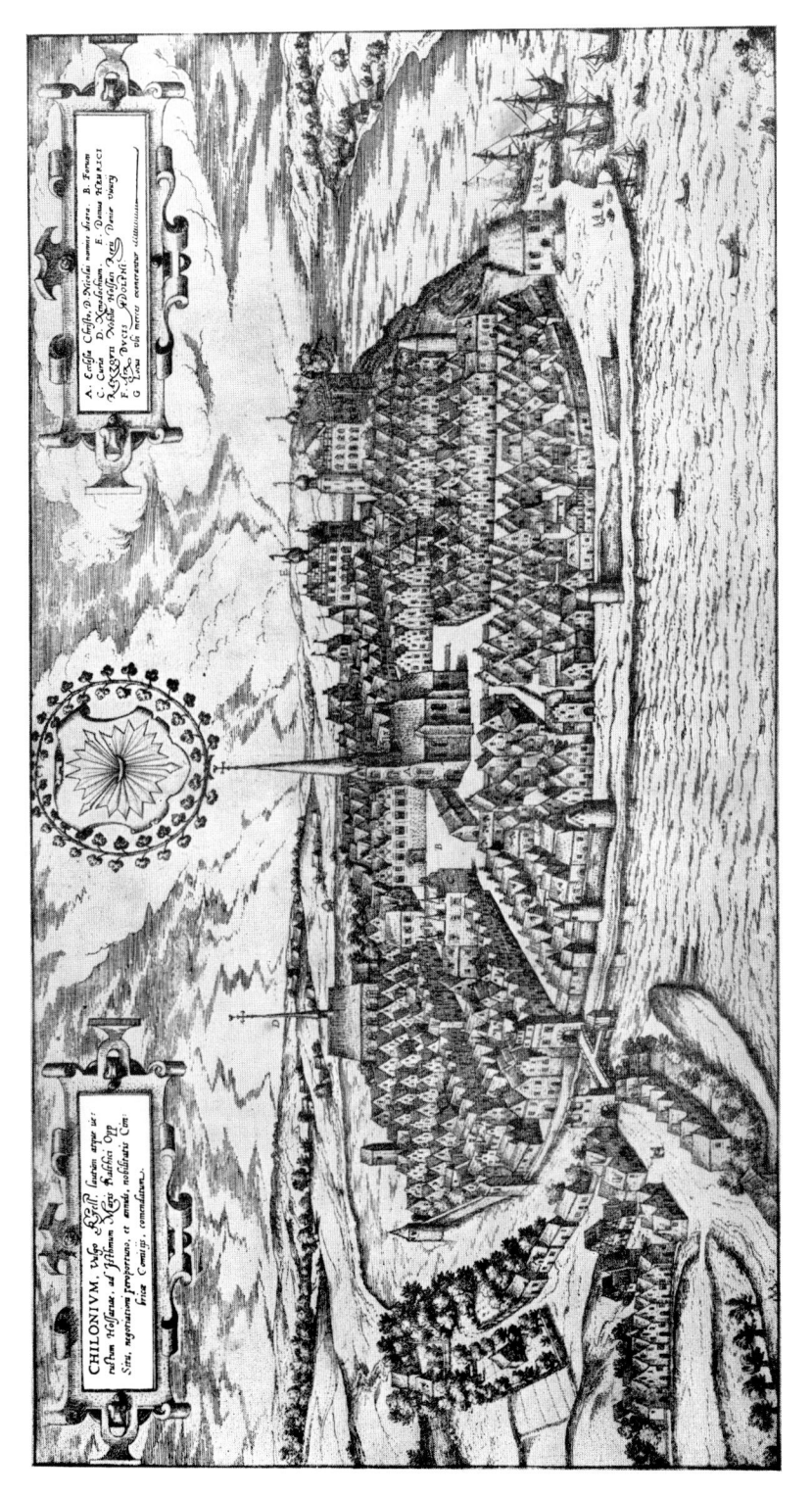

angelegt[8]) und nach der Zerstörung Schleswigs durch Heinrich den Löwen 1156/57 neu mit Erdwällen und Planken befestigt. Die deutschen Kaufleute waren nordwestdeutschen Ursprungs, sie standen in ihrer Schwurgilde vereinigt (summum convivium) unter der Munt des dänischen Königs. Für den Königsschutz hatten sie dem Herrscher nach dem Privileg des Königs Erich (1095—1103) jährlich eine bestimmte Zahl von Marderfellen zu leisten[9]). Die geschworenen Gildebrüder (fratres conjurati) leisteten sich untereinander im Eidesfalle Sippenhilfe[10]). Ihr Recht entsprach dem Kaufmannsrecht des Niederrheins, das im Gildegericht den Urteilen zugrundegelegt wurde[11]). Hochgerichtsherr war der Vogt des dänischen Königs. Etwa um das Jahr 1200 erließ der König ein Stadtrecht, das viel älteres Recht enthielt. Darin treten 4 Senioren für die Bürgerschaft auf, aber die Kaufmannsgilde, die St. Knudsgilde, behielt noch bis an das 15. Jh. ihre Vorrangstellung. In der Mitte des 13. Jh. wurde die Ratsverfassung eingeführt.

Im Ostseeraum sind im 12. Jh. noch weitere Siedlungen deutscher Kaufleute entstanden. So z. B. eine im slawisch-pommerschen, soeben christianisierten Stettin, die zwischen den Jahren 1124 und 1126 nachgewiesen werden kann[12]), in Danzig, dem Besitz der slawischen Herzöge von Pommerellen, wo eine Kaufmannssiedlung um 1178 in der Nähe der etwa 1190 entstandenen Nikolauskirche angelegt wurde[13]).

Auch in Südosteuropa finden sich gleichartige Erscheinungen. Besonders wichtig ist Prag. Hier läßt sich für den Beginn des 10. Jh. die Burg der tschechischen Herzöge, für seine 2. Hälfte ein reicher Handelsverkehr nachweisen[14]). Mit der Errichtung des Bistums 973 begann die Entstehung kirchlicher Institute: der Benediktinerinnen von St. Georg, der Benediktiner in Braunau, der Basilika St. Veit 1060, der Kollegialkirche St. Peter und Paul 1070. Im Raume der späteren Altstadt siedelten sich deutsche Kaufleute in mehreren Wiken an, denen bereits Wratislaw II. (1061—92) seinen Schutz verlieh und über deren Bedeutung uns Cosmas Nachricht gibt. Wratislaws Enkel, Sobieslaw II., hat das Privileg seines Ahnen 1176—78 bestätigt und vermehrt[15]). Danach sollen die Deutschen freie Leute[16]) sein, und zwar auch Zuwandernde, die sie in ihre Gemeinschaft aufnehmen. Sie leben nach deutschem Recht, über dessen Inhalt sie autonom entscheiden[17]), besitzen ein eigenes deutsches Gericht[18]) und eine eigene Kaufmannskirche. Richter und Pfarrer wählen sie selbst[19]). Sie sind von jeder Kriegsdienstpflicht befreit, nur zur Verteidigung Prags sind sie verpflichtet[20]). Obwohl für Prag in diesem Privileg schon von civitas[21]) gesprochen wird, handelte es sich damals noch um das Stadium des Wiks. Ohne Zweifel waren die Kaufleute zu einer gildenartigen Schwurgenossenschaft zusammengeschlossen[22]). Erst um 1220 wurde die Altstadt Prag Stadt im Rechtssinne.

Ein anderes südöstliches Beispiel bietet G r a n an der Donau. Die alte keltische und römische Siedlung Solva tritt im 9. Jh. als slawische Burg (Strigonium) wieder auf und war Ende des 9. Jh. Hauptsitz der Ungarn, wo eine königliche Pfalz und ein Erzbistum eingerichtet wurde[23]). Seit dem 12. Jh. wissen wir von einer Kaufmannssiedlung mit der Kirche St. Nikolaus an der kleinen Donau, von wo aus ein reger Handelsverkehr mit Südrußland betrieben wurde[24]). Die Kaufleute lebten in einem vicus gildenmäßig zusammengefaßt; es waren Ostfranzosen und Westdeutsche (vicus Latinorum), sie besaßen eigene Gerichtsbarkeit und Selbstverwaltung. Um 1200[25]) wurde der Wik befestigt, und es begann die Entwicklung zur Stadt[26]).

II. TEIL

DIE DEUTSCHE STADT SEIT DEM 13. JAHRHUNDERT

I. Abschnitt

STADTGRÜNDUNGEN UND TOPOGRAPHIE

STADTGRÜNDUNGEN

Das 12. Jh. hat, wie wir sahen, die deutsche Stadt geboren. Keine dieser Städte stand jedoch bereits in ihrer Geburtsstunde in stolzer Vollendung da. Jede wies vielmehr die Spuren zähen Kampfes auf. Gaben doch nur wenige Stadtgründer ihrer Schöpfung streitlos hin, was sie zu ihrem Aufbau bedurfte, wie das die Zähringer und Heinrich der Löwe in großzügiger Weise getan haben. Ihre Stadtgründungen waren daher Vorbilder nicht nur für die eigene Epoche, sie blieben es auch für das kommende Jahrhundert. Die eigentliche Anregung für diese Stadtgründungen konnte aber nur von den Bischofsstädten des Westens ausgehen, deren bedeutendste im 12. Jh. Köln geblieben ist. Seinen Entwicklungsstand erreichten damals nur einzelne zähringische und welfische Gründungen. Im ganzen lassen sich für den Ausgang des 12. Jh. im Reich etwa 50 Städte nachweisen. Ungefähr 30 waren Bischofs- und Klosterstädte, etwa 10 Neugründungen, weitere 10 älteren Ursprungs gehörten dem König (wie Aachen, Dortmund, Frankfurt oder Goslar) oder anderen Stadtherren (wie Soest, Erfurt und Halle, die im Besitz der Erzbischöfe von Köln, Mainz und Magdeburg waren). Kaum eine von diesen Städten ist im 13. Jh. an Bedeutung zurückgegangen, ja manche stiegen in dieser Zeit steil empor, wie Köln, Mainz, Straßburg, Magdeburg, Soest, Lübeck und Wien. Durchschnittlich hielten sich alle auf beträchtlicher Höhe.

1. MOTIVE DER STADTGRÜNDUNG
a) Fernhandelsstädte

Die städtische Entwicklung ging im 13. Jh. völlig andere Wege als bisher. Die Zahl der anerkannten Städte mehrte sich in geradezu unerhörter Weise. Schon bis zum Ende des 13. Jh. hatte sie sich mehr als

verzehnfacht. Diese neuen rund 500 Städte weisen fast durchgängig einen
anderen Charakter auf als die älteren. Nur wenige von ihnen gehen noch
auf Kaufmannssiedlungen alten Stils zurück. Ein berühmtes Beispiel
bieten freilich noch die Stadtgründungen an der Ostsee. Hier hatte der
deutsche Kaufmann, vom Westen her kommend, sich schon im 9. Jh.

WISMAR. 1 Dominikanerkloster 1292. 2 Franziskanerkloster 1251. 3 St. Georg 1250.
4 St. Marien 1226. 5 St. Nikolai 1260—72. 6 Lübsches Tor 1284. 7 Mecklenburger Tor
1272. 8 Poelertor nach 1250. 9 Alt-Wismar-Tor 1278. 10 Markt. 11 Rathaus. 12 Fürstenhof.
*Wendisches Fischerdorf 1167; um 1200 deutsche Kaufmannssiedlung St. Nikolai ········ . /
Um 1226 Stadtgründung St. Marien, Beteiligung lübischer Kaufleute ———. / 1250 Begründung der Neustadt St. Georg; 1257 Erbauung der Burg. / 1275/76 Befestigung der
ganzen Stadt durch Wall und Graben; um 1400 Steinmauer* —○—

an der Schlei, dann im Beginn des 12. Jh. an der Trave Etappenstationen
für seinen Handel nach Skandinavien und Rußland geschaffen und von
dort, besonders von Lübeck aus, im 12. und 13. Jh. die ganze Ostsee-

küste entlang Kaufmannswiken angelegt. In Wisby auf Gotland erfuhr dieser deutsche Kaufmannswik bereits durch Lothar III. kaiserlichen Schutz. Auch in Stettin und Danzig erstanden Kaufmannsniederlassungen im Verlauf des 12. Jh., in Rostock und Wismar[1]) an der Wende zum 13., in Dorpat, Riga und Reval[2]) in der ersten Hälfte des 13. Jh. Sie alle wurden noch im Verlauf der Regierungszeit Friedrichs II. zu Städten mit deutscher Stadtgemeinde erhoben. Im Südosten des Reiches läßt sich eine ähnliche Entwicklung in Prag, Gran und Breslau erkennen. In Prag sind die Siedlungen der deutschen Kaufleute schon für das 11. Jh. nachweisbar, in Gran für die Mitte, in Breslau für das Ende des 12. Jh. Städte wurden alle drei in der Zeit Friedrichs II., Breslau unmittelbar nach der Schlacht von Liegnitz von 1241[3]).

b) Stadtbegründung durch gewerbliche Märkte

Im ganzen aber waren solche neuen Kaufmannssiedlungen jetzt Ausnahmen. Es ist kennzeichnend, daß Städte dieser Art fast nur noch an den Grenzen des Reiches oder im benachbarten Ausland auftreten, um eben dem Fernhandel mit diesen Gegenden zu dienen. Die Stadterhebungen und Stadtgründungen innerhalb des Reiches selbst aber waren nun in der Regel auf andere Motive zurückzuführen. Wenn freilich etwa ein Platz an einer Salzhandelsstraße sich zum Transportzentrum eignete, so siedelten sich dort auch Salzhändler und Frachtführer an und bildeten den Ausgangspunkt für die neue Stadt; das war der Fall z. B. in München und in Landsberg am Lech.

Die neuen Städte auf altem Reichsboden sind jetzt dadurch gekennzeichnet, daß nur noch ein immer geringer werdender Prozentsatz an führenden Handelsströmen und -straßen angelegt wurde. Zwar treten gerade im 13. Jh. am Rhein noch viele neue Städte hervor. Aber die meisten von ihnen verraten schon durch ihren Namen keltisch-römische Herkunft, und ihre Kaufmannswiken gehen in die frühe Kaiserzeit zurück, wie das in Neuss, Deutz, Bonn oder Koblenz der Fall ist[1]). Auch die Neugründungen am Niederrhein, wie Emmerich, Rees und Wesel, erhielten bereits 1142 ein Zollprivileg des Erzbischofs von Köln für ihre Kaufleute[2]). An der Donau entstanden ebenfalls im 13. Jh. Städte, wie Linz, Enns, Krems und Tulln, aber auch sie waren als Kaufmannssiedlungen erheblich älter. Sie bestanden bereits in salischer Zeit. Nur Enns entwickelte sich erst unter den Staufern als Ersatz für das untergegangene Lorch[3]). An der unteren Elbe wurden im 13. Jh. Aken und Tangermünde als Städte anerkannt; beide waren jedoch bereits um die Mitte des 12. Jh. Kaufmannssiedlungen und Zollstationen gewesen[4]). In Meissen belebte sich gleichzeitig der 983 vernichtete alte portus, der im Anfang des 13. Jh zur Stadtentstehung führte[5]).

Der Fernhandel als Stadtgründungsmotiv tritt also im 13. Jh. völlig zurück. Die Zahl der Fernhandelsstädte steigerte sich nur noch in geringem Umfang; sie war durch die Stadterhebungen des 12. Jh. annähernd erschöpft. Der Typus der neuen Stadt des 13. Jh. ging vom **gewerblichen** Markte aus. Die Stadt war **gewerbliches** Zentrum eines landwirtschaftlichen Bezirks. Die schon mit Otto III. einsetzende Marktgründungsepoche hatte in salischer und staufischer Zeit das ganze Reich mit mehreren Hunderten solcher gewerblichen Märkte überzogen[6]). Diese Märkte bildeten jetzt die Grundlage für die neue Stadt.

Auch die im 13. Jh. entstehenden Städte im Koloniallande des Ostens gingen zum Teil auf Märkte aus staufischer Zeit zurück, freilich nur solche, die im engsten Bereich von Elbe und Saale lagen: im Norden Brandenburg (1170, 1196) und Perleberg (1137), im meissnischen Gebiet Chemnitz (1143), Oschatz (1156—90), Pegau (1181), Rochlitz (1156—90) und Zwickau (1192).

Freilich läßt sich bei manchen Städten des 13. Jh. nicht nachweisen, daß dort ein Markt vorausgegangen ist. Dennoch werden wir das im allgemeinen annehmen dürfen. Gewiß wird häufig zwischen Marktbildung und Stadtgründung nur eine kurze Zeitspanne liegen, wie etwa bei den askanischen Marktgründungen Stendal, Aken, Salzwedel und Brandenburg, die erst im Ausgange des 12. Jh. als solche begründet wurden, aber bereits im Anfang des 13. Jh. als Städte dastehen. Ähnlich war es wohl in Hannoversch-Münden, das um 1182—85 Markt und um 1200 Stadt wurde[7]), oder etwa in Enns, das um 1160 Markt, um 1200 Stadt gewesen ist[8]). Aber ebenso kam es nachweisbar vor, daß zwischen Marktbildung und Stadtentstehung Jahrhunderte lagen. So sind z. B. die in salischer Zeit entstandenen Märkte von Brixen (1080, 1380), Emden (1269), Fürth (1007, 14. Jh.), Radolfzell (1100—1267), Staveren (1108, 14. Jh.) erst im 13. oder 14. Jh. Stadt geworden[9]). Regelmäßig wird der Entstehung der Stadt ein Marktflecken vorausgegangen sein.

Damit soll nun nicht behauptet werden, daß es in dieser Zeit nicht auch Stadtgründungen ohne Vorausgang eines Marktes, ja sogar ohne vorausgehende Siedlung überhaupt, also **aus wilder Wurzel**, gegeben hätte. Besonders im deutschen Osten war das nicht selten. Die fortgeschrittene Stadtgründungstechnik brachte es dort mit sich. Der Stadtgründer beauftragte einen locator oder auch mehrere mit der Durchführung der Gründung. Dessen Hauptaufgabe bestand darin, die zukünftige Einwohnerschaft der Stadt im Reiche zu ermitteln und für diese anzuwerben. Damit erreichte man, daß nach Beendigung des Gründungsstadiums sofort eine organisierte Stadtgemeinde bestand und die Siedlung als Stadt anerkannt werden konnte. In Schlesien sind solche Gründungen ziemlich häufig. Bekannte Beispiele sind: Bolkenhain (1241—50), Landeshut (1249), Neumarkt (1223), Schönau (vor 1295), Schweidnitz (1241—49)[10]. Andere Stadtgründungen im Osten des Reiches aus wilder Wurzel waren Kiel (1233), Malchin (1226), Marienwerder (1233) und Berlin (1230)[11]. Aber auch im Westen, im Inneren und im Süden des Reiches kamen solche Neugründungen ohne ersichtliche Siedlungsgrundlage vor. Beispiele dafür stellen Hamm (1226), Eisenberg (1210), Dieburg (vor 1200) und Bremgarten (nach 1200)[12,13].

c) Die Burg als Vorsiedlung

Aber solche Stadtgründungen aus wilder Wurzel sind doch im ganzen genommen im 13. Jh. Ausnahmen geblieben. Je tiefer die Siedlungsforschung in die Entstehungsgeschichte der deutschen Städte eindringt, mit um so größerer Klarheit erweist sich, daß im Normalfall der Stadtsiedlung andere Ansiedlungen vorausgegangen sind. Neben dem Markt bleibt im ganzen 13. Jh. die **Burg** die regelmäßige Vorsiedlung. Diese war in karolingischer oder ottonischer Zeit meist mit einer Kaufmannssiedlung älteren Stils, später mit einem Marktflecken, d. h. mit einer gewerblichen Marktansiedlung, verbunden. Es ist keineswegs selten, daß Städte des 13. Jh. auf karolingische Pfalzen, Kastelle oder Königshöfe zurückgehen; alle 3 waren „Burgen", zwar nicht ummauert, aber mit Erdwerken und Palisaden befestigt, und sind im Laufe des Jahrhunderts häufig stärker befestigt worden. Die Pfalzen von Heilbronn (841), Nimwegen (777), Schlettstadt (776)[1] und Zürich haben noch im 13. Jh. den Charakter von Burgen bewahrt und fortgesetzt. Die Kaiserpfalz auf dem Lindenhof in Zürich erneuerte Heinrich III., die Pfalz auf dem Valkhof in Nimwegen Friedrich I. Als Städte wurden diese Pfalzorte erst in den Anfangsjahren der Regierungszeit Friedrichs II. anerkannt[2]. Auch nur schwach befestigte karolingische Königshöfe übten noch im 13. Jh. bei Stadtgründungen die Funktion der Burg aus. So wurde der fränkische Königshof in Mühlhausen in spätottonischer Zeit zur Pfalz entwickelt und Mittelpunkt der Stadt (um 1200)[3]. Den an Kloster Lorch vergabten karolingischen Königshof in Oppenheim erwarb Konrad III. für das Reich zurück und baute ihn zur Reichsburg um; um 1220 wurde Oppenheim als Stadt anerkannt[4]. Ravensburg, das Amtsgut eines fränkischen Grafen von etwa 750, ging um 1000 in den Besitz der Welfen über; um 1130 wurde es Marktflecken, um 1220 Stadt[5]. Auch der karolingische Königshof in Friesach wurde in der Hand der Erzbischöfe von Salzburg die Burg für die neue Stadt Friesach[6]. In Recklinghausen befestigte der

Erzbischof von Köln 1179 die alte karolingische Burganlage neu; die Stadt ist 1235 bezeugt[7]). Ähnliches läßt sich in zahlreichen anderen Städten verfolgen[8]). Besonders interessant ist die Geschichte von Marsberg. Die von Karl dem Großen 772 eroberte alte sächsische Volksburg Eresburg bot 1232 der Stadt Marsberg ausreichenden Platz; die Bürger der am Fuße des Berges entstandenen Villa Horhusen siedelten damals auf den Berg über[9]).

Von den Burgen Heinrichs I., Quedlinburg, Nordhausen und Duderstadt[10]), leiten sich die gleichnamigen Städte des beginnenden 13. Jh. her. Auch Grona bildete zunächst den Kern für die spätere welfische Stadt Göttingen (um 1200), die freilich dann die alte Pfalz- und Reichsburg mehrfach zerstörte (1200, 1291)[11]). Burgen der Ottonen, wie Altenburg (976), Boppard (975), Cham (976), Helmarshausen (997), Krems (995) und Steyr (985), blieben Ausgangspunkt für diese Städte[12]). Ebenso ging es mit den Amtsburgen königlicher Grafen, wie Aschersleben, Dordrecht, Northeim, Donauwörth und Tübingen, die um die Jahrtausendwende nachweisbar sind[13]). Im Osten haben militärische Zentren, königliche Burgwardbezirke, wie Brandenburg (928), Eilenburg (961), Strehla (950), Tangermünde (1009), Torgau (940) und Werben, den künftigen Stadtkern abgegeben[14]).

Königliche Pfalz oder Königsburg aus salischer Zeit, die sich im 13. Jh. zur Stadt entfaltete, war auch Nürnberg. Heinrich III. richtete um 1050 das Königsgut an der Pegnitz bei S. Jacob wieder auf und verlegte dorthin den Fürther Markt; 1209 begegnet die Lorenzersiedlung als eine ummauerte civitas[15]). Solothurn, um 1027 Pfalz, erscheint 1218 als Stadt, Burghausen, 1025 Königshof, ist 1231—35 Stadt. Hainburg, 1042 eine wichtige Reichsgrenzfeste, ist 1244 mit Wiener Stadtrecht ausgestattet[16]). Parallelerscheinungen finden wir in Lüdenscheid, Osterode und Wetzlar[17]). Noch häufiger freilich gab es bereits im 13. Jh. Städte, die auf landesfürstliche oder Adelsburgen zurückgingen. Erzbischöflich-kölnisch waren z. B. die Burgen von Neuss, Rheinberg und Zülpich, die indes auf ältere Grundlagen zurückzuführen sind, wie das castrum von Zülpich, das während der ganzen fränkischen Zeit bezeugt ist, während das castellum Niusa 881 von den Normannen verbrannt wurde. Im Jahre 1074 floh der Erzbischof von Köln in seine Burg in Neuss, „in locum, cui Neussen nomen est"; schon 1191 war Neuss Stadt, Rheinberg war 1107, Zülpich 1124 erzbischöfliches castrum. 1232 wurde Rheinberg zur Stadt erhoben, 1254 Zülpich[18]). Herzoglich-steiermärkisch war die Burg von Graz, askanisch die Burg von Salzwedel, zähringisch die Burg von Murten, landgräflich-thüringisch waren die Burgen von Eisenach und Freiburg a. d. Unstrut, gräflich die Burgen von Blankenburg, von

Einbeck die Burg der Grafen von Northeim, gräflich-holländisch die Burg von Leiden; auch Rothenburg ob der Tauber war die Burg der gleichnamigen Grafen[19]). In Burgsteinfurt waren Burg und Stadt Besitz der Edlen von Steinfurt[20]).

Die in staufischer Zeit gegründeten Burgen, an welche sich im 13. Jh. Städte anschlossen, waren zum größten Teil Lehensburgen des Adels. Nur die neuen königlichen Pfalzstädte von Eger, Gelnhausen, Kaiserslautern und Wimpfen[21]), die königliche Burg von Friedberg[22]) u. a. erhöhen die Zahl der königlichen Städte. Eine große Gruppe bilden jetzt die Burgen und Städte weltlicher Fürsten, von denen Bern, Freiberg, Landshut und Stendal hervorzuheben sind[23]). Kleiner ist die der gräflichen Burgen, wie Bitterfeld, Laasphe, Rendsburg, Weida[24]), sowie der des niederen Adels, wie Elzach, Hanau und Perleburg[25]). Stark hervor treten jetzt auch die Burgen der slawischen Herzöge von Pommern, wie Demmin, Pasewalk, Stargard und Stettin[26]), der Herzöge von Mecklenburg (wie Rostock, Gadebusch, Malchow und Parchim)[27]) und von Schlesien (wie Bunzlau, Jauer und Liegnitz)[28]) sowie die der Könige von Böhmen, wie Brünn[29]).

Auch im 13. Jh. wurden noch zahlreiche Burgen erbaut, an die sich alsbald neue Städte anschlossen. So errichteten 1232 die Grafen von der Mark in Iserlohn eine Feste, und 1278 erscheint Iserlohn mit Dortmunder Stadtrecht ausgestattet[30]). Ähnliches sehen wir in Laufenburg am Rhein, dessen Burg die Habsburger 1207 anlegten und das als Stadt um 1250 auftritt[31]), in Stadthagen, dessen Burg Graf Adolf von Schaumburg 1200 gründete, während die Gründung der Stadt nach dem Vorbild von Lippstadt 1244 nachfolgte[32]), oder in Sorau, wo die Herren von Dewin 1201 eine Wasserburg erbauten, während die Stadt erst für 1260 bezeugt ist[33]). Im Osten sehen wir 1222 die Deutschordensburg Kulm, 1233 die Stadt erstehen; in Reval eroberte und erneuerte 1227 der Deutsche Orden die früher estnische Burg Reval und begründete 1231 die Stadt[34]). Sehr häufig kamen Burg und Stadt gleichzeitig oder in schneller Folge zur Entstehung. Schwäbische Grafen errichteten zur selben Zeit Burg und Stadt Thun (1191), weiter Bremgarten (1200), Rapperswyl (nach 1220) und Aarau (1241)[35]), ein wettinischer Markgraf Burg Osterstein und Stadt Zwickau um 1200, ein böhmischer Lehensmann Zittau 1230[36]), die Grafen von Berg Lennep 1225—27, der thüringische Landgraf Frankenberg 1243, die Herren von Büren Burg und Stadt um 1200[37]). Der Errichtung der Ordensburgen schlossen sich schnell an die Städte Elbing, Braunsberg, Frauenburg und Marienburg[38]).

Ohne Zweifel hielt das ganze 13. Jh. an der Verbindung von Burg und Stadt fest. Die alte Funktion der Burg: Ausübung von Macht und

Schutz durch den Burgherrn, blieb erhalten. Um so bemerkenswerter ist es, daß in spätstaufischer Zeit auch Städte gegründet wurden, in denen es keine Burgen gab. Weder in Berlin noch in seiner Zwillingsstadt Köln kann für die Gründungszeit (1230) eine Burg nachgewiesen werden. Auch in anderen Gründungsstädten der Askanier fehlten Burgen, wie in Frankfurt a. d. Oder oder Landsberg a. d. Warthe 1257[39]). Auch wettinische Gründungsstädte verzichteten auf den Burgenbau, wie Guben[40]). Dabei dienten diese Städte alle der Sicherung wichtiger Flußübergänge. Sollte damit zum Ausdruck kommen, daß die befestigte Stadt des kolonialen Ostens die Funktion der Burg übernommen habe? In der Tat läßt sich die ostdeutsche Stadt als Großburg erklären.

2. STADTGRÜNDUNGEN ALS MASSNAHME DER TERRITORIALPOLITIK

Entscheidend aber ist eine weitere Erkenntnis. Die Städte rückten jetzt in den Bereich eines anders gestalteten Staates ein, der ihnen bestimmte Funktionen übertrug. Dieser neue Territorialstaat, zutreffend als Flächenstaat charakterisiert, machte in der Zeit nach Heinrichs VI. Tode überraschend schnelle Fortschritte. Der Lehensstaat Friedrich Barbarossas, dessen Zentralismus die starke Hand eines führenden Königtums voraussetzte, erleichterte in der Hand schwacher Herrscher dem bisherigen Lehensträger den Übergang in die Landesherrlichkeit. So wurde unter dem Doppelkönigtum Philipps von Schwaben und Ottos IV. von Braunschweig der königliche Lehensmann zum Landesherrn. Friedrich II. sah sich gezwungen, die Folgerungen daraus zu ziehen und den dominus terrae und Regalherrn anzuerkennen. Das Recht, Burgen zu errichten, Städte und Märkte anzulegen, hatten sich diese Herren schon seit Heinrichs VI. Tode angemaßt; jetzt wurde es ihnen reichsrechtlich verbrieft.

a) Übersicht über die Stadtgründungen

Im 12. Jh. war das Interesse der Stadtherren an Stadtgründungen und Stadterhebungen im wesentlichen ein wirtschaftliches gewesen. Die Stadt bot dem Stadtherrn als Markt-, Münz- und Zollstätte und als Gerichtsgebiet bedeutende Einnahmen. Die Gründung von Freiburg und Lübeck z. B. strebte in erster Linie solche wirtschaftliche Ziele an, und selbst die von Leipzig, Stendal und Brandenburg stand unter diesem Zeichen. Aber schon Friedrich Barbarossa ging andere Wege. Die von ihm begründete staufische Hausmacht im Süden des Reiches, die Schwaben, Burgund und Oberitalien, aber auch das Reichsgut, besonders das mitteldeutsche, umfassen sollte, überzog er zu deren Sicherung mit einer engen Kette von Burgen, die er mit Reichsdienstmannen besetzte. Welche militärische Kraft eine Stadt zu entwickeln vermochte, hatte er in seinen Kämpfen mit den oberitalienischen Städten selbst verspürt. So ging er dazu über, im Bereiche seines Hausmachtsgebiets Städte durch starke Befestigungen als Großburgen zu verwenden[1]). Heinrich VI. folgte der Politik seines Vaters, als er Breisach und Memmingen begründete.

Das Vorbild der beiden großen Kaiser wurde von den Territorialherren alsbald nachgeahmt. Auch sie suchten jetzt ihre Territorien mit Burgen und dann mit Städten zu sichern. Für **Heinrich den Löwen** kam dieser Zweck erst in zweiter Linie. Er strebte vor allem an, in seinem norddeutschen Territorium die wichtigsten Handels- und Wirtschaftsstädte in seine Hand zu bekommen, wie Lüneburg, Bremen und Goslar[2]). Für ihn nicht erreichbare konkurrierende Handelsstädte anderer Herren zerstörte er, wie Bardowiek, Schleswig, Mühlhausen und Nordhausen, und baute Konkurrenzstädte, wie Braunschweig, Lübeck und Stade[3]). Zur Sicherung seines Territoriums hat Heinrich der Löwe nur wenige Festungsstädte erbaut, wie etwa Haldensleben, das durch seine Lage in Sumpfniederungen und durch eine feste Burg gesichert war[4]).

Wohl am frühesten unter den deutschen Landesherren haben die Erzbischöfe von Köln die Sicherung ihrer Länder durch den Ausbau von Städten angestrebt. Vielleicht hat schon Reinald von Dassel (1159—67) die Politik Friedrichs I. übernommen, als er Medebach als Stadt befestigte[5]). Unter Philipp von Heinsberg folgten Siegburg (1182) und Neuss (1190)[6]); schon 1180 begann der Aufbau der Stadt Rüthen, die als Grenzbefestigung des Herzogtums Westfalen gegen den Bischof von Paderborn zu ihrer starken festungsähnlichen Berganlage sofort eine Befestigung aus Wall und Graben erhielt[7]). Die eigentliche Stadtbegründungspolitik setzte aber erst mit Engelbert I. von Berg (1216—25) ein, der in Westfalen Städte wie Attendorn, Brilon, Geseke und Marsberg neu anlegte und als Festungen ausbaute[8]). Sein Nachfolger, Heinrich I. von Molenark (1125—38), sicherte den niederrheinischen Besitz durch Stadterhebung und Befestigung von Rees und Xanten (1228), Deutz (1230), Rheinberg (1232) und Recklinghausen (1235)[9]). Konrad I. von Hochstaden (1238—61) rundete dann im Verlauf des 13. Jh. das kurkölnische Territorium ab und befestigte es durch zahlreiche neue Stadterhebungen und -gründungen[10]), sein Nachfolger Erzbischof Siegfried von Westerburg (1275—91) vollendete die Befestigung des Landes[11]).

Die westfälischen Bischöfe von **Münster** und **Paderborn** haben im Kampf mit Kurköln und anderen Landesherren die gleiche Stadterhebungspolitik getrieben. Schon um 1200 erhob der Bischof von Münster die Orte Coesfeld, Lünen und Bocholt zu Städten und baute sie zu militärischen Stützpunkten aus[12]). 1224 werden auch Ahlen und Beckum als Städte und feste Plätze seines Bistums genannt[13]). Auch der Paderborner Bischof gründete bereits um 1200 die Altstadt Warburg. Zwischen 1228 und 1247 wurden Nieheim, Brakel und Salzkotten von ihm zu Städten und festen Plätzen erhoben[14]).

Von den **niederrheinischen weltlichen Territorialherren** tritt zuerst der Herzog von **Geldern** hervor, der bereits 1190 das oppidum Sutphaniense (1059) zur freien Stadt erhob und deren Rechte auf die neu gegründeten Städte Harderwijk (1231), Emmerich (1233), Arnhem (1233) und viele andere übertrug[15]). Ihre Befestigungen waren anfänglich schwach. Auch das 1210—20 von den Herren von Ravensberg zur Stadt erhobene Bielefeld erhielt erst um 1263 eine Ummauerung[16]). Ebenso begnügte sich Hamm, das die Herren **von der Mark** 1226 begründeten, noch bis zum Jahre 1243 mit einer Befestigung von Wall, Graben und Palisaden[17]), und Lüdenscheid, das die gleichen Herren um 1250 zur Stadt erhoben, tritt als gewerblicher Platz vor allem zur Stahlherstellung, weniger als Festung, hervor[18]). Anders stand es aber mit dem märkischen Iserlohn, das 1232 als Feste gegen das kölnische Menden erbaut wurde, weiter mit Unna (1290) oder Bochum (1321). 1265 mußte sich der Graf von der Mark Kurköln gegenüber verpflichten, die Befestigung des Ortes Unna in bestimmtem Rahmen halten zu wollen[19]). Von den Städten der Grafschaft **Kleve** stellt nur Wesel[20]) den Typ der alten Handelsstadt dar, während die Neugründungen, wie Kleve (1242), Kalkar und Griet (1244), Dinslaken (1270) und Kranenburg (1291), Orsoy (1305—10) und Büderich (1318) in erster Linie als landesherrliche Festungen hervortreten[21]). Von den **bergischen** Städten Ratingen (1276) und Düsseldorf (1288) wissen wir nur, daß Ratingen bei seiner Stadterhebung durch Graf Adolf von Berg sofort ummauert werden sollte[22]). Auch der Graf von Arnsberg hat seine Stadt Arnsberg sogleich bei der Stadtgründung (1238) stark befestigt, und ebenso der Herr von Lüdinghausen schon 1225 die gleichnamige Stadt, deren Befestigung freilich der Bischof von Münster alsbald zerstörte[23]). Im Territorium Jülich begann die Stadtgründungszeit erst mit dem Ausgang des 13. Jh. Nur Jülich selbst, das schon einen römischen Namen führte, vielleicht selbst römisches Kastell gewesen und 1114 zur kölnischen Feste erhoben worden war, tritt 1278 als oppidum auf. Stadtgründer in größerem Stil war erst Graf Gerhard (1297—1328), in dessen Zeit Nideggen, Münstereifel, Grevenbroich und Kaster Städte wurden und Befestigungen erhielten[24]).

Zur Sicherung des Herzogtums Braunschweig haben die Erben Heinrichs des Löwen Städte begründet und befestigt, besonders im Südteil des Landes. So wurde Göttingen um 1200 nach Zerstörung der Pfalz Grona zur Stadt erhoben, weiter Osterode, dem Pfalzgraf Heinrich Stadtrecht verlieh (1218—23) und das alsbald mit starken Mauern befestigt wurde (1234). Ebenso stand es mit Duderstadt, das 1247 braunschweigisch wurde, und mit Northeim, das seit 1250 eine starke Stadtmauer erhielt[25]). Hannover, das schon Heinrich VI. im Kampfe gegen Heinrich den Löwen 1189 zerstört hatte, wurde nach seiner Neubegründung alsbald zur Stadt

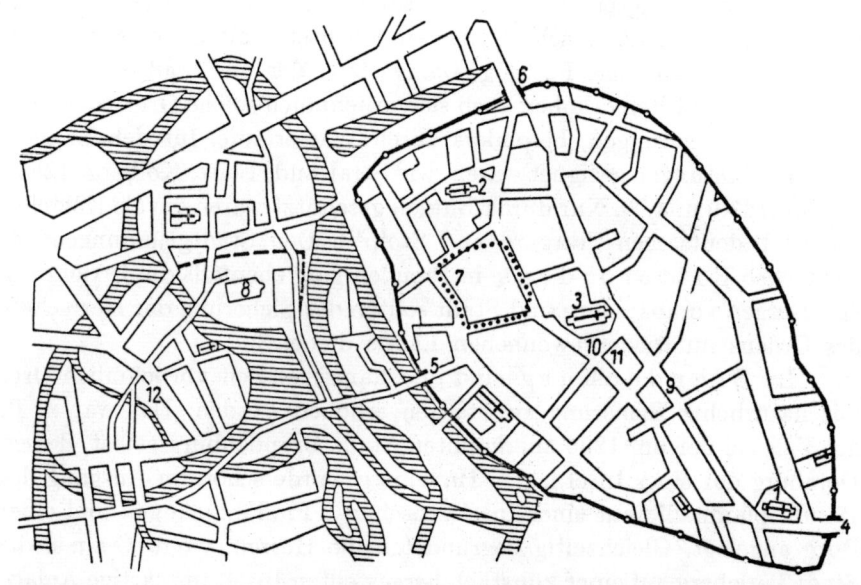

HANNOVER. 1 St. Ägidien 1241. 2 Kreuzkirche 1333. 3 Marktkirche St. Georg 1238. 4 Ägidientor. 5 Leintor. 6 Steintor. 7 Curia Honovere (neben St. Georg) 1163. 8 Burg Lauenrode 1215. 9 Marktstraße. 10 Markt 1250. 11 Rathaus 1303. 12 Neustadt 1283. *Etwa 1022 vicus Honovere; 1163 curia Honovere Heinrich der Löwe* ·········. / *Vor 1189 Marktsiedlung neben St. Georg, 1189 durch Heinrich VI. zerstört; 1241 civitas, Rat; 1215 Burg Lauenrode.* / *1256 Stadt ummauert* ---. / *Stadterweiterung etwa 1294—1320, vor 1357 nach der Leine-Seite* —•—.

erhoben, befestigt und noch durch Erbauung der Burg Lauenrode (1215) gesichert[26]). Das Geschlecht der Schauenburger verstand es, nach dem Zusammenbruch Heinrichs des Löwen sich die Herrschaft in Holstein zu verschaffen. Sie erhoben zu diesem Zweck eine große Zahl von Marktorten, die durch Seen und sonstige Wasserläufe bereits stark befestigt waren, zu Städten. Kiel begründete Graf Adolf IV. 1233 auf einer Halbinsel und sicherte die neue Stadt durch ein Schloß (1242). Die deutsche Marktsiedlung Plön (1156), die durch mehrere Seen geschützt war, erhielt 1236 lübisches Stadtrecht, ebenso 1238 Oldesloe. Rendsburg, das auf einer Eiderinsel lag und dessen Schloß den Übergang über die Eider beherrschte, wurde 1250 mit dem lübischen Stadtrecht ausgestattet. Auch das im Osten des Landes liegende Oldenburg wurde 1235 zur Stadt nach lübischem Rechte erhoben[27]).

Die mecklenburger Fürsten erteilten wie die Schauenburger vor allem solchen Orten Stadtrecht, die durch Wasserläufe und Seen sowie durch Burgen geschützt waren, wie Gadebusch, Malchin, Parchim (alle 1225) und Güstrow (1226). Malchow lag auf einer Insel. Malchin wurde 1226 als Festung gegen Pommern gegründet und mit Schweriner Stadtrecht begabt[28]). Pommersche Dynasten errichteten als Gegenwehr gegen Mecklenburg 1258 die Festung Damgarten, der sie Stadtrechte verliehen[29]). Zu Städten erhoben auch sie vornehmlich solche Orte, die durch natürliche Sicherungen, besonders durch Wasserläufe, für den Landesherrn als Festungen geeignet waren, wie Stralsund, Loitz, Kolberg (1255), Wollin (1270) u. a.[30]). Nur durch Burgen geschützt waren die als Kastellaneiorte bedeutsamen Stargard und Stolp[31]). Den Stadtgründungen des Deutschen R i t t e r o r d e n s in Preußen ging ebenfalls die Errichtung von Burgen voraus; Burg und Stadt sollten der Sicherung der Herrschaft des Ordens im wiedergewonnenen Lande dienen[32]).

In B r a n d e n b u r g sind in askanischer Zeit vornehmlich Orte mit natürlicher Sicherung zu Städten erhoben worden. Das war z. B. der Fall bei der um 1200 anerkannten Stadt Brandenburg selbst, dessen Domburg auf einer Insel lag[33]). Havelberg wurde schon im Ausgang des 12. Jh. planmäßig auf einer Insel zwischen 2 Flußübergängen und einer Burg angelegt. Gleichzeitig begründeten die Herren v o n G a n s die Stadt Perleberg auf einer künstlich hergestellten Insel. Inselartige Anlage finden wir auch in Lychen und Neubrandenburg (1248), Landsberg a. d. Warthe (1257), Soldin (1270) und Küstrin (1300)[34]). Fürstenwerder war schon 1304 als Burg gegen die mecklenburgischen Dynasten erbaut worden, 1323 dann als befestigte Stadt. Ebenso trat schon um das Jahr 1200 in Werben die befestigte Stadt an die Stelle der alten Grenzburg[35]). Im Erzbistum M a g d e b u r g hatte schon Erzbischof Wichmann um 1174 den Burgward Jüterbog zur Sicherung des eroberten Landes zur festen Stadt ausgebaut[36]).

Auch in den w e t t i n i s c h e n Landen wurden Orte, die an Sümpfen oder zwischen Seen oder sonstigen Wasserläufen gesichert lagen, bei der Stadterhebung bevorzugt. Das gilt schon von Dresden und Groitzsch, weiter von Eilenburg, Spremberg und Weißensee[37]). Vielfach benutzten die Wettiner auch Siedlungen auf Felsen oder anderen bergigen Höhen, die zu festen Städten ausgebaut wurden. Beispiele dafür sind: Weißenfels, Eisenberg, Torgau, Sangerhausen, das als Grenzfestung gegen Thüringen 1260 wichtig war, sowie Freyburg a. d. Unstrut[38]). Die V ö g t e von Weida suchten ebenfalls leicht zu befestigende Orte zur Stadterhebung aus, wie Weida selbst wegen seiner Lage am Weidabogen, Plauen, das nach dem Steilhang der Elster und Syra leicht zu befestigen war, und endlich das steil gebaute Ronneburg[39]). Strehla, im 10. Jh. Mittelpunkt eines deutschen Burgwardbezirks, auf einer Hochterrasse am Elbufer gelegen, erhob der Bischof von Naumburg 1200 zur Stadt, das hochgelegene Reichenbach im Vogtlande der Herr von Greiz (um 1240), Sonneberg (1317) der von Henneberg[40]). Die Landgrafen von Thüringen, die Ludowinger, haben bis zu ihrem Aussterben 1247 ihren zum großen Teil neuerworbenen Besitz durch feste Städte gesichert. In Thüringen selbst gehörte dazu wohl das hochgelegene Gotha und das im Sumpfgebiet am Unstrutübergang angelegte Thamsbrück[41]). Zur Sicherung des hessischen Gebietes erwarben die Ludowinger die soeben begründete Stadt Hann.-Münden, das im Dreieck des Zusammenflusses von Werra und Fulda eine starke Grenzfeste bildete, weiter Melsungen als Festung gegen das Erzbistum Mainz, das hochgelegene Marburg, wo Burg und Stadt zu einer einzigen Festung vereinigt erscheinen, oder Frankenberg, das der Landgraf als Stadtfestung begründete[42]). Zur Sicherung des Reichsgutes im fränkisch-hessischen Gebiet hat Friedrich II. mehrere Orte zu Stadtfestungen ausbauen lassen, so Gelnhausen, wo schon Friedrich I. eine Pfalz als Wasserburg errichtet hatte, weiter Friedberg und Oppenheim (1219, 1220), sämtlich hoch gelegen und stark befestigt[43]).

Im Südwesten des Reiches haben die Zähringer und die Staufer die Territorialbildung begründet. Während die ersten Gründungen der Zähringer noch das handelspolitische Element betonten, strebten manche späteren besonders die militärische Sicherung an, wie Freiburg im Üchtlande (1160) und Bern. Beide Städte wurden auf hohem Felsplateau errichtet und auf 2 Seiten von Wasserläufen und einer Burg gesichert[44]). Bei der Stadtgründung von Breisach (1185) hat Heinrich VI. das zähringische Vorbild nachgeahmt: auf hohem Bergrücken am Rhein gelegen, waren Burg und Stadt eine ideale Festung der Staufer[45]). Unter Friedrich II. sind die staufischen Gebiete Schwabens mit einer Fülle neuer Städte geradezu übersät worden. Ohne Zweifel bezweckte der Kaiser mit dieser Maßnahme, die staufische Herrschaft zu sichern. Kaum eine dieser Städte hat eine besondere Bedeutung im Fernhandel erreicht. Viele von ihnen lagen ohne wesentlichen natürlichen Schutz in ebenem Gebiet, wie Nördlingen, Biberach, Heilbronn oder Dinkelsbühl[46]). Doch wurden diese wohl frühzeitig stark befestigt, wie wir es auch von Schlettstadt und Kolmar (1217) wissen, wo Friedrichs II. Reichsschultheiß Wolfhelm nach den Mitteilungen der Chronik des Richer die Befestigung

174 Stadtgründungen

durchführte[47]). Donauwörth, Lindau und Schwäbisch-Hall besaßen
Wasserschutz. Donauwörth lag auf einer Halbinsel beim Zusammenfluß
von Donau und Wörnitz, Lindau auf einer Insel im Bodensee (1216),
Schwäbisch-Hall an einer Berglehne am Kocher[48]). Durch ihre Berglage
waren auch die Reichsstädte Rothenburg ob der Tauber, Eßlingen,
Wimpfen und Ravensburg natürlich befestigt[49]).

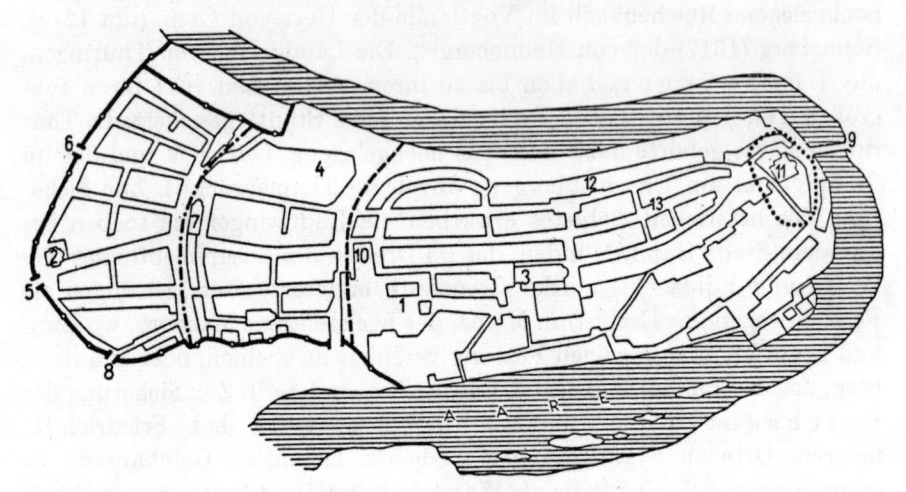

BERN. 1 Barfüßerkloster. 2 Heiliggeistspital. 3 Münster St. Vincenz mit Stift. 4 Predigerkloster. 5 Christoffeltor. 6 Goletenmatgassentor. 7 Käfigturm. 8 Neu Marcillitor. 9 Nidertor. 10 Zeitglocken. 11 Burg Nideck. 12 Rathaus. 13 Straßenmarkt.
Reichsburg Nideck ········. / *Nach 1152 bis 1191 burgum de Berno, Handfeste 1218—20, civitas* ———. / *Nach 1255 zweite Stadtbefestigung* —·—·—. / *Äußere Neuenstadt, Ummauerung 1345/46* —○—.

Zahlreiche schwäbische Dynasten haben zur Sicherung ihrer Länder
und Herrschaften Stadtburgen errichtet, wobei sie das Vorbild der
Zähringer und Staufer nachahmten. Besonders erfolgreich waren die
Grafen von K i b u r g und Habsburg. Die Gründung der Städte Diessenhofen und Winterthur durch die Kiburger noch im Ausgang des 12. Jh.
folgte noch den älteren Vorbildern; sie waren als Handelsstädte gedacht[50]). Aarau und Mellingen (1242) dagegen waren Festungen zur
Sicherung von Flußübergängen. In Aarau standen schon vor der Gründung 3 Türme, die später in den Stadtplan miteinbezogen wurden[51]).
Die h a b s b u r g i s c h e n Stadtgründungen im 13. Jh. dienten sämtlich Festungszwecken: Bremgarten (um 1200), das auf einer Halbinsel
in der Schleife der Reuß lag und den Reußübergang sicherte, Brugg
(1232), das zur Sicherung der Brücke über die Aare diente[52]), Laufenburg
an den Stromschnellen des Rheins und Baden am Zusammenstrom
mehrerer Flüsse gelegen[53]). Auch die Grafen von F r o b u r g haben mit

Burgen und Stadtfestungen zwischen 1150 und 1250 ihren Besitz verstärkt. Doch hat nur Zofingen als Stadt eine gewisse Bedeutung erlangt[54]). Um 1230 hat weiter der Graf von Rapperswil am Nordufer des Züricher Sees mit Genehmigung Friedrichs II. Burg und Stadt Rapperswil als starke Festung begründet[55]). Klingnau wurde 1239 von den Edlen von Klingen gleichzeitig als Burg und Stadt erbaut[56]). Im nördlichen Schwaben begründete um 1231 der Pfalzgraf von Tübingen diese durch ihre Berglage gut befestigte Stadt neben der starken, bereits um 1000 durch den Grafen des Nagoldgaues errichteten Burg, bald danach der Graf von Veringen Isny und der Graf von Bregenz Leutkirch, beide hoch im Gebirge gelegen[57]). Auch die neuen Städte der Grafen von Üsenberg, Kenzingen und Sulzburg, wie die der Herren von Schwarzenberg, Waldkirch und Elzach, waren mit Burgen bewehrt[58]).

Im Südosten war schon mit Rücksicht auf die Sicherheit des Reiches eine starke Bewehrung des Landes notwendig. Die frühe Burgenpolitik der deutschen Kaiser setzten die Babenberger seit der zweiten Hälfte des 12. Jh. mit ihren Städtegründungen fort[59]). Das Lösegeld des Richard Löwenherz (1192) gab Herzog Leopold V. die Mittel, nicht nur ältere Städte fester zu ummauern, wie etwa Wien selbst, sondern auch neue Stadtfestungen zu errichten, wie Wiener Neustadt, Hainburg, Laa und Friedberg[60]). Ältere Donauburgen, wie Krems, Tulln und Enns, wurden um die Wende des 13. Jh. zu festen Städten erhoben[61]). Kurze Zeit später folgten Wels (1222), Linz (1236), Eferding (1253), St. Pölten (1260) und Steyr (1287), von denen aber nur Steyr durch seine Lage zwischen 2 Flüssen einen natürlichen Schutz besaß[62]). Von den Stadtgründungen der Herzöge von Steiermark waren Pettau und Marburg, die an der Drau und alten Handelsstraßen gelegen waren, vornehmlich Handelsplätze, wurden aber bei der Stadtgründung ebenfalls ummauert[63]). Natürliche Befestigungen durch ihre Berglage besaßen Graz und Judenburg, die obendrein alsbald eine Stadtmauer erhielten. Beide trieben bereits seit dem 12. Jh. einen nicht unbedeutenden Handel. Den Marktort Leoben am Erzberg befestigte Ottokar von Böhmen um 1262 zur Stadtburg, indem er diesen auf die engste Stelle der Halbinsel umsiedelte[64]). In Kärnten trat zuerst der Erzbischof von Salzburg als Begründer der Stadt Friesach auf; schon im 12. Jh. hatte der hochgelegene Marktort eine Befestigung erhalten[65]). Ihm folgte der Bischof von Bamberg mit der Begründung von St. Veit a. d. Glan und Villach a. d. Drau, die beide schon vorher eine Ummauerung erhalten hatten[66]). Klagenfurt, Gründung der Herzöge von Kärnten, war bei der Stadtgründung ummauert worden[67]). In Tirol wurde der 1180 auf dem rechten Innufer begründete Marktort Innsbruck um 1230 vom Herzog von Meran zur

Stadt erhoben. Innsbruck wird 1233 civitas genannt und dürfte damals ummauert gewesen sein[68]). Der 1192 zuerst genannte Marktort Bozen heißt seit 1208 burgum; nach 1250 erhob der Bischof von Trient Bozen zur Stadt. Etwa ein halbes Jahrhundert später erscheint auch Meran als civitas. Dieser Ort war 1237 Markt (forum), 1270 burgum, also befestigter Marktort[69]).

In B a y e r n war die Gründung der neuen Städte im wesentlichen das Werk der Herzöge aus dem Geschlecht der W i t t e l s b a c h e r. Voraus ging wohl der Ausbau der älteren Donauburgen Kelheim, Vilshofen, Neuburg, Straubing und Ingolstadt zu Stadtfestungen, die sich zwischen 1180 und 1250 vollzog[70]). Ihnen folgten dann an der Isar die Städte Landshut, München, Dingolfing und Landau[71]). Der Frühzeit gehören Mühldorf am Inn, Amberg a. d. Nab, Cham a. d. Regen, Burghausen a. d. Salzach an[72]). Weitere Innstädte waren: Neuötting, Braunau, Wasserburg, Kufstein und Rattenberg[73]). Diese Städte waren durch ihre Flußlage gesichert und häufig noch mit Uferbergen umgeben, wie besonders Landshut und Burghausen. Wasserburg lag in einer Innschleife, ähnlich wie Bern, Neuburg auf einem Dolomithügel. Ihre militärische Bedeutung war offensichtlich weit größer als ihre wirtschaftliche. In dieser Hinsicht führend waren die alten Bischofsstädte Regensburg und Passau, während Freising (um 1200) und Eichstätt (1180) dahinter zurückblieben[74]). Aus dem Kreise der herzoglichen Städte ragte seit der Mitte des 13. Jh M ü n c h e n hervor.

Als Begründer deutscher Städte hat sich in der Oberlausitz, in Böhmen und in Mähren das Königsgeschlecht der P ř e m y s l i d e n hervorgetan. Diese Politik eröffnete Otakar I. (1197—1230), der zunächst die O b e r l a u s i t z durch Stadtfestungen sicherte; er schuf vor allem Bautzen (1213), wo schon im Jahre 1002 nach Thietmar von Merseburg eine starke Burg bestand[75]), während Görlitz und Löbau als burgartige Stadtanlagen neu gegründet wurden. Das vor 1230 angelegte Zittau wurde 1255 stark ummauert[76]). In B ö h m e n anerkannte Otakar I. 1220 als erste Stadt die Altstadt Prag, die aus der deutschen Kaufmannsgemeinde hervorgegangen war[77]), in M ä h r e n Troppau, Znaim und Olmütz, die mit starken Burgen und natürlichen Sicherungen bewehrt waren, und bereits Marktsiedlungen besaßen[78]). In der Zeit Wenzels I. (1230—53) entstanden in Mähren die Städte Brünn und Iglau, in Böhmen Leitmeritz und Saaz. Brünn besaß seit 1091 eine herzogliche Burg und eine befestigte deutsche Kaufmannssiedlung, die 1210 bestätigt wurde. Durch Burg und natürliche Lage war die Stadt gut befestigt; nach der Handfeste von 1243 war die Stadt bereits ummauert[79]). In Iglau betrieben schon seit dem Ende des 12. Jh. deutsche Knappen Bergbau und entwickelten dort ein reiches städtisches Leben, von dem uns die Handfeste von 1249 Kunde gibt. Damals war der Ort schon ummauert[80]). Leitmeritz wurde neben Burg und Dorf auf dem hohen rechten Elbufer planmäßig angelegt, Saaz wandelte sich aus einem Burgflecken zur Stadt[81]). Unter O t a k a r II. (1253—78) vermehrte sich die Zahl der Stadtgründungen nach deutschem Recht außerordentlich. An die Burgen Schreckenstein und Landeswart aus dem 11. Jh. schlossen sich jetzt die Städte Aussig a. d. Elbe und Brüx an[82]). Weiter wurden die Bergorte Deutsch-Brod und Kuttenberg als Städte anerkannt. 1265 begründete Otakar II. Budweis. Pilsen wurde um 1292 von W e n z e l II. neu angelegt[83]).

In S c h l e s i e n beginnen die Stadtgründungen zu deutschem Rechte mit dem Anfang des 13. Jh. Die nach Abwanderung der Germanen eingedrungene dünne slawische Bevölkerung hatte zwar schon vorher periodische Märkte, aber noch keine Städte entwickelt. Die Burgenverfassung des Piastenstaates des 10. Jh. wurde am Ende des 11. durch die Kastellaneiverfassung, im 13. durch eine neue Ordnung abgelöst, die Städte zu Mittelpunkten des inzwischen deutsch gewordenen Landes machten. Der erste Stadtgründer war Herzog Heinrich der Bärtige von Niederschlesien (1202—38). Er begründete aus wilder Wurzel Löwenberg, Goldberg als Zentrum des Goldberg-Baugebiets, weiter Neumarkt und Neiße, Naumburg a. d. Queis und Ohlau[84]). Andere Piastenherzöge ließen damals Bunzlau und Ratibor als Städte erstehen[85]). Nach dem Mongolensturm von 1241 machte die Eindeutschung des Landes weitere Fortschritte. Damals entstanden neue wichtige Städte, wie Breslau, Liegnitz, Schweidnitz und Jauer. Außer Schweidnitz schlossen sich alle diese Städte an ältere Burgen an; Breslau war bereits seit 1000 Bischofsburg[86]). Noch vor der Mitte des 13. Jh. wurden dann Gleiwitz (1246), Brieg, Namslau, Landeshut u. a. als Städte errichtet, alles Neugründungen, nur Brieg schloß sich an eine slawische Burg an. Landeshut wurde von dem Kloster Opatowicze begründet[87]). Die Burgorte Glogau-Neustadt und Oppeln erscheinen 1253 und 1254 als Städte[88]). In der zweiten Hälfte des 13. Jh. treten dann noch Falkenberg, Wohlau, Hirschberg und Guhrau als Städte auf, nur in Strehlen und Glatz ging eine Burg voraus[89]). Manche Städte waren durch Wasserläufe gesichert, wie etwa Breslau, Liegnitz und Ohlau, oder durch Berge, wie Goldberg, Löwenberg, Hirschberg oder Landeshut. Andere wieder lagen ungeschützt in der Ebene, wie z. B. Guhrau. Bei ihrer Gründung waren nicht militärische Gesichtspunkte maßgebend, sondern das Problem der Landeseinteilung.

Beenden wir diesen Überblick über die Stadterhebung im Reiche seit dem Beginn des 13. Jh.! Die Initiative dazu ging, soviel wurde daraus wohl klar, neben dem Stadtvolk selbst von den Landesherren aus, die zur Befestigung des Landes, zur Sicherung seiner Grenzen, zum Ausbau des Landes im Osten, zur Erweiterung der Landesgrenzen durch Übergreifen von Grenzstädten auf benachbarte Gebiete Städte anlegten, wie z. B. in Hessen[90]). Damit schufen sie zugleich Rodungsmittelpunkte zum

BRESLAU. 1 Dom St. Johannis um 1000. **2** St.-Elisabeth-Pfarrkirche um 1245. **3** Heiliger-Geist-Pfarrkirche der Neustadt 1214. **4** St.-Maria-Magdalena-Pfarrkirche 1226. **5** St. Martin um 1150. **6** St.-Peter-und-Paul-Stift vor 1175. **7** St.-Vinzenz-Stift 1149. **8** Nikolaitor 1304. **9** Odertor 1304. **10** Ohlauer Tor 1299. **11** Schweidnitzer Tor 1304. **12** Burg auf der Dominsel 1017. **13** Ring. **14** Rathaus 1299. **15** Neumarkt 1263.

10. Jh. auf Dominsel; 1000 Bischofssitz. / 1241 Aussetzung als Stadt zu deutschem Recht. / 1260 erste Ummauerung der Stadt mit sieben Toren ———. / 1291 zweite Ummauerung mit zehn Toren ———.

inneren Ausbau ihrer Territorien, besonders im Osten, und verhüteten Abwanderungen von landsässigen Leuten in benachbarte Grenzstädte, indem sie neue Städte in den gefährdeten Gebieten begründeten (wie wir das in der Grafschaft Kleve und in Württemberg beobachten können).

b) **Städte als Residenzen und Verwaltungsmittelpunkte der Territorien**

Vor allem aber dienten die neuen Städte dem Staat unmittelbar, sei es als Zentrum des ganzen Landes oder seiner Teile. Dauernde **Residenzstädte** zu bewohnen haben die deutschen Landesherren sich nur langsam angewöhnt. Auch das deutsche Reich selbst hat es im Mittelalter zu keiner Residenzstadt gebracht, wenn auch Aachen, Magdeburg, Goslar oder Hagenau zeitweise offensichtlich bevorzugt waren. Anders lag es mit den **Bischofsstädten**, in denen die Bischöfe Residenz hielten. Wenn auch viele Bischöfe infolge von Zwistigkeiten mit der Bürgerschaft ihren Sitz auf lange Zeit verließen, wie etwa der Bischof von Metz, der seit 1209 meist in Vic Hof hielt[1]), so blieb die Bischofsstadt doch grundsätzlich die Residenz. Die weltlichen Landesherren dagegen hatten ihren Sitz auf ihren Burgen. Von diesen wuchsen allerdings manche zu Städten auf und erhielten damit den Rang einer landesherrlichen Residenz. Der Landgraf von Thüringen z. B. hatte seit etwa 1070 seinen Sitz auf der Wartburg. Im 12. Jh. begründete er Eisenach, das bald eine residenzähnliche Stellung besaß[2]). Zur Residenz erhoben wurde Wien um 1170 durch den Babenberger Heinrich Jasomirgott, indem er seine Burg auf dem Leopoldsberg als Sitz aufgab und die neue Burg Am Hof errichtete[3]). Für den Grafen der Nordmark war bis 1170 Salzwedel, dann Brandenburg Residenz; Berlin löste Ende des 13. Jh. Brandenburg ab[4]). Landesteilungen waren der Grund zur Entstehung mehrerer Residenzen in Schlesien; an die herzoglichen Burgen in Breslau und Liegnitz schlossen sich nach 1241 die Residenzstädte an. Oppeln folgte nach 1254[5]). In Bayern sind Braunau, München, Landshut, Burghausen und Amberg Residenzstädte geworden[6]). Nach der Begründung des Herzogtums Braunschweig (1235) wurde Lüneburg Regierungssitz eines Landesteils, doch wurde dieser 1378 nach Celle verlegt[7]). Der Landgraf von Hessen erhob 1277 Kassel zur Residenzstadt[8]). In den rheinischen Landesherrschaften erscheint Kleve 1242 als Sitz der Grafen von Kleve; das Geschlecht residierte dort bereits seit 1020 in der Schwanenburg[9]). Ebenso ging es mit Geldern, Jülich, Mark und Ravensberg, deren Residenzen im Verlauf des 13. Jh. meist im Anschluß an ältere Burgen entstanden[10]). In Mecklenburg waren Wismar und Parchim Residenzstädte von Teilfürsten, in Pommern Stettin Sitz des Herzogs[11]), im Südosten Meran, Innsbruck, Graz und Klagenfurt Residenzen für Tirol, Steiermark und Kärnten[12]). Im 15. Jh. ging diese Entwicklung

weiter: Kulmbach wurde 1417 Sitz der Markgrafen von Kulmbach. Aurich um 1450 Residenz des Geschlechtes der Cirksena für Ostfriesland Stuttgart vor 1500 für die Grafen von Württemberg, Dresden und Weimar (1485) für die neuen Teilgebiete der wettinischen Lande, Schwerin (vor 1500) für Mecklenburg, Düsseldorf (1511) für die Grafschaft Berg und so fort.

Die Bedeutung der Städte erhöhte sich noch, als die Landesherren von der älteren Burgenverfassung für den Aufbau des Landes abgingen und **Städte zu Verwaltungsmittelpunkten** erklärten. Ein besonders frühes Beispiel dafür bietet die Mark **Meißen**, wo schon Markgraf Dietrich der Bedrängte 1197—1221 die Städte in das Gefüge der Landesverwaltung nach Vogteien einzuordnen begann[13]. Zur gleichen Zeit etwa haben die Piasten die **Oberlausitz** in Vogteien (advocatiae) eingeteilt und deren Verwaltung in zum Teil neu begründete Städte gelegt[14]. Auch im Westen finden wir diese Entwicklung. So hat der Erzbischof von Köln noch im 13. Jh. Städte, wie z. B. Kempen, zum administrativen Mittelpunkt von Landesteilen gemacht[15]. Auch die späten Staufer haben an Stelle von Burgen Städte zu Amtsmittelpunkten des Reiches erhoben[16]. Das gleiche Bestreben läßt sich in Hessen beobachten[17]. Im übrigen bedarf die Organisation der Landesherrschaften und die Bedeutung der Städte als Amtsvororte noch genauerer Erforschung.

c) Landesstädte und Reichsstädte

So waren also die seit dem 13. Jh. begründeten Städte fast durchweg **Landesstädte**. Ihr Herr war meist der die Stadt begründende Territorialherr, der in der Regel auch Grundherr in der Stadt war. Ausnahmen sind selten; so gründete Heinrich VI. Breisach auf Grundbesitz des Bischofs von Basel[1]. Wir sahen bereits, daß selbst ältere Städte, die noch auf königlichen Ursprung zurückgingen, schon früh landesherrlich wurden, wie Soest und Halle[2]. So stark wurde vielfach die landesherrliche Gewalt, daß sie sogar in Bischofsstädten die Bande zum Königtum, die diese sonst aufrechtzuerhalten wußten, zerbrach. In langen, harten Kämpfen fügten die Territorialherren die Bischofsstadt in ihre Landesherrschaft ein, wie der Bischof von Freising, der von Bamberg und Passau sowie der von Würzburg; später folgten noch Mainz und Trier[3]. Erfurt, das lange mit seinem Stadtherrn, dem Erzbischof von Mainz, um seine Selbständigkeit kämpfte, mußte endlich 1664 dessen Landesherrschaft anerkennen[4].

Eine Sonderstellung nahmen die königlichen Städte ein. Da alle „Städte" der Frühzeit **königlich** waren, sonderte sich dieser Begriff erst in der Stauferzeit ab. Noch später sprachen Könige von „unserer" Stadt, das heißt: der Stadt des Königs, wie z. B. Ludwig der Bayer von Kolmar[5]). Aber schon Friedrich II. hat den Begriff der R e i c h ss t a d t entwickelt. Er nennt Lübeck 1226 eine libera civitas, einen locus imperii, und Wien 1237 eine civitas imperialis[6]). Damit trennt sich die Stadt von dem jeweiligen König und erscheint als ein Zubehör des Reiches selbst. Das ist eine Neuerung. In der Zeit Barbarossas wird für Mühlhausen und Nordhausen von einer civitas imperatoris, eben Barbarossas selbst, gesprochen[7]). Wie weit freilich in der Zeit Friedrichs II. der Begriff der Reichsstadt bereits allgemein Anwendung gefunden hat, bleibt zweifelhaft. Denn Lübeck und Wien waren keine königlichen Städte, als sie Friedrich II. zum Reiche zog. Und von den älteren königlichen Städten wissen wir nur, daß Pfalzstädte wie Aachen und Nimwegen unter Friedrich II. als civitas imperii bezeichnet wurden[8]). Während und nach Ablauf des Interregnums dürfte aber der Ausdruck „Reichsstadt" jedenfalls allgemein geworden sein. Die Grundlage für die neue Entwicklung wurde jedoch schon im Beginn des 12. Jh. gelegt, wo der schnelle Wechsel der Dynastien das Bedürfnis, Hausgut und Reichsgut zu trennen, entscheidend hervortreten ließ[9]). Verfügungen des Königs über sein Hausgut blieben ihm unbenommen, über Reichsgut aber sollten die Staufer nur noch mit Zustimmung der Fürsten verfügen dürfen. Das wird schon in der Frühzeit Konrads III., nämlich 1139, ausgesprochen[10]). Als erster deutscher König hat Philipp von Schwaben 1204 eine Stadt des Reichsgutes, Duisburg, verpfändet[11]). Friedrich II. verpfändete dann Nordhausen, Aachen und Eßlingen, Konrad IV. Düren und Dortmund, Rothenburg und Schwäbisch-Hall, Harburg und Dinkelsbühl, Breisach und Kaisersberg, Rheinfelden und Donauwörth. Wilhelm von Holland setzte Duisburg und Dortmund, Oppenheim und Überlingen[12]), ja selbst Lübeck zum Pfande. Diese Methoden erhielten sich bis zum Ende des Mittelalters und blühten besonders zur Zeit Ludwigs des Bayern und der Luxemburger. Während Übereignungen von Reichsgut durch die Könige der Zustimmung der Fürsten, seit 1281 der Kurfürsten, bedurften, hielt man vielfach für die bloße Verpfändung den Fürstenkonsens für entbehrlich[13]). Das war ein gefährliches Spiel, denn faktisch gingen manche verpfändeten Reichsstädte infolge Nichteinlösung dem Reiche verloren, wie Boppard und Oberwesel, die an Trier, Düren und Sinzig, die an Jülich fielen, Wiesbaden, das bei Nassau blieb[14]). Dennoch war unter Rudolf von Habsburg kein Zweifel mehr darüber, daß die Rechtslage der Reichsstädte sich von denen der Städte aus dem königlichen Hausgut wesentlich unterschied[15]).

Die ältesten Reichsstädte waren die königlichen P f a l z s t ä d t e. Zum Teil gehen sie bereits auf karolingische Pfalzen zurück, wie Aachen und Nimwegen und viele andere[16]), die im Beginn des 13. Jh. als Städte anerkannt waren. Ebenso lag es mit den Städten, die auf ottonische oder salische Pfalzen zurückgingen[17]), sowie mit den Pfalzen aus der Zeit Friedrich Barbarossas[18]). Auch sie galten in der Zeit Friedrichs II. als Städte. Nur Kaiserswerth dürfte in der Entwicklung zurückgeblieben sein; es zahlte 1241 dem Reich eine Minimalsteuer von 20 Mark.

Den Pfalzstädten schlossen sich seit Friedrich I. königliche B u r g - s t ä d t e an, wie sie dieser im Anschluß an ältere Burgen im Bereiche des schwäbischen Stammes anlegte: Rothenburg ob der Tauber, Donauwörth, Schwäbisch-Hall[19]). Heinrich VI. setzte diese Politik mit der Begründung von Breisach und Memmingen, weiter am Rhein von Boppard fort[20]). Zur Sicherung der schwäbischen Grenze wurden Biberach, Bopfingen, Mülhausen, Dinkelsbühl und Schwäbisch-Gmünd ohne Burg als neue Burgstädte begründet[21]).

Friedrich II. hat keine Pfalzen und Pfalzstädte errichtet, wohl aber zur Sicherung des Reichs- und Hausguts mehrere Burgen, an welche sich alsbald Burgstädte anschlossen[22]). Zu Burgstädten erhob er im Bereiche des schwäbischen Stammes etwa 20 Orte[23]). Schlettstadt und Zürich wurden als königliche Vogteistädte zu den königlichen Städten gerechnet[24]).

Rudolf von Habsburg hat endlich aus der bisherigen Entwicklung die notwendigen Schlußfolgerungen gezogen. Im Rahmen der von ihm unternommenen Revindikation des Reichsgutes hat er viele inzwischen entfremdete Städte dem Reiche wieder zugeführt[25]). Die schon von Philipp von Schwaben begründete Institution der Landvogteien übertrug er grundsätzlich auf das ganze Reichgut und gab ihm damit eine feste Grundlage. Weiter errichtete er zur Befestigung des Reichsgutes zahlreiche neue Reichsburgen, an welche sich zum Teil alsbald neue Reichsburgstädte anschlossen, wie Lauterburg, Germersheim, Ensisheim, Eppingen, Selz, Odernheim und Landau[26]). Endlich gelang es ihm, dem Reiche neue Städte zu erwerben, wie Lindau, St. Gallen, Wangen, Kempten und Leutkirch, vorübergehend auch Chemnitz und Zwickau[27]). Winterthur und Kaufbeuren waren schon früher dem Reiche zugefallen[28]). Unter König Albrecht wurde zwischen 1304 und 1308 unter gleichzeitiger Errichtung einer Reichsburg Pfeddernheim zur Reichsstadt erhoben[29]).

Damit war der Kreis der Reichsstädte im wesentlichen geschlossen, wenngleich er immer schwankend blieb. Nur in der Zeit Karls IV. treten noch neue Reichsstädte auf, wie Aalen und Isny[30]). Auch Herford erschien zeitweise als Reichsstadt, ebenso Würzburg, Erfurt und Hamburg, die aber sämtlich später wieder Landstädte wurden[31]).

Eine besondere Gruppe unter den R e i c h s s t ä d t e n bildeten die seit dem 14. Jh. sogenannten F r e i e n R e i c h s s t ä d t e. Das waren Bischofsstädte, die sich von der Landesherrschaft des Bischofs zu befreien verstanden hatten und nunmehr den unmittelbaren Schutz des Reiches genossen[32]). Bei den meisten von ihnen blieb die Rechtslage unsicher und von den Machtverhältnissen abhängig. Besonders begünstigt waren Worms und Speyer, Regensburg und Mainz (1254), Basel und Straßburg (1273), Augsburg (1276) und Köln (1288), Magdeburg (1294) und Konstanz (1370). Aber Mainz verlor 1462 seine Stellung als Reichsstadt, und Köln wurde erst 1492 endgültig als Freie Reichsstadt anerkannt, Bremen erst 1646 und Hamburg sogar erst 1768. Konstanz sank 1549 zur oberösterreichischen Landstadt herab[33]).

Die Rechtslage der Reichsstädte entsprach der des Reichsgutes. Sie schuldeten daher dem König Huldigung, Heerfahrt und Steuer und hatten ihm und seinem Hofe Herberge und Unterhalt zu gewähren. Andrerseits waren sie Träger der Militärhoheit über ihre Mannschaften und Befestigungen, besaßen Bündnis- und Fehderecht, zahlreiche Regalien und die Autonomie. Die Freien Reichsstädte waren in erheblichem Umfange von Huldigung, Heerfahrt und Steuer befreit, auch bestand ein Gewohnheitsrecht, daß sie nicht verpfändet werden konnten. Eine Reichsvogtei wurde über sie nicht mehr ausgeübt. Nur vereinzelt noch waren in dieser Epoche die Könige starke Stadtherren.

II. AUFBAU DER STADT

Die Entstehungsgeschichte der deutschen Städte in der Zeit seit dem 13. Jh. hat uns gezeigt, daß die Zahl der Städte sich außerordentlich mehrte und daß sich gleichzeitig ihre politischen und wirtschaftlichen Funktionen steigerten. Auch läßt sich meist eine bedeutende Verbreiterung des Stadtraumes nachweisen. Aus Siedlungen geringen Umfangs erwuchsen zum Teil Großstädte oder stark vergrößerte Mittelstädte. Wenn auch die Masse der Städte Kleinstadt blieb, so nahm doch der städtische Raum nunmehr einen erheblich größeren Anteil an dem im ganzen Reiche zu Wohnsiedlungen verwandten Gebiet für sich in Anspruch. Die Verstädterung machte gewaltige Fortschritte. Wir müssen der Siedlungsgeschichte der deutschen Stadt für diese Zeit besondere Aufmerksamkeit widmen.

1. SIEDLUNGSKERNE ALS AUSGANG DER STÄDTISCHEN ENTWICKLUNG

a) Die Burg

Die Siedlungsgeschichte der Städte hat von den Siedlungskernen auszugehen, an die sich die kaufmännischen Niederlassungen und so die Stadt anschlossen. Als wichtigster Siedlungskern ist uns bereits früher immer wieder die **Burg** entgegengetreten, die Burg in jeder Form: als königliche Pfalz, als Königsburg, Domburg, Klosterburg, als gräfliche, fürstliche oder ritterliche Burg. Hieran hielt auch das 13. und 14. Jh. im wesentlichen fest. Auf Ausnahmen konnten wir schon früher hinweisen. Bei Neugründungen verzichtete man seit dem 13. Jh. in manchen Fällen auf Burgenbau, weil die **Stadt selbst als Großburg** fungieren sollte. Häufig haben die Stadtherren aber auch dann selbständige Burgen in die neue Stadtfestung hineingelegt. So wurde z. B. Klingnau 1239 als Burg und Stadt gleichzeitig begründet. In die 1229 befestigte Stadt Oppenheim legte Friedrich II. 1244 eine Reichsburg. Der 1265 begründete Ort Unna erhielt etwa 1270 eine Burg, Kempen nach der Stadtgründung 1294 ein landesherrliches Schloß[1]).

Aus dem Bereich des Königsrechtes sind für unsere Epoche neben den **Pfalz- und königlichen Burgstädten** noch besonders solche wichtig geworden, die sich unmittelbar an K ö n i g s - h ö f e anschlossen. Gewiß waren die Königshöfe von allgemeiner Bedeutung für das Städtewesen des Reiches, aber doch meist so, daß auf dem Boden des Königshofes sich Pfalzen, königliche Burgen, Domburgen oder Klöster erhoben, die nunmehr den Siedlungskern abgaben. In den hier zu besprechenden Fällen fehlt aber dieser Umweg: unmittelbar an den Königshof schließt sich die Stadt an. Solche Städte fehlen in keinem Teil des Reiches. Auch Nürnberg geht offenbar auf den Königshof zurück, den Heinrich III. um 1050 anlegte und der in der Nähe der Königskirche S. Jacob lag[2]. Solche Königshöfe bildeten auf Grund ihres Bannrechtes einen gesicherten Friedensbereich. Obendrein dürften auch sie zum großen Teil mit Wall, Graben und Planken befestigt und damit Burgen im germanischen Sinne gewesen sein, wie wir das z. B. sicher für Bochum nachweisen können.

Auch K l o s t e r s t ä d t e treten im 13. Jh. neu auf. Die Stifte oder Klöster selbst gehörten freilich vielfach schon der karolingischen, ottonischen oder salischen Zeit an[3]. Chemnitz, Hameln, Kempten und Luzern werden wohl schon bei Beginn des 13. Jh. Städte geworden sein, Bonn, Geseke, Isny, Heiligenstadt, Lindau, Nienburg und Weißenburg noch vor 1250, die anderen bis zum Ende des 13. Jh. An das Kloster als Siedlungskern schloß sich die Stadt an.

Die Lage der B u r g in der Stadt des 13. Jh. war überaus verschieden. In den älteren Städten bildete die Burg meist das Z e n t r u m d e r S t a d t. Städte, die sich an römische K a s t e l l e anschlossen, wie Douai, Konstanz, Maastricht, Passau und Utrecht, gruppierten sich um diese als Siedlungskerne. Ebenso erscheinen die spätrömischen c i v i t a t e s von Basel, Köln, Metz und Straßburg als S t a d t - z e n t r e n. In Mainz und Worms bildete der spätrömische Raum zugleich den der mittelalterlichen Stadt, und die königlichen Pfalzen und Domburgen in ihrem Bereich treten daher früh als eigentliche Siedlungskerne auf. Besonders kennzeichnend ist diese Erscheinung für T r i e r, dessen römischer Siedlungsraum sich im Mittelalter wesentlich verkleinerte und dessen neuer Stadtkern die Domburg wurde. So erscheinen denn auch in Köln der nunmehrige Domhügel, in Straßburg das Münstergebiet als eigentlicher Stadtkern. In Aachen blieb der Pfalzbereich Zentrum der Stadt, in Zürich der Lindenhof, in Nimwegen der Valkhof, in Frankfurt die Pfalz auf dem Domhügel[4]. Die karolingischen Bischofsstädte, wie Bremen, Halberstadt, Hamburg, Hildesheim, Lüttich, Minden, Münster, Paderborn und Würzburg, sahen während des ganzen Mittelalters in der Domburg den Stadtmittelpunkt. In Dortmund und Soest gruppierte sich die Stadt um den karolingischen Königshof, in

Essen, Herford, Northeim, St. Pölten um die Konvente. In Braunschweig wurde die Burg Thankwarderode zum Stadtmittelpunkt wie übrigens auch die gräflichen Burgen in Brügge, Leiden und Middelburg.

Im Gegensatz zu den älteren Städten sind die Burgen der in der Kaiserzeit neu entstandenen Stadtsiedlungen **exzentrisch angelegt**. Während sich früher die mercatores Schutz suchend um die Burg ansiedelten, steht jetzt Schutz und Beherrschung der Stadt durch den Burgherrn im Vordergrund. Der Burgherr hat einen durch natürliche Umstände gesicherten Ort zur Anlegung der Burg ausgewählt, und die Stadt ist in seinem Schutz entstanden. An die in der frühen Kaiserzeit errichteten Burgen von Altenburg, Bamberg, Bautzen, Eger[5]) schlossen sich dann die neuen Städte an[6]). Die Burgen waren alle **hochgelegen**. Wo keine Höhen zur Verfügung standen, suchte man Wasserschutz auf, wie in Brandenburg, Breslau, Hagenau, Hannover, Itzehoe, Oppeln, Tangermünde und Ypern. Hochgelegen gegenüber den zu ihren Füßen sich ausbreitenden Städten waren bereits die Domburgen von Besançon, Chur, Erfurt, Freising und Salzburg. Exzentrisch waren auch die Burganlagen von Arras[7]). Einige dieser Burgen haben sich im Mittelalter der räumlichen Verbindung mit der Stadt durch gemeinsame Befestigung entzogen, wie die von Eisenach, Freiburg, Hannover, Leitmeritz, Ravensburg und Reval. In der Regel aber wurde die Verbindung im späteren Mittelalter selbst bei erheblichen Niveauunterschieden durchgeführt.

Sehr häufig haben die Burgen im späteren Mittelalter einen Platz an der **äußeren Befestigung der Gesamtsiedlung** erhalten, wie früher schon in Speyer, Gent und Goslar. Dabei verbanden die Burgen sich vielfach mit der Stadtmauer, in welche sie sich selbst als Befestigungsteile einfügten[8]). Die Burgen sind wohl auch zum größten Teil zugleich mit oder nicht allzulange Zeit vor der Stadtbegründung entstanden und wurden so mit der Stadtanlage in diese als Stücke der Befestigung einkalkuliert. Aber auch insofern sie erheblich älteren Ursprungs waren als die Stadt, wie z. B. in Antwerpen, Brüssel oder Einbeck, war die nachträgliche Einfügung in die neue Stadt leicht gegeben.

b) Das Dorf

Ein wichtiges Problem der Stadtgeschichte ist die Frage nach der Bedeutung der **Dorfsiedlung** für die Stadt. Ihre Beantwortung ist um so bedeutungsvoller, als sich Hunderte von Städten nachweisen lassen, in deren Raum Dorfsiedlungen vorkommen. Die Kernfrage, ob die Stadt sich topographisch aus dem Raum des Dorfes entwickelt habe, ist von uns bereits für die ältere Zeit ablehnend beantwortet worden. Für die spätere Epoche wird sie sogleich Gegenstand der Erforschung sein. Zuerst aber wollen wir versuchen, die Stellung des Dorfes im Stadtraum zu ermitteln.

In den älteren Städten, die auf **römische Grundlagen** zurückgingen, lassen sich eigentliche Dorfsiedlungen **nicht** nachweisen. Gewiß ist der von den Römern hinterlassene Mauerrahmen in der Karolinger- und frühen Kaiserzeit keineswegs von gewerblicher Bevölkerung ausgefüllt worden. So erfahren wir, daß in Mainz im 10. Jh. ein erheblicher Teil der civitas landwirtschaftlich genutzt wurde, und in Köln, Worms, Regensburg und Wien wird es nicht anders gewesen sein. Aber von einer eigentlichen Dorfsiedlung kann man hier nicht sprechen. Die landwirtschaftliche Arbeit wird wohl in der Hauptsache von den Hörigen oder Unfreien der königlichen oder kirchlichen Immunitäten geleistet worden sein. Aber auch die Angehörigen der mercatores im vicus und auch diese selbst kommen für landwirtschaftliche Arbeit in Betracht. Die Quellen dieser Zeit sagen von einer Dorfsiedlung nichts, und Versuche, die Landgemeindetheorie schon in die karolingische Zeit zurückzuprojizieren, mußten scheitern.

Ganz anders liegt es mit den späteren Städten, die seit der Kaiserzeit entstanden sind. Die Stadtgeschichte vieler von ihnen berichtet von Dorfsiedlungen, die zu ihrem Raum gehört haben. Schon die Namen mancher Städte beweisen ihre dörfliche Abkunft, besonders die mit „ingen", „heim"[1]), „hausen", „hofen", „feld", „dorf"[2]) zusammengesetzt sind. Bei allen diesen Städten ist von vornherein die ursprüngliche Existenz eines Dorfes anzunehmen, bei vielen von ihnen ist sie urkundlich nachzuweisen. Aber auch bei Städten wie Erfurt, Goslar, Halberstadt, Paderborn, Stendal, Ulm[3]) spielen Dorfsiedlungen eine Rolle, und entscheidend wird bleiben, festzustellen, in welchem Verhältnis hier Dorf und städtische Ansiedlung zueinander gestanden haben.

Bekanntlich haben die Reichenauer Äbte am Ende des 11. Jh. mit ihren Dörfern Allensbach und Radolfzell Marktsiedlungen verbunden, und es ist schon seit langer Zeit nachgewiesen, daß diese Marktsiedlungen nicht **in** das Dorf, sondern als selbständige Raumschöpfungen neben das Dorf gelegt worden sind. Die Urkunde für Radolfzell hebt ausdrücklich hervor, daß die Rechtslage der Marktsiedlung eine andere sei als die des Dorfes[4]). Auch die neuen Marktsiedlungen von Wusterwitz (1159) und Löbnitz (1185) in der Nähe von Magdeburg wurden nach den uns erhaltenen Urkunden neben die Dorfsiedlungen gelegt[5]). In der Tat können wir an Hand der Stadtpläne und der gleichzeitigen schriftlichen Nachrichten nachweisen, daß Dorf- und Marktsiedlung getrennt waren. Ein Beispiel bietet **Dortmund**. Hier wurden dörfliche Siedlungen vom 10.—12. Jh. ab durch allmähliche Erweiterungen des Stadtkerns in die Stadt aufgenommen[6]). Auch in Helmstedt ging das südwestlich von der Marktsiedlung liegende Dorf noch im 12. Jh. in der Stadt auf[7]). In Halberstadt dagegen wurde das bischöfliche Dorf, die sogenannte Vogtei nordwestlich der Burg, erst im 14. Jh. und nur vorübergehend zur Stadt gezogen[8]). In Bielefeld errichtete man zwischen 1209 und 1214 die planmäßige Stadtanlage im Norden des Dorfes[9]). In Stendal lag das

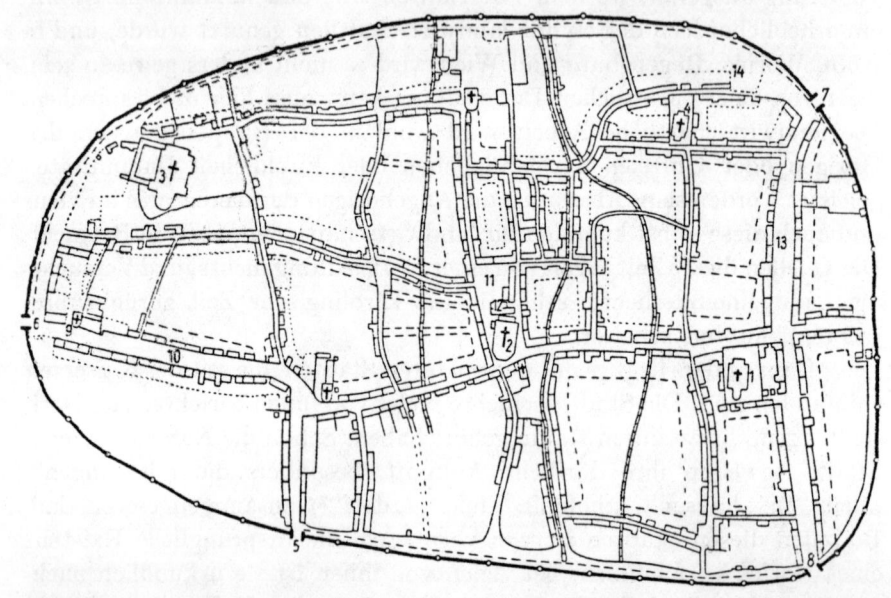

STENDAL. 1 St.-Jakob-Pfarrkirche 12. Jh. Ende. 2 St.-Marien-Pfarrkirche um 1170. 3 St.-Nikolai-Stift 1188. 4 St.-Peter-Pfarrkirche 13. Jh. Ende. 5 Arneburger Tor 1235. 6 Tangermünder Tor 13. Jh. 7 Ünglinger Tor 13. Jh. 8 Viehtor. 9 Burg 12. Jh. 10 Schadewachten. 11 Markt. 12 Rathaus. 13 Altes Dorf. 14 Dorf Wusterbusch.
1022 deutsches Dorf Stendal; 1150 markgräfliche Burg. / Zwischen 1160 und 1170 Gründung der Marktsiedlung durch Albrecht den Bären, um 1200 Kaufleutegilde. / 1208—28 Ummauerung der Gesamtstadt ●—●.

alte Dorf mit der Kirche St. Jakobi (1022) im Norden; die Marktansiedlung wurde 1164 südlich davon ziemlich entfernt zwischen 2 Arme der Uchte gelegt; noch südlicher lag die Burg. Im Nordwesten reihte sich das Dorf Wusterbusch an[10]). Diese Anlage wiederholte sich 1196 bei der Marktgründung von Gardelegen[11]). Planmäßige Markt- und Stadtgründungen neben älteren Dorfansiedlungen lassen sich auch in Bozen, Dresden, Memmingen, Ulm, Villingen nachweisen[12]). In manchen Städten waren die Dorfsiedlungen vom Markte weiter abgelegen[13]). Selbst in so wesentlich agrarischen Reichsstädten wie Pfullendorf und Wangen waren Markt- und Dorfsiedlung ursprünglich getrennt[14]).

Später haben manche Städte solche Dorfsiedlungen **in den Stadtraum** und die Befestigung mit aufgenommen. Diese Entwicklung läßt sich schon im 12. Jh. in Dortmund und Helmstedt, wie wir bereits sahen[15]), nachweisen, weiter auch in Lüneburg und Memmingen[16]).

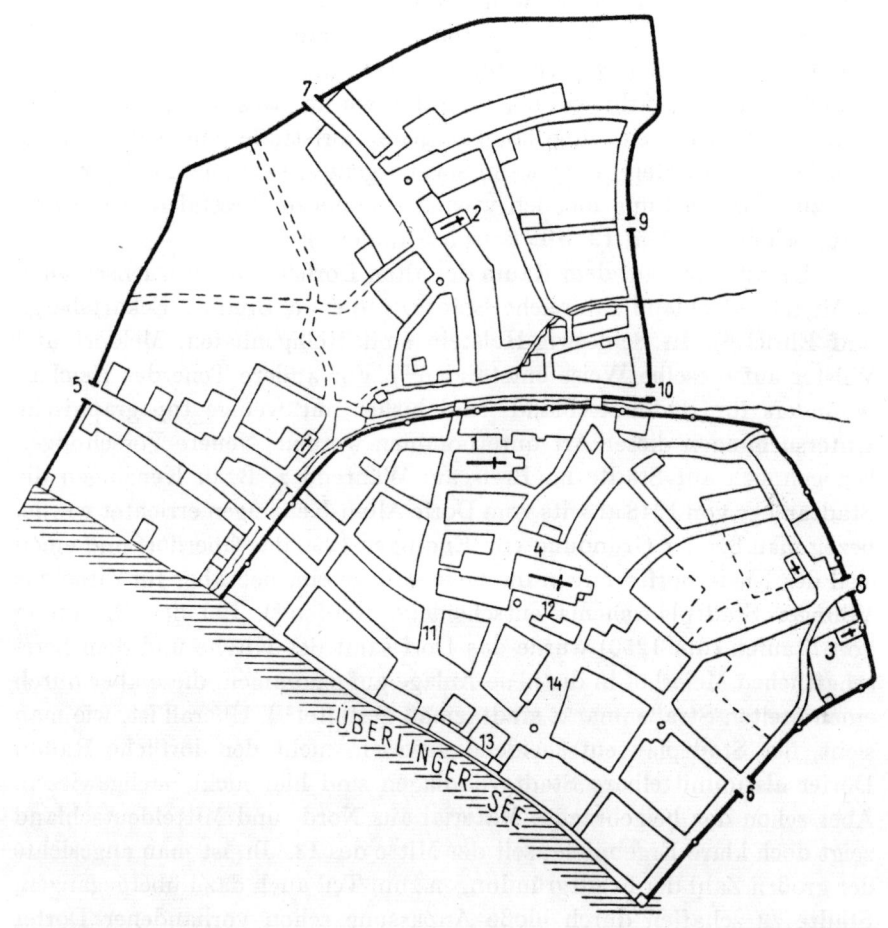

ÜBERLINGEN. 1 Barfüßerkloster 1271. **2** Jodokskirche um 1350. **3** Johanniterkommende um 1250. **4** St.-Nikolaus-Marktkirche 1152—58. **5** Grundtor. **6** Hölltor. **7** Kiechlinstor. **8** Obertor. **9** Scherentor. **10** Wiestor. **11** Marktstraße. **12** Rathaus. **13** Kaufhaus. **14** Fischmarkt.
Marktansiedlung 1152—58; 1211 civitas; 1220 Ummauerung •—•—•. / *Um 1400 Ummauerung auch des Dorfes nova civitas* ———.

Im 13. Jh. folgten im ganzen Reich zahlreiche andere Städte[17]), im 14. Jh. Halberstadt, Itzehoe und Leiden[18]), im 15. und 16. Jh. Eisleben und Überlingen[19]). So wurde im 13. Jh. durch die Aufnahme solcher Dorfsiedlungen in Weißenfels eine Altstadt, in Osterode eine Vorstadt, in

Wernigerode eine Neustadt anerkannt[20]). Erst um das Jahr 1500 nahm die Stadt Siegen das alte Dorf Siegen als Martinistadt in ihren Stadtbereich auf[21]). In Erfurt dagegen blieb trotz Aufnahme in den Stadtbereich im 15. Jh. das Dorf Brühl als selbständige Landgemeinde erhalten, ebenso auch die Altstadt in Frankenhausen[22]).

Es dürfte aber auch nicht selten vorgekommen sein, daß eine Stadt unmittelbar auf dem Boden eines Dorfes ohne den Umweg über die Gründung einer Marktsiedlung errichtet wurde. Das konnte besonders dann geschehen, wenn eine langgezogene Dorfstraße eine Erbreiterung zum Markt gestattete, oder wenn sonst irgendwie ein planmäßiger Ausbau zur Stadtsiedlung möglich war. Besonders in Westfalen lassen sich dafür schon seit dem 13. Jh. Beispiele finden[23]).

Unmittelbar auf dem Raum der alten Dorfsiedlung erwuchsen auch in Mitteldeutschland zahlreiche Städte, wie etwa Brehna, Eckartsberga und Ellrich[24]). In Schleswig-Holstein sind Heiligenhafen, Meldorf und Wilster auf dieselbe Weise entstanden[25]). Für andere Teile des Reiches, besonders für Süddeutschland, sind bisher nur wenige topographische Untersuchungen dieser Art unternommen worden. Neuere Forschungen bezogen sich auf Städte im Breisgau. Während z. B. in Kenzingen die Stadtanlage von 1248 abseits vom Dorfe Alten-Kenzingen errichtet wurde, bezog man bei der Gründung von Endingen 1290 das Oberdorf und einen Teil des Niederdorfes mit in die neue Anlage ein, ließ aber für diese das Villinger Stadtplanschema entscheidend werden[26]). Bei der Gründung von Staufen (um 1250) wurde das Dorf samt der Kirche und dem herrschaftlichen Meierhof in die neue Anlage aufgenommen, diese aber durch einen breiten Straßenmarkt stadtgemäß gestaltet[27]). Überall ist, wie man sieht, der Stadtplan entscheidend gewesen, nicht der dörfliche Raum. Dörfer als unmittelbare Stadtgrundlagen sind hier nicht nachgewiesen. Aber schon das beigebrachte Material aus Nord- und Mitteldeutschland zeigt doch klare Ergebnisse: seit der Mitte des 13. Jh. ist man angesichts der großen Zahl der Stadtgründungen zum Teil auch dazu übergegangen, Städte zu schaffen durch bloße Anpassung schon vorhandener Dörfer an städtische Erfordernisse. Vor 1250 sind indes solche Stadtgründungen nicht nachweisbar. Die Landgemeindetheorie[28]) kann sich daher auf unsere obigen Ausführungen nicht berufen. Der Typus Stadt war lange vorher schon von Städten ausgebildet worden, in deren Bereich ein Dorf fehlte oder jedenfalls für ihre Entwicklung ohne Bedeutung gewesen ist.

c) Der Markt

In den seit dem 13. Jh. neu gebildeten Städten traten die alten Formen des **Marktes**, besonders die der **einfachen Handels-**

straße, immer mehr zurück. Dennoch wurde auch sie noch immer angewandt, wie z. B. in Friedberg 1219 und Reval 1230[1]). In manchen Städten erhielt sie eine neue Geltung, weil man nach der dörflichen Abkunft der Stadt die alte Dorfstraße als Handelsstraße verwandte, wie das wohl in Allstedt (1323—30), Dinkelsbühl (12. Jh.) und Wasungen (1301) der Fall gewesen ist[2]). Sehr viel häufiger kam aber jetzt die planmäßige Straßenmarktanlage vor. Man verbreiterte, wie in Kempten oder Steyr (13. Jh.), einen Teil der Hauptstraße, oder diese in voller Länge, wie in Braunau (1260—70) und Leutkirch (1239)[3]). Nach dem Vorbild von Villingen erhielt sich im Breisgau das Achsenkreuz[4]). In Witzenhausen und Iserlohn bildete das Achsenkreuz einen rechteckigen Markt. Manchmal wurde eine der beiden Hauptstraßen durch besondere Verbreiterung als Markt betont, wie etwa in Kenzingen. In Innsbruck wurde bei der Begründung der Neustadt 1281 der Straßenmarkt der Altstadt in den der Neustadt fortgesetzt (die spätere Maria-Theresien-Straße), wobei ein Achsenkreuz entstand, dessen westlicher Straßenzug in einen rechteckigen Straßenmarkt ausmündete. Meist aber wurde in die Hauptstraße eine Verbreiterung in Form eines langen Rechtecks als Markt eingefügt. Besonders bekannt sind die Lange Gasse und der Lange Markt in der Rechtstadt von Danzig (vor 1224)[5]). In erstaunlicher Größe wurde ein solcher Rechtecksmarkt im Zuge der Hauptstraße in Iglau in der ersten Hälfte des 13. Jh. errichtet; er maß 3,8 ha[6]). Er löste damit das Straßenkreuz der Altstadt ab. In Wels erschienen zunächst eine, später 3 verbreiterte Straßen innerhalb des römischen Grundrisses als Marktstätten, und ähnlich auch in Eisenstadt. Endlich kam es vor, daß man das als Markt gewünschte lange Rechteck selbständig, unabhängig von der Hauptstraße, in den Stadtraum legte. Besonders markante Beispiele dafür finden sich in Österreich[7]), aber auch in Nord-, Mittel- und Süddeutschland[8]).

So mündet die Geschichte der Straßenmarktanlage in den rechteckigen Platz ein. Gleichwertig war, wie wir früher bereits sahen, der Dreiecksplatz, der auch im 13. und 14. Jh. nicht selten war. Dreiecksplätze wurden damals noch in Thüringen und Sachsen wie im Kolonialland neu angelegt[9]). Keilförmige Märkte entstanden damals noch in Antwerpen (1220), Brüx und Kuttenberg (13. Jh.).

Die Zukunft hatte der rechteckige Markt. Seine Anwendung war im 13. Jh. überaus vielfältig. Er drängte die meisten älteren Formen derart zurück, daß frühere Städte neue Rechtecksmärkte ausbildeten, wie man das z. B. in Bremen, Dortmund und Goslar um die Wende zum 13. Jh. verfolgen kann. Weiter knüpfte man an die Neubildungen des 12. Jh. an und legte den Markt neben die Hauptdurchgangsstraßen; nach dem

Vorbild von Braunschweig-Hagen wandte man diese Form in den Harzstädten Blankenburg, Northeim, Quedlinburg-Neustadt, Sangerhausen (1260) und Wernigerode (1229) an[10]).

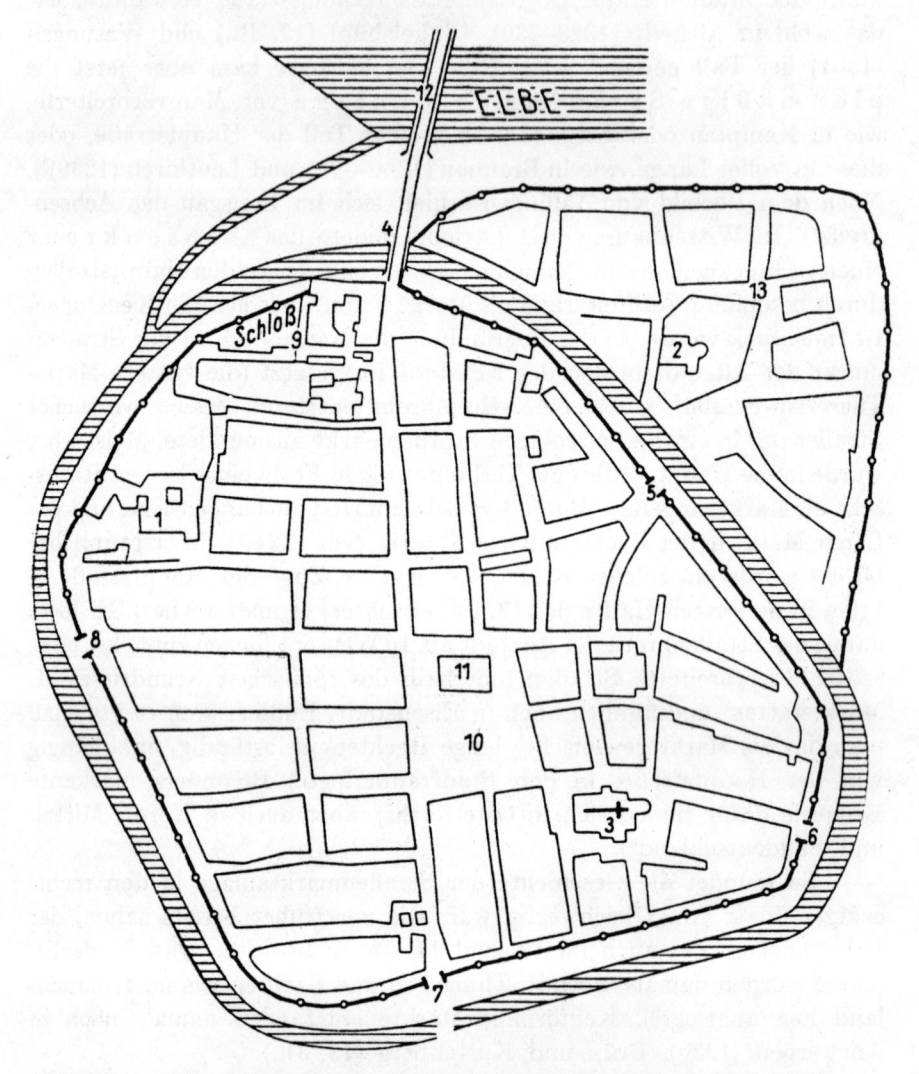

DRESDEN. 1 Franziskanerkloster mit Sophienkirche 1265. **2** Frauenkirche 13. Jh. Anfang. **3** Kreuzkirche 13. Jh. **4** Elbtor. **5** Frauentor. **6** Kreuztor. **7** Seetor. **8** Wilstruffertor. **9** Burg um 1200. **10** Altmarkt. **11** Rathaus. **12** Elbbrücke 1275. **13** Wendendorf. *Vor 1200 Burg am Taschenberg; Stadtgründung um 1212. | 1299 Stadtummauerung* ⸺ .

Auch in Rothenburg ob der Tauber (um 1200) und Heilbronn (um 1220), in Stralsund-Altstadt (1234) und Tondern (nach 1240) finden sich solche Anlagen. Die Einbettung des Marktes in 2 Längsstraßen war im 13. Jh. nicht weniger häufig[11]). Noch der Nürnberger große Markt von 1348 wurde in gleicher Weise angelegt. Dieses System wurde gelegentlich durch die gleichmäßige Verteilung von Längs- und Querstraßen intensiviert, wie in Dresden (1214)[12]). Auch die Einfügung des Marktes in 3 Parallelstraßen kam vor, wie in Rinteln (1238), Stadt-Ilm (1250) und Sorau (1260).

Die Entwicklung drängte weiter dahin, den Markt in den **Mittelpunkt der Stadt** zu rücken. Das war anfänglich auch für den rechteckigen Markt keine Selbstverständlichkeit. Exzentrische rechteckige Märkte finden wir z. B. im 13. Jh. noch in Apolda[13]). Sehr häufig gingen damals Städte von ihren älteren Märkten ab und legten neue in den Stadtmittelpunkt. Das geschah z. B. in Bautzen[14]). Vielfach wurden auch **exzentrische Märkte** dadurch in den Mittelpunkt der Stadt geschoben, daß sich an den Markt neue Stadtsiedlungen anschlossen. Das kann man in Heilbronn, Herford, Merseburg, Nordhausen und Oldenburg in Oldenburg beobachten. So wurde in der Tat zum Beginn des 13. Jh. in vielen neuen Städten der Markt in den Mittelpunkt der Stadt gelegt. Das war der Fall in Amberg und Chemnitz[15]).

Aber damit war die Entwicklung noch nicht abgeschlossen. Nicht nur sollte der Markt Mittelpunkt der Stadt sein, sondern die ganze Stadt sollte auch **vom Zentrum des Marktes aus aufgebaut** werden. In älteren Städten war das mit Rücksicht auf die einmal gegebenen topographischen Verhältnisse nicht mehr durchzuführen. Nur in Wien scheint man den Versuch hierzu gemacht zu haben, als in der ersten Hälfte des 13. Jh. im Rahmen des römischen Legionslagers der große rechteckige Hohe Markt angelegt wurde, der erst später durch die südliche Verbauung verschmälert worden ist[16]). Das Vorbild zum Hohen Markt gab offenbar der Markt von Wiener Neustadt ab. Diese von Herzog Leopold V. 1192 begründete Stadt war fast quadratisch aufgebaut, und das Zentrum der Stadt bildete annähernd den rechteckigen Markt an der Kreuzung der beiden Hauptstraßen. Doch waren den geographischen und Verkehrsverhältnissen mancherlei Konzessionen gemacht worden, so daß der Plan Schiefheiten enthielt. Die langen Rechtecksmärkte, die in den österreichischen Ländern in Gebrauch gekommen waren, wurden in Hainburg, Klagenfurt (1250) und Leoben (1262) als Stadtmittelpunkte angelegt. Rechtecksmärkte als Stadtzentren gab es auch in Hildesheim-Neustadt (1212—16)[17]). Doch brachten sie es nicht zu planmäßiger Vollendung. Überall blieben erhebliche Unregelmäßigkeiten. Vollkommener durchgeführt schon waren die Anlagen in thüringischen und sächsischen Städten des 13. und 14. Jh., wie in Freiburg a. d. Unstrut (1212) und

Kamenz (1213)[18]) und ebenso im Koloniallande. Hier waren der Markt sowohl wie die ganze Stadt rechteckig angelegt, und größere Abweichungen vom Plan kamen nicht vor.

Mit dem Übergang zum quadratischen Markt wurde die Regelmäßigkeit der Stadtanlage noch gesteigert. Vielfach stellte man zunächst

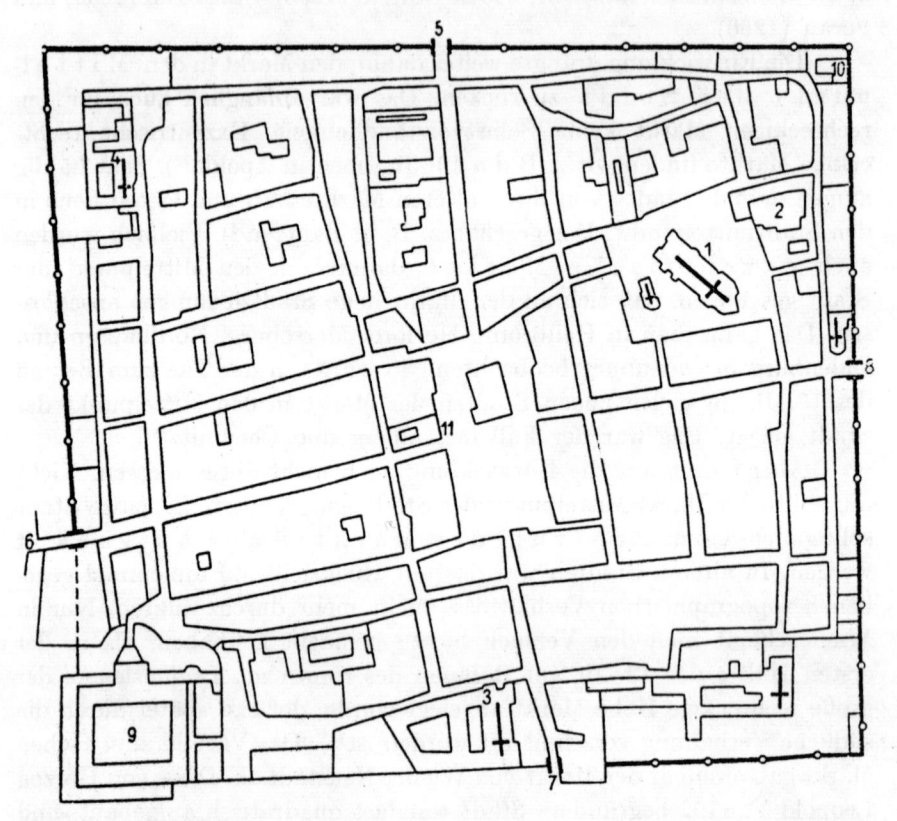

WIENER NEUSTADT. 1, 2 Liebfrauendom mit Domhof. **3** Dominikaner. **4** Minoriten. **5** Fischauer Tor. **6** Neunkirchner Tor. **7** Ungartor. **8** Wiener Tor. **9, 10** Herzogsburg. **11** Rathaus.
1192 Neugründung durch Herzog Leopold V., Ummauerung.

diesen quadratischen Markt noch in das Zentrum einer rechteckig gestalteten Stadt. Wir sehen das in den mitteldeutschen Städten Freiberg (1210—18), Zittau (1230) und Gera (1237)[19]). Aber mit dem quadratischen Markt nahm man, besonders in den Gründungsstädten des deutschen Ostens, meist zugleich die Rundform der Stadt an. Wir finden diese zuerst in den mecklenburgischen Städten Güstrow und Malchin (1226)[20]). Damit war die höchstentwickelte Form einer Zentralanlage des Marktes erreicht, und man glaubte, eine Stadtanlage entfaltet zu haben, die nicht mehr überboten werden könnte. Und in der Tat hat das Mittelalter keine Versuche zu weiteren Neubildungen unternommen. Erst die Neuzeit ist wieder neue topographische Wege gegangen, und dann nicht mehr vom Grundgedanken des Marktes aus.

d) Bergwerks- und Bäderstädte

In den Bäderstädten, wie Aachen, den 3 Baden (Baden bei Wien, in der Schweiz und in Baden) und Wiesbaden[1]), dürften die Heilquellen, die schon in römischer Zeit berühmt gewesen waren, auch jetzt, mindestens zum Teil, zu Badezwecken verwandt worden sein. Sie flossen im Raume der Stadt und bedurften, wenn sie ihren Zweck erfüllen sollten, eines besonderen Badebezirks. Ähnlich war es mit den Salzquellen. In Halle[2]) z. B. lagen diese an der Saale, in der später sogenannten Talstadt, in sicherer Hut des alten karolingischen Kastells. In Lüneburg[3]) befand sich die 956 zuerst erwähnte Saline im Nordosten der Stadt. In Frankenhausen wurde das Gebiet der Salzquellen Ende des 13. Jh. als nova civitas mit Dorf und Marktsiedlung verbunden. So werden auch in den anderen norddeutschen Salzstädten, wie Greifswald (1193), Sulza (9. Jh.)[4]) und Werl, die Salzquellen in der Stadt selbst geflossen sein. Nur von Salzungen (seit 775) erfahren wir, das sogenannte „Nappenviertel" habe außerhalb der Stadt gelegen[5]). Von den süddeutschen Salzstädten Schwäbisch-Hall (um 1000), Hallstadt, Hallein (1177) und Reichenhall (1163)[6]) sind solche topographische Nachrichten nicht zu ermitteln. In Hall in Tirol (1260)[7]) lag die Saline im Süden der Stadt; sie wurde seit 1283 nicht mehr mit Quellsole, sondern mit Sole aus gebrochenem Salzgestein gespeist.

Mit dem 10. Jh. schon setzte der Erzbergbau im Reiche ein. In Kärnten und Steiermark hatte er seinen Mittelpunkt in Friesach und Leoben[8]), im Harz in Goslar[9]). Seit dem 11. Jh. baute man Erze im Schwarzwald[10]), seit dem 12. im Erzgebirge ab, wo Freiberg[11]) Mittelpunkt wurde. Zinnbergbau gab es um 1170 in Graupen im Erzgebirge[12]), Kupferschieferbau in Mansfeld (seit 1190) mit Eisleben[13]) als wichtigster Stadt, Goldbergbau in Schlesien in Goldberg (seit 1211)[14]). Im böhmischmährischen Gebiet war Iglau im 13. Jh. die wichtigste Bergstadt[15]). Im 14. Jh. begann in Zwickau[16]) der Abbau von Silber, Kupfer und Steinkohle. Die Betriebe, Gruben und Schächte lagen überall außerhalb der Stadt, aber die Bergbauinteressenten und die Bergknappen wohnten innerhalb. In Goslar z. B. hatten die fränkischen Bergleute ihren Wohnsitz im Bergdorf am Rammelsberg[17]), das später zusammen mit Pfalz und Marktsiedlung zur Stadt vereinigt wurde. In Freiberg war die um

St. Jakob gelegene bergmännische Siedlung, die civitas Saxonum (Sächsstadt), der erste Siedlungskern, an den sich Burg Freudenstein und die Marktniederlassungen von St. Niklas und St. Petri alsbald anschlossen[18]).

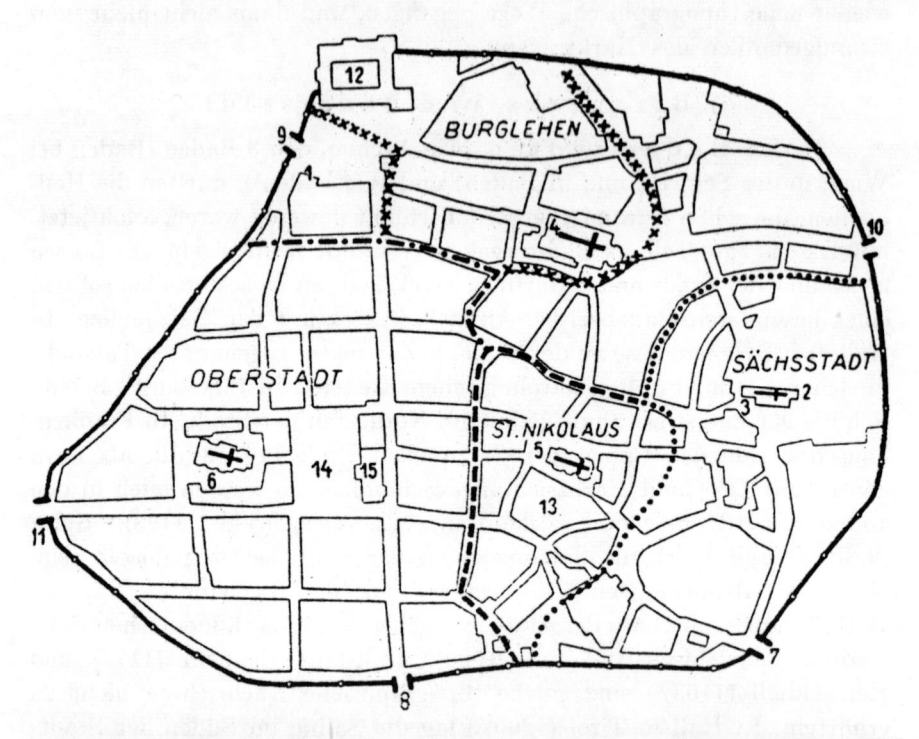

FREIBERG. 1 Dominikanerkloster 13. Jh. 2 St. Jacob 12. Jh. 3 St. Magdalena 1284. 4 St. Marie 13. Jh. 5 St. Niklas 1185—90. 6 St. Petri 1218. 7 Donatstor 1387. 8 Erbisches Tor 1380. 9 Kreuztor 1291. 10 Meißner Tor 1331. 11 Peterstor 1343. 12 Burg. 13 Marktsiedlung, Altmarkt St. Niklas. 14 Obermarkt. 15 Rathaus.
1180/81 Entdeckung des Silbers; Burg Freudenstein, Burglehen ×××××. / *1185—90 Gründung der Sächsstadt (civitas Saxonum) St. Jacob* ········. / *Vicus St. Nikolaus* ———. / *1210—18 Gründung der Oberstadt St. Petri* —·—·. / *13. Jh. Gesamtstadt* ———.

2. ÄUSSERE GESTALT DER GESAMTANLAGE DER STADT

Die äußere Gestalt der Gesamtanlage bei den Städten war sehr mannigfaltig und veränderlich. Ihre Haupttypen waren folgende: Die rechteckige oder quadratische, die halbkreisförmige, die kreisrunde, die elliptische (ovale, birnenförmige), trapezförmige, glockenähnliche und dreieckig gestaltete Stadt. Weitaus die größte Zahl der Städte näherte sich der rechteckigen oder quadratischen Form. Am zweitstärksten vertreten war die elliptische. Runde und halbkreisförmige Städte bildeten die drittstärkste Gruppe. Alle anderen Formen waren seltener. Im einzelnen wurden die meisten allerdings nicht ganz konsequent durchgeführt.

Entwicklungsgeschichtlich darf man die **rechteckige Form** als die älteste ansehen. Sie entstammte der Gestalt der antiken Stadt und erhielt sich bei den ersten mittelalterlichen Anlagen von Köln, Regensburg, Straßburg, Worms, Andernach, Boppard, Wels und anderen mehr. Auch bei den Neugründungen des 12., besonders aber des 13. Jh. bevorzugte man wieder diese Form. Beispiele dafür bieten etwa Freiburg i. Br., Hagenau, Leipzig, Aken, Hann.-Münden und besonders Wiener Neustadt[1]). Da die Stadtecken vielfach abgeschliffen waren, näherten sich solche Städte manchmal der Kreisform, wie das z. B. bei Hann.-Münden und Dresden der Fall war.

Kreisrunde Siedlungen waren den Germanen wohlbekannt. Ihre Fluchtburgen hatten häufig diese Form. Die Domburgen von Münster und Bremen und die Burg von Middelburg, die sämtlich mit ihren Kaufmannssiedlungen noch der frühen Kaiserzeit angehören, scheinen nach dem Vorbild dieser germanischen Burgen entstanden zu sein. Auch die Städte des 12. und beginnenden 13. Jh. haben im Reiche häufig die Kreisform entwickelt, wie etwa Saalfeld[2]).

Historische Bedeutung erhielt die Kreisform in der Kolonisationszeit des 13. Jh., als sich mit ihr der Gedanke der Zentralanlage des Marktes verband. Städte solcher Art begegnen seit dem Beginn des 13. Jh., wie etwa Güstrow, Malchin, Ohlau, Pasewalk-Oberstadt und Kiel; sie erreichten im Laufe des 13. Jh. eine hohe Vollendung, wie etwa das Beispiel von Breslau 1242 zeigt[3]).

Sehr häufig nahmen die Städte eine **ellipsenähnliche Form** an (oval, birnenförmig usw.). Schon die Zähringerstädte Villingen (1130), Neuenburg (1171—81) und Bern (1152/1190) erhielten bei ihrer Gründung diese Gestalt[4]). Aber die elliptische Form ist weniger bei Stadtgründungen als bei Stadterweiterungen entstanden. Goslar, Soest und Dortmund erhielten durch ihre Erweiterungen des 11. und 12. Jh. diese Form. Im 12. Jh. folgten Lübeck, Bautzen und Enns[5]). Manche haben später noch ihre Form geändert, wie Bautzen und Halberstadt.

Auch die **Halbkreisstädte** hatten ihre Vorbilder schon in vorgeschichtlichen Volksburgen wie der von Urmitz am Rhein gehabt. In römischer Zeit begegnen derartige Ansiedlungen häufig, so der Münsterhügel in Basel, der vicus in Maastricht, die Stadtanlagen in Koblenz und Mainz. Sie alle setzten sich in mittelalterlichen Städten fort. Andere Städte entwickelten sich erst langsam zu Halbkreisstädten, wie Köln (1180), Frankfurt am Main, Nimwegen, Rostock und Würzburg (im

13. Jh.) und endlich Danzig (im 14. Jh.). Rheinfelden (1150) und Fried berg (1219) wurden in der Halbkreisform neu begründet.

Städte in der Form eines Dreiecks sind außerordentlich selten Geographische Gründe waren für ihren Bau maßgebend. Sie begegnen uns in Chur, Eisenach und Kamenz (um 1200), Stralsund (1230) und Pettau (1250). In Trapezform entstanden Friesach (1124—30), Freiburg i. Üchtlande (1160), Grimma (um 1170) und Elbing (1240). Zur Form einer Glocke entwickelten sich Hainburg, Rothenburg ob der Tauber (um 1200) und Antwerpen (13. Jh.), während Solothurn und Olten schon in römischer Zeit diese Form erhielten.

Durch die Stadterweiterungen veränderten die Städte im Verlau des Mittelalters häufig ihre Form. So entstanden auch Mischformen, die Elemente verschiedener Typen enthielten. Städte wie Augsburg, Braunschweig, Bremen und Erfurt[6]) zeigen im späten Mittelalter Formen, die man keiner der besprochenen Typen zuweisen kann. Die äußere Stadtform wird meist durch die historische Entwicklung bestimmt und nicht durch städtebauliches Wollen, wenngleich dieses für den Fall der Stadtgründung, wie wir gesehen haben, auch im Mittelalter keineswegs gefehlt hat.

3. STADTUMFANG

a) Ältere Zeit

Die ersten Stadtanlagen auf deutschem Boden seit der Karolingerzeit gingen zum Teil auf Römerstädte zurück, und zwar insofern, als die römischen Mauern den Umfang der neuen Stadt bestimmten. Das gilt von Köln und Regensburg, von Mainz, Worms und Metz. Dort suchte man durch alle Zerstörungszeiten hindurch diese alten Mauern als Schutz der Bevölkerung zu erhalten. Freilich waren sie für das neue Stadtvolk viel zu weit. In Köln umfaßte die Stadt 96 ha, und es läßt sich feststellen, daß zunächst nur ein kleiner Teil, nämlich der östliche, den Rhein zugewandte, bebaut war; der Rest wurde offenbar landwirtschaftlich genutzt. Von dem noch ausgedehnteren Mainz mit seinen 120 ha berichtet ein arabischer Reisender für das Jahr 973, daß nur ein Teil bewohnt, der andere besät sei. Das bestätigt noch Otto von Freising für sein 12. Jh. Auch in Worms, dessen Römerstadt 69 ha einnahm, wird es kaum anders gewesen sein. In Trier ist während des Mittelalters nur ein kleiner Teil der 285 ha umfassenden Römerstadt bebaut worden. Zwar wurden im 13. Jh. etwa 125 ha davon in die neue Mauer einbezogen, aber innerhalb dieses Raumes blieb fast die Hälfte bis in die Neuzeit unbewohnt. Noch deutlicher sehen wir das bei Wels, dem alten Ovilava. Die Stadt des beginnenden 13. Jh. nahm nur einen Raum von 11 ha ein, also etwa ein Siebentel der alten Römerstadt. Viel geringer noch war der Umfang von Straßburg, der im 3. Jh. neben den 6 ha des Kastells eine Zivilniederlassung von 19,5 ha einbegriff, oder gar der von Passau: die castra Batava nahmen wohl kaum 10 ha ein.

In der Frühzeit des Mittelalters bedurften die Städte nur eines geringen Raumes. Burg und Wik fanden schon in wenigen Hektaren ausreichenden Platz. Dorstat, im 8. Jh. die wichtigste Handelsstadt des Kaufmannsvolkes der Friesen, nahm nur 12 ha ein, wobei das Kastell etwas über 2 ha, der vicus annähernd 10 ha für sich beanspruchte. Domburgen der Bischofsstädte verlangten natürlich erheblich mehr Platz als 2 ha, z. B. in Speyer etwa 6 ha, in Minden und Münster etwa 7 ha. Der Münsterhügel in Basel war etwa 10 ha groß. Dafür waren aber die Kaufmannssiedlungen wesentlich kleiner. In Straßburg z. B. nahm jetzt der vicus etwa ein Viertel des Raumes des neben ihm liegenden Legionslagers in Größe von 19,5 ha ein. Und ähnlich wird das Verhältnis von Kassiusstift und vicus in Bonn gewesen sein, die zusammen etwa 9 ha einnahmen. Das Pfalzgebiet mit dem vicus in Aachen dürfte nur etwa 8 ha Raum erfordert haben. In Augsburg freilich nahm die 955 befestigte Bischofsburg mit dem vicus 13 ha Raum ein, und die Domburg mit dem Alten Markt in Hildesheim im 11. Jh. sogar 18 ha. Im ganzen kann man aber doch sagen: das Raumbedürfnis der normalen Burg-vicus-Siedlung war vom 8.—10. Jh. mit 9 bis etwa 15 ha erschöpft. Der in manchen Städten aus römischer Zeit erhaltene überschüssige Raum war für Burg und Wik ohne Bedeutung, freilich wohl für die traditionelle Anerkennung der Stadt als civitas. Sicher hat Otto der Große Magdeburg auch aus dem Grunde so stark vergrößert, weil er glaubte, so am besten die Gleichstellung seiner Lieblingsschöpfung mit den alten Städten an Rhein und Donau zu sichern. Von etwa 7 bis 8 ha schwoll die Stadt unter ihm auf 35 ha an.

Seit dem 11., zum Teil schon seit dem 10. Jh., vergrößerten die Städte ihren Raum erheblich. Von den Römerstädten war das am stärksten der Fall bei Regensburg, das im 11. Jh. fast als Hauptstadt des Reiches erscheinen konnte. Neben das Rechteck der Castra Regina von 25 ha Umfang stellte sich schon im 10. Jh. die Neustadt, der pagus mercatorum mit dem Markt unter späterem Einschluß der Immunität von St. Emmeran, mit zusammen weiteren 36 ha, die schon 917 befestigt und etwa um 1100 ummauert wurden. In Köln gab es seit dem 10. Jh. die Rheinvorstadt St. Martin, die durch Auffüllung des Rheinufers der Römerstadt von 96 ha weitere 25 ha anfügte; sie wurde schon 947 selbständig ummauert. In kleinerem Maßstabe sehen wir ähnliches in Basel, wo im 11. Jh. am Fuße des Münsterhügels ein neuer vicus im Umfange von etwa 8 ha entstand, oder in Arras, wo neben der Kathedralstadt, der alten römischen civitas von 8 ha 64 a Umfang, im 9. Jh. der vicus bei S. Vaast (vetus burgus), im 10. Jh. der novus burgus bei S. Gery und im 11. der große und der kleine Markt entstanden mit zusammen etwa 15 ha. In Tournai vergrößerte sich die Stadt vom 10. bis zum 11. Jh. fast um das Dreifache: während die Römerstadt 14 ha gemessen hatte, nahm die mittelalterliche Anlage jetzt etwa 40 ha ein.

Die neuen Bischofsstädte im Reiche blieben — außer Magdeburg — in der gleichen Epoche an Umfang hinter den Römerstädten meist erheblich zurück. Immerhin mögen Domimmunität und vicus in Bremen damals 12 ha, in Osnabrück 16 ha, in Hildesheim 18 ha, in Halberstadt wohl an 20, in Naumburg 21 ha umfaßt haben. Für Halle wird man mit etwa 12 ha, für St. Pölten mit 16, für Goslar um das Jahr 1020 mit 15 ha rechnen können.

Die **Neugründungen des 12. Jh.** begnügten sich nicht mehr mit der Burg-vicus-Größe, sondern hielten sich meist im Umfange von etwa 20 ha. Freiburg i. Br. selbst ging mit einer beträchtlichen Größe voraus: es nahm nach dem Stadtgründungsplan 28,4 ha ein. Da die Burg außerhalb lag und nur die Pfarrkirche einen besonderen Platz beanspruchte, blieb reichlich Raum für die Ansiedlung zahlreicher Gewerbetreibender. Die anderen zähringischen Gründungen waren allerdings erheblich kleiner. Nur Villingen und Offenburg gingen über die 20-ha-Grenze hinaus. Rottweil, Neuenburg und Bern waren etwa 16 ha groß, Freiburg i. Üchtlande sogar nur 5,3 ha. Von den Gründungen Heinrichs des Löwen wurde nur die Hagenstadt Braunschweig als eine große Gewerbestadt mit 30 ha neben die gleichgroße Altstadt gelegt, während Lübeck als reine Kaufmannsstadt zunächst nur 20 ha bebaute, ebenso wie auch die Neustadt von Lüneburg. München war nur 15, Landsberg am Lech nur 11 ha, Stade wohl nur 7,5 ha groß. Von den Stadtgründungen Albrechts des Bären wurden Brandenburg-Altstadt auf 23, Stendal auf 26 ha angelegt. Auch das 1155 neu begründete Schleswig hielt sich in diesem Rahmen, es nahm 28 ha ein, ähnlich Leipzig, das freilich schon zu Beginn des 13. Jh. sich auf 42 ha erweiterte, ein Raum, der für diese Stadt auf Jahrhunderte genügt hat. Die Stadtgründungen Heinrichs VI. Breisach und Memmingen waren als Festungen klein, nur etwa 9 ha groß.

b) Stadtausdehnung

Seit der zweiten Hälfte des 11. Jh. und im 12. Jh. ging die Entwicklung der älteren Städte mit Riesenschritten weiter. Köln wuchs von 120 ha im Jahre 1106 auf 236 ha an, und 1180 begann man den großen

Mauerbau, der annähernd 400 ha umfassen sollte. Damit erreichte Köln eine Größe, die keiner anderen deutschen Stadt im Mittelalter beschieden war, und auch die flandrischen Städte, wie Gent und Brügge, die Köln im 13. Jh. an Umfang weit überflügeln sollten, blieben damals noch erheblich zurück. Zugleich war die 400-ha-Grenze die Maximalgröße der Stadt Köln im Mittelalter überhaupt und blieb sie bis zum Beginn des 19. Jh. Ganz ähnlich lag es mit Goslar, das schon 1108 mit 75 ha den Abschluß seiner räumlichen Entwicklung erreichte, und ebenso mit Soest, dessen neue Umwallung vom Jahre 1179 bis zum Jahre 1880 101 ha inbegriff. Auch Dortmund erlebte schon gegen Ende des 12. Jh. seine mittelalterliche Vollendung mit 81 ha, ebenso Lüneburg, das mit der Begründung seiner Neustadt durch Heinrich den Löwen seinen mittelalterlichen Maximalumfang von 84 ha erreichte. Das gleiche ist der Fall bei Burg bei Magdeburg, das um 1150 80 ha umfaßte, weiter bei Quedlinburg und Speyer (diese Stadt hatte 40 ha). Auch Wiener Neustadt, das 1192 mit 102 ha begründet wurde, hat diesen Umfang im Mittelalter nicht mehr übertroffen. Im ganzen kann man etwa 20 Städte eruieren, die im 12. Jh. bereits ihre Höchstausdehnung erreicht hatten, unter ihnen z. B. auch Besançon, Cambrai und Chur.

Auch diejenigen älteren Städte, denen das 12. Jh. noch nicht den Abschluß der Entwicklung brachte, bauten sich zum Teil bedeutend weiter aus. So erreichte Erfurt bereits 1167 in seinem Mauerring die beträchtliche Größe von 127 ha, die erst im 14. und 15. Jh. durch Einbeziehung von Vorstädten überholt wurde. Bedeutend waren auch die Fortschritte von Braunschweig, das aus kleinen Anfängen in einem Jahrhundert zur Größe von über 100 ha emporstieg. Aachen wuchs von 8 auf 44 ha, Augsburg von 13 auf 46, Brandenburg von 32 auf 92, Bremen von 12 auf 49, Hildesheim um die Altstadt von 9 ha auf 27, Lüneburg von 30 auf 50, Metz von 48 auf 98, Mühlhausen von 30 auf 52, Namur von 8 auf 44, Osnabrück von 13 auf 52, Straßburg von 15 auf 73 ha an. Kleiner waren damals noch Hamburg, das nach der Gründung der Neustadt im Jahre 1188 18 ha einnahm, und Frankfurt am Main, dessen erster Mauerring 1142 nur 21 ha einschloß. Kaufbeuren stieg damals von 12 auf 20 ha, Kempten von 4 auf 16, Krems von 8 auf 18 ha.

Die seit dem Ausgang des 12. Jh. einsetzende Hochflut von Stadtgründungen, die auch das ganze 13. Jh. hindurch noch anhielt, brachte meist Städte um die 20-ha-Grenze herum hervor. Von den um 1200 entstandenen wurde Weißenfels auf 17 ha angelegt, Bautzen auf 18, Calbe a. d. Milde auf 19, Delitzsch, Meißen und Hann.-Münden auf 20, Nürnberg-St. Lorenz auf 22, Altenburg, Danzig-Rechtstadt und Ulm auf 24. Auf größeren Umfang angelegt wurden: Enns auf 26, Rüthen auf 28, Gotha auf 29, Mühlhausen-Altstadt auf 30, Jüterbog auf 36,5, Dresden sogar auf 49 ha. Natürlich kamen auch ganz kleine Anlagen vor, wie etwa Solothurn, das nur die 3 ha des alten Kastells einnahm, oder Coesfeld mit 4, Klagenfurt mit 8, Vacha und Kassel-Altstadt mit 10, Tulln mit 12 und Amberg mit 14 ha.

Zwischen 1200 und 1250 stieg auch der Umfang der neu gegründeten Städte. Breslau z. B. wurde gleich mit 62,5 ha errichtet, Querfurt mit 58, Geseke mit 53, Prenzlau mit 50, Kulm und Wismar mit 40, Gardelegen und Nordhausen mit 37, Hamm mit 34, Angermünde, Greifswald und Grimma mit 33, Groningen mit 32, Antwerpen und Saalfeld mit 31, Arnstadt, Chemnitz und Liegnitz mit 30, Eilenburg und Recklinghausen mit 28, Ratibor und Wernigerode mit 27, Demmin und Guben mit 25 ha. 24 ha groß waren Berlin-Kölln, Bielefeld, Elbing, Freiberg und Stralsund, Dinkelsbühl und Iglau 22, Neisse 21, Jena, Neumarkt, Nienburg und Osterwieck 20 ha. Unter diesem Maße lagen Malchin mit 19,5, Alt-Landsberg und Rostock-Altstadt mit 18, Gera und Lindau mit 17, Blankenburg, Kiel, Löwenberg, Überlingen und Werben mit 16, Anklam, Freistadt, Frankenhausen und Pirna mit 15, Bitterfeld, Crossen a. d. Oder und Frankenberg mit 14, Biberach, Bocholt, Isny und Itzehoe mit 13, Thorn und Wels mit 11, Ravensburg, Stettin und Teltow mit 10 ha. Ganz kleine Anlagen waren Plauen und Wangen mit 9, Kamenz, Wollin und Zittau mit 8, Dessau, Eisleben und Reichenbach i. Vogtlande mit 6, Marienwerder mit 5, Boppard mit 4,5, Znaim mit 4, Lübben mit 3,4 und Jauer mit 1 ha 57 a.

In der zweiten Hälfte des 13. Jh. treten zwar auch noch neue Großanlagen hervor, aber sie sind jetzt fast ausschließlich auf die östlichen Grenzgebiete beschränkt. Neu-Ruppin z. B. wurde auf 49 ha, Neubrandenburg und Bruck a. d. Mur auf 40 ha angelegt, Münsterberg und Wittstock auf 35, Zeitz auf 33, Weißensee auf 31,5, Dommitzsch auf 30, Brieg und Königsberg in der Neumark auf 29, Soldin auf 28, Steyr auf 27, Templin auf 26. Auch Stadtanlagen zwischen 25 und 18 ha gehören in dieser Zeit meist dem Osten an; ich nenne nur Hirschberg und Koeslin mit 25, Friedeberg mit 24, Falkenberg und Oels mit 23, Kolberg und Ribnitz mit 22, Frankenhausen, Perleberg und Reichenbach in Schlesien mit 21, Pritzwalk und Stadtilm mit 19, Namslau, Rathenow und Sandau mit 18 ha. Kleinere Stadtanlagen unter dieser Größe waren Königsee mit 17, Beeskow, Oppeln und Weimar mit 16, Belgern mit 15, Barby, Landsberg, Posen und Spremberg mit 14, Eutin, Fraustadt und Sprottau mit 13, Züllichau mit 12, Brehna, Kenzingen, Limburg, Sorau, Fürstenwalde, Königsberg in Ostpreußen und Marienburg mit 10, Gleiwitz und Neustadt a. d. Orla mit 9, Naugard mit 8, Cosel mit 7, Leisnig mit 6, Lebus und Leutkirch mit 5 ha.

Groß ist die Zahl der Städte, die im 13. Jh. bereits ihre Höchstausdehnung erreicht haben. Das war regelmäßig in Flandern der Fall, wo Brügge z. B. von 70 auf 434 und Gent von 80 auf 644 ha anschwollen! Aus dem mir zugänglichen Material kann ich 105 deutsche Städte feststellen, die hierher gehören. Von den alten Römerstädten hat Wien im 13. Jh. seine mittelalterliche Maximalgröße von 110 ha erlangt; am Rhein Bonn, dessen 1243 neu gegründete Stadt sich mit 43 ha 20 a an das Kassiusstift von 9 ha anschloß. Auch Passau dürfte hierher gehören, nachdem 1209 das Suburbium im Westen miteinbezogen worden war. Von den niederdeutschen Bischofsstädten wurden Magdeburg im 13. Jh. 110, Osnabrück 102 und Hildesheim 82 ha groß, und diese Räume entsprechen der mittelalterlichen Ummauerung. Auch Lüttich und Merseburg schlossen damals ihre räumliche Entwicklung ab. Das gleiche trifft für viele Klosterstädte zu, wie Chemnitz mit 30, Einbeck mit 18, Lindau mit 17 oder St. Pölten mit 83 ha; aber auch Fritzlar, Hameln, Helmstedt, Herford, Mechen, Meesen gehören hierher. Von anderen, älteren Städten rundeten ihren mittelalterlichen Raum im 13. Jh. ab Braunschweig mit 115 ha, Halle mit 64, Heiligenstadt mit 45, Krems mit 59, Tulln mit 50, Hainburg mit 45 ha, weiter auch Linz, St. Veit, Ulm und Zürich. Stadtgründungen des 12. Jh. sind schon im 13. Jh. auf ihren Höhepunkt gekommen, wie Freiburg i. Br. mit etwa 80 ha, Lübeck mit 107 ha, Brandenburg mit 92, Stendal mit 104 ha. Schnell entwickelten sich auch die lübischen Tochterstädte im Ostseegebiet, die, erst im 13. Jh. gegründet, in wenigen Jahrzehnten ihr mittelalterliches Höchstmaß erreichten, wie Rostock mit 69, Wismar mit 58, Greifswald mit 47, Stettin mit 44, Stralsund mit 48 ha. Ähnlich schnell entwickelten sich auch die Bergstädte: Freiberg mit 24 und Iglau mit 22,8 ha, aber auch z. B. Wernigerode, das im 13. Jh. 40 ha erreichte, weiter Thorn (23 ha), Bautzen (90 ha), Oschatz (24), Frankenhausen (15) und Zeitz (33 ha). Rasch erreichten ihre größte Ausdehnung auch Arnsberg, Hannover, Judenburg, Kolmar, Marburg, Osterode, Ratibor, Salzwedel, Sangerhausen, Schwerin, Stargard und Zofingen. Ohne schon den Abschluß im 13. Jh. zu erreichen, machten viele Städte jetzt große Fortschritte, wie Augsburg, das von 46 auf 130 ha, Straßburg, das von 58 auf 99 ha anstieg. Hamburg nahm bis 1300 etwas mehr als 80 ha zu, Nürnberg steht 1219 plötzlich da als eine Stadt von 68,9 ha; Frankfurt wuchs auf 46 ha an, Naumburg auf 51, Maastricht auf 54. Auch Bielefeld, Freiburg i. Üchtlande, Groningen, Klagenfurt, Memmingen, Znaim nahmen erheblich zu, Znaim z. B. vergrößerte sich von 4 auf 26 ha.

Im 14. Jh. wurde nicht bloß die Zahl der Neugründungen geringer: sie ließen auch nach an Umfang und Bedeutung. Nur Amsterdam sollte noch im Mittelalter eine größere Rolle spielen. Städte, die von vornherein auf mehr als 10 ha angelegt wurden, waren nun weit seltener als im 13. Jh., und auch diese haben es zu keiner größeren Entwicklung gebracht. Dahin gehören z. B. Kroppenstedt mit 37,5 ha, Laucha mit 30, Stolp mit 20, Rügenwalde und Sandersleben mit 20, Artern mit 18, Prettin mit 16, Belgern und Gräfenhainichen mit 15, Harzgerode mit 13, Beelitz, Eisfeld, Eberswalde, Hildburghausen, Schlawe, Schmölln und Stadtroda mit 12, Bleicherode mit 11, Blankenburg in Thüringen, Guhrau, Ronneburg, Themar und Wurzen mit 10 ha. Die kleine Gewerbe- und Ackerbürgerstadt herrschte vor. Städte unter 10 ha wurden jetzt relativ häufig, wie Lauenburg, Rudolstadt, Rosenberg, Schwiebus, Sondershausen, Wittenberge (9 ha), Bochum, Werne (8 ha), Wasungen (6 ha), Grünberg, Salzungen, Triptis (5 ha), Geisa, Kahla (4,5 ha), Leutenberg (4 ha). Im 15. Jh. setzte sich diese Entwicklung in verschärfter Form fort. Städte von größerem Umfang und gewichtiger Bedeutung wurden in dieser Epoche nicht mehr begründet.

Dagegen konnten ältere Städte im 14. und 15. Jh. ihren Umfang zum Teil bedeutend erweitern und ihre größte Ausdehnung erreichen. Von den Römerstädten geschah das im 14. Jh. mit Aachen (175 ha), Augsburg (178 ha), Maastricht (113 ha) und Regensburg (95 ha(, im 15. Jh. mit Metz (155 ha) und Straßburg (193 ha), von anderen Bischofsstädten im 14. Jh. mit Halberstadt (76,8 ha), Minden (50 ha) und Osnabrück (102 ha), im 15. mit Hamburg (106 ha), Münster (124 ha) und Paderborn (35 ha). Frankfurt erreichte im 14. Jh. seine größte mittelalterliche Ausdehnung mit 120 ha, gleichzeitig Brüssel mit 449, Loewen mit 410 ha. Einen bedeutenden Umfang erreichten im 15. Jh. auch Breslau mit 152 ha, Nürnberg mit 138, Danzig mit 103,5 und Nördlingen mit 93 ha. Städte mittleren Umfangs blieben im 14. Jh. abschließend Mühlhausen (52 ha), Amberg (47 ha), Memmingen (40 ha), Kassel (36 ha), Coesfeld (29 ha), Rüthen (28 ha), Ravensburg und Guben (25 ha), Landsberg a. d. Warthe (24 ha), Frankenberg und Perleberg (21 ha), Biberach (19 ha), im 15. Jh. Dinkelsbühl (48 ha), Eisleben (38 ha), Überlingen (33 ha), Kempten (19 ha). Von zahlreichen anderen Städten, die damals ihre größte räumliche Ausdehnung hatten, konnten die genauen Hektarzahlen nicht ermittelt werden; ich stellte für das 14. Jh. 57, für das 15. Jh. 24 solche Städte fest.

III. STADTERWEITERUNGEN

1. SONDERGEMEINDEN

Wie vollzogen sich nun im Mittelalter die Stadterweiterungen? Im allgemeinen darf man wohl sagen: Durch Anfügung neuer Siedlungen an die bereits vorhandenen. Wie sich in der Frühzeit der Stadt der Wik neben die Burg setzte, so reihten sich auch später neue Siedlungen neben die alten, bis das Raumbedürfnis der Stadt befriedigt war.

Am Beispiel von Köln läßt sich das klar verfolgen[1]. Vor die alte Römerstadt, deren Mauern in vollem Umfang aufrechterhalten blieben, baute sich spätestens im 10. Jh. am Rheinufer die Kaufmannssiedlung St. Martin, die 947 befestigt wurde. Die Bevölkerung dieser Rheinvorstadt vermehrte sich schnell, so daß wohl schon im gleichen Jahrhundert zu der Pfarrei St. Martin noch die von St. Brigida hinzukam[2], während die Altstadt damals bereits in die 4 Pfarreien von St. Peter, St. Laurenz, St. Columba und St. Alban aufgeteilt war[3]. In diesen 6 Kirchspielen nun prägte sich der Genossenschaftsgedanke so stark aus, daß sie das Recht der Pfarrwahl erlangten[4]. Auch übernahmen sie spätestens in der Mitte des 11. Jh. neben ihren kirchlichen Aufgaben weltliche: sie entwickelten sich zu sogenannten Sondergemeinden. Hierbei gab die Kaufleutegilde von St. Martin, die schon eine ausgebildete Organisation besaß, das Vorbild ab. Die Sondergemeinden des Marktviertels waren die Eigentümer der Verkaufsstände, die an die Handwerker verliehen wurden.

Im weiteren Verlauf des 11. Jh. entstanden in Köln neue Sondergemeinden, die sich auf weltliche Aufgaben beschränkten. Das waren zunächst die großen gewerblichen Vororte Niederich und Oversburg, die 1106 in die neue Mauer aufgenommen wurden[5]. Das war weiter der Pfarrbezirk von St. Aposteln. Niederich und Oversburg stellten, jede in mehrere Pfarrbezirke eingeteilt, einheitliche weltliche Sondergemeinden dar. Und nun, zu Beginn des 12. Jh., lassen sich auch die weltlichen Aufgaben dieser Sondergemeinden klar erkennen. Sie hatten die einzelnen Mauerabschnitte zu bewachen und instand zu halten. Sie zogen die Grundsteuer ein, verliehen und entzogen Geburschaft und führten Listen von Geburen[6]. Hinzu kam seit etwa 1130 das sogenannte Schreinswesen[7], d. h. vor allem die Beurkundung von Grundstücksverträgen. So gab es

z. B. seit etwa 1135 einen Schrein für St. Martin, einen für St. Laurenz und einen für Niederich. Endlich wurde den Sondergemeinden in Anlehnung an die Gildegerichtsbarkeit von St. Martin auch ein Burgericht übertragen, das aber auf Bagatellsachen beschränkt war. Jede Gemeinde besaß ein eigenes Geburhaus (domus civium). Schon um die Mitte des 12. Jh. ging die Entwicklung weiter: die Amtsführung wurde der Parochianengenossenschaft entzogen und einer engeren Gruppe von Amtleuten übertragen, die mehr und mehr der patrizischen Schicht entstammten[8]). Am frühesten ist das in der Rheinvorstadt eingetreten; die Altstadtparochien folgten noch im gleichen Jahrhundert nach.

In die große Mauer, deren Bau seit 1180 begann, wurden dann noch 3 weitere Sondergemeinden aufgenommen: St. Severin, St. Pantaleon und St. Gereon. Diese schlossen sich an die Immunitätsbezirke der beiden Außenstifter St. Gereon und St. Severin sowie der Abtei St. Pantaleon an[9]). Der Bezirk von St. Gereon erhielt später seinen Namen von der neu begründeten Kirche St. Christoph, der von St. Pantaleon nach dem Sitz des Immunitätsgerichtes auf der Weyerstraße. Die so entstandenen 12 Sondergemeinden haben, wie wir aus ihren Amtleutebüchern erfahren[10]), organisatorisch eine im wesentlichen ähnliche Verfassung ausgebildet und die schon besprochenen Aufgaben erfüllt. Im Bereiche der Gesamtstadt, die schon seit dem Anfang des 12. Jh. ihre Selbstverwaltung ausbauen konnte, erscheinen die Sondergemeinden als selbständige Genossenschaften, denen eine gewisse Autonomie belassen war, wenn auch nur innerhalb feststehender, begrenzter Aufgaben. Infolge des Ausbaus der patrizischen Amtleutegenossenschaften, die das alte Recht der Gemeindemitglieder an sich rissen, sanken die Sondergemeinden schließlich von Genossenschaften zu bloßen Amtsbezirken der Gesamtstadt herab. Im 14. Jh. ist das Burding verschwunden, das Geburrecht im Stadtbürgerrecht aufgegangen.

Bemerkenswert ist, daß die Kölner Sondergemeinden sämtlich der Stadtgemeinde zeitlich vorangingen. Das dürfte auch für die 3 Außengemeinden gelten, die erst 1180 eingemeindet wurden. Wir erfahren aus einer Urkunde des Erzbischofs von 1154, daß damals die Einwohner der villa St. Pantaleon als Geburschaft (vicinia) von der Stadt zur Steuer herangezogen werden sollten[11]). Die Geburschaft war also offenbar alt. Die Sondergemeinden treten auch später als reine Genossenschaften auf und zeigen nirgendwo die Tendenz, stadtähnliche Gebilde zu werden. Eine ähnliche Bedeutung scheinen übrigens auch die 6 Kirchspiele in Neuss gehabt zu haben[12]).

Inwieweit es in anderen Rheinstädten solche Sondergemeinden gegeben hat, ist umstritten. Ein Indiz hierfür bieten Nachrichten über das

Institut der Heimburger, das in Mainz, Worms und Straßburg belegt ist. Nach dem Straßburger Bischofsrecht gab es in der vetus urbs, also im Raum des Römerlagers, einen, in exteriori, also in der Martinstadt, 2 Heimburger[13]). In Worms waren nach einer Bestimmung des Bischofs, die Heinrich VI. zugeschrieben wird, in jedem Stadtviertel oder jeder Parochie je 4 Heimburger eingesetzt. Sie hatten in ihrem Bezirk über das rechte Maß zu wachen und zu richten[14]). Offenbar nahmen sie die Stellung von Gemeindevorstehern mit beschränkter Zuständigkeit ein; sie hielten auch ein Gemeindegericht in Bagatellsachen ab. Heimburger zu werden war in Mainz jeder Einwohner verpflichtet. Die Weber wurden 1175 ausdrücklich von dieser Pflicht befreit[15]). Auch das beweist die genossenschaftliche Herkunft. Näheres erfahren wir aber nicht. Später erscheinen die Heimburger in Speyer als städtische Beamte[16]). Etwas Besonderes gab es in Aachen, wo seit dem Jahre 1272 9 Grafschaften als Stadtbezirke nachgewiesen sind. Jeder dieser Grafschaften stand ein comestabulus (Christoffel) vor[17]). Offenbar hatte die Einteilung nur militärische Bedeutung.

Für S o e s t, die älteste Tochterstadt Kölns, sind Sondergemeinden für das 12. Jh. bezeugt. Das erste Stadtrecht berichtet, daß die Burrichter über unrichtiges Maß, über Diebstähle bis zu 12 und Schuldforderungen bis zu 6 Pfennigen Gericht abhielten. Ihre Bezirke, v i c u l i genannt, wie ihre Versammlungen (conventiculi, conventionalia) werden als ty bezeichnet[18]), ein Ausdruck, der auch sonst als Bezeichnung für den Sammelplatz einer Gemeinde vorkommt. Wie viele solcher Gemeinden es damals in Soest gab, sagt das älteste Stadtrecht nicht. Seit 1179 gab es in Soest 6 Kirchspiele. Ihnen entsprachen im wesentlichen die 6 weltlichen Sondergemeinden, die jetzt H o v e n[19]) genannt wurden, nämlich große und kleine Westhoven, Nordhoven, Osthoven, Südhoven und Hellweg. Übrigens blieb ty noch im 13. Jh. im Gebrauch. „Hoven" ist nicht von herrschaftlichen Höfen (curtes) abzuleiten, sondern bedeutet die Zusammenfassung mehrerer Haus- und Hofverbände, den viculi des ersten Stadtrechtes inhaltlich gleich. Die Bezeichnung der Hoven nach geographischen Gesichtspunkten beweist, daß diese nicht ursprünglich war, sondern erst später von der Stadtgemeinde eingeführt wurde. Jede von ihnen reichte in den inneren Stadtkern hinein. Im späteren Mittelalter erscheinen die Hoven denn auch als reine Stadtbezirke[20]). In Geseke war das offenbar von vornherein der Fall. Dort war die Stadt in 4 Hoven, die Ost-, West-, Nord- und Mittelhove, eingeteilt. Diese Einteilung gehört erst der zweiten Hälfte des 13. Jh. an, und zwar nahm man sie vor, nachdem um 1254 zahlreiche Bauernschaften in die Stadt aufgenommen worden waren[21]). Auch Werl, das wie Geseke zu Beginn des 13. Jh. als

Stadt begründet wurde, war in 3 Hoven eingeteilt, die nur als Stadtbezirke erkennbar sind[22]). In Unna hießen die Stadteinteilungen Homeien[23]).

In Münster und Osnabrück finden sich seit dem Ausgang des 13. Jh. sogenannte Leischaften. Der Name letscap, mit Glied identisch[24]), beweist die späte städtische Entstehung: die Leischaften sind Stadtteile. Aber gehen diese Stadtteile nicht auf ältere

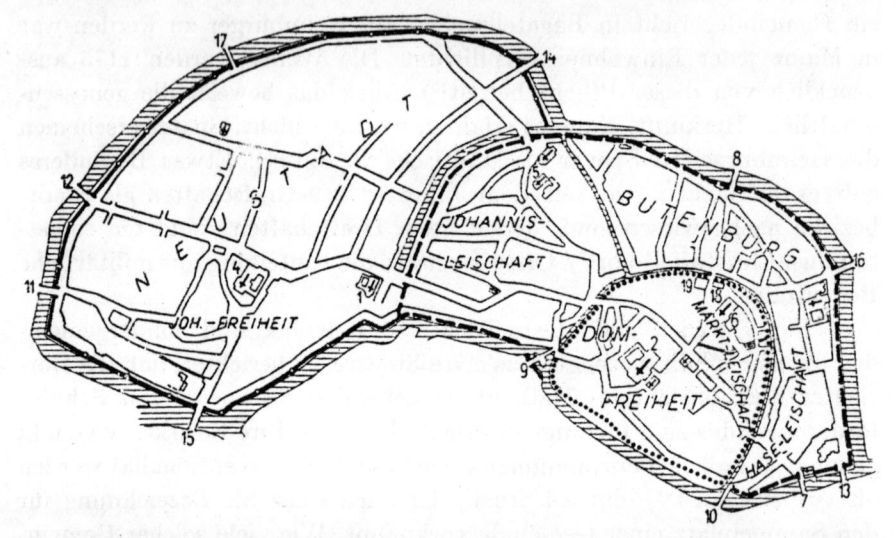

OSNABRÜCK. 1 Augustinerkloster 1287. 2 Dom St. Peter. 3 Dominikanerkloster. 4 Johanniskloster 1011. 5 Katharinenkirche. 6 Marienkirche, Marktkirche 1177. 7 Hasepforte. 8 Hilgerpforte. 9 Herrenteichpforte. 10 Hohenpforte. 11 Holtpforte. 12 Johannispforte. 13 Lügenpforte. 14 Martinspforte. 15 Mühlenpforte. 16 Natruppforte. 17 Schlagpforte. 18 Markt. 19 Rathaus.

Domfreiheit mit Marktleischaft, befestigt vor 1100 ········. / *Butenburg und Haseleischaft. Johannisleischaft; Befestigung um 1171 (Altstadt)* ———. / *Neustadt mit Martinshof und Johannisfreiheit, planmäßige Anlage um 1240, befestigt 1251* —○—. / *Vereinigung von Alt- und Neustadt 1306.*

Genossenschaften zurück? In Münster waren von den 6 Leischaften 5 mit Kirchspielen (Liebfrauen, Lamberti, Ludgeri, Martini, Aegidi) räumlich fast identisch[25]). Nur die Leischaft Judefeld war selbständig. In Osnabrück dagegen waren die Leischaften von der kirchlichen Organisation unabhängig. Sie gingen vielmehr auf natürliche Raumgebilde zurück, die sich im 12. Jh. um den alten Stadtkern, d. h. die Domfreiheit und das Marktgebiet (sogenannte Binnenburg), herumlegten, nämlich Butenburg, Hase- und Johannesleischaft, und an die sich dann in der Mitte des 13. Jh. die Neustadt anschloß[26]). Die Zeit zur Aufteilung der ganzen Stadt in 5 Leischaften war also erst am Ende des 13. Jh. gegeben. Wie in

1. S Maria · 2. Schloßkirch · 3. Vorder Schloß · 4. der Thum · 5. S. Peter   (Beschriftung des Originals)

Berlin

Münster, so waren auch hier im 14. Jh. die Leischaften Stadtbezirke, die als Wahlbezirke für die Ratswahl verwendet wurden. Erst aus dem 16. Jh. erfahren wir für Osnabrück, daß die Leischaften Hutgemeinschaften waren[27]. Es ist durchaus nicht unwahrscheinlich, daß die älteren von ihnen in dieser Funktion auf frühere Anfänge zurückgehen. Nachweise fehlen freilich. Von Burgerichten der Leischaften wird nicht gesprochen; in Osnabrück gab es nur ein bischöfliches Burgericht für die ganze Stadt.

Viele westfälische Städte kennen die Aufteilung der Stadt in Bauernschaften. In Dortmund kommen 3, in Paderborn 5, in Brakel, Brilon und Rüthen je 4 Bauernschaften vor. In Dortmund[28] erscheint der Stadtkern als Borgbauernschaft, von der die Öster- und Westerbauernschaft ausgeht; diese Stadterweiterungen gehörten dem 10.—12. Jh. an. Die Bauernschaften werden erst am Ende des 14. Jh. erwähnt. Jede besaß 2 Bauermeister als Vorsteher, die im Rat vertreten waren. Über ihre Funktionen erfahren wir sonst nichts. Ländlichen Ursprungs dürfte die Westerbauernschaft gewesen sein, die am Ende des 12. Jh. in die Stadt aufgenommen wurde. Auch in Paderborn kann eine von den 5 Bauernschaften der Stadt als früheres Dorf nachgewiesen werden, nämlich die Maspern-Bauernschaft[29]. Sie geht auf die „villa quae dicitur Aspethera" 1036 zurück, die 1183 bereits Teil der Stadt geworden war. Dieser Stadtteil bewahrte sich die kirchliche wie kommunale Selbständigkeit, besaß im 13. Jh. einen eigenen Pfarrer und ein besonderes Burgericht, blieb also eine Sondergemeinde. Die anderen 4 „Bauernschaften" waren dagegen keine Sondergemeinden, wenn auch in ihnen Weidegemeinschaften bestanden, sondern bloße Stadtbezirke, die erst im 16. Jh. geschaffen wurden[30]. In Brakel, wo man das Volksthing des Nethegaus auf dem Thy abhielt, waren die 4 Bauernschaften Stadtbezirke, die zur Ratswahl und zur Verteidigung der Stadt dienten[31]. Ebenso lag es wohl in Brilon, wo die Bauernschaften nach den Thoren eingeteilt wurden[32]. Dagegen entstand in Rüthen um 1200 die Stadtanlage durch den Zusammentritt von 4 Dorfschaften, die dann in der Stadt Bauernschaften bildeten. Aber auch sie wurden bald zu reinen Verwaltungsbezirken und lebten als Hudegenossenschaften weiter[33]. In Bocholt und Coesfeld wurden die 4 Stadtteile als Kluchten bezeichnet. Sie dienten bei der Schöffenwahl als Unterabteilungen[34]. Von Hameln sind uns nur 5 Hude-, d. h. Weidegemeinschaften überliefert[35]. Halberstadt war ursprünglich in 6, später, nach Einbeziehung der Vogtei im 14. Jh., in 8 Nachbarschaften eingeteilt, denen je ein Bauermeister (magister civitatis) vorstand. Diese traten auch in Gesamtangelegenheiten der Stadt mit den Stadtbehörden als Vertreter der Stadtgemeinde auf[36]. Eine Einteilung in Stadtviertel finden wir seit dem 14. Jh.

in Duderstadt, Leiden, auch in Donauwörth und Nürnberg[37]). Bei dieser Vierteilung handelt es sich offensichtlich nur um einen städtischen Verwaltungsakt; Sondergemeinden lagen hier nicht vor. Doch bleibt vieles im Dunkeln.

2. DOPPELSTÄDTE

Eine besonders häufige Form der Stadterweiterung bestand darin, daß sich neben eine städtische Ansiedlung eine zweite stellte, und zwar so, daß sich beide Ansiedlungen zu selbständigen Städten entwickelten. So kam es in Braunschweig und Danzig zu 5, in Hildesheim, Kassel und Königsberg zu 3, in vielen anderen Plätzen zu 2 Städten nebeneinander. Das älteste und berühmteste Beispiel ist Braunschweig[1]). Neben die Burg und die Alte Wiek stellten sich im 12. Jh. 3 neue Ansiedlungen, nämlich die Altstadt, die Hagenstadt und die Neustadt, die erste vielleicht schon als Gründung Lothars von Sachsen, die beiden anderen als die seines Enkels Heinrichs des Löwen. Die 3 Wiken wurden alsbald Städte, erhielten in der ersten Hälfte des 13. Jh. jede einen eigenen Rat, und nach 1300 wurden auch die älteste Ansiedlung, die Alte Wiek, und der Sack, der Kern der Stadt, zu selbständigen Städten erhoben. Dem 12. Jh. gehören weiter mehrere Doppelstädte an: in Burg bei Magdeburg lag die Altstadt auf dem rechten, die Neustadt auf dem linken Ihleufer. Letztere war eine Ansiedlung flämischer Kolonisten, deren Stadtgründung flämischen Prinzipien entsprach[2]). In Hamburg trat neben die erzbischöfliche Altstadt von etwa 1150 im Jahre 1188 die von Graf Adolf von Schaumburg gegründete Neustadt[3]), und auch in Quedlinburg entstand neben Burg und Wik des 10. Jh. im 12. die Altstadt St. Blasii und Benedicti und neben ihr schon vor 1163 die planmäßig angelegte Neustadt[4]). Räumlich getrennt von der Altstadt lag dagegen in Merseburg die Neustadt seit 1188 am jenseitigen Flußufer[5]). Eigenartig ist die Verbindung der beiden Städte Krems und Stein. Krems hatte sich zwischen 1050 und 1150 zu großer Blüte entfaltet. Das benachbarte Stein trat damals mit einem günstigen Landeplatz und seiner Zollstätte in das Wirtschaftssystem von Krems ein[6]).

Im 13. Jh. gab es in Hildesheim und Rostock 3 S t ä d t e. In Hildesheim[7]) wurde neben der Domburg mit dem Alten Markt 1125 die Altstadt, um 1212—16 die Neustadt begründet, und am Ende des 12. Jh. begann man die Dammstadt der flandrischen Tuchweber zu bauen, die 1254 vollendet wurde. Die Dammstadt wurde freilich bereits 1333 von den Einwohnern der Altstadt zerstört. In Rostock[8]) entstanden in schneller Folge 1218 die Altstadt, 1232 die Mittelstadt, 1252 die Neustadt, alle 3 in enger räumlicher Zusammengehörigkeit. Sehr häufig sind die Doppelstädte im 13. Jh. Starke räumliche Trennung führte zur Entstehung zweier Städte in Wimpfen[9]), und zwar „im Tal" und „am Berg" 1220, weiter in Weida, wo Altstadt und Neustadt (1209) durch den Weidabogen geschieden waren[10]), sodann in Berlin-Kölln (1244), die durch die Spree getrennt waren[11]). In Brandenburg lag zwischen der Altstadt und

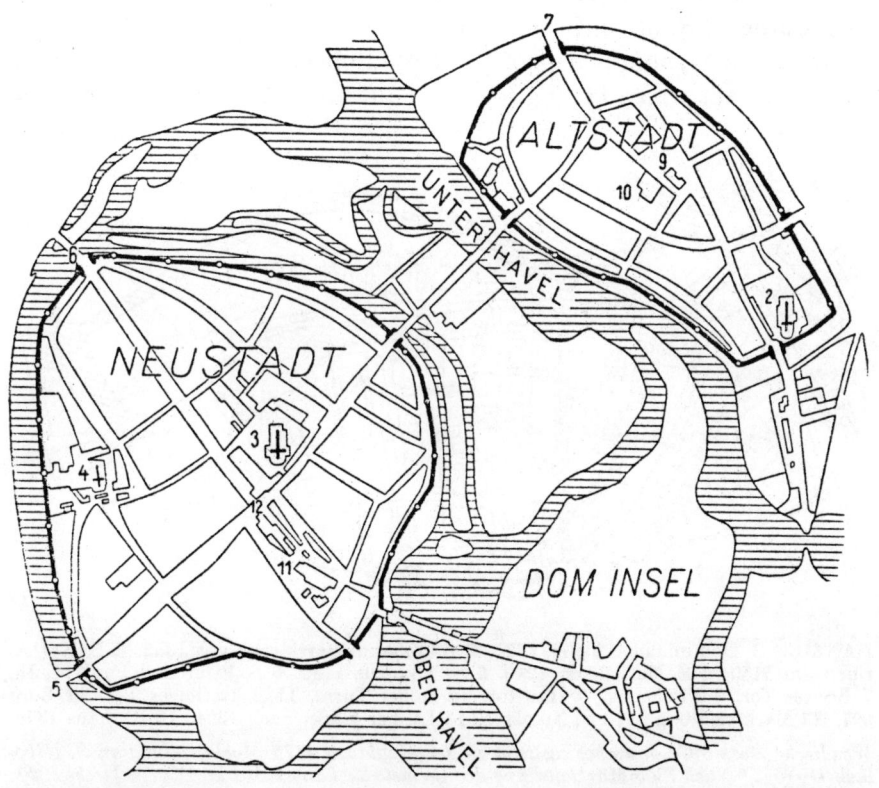

BRANDENBURG. 1 Dom (983 zerstört, 1165). **2** St. Gotthard (um 1150). **3** St. Katharinen (1395). **4** St. Pauli 1286. **5** St. Annentor. **6** Plauer Tor. **7** Steintor (1384). **9** Mark in der Altstadt. **10** Rathaus. **11** Markt in der Neustadt. **12** Rathaus.

928 deutscher Burgward. | 948 Bischofssitz, zerstört 983. | 1157 Albrecht der Bär, 1161 Bischofssitz auf der Dominsel. | 1170 Markt und Altstadt. | 1196 Neustadt, Kaufmanns- und Marktsiedlung. | Um 1350 Ummauerung beider Städte ——.

der großräumigen Neustadt (um 1200) die Dominsel[12]). Oberstadt und Unterstadt treten geschieden in Zeitz (1260), Zofingen (1251), Ravensburg (1285), Hainburg, Bernburg und Minden auf. Häufig erscheinen Neu- und Altstadt geradezu als Parallelstädte, die um ein Zentrum, besonders um eine Burgansiedlung, gruppiert sind, wie in Warburg (1239),

Thun (1264) oder Thorn (1264); in Hamburg (1188) bildete die Alster den Mittelpunkt[13]).

Im 14. Jh. ging diese Entwicklung weiter. Damals gab es in Danzig 5 Städte nebeneinander: neben der Rechtstadt (1224) die Jungstadt an der Weichsel (1295), die Neustadt (1343), die Altstadt (1377) und die Vorstadt (1360)[14]). In Kassel waren es 3: die Altstadt (1200), die Neustadt am anderen Flußufer (1283) und die Freiheit (1330)[15]). Auch in Königsberg wurden 3 Städte nebeneinander gebaut: die Altstadt (1286), Löbenicht (vor 1354) und Kniephof (1327)[16]). Doppelstädte durch Gründung einer Neustadt waren häufig, so z. B. Bautzen, Görlitz, Nordhausen und

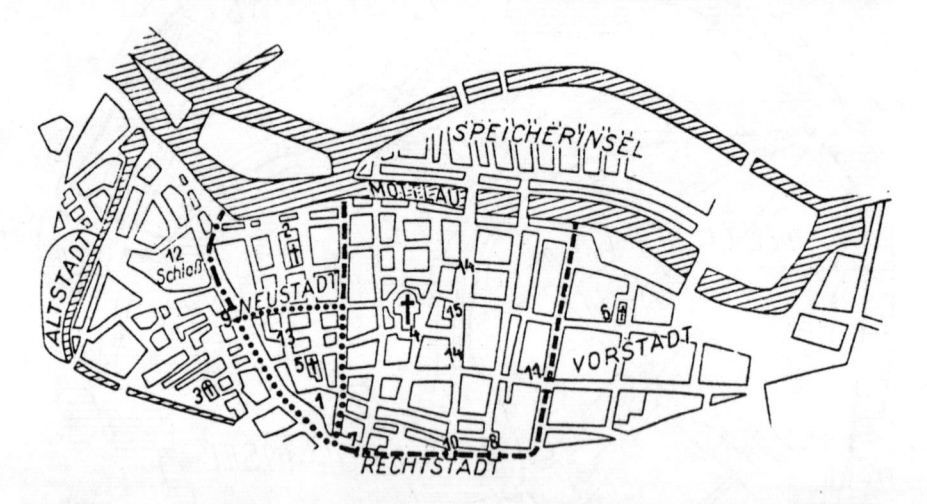

DANZIG. 1 Dominikanerkloster. 1227. 2 S.-Johann-Pfarrkirche vor 1353. 3 S.-Katharinen um 1150. 4 S. Marien um 1240. 5 S. Nikolaus 1190. 6 S. Peter und Paul 14. Jh. 7 Breites Tor. 8 Fischertor. 9 Haustor. 10 Hoher Turm. 11 Ketterhager Tor. 12 Burg 997. 13 Marktsiedlung 1178 S. Nikolaus. 14 Langer Markt nach 1224. 15 Rathaus 1378.
Wendische Burg 997; deutsches castrum an der Mottlau. | 1178 Marktsiedlung an S. Nikolaus ·········. *| Nach 1200 Marktsiedlung der Rechtstadt; Langer Markt; Marienkirche 1240; Befestigung 1343; Rathaus 1378* ———. *| Gründung der Neustadt 1340; Johanniskirche* —·—·—. *| Vorstadt 1360; Altstadt 1377. Katharinenkirche.*

Oldenburg (um 1300)[17]). In Bernburg-Bergstadt entstand im 14. Jh. eine Neustadt, ebenso in Guben und Schleswig. Im Jahre 1392 begründete Pfalzgraf Ruprecht in Heidelberg eine Neustadt, indem er die Bauern des Dorfes Bergheim zwang, in die Neustadt umzusiedeln; er gewährte den Neusiedlern ein Steuerprivileg auf 15 Jahre[18]). In Donauwörth wurde 1420 die Vorstadt Ried als selbständige Stadt anerkannt.

Die Selbständigkeit der N e u s t a d t gegenüber der Altstadt war sehr verschieden bemessen. Selbst dort, wo die beiden Städte unmittelbar nebeneinander lagen oder gar von derselben Mauer umfangen waren, suchte man sich gegenseitig abzusperren. Durch Sperrplanken wurde der freie Verkehr, besonders für die Nachtzeit, unmöglich gemacht oder wenigstens auf die Bürger beschränkt[19]). Häufig hat auch die Neustadt einen selbständigen Rat gehabt. In Braunschweig z. B. hatte jede der 5 Städte eine Ratsverfassung; Alte Wiek und Sack waren freilich bis 1345 einer stadtherrlichen Verfassung unterstellt. Ebenso lag es in Berlin, Danzig, Königsberg, Rostock, Thorn, Warburg, Wimpfen usw. Häufig aber sind Altstadt und Neustadt so schnell vereinigt worden, daß es zu keiner stärkeren Verselbständigung kommen konnte. In Hamburg z. B. wurden Altstadt und Neustadt bereits um 1215 vereinigt[20]), in Nürnberg noch im Verlauf des 13. Jh. auf Grund des Stadtprivilegs Friedrichs II. von 1219[21]); hier war die Stadtbildung soeben erst vor sich gegangen und die Ratsverfassung noch in der Entwicklung begriffen. Die Neustadt von Heidelberg wurde sofort mit der Altstadt dahin vereinigt, daß beide ein Gericht, einen Schultheiß und einen Rat erhielten[22]), während die Rechtslage der Neustädter steuerlich begünstigt blieb. Nur kurze Zeit nach der Begründung der Neustadt fand die Vereinigung mit der Altstadt auch in Arnsberg (1236/37), Stettin (1263)[23]), Nordhausen und Frankenhausen (1300) und in Dillingen (um 1350) statt. Wenige Jahre lagen zwischen beiden Akten in Einbeck (1300—06), in Göttingen (1309—12) und Rostock (1252—62)[24]). Zwanzigjährige Intervalle können wir in Heiligenstadt (1227—44)[25]), Warburg (1239—60), Greifswald (1241—64), in Wismar (1250—76) und Aschersleben (1303—22) feststellen. Auch hier mag die selbständige Versteifung der Ratsverfassung in der Neustadt noch nicht eingetreten gewesen sein, so daß die Vereinigung immerhin als natürliche Folge des räumlichen Zusammenwachsens erscheinen konnte. Wenn aber zwischen Gründung und Zusammenschluß ein halbes Jahrhundert vergangen war, dürfte inzwischen die Neustadt ein fertiges Eigengebilde und die Vereinigung nur Ergebnis eines völlig neuen Willensentschlusses gewesen sein. Dies war z. B. der Fall in Osnabrück (1240—1306) und Berlin-Kölln (1244—1307)[26]). In Braunsberg wurde die um 1350 gegründete Neustadt 1394 mit der Altstadt vereinigt, aber schon 1398 wieder von ihr getrennt[27]). Ähnlich war es in Salzwedel. Die 1247 gegründete Neustadt vereinigte der Markgraf 1299 mit der Altstadt, indem er ein Gericht, einen Markt und einen Rat einrichtete, aber 1315 tauchen wieder 2 Räte auf, und 1434 erst ordneten die Markgrafen die endgültige Vereinigung beider Städte an[28]). In Korbach wurde die 1227 bezeugte Neustadt 1377 mit der Altstadt derart zusammengeschlossen, daß nur noch ein Rat, ein Rathaus und eine Stadtschule bestehen sollten: die Mauer zwischen beiden Städten aber blieb erhalten[29]).

In Parchim dagegen kam es 1282 zwar zu einem Gesamtrate, der aber aus den Vertretern beider Städte zusammengesetzt war[30]). In Nordhausen wurde die um 1300 gegründete Neustadt 1365 zum bloßen Stadtbezirk; es gab nur noch einen Rat, den der Altstadt, der auch für die Neustadt zuständig war, und das gesamte Marktwesen der Stadt wurde in der Altstadt vereinigt[31]). Manche Städte haben erst sehr spät Alt- und Neustadt zusammengeschlossen, wie Duderstadt (1436), Thorn (1454), Osterwieck und Siegen (um 1500), Bielefeld (1520) und Königsberg (1626). Überall hatten hier die Neustädte eine mehr als 200jährige Eigenexistenz gehabt. In Korbach lagen zwischen der Gründung der Neustadt (1227) und der Vereinigung der beiden Städte (1377) 150 Jahre. In solchen Fällen spricht die Vermutung für eine stadtartige Selbständigkeit der Neustadt auch in organisatorischer Hinsicht. Vielfach verzichtete man auch auf die Vereinigung, begnügte sich vielmehr damit, die Städte selbständig nebeneinander bestehen zu lassen, nur die Bürger in rechtlicher Hinsicht einander anzugleichen und einem gemeinsamen Stadtgericht unterzuordnen. So verfuhr man beispielsweise in Bernburg (1311) und in Gießen (1325). Doch lassen uns die Nachrichten hierüber sehr häufig im Stich.

In Braunschweig haben sich bereits 1269 die 3 Städte Altstadt, Hagen und Neustadt dahin geeinigt, daß ein Gesamtrat von 20 consules für die ganze Stadt geschaffen werde zwecks Beratung städtischer Angelegenheiten und Schaffung einer Stadtkasse mit gemeinsamen Stadtsteuern[32]). Aber der Gildeaufstand von 1293 hat diese Anfänge eines Zusammenschlusses wieder zerstört. Der Sühnevertrag der Herzöge Albrecht und Heinrich mit der Stadt von 1299 hebt ausdrücklich hervor, daß in der Altstadt, der Neustadt und im Hagen ein selbständiger Rat sitzen solle[33]). Trotz Bestehens eines Gesamtrates haben sich im 14. und 15. Jh. die besonderen Räte der „5 Weichbilder" erhalten, wie wir z. B. aus dem Rezeß von 1488 erfahren („radt der stat to B. in allen vijff wickbilden")[34]). Ob freilich die Stellung dieser Weichbilde jetzt noch erheblich über die eines großen Stadtbezirkes hinausging, ist zweifelhaft. So wurden z. B. 1512 die Zehnmänner (koekenheren) für Festsetzung und Vereinnahmung der erhöhten Steuern und Zölle aus den 5 Weichbildern gestellt, je 3 aus Altstadt und Hagen, 2 aus Neustadt, je einer aus Altenwiek und Sack[35]). Nach außen trat jedenfalls nur noch der Gesamtrat der Stadt auf. „Stadt" war nur noch die Gesamtstadt; die alte Einzelstadt wurde jetzt „Weichbild" genannt.

Es stellte sich freilich manchmal heraus, daß die Raumbedürfnisse, die man bei der Gründung der Neustadt vorausgesetzt hatte, gar nicht bestanden. Dann war man auch bereit, die **neue Anlage zu zer-**

Doppelstädte

stören und ihre Bewohner mit in den Raum der Altstadt aufzunehmen, damit sie sich an den Bürgerpflichten und an der Verbesserung der Stadt an Mauern und Gebäuden beteiligten. In Güstrow erklärte sich der Landesfürst mit diesem Verfahren ausdrück-

BRAUNSCHWEIG. 1 St. Ägidien 1115. 2 St. Andreas um 1150. 3 Dom St. Blasii um 1030. 4 Dominikaner 1307. 5 Franziskaner 1232. 6 St. Katharinen um 1200. 7 St. Magni 1031. 8 St. Martin 1180—90. 9 St. Michaelis um 1150. 10 St. Nikolai spätestens 11. Jh. 11 St. Petri nach 1150. 12 St. Ulrich vor 1038. 13 Ägidientor. 14 Fallerslebener Tor. 15 Hohes Tor. 16 Magnitor. 17 Michaelistor. 18 Neustadttor. 19 Petritor. 20 Steintor. 21 Wendentor. 22 Burg Dankwarderode 10. Jh. 23 Damm. 24 Kohlmarkt. 25 Altstadtmarkt. 26 Wollmarkt. 27 Radeklint. 28 Rathaus.

Burg Dankwarderode 10. Jh. ········. / *Alte Wiek vor 1031* ———./ *Altstadt nach 1100* —·—·—. / *Hagen um 1160* x—x—x. / *Neustadt 12. Jh. Ende* ···—···. / *Sack 1300* xxxxxx. / *Stadteinigung 1269.*

lich einverstanden[36]). Auch Konkurrenzneid der Altstädter gegen die neue Siedlung konnte zu deren Zerstörung führen, wie es in Hildesheim geschah, wo die Altstädter die bereits 1232 entstandene Dammstadt noch 100 Jahre später (1333) völlig vernichteten. Sie mußten freilich dem Bischof dafür eine bedeutende Sühne leisten[37]). In beiden Fällen beanspruchten also die Stadtherren die Verfügung über die Neustadt. Aus politisch-militärischen Gründen brachen 1454 die Danziger die 1380 begründete Jungstadt an der Weichsel ab, als sie sich aus dem Ordensverband lösten. Hier lag also ein Sonderfall vor.

Die Begründung von Neustädten war Sache der Stadtherren. So ist als Gründer der Neustadt von Burg Erzbischof Wichmann von Magdeburg anzunehmen, der nach 1152 flämische Ansiedler hierher zog. Gründer der Hagenstadt Braunschweig und der Neustadt Lüneburg[38]) war Heinrich der Löwe, Schöpfer der Neustädte Hamburg und Merseburg (1188) Friedrich Barbarossa. Im 13. Jh. begründete Herzog Otto das Kind von Braunschweig die Neustadt von Osterode (1238)[39]) Herzog Konrad II. von Schlesien die Neustadt Glogau (1235) und der Deutsche Orden (1264) die Neustadt Thorn, im 14. Jh. Landgraf Heinrich von Thüringen die Neustadt Frankenberg (1335)[40]) und Pfalzgraf Ruprecht die Neustadt von Heidelberg (1392)[41]) usw. In sehr vielen Fällen bekommen wir freilich über die Begründung der Neustadt und über den gründenden Stadtherren keine ausdrückliche Nachricht. Vielfach sind uns nur spätere Urkunden erhalten, die das Bestehen einer Neustadt bekunden, das aber manchmal weit zurückreicht. Dennoch wird man daran festhalten müssen, daß die Anerkennung einer Neustadt ebenso wie die einer Einzelstadt eines Begründungsaktes bedurfte. Auch die Stadtplanforschung bestätigt diese Erkenntnis. Viele Neustädte zeigen einen **planmäßigen Aufbau**, der wohl meist vom Stadtherren unter Zuziehung der neuen Bewohner bestimmt wurde. Beispiele dafür bieten frühe Neustadtgründungen, wie die Hagenstadt Braunschweig, die Neustadt von Lüneburg und die von Hildesheim (1220) mit ihrem Blocksystem, weiter die Neustädte von Brandenburg (1196) und Herford (1224) mit ihrem Straßenkreuz, die von Mühlhausen (um 1200) und Einbeck (um 1300), von Hainburg, Klagenfurt und Znaim (um 1250) und weiter Tulln (1270) mit ihren Rechtecksmärkten und die von Rostock (1232), Stralsund (1256) und Thorn (1264) mit ihren quadratischen Märkten. Aber auch bei den Neustädten von Salzwedel (1247), Frankenberg (1235), Quedlinburg, Bautzen und Warburg, weiter Ravensburg (1285) und Leisnig (1286), sodann Königsberg und Nordhausen (1310), Kassel-Freiheit (1330), Danzig (1343) und Northeim springt die planmäßige Anlage sogleich ins Auge.

Doch kommen auch viele Neustädte vor, bei denen die planmäßige Anlage ganz fehlte oder nur einen Teil der Stadt ergriff. Völlig unregelmäßige Linien weist die Neustadt von Kassel (1283), ebenso die von Fritzlar (1297) und Rapperswil (um 1300) auf[42]). Die erste ist als eine Vorstadt auf dem Ufer gegenüber der Altstadt erwachsen, die andere als ein Burgflecken unterhalb von St. Peter der Eder zu, die dritte als eine Vorstadt von Burg und Stadt. Besonders häufig sind solche Neustädte aus V o r s t ä d t e n entstanden, die sich aus Ansiedlungen an der wichtigsten zur Stadt führenden Fernstraße gebildet hatten, wie in Halberstadt (1212)[43]), Wismar (1250), Oldenburg und Wetzlar (um 1300). Sie zeigen daher eine größere Regelmäßigkeit, die aber nicht planmäßig ist (mit Ausnahme von Wismar). In Osnabrück bildete den Kern der Johannisneustadt 1240 eine Vorstadt, die um die 1011 gegründete Johanniskirche entstanden war[44]). In Danzig schloß sich an die Burg ein völlig planloser Burgflecken an, der später mit einer planmäßigen Ansiedlung (1377) zur Altstadt erhoben wurde[45]). Ebenso verband sich schon im 13. Jh. in N a u m b u r g ein wendisches Dorf mit einer planmäßigen Marktanlage zur neuen Ratsstadt[46]). Der Neustadt ging also häufig eine Vorstadt voraus.

3. VORSTÄDTE

Die V o r s t a d t ist keine Stadt im Rechtssinne, ja sie stellt überhaupt keinen Rechtstypus dar. Sie ist gegeben, wenn vor der Stadtbefestigung eine beträchtliche Ansiedlung besteht, die kaufmännischen, gewerblichen, bergmännischen, dörflichen, kirchlichen oder auch gemischten Charakter haben kann. Sie kann eine Dorf-, Kirch-, Markt- oder Berggemeinde, ein herrschaftlicher Verband weltlicher oder kirchlicher Art sein, sie kann unmittelbar der Leitung des Stadtherrn oder der Stadtgemeinde unterstellt sein. Sie kann als solche viele Jahre Bestand haben; meist aber wird sie eines Tages ihren Charakter wandeln, sich zur Neustadt entwickeln, unmittelbar in die Stadt aufgenommen werden oder verschwinden, wenn Kriegs- oder Notzeiten über die Stadt hingehen.

Solche Vorstädte haben sich offenbar vor den meisten deutschen Städten im Verlauf des Mittelalters entwickelt. Ihre Geschichte ist alt, ihre Anfänge gehen schon auf die Karolingerzeit zurück. In Köln[1]) entstanden damals Ansiedlungen vor der Stadt und ihrer Römermauer: am Flußufer, und zwar am Filzengraben und weiter südlich vor dem späteren Bayenturm, und vor allem im Umkreis der großen Außenstifte St. Kunibert, St. Ursula, St. Gereon und St. Severin. Im 10. und 11. Jh. folgten Ansiedlungen um St. Johann Baptist und St. Georg mit St. Jakob, weiter um St. Andreas, um St. Pantaleon und St. Aposteln. Anfänglich waren diese Ansiedlungen meist hofrechtliche Genossenschaften. Durch Zuzug freier Elemente entwickelten sich aber schon im 11. Jh. dort Sondergemeinden. Nach der Errichtung der großen Mauer seit 1180 war das Raumbedürfnis der Stadt so befriedigt, daß es zu einer erheblichen Vorstadtbildung nicht mehr gekommen ist.

Ebenso dürfte die Entwicklung in Augsburg[2]) vor sich gegangen sein. Nördlich und östlich der im 12. Jh. befestigten Stadt entstanden an den Außenstiften St. Stefan (1077) und St. Georg (1135) Ansiedlungen, vor allem aber im Süden um St. Moritz (1020) und St. Ulrich und Afra (1034), die zur Entstehung des Perlach führten und damit zu der eigenartigen Stadtform des 14. Jh. In Regensburg[3]) entstand um das alte Stift St. Emmeram (um 700) eine Ansiedlung, die schon im 10. Jh. mit in die Mauer aufgenommen wurde. Im 13. Jh. folgte die Aufnahme der Ansiedlungen um St. Egidien und St. Blasien im Westen, weiter 1320 der um St. Jakob und Heiligkreuz im Westen und der um das Minoritenkloster im Osten in die Stadt. Auch die Ausdehnung von Straßburg[4]) geht mit der Entstehung kirchlicher Institute Hand in Hand. Schon in fränkischer Zeit wurden die Ansiedlungen um St. Thomas (810—820), um 1200 die um Alt-St. Peter (vor 1031), vor 1220 die um Jung-St. Peter, um 1250 die um St. Nikolaus (1246), um 1374—90 die um St. Johann (vor 1245) und St. Aurelien zur Stadt gezogen. In Basel[5]) bildete sich um das Kloster St. Alban (1083) eine Vorstadt, die im 13. Jh. mit ummauert wurde. Die Propstei von St. Stephan (um 1050) in Bremen bildete den Kern der Stephansvorstadt, die 1305 in die Stadt aufgenommen wurde[6]). In Osnabrück entstand um die Johanniskirche (1011) die Johannisfreiheit, die zugleich mit dem Martinshof den Kern für die planmäßige Neustadt (um 1240) abgab[7]). In Halberstadt schloß sich südöstlich an den vicus die Ansiedlung um das Stift St. Pauli (1085) an. Im 13. Jh. entwickelte sich dann die 1306 anerkannte Neustadt, deren Siedlungskerne das Dominikanerkloster St. Katharinen (1231), das Moritzstift (1237) und das Bonifaziusstift (1246) darstellten[8]). Die Ausdehnung Merseburgs nach Süden über das Flüßchen Geisel hinaus war bedingt durch eine Ansiedlung um die Kirche St. Sixti (1036—50)[9]). In Nürnberg bot das Schottenkloster St. Ägidien (1140) den Mittelpunkt einer Vorstadt östlich der Sebalderstadt, an die sie noch im 12. Jh. angeschlossen wurde. Um 1388 wurden die Vorstädte des Südens eingemeindet, die sich um das Deutschordenshaus (1209), das Kloster St. Klara (1240), St. Katharina (1320), St. Martha (1360) und das Karthäuserkloster (1380) gebildet hatten[10]). In Würzburg entstanden Vorstädte vor den alten Stiften St. Stefan und Haug (um 1000). Die Vorstadt Sand um

St. Stefan schloß sich an die neue Stadtmauer von 1194—99 an[11]). Vorstädte entstanden in München vor dem Kaufingertor um das Augustinerkloster (1250), im Anger um das Nonnenkloster St. Klara (1315) und vor dem Schwabingertor um das Barfüßerkloster (1329)[12]). Auch in Freiburg i. Üchtlande führte die Entstehung von Vorstädten um die Liebfrauenkirche (1201), die Johanniterkommende (1225), das Kloster der Augustiner und St. Moritz (vor 1253) sowie das Franziskanerkloster (vor 1300) im 13. Jh. zu mehreren Stadterweiterungen[13]). In Erfurt erstand die sogenannte Neustadt im Verlauf des 13. Jh. im Umkreis des Neuwerksklosters[14]). In Eisenach stellte die Frauenkirche der Deutschritter (1290) den Mittelpunkt der neuen Vorstadt am Frauenberg, in Rothenburg ob der Tauber das Spital (1280) für die um 1400 ummauerte Spitalvorstadt.

Vorstädte bildeten sich weiter um die **Hauptverkehrsstraßen**, die zur Stadt hin und von ihr weg führten. Man kann das aus den Stadtplänen deutlich erkennen. Die starken Ausbuchtungen, die sich z. B. in Soest um das Jakobi- und das Osthofentor legten, zeigen an, daß sich um die beiden wichtigsten Fernstraßen der Stadt ausgedehnte Vorstädte entwickelten[15]). Auch in Köln können wir Vorstadtbildungen an der Johannis- und Eigelsteinpforte (1106) wie am Severins- und Eigelsteintor (nach 1180) feststellen[16]). Auch in Konstanz legten sich um die Fernstraße nach Chur von der Salierzeit ab bis zum 14. Jh. immer neue Siedlungsschichten[17]). Typisch ist die Spitzform, in welcher Vorstädte dieser Art am Stadttor auslaufen. Beispiele dafür bieten in Paderborn die Vorstadt am Westerntor mit der Richtung nach dem Rhein[18]), in Wismar die am Lübschentor (1250) mit der Richtung nach Lübeck, in Eisenach die am Nicolaitor (1250) mit der Richtung nach Erfurt, in Dinkelsbühl die am Nördlingertor mit der Richtung nach Nördlingen, in Eisleben die am Heiliggeisttor mit der Richtung nach Halle usw.[19]). Auch die Vorstadt am neuen Tor in Nürnberg zeigt diese Form. Die Neutorstraße war zu einer der größten Fernstraßen Nürnbergs geworden mit Richtung nach dem Rhein, sie war dicht besetzt mit Gasthöfen für die Fuhrleute. Diese Vorstadt wurde erst um 1381 eingemeindet[20]). In München nahmen die Vorstädte Tal und Griez die vom Salzburgischen her kommenden Salzfuhrleute auf. Sie wurden noch im 13. Jh. in die Stadt aufgenommen und münden ebenfalls in die typische Spitzform aus[21]). In Augsburg war der Landstraßenverkehr mit Regensburg und München der Grund für die Entstehung der östlichen Oblattervorstadt, die im Ausgang des 14. Jh. eingemeindet wurde. In Memmingen[22]) sind alle 3 Vorstädte nach den Hauptverkehrsstraßen orientiert. Die älteste Vorstadt im Osten am Kalchtor, die 1250 mit ummauert wurde, lag an der Straße nach Augsburg. Die obere Vorstadt im Süden entstand um

220 Stadterweiterungen

die Alte Kemptnergasse, verbreiterte sich alsbald bedeutend nach Osten zu und wurde erst um 1400 ummauert. Die Niedere Vorstadt endlich war nur ein Stück der beiderseitig bebauten Fernstraße nach Ulm. Die Vorstadt im Süden von Isny entstand an der Fernstraße nach Lindau[23]).

Lag die Stadt an einem Fluß, so entwickelten sich häufig Vororte auf dem jenseitigen Ufer. Am Rhein beobachten wir das bei Köln und

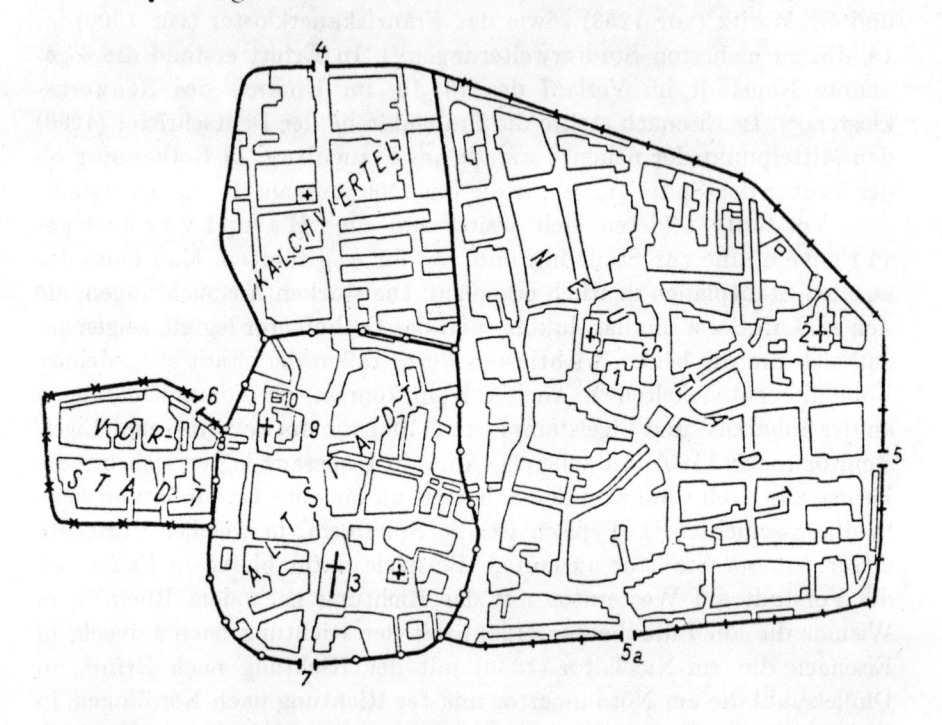

MEMMINGEN. 1 Elisabetnenkloster 1256. 2 Frauenkirche 1258. 3 Martinskirche. 4 Kalchtor. 5 Kemptnertor. 5a Krugstor. 6 Einlaßtor. 7 Westertor. 8 Burg. 9 Hauptmarkt. 10 Rathaus.

Fränkische Zeit Dorf Memmingen Martinskirche; 1128 oppidum; 1165 castrum et oppidum der Welfen. / Stadtgründung Heinrichs VI. um 1182 civitas (Altstadt) ——. / Um 1250 Kalchviertel ——. / 14. Jh. Neustadt —+—. / Um 1450 Vorstadt —×—.

Basel. Deutz, als Kastell von Kaiser Konstantin angelegt, dann fränkischer Königshof, um 1003 Kloster, entfaltete um dieses her eine bürgerliche Siedlung, die schon im 11. Jh. eine nicht unerhebliche Kaufmannschaft besaß, offenbar als Vorort von Köln. Von Heinrichs V. Zeit ab (1114) suchten die erzbischöflichen Stadtherren von Deutz aus die städtische Entwicklung Kölns zu hemmen. Eine starke städtische Befestigung von Deutz, die der Erzbischof 1230 gestattete, verstand Köln 1242 zu zerstören und auf die Dauer zu verhindern. Es gelang der Stadt Köln sogar, einen großen Teil der Rechte des Erzbischofs an sich zu ziehen. 1386 nahm sie das Deutzer Kastell in Besitz und baute es als starke Burg aus. Doch glitt der Vorort immer wieder in die Hand des Erzbischofs zurück[24]). Die angestrebte Einverleibung von Deutz hat Köln im Mittelalter nicht erreichen können. Erfolgreicher war Basel: es gelang ihm 1392, die auf dem anderen Rheinufer gelegene Vorstadt Klein-Basel einzugemeinden. Klein-Basel[25]), das seit 1225 mit Groß-Basel durch eine Brücke verbunden war, erscheint im 13. Jh. als eine gemischt gewerbliche und dörfliche Ansiedlung des Bischofs, die dieser 1270 befestigte und 1285 mit dem Marktrecht begabte. Als 1375 der Bischof Klein-Basel den Herzögen von Österreich verpfändet hatte, verstand es die Stadt, die Genehmigung zur Einlösung sowohl des Vorortes wie des verpfändeten Schultheißenamtes zu erlangen. Klein-Basel verlor 1397 seinen eigenen Rat, behielt aber ein besonderes Gericht, das der Stadtrat von Groß-Basel besetzte; auch erschien es später als besonderes Quartier für das Kriegswesen. An der Donau bietet Regensburg ein drittes Beispiel. Hier war der Verkehr über den Fluß schon im 12. Jh. so bedeutend, daß zwischen 1135 und 1146 eine feste Steinbrücke errichtet wurde, ein technisches Wunder ihrer Zeit. Jenseits der Donau dürfte hier schon in der frühen Kaiserzeit eine Ansiedlung entstanden sein, die hauptsächlich der Unterbringung fremder Kaufleute diente, die Regensburg vom Norden, von Prag, Magdeburg oder Nürnberg her aufsuchten[26]). Später siedelten sich dort noch das Chorherrenstift St. Mang (1237 zuerst genannt) und das Katharinenspital (1308) an. Der so entstandene Vorort, später Stadtamhof genannt, erhielt wohl schon im 12. Jh. eine stadtähnliche Verfassung, 1322 eine Stadtbefestigung und seit 1315 ein besonderes Gericht, blieb aber während des ganzen Mittelalters in einer abhängigen Stellung als Vorort der Stadt Regensburg[27]).

Am Main begegnet uns ähnliches in Frankfurt und Würzburg. Gegenüber von Frankfurt am linken Mainufer lag Sachsenhausen, vermutlich eine Ansiedlung zwangsverschickter Sachsen aus der Zeit Karls des Großen. Dort errichtete der Reichsministeriale Kuno von Minzenberg am Mainufer ein Hospital, das Heinrich VI. 1193 reich beschenkte[28]). Aus der Urkunde ersehen wir, daß damals eine Mainbrücke noch nicht bestand. Sie wird erst 1222 erwähnt, ist also zwischen 1193 und 1222 gebaut worden[29]). Der Frankfurter Verkehr nach den großen Städten des Südens nahm immer größere Dimensionen an. So entwickelte sich das ursprüngliche Dorf zu einem Verkehrsvorort der Stadt Frankfurt. Zwar wird es während des ganzen Mittelalters nur als „villa" bezeichnet, besaß noch dörfliche Wirtschaft mit Höfen, Feldflur, Obstbaumgärten[30]) usw. Aber zugleich gab es städtische Häuser in Sachsenhausen, deren Veräußerung im Insatzbuch von Frankfurt eingetragen[31]) wurde, waren wohlhabende Leute von Sachsenhausen Frankfurter Bürger, und die Verweisung von Totschlägern aus Frankfurt bezog sich auch auf diesen Vorort. Das Deutschordenshaus in Sachsenhausen nahm in sein Spital „elende" Leute auf[32]) und diente damit dem Fremdenverkehr der Stadt

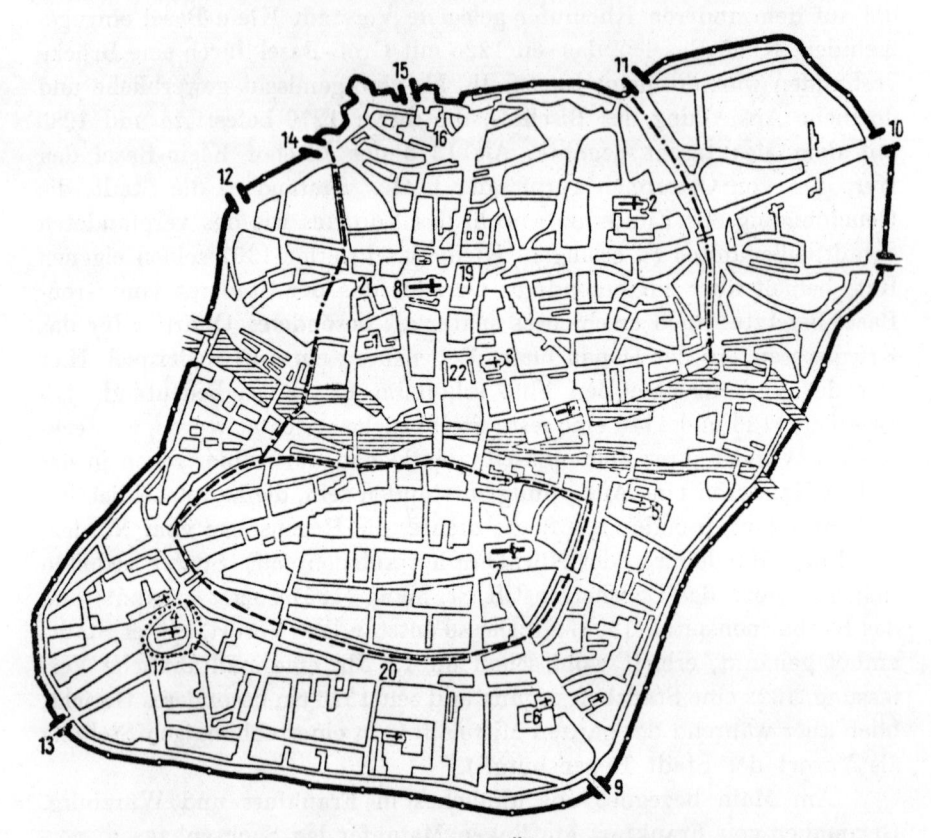

NÜRNBERG. 1 Augustiner Eremiten 1218. **2** St.-Ägidien-Schottenkloster 1140. **3** Frauenkirche 1355. **4** St. Jacobi. **5** Katharinenkloster 1295. **6** Klarakloster 1240. **7** St. Lorenz 1162. **8** St. Sebald 1170. **9** Frauentor. **10** Laufertor. **11** Maxtor. **12** Neutor. **13** Spittlertor. **14** Tiergärtnertor. **15** Vestnertor. **16** Burg. **17** Dreiecksmarkt bei St. Jacobi vor 1062. **19** Rathaus. **20** Kornmarkt. **21** Weinmarkt. **22** Großer Markt.
Königshof bei St. Jacob; vor 1062 Marktsiedlung ········· . / *Um 1150 burgum St. Sebald.* / *Um 1209 Ummauerung von St. Lorenz* ———. / *St. Sebald* ·—·—·. / *Um 1300—1350 vorletzter Mauerring, Gesamtstadt, Großer Markt und Frauenkirche.* / *1452 letzter Mauerbau vollendet* —•—.

Frankfurt[33]). Übrigens besaß der Ort 1333 ein Walltor[34]), war also mit Wall und Graben befestigt, während um die Vorstädte von Speyer z. B. 1320 weder Graben noch Mauer gelegt waren. In Würzburg konnte sich die Vorortbildung am linken Mainufer wenig entwickeln, da zwischen

Marienberg und Main nur geringer Raum zur Verfügung stand. Hier hatte schon der heilige Burkard um 750 eine Kirche erbaut; 1033 entstand dort das Burkardskloster, 1134 das Schottenkloster St. Jakob, um 1219 die Deutschhauskirche. Der Bau der steinernen Brücke (1133) zeigt die Stärke des damaligen Verkehrs an. Die Mainvorstadt, geschützt durch das um 1200 neu befestigte Kastell Marienberg und wohl auch bald durch eigene Umwallung gesichert, blieb Teil der Stadt ohne selbständige rechtliche Entwicklung[35]).

Ein frühes Beispiel für eine Vorstadtbildung am jenseitigen Ufer der Stadt bietet weiter Merseburg. Hier bestand schon im 12. Jh. eine Brücke über die Saale, und Friedrich I. gestattete 1188 dem Bischof, auf und jenseits der Brücke einen neuen Markt anzulegen[36]). Der so entstandene Neumarkt lag an der Straße nach Leipzig und erhielt 1200 eine selbständige Pfarrkirche. 100 Jahre später wird die Neustadt von Wetzlar erwähnt. Sie lag „extra portas et pontes Loinbruggen", also jenseits der Lahn an der Fernstraße nach Siegen[37]). Auch in Kassel war die 1283 gegründete Neustadt gegenüber der Altstadt jenseits der Großen Fulda an der Fernstraße nach Erfurt angelegt worden[38]).

Auch die Ansiedlung von H a n d w e r k e r n vor der Stadt führte zur Vorortbildung. In Köln war die Sondergemeinde Airsbach schon im 11. Jh. aus der Ansiedlung von Tuchwebern entstanden, und im 12. Jh. sehen wir die gleiche Entwicklung in B u r g, in der Hagenstadt Braunschweig und in der Dammstadt Hildesheim. Im 13. Jh. finden wir die Ansiedlung von Töpfern in der Neustadt Hildesheim (1212), von Gewerbetreibenden in der Vorstadt Kalchtor in Memmingen (1250), von Lederern in den Vorstädten von Donauwörth und Nördlingen, vielleicht auch schon in Regensburg, von Schmieden in Dinkelsbühl usw. Es ist anzunehmen, daß solche gewerbliche Vorortbildungen weit häufiger waren, als wir heute nachweisen können. So erhielten wohl z. B. die Flandrer in Wien 1208 eine Vorstadt (in civitate nostra Wiena instituimus) nebst einem Gerichtsbezirk angewiesen[39]), doch wurde ihre Ansiedlung bald mit in die neue Stadtmauer (vor 1230) aufgenommen. Auch manche Märkte bildeten den Mittelpunkt eines Vorortes, wie z. B. P f e r d e m ä r k t e, die vielfach außerhalb vor den Toren der Stadt abgehalten wurden. So lag z. B. der Pferdemarkt in Hamburg östlich der Altstadt und wurde erst 1264 mit ummauert. In Frankfurt hielt man den Roßmarkt während des 13. Jh. vor den Gräben außerhalb der Stadt ab; erst im 14. Jh. wurde diese Siedlung mit zur Stadt gezogen[40]). In Braunschweig lag der Roßmarkt vor dem Andreastor am Rennelsberg („mons cursorum") am Kloster Hl. Kreuz[41]). In Wien lag der Roßmarkt außerhalb der Westmauer „bei der Schotten Garte"[42]). Vielleicht hat auch schon der Holzmarkt in Köln, am Flußufer vor Airsbach gelegen, vorstadtbildend mitgewirkt, der Kohlenmarkt in Regensburg usw. Häufig wurden auch D ö r f e r vor der Stadt in deren Bereich hereingezogen und erlangten als Vororte vielfach einen gemischt dörflichen und gewerblich-kaufmännischen Charakter. Wir haben bereits oben zahlreiche Beispiele dafür besprochen. In Leipzig wurde das Fischerdorf St. Petri schon im 12. Jh. zur Stadt gezogen, in Frankfurt der Ort Fischerfeld („inter piscatores") erst im 14. Jh.[43]). Broditz und Goschwitz waren Dörfer im Osten und Süden von Bautzen; sie gaben den Kern für die große Erweiterung dieser Stadt im 14. Jh. ab[44]). Das Dorf Graggenau neben dem Vorort Tal südöstlich von München wurde im 13. Jh. eingemeindet[45]), ebenso Altendorf (900) südwestlich von Nordhausen, weiter Neuendorf im Westen und Nußbreite im Nordwesten von Eisleben[46]). Burgdorf bezog 1316 das Dorf Holzbrunn als „oppidum novum" in die Stadt ein. Slawische Kietze als Vorstädte finden sich in Brandenburg an der Dominsel und in der Neustadt. Der ländliche Charakter, den manche dieser Dörfer auch später bewahrten, findet eine Parallele in künstlichen Gründungen. So war die Vorstadt am Läufertor in Nürnberg im wesentlichen mit großen Höfen und Gärten der Geschlechter ausgefüllt[47]), ähnlich die neue Vorstadt östlich des Pferdemarktes in Hamburg.

Endlich mußte vielfach das für die Stadterweiterung notwendige Land erst d u r c h K u l t i v i e r e n d e s B o d e n s gewonnen werden, und die neuen Siedlungen bildeten dann innerhalb des Stadtkreises einen selbständigen Vorort. Das bekannteste Beispiel bietet die Dammstadt von Hildesheim. Den flandrischen Ansiedlern stellte das Moritzstift 1196 eine sumpfige Wiese vor der Stadt zur Verfügung, die sie entwässerten und mittels eines Damms bewohnbar machten. Der so entstandene Vorort erweiterte sich alsbald so weit, daß er 1232 zur selbständigen Stadt aufstieg[48]). Um Alt- und Neustadt von Hamburg entstand im 13. Jh. durch Wasserstau und Eindeichungen neuer siedlungsfähiger Stadtboden[49]). Im Westen legten Kaufleute und Schiffer eine Marschreihensiedlung beiderseits eines künstlichen Kanals an, die „marca Rodigeri", später Rödingsmarkt. Im Norden der Siedlung entstand 1246 das Hl.-Geist-Hospital. Im Süden wurde zwischen 1228 und 1264 die Vorstadt St. Katharinen durch bürgerliche Unternehmer mittels Eindeichung angelegt. Im Norden der Stadt wurde vor 1246 durch den Resendamm (Jungfernstieg) die Alster gestaut und so siedlungsfähiges Land geschaffen. Übrigens suchten auch sonst stadtherrliche Ämter oder Stadträte stadtherrlichen oder städtischen Boden zur Anlegung von Amts- oder Ratsvorstädten zu benutzen, da sie sich hiervon eine Erhöhung ihrer Einnahmen versprachen, wie z. B. in Naumburg.

Rostock

4. VORGANG DER STADTERWEITERUNG

Unsere Ausführungen zeigten, welch zahlreiche Probleme die Stadterweiterung im Mittelalter bereits hervorgebracht hat. Der Kernpunkt ist folgender: Entscheidend war jeweils der Zuwachs neuer Ansiedlungen, neuer Wike, Kirchen- und Klostersiedlungen, gewerblicher und ländlicher Vororte, Sondergemeinden und Neustädte. Durch die Anfügung neuer Zellen an die vorhandenen entstand der Stadtraum. So endete vielleicht ursprünglich in Leipzig die Stadtsiedlung im Osten an der Reichsstraße; nach der Niederlage der Stadt im Kampfe gegen den Markgrafen im Jahre 1216 wurde die Stadt durch Überspringen der Reichsstraße um die Ritterstraße mit der neuen Nikolaikirche erweitert[1]). Nicht daß sich diese Entwicklung im einzelnen in jeder Stadt verfolgen ließe. Für viele Städte fehlt es noch an den notwendigen Vorarbeiten. Brauchbare Pläne mittelalterlicher Städte, die ihre Entwicklung deutlich erkennen ließen, fehlen bisher fast ganz. Immerhin dürfte das beigebrachte Material zum Beweis unserer These ausreichen.

Im allgemeinen ist noch folgendes hinzuzufügen. Bei den zahlreichen Städten, die an Fluß- und Seeufern lagen, ist es typisch, daß sie sich weit stärker **am Ufer** hin ausbreiteten als nach der Landseite. Gegenüber ihrer ursprünglichen Anlage dehnten sich auf der Uferseite Magdeburg und Frankfurt auf das 6fache, Regensburg auf das 5fache, Basel, Bremen, Maastricht, Würzburg und Zürich auf das 4fache, Danzig, Kempten, Köln, Konstanz, Merseburg, Rostock und Tulln auf das 3fache, Worms auf das Doppelte aus. In Köln und Worms war die Verbreiterung nur deshalb relativ so gering, weil schon die römische Anlage so bedeutend gewesen war. **Nach der Landseite** blieb dagegen die Tiefe bei den meisten Städten fast stabil. Nur in Basel, Maastricht und Frankfurt am Main finden wir auch in dieser Richtung größere Veränderungen. Lag übrigens ein **Flußdreieck** in der Nähe der Stadt, das durch Mündung eines Nebenflusses entstanden war, so dehnte sich die Stadt gern in diesen Raum aus. Man kann das besonders in Metz verfolgen, wo sich das Dreieck schon im 13. Jh. ausfüllte. So entstand z. B. auch Braunschweig-Neustadt.

Besondere Verhältnisse bestanden in Zürich, das von vornherein an beiden Ufern der Limmat Ansiedlungen hatte: auf dem linken Ufer den Lindenhof mit der königlichen Pfalz (1054) und Frauenmünster (853), auf dem rechten Ufer Groß-Münster (876). Der vicus (972), vom Lindenhof zur Brücke ausgehend, überschritt diese bald und dehnte sich auch auf dem rechten Ufer aus. In der Zeit Heinrichs III.[2]) dürfte er schon eine Befestigung gehabt haben. Bis zu Beginn des 12. Jh. hatte sich die städtische Ansiedlung auf beiden Seiten der Limmat bis zu den Immunitäten von Groß- und Frauenmünster und andrerseits zum Lindenhof und seinem Gegenüber auf der anderen Flußseite ausgedehnt. Auch war bereits eine stärkere Befestigung angelegt worden. Die große Stadterweiterung brachte dann das beginnende 13. Jh., die Zeit, in der Zürich von Friedrich II. als königliche Stadt anerkannt wurde (1219)[3]. Am rechten Limmatufer (in der „mehreren" Stadt) wurden jetzt die früheren Dorfansiedlungen Niederdorf im Norden, Oberndorf einschließlich der sogenannten Neustadt im Süden und im Westen der Raum bis zum Hirschengraben zur Stadt gezogen, auf der linken Seite (in der „minderen"

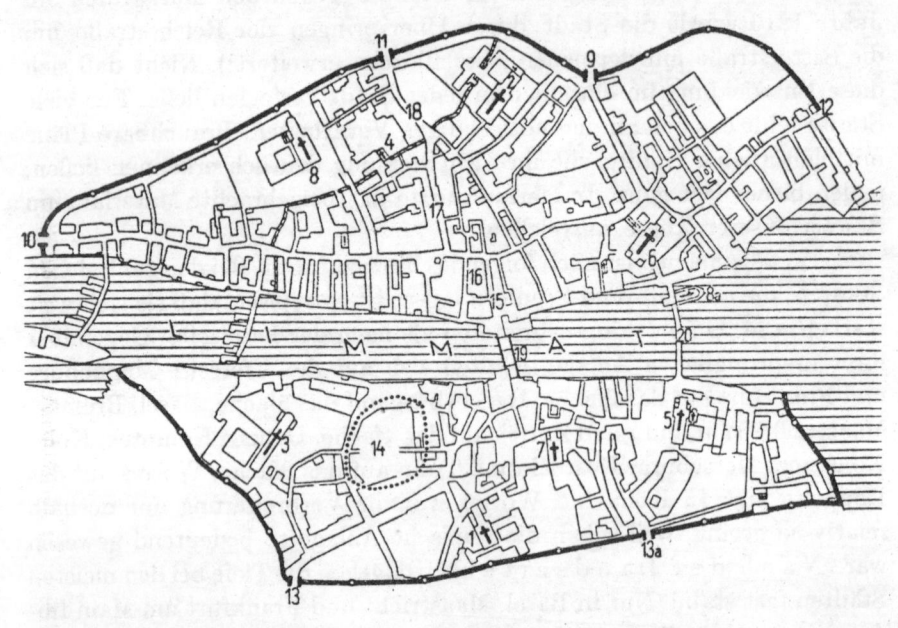

ZÜRICH. 1 Augustinerkloster 1270. 2 Barfüßerkloster 1240. 3 Frauenkloster Oetenbach um 1280. 4 Frauenkloster St. Verena 1260. 5 Frauenmünster 853. 6 Großmünster um 876 Pfarrkirche. 7 St.-Peter-Pfarrkirche. 8 Predigerkloster 1231. 8 a Wasserkirche (um 1000). 9 Tor zur Linden. 10 Niederdorftor. 11 Nünmarkttor. 12 Oberdorftor. 13 Rennwegtor. 13a Wollishofer Türli. 14 Lindenhof. 15 Marktgasse. 16 Rathaus (1250). 17 Rindermarkt. 18 Neumarkt. 19 Niedere Brücke. 20 Obere Brücke.

Statio Turicensis 2. Jh. n. Chr.; 610 castellum Turegum; Pfalz auf Lindenhof um 850; 929 Burg und vicus ········. / *1054 Kaiserpfalz ummauert.* / *Um 1250—1300 Ummauerung der Stadt (sieben Tore)* ─·─·─.

Stadt) der Raum vom 1278—85 erbauten Oetenbachkloster am äußeren Rennweg vorbei bis südlich von Frauenmünster[4]. Die Besiedlung war auch hier an den Ufern der Limmat weitaus stärker als nach dem Lande zu.

Manche Städte erweiterten sich, indem sich **neue Ringe um den Stadtkern** schlossen. Dabei konnte sich die Stadt nach allen

Seiten hin fast gleichmäßig ausdehnen. Städte in Eiform bringen dafür die klarsten Beispiele. Schon im 12. Jh. zeigt Soest diese Form, wie übrigens auch Brügge und Gent, in späterer Zeit bieten Amberg, Dinkelsbühl, Groningen, Coesfeld, Middelburg, Münster und Nördlingen die gleiche Entwicklung.

Auch den **Innenausbau** der Stadt kann man in manchen Fällen unter den Begriff der Stadterweiterung bringen. Innerhalb der Stadt bestanden häufig „Wüsten", die nur unter besonderen Schwierigkeiten der Bebauung erschlossen werden konnten. Eine umfangreiche Wüste wird uns für Dortmund[5]) und die Johannisstadt von Osnabrück überliefert. Vielfach waren das sandige Plätze, die man schlecht bebauen konnte. In Köln gehörte dahin die sogenannte Sandkaule, zwischen Heumarkt und der Hohen Straße gelegen, die noch im Frühmittelalter nicht bebaut war[6]), ebenso der Sand in Lüneburg oder Merseburg. In Höxter sprach man von der „Grube", in Lindau entstand um 1250 „in der Grub" eine Vorstadt[7]). Sumpfige Gebiete, sogenannte **Brühl** oder Bruch, mußten erst entwässert werden, wie in Braunschweig, Leipzig oder Merseburg. Aber auch in Äckern, in Wein- oder Obstgärten bestanden Reserven, die man der wachsenden Bevölkerung zur Bebauung überlassen konnte. Vielfach waren auch **zwischen den Stadtkernen** größere Landstücke noch unbebaut. So war es in Stendal. Zwischen der Marktsiedlung im Zentrum und Burg- und Domstift im Süden und andrerseits dem Alten Dorf im Norden lagen unbebaute Strecken, die erst allmählich der Besiedlung erschlossen und so Stadtteile werden konnten[8]). Ganz ähnliche Verhältnisse finden sich in Zerbst, wo die Marktansiedlung durch die breite Nutheniederung von der Burgsiedlung getrennt war[9]). In Salzwedel waren Alt- und Neustadt durch das Jeetze-Dreieck geschieden, das sich erst allmählich zur Altstadterweiterung ausbaute[10]). Auch die Aufnahme von **Außenstiften oder Klöstern** brachte der Stadt Gebiete zu, die erst der Bebauung erschlossen werden mußten. In Hildesheim wurden z. B. St. Michael und St. Godehard aufgenommen und damit anderes noch zu erschließendes Land.

Größe und Wachstum der Stadt lassen sich auch mit Vorsicht aus der Vermehrung der Pfarreien erkennen. Die meisten Städte haben mit einer Stadtpfarrei begonnen und mit dieser einen geendet. Aber die größten Städte und auch manche Mittelstadt haben es im späteren Mittelalter zu einer Anzahl von Pfarreien gebracht.

Köln, das 1172 bereits 13 Pfarrkirchen hatte, vermehrte bis zum Ende des 14. Jh. diese Zahl auf 20[11]). Auch Erfurt scheint ebenso viele Pfarrkirchen gehabt zu haben, Magdeburg 11, Breslau 9, Braunschweig, Eßlingen, Münster, Regensburg und Schleswig 7, Augsburg, Goslar, Heilbronn, Neuß und Soest 6, Aachen, Basel, Danzig, Freiberg, Halberstadt, Mühlhausen und Trier 5, Dortmund, Halle, Hamburg, Leipzig, Lippstadt, Lübeck, Minden, Stendal, Worms und Stade 4. 24 Städte besaßen 3 Pfarrkirchen[12]; 2 Pfarreien kann ich in 20 Städten nachweisen[13]). Aber selbst Städte wie Bamberg, Frankfurt am Main, Freiburg i. Br., Ulm und Würzburg begnügten sich während des ganzen Mittelalters mit einer Pfarrkirche. In Wien wurde um 1300 nach St. Stefan auch die Michaelerkirche als Stadtpfarre anerkannt.

IV. BEFESTIGUNG DER STADT

Die Stadt war eine in sich geschlossene Raumeinheit und trat dadurch plastisch hervor, daß sie befestigt war. Die **Befestigung** war eine **künstliche** oder eine **natürliche**, sehr häufig beides zusammen. Selten ließen es die Stadtherren im Mittelalter mit einer nur natürlichen Befestigung bewenden. Heinrich der Löwe umschloß das durch das Sumpfgebiet der Ohre bereits fast unzugängliche Haldensleben noch mit 3fachem Wall und Graben sowie mit einer Mauer[1]). Heinrich VI. befestigte schon bei der Gründung das durch seine steile Hügellage natürlich starke Breisach[2]). Nur kleine, unbedeutende Städtchen blieben ganz ohne künstlichen Schutz, wie etwa Calbe a. d. Milde, das auf einer Talsandinsel von Sümpfen umgeben lag, Eutin, das Wasser und sumpfige Niederungen einrahmten, Malchow, das auf einer Insel in der Elde erbaut war, oder Schönau in Schlesien, das im Talgrunde der Katzbach Wasserläufe einschlossen; immerhin war in Schönau an beiden Enden des Ortes ein Tor errichtet[3]).

1. STADTMAUER

Die Befestigung war im Mittelalter fast ausnahmslose Regel. Und zwar wurde besonders die **Stadtmauer** zum Symbol der mittelalterlichen Stadt; die Glosse zum sächsischen Lehnrecht sieht in ihr die wichtigste Unterscheidung zwischen Stadt und Land:

„Einen burger und einen gebuer
scheit nicht me wen ein czuhen und ein muer" (Artikel 72)[4]).

Aber das sind Vorstellungen, die dem späten Mittelalter angehören, und auch in dieser Zeit galt der Satz keineswegs uneingeschränkt. Auch damals gab es im Reich noch anerkannte Städte, die nichts als eine **Zaunbefestigung** besaßen. So war das 1415 zur „Freiheit" erhobene Meschede noch im Jahre 1486 mit „plancken, tünen, hagen und graven" umgeben[5]). Auch in Tondern genügte ein Plankenzaun bis in das 16. Jh. Hamm wurde nach seiner Gründung (etwa 1250) mit Wall, Wassergraben, Palisaden und Türmen befestigt; Stadtmauern aber hat es während des ganzen Mittelalters nicht erhalten[6]). Im 14. Jh. gab es im ganzen Reich noch zahlreiche Städte, die nur mit Wall, Graben und Planken oder nur mit einem oder zweien dieser Befestigungsmittel bewehrt waren. Im Jahre 1333 gestattete der Graf von Holstein der Stadt Krempe in der Elbmarsch, die doch bereits 1240 lübisches Stadtrecht erhalten hatte, sich „cum plancis, cespitibus, lapidibus et fossis melioribus" zu befestigen[7]). Auch Itzehoe besaß im 14. Jh. bloß einen Palisadenzaun, allerdings 2 Tore mit Zugbrücken über die Stör[8]). Selbst Königsberg in Preußen war in dieser Zeit nur von Graben, Wall und Palisaden umschlossen[9]). In Westfalen gab es viele kleine Orte mit solcher Erd- und Holzbefestigung, wie Ahlen, Hörde, Lüdinghausen und Werne, von denen nur Ahlen im späten Mittelalter eine Mauer erhielt[10]); in Mitteldeutschland blieb Bitterfeld ganz ohne Mauern, und Schleiz und Weimar wurden erst seit 1359 bzw. um 1450 ummauert[11]). In Schweidnitz blieb die Niederstadt, als sie 1336 mit der ummauerten Altstadt vereinigt wurde, weiter nur mit Graben und Palisaden umgeben[12]). Auch die Reichsstadt Sinzig besaß 1305 offenbar nur Stadtgräben (fossata), nicht Mauern[13]).

Im 12. und 13. Jh. waren solche Stadtbefestigungen aus Erde und Holz noch viel zahlreicher. Überraschend ist, daß nicht bloß Mittel- und Kleinstädte sich damit begnügten, sondern sogar wichtige Fernhandelsplätze. Von den königlichen Städten waren Aachen und Dortmund zunächst nur mit Erd- und Holzwerken bewehrt; erst Friedrich I. verfügte die Mauerbefestigung von Aachen (1172—76) und Friedrich II. die von Dortmund (1240)[14]). Die Pfalzstadt Zürich befestigte man um 1120, Ulm 1163/64 mit Wall und Graben; Zürich wurde um 1219, Ulm 1227 ummauert[15]). Judenburg dürfte schon im Ausgang des 11. Jh. eine befestigte Niederlassung jüdischer Kaufleute gewesen sein: ummauert wurde die Stadt aber erst um die Mitte des 13. Jh.[16]). Soest erhielt an Stelle der alten Erdbefestigungen um 1180 unter Erzbischof Philipp von Heinsberg (1167—91) eine große Mauer[17]). Die Altstadt Burg wurde schon 1150 ummauert, gleichzeitig mit der von Flandrern begründeten Neustadt[18]). Neuss, das 1160 befestigt worden war, erscheint erst um 1300 mit einer Mauer umgeben[19]). Lüneburg war noch 1254 mit Planken, seit 1297 mit Mauern umschlossen[20]). In Bremen war bereits nach 1030 die Domimmunität ummauert worden, aber die Stadt vom Alten Wall bis zum Fangturm blieb bis zur Ummauerung von etwa 1200 nur mit Erd- und Holzwerken bewehrt[21]). Langsamer ging die Entwicklung in Hamburg, das erst um 1300 eine Gesamtmauer erhielt; nur das Kirchspiel St. Jakobi war schon 1264 ummauert worden[22]). Auch die Gründungsstädte des 12. Jh. begnügten sich zunächst mit Erdbefestigungen. In Freiburg i. Br. z. B. (um 1120) trat erst um 1200 eine Stadtmauer an die Stelle der

Gründungsbefestigungen, in Villingen, das 1130 gegründet wurde, erst 1220—50[23]) [24]).

Von den Gründungen Heinrichs des Löwen aus der Zeit um 1160 erhielt Lübeck um das Jahr 1225 eine Ummauerung, Schwerin erst nach 1340[25]). Auch die Hagenstadt Braunschweig besaß anfänglich nur einen Plankenwall, während die Altstadt bereits um 1175 ummauert war. Die Mauer des Hagen wird erst 1325 erwähnt[26]). Stade, das 1181 umwallt war, wurde 1236 ummauert. Die Tochterstädte Lübecks, Rostock und Wismar, erhielten bei ihrer Gründung (1218 und 1226) nur Wall, Graben und Zäune; eine Stadtmauer besaß Rostock am Ende des 13., Wismar am Ende des 14. Jh.[27]). Schleswig, das im 11. Jh. nach dem Norduferder Schlei verlegt worden war und das Heinrich der Löwe (1156/57) wegen seiner Handelswichtigkeit zerstörte, erhielt nach der Wiederherstellung bis zum Ende des 13. Jh. nur Erdwälle und Planken[28]). Auch die Gründungsstädte der Askanier aus der zweiten Hälfte des 12. Jh. wurden nur in dieser Form befestigt. Ummauert wurde Stendal 1208—28, Salzwedel 1243, Aken 1300, Brandenburg erst 1350[29]). Lippstadt befestigte der Stadtgründer Bernhard II. von der Lippe 1168 mit Wall und Graben; nach 1220 entstand langsam die Stadtmauer[30]).

Die große Masse der Städte, die in so reicher Zahl im 13. Jh. gegründet wurden, mußte sich ebenfalls zunächst mit einer Erd- und Holzbefestigung begnügen, aber fast alle strebten eine U m m a u e r u n g an. Berlin z. B. besaß 1251 noch Wall- und Holzpfahlbefestigung, 1307 aber bereits eine Stadtmauer[31]). In vielen Städten folgte die Ummauerung der Erdbefestigung sehr bald, so daß diese nur wie ein Provisorium erscheinen konnte[32]). Hier wurde die Stadtmauer noch im gleichen 13. Jh. errichtet. In anderen Städten ging die Entwicklung wesentlich langsamer vor sich. Der Gründung folgte die Errichtung der Stadtmauer erst im 14. Jh. wie in Danzig (1224—1343—48)[33]). Jede Stadt suchte damals eine Stadtmauer anzulegen, aber es war für viele nur ein Wunschtraum, da eine Stadtmauer mit gewaltigen Kosten verbunden war. Die tatsächliche Lage war also die, daß immer noch viele Städte nur Erd- und Holzbefestigungen besaßen, oder daß die begonnene Stadtmauer jahrelang nicht vollendet werden konnte.

Nun ist die Überlieferung nicht ausreichend genug, daß man in jedem einzelnen Falle feststellen könnte, ob eine Stadt ummauert war. Kann man diesen Mangel aus der Terminologie der lateinischen Stadtbezeichnungen ergänzen? Der allein maßgebende deutsche Ausdruck ist schon im ganzen 13. Jh. Stadt (stat) gewesen. Literarische Denkmäler sprechen sogar schon seit dem 11. Jh. von einer Stadt. Das Annolied (zwischen 1077 und 1081) nennt Köln abwechselnd Burg und Stadt[34]).

Und 100 Jahre später heißt es: für die guote stat zuo Triere[35]). Es handelt sich um eine seit dem 9. Jh. eintretende Bedeutungsverengung; denn das gotische stats, altsächsisch stedi, bedeutete „Stätte". Um das Jahr 1200 reden die ersten Rechtsquellen von einer „Stadt"; das damals entstandene Mühlhäuser Reichsrechtsbuch spricht „von der stat zu Mulhusin", obwohl die Stadtverfassung noch gar nicht ausgebaut war[36]). Der Sachsenspiegel unterscheidet Städte, Burgen und Dörfer und nennt Städte alle, gleichgültig ob sie nur mit Planken oder auch mit Mauern befestigt sind[37]). Der Mainzer Reichslandfriede von 1235 kennt Städte mit und ohne Mauer und behandelt beide Gruppen rechtlich gleich[38]). Während des Interregnums kommen infolge des Niedergangs der Reichskanzlei auch deutsch geschriebene Stadtrechtsquellen auf, die von ihrer „Stadt" sprechen, wie das Basler Stadtrecht von 1260—62 und das Straßburger von 1263 sowie das Hamburger Ordelbok von 1270[39]). Eine Unterscheidung in rechtlicher Hinsicht kommt nicht in Betracht. Anders sieht es mit den lateinischen Bezeichnungen aus. Die wesentlichsten Bezeichnungen für die Stadt im 13. und 14. Jh. sind oppidum und civitas. Ist civitas die ummauerte, oppidum die mit Erd- und Holzwerken befestigte Stadt? Andere Bezeichnungen, wie forum, vicus, villa und burgum, treten im 13. Jh. völlig zurück. Forum ist auf Märkte beschränkt. Vicus ist veraltet, da eine reine Kaufmannsniederlassung damals im Reiche nicht mehr vorkam[40]); das Wort wird nur noch in Zusammensetzungen wie Wikvogt, Wikgraf und vor allem von Wikbild gebraucht, das noch lange für Stadtrecht und Stadtgebiet angewandt wird[41]). Villa als Bezeichnung für eine kaufmännisch-gewerbliche Niederlassung ist im 13. Jh. nur im Westen noch üblich, und zwar auch für befestigte, ja ummauerte Städte[42]). Dieser Ausdruck ist also vieldeutig und kann die Vorstufen der Stadt wie diese selbst meinen. Ebenso steht es mit burgum (burgus). Nur daß bei diesem Terminus die Befestigung des Platzes aus dem Worte unmittelbar ersichtlich ist. Seit den Tagen Friedrichs I. hat sich burgum bis auf Rudolf von Habsburg erhalten. Anfänglich bezeichnet es nur befestigte, kaufmännisch-gewerbliche Niederlassungen[43, 44]), seit Friedrich II. aber auch ummauerte Städte, wie Duisburg (1203)[45]). Im 14. Jh. kommt, soweit ich sehe, burgum im Reichsgebiet nicht mehr vor. Herrschend sind jetzt **oppidum und civitas**, und Friedrich II. hebt in seinem berühmten Edikt gegen die städtische Eidgenossenschaft von 1232 diese beiden Typen hervor[46]).

Es fällt von vornherein auf, daß die **Bischofsstädte** niemals oppida, sondern immer **civitates** genannt werden. Insoweit hat sich also der in der Karolingerzeit entwickelte Gebrauch von civitas erhalten. Nicht einheitlich ist die Terminologie dagegen bei den **königlichen**

DIE ÄLTESTEN STADTSIEGEL DER STÄDTE:

Lübeck, Köln, Trier und Wien

Lübeck

Köln

Trier

Wien

Städten. Nur die wichtigsten von ihnen werden vornehmlich civitas genannt. Das gilt vor allem für Goslar. Auffallenderweise nennt freilich Rudolf I. 1290 Goslar oppidum[47]). Dortmund heißt erst seit 1220 civitas, kurz vorher Mühlhausen und Aachen[48]). Die alten karolingischen Pfalzorte Frankfurt und Ulm werden 1142 bzw. 1128 oppida genannt; beide heißen bereits 1184 civitates[49]), aber noch am Ende des 13. Jh. auch oppida. Oppida werden auch Duisburg (1248, 1279) und Oppenheim (1252, 1287) genannt, obwohl Oppenheim schon 1226, Duisburg 1279 auch civitas heißt[50]). Gelnhausen wird noch 1299 als oppidum bezeichnet. 1227 nennt Heinrich VII. und 1320 Ludwig der Bayer die 4 Reichsstädte Frankfurt, Friedberg, Wetzlar und Gelnhausen oppida[51]). Doch heißt Friedberg 1220, Gelnhausen 1226 und Wetzlar 1240 auch civitas[52]). Schon hieraus läßt sich ersehen, daß von einer festen, ausschließlichen Terminologie nicht gesprochen werden kann.

Ziehen wir nun die uns zu Gebote stehenden Nachrichten über die Frage der Ummauerung zum Vergleich heran für die Berichte über die Anerkennung der Stadt als civitas! Halle, das um 1150 als civitas erscheint, ist jedenfalls vor 1170 ummauert gewesen[53]). Auch für Leipzig stimmen beide Zeiten überein (1156—70). Ebenso liegt es mit Hagenau 1164, Andernach (1171), Wien (1172), Braunschweig-Altstadt (1175), Eisenach (1180—89) und Koblenz (1182). Erfurt wurde 1170 ummauert und dann municipium genannt; als civitas erscheint die Stadt zuerst 1196[54]). Wiener Neustadt wurde 1192 begründet, ummauert und hieß civitas[55]). Im späteren Mittelalter wurde die Ummauerung dann so häufig, daß die Gleichung civitas = ummauerte Stadt in immer höherem Maße der Wirklichkeit entsprochen haben wird. Aber für die Übergangszeit vom 12. zum 13. Jh. trifft sie noch nicht zu. Wenn freilich etwa ein Städtchen wie Schmalkalden von der Reinhardtsbrunner Chronik civitas genannt wird[56]), so ist das wohl eine literarische Lizenz, die keine rechtsgeschichtliche Bedeutung beanspruchen kann. Durchschlagend aber sind folgende Beispiele: Schleswig heißt 1196 civitas, ist aber nur mit Erdwällen und Planken befestigt[57]); Chemnitz[58]) und Hameln[59]) heißen um 1200 civitates, sind aber erst 1264 bzw. 1324 ummauert worden. Ebenso liegt es mit Saalfeld (1208—1363) und mit Seligenstadt[60]), das 1232 civitas heißt, aber nur mit einem Graben (fossatum) umgeben ist; eine Mauer ist erst 1293 nachweisbar[61]). Wie unten dargestellt wird, gab es Bischofsstädte, die bis zum Ende des 11. Jh. nicht ummauert waren. Der Reichslandfrieden von 1235 spricht geradezu von einer nichtummauerten civitas[62]), und die hessische Stadt Wetter wird 1239 eine „civitas non muro circumdata" genannt[63]). Wird eine Stadt also mit civitas bezeichnet, so folgt für diese Übergangsperiode daraus nicht zwingend, daß sie ummauert gewesen sei. Das Kriterium für den terminus civitas muß in anderen Faktoren liegen.

Und wie steht es mit dem Ausdruck **oppidum**? **Nur wenige Städte**, die seit der zweiten Hälfte des 12. Jh. als oppida bezeichnet werden, sind damals bereits unzweifelhaft **ummauert** gewesen. Nachweisen können wir das für Soest (1168), Kolmar (1220), Freiberg (1241)[64]. Es gab also auch **ummauerte oppida**. Andere oppida wieder werden zur gleichen Zeit civitates genannt, wie Siegburg (1182), Eisenberg (1219), Zeitz (1228), Winterthur (1249), Langensalza (1282) u. a. m. Weitaus die Mehrzahl der oppida aber war nicht ummauert, sondern **durch Erdwerke und Planken befestigt**. Meist waren es Mittel- und Kleinstädte. (Übrigens heißen auch Stadtteile gelegentlich oppida, wie Hildesheim-Venedig (1238) und Alte Wiek und Sack in Braunschweig (1296).) Man muß auch damit rechnen, daß man Kleinstädte weiterhin als oppida bezeichnete, obwohl sie sich inzwischen eine Mauer zugelegt hatten[65]. Etwa 100 oppida sind mir in Urkunden des 13. und beginnenden 14. Jh. begegnet, die als befestigte, nicht aber als ummauerte Städte anzunehmen sind. Bei manchen von ihnen läßt sich die spätere Ummauerung nachweisen[66]. Mit Vorsicht läßt sich also die Bezeichnung oppidum als ein Indiz für die noch nicht erfolgte oder wenigstens noch nicht vollendete Ummauerung der Stadt verwenden.

Als ein weiteres Indiz in der Frage der Ummauerung kann das **Stadtsiegel** verwandt werden. Dieses Siegel kommt in sehr verschiedenen Formen vor. Es gibt ein Stück Stadtmauer, Tore, Türme, Zinnen, vereint oder für sich getrennt, wieder. Die Anfänge des **Mauersiegels** (um für diesen Siegeltyp eine kurze Bezeichnung zu wählen) gehen auf die früheste städtische Zeit zurück. Schon das älteste Stadtsiegel Deutschlands überhaupt, das von **Köln** vom Jahre 1149[67], gehört hierher. Man hat bezweifelt, ob es sich bei dem Kölner Siegel um ein Mauersiegel handelt, da der heilige Petrus in einen Baldachin hineingesetzt ist. Aber dieser Baldachin hat die Form eines Stadttores, und diesem zur Seite steht eine ganze Anzahl von Türmen; auch finden sich zu den Füßen des Heiligen Mauerzinnen und Türme. Ganz ähnlich gestaltet sind die Siegel von Erfurt (1183), Straßburg und Neuss (1245), Merseburg (1250) sowie das zweite Stadtsiegel von Regensburg von 1248. Im Stadtsiegel von Trier, das der Mitte des 12. Jh. angehört, steht Christus auf dem Erdball, neben ihm die Heiligen Petrus und Eucharius mit 4 Bürgern; die ganze Gruppe ist von der Stadtmauer mit 4 Türmen, 2 Toren und Zinnen eingeschlossen[68]. Auch das wohl gleichzeitige Siegel von Mainz mit dem segnenden Bischof ist ein Mauersiegel. Das Stadtsiegel von Soest von 1168 zeigt den heiligen Petrus inmitten eines Mauerrings;

das von Utrecht von 1196 Stadttor, Mauer und 3 Türme. Torbogen mit Türmen bildet das Stadtsiegel von Halle ab, das von Brandenburg Türme mit Wiekhäusern; beide entstammen der Zeit um das Jahr 1200. Mauersiegel finden wir im 13. Jh. häufig belegt[69]). Diese Siegel entsprechen durchweg der Wirklichkeit. Halle wurde schon 1170 ummauert, Brandenburg erhielt 1170 zwar eine Befestigung, aber noch keine volle Ummauerung, sondern, wie das Siegel zeigt, Türme und Wiekhäuser. Boppard und Remagen hatten ihre Römermauern erhalten, Freiburg und Freiberg erscheinen nach 1200 ummauert, Braunschweig-Altstadt schon 1175, Goslar nach 1131, Münster wird von 1169 ab mit Graben, Wall und einer Bruchsteinmauer umgeben, Stendal 1208—28, Koblenz schon 1182, München von 1173 ab, Dortmund vor 1240, Stade nach 1236. Auch die anderen Angaben darf man daher als zutreffend unterstellen. Wie genau die Bilddarstellungen der Siegel mit der Wirklichkeit übereinstimmen, zeigt z. B. das Stadtsiegel von Hamburg, das nur ein Stadttor mit 3 Türmen, aber keine Mauer zeigt. Wirklich ist die Ummauerung Hamburgs erst am Ende des 13. Jh. vollendet worden. Lippstadt zeigt 1231 nur eine Burg; in der Tat setzte der Mauerbau erst nach dem Stadtrecht von etwa 1220 ein und war um 1260 noch nicht beendet.

Mit dem weiteren Fortschreiten der städtischen Ummauerung wuchs auch die Zahl der Mauersiegel seit der zweiten Hälfte des 13. Jh. erheblich an. Sie lassen sich jetzt zu Hunderten nachweisen. Ich verzichte darauf, weitere Belege anzuführen. Doch waren auch S t a d t s i e g e l o h n e M a u e r e m b l e m e während des ganzen Mittelalters keineswegs selten. Den Mittelpunkt des Siegels stellte dann häufig der Stadtheilige dar, Christus selbst (Trier und Duisburg), die Jungfrau Maria (Straßburg, Magdeburg, Essen und Andernach), der heilige Petrus (Köln, Soest, Regensburg, Minden, Zülpich, Rheinberg), Johannes der Täufer (Merseburg), St. Martin (Erfurt), die Heiligen Felix und Regula (Zürich), St. Mauritius (Solothurn), der heilige Godehard (Hildesheim), St. Cassius (Bonn), der heilige Stephanus (Osterwiek), St. Quirinus (Neuss), der heilige Leodegar (Luzern) oder der Erzengel Michael (Jena). In den königlichen und Reichsstädten waren B i l d e r d e s K ö n i g s (wie in Aachen, Düren, Sinzig, Nordhausen, Mühlhausen, Wetzlar und Eger), des R e i c h s a d l e r s (wie in Breisach, Esslingen, Friedberg, Heilbronn, Kaiserswerth, Kolmar, Mellingen, Rottweil, Wien) oder — beide verbindend — des Königskopfadlers, wie in Nürnberg (1243), Hauptbestandteile des Siegels. In Schwäbisch-Hall treten H a n d s c h u h u n d K r e u z auf (1228). Auch Landesstädte führten den Adler, wie Berlin und Breslau, oder das Bild des Stadtgründers, wie Schwerin das Bild von Heinrich dem Löwen;

andere wieder hatten den Stierkopf, wie Rostock, den Greif, wie Greifswald, oder den Löwen, wie Braunschweig (1221), Weimar (1262), Zittau (1275) und die habsburgischen Städte Bremgarten, Zofingen und Laufenburg; das Rad, wie Osnabrück, die Mühlsteine, wie Hameln usw. Manche Siegel dieser Art nahmen obendrein noch Stadtmauern und Türme oder Tore auf, wie z. B. die Heiligensiegel von Trier, Regensburg, Goslar, Magdeburg, Bonn und Zülpich, die Königs- oder Adlersiegel von Mühlhausen, Düren oder Berlin, das Löwensiegel von Braunschweig usw. Andere wieder verzichteten ganz auf solche Embleme, wie Aachen mit dem Kaiser-Karl-Siegel (um 1200), Zürich mit den beiden kopflosen Heiligen Felix und Regula (1225), Minden mit dem heiligen Petrus und dem Königskopf (1231), Nürnberg mit dem Königskopfadler (1243). Dabei ist Aachen nach 1176, Zürich um 1219, Nürnberg 1209 sicher ummauert gewesen. Minden freilich hat erst 1268 einen Mauerring erhalten, aber auch danach noch das mauerlose Siegel bis in das 19. Jh. hinein geführt. Man darf also keinesfalls aus dem Fehlen des Mauersiegels allein schon auf ein Fehlen der Ummauerung schließen.

So führt also in der Frage der Ummauerung der Stadt weder die Stadtsiegelforschung noch die Untersuchung der Stadtbezeichnungen zu eindeutigen Ergebnissen. Letzten Endes müssen urkundliche Nachrichten oder lokale topographische Untersuchungen die Entscheidung bringen. Wo solche fehlen oder undurchführbar sind, und das ist leider häufiger der Fall, muß es bei einem non liquet bleiben, doch betrifft dieses Nichtwissen ja den Einzelfall. Die großen Entwicklungslinien sind klar zu erkennen. Abgesehen von den Römerstädten, die alte Mauerreste verwenden konnten, begann die Stadt der Frühzeit mit Erd- und Holzwerken; im späten Mittelalter aber waren die Städte mit Mauern, Wall und Graben, mit Toren und Türmen befestigt, und nur Orte ohne größere Bedeutung blieben hinter den anderen zurück.

Bei vielen Städten können wir die Entwicklungsphasen historisch verfolgen. Zunächst ein kurzer Blick auf die Römerstädte. Mainz hat die geringste Bewegung zu verzeichnen: nach der Zerstörung der Stadtmauer von 1158 ist diese am Ende des Jahrhunderts in nur geringer Erweiterung neu erstanden[70]). In Worms war die mittelalterliche Stadtmauer schon um 1000 abgeschlossen; über die Römerstadt hinaus nahm sie im Norden die Friesenvorstadt auf, erweiterte aber auch die Stadträume im Westen und Süden[71]). Köln hat 4 Mauerphasen gehabt: die nach der normannischen Zerstörung wieder erbaute Römerstadt um 900, die Ummauerung der Rheinvorstadt (um 950), die neue Mauer um die Vorstädte Airsbach (Oversburg), Niderich und Aposteln (1106) und endlich die große Mauer, deren Bau seit 1180 begann[72]). In Wien kann man ebenfalls 4 Etappen der Entwicklung feststellen. Nach dem Sieg Heinrichs II. von Bayern 991 kam es schon um 1000 zur Errichtung einer Stadtmauer, die über die römische Reststadt hinaus die Seitzergasse, Parisergasse, Futterergasse und Stoß im Himmel einschloß. Um 1100 wurde die neue Vorstadt an der Bäckerstraße in die Befestigung mit einbezogen, im 12. Jh. der Raum um die Stephanskirche, sodann der Graben. Endlich umschloß Leopold VI. der Glorreiche (1198—1230) unter Einbeziehung des Neuen Marktes, der Kärntnerstraße und des Schottenstifts die ganze Stadt mit einer neuen Stadtmauer[73]. In Passau gab es nur 2 Mauerphasen: die von Otto II. 977 zerstörte Stadtmauer im Westen der Stadt ließ Bischof Pilgrim (971—991) wieder aufbauen; 1209 wurde eine neue Stadtmauer vor den Neumarkt vorverlegt[74]. Dasselbe gilt für Trier. Auch hier folgte der ersten Stadtmauer von etwa 1142, die nur Dom und Marktstadt umfaßte, im Verlauf des 13. Jh. eine zweite, die im Norden und Westen einen Teil der Römermauer mit einbegriff; sie ist im Mittelalter nicht mehr überschritten worden[75]. Auch in Koblenz und Andernach gab es 2 Mauerphasen (1182—1276 und 1129 bis um 1300). In 3 Etappen vollzog sich die Entwicklung in Speyer[76], wo neben der auf römischen Grundlagen im 10. Jh. neu ummauerten urbs im Jahre 1084 Bischof Rüdiger die Judenansiedlung durch Ummauerung anschloß; 1291 wurde die ganze Stadt ummauert. Ebenso war die Entwicklung in Maastricht: der Erneuerung des römischen oppidum und des vicus im 10. Jh. folgte 1229 eine Umwallung beider Teile, die dann am Ende des 14. Jh. durch einen nach Westen und Norden stark erweiterten Mauerring abgelöst wurde. Auch in Augsburg, Basel, Konstanz, Metz und Regensburg wurde die Ummauerung[77] erst im Spätmittelalter vollendet. Sie vollzog sich hier in 4 Etappen. In Regensburg begann man im 8. Jh. mit der Wiederherstellung der Castra Regina, setzte die Ummauerung der Neustadt im 10. Jh. fort und vollendete den Bau durch die Mauererweiterungen von 1230 und 1320[78]. In Augsburg wurde die Bischofsstadt — damals nur mit niedrigen Wällen und halbverfaulten Holzplanken befestigt —, 995 ummauert, 1156 die Römerstadt, 1251—76 die Perlacher Vorstadt, 1381 die Oblatter[79]. In Basel folgte auf den erneuten Mauerbau des 11. Jh., der die Stadt am Münsterhügel umschloß, um das Jahr 1180 die Ummauerung von Barfüßerplatz und Freie Straße, im 13. Jh. die der Spalen- und Albanvorstadt sowie der von Klein-Basel, endlich im 14. Jh. die der St. Johann- und Aeschenvorstadt[80]. In Konstanz war in ottonischer Zeit schon das Kastell mit St. Johann und Niederburg ummauert; vor 1105 bezog man auch die Stephanstadt, um 1180 weitere Bezirke um die curia pacis, im 14. Jh. noch den Raum bis zur Brotlaube in die Befestigung ein[81]. In Metz wurden über das

238 Befestigung der Stadt

römische castrum hinaus neue Mauern um 1150, vor 1329 und endlich vor 1444 errichtet[82]). In Straßburg vollendete sich die Ummauerung vom Legionslager und dem vicus St. Martin (10. Jh.) aus in 5 weiteren Etappen (vor 1200, 1202—20, nach 1228, 1374—90 und 1387—1441)[83]).

Während in den Römerorten Mauersteine reichlich zur Verfügung standen und naturgemäß auch benutzt wurden, begannen die meisten

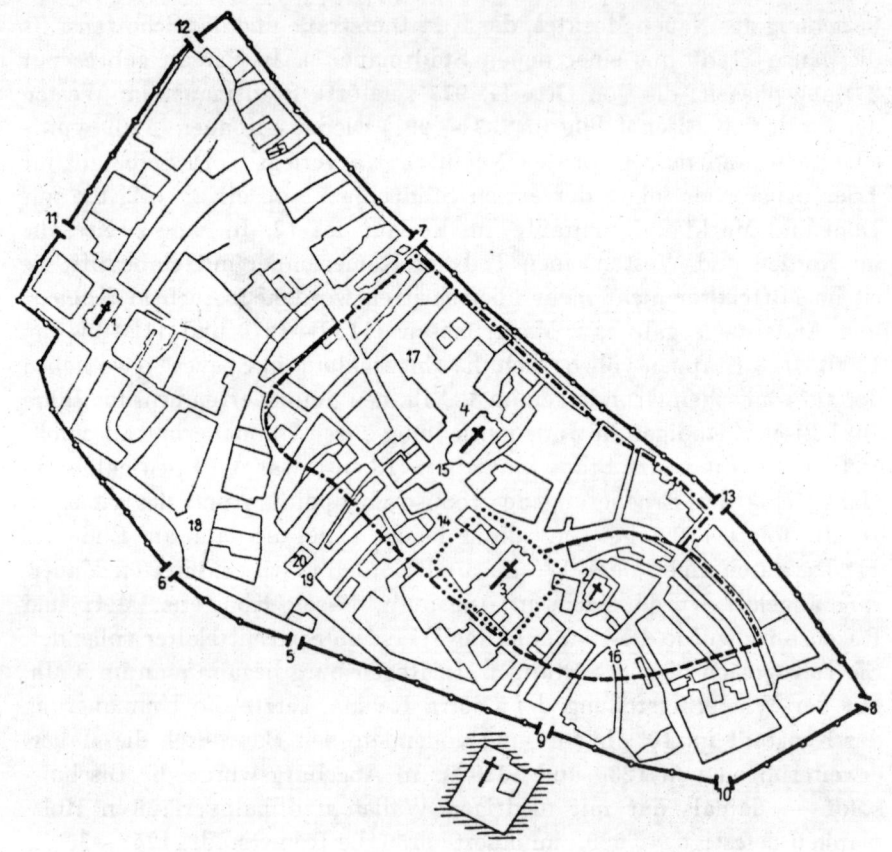

KONSTANZ. 1 Augustinerkloster 1281. **2** St. Johann. **3** St.-Maria-Domstift. **4** St. Stephan. **5** Conradstor. **6** Dammtor. **7** Paradisertor. **8** Petershausener Tor. **9** Predigertor. **10** Rheintor. **11** Schlachttor. **12** Schnetztor. **13** Schottentor. **14** Römerkastell Constantia. **15** Bischofsburg. **16** Brückengasse. **17** Markt. **18** Marktstätte. **19** Fischmarkt. **20** Rathaus.

Römerkastell Constantia (305/06) ········. / *Bischofsburg 8. Jh.* ———. / *Ältere Marktstadt in salischer Zeit* —·—·—. / *Stadtmauer des 14. Jh.* —○—○—.

Bischofsstädte rechts des Rheins und links der Donau mit Erd- und Holzbefestigungen. Man darf das für Magdeburg 937, Hamburg-Altstadt, Bremen, Minden und Würzburg (um 1000),

Eichstätt (1021), Naumburg (1033), Osnabrück (vor 1100) und Bamberg (1160) annehmen. In Osnabrück blieb man bei dieser Technik noch 1171 und 1251 bei der Befestigung der Butenburg, Hase- und Johannesleischaft sowie der Neustadt, und erst 1280—1306 ummauerte man die ganze Stadt[84]). In Naumburg scheint selbst die Befestigung von etwa 1300 nur zum Teil Mauer gewesen zu sein[85]). Dagegen ging man in Eichstätt (1180), in Minden (1268), in Bamberg (1291) und in Hamburg (1300) zum Mauerbau über. In Magdeburg wurde die Ummauerung des Marktes 1023 vollendet, um 1200 die der Altstadt, 1230 die der Neustadt[86]). In Würzburg wurde die Altstadt mit der Vorstadt Sand um 1200 ummauert, zwischen 1268 und 1308 kamen die Vorstädte Pleichach, Haug und die Vorstadt jenseits des Mains hinzu[87]). Offenbar bevorzugten **die Bischöfe früher die Mauertechnik nach westlichen Vorbildern**. Sie ummauerten die Domburgen, wie in Paderborn 900, in Hildesheim 1000, in Merseburg 1008, in Bremen 1030, in Halberstadt 1068, und man dehnte in diesen Bischofsstädten den Mauergürtel auf die übrige Stadt aus. In Hildesheim wurde 1167 die Altstadt, 1212 die Neustadt, vor 1282 die Dammstadt, 1283 Venedig, seit dem 14. Jh. die Gesamtstadt ummauert[88]). In Bremen wurde 1200 die Altstadt und 1305 St. Stephan in den Mauerring einbezogen[89]), in Halberstadt vor 1200 die Altstadt, 1306 die Neustadt, im Verlauf des 14. Jh. die Vogtei[90]); in Paderborn fügte man 1009—30 die Innenstadt, um 1200 die Gesamtstadt[91]), in Münster vor 1137 die Innen-, um 1170 die Gesamtstadt in den Bau ein. In Merseburg kam es 1215—40 zur Ummauerung der Stadt bis zur Geiselsenkung. Der neue Stadtteil jenseits des Geiselbachs wurde erst 1431—63 mit Wall und Graben umgeben[92]).

Wie wir schon sahen, sind die meisten übrigen Städte durch die Periode der Erdbefestigung gegangen, ehe sie zum Bau der Stadtmauer schritten. Auch in Erfurt[93]) läßt sich diese Entwicklung verfolgen. Die Stadt erscheint schon 1120 als **befestigte Marktsiedlung** mit einer Bürgergemeinde, um 1170 ist die Ummauerung des municipium bezeugt. Frankfurt ist 1142 oppidum, 1172 municipium, also ummauert[94]), und zwar nicht nur hinsichtlich des Pfalz- und Marktgebietes, sondern die ganze neue Stadt mit dem Saalhof[95]), der Burg des Staufers Konrad III. als Mittelpunkt und den beiden großen Toren, der Bornheimer und Bockenheimer Pforte mit Mauern, die weite unverbaute Flächen umschlossen. Noch im 12. Jh. füllte sich die Stadt mit viel Volk. Aber erst im 14. Jh. entstand die Mauer um die gesamte mittelalterliche Stadt. Auch Innsbruck dürfte bei seiner planmäßigen Ansiedlung 1180 zunächst eine Erdbefestigung, 50 Jahre später seine Stadtmauer erhalten haben[96]). Greifswald, das 1250 lübisches Stadtrecht besaß, erhielt 1264 vom Herzog von Pommern das Recht des Mauerbaues; bis dahin war auch diese Stadt nur erdbewehrt[97]). Für Rheinberg wird 1290 überliefert, daß die Planken und hölzernen Bauten, die der Erzbischof 1232 zur Stadtbefestigung

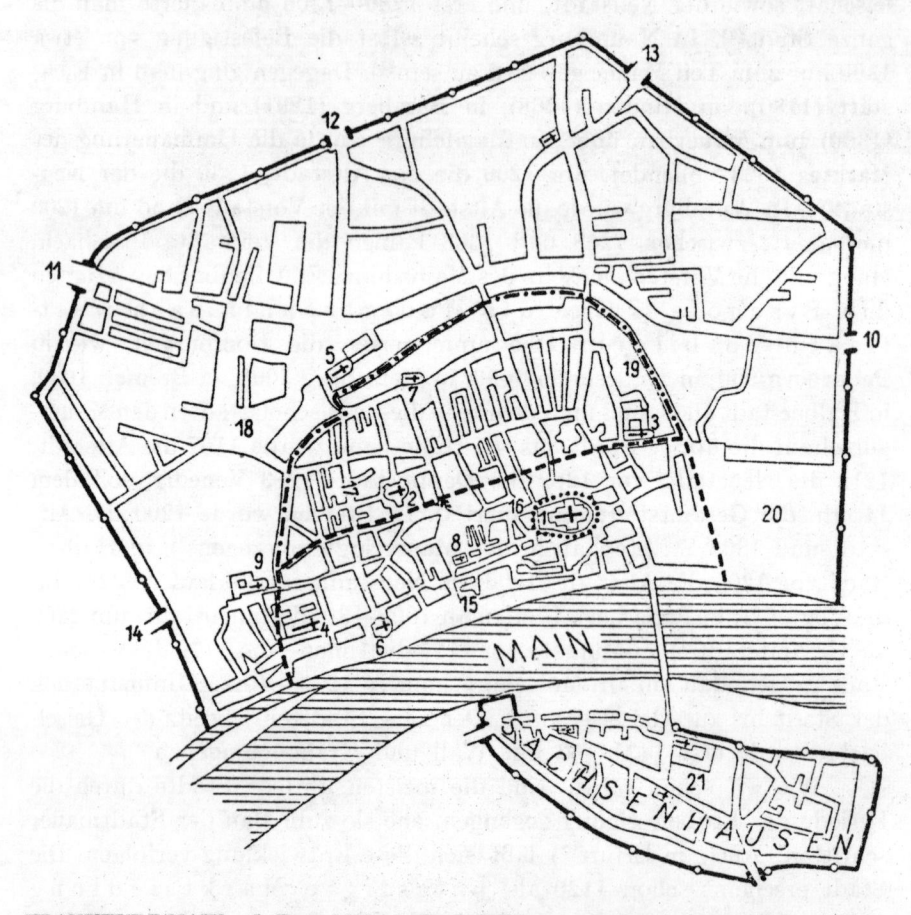

FRANKFURT/MAIN. 1 Dom 1239. 2 Barfüßerkloster. 3 Dominikaner 1243. 4 Karmeliter 13. Jh. 5 Katharinenkirche 1344. 6 St. Leonhard 13. Jh. Anfang. 7 Liebfrauenkirche 1314. 8 St. Nikolaus 1264. 9 Weißfrauenkloster 1228. 10 Allerheiligentor. 11 Bokkenheimer Tor. 12 Eschenheimer Tor. 13 Friedberger Tor. 14 Gallustor. 15 Saalhof. 16 Markt (Krämergasse). 17 Kornmarkt. 18 Roßmarkt. 19 Judengasse. 20 Fischerfeld. 21 Sachsenhausen.

Karolingische Pfalz auf Domhügel 792—794 .... / *Pfalz (Saalhof) Konrad III. 1142 ummauert* — — —. / *Erste Stadterweiterung 13. Jh.* ·—·—·. / *Zweite Stadterweiterung 1343* ·——·. / *Sachsenhausen 1193 erwähnt, im 15. Jh. Vorstadt* ·——·.

gestattet hätte, alt und verkommen seien und ihre Erhaltung große Kosten mache; deshalb erlaube der Stadtherr jetzt, ad muniendum muro oppidum ein Wegegeld zu erheben[98]). Andrerseits gibt es auch ausreichende Beispiele dafür, daß der Stadtherr eine Ummauerung der neugegründeten Stadt selbst eilig betrieb. So scheint z. B. Hagenau von seinem Gründer Friedrich I. (1164) bereits ummauert worden zu sein, wie auch Otto der Reiche Leipzig als Stadt begründete und zugleich ummauerte (1156—70)[99]. In dem soeben angelegten München wird schon 1173 ein Leiter des Mauerbaues (qui preest muro) erwähnt[100]. Auch die bergmännische Siedlung in Freiberg, die civitas Saxonum, scheint bereits nach 1181 eine Mauer erhalten zu haben[101], ebenso das 1192 neu errichtete Wiener Neustadt[102]. Aus dem 13. Jh. gehören Querfurt, Rothenburg ob der Tauber (1201), Mühlhausen (1211), Frankenberg (1242), Essen (1244), Laufenburg (1248) und Frankfurt a. d. Oder (1253) hierher[103].

2. WALL UND GRABEN

Neben der Stadtmauer (murus, mure) sind häufig auch **Wall und Graben** genannt (vallum, fossa, fossatum, graben), wenn sich auch gerade die Rechtsquellen vielfach mit der Erwähnung der Mauer begnügen. In **Köln** entschied 1154 der Erzbischof, daß nur die mit Wall und Mauer (vallo et muro) eingemeindeten Vororte in der Stadt steuerpflichtig seien[1]. Als dann seit 1180 die Bürger von Köln zur letzten großen Umwallung der Stadt schritten, begannen sie offenbar mit dem Bau von Wall und Graben. Das ergibt sich aus dem Vergleich der Stadt mit dem Erzbischof von 1180, wo von vallum seu fossatum gesprochen wird, und der Streit hierüber lebt noch im Großen Schied von 1258 nach[2]. Schreinseintragungen aus der Zeit nach 1180 reden vom Grabenbau dieser Zeit: „quando fossa urbis fodiebatur"[3], und die Königschronik berichtet für das Jahr 1180: „Colonienses circa muros elaborant fossatum"[4]. Es gibt daher seitdem neben der vetus fossa die nova fossa, neben dem vallum antiquum das novum vallum[5]. Trotz der neuen Umwallung blieben also die alten Gräben aus früheren Befestigungsepochen erhalten. Noch im 13. Jh. werden sie in Eintragungen von Schreinsbüchern der äußeren Sondergemeinden Severin, Airsbach und Aposteln, aber auch der Altstadtgemeinde Laurenz erwähnt[6].

Auch in Straßburg ist nach dem Bischofsrecht (um 1150) die Stadt mit Wall und Mauer umgeben. „Der Abstand zwischen der Mauer und dem Ende des Walles", so heißt es darin, „soll 60 Fuß breit sein, derart, daß der Wall selbst 30 Fuß einnimmt"[7]. Dieser Zwischenraum zwischen Mauer und Graben wird auch in Goslar 1186[8] erwähnt und erscheint später vielfach zu besonderer Nutzung verpachtet, wie in Worms (1298)[9] und Stade (1318)[10]. In Leipzig wurden im Gründungsstadium in einem Teil des Grabens Steine gefunden[11], in St. Pölten hieß ein Teil des

Grabens die Laimgrube[12]). In Stralsund wurde dort eine Seilerwerkstatt betrieben[13]), Wassergräben in Dortmund zur Fischzucht verwendet[14]). In Braunschweig wurde in den Stadtgräben das echte Ding abgehalten[15]). Ein aufgelassener Stadtgraben erscheint dann, wie in Köln-Niederich, als das „vallum, que dicitur Gravagassa", in Wien der Graben als eine neue Marktstätte (um 1200)[16]).

Auch im 13. Jh. wurden noch zuerst die Gräben, dann die Mauern gebaut[17]). In Stralsund war der Graben durch einen Damm deichartig gesichert („dammonem seu diconem fossati")[18]). Neue Stadtgräben werden in Stade[19]) und Hildesheim[20]) erwähnt, dort weiter das „vetus fossatum". Die „fossa exterior" erscheint in Worms (1260) und Braunschweig (1288)[21]), die „ultima fossa civitatis" in Halberstadt (1313)[22]), zugleich als äußerste Grenze des Stadtbereichs: „foris extra fossatum" wird 1230 in Regensburg dem Stadtraum — „intra muros civitatis" — gegenübergestellt[23]). Den Gegensatz dazu bilden die noch fortbestehenden Gräben im Inneren der Stadt, die einstmals, bei früheren Befestigungen, äußere Gräben gewesen waren, das „fossatum quod transit civitatem", wie in Frankfurt am Main 1304[24]), oder das „fossatum juxta novam civitatem", wie in Halberstadt 1329[25]), das fossatum in Indagine, der Wendengraben in Braunschweig 1304[26]). Die Ziehung neuer Gräben können wir in Straßburg 1239[27]) und in Wismar 1284[28]) beobachten, wo Land zum Grabenbau enteignet wird. Abgaben zum Bau neuer und Herstellung älterer Gräben werden beigetrieben in Hildesheim 1167[29]), Halberstadt 1241[30]), Lüneburg 1274[31]). Die volle Befestigungseinheit der Stadt stellten im 13. Jh. aber Mauer und Gräben vereint dar. Soll die Befestigung einer Stadt gekennzeichnet werden, so werden Mauern und Gräben als ihre wichtigsten Bestandteile hervorgehoben[32]). Und soll eine Stadt neu befestigt werden, so wird vor allem die Errichtung von Mauern und Gräben betont; dem Bischof von Freising wird 1231 von Reichswegen das Urteil gefunden, daß er seine Stadt mit Mauern und Gräben und anderen Befestigungsformen umschließen dürfe[33]). Schon ein Beschluß des Rates von Erfurt von 1217 hebt von den bürgerlichen Lasten die „ad vallum aut murum" zu leistenden hervor[34]).

3. STADTTORE

Die Tore der Stadt, die in die Stadtbefestigung eingefügt waren, hatten für sie nicht allein große militärische Bedeutung; sie schlossen und öffneten auch den Weg zu der Außenwelt. Daher waren sie vor allem an den Fernstraßen der Stadt angelegt, wie man zum Teil sogar aus ihren Namen ersehen kann. So hieß in Aachen das Tor, das nach dem Osten führte, das Kölntor, in Wien das Tor nach dem Süden das Kärntnertor. In Hainburg führte das Ungartor nach dem Osten, das Wiener Tor nach dem Westen. In Wismar gab es das Lübische Tor, in Lübeck das Holstentor, in Lüneburg das Bardowieker Tor, in Leipzig das Hallische-, in Freiberg das Meißnertor, in Frankfurt das Mainzertor, in Oppenheim das Niersteiner-, in Mülhausen das Baslertor, in Namslau das Breslauer- und Krakauertor, in Iglau das Saxer- und Böhmertor. Dementsprechend bezeichnete man die Tore nach der Himmelsrichtung. Häufig waren Westentore, wie in Dortmund, Paderborn, Duderstadt, Ulm, weiter Ostentore, wie in Bremen, Dortmund, Hameln, Hildesheim, Ulm und Regensburg. Durch das „Salztor" wurde das Salz in und durch die Stadt geführt.

Während anfänglich die Tore in vielen Städten nur aus Holz hergerichtet wurden, erbaute man solche von besonderer Wichtigkeit aus Stein; Steintore sind für Brandenburg und Braunschweig-Hagen[1]) überliefert. Mit dem Namen „Hohe Pforte", wie in Köln, Braunschweig-Altstadt und Magdeburg, oder „Breites Tor", wie in Goslar und Halberstadt, zeichnete man solche vor anderen Toren der Stadt aus. Die meisten Tore aber trugen ihren Namen von den Nachbarorten, zu denen oder von den Ortsteilen, aus denen sie unmittelbar führten und die in Beziehung zu kirchlichen Instituten standen. So gab es zahlreiche Frauentore, Andreas-, Jakobs-, Johannes-, Martins-, Michaelis-, Nikolai-, Pauli-, Peters-, Thomas-, Ulrichtore, endlich viele Spitaltore, da die Spitäler meist vor den Stadttoren lagen. „Friesentore" kennzeichneten die Ansiedlung friesischer Kaufleute[2]). „Brückentore" führten zur Brücke[3]), „Burgtore" zur Burg[4]), „Wassertore" zum Fluß- oder Seeufer — in Worms gab es ein Rheintor, in Donauwörth ein Donautor, in Dresden ein Elbtor. „Rote Tore" trugen ihren Namen vom roten Backstein, aus dem sie aufgeführt waren, wie in Lüneburg, Augsburg und Donauwörth; das „Neue Tor" kennzeichnet die Eröffnung eines neuen Fernweges, meist als Folge einer Stadterweiterung, wie in Dortmund, Lüneburg und Nürnberg. Besonders häufig entsprechen sich „Ober-" und „Unter-(Nieder-)Tore" als die wichtigsten, ja vielfach einzigen Stadtausgänge[5]).

Kennzeichnend für die Städtegeschichte ist die Zahl der Tore. Eintorige Städte waren äußerst selten und kamen zu ihrer Form nur infolge ihrer geographischen Lage. Ein Beispiel bietet das ältere Passau; auch Bern und Wasserburg zeigen die gleiche Halbinselform. Die wichtigsten Typen waren die Zweitor- und Viertorstädte. Die Zweitorstädte waren von einer Hauptstraße durchzogen, an deren beiden Enden je ein Tor errichtet war. Sie stellen den einfachsten Stadttyp dar und treten schon ohne Ummauerung auf, wie z. B. Bitterfeld, Hörde und Itzehoe. Man findet sie in allen Teilen des Reiches[6]). Einige von ihnen gehen auf römische Grundlagen zurück, wie Boppard, Deutz und Günzburg, aber auch sie gehören als Städte wie die anderen erst der Hauptzeit der Stadtgründung, dem 13. Jh., an. Nur Schleswig, Ulm und Brandenburg-Altstadt sind stadtgeschichtlich älter. Die meisten Zweitorstädte waren und blieben im Mittelalter Kleinstädte.

Weit zahlreicher waren die **Viertorstädte**. Man ist fast versucht, bei ihnen von einer **Wiederkehr antiker Städtebauformen** zu sprechen, war doch das römische Standlager von 2 Straßen durchschnitten, dem „cardo" und dem „decumanus", die sich als Straßenkreuz annähernd in der Mitte der Stadt trafen und an der Lagermauer durch je 2 Tore abgeschlossen waren. Diese römische Viertorstadt kann man auf deutschem Boden z. B. in Köln, Straßburg, Regensburg und Wien nachweisen. Aber die Regelform duldete Ausnahmen. In Trier z. B. lief zwar die Nord-Süd-Straße von der „porta nigra" zur „porta alba", und das Westtor entsprach durch seine Lage an der Brücke der Normalform, aber das Osttor mit der Richtung nach Straßburg war ganz nach Süden verschoben. Und die Mainzer Zivilstadt wich mit ihren 5 Toren von der Regel völlig ab; der Verkehr konzentrierte sich in der Westhälfte der Stadt, die Südosthälfte blieb von ihm kaum berührt. Die deutsche mittelalterliche Stadt kennt nun zwar auch die Viertorstadt mit dem Straßenkreuz, aber es gehören **nicht mehr die alten Römerstädte** hierher, sondern **fast ausschließlich Neugründungen**. Wien, Wels und Salzburg waren zwar auch wieder Viertorstädte, wie es die alten Römerorte Vindobona, Ovilava und Juvavum gewesen waren. Aber nur die allgemeine Richtung der Tore war noch vergleichbar. Im übrigen standen jetzt die Tore in einer neuen Stadt an völlig veränderter Stelle. Von einer Fortsetzung der römischen Tradition kann keine Rede sein.

Die Erklärung des Phänomens liegt darin: die Stadt als Verkehrsmittelpunkt wird im Normalfall von Straßen aus den 4 Himmelsrichtungen berührt, und die 4 Tore führen eben zu ihnen. Bei Neugründungen konnte man diese Erfahrungstatsache zugrundelegen. Auch der vielbesprochene zähringische Stadtplan hält sich daran, wenn auch bei der Gründung von Freiburg die besonderen Kenntnisse des Gründers von den Kölner Verhältnissen wesentlich eingewirkt haben. Freilich ist der zähringische Stadtplan nur in wenigen Fällen, besonders in Freiburg selbst, in Villingen, sodann in Waldkirch eingehalten worden. Aber auch in Freiburg ging es nicht ohne bemerkenswerte Veränderungen ab. Der Kreuzungspunkt der beiden Straßen war stark nach Süden gerückt, und das östliche Stadttor bog nach Süden aus; obendrein entstand im 13. Jh.

im Westen der Stadt noch ein fünftes Stadttor. In Villingen dagegen ist der Plan klarer durchgeführt. Hier standen 4 Tore am Austritt des Hauptstraßenkreuzes durch die erste Ummauerung, und in Waldkirch, der nach zähringischem Muster angelegten Gründungsstadt der Herren von Schwarzenberg, war sowohl die Landstraße wie die Querachse beider-

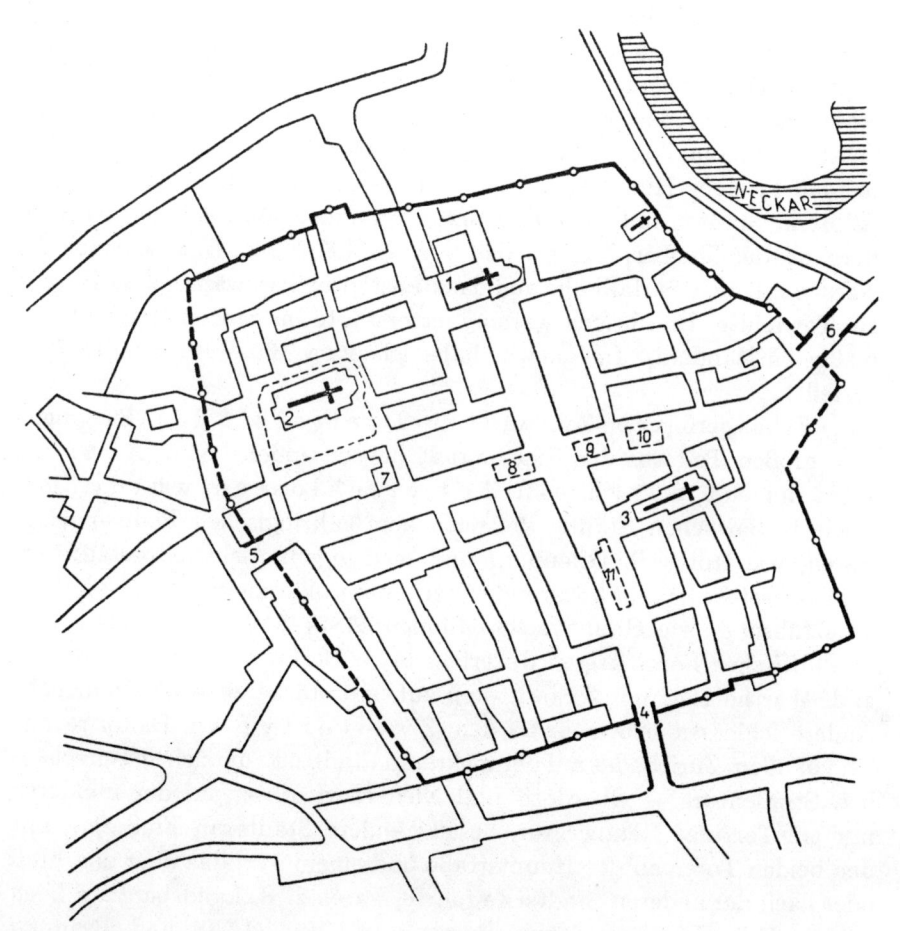

ROTTWEIL. 1 Dominikanerkloster. 2 Heiligkreuzkirche. 3 Kapelle. 4 Hochbrückentor. 5 Schwarzes Tor. 6 Unteres Tor (Autor). 7 Rathaus. 8 Brotlauben. 9 Metzig. 10 Warenhaus. 11 Kaufhaus.
Um 1140 planmäßige Neuanlage auf Königsgut, 1241 ummauert.

seits von Toren abgeschlossen. Wahrscheinlich hat auch Neuenburg am Rhein ursprünglich 4 Stadttore gehabt. Nach der großen Rheinüberschwemmung vom Ende des 15. Jh. treten freilich dort nur noch 3 Tore in Erscheinung. Dagegen hat in Rottweil das Hauptstraßenkreuz die

Mauern nur an 3 Stellen durch Tore durchbrochen. An der Nordseite fehlt das Tor. Weit regelmäßiger sind die beiden welfischen Gründungen München und Ülzen, deren 4 Tore dem Straßenkreuz fast in den 4 Himmelsrichtungen folgen. Und noch exakter liegen die 4 Tore des babenbergischen Wiener Neustadt fast in der Seitenmitte des quadratischen Mauerrings. Auch das märkische Iserlohn sowie das landgräflich-thüringische Witzenhausen waren solche regelmäßig angelegte Viertorstädte, ebenso Aken, Brandenburg-Neustadt und Isny, bei denen aber der Kreuzungspunkt der Straßen stark aus dem Zentrum gerückt war. Die meisten anderen Viertorstädte zeigen stärkere Abweichungen, vor allem so, daß in einer Himmelsrichtung Tore fehlen, in anderer sich häufen. Selbst in Städten mit Straßenkreuz, wie Dinkelsbühl, Leipzig, Rothenburg ob der Tauber, kommt das vor. In Leipzig z. B. erscheinen im Norden 2 Tore, das Hallische und das Ranstädter Tor, während im Westen ein Tor fehlte. Im übrigen waren Viertorstädte im ganzen Reich gleichmäßig entstanden[7]). Im ganzen habe ich etwa 100 Viertorstädte festgestellt.

Etwas geringer an Zahl waren die **Dreitorstädte**. Sie gingen zum großen Teil aus der Viertorstadt hervor, indem **ein Achsenarm nicht durch ein Tor erschlossen wurde**. Beispiele bieten schon Städte, die nach dem zähringischen Plan angelegt waren, wie Rottweil, Offenburg und Kenzingen. Als Dreitorstädte erscheinen selbst Orte in kreisrunder Form mit vollkommen klarer Straßenkreuzführung, wie Hannöversch-Münden 1182—85[8]), ebenso klar, aber in elliptischer Form, treten Jüterbog 1174, Berlin 1230 und Landsberg a. d. Warthe 1257 mit 3 Stadttoren auf, mit stärkeren Abweichungen[9]). Andere schlossen sich mehr an den **Zweitortyp** an. Dahin rechne ich vor allem Zürich, das auf der mehreren Stadtseite die sich entsprechenden Straßentore — Oberdorf- und Niederdorftor —, auf der minderen nur ein Tor, das Rennwegtor, besaß. Andere Städte an Flußufern mit den beiden Toren an der Hauptstraße und einem Tor, das über den Fluß oder nach der anderen Stadtseite führte, waren z. B. Landsberg am Lech (1160), Miltenberg am Main, Bruck a. d. Mur (1260) und Braunau (1260—70); auch Steyr (1287) entspricht diesem Typ, hat aber 4 Stadttore, je 2 in jeder Stadthälfte, errichtet. Dem Zweitortyp nahe stehen auch die Dreitortypen Kolmar und Schlettstadt (1214), Löbau (1220), Bernburg (1278) und Rottenburg. Auch Dreitorstädte gab es im ganzen Reich[10]).

Die Zahl der Städte mit 5 Toren beträgt im Verhältnis zu den bisher besprochenen nur die knappe Hälfte. Jedes neue Tor verringerte ja die Stadtsicherheit, belastete die städtischen Finanzen und vermehrte die

Leistungspflicht der Bürgerschaft. Man ging also zum Bau eines neuen Tors nur über, wenn es der Verkehr dringend erforderte und das Tor wirtschaftliche Vorteile versprach. Die Entstehungszeit der Tore wird man nur selten mit Sicherheit feststellen können. Ich beschränke mich hier darauf, die Lage im späteren Mittelalter darzustellen. Auch ziehe ich nur die Haupttore heran und gehe auf die Nebenpforten, die manche Städte noch in größerer Zahl anlegten, nicht ein. Von den **Fünftorstädten** gehört eine ganze Gruppe zu den Gründungsstädten, die ihre Entstehung im wesentlichen einem einheitlichen Gründungsvorgang verdankten[11]. Aber häufiger wird man schon bei den Fünftorstädten einen zusammengesetzten Entstehungsvorgang zugrundelegen müssen. Das ist der Fall bei Freiberg, das nach der Gründung der Oberstadt (1210—18) diese mit der Sächstadt, St. Jakobi und Burg Freudenstein in einer Stadtmauer vereinigte. Ebenso entstand die Fünftorstadt Pasewalk, nachdem die 1239 gegründete Oberstadt mit der älteren Unterstadt vereinigt worden war, Wismar durch Zusammenschluß der Alt- und Neustadt seit 1275/1276[12]. Während diese Städte mehrere Stadtkerne vereinigten, erweiterten andere ihren Kern nach allen Seiten. So entstand z. B. die Fünftorstadt Amberg unter Ludwig dem Bayern (nach 1326), gleichzeitig Coesfeld und wenig später Nördlingen und Rothenburg ob der Tauber[13].

Städte mit mehr als 5 Toren können nicht auf einen einheitlichen Gründungsvorgang zurückgeführt werden. Sie haben alle eine komplizierte Entwicklungsgeschichte hinter sich. Von den **Sechstorstädten** sind mehrere besonders wichtige durch Ausbreitung des Stadtkerns schon in spätstaufischer Zeit entstanden, wie Dortmund und Paderborn. Frankfurt am Main folgte im 14. Jh. nach durch Erweiterung seines Halbkreises. In Eisleben zog man im Spätmittelalter einen festen Stadtgraben in sehr erweitertem Ring um die ummauerte Stadt und errichtete 6 neue Stadttore, die sich in der Neuzeit durch Einbeziehung weiterer Vororte auf 14 steigerten.

Meist aber entstand das Bedürfnis nach 6 Toren durch **Vereinigung mehrerer Siedlungskerne**, wie etwa in Meißen, wo um 1220 die Burg, die Unterburg, St. Afra und die neue Marktsiedlung durch Befestigung miteinander verbunden wurden, oder in Stade, dessen Stadtkerne, die gräfliche und erzbischöfliche Marktansiedlung mit Burganlagen, 1171 umwallt, nach 1236 ummauert wurden, oder in Halle, wo die Talstadt mit dem Alten Markt und der neuen Marktansiedlung um 1250 sich zur neuen Stadt verband[14]. Verbindung von Alt- und Neustadt schuf die Sechstorstadt in Heiligenstadt (1244) und Warburg (1260)[15]. Würzburg hatte nach der Aufnahme seiner Vorstädte 6 Haupttore neben 5 Nebentoren, Nimwegen 6 Land- und

6 Wassertore, Worms 6 äußere und 6 Innentore, wobei diese der Anlage der Römerstadt entsprachen.

Städte mit mehr als 6 Stadttoren sind vor allem solche, die aus alten Römerstädten erwachsen sind. 7 Stadttore finden wir im Spätmittelalter in Aachen, Konstanz und Trier. In Aachen ist der Stadtkern um 1300 erweitert worden, und es treten seitdem 7 neue Außentore auf. In Konstanz haben mehrfache Stadterweiterungen am Bodensee entlang das Bedürfnis nach Errichtung von 7 neuen Außentoren (ursprünglich waren es nur 3, die als Innentore verschwanden) entstehen lassen, und in Trier sind von den Römertoren 2 erhalten geblieben und 5 neue angelegt worden. In Speyer und Wien sind seit dem 14. Jh. die Stadttore von ursprünglich 3 bzw. 4 auf 8 gestiegen. In Maastricht sind in dem erweiterten Mauerring 7 neue Außentore erbaut worden, die zu den 2 Toren des Wijck hinzutraten. 10 große Außentore waren in Köln, Augsburg und Regensburg entstanden. In Köln hat man alle Tore zwischen 1180 und 1250 neu erbaut, in Augsburg das Jakobertor erst im 14. Jh. In Regensburg, wo die „porta decumana" als Außentor erhalten blieb, ist noch die „porta Ruzim" der frühen Kaiserzeit angehörig, zuerst erwähnt wird sie 1138; alle anderen stammen erst aus dem beginnenden 14. Jh.

Die sächsischen Bischofsstädte haben eine komplizierte Entstehungsgeschichte gehabt; alle haben mehrere Stadtkerne zusammengeschlossen. So finden wir in Halberstadt nach der Vereinigung mit der Neustadt und der Vogtei 7 Außentore, in Bremen nach der Aufnahme der Stephansstadt 8 Außen- nebst 5 Innentoren, in Erfurt 8 äußere und 8 innere. Naumburg hatte im späten Mittelalter 9 Tore, von denen 5 innerhalb der Ratsstadt, 4 innerhalb der bischöflichen Immunitätsstadt standen. Hamburg hatte zur Hansazeit 10 Außentore, Münster seit 1150 5 Außentore, Osnabrück seit dem Ende des 13. Jh. 11 äußere und 6 innere Tore. Hildesheim dürfte zur Zeit der Dammstadt (1254—1333) 16, Magdeburg mit Neustadt und Judenburg 17 (!) Haupttore gehabt haben. Von den Abteistädten hatten Fritzlar und Kempten 7, Quedlinburg nach der Vereinigung von Alt- und Neustadt 10 Stadttore. Von den norddeutschen Pfalzstädten besaß Goslar, dessen älteste Tore, das „Rosentor", „Vitustor" und das „Burgtor", schon dem 12. Jh. angehören, infolge der frühen Erweiterung des Stadtkerns 9 Stadttore, ebenso Mühlhausen und Nordhausen nach der Vereinigung von Alt- und Neustadt. In Soest standen schon im Ausgang des 12. Jh. 10 Tore, in Braunschweig nach dem Zusammenschluß seiner 5 Städte 15. München hatte nach der Einbeziehung seiner Vorstädte 7 Außentore, von denen 4, das „Obere" und „Niedere", das „Schwabinger-" und „Sendlingertor", als die wichtigsten wie die alten 4 Stadttore die 4 Fernstraßen beherrschten. Schwäbisch-Hall und Nürnberg hatten schon am Ausgang des Mittelalters 10 Haupt- und 10 Nebentore. Die deutschen Städte des Ostens zeigen überall die gleiche Entwicklung. Von den deutschen Handelsstädten an der Ostsee besaß Rostock nach der Vereinigung seiner 3 Städte 9 Land- und 13 Wassertore, Stralsund zusammen 10, Stettin 11, Danzig am Ende des 14. Jh. 10, Elbing 7, Riga 8 und Königsberg nach dem Zusammenschluß seiner 4 Stadtkerne sogar 19! In Schlesien ging Breslau mit 10 Stadttoren allen Städten voraus, aber auch Neisse besaß im 14. Jh. mit seinen Vorstädten 8 Tore.

4. STADTTÜRME

Neben den Toren fügten sich noch T ü r m e in die Stadtmauer ein, die ausschließlich der militärischen Sicherheit der Stadt dienten. Sie wurden daher auch als W e i c h h ä u s e r bezeichnet (Wig = Kampf)[1]. Im Verlauf des späteren Mittelalters haben sie fast überall die Form des mit der Stadtmauer unmittelbar verbundenen Turmes erlangt. Erst eine große Anzahl von ihnen schien die Sicherheit der Stadt verbürgen zu können. Selbst kleine Städte haben deshalb die ungeheure Last vieler solcher Turmbauten auf sich genommen, weil ihre Lage es erforderte, wie etwa Dorsten und Querfurt mit 20, Beckum mit 22, Soldin gar mit 49. Von größeren Städten besaßen z. B. Dortmund 14, Quedlinburg und Zürich 18, Bremen 22, Soest 26, Schwäbisch-Hall 30, Wismar 32, Schlettstadt 38, Halle 40 und Köln 50. Nordhausen soll mit den Toren sogar 77 Türme gehabt haben. Eine solche mittelalterliche Stadt, wie etwa Köln, das 10 Tortürme, 50 Mauertürme und zahllose Kirchentürme zählte, muß ein eindrucksvoller Anblick gewesen sein. Uns, den Überlebenden zweier Weltkriege, erscheint sie in der einfühlenden Vorstellung wie ein Märchen der Vorzeit.

2. Abschnitt

Sozialgeschichte der Stadt Stadtbevölkerung

I. GRUPPEN

1. DIE BÜRGER

Die hochmittelalterliche Stadt des 13. und 14. Jh. beruhte auf der Stadtgemeinde, die ihrerseits wieder dem Gedanken der Eidgenossenschaft entstammte, der alle Einwohner der Stadt als Bürger zu gleichen Rechten und Pflichten zusammenrief. Gerade die Zeit Friedrichs II. zeigt uns, daß der Kampf um die Eidgenossenschaft das Zentralproblem für die Stadt gewesen ist[1]. Dieser Kaiser nahm nach anfänglichem Schwanken 1231/32 noch einmal den Kampf zugunsten der Stadtherren auf; er wollte ihnen die Herrschaft in der Stadt zurückgeben[2]. Aber sein Verbot der städtischen Eidgenossenschaften erwies sich als wirkungslos. Zwar wurde dies Verbot auch wesentlich später noch ausgesprochen, nämlich 1298 für Passau, doch anerkannte König Albrecht seine Wirksamkeit nur deshalb, weil diese Stadt sich „in preiudicium episcopalis domini" die eidgenössischen Rechte angemaßt hatte[3]. Von solchen Ausnahmen abgesehen haben sich die Eidgenossenschaften auch in den Bischofsstädten durchgesetzt.

a) Eidgenossenschaft

Die Eidgenossenschaft begründete zwischen den Bürgern den Zustand des Friedens. Alle Bürger schwuren gegenseitig einen Friedenseid[4]. Fehde zwischen Mitbürgern war nur dann zulässig, wenn das Bürgerrecht auf die Dauer aufgegeben wurde[5]. Fehdeansage war nur mit Zustimmung der Gemeinde erlaubt[6]. Im Falle von Tötung und Verletzung trat auch noch im 13. Jh. ein bürgerliches Sühnegericht auf. In Köln ist das Gericht über „ungewoinde" 1258 auf Fälle von Beleidigungen und Schimpfreden beschränkt[7]). In allen Streitsachen zwischen Bürgern können in Münster die Schöffen, ohne den Richter zuzuziehen, das Sühnegericht abhalten[8]). Vor dem Hochgericht muß zunächst das Sühnegericht des Rates angegangen werden[9]). Jedenfalls sollen alle Exzesse nach Möglichkeit durch das Sühnegericht ausgeglichen werden[10]). Eine starke Ausdehnung der Kompetenz des städtischen Sühnegerichtes finden wir im Straßburger Stadtrecht von 1214, dem Wormser Stadtrecht des 13. Jh.[11]) und in dem Recht von Regensburg. Nach der Regensburger Verordnung von 1269 kann der Bürgermeister zur Verhütung drohender Fehde ein Friedensgebot erlassen; wird die Sühne dann nicht freiwillig vereinbart, kann der Rat eine für alle verbindliche Sühne aufrichten[12]). Nach dem Friedgerichtsbuch des 14. Jh. bilden die Vierundzwanzig das Sühnegericht, das kraft des geschworenen Friedens richtet, und zwar mit einer über bloße Sühnefälle weit hinausgehenden Zuständigkeit[13]). Die Zwangsmittel des genossenschaftlichen Sühnegerichts, nämlich die Verweisung des schuldigen Genossen aus der Gemeinschaft sowie die Zerstörung seines Hauses, wurden noch im 13. Jh. verhängt[14]). Doch wurde die Hauszerstörung als unwirtschaftlich angesehen und daher in Regensburg der Wert der Häuser, die zerstört werden sollten, in Relation zur Höhe der verfallenen Bußen gesetzt[15]). In Wesel wurde die Hauszerstörung auf den Fall der Urteilsschelte beschränkt[16]), und in manchen Städten war sie ganz verboten[17]).

Die eidgenossenschaftliche Hilfepflicht der Bürger untereinander blieb auch im 13. Jh. bestehen. Der neu aufgenommene Bürger kam vom Augenblick seiner Aufnahme an in den Schutz der gesamten Bürgerschaft[18]). Stand ein Bürger einem Fremden gegen einen Bürger bei, so traf ihn harte Strafe[19]). Den Fremden, der gegen einen Bürger einen Angriff machte, konnte jeder Mitbürger straflos verletzen[20]). Sein Angriff galt als gegen die Gemeinde gerichtet, deren Gliedern Bußansprüche erwuchsen[21]). Jeder Bürger war dann zur Mithilfe verpflichtet[22]). Trat dagegen ein Bürger für einen Fremden zuungunsten eines Mitbürgers ein, so betrachtete man das als einen Friedebruch, der als Eidbruch bestraft wurde[23]). Denn der Feind eines Genossen war auch der Feind seines Mitgenossen[24]). Fiel ein Bürger in fremde Gefangenschaft, so mußte die Gemeinde alles zu dessen Befreiung tun[25]). Er selbst aber und seine Verwandten durften dem fremden Räuber keinen Geldwert zur Auslösung geben, womit die eigene Kraft geschwächt, die fremde gestärkt werden könnte[26]).

Auch die wichtigsten Auswirkungen der bürgerlichen Hilfepflicht, die Wehr- und Steuerpflicht, sind im Hochmittelalter weiter ausgebaut worden. Daß die Steuerpflicht aus der Hilfepflicht abgeleitet sei, wird noch am Ende des 13. Jh. ausgesprochen[27]). Es schien geradezu der Begriff des Mitbürgers erfaßt zu sein, wenn das Recht und die Steuerpflicht gewohnheitsmäßig für alle zur Anwendung kamen[28]). Jeder Gewerbetreibende mußte aus den Einkünften seines Gewerbes Steuern zahlen[29]), und zwar auch jeder Kleriker, Laie oder Jude, der sich gewerblich betätigte[30]). Spätere Stadtrechte dehnten die Steuerpflicht noch erheblich weiter aus. So mußten z. B. in Erfurt seit 1271 auch die erzbischöflich-mainzischen Beamten an die Stadt Steuern zahlen[31]). Ludwig der Bayer verpflichtete sich 1318 gegenüber der Stadt Heilbronn, keinem Mitbürger Steuerfreiheit für bewegliche oder liegende Güter zu gewähren[32]). Der Bürgerschaft Steuern aufzuerlegen war meist Sache der Stadt selbst[33]). Das Maß der Steuer für den einzelnen Steuerpflichtigen wurde durch die Bürgerschaft festgesetzt[34]). Der Hauptgrundsatz dabei war, daß der für die Stadt notwendige Steuerbetrag unter die Bürger umzulegen sei je nach ihrer Vermögenslage[35]). Jeder Bürger war verpflichtet, der Steuerbehörde die notwendigen Angaben mitzuteilen, auf Grund deren eine gerechte Steuerschätzung stattfinden konnte[36]), und zwar in Eidesform[37]). Wer die Steuer hinterzog, indem er sein Vermögen zu gering einschätzte, wurde als meineidig erklärt, verlor sein ganzes Vermögen und wurde zeugnis-, rats-, amts- und eidesunfähig[38]).

Auch die Wehrpflicht war allgemeine Bürgerpflicht. Sie ging in erster Linie dahin, die Stadt selbst zu befestigen und zu verteidigen. Dagegen waren alle Bürger nach dem Vorbild des Kaufmannsrechtes von der Verpflichtung befreit, sich an einer Kriegsfahrt zu beteiligen, auch wenn der Stadtherr das gebot[39]). Friedrich II. legte den Bürgern seiner neuen Reichsstadt W i e n 1237 zwar eine Kriegsfahrt auf, beschränkte sie jedoch auf einen Tag[40]). Freilich führte das Territorialitätsprinzip bald dahin, daß der Bürger bei gemeinsamen Kriegsangelegenheiten des Landes mitzukämpfen hatte.[41]) Zur Verteidigung der eigenen Stadt war jeder Bürger verpflichtet. Der in der Stadt Anwesende hatte sie zur Verteidigung zu bewachen[42]). Diese Pflicht traf im Verlauf des 13. Jh. jeden Einwohner[43]), auch z. B. jeden in der Stadt wohnenden Kleriker und Ritter[44]). Zur Stadtverteidigung durfte jeder Kämpfer die Stadtmauern und -türme besteigen[45]). In Erfurt war den Bürgern 1212 die Verwaltung der Stadtmauer übertragen worden[46]). In Hildesheim überlieferte 1249 der Bischof der Stadt den Besitz der Tore[47]). In Dortmund wird der Rat als der „Hüter der Mauern" bezeichnet[48]).

b) Bürgeraufnahme und Bürgereid

Über die Aufnahme neuer Bürger konnte die Stadtgemeinde jederzeit frei entscheiden[1]). Der Eintretende mußte die Pflichten eines Bürgers übernehmen²) und diese Übernahme eidlich bekräftigen³). Die Eintrittsgebühr fiel an die Stadtgemeinde⁴). Die Bürgerschaft nahm den Neubürger „in consortium et communionem", in das „jus concivium", „in juris civilis consortium", das „jus burgensie" auf⁵). Der Neubürger war dann verpflichtet, sich in der Stadt eine Wohnung zu beschaffen⁶). Im ältesten Kölner Bürgeraufnahmebuch von etwa 1355 wird der Eid des Neubürgers dahin formuliert, daß er Rat und Stadt getreu und hold sein, der Sturmglocke nachfolgen und Panzer tragen und ein Eintrittsgeld von 6 bzw. 12 Gulden je nach der Länge seines verflossenen Wohnens in der Stadt zahlen werde⁷).

Übrigens hatte jeder Bürger den Bürgereid zu bestimmten Zeiten wiederholt abzuleisten. Damit beweist die Stadtgemeinde ihren eidgenossenschaftlichen Charakter. Jeder Einwohner mußte nach Erreichung des 15. oder 16. Lebensjahrs den Eid zum ersten Male leisten⁸). Offenbar aber mußte dieser Bürgereid von der ganzen Bürgergemeinde⁹), später auch von allen Bürgern und Einwohnern¹⁰), wiederholt geschworen werden, in manchen Städten alljährlich¹¹), in anderen jeweils nach Wahl eines neuen Bürgermeisters, wie das in Regensburg im 14. Jh.¹²) der Fall war.

c) Stadtluft macht frei

Der Satz „Stadtluft macht frei nach Jahr und Tag" blieb während des Hochmittelalters Kennzeichen der civitates¹³) und wurde vielfach auch auf die Landstädte übertragen. Im einzelnen gab es in der juristischen Konstruktion des Bürgerrechtserwerbes Verschiedenheiten. Süddeutsche Städte erteilten den Zuwandernden nach ihrer Versicherung, frei zu sein, sofort das Gemeindebürgerrecht¹⁴), eine schwebend-unwirksame Berechtigung, die in Jahresfrist durch den Herausgabeanspruch des Herrn beseitigt werden konnte. In norddeutschen Städten erhielt der Neuankömmling Bürgerrecht und Stadtfreiheit erst nach Jahresablauf¹⁵).

Da der Nachweis der Unfreiheit eines Neubürgers im Stadtgericht doch nur schwer zu erbringen war, gingen norddeutsche Städte schon früh dazu über, sich überhaupt mit dem einfachen Reinigungseid des Beklagten zu begnügen¹⁶). Sie anerkannten damit das überwiegende Interesse der Stadt an der Vermehrung ihrer freien Bevölkerung. Wenn nach dem magdeburgischen Weichbild noch 7 Magen mitschwören mußten, so handelte es sich dabei um den Nachweis der Freiheit, nicht den der Unfreiheit¹⁷). In süddeutschen Städten wie Freiburg wurde dem Herrn der Nachweis der Unfreiheit des Entwichenen mit 7 Magen gestattet¹⁸). Der Herr verschwieg sich in Lindau nur seines Rechts, wenn ihm der

Aufenthalt des Unfreien in der Stadt bekannt war[19]), während in Diessenhofen die Verschweigung auch ohne Kenntnis eintrat[20]). In Lindau wurden also die Interessen des Herrn überwiegend geschützt. Eine Ausnahme machte Regensburg, wo die Verschweigungsfrist von einem Jahr auf 10 verlängert wurde. Auch Hamburg ging 1497 zu diesem System über[21]).

Im allgemeinen aber erwarb der Neubürger nach Ablauf der Jahresfrist kraft Verschweigung Freiheit und Bürgerrecht, wenn er seinen Bürgerpflichten nachkam[22]). Das galt auch für seine Frau und seine Kinder, die ebenso nach Jahresablauf frei wurden; die Stadt sollte mit Bürgern gefüllt werden[23]). Aber dieser Rechtsschutz galt nur für diese eine Stadt. Wechselte der so Freigewordene seinen Wohnsitz, so mußte er neue Angriffe seines Herrn befürchten[24]).

Der Satz „Stadtluft macht frei" ist auf manche Klein- und Agrarstädte übertragen worden. Hier wurden die Neubürger zwar als frei anerkannt, blieben aber mit den Abgaben eines Hörigen weiter belastet, wie mit Besthaupt, Kurmede, Sterbfall und Heergewäte[25]). Noch weiter gingen manche Stadtrechte, indem sie gewisse Hörige vom Erwerb der Freiheit überhaupt ausschlossen. Häufig versuchten auch die Herren, mit Hilfe von Verträgen untereinander ihren Hörigen den Freiheitserwerb unmöglich zu machen[26]). Ausgeschlossen wurden besonders Landesuntertanen oder Hörige bestimmter großer Herren[27]).

d) Begriff der Bürger

Daß Bürger gleichzeitig hörige Leute sein konnten, finden wir nicht bloß bei Klein- und Agrarstädten[28]) bezeugt, sondern in Süddeutschland gerade in wichtigsten bischöflichen Städten, wie Regensburg, Straßburg, Augsburg und Basel. In Regensburg gab es „Vogtleute" und „Zinser", die Bürger waren[29]), in Straßburg und Basel „Gotteshausdienstleute"[30], in Augsburg „eigene", „verlehente" und „Zinsleute"[31]). Auch in Freiburg war im Ausgang des 12. Jh. ein Bürger gleichzeitig ein Eigenmann[32]). In Norddeutschland sind mir keine Beispiele dieser Art bekanntgeworden.

Die städtischen Handwerker waren in ihrer großen Masse Bürger. Das war sicher bereits in vielen eidgenössischen Städten des 11. und 12. Jh. so, als die Stadtgemeinde sich aus Kaufleuten und Handwerkern zusammenschloß und beiden Gruppen gleiche Rechtsstellung zusicherte[33]). Das gleiche gilt für die hoch- und spätmittelalterliche Stadt. Die flandrischen Färber in Wien waren 1208 Bürger und zugleich Amtsgenossen[34]). Meist wird davon berichtet, daß ein Bürger eine Innung erworben habe, wie das für Stendal, Mühlhausen und Erfurt belegt ist[35]). In Frankfurt wurde bestraft, wer das Wollengewerbe betrieb, bevor er das Bürgerrecht erworben hatte[36]). In Hamburg erwarben die Handwerker 1375 zuerst das Meisterrecht, dann das Bürgerrecht und endlich das Amt[37]), in Freiberg 1390 die Kürschner zugleich Bürgerrecht und Innung[38]). In Erfurt und Straßburg waren 1264 Fleischer und Bäcker Bürger[39]). Doch ist es ohne Zweifel auch nicht selten vorgekommen, daß Handwerker ohne Bürgerrecht tätig waren. So konnten in Basel 1264 Bürger wie auch Nichtbürger Mitglieder der Gärtner- und Obstzunft sein[40]). In Wiener Neustadt waren um 1390 die Weber Bürger oder „soldner", die Krämer oder Schuster konnten auch Nichtbürger sein[41]). Wenn auch viele Zünfte für ihre Genossen den Erwerb des Bürgerrechts voraussetzten, so gab es offenbar besonders in kleineren Städten Zünftler, die aus wirtschaftlichen Gründen das Bürgerrecht nicht erwerben konnten.

Auch die Geistlichen wurden in manchen Städten seit dem 13. Jh. wie Bürger behandelt. Das finden wir in Regensburg bereits 1207, wo der clericus, soweit er sich am Gewerbebetrieb beteiligte, die gleichen Stadtlasten tragen mußte wie die Bürger[42]). Grundansässige Kleriker werden in Köln 1237 zu den Bürgern gerechnet[43]). Häufig suchten Klöster den Schutz einer Stadt, indem sie deren Bürgerrecht erwarben. So ersuchte der Frankfurter Schultheiß Eberwin darum, die Mönche von Arnsburg als Frankfurter Bürger zu behandeln[44]). Auch in Freiburg i. Br. wurden Klöster in das Bürgerrecht der Stadt aufgenommen[45]).

Der städtische Bürger wurde vom Frühmittelalter ab bis zur Gegenwart durch das Wort „Bürger" gekennzeichnet. Die deutschen Formen waren mhd. burgare, mnd. borgere, auch purger[46]). Es gibt keine anderen konkurrierenden Bezeichnungen. Dagegen kommen zahlreiche lateinische Worte für Bürger vor, vor allem „civis" und „burgensis", auch „urbanus" und „oppidanus". Angesichts der absoluten Herrschaft des Wortes Bürger kann es sich wohl nur um Übersetzungen dieses Wortes handeln, um Synonyma. Doch wäre nicht ausgeschlossen, daß durch die Wahl eines bestimmten lateinischen Wortes für eine Bürgergruppe deren nuancierte Stellung zum Ausdruck gebracht werden sollte. So wird etwa „burgensis" in Gegensatz zu „civis" gestellt[47]). Doch bedarf dieses Problem wohl noch einer genaueren Untersuchung.

2. DAS PATRIZIAT

Während des ganzen 13. Jh. hielten die Städte weiter an dem Begriff der meliores fest. Das sind die maiores, die optimi, die honorabiliores, und die durch Weisheit ausgezeichneten: die sapientiores, prudentes, discreti, providi, die wisesten, die witzigsten. Diese meliores treten nun im 13. Jh. schärfer in das Licht der Geschichte. Ihre Zahl hat sich unterdes verzehnfacht. Annähernd 3000 können wir jetzt persönlich feststellen, gegen 300 im 12. Jh.; dabei stehen wir ja noch im Beginn der Forschung zur Geschichte des Meliorates überhaupt. Denn außer den 25 Städten, die im 12. Jh. bereits Untersuchungsobjekt waren, gelang es bisher nur, weitere 42 zu erforschen; tatsächlich mögen im 13. Jh. bereits mehr als 100 Städte meliores besessen haben.

a) Patriziernamen

Die Namen der meliores lassen sich im 13. Jh. ganz anders gruppieren als im 12. Jh. Damals waren noch ein volles Drittel einfache Rufnamen, in Speyer z. B. ausschließlich; im 13. Jh. aber ist deren Zahl auf ein bloßes Fünftel herabgesunken. Und diese noch sind meist nicht Namen des gegenwärtig lebenden melior mehr, sondern schon eines Vorfahren, gekennzeichnet durch Anfügung des Sohnverhältnisses von Vater- oder Mutterseite her oder des einfachen lateinischen Genitivs des väterlichen oder mütterlichen Namens oder einer anderen deutschen Verwandtschaftsbezeichnung (Patronymica usw.). Besonders gute Beispiele hierfür bieten die Bremer Urkunden, wo von Osterlandi (Ottonis) filius, domine Ide (domini Osberni), Wulberni (Vidue), Bruningi gesprochen wird[1]. In Münster finden wir Albrandinc, Alfhardinc, Eppinc, Stevening; selbst Bischoping, Kerkering, in Osnabrück Hasseking, Reinbragting[2]; dagegen hielt man in Straßburg am ursprünglichen Namen fest, änderte ihn höchstens in eine Verkleinerungsform um[3].

Die Zahl der Herkunftsnamen stieg im 13. Jh. außerordentlich an. Während sie im 12. Jh. nur etwa ein Fünftel der meliores-Namen ausmachten, stellten sie im 13. Jh. ein Drittel. Nur in den mittelrheinischen Römerstädten, wie Speyer, Worms und Trier, sind Herkunftsnamen selten. Überwiegend finden wir sie bei den Fernhandelsstädten im Gründungsstadium, wie z. B. in Rostock und Wismar[4]. Das entspricht dem, was wir im 12. Jh. in Köln und Lübeck, aber auch in Zürich gefunden haben. Ganz überwiegen jetzt diese Herkunftsnamen in der alten Fernhandelsstadt Erfurt und in Soest. Die starke Zuwanderung in diese Städte ist damit erwiesen. Doch kam nur ein kleiner Teil der neuen Einwohner aus weiter Entfernung. Die Erfurter meliores-Familien benannten sich fast ausschließlich nach thüringischen oder Thüringen naheliegenden Orten, Burgen und Dörfern, nach landesherrlichen und königlichen Städten, wie z. B. Mühlhausen und Nordhausen. Auf größere Entfernungen weisen nur etwa de Kiwe, Franco, Gent, Swab hin[5]. Ganz anders steht es in Soest. Hier finden sich Namen wie de Anglia, Semigallus, Gotho, de Colonia, Gallicus, Doring, de Roma, von Kiwe, Wale[6]. Ähnlich weist Rostock mit den von Braunschweig, von Köln, Westfalen, von Bremen, Frese, Dünafahrer und von Gotland Familien auf, die von weither kamen. In dieser Beziehung lassen sich von den süddeutschen Städten im 13. Jh. keinerlei Parallelen zu den norddeutschen ziehen. Selbst Augsburg und Nürnberg kennen nur Herkunftsnamen aus nächster Umgebung (mit Ausnahme der Welser)[7]), ebenso auch Wien, abgesehen von den Namen Suevus, Schemnitzer, v. d. Neisse[8]).

Stark im Abnehmen begriffen sind im 13. Jh. die meliores-Namen **nach Ortsbezeichnungen innerhalb der Stadt** (die sogenannten **topographischen Namen**). Gegenüber dem 12. Jh. mit einem Fünftel der Gesamtnamenzahl stellen sie jetzt nur mehr ein Achtel. In Neugründungsstädten finden sich solche Namen selten. In Freiburg fehlen sie ganz. Nur die Dreistädtestadt Rostock brachte es auf 12 topographische Namen[9]). Führend sind schon im 12. Jh. die großen Römerstädte, wie Köln und Regensburg mit 21 bzw. 9, und im 13. Jh. 14 bzw. 8[10]), aber auch Goslar mit 5 im 13. Jh.[11]) sowie Straßburg, Worms, Speyer und Konstanz[12]). Ähnliche Zahlen finden sich in Soest, Dortmund und Paderborn[13]), in Bremen, Lüneburg, Halle und Braunschweig[14]), in Zürich und Wien[15]). Diese topographischen Bestimmungen waren außerordentlich vielfältig. Es konnten ganze Stadtteile gemeint sein, wie in Köln „de Niderich", in Regensburg „de suburbio" usw.[16]); selbst Himmelsrichtungen gibt es, wie in Dortmund „in occidente". Weitere Bestimmungen sind Angaben von Straßen und Gassen, die besonders häufig in Köln vorkommen: z. B. „de Saltgassen", in Regensburg „inter Latinos", in Soest „von Berstrate", in Wien „an der Hochstrate", in Zürich „am Rennweg"[17]). Auch Erhöhungen und Vertiefungen genügen als topographische Bestimmungen, wie in Köln „de monticulo", in Regensburg „de Fovea" (in der Grub)[18]). Weitere Namen enthalten Angaben von Märkten, wie in Köln „trans forum"[19]), von Marktbuden, wie in Paderborn[20]), von Stadtbefestigungen, wie Mauern, Pforten, Wall und Graben und Türmen[21]). Auch Flüsse und Ufer kommen in meliores-Namen vor, wie in Köln „de Ripa", in Regensburg „super Danubio", oder Inseln und Dämme, Brücken und Kanäle, Brunnen und Teiche[22]). Eine große Namensgruppe war die von Häusern und sonstigen Gebäuden abgeleitete, so von Kirchen und Kirchhöfen[23]), von öffentlichen Gebäuden oder privaten Häusern mit häufig selbständigen Bezeichnungen, von Apotheken, Lauben und Säulen[24]), auch nach Wiesen, Heiden, Baumgärten, Bäumen, Hufen und Sandplätzen innerhalb des Stadtbereiches wurden die Namen ausgewählt[25]). Weitaus die kleinste Gruppe stellen die sogenannten **Berufsnamen**. Im 12. Jh. waren es nur ganz wenige, so in Regensburg nur der Hansgraf und der figulus (dieser auch in Straßburg), in Zürich der Mullner und der Villicus, in Freiburg der Beischer, in Soest der Monetarius. Die meisten Berufsbezeichnungen dürften sich ausschließlich auf diese Funktion beschränkt haben. Im 13. Jh. sind mir 166 meliores bekannt, die Berufsnamen tragen, etwa $1/_{18}$ der Gesamtzahl der meliores-Namen. Es läßt sich nicht in allen Fällen mit voller Sicherheit klarstellen, ob man es bei einer Berufsbezeichnung bewenden ließ oder ob der Übergang zum eigentlichen Familiennamen bereits erreicht war. Dieser Fall wird besonders bei Erblichkeit anzunehmen sein. So finden wir z. B. in Regensburg die Familien der Upkover in 3, die Amman in 5, die Braumeister in 4, die Chrazzaer in 4, die Waiter in 4, die Woller in 5, die Hansgraf in 3 Geschlechtern, in Erfurt die Vitztum in 5, die Martmeister in 3, die Murer in 3 und die Ziegeler in 9[26]). Solche Berufsnamen kommen vornehmlich in 5 Gruppen vor. Zunächst in der der **öffentlichen Beamten** der Stadt- und Landherren und der Städte, nämlich der Münzer, Zöllner, Burggrafen, Viztum, Richter, Amman, Hansgrafen, Schultheißen, Bürgermeister, Schreiber, Sotmeister (Lüneburg), Martmeister (Erfurt), Koggenmeister (Rostock)[27]). Sodann gab es die der **grundherrlichen Beamten**, wie Marschall, Kastner (Regensburg), Spismagister (Wien), Pincerna, Meier, Keller, Brotmeister (Basel)[28]). Eine dritte und vierte Gruppe bildeten Kaufleute[29]) und selbständige Gewerbetreibende[30]). Die letzte Gruppe endlich stellen die Handwerker, von denen vereinzelte, wohl Inhaber von Großbetrieben, seit der zweiten Hälfte des 13. Jh. zu den meliores gerechnet wurden, wie solche des Tuchgewerbes, des Leder-, Metall- und Baugewerbes und der Lebensmittelbranche[31]). Selbst ein Lehrkind tritt mit diesem Namen in den Kreis ein[32]).

Außerordentlich umfangreich ist im 13. Jh. eine letzte Gruppe der meliores-Namen, die der sogenannten „**Übernamen**". Es lassen sich etwa 600 meliores mit Übernamen nachweisen. Das wäre also ein Fünftel aller in Betracht kommenden Familien. Die Übernamen wurden von dem menschlichen Körper, von Tieren, Pflanzen oder sonstigen Gegenständen der Außenwelt genommen.

Am nächsten lag es wohl, vom menschlichen Körper auszugehen, von seiner Größe, seiner Länge, seiner Dicke, seiner Farbe, seinem Alter. So gibt es in vielen Städten meliores mit Namen Magnus, Longus, Parvus, Rese, Dwerg, Dicke, Albus, Blanke, Niger, Rufus, Bleke, Juvenis[33]). Selbst einzelne Körperteile gaben Übernamen von meliores ab, wie Haupt, Bart, Zahn, Nase, Faust, Daum (Regensburg), Nagel, Schienbein (Marburg), Fuß, Galle (Hildesheim), Lunge (Paderborn), Niere, Adern[34]). Ebenso begnügte man sich bei Tiernamen entweder mit dem einfachen Namen der Tiere[35]) oder man leitete sie von Tierteilen ab[36]).

Wie schon die letzten Namen zeigen, führten solche Verbindungen vielfach zu Anzüglichkeiten. Beim menschlichen Körper hob man menschliche Vorzüge hervor[37]. Häufiger freilich wies man auf körperliche Schäden oder schlechte Eigenschaften hin[38]. Auch bei Tiernamen finden wir das gleiche; schöne Eigenschaften, wie Stolzhirsch (Augsburg), stehen neben schlechten, wie Malus Vermis (Fritzlar)[39].

Selbst beliebige Gegenstände der Außenwelt konnten den Familiennamen für einen melior abgeben, wie z. B. Balke (Soest), Bendel, Kranz, Kabel, Vingerhut (Fritzlar), Hose, Hufnagel, Pellel (Halberstadt), Sack, Schaler (Basel), Stift, Tasche (Dortmund)[40]. Manche Zusammensetzungen sollen dabei, z. B. in Augsburg und Erfurt, gerechtfertigten Zwecken Ausdruck geben, wie Noteisen, Notnagel, Gossenbrot, Langenmantel, Rodestoc, Swanring[41]. Andere drücken Mißbilligung aus, wie Fuley, Haubenblast, Gruelhot (Hameln) u. a.[42].

Von besonderer Bedeutung sind Namen, die, ohne objektive Grundlagen heranzuziehen, geistige Bewertung ausdrücken wollen, sei es Verstandeskräfte oder sittliche Eigenschaften. In einfachster Weise wurden gute oder schlechte Eigenschaften bei der Namengebung hervorgehoben. Zu den guten Eigenschaften gehören Weisheit[43], Güte[44], Ehrbarkeit[45], Freundschaft[46], Ausgeglichenheit der Lebensführung[47], Festigkeit des Charakters[48]. Schlechte oder nicht lobenswerte Eigenschaften waren der städtischen Bevölkerung jedenfalls weit auffälliger; es ist erstaunlich, wie häufig ein melior als Teufel[49] charakterisiert wird, als Dämon[50], als Mörder[51], als landschädlicher Mann[52], als schlechter Mensch[53], als Kriegstreiber und Unruhestifter[54], als übermütiger, unmäßiger und protziger Mensch[55], als Spieler, als gefährlicher, listiger Lauerer[56], als Possenmacher[57], als aufgeregter, verwirrter Angsthase[58], als Schmeichler[59], als Dummkopf[60], als Geizhals[61].

b) Zusammensetzung des Patriziats
(Fernkaufleute, Ministerialen, freie Grundbesitzer, Handwerker)

Im 13. und 14. Jh. haben die meliores ihre Sonderstellung nicht nur bewahrt, sondern noch weiter ausgebaut. Ihre Bezeichnung als sapientiores, die übrigens in Köln schon im 12. Jh. vorkommt[1], wird nun auch für andere wichtige Handelsstädte üblich und maßgebend. So spricht man in Hamburg und Bremen von den „wittigesten" oder der „witticheit", in Magdeburg von den „wisesten", in Augsburg von den „witzegesten"[2], in Wien von den „prudentiores", in Regensburg von den „prudentes"[3]. In allen diesen großen Fernhandelsstädten wurde der Patrizier als ein weiser und erfahrener Geschäftsmann geachtet, dessen

Auftreten für die Stadt erwünscht und als vorteilhaft anerkannt war. So bestrafte schon Erzbischof Wichmann von Magdeburg die Bürger dieser Stadt, als sie sich erlaubten, den weisen Worten und Entscheidungen der Patrizier nicht Folge zu leisten[4]), und Philipp von Heinsberg bestimmte, daß die Schöffen für die Rheinschiffahrtsstadt Andernach aus den „prudentiores", nicht den Armen und Niedrigen, gewählt werden sollten[5]), weil nur jene als die Klügeren die richtige Wahl treffen könnten. Man sieht: in den Fernhandelsstädten bildeten die **Fernkaufleute** den maßgebenden Bestand des Patriziats. Sie beherrschten die alten Rhein- und Donauhandelsstädte, wie vor allem Köln, Regensburg und Wien. Wir finden sie auch in Aachen, Augsburg und Ulm, in Würzburg und Nürnberg, in Dortmund, Soest, Braunschweig, Magdeburg, in Erfurt, Halle und Leipzig, in Bremen, Hamburg und Lübeck. In allen diesen Städten spielten Ministerialen keine führende Rolle, wie besonders in Köln und dessen Tochterstädten[6]); in Freiburg wurden sie ausdrücklich ausgeschlossen[7]), soweit nicht welche besonders zugelassen worden waren. In Braunschweig kommen keine Ministerialen im Rate vor[8]).

Besonders bevorzugt war im Warenhandel der Handel mit Tuchen. In Norddeutschland waren die Gewandschneider bevorrechtigt; ihnen allein war der Gewandschnitt vorbehalten. Deshalb gehörten sie häufig zur Patrizierschaft[9]). In großen Weinstädten, wie Köln oder Wien, spielte der Weinhandel des Patriziats eine bedeutsame Rolle[10]). Ebenso mächtig waren die Geldhändler[11]). Das waren zu einem erheblichen Teil zunächst Münzer, dann Geldwechsler und endlich Bankiers; sie gaben Darlehen gegen Sachpfand oder personenrechtliche Haftung (Einlager). In Erz- und Salzstädten wuchsen die Montanbeteiligten oder Sülzbegüterten vielfach in das Patriziat der Stadt hinein. In manchen Städten, wie in Halle und Lüneburg, stellten sie geradezu das Patriziat[12]). In Goslar gehörten die Montani und mit ihnen die Silvani zwar nicht zur städtischen meliores-Schicht, doch wurden seit 1290 auch Vertreter der Berg- und Waldleute in den Rat aufgenommen[13]). Der Reichtum des Freiburger Patriziats stammte häufig aus dessen Beteiligungen an den Silbergruben im Breisgau her[14]). Auch das Augsburger Patriziat war seit dem späteren Mittelalter am süddeutschen Bergbau finanziell stark beteiligt[15]).

Doch finden sich auch bedeutende Ausnahmen, so besonders in den alten Rheinhandelsstädten Worms, Straßburg und Basel sowie in Trier. In Worms sind die **Ministerialen** im 13. Jh. neben dem bürgerlichen Patriziat in die Ratsverfassung eingegliedert worden. Von den 40 Ratsmitgliedern dieser Epoche wurden um 1198 12 der Ministerialität, 28 den Bürgern entnommen[16]). Als man die Zahl der Räte auf 15 herabsetzte, kamen 6 milites auf 9 Bürger; später stellten die

Ritter bei einer Gesamtzahl von 12 ein Drittel[17]). Auch nach dem Straßburger Stadtrecht von 1214 wurden die dortigen 12 Ratsmitglieder sowohl aus dem Kreise der Ministerialen wie aus dem der Bürger bestellt, und in Basel treten 1258 7 Ritter als Ratsmitglieder auf[18]). In Trier nahm Otto IV. 1212 die beiden Gruppen des städtischen Patriziats, die milites und burgenses, in den Königsschutz auf[19]). In Zürich vereinigten sich im 13. Jh. die Ministerialen der Äbtissin mit den Kaufleuten zu einem Patriziat, dessen Vertreter seit 1225 einen städtischen Rat bildeten[20]). Die Beteiligung der beiden Gruppen betrug meist je die Hälfte, doch kommt auch ein Verhältnis von z. B. 5 : 7 oder 7 : 5 vor[21]). Eigenartig ist, daß in den Urkunden nicht selten Vertreter der Ministerialengruppe unter den Bürgern erscheinen[22]). Offenbar war auch in Aachen die Stadtregierung vorübergehend zwischen Schöffen und Ministerialen geteilt[23]).

In sächsischen Bischofsstädten finden wir ebenfalls bischöfliche Ministerialen mit Bürgern zu einer Ratsgruppe vereinigt. So gehörten in Halberstadt 1241 zum Rat 5 ministeriales und 5 burgenses, die sämtlich als „consiliarii civitatis" charakterisiert werden[24]). In Osnabrück dagegen blieben Schöffen und Ministerialen getrennt; sie schlossen sich sogar 1278 zu einem Bündnis zusammen unter Aufrechterhaltung der Selbständigkeit jedes Partners[25]). Doch war das Osnabrücker Patriziat zum nicht geringen Teil aus der Ministerialenschaft erwachsen, wie man das aus den Geschlechtern derer von der Gildewort, von Essen, Dwerg und Eifler nachweisen kann[26]). In Goslar traten noch im 13. Jh. Nachkommen des adligen Meliorats aus den Geschlechtern der de Goslaria und de Gowische als milites mit Vertretern eines bürgerlichen Patriziats zu einer Ratsrotte zusammen[27]), aber schon seit der Beseitigung der Reichsvogtei, um 1269, kommen nur noch Bürger als Ratsmitglieder vor[28]).

In Städten, wo Handel und Gewerbe immer stärker in den Vordergrund traten, fügten sich vielfach Ministerialen in das städtische Patriziat ein, wie man das schon in Regensburg bei den Gammerit und den Igel verfolgen kann[29]). Der gleiche Prozeß läßt sich in Mainz und Würzburg[30]), in Nürnberg und Lindau nachweisen[31]); auch in Freiburg sind mehrere besonders zugelassene Ministerialen in das Patriziat übergegangen[32]).

In der Spätstauferzeit kommen Städte vor, in denen die Wehrhaftigkeit der Stadt als Burg gegenüber ihrer wirtschaftlichen Bedeutung so überwog, daß die Ministerialität den Rat beherrschte oder doch wenigstens mitregierte. In Boppard, wo Königsburg und königliche Stadt sich zu einer Einheit zu verbinden begannen, traten 1220 milites und cives civitatis noch getrennt auf[33]), während nach der Schöffengerichtsordnung von 1291 der Stadtrat bereits zu 2 Dritteln aus Rittern und Ministerialen, zu einem Drittel aus Bürgern und Schöffen gewählt wurde[34]). Auch aus der Verschmelzung von Reichsburg und Reichsstadt Oppenheim 1287 entstand ein aus 16 Rittern und 16 Bürgern bestehender Stadtrat[35]). Und in Friedberg wirkten seit 1306 6 Burgmannen neben den städtischen consules im Rate mit[36]). In der Burgstadt Rapperswil der Grafen gleichen Namens wurde der Rat sogar fast ausschließlich von 30 ministerialischen Geschlechtern beherrscht, die allerdings hier als zum Bürgerstand gehörig angesehen wurden[37]).

Die dritte Gruppe derer, die zum Patriziat aufgestiegen sind, waren freie Grundbesitzer. Wenn ein patrizisches Geschlecht seinen Namen von einem Grundstück herleitet, so kann das im allgemeinen als Indiz dafür betrachtet werden, daß es selbst dem Grundbesitz entstammt. Schon im 12. Jh. darf man z. B. in Köln für die patrizischen Geschlechter der Flakko und der Mummersloch diesen Ursprung annehmen, deren Hauptbesitz im Flachenhaus bzw. dem Mummersloch, das zwischen Sandkaul und Höhle lag, bestand; die Straßennamen zeigen, daß es sich hier um mittelalterliche Neubesiedlung handelte[38]). Sicher ist das Altfreienelement im Kölner Meliorat nicht geringfügig gewesen. Wissen wir doch, daß in Verfolg der conjuratio andere meliores-Kreise zu den Kaufleuten gestoßen sind, während die Ministerialen ausgeschlossen blieben. Dafür ist wohl der altstädtische Grundbesitz in erster Linie in Frage gekommen. In Soest dürfte diese Gruppe noch weit zahlreicher gewesen sein. Sie umfaßte altfreie Grundbesitzer aus Soest und seiner näheren Umgebung, wie etwa die Epping, Todinghausen, von Bochem, die im 13. Jh., die von Hattorp, die seit dem 14. Jh. Soester Patrizier geworden sind[39]). Damals kamen auch Sassendorfer Sälzer ins Soester Patriziat hinein, so die von Gembecke, von Bockum-Dolffs und Muddepenning[40]). Im Osnabrücker Patriziat lassen sich die Brant, von Dornem, von Schwalenberg und Süderdick als ursprünglich ländliche Freie nachweisen[41]). Auch in Münster kann man vielleicht die Erbmännerfamilien der von der Tinnen, Travelmann, Warendorf und von der Wieck aus ländlichen Altfreien ableiten[42]). Aus ländlichem Grundbesitz stammend sind weiter im 13. Jh. in Nürnberg wohl die von Neuenmarkt, Muffel und Weigel zum Patriziat gelangt[43]), in München die Sendlinger und Schrenck[44]). Doch bedürfen alle diese Feststellungen aus der frühen Zeit zumeist noch genauer Erforschung, und man darf im ganzen sagen, daß man hier in den häufigsten Fällen an die Grenze des Exakt-Erforschbaren gelangt. Klarer liegen die Verhältnisse häufiger schon im 14. Jh. In Breslau waren zu Beginn dieser Epoche die Grasfinger, Jordansmühl und Mollensdorf Grundbesitzer, die es bald durch Gelderwerb und Handelsgeschäfte zum Patriziat brachten[45]).

Handwerker sind bekanntlich selten und spät in das Patriziat aufgenommen worden. In Augsburg kommen sie, wie es scheint, erst im

14. Jh. vor[46]), und der Schwerpunkt der Entwicklung liegt erst im 15. und 16. Jh., wo die Arzt, Meuting, Fugger vom Handwerkerstand zum Patriziat aufstiegen[47]). Im 13. Jh. sind uns in Köln nur die Schegtere[48]) und in Regensburg die Krazzer, Waiter, Woller bekannt geworden, die in der Tuchindustrie groß geworden waren[49]). In der bedeutenden Gewerbestadt Erfurt sind viele Handwerker ins Patriziat übergegangen, wie wir aus deren Namen ableiten können[50]), ebenso in Konstanz[51]) und in Bremen[52]).

c) Reichtum des Patriziats

In den Fernhandelsstädten war der Reichtum ein Kennzeichen des Patriziats. Ihre Patrizier waren die „divites", die „richen". Mit Fernhandel hatten sie ihr Vermögen zum größten Teil erworben. Erhalten wurde das Vermögen, indem man es in Grund und Boden anlegte. Zugehörigkeit zum Handel kennzeichnet noch der Erwerb von Verkaufsständen, den wir besonders in Köln, in Lübeck und Braunschweig finden[53]). Aber hier lag nicht der Schwerpunkt des patrizischen Bodenbesitzes. Angestrebt wurde vielmehr ein wertbeständiges Kapital. In Köln bevorzugte das Patriziat das kurzfristige Pfandgeschäft in der Form des Substanzpfandes ohne leibliche Gewere, wie es uns schon die ältesten Schreinskarten überliefern; es ermöglichte vielfach schon nach Ablauf eines Jahres oder sogar eines Bruchteiles davon dem Gläubiger die Realisierung seines Kapitals[54]). Das häufige Vorkommen dieser Pfandform zeigt an, daß der Kaufmann sein im Boden angelegtes Kapital weiter als Handelskapital verwenden wollte. Auch langfristige Grundbelastungen, wie Nutzungspfänder, Rentenkäufe usw., konnte man für den gleichen Zweck verwenden, da die Schreinspraxis eine schnelle und sichere Übertragung ermöglichte[55]); dasselbe gilt für die Auflassung von Grundstücken. Den eigentlichen Wert des Grund und Bodens sahen die kaufmännischen Schichten weniger in dessen Nutzertrag als in seiner Verwertbarkeit. Indem er seine Handelsgewinne in Grund und Boden anlegte, schuf sich der Kaufmann ein wertbeständiges Vermögen, das sich jederzeit für neue Handelsunternehmungen oder zur Tilgung seiner Verpflichtungen in bare Münze umsetzen ließ. Erst wenn sich die kaufmännische Energie in der patrizischen Familie erschöpft hatte, legten die Geschlechter ihre Kapitalien in Grund und Boden an, um ein Rentenvermögen zu schaffen, das ihnen ein patrizisches Leben ermöglichte.

Weiter kauften sie besonders gewerbliche Anlagen, wie Verkaufsstände, Fischbänke, Back-, Brau- und Schlachthäuser, Schmieden, Mühlen, Walk- und Grütmühlen, deren Bewirtschaftung sie kapitallosen Gewerbsleuten gegen hohe Zinsen übertrugen[56]). Auch erwarben sie in der Stadt ganze Häuserblocks, die zur gewerbsmäßigen Vermietung parzelliert wurden und bedeutende Beträge abwarfen[57]). Auch der Ankauf von Landgütern vor der Stadt rentierte sich gut, da die patrizischen Schichten stark genug waren, den Verkauf der Produkte aus ihren Gütern in der Stadt durchzusetzen. Viele Patrizier erwarben daher einen bedeutenden Landbesitz in Landgütern[58]) und Dörfern[59]). Dieser Besitz hat für manche Patrizier einen außerordentlichen Umfang angenommen. So besaß z. B. der Nürnberger Patrizier Hans Pirkheimer im Jahre 1356 60 Lehnsgüter, 19 Eigengüter, 5 Stadthäuser und 24 Hypotheken[60]). Großer lehnsrechtlicher Besitz brachte den Patriziern eine Erhöhung ihres Ansehens und die Verbindung zum Landadel ein. Daher strebten sie mit großem Erfolg auch den Erwerb von Lehnsgütern an. Dem Wiener Patriziat war im 13. Jh. passiver Lehnsbesitz gestattet, der schon 1278 zur aktiven Lehnsfähigkeit gesteigert wurde[61]). In Süddeutschland erhielten bereits seit der Zeit Friedrichs II. die Bürger mancher Städte kaiserliche Privilegien, die sie zum Empfang von Lehen befähigten, wie in Bern (1218—20), Basel (1227), Rheinfelden (1274), Breisach (1275), Luzern (1277) und Speyer (1315)[62]). Eine große Zahl von Lehnsgütern besaßen patrizische Geschlechter in Regensburg[63]), Augsburg und Straßburg[64]). In Nürnberg hatten schon 1219 Bürger Lehen, in Ulm 1296.

In Norddeutschland kommt passive und aktive **Lehensfähigkeit** patrizischer Landgüter und Dörfer erst seit der zweiten Hälfte des 13. Jh. vor[65]). So ließ sich 1290 die Stadt Goslar von Rudolf I. bestätigen, daß der Vogt die vom Reich belehnten Bürger bei ihren Lehen fördern solle und daß die Bürger solche Reichslehen, die von der Stadt verwaltet würden, durch Kauf erwerben dürften. Ludwig der Bayer bekräftigte diese Rechtslage 1340 weiter dadurch, daß er den Goslarer Bürgern das Recht des Heerschildes verlieh[66]). Auch in Nordhausen (1290) und in Dortmund (1314) erhielten Bürger das Privileg, Reichsgut zu Lehen zu empfangen[67]). Doch dürften solche Fälle nur selten vorgekommen sein. Erlangten aber Bürger ein Lehen, so wurden sie insoweit den Rittern gleichgestellt[68]).

d) Soziale Stellung des Patriziats
(dominus, Ritter, Geschlechterbildung, Muntmannen, Zahl und Dauer der Geschlechter)

Häufig wird ein Patrizier als „dominus" oder „her" gekennzeichnet. Beide Ausdrücke treten offensichtlich als gleichwertig auf. Die älteste Nachricht darüber stammt, soweit ich sehe, aus Wismar (1250)[1]), doch finden wir unmittelbar anschließend solche Kennzeichnungen in

Hamburg 1251, Zürich 1254, Bremen 1255, Köln 1260, Magdeburg 1261, Regensburg 1262 und Wien 1267[2]). In südwestdeutschen Städten wurde es früh üblich, dem Namen des einzelnen Patriziers in Urkunden beim amtlichen Gebrauch „her" oder „dominus" voranzustellen. Das wird in Freiburg i. Br. seit 1266 gebräuchlich, in Augsburg seit 1273, in den Konstanzer Ratslisten seit 1274, in Zürich seit 1276, in Straßburg seit 1277[3]). Auch in Wien werden Patrizier häufig in den Urkunden ausdrücklich „domini" oder „Herren" genannt; so wurden in den Treubriefen für Albrecht I. von 1288 etwa 30 Patrizier zum Schwur herangezogen[4]), und bei der Anlegung des Eisenbuchs 1320 wirkten 21 patrizische „Herren" mit[5]). Auch in norddeutschen Städten wird der einzelne Patrizier durch den Titel „dominus" oder „her" urkundlich hervorgehoben[6]). Häufiger noch finden wir die städtischen Behörden mit dem Herrentitel ausgezeichnet, vielfach sämtliche Mitglieder[7]), aber gelegentlich auch nur eine bevorzugte Gruppe[8]).

Die Bedeutung von „dominus (her)" ist zweifelhaft. Jedenfalls darf sie nicht mit Ausdrücken wie „viri honesti", „honorabiles", „discreti", „erbere lude"[9]) usw. identifiziert werden, denn beide Ausdrücke treten häufig miteinander kumuliert auf: Honorabilibus viris dominis Johanne de Monte. Hinrico de Hetfelde proconsulibus[10]). „Dominus", „her" muß also etwas anderes bedeuten als das bloße Anerkenntnis eines ehrbaren Bürgers. Auch die Ratsstellung kann nicht damit gemeint sein, da ebenso häufig Ratsleute mit wie ohne solchen Titel auftreten. Es wird sich daher überhaupt nicht um eine auf die Stadt beschränkte Stellung handeln, sondern um eine darüber hinausgehende. Ich glaube, daß „dominus", „her" den Landherrn bedeutet, der richterliche und verwaltungsrechtliche Rechtsame in seiner Herrschaft ausübt[11]). Bei Herren aus dem Landadel finden wir dieselben Titel[12]). Unter der Bürgerschaft scheinen sie nicht auf die Geschlechter beschränkt gewesen, sondern auch auf andere Bürger ausgedehnt worden zu sein, die sich durch großen Landbesitz auszeichneten. Auch darf angenommen werden, daß den Inhabern der höchsten Ratsämter im späteren Mittelalter der Herrentitel nicht versagt wurde[13]), selbst wenn sie nur geringen Landbesitz hatten[14]). Jedenfalls darf aus der Tatsache, daß ein solcher Titel fehlt, noch nicht geschlossen werden, der Titellose gehöre nicht zum Patriziat. So finden sich häufig in derselben Urkunde 2 Mitglieder desselben Geschlechtes, von denen der eine, meist der ältere, den Herrentitel trägt, der jüngere aber nicht[15]). In allen Fällen handelt es sich um Angehörige des Patriziats, von denen der ältere Besitzer einer Herrschaft war, während der jüngere dieser Stellung noch entbehrte.

Das gleiche gilt für die Standesbezeichnung Ritter (miles). Sie kommt in Köln seit dem Ende des 13., besonders aber im 14. Jh. häufig vor. In einer Urkunde von 1275 werden z. B. für eine Schuld 46 Bürgen aus dem Patriziat gesetzt, von denen 4 milites genannt werden. Im engen Rat von 1321 saßen 15 Personen, von denen 4 milites waren; 1334 waren von 50 Räten 12 Ritter. In der Urkunde von 1321 heißt Gerardus Overstolz „miles", Matthias und Godeschalcus Overstolz dagegen nicht; 1334 gehörten zum engen Rat Heinrich van Spegil, „ridder", und Werner van me Spegil ohne Rittertitel[17]). Der Rittertitel ist also für die Zugehörigkeit zum Patriziat ohne Bedeutung. Auch in anderen Städten sehen wir in den Ratslisten Ratspersonen mit und ohne Rittertitel, wie in Magdeburg und Halle[18]), in Basel, Freiburg i. Br. und in Straßburg[19]). In Zürich kommen sogar wieder in den Ratslisten Räte mit und ohne Rittertitel aus dem Geschlecht der Manesse vor[20]). In Wien werden im 13. Jh. nur wenige Mitglieder der patrizischen Geschlechter Ritter genannt[21]).

Die meisten Patrizier haben weder den Herren- noch den Rittertitel geführt. Eine Stadt von der Bedeutung Bremens mit einer großen Patrizierschaft verzeichnet z. B. in den Ratslisten gar keine „domini" oder „milites"[22]). Trotzdem ist nicht zweifelhaft, daß diese Patrizier ein von dem der anderen Bürger abgehobenes, ein patrizisches, ein a d l i g e s L e b e n geführt haben. Sie wohnten in großen, häufig steinernen Häusern[23]). In Regensburg und Basel errichtete das Patriziat nach italienischem Vorbild Geschlechtertürme[24]). Trotz der Kleiderordnungen war den meliores ein größerer Kleiderluxus gestattet[25]). Die Patrizier kämpften zu Pferde[26]), trugen Schild und Helm und führten Wappen und Siegel[27]). Soweit das Recht der aktiven Lehnsfähigkeit und des Heerschilds erworben war, trat das Patriziat als sozialer und rechtlich bevorzugter Stand klar hervor[28]). Trotzdem blieben die Patrizier Bürger und verloren durch eine bürgerliche Hantierung nicht etwa ihre Sonderstellung, wie das beim Landadel der Fall gewesen wäre.

Da fast alle wichtigen Amtsstellen in den Händen der Patrizier vereinigt lagen, war die Kenntnis des täglichen Rechtslebens in erster Linie bei ihnen zu finden. Einer berufsmäßigen Ausbildung im Rechte bedurfte der Patrizier daher zunächst nicht. Seine praktische Rechtskenntnis verschaffte ihm eine natürliche Autorität. Seit dem 14. Jh. schickten jedoch viele Patrizier ihre Söhne zum Rechtsstudium ins Ausland[29]), und zu Ausgang dieser Epoche konnte in Köln Römisches Recht studiert werden[30]).

V e r s c h w ä g e r u n g e n zwischen den patrizischen Geschlechtern waren an der Tagesordnung. Sie sind in Regensburg schon für das Meliorentum des 12. und 13. Jh. nachweisbar[31]), im 14. Jh. überaus häufig[32]). Im allgemeinen sind die Nachrichten über das Konnubium der Patrizier untereinander im 14. Jh. zahlreicher, so für Köln, Soest, Münster, Lübeck, Hamburg, Stralsund[33]). In Lübeck traten bereits im 13. Jh. in den Verschwägerungen Parteien zutage, eine welfisch-dänisch gesinnte und eine andere, die für die Staufen um die Reichsfreiheit kämpfte, während später die beiden Geschlechtergruppen bestimmt waren nach dem Alter der Familien: die sogenannten „Klerikerfamilien" setzten sich aus alten Geschlechtern zusammen, wie den Bardowik, Bockholt und Warendorp, die andere, jüngere Gruppe bestand aus den Pleskow und Perceval[34]). Erwarben in den Fernhandelsstädten Außenseiter bedeutende Vermögen, so war für diese die Einheirat in ein Patriziergeschlecht das einfachste Mittel, auch in das Patriziat zu gelangen. Freilich verzichteten manche wertvollen Kräfte darauf und blieben außerhalb dieser Gesellschaftsschicht[35]). Durch Schwägerschaft und Verwandtschaft zahlreicher Patriziergeschlechter untereinander bildete sich ein enger Kreis von auf Gedeih und Verderb verbundenen Ratspersonen. Auch mit dem Landadel gingen die Patrizier vielfach verwandtschaftliche Beziehungen ein[36]), wobei vor allem reiche Kaufmannstöchter vom geldbedürftigen Adel aufgenommen wurden. Doch dürften diese Verbindungen nicht immer zu echter verwandtschaftlicher Gesinnung oder auch nur zu rechtlicher Ebenburt geführt haben, da der Landadel den Stadtadel geringschätzte.

Manchen Patriziern, besonders den „Herren", standen zahlreiche Hintersassen, Hofhörige und Vogtleute zur Verfügung. Als eine wichtige Gruppe von ihnen abhängiger Leute treten in den Städten die M u n t m a n n e n[37]) auf. Das waren selbständige, meist freie Leute, sie stammten aus niederen Volksschichten[38]), waren vielfach Handwerker[39]), auch Bürger, die sich eidlich oder unter Treuepflicht[40]) Dienste zu leisten übernommen hatten, während der Muntherr den Mann in seinen Schutz aufnahm. Diese Dienstleistungen konnten jeder Art sein. Häufig waren sie militärischer Natur; Patrizier verschafften sich durch große Muntmannengefolge[41]) eine starke politische Stellung. Damit war die Gefahr schwerer Friedensstörungen verbunden[42]). Die Kölner Patrizier z. B. nahmen geringes Volk als Muntleute in ihren Schutz auf und sicherten ihnen Straflosigkeit zu, auch wenn diese verbotene Dienste geleistet hatten[43]). Unter diesen Muntleuten mögen geradezu Verbrecher gewesen sein, die ihren Herren mit Dolch und Gift dienten. Daher die strenge Bekämpfung der Muntleute. In Nürnberg konnte jeder Muntmann ohne weiteres als friedloser Mann von jedem getötet werden, ebenso der Patrizier, der sich durch Aufnahme eines solchen der Begünstigung eines Friedlosen schuldig gemacht hatte[44]). Daher grundsätzliches Verbot der Muntleute, wie es der Mainzer Landfrieden aussprach[45]). Bei den zwischen Patriziern häufig ausgefochtenen Kämpfen[46]) konnte es vorkommen, daß eine große Gruppe von Muntleuten die bekämpften Patrizier vergewaltigte. Davon betroffene Städte haben versucht, das Institut der Muntmannen ganz abzuschaffen, wie Wien, Augsburg und Regensburg[47]). In Köln dagegen war die Stellung der Patrizier so stark, daß die Abschaffung der Muntleute nicht in Frage kam; nur sollte dem Patrizier nicht erlaubt sein, den verbrecherischen Muntmann zu begünstigen[48]).

Ein besonders schwieriges Gebiet betreten wir, wenn wir die patrizischen Geschlechter nach Z a h l u n d D a u e r feststellen wollen. Es gibt dafür nur wenige Vorarbeiten, und die historischen Unterlagen, die eine statistische Erfassung ermöglichen könnten, bieten wenig sicheres Material. Trotz langjähriger Arbeit an diesen Problemen bin ich weit entfernt zu glauben, Endgültiges bieten zu können. Doch gibt es manches bisher wenig Bekannte oder nicht Beachtete, das mir der Mitteilung wert zu sein scheint.

Allen deutschen Städten voran steht wieder Köln, an dessen Patriziatsgeschichte schon seit langem gearbeitet worden ist[49]) und dessen reicher Quellenvorrat der Forschung gute Möglichkeiten bietet. Die 600 reichen Kaufleute, von denen Lampert von Hersfeld fabelt, sind freilich auf kaum 1 Zehntel, also auf etwa 60 patrizische Geschlechter, für das 12. Jh. herabzusetzen[50]). Damals gab es 2 Geschlechter, das der Jude und das derer von Lyskirchen[51]), von denen jedes ein halbes Jahrtausend lang während 17 Generationen bestand, 18 andere[52]), die mehr als ein Vierteljahrtausend zwischen 11—8 Generationen zum Patriziat gehörten, endlich weitere 20, die von 7—3 Generationen seit dem 12. Jh. im Patriziat auftreten[53]). Während des 13. Jh. sind zu diesen langjährig-blühenden Geschlechtern nur eine kleine Anzahl neuer hinzugekommen: 3, die mehr als 200 Jahre herrschten[54]), daneben mehrere Nebenzweige älterer Geschlechter[55]) und einige neue langregierende[56]). Im 14. Jh. waren vor allem Seitenlinien älterer Geschlechter von Bedeutung[57]), dazu einige wenige neue[58]), die aber neben den alten zurücktraten. Die 15 Geschlechterverbände, die seit 1305 den überwiegenden Anteil an der Besetzung des Rates hatten, gehören alle zu den alten, die sich bis auf das 12. Jh. zurückführen lassen[59]). In Köln blieb während der ganzen patrizischen Zeit, also bis 1396, die Stadt ausschließlich von den alten Geschlechtern beherrscht.

Auch die kölnischen Tochterstädte Soest, Freiburg i. Br. und Lübeck haben die Patrizierherrschaft aufrechterhalten. Freiburg hat schon in seiner Frühzeit langdauernde Patrizierfamilien gehabt, wie die Tuslingen mit 8, die de Colonia mit 6, die Chozzo mit 7, die Beischer mit 4 Generationen[60]). Neue Familien des 13. Jh. treten noch erheblich länger auf, wie etwa die Schneweli, die Küchlin, Tegenhard, Meigernieszl[61]). Reiche Silbergruben besaßen langlebige Geschlechter, wie die Schneweli, die Meinward, die Wohlleben, die Ederlin und Turner[62]). In Lübeck haben mehrere Gründerfamilien sich jahrhundertelang gehalten, wie die Warendorp, Bardewic, Swarte und Wrot[63]). Von den neuen Familien des 13. Jh. waren die von der Brügge, Vorrade, Rode und Coesfeld die dauerndsten[64]). Eine Sonderstellung nahm das Geschlecht derer von Lüneburg ein, das sich in 16 Generationen an der Herrschaft hielt[65]). Führende Männer kamen auch aus den Geschlechtern der Warendorp, Bardewic und Vorrade sowie aus denen der Witte (Albus), der Bocholt, Mornewech, Saltwedel, Stalbuc und Vifhusen[66]). In Soest kann man schon die Familien vom Markt (de foro) und Monetarius in 5 Generationen, die Niger und de Allagen in 4 verfolgen[67]). Familien des 13. Jh., wie die von Lünen, von Winden, Epping, Lake und Schotte, hielten sich bis ins 16., die von Medebeke, Make, Schüver und Kiwe bis ins 15. Jh.[68]).

In den alten rheinischen Römerstädten, Köln ausgenommen, können wir die Geschichte des Patriziats mangels genauer Vorarbeiten kaum überschauen. In Basel finden wir schon im 12. Jh. 4 Geschlechter mit langer Dauer, die Reich, die von Ufheim, Vorgassen und zum Rhein[69]). Seit dem 13. Jh. wurden besonders wichtig die Mönch und Schaler[70]). In Zürich finden wir eine sehr frühe Geschlechtergruppe im 12. Jh. mit den Albus (Wyss), Biber, Mullner, Ortlieb[71]), im 13. die Brun, Fütschi, Gnürser, Krieg, Manesse, Meisz, Schafli, Thya[72]). Auch in Konstanz sind für das 12. Jh. vier lange Zeit herrschende Geschlechter nachweisbar, die Kreuzlingen, Rize, Ströli und von Winterthur[73]). Im 13. Jh. treten die Egli, de Curia, de S. Gallo (Blarer) und in der Bünd auf[74]). In Straßburg finden wir im 12. Jh. die von Ehenheim, die Erbo, die Löselin, von Ripelin, Spender und Wezel[75]), im 13. die von Kageneck, Lenzelin, von Schiltigheim, Schott und Zorn[76]). In Worms sind im 12. Jh. die Holtmunt, Ritterchen und Wackerphil bemerkenswert[77]), im 13. die Dirolf, de Moro und Riberus[78]), in Speyer im 12. Jh. die Hertwici, im 13. die Helfant (de Elefante), die Klüpfel, Knoltz, Lambsbuch, Retscheln und Seidenschwanz[79]). In Trier treten zuerst die de Palatio hervor, sodann die von Polch, die fast 500 Jahre im Regiment waren. Weiter die von Britte, von Oeren und die Praudum[80]).

In Regensburg entwickelte sich vom 12.—14. Jh. ein reiches Patriziertum, das schon im 12. Jh. langjährige Geschlechter stellte, wie die Super Danubio I, die Reich und de Fovea (in der Grub) (diese auf annähernd 200 Jahre)[81]), die In Haida, Inter Latinos, de Capella, Ante Urbem auf annähernd 150[82]), die de Prunneleite, Zauff, de porta, de Aechkirchen auf gegen 100 Jahre[83]). Das seit dem 13. Jh. einsetzende neue Patriziat erwies sich als ebenso langlebig; 2 Geschlechter waren auch fast 200 Jahre lang aktiv, nämlich die Gumprecht und Nötzel[84]), 9 Geschlechter auf 150[85]), 20 auf 100 Jahre[86]). Von den 150jährigen waren die Woller, Vessler, Zant und Straubinger von besonderer Bedeutung für die Stadt, von den 100jährigen die Löbel, Krazzer, Hiltprandt, Ingolstätter, Auf Donau II und Prunnhofer. Die Kurzlebigkeit mancher Regensburger Geschlechter ging auf die Auerschen Wirren zurück[87]). In Wien werden die Nachrichten erst gegen Ende des 13. Jh. klarer. Ein Vorpatriziat dieser Zeit war offenbar erheblich kurzlebiger als das von Regensburg[88]); nur die Pippinch, Kleber und Griffo sind bis zu 7 Generationen nachweisbar[89]). Seit der Mitte des 13. Jh. tritt dann eine neue Geschlechtergruppe auf, die wieder bis zur Mitte des 14. Jh. wesentlich langjährigere Familien hervorbrachte, wie die Pollo, Tierna, Eslarn, Würfel und Reicholf[90]); andere näherten sich dieser Dauer[91]).

Unter den nord- und mitteldeutschen Städten entwickelten Goslar und Halle, Magdeburg und Erfurt bereits im 12. Jh. ein Vorpatriziat. In Goslar folgten auf große rittermäßige Geschlechter, wie die von Goslar, von Wildenstein, von der Dieke, von Gowische und Barum, die sich bis zu 10 Generationen erhielten[92]), rein bürgerliche, wie die de Bilstein, de Levede, Allene, Copman, Quest, Schap, die bis zu 5 Generationen nachgewiesen sind[93]). In Halle lassen sich die Familien Givekenstein und von Schapstede seit 1182 in 8 Generationen verfolgen[94]). Im 13. Jh. waren langfristige Geschlechter die Guzeke, die von Quidelingen, die Scriptor, Hagedorn, Treviste, Northusen und Rike[95]). Das Magdeburger Vorpatriziat war erheblich kurzlebiger als das von Halle[96]). Seit Beginn des 13. Jh. setzte aber auch hier ein langlebiges Patriziat ein mit den vern Asselen, Korlinger, Schartow, von Weddingen, Brandau, von Germersleben, von Olvenstedt[97]). In Erfurt treten schon im 12. Jh. 3 langlebige Geschlechter auf, die Sachso, Riche und Rode[98]), im 13. waren die Patrizierfamilien, mit Ausnahme der von Königssee, Vitztum, von Totilstedt, Hottermann, von Lublin und Zygler[99]), weitaus kurzlebiger.

Für Hamburg fehlt es an Vorarbeiten. Wenn meist dieser Stadt ein Patriziat abgesprochen wird, so war doch die Stellung der „wiseren" eine besonders bevorzugte, und langlebige Geschlechter fehlen auch hier nicht. Schon die Familie der Esicus[100]) ist für 100 Jahre nachgewiesen, und die von Bremen und von Lüneburg können von 1251 bzw. von 1255 bis zum 15. Jh. verfolgt werden. Richtig ist, daß in Hamburg ein schneller Wechsel der führenden Schichten eintrat und daß mehr als 2 bis 3 Generationen selten vorkamen. Ebenso lag es übrigens auch in Stralsund[100a]). Ganz anders sieht es in Bremen aus. Schon im ersten Viertel des 13. Jh. treten hier 6 Geschlechter auf, von denen jedes gegen 150 Jahre oder mehr herrschte[101]). Später gab es eine große Zahl kurzlebiger Familien, aber auch langlebige fehlen keineswegs. Wir kennen solche mit 9 Generationen, wie die de Ruten, mit 8, wie die Friso, de Hasbergen, de Gropelingen, mit

7, wie die Rufus und de Arsten, mit 6, wie die Dux, von Harpenstede, von Oldenborch, de Haren und de Tyria, mit 5, wie die advocatus, Gerardus, Longus, de Bersna, Wulf, de Stura und die de Vechta[102]). Bremen besaß also im 13. und 14. Jh. ohne Zweifel ein reiches Patriziertum. In Lüneburg treten zu Beginn des 13. Jh. die Familien der Sotmester und der Münter (Monetarius) auf, die mehr als 6 Generationen in führender Stellung blieben[103]). Bald schlossen sich ihnen die vamme Sande (de Arena), die Lange, Garlop, von der Molen und Viscule an[104]). Ein reiches Patriziat entwickelte Braunschweig bereits in der Zeit der Trennung der Städte. Damals gab es schon die vamme Hus (de domo), Holtnicker, Kalen, vamme Kerkhofe, van Kalve, Pawel, von Scepenstede, von Velstede, von Gustede[105]), denen sich nach der Stadteinigung die Ludolfi, Doring, Salghen, van Urslebe, van Strobeke zugesellten[106]). Die führenden Familien waren auch im Hagen und in der Neustadt vertreten[107]). Auch in Halberstadt ist im 13. Jh. ein Patriziat nachweisbar. Langdauernde Geschlechter waren die de Werstede, von Orsleve, von Berneburg, de Croppenstede, von Hersleben, Pellel[108]); im 14. Jh. die von Adesleben, von Strobecke, Zachariae, Lode, von Brockenstede[109]). In Hildesheim sind uns aus dem 13. Jh. die Burmester, von Damme, Pepersac, von Evescen, Galle[110]), aus dem 14. die von Herlessem, Luceke, Schönhals und Uppen bekannt[111]).

Von den westfälischen Städten stehen hier nach Soest die bischöflichen an der Spitze. Osnabrück besaß bereits seit Beginn des 13. Jh. ein langdauerndes Patriziat. Da waren die von Lingen, von der Vechte, die von Dissen, von Bramsche, von Ledebur, von Melle und von Warendorff[112]). Dann kamen im Verlauf des 14. Jh. mit durchweg 200jähriger Dauer die von Essen, von Haren, von Iburg, Visbeke, Schele (Luscus), Blome, Gramberg, von Amkun, von Dumsdorp, von Langen, von Warendorp[113]). Für Münster reichen unsere Nachrichten nicht aus. Zwar können wir schon für den Beginn des 13. Jh. einige Familien von Dauer nachweisen, wie die von Lon und Albrandinc[114]), sodann die Bischopinc, Lewe und Rike, Kerkering, von Recklinghausen, Travelmannus[115]), aber alles bedarf hier noch der Nachprüfung und Ergänzung; das gleiche gilt für Paderborn und Lippstadt[116]). Ein reiches Patriziat ist wieder in Dortmund nachzuweisen. Schon im ersten Drittel des 13. Jh. finden wir die de Bruningehusen, Beye, Crispin, Suderman, Swarte, von Wickede und in der Wistrate[117]). Es folgten ihnen die Lange, von Herrecke, von Bersword und Hovele[118]). Im 14. Jh. treten die Kleppinc und von Hengstenberg auf[119]). Wenig wissen wir über das Patriziat von Minden[120]).

In den süddeutschen Städten ist das Patriziat etwas später, aber schnell zur Blüte gediehen. Seit 1215 bildete sich in Frankfurt am Main

Goslar

ein Patriziat der Schöffen- und Ratsgeschlechter, der Bresto, von Offenbach, von Grisenheim, Goldstein, Knoblauch und Heldenbergen, aus[121]), denen seit 1260 die neuen Geschlechter der von Glauburg, von Holzhausen, von Limburg, von Hohenhaus und von Speyer[122]) folgten. In Bern beginnt die Entwicklung 1220 mit einem gleichmäßig langdauernden Patriziat der Egerdon, Krochtal, de Riede, Buwli, Bubemberg, von Lindnach und Schaffhausen[123]). Gleichen Charakter zeigte das Patriziat von Heilbronn mit von Lauffen, Lemlin, Gebwin, von Gmünd, Rotegalle, Strulle, Vaihinger, Feurer, Lutwin, Erlewin und Harsch[124]). Um dieselbe Zeit setzte auch das von Ulm ein[125]), dem seit 1254 eine zweite Gruppe folgte[126]). Erstaunlich spät, nämlich erst 1239, beginnt das Patriziat von Augsburg, das sich aber dann schnell zu einer reichen Blüte entfaltete. Zu der ältesten Gruppe gehörten hier die Fend (Fundanus), Schongauer, Hornlinus, Welser, Stolzhirsch und Portner[127]); zur zweiten die Minner, Rem, Bach, Dachs, Lauinger, Gossenbrot, Herbort, Langenmantel, Imhof, Meuting und Vögelin[128]); dem 14. Jh. erst gehörten an die Vittel, Onsorg, Ravensburger, Rehlingen, Ilsung, Pfister und Hangenor[129]). Das Eßlinger Patriziat war, von wenigen Ausnahmen abgesehen, wesentlich kurzlebiger als das von Augsburg[130]).

Auch in den ostdeutschen Städten entstand ein Patriziat bereits in der ersten Hälfte des 13. Jh. In Freiberg kann man es seit 1223 nachweisen. Die Berlewin, Kunico, Wikardis, sodann die Borner, Teler, Henink und Marsilius[131]), seit dem 14. Jh. die Emmerich, Melzer, Mulda, weiter die Berbisdorf[132]), Gerhard, Monheupt und Osann stellen langfristige Geschlechter dar. In Leipzig beginnt die Geschichte des Patriziats seit 1245 mit Bec, de Grimma, de Greten, de Lobenitz, de Pegau, Pellifex und de Berngersheim[133]); im 14. Jh. folgten die Ilburg, Pudernas, de Rötha und de Reudnitz[134]). In Breslau setzt das Patriziat seit 1250 ein, nämlich mit Banz, Kölner und Ruthenus[135]); ihnen folgten Beyer, Bank, Stillvogt, von Mühlheim, von Lamberg, von Heyde, von Reichenbach, Engelper, von Sitten[136]); im 14. Jh. treten dann die Baumgartner, Schwarz, von Glogau, Steinkeller, Peseler, Sachse und Dompnig auf[137]).

Auch Mittelstädte des Reiches und der Länder haben es zur Entwicklung eines Patriziats gebracht. Gerade in solchen Orten finden wir oft Geschlechter von großer Dauer. In Duderstadt z. B. sind die Wehren fast ein halbes Jahrtausend im Patriziat nachweisbar, die Amilius fast 350, die Zote 300 Jahre lang[137]). Ähnlich in Göttingen, wo die de June 430, die Giseler von Münden 300 Jahre als Patrizier auftreten[138]). Auch in Bielefeld, in Neuß und Siegburg finden wir einzelne Geschlechter von außerordentlicher Dauer[139]). Mehr als 100jährige kommen aber auch in Wetzlar, Koblenz, Hameln und Hannöversch-Münden vor[140]). Etwas kurzlebiger war das Patriziat in Mühlhausen[141]). In den Kleinstädten konnte sich kein Patriziat entwickeln[142]).

Von einem geschlossenen Patriziat kann für das Hochmittelalter noch nicht gesprochen werden. Noch war der Aufbau der Geschlechter im Gange, und so sehen wir fast in allen Städten, deren Quellen uns überhaupt Einblick gewähren, einen starken Zustrom neuer Familien[143]). Eine Ausnahme macht wohl allein Köln, das schon 1200 etwa 80 Geschlechter besaß, von denen ein guter Teil sich lange erhielt, so daß bis 1250 ein Zugang von 12, bis 1300 von 23, bis 1350 von 9, bis 1400 von 12 Familien genügte. Dagegen hat z. B. Zürich, das bis 1250 80 Geschlechter verzeichnete, allein zwischen 1250 und 1300 35 neue Familien aufgenommen. Regensburg, das bis 1250 60 Familien zuließ, verzeichnet bis 1350 70 weitere. Straßburg, das bis 1250 74 hatte, besaß bis 1300 67 neue; auch Erfurt mit seinen bisher 34 Geschlechtern nahm zwischen 1250 und 1300 weitere 65 auf. Natürlich war der Zugang neuer Familien im 13. und 14. Jh. stärker noch für Städte, die erst im 13. Jh. den Aufbau ihres Patriziats begonnen haben. In Bremen z. B. wuchsen zwischen 1300 und 1400 108 Familien zu, in Lüneburg 60, in Wien 76. In den westfälischen Bischofsstädten war der Zustrom der neuen Geschlechter zwischen 1250 und 1300 erheblich stärker als der Bestand bis 1250; in Osnabrück wuchs der Bestand von 37 auf 83, in Münster von 32 auf 76, in Paderborn von 29 auf 100. Wie in Lübeck waren auch in Rostock und Wismar bei Gründung der Stadt wohl zunächst nur 24 Familien zugelassen. In Lübeck wuchs diese Zahl bis 1230 auf 46, bis 1408 auf 130, in Rostock bis 1300 auf 117 und ebenso in Wismar auf 75.

Dem starken Zustrom neuer Geschlechter[144]) entsprach aber auch ein starker Abgang[145]). Von einer Geschlossenheit des Patriziats war eben noch nicht die Rede. Am ehesten könnte man das wieder von Köln behaupten, da in dieser Stadt der Wechsel stark zurücktrat. Erst im Ausgang des Mittelalters wurde er auch hier häufiger. Konstanz z. B. besaß um 1350 60 Geschlechter, die sich um 1400 auf 35 vermindert hatten; 1430 gab es sogar nur noch 10[146]). Ähnlich lag es in Augsburg. Hier waren bis 1537 alle Geschlechter mit Ausnahme von 7 ausgestorben; damals wurden 32 neue in das Patriziat aufgenommen[147]). Aber schon wesentlich früher wurde die Zahl der Geschlechter in manchen Fällen herabgesetzt: in Wetzlar wurde der Kreis der schöffenfähigen Familien von anfänglich 19 auf 11 vermindert[148]).

Auch durch Konflikte mit den Stadtherren hat das Patriziat mancher Städte bedeutende Verluste erlitten. Da wanderte z. B. das Patriziat in seiner Gesamtheit aus, oder es wurde vertrieben. Der Landvogt des Elsasses zwang auf Befehl des Kaisers 1348 das Patriziat von Mülhausen, zur Wiederherstellung der Ruhe diese Stadt zu verlassen. In Würzburg wanderte das Patriziat 1357 aus, weil der Bischof die Autonomie der Stadt beseitigt hatte. In Mainz und Konstanz folgte das Patriziat 1411 bzw. 1429 diesem Beispiel[149]).

3. MITWOHNER: PFAHLBÜRGER, AUSBÜRGER, GÄSTE

Neben den Bürgern kommt eine zweite Gruppe von ständigen Bewohnern der Stadt vor, die als solche zugelassen waren, obwohl sie das Bürgerrecht nicht erworben hatten. Sie werden in Worms 1074 erwähnt und als „civitatis habitatores" bezeichnet[1]). Dieser Ausdruck bleibt während des 12. Jh. üblich; man nennt diese Leute auch „populus inhabitans" oder „cohabitatores"[2]). Die lateinischen Quellen sprechen im 13. und 14. Jh. vom „incola", „inquilinus", vom „manens in civitate"[3]), die deutschen vom „inwoner", „medewoner", von dem, „der in unser stad sesshaft ist", der „ingesessene ist", der „by uns wonet"[4]). In Süddeutschland ist es üblich, ihn einen „seldener" (selder) zu nennen[5]). Endlich wird der Mitwohner auch als „besessener Mann" charakterisiert, falls er einen eigenen Rauch aufgehen läßt, selbst wenn er nur Mieter ist[6]).

Der Mitwohner war also ein in der Stadt seßhafter, in ihr eingesessener Mann, und das konnte er natürlich nur sein, wenn die Stadt ihn zum Wohnen zuließ, er war eben ein „civitatis habitator"[7]). Die Stadt ließ ihn aber nur zu, wenn er ihr Nutzen brachte, sich durch seine tüchtige Arbeit mit seiner Familie ernährte und damit der Stadt Vorteile verschaffte[8]). Auch solange er noch nicht Bürger war, hatte der Mitwohner dieselben städtischen Lasten zu tragen wie der Bürger, die städtischen Abgaben zu zahlen sowie Wachdienste zu leisten[9]). Seine Leistungspflicht wurde damit begründet, daß er sich ja an der gewerblichen Arbeit in der Stadt beteiligte[10]). Der Mitwohner war daher insoweit von Zollpflichten befreit wie der Bürger[11]). Damit wurde er aber keineswegs Bürger. Das Prager Recht behandelte den Mitwohner nach vierwöchiger Wohnzeit als Bürger[12]), und in Villingen war auch der Mitwohner für die Schulden der Stadt haftbar[13]). Doch war der Mitwohner eben kein Eidgenosse der Bürgerschaft, und so kam ihm nicht der allgemeine städtische Friede zustatten[14]). Er war dem Bürger nicht ebenbürtig und konnte sonach keine Zeugenschaft über diesen ablegen[15]). Auch an den städtischen Ämtern hatte er keinen Anteil. Ein besonderer Typ der Ausbürger waren die sogenannten „Pfahlbürger"[16]). Über sie sind wir in erster Linie durch reichsrechtliche Normen unterrichtet. Seit Friedrichs II. Zeit[17]) gab es bei den Herrschern die Tendenz, den in der Entfaltung ihrer Rechte begriffenen Fürsten zu Hilfe zu kommen, den Städten dagegen ihre Machterweiterung zu unterbinden. Bei dem Institut der Pfahlbürger handelte es sich um einen Versuch der Städte, allen Widerständen zum Trotz ihre Machtstellung zu erhöhen. Sie schlossen mit benachbarten, militärisch wichtigen Kräften Verträge ab, wodurch diese mit den Pflichten von Bürgern aufgenommen wurden, aber nicht in die Stadt zogen, sondern auf dem Lande wohnen blieben[18]. Um die Rechtsstellung eines Pfahlbürgers zu erlangen, hatten sie alljährlich zu bestimmten Zeiten eine Residenzpflicht in der Stadt einzuhalten[19]. Durch solche Verträge suchten die Pfahlbürger sich von ihren Pflichten gegenüber ihren bisherigen Herren zu befreien, indem sie diese mit ihren neuen Pflichten gegenüber der Stadt[20] austauschten. Diesen sonderbaren Pflichtentzug konnte die Reichsleitung nicht genehmigen. Sie verbot das Institut der Pfahlbürger überhaupt, Karl IV. nahm dieses Verbot auch in die Goldene Bulle von 1356[21] auf. Man hat versucht, den Ausdruck „Pfahlbürger" mit „falscher Bürger", „Faux bourgeois" zu erklären[22]. Das dürfte aber als Falschübersetzung zu gelten haben[23]. Pfahlbürger sind die, „de up der borde wonet", also Ausbürger, die auf dem Lande wohnen, die zwar nicht innerhalb, wohl aber außerhalb der Stadtpfähle und zu deren engerem Bereich ihren Sitz haben[24]. Übrigens spricht man von Pfahlbürgern nur in der Zeit seit 1231 bis zum Beginn des 15. Jh. und weiter besonders im Rheinland und in Mitteldeutschland[25].

In Süddeutschland findet man vorwiegend den Ausdruck „A u s b ü r g e r". Offenbar überwogen die Verträge mit Edelleuten[26]; doch kamen auch Handwerker als Ausbürger vor[27]. Begründet wurde das Verhältnis durch einen Schwur des Ausbürgers. In Rottweil mußte dabei der große Rat zugezogen werden[28]. Der Ausbürger hatte Steuern und Wache zu leisten. Zu diesem Zweck mußte er auf den Befehl der Stadtorgane in die Stadt einziehen und dort bestimmte Zeit ableisten[29]. In Straßburg führte der Städtemeister das Ausbürgerbuch[30]. Der Kampf gegen das Ausbürgerwesen schien durch Bündnisse Erfolg zu versprechen. Schwäbische Dynasten und Städte beschworen 1368 einen Sühnevertrag, der den Städten Freiburg, Breisach und Neuenburg die Annahme von Ausbürgern verbot[31].

Von den Mitwohnern müssen die „G ä s t e" unterschieden werden. Den Gästen fehlte der Wille, in der Stadt dauernden Aufenthalt zu nehmen. In Prag freilich wurde, wie gesagt, schon durch vierwöchiges Wohnen cum proprio igne die Vermutung dauernden Bleibens begründet[32]. Das war indes eine Besonderheit, die andere Städte nicht übernommen haben. Der Gast nahm in der Stadt einen Aufenthalt nur, um dort eine oder mehrere Angelegenheiten zu verfolgen; er verließ sie wieder, wenn sein Ziel erreicht war oder nicht erreicht werden konnte[33].

Die Länge seines Aufenthalts bemaß sich also ganz nach seinem Bedürfnis[34]), und dieses Bedürfnis konnte unter Umständen lange Zeit erfordern, wie etwa der Abschluß einer Sühne[35]). Man spricht meist lateinisch von „hospes", „advena", „extraneus", „alienus"[36]), deutsch von „gast", „uzman (utman, ausman)", vom „uzwertigman", später auch vom „fremden"[37]).

Der Gast gehörte nicht zur Bürgerschaft. Die öffentlichen Pflichten eines Bürgers trafen ihn nicht. Er hatte weder Steuern zu zahlen noch an der Stadtbefestigung mitzuwirken[38]). Die der Stadt gewährten Privilegien kamen ihm nicht zugute, wie etwa die Zollfreiheit[39]), indes gewährte ihm die Stadt ihren Frieden[40]). Nur durfte der Bürger nicht dem Gast Hilfe leisten, wenn dadurch das Interesse anderer Bürger verletzt werden könnte[41]). Der Gast fiel keineswegs unter das alte Fremdenrecht. Er war vielmehr ein voll rechtsfähiger Mann und auch voll vermögensfähig. Daß er freilich häufig keinen städtischen Grundbesitz erwerben durfte[42]), beruhte nicht auf einer etwaigen Vermögensunfähigkeit des Fremden, sondern auf der verfassungsrechtlichen Bedeutung des städtischen Grundbesitzes. Nicht als Fremder, sondern als Nichtgenosse der Grundbesitzergemeinde war der Gast vom städtischen Grundbesitz ausgeschlossen[43]).

4. DIE JUDEN

Während des Hochmittelalters[1]) hatten die Juden ihre Ansiedlungen in den Städten an Rhein und Donau und vornehmlich im Westen und Süden des Reichs; die Städte an der Nord- und Ostsee hatten zunächst nur wenige jüdische Einwohner[2]). Auf dem Lande gab es kaum Juden. In den Städten am Rhein entstand dagegen schon im 11. Jh. ein Judenschutzrecht, das die in karolingischer Zeit für einzelne Schutzjuden gewährten Privilegien[3]) auf die ganze Judenschaft einzelner Städte ausdehnte und das im Privileg Friedrichs I. für Worms von 1157 seinen organisatorischen Ausbau fand. Dies Privileg bestätigte den Juden den Königsfrieden, den schon Heinrich IV. ihnen 1103 von neuem verliehen hatte, sowie ihre Zugehörigkeit zur königlichen Kammer[4]). An diese hatten die Juden für die ihnen gewährten Vorrechte bestimmte Abgaben zu zahlen. So konnte schon Friedrich II. 1236 die Juden als „servi camere nostre" bezeichnen[5]). Diese Kammerknechtschaft der Juden stellte sie außerhalb des allgemeinen Untertanenverbandes, band sie enger an das Reich, ohne sie zu Unfreien im Rechtssinne absinken zu lassen. Der Jude konnte um Aufnahme in den Judenschutz bitten, und der Kaiser erteilte sie, indem er ihm einen Schutzbrief ausstellen ließ[6]). Der Schutz war abhängig von der Leistung der Judensteuer und notwendig befristet, weil er bei Thronerledigung neu bestätigt werden mußte. Die Entrichtung der Judensteuer war die einzige Verpflichtung des Kammerknechts. Wehrpflicht und Steuerpflicht des Untertanen fielen für ihn weg[7]). Im Rahmen des Reichsjudenschutzrechtes konnten einige geistliche Stadtherren sich zu Judenschutzherren innerhalb ihrer Städte aufwerfen. So ging im Anfang des 13. Jh. die gesamte Reichsjudensteuer der Kölner Juden auf den Erzbischof über[8]). Eine ähnliche Entwicklung finden wir in Mainz[9]). In Worms und Straßburg dagegen war der Erwerb des Reichsjudenrechtes durch die Bischöfe nur von vorübergehender Bedeutung[10]).

Aber schon zu Beginn des 12. Jh. trat eine Entwicklung ein, die dem Juden bürgerliche Pflichten auferlegte. Als Heinrich IV. den Bürgern von Köln 1106 die Stadtverteidigung anvertraute, übernahm die Judengemeinde die Pflicht, den Bereich um die Porta Judaeorum zu bewachen und zu verteidigen; 1242 wurde diese Beteiligung der Kölner Juden am Kriegsdienst urkundlich bestätigt[11]). In Worms durften die Juden 1201, als die Feinde anrückten, mit Erlaubnis des Rabbiners am Sabbat zum Kampf die Grenzen des Stadtgebietes überschreiten[12]), und für Regensburg bestimmte Konrad IV. 1251, daß die Juden an der Stadtverteidigung teilzunehmen hätten[13]). Auch für Hameln und Hildesheim ist der Wehrdienst der Juden bezeugt[14]). In Quedlinburg dagegen zahlten sie 1289 als Ersatz für die Wachpflicht eine bestimmte Summe[15]), und in Augsburg bauten sie um 1300 selbst ein Stück der Stadtmauer hinter ihrem Friedhof[16]), da dieser der Stadtbefestigung hinderlich war. Für die Stadtbefestigung hatten die Juden also mehrfach Leistungen aufgebracht, und so erschien es als gerecht, daß die Juden mit den anderen Bürgern für die zur Stadtverteidigung notwendigen Steuern aufzukommen hatten. Das gestand König Philipp bereits 1207 den Regensburger Bürgern zu: auch der Judeus sollte jetzt zu den städtischen Steuerzahlern gehören[17]). In Köln trat eine städtische Judenbesteuerung erst 1259 in Kraft. Die Juden leisteten hier nicht die Bürgersteuer, sondern nur eine besondere Judensteuer, die zu der schutzherrlichen Judensteuer in Relation gestellt war[18]). Nach der Schlacht bei Worringen wurde diese Steuer wesentlich erhöht[19]). Im Beginn des 14. Jh. wurden die Kölner Juden durch Schutzbrief in den Schutz der Stadt aufgenommen, leisteten gewöhnliche und außerordentliche Steuern, Wehrpflicht aber nur noch in Notfällen[20]). Seit dem Interregnum erhoben die Räte von Worms und Straßburg eine städtische Judensteuer, während in Magdeburg und Halle eine solche erst im Beginn des 14. Jh. auferlegt wurde[21]). Alle diese Judengelder wurden im Interesse der Stadtverteidigung verwendet. Wehr- und Steuerpflicht erhob den Juden zu einer Rechtsstellung, die ihn als Bürger bezeichnen ließ, wie in Regensburg und Worms[22]). Sämtliche

Rechte eines Vollbürgers haben die Juden aber nirgendwo erlangt[23]), so insbesondere nicht das Recht, in der Stadtgemeinde Ämter zu übernehmen[24]).

Der Handel war seit alters der wichtigste Erwerbszweig der Juden. Vom 10. bis zum Beginn des 12. Jh. lag er in erster Linie in ihren Händen. „Mercatores, id est Judei et ceteri mercatores" sagt die Zollordnung von Raffelsstätten[25]). Weit seltener finden wir Juden als Handwerker und Landarbeiter bezeugt. Im frühen Mittelalter wird uns von dem Handel der Juden mit Pelzwerk und Sklaven[26]) berichtet, der sich als Fernhandel im Karawanenbetrieb vom Nordosten ausgehend bis hin zum Süden des Reiches und bis nach Spanien erstreckte. Im inneren Verkehr kam wohl besonders der Handel mit Wein, Salz und Getreide[27]) in Betracht. Neben dem Warenhandel kam auch jüdischer Geldhandel vor: Beteiligung der Juden durch Geldleihe an fremden Handelsreisen mit Gewinnbeteiligung[28]) oder Geldleihe gegen Unterpfand[29]).

Die Geldleihe gegen Unterpfand wurde seit dem Ende des 13. Jh. allmählich das wichtigste Geschäft der Juden. Mit der Kammerknechtschaft waren die Juden in eine starke Abhängigkeit geraten, um überhaupt Großhandel betreiben zu können[30]). Als aber im 12. Jh. ein autonomes städtisches Wirtschafts- und Rechtsleben entstand, waren seine führenden Kräfte nationaldeutsch und christlich; sie schlossen den Juden von ihren Gilden und Zusammenschlüssen, besonders aber vom Patriziat aus. Der Kölner Patrizier Jude stammte zwar aus einer jüdischen Familie. Er war aber schon im 12. Jh. in die christlich-bürgerliche Gemeinschaft eingetreten und damit ratsfähig geworden[31]). Seit den Kreuzzügen, besonders den Jahren der Vorbereitung, und dem Beginn des zweiten Kreuzzuges von 1146/47 führte der rassisch-religiöse und wirtschaftliche Gegensatz zwischen Christen und Juden zu den ersten schweren Judenverfolgungen, die in der Zeit des schwarzen Todes (1347—51) ihren Höhepunkt erreichten[32]). Infolge dieser Unsicherheit ihres Lebens erfuhren die Juden damals einen schweren Niedergang ihrer Wirtschaft. Ihre alte Welthandelsstellung ging zugrunde, zumal die Deutschen nun selbst Verbindungen mit allen europäischen Völkern anknüpften und einen ausgebreiteten Handel zu treiben begannen[33]). Und obwohl das jüdische Kapital immer von erheblicher volkswirtschaftlicher Bedeutung blieb, war der Jude in seiner Verfügung darüber durch gesetzliche Beschränkungen gehindert[34]), aber auch wegen des allzu großen Risikos zu größeren Unternehmungen nicht mehr bereit. So blieb ihm letzten Endes nichts anderes mehr übrig, als sich von Kleinhandel, Schacher und Wucher zu ernähren. Das war einerseits der Handel mit alten Sachen, Pferden und anderem Vieh[35]). Geldwechsel und der Kauf von Gold und Silber wurde den Juden im 14. Jh. häufig verboten, weil dies Geschäfte der Münzer-Hausgenossen waren[36]). Dagegen war das zinsbare Darlehen gegen Faustpfand für den Juden das wichtigste Geschäft geworden[37]).

Damit aber kamen sie in Konflikt mit der kirchlichen Lehre, die eine Leihe von Geld gegen Zinsen auf Wucher verbot[38]). Auch das Alte Testament stand dieser Lehre nahe; doch erklärte die talmudische Theologie für Sünde nur, wenn ein Jude vom anderen Juden Wucher nahm, vom Fremden zu nehmen war erlaubt. Die Kirche gestattete den Juden, diese Sünde auf sich zu nehmen, und so konnte dieses unentbehrliche Geschäft das Mittelalter überdauern. Die Kirche bekämpfte nur die übermäßigen Zinsen[39]). Doch schienen $86^2/_3\%$ noch ein erlaubter Wucher[40]), wie er keineswegs selten war. Die Erregung der christlichen Schuldner über den unsittlichen Wucher der Juden nahm starke Ausmaße an. Bedrängte christliche Schuldner verlangten geradezu die Aufhebung von Schuldforderungen der Juden. Papst Innozenz III. erließ 1213 allen Schuldnern, die sich am Kreuzzug beteiligen wollten, die Zahlung von Zinsen an die Juden und sprach über diese den Bann aus, wenn sie nicht auf ihre Zinsforderungen verzichten wollten[41]). Im 14. Jh. kamen solche Schulderlässe häufiger vor. Die Kaiser beriefen sich auf die Kammerknechtschaft der Juden[42]), und König Wenzel versuchte, die jüdischen Forderungen in seine Kasse abzuleiten[43]). Schweren Anstoß mußte auch das jüdische Hehlerrecht[44]) bei den Christen erregen. Die Juden beriefen sich auf nachtalmudisches Recht. Hatte ein Jude gestohlenes Gut gekauft oder es zu Pfande genommen, so mußte er es zwar herausgeben, erhielt aber ersetzt, was er dafür gegeben hatte, wenn ihm die Dieblichkeit nicht bekannt gewesen war[45]). Dieses jüdische Lösungsrecht[46]), meist gegen christliche Kreise gerichtet, mußte um so mehr abgelehnt werden, als gestohlene Sachen eben meist bei den Juden gefunden wurden. Auch der verdächtige Jude erhielt sein Kapital ersetzt[47]), der nichtverdächtige Christ nicht. Zu unentgeltlicher Rückgabe war der Jude nur gehalten bei res sacrae, bei naßen und blutigen Kleidern, Rohstoffen usw.[48]). Weitere Einschränkungen für den Juden bestanden darin, daß er auf Vieh nur öffentlich und unter Zeugen Geld leihen und das Pfandtier nur am hellen Tag und öffentlich annehmen durfte. Auch war es ihm verboten, Haussöhnen Geld zu leihen[49]). Solche Einschränkungen konnten indes die Unbilligkeit der ganzen Institution nicht beseitigen.

Bereits in der Zeit der salischen Kaiser besaßen die Juden eine Gemeindeverfassung. Lebenszeitlicher Vorsteher der Judengemeinde war der Judenbischof (Parnes)[50]), der von den Juden gewählt und vom König oder vom Stadtherrn eingesetzt wurde. Neben ihm stand ein Judenrat[51]), der in Worms z. B. aus 12 Mitgliedern bestand, die ihr Amt auf Lebenszeit bekleideten. Auch sie wurden gewählt und eingesetzt wie der Judenbischof. Starb ein Mitglied, so wählten die 11 einen Ersatzmann, den der Stadtherr einsetzte. Der Judenbischof leitete die Angelegenheiten der Gemeinde und vertrat sie nach außen. Er hatte richterliche Befugnisse in Prozessen zwischen Juden in geringeren Sachen, besonders bei Klagen um Geldschuld; hierbei konnten nur Juden in gerichtlichen Akten auftreten[52]).

Die Judengemeinde hatte ihren Wohnsitz in einem gemeinsamen, geschlossenen Bereich, dem vicus oder der platea Judeorum[53]). Schon 1084 überließ Bischof Rüdiger von Speyer seinen Juden eine von den Christen getrennte, mit Mauern befestigte Siedlung; nicht, um ihre Freiheit zu begrenzen, sondern um ihre Sicherheit zu erhöhen[54]). Früher noch wird das Judenviertel in Köln erwähnt, nämlich in der Regierungszeit des Erzbischofs Anno (1056—75)[55]). Es lag im Osten der Altstadt an der alten Römermauer, größtenteils in der Pfarre St. Laurenz[56]). Ummauert wurde es wohl erst seit der zweiten Hälfte des 13. Jh.[57]). Dem 11. Jh. gehören weiter die Judenviertel in Mainz und Worms, auch das von Prag an[58]), dem 12. die von Regensburg, Würzburg und Trier[59]). Erst für das 13. Jh. werden Judenviertel bestätigt in Halle und Straßburg[60]), in Augsburg und Wien, in Frankfurt und Lüneburg[61]), für das 14. Jh. in Breslau, Goslar und Leipzig[62]). Die Judenviertel lagen meist im Zentrum der Stadt und waren mit Mauern und Toren befestigt. Die Tore wurden vom Stadtboten des Abends geschlossen und des Morgens früh geöffnet[63]). Diese Absperrung, die vielfach noch durch Seile oder Ketten gesteigert wurde, bezweckte wohl kaum, den Juden zu schützen. Sie sollte ihn vielmehr von der Berührung mit der christlichen Einwohnerschaft abhalten[64]). Dem gleichen Zweck diente auch die Vorschrift einer besonderen Kleidung, die das vierte Laterankonzil von 1215 aufstellte[65]). Alle Juden hatten danach zur Kennzeichnung einen spitzen Hut zu tragen[66]). Kein Christ durfte in Tischgemeinschaft mit einem Juden leben[67]). Kein Jude durfte christliche Sklaven und Dienstboten haben[68]).

Was das Verhältnis der Juden untereinander anbetraf, so lebten sie im Mittelalter nach jüdischem Recht. Maßgebend war die Thora, aber in einer Weiterbearbeitung, die in der Wissenschaft des Talmud entstand[69]). In eigener Gerichtsbarkeit konnten die Juden in jüdischen Fällen nach diesem ihrem eigenen Recht Entscheidungen geben[70]). Eine besonders günstige Stellung besaßen die Juden im gerichtlichen Beweis. Schon die Kaiserformeln der Zeit Ludwigs des Frommen befreiten die Juden vom Gottesurteil und gewährten ihnen das Recht, Beweis nach ihrem Recht erbringen zu dürfen, das heißt, den jüdischen Eid zu leisten[71]). Der Inhalt der kaiserlichen Formel wird im Privileg Heinrichs IV. für die

Juden von Speyer wiederholt[72]). Der beklagte Jude konnte sich mit seinem Eineid von der Bezichtigung reinigen. Dieser Judeneid ist von den Karolingern eingesetzt und im Rechtsleben dauernd festgehalten worden. Aus der Karolingerzeit sind uns 2 Eidesformulare erhalten. Das wohl ältere zeigt kategorische Kürze[73]); der Erfurter Judeneid (aus dem 12. Jh.) übernahm das alte Formular und verlängerte nur Anfang und Ende des Eides[74]). Später wurde dieser Judeneid durch Verwünschungen und andere zum Teil groteske Übersteigerungen verstümmelt[75]). So schon im Schwabenspiegel; nach ihm soll der Jude beim Schwur auf einer Sauhaut stehen und die rechte Hand bis an die Wurzel in die 5 Bücher Moses stecken[76]). Andere Rechtsquellen nahmen noch weitere den beweisführenden Juden demütigende Formen auf[77]). Sie erscheinen als Vergeltung dafür, daß dieser jüdische Reinigungseid den Juden vorbehalten war, während der Christ sich einer weit schärferen Beweisführung unterziehen mußte. Ebenso wie der Reinigungseid war den Juden freie Verfügung über den Boden durch Privileg vorbehalten. Schon in den Formulae Imperiales war Tausch und Verkauf von Grundstücken den Juden frei gestattet[78]); ein Wartrecht der Erben war nach jüdischem Recht nicht zu beachten. Die ältesten städtischen Quellen gewährten den Juden freies Grundeigentum, wie die für Speyer und Worms[79]). Ebenso lag es in Köln: Schon die Schreinskarten des 12. Jh. berichten von freiem Erwerb und freier Veräußerung von Grundstücken durch Juden in allen Stadtteilen. Die Auflassung wurde im Schreinsbuch von St. Laurenz eingetragen; seit 1230 wurde sogar ein besonderes Judenschreinsbuch von St. Laurenz angelegt. Den größten Teil ihres Grundeigentums besaßen die Juden zu vollem freiem Eigentum[80]). In Würzburg wurde im Jahre 1119 einem Juden Haus und Hof zu erblichem Eigentum aufgelassen[81]); 1181 erwarb dort ein Jude ein Haus durch kirchliche Salmänner, da er seinen Grundbesitz unter kirchlichen Schutz stellen wollte[82]). Der Erwerb des Kirchenschutzes für seinen Besitz zeigt, daß völlig freies Liegenschaftseigentum des Juden schon als gefährdet erschien. Andrerseits verstanden es die Juden, sich hierbei ein steuerfreies Grundeigentum zu verschaffen[83]). Nürnberger und Prager Statuten verboten es daher den Genannten, beim Verkauf von Grundstücken an Juden mitzuwirken, weil dadurch die Stadt Steueransprüche verlieren würde[84]). An Juden dürfen keine Grundstücke verkauft werden, wenn es nicht der Landesherr ausdrücklich befiehlt[85]), besagt das Schweidnitzer Recht schon im Beginn des 14. Jh. Der freie Grunderwerb der Juden wurde so allmählich beschränkt.

II. GENOSSENSCHAFTEN

1. GENOSSENSCHAFTEN DES PATRIZIATS

a) Kaufmannsgilden

Die Kaufmannsgilde hat sich in den älteren niederdeutschen Städten im 13. und 14. Jh. nicht nur erhalten, wie in Braunschweig, Goslar[1]) und Dortmund, sie ist auch von neu entstehenden Städten übernommen worden, wie in Stendal und Riga. In Riga brach nach der Gründung von 1199 ein Aufstand gegen den Bischof aus, der in erster Linie die Befreiung von der Herrschaft der Dänen bezweckte und den Erfolg hatte, daß die Gilden 1221 die Führung in der Stadt erlangten. Durch den Friedensvertrag von 1225 erhielten die Bürger das „jus Teutonicorum in Gotlandia morantium"[2]). Die große Bedeutung der Gilde tritt besonders in Dortmund in Erscheinung: Die Reinoldsgilde war der Kern, aus dem die führenden Kräfte der Stadt entnommen wurden. Und auch nach der Aufnahme der Zünfte in den Kreis der Ratsgeber blieb die maior gilda weit bevorrechtigt[3]). In der gleichen Zeit wird von der Bedeutung der Kaufmannsgilde in Norddeutschland für viele andere Städte berichtet, wie für Lemgo[4]), Bremen[5]), Goslar[6]), Brilon[7]) usw. Für das 14. Jh. haben wir Nachrichten aus Minden, Stettin, Güstrow und Kolberg[8]). In Mittel- und Süddeutschland werden die Kaufleutegilden viel seltener erwähnt. Doch dürfte das Stadtrecht Friedrichs II. für Nürnberg ein Gildeverbot enthalten, das sachlich dem für Goslar entsprach, ohne allerdings dauernd durchzudringen[9]). In Fritzlar bestätigten Schultheiß, Schöffen und Gemeinde die seit alters bestehende Kaufmannsgilde[10]). In Mühlhausen wurde den Filzmachern erlaubt, eine Innung „nach Art der Kaufmannsgilden" zu errichten[11]).

Die Ansicht, daß in Niederdeutschland zeitweise nur e i n e Kaufgilde bestanden habe, die alle an den Verkehrsinteressen beteiligten Einwohner eines Platzes vereinigte[12]), ist längst aufgegeben worden[13]). Richtig ist nur, daß jetzt, im 13. Jh., vielfach die Gilde der Gewandschneider die vornehmste war, und daß ihre Brüder zu den meliores gehörten. Das gilt für Bremen wie auch für andere niederdeutsche Städte[14]). Die Gewandschneidergilde war die Fortsetzerin der alten Kaufmannsgilde[15]). In Münster und Osnabrück blieb nur die Gewandschneidergilde selbständig, während die Handwerkergilden zu einer Gesamtgilde vereinigt wurden[16]). Auch durften die Mitglieder einer Kopgilde kein Handwerk betreiben[17]). Tuchherstellung, wie vor allem Tuchverkauf, gehörte zu den einträglichsten Tätigkeiten des Kaufmanns. Das Vorrecht des Gewandschnitts strebte daher die Kaufleutegilde im Kampf gegen die Webergilde durchzusetzen. So wurde die Gewandschneidergilde als Monopolgilde anerkannt[18]). Schon 1183 hat offenbar Erzbischof Wichmann der Gewandschneidergilde von Magdeburg den Gewandschnitt ausschließlich vorbehalten[19]). Als „alter Magdeburger Gebrauch" wurde dieses Vorrecht 1231 der Stendaler Gewandschneidergilde von den Brandenburger Markgrafen verbrieft[20]).

Aus der Stendaler Gildeordnung erfahren wir, daß jährlich 1 Gildemeister[21]) mit 4 Beisitzern gewählt und jährlich dreimal die Morgensprache der Gildebrüder abgehalten wurde[22]). Der Eintritt in die Gilde war jedem anständigen Manne gegen ein Eintrittsgeld erlaubt, dessen Höhe für den Sohn eines verstorbenen Bruders ermäßigt, für den sonstigen Bürger oder Gast gesteigert war[23]). Bei der Ratswahl hatte die Kaufmannsgilde in Dortmund und Minden ein bevorzugtes Stimmrecht[24]). Eingehend ordnen die Schragen der Gilde von Riga von 1252 den Totenkult: Nach dem Gildetrunk stifteten die Gildebrüder zum Gedächtnis des Toten Gaben für die Kirchen und die Armen; alle Brüder hatten zum Begräbnis zu erscheinen[25]). Ausgedehnt war die Hilfepflicht der Brüder und Schwestern untereinander, vor allem bei Krankheit, Schiffbruch, Gefangenschaft und Fehde[26]). Die Gilde konnte einen Bruder ausstoßen, der sich gildewidrig verhielt[27]).

b) Die Hanse

Während die Gilde die Kaufmannsgenossenschaft für die Stadt selbst darstellte, war die hanse die Fahrtgenossenschaft der fernhandeltreibenden Kaufleute gewesen, die sich aber wohl nur selten zu einem dauernden Verband zusammengeschlossen hatte. Solche hansen hat es auch im Hochmittelalter noch gegeben, aber wir hören meist nur von dem Hansegrafen[1]) und der hanse als kaufmännischer Abgabe, die jetzt an die Stadtherren zu leisten war[2]). Doch dürften in Köln die fraternitas Danica, in Soest die Schleswiger Bruderschaft solche Hansen gewesen sein[3]). In diesen Städten bestanden hansa und Gilde offenbar nebeneinander, wenn auch nicht auf die Dauer. Auch in Dortmund gab es neben der Reinoldsgilde den Hansegraf, der die Hanse leitete[4]). Wie weit die Hansen eine genossenschaftliche Organisation besaßen, läßt sich mangels geschichtlicher Zeugnisse nicht nachprüfen. Vielleicht erfüllte in Regensburg und Bremen, wo nur der Wasserweg auf Donau und Weser in Betracht kam, der gleiche Verband die Funktionen von hansa und Gilde, wie das in Lille nachweisbar ist[5]). In Regensburg stand an Stelle der Kaufmannsgilde die Hanse, der seit dem 12. Jh. auftretende Verband der Fernkaufleute; seit 1225 war der Hansegraf städtischer Beamter. Die Hanse erhielt sich hier bis zum Untergang des regensburgischen Fernhandels, der mit dem Beginn des 15. Jh. einsetzte[6]). Vielfach hat in den Städten eine Hansegenossenschaft gefehlt, wohl aber das städtische Amt eines Hansegrafen bestanden, der für den Handel der Kaufleute zu sorgen hatte. So lag es z. B. in Wien, wo der Hansegraf als ,,rector mercatorum de Vienna" nach 1270 auftritt[7]). Dem Hansegrafen in Bremen oblag es noch 1405, das ,,henzeghelt" einzuziehen, die Wege vor und in der Stadt mit diesem Geld in Ordnung zu halten und das Bürgerbuch zu führen, wodurch er in der Lage war, die Aufnahme neuer Bürger zu überwachen[8]).

c) Die Richerzeche und andere Patrizierverbände

Da der Kreis der meliores weit über den der Fernhändler hinausging, trat in Köln an die Stelle der Kaufmannsgilde die Richerzeche, die Zeche der Reichen und Mächtigen, die 1180 vom Stadtherrn als Stadtvertretung genehmigt wurde[1]). Zu den Genossen der Richerzeche gehörten alle Ratsherren und Schöffen. Die Richerzeche selbst erschien als ein enger verwandtschaftsähnlicher Verband[2]). Sie wurde bereits 1370 in der Weberschlacht aufgelöst, jedoch nur vorübergehend; endgültig ging die Richerzeche mit der Geschlechterherrschaft in den Kämpfen der Geschlechter zwischen 1391 und 1396 zugrunde[3]). In den 200 Jahren ihres anerkannten Bestehens hat die Richerzeche eine fast absolute Machtstellung innegehabt. Ihre egoistische Handhabung der Besetzung der Stadtämter, ihre eindeutige Wandlung zu einer Pfründen- und Versorgungsanstalt für die Geschlechter hat ihren Zusammenbruch herbeigeführt[4]). In Soest war neben die Kaufleutegilde ein besonderer Zusammenschluß der Fernhändler in der Schleswiger Bruderschaft in der Rumeney getreten[5]); eine Vereinbarung des Patriziats entstand in späterer Zeit im ,,Stern", der das Eigentum der Salzbeerbten von Sassendorf war, die dann die ,,Sterngesellschaft" genannt wurde[6]). In Lübeck kann man seit 1379 die Anfänge einer Gesellschaft der Patrizier beobachten, die sich zur ,,Zirkelgesellschaft" zusammenschloß[7]). Dagegen ist es in Hamburg zu einer solchen Patriziergesellschaft nicht gekommen; die Ratsgeschlechter waren hier kurzlebiger und ergänzten sich häufig durch neue Familien. Die Hamburger Fernhändler schlossen sich seit dem 14. Jh. zu Fahrergesellschaften zusammen (Flandernfahrer, Englandfahrer, Schonenfahrer)[8]. Seit der Mitte des 13. Jh. wird uns von vielen Städten eine politische Vorherrschaft des Patriziats berichtet, ohne von einer Patriziergesellschaft Nachricht zu geben[9]. Man wird dort eine ausdrückliche oder auch nur stillschweigende Vereinbarung annehmen müssen, die infolge der Gemeinsamkeit der Interessen zu besonders strengen Zusammenschlüssen führte. In manchen Städten kam es auch zu Verschwörungen patrizischer Gruppen untereinander und zu heftigen inneren Kämpfen gegeneinander, wie in Köln, Augsburg, Regensburg, Wien und Kolmar[10]. In Zürich führte 1336 die Revolution des Bürgermeisters Brun zu einer lebenslänglichen monarchischen Stellung Bruns[11].

An Stelle einheitlicher Patrizierverbände entstanden in manchen Städten spezielle Wirtschaftsverbände. In Wien sehen wir z. B. schon seit dem 13. Jh. den Verband der Gewandschneider, der später „Laubenherren" genannt wurde, und den der Hausgenossen. Die Hausgenossen erhielten 1277, die Laubenherren 1288 ein Privileg[12]. Die Laubenherren hatten das Privileg des Gewandschnitts; sie waren die Großhändler in Tuchen. Die Hausgenossen betrieben den Gold- und Silberhandel, die Bankgeschäfte überhaupt[13].

In Lüneburg überwog die Bedeutung des Salzbetriebs, und so gehörten in erster Linie die Sülzbegüterten zu den Patriziern. Schon um 1200 wählten diese Sülzbegüterten einen Sodmeister und bildeten seit 1269 eine „communitas clericorum necnon laicorum", der die Selbstverwaltung der Sülze oblag[14]. Ähnliches finden wir in Soest[15], Werl[16] usw. Zu einer patrizischen Gruppe erwuchsen auch die Goslarer Silvani[17]. Seit dem 15. Jh. wurde das Patriziat vielfach durch ein bloßes Honoratiorentum ersetzt.

d) Erbbürger

Das Wiener Patriziat wird seit dem Ende des 14. Jh. mit dem Ausdruck „Erbbürger" bezeichnet[1]. Diese Erbbürger stellten einen geschlossenen Kreis dar, der über die Aufnahme neuer Leute frei entschied, ohne zu einer festen Organisation zu gelangen. Erbbürger hießen sie, weil sie ein volles, ererbtes Bürgerrecht besaßen, das den Anspruch auf Mitwirkung bei der Selbstverwaltung der Stadt gewährte[2], nicht etwa, weil sie ererbten Grundbesitz hatten[3]. Die „Erbmänner" in Münster, die dort seit dem 15. Jh. auftreten, waren nur ein engerer Kreis aus dem Patriziat, der außerhalb der Gilde stand[4]. Die „Erbsassen" in Dortmund organisierten sich nach dem Erlöschen der großen Gilde zwischen 1340 und 1347 zu einem Ersatz der großen Gilde[5].

e) Münzerhausgenossenschaften

In etwa 15 Städten, von denen 7 dem Rheinlande, 4 dem Donaugebiet, 2 Sachsen-Thüringen angehören[1]), können wir seit dem Ende des 13. Jh. Münzergenossenschaften nachweisen, deren Mitglieder meistens als „Hausgenossen" bezeichnet wurden[2]). Diese gehörten fast durchweg zum städtischen Patriziat, jedenfalls zur finanziellen Oberschicht. Sie waren Geldhändler, eine wichtige Gruppe der Bankiers des 13. und 14. Jh. Später verloren sie ihre Bedeutung, und ihre Genossenschaften wurden aufgelöst.

Eine Münzergenossenschaft bestand in Straßburg schon nach dem Bischofsrecht[3]) aus der Zeit um 1170. Damals konnte man bereits das jus monetariorum durch Zahlungen an den Bischof, den Münzmeister und die Münzer selbst erwerben[4]). Zwar rechnete der Bischof diese Leute zu seiner familia[5]): er spricht nur von ihrer Münzarbeit. Doch waren tatsächlich manche von den Münzern bereits Bürger[6]), und zwar wohl besonders diejenigen Münzer, die ihr Münzrecht rechtsgeschäftlich erworben hatten. Der Erwerb des Münzamtes war eben für den reichen Bürger ein gutes Geschäft, und seine Zugehörigkeit zur familia des Bischofs beeinträchtigte seine Rechtsstellung nicht. Als Wechsler und Geldhändler vermochte er sein Vermögen schnell zu vermehren und zu patrizischer Stellung aufzusteigen.

Dagegen betrieben in Trier etwa gleichzeitig nach dem Liber annualium iurium ein Münzmeister und 6 Münzer eine unmittelbar erzbischöfliche Münzproduktion[7]). Dies waren also ministerialische Münzarbeiter. In Mainz treffen wir den ministerialischen Münzmeister, der den Bürgern zugehörig war[8]). In Worms und Köln waren die Münzer als Bürger anerkannt. In Worms wurden sie schon 1165 zum Schöffenamt zugelassen[9]), in Köln treten sie in der ältesten Bürgerliste des 12. Jh. auf[10]). In Basel ist für 1232 ein Fridericus campsor, civis überliefert[11]).

„Hausgenossen" werden die Münzer am Ausgang des 12. und zu Beginn des 13. Jh. genannt[12]). Man nahm früher an, es handle sich hier um das dienstrechtliche Verhältnis des Münzers zum Münzherrn, der familia und seinem Hause[13]). Besser erklärt das Wort „Hausgenosse" die Lebens- und Arbeitsgemeinschaft im Münzhaus[14]). Jedenfalls kommt das Wort Hausgenosse erst in einer Zeit vor, wo der Hausgenosse in der Regel bereits Bürger war, wo es sich also nicht um eine hörige Hofgenossenschaft, sondern um eine freie handelte, wenn auch nicht alle Münzer ihre Dienstpflichten schon ganz abgestreift hatten. Im 13. Jh. waren die Hausgenossen nur noch in wenigen uns bekannten Korporationen Münzarbeiter[15]), meist beschafften sie das Prägematerial und betrieben den Geldwechsel. Die Hausgenossen erhielten das alleinige Recht, mit Silber

Handel zu treiben und Geld in andere Münzen umzuwechseln. Das wird ihnen im Kölner Schied von 1258 ausdrücklich vorbehalten[16]). Eingehend befaßt sich mit diesen Fragen das Augsburger Stadtbuch von 1276. Dem Münzmeister mit den 12 Hausgenossen stand danach das Silberhandels- und das Wechselmonopol zu[17]). Die gleichen Privilegien erteilte Rudolf I. den Wiener Hausgenossen 1277[18]). Zur Sicherung der Monopole wurde vielfach vorgeschrieben, daß der Silberhandel nur vor der Münze betrieben werden dürfe[19]). Im Verlauf des 13. Jh. sind die Hausgenossen fast durchweg Geldhändler, Bankiers, Unternehmer geworden. In manchen Städten wurden sie vornehmlich den Goldschmieden entnommen, wie besonders in Basel und Augsburg[20]). Jedenfalls gehörten sie jetzt zu den bürgerlichen Kreisen[21]), und zwar zu deren Oberschicht, meist zu dem Patriziat[22]), das allmählich das Münzamt ausschließlich besetzte. Dieses Eindringen gelang vor allem durch das Kooptationsrecht, das die Hausgenossenschaften schon früh für sich beanspruchten[23]), sowie durch die Erblichkeit, die den Söhnen des verstorbenen Hausgenossen zukam[24]). Überhaupt dürfte der käufliche Erwerb des Münzamtes allgemein zugelassen worden sein, und so konnte das zahlungskräftige Geldhändlertum die maßgeblichen Stellen erobern. Es ist kennzeichnend, daß in Regensburg die patrizische Familie der Gumprecht von 12 Hausgenossenstellen 6 besetzte. Auch in dem ältesten Verzeichnis der Straßburger Hausgenossen von 1266 kommen fast nur patrizische Namen vor[25]). In dem Kölner Register von 1291 ff. liegt es ebenso[26]). In Regensburg erwarben die Hausgenossen ihr Amt durch Belehnung von seiten des Herzogs wie des Bischofs[27]). In Worms waren die Hausgenossen lehensfähige Leute und vielfach mit dem landsässigen Adel verschwägert[28]). Aufnahme von Hausgenossen in den Rat können wir für Straßburg bereits früh nachweisen[29]).

Die Hausgenossenschaften der Münzer waren im 13. Jh. organisiert mit einem oder mehreren[30]) Münzmeistern als Vorstand und den Hausgenossen als Mitgliedern. Die genossenschaftliche Gerichtsbarkeit war Sache des Münzmeisters. In Goslar organisierte sich seit etwa 1290 die Münzergilde neu, indem 6 Sechsmannen an Stelle des Münzmeisters die Leitung übernahmen[31]). Die Zahl der Hausgenossen war sehr verschieden: in Trier waren es vor 1200 nur 6[32]), in Augsburg, Erfurt und Regensburg[33]) 12, in Bamberg 24[34]); weit größere Zahlen finden wir in Wien, Mainz und Köln[35]), in Goslar waren es 80, in Straßburg sogar 400[36]). Die hohen Zahlen der großen Fernhandelsstädte Wien, Mainz und Köln sind leicht verständlich, auch die für Goslar, dessen Silberbergbau zahlreiche Silberhändler anzog; erstaunlich bleiben nur die 400, die in Straßburg vom Silberhandel lebten. Für Speyer ist die Zahl der Hausgenossen nicht bekannt, aber ihre Bedeutung trat besonders hervor, da sie zeitweise die

Landshut

oberste Gilde der Stadt darstellten und im Rat stark vertreten waren[37]). Freilich mußten die dortigen Hausgenossen bereits 1347 auf ihre Sonderstellung verzichten und sich den Handwerkerzünften gleichordnen[38]).

Seit der Mitte des 14. Jh. verloren viele Hausgenossenschaften ihre Bedeutung. In Passau hob der Bischof bereits 1324 das Privileg der Hausgenossen wieder auf[39]). In Erfurt erwarb die Stadt 1354 endgültig die Münze[40]), so daß ihre Hausgenossenschaft zugrunde ging. Auch in Wien sank die Bedeutung der Hausgenossen im 14. Jh.; der Herzog konnte größere Silber- und Goldmünzen ohne ihre Zustimmung nach seinem Belieben prägen lassen[41]). In Bamberg gab es 1411 nur mehr 3 Familien als Hausgenossen[42]). In Straßburg verminderte die städtische Münzordnung 1319 die Rechte der Hausgenossen, die 1437 aus der Stadt verbannt wurden. Und in Mainz verloren die Hausgenossen nach dem Sieg der Zünfte 1444 ihre Rechtsstellung fast völlig[43]).

2. GENOSSENSCHAFTEN DER HANDWERKER
a) Amt und Brüderschaft

Nach dem Vorbild der Kaufmannsgilden haben sich im Verlauf des 12. Jh. auch die Handwerker zu Gilden zusammengeschlossen. Die stadtherrschaftliche Epoche wurde durch die genossenschaftliche abgelöst. Die vom Stadtherrn festgelegte Marktordnung hatte dem Handwerker seine Stellung zugewiesen, die ihm nach Art eines Amtes Rechte und Pflichten begründete. Hier sprach man von officium, deutsch von Amt (ambaht). Die genossenschaftliche Epoche aber, die für manche eidgenossenschaftlichen Städte wohl bereits im Beginn, jedenfalls in der Mitte des 12. Jh. einsetzte, betonte die Gemeinschaftsordnung. Die für das Handwerk maßgebenden Regeln wurden von den Genossen festgesetzt, allerdings unter dem Vorbehalt der Zustimmung des Stadtherrn oder autonomer Stadtorgane. Diese Handwerkerverbände nahmen Bezeichnungen auf, wie sie schon die alten Kaufmannsgilden geführt hatten. Wie diese waren sie Eidgenossenschaften. So sprach man lateinisch von den „fraternitates" der Handwerker, ein Ausdruck, den wir in Köln um 1149 für die Bettziechenweber und wenig später für die Drechsler finden[1]). Auch der Kölner Schied von 1258 verwendet ihn[2]), und das entsprechende deutsche Wort „bruderschaft (broderschop)" ist noch im Spätmittelalter häufig[3]). Andere lateinische Bezeichnungen waren „consortium", „societas" und „unio"[4]). Alle 3 kennzeichnen den Genossenschaftsgedanken, wobei consortium die menschliche Schicksalsgemeinschaft, societas und unio die Gemeinschaft überhaupt bedeutet. Die erste entspricht am ehesten dem deutschen Ausdruck gilde, der in Norddeutschland auch für Handwerkerverbände üblich wurde[5]), während „innunge", „einunge" gerade infolge seiner Farblosigkeit die größte Verbreitung erfuhr[6]). Es bedeutete zunächst nur Vertrag, Vereinbarung, sodann Vereinigung, Genossenschaft[7]). Innungen, Einungen sind als Handwerkerverbände in norddeutschen wie süddeutschen Städten nachweisbar. Anders steht es mit den Ausdrücken „zunft" und „zeche", die beide nur in Süddeutschland größere Verbreitung erfuhren, und zwar zunft vornehmlich im Südwesten[8]), zeche im Südosten[9]). Zunft wurde im 14. Jh. der führende Begriff für die Handwerkerorganisationen, zumal die meisten schwäbischen und fränkischen Reichsstädte ihn aufnahmen. Das Wort kommt schon im Althochdeutschen vor und scheint soviel wie Regel, Vertrag, Zusammenkunft bedeutet zu haben[10]). Seltener wurde zeche für den Handwerkerverband üblich, besonders in Wien, und zwar vermutlich bereits im Verlauf des 13. Jh.[11]). Die Zeche der Stadt Salzburg[12]), die schon dem 11., jedenfalls aber dem 12. Jh. zuzurechnen ist, war ein kirchlicher Verband[13]), der später als ein Verband der Bürger erscheint[14]). Die Handwerkerverbände heißen später in Salzburg Einungen und werden 1368 verboten[15]). Auch Zeche ist ein altes Wort und bedeutet Reihenfolge, Schar, Gesellschaft[16]).

Für all diese Ausdrücke, die zur Bezeichnung der Handwerkerverbände in Gebrauch kamen, wie Bruderschaft, Gilde, Innung, Zunft, Zeche, besteht „kein anderer Unterschied als der des Namens"[17]), wenn auch die Entwicklung der Bedeutung dieser Namen vielfach abweichende Wendungen gebracht hat. Die Möglichkeit, die Gewerbeberechtigung durch Kauf zu erwerben, führte z. B. dazu, daß man unter Innung auch die beim Erwerb zu zahlende Gebühr verstand[18]).

Im 13. und 14. Jh. werden Handwerkerverbände auch mit „hantwerk (opus)", „officium (opificium)"[19]), „artificium" oder „magisterium" bezeichnet. Diese Ausdrücke gehen auf ältere Zeiten zurück. Damals setzte der Stadtherr eine Marktordnung ein, die dem Gewerbegenossen einen gleichen Raum für den Gewerbebetrieb bestimmte. Die uns z. B. in den Kölner Schreinskarten bestätigten Marktgassen[20]) gingen ohne Zweifel auf die Anordnung des Erzbischofs als des Stadtherrn, und zwar schon im 11. Jh., zurück[21]). Weil jeder eingereihte Handwerker der Marktordnung unterstellt war, erschien er als Mitglied einer Berufsgruppe mit besonderen Rechten und Pflichten betraut, in diesem Sinne also als Inhaber eines Amtes (officium, Amt)[22]). Sicherung der Stadt als eines politisch-militärischen Verbandes wurde so angestrebt. Geleitet wurden diese Berufsgruppen vom Stadtherrn oder seinen Beamten (Ministerialen)[23]). Es war von wesentlicher Bedeutung, als für die Berufsgruppe ein eigener Meister eingesetzt wurde, der selbst Handwerker war[24]). So hieß die Gruppe „magisterium"[25]). Es ist charakteristisch, daß in den Statuten der Basler Kürschnerzunft von 1226 neben Zunft von opificium, officium, magisterium und opus mit nur wenig abgewandeltem Bedeutungsinhalt gesprochen wird[26]).

b) Zunftzwang

Den Kern des Zunftwesens finden wir im Zunftzwang[1]). Sein Grundprinzip, die Ausschaltung des amtsfremden Arbeiters und die ausschließliche Zulassung der dem Handwerk Angehörigen, war schon in der stadtherrlichen Marktordnung niedergelegt, die in Augsburg z. B. bereits 1156 bestand[2]). In Köln dagegen war der Zunftzwang schon 1149 durch den Genossenschaftsgedanken vertieft: alle, die das Bettziechengewerbe in der Bannmeile der Stadt betreiben wollten, mußten nach dem alten Privileg zur Bruderschaft gehören[3]). Der in der Stadt herrschende eidgenossenschaftliche Gedanke erhielt jetzt im Handwerk eine spezielle Ausprägung. Der städtische Eidgenosse hatte als Steuerzahler und Wehrgenosse die Rechte eines Bürgers. Dem zur Zunft gehörigen Handwerker waren gegenüber den Außenstehenden gewerbliche Vorrechte gesichert. Jedem, der nicht zur Zunft gehörte, war es untersagt, einen Gewerbebetrieb auszuüben, solange er nicht das Zunftrecht erwarb[4]). Die Innung konnte ihm diesen Erwerb gestatten[5]). Der in die Innung eintretende Handwerker hatte dann eine Gebühr zu entrichten, die vielfach zwischen Handwerk und Stadt geteilt wurde[6]). Erzeugnisse auswärtiger Handwerker durften in der Stadt nicht verkauft werden, falls nicht die Innungsgenossen die Ware ausdrücklich zum Markte zugelassen hatten[7]). Sicherlich beruhte diese Bestimmung in erster Linie auf dem rücksichtslosen Eigennutz, der den einheimischen Handwerker und seine Zunft gegen den auswärtigen bevorzugt fördern sollte[8]). Daneben kamen aber noch andere Motive in Betracht. Führende Gewerbestädte erwarben sich mit der Zeit einen ständigen Kundenkreis, der stets mit Waren gleicher Art und Güte bedient werden wollte, und so lag es im Interesse der Stadt, durch ständige Kontrolle der Produkte, die den eigenen Zünften gegenüber am besten durchgeführt werden konnte, diesen Absatz zu sichern. Für Köln z. B. war die Erhaltung des guten Rufes der Kölner Ware von entscheidender Bedeutung[9]).

c) Organisation der Genossenschaft

Daß die Zünfte mit dem 12. Jh. auf dem Boden des genossenschaftlichen Gedankens einsetzten, ist anerkannt[1]). Die ältesten uns erhaltenen Zunftprivilegien sind die für die Wormser Fischhändlerzunft von 1106 bis 1107, für die Würzburger Schuhmacherzunft von 1128 und für die Kölner Bettziechenweberbruderschaft von 1149[2]). Die Zahl der Zünfte war für jede Stadt und für jede Zeit verschieden. In Lindau finden wir z. B. im Jahre 1370 8, in Köln seit dem Verbundsbrief von 1396 42 Zünfte[3]). Für Paris und Wien wird von etwa 100 Zünften gesprochen.

Mitglieder der Zunft waren ausschließlich die „Meister", wie sie im 14. Jh. genannt wurden, weil seit dieser Zeit der Befähigungsnachweis erbracht werden mußte[4]). Es wurde damals eine feste Lehrzeit, die z. B. in Köln 6 Jahre betrug[5]), vorausgesetzt; im 15. Jh. mußte ein „Meisterstück" vorgelegt werden[6]). Die Zahl der Mitglieder war für jede Zunft schwankend. Nach der ältesten Zunftordnung für Worms von 1106/07 gehörten damals 23 Fischer zur Zunft[7]). Beschlüsse faßte die Zunft in ihrer „Morgensprache", die sie in echten und gebotenen Dingen abhielt[8]), wobei schon im 13. Jh. das Majoritätsprinzip entschied[9]). Die Leitung der Versammlung stand dem Zunftmeister (Gildemeister[10]), Altermann) zu. Er wurde von allen Zunftgenossen jährlich gewählt[11]). In manchen Städten standen neben ihm noch mehrere gewählte Beisitzer[12]). Meist war der Zunftmeister Handwerker, doch kommen auch Patrizier in dieser Funktion vor[13]).

Manche schwäbischen Städte haben es im 14. Jh. zu einem „obersten Zunftmeister" gebracht, der als Vorsteher aller Zünfte erscheint und im Kriegsfalle auch militärischer Führer war. Wir finden ihn bereits 1280 in Basel, 1293 in Freiburg, als „Ammannmeister" seit 1334 in Straßburg, 1343 in Konstanz und seit 1360 in Kolmar als „Obermeister"[14]). Er scheint dem capitaneus der italienischen Städteverfassung nachgebildet zu sein[15]).

Bestritten ist, ob man von einer Autonomie der Zünfte sprechen kann. Man wird annehmen dürfen, daß die Zünfte durch ihre Einung die Zunftverfassung geschaffen und die Grundsätze ihrer Statuten selbst ausgearbeitet haben. In Rechtskraft traten diese aber nur mit Genehmigung der Obrigkeit. Diese waren Stadtherr oder autonome Stadtorgane. So genehmigte die Zunftstatuten im 12. Jh. in Worms und Würzburg der Bischof, in Magdeburg der Erzbischof, im 13. Jh. in Braunschweig und Wien der Herzog, in Stendal der Markgraf, in Basel und Straßburg wieder der Bischof[16]). Dagegen waren in Köln bereits 1149 neben Vogt, Burggraf und Schöffen die meliores zur Genehmigung eines solchen Statuts berufen, 30 Jahre später ausschließlich die Vertreter der Richerzeche[17]). Seit der Mitte des 13. Jh. war in den meisten Städten der Rat allein berechtigt, Zunftstatuten zu genehmigen[18]). Diese genehmigende Stelle bestätigte nicht nur, sondern bestimmte auch einen neuen Text, wenn der vorgeschlagene nicht angenommen wurde[19]). Auch konnte die Zunft ihr Statut nicht abändern ohne Mitwirkung der Stadtbehörde[20]). Doch kam es auch vor, daß die Zunft selbst Statuten setzen durfte, wenn diese inhaltlich der Stadt oder der Einwohnerschaft unschädlich erschienen[21]).

d) Aufgaben der Zunft

Die Aufgaben der Zunft lagen in erster Linie auf gewerblichem Gebiet. Sie hatte zunächst dafür zu sorgen, daß die Mitglieder nur gute Ware anfertigten[1]). Sodann hatte sie die wirtschaftlich schwachen Mitglieder zu stützen. Alle waren verpflichtet, ihnen die Einkaufsmöglichkeit zu sichern[2]). Weiter erlaubte die Zunft nicht, Gewerbebetriebe über eine bestimmte Grenze auszudehnen[3]), um anderen nicht die Nahrung zu verkürzen. Im übrigen sollen die gewerblichen Aufgaben nicht näher geschildert werden. Aber diese erschöpften nicht den Zweck der Zunft. Auch religiöse und gesellige Pflichten banden jeden Genossen. Hier kehrten die Gedanken der alten Gilde wieder, vor allem die Beteiligung am Totenkult des gestorbenen Genossen[4]), weiter die Förderung des Glanzes der Kultstätten[5]) und die Wohltätigkeit für den verarmten Genossen[6]). Gesellige Zusammenkünfte spielten in den Zünften von Anfang an eine große Rolle. Gemeinsame Essen und Trinkgelage[7]) wurden von den Zünften nach Art der alten Gildegelage aufgenommen. Darüber hinaus entstanden Tischgesellschaften, deren Mitglieder nicht auf eine Zunft beschränkt waren. In Köln hießen diese Gesellschaften „Gaffeln". Die Gaffeln haben eine entscheidende politische Rolle gespielt[8]). Daß die Zünfte selbst politisch entscheidend wurden, wird erst bei der Darstellung der Geschichte des Rates behandelt[9]).

e) Zunftverbote

Ein Verbot der Zünfte kam schon in der Zeit Friedrichs II. anfangs des 13. Jh. vor. Weitere Verbote sind bis zum Ende des 14. Jh. hin nachgewiesen. Freilich waren die Motive für diese Haltung keineswegs in allen Verbotsfällen einheitlich. Als Friedrich II. die Handwerkerverbände für Goslar 1219 untersagte, wollte er sich die Gunst der mächtigen Kaufleute der Stadt sichern, indem er ihnen das wichtige Recht des Gewandschnitts vorbehielt, das die Zünfte, besonders die der Weber, für sich in Anspruch nahmen. Als der Kaiser 4 Jahre später dann das Verbot zurücknahm, hielt er es doch für die Weber aufrecht[1]). Im Jahre 1231 verbot Friedrich II. neben den Stadtbehörden in allen fürstlichen Städten auch die Handwerkerverbände[2]): er wollte sich mit dieser Maßnahme die großen Stadtherren gefügig machen. Die Auflösung der Fleischer- und Bäckerinnungen, wie wir sie in Erfurt, Würzburg und Köln seit 1264 finden, war begründet in der Erkenntnis, daß diese Handwerker ihre Stellung in gemeinschädlicher Weise ausnutzten[3]). In Erfurt durfte daher jeder Einheimische wie Fremde sein Fleisch und Brot nach Erlegung des Zolls frei verkaufen[4]). Während der Herrschaft des Zunftzwangs haben die Einwohner der Stadt so große Nachteile durch die Lebensmittelorganisationen erleiden müssen, daß sie schließlich deren Beseitigung durchsetzten. Viel weiter noch gingen die Einungsverbote für Wien, die schon Ottokar II. Přemysl 1276, sodann Rudolf von Habsburg 1278 und endlich Herzog Rudolf IV. 1361 und 1364 erließ. Ottokar II. verbot alle Einungen auf die Dauer von 5 Jahren und gestattete jedem, während dieser Zeit Lebensmittel und Waren frei zu kaufen und zu verkaufen[5]). Rudolf von Habsburg bestätigte Ottokars Anordnungen; er schaffte die zeitliche Befristung ab unter besonderer Hervorhebung der Lebensmittelhändler[6]). Dieses Einungsverbot bedeutete aber keineswegs Verbot der Zechen, sondern nur Verbot von Kartellbildungen der Gewerbetreibenden, die ein gemeinsames Vorgehen der Handwerker gegenüber den Käufern von Rohstoffen und gegenüber den Käufern der von ihnen erzeugten Waren bezweckte[7]). In der Praxis haben sich die Handwerker nicht an diese Verbote gehalten. Darum erließ Rudolf IV. 1361 und wiederholt 1364 Bestimmungen über völlige Gewerbefreiheit. Jeder beliebige Fremde konnte danach ein Gewerbe, dessen Technik ihm geläufig war, in der Stadt Wien betreiben, wenn er die bürgerlichen Lasten übernahm. Alle Zechen und Einungen sollten verboten sein[8]); nur Handwerksordnungen konnte der Rat erlassen[9]). Vielleicht wollte der Herzog durch Beseitigung der genossenschaftlichen Bildungen allmählich zur herrschaftlichen Gewerbeverfassung zurückkehren. Doch starb er schon 1365, und die Zechen traten bereits 1367 wieder in Kraft[10]).

3. Abschnitt

Selbstverwaltung und Autonomie

I. DIE STADT ALS JURISTISCHE PERSON

Die Stadt des 13. und 14. Jh. ist in ihrer fertigen Form eine juristische Person, die im Besitz der vollen Rechts- und Handlungsfähigkeit ist. Rechtsträger war die Stadtgemeinde; die städtischen Urkunden sprechen diese Eigenschaft der Stadtgemeinde, der universitas civium (burgensium), zu[1]. Weit seltener reden sie von der communitas (commune)[2]. Die höchst-entwickelte Form der Stadt war die civitas. Diesen Namen führten seit alters die Königs-, Bischofs- und Klosterstädte. Dazu kamen alle Städte, denen der König diese Bezeichnung verlieh. Weiter dürften viele Städte diesen Titel im Laufe der Zeit usurpiert oder von ihren Landes- oder Stadtherren verliehen erhalten haben. Jedenfalls haben Hunderte von Städten im 14. Jh. diesen Titel getragen. Von der civitas unterschieden wird locus, oppidum, burgum[3]; bei ihnen fehlte die volle Stadtfreiheit der civitas. Das ist vor allem für die Anerkennung des Satzes „Stadtluft macht frei" von Bedeutung. Im oppidum Recklinghausen erwarb 1235 auch der Wachszinsige und Unfreie nach Jahr und Tag die Stadtfreiheit, mußte aber seinem Herrn die Sterbeabgaben leisten[4]. In der civitas Eger ist dagegen der zuwandernde Hörige nach Jahr und Tag auch abgabenfrei[5]. In allen Fällen der Erlangung der Stadtfreiheit wurde durch Verschweigung des Herrn das Recht endgültig erworben[6]. Das Hauptproblem stellte die Person des Eigenmannes, dessen Zulassung zur vollberechtigten Bürgerschaft. Friedrich II. hat hier sehr verschiedene Entscheidungen getroffen. Für Regensburg bestimmte er 1230 eine 10jährige Verschweigungsfrist, für Aachen dagegen gewährte er 1244 jedem zuwandernden Eigenmann sofort volles freies Gemeindebürgerrecht[7]. Für Pfullendorf ließ er 1220 die Aufnahme eines Eigenmannes in die Stadt nur zu, wenn der Herr seine Zustimmung gab[8]. Eine ähnliche Bestimmung hatte schon 1209 Otto IV. für Stade getroffen[9]). Eigenleute des Stadtherrn blieben vielfach vom Bürgerrechtserwerb ausgeschlossen[10]). Wer einen Eigenmann vor dem berechtigten Zugriff seines Herrn schützte, galt als Dieb[11]). Im allgemeinen konnte der Eigenmann in Jahr und Tag, wenn nicht angefochten, noch während des ganzen 13. Jh. die Stadtfreiheit erwerben[12]).

Als kennzeichnende Symbole der mit freiem Recht ausgestatteten Stadt traten Stadtsiegel, Rathaus und Stadtglocke und für manche Städte auch der Roland auf. Stadtsiegel, die zur Beglaubigung der städtischen Urkunden geführt wurden, waren im 13. und 14. Jh. allgemein gebräuchlich[13]). Viele von ihnen führten Mauer, Tor und Türme[14]). Das Bürgerhaus, domus civium (burgensium)[15]) genannt, heißt später meist domus communitatis[16]), universitatis[17]) und dann domus consulum[18]), es wird also als Amtshaus der städtischen Organe charakterisiert. Das Läuten der Glocke als Symbol der Stadtfreiheit blieb im 13. Jh. erhalten, sei es, daß die Bürger zur Beratung oder zur Wahl[19]), zur Verkündung oder Abschaffung von Verordnungen[20]) oder zur Hilfe[21]) aufgeboten wurden.

Im Umkreis von Bremen, Hamburg und Magdeburg sind seit 1181 im Verlaufe des Mittelalters in manchen Städten hölzerne oder steinerne Figuren aufgestellt worden, die man mit dem Namen R o l a n d bezeichnete[22]). Roland erscheint als Sendbote Karls des Großen, des berühmten Gesetzgebers und Verkünders von Freiheiten und Privilegien, die Karl der wandernden und seßhaften Kaufmannschaft und ihren Siedlungen gewährte. In diesem Sinne repräsentiert die Rolandsfigur den deutschen Kaiser als Verkünder der Stadtfreiheit, besonders als Befreier der Stadt von Zöllen.

II. DER STADTRAT

Der Stadtrat erscheint seit dem 13. Jh. als Vertreter der Selbstverwaltung in der Stadt. Seine Anfänge gehören zwar schon dem Ende des 12. Jh. an, aber erst im 13. Jh. setzte sich die Ratsverfassung wirklich durch. Die Entwicklung nahm nun einen stürmischen Fortgang: Bis 1250 können etwa 150, bis 1300 weitere 250 Städte mit Ratsverfassung festgestellt werden. Im 14. und 15. Jh. ist der Rat die regelmäßige Verwaltungsbehörde fast aller Städte geworden.

Aus dem Wesen der städtischen Eidgenossenschaft ergab sich, daß die Verwaltung in den Händen der Genossenversammlung lag. Die universitas civium, jetzt im 13. Jh. immer häufiger als die communitas bezeichnet, blieb auch damals in den entscheidenden Fragen der Stadtverwaltung maßgebend, so besonders bei der Aufnahme der Bürger, der Kriegsdienst- und Steuerleistung, der Sicherung der Freiheit aller Bürger und der Garantie der Unabhängigkeit der Stadt als politischer Korporation. Doch hielt sich der Genossenschaftsgedanke schließlich nur in der Theorie noch. In der Praxis wurden die Verwaltungsaufgaben besonderen selbständigen Organen übertragen, so daß nur besonders wichtige Aufgaben noch dem colloquium civium vorbehalten blieben.

1. VORLÄUFER DES STADTRATES
a) Melioresverband

Solche selbständigen Organe sind freilich nicht in allen wichtigeren Städten sofort ausgebildet worden. Gerade besonders frühe Städte begnügten sich zunächst mit einem **Melioresverband**[1,2], der aber wohl vielfach eines organisatorischen Aufbaus entbehrte. Anders lag es freilich dort, wo er eine Kaufmannsgilde darstellte, wie die Reinoldigilde in Dortmund[3]. Auch die Richerzeche in Köln schuf sich bereits am Ende des 12. Jh. eine eigene behördenmäßige Organisation[4]. In beiden Fällen war ein engerer Kreis ermittelt, dem die Exekutive überlassen war. Es gab aber noch 2 andere Möglichkeiten, zu einer solchen engeren Auswahl zu kommen: die Bildung einer Gruppe von jurati oder von **scabini civitatis**.

b) Stadtgeschworene

In der niederfränkischen Eidgenossenschaft hatte sich der Begriff der jurati als einer städtischen Behörde schon am Ende des 11. Jh. entwickelt[5]). Entscheidend war, daß diese Behörde immer eine bestimmte Zahl von Mitgliedern umfaßte, die freilich nicht überall die gleiche zu sein brauchte. Doch kommt die Zwölfzahl schon in der ältesten uns bekannten Bestimmung, der von Aire aan de Leie (um 1100), vor[6]). Auch wurden die jurati von der Gemeinde auf bestimmte Zeit, meist auf 1 Jahr, gewählt[7]). Diese Grundsätze sind nun auch von den zum deutschen Reich gehörenden Eidgenossenschaften aufgenommen worden. Das gilt für die „jurati pacis" in Valenciennes und für die „veri jurati" in Cambrai und Lüttich[8]). In Verdun wählte die Eidgenossenschaft 7 jurati zur Verwaltung der Stadt[9]). Die „conjuratores fori" der Freiburger Handfeste von 1120 stellten bereits im Gründungsstadium eine selbständige eidgenössische Behörde dar[10]). In Altenburg wird von einer „societas" der 12 jurati gesprochen[11]). Noch im Jahre 1291 bestätigte der Graf von Hirschberg den Vertrag mit der Stadt Eichstätt, wonach diese 12 Geschworene wählen sollte, die den städtischen Geschäften vorstünden[12]). Der Begriff der jurati als städtische Behörde erhielt sich vom 11. bis zum 14. Jh.[13]). Geographisch ging sein Weg von Norden[14]) nach Süden; besonders im Südosten sind die jurati civitatis jahrhundertelang die wichtigste Bezeichnung der städtischen Behörden gewesen[15]). Hier setzte sich der Geist der bürgerlichen Schwurgemeinschaft bis zum Ende des Mittelalters fort.

c) Stadtschöffen

Scabini civitatis treten seit dem 11. Jh., und zwar vor allem im niederfränkischen Gebiet, auf. Ihre Aufgabe, die Mitwirkung bei der Verwaltung der Stadt, ist für Toul bereits 1069 bezeugt; beim Weinbergbann, der Verwaltung von Maß und Gewicht und bei der Torhut sind dort die Scabini beteiligt[16]). In Metz kommt um 1000 zuerst ein bischöflicher Schöffenmeister vor, der im späteren Verlauf des 12. Jh. die Stadt mit 13 Schöffen verwaltete[17]). Ebenso maßgeblich für die Stadtverwaltung war das Schöffenkolleg in Trier, Utrecht, Zutphen und Middelburg[18]). Zu besonderer Bedeutung gelangte in der Hand der Schöffen die Selbstverwaltung der großen flandrischen Hauptstädte Gent, Brügge und Arras. Hier sind sie spätestens zu Beginn des 12. Jh. eingesetzt worden[19]). Gewählt wurden die scabini grundsätzlich von den Bürgern[20]), doch gelang es Philipp von Elsaß zeitweise, die Ernennung der Schöffen selbst vorzunehmen und deren Machtstellung zu beschränken[21]). Nach Philipps Tod

1191 jedoch übten die Schöffen eine diktaturähnliche Machtstellung aus[22]). Auch in vielen rheinischen Städten haben die Schöffen die Stadtverwaltung innegehabt, wie in Koblenz (bereits seit 1104), Andernach (seit 1171), Aachen (1192), Emmerich (1233), Duisburg (1248) und Wesel (1255)[23]). Das Stadtrecht von Münster von 1221 überträgt einer geschlossenen Bank von 12 Schöffen die Verwaltung der Stadt[24]), und die Rechtslage der Magdeburger Schöffen war schon am Ende des 12. Jh. die gleiche[25]). Nur im sächsischen und fränkischen Recht kommen die Stadtschöffen als Stadtverwaltungsorgane in größerer Zahl vor; im fränkischen Recht noch in Frankfurt am Main, Wetzlar, Fritzlar und Marburg[26]); im sächsischen Recht in Aschersleben 1223, Bielefeld 1241, Haldensleben 1250, Breslau 1254, Gotha 1251 und Werl 1271, ganz selten im schwäbischen Recht, wie z. B. in Schwäbisch-Hall 1249[27]). In allen diesen Städten treten die scabini allein als Selbstverwaltungsorgane auf. Häufiger aber stellte sich neben sie noch ein Rat, und dann wirkten beide Organe vielfach bei der Verwaltung der Stadt zusammen, wie das in Straßburg (1214), Utrecht (1230), Magdeburg (1244) und Eßlingen (1248) der Fall war[28]). Besonders im späteren 13. und 14. Jh. verwalteten Rat und Schöffen die Stadt gemeinsam[29]). Endlich ging die Entwicklung dahin weiter, daß die Schöffen ihre alten Funktionen bewahrten, zugleich aber auch den Rat darstellten[30]). Während die Scabini anfänglich auf Lebenszeit bestellt waren, kommen auch solche vor, die auf vorübergehende Zeit, besonders auf 1 Jahr, gewählt wurden. wie z. B. in Arras[31]).

2. DAS ITALIENISCHE KONSULAT

Jurati und scabini civitatis zeigen insofern eine gleichgerichtete Tendenz, als mit ihnen eine Behörde geschaffen wurde, die infolge der Begrenzung ihrer Mitgliederzahl zur Willensbildung besonders geeignet erschien. Während so die niederfränkischen Grundlagen von Nordwesten her eine neue Entwicklung heraufführten, brachte andrerseits Italiens reiche Stadtentfaltung vom Süden her ein weiteres Rechtsinstitut nach Deutschland: **das italienische Konsulat**. Dieses Amt läßt sich in Italien seit dem Ende des 11. Jh. nachweisen; in Lucca und Pisa seit 1080, in Mailand seit 1097. Der letzte römische Konsul wird im Jahre 541 erwähnt. Mit dem Wiederaufleben der städtischen Selbstverwaltung im Mittelalter kehrte auch der alte Titel zurück[1]). Der conventus civium wählte die städtischen Vertrauensleute[2]), die er mit dem altrömischen Titel consul schmückte. Friedrich Barbarossa war gezwungen, mit den selbständig gewordenen lombardischen Stadtgemeinden und dem Konsulat lange Jahre Kämpfe auszufechten. Anfänglich schien der Kaiser siegreich bleiben zu können: auf dem Reichstag in der Ronkalischen Ebene wurden die Stadtstaaten der Lombardei direkt der Reichsverwaltung unterworfen. Doch behielt das Volk von Mailand 1158 das Recht freier Konsulwahl[3]). So blieb es auch, als Friedrich Barbarossas politische Stellung durch die Niederlage von Legnano schwer gelitten hatte. Auf dem Reichstag zu Konstanz von 1183 mußte der Kaiser zwar auf die Einordnung der Städte in den staufischen Einheitsstaat verzichten, aber die lombardischen Stadtstaaten waren in den Feudalstaat miteingefügt. Und obwohl ihre Verfassung zur Autonomie gesteigert war, blieben die Bürger dem Herrscher zum Treueid verpflichtet, und die jährliche Wahl der Konsuln, deren Zahl schwankte[4]), bedurfte der Zustimmung des Kaisers. Die Aufgaben der Konsuln waren in erster Linie die Verwaltung der Stadt und deren Vertretung nach außen.

Dieses italienische Konsulat scheint den Ausgangspunkt für die Entstehung der deutschen Ratsverfassung gebildet zu haben. In einer Urkunde Philipps von Schwaben für Speyer von 1198 bestätigte dieser, daß Heinrich VI. die Stadt Speyer beauftragt habe, jährlich wechselnd 12 Bürger mit der Verwaltung der Stadt zu betrauen[5]). Seit 1188 war Heinrich VI. Reichsstatthalter; er starb als Kaiser 1197. In diesen 10 Jahren war Heinrich VI. Herrscher im Reiche. Zwischen 1188 und 1197 also hat er diese Bestimmung für Speyer getroffen, und zwar vermutlich in den Jahren 1188—90, da die Baseler Urkunde spätestens auf 1190 zu datieren ist. Es ist anzunehmen, daß Heinrich auch anderen Städten am Rhein ähnliche Privilegien erteilt hat. Dahin gehören z. B. Basel und Utrecht, die zwischen 1188 und 1196 Bericht geben. Während in Speyer und Basel von einem consilium gesprochen wird, sind in Utrecht für 1196 12 consules belegt[6]). Die späteren Staufer haben diese Termini aufgenommen und weitere hinzugefügt; neben consilium und consules treten jetzt vor allem auch consiliarii auf, wie z. B. in Straßburg und Worms[7]).

Zu erörtern wäre noch die Frage, warum Heinrich VI. wohl für die Bischofsstädte am Rhein Selbstverwaltungskörper in der Rechtsform des italienischen Konsulats eingerichtet haben mag. Die folgenden Überlegungen geben die Antwort. Für die italienische Kommune war charakteristisch, daß meist der conventus civium die Konsuln wählte. In gleicher Weise sollte nach den oben erwähnten Urkunden auch die civitas, die Bürgergemeinde, in Speyer die Stadtvertreter bestellen. Offenbar bezweckte Heinrich VI. damit, daß die allmächtige Stadtaristokratie, die Gruppe der „meliores" (das Wort bezeichnet dasselbe wie „boni" homines in Italien), nach italienischem Vorbild im conventus, der Bürgergemeinde, ein konkurrierendes Wahlorgan erhielte. Sein Ziel für die Stadtentwicklung war nicht Demokratie, sondern eine organisierte und damit gemäßigte städtische Aristokratie. Er wollte erreichen, daß einer herrschsüchtigen Gruppe von Patriziern durch den conventus andere Kandidaten aus der Patrizierschaft entgegengestellt werden könnten, die maßvollere Ziele verfolgten oder vom Volke bevorzugt wurden.

Es darf hier nicht verschwiegen werden, daß angeblich schon mehrere Jahrzehnte früher als in den rheinischen Bischofsstädten, nämlich zwischen 1160 und 1165, in Medebach und Soest sowie in den Städten Heinrichs des Löwen statutarische Bestimmungen über consules bestanden haben sollen[8]. Das Medebacher Stadtrecht von 1165 spricht wirklich von consules, und das wohl schon ältere Stadtrecht von Soest erwähnt sie von seinem Art. 36 ab an 5 Stellen[9]. An sich wäre die Aufnahme des italienischen Konsulats in Deutschland zur Zeit der lombardischen Stadtkämpfe leicht erklärlich. Reinald von Dassel als dem Stadtherrn Medebachs und dem Kenner italienischer Verhältnisse wäre die Erwähnung der consules durchaus zuzutrauen. In den Handfesten Heinrichs des Löwen für Braunschweig-Hagen, Lübeck und Schwerin kommen ebenfalls consilium und consules[10] vor, und man hat mit dem Gedanken gespielt, Heinrich der Löwe sei der eigentliche Begründer der Ratsverfassung gewesen[11], oder diese sei eine Weiterbildung des lübeckischen Unternehmerpatriziats[12]. Aber dürfen diese Stellen wirklich dem Anfang der zweiten Hälfte des 12. Jh. zugeschrieben werden ? Beachtliche Indizien sprechen dagegen. Die besagten Stadtprivilegien Heinrichs des Löwen sind uns nämlich im Original nicht erhalten. Wir sind vielmehr auf Abschriften des beginnenden 13. Jh. (!) angewiesen. Die Handfeste Barbarossas von 1188, die auf Heinrichs Statut für Lübeck zurückgeht, ist uns nur in einer Abschrift bezeugt, die wahrscheinlich Friedrich II. vorgelegt werden sollte und zwischen 1222 und 1225 geschrieben sein wird[13]. In der Originalurkunde Barbarossas von 1188 wird wohl nur von cives, nicht von consules die Rede gewesen sein[14]. Urkundlich sind consules in Lübeck erst 1201 bezeugt[15]. Die consules-Stelle von Braunschweig-Hagen ist offenbar ein Zusatz Ottos des Kindes (1235—52), was schon deshalb anzunehmen ist, weil doch um 1160 unmöglich schon von der „langdauernden" Einrichtung der consules gesprochen werden konnte[16]. Heinrichs Handfeste für Schwerin ist uns nur in späten Ausfertigungen für eine Anzahl von Tochterstädten erhalten, die damals zur Ratsverfassung übergegangen waren; die ältere Fassung ist uns unbekannt[17]. In Medebach werden zwar 1165 consules erwähnt, aber nur in einer Handschrift, die als die schlechtere gilt, eine bessere spricht von „cives"[18]. Die consules-Stellen des Soester Stadtrechts endlich sind uns nur in einer Überarbeitung des 13. Jh. überliefert, und eine Urkunde von 1178, die den Terminus ebenfalls enthält, ist sogar nur in einer Niederschrift des 14. Jh. erhalten[19]).

3. DURCHSETZUNG DES RATSGEDANKENS
a) Der Rat in den Bischofsstädten

Nach all dem dürfen wir wohl die rheinischen Bischofsstädte auch weiterhin als die ältesten Vertreter der deutschen Ratsverfassung ansehen. Mehrere von ihnen gehören nachweisbar in die Zeit Heinrichs VI., bei andern ist der Rat erst unter Friedrich II. beurkundet, wie bei Konstanz, Köln, Worms und Mainz[1]). Das späte Auftreten des Rats in diesen Städten kann verschiedene Gründe gehabt haben, wie etwa den zufälligen Untergang von älteren Urkunden. Anders war es in Köln; hier konnte die straff organisierte aristokratische Richerzeche in Gemeinschaft mit den Schöffen die führende Stellung des Rates verhindern, der infolge der demokratischen Gestaltung des Gemeindewahlrechtes die Herrschaft der Reichen hätte beeinträchtigen können[2]). In Regensburg wird der Rat erst 1232 von Heinrich (VII.) erwähnt, während die Handfesten Philipps von Schwaben von 1207 und Friedrichs II. von 1230 zwar vom Hansgraven, aber nicht vom Rate sprechen[3]). Ausdrückliche Anerkennung der Ratswahl durch die Gemeinde wird von Friedrich II. 1245 ausgesprochen[4]). Friedrich II. verfolgte den Städten gegenüber eine zwiespältige Politik. Anfangs zeigte er sich städtefreundlich, später ging er zu einer fürstenfreundlichen Haltung über: Auf dem Reichstag zu Ravenna im Januar 1232 hob er alle städtischen Freiheiten zugunsten der geistlichen Fürsten auf und gestattete eine Ratsverwaltung nur insoweit, als es die Stadtherren erlaubten[5]). Eine eingehende Regelung traf er für Worms: Abschaffung des selbständigen Rates, Zerstörung des Rathauses, Bestellung des Rates durch den Bischof[6]). Die ratsfeindliche Stellungnahme der Bischöfe zeigt sich besonders in Passau. Das stadtherrliche Privileg von 1225 läßt hier zwar einen Rat zu[7]), stellt aber Bestimmungen auf, „die unverschämten Ansprüche der Bürger" zu beseitigen[8]). Der Bischof erscheint 1299 als der absolute Stadtherr. Er verbietet den Posten des Bürgermeisters, Stadtglocken und Stadtsiegel sowie den Rat, die sich die Bürger ohne Erlaubnis zugelegt hatten[9]). In Würzburg ist der Rat 1256 beim Beitritt zum Rheinischen Städtebund nachweisbar[10]). Und zwar steht dieser städtische Rat als „unterer" neben einem „oberen", der den Bischof berät. 1261 mußte er dem Bischof Gehorsam geloben. Die zahlreichen Aufstände der Bürgerschaft gegen den übermächtigen Bischof und seine Geistlichkeit führten endlich 1357 zur Abschaffung von Bürgermeister und Rat[11]). Im Jahre 1400 wurde die

Stadt besiegt und bischöfliche Landstadt[12]), die Kaufleute wanderten nach Nürnberg ab. In Mainz bewilligte Erzbischof Siegfried III. 1244 den Bürgern das Recht, 24 Ratsmitglieder zu wählen; im Falle des Todes eines Ratsmitgliedes sollte ein anderer kooptiert werden[13]). Mainz als Vorort des Rheinischen Bundes leitete diesen, wie es heißt, „durch Richter und Rat"[14]). Um 1300 hatte der Rat in Mainz das Übergewicht[15]). Langjährige Kämpfe zwischen Patriziern und Zünften führten aber auch hier zur Eroberung der Stadt durch den Erzbischof, der sie 1462 zur erzbischöflichen Landstadt degradierte und ihr den selbstgewählten Stadtrat entzog[16]).

b) Der Rat im kölnisch-lübischen Kreise

Die rheinischen Bischofsstädte sind, wie wir sahen, die ältesten Vertreter des Ratsgedankens gewesen. Aber nur wenig später bekannten sich auch andere Städte bereits zur Ratsverfassung. Die älteste sicher datierte Stelle stammt aus Lübeck für das Jahr 1201[1]), der Zeit des Beginns der Dänenherrschaft. 1204 gewährte Waldemar von Dänemark, dem Barbarossaprivileg von 1188 entsprechend, der Stadt das Recht der Kore und der Münzprüfung, die von den Konsuln auszuüben waren[2]). Die Fassung der Urkunde von 1201 beweist, daß es sich damals nicht um die Neueinrichtung der Ratsverfassung handelte; sie dürfte einige Jahre älter gewesen sein, also wohl der Zeit Heinrichs VI. oder Philipps von Schwaben angehört haben. Friedrich II. erhob Lübeck 1226 zur Reichsstadt; 1223 wurde die Dänenherrschaft beseitigt, was zu einer wesentlichen Stärkung der lübischen Ratsverfassung führte. Damals urkundete der Rat für von ihm erlassene Schiedssprüche[3]), gab Zeugnis ab über bischöfliche Zehnten und Grundstücksübertragungen, entschied in Zollsachen und schloß Handelsverträge mit Hamburg ab[4]). Und nun kam es auch zu den ersten deutschen statutarischen Bestimmungen über die Ratsverfassung: Wohl vor 1225 entstand ein Statutenfragment, das den Konsuln das Recht der Kore und der Münzprüfung überläßt[5]). Seit 1226 zeichnete der Rat Statuten auf über die Schelte von Urteilen des Rats und über das Ratszeugnis[6]), seit 1227—42 solche über Mitwirkung des Rats bei Setzung eines Vormundes, über Bußen bei Verletzung eines Ratsherren in Stadtgeschäften und über Beisitz zweier Ratsleute im Vogtgericht[7]). Urkunden bestätigen, daß der Rat das führende Stadtorgan geworden war[8]). Von den Tochterstädten Lübecks erhielt Rostock bereits bei der Gründung (1218) eine Ratsverfassung[9]). Für die Tochterstädte Schwerins, Güstrow und Parchim, ist sie 1228 bzw. 1230 belegt[10]).

Hamburg folgte dem Beispiel Lübecks. Die älteste datierte consules-Stelle aus dieser Stadt stammt von 1225: Graf Adolf IV. von

Schauenburg bestätigte die Privilegien Friedrichs I. und Adolfs III. für Hamburg[11]). Aber schon von Adolf III. haben wir eine gleiche Bestätigung, die jedenfalls nicht 1190, vermutlich erst 1210 entstanden ist[12]). Erst der Vertrag mit Lübeck von 1230 bringt dann wieder eine Nachricht über den Stadtrat; weitere Belege stammen aus den Jahren 1239 und 1241. Interessant ist die Urkunde von 1258; damals verpflichteten sich die Grafen von Holstein, den Hamburgern die Burg abzutragen und leisteten deswegen dem Rat ein Treuegelöbnis[13]). Genaueres über die Ratsverfassung hören wir erst im Stadtrecht von 1270[14]). Auch in Bremen stammt die älteste consules-Stelle aus dem Jahre 1225[15]). Ihr geht keine frühere voraus. Bei der Erweiterung der Rechte der Stadt für den Erzbischof im Jahre 1233 treten 12 consules als Zeugen auf[16]). Bereits 1246 erhielt der Rat eine Ordnung durch den Erzbischof[17]).

Auch für Soest müssen wir, wie für Lübeck, die Entstehung der Ratsverfassung auf kurz vor 1201 datieren. Es ist unwahrscheinlich, daß die Tochterstadt in diesem wichtigen Punkte der Mutterstadt vorausgegangen sein sollte. Zwar folgte Köln erst 1216 nach, aber aus einem besonderen Grunde, der die Entwicklung zurückhielt[18]). Art. 36—52 und 63 des Soester Stadtrechts werden am besten vor 1200 datiert werden können[19]). In ihnen wird die Ratsverfassung in das System der Eidgenossenschaft eingefügt; es ist die Rede vom Rathaus, vom Ratszeugnis, dem Glockenläuten, der Autonomie usw.[20]). Feste Datierung finden wir nicht vor 1213[21]). Die erste Ratswahlordnung stammt erst von 1260[22]).

Soests Tochterstadt Lippstadt wurde zwar schon um das Jahr 1200 zur Stadt erhoben, aber die Ratsverfassung ist hier wohl erst um 1220 bei der Fertigstellung des Stadtprivilegs aufgenommen worden[23]). Die ersten Ratslisten sind undatiert, aber wahrscheinlich um 1230 anzusetzen[24]), 1238 treten 2 magistri consulum in Lippstadt auf[25]). Die Aufzeichnung über das Stadtrecht von Mark, die zwischen 1220 und 1226 niedergeschrieben wurde und die auf das Soest-Lippstädter Recht zurückging, enthält bereits Bestimmungen zur Ratsverfassung und spricht von den „consiliarii" und „proconsules". Sie wurde nach der Stadtverlegung von 1226 das Stadtrecht von Hamm[26]). Etwas später liegen die Nachrichten über Dortmund. Ob die Ratsliste von 1230, die 18 consules aufzählt, authentisch ist, wird bestritten[27]). Um 1240 dagegen bestand der Rat nachweislich. Erbloses Gut wurde damals schon vom Rate verwahrt, und 1241 werden 18 consules Tremonienses als Zeugen aufgerufen[28]). Das lateinische Stadtrecht von etwa 1250 überträgt dem Rate die jährliche Wahl des Stadtrichters, Maß und Gewicht, ein Lebensmittelgericht, die Kontrolle der Steuerpflichten usw.[29]). Wie in Soest kam es auch in Dortmund erst 1260 zu einer Ratswahlordnung[30]).

In den Klosterstädten Herford und Hameln treten consules 1219—26 und 1235 auf[31]), in den Bischofsstädten Paderborn, Münster, Minden und Osnabrück seit 1238, 1239, 1243 und seit 1245[32]).

c) Sachsen

Auch für Thüringen und das ostsächsische Gebiet besitzen wir frühe Zeugnisse der Ratsverfassung. So in der alten Handelsstadt Erfurt, wo schon 1212 eine Gruppe von 24 Bürgern auftritt, der die Stadtverwaltung anvertraut ist[1]) und die 1217 als „consiliarii" oder als „nobilis senatus" bezeichnet werden[2]). Man spricht dann auch vom „consilium civitatis", den „cives de consilio"[3]). Stendal, das erst von 1208 ab zu einer Gesamtstadt zusammenwuchs, besaß bereits 1215 consules, die schon 1233 in der Weberinnung eine führende Rolle einnahmen[4]). Das Stadtrecht Friedrichs II. für Goslar von 1219 anerkennt ebenfalls ein „consilium burgensium", einen Rat. Heinrich (VII.) und Wilhelm von Holland richten 1234 und 1252 Urkunden an die consules von Goslar. Die erste städtische Urkunde von Vogt, Rat und Gemeinde stammt von 1254[5]). Für Braunschweig-Hagen bringt der Zusatz Ottos des Kindes zum Privileg Heinrichs des Löwen wohl bereits für 1227 die Nachricht, daß die Konsulatsverfassung schon auf längere Zeit zurückgehe[6]). Braunschweig-Altstadt bezeugt den Stadtrat für 1231, die Alte Wik für 1240, beide mit 12 consules[7]). Bei der Stadteinigung von 1269 treten 20 consules für die Stadt, jetzt auch welche für die Neustadt[8]), und zwar 3, auf. Für Lüneburg sind „consules civitatis" 1239 belegt[9]). Magdeburg ging seit 1244 allmählich von der Schöffenverfassung zur Ratsverfassung über. 1244 bestätigten die „scabini consules", 12 Ratsmannen, die Innung der Schwertfeger; um 1250 vermittelte der Rat der Altstadt beim Bau der Mauer der Neustadt[10]). Das Magdeburg-Breslauer Recht von 1261 stellt den Rat, der jährlich gewählt wurde, als eine seit der Gründung der Stadt bestehende Einrichtung dar[11]). Völlige Scheidung von Schöffenbank und Ratstisch trat in Magdeburg 1293 ein[12]). In Halle übten seit 1258 Stadtrat und Gemeinde die Verwaltung aus; der Rat verfügte 1266 über städtischen Grundbesitz[13]). In Leipzig wird der Rat erst 1270 erwähnt[14]). Bemerkenswert ist, daß in Freiberg die 24, die meist Geschworne, jurati, heißen, vom Markgrafen 1241 als consules bezeichnet werden[15]).

Aus den beiden ostsächsischen Bischofsstädten Hildesheim und Halberstadt haben wir erst 1240 bzw. 1241 Nachrichten über den Rat[16]). In Hildesheim treten 19 jährlich wechselnde consules auf, die die Stadtgeschäfte verwalten; übrigens hatte die Dammstadt, die flandrischen Ursprungs war, schon 1232 consules.

d) Schwaben

In Freiburg i. Br., wo die „conjuratores" schon 1120 als Stadtbehörde auftreten, werden diese nach dem Aussterben der Zähringer seit dem Stadtrotel von 1218 durch die consules ersetzt[1]). Consules treten hier in der Zahl von 24 auf. Sie überwachen Maß und Gewicht, erlassen Bestimmungen über Lebensmittel und Stadtverwaltung, haben einen festen Sitz unter den Lauben und leisten eine nur beschränkte Schadensersatzpflicht bei Gerichtsschäden; bei Berufungen zum Oberhof in Köln müssen mindestens 2 von den 24 consules entsendet werden[2]). Eine vom Schreiber des Stadtrotels geschriebene Urkunde von 1223 geht vom causidicus, den 24 consules und der „universitas civium de Friburc" aus[3]). Bei der Berufung der Dominikaner 1236 sind weiter die 24 Konsuln und die Gemeinde Vertragspartner[4]). Seit der Revolution gegen die Aristokratie von 1248 treten neben die lebenslänglich bestellten 24 weitere jährlich gewählte 24 hinzu[5]). Für Zürich war das Aussterben der zähringischen Reichsvögte von erheblicher Bedeutung. Zürich wurde 1219 königliche Stadt[6]), und 1220 tritt zum ersten Male ein Stadtrat auf[7]), der bald dauernde Einrichtung blieb[8]). Der Züricher Rat leistete der Stadt und dem Stift einen Schutzeid[9]). Er bestand aus 12 Personen. Der Rat nahm in einer Urkunde einen Weg des Stifts in seinen Schutz auf und schloß für die Stadt Verträge mit anderen Städten ab[10]). Das Aussterben der Zähringer hat auch in Bern die Errichtung der Ratsverfassung ermöglicht. In der Handfeste von 1218—20 ist der Stadtrat bereits anerkannt, und 1224 steht der causidicus mit dem „consilium tocius civitatis" an der Spitze der Stadt[11]). 1226 sind 12 consules als Zeugen bei der Übertragung einer Schirmvogtei aufgeführt[12]). Aber erst nach 1256 wird der Rat häufiger erwähnt[13]). Das westschweizerische Hochgebirgsstädtchen Flumet, von Freiburg i. Br. ausgehend, spricht von der Behörde der 12 conjuratores, die aber auch consules genannt werden[14]). Freiburg i. Üchtlande redet 1249 von den 24 jurati, aber auch von consules[15]). Etwas später kommen auch in Dießenhofen und Winterthur consules vor[16]).

Spät ist in der alten Bischofsstadt Augsburg ein Rat zur Entstehung gekommen; die erste Nachricht hierüber stammt von 1257[17]). Die starke Hand bedeutender Bischöfe, besonders die Hartmanns von Dillingen (1248—86), verzögerte zunächst die Ratsbildung. Doch blieben schließlich die Bürger im Kampfe siegreich, und so erhielt sich die Ratsverfassung dauernd[18]). Das Stadtbuch von 1276 berichtet von einem Geschworenenrat von mindestens 12 Ratsleuten, die aus dem Kreise der Besten und Verständigsten zu nehmen seien. Der Rat wechselte offenbar jährlich. Der abtretende Rat hatte vorher einen neuen zu bestellen[19]).

Ulm erhielt ungefähr gleichzeitig einen Rat: In einem Vertrag der Stadt mit dem Vogt von 1255 wird die Stadt vom minister, den consules und der „universitas civium" vertreten[20]); 1264 ist das „commune consilium" von 12 Ratsleuten besetzt. Eine Rechtsmitteilung Ulms an Ravensburg spricht von den „consules jurati"[21]). In Eßlingen finden sich 1248 12 „consules seu judices"[22]), in Hagenau 1255 „consiliarii" nach Straßburger Recht, in Neuenburg 1273 „consules et jurati", in Breisach 1275 ein consilium von 12 Ratsleuten, die alljährlich durch das Volk gewählt wurden[23]).

e) Franken

In den Städten des fränkischen Rechts machte die Ratsverfassung nur langsam Fortschritte, da die Institution der Schöffen sich auch der Stadtverwaltung bemächtigte. Eine Ausnahme bildete Fritzlar, das schon zu Beginn der Herrschaft Friedrichs II. unmittelbar nach der Gründung der Stadt 1217 von den Vierundzwanzig spricht, die als Rat des burgum Fritzlar auftreten; 1246 werden consules genannt[1]). In diese Periode gehört auch noch Kassel, das in seinem Stadtrecht von 1239 neben der „universitas civium" 12 consules kennt[2]). In der Zeit Wilhelms von Holland (1247—56) und des Interregnums machte die Ratsverfassung bedeutende Fortschritte. Wilhelm erhob Hersfeld 1249 zur Reichsstadt mit Ratsverfassung und anerkannte 1252 die Ratsverfassung von Aachen[3]). In einem Vertrag von Boppard mit Koblenz von 1253 stehen die Bopparder consules an der Spitze der Vertragschließenden; 1291 erfahren wir dann Näheres über die Ratsverfassung, wonach $2/3$ Ministerialen, $1/3$ Bürger (Schöffen) stellen[4]). In der Urkunde Wilhelms von 1254 für Oppenheim steht der Rat erst an dritter Stelle nach Schultheiß und Schöffen, seit 1266 aber vor den Schöffen[5]). Über die Unterhaltung des Weges zur gemeinsamen Weide entscheidet der Rat[6]). Den Beitritt von Neuß zum Rheinischen Städtebund vollzogen Schöffen und Ratsleute. Den Ausdruck consul vermied der Erzbischof in seinem Privileg von 1259. Neben den Schöffen stehen dort die „officiati"[7]). In Wetzlar erging 1260 ein Schiedsspruch zwischen Schöffen und Bürgerschaft, wonach die Gemeinde jährlich 12 geschworene Ratsleute wählen durfte, doch sollte die Wahl durch 24 Vertreter der Zünfte genügen[8]). Anders in Frankenberg, wo 1260 die 12 Schöffen zugleich Ratsleute sein sollten, aber lebenslänglich bestellt mit Selbstergänzung im Todesfalle[9]). In der Pfalzstadt Frankfurt am Main traten seit 1260 und noch 1297 die consules neben die Schöffen, und zwar an zweiter Stelle[10]); in Friedberg nahmen 1266 die consules die erste Stelle ein[11]). Frankfurt a. d. Oder erwähnt seine 12 consules zuerst 1267[12]).

f) Bayern

In Bayern hat die Ratsverfassung zunächst nur in den alten Bischofsstädten Regensburg und Passau Eingang gefunden, wenn auch langsam und vielfach gehemmt. In Regensburg ist der Kampf um die Ratsverfassung seit 1227 im Gange gewesen; er wurde erst 1245 beendet[1]). Das im Stadtrecht von 1225 für Passau anerkannte „consilium civium" wird schon 1231 wieder erwähnt: es bestraft hier die Vergehen der Bäcker. 1298 verbot ein Schied des Reichstags zu Nürnberg den Passauer Rat, der sich indes doch weiter erhielt[2]). Noch nicht völlig geklärt ist die Geschichte der Ratsverfassung für die beiden bedeutendsten bayrischen Städte München und Nürnberg. Der Münchener Rat wird zuerst 1289 erwähnt, aber schon 1265 wird eine städtische Behörde zur Vermögens- und Finanzverwaltung der Stadt vorausgesetzt, deren Charakter uns freilich unbekannt ist[3]). Genaueres bringt die Handfeste Rudolfs I. von 1294. Der Rat der Zwölf, so heißt es darin, entscheidet über die Steuerpflichten der Bürger, über das Stadtrecht und über die vom Stadtrichter zu erlassenden Friedegebote; der Stadtrichter ist an die Erlasse des Stadtrats gebunden[4]). In Nürnberg tritt der Rat 1256 zum ersten Male auf; Schultheiß, Rat und Stadtgemeinde wünschen der Stadt Regensburg Glück zur Aufnahme in den Rheinischen Städtebund[5]). Neben dem Rat bestand ein schon älteres Schöffenkolleg[6]); beide Behörden wirkten an der Rechtsmitteilung des Nürnberger Judenpfandrechts an die Stadt Weißenburg 1288 mit[7]). Rat und Schöffen setzten 1313 das Nürnberger Stadtrecht fest. Vom Rat erfahren wir, daß der Schultheiß jährlich vor den consules civitatis einen Gerichtseid zu leisten hatte[8]). In Landshut kommen 12 „rectores civitatis" vor, die über die Bürgerrechte im Streitfall zu entscheiden haben; der Ausdruck consul wird vermieden[9]). Auch in Dingolfing steht 1274 das „consilium juratorum civitatis" an der Spitze der Stadt[10]). Für Amberg erließ Herzog Rudolf ein Stadtrecht 1294 mit einem Rat von 8 oder 10 Leuten[11]). In Straubing dagegen sind um 1300 nur „der Stadt Geschworene" nachweisbar, erst 1330 erscheint der Rat[12]).

g) Österreich

Unter den österreichischen Städten hatte Wien die Führung. Hier übten 24 Geschworene aus dem Kreise der meliores die Stadtverwaltung aus[1]). Ihnen stand die Autonomie zu[2]). Das entsprach den Ideen der niederfränkischen Eidgenossenschaft wie denen von Freiburg i. Br.[3]). Nicht sicher ist, ob die Notiz „consules civitatis" unter den Zeugen am Schlusse des Stadtrechts von 1221, die in einer Handschrift des 13. Jh. vorkommt, zum alten Bestand gehört hat[4]). Kaiser Friedrich II., der

Wien zur Reichsstadt erhob[5]), erwähnt in seiner Handfeste von 1237 das „consilium civium" nur anläßlich der Richterwahl[6]). Erst Rudolf von Habsburg ordnete den Stadtrat eingehend in 2 Privilegien, die den Wienern 1278 ausgefertigt wurden[7]). Die Autonomie des Stadtrechts beruhte, abgesehen von Privilegien, auf Ratsstatut und städtischen Gewohnheiten. Künftige Ratsstatute wurden von Rudolf im voraus anerkannt. Der Stadtrichter war den Statuten bei Strafe unterstellt, als ob sie kaiserliche Gesetze wären. Der Rat hatte die Haltung der städtischen Privilegien zu überwachen, die Bürgerschaft diese mit Gut und Blut zu verteidigen[8]). Der Rat bestand aus 20 Konsuln, doch konnte er selbst die Zahl erhöhen oder herabsetzen. Wählen oder gewählt werden konnten nur Patrizier[9]). Der Rat hatte für das Wohl der städtischen Bevölkerung zu sorgen und hielt in der Woche mehrere Sitzungen ab[10]). Das Stadtrecht Albrechts I. von 1296 ließ die Ratsverfassung im wesentlichen bei Bestand, bestimmte allerdings, daß die 20 patrizischen Ratsleute von der Stadtgemeinde nach Majorität zu wählen seien[11]), und daß es angesessene, verheiratete und bekindete Leute sein müßten[12]), schränkte also die Willkür des Patriziats ein. In den Rudolfinischen Privilegien von 1278 erscheint der Stadtrat voll patrizisch, und das war er bereits in der Zeit Ottokars von Böhmen; 1278 ließ Rudolf lediglich das reiche Geschlecht der Paltram ächten[13]), weil es sich für Ottokar eingesetzt hatte. Die Rudolfinischen Privilegien dürften ihrem wesentlichen Inhalt nach den Ottokarischen entsprochen haben, von denen uns freilich keines überliefert ist. Rudolf mußte es vermeiden, die Vorrechte des Patriziats über das notwendige Maß hinaus zu beschneiden.

Von den deutschen Städten in Böhmen und Mähren hebe ich Prag, Brünn und Iglau hervor. Hier war die niederfränkische Eidgenossenschaft mit ihren jurati das Vorbild für die Stadtverfassung, wie wir sie auch in Wien gefunden haben. Nach dem Stadtrecht König Wenzels I. für Brünn 1243 ordneten die 24 „jurati civitatis" die Stadtangelegenheiten[14]). Diese durch die jurati ausgeübte Autonomie der Stadt ist in der Handfeste für Iglau von 1249 übernommen und durch weitere Bestimmungen gesteigert[15]). Nach einem Statut für Prag von 1287 hat der Stadtrichter nach Stadtrecht und nach dem Willen des Rates der Stadtgeschworenen zu richten[16]). Erst im 14. Jh. wird es üblich, die jurati als den Stadtrat zu bezeichnen. Das findet sich im Brünner Schöffenbuch, wo im „plenum consilium civitatis per viginti quatuor juratos" Beschlüsse gefaßt werden[17]). Im Brünner Statutarrecht werden die jurati, die jährlich wechseln, auch Schöffen und consules genannt[18]). Auch in Iglau sind jurati und scabini ein und dieselbe Behörde von 12 Mann[19]). Von consules wird ebenfalls gesprochen, wenn auch selten; diese Behörde ist dann mit den scabini und jurati identisch[20]). In Olmütz hieß die Stadtbehörde bis 1300 jurati, von da ab consules[21]).

Von Ottokar II. stammt auch noch das Stadtrecht von Tulln von 1270, das die 12 jurati als autonomes Stadtorgan anerkennt, wie das auch für andere Städte Ottokars vorgeschrieben ist. Für den Notfall verspricht der König hier den Geschworenen seinen Beistand. Die 12 Geschworenen hielten auch das Stadtgericht ab. Sie sorgten für die Aufrechterhaltung der städtischen Privilegien[22]). Nach dem Privileg für Wiener Neustadt von 1277 treten die jurati als Urteilfinder auf und üben die Marktpolizei aus[23]).

4. EINSETZUNG DES STADTRATES
a) Wahl

Die Einsetzung des Stadtrates erfolgte durch die Stadtgemeinde. Das ergab sich aus der eidgenossenschaftlichen Idee, die sich zunächst beim Eintritt der Ratsverfassung forterhielt. Die Wahl durch die Bürgerschaft ist auch keineswegs so selten überliefert, wie man früher glaubte[1]). Schon die ältesten diesbezüglichen Urkunden der rheinischen Bischofsstädte stehen auf dem Standpunkt der Gemeindewahl. Philipp von Schwaben bezeugt für Speyer die Wahl der Zwölf durch die civitas; die Zwölf, so sagt er, sollen die Leitung der Stadt übernehmen[2]). Jährliche Wahl der 12 Konsuln bestätigt weiter das Straßburger Stadtrecht von 1214[3]). Freilich waren die Bischöfe dieser Entwicklung feindlich gesinnt, und so mußte schon Friedrich II. ein vom Trierer Erzbischof 1218 gewiesenes Reichsurteil erlassen, das vorübergehend zur Abschaffung des Rats in Basel führte[4]). 1248 verbot der Papst die Ratswahl in Konstanz[5]), und auch in Köln versuchte der Erzbischof, die seit 1215 eingesetzte Ratsverfassung zu beseitigen, was ihm freilich nicht mehr gelingen konnte; so blieb es bei dem alten Rechtsbrauch, Räte durch die Stadtgemeinde wählen zu lassen[6]). Und den Regensburgern gestattete 1245 Friedrich II. zur Bestrafung des abtrünnigen Bischofs, selbst einen Rat einzusetzen[7]). Ein Jahr später bestimmte der Bischof von Bremen, daß die Stadtgemeinde den Rat wählen solle[8]). Jährliche Ratswahl durch die Bürgerschaft findet sich weiter im lübischen und magdeburgischen Kreis sowie in Erfurt[9]), sodann in Bern, Breisach und Schlettstadt[10]), in Brünn, Wien und Salzburg[11]), in Wetzlar, Wipperfürth, Siegburg und Hamm[12]).

Die Wahl durch die gesamte Bürgerschaft wurde nun aber vielfach durch die Wahl engerer Kreise abgelöst. Nur die „besseren Leute" konnten dann noch Räte wählen, da ja auch sie allein gewählt werden konnten. So sollten in Heilbronn 1281 die 12 Konsuln von den meliores bestimmt werden[13]), und in Bonn hatten die maiores über den Wechsel der Ratsmitglieder im neuen Jahr Bestimmungen zu treffen[14]). In Dortmund hielt sich sogar ein Vorrecht der alten Kaufmannsgilde, der Reinoldsgilde, die 6 Räte aus ihrem Kreis jährlich wählte, während 6 Handwerkergilden 12 Räte ernannten[15]). Komplizierter war die Ratswahl in Minden, wo jährlich aus der Kaufmannsgilde und 3 Handwerkerinnungen 40 meliores bestimmt wurden, die ihrem Kreise 12 Ratsleute entnahmen[16]). Noch enger wurde der Kreis der Ratswähler, wo nur die Mitglieder des abgehenden Rates bei der Wahl des neuen Rates mitzuwirken hatten. So lag es in Straßburg seit 1263; nach dem Friedensvertrag der Stadt mit dem Bischof sollte allein der bisherige Rat den neuen zu wählen haben[17]). Die Wahl hatte jährlich stattzufinden, das war auch am Ende des 13. Jh. für Augsburg, Rheinfelden und Wien bestimmt[18]). Jährliche Ratswahl durch den alten Rat war aber auch in Norddeutschland sehr üblich. In Hamburg z. B. wählte der Rat am Peterstag 1292 von den 16 Ratsleuten 14 wieder; diese 14 konnten lauter neue berufen, doch sollten sie 6 alte behalten. In Freiberg hatten die 12 Geschworenen jährlich an Mariä Lichtmeß 6 neue Geschworene zu wählen, die zu sich weitere 6 gesellten. Einfacher war die jährliche Ratswahl am Martinsabend in Hildesheim[19]), und ähnlich in Lippstadt, wo seit alter Gewohnheit der alte Rat jährlich den neuen wählte, während in Rheinberg jährlich 6 Ratsleute ausschieden und weitere 6 von den verbleibenden hinzugewählt wurden[20]). In Köln wählten die 15 Ratsleute jährlich neue 15, und zwar hatte jeder Ratsmann einen neuen aus seinem Geschlecht vorzuschlagen[21]). Vielfach entwickelten sich auch erheblich kompliziertere Formen. In Osnabrück z. B., wo der Rat mit 16 Schöffen besetzt war, fand die jährliche Wahl nach Neujahr in der Form statt, daß 2 Schöffen durch Würfel ausgespielt wurden, diese 2 wählten 16, die dann ihrerseits 4 aus der Neustadt, 4 aus der Johannesleischaft, 4 aus der Buttenburg, 2 aus der Binnenburg und 2 aus der Haseleischaft als Schöffen bestimmten[22]).

Schied nur ein Ratsmann aus, so ergänzte sich der Rat häufig selbst durch Zuwahl, wie in Flumet, Mainz, Duisburg oder anderen rheinischen Städten[23]). In Köln dagegen wurde jeder ablebende Ratsmann nach 8 Tagen durch Wahl eines neuen aus dem Geschlecht des Toten vom Rat ersetzt[24]), so daß es lange Zeit in Köln bei 15 Ratsgeschlechtern verblieb[25]).

b) Zahl der Ratsmitglieder

Die Zahl der Ratsmitglieder wurde schon durch Heinrich VI. auf 12 festgelegt[1]). Bei den rheinischen Bischofsstädten können wir für Speyer, Utrecht und Straßburg die Zwölfzahl nachweisen[2]). Auch in Köln wird das die ursprüngliche Zahl gewesen sein[3]). Nur in Worms findet sich die erstaunliche Zahl von 40 judices oder consiliarii, die in den Annales Wormatienses noch für das Jahr 1233 bestätigt werden[4]). Im übrigen aber läßt sich die Zwölfzahl der Ratsmitglieder in allen Stämmen des Reiches im 13. und 14. Jh. nachweisen: in Rheinland und Westfalen[5]), in Sachsen[6]), in Thüringen/Meißen[7]), in Schwaben und der Schweiz[8]), in Bayern und Österreich[9]). Man kann die Zwölfzahl durchaus als die Normalzahl für die deutschen Städte beanspruchen.

Die zweitwichtigste Zahl ist die Vierundzwanzig. Schon in einer Urkunde von 1209 für Passau wird bei der Aufnahme einer Steuer für die Ummauerung des suburbium eine Kommission von 24 Bürgern eingesetzt[10]). Die Vierundzwanzig finden sich weiter in den alten Handelsstädten Soest, Erfurt, Freiburg i. Br. und Wien[11]), auch in Fritzlar, Freiberg und Lübeck[12]), sodann in Bremen, Mainz, Lüneburg, Freiburg i. Üchtlande, Rostock, Zürich, Regensburg, Osnabrück, Stralsund und Brünn[13]). Die Gründe, warum man eine so hohe Zahl von Ratsleuten aufstellte, sind offenbar nicht eindeutig gewesen. Daß die Zahl der Ratsleute für den Normalfall verdoppelt wurde, ist nur für Freiburg i. Br., Fritzlar, Freiberg, Wien und Brünn aus dem Wortlaut des Textes anzunehmen[14]). In anderen Städten zog man in besonders wichtigen Fällen zum gegenwärtigen auch den zukünftigen Rat hinzu, um für den Einzelfall die Autorität der Weisung zu steigern, wie in Lübeck, Lüneburg, Zürich oder Erfurt[15]), ja man ging auf 36 hinauf durch weitere Zuziehung des Rates des vergangenen Jahres; in Soest und Bremen ging man dann von 36 wieder auf 24 zurück[16]). In Osnabrück setzten sich die 24 aus den 12 scabini und aus den 12 consules zusammen[17]). In allen Fällen handelte es sich um die Verdoppelung der Zwölfzahl. Überhaupt erlaubte dem Rat seine Autonomie, die Zahl der Ratsstellen zu erhöhen oder zu vermindern[18]). So gingen einige bedeutendere Städte zur Zahl 18 der Ratsmitglieder über, wie besonders Dortmund bereits seit 1230, weiter Soest, Speyer und Minden[19]). Eine Steigerung der Zahl um die Hälfte der Zwölfer lag nahe; so kam auch die um ein Drittel, ein Viertel oder ein Sechstel häufiger vor. Die 16 des Rates finden wir in Regensburg seit 1258, in Hamburg seit 1270, weiter in Paderborn, Rostock, Bremen und München[20]), die 15 in Lübeck, Worms, Erfurt und besonders in Köln[21]), die 14 in Trier, Lüneburg, Hamburg (1292), dann auch in Neuß und Speyer[22]). In Konstanz scheinen die Zahlen zwischen 12 und 16 geschwankt zu haben[23]). Kleineren Städten genügte vielfach ein Bruchteil der Zwölfzahl an Ratsleuten, so 6 in Enns, Landau a. d. Isar, Marburg und Oldenburg, 8 in Ratingen, Düsseldorf und Straubing; in den Schöffenstädten Lechenich und Brühl kommt die Siebenzahl vor[24]). Für Wesel verfügte der

Graf von Cleve, daß die Stadt die Zahl der Stadtschöffen frei bestimmen könne[25]).

c) Amtsdauer

Die Amtsdauer der Ratsleute betrug grundsätzlich 1 Jahr. Das bestimmte schon das Straßburger Stadtrecht von 1214, das von Braunschweig von 1231, und die Gerhardischen Reversalen von 1246 bestätigten das für Bremen[1]). Alljährlich wurde also eine Neuwahl vollzogen, und neue Leute traten an die Stelle der abtretenden[2]). In Lübeck-Memel wurden zwar neue Ratsleute gewählt, aber 2 von dem abtretenden Rat blieben im Amt; in Ripen blieben 4[3]). Ganz anders ging es wieder in Hamburg zu. Hier wurden 16 Ratsmannen gewählt, aber nur 6 neue traten in 2 Wahlgängen hinzu, während 10 vom alten Rat verblieben; 1292 kann sich der Rat vor dem St. Peterstag frei entscheiden, ob er in den neuen Rat nur alte oder 6, 4 oder 2 neue Ratsleute aufnehmen will[4]). In Köln und Braunschweig kam man seit dem 14. Jh. zu einem 3jährigen Turnus von 3 Räten. Im Kölner Eidbuch von 1341, nach dem jeder Ratsmann seinen Nachfolger jährlich aus seinem eigenen Geschlecht bestimmt, bleibt ein jeder nach seinem Amtsjahr 2 Jahre außerhalb der Stadtleitung, um erst im dritten Jahr wiederzukehren; alle 3 aber heißen „die Räte"[5]). Stärker ausgebaut ist dann dieses System im Braunschweiger Ordinarius von 1408. Alle 3 Jahre, so heißt es darin, sollen 36 Ratsmannen gewählt werden, von denen im ersten Jahr 12 die Leitung haben, während die anderen 24 als „Zugeschworene" fungieren[6]). In vielen Städten machte sich die Tendenz bemerkbar, die Stellung der Räte zur dauernden zu machen. Wo die Stadtverwaltung in den Händen von Stadtschöffen lag, war die Dauerstellung naheliegend. Das war vor allem in rheinischen Städten, wie Duisburg, Ratingen, Brühl, Düsseldorf, der Fall, wo die Schöffen auf Lebenszeit gewählt wurden, sonach nur eine Selbstergänzung in Frage kam[7]). Ebenso war es aber auch in Frankfurt am Main, wo das Schöffenamt zu einem dauernd selbständig übertragbaren Recht entwickelt worden war[8]).

d) Ratsfähigkeit

Die Ratsleute wurden dem Kreise der meliores entnommen. Seit dem Anfang des 13. Jh. können wir manchenorts Ratslisten nachweisen, die eine solche Abkunft belegen. So werden z. B. in der Konstanzer Ratsliste von 1220[1]) bei 16 Ratsleuten aus den 3 Geschlechtern der Shopho, der de Littore Fori und der de Winterthur 4, 2 und 2, also 8 — das ist die Hälfte — genommen; zu den Geschlechtern gehörten auch die in der Liste auftretenden Stroli, de Sancto Gallo, de Curia und Salome. Die

Liste von 1296[2]) mit wieder 16 Ratsleuten bringt 2 de Curia, 2 de Tetikoven, 2 Sweveli und je einen de Rinegge, in Turri, de Kasteln, de Scafufa, Untershophe und de Cruzelingen, alles bekannte Konstanzer Geschlechternamen. In beiden Fällen sind 2 Drittel der Ratsleute als meliores nachgewiesen. Ebenso in Bremen: 1233 treten die Friso, de Niemborch, Doneldey, Dux, de Rida, de Stadis, sodann die Söhne der domine Amelradis, Osterlindis, Eiliken, Ide, Osberni als Ratsleute auf[3]), 11 von 12 nachweisbar zu den Geschlechtern gehörig. 1300 erscheinen im Ratsprivileg für die Riemenschneider wieder die Friso, de Nigenborch, Doneldey mit je 4 Personen im Rate, sodann die de Verda mit 3 Personen, weiter die Winman, Luscus, de Harpenstede, de Haren, Reymari, Jughals, Meynwardus[4]), sämtlich aus langjährigen Ratsgeschlechtern stammend. In Köln sind in die erste Ratsliste von 1305 n u r Vertreter der Aristokratie aufgenommen: 2 Overstolz, 1 Grin, Jude, Hardevust, Scherfgin, Spiegel, Quattermart, Lyskirchen, de Pavone, de Cornu, Gyr, Birklin, Aducht, Kleingedank[5]), und so blieb es bis zur Zunftrevolution von 1396. Auch nach dem Stadtrecht von Flumet von 1228 werden die 12 Ratsleute aus den meliores entnommen[6]). Dasselbe besagt das Stadtbuch von Augsburg von 1291 sowie das Bonner Stadtrecht von 1285[7]).

Nicht vergessen darf werden, daß die meliores nicht nur die Ratsleute bestimmten[8]), sondern neben dem Rat wichtigen Einfluß ausübten. Sie traten neben ihm als Zeugen auf[9]), wurden in wichtigen Fragen als Berater zugezogen[10]) und wirkten bei Verwaltungsangelegenheiten der Stadt mit[11]). Auch bei der Beschlußfassung waren sie mittätig[12]) und hatten Anteil bei der autonomen Satzung[13]). In Konflikten zwischen Rat und Stadtherrschaft zog man sie als Schiedsrichter zu[14]). Andrerseits hatten die discreti auch mit dem Rate zu haften, wenn der Stadtherr meinte, die Stadtbehörden zur Verantwortung ziehen zu müssen. So exkommunizierte 1295 der Bischof von Hildesheim 12 Ratsleute und 15 meliores gemeinsam[15]). In die Melioreslisten wurden meist alle männlichen volljährigen Patrizier aufgenommen[16]).

Daß mehrere nahe Verwandte im Rat sitzen, wird schon im Stadtrecht von Straßburg von 1214 verboten. Und dieselbe Bestimmung kehrt noch 1341 in Köln und 1342 in Augsburg wieder[17]). Größere Städte mit einer hohen Anzahl von Geschlechtern waren daher meist in der Lage, einer Familie jeweils nur eine Ratsstelle zuzuteilen. Das war z. B. in Straßburg der Fall, wo aber bereits 1229 wieder 2 Ratsleute mit dem Namen Erbo auftreten[18]), die offenbar verschiedenen Zweigen des seit 1190 nachgewiesenen Geschlechtes der Erbonen entstammten. Auch andere Straßburger Ratslisten nennen noch 2 oder 3 Erbonen[19]), später dann mehrere Ripelin, Stubenweg, v. Kagenecken, Marsilius[20]), und im 14. Jh. mehrere Zorn, v. Mulnheim usw.[21]). In Augsburg verdankten führende Geschlechter ihrer besonderen Bedeutung, daß sie trotz aller Bestimmungen im Rate mehrfach vertreten waren, wie die Stolzhirsche, Langenmantel, Welser und Herbrot[22]). Auch in Regensburg waren die Geschlechter in der Regel nur mit einer Person im Rate vertreten, doch auch hier finden sich gelegentlich Ausnahmen: 1222 2 de Capella, 1286 in der Verordnung für die Münzer 2 Woller, 2 Lobel, 2 Chrazzer und 2 Zant, 1290 in der Ratsliste 2 v. Aue und 2 Woller, 1307 in einer Ratsordnung ebenfalls, 1312 2 v. Aue und 2 Lobel[23]). Zum Vergleich noch ein paar Worte über je eine mittel- und eine niederdeutsche Stadt, Erfurt und Lübeck. Unter den 24 in Erfurt sind 1217 2 de Guttinghe, und zwar 2 Brüder, die 1227 im Rate wiederkehren[24]), 1241 2 Osmunt, 1243 2 Quadrans[25]), von 1265 ab mehrfach 2 Vitztume und 2 Kerlinger[26]), im 14. Jh. je 2 v. Bitterleben, v. Herversleben und v. Salza[27]). In Lübeck waren die Geschlechter regelmäßig mit einer Person im Rate vertreten, mehrfach nur die de Bardewich, Vorrat, de Lapide[28]), im 14. Jh. die de Warendorp, de Alen, Pape und Attendorn[29]), offenbar Mitglieder besonders ausgezeichneter Familien.

Auch Ministerialen und Milites waren in manchen Städten als Ratsleute zugelassen, ja manchenorts haben sie eine führende Stellung erlangt. Ausgeschlossen blieben sie jedoch in den großen Handelsstädten. In Köln z. B. war das Meliorat fast ausschließlich kaufmännisch und im 13. Jh. das Patriziat rein bürgerlich, selbst soweit es den Titel miles erhalten hatte[30]). Auch in der Tochterstadt Freiburg i. Br. durften ursprünglich Ministerialen des Herzogs oder irgendwelche Ritter keinen Wohnsitz haben, geschweige denn Ratsleute werden; allerdings sind schon um 1250 viele Kaufleute Ritter geworden, die dann gleichzeitig Ratsleute waren[31]). In Lübeck ging die kleine Gruppe der Ministerialen, der Regalherren, der Zöllner und Münzer mit dem Ausgang des 12. Jh. im Bürgertum auf[32]). Die älteste Ratsliste von Straßburg von 1201/02 zählt 12 Ratsleute auf, von denen mindestens 2 Ministerialen waren[33]). Später wurden hier die ministerialischen Ratsleute von den bürgerlichen nicht mehr unterschieden[34]). In Worms, Basel und Zürich dagegen hat sich die Scheidung von ministerialischen und bürgerlichen Ratsleuten länger erhalten. In Worms bestimmte der Bischof 1233 in seinem Vertrag mit den Bürgern, daß der Stadtrat von 15 Mitgliedern mit 6 Rittern und 9 eidgenössischen Bürgern besetzt werden solle; 1233 änderte Friedrich II. das dahin ab, daß der Bischof jährlich 4 Dienstmannen und 8 Bürger zur Stadtverwaltung zu bestellen habe[35]). Auch in Basel kommen Dienstmannen und Bürger gemeinsam als Ratsleute vor, ohne daß es möglich wäre, das Zahlenverhältnis genau festzustellen[36]). Klarer liegen die Dinge in Zürich, da die Ratslisten der 12 meist milites und cives getrennt aufführen: 1231 stehen 4 milites neben 8 cives; 1250: 8 milites neben 4 cives; 1253: 5 milites neben 7 cives; 1256: der gegenwärtige Rat, 4 milites neben 7 cives, mit dem zukünftigen, 6 milites neben 6 cives; 1259: 4 milites neben 8 cives; 1298: 3 Ritter und 9 Bürger[37]). Die „Ritter" stammten meist von den Ministerialen der Äbtissin ab[38]).

In königlichen Städten wurden häufig neben der Ratsbehörde milites aufgerufen, um die Wahrheit einer Urkunde zu bezeugen. So traten z. B. in Frankfurt am Main in der Zeit Friedrichs II. vor den 12 Schöffen mehrere milites als Zeugen auf[39]). In Goslar wurden die milites in die Liste der Zwölf mit aufgenommen, so 1236 3 milites mit 8 burgenses[40]), 1269 aber wurde mit der Beseitigung der Reichsvogtei der Ritterstand wieder aus dem Rate verdrängt, und die Räte stammten seitdem ausschließlich aus dem Bürgerstande[41]). Die Reichsstädte Boppard und Oppenheim, die auf eine Reichsburg zurückzuführen sind, besetzten während des Interregnums ebenfalls den Stadtrat zum Teil mit Ministerialen, zum Teil mit Bürgern; in Boppard saßen 1291 2 Drittel Ministerialen und 1 Drittel Bürger im Rat, in Oppenheim 1287 16 Bürger und 16 Ritter, also von beiden die Hälfte[42]).

5. FUNKTIONEN DES RATES
a) Wehr- und Steuerhoheit

Die Funktionen des Rates waren in den meisten Städten in schneller Entwicklung begriffen. Wo freilich, wie in Köln, Schöffenkolleg und Meliorat (Richerzeche!) sich als Organe der Stadt erhielten, hat der Rat lange um seine Anerkennung als führendes Stadtorgan kämpfen müssen. Auch in Magdeburg und Regensburg mußte ein langer Streit ausgefochten werden, ehe Meliorat und Schöffenkolleg zugunsten des Rates verzichteten.

Wehr- und Steuerhoheit waren die wichtigsten Rechte, die den Städten durch die eidgenossenschaftliche Bewegung zugekommen waren. Die Errichtung und Unterhaltung der Stadtmauer und damit die Verteidigung der Stadt war Sache der Stadtgemeinde geworden. Für Köln hatte das bereits Heinrich IV. 1106 zugestanden[1]), und die Weiterentwicklung bestätigte trotz mancher Wirren dieses Ergebnis[2]): 1207 gestattete Philipp von Schwaben, die Stadt durch eine große Mauer zu befestigen[3]); nach dem Streit um den großen Schied von 1258, der den Sturz der Geschlechter und die Entstehung neuer stadtherrlicher Befestigungswerke androhte, stabilisierte eine Volkserhebung (1262) der Stadt die Wehrhoheit, und der Sieg der Bürger in der Schlacht bei

Worringen von 1288 sicherte ihnen die Unabhängigkeit gegen den Erzbischof.

Die Wehrhoheit war auch in den niederfränkischen und rheinischen Bischofsstädten garantiert. In Toul überwachten 8 Bürger die Stadtbefestigung[4]). In Verdun und Lüttich kam es 1209 zum Mauerbau der Einwohner[5]), 1229 veranlaßte der Herzog von Brabant die Bürger von Maastricht, ihre Stadt zur Sicherung gegen den Bischof von Lüttich zu ummauern[6]). In Straßburg hatte 1214 jeder Bürger der Stadt im Kriege mit seiner Wehrkraft zur Verfügung zu stehen[7]). In Speyer wie in Worms sehen wir die Stadt berechtigt, über die Stadtmauer zu verfügen[8]). In Augsburg ist die Wehrhoheit erst 1251 vom Bischof auf die Stadt zurückgekommen[9]). Dagegen hatte in Regensburg schon 1207 jeder gewerbetreibende Bürger alle Stadtlasten verhältnismäßig mitzutragen, die von der Bürgerschaft gesetzt wurden[10]). Gewisse Bußen bestimmten die Bürger hier zur Stadtbefestigung. Bau- und Unterhalt der Stadtmauer war in Magdeburg 1250 Pflicht des Stadtrates[11]). In Hildesheim überließ der Bischof 1249 der Bürgerschaft die Hoheit über die wichtigsten Stadttore[12]).

In älteren königlichen Städten ging die faktische Wehrhoheit infolge der regelmäßigen Abwesenheit des Stadtherrn schon früh auf die Bürgerschaft über. In Goslar z. B. überließ der König 1252 der Bürgerschaft fällige Bußen zum Mauerbau[13]). Die Dortmunder Bürger waren zur Stadtverteidigung und zum Tragen der Stadtsteuern verpflichtet; der Rat war der Hüter der Stadtmauer[14]). In der erzbischöflichen Landstadt Erfurt war 1212 schon die Stadtmauer Angelegenheit der Bürger; denn ihnen übertrug das Kloster Pforta eine halbe Mark „ad communem utilitatem muri civitatis"[15]). Die Stadt konnte hier von jedem Bürger verlangen, daß er, wenn nötig, zum Bau und Unterhalt von Wall und Mauer, zur Steuerzahlung und Stadtwache zur Verfügung stehe[16]). Die letztgenannten 3 Städte führten übrigens seit dem 13. Jh. das Stadtsiegel mit der Stadtmauer[17]), wie das auch Freiburg i. Br. seit 1218 tat[18]).

Die Befestigung der Stadt, besonders die Ummauerung, war Aufgabe der Bürgerschaft. Das wird bei Neugründungen des 13. Jh. klar ausgesprochen. Als Friedrich II. 1220 die Stadt Pfullendorf begründete, befreite er die Bürger auf 6 Jahre von allen Steuerlasten, damit sie die Stadtbefestigung beschleunigt durchführen könnten[19]). Der Graf von Geldern befahl 1233 den Bürgern der nach Zutphener Recht begründeten Stadt Emmerich, an der Stadtbefestigung mitzuarbeiten[20]). Der Erzbischof von Köln befahl 1243, die neue Stadt Bonn mit Graben und Mauern zu befestigen[21]). Ebenso häufig wurde eine schon früher begründete Stadt nachträglich von der Bürgerschaft mit Mauern oder anderen Befestigungen ausgestattet. Breslau, 1241 als Stadt zu deutschem Recht ausgesetzt, erhielt 1260 eine erste Ummauerung der inneren Stadt. 1274 verfügte der Herzog von Schlesien, daß alle Breslauer Grundstücksbesitzer eine Bede zur Errichtung der Stadtmauer zu leisten hätten[22]). Ebenso gestattete der Kölner Erzbischof den Bürgern von Rees, eine Akzise zu erheben gegen das Versprechen, eine Mauer gegen den Rhein zu bauen[23]). Stadtbefestigung war also weitgehend Stadtsache, Sache der Bürgerschaft[24]), oder, noch genauer festgelegt: Sache des Stadtrates[25]).

Die Steuerhoheit ging der Wehrhoheit parallel. In jeder eidgenossenschaftlichen Stadt stellte diese die zu zahlenden Steuern fest und war auch berechtigt, sie wieder abzuschaffen[26]). Jeder Gewerbetreibende wurde als steuerpflichtiger Bürger behandelt[27]). Die Steuerpflicht war aus der eidgenossenschaftlichen Hilfepflicht abgeleitet[28]). Das Ausmaß der Besteuerung wurde für jeden Bürger durch die Stadtgemeinde bestimmt[29]), nicht durch die Stadtrichter, ebensowenig durch die milites[30]). Maßgebend hierbei war die Leistungsfähigkeit des einzelnen; eine für alle Bürger gleiche Kopfsteuer hat es wohl niemals in den deutschen Städten gegeben[31]). Jeder Bürger hatte die Pflicht, seine Steuerschuld selbst einzuschätzen und zu beeiden[32]). Ausnahmen wurden gemacht für Neubürger, die mit besonderen Vorrechten aufgenommen waren, wie Klöster[33]), Edelherren[34]) usw.; andrerseits wurden auch stadtherrliche Beamte den Steuerpflichten unterstellt[35]), während etwa Ratsleute Befreiungen erhielten[36]). Die städtische Finanzverwaltung bedurfte einer straffen Konzentration. In Braunschweig kam es 1269 infolge der Stadteinigung zu einer gemeinsamen Stadtkasse, die von Rat und Meliorenrat gemeinsam betreut wurde[37]). Ebenso finden wir in der Dreistadt Rostock, die sich 1262 zu einer geeinigt hatte, die Verfügung über die städtische Steuer 1288 als einheitliche Aufgabe des Rates, der „discretiores" zuziehen mußte[38]). In Siegburg traten neben die 12 Schöffen jährlich 12 Schätzer, die die Steuern festsetzten und verteilten[39]). Manchmal wurde diese Aufgabe ausschließlich dem Rat übertragen[40]). Doch zog diese Behörde meist andere Personen zu, die in Steuersachen als Sachverständige mitarbeiteten[41]).

Neben der direkten Besteuerung kam in den Städten seit der Wende zum 13. Jh. eine indirekte auf, die vor allem die Lebensmittel betraf[42]). Dieses sogenannte Ungelt[43]), auch als accisa bezeichnet[44]), konnte von den Stadtbehörden[45]), und zwar ausschließlich nur gegen den Bürger, aufgelegt werden; auswärtige, in der Stadt Handel treibende Kaufleute durften noch im Mainzer Landfrieden von 1235 nur mit Zustimmung des Königs zur Zahlung herangezogen werden[46]). Die Einnahmen aus dem Ungelt durften nur für städtische Bedürfnisse verwandt werden[47]), worüber außer dem Rat vielfach noch eine besondere Kommission zu wachen hatte[48]). Dementsprechend war die Höhe des Ungelts zu erhöhen oder herabzusetzen[49]).

b) Stadtverwaltung

Das besondere Kennzeichen der eidgenössischen Städte war, daß die gesamte Stadtverwaltung in die Hände des Rates gelangte. Heinrich VI. spricht das für Speyer ausdrücklich aus: Die 12 Konsuln sollen nach bestem Können dafür Vorkehrungen treffen, daß das Stadtregiment nach dem Willen der Ratsleute geleitet werde[1]). Diese Ausdehnung der Selbstverwaltung ist besonders früh für österreichische Städte bezeugt, zuerst in Enns und Wien[2]), dann in Brünn und Tulln[3]). In Südwestdeutschland finden wir das gleiche in Freiburg i. Br., Breisach, Schlettstadt[4]) usw. Danach sollen die Ratsleute in allen Stadtangelegenheiten zu Ehren und zum Besten der Stadt frei verfügen. Dasselbe wird im sächsischen Gebiet ausdrücklich für Schwerin, Hildesheim und Freiberg ausgesprochen[5]).

Es ist bemerkenswert, daß in die ältesten Statuten, die von der Stadtverwaltung sprechen, Sätze über den Lebensmittelhandel und die Sorge für gerechtes Maß und Gewicht aufgenommen sind[6]). Solche Sätze durchzogen das ganze 13. und 14. Jh. und werden dadurch charakterisiert, daß sie völlig in den Händen des Rates lagen. Der Rat überwachte Maß und Gewicht auf ihre Richtigkeit[7]) und sorgte für Strafe bei Anwendung falscher Maße und Gewichte[8]). Er erließ Verordnungen, die die Richtigkeit der Maße festlegten[9]), und kontrollierte die öffentliche Waage[10]) sowie Güte und Preise der Lebensmittel[11]). Gold- und Silberhandel bedurfte der Genehmigung des Rates[12]). Die wichtigsten Gegenstände des Handels, deren Maße und Gewichte vom Rat überwacht wurden, waren Brot, Getreide, Fleisch, Fisch, Wein, Bier, Öl, Salz und Leinen, dazu Gold und Silber.

Eine reichsrechtliche Ordnung von Maß und Gewicht gab es im Hochmittelalter nicht[13]). Man muß annehmen, daß an den großen Handelsplätzen durch Handelsgewohnheit bestimmte Maße und Gewichte üblich wurden, die dann von den kleineren Orten übernommen wurden[14]). Dabei werden die karolingischen Normalmaße sich diesen weitgehend angepaßt haben[15]). Zwar ist es damals nicht zu einer Vereinheitlichung der Maße und Gewichte gekommen, wenn auch die Kirche die Lehre vom gerechten Maß vertrat und die Einheitlichkeit von Maß und Gewicht als ideale Forderung aufstellte[16]). Trotz dieser Anpassung muß man wohl damit rechnen, daß Maße und Gewichte leicht veränderlich waren und ihre Werte in den Städten durch den Rat festgelegt wurden. Das hier der Rat früh maßgebend wurde, ist durch den Umstand zu erklären, daß die Bemessung von Maß und Gewicht seit alters Sache der Kaufleute gewesen war, deren Funktionen sich im Rat fortsetzten.

Auch auf das Münzwesen übten die wichtigeren Handelsstädte einen wachsenden Einfluß aus. Das Münzrecht stand den Regalherren zu[17]. Das Interesse der Handelskreise ging nun weniger dahin, das Münzen in eigene Regie zu nehmen, als dahin, daß vollgültige und nicht schlechte Münzen in Verkehr kamen. Noch im Kölner Schied von 1258 beschwert sich die Bürgerschaft, daß der Erzbischof, der für seine Münzen geradezu ein Monopol in Anspruch nähme[18], minderwertige Münzen prägen lasse[19]. Es kam also der Stadt nur darauf an, das Recht zu erhalten, das Münzen durch den Stadtherrn überwachen zu dürfen. Bekanntlich bewilligte bereits Barbarossa dieses Recht der neugegründeten Stadt Hamburg-Neustadt 1189[20], und in Lübeck wurde vor 1225 dem Rat gestattet, die Prüfung der Münzen beliebig oft ausüben zu können[21], während in Regensburg eine Prüfung durch die Stadtgemeinde nur dreimal im Jahr erlaubt war[22]. In Bremen bestimmte der Vertrag zwischen dem Erzbischof und der Stadt 1233, daß in der Bremer Diözese schlechte Münzen nicht zugelassen sein sollten[23]. Das besagte, daß der Rat ein jederzeitiges Prüfungsrecht bezüglich der im Umlauf befindlichen Münzen hatte[24]. Weiter noch ging das Bremer Münzgesetz nach 1315, wonach der Rat das Recht hatte, die Münzen auf Güte und Wert zu prüfen, bevor sie von der erzbischöflichen Münze in Verkehr gesetzt werden durften[25]. 1369 ging die Bremer Münze in städtischen Pfandbesitz über[26]. Die Stadt Stade hatte dagegen das Münzrecht bereits 1272 erworben, Hannover 1322, Hamburg 1325 gleichzeitig mit einer Reihe wendischer Städte, wie Greifswald, Stralsund und Rostock[27]. In süddeutschen Städten begann diese Entwicklung noch wesentlich früher. In Worms und Augsburg übertrug der Bischof der Stadt die Münze auf Zeit, in Zürich die Äbtissin bestimmten Bürgern[28], in Regensburg und Freiburg gehörte im 14. Jh. die Münze der Stadt zu freier Verfügung[29]. Währungsgleichungen stellte in Köln der Rat fest[30]. Auch die Zollrechte der Regalherren sind häufig von ihnen an die Städte versetzt oder verkauft worden[31].

c) Der Rat als Vertreter der Stadt

Der Rat ist Vertreter der Stadt als einer juristischen Person geworden. Das war keineswegs überall von Anfang an geltendes Recht. In Köln z. B. vertreten noch 1297 Richter, Schöffen, Amtleute der Richerzeche und Rat gemeinsam die Stadt[1]; erst 1321 tritt der Rat als Vertreter der Stadt allein unter Ausschaltung der Schöffen auf[2]. Da-

Brünn

gegen ist etwa in Dortmund die Stellung des Rates viel früher befestigt. 1241 hat ein Konsul, der Gildevorsteher der Reinoldsgilde ist, zum Erwerb von Liegenschaften des Grafen für die Stadt diesem ein Pfand zu setzen. 1267 verpflichtet sich der Graf dem Rat als Vertreter der Stadt, seine Rechte nicht in fremde Hand weiter zu übertragen[3]). Den Rechtsschutzvertrag zwischen der Stadt Bremen und dem Grafen von Oldenburg beschworen Rat und Meliorat Bremens[4]). Der Stadtherr von Lippstadt, Herr zur Lippe, anerkannte den Rat als Schiedsrichter im Streit zwischen ihm und der Stadt[5]). In Fritzlar wird ein Bürgermeister als „prolocutor communitatis" in den Rat aufgenommen[6]). In Nordhausen sind 2 Ratsleute „sindici seu procuratoris loco universitatis"[7]). Der Rat von Hamburg bestellte Roger von Terno zum Prokurator der Stadt beim heiligen Stuhle[8]), der von Dortmund einen Prozeßprokurator der Stadt[9]).

Die Verfügung über städtisches Eigentum stand Rat und Gemeinde zu. In Stralsund schenkten Rat und Bürgerschaft dem neugestifteten Heiliggeisthospital eine der Stadt gehörige Insel[10]). In Zürich verglich sich der Rat mit der Äbtissin über eine Wasserleitung[11]). In Hamburg übertrugen Rat und Vogt städtischen Grundbesitz an den bisherigen Erbleiheberechtigten zu Eigentum[12]). Rat und Gemeinde von Worms verkauften der Stadt gehörige Renten an einen Bürger, während in Stralsund die Verfügung über solche städtische Renten ausschließlich den 24 Ratsleuten zustand[13]). In Goslar verpachtete 1323 der Rat, bestehend aus 24 Ratsleuten, die Schiefersteingrube der Stadt[14]). Auch die Allmende erscheint als städtischer Besitz: Die Stadt Straßburg erhob von jedem Nutzberechtigten einen Zins an die Stadt, die Stadt Worms verkaufte ein Stück Allmende[15]). Über das Vermögen des Stadtherren dagegen, besonders über seine Regalrechte, stand den Stadtorganen keine Verfügung zu[16]). Der Erwerb von Grundstücken für die Stadt vollzog sich durch Rat und Gemeinde: So erwarb die Stadt Hamburg ein Haus am alten Markt von Witwe und Kindern des Beyo, weiter Erfurt Brotbänke vom Kloster Ichtelshausen, die Stadt Greifenhagen das Dorf Dambrow vom Herzog von Pommern, Halberstadt einen Keller[17]). Auf dem Wege der Enteignung haben die deutschen Städte Grundstücke erworben, um sie zum Zwecke der Stadtbefestigung zu gebrauchen. Das früheste Beispiel dafür finde ich in Köln im Laurenzschrein: ein bepflanzter Graben wird zur Leihe gegeben, kann aber bei echter Not von der Stadt sofort als Eigentümerin zurückgefordert werden[18]). In Straßburg urkundet der Rat, daß zur besseren Befestigung der Stadt eine Insel enteignet wurde, an deren Stelle eine andere zur Entschädigung gestellt werden müsse[19]). In Kiel enteignete 1272 der Rat eine private Pfahlbefestigung für Kriegszwecke der Stadt[20]). In Trier wird der

Templerorden entschädigt, nachdem dessen Besitzungen durch neue Stadtbefestigungen Schäden erlitten haben[21]). Als in Freiburg 1275 zur Errichtung eines neuen Walls Klostergüter enteignet wurden, erhielt das Kloster vom Rat eine Entschädigung aus der Allmende[22]). In Ulm ließ der Rat wegen Kriegs- und Feuersgefahr einen privaten Turm abbrechen, für den eine Geldentschädigung von 30 Pfund Heller an den Eigentümer bezahlt wurde[23]).

Der Rat als Vertreter der Stadt bezahlte ihre Schulden und zog Forderungen der Stadt für diese ein. Im Vertrag der Stadt Augsburg mit dem Kämmerer Heinrich von Wollenberg von 1257 hat der Rat den von der Stadt zu tragenden Schaden zu bezahlen[24]). Auch mehrere Stralsunder Urkunden bezeugen die Verpflichtung des Rates, Schulden der Stadt zu bezahlen[25]), andrerseits nimmt der Rat Zahlungen für die Stadt in Empfang[26]). Bedurfte die Stadt einer Anleihe, so nahm der Rat diese auf. In Rostock waren es die 24 Ratsleute, die das Geld in Empfang nahmen, in Kiel 12[27]). In Bremen mußte jeder Ratsmann bei Antritt seines Amtes der Stadt 16 Mark leihen, die ihm der Rat am Ende seines Amtsjahres zurückzugeben hatte[28]). Die Stadt Eßlingen bürgte für Schulden des Grafen von Tübingen an das Kloster Bebenhausen, wobei Richter, Rat und Gemeinde für die Stadt auftraten[29]).

d) Amtspflichten der Räte

Die Rechtsstellung der einzelnen Ratsmitglieder wurde allmählich festgelegt. In den ersten Zusatzartikeln zum Stadtrotel von Freiburg i. Br. (zwischen 1218 und 1246) wird berichtet, daß jeder Konsul seit alters einen festen Amtssitz habe, der auf seinen Nachfolger übergehe[1]). Jedes gewählte Ratsmitglied, so heißt es, muß das Amt annehmen und kraft Eideszwangs getreulich verwalten[2]). Gewisse städtische Ämter dürfen die Ratsherren nicht bekleiden[3]). Der beeidete Ratsmann hat die Ratsgeschäfte geheim zu halten, bei Strafe der Ausstoßung aus dem Rat. Diese Strafe trifft auch den Konsul, der sich durch Geschenke bestechen läßt[4]). Bei länger währender schlechter Amtsführung eines Ratsmitgliedes tritt gleiche Strafe ein[5]). Die Kosten, die Ratsmitgliedern in der Besorgung städtischer oder stadtherrlicher Angelegenheiten entstanden sind, werden ihnen ersetzt[6]). Wer einen Ratsherrn bei Gelegenheit von Stadtgeschäften übel behandelt hat, zahlt ihm 60 Schillinge, der Stadt 3 Mark und jedem Konsul 10 Schillinge[7]). Bestraft wird auch jeder, der dem Gebote des Rates Widerstand geleistet hat[8]). Das Zeugnis des Rates über Rechtsvorgänge ist als beweiskräftig anzusehen. Voraussetzung ist, daß alle Ratsmitglieder anwesend waren[9]). Bei nachträglichem Tode aller

Räte genügt es, wenn ein Überlebender allein beschwört, daß die Gestorbenen beim Ratszeugnis noch anwesend waren. So bleiben alle vor dem Rate abgegebenen Versprechen gültig, auch wenn nachträglich die Räte wechselten[10]). Einer Beeidung des Ratszeugnisses bedurfte es in Flumet, wenn es sich um Lehns- oder Allodialeigen oder andere besonders wichtige Fälle handelte[11]). Führung von Büchern durch den Rat kommt seit der Mitte des 13. Jh. vor, wie der Liber actorum von Hamburg von 1248, in dem Auflassungen aufgezeichnet wurden, das Stadtbuch von Kiel von 1264[12]) usw. In Köln blieben neben den Schöffen die Behörden der Sondergemeinden zur Führung der Schreinsbücher zuständig, und auch in Halle hatten die Schöffen, nicht der Rat, die Auflassungsbücher zu führen[13]). In Braunschweig dagegen eröffnete 1268 der Rat das Degedingebuch der Altstadt[14]). Auch für die Aufbewahrung der Stadtprivilegien hatte der Rat zu sorgen[15]).

e) Bürgermeister

Schon vom Beginn der Ratsverfassung an stand in manchen Städten neben dem Rat ein Bürgermeister. Meist wird er „magister civium" oder „burgensium" genannt[1]), häufig auch „magister consulum" oder „proconsul"[2]), gelegentlich „magister civitatis" oder „burgimagister"[3]); deutsch heißt er „burgermeister"[4]). Manchmal nennt man ihn auch „magister consilii", „ratismeister" oder nur „meister", die Ratsleute werden auch „alderleute" genannt[5]). Häufig begnügte man sich mit einem Bürgermeister[6]). Größere Orte setzten oft wenigstens 2 Bürgermeister ein, wie Worms, Soest, Speyer, Schleswig, Erfurt, Hamburg, Lübeck, Augsburg und Köln[7]). 3 Bürgermeister finden wir in Wismar (1344), Hildesheim (1345), Nördlingen (1348—51) und in Anklam 1353. 4 Bürgermeister kommen in Erfurt 1350, Hamburg 1350, Lübeck und in Stade 1376 vor[8]). In Straßburg wechselte das Bürgermeisteramt monatlich zwischen 12 Ratsleuten[9]), doch dürfte die Amtsdauer für jeden Bürgermeister meist 1 Jahr gewährt haben[10]). Gewählt wurden die Bürgermeister wohl im Regelfall durch den Stadtrat[11]), doch kommt auch die Wahl durch die ganze Stadtgemeinde vor[12]), und manchmal konnten die Stadtherren sich die Einsetzung des Bürgermeisters selbst vorbehalten[13]).

Die Einrichtung des Bürgermeisteramtes gehörte, wie schon gesagt, in die erste Zeit der Ratsverfassung. Wenn aber in Köln schon 1174 die „magistri civium" vorkommen, so haben diese noch nichts mit dem Stadtrat zu tun, sondern mit der Richerzeche; der Vorsitzende des Rates heißt in Köln „Ratsmeister" und wird erst 1297 erwähnt[14]). Auch der „magister civilis" in Hildesheim-Dammstadt, der für 1196 bestätigt ist, war kein Ratsvorsitzender, sondern ein maior eines Selbstverwaltungskollegs, wie ihn auch flandrische Städte besaßen[15]). Die ältesten Nachrichten über das Bürgermeisteramt kommen aus den rheinischen Bischofsstädten, wie Straßburg, Worms, Speyer und Basel[16]), sodann von kölnischen Tochterstädten, wie Soest, Lippstadt, Aachen, Freiburg i. Br., Lübeck und Hamburg[17]), weiter auch von Regensburg, Erfurt, Augsburg, Köln selbst und Wien[18]). Sehr viel später, erst im 14. Jh., erfahren wir von Bürgermeistern in Magdeburg, Goslar, Halle, Breslau, Dortmund, Stendal, Braunschweig-Altstadt, Bremen und Danzig[19]), weiter in Konstanz, Frankfurt am Main, Zürich, Brünn und München[20]).

Über die Funktionen des Bürgermeisters erfahren wir zunächst wenig: daß er den Vorsitz im Rate hatte, scheint selbstverständlich. Er war es, der das Wort der Stadt zu sprechen hatte[21]). Er hatte daher auch die im Stadtrat gefaßten Beschlüsse auszuführen und kleinere Angelegenheiten von sich aus zu erledigen. Vertreten wurde die Stadt durch den Rat unter Vorsitz des Bürgermeisters[22]), gelegentlich auch nur durch eine Ratskommission mit dem Bürgermeister als Vorsitzendem[23]). Ohne Zweifel führte er auch das Stadtsiegel und bewahrte die Schlüssel der Stadttore[24]). Weiter hatte der Bürgermeister über das Läuten der Stadtglocke zu entscheiden[25]). Er sorgte dafür, daß kein Bürger mit einem auswärtigen Machtträger Verbindungen einging und Kriegsdienste für ihn übernahm[26]). Der Bürgermeister hatte daher dieselben Aufgaben wie der „prepositus" in den niederfränkischen Städten[27]). Dem entsprechend trat er als Richter im städtischen Sühnegericht auf, sorgte für Sicherheit und gebot Stadtfrieden[28]). Ferner ging die Aufsicht über Maß und Gewicht in manchen Städten auf den Bürgermeister über[29]), ebenso die Überwachung der Handwerkerzünfte[30]). Schon seit der zweiten Hälfte des 13. Jh. hatte sich die Stellung des Bürgermeisters in wichtigen Städten erheblich verstärkt. Vielfach gelang es, den in der Stadt führenden stadtherrlichen Beamten zu einer bloß formalen Stellung zu degradieren oder ganz auszuschalten. In Schleswig z. B. wurden Rat und Bürgermeister schon 1256 vom Stadtherren, dem Herzog von Jütland, ermächtigt, den Stadtvogt zu wählen, der auf die Gerichtsbarkeit beschränkt wurde[31]). Seit dem Beginn des 14. Jh. strebten manche Bürgermeister eine diktaturähnliche Macht an. Schon 1303 kam es in Augsburg zu einer Verschwörung, die das mächtige Geschlecht der Stolzhirsche zur Erlangung des Bürgermeisteramtes anzettelte[32]). Erfolgreich waren auch in Regensburg die Auer, die 1320 eine Herrschaft aufrichteten, die erst 1343 durch einen Sühnevertrag beendet wurde[33]). Wenige Jahre später (1336) errang in Zürich der Ritter Rudolf Brun die Stellung eines Bürgermeisters auf Lebenszeit, die er wirklich 25 Jahre lang bis zu seinem Tode innehatte[34]).

6. ZUNFTVERFASSUNG

a) Anfänge der politischen Beteiligung der Handwerker

Die Zunftgenossen beanspruchten als selbständige Arbeitsunternehmer seit dem 13. Jh. eigenes politisches Ansehen. Manche hervorragende Handwerker vermochten in den Rat und somit zu den Geschlechtern überzutreten[1]). Aber das genügte den Zünften bald nicht mehr. Die Geschlechterherrschaft der Städte wurde in manchen, besonders im Westen des Reiches, schon zu Beginn des 13. Jh. den Zunftgenossen unerträglich. In Köln kam es kurz nach 1216 zu einem Streit zwischen dem herrschenden Schöffenkolleg und den Zünften, den der Erzbischof durch sein Eintreten für die Schöffen beendete[2]). Dem Patriziat war es gelungen, die Zunftmeisterstellen mit seinen Leuten zu besetzen, was der Erzbischof mißbilligte[3]). Er versuchte, das Patriziat zu schwächen, indem er die von ihm abgesetzten Schöffen durch Handwerker ersetzte[4]); doch siegte das Patriziat und vernichtete so die Bestrebungen der Zünfte auf ein volles Jahrhundert[5]). Während des ganzen 13. Jh. schwelte der Aufruhr der Handwerker gegen die Aristokratie in den rheinischen Städten, in Flandern[6]), in Erfurt, Braunschweig und Rostock fort[7]). Doch bot vielfach der noch mächtige Stadtherr Schutz gegen die zünftische Bewegung. Immerhin erreichten die Zünfte in manchen Städten eine Beteiligung am Rate, wie in Eßlingen, Ulm und Freiburg i. Br.[8]), aber auch in Dortmund und Goslar[9]). Häufiger noch blieben die Zünfte außerhalb des Rates und wurden nur „zu besonderen Geschäften" zugezogen[10]). In Wetzlar führte schon 1260 ein Schied zwischen den regierenden Schöffen und der nicht patrizischen Bürgerschaft zur Einsetzung eines Rates, der von der Gemeinde, die in 24 officia organisiert war, bestellt wurde und mit den Schöffen an den Stadtgeschäften teil hatte[11]). In Worms sollte der Bischof bereits 1233 neben dem Rat 16 aus der Gemeinde, 4 aus jeder Parochie, bestellen, die an der Festsetzung des Ungelts mitwirken und den Rat in wichtigen Angelegenheiten beraten sollten. In der dritten Rachtung von 1300 wurden die Kompetenzen der Sechzehner erheblich erweitert, seit der Mitte des 14. Jh. erschienen sie als Teil des Rates[12]).

Seit dem 14. Jh. waren die Zünfte stark genug geworden, um ihre politischen Forderungen durchsetzen zu können[13]). Das Patriziat hatte sich abgeschlossen und zeigte in seiner übertrieben egoistischen Haltung Spuren des Niedergangs. Hungersnot und Pest ließen eine verelendete Masse entstehen. In den großen Gewerbestädten steigerte Arbeitslosigkeit noch das Elend. Die Zünfte dagegen, militärisch organisiert, fühlten sich zu städtischen Aufgaben berufen. Ihre militärische Überlegenheit gab ihnen die Zuversicht, durch Revolution ihre Zustände bessern zu können.

Ein gutes Beispiel für diese Entwicklung bietet uns Magdeburg. Hier hatten seit dem Ende des 13. Jh. neben dem patrizischen Rat die 5 großen Innungen der Gewandschneider, Krämer, Kürschner, Schuhmacher und Gerber sowie die der Leinwandschneider an Einfluß gewonnen[14]). 1330 kam es zum Aufruhr: Von den 12 Ratsleuten wurden jetzt 10 aus sämtlichen Innungen, 2 aus der gemeinen Bürgerschaft gewählt, und das Patriziat war nur noch durch die 5 großen Innungen vertreten[15]). Damit war hier das Patriziat fast völlig ausgeschaltet, die Zünfte fast Alleinherrscher geworden, zumal seit 1336 die Schöffen keinen Sitz im Rate mehr hatten. Eine Parallele dazu sehen wir 1345 in Stendal, wo der Rat nach dem Sturz der Patrizier ausschließlich von den Gilden gewählt wurde[16]). Das entspricht der Entwicklung in flandrischen und niederländischen Städten[17]).

Doch sind das im Beginn des 14. Jh. noch seltene Fälle. Häufig erlangten die Zünfte zunächst nur eine geringe Beteiligung an der Macht. So wurden z. B. in Würzburg 1303 in den Kreis von 20 Ratsherren und 2 Bürgermeistern nur 2 Zunftvertreter zugelassen[18]). In Erfurt führte der Aufstand von 1310 zu dem Ergebnis, daß in den Rat der Vierundzwanzig von der Gemeinde gewählte Vierherren aufgenommen wurden; die Zunftmeister blieben noch außerhalb des Rates, erhielten nur innerhalb ihrer Zünfte besondere Schlichtungskompetenzen[19]). Solche Lösungen waren für die Gemeinde und die Zünfte völlig unzureichend, bloße Beschwichtigungsgesten, die im Streitfalle zu neuer Revolution führen mußten. Gedient war den demokratischen Schichten nur, wenn ihnen wenigstens die Hälfte der Ratsstellen gesichert war. Und gerade das haben daher viele Städte angestrebt und erreicht. So wurde bereits 1303 in Trier nach dem Aufruhr und nach der Wiederkehr der verjagten Schöffen neben den 14 Schöffen[20]) ein Rat von 14 Mitgliedern eingesetzt, der mit 9 Zünftlern und 5 Vertretern aus der Gemeinde besetzt wurde; die Stadtverwaltung war Schöffen und Rat gemeinsam übertragen[21]). In Speyer, wo 1304 neben 13 Zünftlern 4 Kaufleute und 5 Hausgenossen und 6 Bürger (also 15) als Räte eingesetzt waren, kam es 1380 zum Aufruhr, der mit der Einsetzung von 14 Patriziern und 14 Zünftlern endete[22]).

b) Die gleiche Teilung zwischen Aristokratie und Zünftlern

Der Gedanke der gleichen Teilung der Gewalt zwischen Aristokratie und Zünftlern setzte sich vor allem in königlichen und Bischofsstädten meist des alten Schwabenstammes durch. Das Vorbild dafür war Freiburg i. Br. Hier traten schon 1248 neben die aristokratischen Vierundzwanzig, gegen die sich eine revolutionäre Bewegung gerichtet hatte, weitere Vierundzwanzig, die von der Gemeinde jährlich zu wählen waren. Ihnen war vorwiegend die Oberleitung des Finanzwesens überlassen[23]). 1293 wurde diese Wahl der Gemeinde genommen und den 18 Zünftlern übertragen. Auch die alten Vierundzwanzig wurden jetzt nach ihrem Tode aus ihrem Berufsstande, den Rittern und Kaufleuten, gewählt[24]). So herrschte also die Zunftverfassung mit einer Gleichbeteiligung der Ratsstellen zweier Berufskreise nebeneinander. In allen wesentlichen Punkten gleichgestaltet war die Stadtverfassung von Hagenau von 1331. Dort war im Jahre 1317 zur Beseitigung von Mißständen die Zahl der Schöffen von 12 auf 24 erhöht worden[25]). Jetzt wurden neben die aristokratischen 24 Schöffen weitere 24 aus den Zünften gestellt. Diese 48 bildeten den Rat, wobei jede Ratshälfte ihre besonderen Einzelrechte besaß. So hatten die Handwerker den zünftlerischen Ratsherren Treue und Gehorsam zu schwören, während die 4 regierenden Stättemeister aus den Schöffen zu wählen waren[26]). Die gleiche Verteilung der Ratsstellen zwischen Aristokratie und Handwerkern sehen wir auch im Straßburger Schwörbrief von 1334[27]). Während vorher in Straßburg eine Oligarchie mächtiger Geschlechter herrschte, benutzten die längst gut organisierten Handwerker das „Geschelle" der Zorn mit den Mülnheim[28]) zur Erreichung ihrer politischen Ziele, eben der Beseitigung der Patrizierherrschaft und der Aufrichtung einer Zunftverfassung[29]). Der neue Rat bestand aus 3 Meistern[30]), 14 patrizischen Bürgern und 8 Rittern und andrerseits 25 Handwerkern, hatte also die zahlenmäßige Gleichstellung von 25 zu 25 Räten. Auch die Revolution des Ritters und Bürgermeisters Rudolf Brun in Zürich vom Jahre 1336 führte zur gleichen Situation: Die beiden Gruppen des Rates, die der Konstaffel (der Ritter und ritterbürtigen Geschlechter) und die der Handwerker, bestanden aus je 26 Mitgliedern[31]). In Konstanz trat diese Entwicklung erst Jahrzehnte später ein; 1370 kam es dort zu Unruhen, die durch eine kaiserliche Kommission dahin geschlichtet wurden, daß die Ratsherren zur Hälfte aus den Geschlechtern, zur anderen Hälfte aus den Zünften zu nehmen seien[32]). Der kleine Rat bestand hier meist aus 35 Personen, nämlich 17 Geschlechtern, 17 Zünften und einem Bürgermeister[33]). Noch 1387 wurde in Dinkelsbühl eine Zunftverfassung eingeführt, die 12 Ratsleute aus dem Patriziat, 12 aus den Zünften im Rate vereinigte; jeder Ratshälfte gehörte ein Bürgermeister an[34]). Zu gleichen Teilen aus Patriziern und aus Handwerkern setzte noch die Wiener Ratswahlordnung von 1396 den Rat zusammen[35]). Übrigens findet sich das Prinzip der Gleichbehandlung auch in Nord- und Mitteldeutschland. So regierten seit 1313 in Stralsund die 32 Ratsleute mit den 34 Aldermannen der Handwerker die Stadt[36]). In Naumburg setzte der Bischof 1329 6 Ratsherren aus den Reichen und 6 aus den Armen ein[37]). In Mainz war die Stadt infolge ihrer Verschuldung gezwungen, neben den alten patrizischen Rat von 29 Mitgliedern einen neuen von gleicher Mitgliederzahl aus der Gemeinde einzusetzen[38]). Und in Fritzlar bestand der Rat 1358 aus 28 Patriziern und 28 Vertretern der Gemeinde[39]).

Freilich mußten in vielen Städten sich die Handwerker auch damit begnügen, nur eine geringe Zahl von Ratsstellen besetzen zu können. So waren z. B. in Reutlingen 1299 im Kleinen Rat neben den 12 consules und einem Bürgermeister nur 8 Zunftmeister zugelassen, in Kolmar 1308 10 Zunftmeister neben 12 patrizischen Ratsleuten, in Mühlhausen 1310 neben 14 Patriziern 10 Zünftler, in Rottweil 1315 12 Zunftmeister neben einem Bürgermeister, 4 Ratsherren und 12 Richtern, in Eßlingen 1316 13 Zunftmeister neben 12 judices und 6 consules[40]) usw. Weit geringer war noch die Beteiligung der Handwerker am Rat: in Schaffhausen, wo ihnen 1350 nur ein Drittel der Ratsstellen zuerkannt wurde, weiter in Frankfurt am Main, wo infolge der Zunftunruhen von 1355 14 Zünftler in den patrizischen Rat von 14 Schöffen, 14 Ratsherren und einem Schultheiß aufgenommen wurden, und auch das nur auf kurze Zeit, da Karl IV. 1366 die Geschlechterherrschaft wiederherstellte; endlich in Koblenz 1366: hier standen im neuen Rat 7 Zünftler neben 11 Patriziern, im alten Rat 14 Zünftler neben 22[41]). Da die soziale Stellung der Handwerker im Normalfalle nicht gleich hoch gewertet werden kann, stand das Übergewicht des Patriziats in allen diesen Fällen fest. Es handelte sich um eine Machtfrage. Und so gelang es vielfach bei günstiger politischer Situation den Handwerkern, sich das Übergewicht im Rate zu verschaffen. Ein besonders bekanntes und frühes Beispiel dafür bietet Goslar[42]). Nach dem Ausschluß des Ritterstandes aus dem Rat kam es 1290 zu dessen Neugestaltung. Vom Meliorat war nur die Kaufleutegilde der Sechsmannen übriggeblieben. Ihr wurden die Vertreter der Handwerkergilden mit 7 Sitzen und der Berg- und Waldleute mit 6 Ratsstellen, also 13, angegliedert. Doch wendete sich die Sachlage schon wenige Jahre später. 1298 schlossen sich die Kaufleute mit den Bergleuten und den Münzern zu einem neuen Patrizierstande mit 14 Vertretern im Rat zusammen, während den Handwerkern nur 7 Sitze verblieben. In der nicht weit entfernten Stadt Hildesheim wurden zur Ratswahl 1345 6 Vertreter der Bürgerschaft bestellt, die aus 12 Patriziern des alten Rates sowie aus 12 von den Ämtern und 12 aus der Gemeinde einen Wählerkreis festsetzten, aus dem der alte Rat den sitzenden auswählte[43]). Die so aufs Doppelte gegenüber dem Patriziat gesteigerte Zahl der niederen Bürgerschicht gab freilich infolge der Kompliziertheit des Wahlsystems keine Sicherheit für eine demokratische Lösung. Häufiger schon kamen solche Konstellationen in schwäbischen Reichs- und Bischofsstädten vor. In Schwäbisch-Hall standen 1340 im Rat 12 Edle, die Richter und Bürger waren, neben 6 Mitterbürgern und 8 Handwerkern. In Memmingen gab es 1347 einen erweiterten Rat, der aus Stadtschreiber, Bürgermeister und 12 Ratgeben einerseits, 12 Zunftmeistern und 24 Zünftlern andrerseits bestand und in allen wichtigen Angelegenheiten zuzuziehen war[44]). Die Kolmarer Stadtverfassung Karls IV. von 1366 stellte einen Rat von 30 Mitgliedern, nämlich 8 Patriziern und 2 Edelburgern und von 20 Handwerkern auf; weiter hatten die 20 Zunftmeister ein Mitberatungsrecht[45]). Ihrem Vorbild entsprechen die Verfassungen für Augsburg und Basel. In Augsburg führte der Aufruhr der Handwerker von 1368 zur Aufstellung eines Kleinen Rates von 44 Mitgliedern; das sind 29 aus den 18 Zünften (18 Zunftmeister und ein Zunftausschuß von 11) und 15 aus den Geschlechtern, die aber indirekt von den zünftlerischen Ratsmitgliedern als Wahlmänner bestimmt wurden[46]). Der überragende Einfluß der Zünftler wurde dadurch festgelegt. Und in Basel erscheinen 1382 von seiten der Patrizier 13 Mitglieder (1 Bürgermeister, 4 Ritter und 8 Achtbürger), von seiten der Zünfte 31 (15 Zunftratsherren, 15 Zunftmeister und der Ammeister, das bürgerliche Haupt der Stadt[47]). Auch hier war die Vorrangstellung der Zünfte gesichert.

c) Die volle Zunftherrschaft und der Gedanke der Gemeinde

Der Abschluß der Entwicklung bestand darin, daß die Patrizier ganz ausgeschaltet wurden, die Zünfte allein den Rat bestimmten. Das war in flandrischen und niederländischen Städten schon im Anfang des 14. Jh., in Magdeburg und Stendal bis zur Mitte dieses Jahrhunderts erreicht[48]). Ein weiteres Beispiel bietet Nordhausen: dort wurden 1375 die Geschlechter gestürzt, und die Zünfte übernahmen die Regierung[49]). In Speyer verzichteten die Hausgenossen 1349 auf die ihnen bisher zustehende Besetzung der Hälfte des Rates und traten gleichberechtigt in die Reihe der übrigen Zünfte für die Ratswahl ein[50]). Generell wird dann bestimmt, daß jeder Freibürger einer Zunft beizutreten habe[51]). Bei der Einführung der Zunftverfassung in Ravensburg, vermutlich 1346, kehrt der Satz wieder, daß jeder Bürger einer Zunft anzugehören habe, und zwar ein „Geschlechter" der neugebildeten Geschlechterzunft[52]). Ebenso dürfte es in Biberach und Isny gewesen sein[53]).

Hier war es die gewerbliche Zunft, der Kreis der Handwerker, aus dem der Rat bestimmt wurde, und die Geschlechter wurden den Zünften assimiliert. Nur wenige Städte schlugen bereits einen anderen Weg ein, indem sie den Begriff der „Gemeinde" zugrundelegten. Schon 1300 ging die Stadt Bremen zu solchen neuen Formen über[54]). Die 36 Ratsleute wurden zu je 9 aus jedem Viertel entnommen. Voraussetzung war ein bedeutendes Vermögen und für den Handwerker die Aufgabe seines Amtes[55]). Maßgebend war also eine timokratische Verfassung. Weit häufiger aber war damals noch ein gemischtes System: Wahl des Rates aus 2 Gruppen: aus den Handwerkern und aus der Gesamtgemeinde. Das finden wir in Wetzlar[56]), wo bei 12 Räten 5 von den Handwerkern, 7 von der Gemeinde gewählt wurden, in Aschersleben 1375 und in Bautzen 1392 wählen Handwerker und Gemeinde je 6 Ratsleute[57]), in Altenburg 1379 die Vertreter der Bürgerschaft 4 Handwerksmeister und 4 Viertelsmeister (Hauptleute)[58]). Noch spielten hier die Zünfte als wirtschaftliche Korporationen eine entscheidende Rolle, während der Begriff der Gemeinde bereits ein politischer war. Den politischen Verband der Gemeinde zum ausschließlichen Wahlkörper des Rates zu erheben, mußte das nächste Ziel der Entwicklung sein. Das wurde 1396 in Köln durch den Verbundbrief erreicht[59]). Nach dem Sturz der Geschlechterherrschaft wurde in diesem Brief die Gleichberechtigung aller Bürger ausgesprochen. Die Bürgerschaft wurde in 22 Korporationen (Gaffeln) aufgeteilt als politische und militärische Abteilungen der Gemeinde. Jeder Bürger mußte einer solchen Gaffel angehören[60]). Die 22 Gaffeln wählten 36 Ratsmänner, diese wählten 13 hinzu, und die 49 wählten zusammen noch 2 Bürgermeister aus den Gaffeln. Bei wichtigen Sachen wurden weitere 44 Leute (je 2 aus der Gaffel) hinzugezogen[61]). Damit wurde für Köln bereits 1396 ein echt demokratisches Wahlsystem geschaffen.

d) Das oligarchische System

Freilich haben auch gerade damals viele und wichtige Städte sich von jeder Zunft- und Gemeindeherrschaft befreit und die patrizische Machtstellung von neuem aufgenommen oder bestätigt. So schloß Ulm 1333 mit Kaiser Ludwig einen Unterwerfungsvertrag ab, der die Zunftherrschaft und mit ihr das Bürgermeisteramt abschaffte und den Grafen von Neipperg zum Stadtpfleger einsetzte[62]). Im gleichen Jahr unterstellten sich die Handwerker von Regensburg im Verfolge des Sturzes der Auer der Patrizierherrschaft[63]). Auch in Basel kann man noch 1337 von einem oligarchischen Regiment sprechen, da der Stadtrat ausschließlich aus 4 Rittern und 8 patrizischen Bürgern bestand, während die 15 Zunftsratsherren nicht Ratsmitglieder wurden und nur in wichtigen Fällen zur Beratung hinzugezogen wurden[64]). Zu einem Zentrum des oligarchischen Regierungssystems geradezu entwickelte sich Nürnberg.

Karl IV., der 1348 noch nicht fest im Sattel saß, war gegen die Stadt gereizt, weil sie durch Verbindung mit der bayrischen Partei von ihm und dem Reiche abgefallen war. Sie hatte eine Friedenseinung und eine Zunftverfassung aufgerichtet, wobei ein Teil der Geschlechter im Rate blieb, ein anderer die Stadt verließ[65]). Als die Stadt kapitulieren mußte, schaffte Karl IV. in ihr die Zunftverfassung ab. Er ließ viele ihm verdächtige Personen ausweisen. Ein neuer Rat wurde gewählt, der nur aus den Geschlechtern bestand, alle 26 Mitglieder hießen „Bürgermeister" und leiteten die Stadt als geschäftsführende je auf 4 Wochen[66]). Das gesamte Handwerkswesen wurde durch das „Rugsamt" einer scharfen Kontrolle unterzogen. Zwar wurden 1370 „8 Genannte aus den Handwerken" bestellt und weitere „Alte Genannte" erwähnt, die aber nur nach Belieben des Rates und nur als Ratgeber zugezogen werden konnten[67]). Noch weiter ging Karl IV. in Frankfurt am Main. Hier beseitigte er 1366 die Zunftverfassung, aber auch die inzwischen der Stadt erteilten Privilegien, besonders das der Wahl von 6 Schöffen aus den Handwerkern und der Gemeinde, und stellte den vor 1359 bestehenden alten Zustand, also die Geschlechterherrschaft, wieder her[68]). Augsburg, Ulm und Eßlingen wurden sogar noch später, erst durch Karl V. zwischen 1547 und 1552, wieder patrizisch[69]).

Die großen Städte des Hansekreises haben sich nach Möglichkeit von der Einwirkung der Zünfte freizuhalten gewußt. Unruhen der Handwerker in Hamburg 1376 und Lübeck 1380 blieben fast erfolglos[70]). Von einer Geschlechterherrschaft kann man in diesen Städten aber auch nicht eigentlich sprechen, weil in ihnen ein schneller Wechsel in den führenden Kreisen eintrat und der erfolgreiche nichtpatrizische Kaufmann sich rasch im Rat durchsetzte[71]). In Bremen allerdings wurde das Patriziat 1433 Alleinherrscher und blieb es 400 Jahre hindurch[72]). Auch in Braunschweig wurde das Geschlechterregiment 1384 wiederhergestellt. Nach dem zweiten Gildeaufstand von 1374 wurde die Stadt zunächst aus der Hansa ausgestoßen und erst 6 Jahre später wieder aufgenommen; damals sicherte sie ihren Bestand durch einen militärischen Bund von etwa 60 Geschlechtern, der den Namen „Lilienveld" erhielt[73]).

Patrizierherrschaft und Zunftherrschaft sind während des ganzen 14. Jh. in manchen Städten schwankend geblieben, haben sich gegenseitig abgelöst. In Ulm z. B. herrschten 1296 die Patrizier, seit 1327 die Zünfte, seit 1333 wieder die Patrizier, seit 1345 die Zünfte, seit 1548 wieder die Patrizier. Meist wäre aber wohl die Zunftherrschaft stabil geblieben, hätten nicht die Kaiser, wie Ludwig der Bayer, Karl IV. und Karl V., sich in mehreren Fällen auf die Seite des Patriziats gestellt und die Herrschaft der Zünfte eingedämmt.

III. DAS STADTRECHT

Im 13. Jh. war das Stadtrecht Kennzeichen der Stadt. Die Stadt hatte damit ein besonderes Recht, das vom Landrecht durchaus verschieden war. Stadtrecht war keineswegs nur modifiziertes Landrecht[1]). Schon im 11. Jh. war der Begriff des Stadtrechts durch eine feste terminologische Bezeichnung charakterisiert. Die lateinischen Quellen sprechen vom „jus civile"[2]) und halten diesen Ausdruck während des ganzen 13. Jh. fest[3]). Daneben kommt „jus commune" als Bezeichnung des Stadtrechts vor[4]), auch „jus civitatis", „jus burgensiae"[5]). In den deutschen Quellen werden schon im 10. Jh. in Glossen civiles dispositiones mit purcliho ursezzida (Kissezzida, gisezzida) gleichgestellt[6]). Es handelt sich also um ein besonderes in der „burg" entstandenes Recht. So stellt Notker der Deutsche um 1000 fest, daß die römischen Juristen daz purchrecht in dinge sageton[7]). Purcrecht war also mit jus civile identisch. In süddeutschen Städten wie Passau und Augsburg hat sich dieser Gebrauch gehalten. Burgrecht mit jus civile (urbanum), jus commune civitatis gleichzustellen[8]); auch jus burgense, das in Siegburg 1182 erwähnt wird[9]), dürfte Burgrecht bedeutet haben. Das Gebiet des sächsischen Rechts hat dagegen den Ausdruck Burgrecht nicht übernommen. Aber auch in Süddeutschland bedeutet Burgrecht später meist Grundstücksleihe[10]). Seit dem Ende des 13. Jh. spricht man von „statreht"[11]), früher und häufiger aber von „wikbild". Der Ausdruck wikbild bedeutet zunächst: „Recht des Wik", in erster Linie seiner Bewohner, der Kaufleute, dann auch der Bürger im allgemeinen, lokalisiert: „Recht der Stadt"[12]). „Stadtrecht" heißt „wicbilede" am frühesten in der Handfeste zu Leipzig von 1156—70, sodann in Münster 1178, Lübeck 1182, Bremen 1186 und 1206[13]), in später Zeit ist auch noch in Osnabrück und Breslau[14]) Weichbild mit Stadtrecht identisch, während das Wort später meist „Stadt-, Gerichtsbezirk"[15]) oder auch noch „Bürgerrecht", ja „Grundstück" bedeutet[16]).

1. QUELLEN DES STADTRECHTES

a) jus mercatorum

Über das Stadtrecht des 13. und 14. Jh. erfahren wir zunächst Genaueres aus den Handfesten, die von den Stadtherren ihren Städten verliehen wurden. Es handelt sich bei diesen Handfesten um Privilegien, die der städtischen Bevölkerung von ihrem Stadtherrn erteilt wurden. Gewiß wird auch städtisches Gewohnheitsrecht, „gewonheit", „consuetudo", erwähnt[1]). Aber auch dieses Gewohnheitsrecht war fast durchwegs zur Gewohnheit gewordenes Privilegienrecht; so gehörten in der Confoederatio cum principibus ecclesiasticis von 1220 die Münz- und Zollprivilegien zu den städtischen Gewohnheiten[2]). Wie wir wissen, ist der älteste Kern dieser städtischen Privilegien aus den karolingischen Kaufmannsprivilegien hervorgegangen. Aus ihm wuchs das Kaufmannsrecht, das „jus mercatorum", das schon die Zeit Karls des Großen aus einer „antiqua consuetudo negotiandi" ableitete[3]). Dieses alte karolingische Privilegienrecht war bereits außerordentlich vielseitig. Es gewährte den privilegierten Kaufleuten besonderen Königsschutz, Handelsfreiheit, Zollfreiheit, Sicherung der Münze, Sorge für gerechtes Maß und Gewicht, Befreiung von der Wehrpflicht, Bestätigung des Waffenrechtes sowie Gerichtsstand vor besonderen Kaufleuterichtern[4]). Als Entgelt dafür war der Kaufmann Muntmann des Königs, dem er regelmäßig Abgaben zu leisten hatte[5]), und seinen Nachlaß zog der König ein[6]). Die besonderen Privilegien der jüdischen Kaufleute, die Befreiung vom Gottesurteil und die Verfügungsfreiheit des Juden über seinen Boden[7]), wurden schon in der frühen Kaiserzeit Vorrechte auch der christlichen Kaufleute. Sie wohnten im 11. Jh. in geschlossenen Siedlungen auf königlichem oder stadtherrlichem Boden, aber im eigenen Hause. Für die Nutzung des Bodens zahlten sie nach Kaufmannssitte einen geringen oder überhaupt gar keinen Zins, besaßen den Boden also zu freier Erbleihe. Frei konnten sie über ihn verfügen[8]). Weiter brauchten sie im Prozeßfalle sich nicht dem Gottesurteil, besonders des Zweikampfes, zu unterwerfen, ein Prozeßprivileg, das besonders für den wandernden Kaufmann von entscheidender Bedeutung war, da er nur schwer Eideshelfer beschaffen konnte[9]). Beide Privilegien sind im 12. und 13. Jh. Inhalt des Stadtrechtes geworden. Freies Bodenrecht finden wir im Kölner Rechtskreis. In der Altstadt von Köln und dem Kaufmannsbezirk St. Martin konnte jeder erbbauberechtigte Kaufmann im 12. Jh. über sein Siedlungsgut wie ein vollberechtigter Eigentümer verfügen[10]). Für die Außenbezirke Kölns bedurfte die Einführung des freien Verfügungsrechtes der ausdrücklichen Vereinbarung, daß auf den Boden das jus civile anzuwenden sei[11]). Von den Kölner Tochterstädten stand Freiburg auf dem gleichen Rechtsboden. In Freiburg konnte der Mann über seinen Boden, aber auch über den seiner Frau frei verfügen; nur wenn die Frau gestorben war und mündige Kinder lebten, bedurfte der Vater zur Verfügung der Zustimmung der Kinder[12]). In Lübeck und Hamburg war freilich das freie

Bodenrecht im Regelfall auf das Kaufgut beschränkt, d. h. auf den selbst erworbenen Boden, der sich schon in der nächsten Generation zum Erbgut wandelte[13]). Das Soester Recht aber hat das freie Verfügungsrecht über das Siedlungsgut nach Kölner Vorbild festgehalten[14]), und so kommen auch in Hamburg-Neustadt und Lübeck Grundstücke vor, die nach freiem und lübischem Recht zu beurteilen waren[15]).

Das andere Judenprivileg, die Befreiung vom Gottesurteil des Zweikampfes, ist im 12. Jh. allgemeines Kaufmannsprivileg gewesen. Im Vertragswege bestätigten diesen Satz für ihre Kaufleute die Landesherren und Städte des Westens, wie Holland, Flandern, Köln, Verdun[16]). Auch sicherte das Reich den flandrischen, Flandern den deutschen Kaufleuten das Kampfprivileg zu[17]). Noch im Stadtrecht von Saalfeld, das erst dem Ausgang des 13. Jh. zuzurechnen ist, wird dieses Privileg auf die Kaufleute beschränkt[18]).

Doch schon in der zweiten Hälfte des 12. Jh. wurden auch Bürger davon befreit, die Herausforderung zum Zweikampf annehmen zu müssen. Das Kampfprivileg wurde damals zum allgemeinen Bürgerprivileg. Nach dem Freiberger Stadtrecht durfte die Herausforderung nicht von einem Gast ausgehen, nach dem Soester Recht nicht von einem Bürger, nach dem Braunschweiger Hagenrecht war sie jedermann verboten[19]). Nach dem Nürnberger Stadtrecht von 1219 durfte kein Nürnberger Bürger im ganzen Römischen Reich zum Zweikampf herausgefordert werden[20]). Wurde ein Wiener Bürger durch Kampfklage angesprochen, so konnte er sich mit 7 glaubwürdigen Personen als Eideshelfer reinigen[21]).

Die karolingischen Kaufmannsprivilegien setzten sich in der mittelalterlichen Stadt fort. Handelsfreiheit sicherte Bischof Wichmann von Naumburg den Holländern in Flemmingen 1152 zu[22]). 24 Jahre später gewährte Wichmann als Erzbischof von Magdeburg den Kaufleuten von Burg das Recht, ein am Markt gelegenes Haus zu freiem Verkauf von Tüchern zu verwenden[23]); dieser Vorrechtssatz wurde im Magdeburg-Goldberger Recht von etwa 1200 ein Stadtrechtssatz mit der Steigerung, daß jeder in seinem Hause Ware frei verkaufen oder vertauschen dürfe[24]). Für Lübeck stellte Friedrich I. eine allgemeine Handelsfreiheit auf, die für alle Kaufleute jedes Landes und jeder Stadt galt, die in Lübeck Handel trieben[25]), während Friedrich II. für Goslar verfügte, daß die Kaufleute dieser Stadt im ganzen Reich zum Handel zugelassen sein sollten[26]). Weiter sollten sie zollfrei sein, außer in Köln, Tiel und Bardowiek[27]). Diese Zollfreiheit war älteren Privilegien der deutschen Kaiser entnommen und gewährte den ansässigen Kaufleuten Zollfreiheit auf der Reise[28]). Nach dem Stadtrecht von Freiburg i. Br. von 1122 verzichtete der Stadtherr auf den Zoll, den die nach Freiburg kommenden Kaufleute dort zu leisten hatten[29]). Für Lübeck wurde bestimmt, daß „civitatis habitatores" in Lübeck und dem ganzen Herzogtum Sachsen keinen Zoll zu zahlen hätten, während wandernde Kaufleute in dieser Stadt zollpflichtig sein sollten[30]). Die Bürger von Hann.-Münden wurden 1246 vom Herzog von Braunschweig für sein ganzes Land vom Zoll befreit, die von Dortmund 1220 von Friedrich II. für das ganze Reich[31]). Auch die Befreiung der Kaufleute von der Wehrpflicht wurde nunmehr auf die Bürger ausgedehnt. Wir finden im Freiburger Stadtrecht in Zusätzen des 12. Jh. eine Bestimmung, wonach die Bürger dem Stadtherren nur verpflichtet sind, ihn auf seinen Heerzügen auf einen Tag zu begleiten[32]). In Lübeck waren die Bürger von jedem Heerzug befreit, hatten nur die Pflicht der Stadtverteidigung. Auch in Hamburg wurde noch die Befreiung von der Verteidigung des Landes ausgesprochen[33]), während nach der Magdeburg-Goldberger Rechtsmitteilung 40 Bewaffnete zur Landwehr berufen waren[34]). Die Bürger hatten also das Recht, Waffen zu tragen, um ihre Stadt zu verteidigen. In der Karolingerzeit betrieben allein die Kaufleute bewaffnet ihren Handel[35]), wie es noch der Landfriede Friedrichs I. von 1152 zuließ[36]). Jetzt stand allen Bürgern das Waffenrecht zu[37]).

Andere Sätze des alten Kaufmannsrechts haben im 12. Jh. wesentliche Veränderungen erfahren. Karl der Große zog den Nachlaß der in seinen Schutz aufgenommenen Reichsfremden ein[38]). Den erbenlosen Nachlaß der Utrechter Kaufleute zog offenbar die Utrechter Kirche noch ein[39]). In Freiburg geht 1120 der Nachlaß eines Bürgers an Frau und Kind; nur wenn diese fehlen, fällt nach Jahr und Tag je ein Drittel den Armen, der Stadtbefestigung und dem Herzog heim[40]). Den in Soest befindlichen Nachlaß friesischer und gallischer Wanderkaufleute zog zwar der Vogt ein[41]), doch konnte der wirkliche Erbe noch innerhalb von Jahr und Tag sein Erbe beanspruchen[42]). Diese Sätze wurden im weiteren Verlauf des 13. Jh. für den erbenlosen Tod eines Gastes wie eines Bürgers gehandhabt; der Erbe verlor den Nachlaß nur, wenn er sich nicht rechtzeitig gemeldet hatte[43]). Selbst dieser Anspruch der Obrigkeit wurde schon im Regensburger Stadtrecht von 1230 abgelehnt[44]). Diese Nachweise mögen genügen, um zu zeigen, daß die in karolingischer Zeit entstandenen Vorrechte der Kaufleute, die zum Inhalt des „jus mercatorum" geworden waren[45]), seit dem 12. Jh. ein Teil des Stadtrechts gewesen sind. Der älteste Teil des Freiburger Stadtrechts von 1120 dürfte ausschließlich jus mercatorum enthalten haben, nämlich Bodenrecht, Kaufleuteschutz, Verfügung über erbenlosen Nachlaß, Zollfreiheit, Geltung des jus mercatorum[46]); eine Sonderstellung nimmt der Art. 4 über die Richter- und Pfarrerwahl ein, doch braucht spätere Entstehung nicht angenommen zu werden, da die Kaufmannsgemeinde in Köln schon im 11. Jh. organisiert war[47]) und ihr sonach ein Wahlrecht zustehen konnte. Da der Kaufmannswik der Fernhandelsstädte nach Art einer Gilde organisiert war, konnten in seinem Bereich Streitigkeiten der Gildegenossen untereinander beigelegt werden. Wir hören davon im 11. Jh. in Tiel, Konstanz, Basel und Allensbach[48]), weiter im 12. Jh. in Soest und Medebach[49]); private Verträge, die von Bürgern zwecks Beilegung ihrer Streitigkeiten abgeschlossen waren, konnte in Freiburg i. Br. der Stadtherr oder Stadtrichter für gültig erklären[50]). Doch hat das Gilderecht für das Stadtrecht nicht die führende Bedeutung erlangt wie das „jus mercatorum" oder das „jus juratorum", das eidgenossenschaftliche Recht.

b) Das eidgenossenschaftliche Recht

Dieses eidgenossenschaftliche Recht entstand seit dem 11. Jh. aus der Gemeindebildung. Durch die Katastrophe des deutschen Königtums in der Zeit Heinrichs IV. verloren die Kaufleute ihren königlichen Muntwalt und gerieten damit in Gefahr, in die Hörigkeit des bischöflichen Stadtherrn herabzusinken. Sie teilten dieses Schicksal mit einer inzwischen erwachsenen reichen Schicht von Handwerkern. Meist höriger oder unfreier Abstammung, suchten diese ihr wirtschaftliches Fortkommen auf dem aufblühenden städtischen Markt. So bahnten sich enge Beziehungen zwischen Handwerkern und Kaufleuten an, die schließlich gemeinschaftlich den Kampf gegen die autokratischen Bestrebungen der Stadtherren aufnahmen.

Der Zusammenschluß dieser beiden Gruppen führte zur Entwicklung des Begriffes Bürger[1]), und zwar in der Form der Schwurgemeinschaft, die sich während des 12. Jh. in etwa 25 Städten älteren Typs mit mehr oder weniger großem Erfolg durchsetzte[2]). So entstand ein ganzes System eidgenössischer Rechtssätze, die das Wesen der eidgenössischen Stadt ausmachen. Und diese wurden im ganzen oder zum Teil von anderen Städten aufgenommen, die selber keine eidgenössische Bewegung durchgemacht hatten, bis endlich das eidgenössische Recht das ganze mittelalterliche Stadtrecht durchdrungen hatte. Die Schwurgemeinschaft schuf eine Friedensordnung, die zwischen den Schwurbrüdern eine Fehde nicht gestattete[3]). Wollte ein Bürger einem Mitbürger Fehde ansagen, mußte er sein Bürgerrecht aufgeben[4]). Die Durchführung der Friedensordnung überwachte das Sühnegericht der Bürger oder des Rates[5]), das bereits eine weitausgedehnte Zuständigkeit entfaltete[6]). Neben der geschworenen Friedensordnung stand in Regensburg ein Friedegebot des Bürgermeisters, die beide im Friedgerichtsbuch des 14. Jh. eingehend geordnet waren[7]). Dieses genossenschaftliche Sühnegericht[8]) entwickelte sich vielfach zum Stadtgericht und war über den Verband hinaus zuständig[9]).

Bautzen

Die Zwangsmittel des Sühnegerichts, der Gemeinschaftsbann und die Hauszerstörung, waren unmittelbar nur anwendbar, wenn die Tat gegen die Gemeinschaft selbst gerichtet war[10]. Die Strafe wurde nicht mehr wegen Verweigerung der Sühne verhängt, sondern zur Bestrafung der verbrecherischen Tat selbst; so konnte auch die Verweisung von der Hauszerstörung gelöst und an bestimmte Verbrechensarten geknüpft werden. In Straßburg z. B. wurde 1214 die Kriegsdienstverweigerung und die Verweigerung einer vom Rat gebotenen Sühne mit Verweisung bestraft[11], während bei einer Beleidigung oder bei Waffentragen zum Zweck der Fehde diese Strafe nur bei Nichtleistung der verhängten Buße angedroht wurde[12]. Im Falle einer Verwundung trat Kapitalstrafe ein; floh jedoch der Täter, so fand die Hauszerstörung statt[13]. In Regensburg wurde 1281 der Bruch einer städtischen Verordnung mit 100 Pfund bestraft, bei deren Nichtleistung mit Hauszerstörung; bei Mangel von Häusern trat Verweisung ein[14]. Im weiteren Verlauf des 13. Jh. erschien die Hauszerstörung als veraltet, weil sie unwirtschaftlich war. Nach einer Regensburger Ordnung von 1269 wurde der Wert der Häuser, die zerstört werden sollten, in eine Relation zur Höhe der verfallenen Bußen gesetzt[15]. In Wesel wurde die Hauszerstörung 1241 auf den Fall der Urteilsschelte beschränkt ganz verboten in Eisenach und Kolmar[16], früher bereits in Wien[17].

Alle Bürger hatten Anspruch auf den Schutz ihrer Stadt und ihrer Mitbürger[18]. Gegen den Angriff eines Fremden konnte jeder Bürger straflos durch Verletzung reagieren[19]. Der Angriff galt als gegen die Gemeinde gerichtet, deren Gliedern Bußansprüche erwuchsen[20]. Jeder Bürger war dann zur Mithilfe verpflichtet[21]. Trat dagegen ein Bürger für einen Fremden zu ungunsten eines Mitbürgers ein, so lag ein Friedensbruch, ein Eidbruch[22], vor. Fiel ein Bürger in fremde Gefangenschaft, so mußte die Gemeinde alles zu seiner Befreiung tun[23]. Er selbst aber und seine Verwandten durften dem fremden Räuber keinen Geldwert zur Auslösung geben, womit die eigene Kraft geschwächt, die fremde gestärkt werden würde[24].

Die Wehrhoheit der Stadt und die Steuerpflicht der Bürger breitete sich im 13. Jh. weiter aus. Zwar versuchten die Bischöfe vielfach, die Mauer in ihre Hand zu bekommen, wie in Augsburg, wo aber 1251 die Bürger doch die Herrschaft gewannen[25]. Und so stand es auch in Straßburg, Metz, Toul und Verdun[26]. In Regensburg hatte jeder Bürger die von der Bürgerschaft bestimmten Stadtlasten anteilsmäßig zu tragen[27]; gewisse Bußen waren für die Stadtbefestigung bestimmt[28]. In Erfurt war 1212 die Stadtmauer Angelegenheit der Bürger, die von der Stadt zu Befestigungsarbeiten und zur Steuerzahlung gezwungen werden konnten[29], wie später auch die erzbischöflichen Beamten[30]. Für Goslar be stätigte Friedrich II. die Pflicht der Bürger, die städtischen Lasten mitzutragen[31]). Das gleiche galt in Dortmund, wo Pflichtverletzung Eidbruch war[32]); der Rat war der Hüter der Mauern[33]). In Altenburg waren 1256 auch die dort wohnenden Kleriker und Ritter zur Stadtverteidigungshilfe verpflichtet[34]). In Lübeck war jeder Bürger wehrpflichtig und mußte sich selbst zur Steuer richtig einschätzen[35]).

Die Stadtgemeinde als rechts- und handlungsfähige Person schuf sich einen Sitz im Bürgerhaus[36]), das der Versammlungsort der Gemeinde war[37]), die durch Glockenläuten zusammengerufen wurde[38]). Städtische Urkunden setzten meist erst im 13. Jh. ein und vermehrten sich dann schnell[39]). Ebenso war es mit den Stadtsiegeln[40]). Als Korporation entschied die Stadtgemeinde frei über die Aufnahme neuer Bürger[41]). Diese mußten schwören, die Bürgerpflichten getreulich zu erfüllen[42]). An die Stadtgemeinde war eine Eintrittsgebühr zu zahlen[43]). Übrigens hatte nicht nur jeder Neubürger, sondern jeder Bürger den Bürgereid zu leisten, sobald er ein bestimmtes Lebensalter erreicht hatte[44]), und zwar mehrfach[45]), z. B. jährlich[46]) oder nach Bestimmung des neuen Bürgermeisters, wie in Regensburg[47]).

Den Satz „Stadtluft macht frei nach Jahr und Tag" hatte, wie wir sahen, die Eidgenossenschaft im 12. Jh. geprägt. Er blieb Kennzeichen der Stadtfreiheit im weiteren Verlauf des Mittelalters[48]). Der Satz hatte eine durchschlagende Kraft, da es den Herren nur ausnahmsweise gelang, einen Stadtbewohner als ihren unfreien Mann mit Erfolg für sich zu reklamieren[49]). Der Erfolg war freilich ein verschiedener. Einige Städte erteilten dem Zuwandernden nach seiner Versicherung, frei zu sein, sofort das Gemeindebürgerrecht[50]), eine schwebend unwirksame Berechtigung, die in Jahresfrist durch den Herausgabeanspruch des Herrn beseitigt werden konnte. In anderen Städten erhielt der Neuankömmling Bürgerrecht und Stadtfreiheit erst nach Jahresablauf[51]).

Ein wichtiges Organ der Stadtgemeinde war die Genossenversammlung, die durch die eidgenössische Bewegung mit führender Stellung ausgestattet worden war. Die „universitas civium"[52]), die „communitas"[53]) war dem Grundsatz nach anfänglich das maßgebende Organ der Stadt. Aber von Anfang an bildete sich ein engerer Kreis von Bürgern, dem die Durchführung der Verwaltung und die Gerichtsaufgaben anvertraut wurden. Das waren die meliores, die jurati, die scabini civitatis, die consules, deren Rechtsgeschichte anderweit dargestellt ist.

c) jus civitatis

Damit haben wir das eidgenössische Recht charakterisiert. Es erübrigt sich, das im 13. und 14. Jh. dazutretende weitere „jus civitatis" zu erläutern, das der verfassungsrechtlichen Organisation der Stadt ihren wirtschaftlichen Aufbau schuf und ihrer Absperrung gegen die Umwelt diente.

Schon das Straßburger Stadtrecht von 1215 ordnete den gewerblichen Markt und das Polizeiwesen eingehend[1]); vorher ging die Regelung der Ratsverfassung, des Sühnegerichts, der Friedensordnung nach erneuertem eidgenössischem Recht[2]). Die Handfeste Leopolds VI. für Wien von 1221 erweiterte die Sühnegerichtsordnung zu einer städtischen Strafgerichtsordnung, regelte Bodenrecht und erbenlosen Nachlaß unter Einführung der „Genannten" als registrierte Öffentlichkeitszeugen, der Vierundzwanzig als Selbstverwaltungsorgan[3]) und fügte die Ordnung des Stapelrechts als eines neuen Stadtrechtssatzes hinzu[4]). Friedrich II. erhob in seinen Privilegien für Lübeck von 1226 die Stadt zur Reichsstadt[5]), dann auch Wien und Dortmund[6]). Die Städte erhielten eine Ordnung ihrer Bannmeile[7]), ihrer Jahr-[8]) und Wochenmärkte[9]), der Lebensmittelversorgung[10]), der Handwerkerzünfte[11]). Eine Schulordnung erhielt Wien bereits 1296[12]).

Das Stadtrecht war jetzt nicht mehr auf Kaufleute oder eidgenossische Bürger beschränkt, sondern war auch für Nichtbürger zuständig[13]). Doch verblieb dem Bürger eine Sonderrechtsstellung, wie z. B. im Zeugnisrecht[14]). In manchen Städten, wie besonders in Hamburg, hielt sich der Ausschluß der Ritter[15]). Hervorgehoben werden im Stadtrecht die Pfahlbürger[16]) und Muntmannen[17]). Ein besonderes Gästerecht war in der Entwicklung[18]). Das Judenrecht, besonders Wucher[19]) und Eid[20]), wurde Inhalt des allgemeinen Stadtrechts. Die Stellung des Handwerkers wurde selbständig geregelt[21]).

Strafrecht, Prozeßrecht und Privatrecht wurden im Laufe der Zeit immer intensiver in vielen bedeutenden Stadtrechten festgelegt. In Hamburg z. B. sind in beide Stadtrechte von 1270 und 1292, abgesehen von dem kurzen Abschnitt über die Ratsverfassung, fast ausschließlich Bestimmungen aus diesen 3 Gebieten aufgenommen worden[22]). Im Stadtrecht von Lübeck von 1240 begegnen uns etwa im Privatrecht Vorschriften über den Dienstvertrag und die Gesellschaft[23]), im Prozeßrecht solche über Arrest und Konkurs[24]). Seit Beginn des 14. Jh. begann eine Bewegung innerhalb der deutschen Städte, die dahin zielte, das städtische Recht zu kodifizieren. In gewisser Hinsicht ist diese Tendenz schon im Freiberger Stadtrechtsbuch von etwa 1300 festzustellen. In erster Linie wird darin Privatrecht, Prozeß, Gerichtsverfassung und Strafrecht geregelt[25]), aber hinzu kommen Bestimmungen über städtische und stadtherrliche Gerichts- und Verwaltungspersonen, Münze, Gesindeordnung und Innungsordnungen[26]). In ähnlicher Weise ist der Rechtsstoff in dem stoffreichen Stadtrecht von Goslar aus der Mitte des 14. Jh. geordnet, das zunächst Privatrecht, dann Strafrecht und Prozeßrecht behandelt, zum Schluß dann „manigerhande rechte", wie Rat, Gästerecht, Polizei, Markt, Hochzeitsordnung usw.[27]). Das gleichzeitige Magdeburg-Breslauer Systematische Schöffenrecht stellt im ersten Buch das städtische Verfassungsrecht dar, im zweiten Gerichtsverfassung und Prozeß, im dritten das Strafrecht, im vierten Familien- und Erbrecht, im fünften „jura communia", diese zusammenhanglos und dürftig behandelt[28]). Besonders vielseitig und ertragreich war das vom Stadtschreiber Johannes verfaßte Brünner Schöffenbuch aus der Mitte des 14. Jh., das unter 54 Stichwörtern geordnet in 730 Artikeln alle Zweige des Stadtrechts behandelte[29]). Ohne System und mit Bestimmungen aus allen Zweigen des Stadtrechts sind in Norddeutschland die Stadtrechte von Bremen und Dortmund, in Süddeutschland die von Bern und München aufgezeichnet worden[30]). In wichtigen niederländischen Städten finden wir die gleiche Erscheinung[31]). Die aus Kaufmannsrecht, eidgenössischem Recht und allgemeinem Recht zusammengefaßte städtische Rechtsordnung war nunmehr eine einheitliche, undifferenzierte Rechtsmasse geworden, die sich ständig erweiterte.

2. ARTEN DER STADTRECHTSQUELLEN
a) Die Handfesten

Von den Stadtrechtsquellen waren die ältesten die stadtherrlichen Handfesten, die schon im Beginn des 12. Jh. einsetzten. Die Handfeste für Freiburg von 1120 beschränkt sich noch auf Kaufmannsrecht[1]), die für Soest und Lippstadt stehen schon im Zeichen eidgenössischen Rechts[2]), die Handfesten von Wien bis 1221 und 1237[3]) haben mit „Genannten" und Stapelrecht, mit Judenrecht und Schule das alte stadtrechtliche Programm weit überschritten; die Handfeste des Markgrafen von Meißen für Altenburg von 1256 enthält schon eine ganze Anzahl von Bestimmungen aus dem jus civitatis[4]). Solche Privilegien erteilte der Stadtherr bei der Gründung der Stadt; sie waren während des ganzen Mittelalters üblich[5]).

Weit zahlreicher noch müssen die Handfesten gewesen sein, die einer schon bestehenden Stadt erteilt wurden, da jeder neue Stadtherr wohl in den meisten Fällen ein solches Privileg erließ[6]), wobei er vielfach den alten Bestimmungen neue zufügte[7]).

b) Die Willküren. Die Autonomie

Aber diese Handfesten, besonders die späteren, waren nun zum größten Teil schon nicht mehr Privilegien, die der Begründung neuer

Vorrechte dienten, sondern nur noch Bestätigungen bereits allgemein anerkannter Stadtrechtssätze[8]). Sie waren nur der Form nach Privilegien, dem Inhalt nach autonomes Stadtrecht[9]), entstanden durch Normengebung der Stadtgemeinde und bestätigt durch den Stadtherrn, dessen Zustimmung allerdings wegen der besonders starken Stellung des Stadtherrn notwendig[10]) oder als wünschenswerte Befestigung der Rechtsstellung der Stadt auch bei bedeutenderen Städten angesehen wurde[11]). Später konnten solche Städte darauf verzichten. Ja es gingen bereits zu Beginn des 13. Jh. wichtige Städte dazu über, durch den Rat ihr Stadtrecht aufzeichnen zu lassen und Tochterstädten solche Rechtsmitteilungen zu übersenden, wie sie vor allem von Magdeburg, Münster, Riga, Lübeck, Dortmund, Frankfurt, Ulm ausgingen[12]). Rechtsmitteilungen dieser Art kamen schon in der Mitte des 14. Jh. außer Gebrauch. Man begnügte sich jetzt damit, einer Stadt das Lübecker oder Magdeburger Stadtrecht zu verleihen, ohne dessen einzelne Bestimmungen aufzuzählen[13]). Immer häufiger entschlossen sich die Städte, das Stadtrecht aufzuzeichnen und veranlaßten den Rat, diese Aufgabe zu übernehmen[14]). Diese Bewegung erreichte im 14. Jh. ihre größte Höhe, um dann wieder abzuflauen[15]). Sie wurde ergänzt durch die privaten Stadtrechtsbücher, die im 13. Jh. einsetzten und im 14. und 15. Jh. häufiger wurden[16]). Verfasser werden wohl meist die Stadtschreiber gewesen sein[17]). Endlich gab es noch Statutenbücher, vom Rat angelegte Bücher, in welchen die Verordnungen des Rates aufgezeichnet werden sollten; sie wurden im 14. Jh. häufiger[18]).

Im 13. und 14. Jh. stellten die Städte einen autonomen Rechtskreis dar. Die Stadtgemeinde schuf das Stadtrecht[19]), das Weichbild[20]), gleichgültig, ob es in einer Handfeste, in städtischen Willküren, Stadtrechtsbüchern oder Statutenbüchern niedergelegt war. Die einzelnen Stadtrechtssätze bedurften der Niederschrift; sie werden als „instituta", „mandata", „decreta", „statuta, quod Wilkoer sive Burkoer appellatur", „eininge et kure"[21]) bezeichnet. Doch kommen daneben alte Gewohnheiten, ungeschriebene Stadtgebräuche vor, deren Bestehen vom Stadtrat durch Schwur auf die Reliquien nachgewiesen werden konnte[22]). So unterscheidet daher das Straßburger Stadtrecht von 1214 eine stadtrechtliche Rechtsprechung „secundum veritatem et statuta civitatis"[23]). Schlechte Stadtrechtsgewohnheiten, so heißt es, können abgeschafft werden[24]). Anders stand es mit Privilegien. Ein neuer Stadtherr konnte ältere Privilegien seiner Stadt grundsätzlich nicht beseitigen, mußte vielmehr diese aufrechterhalten[25]). Waren Privilegien verlorengegangen, so mußten sie nach Möglichkeit wieder aufgezeichnet werden[26]). Der Rat hatte darüber zu wachen, daß die städtischen Privilegien nicht durch

Sorglosigkeit der Bürger verlorengingen[27]), und die Bürgerschaft hatte dem Rat mit Gut und Blut bei der Verteidigung der Privilegien beizustehen[28]). Alles, was der Rat als städtische Rechtssatzung anerkannte, mußte der Stadtrichter im Wiener Recht befolgen, als ob es kaiserliche Gesetze wären[29]). Die Statuten wurden von den Stadtorganen gesetzt, die als „legislatores" erscheinen[30]). Diese waren berechtigt, neues Recht zu setzen und veraltetes abzuschaffen[31]). Danach konnten sie, was in den Statuten überhaupt nicht oder ungenügend behandelt war, neu ordnen[32]) und insbesondere das, was an neuen Bedürfnissen hervorgetreten war, einer selbständigen Regelung unterziehen[33]). Die Stadtorgane waren also als legislatores in der Lage, ihrer Willkür entsprechend Satzungen aufzustellen[34]), wenn sie hierbei nur das Interesse der Stadt als für ihre Entscheidung maßgebend beachteten[35]). Die Stadt als politischer, sozialer und wirtschaftlicher Mikrokosmos, der in sich selbst sein Genüge fand und sich nach außen abschloß, bildete in seinem autonomen Stadtrecht eine geschlossene Rechtsordnung, die sich zu einer staatsähnlichen Organisation steigerte.

3. DIE STADTRECHTSFAMILIEN

Die intensiv entfalteten Stadtrechte der großen Wirtschaftsmetropolen wurden Vorbilder für zahlreiche Tochterstädte. Über Köln und seine Stadtrechtsfamilien wissen wir schon aus dem 11. Jh. eingehend Bescheid[1]). Neben Soest, Freiburg und Lübeck war auch noch Hamburg zur Kölner Stadtrechtsfamilie gehörig[2]). Von Soest gingen wieder Lippstadt und Hamm[3]), von Freiburg viele oberrheinische und Schweizer Stadtrechte aus[4]), von Lübeck die meisten mecklenburgischen, pommerschen und preußischen Städte[5]). Eine andere selbständige Stadtrechtsgruppe war die von Magdeburg, dessen Rechtsordnung in die Kulmer Handfeste von 1233, nach Stettin 1243, Posen 1253, Krakau 1257 usw. überging[6]). Das Recht von Speyer pflanzte sich fort auf Annweiler und Heilbronn, das von Dortmund auf Wesel, das von Halberstadt auf Aschersleben usw.[7]). Weitere Beispiele anzuführen dürfte sich hier erübrigen; die Beeinflussung der deutschen Städte untereinander im einzelnen zu untersuchen, wird Aufgabe künftiger Forschungen sein[8]). Kurz erwähnt werden soll nur noch, daß in der ostdeutschen Kolonisation häufig die Anlegung von Städten nach deutschem Recht hervorgehoben wurde, wie z. B. bei Breslau und Liegnitz[9]), und daß manche Städte des Ostens nach fränkischem[10]) oder flandrischem Recht[11]) lebten.

ANMERKUNGEN

ANMERKUNGEN

ANMERKUNGEN

Seite 3.
[1]) Auf die keltischen oppida gehe ich nicht näher ein. Ich verweise auf die neue Untersuchung von H. V e t t e r s, Zur Frage der keltischen oppida, Carinthia 141, 1951, S. 677—716, und von älterem Schrifttum auf Henri H u b e r t, Les celtes et l'expansion celtique 1932. Oppidum heißt nach V e t t e r s S. 676 nicht Stadt, sondern Befestigung (Zufluchtsstätte). D e h n, Die gallischen oppida bei Caesar, Saalburg Jb., 10, 1925, S. 36.

[2]) Tacitus, Germania 16 Nullas Germanorum populis urbes habitari satis notum est.

[3]) Freilich erschien die römische Stadtmauer in Köln dem germanischen Stamm der Tenkterer als eine Bedrohung der Freiheit, ebenso wie jede andere Waffe. Tacitus, Histor IV 64.

[4]) Tacitus, Germania 16 suam quisque domum spatio circumdat.

[5]) J. T r i e r, Zaun und Mannring, Beiträge zur Gesch. d. deutschen Sprache und Literatur 66, 1942, S. 232 ff.

[6]) Ammianus Marcellinus sagt über die Alemannen: nam ipsa oppida ut circumdata retiis busta declinant, 16, 2, 12.

[7]) C. S c h u c h h a r d t, Vorgeschichte von Deutschland, 4. Aufl. 1939, S. 110.

[8]) Tacitus, Germania 3.

[9]) O. S c h a d e, Althochdeutsches Wörterbuch I, S. 92, Nr. 51. T r ü b n e r, Wörterbuch hg. v. Alfred Goetze I, 1939 unter Burg. G. N e c k e l, Kultur der alten Germanen 1934, S. 92. W a d l e r, Das Rätsel der Indogermanen 1937, S. 78.

[10]) Caesar, Bell. Gall. II 29 oppidum egregie natura munitum. Die Aduatuker waren Reste der Kimbern und Teutonen.

[11]) Tacitus, Annales I 57. Es war die Burg des Segestes.

[12]) Tacitus, Annales I 56. Die Römer nannten die Burg Mattium, id genti caput (der Chatten). So auch Teutoburgium (Grotenburg bei Detmold), Annales I 60 (haud procul Teutoburgiensi saltu).

[13]) Darüber unten S. 5, Anm. 6.

Seite 4.
[14]) So offenbar auch die Eresburg des Segestes, Annales I 57.

[15]) H. H o f m e i s t e r, Die Chatten I Mattium, die Altenburg bei Niedenstein 1930. Fr. K o e p p, Die Römer in Deutschland, 3. Aufl., S. 8, 121.

[16]) T e u d t, Altgermanische Heiligtümer 1936, S. 98.

[17]) S c h u c h h a r d t, Vorgeschichte von Deutschland, S. 162 ff. Schon für die Zeit der Lausitzer Kultur (1300—800) anzunehmen.

[18]) H. D a n n e n b a u e r, Adel, Burg und Herrschaft der Germanen, Hist. Jb. 1941, S. 24 ff.

[19]) Auch Marsberg ist nicht aus der Eresburg zur Stadt erwachsen, sondern von Erzbischof Engelbert I. von Köln 1216—25 neu als Stadt angelegt worden. Das oppidum Ubiorum führte nicht kontinuierlich zur mittelalterlichen Stadt Köln.

[20]) J. V o n d e r a u, Denkmäler aus vor- und frühgeschichtlicher Zeit im Fuldaer Lande 1931. Die Ausgrabungen am Domplatz zu Fulda 1946. B. O r t m a n n,

Seite 4. Vororte Westfalens seit germanischer Zeit. Studien zur Geschichte der „gewordenen Stadt" 1949.
[21]) H. Jankuhn, Über das Buch von Ortmann in der Z. d. Ges. f. Schleswig-Holsteinische Gesch. 76, 1952, S. 224—238.

Seite 5. [1]) Koepp, Die Römer in Deutschland, 3. Aufl. 1926. Planitz, Römerstädte an Rhein und Donau, Anz. Wien 1946, S. 53—79.
[2]) F. Stähelin, Die Schweiz in römischer Zeit, 3. Aufl. 1948, S. 597 ff. Das älteste Basel, 2. Aufl. 1922, S. 147.
[3]) R. Egger, Teurnia 1926, 2. Aufl., S. 7 ff.
[4]) K. Schumacher, Siedlungs- und Kulturgeschichte des Rheinlandes II, 1923, S. 8 ff.
[5]) Nischer, Die Römer im Gebiet des ehemaligen Österreich-Ungarn 1923, S. 12 ff. Hermann Schmitz, Stadt und Imperium. Köln in römischer Zeit I, 1948, S. 26 ff. E. Bickel, Die Auseinandersetzung zwischen Germanen und Römern auf Grund der antiken Nachrichten 1941, S. 9.
[6]) Schmitz, l. c., S. 79 ff.

Seite 6. [7]) Schumacher, l. c. II, S. 106 ff. Eiden, Die spätrömische Kaiserresidenz Trier 1952, S. 7, Rhein. Ver. f. Denkmalpflege und Heimatschutz, Jg. 1952.
[8]) Schmitz, l. c., S. 110 ff. Vielleicht war die ara Ubiorum, das Zentralheiligtum der Ubier und zugleich Altar des römischen Kaiserkultus, östlich des oppidum Ubiorum am Rhein erbaut. Dort hat man 1911 einen überlebensgroßen Marmorkopf, vielleicht Agrippa darstellend, gefunden. F. Fremersdorf, Die Denkmäler des römischen Köln II, 1950, Tafel 85. Jetzt forscht man auf dem Gelände des Rathauses.
[9]) Schmitz, l. c., S. 111.
[10]) Schmitz, l. c., S. 113 ff. W. Doppelfeld, Die römische Stadtmauer von Köln in Kölner Untersuchungen, Festgabe zur 1900-Jahrfeier der Stadtgründung 1950, S. 3 ff., besonders S. 28 f.
[11]) Schmitz, l. c., S. 126 ff.
[12]) Über die civitas der Ubier Schmitz, l. c., S. 46 ff.
[13]) Schumacher, l. c. II, S. 106.

Seite 8. [14]) Schumacher, l. c. II, S. 48 ff.
[15]) Schumacher, l. c., S. 53 ff.
[16]) Wimpfen: civitas Alisinensium. Ernst Fabricius, Die Besitznahme Badens durch die Römer 1905, S. 68.
[17]) F. Wagner, Die Römer in Bayern 1924, S. 48 ff. G. Steinmetz, Regensburg in vorgeschichtlicher und römischer Zeit 1925, S. 25 ff.
[18]) Gaheis, Lauriacum 1937. Forschungen in Lauriacum I, 1953.
[19]) Nischer, Die Römer im Gebiet des ehemaligen Österreich-Ungarn 1923, S. 95 ff. A. Schober, Die Römerzeit in Österreich 1935, S. 34 ff.
[20]) D. Krencker, Das römische Trier 1923.

Seite 9. [21]) Egger, Teurnia, S. 7 f., 15 f.
[1]) Dagegen nahm H. Keussen, Köln im Mittelalter. Topographie nud Verfassung 1918, S. 1, an, daß Köln aus einem festen Lager entstanden sei. Das entsprach der älteren Ansicht. Daß die Legionen nicht im oppidum Kölns ihren Sitz hatten, hat erst H. Schmitz, Stadt und Imperium, S. 110 ff., nachgewiesen. Dieser Meinung schloß sich Klinkenberg, Jahrbücher d. Kölner Geschichtsverein 24, 1950, S. 194, an.
[2]) Fabricius, Die Besitznahme Badens durch die Römer 1905, S. 41, 56. Kahrstedt, Geschichte der römischen Kaiserzeit 1944, S. 150. Schumacher, Siedlungs- und Kulturgeschichte des Rheinlandes II, S. 66. Fr. Hertlein, Die Römer in Württemberg I, 1928, S. 61 f., 75 f.
[3]) Fabricius, l. c., S. 63. Schumacher, l. c., S. 57.

Seite 9. [4]) J. Hagen, Römerstraßen der Rheinprovinz, 2. Aufl. 1931, S. 26 f.
Seite 10. [5]) Nowotny, Das römische Wien und sein Fortleben, Mitt. d. V. f. d. Gesch. d. Stadt Wien 4, 1923.
[6]) Wagner, Die Römer in Bayern, S. 48 ff. Steinmetz, Regensburg, S. 7 ff., 30 ff. K(anabae), R(eginensium).
[7]) Schumacher, Siedlungs- und Kulturgeschichte des Rheinlandes II, S. 15. W. Diepenbach, Die Stadtbefestigung von Mainz 1928, S. 21 ff.
[8]) Schumacher, l. c., S. 95.
[9]) Schumacher, l. c., S. 92, civitas Vangionum.
[10]) Schumacher, l. c., S. 26.
[11]) Für Wimpfen: Fabricius, Besitznahme Badens, S. 68, civitas Alisinensium. Für Heddernheim: Schumacher, l. c., S. 45, 53, 217, civitas Taunensium.
[12]) Fabricius, l. c., S. 16.
[13]) Stähelin, Das älteste Basel, S. 147 ff.
[14]) Stähelin, Die Schweiz in römischer Zeit, S. 170.
[15]) H. Steiger, Geschichte der Stadt Augsburg 1941, S. 10 ff.
[16]) Egger, Der römische Limes in Österreich 16, 1932, S. 70 ff. E. Swoboda, Carnuntum 1949.
Seite 11. [17]) Stähelin, Die Schweiz in römischer Zeit, S. 559. Schumacher, l. c., S. 215. Secrétan, Aventicum 1905.
[18]) Teurnia: Egger, 2. Aufl. 1926.
[19]) Schober, Römerzeit in Österreich, S. 103. R. Heuberger, Rätien, im Altertum und Mittelalter I, 1932, S. 101 f.
[20]) Wagner, Die Römer in Bayern, S. 46. Lehmann-Hartleben in Pauly-Wissowa, Realenzyklopädie VI, Sp. 2090.
[21]) Stadler, Beitr. z. Rechtsgeschichte der Stadt Salzburg 1934, S. 5. Wagner, l. c., S. 55.
[22]) Schober, Die Römerzeit in Österreich, S. 40. Nischer, Die Römer im Gebiet des ehemaligen Österreich-Ungarn 1923, S. 95.
[23]) Schmitz, Stadt und Imperium, S. 88 ff.
[24]) Doch wohnten in vorrömischer Zeit Keltogermanen auf den Höhen vor Trier, und im späteren Tempelbezirk sind vorrömische Kultstätten nachweisbar. Hagen, Römerstraßen, S. 98 ff.
Seite 12. [25]) Schumacher, l. c., S. 106 ff. Krencker, Das römische Trier 1923.
[26]) Hagen, Römerstraßen, S. 247 f.
[27]) Fabricius, Die Besitznahme Badens durch die Römer, S. 64.
[28]) Schumacher, l. c., S. 51.
[29]) Schumacher, l. c., S. 112.
[30]) Für Alzey: Schumacher, l. c., S. 113. Für Jünkerath: Hagen, Römerstraßen, S. 120 f. Egorigion vicus im Itinerarium Antonini; der vicus war älter als das Kastell.
[1]) Nischer, Die Römer im Gebiet des ehemaligen Österreich-Ungarn, S. 105 ff.
[2]) Schumacher, l. c., S. 169 ff.
Seite 13. [3]) H. Aubin, in Historische Aufsätze für Alois Schulte 1927, S. 34 ff.
[4]) Für Solothurn: Stähelin, Die Schweiz in römischer Zeit, S. 621, Abb. 67 auf S. 307, ähnlich Olten S. 620, Abb. 68, S. 308. Für Mainz: Schumacher, l. c., S. 15.
[5]) Schober, Die Römerzeit in Österreich, S. 40. Heuberger, Rätien I, S. 101 f. Wagner, Die Römer in Bayern, S. 50.
[6]) Schumacher, l. c., S. 106.
[7]) Für Cambodunum: Wagner, Die Römer in Bayern, S. 47. Lehmann-Hartleben in Pauly-Wissowa, Realenzyklopädie VI, Sp. 2086. Für Car-

Seite 13. nuntum: **Kubitschek** und **Frankfurter**, Führer durch Carnuntum, 6. Aufl. 1923. **Swoboda**, Carnuntum 1949, S. 27 ff.
Seite 14. [8]) So z. B. Heddernheim.
[9]) v. **Massow**, Die Basilika in Trier (Hunsrücker Schriftenreihe B 1) 1948.
[10]) v. **Massow** S. 18 ff.
[11]) **Krencker**, Das römische Trier 1923.
[12]) Das Kölner Forum wird nach einer Kölner Provinzialsynode von 887 als forum Julii, als dem Julius Cäsar geweiht, bezeichnet. Vgl. **Mansi**, Concil. Nova et Amplissima collectio XVIII, S. 62 ff. Darüber **Corsten**, Der alte Dom, Annal. d. Niederrhein 126, 1935, S. 26 ff. Seine Lage ist bestritten. **Klinkenberg** sucht es an der Kreuzung von Hohestraße und Schildergasse, **Corsten** am alten Dom.
[13]) F. **Fremersdorf**, Tempelreste auf dem Domhügel zu Köln, Bonner Jb. 133, 1928, S. 221. **Corsten**, Der alte Dom und das römische Forum in Köln, Annal. d. Niederrhein 126, 1935, S. 8.
[14]) **Marquardt-Wissowa**, Die römische Staatsverwaltung III, H. B. d. röm. Altert. VI, 2. Aufl., S. 146.
Seite 16. [15]) Trier erhielt erst in der ersten Hälfte des 4. Jh. eine Stadtmauer, die zum Teil durch die Truppen erbaut wurde, **Lehner**, Westd. Z. 15, 1896, S. 211 ff. **Koethe**, Die Stadtmauer des römischen Trier, Trierer Z. 11, 1936, S. 64, 74.
[16]) **Schmitz**, l. c., S. 113 ff. **Doppelfeld**, Die römische Stadtmauer von Köln. Kölnische Untersuchungen, hg. v. W. Zimmermann 1950, S. 24 ff.
[17]) **Steinmetz**, l. c., S. 28, 38.
[1]) Das nimmt man von Xanten an, vgl. **Hagen**, Römerstraßen, S. XXXVI f.. Tacitus, Histor. IV 22.
[2]) Über Sumelocena: **Fabricius**, Die Besitznahme Badens, S. 56.
Seite 17. [3]) **Hagen**, Römerstraßen, S. 36 f.
[4]) Zwei solche vici konnten im Rheinland ausgegraben werden: Icoregium (Jünkerath) und Belgica (Billig).
[5]) Sextus Pomponius Festus (2. Jh.) sagt in seinem Werk De verborum significatione: Vici: ibi nundine aguntur negotii gerende causa. Das Itinerarium Antonini bezeichnet sämtliche Orte an den Straßen Trier–Köln und Reims–Trier als vici. **Hagen**, Römerstraßen, S. XXXVI f. Über vici in der Pfalz **Sprater**, Die Pfalz unter den Römern I, 1929, S. 106 ff. (Germersheim — vicus Julius, Rheingönheim — vicus Rufiniana; Rheinzabern.)
[6]) Zu Worms: **Schumacher**, l. c. II, S. 92.
[7]) **Diepenbach**, Das Stadtbild von Mainz im Wandel der Zeiten, Mainzer Z. 34, 1939, S. 46 ff. J. **Jung**, Die romanischen Landschaften des römischen Reiches 1881, S. 247.
[8]) **Abramic**, Führer durch Poetovio 1925. **Wengert**, Die Stadtanlagen in Steiermark 1932, S. 55 ff. **Nischer**, Die Römer im Gebiet des ehemaligen Österreich-Ungarn, S. 3.
[9]) **Kubitschek** und **Frankfurter**, Führer durch Carnuntum, 6. Aufl. 1923. **Swoboda**, Carnuntum 1949, S. 28.
[10]) Der römische Jurist Ulpian (gest. 228) spricht davon, daß der vicus von Padua das Kolonialrecht anstrebte: Pataviensium vicus jus colonie impetravit, Vocabularium Jurisprudentie Romane 1933. Der Enzyklopädist Isidor v. Sevilla (560—636), der das Erbe der klassischen Vorzeit rettete, erklärt, daß die Stadt (oppidum) sich nur durch ihre Größe von einem vicus unterscheide.
[11]) Über municipium: E. **Kornemann** in Pauly-Wissowa, Realenzyklopädie XVI, 1, 1933, S. 570 ff. E. **Schönbauer** im Anzeiger der Öst. Ak. der Wiss. 1949, S. 541 ff. — Über die Arten der Römischen Städte vgl.

Seite 17.   A. Degrassi in V. Ussani, Guida allo studio delle civiltà Romana antica I, 1952, S. 300—309. Über die Munizipalwesen in der republikanischen Zeit vgl. H. Rudolph, Stadt und Staat im römischen Italien 1935.

Seite 18. [12]) Kornemann, l. c., S. 598 ff.
[13]) Stähelin, Die Schweiz in römischer Zeit, S. 222.
[14]) Kornemann in Pauly-Wissowa, Supplement 1903.
[15]) Zu Augusta Raurica: Stähelin l. c., S. 238. Besançon: Caesar, Bell. Gall. I 38, Visontio, oppidum maximum Sequanorum. Genf: Stähelin S. 286, Caesar I 7 spricht von den nobilissimi civitatis. Worms: Schumacher, l. c., S. 92.
[16]) Wagner, Die Römer in Bayern, S. 46.
[17]) Ladenburg: civitas Ulpia Sueborum Nicretum, Schumacher, l. c., S. 57. Rottenburg: civitas Summelocenensium, Schumacher S. 66. Dieburg: civitas Anderiensium, Schumacher S. 217. Wiesbaden: civitas Mattiacorum, Schumacher S. 51. Heddernheim: civitas Taunensium, Schumacher S. 45, 53, 217. Wimpfen: civitas Alisinensium Fabricius, Die Besitznahme Badens, S. 68. Baden-Baden: civitas Aquensis, Fabricius S. 64.
[18]) Notitia Galliarum (um 400), hg. v. T. Mommsen, MG. AA. 9, Chronica minora I, S. 555 ff.
[19]) Der erste Name Kölns lautete Colonia Claudia Ara Agrippinensis, der von Straßburg Argentorate.

Seite 19. [20]) Kornemann in Pauly-Wissowa, Realenzyklopädie IV, 1901, S. 504 ff.
[21]) Schmitz, Stadt und Imperium S. 126.
[22]) Über Emona: Kornemann, l. c. Augusta Raurica: Stähelin S. 554. Köln: Schumacher S. 14.
[23]) Kornemann, l. c., Pauly-Wissowa IV, S. 11 ff.
[24]) Abramic, Führer durch Poetovio 1925.
[25]) Ovilava: Schober, Die Römerzeit in Österreich, S. 40. Virunum: Kornemann, l. c., S. 511 f. Flavia Solva: Schober S. 38. Aelium Cetium: Kornemann S. 511 ff. Carnuntum: Egger, Der römische Limes in Österreich 16, 1932, S. 70 ff.
[1]) Th. Mommsen, Ges. Schriften I, S. 265—382.
[2]) Näheres bei B. Kübler, Geschichte des römischen Rechts 1925, S. 228 ff. Kornemann in Pauly-Wissowa XVI 1, 1933, S. 610 ff.

Seite 20. [3]) Kübler S. 232 ff.
[4]) Kübler S. 234 f.
[5]) Kübler S. 341 f. M. Rostovtzeff, Gesellschaft und Wirtschaft im römischen Kaiserreich I, 1929, S. 124 ff.
[6]) Rostovtzeff S. 160 ff.
[7]) Kübler S. 336.
[8]) Für Bitburg: Hagen, Römerstraßen, S. 108. — Stein, Die kaiserlichen Beamten und Truppenkörper im römischen Deutschland 1932, S. 66.

Seite 21. [9]) Für Mainz: Hagen S. 98 ff.
[10]) Mommsen, Römische Lagerstädte, Hist. Schriften III, 1910, S. 176 ff.

Seite 22. [1]) U. Kahrstedt, Geschichte der römischen Kaiserzeit 1944, S. 137 ff. Rostovtzeff, Gesellschaft und Wirtschaft im römischen Kaiserreich I, S. 129 ff.
[2]) Aubin, Der Rheinhandel in römischer Zeit, Bonner Jb. 130, 1925, S. 1—37. Kahrstedt, l. c., S. 141 ff. Steinhausen, Archäologische Siedlungskunde des Trierer Landes 1936, S. 320 ff.
[3]) Haendcke, Germanien und das Morgenland 1942, S. 42 ff. Eiden, Trier, S. 9 f.

Seite 22. ⁴) In Köln wurden schon um 200 n. Chr. Kölnischwasser-Flaschen zur Aufbewahrung von Riechstoffen hergestellt. Erhalten ist der Grabstein eines römischen Parfümhändlers (negotiator seplasiarius), Fremersdorf, Denkmäler des römischen Köln II, 1950, Tafel 79.

⁵) Salvian v. Massilia (400—480), aus dem Rheinland stammend, berichtete in De gubern. Dei IV 69, MG. AA. 1, S. 49 consideremus solas negotiatorum et Syricorum omnium turbas, quae maiorem terme civitatum universarum partem occupaverunt. Über Juden in Trier A. Altmann, Das früheste Vorkommen der Juden in Deutschland, Juden im römischen Trier 1932, in Köln Adolf Kober, History of Jewish in Cologne (Jewish Communities Series) 1940.

⁶) Rostovtzeff I, S. 148 f.

⁷) W. Vogel, Geschichte der deutschen Seeschiffahrt I, 1915, S. 49.

⁸) H. Willers, Neue Untersuchungen über die römische Bronzeindustrie 1907, S. 46 f. Gunnar Ekholm, Zur Geschichte des römisch-germanischen Handels, Acta Archeologica VI, 1935, S. 49 ff.

⁹) Aubin, Die wirtschaftliche Entwicklung des römischen Deutschlands, H. Z. 141, 1931, S. 1 ff.

¹⁰) Kahrstedt, Geschichte der römischen Kaiserzeit, S. 150.

¹¹) Kahrstedt, l. c., S. 163.

Seite 23. ¹²) Kahrstedt, l. c., S. 157 ff.

¹³) Kahrstedt, l. c., S. 156.

¹⁴) Kahrstedt, l. c., S. 156 ff.

Seite 24. ¹) Greg. v. Tours, Hist. Franc. II 9, 1, S. 72 f. berichtet von einer Erzählung des Sulpicius Alexander, wonach während der Eroberung durch die Franken Köln, Trier, Mainz, Neuß und andere castra am Rhein Stützpunkte der römischen Verteidigung gewesen seien, während die ausgedehnten vici bereits von den Bewohnern verlassen worden waren.

²) Ammianus Marcellinus 15. 19. Gardthausen, S. 67 Coloniam Agrippinam pertinaci barbarorum obsidione reseratam magnis viribus et deletam. E. Hegel, Die Kölner Kirchen und die Stadtzerstörungen der Jahre 355 und 881 (1950), S. 41 ff.

³) Salvian v. Massilia, De gubern. Dei (435/51) VI 13, MG. AA. 1 79 Vidi Treviros, homines domi nobiles, jam spoliatos atque vastatos. Finem perditioni huic nec civitatum excidia fecerunt. Denique expugnata est quater urbs Gallorum opulentissima A. Dopsch, Wirtschaftliche und soziale Grundlagen der europäischen Kulturentwicklung aus der Zeit von Cäsar bis auf Karl den Großen I, 2. Aufl. 1923, S. 163.

⁴) Greg. v. Tours, Hist. Franc. II, 6, SRM. 1, S. 67 f. berichtet von den Hunnen: civitas haec cremabitur incendio.

Seite 25. ⁵) Die wichtigste Quelle ist Eugippius, Vita Severini cap. 30—31, ed. Mommsen (Scr. R. G.). J. Zibermayer, Noricum, Bayern und Österreich 1944, S. 42 ff. — Über Lentia W. Jenny, Jb. der Stadt Linz 1950, S. CI ff.

⁶) Steinmetz, l. c., S. 45 f.

⁷) Pauly-Wissowa-Kroll 18, Sp. 1993.

⁸) Egger, Teurnia, S. 8.

⁹) Schober, Römerzeit in Österreich S. 39.

¹⁰) Für Bonn: Aubin, Zum Übergang von der Römerzeit zum Mittelalter, Hist. Aufs. für Alois Schulte 1927, S. 38. Brigantium: Heuberger, Rätien I, S. 101 f. Cambodunum: Wagner, Die Römer in Bayern 1924, S. 46.

¹¹) Abramic, Führer durch Poetovio 1925.

Anmerkungen zu Seite 25 bis 28

Seite 25. [12]) Aventicum: S t ä h e l i n, Die Schweiz in römischer Zeit, S. 559. S e c r é t a n, Aventicum 1905.
Seite 26. [13]) S c h u m a c h e r, l. c., S. 57.
[14]) Für Trier: S c h u m a c h e r, Siedlungs- und Kulturgeschichte III, S. 172. Für Augsburg: S t e i g e r, Geschichte der Stadt Augsburg 1941, S. 33 ff.
[15]) K. Ö t t i n g e r, Das Werden Wiens 1951, S. 15 ff., 22 ff., 66 ff.
[16]) K l i n k e n b e r g, Jb. d. Köln. G. Ver. 24, 1950, S. 194 ff. G ö b e l, Das Stadtgebiet von Köln und seine Entwicklung 1948, S. 6 ff.
[17]) S c h u m a c h e r, Siedlungs- und Kulturgeschichte des Rheinlandes II, S. 15.
[18]) Für Worms: S c h u m a c h e r S. 92. D o p s c h I, S. 161. Für Speyer: W. G e r l a c h, Entstehungszeit der Stadtbefestigungen 1913, S. 56. F. S p r a t e r, Die Pfalz unter den Römern I, 1929, S. 98 ff. Für Straßburg: S c h u m a c h e r II, S. 26. D o p s c h I, S. 167.
[19]) Für Basel: S t ä h e l i n, Das älteste Basel, S. 147 ff.
[20]) So nach einem ungedruckten Vortrag von Franz B e y e r l e, Genetische Deutung des Stadtgrundrisses von Konstanz.
[21]) Für Metz: D o p s c h S. 164 f.
[22]) Für Andernach: S c h u m a c h e r II, S. 87.
[23]) Für Boppard: v. C o h a u s e n und E l t e s t e r, Bonner Jahrbuch 1871, S. 92 ff. G e r l a c h S. 54. Für Bingen: H a g e n, Römerstraßen, S. 378.
[24]) Für Nimwegen: J. H. H o l w e r d a, Die Bataverstadt und das alte Legionslager der Legion X und Nimwegen, Korrespondenzblatt der römisch-germanischen Kommission 1918. S c h u m a c h e r III, S. 199.
[25]) Über Friedberg: S c h u m a c h e r II, 1923, S. 55. Über Breisach: W. N o a c k, Die mittelalterlichen Städte im Breisgau, Oberrh. Heimat 1940, S. 190 ff.
[26]) Über Solothurn: S t ä h e l i n, Die Schweiz in römischer Zeit, 3. Aufl., S. 621. B. A m i e t, Anlage und Wachstum der Stadt Solothurn, Festschrift Tatarinoff 1938, S. 70 ff. Über Chur: S t ä h e l i n S. 612. Ulrich S t u t z, Karls des Großen divisio und Grafschaft Chur, Zeumer-Festschrift 1910, S. 119, nimmt Erhaltung der römischen Munizipalverfassung bis auf Karl den Großen an.
Seite 28. [27]) Über Regensburg: W a g n e r, Die Römer in Bayern, S. 48 ff. G e r l a c h S. 43. J. H a n s e n, Mitt. d. Ver. f. Denkmalpflege und Heimatschutz 5, S. 7 ff. M. H e u w i e s e r, Die Entwicklung der Stadt Regensburg im Frühmittelalter, 1925, S. 99 f. Passau: H e u w i e s e r, Die stadtrechtliche Entwicklung der Stadt Passau 1910, S. 5 ff. W a g n e r, Die Römer in Bayern, S. 51 f.
[28]) Für Salzburg: J. S t a d l e r, Beiträge zur Rechtsgeschichte der Stadt Salzburg 1934, S. 5 f. D o p s c h I, S. 176—183. Für Wels: S c h o b e r, Die Römerzeit in Österreich 1935, S. 40. So auch Eferding: O. W u t z e l, Eferding, Oberöst. Heimatblätter II, 1948, S. 291 ff.
[1]) Formulae Andecavenses 1, Turonenses 3, 28, Marculfi 37, Z e u m e r, Formulae S. 4, 97, 136, 151. In der Marculf-Formel fehlen bereits die honorati principales. P l a n i t z, Handelsverkehr und Kaufmannsrecht im fränkischen Reiche, Festschrift für Heymann 1940, S. 178, Römerstädte an Rhein und Donau, Anzeiger der Österr. Akad. der Wiss. 1946, S. 65.
[2]) Agathias, Hist. 1, 2, Corp. Script. III, S. 16. In der Formula Marculfi 37 wird ausdrücklich von den Gesta juxta consuetudinem Romanorum gesprochen.
[3]) D o p s c h, Grundlagen II, S. 352 f. Anderer Ansicht E. M a y e r, Deutsche und französische Verfassungsgeschichte II, 1899, S. 58 f., der dem Bischof die primäre Machtstellung zuweist.
[4]) Cap. Bonnon. 811 c. 2, Capitul. I, S. 166.

Seite 29. [5]) A. Hauck, Kirchengeschichte Deutschlands I, 4. Aufl. 1913, S. 30f., 26ff.
[6]) Hauck, Kirchengeschichte I, S. 32.
[7]) Hauck, l. c., S. 33, 34, 30 f. Über Mainz zu 368 vgl. Ammianus Marcellinus 27, 10.
[8]) Über Augst und Vindonissa: Hauck, l. c. I, S. 310, Anm. 4. Über Chur 452: Hauck, l. c. I, S. 310, Anm. 6. Über Augsburg: Hauck, l. c. I, S. 88. Über Lauriacum und Virunum: Zibermayer, l. c., S. 17. Über Aguntum und Teurnia: Zibermayer S. 57.
[9]) Über die Verlegung von Tongern nach Maastricht: Hauck, l. c. I, S. 32. Basel war schon Bischofssitz in der Notitia Galliarum (um 400).
[10]) Verlegung durch Dagobert I. (629—639), MG. Poetae lat. 4, 1923, S. 1107. Zibermayer S. 84. Hauck, l. c. I, S. 311.
[11]) Hauck, l. c., I S. 346.
[12]) Gesichert ist freilich erst Rezilo, Bischof um 745. Hauck, l. c. I, S. 503.
[13]) Hauck I, S. 340. Egger, Teurnia, S. 8 f.
[14]) Zibermayer S. 99 f.
[15]) Hauck, I, S. 119 f.
[16]) Greg. v. Tours, Hist. Franc. VI 41, MG. SS. R. M. I, S. 251. Fustel de Coulanges, Hist. des institutions politiques de l'ancienne France III, 5. éd. 1888, S. 196 ff.
[17]) Hauck I, S. 136. Nach ihm hat Chlodwig die Bischöfe romanischer Abkunft „zu patriotischen Bürgern des fränkischen Reiches" gemacht, S. 148.
[18]) Erhalten sind freilich nur solche Privilegien aus karolingischer Zeit. Besonders Hauck, l. c. I, S. 126 ff.
[19]) G. Waitz, Deutsche Verfassungsgeschichte II 2, 3. Aufl. 1883, S. 264 f.

Seite 30. [20]) Greg. v. Tours, Hist. Franc. VI 46 Periit honor noster et translatus est ad episcopos civitatum.
[21]) A. Schoop, Verfassungsgeschichte von Trier, Westd. Z. Erg.-Heft I, 1884, S. 70 ff. G. Kentenich, Trierisches Archiv 11, 1907, S. 57. Schumacher, Siedlungs- und Kulturgeschichte III, S. 172.
[1]) H. Brunner- C. von Schwerin, Deutsche Rechtsgeschichte II, S. 317. Chilperich begnügte sich mit der unter Chlothar I. aufgebrachten Steuer, Greg. v. Tours, Hist. Franc. V 34, und Chlothar II. verzichtete darauf, neue, vom Volke abgelehnte Steuern einzuziehen, ed. Chlothar II, Cap. I 225.
[2]) Dopsch, Grundlagen II, S. 368 f. spricht nur von „Verschiebung des eigentlichen Siedlungs- und Wohnbezirkes" und von einem Bevölkerungsrückgang „während der Übergangszeit".
[3]) Der Satz der Germania 16 des Tacitus (oben S. 3, Anm. 2) behält noch in der Merowingerzeit seine Geltung.
[4]) In Mainz besaßen jetzt Grundstücksbesitzer Weingärten und Höfe innerhalb der Stadtmauer, vgl. die Urkunden von 752 Nr. 13, 756 Nr. 20, 779 Nr. 52, 53, UB. I, S. 6, 8, 23 f.
[5]) Vgl. meine Abhandlung „Handelsverkehr und Kaufmannsrecht im fränkischen Reich", Festschrift für Heymann 1940, S. 178.

Seite 31. [6]) Arnoldus Emmeram, MG. SS. IV, S. 552. Translatio S. Dionysii, MG. SS. 11, S. 534. H. Heimpel, Das Gewerbe der Stadt Regensburg, S. 19. Fritz Morré, Ratsverfassung und Patriziat in Regensburg, Hist. Ver. für Regensburg 85, 1935, S. 14. P. Scheffer-Boichorst, MIÖG. 6, S. 535. Dopsch II, S. 389.
[7]) Anon. Vales. um 530, Garthausen 12, 72 negotiantes de diversis provinciis ad ipsum concurrebant.
[8]) Greg. v. Tours, Hist. Franc. III 34, VI 32, VII 45, 46, MG. SS. R. M. I, S. 137, 273, 322. So kauften z. B. die Kaufleute in Notzeiten die Getreide-

Seite 31. und Weinvorräte zu spekulativen Zwecken auf, während andrerseits der König ihnen Geld zu Spekulationszwecken vorschoß.

[9]) Fredegar, MG. SS. R. M. 2, S. 144.

[10]) Darüber berichtet die Vita S. Severini 31 u. 32, MG. AA. S. 24 für die Zeit vor 482 über Handelsverbindungen von Lauriacum aus mit dem Stamm der Rugier, sodann über die Märkte jenseits der Donau im Barbarengebiet, 12 cap. 9, AA. 2. Dopsch II, S. 365, Anm. 106.

[11]) Cap. miss. in Theodonis villa datum 805 c. 7. Planitz, Quellenbuch der deutschen Rechtsgeschichte (1948) S. 32.

[12]) Über einen regelmäßigen Salzfrachtverkehr an der Mosel erfährt man aus Greg. v. Tours, De virtutibus S. Martini 4, 29, MG. SS. R. M. I, S. 656. Petrikovits, Aus der Schatzkammer des antiken Trier, S. 79.

[13]) Hektor Ammann, Rhein. Vbl. 7, 1937, S. 181 ff.

[14]) Greg. v. Tours, Hist. Franc. III 34, MG. SS. R. M. 1, S. 137 cives negotium exercentes in civitate nostra. Form. Turon. 28 um 750, Zeumer S. 151 (cives). Eine Urkunde Chlothars II. von 627, MG. Dipl. RF., S. 13, Nr. 11 bestätigt die testamentarische Verfügung eines Pariser Kaufmanns über sein Vermögen.

[15]) Dopsch I, S. 158. F. Cramer, Ann. hist. Ver. f. NRh. 91, S. 5 f. Für Worms: Dopsch I, S. 161. Für Ladenburg: Dopsch I, S. 163.

[16]) Für Regensburg: Dopsch I, S. 173 f.

Seite 33. [17]) Zur Geschichte des Namens Straßburg: Schumacher, Siedlungs- und Kulturgeschichte der Rheinlande II, S. 98. Für Salzburg: Breves notitiae 8. Jh. in loco qui dicitur Juuavo, quod vulgo dicitur Salzburg, Salzb. UB. I, S. 17 f.

[18]) Von der Stadtmauer von Cambrai erfahren wir erst für das Jahr 584, als König Chilperich dort mit dem Königsschatz Schutz suchte, Greg. v. Tours, Hist. Franc. VI 41, MG. SS. R. M. I 1, S. 281. F. Vercauteren, Étude sur les civitates de la Belgique seconde 1934, S. 205 f. Vgl. auch Greg. v. Tours VI 6, S. 250.

[19]) Siehe oben S. 24, Anm. 2.

[20]) In Mainz bestand die Römermauer bis zum Normannensturm, Gerlach S. 41. Die schon von den Hunnen 451 schwer beschädigten Stadtmauern von Metz kehren im Frühmittelalter an derselben Stelle wieder, G. Wolfram, Jb. für lothringische Geschichte und Altertumskunde 9, S. 137. Regensburg erscheint in 8. Jh. als eine mit Türmen und Steinmauern bewehrte Stadt. Vita S. Haimchrammi, hg. v. Krusch 1920, S. 35 f.

[21]) E. Ennen, Die Bedeutung der Kirche für den Wiederaufbau der in der Völkerwanderungszeit zerstörten Städte, Kölner Untersuchungen 1950, S. 56 f.

Seite 35. [1]) S. Rietschel, Die civitas auf deutschem Boden bis zum Ausgang der Karolingerzeit 1894, S. 95. Karl Zeumer, ZRG. G. 1, 1880, S. 89 ff. Bruno Hirschfeld, Die Gesta municipalia in römischer und frühgermanischer Zeit 1904, S. 79 ff.

[2]) Rietschel, Die civitas, S. 93.

[3]) Im allgemeinen: Brunner-v. Schwerin, Deutsche Rechtsgeschichte II, S. 263 ff.

[4]) Cap. miss. generale Art. 40, Cap. I, S. 98 Zle 35.

[5]) C. Hegel, Verfassungsgeschichte von Mainz 1882, S. 8. Vgl. Dronke, Codex Dipl. Fuld. Nr. 48 in pago Wormacense, id est in Mogontia civitate.

[6]) So die Formulae Imperiales 52 (um 830), Zeumer S. 325.

Seite 36. [7]) Davon sprechen die Form. Senon. rec. 1, 3, 6 (9. Jh. Anfang), Form. Cod. S. Emmerami 9, Zeumer S. 211, 214, 465.

Seite 36. [8]) So nach Richard Schröder-Eberhard v. Künssberg, Deutsche Rechtsgeschichte, 7. Aufl. 1932, S. 679.

[9]) Schumacher, Siedlungs- und Kulturgeschichte der Rheinlande III S. 172. Dopsch I, S. 163.

[10]) Kentenich, Trierisches Archiv 11, 1907, S. 83 ff.

[11]) Für Köln: Fremersdorf bei Schumacher III, S. 163.

[12]) Für Mainz: G. Schlag, Die deutschen Kaiserpfalzen, 1940, S. 88.

[13]) Für Worms: Schumacher III, S. 170.

[14]) Für Basel: Dopsch I, S. 169.

[15]) Für Utrecht: Ganshof, Stadsontwikkeling, S. 18 f. Speyer: 787 Palatium Nemente, Schlag, Kaiserpfalzen, S. 102. Für Regensburg: Heuwieser S. 128. Für Nimwegen: Terpstra, Nijmegen in de Middeleeuwen 1917, S. 2 f. Ganshof S. 15. Aachen: Gerlach S. 31. Faymanville, Kunstdenkmäler der Stadt Aachen III, 1924, S. 85. Frankfurt: 827 königliche Pfalz, UB. I, Nr. 2. Kreuznach: 839 Annales Bertin.. Waitz, Ser. Rer. Germ. 5 (1883), S. 22 in Cruciniago castro. Brumath: 770 palatium publicum (Karlmann), Gengler, Codex juris municipalis Germaniae I, 1863, S. 426. Zürich: K. Dändliker, Geschichte der Stadt und des Kantons Zürich I, 1908, S. 35 ff.

[16]) Öttinger, Das Werden Wiens 1951, S. 87 ff.

Seite 37. [17]) Für Trier: Schumacher, Siedlungs- und Kulturgeschichte der Rheinlande III, S. 175. Für Köln: Keussen, Topographie, S. 24 f. Für Mainz: Schlag, Die deutschen Kaiserpfalzen 1940, S. 88. Für Worms: Schumacher III, S. 170 ff. Für Straßburg: B. Dauch, Die Bischofsstadt als Residenz der geistlichen Fürsten 1913, S. 68. Ganshof, Over stadsontwikkeling tusschen Loire en Rijn gedurende de Middeleeuwen 1941, S. 19. Für Augsburg: Steiger S. 40. Für Regensburg: Heuwieser S. 137. 178 f. Morré S. 14.

[18]) Für Chur: Stähelin, Die Schweiz in römischer Zeit, S. 612. Für Maastricht: Panhuysen S. 1. Für Utrecht: Ganshof S. 18 f. 722 bestand bereits die neue Burg, Muller, Cartularium van het sticht Utrecht 1892, Nr. 1, S. 3.

[19]) Für Passau: Heuwieser S. 19 ff., 29 ff. J. Lahusen, Zur Entstehung der Verfassung bayrisch-österreichischer Städte 1908, S. 15 ff. Für Salzburg: Stadler S. 11.

[20]) Rietschel, Civitas S. 62 f. Ganshof, Stadsontwikkeling, S. 13 f. Die Bischöfe ließen die Mauern instand setzen, Ennen, Wiederaufbau, S. 57.

[21]) Annal. Fuldens. zu 882 und 883 ed. F. Kurze 1891. S. 97, 100. Gerlach, Stadtbefestigungen, S. 32 f.

[22]) Annal. Fuldens. ed. F. Kurze S. 97. Annal. S. Maximini, MG. SS. 4, S. 6. A. Schoop, Westd. Z., Erg.-Heft 1, 1884, S. 77 f. Gerlach S. 5. Die Befestigung der Domburg erfolgte erst durch Erzbischof Ludolf (994 bis 1008), MG. SS. 8, S. 171 f.

[23]) Greg. v. Tours, Hist. Franc. II 6 ed. Krusch 1937, S. 47. Venantius Fortunatus spricht schon für etwa 550 von einer urbs munita nimis, quam cingit murus et amnis, pontificis merito stas valitura magis, MG. AA. 10, 9, 1, S. 242. Georg Wolfram, Jb. d. Ges. für lothringische Geschichte und Altertumskunde 9, 1897, S. 129. Gerlach S. 47.

[24]) C. H. Bähr, Die Kunstdenkmäler des Kantons Basel-Stadt I, 1932, S. 145. Ganshof S. 14.

[25]) Vita S. Haimchrammi, MG. SS. R. M. IV, S. 478 urbs lapidibus quadris edificata et turrium magnitudine sublimis, Gerlach S. 43.

Anmerkungen zu Seite 37 bis 42

Seite 37. ²⁶) Von Reganespurc sprechen seit 804 Traditionsurkunden des Hochstifts Freising, T. Bitterauf, Traditionen des Hochstifts Freising I, 1905, S. 188, Nr. 197.
²⁷) Hansen, Mitteilungen des Rh. V. f. Denkmalpflege und Heimatschutz 5, 1911, S. 9.
²⁸) Stähelin, Das älteste Basel, Basler Zeitschrift für Gesch. und Altertumskunde 1921, S. 160 ff.

Seite 38. ²⁹) Rietschel, Civitas, S. 95 f. Für Straßburg: herzogliche Urkunde 792, UB. I, S. 3, Nr. 3 actum Stratburgo civitate. Für Augsburg: Urkunde Ludwigs des Deutschen 874, MG. Dipl. RG. ex stirpe Karolinorum I, S. 204, Nr. 151.
³⁰) Rietschel, Civitas, S. 44.
³¹) Rietschel, Civitas, S. 55 f.

Seite 39. ³²) Über Regensburg: Heuwieser S. 10 ff.
³³) Dietpurc = populosa civitas, plena populis odo theotpurc, Ahd. Glossen, S. 102 Zle 19, S. 116 Zle 3.
³⁴) Über Bitburg: Beda castrum 715—716, Urkunde Arnulfs, MG. DD. I, S. 96. Über castrum Lobodone — Ladenburg, Schumacher III, S. 176.
³⁵) Keussen, Topographie der Stadt Köln, S. 2*f., 144*ff.
³⁶) Kentenich S. 80 ff.
³⁷) Hauck, Kirchengeschichte II, S. 214, Anm. 3.
³⁸) Für Mainz: Dopsch I, S. 158. Schumacher III, S. 165 ff.
³⁹) Metz: H. Klippfel, Metz, cité episcopale et impériale 1867.

Seite 40. ⁴⁰) Für Regensburg: Heuwieser, S. 150 ff., 185 ff.
⁴¹) Über Straßburg: Hauck, Kirchengeschichte II, S. 822.
⁴²) Hauck, Kirchengeschichte II, S. 820, 828.
⁴³) Hauck, Kirchengeschichte II, S. 818, 819, 829, 822, 827.
⁴⁴) Ennen, Wiederaufbau S. 58 ff., Frühmittelalterliche Geschichte Bonns, S. 185, dazu bes. G. Kurth, La cité de Liège au moyen âge, S. 18 ff. Stengel, Die fränkischen Wurzeln der mittelalterlichen Stadt, Rörig-Gedächtnisschrift 1953, S. 37.
⁴⁵) G. Jacob, Ein arabischer Berichterstatter aus dem 10. Jh., S. 37.
⁴⁶) Für Trier: Schoop, Verfassungsgeschichte von Trier, S. 70 ff. 772 Dipl. Karol. Nr. 66, S. 95. Worms 764: Dipl. Karol. Nr. 20, S. 29. Straßburg 856: Urkunden der deutschen Karolinger I, Nr. 75, S. 109.
⁴⁷) Form. Extrav. 20 (9. Jh., Anfang), Zeumer S. 546 infra muro Colonie civitatis publice, ubi vir venerabilis N. gratia Domini favente archiepiscopus preesse videtur.

Seite 41. ⁴⁸) Schoop, Verfassungsgeschichte von Trier, Westd. Z., Erg.-Heft 1, 1884, S. 70 ff. Erst 902 übertrug Ludwig IV. die Grafschaftsrechte dem Bischof zurück. MRh. UB. I Nr. 150, S. 214.
⁴⁹) Pippin, Cap. Suessionense 744 cap. 6, Cap. I, S. 30.
⁵⁰) Ahd. Glossen sprechen von „urbem regiam = puruc chuninglihha", I, S. 426 Zle 41.

Seite 42. ⁵¹) Einhard, Translat. SS. Marcellini et Petri cap. 17, MG. SS. 15, 1, S. 263 ff.
⁵²) Einhard, Translat. SS. Marcellini et Petri cap. 6, MG. SS. 15, 1, S. 250 Mercatores de civitate Mogontiaco, qui frumentum in superioribus Germaniae partibus emere ac per fluvium Moinum ad urbem devehere solebant. Vita Sturmi Eigils (vor 882) cap. 7, MG. SS. 2, S. 369.
⁵³) Einhard, Translat. SS. Marcellini et Petri cap. 13, MG. SS. 15, 1, S. 261 in Vico, qui hodieque Trajectus vocatur, estque habitantium et praecipue negotiatorum multitudine frequentissimus.
⁵⁴) Worms: Urkunde Ludwigs des Frommen 829, Wormser UB. I, Nr. 17, S. 9.

Anmerkungen zu Seite 42 bis 44

Seite 42. [55]) Über Kölner Kaufleute berichtet bereits Einhard, Translatio SS. Marcellini et Petri c. 17, MG. SS. 15, 1, S. 263 f. (für 827—830).

Seite 43. [56]) Max H e u w i e s e r, Die Entwicklung der Stadt Regensburg, Verhandlungen des Hist. Ver. von Oberpfalz und Regensburg 76, 1926, S. 128 ff. Fritz M o r r é, Hist. Ver. Regensburg 85, 1935, S. 13 f.

[57]) Für Trier: S c h u m a c h e r III, S. 172. Für Augsburg: P l a n i t z, Frühgeschichte, S. 30.

[58]) Über den Mainzer Handel berichtet bereits vor 822 die Vita Sturmi Eigils, MG. SS. 2, 369 c. 7. Für 827—830: Einhard, Transl. SS. Marcellini et Petri c. 6, MG. SS. 15, 1, S. 250.

[59]) Urkunde Ludwigs des Frommen von 829 bei B o o s, UB. d. Stadt Worms I, S. 9, Nr. 17. Die Stelle spricht von negotiatores vel artifices seu et Frisiones, also nicht nur von Friesen, andrer Ansicht v. I n a m a - S t e r n e g g, Deutsche Wirtschaftsgeschichte I, S. 409, Anm. 4. Die Friesen hatten einen von den übrigen Kaufleuten getrennten selbständigen Wik, den sie 873 neu befestigten, Annal. Wormat., MG. SS. 17, S. 37 ipsi Frisiones restauranda muralia procurent. Franz B e y e r l e in der Festschrift für Ernst Mayer 1932, S. 46 ff.

[60]) S c h u m a c h e r, Siedlungs- und Kulturgeschichte der Rheinlande III, 1925, S. 167. Zu 886 berichten die Annal. Fuldens. ed. K u r z e S. 104 optima pars Mogontiae civitatis, ubi Frisiones habitabant.

[61]) Siehe Anm. 59.

[62]) Das vermutet wohl mit Recht G a n s h o f, Stadsontwikkeling, S. 22, Anm. 11.

[63]) Arnoldus Emmeram, MG. SS. 4, S. 552. Translatio S. Dionysii, MG. 11, S. 354. H e i m p e l, Das Gewerbe der Stadt Regensburg, S. 9. M o r r é S. 14.

[64]) H e u w i e s e r, Die stadtrechtliche Entwicklung der Stadt Passau, S. 29 ff., 58 ff.

[65]) Tradit. Fuldens. 3, 8, D r o n k e S. 5. UB. Straßburg I, S. 16 f., Nr. 20, 21 von 791 und 801.

[66]) S t ä h e l i n, Das älteste Basel, S. 147 ff.

[67]) So nach einem ungedruckten Vortrag von Franz B e y e r l e, Genetische Deutung des Stadtgrundrisses von Konstanz.

[68]) G a n s h o f, Stadsontwikkeling, S. 19, 21, 29.

[69]) G a n s h o f S. 31.

[70]) Richerus, Historiae liber III 103 ed. W a i t z, 1877, S. 124.

Seite 44. [1]) Der germanische Ausdruck burgus findet sich jetzt bis zur Loire, Form. Turon. 42, Z e u m e r S. 158.

[2]) Rudolf B u c h n e r, Die Provence in merowingischer Zeit 1933, S. 58.

[3]) Bekanntlich legte Henri P i r e n n e einseitig das Schwergewicht auf die Schließung des Mittelmeers durch den Islam. Vgl. seine Schrift Mahomet et Charlemagne, Paris-Bruxelles 1937; kurze Zusammenfassung seiner Ansicht schon in der Revue Belge de phil. et d'histoire 1, 1922, S. 77 f. Zur Kritik Erna P a t z e l t, Die fränkische Kultur und der Islam 1923. Henri L a u r e n t, Byzantion 7, 1932, S. 495 ff. Franz S t e i n b a c h, Gemeinsame Wesenszüge der deutschen und der französischen Volksgeschichte, S. 16. Franz P e t r i, Um die Volksgrundlage des Frankenreiches 1939, S. 17 ff. P l a n i t z, Handelsverkehr und Kaufmannsrecht S. 180 ff.

[4]) Das betont P i r e n n e, Un contraste économique Merovingiens et Carolingiens, Revue Belge de phil. et d'histoire 2, S. 223 f. Auch hier legt er ausschließlich den Ton auf die Schließung des Mittelmeers durch die Araber.

[5]) B u c h n e r, Die Provence, S. 57 f.

Anmerkungen zu Seite 45 bis 46

Seite 45. [6]) F. Vercauteren, Étude sur les Civitates de la Belgique seconde 1934. Beispiele besonders für Reims S. 91 ff., Soissons S. 118 ff., Arras S. 181 ff. Dazu Franz Steinbach, Bemerkungen zum Städteproblem, Rhein. Vbl. 7, 1932, S. 127 ff.

[7]) Das Gegenteil behauptet besonders Pirenne, Les villes du moyen âge 1927, S. 24 ff.; Histoire du moyen âge 8, La civilisation occidentale 1933, S. 7 f. Vgl. auch Carl J. Burckardt, Aufstieg der Städte, Basler Nachrichten 47/1953, Nr. 10.

[8]) Vgl. im allgemeinen Dopsch, Wirtschaftsentwicklung der Karolingerzeit II, 2. Aufl. 1921/22, S. 210. J. W. Thompson, The Commerce of France in the Ninth Century in The Journal of Political Economy 23, 1915, S. 857—887. Dopsch, Naturalwirtschaft und Geldwirtschaft in der Weltgeschichte 1930. Pirenne, Histoire de Belgique I, 5. Aufl., S. 34 ff.; ders., Les villes du moyen âge, S. 27 ff. Vercauteren S. 451 ff.

[9]) Vercauteren, l. c., S. 450 ff. Von 10 gestatteten Münzstätten lagen seit dem Edictum Pistense von 864 6 in diesem Raum.

[10]) Karl der Große 779, Nr. 122, MG. Dipl. Karol. 1, S. 171, Ludwig der Fromme 831, Straßburger UB. I, S. 18, Nr. 23. Formulae Imperiales 37 um 830, Zeumer S. 315 spricht nur von Quentowik und Dorstat; ad Clusas bedeutet nicht Sluis, sondern einen Alpenpaß, vgl. Dietrich Schäfer, Berliner Sb. 27, 1905, S. 578. Rudolf Häpke, Hans. Gbl. 1905, S. 65. G. B. Dept, Le mot «Clusas» dans les diplômes Carolingiens in Mélange d'Histoire offerts à Henri Pirenne 1926, I, S. 89—98.

[11]) Gesta Abbat. Fontanell. (834—855) zu 787. Löwenfeld S. 76.

[12]) Otto Fengler, Quentowik und seine maritime Bedeutung unter Merowingern und Karolingern, Hans. Gbl. 13, 1907, S. 92 ff., bes. S. 100 f. Der Ort heißt jetzt Étaples.

[13]) Pirenne, Draps de Frise ou draps de Flandre ? VSWG. 7, 1909, S. 308 ff., bes. S. 312. Häpke, Hans. Gbl. 1906, S. 309. Man sprach in dieser Zeit von friesischen Tuchen, weil sie von Friesen gehandelt wurden; der größere Teil wird flandrisches Erzeugnis gewesen sein. Andrer Ansicht Hans Wilkens, Zur Geschichte des niederländischen Handels im Mittelalter, Hans. Gbl. 14, 1908, S. 329 ff. H. A. Poelman, Geschiedenis van den Handel van Noordnederland gedurende het merov. en karol. Tijdperk 1908, S. 128.

[14]) Walter Vogel, Geschichte der deutschen Seeschiffahrt I, 1915, S. 73. Vgl. z. B. Vita S. Maximini um 839, MG. SS. R. M. 3, S. 80 f. fuit necesse, ut (Fresco, cui nomen Ibbo fuit) negotiandi gratia transmarinam peteret regionem. Ita classi sex navium sociatus mare ingressus est.

[15]) MG. Dipl. Karol. 1, S. 9. Poelman S. 56 f.

[16]) Wilkens, l. c., S. 259 ff., bes. S. 312 ff. Poelman S. 63 ff. Vogel S. 79.

[17]) Wilkens, l. c., S. 316 ff., 337. Poelman S. 61. Ermoldus Nigellus, Carmina, MG. Poet. lat. 2, S. 83.

[18]) Prümer Urbar 893: MRh. UB. I, S. 190, Nr. 135. Annal. Fuldens. 3 zu 880 und 886. Kurze S. 96 und 104 (für Birten und Mainz). Annal. Wormat. (für 891—914), MG. SS. 17, S. 37. Für Köln: vgl. Köbner, Anfänge des Gemeinwesens der Stadt Köln 1922, S. 204, Anm. 2. Für Mainz: Stimming, Westd. Z. 31, 1912, S. 155.

[19]) Wilkens S. 341. Poelman S. 144 f. Fengler S. 106.

[20]) So Wilkens S. 327.

[21]) Über Maastricht als großen Handelsplatz Einhard, Translat. SS. Marcellini et Petri (827—830) c. 13, MG. SS. 15, 1, S. 261.

[22]) Vercauteren S. 451 (mit Karte).

Seite 46. [23]) Vercauteren S. 455.

Seite 46. [24]) Vgl. oben S. 42 f.
[25]) P i r e n n e, Geburt des Abendlandes, S. 78 mit Anm. 21, S. 305, S. 256. R ö r i g, Magdeburgs Entstehung und ältere Handelsgeschichte 1950, S. 106 f.
[26]) Ludwig der Fromme 831, Straßburger UB. 1 S. 18, Nr. 23. Formulae Imperiales 37 (828), Z e u m e r S. 315. Weiter Einhard, Translat. SS. Marcellini et Petri (827—830) c. 8, MG. SS. 15, 1. S. 259.
[27]) Annal. Fuldens. 866, ed. K u r z e S. 54.
[28]) Paul K l e t l e r, Nordwesteuropas Verkehr, Handel und Gewerbe im frühen Mittelalter 1924, S. 118 f.
[29]) K l e t l e r S. 62 ff.
[30]) K l e t l e r S. 119 ff., 125 ff.
[31]) K l e t l e r S. 21 ff.
[32]) K l e t l e r S. 56 ff., 76 ff., 86 ff.

Seite 47. [1]) Bei Bardowiek lag die Ertheneburg, bei Jeetzel (Schezla) das Kastell Höhbeck, bei Magdeburg Burg, S c h u c h h a r d t, Vorgeschichte von Deutschland 1939, S. 346 ff.
[2]) Über Giebichenstein (ad locum, qui dicitur Halla) Chronic. Moissiac., MG. SS. 1, S. 308. W. M ö l l e n b e r g, Aus der Frühzeit der Geschichte Magdeburgs, Gbl. für Stadt und Land Magdeburg, 55, 1921, S. 16.
[3]) Cap. miss. in Theodonis villa datum secund. generale 805, P l a n i t z, Quellenbuch, S. 32, Nr. 65, S. 7. In Erfurt war der Petersberg 742 germanische Fluchtburg, UB. Erfurt I, Nr. 1, R i e t s c h e l, Markt und Stadt, S. 88. Lorch noch Reststadt des alten municipium Laureacum. Die Ennsburg ist erst um 900 nachweisbar, Annal. Fuldens., ed. K u r z e S. 135. L a h u s e n, Zur Entstehung der Verfassung bayrisch-österreichischer Städte, S. 27 ff. Ernst K l e b e l, Die Städte und Märkte des bayerischen Stammesgebiets in der Siedlungsgeschichte, Z. f. bayr. Landesgeschichte 12, 1940, S. 54 ff.
[4]) W. S t e i n, Handels- und Verkehrsgeschichte der deutschen Kaiserzeit 1922, S. 63 f.
[5]) A. v. O p p e r m a n n und Karl S c h u c h h a r d t, Atlas vorgeschichtlicher Befestigungen in Niedersachsen 1887—1916. S c h u c h h a r d t, Die frühgeschichtliche Befestigung in Niedersachsen 1924; Burg im Wandel der Weltgeschichte 1932. Karl R ü b e l, Die Franken 1904, S. 379 ff.; Reichshöfe im Lippe-, Ruhr- und Diemelgebiet am Hellweg 1901.
[6]) Nachweis von O r t m a n n, Vororte Westfalens seit germanischer Zeit 1949, S. 33 mit Abb. 3.
[7]) Hans Jürgen R i e k e n b e r g, Königsstraße und Königsgut in liudolfingischer und frühsalischer Zeit, AUF. 17, 1941, S. 32 ff. A. H e r b s t, Die alten Heer- und Handelsstraßen Südhannovers 1926, S. 141 ff. S c h u c h h a r d t, Vorgeschichte von Deutschland, S. 337 ff. Über die königlichen Wehrhöfe im hessisch-fränkischen Bereich, S t e n g e l, Die fränkischen Wurzeln der mittelalterlichen Stadt, Rörig-Gedächtnisschrift 1953, S. 40 ff. G ö r i c h, Frühmittelalterliche Straßen und Burgen in Oberhessen (Marburg, Diss.) 1936 (ungedruckt).
[8]) Heinrich D a n n e n b a u e r, Adel, Burg und Herrschaft bei den Germanen, Hist. Jb. 1941, S. 19 ff.
[9]) So war z. B. die Skidroburg nur mit Erde und Holz befestigt. S c h u c h h a r d t, Vorgeschichte von Deutschland, S. 335.
[10]) S c h u c h h a r d t, l. c., S. 340. S t e n g e l, Die fränkischen Wurzeln, S. 54.
[11]) Bremen 787, befestigt durch ein doppeltes Grabensystem im 9. Jh., G r o h n e, Brem. Jb. 43, 1951, S. 125 ff. Hamburg 831. Verden 787. Minden nach 787. Paderborn 795. Münster um 802. Osnabrück vor 814. Hildesheim 815.

Anmerkungen zu Seite 47 bis 50   359

Seite 47.   Halberstadt 827. Darüber H a u c k, Kirchengeschichte II, S. 399 ff., 417 ff., 696.
[12]) Corvey 815. Hameln, Herford 822. Gandersheim 856. Helmstedt 876. H a u c k, Kirchengeschichte II, S. 388.

Seite 48. [13]) Urkunde Karls des Großen von 779, Dipl. Karol. I, S. 171, Nr. 122. So auch die (unechte) Urkunde Dagoberts I. von 629, Dipl. R. Fr. S. 141, Nr. 23. Die Bewohner heißen dort Wicarii. Quentawich z. B. in Gesta. Abbat. Fontanell. (834—845) zu 787, L ö w e n f e l d S. 46.
[14]) C o u s s i n, Bull. Hist. de la société des antiquaires de Morini 9, 1854, S. 253. F e n g l e r, Quentowic, seine maritime Bedeutung unter Merowingern und Karolingern, Hans. Gbl. 13, 1907, S. 91 ff.
[15]) J. K. H o l w e r d a, Dorestad en onse vroegste Middeleeuwen 1929. Darüber Bericht von P. J. M e i e r, Ausgrabung einer karolingischen Marktsiedlung, Braunschw. Magazin 32, 1926.
[16]) Dorstat als vicus nominatissimus, famosus, Vita S. Gregorii, MG. SS. 15, 1, S. 71. Walter V o g e l, Die Normannen und das fränkische Reich 1906, S. 67, Anm. 1.
[17]) So schon Otto I. 948, Dipl. I, S. 181, Nr. 98: Dorstedi nunc autem Wic nominata.

Seite 49. [18]) Über Stavoren: Barbara R o h w e r, Der friesische Handel im frühen Mittelalter 1937, S. 94 f. Für die spätere Zeit K o p p e, Schleswig und die Schleswiger, S. 100 f.; das Stavorener Stadtrecht von 1108 in W a i t z, Urkunden zur deutschen Verfassungsgeschichte 1871, Nr. 9.
[19]) Über die Burg von Nijmwegen: F. J. d e W a e l e, Noviomagus Batavorum 1937. H o l w e r d a, Die Bataverstadt und das alte Legionslager der Legion X in Nijmwegen, Korr.Bl. d. röm.-germ. Komm. 1918. R i e t s c h e l, Das Burggrafenamt und die hohe Gerichtsbarkeit in den deutschen Bischofsstädten 1905, S. 207, 213.
[20]) Bischof Fulchar von Lüttich 757, H a u c k, Kirchengeschichte II, S. 53 f.
[21]) G a n s h o f, Stadsontwikkeling, S. 28.
[22]) Cap. Aquisgr. 820, 2, Cap. I, S. 298. Der Kaiser ordnet eine inquisitio im Kaufleuteviertel an (per mansiones omnium negotiatorum).
[23]) P. J. M e i e r, Niedersächs. Jb. 15, 1938, S. 187. P l a n i t z, Frühgeschichte, S. 21, Anm. 106, S. 31.
[24]) Deutsches Städtebuch I, S. 445 (unter 2).
[25]) Herbert J a n k u h n, Haithabu. Eine germanische Stadt der Frühzeit, 2. Aufl. 1938, S. 76 f. J a n k u h n, Zur Topographie frühmittelalterlicher Stadtanlagen im Norden und zur Soziologie ihrer Bewohner, Beitr. z. Kulturgeographie 1953, S. 81—104.
[26]) J a n k u h n, Zur Topographie, S. 87 ff., Fränk. Annalen zu 808, S c h e e l - P a u l s e n S. 24 ff. (Nach Zerstörung von Reric) translatis negotiatoribus soluto classe ad portum, qui Sliestorp dicitur, cum universo exercitu venit.

Seite 50. [27]) J a n k u h n, Haithabu S., 111 ff. S c h ü c k, Studier rörande det svenska stadsväsendets uppkomst och äldsta utveckling 1926. Kurze deutsche Übersicht bei N i l s Å b e r g, Mannus 22, 1930, S. 45, 130 ff. J a n k u h n, Zur Topographie, S. 86 f.
[28]) Vita S. Anskarii um 830 cap. 19, S. 139 Herigarius prefectus loci, cum eis, qui ibi manebant, negotiatoribus et populis praesens aderat.
[29]) H a u c k, Kirchengeschichte II, S. 415 und Anm. 3, S. 697, 700 ff.
[30]) Vita S. Anskarii 16, MG. SS. 2, S. 700 arrepta civitate et omnibus, quae in ea vel in vico proximo erat.
[31]) H a u c k II, S. 709.
[32]) K i e s s e l b a c h, Zur Frage der Handelsstellung Bardowiks, Schleswigs und Stades, Z. d. Hist. V. f. Niedersachsen 1912, S. 210 ff. W i e s k e, Der

Seite 50. Elbhandel und die Elbhandelspolitik, Beiträge zur mitteldeutschen Wirtschaftsgeschichte, hg. v. Gustav Aubin 1927, S. 9.

[33]) Hildebrand, Studien über die Monarchie Heinrichs des Löwen 1931 S. 322.

[34]) Rörig, Magdeburgs Entstehung, S. 117 ff. Unverzagt, Archaologische Stadtkernforschung in Magdeburg, Rörig-Gedächtnisschrift 1953, S. 462.

[35]) Schlüter, Die Grundrißentwicklung der Hallischen Altstadt 1940, S. 30 ff.

Seite 51. [36]) Hauck II, S. 50. Das Bistum ging bereits 755/756 ein. Erfurt wurde Bestandteil des Mainzer Bistums.

[37]) Schnellenkamp, Mainzer Z. 27, 1932, S. 17. Zur Stellung Erfurts in der Frühgeschichte Thüringens, Z. d. V. f. Thüring. Gesch., N. F. 34, 1940.

[38]) Schnellenkamp, Beiträge zur Entstehungsgeschichte der thüringischen Waidstädte, Dissertation 1929, S. 35.

[39]) Overmann, Probleme der ältesten Erfurter Geschichte, Sachsen und Anhalt 6, 1930, S. 25. Schnellenkamp, Mainzer Z. 27, 1932, S. 20.

Seite 52. [40]) Schlag, Die deutschen Kaiserpfalzen, S. 31. Häufige Besuche von 850 bis 918.

[41]) Zibermayer S. 100.

[42]) Annal. Fuldens. ed. Kurze S. 135. Lahusen, Zur Entstehung der Verfassung bayrisch-österreichischer Städte, S. 27 ff. Klebel, Die Städte und Märkte des bayerischen Stammesgebiets in der Siedlungsgeschichte, Z. f. bayr. Landesgesch. 12, 1940, S. 54 ff.

[43]) G. Jacob, Arabische Berichte von Gesandten an germanischen Fürstenhöfen 1922, S. 22 f., 45.

[44]) Unter Karl dem Großen wurden errichtet die Bistümer von Bremen, Minden, Verden, Münster, Paderborn, unter Ludwig dem Frommen die von Hildesheim, Halberstadt und Osnabrück. 831 wurde Anskar Bischof und Erzbischof von Hamburg. Hauck, Kirchengeschichte II, S. 414 f., 696 f.

[45]) Vita S. Anskarii c. 16, Waitz S. 37, oben S. 50, Anm. 30.

[46]) Rübel, Reichshöfe (Beitr. zur G. Dortmunds und der Grafsch. Mark 10), S. 4 nahm irrig dort einen karolingischen Königshof an. Erst 927 ist eine Pfalz der Ottonen nachweisbar. Das merowingische Disparagium ist nicht mit Duisburg identisch, sondern im Gebiete der tungrischen Stämme links der Maas zu suchen (so Holwerda). Wefelscheid, Annal. d. Hist. V. f. d. Niederrhein 140, 1942, S. 19 ff. Schlag, Kaiserpfalzen, S. 60.

[47]) v. Winterfeld, Geschichte der freien Reichs- und Hansestadt Dortmund 1934. Die Entstehung der Stadt Dortmund, Beiträge 48, 1950, S. 18 ff.

[48]) Vgl. meine Frühgeschichte der deutschen Stadt, S. 32. Deutsches Städtebuch III (Schwartz, ungedruckt).

Seite 53. [49]) Für Münster: D. St. B. III (Schulte unter 4, ungedruckt).

[50]) M. Krieg, Kleine Chronik der Stadt Minden 1939, S. 28. Rietschel, Markt und Stadt, S. 100 f. Dünzelmann, Die topographische Entwicklung der Stadt Bremen, Bremisches Jb. 14, 1888, S. 35 ff.

[51]) Rietschel, Markt und Stadt, S. 85 f. Niedersächs. Städteb. S. 195 (Gebauer).

[52]) Rothert, Gesch. d. Stadt Osnabrück I, S. 54.

[53]) P. J. Meier, Zur Frühgeschichte von Hameln, Niedersächs. Jb. f. Landesgeschichte 16, 1939, S. 41.

[54]) An der Stelle des späteren Stadtteils Rodewich lag seit der Karolingerzeit der Markt Odenhausen, der 973 von Otto I. bestätigt worden war. Z. f. vaterländ. Gesch. und Altertumskunde Westfalens 58, 1900.

Anmerkungen zu Seite 53 bis 55

Seite 53. ⁵⁵) Fritzlar, Kloster St. Petri um 732, H a u c k II, S. 817. Minden: Domstift St. Peter nach 787. Marktsiedlung und Domimmunität, Bäckerstraße.
⁵⁶) M o s e r - N e f, Die freie Reichsstadt und Republik St. Gallen 1931.
⁵⁷) S c h o o p in Quellen zur Rechts- und Wirtschaftsgeschichte der rheinischen Städte I, Düren 1920, S. 2*f.
⁵⁸) Für Frankfurt am Main: S c h u m a c h e r, Siedlungs- und Kulturgeschichte der Rheinlande III, S. 67.
⁵⁹) Für Ulm: UB. I Nr. 1, S. 3 für 854, Nr. 6, S. 6 für 856, Annal. Fuldens., P e r t z I, S. 371.
⁶⁰) D ä n d l i k e r, Geschichte der Stadt und des Kantons Zürich I, S. 35 ff.

Seite 54. ⁶¹) Freising: Domstift St. Marie 764—784, 757 urbs, 819 civitas, 996 Markt. Würzburg: Domstift nach 741, 807 urbs, 918 Markt. S c h u m a c h e r, Siedlungs- und Kulturgeschichte der Rheinlande III, S. 179. Eichstätt: Domstift 740, Markt 918. R i e t s c h e l, Burggrafenamt, S. 101 ff.
¹) R ö r i g, Magdeburgs Entstehung, S. 104 ff.
²) Theodor F r i n g s in Beiträge zur Geschichte der deutschen Sprache 1941, S. 293 ff. Dieser Meinung schon Fritz K e u t g e n, Untersuchungen über den Ursprung der deutschen Stadtverfassung 1895, S. 82, Anm. 1.
³) So Edward S c h r ö d e r, Göttinger Nachrichten 1941, S. 293 ff. Vgl. auch Karl B o h n e n b e r g e r, Sievers-Festschrift 1925, S. 139.
⁴) So Walter V o g e l, Wikorte und Wikinger, Hans. Gbl. 60, 1935, S. 17 ff R ö r i g, dasselbst, S. 357.
⁵) Über die Wikinger: S c h u c h h a r d t, Vorg. Deutschlands, S. 373 ff V o g e l, Wikorte und Wikinger, S. 42 ff. (Wikbesucher, später Piraten).
⁶) P l a n i t z, Frühgeschichte, S. 22 ff.
⁷) Gloss. Werthinense A 280, J. H. G a l l é e, Altsächsische Sprachdenkmäler 1894, S. 346 uuic vicus, ubi mercatores morantur.

Seite 55. ⁸) P l a n i t z, Frühgeschichte, S. 37. W a l d e, Lat. etymolog. WB., 2. Aufl., S. 833.
⁹) Für portus in den flandrischen Burgstädten vgl. G a n s h o f, Stadsontwikkeling, S. 21. Portus Sliesthorp 808, Fränkische Annalen ed. K u r z e S. 126.
¹⁰) R i e t s c h e l, Civitas, S. 61 f., wonach in Augsburg das Lechfeld, in Mainz die villa Ingelheim, in Metz Klöster im suburbium lagen. Urkunde Ludwigs des Deutschen für Metz 875, Urkunden der deutschen Karolinger I, S. 232, Nr. 167. Villa als Kaufmannssiedlung schon 788 in Bonn: villa que vocatur Basilica, P. J. M e y e r, Niedersächs. Jb. 15, 1938, S. 187.
¹¹) Quentowik = Uuicus 779, Dipl. Karol. I, S. 171, Nr. 122. Bardowiek 795: Annal. qui dicitur Einhardi, ed. F. K u r z e 1895, S. 97. Schleswig um 850· Vita S. Anskarii c. 24, W a i t z S. 52: in portu Sliaswich vocato, ubi ex omni parte conventus fiebat negotiatorum. Osterwieck um 850: S t e i n S. 16.
¹²) Brunswik um 880: Burg Thankwarderode mit Alte Wiek, P. J. M e y e r, Niedersächs. Städteatlas I, 2. Aufl. 1926, S. 14 f. V o g e l, Wikorte, S. 28 Näheres bei T i m m e, Ein alter Handelsplatz in Braunschweig, Niedersächsisches Jb. für Landesgesch. 22, 1950, S. 33—86. Alte Wiek war zunächst Raststätte für den Durchgangshandel am Okerübergang, Versorgungsplatz für die Burg.
¹³) Felix L i e b e r m a n n, Gesetze der Angelsachsen I, S. 9.
¹⁴) Erstes Vorkommen im Privileg für Leipzig für 1156—70, Art. 2, K e u t g e n, Urkunden zur städtischen Verfassungsgeschichte 1899—1901, S. 64. wicbilede (bild = recht, vgl. Unbild).
¹⁵) Für Mainz: Annal. Fuldens. zu 886, ed. K u r z e S. 104 optima pars Mogontiae civitatis, ubi Frisiones habitabant. S c h u m a c h e r, Mainzer

Seite 55. Z. 6, 1911, S. 13. Die optima pars war offenbar die Rheinfront. Die Siedlung wurde 886 von den Normannen zerstört, erhielt aber 891—914 durch Erzbischof Hatto eine neue Mauer. Für Worms: Annal. Wormat. 873, MG. SS. 17, S. 37 ipsi Frisiones muralia procurent. Der Friesenwik am Rhein war also selbständig befestigt, Franz B e y e r l e, Zur Wehrverfassung des Hochmittelalters, Festschrift Ernst Mayer, 1932, S. 46 ff. Dort Näheres über die Mauerbauordnung von etwa 900. Auch für Köln vermutet G a n s h o f S. 22, Anm. 11 einen Friesenwik in karolingischer Zeit.

[16]) Neben der Kaufleutesiedlung in der Königspfarrei St. Cassian in Regensburg entstand schon in spätkarolingischer Zeit eine neue vor St. Emmeram bis zur Donau. Diese Neustadt wurde schon 917 befestigt. Für Passau: H e u w i e s e r, Die stadtrechtliche Entwicklung der Stadt Passau 1920, S. 29 ff., 58 ff.

[17]) H o l w e r d a S. 23 ff.

[18]) Für Halle: K r e t z s c h m a r, Entstehung von Stadt und Stadtrecht 1905, S. 29. H ü n n i c k e n, Geschichte der Stadt Halle 1941, S. 100 ff. Von mercatores a Reno usque ad Albiam et Sale transeuntes wird bereits 877 berichtet, B ö h m e r - M ü h l b a c h e r, Regesta Imperii I, 2. Aufl., S. 850 (Urkunde Ludwigs des Jüngeren, von Otto II. 975 bestätigt), Dipl. II, S. 132 f. (concessit).

[19]) D ü n z e l m a n n, Bremisches Jb. 14, 1888, S. 39. F. P r ü s e r, Die Balge, Bremens mittelalterl. Hafen, Rörig-Gedächtnisschrift S. 477 ff. R e i n c k e, Hamburg 1925, S. 6. Das städtebauliche Wesen 1951, S. 18 f. Der vicus ist in der Nähe der Domburg festgestellt worden.

[20]) P. J. M e y e r, Niedersächs. Städteatlas I, S. 14. P. J. M e y e r, Zur Frühgeschichte von Hameln, Niedersächs. Jb. für Landesgesch. 16, 1939, S. 41. Für Herford: I l g e n, Z. für vaterländ. Gesch. und Altertumskunde Westfalens 49, 1891, S. 12.

Seite 56. [21]) H o l w e r d a S. 23.

[22]) Vgl. die Karten bei G a n s h o f für Basel und Straßburg, für Augsburg bei A. P ü s c h e l, Das Anwachsen der deutschen Städte 1910.

[23]) Vgl. die Pläne bei K r i e g, Kleine Chronik der Stadt Minden, S. 29, 40, 41, 48. Zu Hildesheim: R i e t s c h e l, Markt und Stadt, S. 86. P ü s c h e l S. 83 mit Plan. Zu Münster: R i e t s c h e l, Markt und Stadt, S. 112. E n n e n, Zur frühmittelalterlichen Geschichte Bonns, Rhein. Vbl. 15/16, 1950/51, S. 188.

[24]) Erfurt: S c h n e l l e n k a m p, Mainzer Z. 27, 1932, S. 17 ff. Plan bei P ü s c h e l.

[25]) H o l w e r d a, Dorestat, S. 23 ff.

[26]) R o h w e r, Der friesische Handel, S. 53.

Seite 57. [27]) Capit. de villis um 800, Art. 45, Planitz, Quellenbuch S. 28, Nr. 47.

[28]) D o p s c h, Karolingerzeit II, S. 148 ff., 207 ff.

[29]) K l e t l e r, Nordwesteuropas Verkehr, siehe oben S. 46, Anm. 29, 30.

[30]) Liber miraculorum S. Fidis (8.—9. Jh.), ed. A. B o u i l l e t S. 63 sicut negotiatori diversas orbis partes discurrenti erant in terre marisque nota itinera ac vie publicae diverticula, semite, leges moresque gentium ac lingue.

[31]) Walter S t e i n, hansa, Hans. Gbl. 15, 1909, S. 54 ff. Paul R e h m e, Handbuch des Handelsrechts I, 1913, S. 135. Im Ahd. hansa, S c h a d e, Altdeutsches WB. I, S. 370.

[32]) Liber de vita et miraculorum S. Godrici, ed. S t e v e n s o n S. 25 coepit paulatim se urbanis mercatoribus consorciando confoederare.

[33]) Vita S. Maximini um 839, MG. SS. R. M. 3, S. 80 f. fuit necesse, ut (Fresco, cui nomen Ibbo fuit) negotiandi gratia transmarinam peteret regionem. Ita

Seite 57.   classi sex navium sociatus mare ingressus est. Vgl. Walter V o g e l, Geschichte der deutschen Seeschiffahrt I, S. 73.

[34]) Karl der Große verbot Schwurgilden: De sacramentis per gildonia in vicem conjurantibus, ut nemo presumat. Er gestattete nur convenientias ohne Eid, Cap. Haristall. 779, Art. 16, P l a n i t z, Quellenbuch, Nr. 39, S. 26. Seinem monarchischen Denken widerstand der eidgenossenschaftliche Zusammenschluß.

[35]) So für Toul 927 und Metz 948: Dipl. Heinrichs I. Nr. 16, Ottos I. Nr. 104, R i e t s c h e l, Markt und Stadt, S. 47.

[36]) Pippin für Kloster St. Denis 753, MG. Dipl. Karol. I, Nr. 6 S. 9 Quondam omnes telloneos de omnes negociantes tam in ipso marcado quam et in ipsa civitate Parisius ad negociandum in portus et per diversa flumina (ad casa S. Dionisii concessissent).

[37]) Carte Senonicae 36 (8. Jh., Zeit Karls des Großen), Z e u m e r S. 201 in quascumque portus civitatis seo mercada suus commertius quislibet potestate habeant vindendi.

[38]) R i e t s c h e l, Markt und Stadt, S. 26.

[39]) Bremen: Privileg Arnulfs 888, Urkunden der Karolinger III, S. 43, Nr. 27 negotiandi usum in eodem loco Brema fieri permittimus; sitque in potestate episcopi provisio eiusdem mercati cum jure telonii. Eichstätt: Privileg Ludwigs des Kindes 908, Monumenta Boica 31, 178 ut ei liceret, ad suum cenobium Eihsteti publice negotiationis mercatum constituere.

Seite 58. [40]) Formulae imperiales 32 (vor 825) und 37 (828), Z e u m e r S. 311, 314 f. Dazu L a u r e n t, Revue historique 183, 1938, S. 281 f. P l a n i t z, Handelsverkehr und Kaufmannsrecht 1940, S. 187 ff.

[41]) Cap. miss. 807 cap. 54, Cap. 1, S. 104 pacem et defensionem ab omnibus habeat.

[42]) Formulae imperiales Nr. 37, S. 315 ad nostrum veniant palatium adque ad cameram nostram fideliter unusquisque ex suo negotio ac nostro deservire studeat.

[43]) Nr. 37, S. 315 neque naves eorum quasi pro nostro servitio tollere. Et si vehicula infra regna nostra pro nostris utilitatibus negotiandi gratia augere voluerint, licentiam habeant.

[44]) Nr. 37, S. 315 teloneum excepto ad opus nostrum inter Quentowico et Dorestado vel ad Clusas, ubi ad opus nostrum decima exigitur, aliubi eis ne requiratur. Vgl. oben S. 45, Anm. 10.

[45]) Nr. 37, S. 315 neque scaram facere neque heribannum aut aliter bannos ab eis requirere presumatis.

[46]) Nr. 32, S. 311 secundum aequitatis et rectitudinis ordinem finitivam accipiant sententiam.

[47]) Formulae imperiales 37, Z e u m e r S. 314 f. missi illorum quem super ea et super alios negotiatores praeponimus. Dazu m e i n Handelsverkehr und Kaufmannsrecht im fränkischen Reich, S. 189, Anm. 113. Für Quentowik wird um 860 bezeugt illuster vir Grippo, prefectus videlicet emporii Quentowici, Miracula S. Wandregisili, MG. SS. 15, S. 408, Anm. 47.

[48]) Für Köln: Lantbert, Vita S. Heriberti cap. 9, MG. SS. 4, S. 748. Für Valenciennes: Stadtrecht um 1050—70, Art. 13 prouvos (afz. provost, propositus, M e y e r - L ü b k e, Rom. Etym. WB. 1911, S. 503). Paris: prévôt des marchands, F. O l i v i e r - M a r t i n, L'organisation corporative de la France d'ancien régime 1938, S. 89.

[49]) Felix L i e b e r m a n n, Gesetze der Angelsachsen I, S. 11, Art. 16, Hlothare und Eadric 685 cyninges wicgerefan.

[50]) Für Schleswig: Rimbert, Vita S. Anskarii cap. 31, ed. W a i t z S. 63. T h o r s e n, Stadtrecht von Schleswig 1855, S. 3 f. J a n k u h n, Zur

Seite 58. Topographie frühmittelalterlicher Stadtanlagen 1953, S. 99. Martin K r i e g, Mindener Stadtbuch, Mindener Geschichtsquellen III, 1931, S. 16 ff. Stade: Stadtrecht um 1209, Art. 12, G e n g l e r, Deutsche Stadtrechte, S. 457. R i e t s c h e l, Burggrafenamt, S. 274. G. L. v. M a u r e r, Geschichte der Städteverfassung I, S. 110, III, S. 513. Eine altsächsische Glosse erklärt uicarii: custodes locorum, G a l l é e, Altsächsische Sprachdenkmäler 1894, S. 345.

[51]) Für Regensburg um 1150 belegt. K l e b e l, Verhandlungen des Hist. Ver. von Oberpfalz und Regensburg 90, 1940, S. 19 ff. Lille 1235: W a r n k ö n i g, Flandrische Rechtsgeschichte II, 2 (1835—39), S. 259 comites hansae. Dortmund 1261: UB. I Nr. 110 hanse comitis.

[52]) S c h ü c k S. 57, Å b e r g S. 130 f.

[53]) Gesta Abbat. Fontanell. (834—845) zu 787, L ö w e n f e l d S. 46 procurator per diversos portus ac civitates exigens tributa. Das wurde vor allem für Quentowik berichtet; der hier genannte procurator entspricht dem angelsächsischen wicgerefan, der in Glossen als publicanus, questor, telonearius bezeichnet wird, B o s w o r t h - T o l l e r, Anglo-Sax Dictionary s. v. wicgerefan.

[54]) Vom Regensburger Hansegrafen wird noch für 1207 berichtet, ut de officio suo jura et consuetudines (civium Ratisponensium) in nundinis requirat.

[55]) Schon in dem Kentischen Gesetz von 685 hat der Wikgraf beim Fahrhabekauf Zeugnis zu leisten, L i e b e r m a n n, Gesetze der Angelsachsen I, S. 11, Art. 16.

[56]) Cum mercibus suis libere eant et redeant per totum ducatum Saxonie absque hansa, so das Privileg Heinrichs des Löwen für Lübeck um 1160, erhalten im Privileg Friedrichs I. von 1188, Art. 4, P l a n i t z, Quellenbuch, S. 71, Nr. 221.

Seite 59. [57]) B r u n n e r - v. S c h w e r i n, Deutsche Rechtsgeschichte II, S. 63.

[58]) Ludwig der Fromme 815 für Utrecht: M u l l e r, Cartularium van het sticht Utrecht, S. 14. Ludwig der Fromme für Straßburg 831: Straßburger UB. I Nr. 18. Karl III. 886 für Passau: Urkunden der deutschen Karolinger II, S. 216, Nr. 135: sancti negotiatores.

[59]) Pippin 763 für Prüm: Dipl. Karol. I, S. 28 Nr. 19. Karlmann 769 für St. Denis: das. S. 66 Nr. 46. Karl der Große 775 für Flavigny: das. S. 138 Nr. 96. Ludwig d. J. 879 für Murbach: Urkunden der deutschen Karolinger I, S. 347 Nr. 10.

[60]) Ludwig der Fromme für Utrecht 815: M u l l e r, Cart. S. 14 ut homines eiusdem ecclesie sub mundeburdo et tuitione ipsius ecclesiae existerent.

[61]) Für Utrecht Zwentibold 896: M u l l e r, Cart. S. 18, darnach sollen auch die auf Kirchengut sitzenden Kaufleute der Kirche von Utrecht vom Zoll befreit sein. Königliche und bischöfliche Kaufleute nebeneinander in Passau, H e u w i e s e r, Passau, S. 58 ff. Karl III. 886 für Passau: Urkunden der deutschen Karolinger II, S. 216.

Seite 60. [1]) Über die Raubzüge der Normannen: W. V o g e l, Die Normannen und das fränkische Reich, S. 30 ff. Über die Zerstörung von Köln 881: Annal. Fuldens. rec. K u r z e, SS. R. G. 1891, S. 97. H e g e l, Die Kölner Kirchen und die Stadtzerstörungen der Jahre 355 und 881, S. 46 ff.

[2]) R ö r i g, Magdeburgs Entstehung, S. 104 ff.

[3]) R o h w e r, Der friesische Handel 1932.

Seite 61. [4]) S t e i n S. 92, 123. Über Tieler Handel nach England vgl. Miracula S. Walburgae Tielensia 1010—26 cap. 2, MG. SS. 15, S. 765 quidam ex Britannia conductus a mercatore in navim suam. Für die Kaufleute von Tiel vgl. P l a n i t z, Quellenbuch, Nr. 141, S. 47.

Seite 61.   ⁵) R ö r i g, Magdeburg, S. 130. G r ö g e r, Meißen, eine kolonisatorische Stadtanlage, Deutsche Siedlungsforschungen, Festgabe für Kötzschke 1927, S. 236.

⁶) A. H o f f m a n n, Verfassung, Verwaltung und Wirtschaft im mittelalterlichen Linz 1936. Otto B r u n n e r, Die geschichtliche Stellung der Städte Krems und Stein, Festschrift für Krems 1948, S. 5: 1133 vicus.

⁷) Verdun: claustrum mercatorum 935. Huy: villa 1066. Lüttich: vicus 858. Maastricht: vicus 985.

⁸) Naumburg: 1033 Kaufmannssiedlung. Merseburg: Thietmar III 1 (1004). Halle: R. H ü n i c k e n, Geschichte der Stadt Halle, 1941, S. 100; G e r l a c h, S. 71.

⁹) Bremen 965. Minden 1075.

¹⁰) Bamberg 1062: Heinrich IV., Dipl. VI, S. 82 Nr. 62. Würzburg 1062: Heinrich IV., Dipl. VI, S. 116 Nr. 89. Frankfurt am Main: villa von 794 bis 1007, vgl. H. D e r w o r t, Zur Entstehung der Stadtverfassung von Frankfurt 1906, S. 21.

¹¹) Metz 886: Karl III., Dipl. II, S. 219 Nr. 137a in suburbio Mettensie degentis. Trier 965: Otto I., Dipl. I, S. 396 in suburbio Trevirorum.

¹²) Heilbronn: um 1130 portus, Cod. Hirsaug. fol. 426. Wimpfen: 929 Zollstätte, W e l l e r, Staufische Städtegründungen, S. 216 f.

¹³) Essen: suburbium 1056, K. R i b b e c k, Geschichte der Stadt Essen I, 1915, S. 81. Kreuznach: 1065 villa, R e m l i n g, UB. Speyer, S. 52. Kempten: K. O. M ü l l e r, Oberschwäbische Reichsstädte 1912, S. 251 ff. Freising: um 1100 suburbani, hujus ville cives, M e i c h e l b e c k, I b Nr. 1303.

¹⁴) R i e k e n b e r g, Königsstraße und Königsgut in liudolfingischer und frühsalischer Zeit, AUF. 17, 1941, S. 32—154.

¹⁵) A. H e r b s t, Die alten Heer- und Handelsstraßen Südhannovers 1926, S. 141 ff.

Seite 62. ¹⁶) Konrad N i e m a n n, Die alten Heer- und Handelsstraßen in Thüringen, Mitt. d. Sächs.-Thüring. V. f. Erdkunde zu Halle 39—43, 1915—20, S. 1—64. L. G e r l i n g, Erfurts Handel und Handelsstraße, Mitt. d. V. f. Geschichte und Altertumskunde Erfurts 21, 1900, S. 97 ff.

¹⁷) Antwerpen 1008: Sitz eines Reichsmarkgrafen, P r i m s, Geschiedenis van Antwerpen I, 1927. Middelburg 10. Jh.: G a n s h o f, Stadsontwikkeling, S. 17. Leiden: vor 993 villa, Oork. van Holland en Zeeland I, Nr. 68 villa que vocatur Leythem. Stade: Thietmar von Merseburg zu 994, S. 9.

¹⁸) E r d m a n n, Die Burgenordnung Heinrichs I., Deutsches Archiv 6, 1943, S. 100 ff. Für Nordhausen 962, für Quedlinburg 994: Otto II. 962, Dipl. II, Nr. 5 S. 13. Otto III. 994, Nr. 155 S. 566. Daß Goslar 922 Burg war, ergibt sich aus dem vicus Goslarie, Annal. Saxo, MG. SS. 6, S. 595, P l a n i t z, Frühgeschichte, S. 25.

¹⁹) Altenburg: Otto II. 976, D o b e n e c k e r I, S. 485; Otto II. 976, Dipl. II, Nr. 139, Leipzig 1015.

²⁰) R e i n e c k e, Geschichte der Stadt Lüneburg I, S. 16. F r ö l i c h, Verfassungsentwicklung Goslars im Mittelalter, ZRG. G. 47, 1927, S. 287. Für Gittelde: Urkunde Ottos I. 965, Dipl. I, Nr. 312.

²¹) H a u c k, Kirchengeschichte III, S. 239, 1007, 1010.

²²) H a u c k, Kirchengeschichte III, S. 418, 983.

²³) Meschede: Konrad I. 913, Dipl. I, Nr. 16. Heeslingen: Otto III. 986, Dipl. II, Nr. 24 S. 422. Quedlinburg: Otto III., Dipl. II, Nr. 155 S. 566. Helmarshausen: Otto III. 997, Dipl. II, S. 674 Nr. 256. Eimbeck: Graf von Northeim 1060, H a r l a n d, Geschichte der Stadt Eimbeck, S. 1854 ff. Nörten 1055: G u d e n u s, Cod. dipl. Mogunt. I, 1743 Nr. 12.

²⁴) Im Kloster Corvey wurde bereits 950 eine domus mercatorum structa pro commoditate et securitate mercatorum errichtet, R ö r i g, Magdeburg,

Seite 62. S. 128, Anm. 2 nach J a c o b s, Markt und Rathaus, Spiel und Kaufhaus, Z. d. Harzver. 18, 1885, S. 211.

Seite 63.
[25]) Otto III. 994 für Quedlinburg: Dipl. II, Nr. 155 S. 566.
[26]) Otto III. von 993 für Selz: Dipl. II, Nr. 130 S. 541 f.; 998 für Allensbach: Nr. 280, S. 705; 999 für Villingen: Nr. 311 S. 738; um 1000 für Wasserbillig: Nr. 364 S. 793. Konrad II. 1030: Dipl. IV, Nr. 144 S. 195.
[27]) Otto I. 965 für Bremen: Dipl. I, S. 422 Nr. 307. Otto III. für Gandersheim 990: Dipl. II Nr. 66, S. 473; 999 für Villingen: Nr. 311 S. 738; 1000 für Helmershausen: Nr. 357, S. 786. Heinrich III. für Quedlinburg 1042: Dipl. V, Nr. 93 S. 120.
[28]) K e u s s e n, Köln im Mittelalter, S. 144 ff. Verzeichnis der Kölner Kirchen und Klöster, S. 147 ff.
[29]) H e g e l, Verfassungsgeschichte von Mainz im Mittelalter 1882, S. 9, 13.
[30]) G e b a u e r, Geschichte der Stadt Hildesheim I, S. 23 ff.
[31]) Über Halberstadt: Deutsches Städtebuch II, S. 518 ff.
[32]) B r a c k m a n n, Magdeburg als Hauptstadt des deutschen Ostens 1937, S. 2 ff., 18 ff.
[33]) K e n t e n i c h, Trierisches Archiv 11, 1907, S. 80 ff. Soweit Urkundenbücher vorliegen, konnten die Nachweise meist aus ihnen entnommen werden.
[34]) K l i p f f e l, Études sur l'origine de la révolution communale dans les cités épiscopales romanes 1868. S. 12 f. R i e t s c h e l, Burggrafenamt, S. 178—193.
[35]) S c h u m a c h e r, Siedlungs- und Kulturgeschichte der Rheinlande III, S. 170. K r e i s e l. Würzburg 1930. H e g e l. Chroniken VIII, Straßburg, S. 36.

Seite 64.
[36]) Regensburg: St. Emmeram, Obermünster, Niedermünster, St. Paul, St. Cassian, St. Veit. Augsburg: Domkirche St. Johannis, St. Stefan, St. Afra, St. Ulrich.
[37]) So bekanntlich W. S o m b a r t, Der moderne Kapitalismus I, 4. Aufl. 1921, S. 143. Ähnlich Carl K o e h n e, Burgmannen und Städte, H. Z. 133, 1926, S. 1 ff.
[38]) Otto I. für Bremen 965: Dipl. I Nr. 307 (Privileg für die kaiserlichen Kaufleute).

Seite 65.
[39]) Otto III. 990 für Gandersheim: Dipl. II, Nr. 66 S. 473 (Verleihung der Rechte der Dortmunder Kaufleute).
[1]) Nach Adam von Bremen II 70 erfahren wir, daß in Hamburg noch zwischen 1035 und 1043 neben etwa 100 zur Klerikerburg gehörenden Bewohnern etwa 100 wehrfähige Bewohner des Wiks zu zählen waren, das wären etwa insgesamt 400—500 Wikinsassen. R e i n c k e. Forschg. und Skizzen zur Hamb. Gesch. III, 1951, S. 26.
[2]) Thietmar von Merseburg (1012—18) IV 26, ed. H o l t z m a n n S. 160 urbem, quae littori vicina stabat, Stethu nomine incurrunt (zu 994). Stathu civitas heißt die Burg auf einer Münze von 1000. Der Wik heißt portus bei Thietmar und Adam von Bremen (1070—80) Stadium, quod est opportunum Albiae portus.
[3]) S c h e e l, Tondern zwischen Wiking- und Hansezeit, Hans. Gbl. 71, 1952, S. 76 ff. Der Hafen Tundira wird um 1130 von dem arabischen Geographen Idrisi in seine Weltkarte eingezeichnet.
[4]) O e t t i n g e r, Das Werden Wiens, S. 107.
[5]) G a n s h o f, Stadsontwikkeling, S. 28 f.

Seite 66.
[6]) Richerus, Hist. Lib. III 103 (um 985), ed. W a i t z 1877, S. 124 (ed. R. L a t o u c h e II 1937, S. 132) negotiatorum claustrum muro instar oppidi extructum ab urbe Mosa interfluente sejunctum.

Seite 66. [7]) **Ganshof**, Stadsontwikkeling, S. 19, 21, 29. vicus stathe in Hans. UB. I Nr. 9.
[8]) **Schnellenkamp**, Mainzer Z. 27, 1932, S. 17 ff.
[9]) Wilhelm **Neukam**, Immunitäten und civitas in Bamberg, Jb. d. Hist. V. f. Bamberg 1922—24, S. 195 ff.
[10]) **Schumacher**, Rheinland III, S. 72 ff.
[11]) **Gerlach** S. 70.
[12]) **Geppert**, Die Burgen und Städte bei Thietmar von Merseburg, Thüringisch-Sächsische Z. f. Gesch. u. Kunst 16, 1927, S. 190 ff.
[13]) v. **Winterfeld**, Die Entstehung der Stadt Dortmund, Beitr. z. Gesch. Dortmunds 48, 1950, S. 43.
[14]) Über Zürich: **Rietschel**, Burggrafenamt, S. 66. **Ammann** über die Ausgrabungen im Lindenhof in Zürich im Jahre 1937, Z. Schweiz. G. 23, 1943, S. 6 ff.
[15]) Für Lüneburg: P. J. **Meier**, Niedersächs. Jb. 1925, S. 28.
Seite 67. [16]) Für Naumburg: **Rietschel**, Markt und Stadt, S. 63 f.
[17]) **Fremersdorf** bei Schumacher III, S. 163.
[18]) **Keussen**, Topographie I, S. 34, 182.
[19]) **Möllenberg**, Gbl. für Stadt und Land Magdeburg 55, 1922, S. 26. **Planitz**, Frühgeschichte, S. 31, Anm. 177. **Brackmann**, Magdeburg als Hauptstadt des Ostens 1937, S. 9. **Rörig**, Magdeburgs Entstehung, S. 127. **Unverzagt**, Rörig-Gedächtnisschrift, S. 462.
[20]) Über Mainz: **Schumacher**, Rheinland III, S. 167 ff.
[21]) Karl **Gruber**, Das alte Straßburg, Oberrh. Heimat 1940, S. 313.
[22]) Über Speyer: **Noack**, Kunstgesch. Probleme der mittelalterlichen Stadtplanung 1936, S. 15 f.
[23]) Über Tiel: **Heiligenthal**, Deutscher Städtebau 1921, S. 11. In Gimundin scheint in ottonischer Zeit ein Wik bestanden zu haben; noch im 13. Jh. werden dort 10 wichhofe überliefert, **Uhl**, Neues von Altmünden, Sonderdruck 1941, S. 7; **Beuermann**, Hann. Münden 1951, S. 31.
[24]) Über Lüttich: **Ganshof**, Stadsontwikkeling, Plan 26.
[25]) **Reincke**, Forschg. und Skizzen zur Geschichte Hamburgs III, 1951, S. 28 ff. Die Siedlung heißt Reichenstraße (platea divitum).
[26]) **Planitz**, Frühgeschichte, S. 34.
[27]) Anonym. Hasarens. c. 29, MG. SS. 7, S. 216. **Gerlach** S. 59.
[28]) Die 1033 angelegte Ansiedlung der Kaufleute in Naumburg muß alsbald mit Wall und Graben befestigt worden sein, da Heinrich IV. bereits 1080 Naumburg ohne Erfolg belagerte, Bruno, De bello Saxonico C. 121, ed. **Pertz** 1843, S. 125 f. W. **Stach**, Deutsches Archiv 9, 1152, S. 346, erklärt moenia für die ottonische Zeit als Wohnbauten aus Holz.
[29]) In Augsburg war auch im 10. Jh. sogar die Domburg nur ineptis valliculis et lignis putridis befestigt, MG. SS. 4, S. 390. **Gerlach** S. 44.
[30]) Adam von Bremen II 48, **Schmeidler** S. 108 ferant aggerem Bremensis oppidi firmatum contra insidias et impetus inimicorum regis.
Seite 68. [31]) Lamberti Hersfeld. Annal., ed. **Holder-Egger** 1894, S. 171 vallis et seris undique munitam.
[32]) Aachen: Ummauerung erst nach 1172. **Gerlach** S. 13; **Huyskens** S. 74. Dortmund: Widukind II 15, ed. **Hirsch** 1935, S. 80: urbi munite (zu 939). Stadtbefestigung erst zwischen 1232 und 1241. UB. Dortmund I Nr. 94. **Rietschel**, Burggrafenamt, S. 203 f., **Gerlach** S. 69. Erfurt: Die Ansiedlung der Kaufleute ist 1108 noch villa. UB. Erfurt I 9. Die Stadtbefestigung ist aber sicher erst um 1163 bezeugt. Annal. Reinhartsbr. MG. SS. 30, S. 537. Der Liber Chronic. Erfort., Zeitschr. f. Thür. Gesch. N. F. 4,

Seite 68. S. 249, meldet die Ummauerung freilich schon für 1066, er stammt aber selbst aus sehr später Zeit, es liegt offenbar ein Irrtum oder eine Fälschungsabsicht des Chronisten vor, der für seine Stadt die Befestigung um 100 Jahre voraus verlegen wollte. A. A. Gerlach S. 61. Halberstadt: Die Kaufmannssiedlung ist 1036—59 noch villa, UB. Halberstadt I, S. 1 Nr. 1. Halle: Die Kaufmannssiedlung ist 1124 noch villa. Annal. Pegav. MG. SS. 16, S. 254, Rietschel, Burggrafenamt, S. 292. Paderborn: Annal. Paderborn. zu 1160, Schaten, Annalium Paderbornensium Pars I 1693, S. 813 via quae de foro ducitur ad urbem, Rietschel, Burggrafenamt, S. 278. Translatio S. Liborii, MG. SS. 4, S. 150 ipso moeniorum prospectu spricht von der Domburg, A. A. Rohwer, Der friesische Handel, S. 50.

[33]) In Straßburg war im 8. Jh. die nova civitas der ummauerte Wik, Trad. Fuldens. 3, 8 Dronke, S. 5; UB. Straßburg I, S. 16 f. Nr. 20, 21 von 791 und 801, vgl. Nr. 3, S. 3 (722) in curte regia villa, que est in suburbano civitatis novo. Im Hofrecht des Bischofs Burchard von Worms wird die nova urbs als civitas bezeichnet und um 1080 mit der antiqua urbs verschmolzen. UB. Worms I Nr. 48, Art. 20, 26—28, 32; 57, 31.

[34]) Verdun: oben S. 66, Anm. 6.

Seite 69. [35]) UB. Basel I Nr. 14 von 1101/02

[36]) UB. Speyer S. 11 Nr. 11 cum ex Spirense villa urbem facerem. Die Kunstdenkmäler der Pfalz III, Stadt- und Bezirksamt Speyer, bearb. v. B. H. Röttger 1934, S. 564.

[37]) Planitz, Frühgeschichte, S. 27—30.

[38]) P. J. Meier, Niedersächs. Jb. 15, 1938, S. 187. Die Siedlung wird schon 788 als villa, que vocatur Basilica überliefert.

[39]) Hermann Rothert, Geschichte der Stadt Osnabrück I, 1938, S. 13. P. J. Meier, Die Anfänge der Stadt Osnabrück, Niedersächs. Jb. für LG. 15, 1938, S. 188 f.

[40]) Thietmar III 1, ed. Holtzmann S. 98 quicquid Merseburgensium murus continet urbis cum Judaeis et mercatoribus. Heinrich II. 1004, Dipl. III, S. 79 Nr. 64 omnia curtilia infra et extra urbem, que negotiatores possident.

[41]) Arnoldus Emmeram, MG. SS. 4, S. 552. Translatio S. Dionysii, MG. SS. 11, S. 354. Heimpel, Das Gewerbe der Stadt Regensburg, S. 9. Morré S. 14.

[42]) Keussen, Topographie I, S. 34*, 182*. Hansen S. 11.

[43]) Annal. Fuldens. zu 886, ed. Kurze S. 104 optima pars Mogontie civitatis, ubi Frisiones habitabant. Schumacher, Mainzer Z. 6, 1911, S. 13.

[44]) Der von den Normannen 886 zerstörte Friesenwik wurde von Erzbischof Hatto (891—914) neu befestigt. Ekkehardi Casus S. Galli 11, Mitt. Z. vaterl. G. 15, S. 41. Hegel, Mainz, S. 12. Gerlach S. 41. P. J. Meier, Braunschweig. Jb. 1912, S. 41. Stimming, Westd. Z. 31, 1912, S. 155 Schumacher, Siedlungs- und Kulturgeschichte der Rheinlande III, 1925, S. 167. Aubin, Von Raum und Grenzen, S. 82.

[45]) Annal. Magdeburg. 1023, MG. SS. 16, S. 168. Rietschel, Markt und Stadt, S. 58; Burggrafenamt, S. 267. Daher spricht Konrad II. 1025, Dipl. III, S. 21 Nr. 18, von den mercatoribus Magdeburgensi civitati inhabitantibus.

[46]) Daß auch Bremen dazugehört habe, ist eine unbewiesene Behauptung von Sander, HVS. 13, S. 73, und Willi Varges, Z. d. Hist. Ver. f. Nieders. 1893, S. 359.

[47]) Anselmi Gesta episc. Leod. 25, MG. SS. 7, S. 203. Pollain, La Formation territoriale de la cité de Liège, Revue du Nord 1932, S. 164 ff. Ganshof, Stadsontwikkeling, S. 36 mit Karte 21.

Anmerkungen zu Seite 69 bis 73

Seite 69. ⁴⁸) Vita Godehardi posterior cap. 13, MG. SS. 11, S. 204. Erst 1167 wurde S. Michael und der Altstädter Markt in die Befestigung aufgenommen. UB. Hildesheim I, S. 13 Nr. 33. Irrig Gerlach S. 58.

⁴⁹) Urkunde Bischof Adalberos 1057, Ussermann, Episcopatus Wirceburgensis Cod. Prob. Nr. 20 locum in vicino civitatis nostrae suburbio positum et a venerabili praedecessore nostro Heinrico antistite fundatum.

⁵⁰) Vielleicht gehört auch Bremen dazu. Grohne, Die älteste Stadtbefestigung Bremens, Brem. Jb. 43, 1951, S. 125 ff., wonach im 11. Jh. eine über die Bischofsresidenz hinausgehende erweiternde Mauer angelegt worden ist.

⁵¹) Franz Beyerle, Zur Wehrverfassung, S. 53 ff. Über den Zinnenstein in Speyer vgl. Kunstdenkmäler der Pfalz III, S. 564.

Seite 71. ¹) Frühe Verleihung der hohen Gerichtsbarkeit an die Bischöfe in Trier 902, Köln 960, Speyer 969, Toul 973, Worms 979, Straßburg 982. In Regensburg blieb der Gaugraf Hochrichter in der Stadt. Rietschel, Das Burggrafenamt, 1905.

²) Dannenbauer, Adel, Burg und Herrschaft bei den Germanen, H. Jb. 1941, S. 19 ff., 24 ff., 27 ff., 31 ff.

Seite 72. ³) Lüneburg: Lotte Hüttebräuker, Das Erbe Heinrichs des Löwen 1927, S. 33. Stade: Heinz Leptien, Stade als Hansestadt, Kiel, Diss. 1933, S. 1 ff. Hans Wohltmann, Die Anfänge der Stadt Stade, Hans. Gbl. 69, 1950, S. 53. Eger: Paul Wania, Der Stadt Eger geschichtlicher Entwicklungsgang, MVGDB. 51, 1912, S. 182. Oskar Schürer, Geschichte von Burg und Pfalz Eger 1934, S. 26 f. Sturm, Eger, Geschichte einer Reichsstadt 1951. Ravensburg: K. O. Müller, Die oberschwäbischen Reichsstädte, S. 35. Viktor Ernst, Festschrift für Nägele 1936, S. 128 ff. Villingen: Hamm, Die Städtegründungen der Herzöge von Zähringen 1932, S. 94 ff. Franz Beyerle, Untersuchungen zur Geschichte der älteren Stadtrechte von Freiburg und Villingen 1910, S. 161 ff.

⁴) E. Schrader, Das Befestigungsrecht in Deutschland 1909, S. 30 ff.

⁵) Const. I Nr. 297, S. 422 für den Grafen von Tirol.

¹) Otto I. für Magdeburg 965: Dipl. I, S. 416 Nr. 300 Judei vel ceteri ibi manentes negotiatores. Otto II. 973 für Magdeburg: Dipl. II, S. 38 f. Nr. 29 negotiatores vel Judei ibi habitantes. Thietmar III 1, ed. Holtzmann S. 98 cum Judaeis et mercatoribus.

²) Rörig, Magdeburgs Entstehung, S. 107 ff., 114 ff.

³) Otto I. 965 für Hamburg-Bremen: Dipl. I, Nr. 307 S. 422. Planitz, Frühgeschichte, S. 47 ff.

⁴) negotiatores ejusdem incolas loci nostrae tuitionis patrocinio condonavimus.

⁵) precipientes hoc imperatoriae auctoritatis precepto, quo in omnibus tali patrocinentur tutela et potiantur jure, quali ceterarum regalium institores urbium.

⁶) Otto II. für Magdeburg 975: Dipl. II, Nr. 112 S. 126.

Seite 73. ⁷) Planitz, Frühgeschichte, S. 38.

⁸) Otto III. 994 für Quedlinburg: Dipl. II, Nr. 155 S. 566 omnique in mercatorio jure, quod antecessorum nostrorum, regum, scilicet et imperatorum, industria Coloniae, Magontie, Magadaburch similisque nostrae dicionis in locis antea videbatur esse concessum, vgl. Otto III. 990 für Gandersheim: Dipl. II, Nr. 66 S. 473 negotiatores et habitatores eiusdem loci eadem lege utantur, qua caeteri emptores Trotmannie aliorumque locorum utuntur (Dortmund).

⁹) Heinrich II. 1014 für Worms: Dipl. III, S. 400 Nr. 319 Illos vero LX solidos, quos usque nunc injusta et inracionabili lege receperunt, omnino interdicimus, nisi in publicis civitatibus.

Seite 73. [10]) Hofrecht des Bischofs Burchard von Worms von 1024, Art. 20, Const S. 642.

Seite 74. [11]) Otto I. verleiht 965 dem Moritzkloster in Magdeburg für seine dort w nenden Kaufleute bannum nostre regie vel imperatorie dignitatis in u Magadeburg, Dipl. I, Nr. 300 S. 416.

[12]) Tiel: Kaufmannsrecht nach Alpert von Metz, De diversitate temporun 1018, P l a n i t z, Quellenbuch Nr. 141, Art. 1, S. 47 mercatores Thielenses crebro regem interpellabant, ut pro sua gratia eos ab his injuriis defendat. Si id non faciat, neque se in causa negotiandi in insulam venire neque ad se Britannos commeari posse, et ideo vectigalia sibi, ut oportebat, plenius provenire non posse dicebant.

[13]) Heinrich II. für Merseburg 1004: Dipl. III, Nr. 64 S. 79 f. quicquid ad regalem usum pertinere videbatur in solutione negotiatoria, que publici exactores in regum utilitatem poscere solebant.

[14]) Otto III. für Quedlinburg 994: Dipl. II, S. 566 Nr. 155. Schon 975 bestätigt Otto II., daß von seiten des Magdeburger Erzbischofs nec plura vel maiora exigantur vectigalia, quam moris illorum erat persolvere, Dipl. II, S. 126 Nr. 112.

[15]) Allensbach, Marktgründung des Abtes von Reichenau 1075, P l a n i t z, Quellenbuch Nr. 154, S. 50 Nihilque ab eis ab abbate vel advocato ipsius requiratur, quam quod ex supradictarum urbium episcopis et advocatis a mercatoribus requisitum esse dinoscitur.

[16]) Gandersheim, Vogtweistum: Mercatores quibusdam suis muneribus tribus vicibus in anno advocatum honorare consueverunt, G. K a l l e n, Das Gandersheimer Vogtweistum 1927, S. 170.

[17]) P l a n i t z, Die deutsche Stadtgemeinde, S. 14.

[18]) P l a n i t z, Kaufmannsgilde, S. 17, 19; Frühgeschichte, S. 40 f., 72.

[19]) P l a n i t z, Frühgeschichte, S. 45 f.

Seite 75. [20]) Nähere Aufschlüsse bietet Adam von Bremen um 1080. Vgl. W. S t e i n, Handels- und Verkehrsgeschichte der deutschen Kaiserzeit, S. 126 ff.

[21]) P l a n i t z, Frühgeschichte, S. 44 f.

[22]) In dem Lothringer Recht für London um 1100 erhalten die humes lempereur dalemaigne besondere Vorrechte, M. W e i n b a u m, London unter Eduard I. und II. 1933 2, S. 36. R ö r i g, Reichssymbolik auf Gotland, Hans. Gbl. 64, S. 16.

[23]) Aethelred 991—1002 c. 2, L i e b e r m a n n, Gesetze der Angelsachsen 1, S. 232. S t e i n S. 118 f.

[24]) Otto I. spricht noch von den regalium institores urbium 965, Dipl. I Nr. 307, S. 422. P l a n i t z, Frühgeschichte der deutschen Stadt, S. 49. Konrad III. spricht 1155 von den homines et mercatores nostros, UB. d. Stifts Kaiserswerth, S. 19 f. (K e l l e t e r übersetzt das mit „Königskaufleuten".) H. W i e r u s z o w s k i, Bonner Jb. 131, S. 146.

[25]) Alpert von Metz 1018, P l a n i t z, Quellenbuch Nr. 141, S. 47 (1) crebro regem interpellabant, ut pro sua gratia eos ab his injuriis defendat.

[26]) P l a n i t z, Frühgeschichte, S. 86.

[27]) P l a n i t z, Frühgeschichte, S. 40, 49.

[28]) Dipl. II, S. 126 Nr. 112 mercatoribus Magadeburg habitantibus tam ipsis quam posteris tale jus concedimus.

[1]) P l a n i t z, Frühgeschichte, S. 66.

[2]) Widukind von Corvey, Sachsengeschichte I, 35, ed. H i r s c h 1935, S. 49 Concilia et omnes conventus atque convivia in urbibus voluit celebrari. R. H o l t z m a n n, Geschichte der sächsischen Kaiserzeit, S. 26, 88.

[3]) P l a n i t z, Quellenbuch Nr. 141, S. 47 (4) potus certis temporibus in anno cernunt et in celebrioribus festis quasi sollempniter ebrietati inser-

Seite. 75. viunt; (2) judicia non secundum legem sed secundum voluntatem decernentes. Wattenbach-Holtzmann, Geschichtsquellen I/2, 1939, S. 185.

[4]) Berichte eines Arabers von 973, Jacob S. 29. Es war die Zeit der deutschen Herrschaft, die 983 zu Ende ging, Jankuhn, Haithabu, S. 59; weiter Jankuhn, Zur Topographie frühmittelalterlicher Stadtanlagen, S. 103 ff. Spätere Nachrichten über die Schleswiger Kaufmannsgilde erhalten wir aus dem Stadtrecht von 1155, dessen Sätze aber zum Teil ins 11. Jh. zurückgehen. Vgl. F. Frahm, Z. d. G. für Schleswig-Holst. Gesch. 64, 1936, S. 47 ff.

Seite 76. [5]) Valenciennes: Caritas um 1050—70, franz. Übers. hg. v. M. H. Caffiaux, Mémoires de la Société nationale des Antiquaires de France 38, 1877, S. 1 f. Näheres Planitz, Kaufmannsgilde und städtische Eidgenossenschaft, S. 22—25.

[6]) Saint-Omer um 1100, hg. v. Espinas und Pirenne in Le Moyen âge 2, 5, 1901, S. 189 ff.

[7]) Planitz, Kaufmannsgilde, S. 23, 25.

[8]) Planitz, Frühgeschichte, S. 60 f., 67—69.

[9]) Otto I. für Bremen 965: Dipl. I, S. 422 Nr. 307. Otto II. für Magdeburg 975: Dipl. II, S. 126 Nr. 112. Zutreffend H. Joachim, Gilde und Stadtgemeinde, S. 31. (Zu verbessern: Planitz, Kaufmannsgilde und Eidgenossenschaft, S. 26, Anm. 1.)

[10]) Heinrich v. Loesch, Die Kölner Kaufmannsgilde 1904, S. 12. Planitz, Kaufmannsgilde, S. 68 ff.

[11]) Der heilige Reinold wurde seit Karls des Großen Zeit verehrt, so Luise v. Winterfeld, Geschichte der freien Reichs- und Hansestadt Dortmund 1934, S. 25 ff. Andrer Ansicht waren Josef Hansen, Die Reinoldssage, Forschungen zur deutschen Geschichte 26, S. 103; Hegel, Städte und Gilden der germanischen Völker im Mittelalter II, 1891, S. 365. Über die maior gilda Belege bei F. Frensdorff, Dortmunder Statuten und Urteile 1882, S. 24 f., 51, 193; Dortmunder UB. Nr. 545.

[12]) Von der sepultura mercatorum spricht die Urkunde Bischof Egilberts von 1075, S. A. Würdtwein, Subs. dipl. VI 98, S. 309.

[13]) Konrad II. 1033 für Naumburg: Dipl. IV, S. 258. Der Kaiser verleiht den mercatoribus Gene für Naumburg das jus omnium mercatorum, das jus gentium. Rörig, Magdeburgs Entstehung, S. 129, hält die Kaufleute von Großjena für eine „auf der Wanderung befindliche Kaufleuteschar". Auf Rat des Bischofs verließen sie Großjena und siedelten nach Naumburg über (ob spontaneam conventiam sua linquendi hucque migrandi). Der Bischof gewährte ihnen mit Zustimmung des Kaisers Freizügigkeit, das Recht der Übersiedlung nach Naumburg und Zinsfreiheit. Sie waren offenbar negotiatores manentes, aber zugleich frequentantes; eine Besorgnis, daß sie in Großjena brotlos waren (so Rörig S. 129, Anm. 5), war nicht begründet. Ähnlich urteilt Schlesinger, Anfänge der Stadt Chemnitz, S. 100 f., Anm. 3.

[14]) Planitz, Frühgeschichte, S. 59 ff., Anm. 317, 322, 328, 336, 339, 342, 348, 351. In Hamburg lebten die divites der Reichenstraße in einer Gilde, wie die domus convivii 1252 beweist. Reincke, Forschungen und Skizzen zur Geschichte Hamburgs III, 1951, S. 32. H. Schultze-v. Lasaulx nimmt ihre Entstehung erst für die Mitte des 12. Jh. an, ZRG. G. 69, 1952, S. 424.

[15]) Soest: Stadtrecht um 1120, Art. 29, Keutgen S. 141. Rothert, Westfälische Stadtpläne, Rörig-Gedächtnisschrift, S. 427. Die Fernkaufleute (Schleswigfahrer) hatten ihren Sitz in der Rumeney, früher offenbar

Seite 76   vicus Romanorum (oder Gallorum, vgl. Art. 13 Keutgen S. 140) genannt. Ähnlich gibt es 1300 in Eger eine platea, que dicitur Rompney. Sturm, Eger S. 36. In Gran entspricht der vicus Latinorum. Planitz, Frühgeschichte S. 43. Wegen Duisburg: Lacomblet, Niederrheinisches UB. I, S. 264 Nr. 382. Handelsfahrten nach Rußland werden noch in den jura nundinarum Anensis villae (Enns) von 1191 erwähnt. Oberleitner, Die Stadt Enns im Mittelalter, Archiv K. Österr. Geschichtsquellen 27, 1861, S. 62.

[16]) UB. I Nr. 4 und 5, S. 9 f.

[17]) 1327, Wigand, Denkwürdige Beiträge, S. 137. Die Mitgliedschaft zur minor gilda berechtigt nur zum Handel mit Leinentuch und Holzasche, Hegel, Städte und Gilden II, S. 394.

Seite 77. [18]) Gildestadt war auch das schwedische Sigtuna aus dem Anfang des 11. Jh. Aus alten Runensteinen sind die Frieslandfahrer als Gildebrüder in Sigtuna nachgewiesen. Die Kirchen waren Gildekirchen, wie die St. Nikolaus-Gildekirche für Kaufleute aus Nowgorod. Stadttypus und Gildekirchen sind ähnlich den von Nidaros, Bergen und Oslo. Im 12. Jh. werden diese Städte bereits durch die der westdeutschen und niederländischen Kaufleute abgelöst, besonders von Wisby und Kalmar. Vgl. Schück S. 133 ff., 229 ff.; Åberg S. 135 ff.

[19]) Wilhelm Groenbech, Kultur und Religion der Germanen II, 1937, S. 118, 142, 144.

Seite 78. [20]) Valenciennes: Art. 2—4, Caffiaux S. 26 ff. Riga 1252: Art. 23, 24, 35, Liv-, Est- und Kurländisches UB. I, S. 307 Nr. 243. Hameln um 1400: UB. S. 580 Nr. 78.

[21]) Groenbech I, S. 24 ff., 56 ff.

[22]) Valenciennes 1050—70: Art. 17, Caffiaux S. 30. Groenbech II, S. 310.

[23]) Valenciennes: Art. 10, Caffiaux S. 29. St. Omer um 1100: Art. 1, Espinas und Pirenne S. 192. Schleswig 1155: Art. 2—4, 9, 27; Thorsen S. 3 ff.

[24]) Tiel: Kaufmannsrecht 1018, Planitz, Quellenbuch, S. 47, Art. 2 judicia non secundum legem sed secundum voluntatem decernentes, et hoc ab imperatore karta traditum et confirmatum dicunt.

[25]) Allensbach, Marktgründung des Abtes von Reichenau 1075, Planitz, Quellenbuch Nr. 154, S. 50 Ipsi autem mercatores inter se vel inter alios nulla alia faciant judicia, preterquam quae Constantiensibus Basiliensibus et omnibus mercatoribus ab antiquis temporibus sunt concessa.

[26]) In der Lex Visigothorum XI, 3, 2 (654), MG. LL. I 1, S. 404.

[27]) Valenciennes: Art. 5, Caffiaux S. 28. Planitz, Kaufmannsgilde, S. 22 ff.

[28]) Soest nach 1150: Art. 29; Medebach 1165: Art. 17, Keutgen S. 141, 147. Planitz, Das Kölner Recht, S. 10 ff.

[29]) Valenciennes: Art. 5, Caffiaux S. 38; Stendal 1231: Art. 6, Keutgen S. 357. Riga 1252: Art. 7, 8, 27, 34.

[30]) Valenciennes: Art. 13, 19, Caffiaux S. 29 f. Lantbert, Vita S. Heriberti, MG. SS. 4, S. 749.

[31]) Valenciennes: Art. 14, Caffiaux S. 29. So der Magister in Stendal 1231: Art. 8, Keutgen S. 357; der Olderman in Riga 1252: Art. 10 und Utrecht 1267: Oppermann, Westd. Z. 28, 1909, S. 242.

[32]) v. Loesch, Die Kölner Kaufmannsgilde, S. 39.

[33]) Halberstadt, Privileg des Bischofs Burchard I. 1036—59, Planitz, Quellenbuch Nr. 148, S. 49. 1272: Quellenbuch Nr. 332, S. 110 spatium quoddam intra civitatem Halb. situm nostre pertinens ecclesie, quod olim mercatores jamdicte civitatis ab ecclesia nostra jure tenuerant censuali.

Seite 78. 1291: Quellenbuch Nr. 368, S. 121 consortium mercatorum, quod vulgariter inninge appellatur.

Seite 79. ³⁴) Otto P e t e r k a, Rechtsgeschichte der kaufmännischen Organisation in Mitteleuropa, Prager Jur. Z. 1938, SD. S. 1.
³⁵) P l a n i t z, Frühgeschichte, S. 61 ff.
³⁶) P l a n i t z, Frühgeschichte, S. 57, 72.
³⁷) P l a n i t z, Frühgeschichte, S. 71, Anm. 394 f. Wegen des Nikolaikultes T i m m e, Niedersächs. Jb. f. LG. 22, 1950, S. 43 ff. G ö t t i n g, Blätter für deutsche Landesgeschichte 89, 1952, S. 42. K. M e i s e n, Nikolauskult und Nikolausbrauch im Abendland 1931, S. 367.
³⁸) Halberstadt: UB. I Nr. 2 zwischen 1059 und 1088. Quedlinburg: UB. I Nr. 10 von 1134. F r ö l i c h, ZRG. K. 53, 1933, S. 260 f., 264.
¹) Otto I. 965 für Bremen: Dipl. I S. 422, Nr. 307 potiantur jure quali ceterarum regalium institores urbium. Otto III. 994 für Quedlinburg: Dipl. II S. 566, Nr. 155 mercatorio jure. Notker der Deutsche spricht um 1000 von der geuuoneheite der choufliute, K e u t g e n S. 44. Konrad II. 1033 für Naumburg: Dipl. IV, S. 258 Nr. 194 jus omnium negotiatorum. Freiburg im Breisgau 1120: c. 5, K e u t g e n S. 118 consuetudinario et legitimo jure omnium mercatorum.
²) P l a n i t z, Frühgeschichte, S. 81 ff. Die Einwohner von Stavoren waren Kaufleute, besaßen 1108 das von Karl dem Großen gegebene Kaufmannsrecht, tam legale ius quam morale, waren von Zweikampf und Zollpflichten befreit, W a i t z, Urkunden zur Verfassungsgeschichte 9, S. 25.
³) Erstes Vorkommen in dem Privileg für Leipzig von 1156—70, Art. 2, K e u t g e n S. 64.
⁴) Otto II. für Magdeburg 965: Dipl. II, S. 126 Nr. 112 mercatoribus Magadeburg habitantibus tam ipsis quam posteris suis tale jus concedimus, quale noster pius genitor suis temporibus concessit habere. Konrad II. für Naumburg 1033: Dipl. IV, S. 258 Nr. 194 jus omnium negotiatorum nostre regionis profiteantur meisque postmodum successoribus ritu omnium mercantium liberaliter obsequantur.

Seite 80. ⁵) So in den beiden Privilegien für Magdeburg von 975 und Naumburg von 1033: ubique in nostro regno tam eundi quam redeundi licentia sit et ne ab aliquo cogantur vectigalia persolvere, Dipl. II, S. 126 Nr. 112; opem regium adii, ut eis jus gentium condonaret; exeundi et redeundi immunitatem regia potestate concessit, Dipl. IV, S. 258 Nr. 194. Noch für 1142 bestätigte der Kölner Erzbischof den Kaufleuten von Rees die Zollfreiheit an bestimmten rheinischen Zollstätten als alte Gewohnheit: Westdt. Zschr. Ergh. 1890, Bd. 1, S. 99. Über die Echtheit der Urkunde Gisela V o l l m e r, Die Stadtentstehung am unteren Niederrhein 1952, S. 10 ff., 20 ff., 102 ff. Vgl. das Privileg Heinrichs V. für Utrecht von 1122, W a i t z Nr. 11, S. 28.
⁶) In Schweden finden wir das Bjärkoarätt als eine Parallelerscheinung des jus mercatorum. Gewisse schwedische Städte genießen eines bevorzugten Verfassungsrechtes und gewisser Handels- und Gewerbeprivilegien, die den Bauerngemeinden und den primitiv organisierten Handels- und Marktplätzen fehlen. S c h ü c k S. 66; Å b e r g, Mannus 22, 1930, S. 130 ff.
⁷) So Raymond M o n i e r, Les institutions judiciaires des villes de Flandre, Lille 1924, S. 88 ff.
⁸) Otto II. 983, Dipl. II, S. 346 Nr. 293.
⁹) Valenciennes: Caritas 1050—70, Art. 8, 10, C a f f i a u x S. 28 f.
¹⁰) Friedrich I. 1152, Constit. I, S. 198, Art. 13.
¹¹) So schon die Formulae Imperiales Nr. 37 von 828, Z e u m e r S. 304 f. neque scaram facere neque heribannum aut aliter bannos ab eis requirere vel exactare praesumatis.

Seite 80. ¹²) Merseburg: Heinrich II. 1004, Dipl. III, S. 79 Nr. 64 Confirmavimus curtem regiam cum aedificis intra urbem Merseburg positam et omnia curtilia infra et extra urbem, que negotiatores possident. Rietschel, Markt und Stadt, S. 62; Gerlach S. 17.

¹³) Naumburg: Konrad II. 1033, Dipl. IV, S. 258 Nr. 194 que septa cum areis quisque insederit, perpetuo jure sine censu possideat.

¹⁴) Die Naumburger Stelle sagt weiter: Indeque licentiam faciendi quicquid voluerit habeat.

¹⁵) Siehe oben S. 80, Anm. 13.

¹⁶) Freies Verfügungsrecht der Juden über den eigenen Boden in Formulae Imperiales 30, Zeumer S. 309. Vgl. Planitz, Das Wiener Stadtrecht und seine Quellen, MIÖG. 56, 1948, S. 297—304.

¹⁷) Hofrecht des Bischofs Burchard von Worms 1024, Art. 26, Wormser UB. I Nr. 48 si domum in civitate vendiderit, aream perdat.

¹⁸) Dronke, cap. 3 Nr. 1, 8, 13, 24, 28, 43, 44, 48, 64, 75, 85, 95, 149, 202, S. 5 ff.; cap. 40 Nr. 74, 78, S. 95. Dipl. II, Otto II. 983, S. 346 Nr. 293. Ennen und Eckertz, Quellen I, S. 476 Nr. 21.

Seite 81. ¹⁹) Muller, Cartularium van het sticht Utrecht, S. 14.

²⁰) Näheres in Planitz, Das Wiener Stadtrecht, MIÖG. 56, 1948, S. 304 f., 307 f.

Seite 82. ¹) Otto I., Dipl. I, Nr. 90 S. 172, Nr. 283 S. 99; Otto III., Dipl. II, Nr. 280 S. 705, Nr. 364 S. 793, Nr. 372 S. 799; Heinrich II., Dipl. III, Nr. 78 S. 98, Nr. 412 S. 527 (zwischen 947 und 1019).

²) Arnolf für Bremen 888, für Passau 898: Urkunden der deutschen Karolinger III, Nr. 27 S. 40, Nr. 163 S. 247. Otto I. um 965 für Magdeburg: Dipl. I, Nr. 301 S. 416. Otto III. für Verden 985, für Halberstadt 989, für Freising und Salzburg 996: Dipl. II, Nr. 23 S. 421, Nr. 55 S. 460, Nr. 197 S. 605, Nr. 208 S. 609. Konrad II. für Würzburg 1030: Dipl. IV, Nr. 154 S. 206. Weiter Ludwig das Kind für Eichstätt 908: Mon. Boica 31, S. 178.

³) Planitz, Frühgeschichte, S. 77, Anm. 426.

⁴) Planitz, Frühgeschichte, S. 77, Anm. 427.

⁵) Nachweise bei H. Dannenberg, Die deutschen Münzen der sächsischen und fränkischen Kaiserzeit I, 1876 passim.

⁶) Eine Übersicht über die Märkte bei Stein S. 8 ff.

⁷) So Otto II. für Werden 974: Dipl. II, Nr. 88 S. 103 quicquid in eodem foro vel moneta publica ad jus nostrum pertinet.

⁸) So in Arras, Augsburg, Basel, Dorstat, Dortmund, Erfurt, Goslar, Halberstadt, Hildesheim, Köln, Lüneburg, Minden, Münster, Salzburg, Soest, Stade, Straßburg, vgl. Planitz, Frühgeschichte, S. 74 f.

⁹) Führendes Beispiel Köln, Planitz, Frühgeschichte, S. 74, Anm. 413. Weiter Magdeburg (Otto I.), Speyer (Heinrich III.), Straßburg.

¹⁰) Bremen: Otto I. 965, Dipl. I, S. 422 Nr. 307 construendi mercatum in loco Bremun nuncupato. Halberstadt: Otto III. 989, Quedlinburg 994: Nr. 55, 155, Dipl. II, S. 460, 566.

¹¹) Freising: Otto III. 996, Dipl. II, S. 605 Nr. 197 mercatum omni die legitimum. Würzburg: Konrad II. 1030, Dipl. IV, S. 206 Nr. 184 mercatum cottidianum. Planitz, Frühgeschichte, S. 78, Anm. 430.

Seite 83. ¹²) So bereits für Toul Heinrich I. 927, Dipl. I, S. 52 Nr. 16. Für Metz: Otto I. 948, Dipl. I, S. 187 Nr. 104 censum de mercatu annuali in festivitate sancti Arnulfi. Rietschel, Markt und Stadt, S. 47. Weiter z. B. für Donauwörth in Würzburg: Konrad II. 1030, Dipl. IV, S. 195, 206, Nr. 144, 154. Für Besançon: Heinrich III. 1045, Dipl. V, Nr. 134 S. 170. Notker der Deutsche (um 1000) spricht von iârmércate, Keutgen S. 44.

Seite 83. ¹³) Die ersten Wochenmarktsprivilegien stammen von Otto III.: für Reichenau (Allensbach) 998: construendi et mercatum in omne ebdomada; für S. Maximin (Wasserbillig) um 1000; für Kloster Lorsch (Weinheim) 1000: Dipl. II, Nr. 280, 364, 372, S. 705, 793, 799.
¹⁴) So schon das Edictum Pistense von 864 cap. 20, Cap. II, S. 319, wo selbständige Handwerker von den ministerialischen geschieden werden, K e u t g e n, Ämter und Zünfte, S. 43 f.; v. B e l o w, Entstehung des Handwerks in Deutschland, ZSWG. 5, 1897, S. 147 ff.; D o p s c h, Wirtschaftsentwicklung I, S. 167 ff., Wirtschaftliche und soziale Grundlagen II, S. 401ff.
¹⁵) Otto II. 973 für Worms: Dipl. II, Nr. 46 S. 55: negotiatores vel artifices vel Frisiones. Otto III. um 999 für Villingen: Dipl. II, Nr. 311 S. 738 negocium suum excolant, scil. comparando, emendo, vendendo et quicquid hujus artis nominari potest faciendo.
¹⁶) J a n k u h n, Haithabu, S. 152.
¹⁷) Hofrecht des Bischofs Burchard von Worms 1024, Art. 29, UB. I, Nr. 48 S. 43.
¹⁸) Allensbach 1075: K e u t g e n S. 62 Omnibus eiusdem oppidi villanis mercandi potestatem concessimus, ut ipsi et eorum posteri sint mercatores.

Seite 87. ¹) So die Diplome Ottos II. von 973 für Worms und von Otto III. von 999 für Villingen: Dipl. II, Nr. 46, 311. Siehe oben (S. 83, Anm. 15). P l a n i t z, Frühgeschichte, S. 79, Anm. 434.
²) D e m a n d t, Quellen zur Rechtsgeschichte der Stadt Fritzlar 1939, UB. II S. 209. Dazu D e m a n d t S. 77. P l a n i t z, Die deutsche Stadtgemeinde, S. 10.
³) Straßburg, Bischofsrecht um 1170: Art. 52, K e u t g e n S. 96 Quicunque de familia ecclesie hujus vendiderit in hac civitate res, quas manibus suis fecerit, non dabit theloneum.
⁴) Hofrecht des Bischofs Burchard von Worms 1024: Art. 29, P l a n i t z, Quellenbuch Nr. 144, S. 48 Si tale servitium facere noluerit, quatuor denarios persolvat ad regale servitium et sex ad expeditionem; et tria iniussa placita querat in anno et serviat cuicumque voluerit.

Seite 88. ⁵) Heinrich IV. für Speyer 1101: UB. S. 16 Nr. 13 si quis illorum serviens hospicio et convictu alicuius eorum cotidiano participans aliquam contra jus civium injusticiam fecerit, non in forum neque jus publicum vocentur. Si vero aliquis fratrum alium neque ipsius hospicio neque cotidiano victu utentem, servientem in urbe habeat, communi juri civium subiaceat.
⁶) Lüttich 1107: Art. 2, W a i t z S. 38 si alicuius canonici serviens, qui in convictu suo sit, aliquid in civitate peccaverit, nullum forense judicium sustinebit, nisi publicus mercator fuerit. Ebenso Maastricht 1109: Art. 2, W a i t z S. 38.
⁷) Straßburg: Bischofsrecht um 1170: Art. 38, P l a n i t z, Quellenbuch, S. 67 ministros fratrum de quocunque claustro jus habet (scultetus) judicandi de ipsis, scil. in causis pertinentibus ad mercaturam, si volunt esse mercatores.
⁸) Straßburg, Bischofsrecht um 1170: Art. 93, P l a n i t z, Quellenbuch, S. 67.
⁹) Huy, Handfeste 1066: Art. 2 Quiconques vora entrer en Huy pour y demorer, il stera ou service de son signeur. P l a n i t z, Die Handfeste von Huy von 1066, 1942, S. 63 ff. Über die wirtschaftliche Bedeutung von Huy seit dem 13. Jh. H. A m m a n n, Huy an der Maas, Rörig-Gedächtnisschrift 1953, S. 382 ff.
¹⁰) Art. 4 se aucuns reclaime un bourgeois de Huy comme son sierf, i le doit ravoir, si le prueve yestre tel.
¹¹) Art. 6 se aucuns est travelliés extraordinairement de service à son signeur, il pora demorer en se maison en pais sans quelconques citascions.

Seite 88. [12]) Art. 3, 6.
[13]) Darüber schon Wilhelm A r n o l d, Verfassungsgeschichte der deutschen Freistädte I, 1854, S. 141. Fritz P h i l i p p i, Die erste Industrialisierung Deutschlands im Mittelalter 1909, S. 16 ff., 27 ff., HZ. 138, 1928, S. 229 ff.
[14]) Vgl. die Namensregister in Robert H o e n i g e r, Kölner Schreinsurkunden II, 2, 1893, S. 79 ff.
[15]) Die Mainzer Webersatzung von 1099 sagt: textores per totam Magunciam habitantes, K e u t g e n Nr. 252 a, S. 350. Wenn auch die Urkunde eine Fälschung ist, so bringt sie doch sicher soweit zutreffende Nachrichten.
[16]) Hermann K e u s s e n, Topographie der Stadt Köln im Mittelalter I, 1910, passim.
[17]) Speyer, Privileg Heinrichs V. 1111: P l a n i t z, Quellenbuch, S. 53 f. Omnes qui in civitate Sp. modo habitant vel deinceps habitare voluerint, undecumque venerint vel cujuscunque condicionis fuerint, a lege nequissima et nephanda videlicet a parte illa, que vulgo budeil vocabatur, per quam tota civitas ob nimiam paupertatem adnichilabatur, ipsos suosque heredes excussimus. Worms 1114: UB. I, Nr. 62.

Seite 89. [18]) Lothar III. für Straßburg 1129: UB. I, Nr. 78 S. 61 advocati quorum subditi seu censuales infra civitatem domos habuerint aut manserint, censum debitum ab eis in civitate accipiant et, si supersederint, justitiam coram judicibus civitatis infra ipsam civitatem inde accipiant.
[19]) Konrad III. 1030 für Würzburg: Dipl. IV, Nr. 154 S. 206. Heinrich II. 1045 für Besançon: Dipl. V, Nr. 134 S. 170.
[20]) mercatus im 10. Jh.: P l a n i t z, Frühgeschichte, S. 75. mercatus noch in Privilegien Heinrichs IV. 1057, 1067, 1068, 1069, Dipl. IV, Nr. 18, 166, 191, 203, 223.
[21]) St. Pölten 1058: Niederöst. UB. I, Nr. 4 S. 6.
[22]) Seit Heinrich IV. wird es üblich, von ius forense zu sprechen. 1057 Nr. 26, 1060 Nr. 62, Dipl. VI, S. 32, 82. Vgl. W. S p i e s z, Das Marktprivileg 1916, S. 350 ff., der aber mercatus und forum gleichstellt.
[23]) Radolfzell 1100: K e u t g e n Nr. 100, S. 62. Bamberg 1102—39: MG. SS. 15, S. 164. Lothar III. für Friesach 1130: Dipl. VIII, S. 46 Nr. 29.
[24]) Heinrich IV. für Bamberg 1057, 1060: oben Anm. 22. R i e t s c h e l, Markt und Stadt, S. 174 ff.
[25]) Passau 1195: Mon. Boic. 12, S. 357 Nr. 17 justicia fori nostri in Patavia, quod marchtrecht dicitur.
[26]) St. Gallen 1170: Thurg. UB. II, Nr. 49 S. 185 f. jus fori et omnem justiciam liberorum negotiatorum (Vorbehalt bei der Tradierung einiger servi).
[27]) Amorbach 1253: ZGORh. 16, S. 26 Nr. 47 forense jus, quod vulgariter marketschillinge nuncupatur.
[28]) Lübeck 1182: UB. I, Nr. 6 civili vel forensi jure, quod wicbeledhe dicitur, collocavimus (Grundstücksleihe).
[29]) In Winterthur soll ir fridecraisses invang eweklich marctes reht haben 1297, G a u p p, Deutsche Stadtrechte des Mittelalters I, 1851, S. 139, Art. 1.

Seite 90. [1]) Köln: Stadtplan S. 7.
[2]) Lüttich: G a n s h o f, Over stadsontwikkeling, Abb. 21.
[3]) Magdeburg: Stadtplan S. 66.
[4]) Straßburg: Stadtplan S. 32.
[5]) Basel: G a n s h o f, Over stadsontwikkeling, Abb. 5 (Marktplatz bis Freie Straße).
[6]) Konstanz: Stadtplan S. 238.
[7]) Über Andernach: T i m m e in der Rörig-Festschrift 1953, S. 409. Stadtplan S. 127.

Anmerkungen zu Seite 90 bis 93

Seite 90. ⁸) Friesach: Stadtplan in Th. Zedrosser, Die Stadt Friesach in Kärnten 1953.
⁹) Fritzlar: Stadtplan bei Demandt, Quellen zur Rechtsgeschichte der Stadt Fritzlar.
¹⁰) Heiligenstadt: Stadtplan bei Meurer, Der mittelalterliche Stadtgrundriß 1914, Abb. 9.
¹¹) Münster: Stadtplan S. 91. Minden: Stadtplan bei Meurer, Der mittelalterliche Stadtgrundriß, Abb. 3.
¹²) Stade: Stadtplan S. 65.
¹³) Villach: Stadtplan in 700 Jahre Stadt Villach 1940, S. 26.
¹⁴) Fulda: Stadtplan bei Herzog, Die hessischen Städte 1941, S. 4. Goslar: Stadtplan in Kunstdenkmäler der Provinz Hannover II, 1901. Naumburg: Stadtplan in Beschr. Darst. der älteren Bau- und Kunstdenkmäler der Provinz Sachsen III, 1903. Essen: Stadtplan bei Heiligenthal, Deutscher Städtebau 1921. St. Pölten: Stadtplan bei Ad. Klaar. Judenburg: Stadtplan bei Wengert, Stadtanlagen in Steiermark 1932. Heilbronn: Stadtplan bei Schöck. Lübeck: Stadtplan S. 141. Hamburg-Altstadt: Stadtplan S. 67. Überlingen: Stadtplan S. 189. Nürnberg: Stadtplan S. 222. Danzig-St. Nikolaus: Stadtplan S. 212. Innsbruck: Stadtplan bei Dehio.
¹⁵) Steyr: Stadtplan von A. Klaar. Innsbruck: Stadtplan bei Dehio. Klagenfurt: Stadtbild bei Ulbrich, Städte und Märkte in Kärnten, Bildtafel 1. Bozen: Stadtplan bei Hoeniger, Altbozener Bilderbuch 1933.

Seite 91. ¹⁶) Freiburg im Breisgau: Stadtplan S. 133.

Seite 92. ¹⁷) Villingen: E. Hamm, Die Städtegründungen der Herzöge von Zähringen, S. 97 ff.
¹⁸) Neuenburg: Hamm, l. c., S. 115 f.
¹⁹) Für Rottweil: Hamm S. 107 ff. Stadtplan S. 245.
²⁰) Strahm, Der zähringische Gründungsplan der Stadt Bern im Archiv des Hist. V. d. Kantons Bern 39, 1948, S. 1 ff. (SD.). Stadtplan S, 174.
²¹) Für Breisach: Noack, Kunstgeschichtliche Probleme der mittelalterlichen Stadtplanung 1936, S. 14 ff.
²²) Worms: Stadtplan S. 41.
²³) Solothurn: Stadtplan nach Rahn, Die mittelalterlichen Kunstdenkmäler des Kantons Solothurn, Tafel 1.
²⁴) Dinkelsbühl: Stadtplan bei Brinckmann, Abb. 1.
²⁵) Isny: Stadtplan bei Klaiber, Die Grundrißbildung der deutschen Stadt 1912. K. O. Müller, Die oberschwäbischen Reichsstädte, Stadtpläne.
²⁶) Iglau: Stadtplan bei E. Schwab, Erörterungen zur Kontinuitätsfrage in Deutsches Archiv für Landes- und Volksforschung 8, 1944, S. 264.
²⁷) Lippstadt: Stadtplan bei Rothert in Rörig-Gedächtnisschrift 1953, S. 433 und 435, dazu Stadtplan des Mattheus Merian bei Overmann, Lippstadt.
²⁸) Dortmund: Stadtplan S. 77.
²⁹) Soest: Stadtplan S. 105.

Seite 93. ³⁰) Salzwedel-Altstadt: Stadtplan bei R. Aue, Zur Entstehung der altmärkischen Städte 1910, S. 32 ff.
³¹) Tangermünde: Stadtplan bei R. Aue, l. c., S. 36 ff.
³²) Bernburg: Stadtplan bei Meurer, Der mittelalterliche Stadtgrundriß, Abb. 6.
³³) Eisleben: Stadtplan in Die älteren Bau- und Kunstdenkmäler der Provinz Sachsen XIX, Mansfelder Seekreis 1893.
³⁴) Mühlhausen: Stadtplan bei Granz, Deutsches Städtebuch, S. 105.
³⁵) Oschatz: Stadtplan bei Meurer, Der mittelalterliche Stadtgrundriß, Abb. 14.

Anmerkungen zu Seite 93 bis 94

Seite 93. ³⁶) Rochlitz: Stadtplan bei M e u r e r, l. c., Abb. 13.
³⁷) Gotha: Plan bei M e u r e r, l. c., Abb. 11.
³⁸) Altenburg: Stadtplan von Reipstein 1822.
³⁹) Ülzen: Stadtplan nach Mattheus Merian. J a n i c k e, Geschichte der Stadt Ülzen 1889.
⁴⁰) Aken: Stadtplan nach P. J. M e i e r, Korrespondenzblatt. Helmstedt: Stadtplan bei M u t k e, Helmstedt im Mittelalter 1913.
⁴¹) Brandenburg-Neustadt: Stadtplan S. 211..
⁴²) Ingolstadt: Stadtplan bei K l a i b e r, Die Grundrißbildung der deutschen Stadt im Mittelalter 1912, S. 36.
⁴³) Gelnhausen: Stadtplan bei K l a i b e r, l. c., S. 26.
⁴⁴) Rothenburg o. d. Tauber: H e i l i g e n t h a l, Deutscher Städtebau, S. 15.
⁴⁵) St. Veit: Stadtbild bei U l b r i c h, Städte und Märkte in Kärnten, Bildtafel 1.
⁴⁶) Marburg a. d. Drau: Stadtplan bei W e n g e r t, Stadtanlagen in Steiermark 1932.
⁴⁷) Enns: Stadtplan von A. K l a a r.

Seite 94. ⁴⁸) Wien: Stadtplan S. 27.
⁴⁹) Trier: Stadtplan S. 15.
⁵⁰) Doornik: Stadtplan von Jacob van D e v e n t e r, Atlas des villes de Belgique au XVI siècle. G a n s h o f, Over stadsontwikkeling, Plan 12.
⁵¹) Salzburg: K l a a r, Der mittelalterliche Städtebau in Österreich bei G i n h a r t, Die bildende Kunst in Österreich I, 1937, S. 83; den Waagplatz datiert K l a a r vor 1000, S. 87.
⁵²) In Krems der Hohe Markt nach 1014, in Hainburg die Freiungsstraße zwischen 1043 und 1051. K l a a r, Mittelalterlicher Städtebau in Österreich, S. 87.
⁵³) Für Nürnberg: H o f m a n n, Nürnberg, Gründungs- und Frühgeschichte, Jb. für fränkische Landesforschung 10, 1950, S. 3. Dazu Stadtplan S. 222.
⁵⁴) Frankfurt: Stadtplan S. 240.
⁵⁵) Soest: Stadtplan S. 105. Halle: Stadtplan bei S c h l ü t e r, Die Grundrißentwicklung der hallischen Altstadt 1940. Aachen: Stadtplan im Geschichtlichen Handatlas der Rheinprovinz 1926, Nr. 38. Bonn: Stadtplan im Geschichtlichen Handatlas der Rheinprovinz 1926, Nr. 39 c. Höxter: Stadtplan, Älteste Katasterkarte von 1828—30. Innsbruck: Stadtplan bei D e h i o. Gardelegen: Stadtplan bei R. A u e, Zur Entstehung der altmärkischen Städte, S. 32 ff.
⁵⁶) Osnabrück: Stadtplan S. 208. Eimbeck: Stadtplan bei M e u r e r, Der mittelalterliche Stadtgrundriß, Abb. 8.
⁵⁷) Passau: Stadtplan S. 42.
⁵⁸) Mainz: Stadtplan S. 21.
⁵⁹) Landsberg: Stadtplan bei H. K e l l e r, Oberbayrische Städtebaukunst des 13. Jh. (Dank- und Erinnerungsgabe an Walter Goetz 1948), S. 58.
⁶⁰) Quedlinburg: Stadtplan in Raumforschung und Raumordnung 5, 1941, S. 112.
⁶¹) Graz: Stadtplan bei W e n g e r t, Stadtanlagen in Steiermark 1932. Biberach: Stadtplan bei K. O. M ü l l e r, Oberschwäbische Reichsstädte, S. 230 und Stadtpläne. Pfullendorf: Stadtplan bei K. O. M ü l l e r, Oberschwäbische Reichsstädte, S. 194 ff., Stadtpläne.
⁶²) Hamburg-Neustadt: Stadtplan S. 67.
⁶³) Eger: Stadtplan bei S t u r m, Eger (1951), S. 71. Friesach: Stadtplan bei Z e d r o s s e r, Die Stadt Friesach 1953. Kempten: Stadtplan bei K. O. M ü l l e r, Die oberschwäbischen Reichsstädte, S. 282 und Stadtpläne.

Anmerkungen zu Seite 95 bis 99   379

Seite 95. **64**) Köln: Stadtplan S. 7. (Heumarkt und Alter Markt). Speyer: N o a c k, Kunstgeschichtliche Probleme der mittelalterlichen Stadtplanung 1936. Soest: Stadtplan S. 105. Erfurt: Stadtplan S. 51.
65) Magdeburg: Stadtplan S. 66. Worms: Stadtplan S. 41. Dortmund: Stadtplan S. 77.
66) Arras: Stadtplan nach B r a u n und H o g e n b e r g, Civitates orbis terrarum Köln 1576—1616. V e r c a u t e r e n, Études sur les Civitates de la Belgique seconde 1934, S. 204. Cambrai: Stadtplan bei B r a u n und H o g e n b e r g, V e r c a u t e r e n, l. c., S. 232. Dowai (Douai): Stadtplan bei Jacob van D e v e n t e r, Atlas des villes de Belgique. G a n s h o f, Over stadsontwikkeling, Abb. 18. Namur: Stadtplan bei B r a u n und H o g e n b e r g und G a n s h o f Abb. 32. Maastricht: Stadtplan bei G a n s h o f Abb. 27.
67) Hildesheim: Stadtplan S. 70.
68) Halle: Stadtplan bei S c h l ü t e r, Die Grundrißentwicklung der hallischen Altstadt 1940.
69) Halberstadt: Stadtplan bei A r n d t, Zur Heimatkunde von Halberstadt I, 1910.
70) München: Stadtplan S. 140.
71) Braunschweig-Hagen: Stadtplan S. 215. Herford-Altstadt: Stadtplan von 1638. Helmstedt: Stadtplan bei M u t t k e, Helmstedt im Mittelalter 1912.
72) Stendal: Stadtplan S. 188.

Seite 96. **73**) Brandenburg: Stadtplan S. 211. Aken: Stadtplan bei P. J. M e i e r, Korrespondenzblatt. Konstanz: Stadtplan S. 238.
74) Altstadt-Braunschweig: Stadtplan S. 215.

Seite 97. **75**) Lübeck: Stadtplan S. 141.
76) Hannover: Stadtplan S. 171.
77) Jüterbog: Stadtplan bei J. S i e d l e r, Märkischer Städtebau, S. 44. Abb. 53.
78) Lüneburg: Stadtplan S. 147.
79) Leipzig: Stadtplan bei E r m i s c h, Anfänge des sächsischen Städtewesens, S. 140.
80) Hannöversch-Münden: Stadtplan S. 96.

Seite 98. **1**) P l a n i t z, Frühgeschichte, S. 88 ff.
2) P l a n i t z, Frühgeschichte, S. 85 ff.
3) P l a n i t z, Frühgeschichte, S. 55.
4) P l a n i t z, Die deutsche Stadtgemeinde, S. 14.
5) Über die politische Bedeutung der Cluniazensischen Bewegung, Albert B r a c k m a n n n in Gesammelte Aufsätze 1941, S. 292 ff. (H. Z. 139, 1929, S. 36 ff.).

Seite 99. **6**) Lampert v. Hersfeld, Annales 1074, Holder-Egger S. 185 ff. Eingehend Richard K ö b n e r, Die Anfänge des Gemeinwesens der Stadt Köln 1922, S. 94 ff. Vgl. den Brief Annos an den Erzbischof von Trier, MG. H. Briefe V, 1950, S. 90, Nr. 46.
7) Lampert v. Hersfeld, l. c. unam mercatoris cujusdam predivitis navim, quia in eos usus competens videbatur, occupant eamque in ministerium archiepiscopi, ejectis mercibus, quas habebat, ocius expediri iubent.
8) Lampert v. Hersfeld S. 186 propter generis affinitatem tunc ob merita sua primoribus civitatis maxime carum et acceptum.
9) Lampert v. Hersfeld S. 192 Ea nocte sexcenti aut eo amplius mercatores opulentissimi ex urbe profugi ad regem se contulerunt, intercessionis eius opem adversus archiepiscopi seviciam imploraturi.
10) Für Mainz: Ekkehardi Chronic. univers., MG. SS. 6, S. 203. Für Würzburg: D a u c h, Die Bischofsstadt, S. 131. Für Salzburg: D a u c h S. 24.

Seite 99. [11]) Darüber R ö r i g, Luft macht eigen, Seeliger-Festschrift 1920, S. 59.
[12]) Straßburg: Bischofsrecht 1170, Art. 93, P l a n i t z, Quellenbuch, S. 67, Nr. 209.

Seite 100. [13]) So in der gefälschten Webersatzung für Mainz von 1099: K e u t g e n S. 350, Nr. 252 a, die aber wohl insoweit verwertet werden kann. Die Auflage bestand in der Erhaltung einer Kirchenpforte.

[14]) In der Durchsetzung der freien Marktsiedlung mit hörigen Gewerbetreibenden findet Franz B e y e r l e, Marktfreiheit und Herrschaftsrechte in oberrheinischen Stadtrechtsurkunden, Speiser-Festschrift 1920, S. 72, den Grund zur teilweisen Verhofrechtung auch des öffentlichen Marktes und seiner Bewohner.

[15]) So schon Heinrich IV. für Bamberg: 1057 Nr. 26, 1060 Nr. 62, Dipl. VI, S. 32, 82. Verleihung von Marktprivilegien omnibusque forensis juris utensibilibus.

[16]) Speyer: Heinrich IV. 1101, UB. S. 16 Nr. 13 jus civile; communi civium juri. Halberstadt: Privileg des Bischofs 1105, UB. I, Nr. 4 S. 3 f. jura et statuta civilia. Lüttich: Heinrich V. 1107, Art. 3, 6, W a i t z S. 39, 41 jus civile. Maastricht 1109: Art. 4, W a i t z S. 39. Straßburg: Heinrich V. 1119, UB. 1 Nr. 74.

[17]) Halberstadt 1105: UB. I, Nr. 4 S. 3 ff. incole loci nostri cives videlicet forenses.

[18]) Speyer: Heinrich IV. 1101, UB. Nr. 13 S. 16 serviens hospicio et convictu alicuius et eorum cotidiano participans.

[19]) Lüttich: Heinrich V. 1107, Art. 2 und 3. Maastricht 1109: Art. 2 und 4, W a i t z S. 38, 39. Straßburg 1122: UB. I Nr. 75, Bischofsrecht Art. 37, 38, K e u t g e n S. 95.

[20]) Rechte des Grafen von Toul 1069: Art. 4 und 5, W a i t z S. 16 f. Würzburg 1069: Mon. Boic. 37, S. 29 civibus urbanis. Köln 1074: Lampert v. Hersfeld, Annal., H o l d e r - E g g e r S. 187 honestissimi cives. Hildesheim 11. Jh.: Vita Godehardi episcopi posterior cap. 13, MG. SS. 11, S. 204 civitatis in tuitionem civium. Bremen: Adam von Bremen III 58, S c h m e i d l e r 1917, S. 204. Speyer 1084: UB. Nr. 11 S. 11. Cambrai 1076: Gesta episcoporum Camerac. cont. 2, MG. SS. 7, S. 489.

[21]) Freiburg i. Br. 1120: Art. 2, 4, 5, P l a n i t z, Quellenbuch Nr. 173, S. 55. Soest um 1150: Art. 5, 22, 36, 63, Nr. 182 S. 58 f. Braunschweig-Hagen um 1160: Einl. 4, 11, 12, Nr. 199 S. 64. Lübeck 1188: Art. 18, K e u t g e n S. 185. Hamburg-Neustadt 1189: Art. 1, K e u t g e n S. 66, Nr. 104 b. Bonn: 1158 burgensis populus, E n n e n, Zur frühmittelalterlichen Geschichte Bonns, S. 190.

[22]) Worms, Mauerbauordnung um 1000: K e u t g e n S. 23, Nr. 31. Augsburg 1156: Art. 2, 12, 16, 18, 21, K e u t g e n Nr. 125, S. 90 ff. Regensburg 1207: Art. 6, P l a n i t z, Quellenbuch S. 76, Nr. 244.

[23]) Huy 1066: Art. 1: die burgenses ville verwalten das castrum.

Seite 101. [24]) Ahd. Glossen II, S. 295 Zle 42 (concives); dazu I, S. 143 Zle 8 (urbanus), S. 184 Zle 3, S. 185 Zle 3; II, S. 315 Zle 14 (civis).

[25]) G r a f f, Althochdeutscher Sprachschatz 1840, 3. Teil, S. 179. S c h m e l l e r, Bayrisches Wörterbuch, 2. Aufl. I Spalte 277. Sumerlaten 42, 3 nach Hoffmann von Fallersleben 1834. In Gloss. Auctor Mamotrecti ad c. 30 Numeror. findet sich „suburbanus" = „quasi sub urbe, sicut sunt burgi". D u c a n g e, Glossar. VII S. 643.

[26]) Rheims: V e r c a u t e r e n S. 355.
[27]) V e r c a u t e r e n S. 181 ff.
[28]) Über Besançon 11. Jh.: Franz B e y e r l e, Zur Typenfrage in der Stadtverfassung, ZRG. G. 50, 1930, S. 31 f. Chur: B e y e r l e S. 35.

Anmerkungen zu Seite 101 bis 103

Seite 101. [29]) Dortmund 1152: burgum Tremonie, UB. I S. 74. Bamberg 1160: advocatus burgi B., Mon. Boic. 29 a, Nr. 500, S. 351. Nürnberg 1163: W e l l e r, Staufische Städtegründung, S. 167. Maastricht 1174: Cartul. de St. Lambert de Liège I, 56. Stade 1180: castrum Stadii et burgum, Hamburg. UB. I Nr. 247. Cod. dipl. Anhalt. I 606.

[30]) Über die zähringischen Städte, B e y e r l e S. 32 ff. So besonders Freiburg i. Br. 1120: Einl. K e u t g e n S. 117 in loco Friburg. Breisach 1185: Art. 1 infra bannum burgi Brisach, G e n g l e r Cod. S. 308. Bern 1218/20: Art. 1, S t r a h m, S. 152 burgum de Berno. So auch Dinkelsbühl 1188: Friedrich I., G e n g l e r Cod. S. 777 burgum Tinkelspuhel.

[31]) Huy 1066: Art. 1, P l a n i t z, Quellenbuch Nr. 150, S. 49 burgenses ville bona fide et bono consilio castrum Hoyense conservabunt.

Seite 102. [32]) Toul 1069: Art. 1, P l a n i t z, Quellenbuch Nr. 152, S. 50 Postquam custodia portae fuerit stabilita laude communi et meliorum civitatis.

[33]) Worms 1074: K e u t g e n Nr. 79, S. 48 sola Wormatia communi civium favore omnigenum armorum munitione nostro adventui servabatur.

[34]) Worms 1106: P l a n i t z, Quellenbuch Nr. 167, S. 53 urbanorum communi consilio.

[35]) Speyer 1111: Art. 4, P l a n i t z, Quellenbuch Nr. 169, S. 54 communi civium consilio.

[16]) Thietmar von Merseburg, Chronik für 1009—18 I 12, H o l t z m a n n S. 16.

[17]) Toul: Rechte des Grafen 1069, Art. 2, 11, W a i t z, UB. Nr. 8, S. 16, 18.

[38]) Lampert v. Hersfeld, Annales zu 1074, H o l d e r - E g g e r S. 185 f.

[1]) P l a n i t z, Die deutsche Stadtgemeinde, S. 18. Die Handfeste von Huy von 1066 (1942), S. 63 ff. Der Bischof von Lüttich gewährt der Stadt Huy ihre Rechte ohne Kampf. E n n e n, Wiederaufbau, S. 63.

[2]) Gesta episc. Camerac. I 81 zu 956, MG. SS. 7, S. 431. Vgl. Wilhelm R e i n e c k e, Geschichte der Stadt Cambrai, Marburg 1896, S. 101 f., Nr. 2. P l a n i t z, Kaufmannsgilde und städtische Eidgenossenschaft, ZRG. G. 60, 1940, S. 33, Anm. 3.

[3]) Gesta episc. Camerac. contin. 2 (zu 1076), MG. SS. 7, S. 498.

[4]) P l a n i t z, Kaufmannsgilde, S. 33.

Seite 103. [5]) Um 1090 ließ der Bischof unter der Mitwirkung der Bürgerschaft eine Steinmauer um die ganze Stadt errichten, R e i n e c k e S. 79.

[6]) R e i n e c k e S. 105 ff., 112 f.

[7]) Lampert v. Hersfeld, Annal. zu 1074, H o l d e r - E g g e r S. 185, spricht anläßlich des Kölner Aufruhrs in leicht verächtlichem Sinne vom Kölner vulgus. Offensichtlich handelt es sich noch nicht um eine organisierte Stadtgemeinde. Aber 1149 heißt das Kölner Stadtvolk totius civitatis vulgus, v. L o e s c h, Die Kölner Zunfturkunden 1907, I S. 25, Nr. 10. Andrer Meinung v. W i n t e r f e l d, VSWG. 18, S. 11 ff., Hans. Gbl. 32, S. 50 ff. und v. L o e s c h, ZRG. G. 53, S. 140. Sie anerkennen bereits im Stadium des Aufruhrs die „Stadtgemeinde" und erklären die inepta consilia der primores für Beschlüsse der leitenden Stadtbehörde. Beide waren jedenfalls weder vom Stadtherrn noch gewohnheitsrechtlich als Stadtorgane anerkannt.

[3]) Joseph H a n s e n, Stadterweiterung, Stadtbefestigung, Stadtfreiheit im Mittelalter, Mitt. des Rhein. Ver. f. Denkmalpflege und Heimatschutz 5, 1911, S. 15 ff. K e u s s e n, Topographie I, Einl. S. 60* f., 182* f. P l a n i t z, Kaufmannsgilde, S. 32 ff., 64, 91.

[9]) Chronica regia Coloniensis, Scriptores rerum Germ. 1880, S. 53 Conjuratio Coloniae facta est pro libertate.

[10]) Auch in Beauvais entstand die Eidgenossenschaft im Kampf mit dem Bischof, siehe Ivo von Chartres, Epistolae 77 zu 1099, M i g n e, Patrol. latina

Seite 103. 162 c. 99 turbulenta conjuratio communionis nihil praeiudicat legibus ecclesiasticis.

[11]) Gesta episc. Cameram. contin. 2, MG. SS. 7, S. 495 adeo sunt inter se sacramento conjuncti, quod nisi factam concederet conjurationem, denegarent universi introitum Cameracensi reversuro pontifici.

[12]) Huy: Handfeste des Bischofs von Lüttich 1066, Art. 1, Planitz, Quellenbuch S. 49, Nr. 150. Toul: Rechte des Grafen 1069, Art. 11, Planitz, Quellenbuch S. 50, Nr. 152.

[13]) Reinecke, Cambrai, S. 112 f.

Seite 104. [14]) Reinecke, Cambrai, S. 145 f.

[15]) Koebner, Anfänge des Gemeinwesens der Stadt Köln, S. 271.

[16]) Koebner S. 340, 501, 516. Quellen zur Geschichte der Stadt Köln, hg. v. Ennen und Eckertz I, 1860, Nr. 94, S. 582 ff. Planitz, Kaufmannsgilde, S. 72.

[17]) Darüber Planitz, Kaufmannsgilde, S. 30—45.

[18]) l. c. S. 37. Die frühesten Nachrichten können erschlossen werden für St. Quentin 1081, Beauvais 1099, St. Omer und Aire aan de Leie um 1100.

[19]) Reinecke, Cambrai, S. 113. Andere im ursprünglichen Wortlaut erhaltene Kommuneprivilegien sind — zeitlich geordnet — die von Valenciennes 1114, Saint-Omer 1127, Laon 1128, Beauvais 1144.

[20]) Überliefert ist es nur in einer Handschrift des 13. Jh., die eine überarbeitete Fassung enthält. Bei Keutgen S. 139—144, dazu Medebach 1144 und 1165, Keutgen S. 144—147.

[21]) Das bezeugt freilich nur das Medebacher Recht von 1165, Art. 18, Keutgen S. 147, das aber Soester Recht wiedergibt, Art. 25.

[22]) Soest: Art. 5, Keutgen S. 140. Der scabinus ist ein juratus, er wird in der alten Schrae als eydswere bezeichnet, Art. 5, Seibertz, UB. zur Landes- und Rechtsgeschichte des Herzogtums Westfalen II, 1843, S. 359.

[23]) Soest: Art. 11.

[24]) Sühnung von 10 Mark und einem Fuder Wein an die Bürgerschaft wegen Verklagung eines Bürgers vor fremdem städtischem Gericht, Art. 17. Wegen eines Friedensbruches innerhalb der Stadtmauer können die Bürger eine Sühne von 60 Schillingen verhängen, Art. 22. vgl. Art. 23 und 24. Medebach: Art. 5, 7, 8, 19. Das Urteil sprach die Bürgerschaft.

[25]) Soest: Art. 36.

[26]) Soest: Art. 38. Medebach: 1165, Art. 20.

[27]) Soest: Art. 43. Als Organe nennt freilich die überarbeitete Fassung des 13. Jh. den magister consulum und den judex. Für den ersteren wurde ursprünglich vielleicht der rector genannt. Vgl. Planitz, Kaufmannsgilde, S. 68, Anm. 4.

[28]) Soest: Art. 53. Die Bestimmung beruht sich auf alten Rechtsbrauch: civilis justitia ab antiquitate inconvulsa.

[29]) Soest: Art. 20.

[30]) Soester Urkunde von 1165—70 bei v. Klocke, Z. d. Ver. f. d. Gesch. von Soest 42/43, 1927, S. 237 ff.

Seite 106. [31]) Lampert v. Hersfeld, Annal. zu 1073, Holder-Egger S. 169. Heinrich IV. für Worms 1074: UB. I, Nr. 56 S. 48. W. Arnold, Verfassungsgeschichte der deutschen Freistädte I, S. 147 ff.

[32]) Weitere Bezeugung in Worms: Fischhändlerzunft 1106, Planitz, Quellenbuch Nr. 167, S. 53 urbanorum communi consilio.

[33]) Speyer 1101: Keutgen Nr. 11, S. 6 communi civium jure.

[34]) Dauch S. 90.

[35]) Speyer: UB. Nr. 14 S. 18 f. Vgl. P. J. Meier, Anfänge der Stadt Braunschweig, Braunschweig. Jb. 1912, S. 43. Das Privileg Friedrichs I. von 1182,

Seite 106. UB. Nr. 18 S. 21, faßt beide Privilegien zusammen, ohne wesentlich Neues beizutragen.
[36]) Wormser UB. I, Nr. 62 S. 53. Das Privileg Friedrichs I. von 1184, UB. I Nr. 90, fügt nur einen Satz aus dem Privileg für Speyer ein.
[37]) Mainzer UB. Nr. 600 S. 519. Dazu H. Höhn, Entwicklung des Mainzer Stadtrechts 1936, S. 26. Für Mainz werden cives bereits 1105 bezeugt. Höhn S. 26.
[38]) MG. SS. 25, S. 245. Höhn S. 30. Emil Schneider, Die deutschen Städteprivilegien der hohenstaufischen Kaiser Friedrichs I. und Heinrichs VI., Dissertation 1883, S. 45.
[39]) MG. SS. 17, S. 30.
[40]) Carl Hegel, Geschichte der Städteverfassung von Italien II. 1847, S. 229 ff.
[41]) Wormser UB. I, Nr. 73 S. 59. K. F. Stumpf, Wien. SB. 32, 1860, S. 603 ff. Karl Schaube, ZGORh. 42, N. F. 30, S. 257. E. Rütimeyer. Stadtherr und Stadtbürgerschaft in den rheinischen Bischofsstädten, Beiheft 13 zur VSWG. 1928, S. 169, 212. Max Foltz, Beiträge zur Geschichte des Patriziats, Dissertation Marburg 1899, S. 65 ff. Dauch S. 103.
[42]) Planitz, Kaufmannsgilde, S. 42 f.

Seite 107. [43]) MRhUB. 1, Nr. 449 S. 508.
[44]) G. Kentenich, Die Entstehung der bürgerlichen Selbstverwaltung in Trier, Trierisches Archiv 11, 1907, S. 56 ff.
[45]) Zollvertrag zwischen Köln und Trier, Rudolph, Quellen zur Rechts- und Wirtschaftsgeschichte der rheinischen Städte, Kurtrierische Städte 1. 1915, S. 274, Nr. 4.
[46]) Urkunde Friedrichs I. 1161 bei Rudolph S. 275, Nr. 5 Communio quoque civium T., que et conjuratio dicitur, quam nos in ipsa civitate destruximus, dum presentes fuimus, et auctoritate nostra prorsus interdiximus. que etiam, sicut audivimus, reiterata est, cassetur et in irritum revocetur. A. Schoop, Verfassungsgeschichte von Trier, Westd. Z. Erg.Heft 1, 1884, S. 103 f. Hoffmann, Das Trierer Stadtsiegel 1952, S. 90 ff. Laufner, Triers Ringen um die Stadtfreiheit, S. 154.
[47]) Vita Theogeni 2, MG. SS. 12, S. 475 (1118—20). Godefroy Kurth. Metz und das kommunale Leben im Mittelalter 1910, S. 94.
[48]) Dauch S. 163 ff. Kurth S. 94.
[49]) Dauch S. 173.
[50]) Labande et Vernier, Ville de Verdun. Jnventaire Sommaire de Arch. comm. antérieures à 1760, 1891, S. XIII.
[51]) Ruperti Chronic. S. Laur. Leod. 32, MG. SS. 8, S. 273. Privileg Heinrichs V. 1107, Art. 3, 6, Waitz S. 39.
[52]) Chronique rimée bei Godefroy Kurth, La cité de Liège ou moyen âge I, 1909, S. 61.
[53]) Kurth S. 84 ff.
[54]) Otto Oppermann, Verfassungsgeschichte von Stadt und Stift Utrecht, Westd. Z. 27, 1908, S. 214.
[55]) Oppermann S. 220.

Seite 108. [56]) Josef Laible, Geschichte der Stadt Konstanz 1896.
[57]) Thurgauer UB. II, Nr. 34 S. 117.
[58]) Konrad Beyerle, Zur Verfassungsgeschichte der Stadt Konstanz im 12. und 13. Jh., Schriften des Vereins für Gesch. d. Bodensees 26, 1897, S. 43.
[59]) Arnold, Verfassungsgeschichte der deutschen Freistädte I, S. 53 ff. Franz Beyerle, Der Anteil des Elsaß, S. 92 ff.
[60]) Straßburg 1119: Keutgen Nr. 19, S. 13 jus civile et omnibus commune.

Seite 108. ⁶¹) Straßburg 1122: K e u t g e n S. 6 f., Nr. 12 presumptione rectorum —. de publico autem civitatis jure omnino alieni existant. Aus dem Bischofsrecht ergibt sich, daß der rector kein bischöflicher Beamter war. Vgl. besonders Art. 7, P l a n i t z, Quellenbuch S. 67, Nr. 209.

⁶²) Lothar III. für Straßburg 1129: K e u t g e n Nr. 15, S. 8.

⁶³) Franz B e y e r l e, Anteil des Elsaß, S. 295.

⁶⁴) Auf diesen trügerischen Boden gründete bekanntlich K. W. Nitzsch, Ministerialität und Bürgertum 1859, den Bau seiner hofrechtlichen Theorie. Auch K r u s e, Verfassungsgeschichte der Stadt Straßburg, Westd. Z. Erg.-Bd. 1, 1884, ging noch von der monarchischen Leitung des Bischofs aus.

⁶⁵) Straßburg: Bischofsrecht um 1170, P l a n i t z, Quellenbuch Nr. 209, S. 67 Ad formam — habeat.

⁶⁶) D a u c h, Bischofsstadt, S. 3.

⁶⁷) K e u t g e n Nr. 159, 160, S. 196 ff.

⁶⁸) Ernst K l e b e l, Landeshoheit in und um Regensburg, Verhandlungen des Hist. V. f. Oberpfalz und Regensburg 1940, S. 19 ff.

⁶⁹) Regensburg 1207: Art. 2, K e u t g e n Nr. 159, S. 196 si forma pacis statuta fuerit. 1230: Art. 2 si cives pacem servare juraverunt.

⁷⁰) 1207 quod destructionem ipsius domus in jure videatur inducere, P l a n i t z, Kaufmannsgilde, S. 42, 76, 82 ff.

Seite 109. ⁷¹) H e u w i e s e r, Entwicklung der Stadt Passau, S. 29 ff.

⁷²) Mon. Boica 28, II, S. 283 Nr. 350.

⁷³) Codex Udalrici 260, J a f f é, Biblioth. rer. Germ. V, S. 447. G e r l a c h, Stadtbefestigungen, S. 44.

⁷⁴) Augsburg 1156: Art. 2, 12, 16, 18, 21, 30, K e u t g e n Nr. 125, S. 90 ff.

Seite 110. ⁷⁵) Augsburg 1156: III/1, K e u t g e n S. 90 Quicumque violator urbanae pacis extiterit. 27, S. 92 pro pace violata.

⁷⁶) D a u c h, Bischofsstadt, S. 131.

⁷⁷) Mon. Boica 37, S. 29, 39.

⁷⁸) Schuhmacherinnung 1128: Viktor G r a m i c h, Verfassung und Verwaltung der Stadt Würzburg 1882, S. 68.

⁷⁹) Friedrich I. 1156, Mon. Boica 29, I, S. 340. Friedrich B r a s s, Verfassung und Verwaltung Würzburgs 1886, S. 44 f.

⁸⁰) Thietmar, Chronic. I 12, hg. v. H o l t z m a n n, S. 16.

⁸¹) S c h r a n i l, Stadtverfassung nach Magdeburger Recht 1915, S. 208 f.

⁸²) Über ihn Willy H o p p e, Erzbischof Wichmann von Magdeburg, Gbl. von Magdeburg 43, 44, 1908, S. 134 ff.

⁸³) Magdeburger Rechtsbrief für Goldberg (um 1200): Art. 9, P l a n i t z, Quellenbuch S. 75, Nr. 240 Ad tuendum civitatis honorem soli duodecim scabini, qui ad hoc electi sunt et statuti et quia civitati juraverunt, frequentius consedere debent.

⁸⁴) Magdeburger Stadtrecht von 1188: Art. 9, P l a n i t z, Quellenbuch S. 71, Nr. 222 in conventu civium nulli stulto liceat inordinatis verbis obstrepere neque voluntati meliorum in ullo contraire. Sed ea severitate puniatur a civibus, ne alius tale quid audeat.

⁸⁵) Leipzig: Stadtgründung 1156—70, Art. 10, K e u t g e n Nr. 102, S. 64 sibi in bonis suis iniuriare volentibus, ut se communiter opponerent, suo solamine compulit. Rudolf K ö t z s c h k e, Leipzig in der Geschichte der ostdeutschen Kolonisation 1913, S. 17.

⁸⁶) Halberstadt: Privileg des Bischofs 1105, P l a n i t z, Quellenbuch Nr. 165, S. 53. Die Gemeindeversammlung heißt burmal. Darüber R i e t s c h e l, Markt und Stadt, S. 71, Anm. 3. Ihre Vertreter wählte die Gemeinde selbst (quos huic negotio preesse voluerint).

Seite 110. ⁸⁷) Hildesheim: UB. 1, Nr. 33, 43 S. 13, 17.
⁸⁸) Bremen 1181: UB., 1 Nr. 58 S. 66.

Seite 111. ⁸⁹) Bremen 1186: Keutgen S. 18 f., Nr. 25 a.
⁹⁰) Osnabrück: UB. 1, Nr. 312 S. 253. Vgl. weiter Nr. 328 S. 264 von 1171; Nr. 345, 346 S. 277 f. von 1177; Nr. 386 S. 308 von 1186 usw. Hermann Rothert, Geschichte der Stadt Osnabrück I, 1938, S. 80, 91 ff. C. Haase, Recht und Verfassung der Stadt Osnabrück, Mitt. Ver. f. G. u. Lk. von Osnabrück 65, 1952, S. 107.
⁹¹) Friedrich I. 1171, UB. 1, Nr. 328 S. 264 f.
⁹²) Ebensowenig in Paderborn und Minden.
⁹³) Münster-Bielefeld 1221: Art. 40, Keutgen S. 151, Nr. 144 Qui non venerit ad indictum colloquium, vadiabit V d.
⁹⁴) Art. 1 Cives — recipiunt aliquem in concivium suum.
⁹⁵) Art. 52.
⁹⁶) Art. 5 und 6, vgl. 27 und 31.
⁹⁷) Vgl. die Einleitung.
⁹⁸) Art. 54 Si discordia oritur inter cives, scabini possunt suo consilio componere sine judice, si questio non pervenerit ad ipsum. Vgl. 24 und 25.
¹) Oben S. 103, Anm. 9.
²) Valenciennes 1114: MG. SS. 21, S. 605 Anno dominice incarnationis 1114 hec pax incepta fuit. Köln, Scab. 1 V 2, 3 (1150—80), Hoeniger II, S. 298 pax urbana et dominica. Stavoren 1108: Waitz, Urkunden zur Verfassungsgeschichte Nr. 9, S. 25 communis pacis tocius civitatis.
³) Wormser UB. I, Nr. 73 Einleitung, pacem nostram imperialem eis tradidimus; Art. 2 reus pacis habeatur; Art. 5 termini huius pacis protenduntur; Art. 7 pacis violator.
⁴) Auch rein stadtherrliche Satzungen, wie das Augsburger Stadtrecht Friedrichs I. von 1156 und das Straßburger Bischofsrecht von 1170, sprechen von pax, Keutgen Nr. 125, Art. III, Nr. 126, Art. 1, S. 90, 93. Das geschah offenbar in Nachbildung der niederfränkischen Kommuneprivilegien.

Seite 112. ⁵) Soest um 1150: Art. 40, Keutgen S. 142, Nr. 139 Quicunque in vehementia sua civilitatem suam renunciaverit pro eo, quod ledat concivem vel in corpore vel in rebus, ita renunciet, ut amplius civilitatem non recipiat.
⁶) Freiburg im Breisgau um 1150: Art. 15, Keutgen S. 119.
⁷) Valenciennes 1114: Art. 1, 39, 41, 44, 47, 50, 54, MG. SS. 21, S. 609 ff. Planitz, Kaufmannsgilde, S. 77, Nr. 79 f.
⁸) Cambrai 1184: Art. 15, Reinecke S. 261. Planitz, Kaufmannsgilde, S. 80.
⁹) Köln: Großer Schied 1258, Art. 1, 25; 3, 26. Keutgen S. 160, 169. Planitz, Kaufmannsgilde, S. 76, 88 f.
¹⁰) Köln: Scab. 1 V 6, Hoeniger II, 1 S. 298 (1150—80). v. Loesch, ZRG. G. 53, 1933, S. 167 f., 207.
¹¹) Köln: Eidbuch 1321, Art. 7 und 8, Walter Stein, Akten zur Geschichte der Verfassung und der Verwaltung der Stadt Köln I, 1893, S. 5 f.
¹²) Soest um 1150: Art. 22, Keutgen S. 141.
¹³) Interessant ist die stadtherrliche Fassung des Artikels im Medebacher Stadtrecht von 1165, Art. 8, Keutgen S. 146.
¹⁴) Mord wird mit Hinrichtung bestraft, Art. 15, S. 140.
¹⁵) Soest: Art. 23; Medebach 1165: Art. 7, Keutgen S. 165.
¹⁶) Soest: Art. 16.
¹⁷) Soest: Art. 17. Vgl. auch Art. 48. So auch noch die Schrae 109, 114, Seibertz, UB. II, S. 398.

Seite 112. [18]) Lübeck 1188: Art. 6, K e u t g e n S. 184. Fragment von 1225 bei H a c h, Das alte lübische Recht 1839, S. 193, Art. 28. Die Zuständigkeit des Sühnegerichts bestimmt bereits die Stadt (civitatis decreta, id est kore). Falsch ist es, wenn B l o c h, Zschr. d. V. f. Lübeckische Gesch. und Altertumskunde 16, S. 1 ff., den Bürgern nur die Lebensmittelpolizei zuweist.

Seite 113. [19]) H a c h S. 193, Art. 29. Lübeck-Memel 1254: Art. 30, A. M e t h n e r, Altpreußische Forschungen 10, 1933, S. 285.

[20]) Schwerin: Art. 9 und 10, G e n g l e r S. 432 f. Erhalten sind nur spätere Ausfertigungen der Handfeste, die in Art. 10 an die Stelle der cives bereits die consules gesetzt haben.

[21]) Hagenau 1164: Art. 14—16, 19, K e u t g e n S. 135 f. vgl. Art. 17. Sein Vorbild dürfte Hagenau in Straßburg gefunden haben.

[22]) UB. des Erzstifts Magdeburg I, Nr. 421 S. 555, Art. 9.

[23]) Über Köln vgl. P l a n i t z, Kaufmannsgilde, S. 76, K o e b n e r S. 468.

[24]) Soest um 1150: Art. 20, P l a n i t z, Quellenbuch Nr. 182, S. 58. Freiburg im Breisgau vor 1170: Art. 8, K e u t g e n S. 118. So auch alle Tochterrechte. Weiter Cambrai 1184: Art. 1, R e i n e c k e S. 259. Straßburg 1214: Art. 11, UB. I, S. 478.

[25]) Freiburg im Breisgau vor 1170: Art. 33, K e u t g e n S. 121. Straßburg 1214: Art. 52, UB. I, S. 481. Andere Fälle in Hagenau 1164: Art. 26, K e u t g e n S. 137. Straßburg 1214: Art. 54, 1245—50: Art. 1—3, UB. I, S. 481, 482. Regensburg 1230: Art. 2, K e u t g e n S. 187.

[26]) Soest um 1150: Art. 20, P l a n i t z, Quellenbuch Nr. 182, S. 58 domus eius et quicquit habet secundum nostri jurisdicionem destruetur et ipse proscribetur, quod vulgo „frethelos" dicitur. Die Verweisung wird hier nach westfälischem Gebrauch der landrechtlichen Friedloslegung angepaßt.

[27]) Hagenau 1164: Art. 14, K e u t g e n S. 137 a ceterorum consorcio extra ville ambitum removeatur.

[28]) Freiburg im Breisgau vor 1178: Art. 8, K e u t g e n S. 118 delebitur domus eius funditus. Ebenso in Valenciennes 1114: (44), MG. SS. 21, S. 609 domus sua publicabitur et funditus destruetur. In Saint-Omer 1127, Art. 19, V e r c a u t e r e n, Actes des comtes de Flandre 1938, S. 298, wird von Rache, vindicta, gesprochen.

[29]) Soest: Art. 20, oben Anm. 26, et quicquit habet.

[30]) Leipzig: Stadtgründung durch Otto den Reichen 1156—70, Art. 10, K e u t g e n S. 64 Sibi in bonis suis injuriare volentibus ut se communiter opponerent suo solamine compulit. K o e t z s c h k e, Leipzig in der Geschichte der ostdeutschen Kolonisation, S. 13.

[31]) Der Täter heißt in Valenciennes inimicus pacis 1114 (43), MG. SS. 21, S. 609.

[1]) Theodor G o e r l i t z, Die Haftung des Bürgers und Einwohners für Schulden der Stadt und ihrer Bewohner, ZRG. G. 56, 1936, S. 150 ff.

Seite 114. [2]) P l a n i t z, Kaufmannsgilde, S. 89 ff.

[3]) Köln 1154: K e u t g e n S. 24, Nr. 32 ut ad communem civium collectarum ipsi pro parte sua cooperarentur.

[4]) K o e b n e r S. 340, 501, 506. Quellen zur Geschichte der Stadt Köln I, Nr. 94, S. 582 ff. P l a n i t z, Kaufmannsgilde, S. 72.

[5]) Köln führte seit 1149 ein Stadtsiegel mit der Stadtmauer.

[6]) So in Köln bereits um 1150, Quellen I, S. 542 f., Nr. 67. Laurenz 2, I, 14, H o e n i g e r I, S. 224.

[7]) Worms: UB. I, Nr. 61 S. 52, 37 f. Heinrich V. erläßt den Bürgern den Wachtzins, vgl. B o o s, Geschichte der rheinischen Städtekultur I, 1897, S. 361.

[8]) R i e t s c h e l, Burggrafenamt, S. 37.

Seite 114. ⁹) Gesta metrica Adalberonis, MG. SS. 8, S. 241. K e n t e n i c h, Trierer Archiv 11, 1907, S. 60 ff.
¹⁰) Mainz: UB. I, Nr. 600 S. 517. H ö h n S. 27 f. Erhalten ist nur die Erneuerung des Privilegs von 1135.
¹¹) H ö h n S. 30 f. MG. SS. 25, S. 245.
¹²) MG. SS. 17, S. 30.
¹³) Steuern leistete der Bürger aus seiner Hilfepflicht. Das spricht noch 1290 Nordhausen Art. 9, G e n g l e r S. 319 aus: tributum sive censum solvant et prestent auxilium ad ipsius negocia civitatis.

Seite 115. ¹⁴) Straßburg 1214: Art. 52, K e u t g e n S. 106. Verfallene Bußen bestimmte die Stadt zum Mauerbau, Art. 50.
¹⁵) Straßburg: Urkunde Heinrichs V., UB. I Nr. 75.
¹⁶) Hildesheim: UB. I Nr. 33, S. 13, Nr. 206, S. 100 (1249). Vgl. Ruth H i l d e b r a n d, Der sächsische „Staat" Heinrichs des Löwen 1937, S. 348.
¹⁷) Edith E n n e n, Burg, Stadt und Territorialstaat, Rhein. Vbl. 12, 1942, S. 75 f.
¹⁸) MG. SS. 34, S. 28. Albert H u y s k e n s, Annalen des Hist. Ver. f. d. Niederrhein 119, 1931, S. 74.
¹⁹) Soest: Art. 53, K e u t g e n S. 143. Das sei eine civilis justitia ab antiquitate inconvulsa. In den eidgenössischen Städten ging der Proportionalsteuer nicht eine Kopfsteuer voraus, anderer Ansicht E r l e r, Bürgerrecht und Steuerpflicht 1939, S. 67 ff.
²⁰) MRhUB. II, Nr. 53 S. 92 ad civitatis edificia.
²¹) Köln: Vergleich mit dem Erzbischof 1180, Quellen I, Nr. 94 S. 582.
²²) Vgl. den Abdruck in P l a n i t z, Urkunden zur Kölner Rechtsgeschichte 1934.
²³) O p p e r m a n n, Westd. Z. 27, 1908, S. 227.
²⁴) Köln: Satzung für die Bettlakenweber 1149, v. L o e s c h, Die Kölner Zunfturkunden I, 1907, S. 25, Nr. 10. Hier das erste Stadtsiegel.
²⁵) R u d o l p h, Trier, S. 272, Nr. 4 (vom 18. Nov. 1149). Die Urkunde ist nicht im Original erhalten. H o r s t m a n n, Das Trierer Stadtsiegel 1952, S. 29 ff., Rhein. Ver. f. Denkmalpflege und Heimatschutz. H o r s t m a n n nimmt für Trier ein Stadtsiegel für die Zeit von 1113 an. S. 87.
²⁶) Soest 1168: v. K l o c k e, Z. d. Ver. f. d. Gesch. v. Soest 43, 1927, S. 227.
²⁷) Utrecht: Urkunde von 1196 bei Anton M a t t h e u s, Tractatus de jure gladii 1689, S. 382 f. Worms 1208: UB. Nr. 109, S. 87. Straßburg 1190 bis 1202: UB. I, S. 119 Nr. 144. Speyer 1207: Zollvertrag mit Worms, UB. Nr. 23, S. 26. Regensburg 1213: UB. Nr. 49, S. 19. Die älteste Magdeburger städtische Urkunde war offenbar der Rechtsbrief für Goldberg um 1200.
²⁸) Niederfränkische Städte errichteten einen Bergfried (beffroi), an dessen Fuß sich die Stadtgemeinde versammelte, P l a n i t z, Kaufmannsgilde, S. 99. Die Kölner Zünfte haben nach diesem Vorbild im Beginn des 13. Jh. einen Rathausturm erbauen lassen.
²⁹) Satzung für die Bettlakenweber von 1149, v. L o e s c h, Kölner Zunfturkunden I, S. 25, Nr. 10. So noch das Eidbuch von 1321, Art. 13, S t e i n I, S. 8. In den Schreinsbüchern wiegt domus civium vor, P l a n i t z - B u y k e n, Kölner Schreinsbücher des 13. und 14. Jh., Sachregister. Von domus burgensium spricht die Satzung der Drechsler (1179--82), v. L o e s c h S. 34, Nr. 13.
³⁰) Erhalten ist freilich nur die überarbeitete Fassung des Soester Stadtrechts aus dem 13. Jh., die von domus consulum spricht (Art. 26, K e u t g e n S. 142). In Art. 38 kommt eine domus vor, in der die Bäcker ihre von den burgenses festgestellten Bußen zu zahlen hatten.
³¹) Cambrai 1165: R e i n e c k e S. 81; 1184: Art. 22, R e i n e c k e S. 262.

Seite 116. ¹) Herbert Meyer, Hans. Gbl. 56, 1931, S. 69 f. Hermann Conrad, ZRG. G. 58, 1938, S. 350. Die Arbeit von E. Lippert, Glockenläuten als Rechtsbrauch 1939, hat dieses Problem nicht erkannt.

²) Koblenz 1183: de Hontheim, Hist. Trev. dipl. et pract. 1750, S. 819; zu 1317: Thea Buyken und Hermann Conrad, ZRG. G. 59, 1939, S. 168. Worms 1190: Keutgen S. 108 f., Nr. 129 sonante majori campana. Mühlhäuser Reichsrechtsbuch um 1200, Art. 34, 1, Meyer S. 151.

³) Worms 1282: Keutgen S. 74, Nr. 113 d omni populo pulsata campana in curia convocato; um 1260: S. 110 f., Nr. 130.

⁴) Valenciennes 1114: Art. 24, 28, 35, MG. SS. 21, S. 607. Soest um 1150: Art. 43, Keutgen S. 142 f. Freiburg im Breisgau, Rotel 1218: Art. 75, Keutgen S. 125.

⁵) Passau 1298: Mon. Boic. 28, II, S. 424 Nr. 146. Koblenz: 15. Jh., Conrad, ZRG. G. 58, 1938, S. 346, Anm. 1.

⁶) Hagenau 1164: Art. 7, Keutgen S. 134 Hac racione civilis juris communionem ibidem quemlibet honestum acquirere concedimus. Magdeburg-Goldberg (um 1200): Art. 18, Laband S. 6 cives eum in consortium et communionem recipere possunt.

⁷) Goslar 1219: Art. 22, Keutgen S. 181 nulli jus, quo burgenses gaudent, concedatur, nisi similiter jus eorum observet.

⁸) Medebach 1165: Art. 24, Keutgen S. 147 ad communem utilitatem omnium civium.

⁹) Verfehlt Koebner, Gemeinwesen der Stadt Köln, S. 451. Zutreffend bereits Friedrich Lau, Kommunale Verfassung und Verwaltung der Stadt Köln 1898, S. 231, Anm. 5.

¹⁰) Valenciennes 1114: Art. 57, MG. SS. 21, S. 609. Maßgebend war das 15. Lebensjahr, Planitz, Kaufmannsgilde und Eidgenossenschaft, S. 46.

¹¹) So die Privilegien Heinrichs IV. für Speyer von 1101: UB. S. 16, Nr. 13, Heinrichs V. für Lüttich und Maastricht: Art. 2 von 1107—09, Waitz S. 38.

¹²) Heinrich V. für Speyer 1111 und Worms 1114: vgl. oben S. 88, Anm. 17.

¹³) Heinrich V. für Speyer 1111, Erzbischof von Mainz für Mainz 1119: UB. I, S. 519 Nr. 600. Lothar III. für Straßburg 1129.

Seite 117. ¹⁴) Huy 1066: Art. 2, Planitz, Quellenbuch, S. 49.

¹⁵) Dagegen ließ Heinrich Brunner, Luft macht frei, Festgabe für Otto Gierke 1910, diesen Satz aus der Umbildung des Satzes „Luft macht eigen" entstehen; die nach Jahr und Tag entstehende rechte Gewere wirke jetzt zugunsten der Stadtgemeinde, nicht mehr des Stadtherrn. Von einer Gewere der Stadtgemeinde kann aber keine Rede sein. Gewere ergreift Sachen (Unfreie), Eidgenossenschaft verbindet Personen. Heinrich Mitteis, Über den Rechtsgrund des Satzes „Stadtluft macht frei", Stengel-Festschrift 1952, S. 342 ff., sucht diesen Rechtsgrund in der Siedlung, die das private Herrenrecht ausschließe und den bisher Unfreien in ein öffentlich-rechtliches Verhältnis einbeziehe. Vom Standpunkt des Rechtshistorikers aus gesehen würde man das besser so formulieren: Aufnahme des Unfreien in die städtische Gemeinschaft, die ihm ihre Rechtsstellung zuteil werden läßt. Das geschah nach mittelalterlichem Gebrauch durch gegenseitige Eidesversicherung, die Rechte und Pflichten der Vertragschließenden festsetzte. Mitteis verkennt den Freiheitsbegriff des alten deutschen Rechts, der gerade in der Zugehörigkeit zu einer Rechtsgemeinschaft besteht. So Neckel, Adel und Gefolgschaft, Beitr. z. Gesch. d. deutschen Sprache und Literatur 41, 1916, S. 403. Waas, Die alte deutsche Freiheit 1939. Erst der Liberalismus der Neuzeit sieht die Freiheit in der Loslösung von der Rechtsgemeinschaft. Übrigens hatte Robert v. Keller, Freiheitsgarantien, S. 118 f., den Sied-

Seite 117. lungsgedanken aufgenommen, suchte aber den Rechtsgrund des Freiheitssatzes im Asylrecht, den S t r a h m in Mittelalterliche Stadtfreiheit in den Schweizer Beiträgen zur Allgemeinen Geschichte, Bd. 5, SD. S. 95, mit Recht zurückweist.

[16]) Köln: Scab. 1169 1, 2, 7, 16, 18, 21, 24, L a u S. 362 f., 363, 365 f. 2 I 1 (1180—84), 2 III 2 (1190—98), H o e n i g e r II, S. 299, 301. L a u, Verfassungsgeschichte, S. 231. v, L o e s c h, ZRG. G. 53, S. 144.

[17]) Der Herr mußte 7 Muttermagen des Unfreien als Zeugen stellen, Freiburg i. Br. vor 1178: Art. 11, K e u t g e n S. 119. Vgl. Cap. incerta (810—840). Cap. I, S. 315, 2 und M i t t e i s, l. c., S. 253.

[18]) Rheinischer Landfriede 1179: Art. 15, Const. I, S. 382 Nr. 277. Der Herr hat einen Unfreien in aliqua villa vel alio loco quam in civitatibus.

[19]) Privileg Heinrichs VI. für Kloster Steingaden 1189: Mon. Boic. 6, S. 501. Darüber B r u n n e r, Luft macht frei, S. 8.

[20]) So für Aachen 1166: hg. v. L o e r s c h in Gerhard R a u s c h e n, Die Legende Karls des Großen 1890, S. 159. Der eingesessenen Bevölkerung von Aachen wird die Freiheit zuerkannt.

[21]) Bremen 1186: Art. 1, K e u t g e n S. 19 actori silentio improbationis imposito liceat ei dicti temporis prescriptione libertatem suam probare.

[22]) Lübeck 1188: Art. 15, P l a n i t z, Quellenbuch, S. 71, Nr. 221.

Seite 118. [23]) Für Frankreich war maßgebend das Privileg Ludwigs VI. für Lorris (um 1120), Chartes et Diplomes VI, S. 245, für England die Privilegien Heinrichs I. (1100—35) für London, Nottingham und andere. Näheres P l a n i t z, Kaufmannsgilde, S. 110. Die Jahresfrist entspricht der deutschrechtlichen Verschweigung. P l a n i t z, Deutsches Privatrecht, 3. Aufl. 1948, S. 29.

[24]) B r u n n e r, Luft macht frei, S. 4 ff. Nur in Schwerin fehlt die Jahresfrist, G e n g l e r S. 434.

[25]) Die Privilegien für Braunschweig-Hagen, Lübeck und Schwerin wurden um 1160 erlassen, erneuert und erhalten im Hagenrecht Ottos des Kindes um 1224, den Privilegien Friedrichs I. für Lübeck von 1188, dem Stadtrecht von Güstrow von 1228.

[26]) Braunschweig-Hagen um 1160: Art. 9, P l a n i t z, Quellenbuch S. 64, Nr. 199 Quicunque annum et diem in civitate manserit sine alicuius impeticione, de cetero liber permaneat, vgl. mit Lorris (1120) quicunque in parrochia Loriaci anno et die manserit, nullo clamore eum sequente deinceps liber et quietus permaneat. Davon offenbar abgeleitet die vereinfachte Formel Nieuwpoort 1163, Art. 10, W a r n k ö n i g II, 2, UB. S. 88. Über die Ableitung F r e n s d o r f f, Gött. Nachr. 1906, S. 283. P. J. M e i e r, Braunschw. Jb. 1912, S. 30 ff., Niedersächs. Städteatlas I, 1926, S. 15.

[1]) Zum Beispiel Worms 1106: P l a n i t z, Quellenbuch S. 53, Nr. 167 urbanorum communi consilio. Speyer 1111: Art. 4, Quellenbuch S. 54, Nr. 169 communi civium consilio. Köln 1159: Quellen I, Nr. 73 S. 550 tocius populi unanimi consensu. Straßburg: Bischofsrecht um 1170, Art. 84, K e u t g e n S. 99 consensum burgensium queret.

[2]) Köln 1145: Quellen I, S. 546 Nr. 70 coram multitudine civitatis, que convenerat. Konstanz 1152: Thurgauer UB. II, Nr. 34 S. 117 generalis conventus civium. Magdeburg 1188: Art. 9, UB. d. Erzstifts I, S. 555 Nr. 421 in conventu civium.

[3]) Köln 1174: Quellen I, Nr. 85 S. 570. Hildesheim 1171: UB. I, S. 17 Nr. 43. Bremen 1181: UB. II, Nr. 58 S. 66. Speyer 1198: UB. S. 26, Nr. 22.

[4]) Soest um 1150: Art. 63, P l a n i t z, Quellenbuch, S. 59 totum commune civitatis. Köln 1159: Quellen I, S. 550 Nr. 73. Die Stadtbuße von 10 Mark

Seite 118. wird in commune gezahlt. Früher in Gent: Galbert Brug., Passio Caroli 1127—28, P i r e n n e S. 55 collecta virtute et communione sua.

Seite 119. [5]) Zum folgenden P l a n i t z, Kaufmannsgilde, S. 29, 32, 64, 68 f., 90 f. Das Kölner Recht und seine Verbreitung in der späteren Kaiserzeit 1935, S. 10 ff.

[6]) So noch Großer Schied 1258: Art. 42, 43, P l a n i t z, Quellenbuch Nr. 319, S. 107. Die Schiedsrichter bejahen die alte gewohnheitsrechtliche Stellung der Richerzeche, Quellenbuch l. c. ad 1 u. 2; tatsächlich war sie bereits 1180 rechtlich anerkannt, Quellen I, Nr. 94 S. 582.

[7]) Köln 1159: Quellen I, S. 550 Nr. 73 Rectorum, judicum ac tocius populi Sancte Colonie pari voto ac unanimi consensu incommutabile decretum. P l a n i t z, Kaufmannsgilde, S. 65.

[8]) Vgl. die Rektorenliste bei Konrad B e y e r l e, Die Urkundenfälschungen des Kölner Burggrafen Heinrichs III. von Arberg, S. 410, 414 ff. Älteste Zeugnisse 1116—24, Quellen I, Nr. 43; um 1120: Benno H i l l i g e r, Rheinische Urbare I, 1902, S. 88 Nr. 5. Also nicht vor 1112; die Urkunde von angeblich 1106 ist gefälscht. Quellen I, Nr. 35, P l a n i t z, Kaufmannsgilde, S. 67, Anm. 4.

[9]) Großer Schied 1258: 1 Art. 12, K e u t g e n S. 159.

[10]) P l a n i t z, Kaufmannsgilde, S. 72.

[11]) Urkunde Nr. 74 von 1159: Quellen I, S. 551 f.

[12]) Kölner Urkunde von 1174: Quellen I, S. 571 f. Nr. 85. Magistratus urbis ist die Behörde der Gesamtstadt, nicht die magistri parochiarum, wie S e e l i g e r, Studien zur älteren Verfassungsgeschichte 1909, S. 64 und K o e b n e r S. 287 annehmen.

[13]) Köln: Vertrag mit Verdun, Quellen I, S. 577 f. Nr. 90.

[14]) L a u, Entwicklung, S. 24, 26. K o e b n e r S. 134 f., 140 ff.

[15]) Köln: Urkunde 1174, Quellen I, S. 571; Nr. 85.

[16]) Köln: Urkunde 1174, Quellen I, S. 577 f. Nr. 90.

[17]) P l a n i t z, Kaufmannsgilde, S. 71 f.

Seite 120. [18]) Köln: Urkunden 1145, 1159, 1170, Quellen I, Nr. 70, 74, 90; 1149 bei v. L o e s c h, Zunfturkunden I, S. 25; Scab. 1 V 6 (1150—80), H o e n i g e r II, S. 293.

[19]) Hermann C o n r a d in Die Amtleutebücher der kölnischen Sondergemeinden, hg. v. Thea B u y k e n und Hermann C o n r a d 1936, S. 14*ff.

[20]) Namentlich genannt werden zwischen 1179 und 1182 als magistri civium Theodericus in Mulingazzen und Henricus Flacco, v. L o e s c h I, S. 34 Nr. 13. Beide gehörten dem ältesten Patriziat an, vgl. v. W i n t e r f e l d, Handel, Kapital und Patriziat, S. 16, 35.

[21]) Den Gegenbeweis glaubte man früher aus der Urkunde von 1103, Hans. UB. III, S. 386, Nr. 601 führen zu können. In ihr erteilen aber die Schöffen nur ein Weistum über die nach Kölner Recht dem Erzbischof zu zahlenden Zollsätze. So auch K o e b n e r S. 171. Andrer Ansicht L a u, Entwicklung, S. 74, S e e l i g e r, Westd. Z. 30, S. 493, 496, K e u s s e n, Topographie, Einl. S. 70*, v. L o e s c h, ZRG. G. 53, S. 205.

[22]) Konrad B e y e r l e, Urkundenfälschungen des Kölner Burggrafen 1913, S. 324 ff. Die Anfänge des Schöffenschreins liegen erst in der zweiten Hälfte des 12. Jh. Andrer Ansicht v. L o e s c h, ZRG. G. 53, 1933, S. 102.

[23]) Rector kommt im 13. Jh. in der Stadtverwaltung nicht mehr vor.

[24]) Schon um 1150 findet die Gemeindeversammlung im Bürgerhaus statt: domus, in quam cives conveniunt, Laurenz 1 V 1, H o e n i g e r I, S. 219. Dazu K o e b n e r S. 476, v. L o e s c h, ZRG. G. 53, S. 155, P l a n i t z, Kaufmannsgilde, S. 74 f.

[25]) So verstehe ich die Nachrichten Hagens bei K o e b n e r S. 13 ff. § 2.

[26]) L a u S. 90, K e u s s e n, Topographie, Einl. S. 70*, Anm. 4, 9.

Seite 120. [27]) Toul 1069: Art. 2, 9, 11, W a i t z S. 16 ff. So beim Weinbergbann, der Verwaltung von Maß und Gewicht, der Torhut.
[28]) K u r t h S. 94 ff. J. S c h n e i d e r, La ville de Metz au XIII et XIV siècles 1950, S. 104 ff; über die wardours de la Paix seit Friedrich II. (1215), S c h n e i d e r, S. 108.
[29]) S c h o o p, Verfassungsgeschichte von Trier, Westd. Z. Erg.-Heft 1, 1884. S. 103 ff., 114 ff. K e n t e n i c h bei Rudolph S. 34. Maßgebend die Urkunden von 1168 und 1172, MRhUB. I, S. 710, Nr. 653; II, S. 53 Nr. 15.
[30]) Urkunde von angeblich 1122, Fälschung von etwa 1177: Hans. UB. I, Nr. 8 S. 5, S t u m p f Nr. 3179. O p p e r m a n n, Westd. Z. 27, 1908, S. 221 ff. Seit 1196 werden neben den scabini 12 consules civitatis bezeugt. M a t t h e u s, Tract. de jure gladii 1689, S. 382 f.

Seite 121. [31]) Worms: UB. I Nr. 58 (um 1106), 60 (1110), S. 50 f. Es treten 32 bzw. 30 maiores als Zeugen auf. Die Friedensbehörde der 40 judices ist aus 12 ministeriales und 28 Bürgern zusammengesetzt. UB. I, Nr. 103 S. 82 (um 1198). Dazu das gefälschte Privileg Friedrichs I. von 1156: UB. I, Nr. 73 S. 60.
[32]) Speyer: UB. Nr. 22, S. 26, Bestätigung der Urkunde Heinrichs VI. durch Philipp von Schwaben 1198. R ü t i m e y e r S. 209.
[33]) Mon. Boic. 37, Nr. 78 (1131).
[34]) Erste Erwähnung im Stadtrecht von 1214: Art. 5, 23 ff., 51, 54, K r u s e, Westd. Z. Erg.-Heft 1, 1884, S. 40.
[35]) Straßburg 1118: UB. I, Nr. 72 S. 58; weiter 1161: Nr. 111 S. 92.
[36]) Straßburg 1122: K e u t g e n S. 6, Nr. 12.
[37]) Basel 1118, 1164—76: UB. I, Nr. 21 S. 17, Nr. 41 S. 30.
[38]) F o l t z, Patriziat, S. 47.
[39]) v. K l o c k e, Z. d. Ver. f. Gesch. v. Soest 42/43, 1927, S. 237 ff. (mit Abdruck der Urkunde). Dazu v. K l o c k e, Patriziat und Stadtadel 1927, S. 11 ff.
[40]) Aber sie werden von den Bürgern gewählt. Stadtrecht um 1150: Art. 5, P l a n i t z, Quellenbuch S. 58, Nr. 182.
[41]) F r e n s d o r f f S. 193, Beilage III.
[42]) So für Paderborn: Westf. UB. IV, Nr. 47.
[43]) MRhUB. II, Nr. 5 S. 51.
[44]) MRhUB. I, Nr. 409 S. 467. Weitere Urkunden bei C o n r a d, ZRG. G. 58, 1938, S. 342 und Anm. 1.
[45]) H o e f f l e r, Z. d. Aachener Gesch.Ver. 23, 1901, S. 219 ff.
[46]) Thietmar, Chronic. I, 12, hg. v. H o l t z m a n n 1935, S. 16.
[47]) Magdeburg 1188: Art. 9, UB. d. Erzstifts I, Nr. 421, S. 555.

Seite 122. [48]) Magdeburg: Rechtsbrief für Goldberg (um 1200), Art. 9, P l a n i t z, Quellenbuch Nr. 240, S. 75.
[49]) Goslar 1108, 1160: UB. I, Nr. 152 S. 195, Nr. 254, S. 281.
[50]) Goslar: Urkunde Heinrichs V. von 1120, UB. I, Nr. 164 S. 201; 1191: Nr. 333 S. 263.
[51]) Schenkungsbrief des Klosters Emmeram Nr. 91, Quellen und Erörterungen zur bayrischen und deutschen Geschichte I, S. 40. P l a n i t z, Frühgeschichte, S. 63 f.
[52]) M o r r é S. 17 ff., 36 ff. P l a n i t z, Studien zum städtischen Patriziat, MIÖG. 58, 1950, S. 327—335.
[53]) Über die Genannten in Wien vgl. P l a n i t z, MIÖG. 56, 1948, S. 318 f.
[54]) Marquardus Hansgrave, Mon. Boic. 13, Nr. 67 (um 1150). Ennser Privileg für die Regensburger Kaufleute 1190, Archiv f. österr. Geschichtsquellen 10, S. 92. K l e b e l, Verhandlungen des Historischen Vereins für Oberpfalz und Regensburg 90, 1940, S. 19 ff.

Seite 122. ⁵⁵) Vgl. Maidhof S. 170 f.
⁵⁶) Wiener Marktordnung (um 1250), Keutgen Nr. 230, S. 324 burgenses meliores, quorum consilio tota civitas regitur.
⁵⁷) Planitz, Quellenbuch Nr. 263, S. 93, Art. 17 von 1221.
⁵⁸) Quellenbuch Nr. 263, S. 93, Art. 28 von 1221. Entspricht dem Stadtrecht von Enns von 1212, Art. 25, v. Schwind und Dopsch S. 45 f., wo 6 idonei cives vorkommen.
⁵⁹) Planitz, Kaufmannsgilde, S. 54 ff.
⁶⁰) Hagenau 1164: Art. 26, Keutgen S. 137. Die Geschworenen leitet aus dem Gottesfrieden irrig ab Herbert Meyer, Bürgerfreiheit und Herrschergewalt, H. Z. 147, 1932, S. 296. Der frater conjuratus in Schleswig (um 1155), Art. 27, 65, 66, Thorsen S. 9, 16, ist Gildebruder.
⁶¹) Valenciennes: 1114 (47, 48), MG. SS. 21, S. 609. Cambrai 1184: Art. 22, Reinecke S. 272. Über Lüttich: Kurth, La cité de Liège. S. 84 ff.

¹) Die Gräberforschung in Haithabu hat vom 9. Jh. ab 2 verschiedene Grabriten ergeben. Die kleinere Gruppe gegenüber der Masse der Bevölkerung war in den Kammergräbern bestattet und stellte offenbar eine waffenführende gehobene Schicht dar, in der Jankuhn den Anfang eines Meliorats zu sehen für möglich hält. Jankuhn, Zur Topographie frühmittelalterlicher Stadtanlagen 1953, S. 99. Rimpert, Vita Anskarii cap. 24 spricht von primores. Über Birka: Jankuhn, daselbst, S. 98, Anm. 80.
²) Thietmar, Chronic. I, 12, hg. v. Holtzmann 1935, S. 16 (1009—18). Planitz, Meliorat, ZRG. G. 67, 1950, S. 141—175.
³) Waitz, Verfassungsgeschichte, UB. Nr. 8, S. 16, 18 (zu 1069). Weiter Utrecht 1122: Nr. 11, S. 28 honestiores Trajectensium cives.
⁴) Lamperti Hersfeld, Annales 1074, Holder-Egger S. 192 ff. Koebner S. 94 ff. Planitz, Kaufmannsgilde, S. 32.

Seite 123. ⁵) Worms 1016: UB. I, S. 37 Nr. 45 pene omnes urbani. Vgl. die Urkunde von 1160: UB. I, S. 62 Nr. 76.
⁶) Mainz 1028: UB. I, Nr. 275 S. 173.
⁷) Köln 1084: Quellen I, Nr. 32 S. 492. Heinrico, Theoderico, Emelrico, Marcmanno, Godefrido. Der Zeuge Amelricus tritt bereits 1075 und dann wieder 1106 als Schenkgeber auf, Quellen I, Nr. 29 S. 486 f., Nr. 35 S. 494.
⁸) Regensburg: Schenkungsbuch des Klosters Emmeram Nr. 91, Quellen und Erörterungen zur bayrischen und deutschen Geschichte I, S. 40.
⁹) Planitz, Meliorat, S. 157 f. In Hamburg kommen erst 1239 Familiennamen vor.
¹⁰) In Speyer kommt 1164 eine Zeugenliste von 12 Familiennamen, wohl von meliores, vor, UB. Nr. 17; ein Stadtrat liegt natürlich noch nicht vor, wie dagegen Mone, ZGORh. 20, S. 24, annahm. In Worms führen 1179 von 13 Bürgern 3 Doppelnamen: Arnoldus Ysac, Cunradus Enenkel, Scathe Arnoldus, Quellen I, S. 71 Nr. 87.
¹¹) In Konstanz schlichtet der Bischof 1152 einen Streit zwischen den Bürgern von Konstanz und dem Kloster Kreuzlingen unter Zustimmung von 35 nur mit dem Rufnamen bezeichneten Klerikern und Bürgern. 1176 werden bereits Doppelnamen gebraucht, wie Olricus Rex, Hainricus Dux, Chonradus Dromeli, Olricus Stroli, Hermannus Rize, Hugo Olla, K. Beyerle, Die Konstanzer Ratslisten des Mittelalters 1898, Nr. 1, 4, 5, S. 1, 6, 8. In Freiburg begnügt man sich bis 1152 ausschließlich mit Rufnamen, Freiburg 1122 bis 1132, Nr. 15, 16, 17, UB. I, S. 5. In Straßburg überwiegen noch 1143. 1154 und 1161 die bloßen Rufnamen, UB. I, Nr. 92, 104, 111, S. 73, 85, 92. Erst 1197 und 1199 vorwiegen die Doppelnamen, UB. I, Nr. 135, 137, S. 111, 113.

Anmerkungen zu Seite 123 bis 124

Seite 123. [12]) UB. I, S. 332 Nr. 418. Von 7 Treuhändern werden 2 durch den Vaternamen, einer durch eine Berufsbezeichnung identifiziert. In der Zeugenliste werden von 30 Personen 20 durch Eigenschaftsbezeichnungen charakterisiert.

[13]) Die ältesten meliores-Namen in Köln waren einfache Rufnamen, wie Eckebert, Franco, Hemelrich, Richwin, Vogolo; von etwa 1140 ab mehren sich für die meliores die Doppelnamen, P l a n i t z, Meliorat, S. 145 f. Fast gleichzeitig geht die Entwicklung in Regensburg vor sich, Meliorat, S. 153 f.

[14]) In Zürich überwiegen nur noch in der Urkunde von 1127, UB. I, S. 161 Nr. 276 die Rufnamen. Anders schon die Urkunde von 1145, UB. I, Nr. 288, 289 S. 174 f. In Lübeck waren Rufnamen selten, nähere Kennzeichnung nötig, P l a n i t z, Meliorat, S. 151. In Burg haben 1179 von 19 genannten Bürgern bereits 11 Doppelnamen, UB. Erzstift Magdeburg Nr. 362, S. 476.

[15]) Mainz 1104: UB. I, Nr. 418 S. 323. Köln 1106: Quellen I, Nr. 35 S. 494.

[16]) Köln um 1140, Martin 1 I 9: Ruderich Ludolfi. Regensburg 1150: UB. I, Nr. 28 A S. 6 Gozwini et ipse Gozwinus.

[17]) Köln: Gildeliste 1130—40, H o e n i g e r II 2, S. 54. Regenerus Hellinc. Freiburg 1186: UB. I, Nr. 24 S. 9 Henricus Greninc, Wernherus Amilunc.

[18]) Mainz 1104: UB. I, Nr. 418 S 323 Leo Volkwin. Goslar 1131: UB. I, Nr. 177 S. 212 Tanko Reinoldus. Köln 1140, Martin 2 I 2: Marcman Hoier.

[19]) Zürich 1149: UB. I, Nr. 292 S. 177. Für Gent: Nachweise bei B l o c k m a n s, Het Gentsche stadspatriciaat 1938. Köln: Gildeliste, H o e n i g e r II 2, S. 49 Emelrich filius Mettildis.

[20]) Speyer 1207: UB. I, Nr. 24 S. 27 Sifrisdus Herlindis. Köln: Gildeliste (1130—40), H o e n i g e r II 2, S. 50 Engelbert Blisna. Worms 1208: Quellen I, Nr. 109 S. 86 f. Emricho Willa.

Seite 124. [21]) de porta 1130—1258. de Haida 1150—1229. super Danubio I 1130—1383. de S. Paulo 1150—70. de Capella 1150—1290. ante urbem 1161—1330. de Fovea (In der Grub, 1147—1349). inter Latinos 1170—1324. de Prunlete 1170—1262. Vgl. besonders die Urkunde um 1150 Nr. 28 a, d, 1170 Nr. 36 f.. 1192 Nr. 43, UB. I S. 6, 9, 14, 19 usw.

[22]) de Saltgazze 1140—83. de Novo foro 1142—1310. de S. Laurentio 1150 bis 1237. Aducht 1150—1398. von der Mühlengasse 1169—1278. Quattermart 1168—1441. Mummersloch 1167—1493. de Erenporce 1180—1372.

[23]) Zürich: de novo foro 1145—1255. de ponte 1149—67 (auf dem Steg 1283). UB. I, S. 174, 177, Nr. 288, 292. Basel: de Reno 1164—1310, de Gazza 1164—89. de Schalon 1164—89. UB. I, S. 30 Nr. 41. Salzburg: Waltschon ponticus 1130, UB. II Nr. 144 c, S. 219. Erfurt: in lapidea via 1193 bis 1251, UB. I, Nr. 56 S. 25. Gent: uten Hove, de Curia, B l o c k m a n s, Het Gentsche stadspatriciaat 1938. Worms: Cunradus ante Monetam, 1190, Quellen I, Nr. 92, S. 77. Straßburg: de lapidea porta 1161—1263, UB. I, Nr. 111 S. 92.

[24]) Zürich: de Fluntern 1127—49. Hofstetten 1130—72. Dübendorf 1130—1277. Hottingen 1145—1287. Rümlang 1145—1280. de Mura 1145—53. Stadelhofen 1145—53. Madalla 1145—85, UB. I, Nr. 279, 288, 292, S. 166, 174, 177 (1130, 1145, 1149).

[25]) Straßburg: von Ehenheim (1161—1292), von Hechingen 1197—1229, UB. I. Nr. 111 S. 92, Nr. 135 S. 111. Regensburg: de Aechkirchen (1150—1228). de Trobelingen 1170. de Pyrchingen 1191, UB. I um 1150 Nr. 28 a S. 6, 1170 Nr. 36 S. 9, 1192 Nr. 43 S. 14. Köln: von Mauenheim, von Poilhcim (1150), von Heimbach (um 1160).

[26]) Bardowik 1188—1350. Brunswik 1175. Ertheneburg 1170—88. Flamingus 1177—1231. Hannover 1179—1225. Kamen 1190. Medebach 1172. Soest 1170—1253. Stendal 1177. Suttorp 1170—88. Warendorp 1183—1566. UB. des Bistums I Nr. 10, 11, S. 15, 17. UB. der Stadt I Nr. 5, 7, S. 7, 12.

Seite 124. [37]) Urkunde des Erzbischofs Wichmann, UB. des Erzstifts Magdeburg I, S. 476 Nr. 362: Flamiger, de Thiest, de Louwene, de Brosle.
[28]) Conradus de Colonia 1186—1378, UB. I, Nr. 24 S. 9.
[29]) Übersicht in Planitz, Meliorat. ZRG. G. 67, 1950, S. 160 f., Anm. 135 bis 137.
[30]) l. c. Anm. 138.
[31]) Köln: de Aquis 1150—1398. von Basel (Minnevuz) 1150—1239. de Maguntia 1150—1287. Von den mit Stammesbezeichnung Überlieferten ist unter den Kölner meliores nur der Suevus übriggeblieben, 1140—74.
[32]) Goslar 1154: UB. I, Nr. 229, S. 260; 1191: Nr. 333 S. 363. Mainz 1104: UB. I, Nr. 418 S. 323. Erfurt 1193: UB. I, Nr. 58 S. 26. Salzburg 1150: UB. II, Nr. 397 S. 546 f. Wien 1208: Wiener Geschichtsquellen I 1, S. 4.
[33]) Erst 1205 kommt in Köln der Name des melior Schegtere vor.
[34]) Mainz 1104: UB. I, Nr. 418 S. 323 (albus, calvus, magnus, parvus, senex. rufus).
[35]) Dort finden sich auch Niger, Pinguis, cum granonibus, Isengrano, Ventercanis, Fudersac, Chouchelin, Hoeniger II 2, S. 48 f., 52, 55 f.
[36]) Vgl. die Register von Hoenigers Kölner Schreinskarten in Bd. II.
[37]) Straßburg 1143: UB. I, Nr. 92 S. 73. Zürich 1145, 1149: UB. I Nr. 288, S. 174, UB. I, Nr. 292 S. 177. Freiburg vor 1152: UB. I, Nr. 20, 21 S. 7.
[38]) Salzburg 1170: UB. II, Nr. 398 S. 549: Engilpert Schiche, Eberhardus de Chuchel. Wien 1178: Cod. tradit. von Klosterneuburg, FRA. II 4, Nr. 393 S. 84 Hartwicus Kurtzhals. Erfurt 1193: UB. I, Nr. 56 S. 25, Albus, de Rode. Worms 1194, 1196: Quellen I, Nr. 95, 98, 100, S. 78—80. Albus Wackerpil.

Seite 125. [39]) Verzeichnis in Planitz, Meliorat, S. 154.
[40]) Diabolus, Walebice, Calart, Teberebalch, Stolzegrano, Snuvel, Hoeniger II 2, S. 52, 54.
[41]) Cobolt (1140—80). Gir (1170—1417). Hardevust (1140—1435). Unmaze (1150—1200). Vraz (1149—78). Cleingedank (1168—1390). Scherfgin (1170—1485). Overstolz (1170—1435). Slevere (1170—1275). Grin (1149 bis 1459). Erklärungen bei Sten Hagström, Kölner Beinamen des 12. und 13. Jh. 1949, S. 64, 105, 112, 126, 141, 197, 254, 263.
[42]) Lübeck 1177, 1188: UB. I, Nr. 5, 7, S. 7, 12. Struve, Wrot, Dumme, Sechard. Salzburg 1171: UB. II, Nr. 402 S. 553; 1206: UB. III, Nr. 591 S. 75 iniustus, pagaer (Zänker). Worms 1196: Quellen I, Nr. 98 S. 79 Ritterchen (1196—1296); Nr. 100 S. 80 Selicheit; Nr. 103 S. 82 Holtmunt (1198 bis 1386). Halle 1200: UB. I, Nr.1 14 S. 116 (Dhume, Sommerwunne).
[43]) So z. B. Lambelin und Ursus bei Hoeniger II 2, S. 48 und 55, andrerseits Pil, Blanchart, Cuneus, das. S. 50 und 54.
[44]) Hoeniger II 2 Personenregister, S. 221(de Aquila, Are), 240 (Lembechin, Agnellus), 260 (Sparewere), l. c., S. 223 (Birkelin), 240 (de Linde). S. 260 (de Speculo; Staf, de Baculo).
[45]) Biber (Castor), Mule, 1149, UB. I, Nr. 292 S. 177.
[46]) Straßburg: Kalb (Vitulus), 1199, UB. I, Nr. 137 S. 113. Erfurt: UB. I S. 33 Nr. 69 Gensevuz (1210).
[47]) Lamperti Hersfeld. Annales 1074, Holder-Egger S. 192 ff. Koebner S. 94 ff.
[48]) Vgl. die Angaben bei Hoeniger II 2, S. 47—57. Planitz, Meliorat, S. 160, Anm. 135—138.
[49]) l. c. Anm. 140.
[50]) l. c. Anm. 141.
[51]) v. Winterfeld S. 8, 27, 30, 31, 38, 41, 44, 47. 48.
[52]) v. Winterfeld S. 18 f., 21, 23, 24, 37, 45.

Seite 125. ⁵³) 1106 Amelricus, Coloniensis civis, als dives bezeichnet, Quellen I, S. 494 Nr. 35, Laurenz 1 IV 2, VII 1, 2 II 2. Columba 1 VII 17.
Seite 126. ⁵⁴) P l a n i t z, Kaufmannsgilde, S. 70.
⁵⁵) L a u, Entwicklung der kommunalen Verfassung, S. 24 ff., 71 f., 68 f. L a u, Die erzbischöflichen Beamten, S. 49. H o e n i g e r in der Mevissen-Festschrift 1895, S. 285 ff. P l a n i t z, Kaufmannsgilde und Eidgenossenschaft, S. 62 ff.
⁵⁶) K o e b n e r S. 154 ff., 140 ff. Konrad B e y e r l e, Urkundenfälschungen, S. 410, 414. P l a n i t z, Kaufmannsgilde, S. 63 ff.
⁵⁷) v. W i n t e r f e l d S. 10. Stammtafel bei L a u, Mitteilungen aus dem Stadtarchiv von Köln, Heft 24.
⁵⁸) v. W i n t e r f e l d S. 7 f. erwägt das für die Zudendorp und Minnevuz.
⁵⁹) Die Mummersloch treten später als Bauspekulanten auf, v. W i n t e r f e l d S. 19 f.
⁶⁰) Andernach: Schöffenordnung des Kölner Erzbischofs, K e u t g e n S. 12 f. si aliquos mercationis vel cuiusvis impedimenti causa abesse contingeret, eorum absentia in sententiis ferendis nulli esset dampnosa. Die Schöffen waren ex prudentioribus, melioribus et potentioribus zu wählen.
⁶¹) Freiburg i. Br. 1120: Einl., Art. 3, 5, K e u t g e n S. 117 f.
⁶²) Conradus de Colonia 1186—1378: UB. I, Nr. 24 S. 9.
⁶³) G ü t e r b o c k, Zur Entstehung Freiburgs, Z. f. Schweiz. Gesch. 22, 1942, S. 195 ff.
⁶⁴) Freiburg i. Br.: Art. 13 (vor 1178), Art. 16 (vor 1200), K e u t g e n S. 119.
Seite 127. ⁶⁵) Freiburg i. Br. 1120: Art. 4, 5, K e u t g e n S. 118.
⁶⁶) Vgl. oben S. 124, Anm. 26.
⁶⁷) Lübeck: Stadtrecht 1226, Art. 2, K e u t g e n S. 186.
⁶⁸) 1190 tritt das Geschlecht der Tolner im Kreise der Bürgerfamilien auf. W e g e m a n n, Die führenden Geschlechter Lübecks, Z. f. lüb. Gesch. 29, 1941, S. 23.
⁶⁹) Über die Regensburger Hanse: K ö h n e, Das Hansegrafenamt 1893, S. 7 ff. M o r r é, Ratsverfassung und Patriziat in Regensburg, S. 19 ff. K l e b e l, Landeshoheit in und um Regensburg, S. 28 ff.
⁷⁰) So die de Prunneleite und Zauff, vgl. P l a n i t z, Meliorat, S. 166.
Seite 128. ⁷¹) Chargil um 1170 in UB. I, Nr. 37 S. 9, Nr. 49 S. 19. M o r r é S. 23 ff. P l a n i t z, Städtisches Patriziat, MIÖG. 58, 1950, S. 327, 330.
⁷²) P l a n i t z, Meliorat, S. 154 ff., 166 f. P l a n i t z, Patriziat, S. 318.
⁷³) Magdeburg 1108: UB. d. Erzstifts I, Nr. 192 S. 248.
⁷⁴) (Christianus) Keseling 1166—1224. Ovo 1184—1295. (Reynerus) foris urbem 1184—1307. UB. d. Erzstifts I, Nr. 321, 396, S. 416, 521 (1166, 1184).
⁷⁵) Halle 1184: UB. I, S. 94 Nr. 91.
⁷⁶) Erfurt 1140, 1144, 1190: UB. I, Nr. 22 S. 10, Nr. 25 S. 12, Nr. 53 S. 24.
⁷⁷) Erfurt 1192, 1217: UB. I, Nr. 55 S. 25, Nr. 77, 79, S. 39, 41.
⁷⁸) P l a n i t z, Meliorat, S. 144 f., 169—171. De Capella, de Piscina (von dem Dieke), de Goslaria, von Wildenstein, von der Gowische.
⁷⁹) Mainz 1056: UB. I, Nr. 297 S. 188. Mainz nach 1090: UB. I, Nr. 377 S. 280. Wignand erscheint als civis et serviens.
⁸⁰) Worms 1160: Quellen I, Nr. 76 S. 62.
⁸¹) Nur Ministerialen: Worms 1190: Quellen I, Nr. 92 S. 77; 1195: Nr. 96, 99, S. 79, 80; 1213: Nr. 118, S. 91 f.
⁸²) Worms 1190: Quellen I, Nr. 91 S. 76. So auch 1196: Nr. 98 S. 79; 1197: Nr. 101 S. 81; 1208 und 1209: Nr. 109 und 113, S. 86 f., 89.
⁸³) Worms um 1216: Nr. 120; um 1220: Nr. 126; 1229: Nr. 144; 1233: Nr. 163, 164, Quellen I, S. 92, 97, 118, 123; 1233: Nr. 162, Quellen II, S. 723 f.
⁸⁴) Straßburg 1129: UB. I, Nr. 78 S. 62.

Seite 129. [85]) Ortlieb 1127—1225. de Ponte (auf dem Steg) 1149—1283. Müllner 1159 bis 1311. Judemann 1172—1250. Lunkuft (Lunkhoven) 1185—1311.
[86]) Niger (Schwarz) 1149—1310. Wallo 1153—1265. Biberli 1167—1310.
[87]) Zürich: UB. I, Nr. 292 S. 178; Nr. 301 S. 184; Nr. 310 S. 191; Nr. 339 S. 216 von 1149, 1153, 1155, 1185.

Seite 130. [1]) Goslar 1108, 1120: UB. I Nr. 152, 164, S. 195, 201.
[2]) Goslar: Friedrich II. 1219: Einl. K e u t g e n S. 179 jura praedicte que ab antiquis imperatorum et regum donationibus eis indulta. P l a n i t z, Die deutsche Stadtgemeinde, S. 39.

Seite 131. [3]) Duisburg: Erzbischof von Mainz 1155, L a c o m b l e t I, S. 264 Nr. 382 secundum jus civile. Die Urkunde Friedrichs I. von 1166 wendet sich an die burgenses von Duisburg, L a c o m b l e t I, S. 295, Nr. 424.
[4]) v. W i n t e r f e l d, Die Entstehung der Stadt Dortmund, Beitr. 48, 1950, S. 66 f., bes. S. 25 f.
[5]) Frankfurt 1142 oppidum: MG. SS. VI, S. 388. 1150: UB. I Nr. 21 coram judicio et civibus suis. 1184: UB. I 27 civitas.
[6]) W e l l e r, Staufische Städtegründung, S. 167.
[7]) Remagen 1100—17: L a c o m b l e t I, Nr. 284.
[8]) Andernach 1171: K e u t g e n S. 12 (civitas). T i m m e, Andernach am Rhein, Rörig-Gedächtnisschrift, S. 407 ff. S c h w a b, Entwicklungs- und Befestigungsgeschichte der Stadt Andernach, Burgwart 1917, Heft 18.
[9]) Überliefert ist es nur in einer Handschrift des 13. Jh., die eine überarbeitete Fassung enthält.
[10]) Soest: Art. 5, 11, 25, K e u t g e n S. 140 f. Medebach 1165: Art. 18, K e u t g e n S. 147. Der scabinus ist ein juratus, er heißt in der alten Schrae eydswere. S e i b e r t z II, S. 389.
[11]) Soest: Art. 17, 22—24, K e u t g e n S. 140 f. Zur Sühnung sind 10 Mark und 1 Fuder Wein und 60 Schilling zu zahlen. Das Urteil sprach die Bürgerschaft, Art. 49.
[12]) Soest: Art. 36, 38, K e u t g e n S. 142. Medebach 1165: Art. 20.
[13]) Soest: Art. 43, K e u t g e n S. 142. Überarbeitete Fassung vgl. P l a n i t z, Die deutsche Stadtgemeinde, S. 38.
[14]) Soest: Art. 53.
[15]) Soest: Art. 20.
[16]) Soest: Art. 29, K e u t g e n S. 141.

Seite 132. [17]) Soest: Art. 13, K e u t g e n S. 140.
[18]) S c h w a r t z, Kurze Geschichte der Hansestadt Soest 1949, S. 15.
[19]) Soest: Art. 36, 38, K e u t g e n S. 142.
[20]) S c h w a r t z S. 18.
[21]) Medebach 1165: Art. 17, K e u t g e n S. 147 (consilium civium).
[22]) Medebach 1165: Art. 25, K e u t g e n S. 147 ut in foro Medebach pax habeatur; Art. 17, K e u t g e n S. 147.
[23]) Medebach 1165: Art. 5, 8, K e u t g e n S. 145 f.
[24]) Im Stadtrecht wird vom Handel in Datia vel Rucia gesprochen, Art. 15, S. 146.
[25]) Erfurt 1149: D o b e n e c k e r I 1616 a.
[26]) Erster urkundlicher Nachweis 1212: UB. I Nr. 72, S. 35.
[27]) U n v e r z a g t, Arch. Stadtkernforschung in Magdeburg, S. 464 f.
[28]) U n v e r z a g t S. 466.
[29]) Halle 1128: UB. I Nr. 21, S. 26 f. ad nundinas Hallae.
[30]) Halle 1172: UB. I Nr. 71 cives Hallenses.

Seite 133. [1]) Rudolf S c h i c k, Die Gründung von Burg und Stadt Freiburg i. Br., ZGORh. N. F. 38, 1923, S. 196. Ferdinand G ü t e r b o c k, Zur Ent-

Seite 133. stehung Freiburgs i. Br., Z. Schweiz. G. 22, 1942, S. 195. Annal. Marbac. um 1140, MG. SS. 17, S. 157 initiavit civitatem in proprio allodio.

[2]) Freiburg i. Br.: Gründung der Stadt 1120, P l a n i t z, Quellenbuch, S. 55, Einl. Ego Cunradus in loco mei proprii juris scil. Friburg forum constitui. Im Stadtrotel: in loco proprii fundi sui, Friburg videlicet.

[3]) Über Tarodunum und seinen Handel: F a b r i ć i u s, Die Besitznahme Badens durch die Römer, S. 14 ff.

Seite 134. [4]) S c h u m a c h e r, Siedlungs- und Kulturgeschichte der Rheinlande I, S. 142 f. A l b e r t, Von den Grundlagen zur Gründung Freiburgs i. Br., ZGORh. N. F. 44, 1930, S. 175 ff.

[5]) T u c k e r m a n n, Geographische Z. 33, 1927, S. 264 ff.

[6]) H e y c k, Geschichte der Herzöge von Zähringen 1891, S. 238 ff.

[7]) A l b e r t, ZGORh. N. F. 44, 1931, S. 191 ff. Anderer Ansicht H a m m, Die Städtegründungen der Herzöge von Zähringen 1932, S. 28 ff.

[8]) Freiburg 1120: Art. 5, K e u t g e n S. 118.

[9]) Freiburg 1120: Einl. P l a n i t z, Quellenbuch, S. 55 Mercatoribus circumquaque convocatis.

[10]) S c h i c k S. 205. Freiburger Stadtrotel, Art. 3 Cum iuxta consensum ac decreta regis et principum eiusdem constitutio fori confirmata fuisset, K e u t g e n S. 117.

[11]) Freiburger Stadtrotel: Art. 3, K e u t g e n S. 117, Anm. 4 concessit dux privilegia omnibus in eadem civitate manentibus jure perpetuo retinenda.

[12]) Gründung Freiburgs durch beide Brüder nehmen Heinrich M a u r e r, ZGORh. N. F. 1, 1886, S. 170, G ü t e r b o c k, Z. Schweiz. Gesch. 22, 1942, S. 191 an. Wahrscheinlich ist das nicht. Die Durchführung der Gründung in mehreren Etappen bringt eine einleuchtende Erklärung der Beteiligung beider Dynasten.

[13]) Franz B e y e r l e, Untersuchungen zur Geschichte des älteren Stadtrechtes von Freiburg i. Br. und Villingen 1915, S. 16—37. W e l t i, Beitrag zur Geschichte des älteren Stadtrechtes von Freiburg i. Ü. 1908.

Seite 135. [14]) Flumet 1228: Art. 4, W e l t i 1908, S. 180; die Zahl der conjuratores fori ist noch nicht auf 24 festgesetzt, auch wird noch nicht von civitas, sondern von locus gesprochen.

[15]) Das ergibt sich aus der Formulierung der Einleitung und des Epilogs.

[16]) Freiburg i. Br. 1120: Epilog, P l a n i t z, Quellenbuch, S. 55 fidem libero homini et conjuratoribus fori — dedi. Außer dem Epilog spricht auch Art. 2 von den conjuratores fori.

[17]) Freiburg i. Br. 1120: Einl. P l a n i t z, Quellenbuch, S. 55 mercatoribus itaque personatis circumquaque convocatis quadam coniuratione id forum decrevi incipere et excolere. Unde unicuique mercatori haream — distribui. personatus, von persona abgeleitet, bedeutet Mann von Rang, entspricht den primores des Kölner Aufruhrs von 1074 (die Vornehmsten).

[18]) Übersetzung der deutschen Bezeichnung „Bürger".

[19]) Siehe den Epilog.

[20]) P l a n i t z, Kaufmannsgilde und Eidgenossenschaft, S. 54 ff., 58 ff.

[21]) Freiburg i. Br. 1120: Art. 2, P l a n i t z, Quellenbuch, S. 55 conjuratores fori per integrum annum in sua potestate aut custodia retineant.

[22]) Für Bestehen einer Gilde tritt ein G o t h e i n, Wirtschaftsgeschichte des Schwarzwalds I, S. 92, 194 f., 199. G i e r k e, Genossenschaftsrecht I, S. 273; F o l t z, Beiträge zur Geschichte des Patriziats 1899, S. 82. Dagegen v. B e l o w, Deutsche Städtegründungen im Mittelalter 1920, S. 53.

[23]) Das sagt die Einleitung deutlich: Die mercatores personati sollen quadam conjuratione die Marktgründung durchführen. Es sollen alle Ansiedler zu einer Eidgenossenschaft zusammengefaßt werden.

Seite 135. [24]) Über den Stadtplan siehe S. 133.
[25]) Rörig in den Hansischen Beiträgen zur deutschen Wirtschaftsgeschichte 1928, S. 252 f.
Seite 136. [26]) Das ergibt der Wortlaut der Einleitung unzweideutig.
[27]) Freiburg i. Br. 1120: Einl. Planitz, Quellenbuch, S. 55 quadam conjuratione.
[28]) Art. 4, Quellenbuch, S. 55.
[29]) Art. 5, Quellenbuch, S. 55 pro consuetudinario et legitimo iure omnium mercatorum precipue autem Coloniensium.
[30]) Siehe oben S. 119, Anm. 8.
Seite 137. [31]) Freiburg i. Br. 1120: Einl., Quellenbuch, S. 55 forum constitui id forum decrevi incipere et excolere. Rotel: Art. 3, Keutgen S. 117, Anm. 4 constitutio fori.
[32]) Stadtrotel: Art. 77, Keutgen S. 125 a prima fundatione civitatis.
[33]) Die edificatio civitatis in Art. 2 des Gründungsprivilegs muß auf edificatio loci aus Flumet richtiggestellt werden, so oben S. 135, Anm. 14.
[34]) Für Stadtgründung Freiburgs sprach sich bereits Konrad Beyerle, Schriften d. V. f. d. Gesch. d. Bodensees 30, 1901, S. 6 aus. Dagegen nahm Rietschel, Die ältesten Stadtrechte von Freiburg, VSWG. 3, 1905, S. 241, die Erhebung Freiburgs zur Stadt erst Ende des 12. Jh. an. Gönnenwein, Marktrecht und Städtewesen, ZGORh. 98, S. 360.
[35]) Civitas in Art. 16, 17, 21, 24, 26, 30, 32, 33, 36, 39, 40, 54 und durchweg im Stadtrotel, urbs in 8, 11, 15, 20, 24.
[36]) Von jus civitatis sprechen die Art. 36, 39, 47, der Rotel in 67, 71, 76, 80.
[37]) Scultetus in Art. 35, causidicus in Art. 15, 21, 24.
[38]) Vgl. Theodor Mayer, Die Zähringer in Freiburg, Schauinsland 65/66, 1938/39, S. 138.
[39]) Freiburg i. Br. vor 1200: Art. 13, 16, Keutgen S. 119.
[40]) So bis Art. 19.
[41]) So von Art. 21 ab. Nach Art. 35 wird der scultetus von den burgenses, der sacerdos von den cives gewählt. Sollen damit 2 Arten von Bürgern angedeutet werden?
[42]) Art. 11, Keutgen S. 119.
[43]) Art. 8, Keutgen S. 118 pax urbis.
[44]) Art. 15, Keutgen S. 119.
[45]) Art. 33, Keutgen S. 121.
[46]) Art. 8, Keutgen S. 118.
Seite 138. [47]) Hamm, Städtegründungen des Herzogs von Zähringen in Südwestdeutschland 1932.
[48]) Gleiche Hofstätten z. B. in Neuenburg und Kenzingen. Noack, Die mittelalterlichen Städte im Breisgau 1941, S. 179, 189, 193. Strahm, Zur Verfassungstopographie der mittelalterlichen Stadt, Z. Schweiz. G. 30, 1950, S. 406 ff. Der zähringische Gründungsplan der Stadt Bern, Arch. d. Hist. Ver. d. Kantons Bern 39, 1948, S. 361 ff., Festgabe für Richard Feller. Die alte Hofstattparzellierung des 12. Jh. läßt sich in Bern bis zur Gegenwart nachweisen.
[49]) Freiburg i. Ü.: Zähringerburg 1156, villa 1157. Gründung durch Herzog Berthold IV., Welti, Freiburg i. Ü., S. 44 ff. P. de Zürich, Les origines de Fribourg 1924, S. 58 ff. Güterbock, Z. Schweiz. Gesch. 22, 1942, S. 202 ff.
[50]) Neuenburg: planmäßige Gründung Bertholds IV. zwischen 1170 und 1180. Noack, Die mittelalterlichen Städte im Breisgau 1941.
[51]) Bern: neben Reichsburg Nideck im Aarebogen. Güterbock, Z. Schweiz. Gesch. 22, 1942, S. 202 f., leitet den Stadtnamen Bern von einem edelfreien

Seite 138. Gefolgsmann der Zähringer de Berno ab, der 1190 am Neckar ansäßig war, nach dem Rotulus Sampetrinus hg. v. E. Flaig 1908. Strahm, Studien zur Gründungsgeschichte der Stadt Bern 1935, S. 106 ff., leitet Bern von Taberna ab. Er erklärt Bern für eine gewachsene Stadt und die Gründung des burgum de Berno von 1191 als eine Neumarktsiedlung im Gegensatz zum Altmarkt. Dagegen Marcel Beck, ZGORh. 51 N. F. 1938, S. 64 ff. Perrin, Le moyen âge 41, 1931, S. 243 ff. Nach Strahm soll Bern bereits 1154 in der arabischen Weltkarte aufgezeichnet gewesen sein. Strahm, Der zähringische Gründungsplan der Stadt Bern, Arch. d. Hist. Ver. d. Kantons Bern 39, 1948, S. 362 ff., nimmt eine erste burgum-Gründung um 1152, eine jüngere 1191 durch Berthold V. an.

[52]) Freiburg i. Ü. 1249: Einl. Gaupp II, S. 82 Bertholdus dux de Zeringen et rector Burgundie, jura, quae in presenti volumine sunt scripta, burgensibus suis de Friburgo in Burgundia et eidem ville contulit in initio fundationis ville.

[53]) Freiburg i. Ü. 1249: Art. 71, 75, 78, 82; 122—124; 61, Gaupp II, S. 95 ff., 90, 103, 94.

[54]) Bern 1218—20: Strahm, Die Berner Handfeste 1953. Neuenburg 1292: Walter Merk, ORhStR. II 3, 1913 No. 7.

[55]) Welti, Freiburg i. Ü., S. 12 ff. Dagegen Rietschel, VJSchr. 3, 1905, S. 42 f. Welti bemerkt mit Recht, daß Diessenhofens Privileg mehr mit dem von Freiburg i. Br. als dem von Freiburg im Üchtlande verwandt ist.

[56]) Diessenhofen, Stadtrecht 1178, 1260, Art. 6, 19, Welti S. 130, 132.

[57]) Sollberger, Die verfassungsrechtliche Stellung der Stadt Diessenhofen, Diss. Zürich 1936, S. 9 ff., 36 ff.

Seite 139. [58]) Glitsch, Beiträge zur älteren Winterthurer Verfassungsgeschichte, S. 5, 83 ff., Züricher UB. I 212, Nr. 336.

[59]) Winterthur wird 1249 oppidum und civitas genannt, Züricher UB. II 230, 233.

[60]) Winterthur 1264: Art. 10, Gengler S. 547.

[1]) Grundlegend Rietschel, Die Städtepolitik Heinrichs des Löwen, Hist. Z. 102, 1909, S. 237 ff.

[2]) Solleder, München im Mittelalter 1938, S. 5.

[3]) Baumann, Zur Geschichte des Lechrains und der Stadt München, Archivzeitung N. F. 10, 1902, S. 20.

[4]) Schäftlarn: Urkunde 1164, Mon. Boic. 8, S. 410. Es wird von einem herzoglichen Beamten gesprochen, qui preest muro.

[5]) jus fori bezeugt in Carta abecedaria des Klosters Benediktbeuern zwischen 1168 und 1175, Baumann, Archivalische Zeitung N. F. 14, 1907, S. 245 ff. Dirr, Grundlagen der Münchner Stadtgeschichte 1937, S. 31.

[6]) iudex de Munichen 1164—70, Mon. Boic. 8, S. 415. 1195: mercatores de Munichen, Baumann, Archivalische Zeitung 10, S. 88.

[7]) Annal. Scheftlar., MG. SS. 17, S. 338. Das älteste Stadtsiegel stammt von 1239, die älteste Handfeste von 1294.

Seite 141. [8]) Lenz, Die räumliche Entwicklung der Stadt Lübeck 1936, S. 11 ff. Jordan, Heinrich der Löwe und die ostdeutsche Kolonisation, Archiv für Landes- und Volksforschung II, 1938, S. 784 ff.

Seite 142. [9]) Lenz, Die räumliche Entwicklung der Stadt Lübeck, S. 25 ff. Rietschel, H. Z. 102, S. 257.

[10]) Rörig, Der Markt von Lübeck 1921, sodann die Gründungsunternehmerstädte des 12. Jh. 1926 in den Hansischen Beiträgen zur deutschen Wirtschaftsgeschichte, S. 40 ff., 243 ff.

[11]) Gegen Rörig v. Winterfeld, Z. d. Ver. f. Lübeckische Geschichte 24, 1929, S. 416 ff. Theodor Mayer, Zur Frage der Städtegründungen im Mittelalter. MIÖG 43. 1929. S. 261 ff.

Seite 142. [12]) Helmold, Chron. Slav. I 86 (zu 1157/58), S c h m e i d l e r S. 169 statuit illic iura civitatis honestissima.

Seite 143. [13]) R ö r i g, Reichssymbolik auf Gotland, Hans. Gbl. 64, 1940, S. 13.

[14]) Arnold, Chron. Slav. zu 1181, P e r t z S. 65 secundum iura Sosatie. P l a n i t z, Das Kölner Recht und seine Verbreitung, S. 17 ff.

[15]) Lübeck 1188: Art. 13, P l a n i t z, Quellenbuch, S. 71.

[16]) Lübeck 1188: Art. 4, 5, 8, K e u t g e n S. 184.

[17]) Lübeck 1188: Art. 9, 10, K e u t g e n S. 184 f.

[18]) Dieser Ansicht auch R ö r i g, Der Markt von Lübeck, S. 56.

[19]) Helmold, Chronic. Slav. 74, S c h m e i d l e r S. 142.

[20]) Lübeck 1265: UB. I, S. 266 Nr. 278, dazu Nr. 286, 288, S. 273 f.

[21]) Abgedruckt bei J o r d a n Nr. 4 a und b zu 1163, S. 6 (aus der Hamburgischen Handschrift der Chronik des Detmar).

[22]) Lübeck 1188: Art. 12, K e u t g e n S. 185.

[23]) B l o c h, Z. Ver. f. Lüb. Gesch. u. Altertumskunde 16, 1914, S. 3 ff.

[24]) Siehe oben S. 142, Anm. 12.

Seite 144. [25]) Heinrich der Löwe, Privileg für Gotländer 1161, MG. C. 3, 11. Urkunde Heinrichs des Löwen Nr. 48, S. 68 Si quis Gutorum in quibuscunque civitatibus nostris, ubi pacem sub jurejurando firmavimus. R ö r i g, Reichssymbolik auf Gotland, Hans. Gbl. 64, 1940, S. 5 ff.

[26]) Im Gotländer Privileg von 1161 wird Odalrich zum Richter bestellt, von dem ein späterer Zusatz aussagt: quem constituit dominus dux advocatum et judicem eorum; bei H o f m e i s t e r Z. Ver. f. Lüb. Gesch. und Altertumskunde 23, 1926, S. 59. Im Privileg Friedrichs II. von 1226 wird der „rector" vom Kaiser bestellt, K e u t g e n S. 186.

[27]) Die Handfeste Friedrichs I. von 1188 für Lübeck, Art. 3, bestätigt, daß loci fundator Heinricus quondam dux Saxonie den Bürgern das Pfarrerwahlrecht übertragen habe. P l a n i t z, Quellenbuch, Nr. 221, S. 71.

[28]) Lübeck: Privileg Friedrichs I. 1188, Art. 6, Quellenbuch, Nr. 221, S. 71. Anstatt consules wäre burgenses einzusetzen, das ergibt sich aus Art. 18, K e u t g e n S. 185, das gleichfalls das Recht der Kore enthält.

[29]) Vgl. das Gotländer Privileg von 1161, MG. C. 3, 11, S. 68. Lübeck 1188: Art. 5, K e u t g e n S. 184.

[30]) Soest um 1150: Art. 22, P l a n i t z, Quellenbuch, S. 58.

[31]) Lübeck (I): Art. 28 (1225), H a c h, Lübeck 193 Qui infregerit, quod civitas servandum decreverit, consules judicabunt. De eo, quod inde proveniet, judex tertiam partem, civitas duas accipiet.

[32]) Lübeck (I): Art. 29 (1226/27), H a c h, Lübeck 193 Si quis in decem marcis argenti et in plaustrata vini offenderit. Vgl. Soest 1150: Art. 17, 23, K e u t g e n S. 140 f.

[33]) Lübeck: Art. 49, 1226/27, H a c h, Lübeck, S. 200 (für den Fall des Realarrests).

[34]) Lübeck: Art. 27, 1226/27, H a c h, Lübeck, S. 192.

[35]) Lübeck um 1250: UB. I, S. 152 Nr. 165: Bestrafung si civium aliquis de bonis suis non iuste debite talliaverit.

Seite 145. [36]) Vgl. die Kontroverse von R i e t s c h e l, Die Städtepolitik Heinrichs des Löwen, H. Z. 102, S. 257 ff. und R ö r i g, Der Markt von Lübeck, S. 50 mit Anm. 39, S. 110.

[37]) R ö r i g, Gründungsunternehmerstädte, S. 243 ff.

[38]) H i l d e b r a n d S. 343. T i m m e, Ostsachsens früher Verkehr 1950, S. 15 f.

[39]) T i m m e, Ein alter Handelsplatz in Braunschweig, Niedersächs. Jb. f. LG. 22, 1950, S. 33 ff. V o g e l, Wik-Orte und Wikinger, S. 28.

Seite 145. [40]) P. J. Meier, Untersuchungen über die Anfänge Braunschweigs, Braunschweiger Jb. 1912, S. 25.
[41]) Vollmer, Verfassung und inneres Leben der Lakenmacher- und Gewandschneidergilde in Braunschweig 1912.
[42]) Timme, Wirtschafts- und verfassungsgeschichtliche Anfänge der Stadt Braunschweig 1931, S. 105. Rörig, Deutsches Archiv I, S. 417. Dagegen nimmt Hildebrandt S. 343 an, daß Heinrich mit der Gründung des Hagen die Vormachtstellung des Altstädter Bürgertums brechen wollte.
[43]) Das Recht der Lakenmacher des Hagen von 1268, Planitz, Quellenbuch, S. 109, berichtet, daß Heinrich der Löwe den Hagen gegründet und ihm jura burgimundii et libertates verlich. So finden wir jus mercatorum (Art. 7 und 11) und eidgenossenschaftliches Recht (Art. 4—6, 8, 9, 10, 12, 13—15).
[44]) Siehe S. 118, Anm. 26 und Planitz, Kaufmannsgilde, S. 110, Anm. 1.
[45]) P. J. Meier, Niedersächsischer Städteatlas I, 2. Aufl. 1926, S. 13 ff.
[46]) Hagenrecht, Art. 4, 12, Planitz, Quellenbuch, S. 64.
[47]) Hagenrecht, Art. 15, Quellenbuch, S. 64. Nach der Einführung der Ratsverfassung wird bestätigt, daß schon früher eine Stadtbehörde bestand (sicut habere consueverunt).

Seite 146. [48]) Braunschweig-Hagen: Recht der Lakenmacher 1268, Quellenbuch, S. 109, Nr. 328.
[49]) Timme S. 99.
[50]) Beuermann, Hann. Münden, Lebensbild einer Stadt 1952, S. 29. Karl August Eckhardt, Heinrich der Löwe an Werra und Oberweser in „Das Werraland" III, 1951.
[51]) Helmold, Chron. Slav. I 87, Schmeidler S. 172. Hoffmann, Stadtgründungen Mecklenburg-Schwerins, Jb. d. V. f. Mecklenburg. Gesch. u. Altertumskunde 94, 1930, S. 18. Jordan, Die Bistumsgründungen Heinrichs des Löwen 1938, S. 94.
[52]) Jesse, Geschichte der Stadt Schwerin I, 1913, S. 4 ff. Hoffmann S. 12 ff. Heydel, Itinerar Heinrichs des Löwen, Niedersächs. Jb. 6, 1929, S. 59.
[53]) Saxo Grammaticus 14, cap. 30, S. 450 zu 1164 (oppidum Suerin) quod nuper a Saxonibus in potestatem redactum, jus et formam civitatis acceperat. Schwerin 1160: Art. 9, Gengler S. 433 Omnis solidus pacis (consulibus) deputatur.
[54]) Schwerin 1160: Art. 21, Gengler S. 434 Quicunque homo propriae fuerit conditionis, si intra civitatem venerit, ab impetitione cujuslibet servitutis liber erit.
[55]) Recht der Kore in Art. 9 Qui civitatis statuta infregerit; nach Sühnerecht fallen duas (marcas) civitati, tertiam potestati. Den Namen der bürgerlichen Behörde erfahren wir nicht, uns ist nur die späte Version im Stadtrecht von Güstrow von 1228 erhalten.
[56]) Wohltmann, Heinrichs des Löwen und seiner Erben Kampf um die Grafschaft, Stader Archiv 1940, S. 77 ff. Dehio, Geschichte des Erzbistums Hamburg-Bremen II, 1877, S. 54 ff.
[57]) Wohltmann, Die Anfänge der Stadt Stade, Hans. Gbl. 69, 1950, S. 53 ff.
[58]) advocato civitatis, qui dicitur Wikvogt, Privileg Ottos IV. für Stade, Art. 12, Gengler S. 457. Rietschel S. 244 hielt die Stelle nicht mehr für das Privileg Heinrichs. Andrer Ansicht Jordan S. 180. Inhaltlich gehört sie jedenfalls der Zeit Heinrichs an. Von castrum et burgum spricht 1180 eine Urkunde im Dipl. Stad. Nr. 5, Pratje, Bremen und Verden 6, 1762.

Seite 146. ⁵⁹) Arnoldus Lub. zu 1181, MG. SS. 21, S. 141 Maximo enim vallo civitatem ipsam (dux) circumdederat et munitiones fortissimas cum machinis ibidem construxerat.
⁶⁰) Privileg Ottos IV. für Stade von 1209: Art. 1 (optimi cives), 6 (pax), 7 (Stadtluft macht frei durch Verschweigung), G e n g l e r S. 456. J o r d a n Urkunden Heinrichs des Löwen, Nr. 124, S. 180.
⁶¹) R e i n e c k e, Geschichte der Stadt Lüneburg I, S. 12.
⁶²) H i l d e b r a n d t, Der sächsische Staat Heinrichs des Löwen, S. 322 ff
⁶³) Paul S c h e f f e r - B o i c h o r s t, Herr Bernhard zur Lippe, Z. vaterl. Gesch. u. Altertumskunde von Westfalen 29, 2, 1871, S. 107 ff. K. L a m p r e c h t, Der Gründer Lippstadts Bernhard II. 1914. R o t h e r t, Westfälische Stadtpläne, Rörig-Gedächtnisschrift 1953, S. 432 ff. Bei Lippstadt lag ein Königshof, der Stammsitz der Edelherren zur Lippe war (Hermelinhof).

Seite 147. ⁶⁴) Das Lippiflorium des Magisters Justinus (um 1260) erzählt: Lignea materies primum loca munit, ut ipsa paulatim moles saxea consolidet. Conditur oppidulum; Ausgabe von A l t h o f 1900.
⁶⁵) Lippstadt: Handfeste nach 1200, Einl. P l a n i t z, Quellenbuch, S. 75, Nr. 239 incolis liberum contuli arbitrium, ut jura miciora et meliora de quacunque vellent eligerent, tandem habito inter se consilio jura Susaciensium sub ea forma eligere decreverunt, ut si qua ex eis displicerent, illa abicerent.
⁶⁶) O v e r m a n n S. 110ˣ f. hält 1220 für wahrscheinlicher.
⁶⁷) Georg G u d e l i u s, Lemgo als westfälische Hansestadt, Münster Diss. 1929. 1245 finden sich hier consules, Lippische Regesten, bearb. v. O. Preusz und A. F a l k m a n n I, 1860, Nr. 235.
⁶⁸) Hamburg-Neustadt 1189: Graf Adolf III. von Schauenburg, K e u t g e n S. 65 ab eo suisque cohabitatoribus, quos illic adduxerit, aptus satis portus hominibus de multis circumquaque locis venientibus efficiatur.

Seite 148. ⁶⁹) Adolf III., Urkunden 1195, Hamburger UB. I, S. 310 cum castrum nostrum novum in Hamborch a mercatoribus in areas distributum inhabitaretur. R e i n c k e, Forschungen und Skizzen zur Geschichte Hamburgs III, S. 33 ff.
¹) Oschatz erhielt durch Otto den Reichen (1156—90) eine straßenartige Kaufmannssiedlung, an die sich später ein gewerblicher Markt anschloß. Rochlitz war Burgwardei Heinrichs I., 1143 ging es auf die Wettiner über. Zwischen 1156 und 1190 gründete Dedo der Feiste planmäßig eine Straßenmarktanlage.
²) Thietmar von Merseburg VII 25 (18) (zu 1017), ed. H o l t z m a n n S. 428 in urbe Lipzi vocata.
³) Fälschung von 1285, K r e t z s c h m a r, Entstehung von Stadt und Stadtrecht, S. 115. K e h r, Urkundenbuch des Hochstifts Merseburg, Nr. 60, Anm. e.
⁴) Darüber K ö t z s c h k e, Leipzig in der Geschichte der ostdeutschen Kolonisation, S. 10 f.
⁵) Leipzig: Stadtgründung durch Otto den Reichen 1156—70, Einl. K e u t g e n S. 64 Lipz aedificandam distribuit sub Hallensi et Magedeburgensi jure.
⁶) Art. 1, P l a n i t z, Quellenbuch, S. 62.
⁷) Art. 5, K e u t g e n S. 64.
⁸) Art. 1, Quellenbuch, S. 62.
⁹) Art. 3, K e u t g e n S. 64.
¹⁰) Art. 2, Quellenbuch, S. 62.
¹¹) Art. 10, K e u t g e n S. 64.

Seite 148. [12]) Art. 9, K e u t g e n S. 64. Vgl. St. Omer, Gildesatzung von 1100, Art. 15. E s p i n a s und P i r e n n e S. 194.
[13]) Art. 4, K e u t g e n S. 64.
[14]) Art. 6, K e u t g e n S. 64.
[15]) Art. 10, K e u t g e n S. 64.

Seite 149. [16]) Urkundlich überliefert sind die jurati in Leipzig erst 1316, UB. I, S. 21 Nr. 29. P l a n i t z, Die deutsche Stadtgemeinde, S. 82 ff.
[17]) Vgl. auch C. N i e d n e r, Das Patrozinium der Augustiner-Chorherren-Stiftskirche St. Thomae zu Leipzig, 1952, S. 27 ff., 116 ff.
[18]) A u e, Altmärkische Städte 1910.
[19]) Stendal um 1151: Marktgründung, K e u t g e n Nr. 107 a, S. 67 forum rerum venalium institui in propria villa mea, que appellatur Stendale.
[20]) Art. 3, K e u t g e n S. 68.
[21]) Salzwedel wird 1233, Aken 1270 civitas genannt. Vorher heißt Salzwedel oppidum 1196.
[1]) Wien um 1000: Ö t t i n g e r S. 101 ff. Krems 1014: Heinrich II., Dipl. III, Nr. 317 S. 397 (locus).
[2]) St. Pölten 1058: Niederösterr. UB. I Nr. 3 (forum). Wels 1061: Heinrich IV., K e u t g e n Nr. 60 bannum mercati in loco Wels. Tulln 1081: villa, Vita Altmanni, MG. SS. 12, S. 236.
[3]) Krems 1125: FRA. 2, 69, S. 296. St. Pölten um 1125: Niederösterr. UB. I Nr. 4. Wien 1137: Abdruck in der Geschichte der Stadt Wien I, S. 464. Linz 1140: V a n c s a, Gesch. Niederösterreichs und Oberösterreichs 1, S. 362. Steyr 1170: Oberösterr. UB. I Nr. 172. Friesach 1124—30: M. Car. III 603, 605. Graz 1189: P o p e l k a S. 53.
[4]) St. Pölten: Urkunde 1125, Niederösterr. UB. I Nr. 4.

Seite 150. [5]) Ö t t i n g e r Das Werden Wiens, S. 107.
[6]) Ö t t i n g e r S. 121 f.
[7]) Arnold von Lübeck, MG. SS. 21, S. 117, 171.
[8]) Ö t t i n g e r S. 181 ff.
[9]) P l a n i t z, Das Wiener Stadtrecht und seine Quellen, MIÖG. 56, 1948, S. 288 ff.
[10]) Contin. Praedic. Vindob. MG. SS. 9, S. 726 Cum quo thesauro Vienna, Anasus, Heimburc, Nova civitas muris circumcinguntur.
[11]) L a h u s e n, Bayrisch-österreichische Städte, S. 71, 73 f. K l a a r, Der Stadtgrundrißplan von Wiener Neustadt, Unsere Heimat 17, 1946, S. 145 bis 149. Über Laa a. d. Thaya: Die Topographie von Niederösterreich V, 1903, S. 585 ff. Über Zwettl: K l a a r, Der Stadtplan von Zwettl, Unsere Heimat 7, 1936, S. 218 ff. Eggenburg war offenbar eine Großburg des ausgehenden 12. Jh. Über die Geschichte L. B r u n n e r, Eggenburg. Geschichte einer niederösterreichischen Stadt I, 1932, II, 1933.
[1]) Dortmund: Konrad III. 1152: UB. I, S. 74 in burgo Tremonia. civitas erst 1220 bestätigt, R i e t s c h e l, Burggrafenamt, S. 203 f.
[2]) In Duisburg treten 1145 cives Duisburgenses auf, L a c o m b l e t I, S. 242.
[3]) Frankfurt 1150: UB. I Nr. 21 coram judicio et civibus suis. Civitas 1184, UB. I, S. 27.
[4]) Nürnberg 1163: burgum Nurembergense, UB. Nr. 70. S. 47 f. W e l l e r, Staufische Städtegründungen, S. 167. Das gilt aber nur für die Sebaldersiedlung, R i e t s c h e l, Burggrafenamt, S. 114.
[5]) Emil S c h n e i d e r, Die deutschen Städteprivilegien Kaiser Friedrichs I. und Heinrichs VI., Leipzig Diss. 1883.
[6]) Doch spricht die Handfeste für Augsburg von 1156 von der pax urbana (Art. 1), der justitia urbanorum (Art. 18, 21), dem jus civitatis (Art. 16), K e u t g e n S. 91, 92.

26*

Seite 150. [7]) Für die Osnabrücker Bürger bestimmt Friedrich I. 1171, daß sie coram civitatis rectoribus und secundum civitatis jus consuetudinarium abzuleiten seien, K e u t g e n Nr. 16, S. 8.

[8]) Das Privileg Friedrichs I. von 1182 für Speyer bestätigt und erläutert die Privilegien von 1111, K e u t g e n Nr. 22 zu 21, ebenso das Privileg Friedrichs I. 1184 für Worms die Privilegien von 1114, K e u t g e n Nr. 24 zu 23.

[9]) Das Privileg Friedrichs I. für Regensburg, zwischen 1161 und 1185 erlassen, ist verloren. Sein Inhalt kann nur zum Teil aus den Privilegien Philipps von 1207 und Friedrichs II. von 1230 erschlossen werden. Vgl. K l e b e l. Verh. des Hist. Ver. von Oberpfalz und Regensburg 90, 1940, S. 19.

[10]) Vgl. P l a n i t z, Kaufmannsgilde und Eidgenossenschaft, S. 22 ff.

Seite 151. [11]) Bremen 1186: K e u t g e n Nr. 25 a, S. 18 f. Lübeck 1188: K e u t g e n Nr. 153, S. 183. Hamburg-Neustadt 1189: K e u t g e n Nr. 104 a, S. 65.

[12]) Trier: Friedrich I. 1161, P l a n i t z, Quellenbuch Nr. 200, S. 64 Communio civium Treverensium, que et conjuratio dicitur, cassetur. Mainz 1163: MG. SS. Nr. 35, S. 245.

Seite 152. [13]) S c h r i e d e r, Verfassungsgeschichte der Stadt Hagenau, Freiburg Diss 1909. K l é l é, Ursprung und Entwicklung der Stadt Hagenau 1921.

[14]) Franz B e y e r l e, Anteil des Elsaß, S. 301.

[15]) Andrer Ansicht B e y e r l e S. 301.

[16]) Art. 20, 26.

[17]) cives, concives in Art. 5—8, 17. burgenses in Art. 11, 25.

[18]) Art. 5, 6, 13, 14, 15, 23, 26. Communio Art. 7, Collegium Art. 20.

[19]) Art. 5, 11, 19.

[20]) Reichsstädtisches Steuerverzeichnis von 1241. K e u t g e n S. 489, Nr. 387, 23.

[21]) Art. 2, 4, 5, 11; Art. 21, 23, 26.

[22]) Art. 6 und 7.

[23]) Art. 13.

[24]) Art. 6.

[25]) Art. 1, 11; Art. 3.

[26]) Art. 26.

[27]) Art. 2, 3, 21, 23. Manchmal werden conjurati und loci fideles gleichgestellt, wie bei S c h r i e d e r S. 18 ff.; v. B e l o w, Entstehung, S. 93, 100, hält die conjurati für einen Gemeindeausschuß, ebenso K e u t g e n S. 228. Zutreffend R i e t s c h e l S. 169, der die loci fideles für eine Gemeindebehörde hält.

[28]) Art. 19.

[29]) Art. 5, 13, 23, 26; Art. 14, 19, 20.

[30]) Art. 5, 11, 14, 15, 19, 20, 23, 26.

Seite 153. [31]) Art. 23, 11.

[32]) Art. 8.

[33]) Art. 6 und 7.

[34]) S c h l e s i n g e r, Anfänge der Stadt Chemnitz 1952, S. 82 ff., 131 ff., 150 ff.

[35]) Erwähnt bei S t u m p f Nr. 4119, J. Ch. L ü n i g, Reichsabschiede XII, 784, J. J. M o s e r, Reichsstädtisches Handbuch I, 753. Dazu S c h n e i d e r, Die Städteprivilegien der hohenstaufischen Kaiser, S. 16, N i e s e, Verwaltung des Reichsguts 1905, S. 63.

[36]) Nach M o s e r I, 752: Nullus advocatus ibi exercebit justitiam, sed solus imperator et eius villicus justitiam ville manuteneat.

[37]) Oppidum und cives erst 1299 nachweisbar.

[38]) Aachen: Friedrich I. 1166, 9. I. Einl., Art. 1, 4, 5, 7, K e u t g e n S. 38 f.

Seite 153. ³⁹) Aachen: Friedrich I. 1166, 8. I. Einl. Hugo L ö r s c h in Gerhard Rauschen, Die Legende Karls des Großen im 11. und 12. Jh. 1890, S. 205 indigenas hujus civitatis sacre et libere nemo de servili conditione impetat, nemo libertate privare presumat.
⁴⁰) MG. SS. 24, S. 38 Acquenses ab imperatore communiter juraverunt, in quattuor annis muro et moenibus civitatem munire. G e r l a c h S. 73. H u y s k e n s, Annal. d. Hist. V. f. d. Niederrhein 119, 1931, S. 54 ff.
⁴¹) H o e f f l e r, Zschr. d. Aachener Gesch. Ver. 23, 1901, S. 219. H u y s k e n s S. 80 f.
⁴²) Wetzlar: UB. I Nr. 5, S. 2 (Anwendung des Frankfurter Kaufleuterechts).
⁴³) E n n e n, Burg, Stadt und Territorialstaat in Rhein. Vbl. 12, 1942, S. 75 f. P l a n i t z, Die deutsche Stadtgemeinde, S. 56. F i s c h e r, Siedlungsverlegung, S. 194, Anm. 114.

Seite 154. ⁴⁴) Ulm: noch villa 1155 und 1163. Württemberg. UB. II Nr. 352, 380. Civitas 1184. Ulm: UB. I 23, Nr. 14. W e l l e r, Staufische Städtegründung in Schwaben, Württemb. Vbl. N. F. 36, S. 165 ff.
⁴⁵) Über Donauwörth: S t e n g e r, Verfassung und Verwaltung der Reichsstadt Donauwörth 1909.
⁴⁶) Württemb. UB. II, S. 139 Nr. 378, S. 256 Nr. 457. W e l l e r hält die Stadt für die erste Stadtgründung der Staufer.
⁴⁷) Württemb. UB. II 256.
⁴⁸) Julius G m e l i n, Hällische Geschichte, Geschichte der Reichsstadt Hall 1896.
⁴⁹) Über Eger als Mittelpunkt des Reichsguts: S c h l e s i n g e r, Egerland, Vogtland und Pleissnerland in Forschungen z. Gesch. Sachsens und Böhmens, hg. v. R. K ö t z s c h k e 1937, S. 73 f.
⁵⁰) Acta Waldsass, Mon. Egr., Nr. 111.
⁵¹) D o b e n e c k e r II, 1295 cives civitatis.
⁵²) 1203: Mon. Egr. Nr. 119; Steuern pro rata aliorum burgensium.
⁵³) In Wimpfen kommt die Stadtgründung wohl erst in der Zeit Friedrichs II. in Betracht. Von cives de Wimpfen spricht erst eine Urkunde von 1224, H u i l l a r d - B r é h o l l e s, Hist. diplom. Friderici II., I 1852, p. 786.
⁵⁴) Chronic. S. Petri Erford. MG. SS. 30 a, S. 373; SS. 16, S. 95.
⁵⁵) Nordhausen, D. St. B. II, S. 625 unter 4.
⁵⁶) Mühlhäuser Reichsrechtsbuch 2, 6, M e y e r S. 94 (Zweikampfverbot), 38, 1 M e y e r S. 159 f. (Zollfreiheit, Stadtluft macht frei).
⁵⁷) 1206 heißen beide: civitas (regia), Cod. dipl. Sax. reg. A 3, 98; D o b e n e c k e r II, S. 1323.

Seite 155. ⁵⁸) S c h n e i d e r S. 72 ff.
⁵⁹) Werner N o a c k, Die mittelalterlichen Städte im Breisgau, Oberrh. Heimat 1949, S. 190 ff.
⁶⁰) T r o u i l l a t, Monum. de l'ancien évêché de Bâle I, 1852, S. 194.
⁶¹) T r o u i l l a t I, S. 260.
⁶²) Breisach: Handfeste Rudolfs von Habsburg 1275, G e n g l e r, Cod. S. 308 ff. Franz B e y e r l e vermutet mit Recht, daß dieser Handfeste ein Privileg Heinrichs VI. zugrunde liege, ZRG. G. 35, 1914, S. 510; 39, 1918, S. 318. Dazu T h i e m e, Staufische Stadtrechte im Elsaß, ZRG. G. 58, 1938, S. 654 ff.
⁶³) So Art. 1 von Breisach 1275: G e n g l e r, Cod. S. 308. Vgl. mit Freiburg, Art. 8, K e u t g e n S. 118 f.
⁶⁴) Breisach 1275: Art. 1, G e n g l e r, Cod. S. 308 infra bannum burgi Brisach, vgl. Art. 5, 6, 9, 10, 16, 17.
⁶⁵) Näheres bei Karl Otto M ü l l e r, Die oberschwäbischen Reichsstädte 1912, S. 95—120

Anmerkungen zu Seite 156 bis 157

Seite 156.
1) Zu Herford: R i e t s c h e l, Markt und Stadt, S. 97 ff.
2) Hameln gegen Minden 1185—1206: UB. Nr. 8, S. 5 f. (civitas). Gandersheim wurde erst 1334 als Stadt anerkannt. G o e t t i n g, Die Anfänge der Stadt Gandersheim, Bl. für deutsche Landesgeschichte 89, 1952, S. 54.
3) Für Fulda: Gesta Marcwardi, S c h a n n a t, Hist. Fuld. Cod. Prob. p. 187 ff. Ewald H e r z o g, Die hessischen Städte, Beilage z. 44. Jb. d. Hist. Komm. für Hessen und Waldeck 1941.
4) Hersfeld 1170: D o b e n e c k e r II Nr. 417. B u t t e, Stift und Stadt Hersfeld 1911, S. 107 ff.
5) D e m a n d t, Quellen zur Rechtsgeschichte der Stadt Fritzlar, S. 15 ff.
1) B j ö r k a n d e r, Till Visby stads äldsta historia, Akad. afh. Upsala 1898. H. B ä c h t o l d, Norddeutscher Handel 1910, S. 258 f. H o f m e i s t e r, Heinrich der Löwe und die Anfänge Wisbys, Z. d. Ver. f. Lübische Gesch. 23, 1926, S. 43 ff. Y r w i n g, Gotland under eldere medeltit 1940. R ö r i g, Reichssymbolik auf Gotland, Hans. Gbl. 64, 1940, S. 1 ff. R ö r i g, Gotland und Heinrich der Löwe, Hans. Gbl. 65/66, 1940/41, S. 1 ff.
2) H o f m e i s t e r S. 82. K o p p e, Schleswig und die Schleswiger, S. 117.
3) R ö r i g, Reichssymbolik, S. 8 ff.
4) H e y d e l, Itinerar Heinrichs des Löwen, Niedersächs. Jb. 6, 1929, S. 52. R ö r i g, Reichssymbolik, S. 5 ff, 13 ff. Vgl. die Einleitung zum Stadtrecht von Wisby von 1340—50, S c h l y t e r, Corp. iur. Sueo-Gotorum VIII (1827—77), S. 21 Do sande man an hertoghen Hinrike, enen hertoghen over Beyern unde Sassen, de besteghede uns den vrede unde dit recht, alset vore sin oldervader keyser Lothar gegeven hadde.
5) R ö r i g, Reichssymbolik, S. 64.
6) Lübisches UB. I, S. 368 Nr. 402 von 1280, Nr. 406 S. 371. Für Bergen: vgl. das Stadtrecht des Königs Magnus Hakonarson, bearb. v. Rudolf M e i s s n e r 1950. Bergen tritt unter König Olaf Kirry (1066—93) als ein von fremden Kaufleuten besuchter Hafen auf. Heimskr. 3, 226, F. J., M e i s s n e r S. XV.
7) Adam von Bremen zu III 51 für 1066: S c h m e i d l e r, S. 195, Schol. 81. Sliaswig, civitas Saxonum Transalbianorum, ex improviso paganorum incursu funditus excisa est. W. K o p p e, Schleswig und die Schleswiger, Rörig-Gedächtnisschrift, S. 96 f.

Seite 157.
8) F r a h m, Stadtrecht der Schleswiger und ihrer Heimat, Z. d. Ges. f. Schleswig-Holst. Gesch. 64, 1936, S. 1 ff. J a n k u h n, Haithabu. Eine germanische Stadt der Frühzeit, 2. Aufl. 1938, S. 60 ff.
9) Schleswig: Stadtrecht (1155), Art. 31, T h o r s e n S. 11. König Sven (1147—57) gewährte einen Erlaß von 80 Mark Abgaben in Lieferungen von Marderfellen, J ó r g e n s e n, Hist. Afh. II, 182.
10) Schleswig: Stadtrecht (1155), Art. 27, T h o r s e n S. 9 si est causa de manhaeleget civis frater conjuratus purgabit se de convivio conjuratorum. K o p p e, Schleswig und die Schleswiger, S. 112.
11) F r a h m S. 47 ff. Kaufmannsrecht im Art. 31 (pax für Kaufleute), Art. 44, 45 (kein Zweikampf), 46 (Verwahrung fremden Guts), 77 (Stadtluft macht frei), 42 (rechte Gewere) usw.
12) Über Stettin: Hermann B o l l n o w, Burg und Stadt in Pommern bis zum Beginn der Kolonisationszeit, Baltische Studien N. F. 38, 1936.
13) Über Danzig: E. K e y s e r, Neue Forschungen über die Entstehung der Stadt Danzig, Z. d. Westpreuss. Gesch. Ver. 75, 1939.
14) Nachrichten eines arabischen Kaufmanns Bekri über Prag für das Jahr 973, J a c o b, Ein arabischer Berichterstatter aus dem 10. Jh., S. 12.
15) Cosmas II, 45 zu 1091 bei Z y c h a, Prag 1912, S. 96, Anm. 2. Das Recht der Deutschen in Prag, das Herzog Sobieslav II. zwischen 1176 und 1178

Seite 157. bestätigte, beruft sich auf die Privilegien der Deutschen durch König Wratislav II. von 1061—92, Art. 2, W e i z s ä c k e r, Mitt. d. V. f. G. d. Deutschen in Böhmen 75, 1935, S. 117, Art. 20. W e i z s ä c k e r S. 18 spricht von mehreren vici Theutonicorum.
[16]) Art. 13.
[17]) Art. 2, 3, 12.
[18]) Art. 12, 15, 24.
[19]) Art. 23; 3.
[20]) Art. 6.
[21]) Art. 17.

Seite 158. [22]) Art. 1, 2, 6, 8 (pax).
[23]) Konrad S c h ü n e m a n n, Die Entstehung des Städtewesen in Südosteuropa 1929.
[24]) S c h ü n e m a n n S. 66. Nachrichten von 1147, 1156—72.
[25]) S c h ü n e m a n n S. 92 ff. Erste städtische Urkunde von 1255 de vico Strigoniensi.
[26]) Über das russische Städtewesen Otto B r u n n e r, in einem noch ungedruckten Vortrage.

Seite 163. [1]) M e y e r, Rostocker Stadtverfassung, Jb. d. V. f. Mecklenb. Gesch. 93, 1929, S. 41 ff. T e c h e n, Geschichte der Seestadt Wismar 1929.
[2]) J o h a n s e n, Hans. Gbl. 65/66, 1940/41, S. 1 ff. A r b u s o w, Baltische Lande I, 1939, S. 372. Das deutsche Reval 1942.
[3]) Z y c h a, Prag 1912. Über Gran: S c h ü n e m a n n, Die Entstehung des Städtewesens in Südosteuropa 1929. Über Breslau: Th. G ö r l i t z, Beiträge zur Geschichte der Stadt Breslau 1935—37.
[1]) Neuss: 1021 portus Nussiae. Deutz, Bonn und Koblenz erwähnt im Rheinzoll 1104. Städte wurden Koblenz 1182, Neuss 1190, Bonn 1243.
[2]) Städte: Rees 1228, Xanten 1228, Emmerich 1233, Wesel 1241.
[3]) Linz: 903—905 Zollstätte, Cap. II, Nr. 253. Krems 1014: Dipl. III, Nr. 317. Enns: um 1160 forensis villa.
[4]) Aken 1160: Deutsches Städtebuch II, S. 409. Tangermünde 1136: Elbzoll, R i e d e l, Cod. dipl. Brandenb. XVI, Nr. 1. Deutsches Städtebuch II, S. 701.

Seite 164. [5]) Über Meissen: Deutsches Städtebuch II, S. 150 (unter 3 und 4).
[6]) Von Märkten aus salischer Zeit hebe ich hervor: Allensbach (998, 1075), Amberg (1034), Donauwörth (1030), Einbeck, Emden, Friesach (1016), Heiligenstadt, Kelheim (1045), Middelburg, Nörten (1055), Nürnberg-St. Jakob, Osterode (1075), Plauen (1120), Radolfszell (1100), Rothenburg o. d. Tauber (1102), Saalfeld (1074), Schaffhausen (1045), Seligenstadt (1045), Weißenfels (1035). Staufischer Zeit gehören an die Märkte von: Bozen (1192), Brilon (nach 1167), Dieburg, Dinkelsbühl (nach 1188), Dordrecht, Eisenach (1150), Eschwege (1188), Gotha (um 1150), Göttingen, Graz (1164), Hannover (1156—70), Heilbronn (1130), Innsbruck (1180), Isny (1171), Kassel (1150), Klagenfurt (1181—93), Kolmar, Leiden, Lünen, Mühlhausen (1180), Mülhausen (1186), Murten (1179), Nordhausen (1180), Nürnberg-St. Sebald (1183), Obernkirchen (1181), Offenburg, Orlamünde (1194), Querfurt, Recklinghausen (1179), Rheinfelden (um 1150), Rüthen (1178), Salzwedel (vor 1170), Solothurn (1181), Stendal (1164), Steyr (1170), Thun (1191), Überlingen (1152), Vacha (1186), St. Veith (1176), Wangen (1150), Weilheim (1176), Weißensee (1198), Wetzlar (1180), Wimpfen (1142), Xanten (1142), Zeitz (1150), Zofingen, Zutphen (1190).
[7]) O. D o b e n e c k e r, Reg. dipl. Thur. II, Nr. 732. C. L. W e n z e l, Die Gründung der Stadt Münden 1925. Hans G r ä f e, Echtheit des großen Privilegs Ottos des Kindes für Münden, Hann. Magazin II, 1926, S. 1. Paul

Seite 164. Weiszke, Verfassung und Verwaltung der Stadt Münden im Mittelalter, Jb. d. Gesch.-Ver. f. Gött. 4/5, 1911/12, S. 161 f. Annelies Ritter, Die Ratsherren und ihre Familien in Göttingen, Duderstadt und Münden 1943, S. 77 ff.

8) Enns um 1160 forensis villa: Steiermärk. UB. I, S. 415. J. Lahusen, Zur Entstehung der Verfassung bayrisch-österreichischer Städte 1908, S. 31 ff.

9) Brixen: 1080 vicus, Vita Anselmi 19, MG. SS. 120, 19. Acta Tirol. I, 385. Rietschel, Burggrafenamt, S. 80. Mutschlechner, Alte Brixner Stadtrechte 1935, S. 15 (Stadtrecht von 1380). Emden: Dörries, Entstehung und Formenbildung der niedersächsischen Stadt 1929, S. 169. Fürth: Freiherr v. Guttenberg, Das mittelalterliche Fürth, Z. f. bayr. Landesgesch. 6, 1933. Radolfszell 1100: Keutgen S. 62 f., Nr. 100. Stadtrecht von 1267. P. Albert, Geschichte der Stadt Radolfszell 1896, S. 52 ff. Staveren 1108: Heinrich V., Waitz S. 44 ff. Telting, De friesche Stadsrechten 1883, S. 184 ff.

Seite 165. 10) Bolkenhain: 1241—51. Bolkoburg erst 1277 erwiesen. Landshut: Gründungsprivileg durch das Benediktinerkloster Opatowicz; Lokationsprivileg durch Herzog Boleslav II. von Liegnitz. Neumarkt 1223: Stadtgründung durch Herzog Heinrich I., flämisches Kolonistenrecht. Festschrift zur 700-Jahrfeier des Neumarkter Rechts 1935, bes. die Beiträge von Theodor Goerlitz und von Heinrich v. Loesch. Schönau: Stadtgründung 1295 durch Bolko von Löwenberg. Schweidnitz 1241—49: Piastenanlage nach fränkischem Recht.

11) Kiel: um 1233 von Graf Adolf IV. von Holstein als civitas gegründet. Malchin: 1226 gegründet von Nikolaus von Rostock. Marienwerder: 1236 durch Deutschen Orden. Berlin: um 1230, Markgraf Johann I. und Otto III. (Askanier). Weitere Beispiele: Löbau: um 1220, Ottokar von Böhmen. Thorn: 1233, Deutscher Orden. Königsberg: 1255, Deutscher Orden. Anklam: 1242, Herzog von Pommern. Neubrandenburg: 1248, Markgraf von Brandenburg.

12) Hamm: 1226 durch Graf Adolf von Mark gegründet, Overmann, Hamm 1908. Eisenberg: 1210, Dobenecker II, 1459 (Wettiner). Dieburg: vor 1200 gegründet durch die Herren von Bolanden. Bremgarten: nach 1200, habsburgische Gründung. Egon Bürgisser, Geschichte der Stadt Bremgarten 1937, S. 8 ff.

13) Ich verweise weiter auch auf Kalkar: um 1244. Düffel, Zur 700-Jahrfeier der Stadt Kalkar, Niederrh. Geschichtsfreund 25, 1944. Salzkotten: 1247, Bischof von Paderborn. Lappe, Die Bauernschaften und Huden der Stadt Salzkotten 1912, S. 397. Frankenberg in Hessen: 1243 gegründet durch den Landgrafen von Thüringen. Spiesz, Verfassungsgeschichte der Stadt Frankenberg 1930, S. 335 ff. Reichenbach im Vogtlande: um 1240, Heinrich V. von Greiz. Aarau: um 1241, Graf Hermann von Kiburg. Merz, Geschichte der Stadt Aarau im Mittelalter 1925. Brugg: 1232 cives, Herrgott, Gen. Dipl. Habsburgica II, 243 Nr. 295. Klingnau: 1239, Ulrich Edler v. Klingen, 1239 wird von castrum et civitatem construere gesprochen. Richensee: 1237, Graf von Kiburg. UB. d. Stifts Beromünster I, 1906, S. 114 Nr. 41. Bosch, Richensee, Z. f. Schweiz. Gesch. 23, 1943, S. 52 ff.

1) Heilbronn: 841 palatium regium, UB. Nr. 2. Nimwegen: 777, seit 804 in Stein. Einhard, De vita Caroli Magni 17 (Valkhof). Schlettstadt: 776, Dipl. Karol. I, Nr. 110.

2) Zürich: Heinrich III., 1054 palatium imperatoris. Stadt Friedrichs II. 1219, UB. Nr. 389. Nimwegen: 1155, Friedrich I. stellt die Burg wieder her. 1230,

Seite 165. Privileg Heinrichs (VII.), civitas imperii. Terpstra, Nijmegen in de Middeleeuwen 1917.
³) Siehe oben S. 154.
⁴) Vgl. H. Niese, Verwaltung des Reichsguts 1905, S. 1 Nr. 4 (karolingischer Besitz). Stumpf Nr. 3529, Konrad III. Huillard-Bréholles II, 623 (zu 1226). Privileg Friedrichs II. zur Steuerbefreiung der milites, cives et habitatores civitatis, zwecks Befestigung der Stadt.
⁵) Näheres bei K. O. Müller, Die oberschwäbischen Reichsstädte 1912, S. 35 ff.
⁶) Friesach: Königlicher Hof 860, M. Car. III 27, 564, 579. Civitas ummauert, M. Car. III 603, 605, IV 2591 cives fide digni. H. Zedrosser, Die Stadt Friesach, 3. Aufl. 1953.

Seite 166. ⁷) Recklinghausen 1235: Lacomblet II, 204.
⁸) Beispiele sind etwa: Esslingen: Niese, Reichsgut, S. 2 (866). Friedrich II., 1219 Stadtgründung. Weller, Die staufischen Städtegründungen, S. 207. Heiligenstadt: vor 850 fränkischer Königshof, 1227 Stadtgründung durch Erzbischof von Mainz (burgenses). Ingolstadt: Karolingischer Königshof 806. 1250 Stadtgründung durch Ludwig den Strengen. Itzehoe: Karolingisches Kastell 810. 1238 Stadtgründung durch Adolf IV. von Schauenburg. Kolmar 823 fiscus noster, ORhStR. III 3, S. 3 Nr. 1. Stadt seit 1214, Nr. 21. Linz: 799 castrum, Oberösterr. UB. I, Nr. 28. Nach 1210 Stadt. Nördlingen: Reichsgut 898 an Regensburg, Weller, Staufische Städtegründungen, S. 214 f. Stadtgründung Friedrichs II. 1215. Wels: castrum 776, Meichelbeck, Hist. Fris. II, S. 57 Nr. 51. civitas 1222, Meiller, Regesten der Babenberger, Nr. 180.
⁹) Westfälisch. UB. IV, Nr. 103 zu 1232. Die Stadt Obermarsberg gehörte anfänglich dem Bischof von Paderborn, Seibertz I, Nr. 197, ging dann 1236 auf den Erzbischof von Köln über, Westfälisches UB. IV, Nr. 161.
¹⁰) Carl Erdmann, Die Burgen Heinrichs I., DA. VI, 1943, S. 59 ff., bes. S. 92 ff. Quedlinburg wird 1206 in einer päpstlichen Urkunde civitas genannt, desgleichen Nordhausen 1206. Dobenecker II, 1323. Duderstadt heißt 1253 civitas, Ritter, Die Ratsherren, S. 14.
¹¹) Über Göttingen: Dörries, Die Städte im oberen Leinetal 1925.
¹²) Über Altenburg: Schlesinger in Forsch. z. Gesch. Sachsens, hg. v. Kötzschke 1937, S. 73 ff. Boppard 1216, Mittelrhein. UB. III, Nr. 61. Cham: 1224 Stadt, Rothenfelder S. 35. Helmarshausen 1216–25: Stadtgründung durch Erzbischof Engelbert von Köln. Krems 1276: FRA. III, Nr. 9, S. 4. Steyr 1287: Oberösterr. UB. IV, S. 66.
¹³) Aschersleben: 11. Jh. Burg der askanischen Grafen, 1266 Halberstädter Stadtrecht. Dordrecht 1018: Dietrich III. von Kennemerland, 1252 Keure. Northeim: 1002 Grafenpfalz, Stadt 1250, Schnath, Geschichtlicher Handatlas Niedersachsens 1939, S. 25. Donauwörth: vor 1000 Burg der Grafen von Dillingen, 1218 Städtegründung Friedrichs II. Tübingen: 1078 castrum Twingia, 1231 Stadtrecht, civitas, E. Eimer, Tübingen 1945, S. 5 ff., 27 ff.
¹⁴) Brandenburg: 928 dt. Burgward, Dt. St. B. I, S. 510. Eilenburg um 1220. Strehla um 1200. Tangermünde um 1200. Torgau 1255–67, Markgraf Heinrich der Erlauchte. Werben 1225: Cod. dipl. Anh. I, 319.
¹⁵) v. Guttenberg, Das mittelalterliche Fürth, Z. f. bayr. Landesgeschichte 6, 1933, S. 382. Ann. Altah. maior p. 16 (zu 1050). Hennes, UB. des Deutschen Ordens II, 1. Rietschel, Burggrafenamt, S. 119, 336, Sebaldersiedlung nur burgum.
¹⁶) Zu Solothurn: Schuppli, Geschichte der Stadtverfassung von Solothurn 1897. Zu Hainburg: Lahusen S. 71/73.

Seite 166. [17]) Lüdenscheid: 1114 feste Burg Heinrichs V., um 1250 Stadt der Grafen von der Mark. In Osterode bestand 1075 eine königliche Burg, 1218—23 eine pfalzgräfliche Stadt, M a r w e d e l, Verfassungsgeschichte der Stadt Osterode 1912, S. 12. Auch in Wetzlar ist die Reichsburg spätestens in salischer Zeit anzunehmen; als Stadt bezeugt ist Wetzlar erst 1228.

[18]) Über Neuss: L a u, Neuß, S. 2*f. Zu Rheinberg: A. W i t t r u p, Rechts- und Verfassungsgeschichte der kurkölnischen Stadt Rheinberg 1914. Zu Zülpich: Arnim T i l l e, Zum Zülpicher Stadtrecht, Niederrhein. Annal. 73, 1902, S. 1 f.

Seite 167. [19]) Graz: 1043 Erbauung der Burg Gösting, 1164 Markt, um 1240 Stadterhebung, P o p e l k a, Geschichte der Stadt Graz 1928, S. 47 ff., 182 ff., 372 ff. Salzwedel 1112: Annal. Hildesh. MG. SS. 6, 112, 1233 civitas. Murten: 1032 Konrads II. Burg, um 1200 Stadt. Eisenach: um 1070 die Wartburg, 1196 Stadt Eisenach, D o b e n e c k e r II, 199. Freyburg a. d. Unstrut: 1076 Neuenburg Ludwig der Springer, 1229 oppidum, 1292 civitas. Blankenburg: Burg des Grafen von Blankenburg, Stadt um 1200, S c h n a t h, Geschichtlicher Handatlas Niedersachsens 1939. Einbeck: 1024—39 Burg des Grafen Udo von Northeim, 1256 Stadt. Leiden: 1108 Kastell des Grafen, Oork. B. I, Nr. 105; um 1200 Stadtrecht, Graf Dirk VII, B l o k, Geschiedenis ener Hollandsche Stad, 2. Aufl. 1910—18. Rothenburg ob der Tauber: 1102 Burg, Dipl. Comburg, Nr. 9, Reichsstadt um 1200.

[20]) Für 1129 wird ein befestigter Haupthof, für 1175 eine Wasserburg bezeugt. 1299 erhält die Stadt ein Stadtrecht.

[21]) Eger: 1180 Pfalz Friedrichs I., Mon. Egr. 88, 95, 96 (castrum imperatoris); 1203 civitas, Mon. Egr. 119, S c h l e s i n g e r S. 28 ff. S t u r m, Eger, S. 38 f. Gelnhausen: 1160—65 Pfalz Friedrichs I., Reichsstadt 1241. Kaiserslautern: 1152 Pfalz Friedrichs I., 1241 Reichsstadt. Wimpfen: 1182 Pfalz Friedrichs I., Stadt am Berg um 1220. ORhStR. I, S. 62 ff.

[22]) Friedberg: Friedrich II. wohl 1212 Reichsburg, 1219 königliche Stadt.

[23]) Bern: Reichsburg Nideck, 1152/1191 Zähringerstadt. Freiberg: 1181 markgräfliche Burg Freudenstein, um 1200 Stadt. Landshut a. d. Isar: herzoglichbayrische Burg 1183, Stadtgründung 1204, Annal. Altah. MG. SS. XVII, S. 386. Marburg: um 1130 Burg (Gisonisch), um 1200 Stadt des Landgrafen von Thüringen. Stendal: um 1150 markgräfliche Burg, um 1200 Stadt. Weitere Beispiele sind: Bernburg: anhaltische Burg 1138, Stadtrecht 1278. Dresden: vor 1200 wettinische Burg am Taschenberg, 1216 civitas. Thamsbrück: 1149 Burg Ludwigs des Eisernen, um 1193 Stadt. Warstein: 1180 castrum des Erzbischofs von Köln, 1287 Stadt. Weißensee: Erbauung der Ronneburg 1168—70, 1265 Stadt.

[24]) Bitterfeld: Burg des Grafen von Brehna 1153, nach 1200 Stadt. Laasphe: 1174 Burg des Grafen von Wittgenstein, 1277 Stadt. Rendsburg: 1199 Burg der holsteinischen Grafen (vetus arx), nach 1250 Stadt. Weida: 1122 Burg der Vögte von Weida, 1209 Stadt.

[25]) Elzach: 1178 Burg der Schwarzenberger, um 1287 Stadt. Hanau: vor 1143 Burg der Hanauer, 1303 Stadt. Perleberg: 1137 Burg der Herren von Gans, um 1200 Stadt.

[26]) Demmin: 1070 slawische Burg, um 1250 deutsche Stadt. Pasewalk: 1150 slawische Burg, 1239 deutsche Stadt. Stargard: 1124 slawische Altenburg, 1253 deutsche Stadt. Stettin: 1091 slawisches castrum, 1243 deutsche Stadt.

[27]) Rostock: 1160 Zerstörung der wendischen Burg, 1218 lübisches Stadtrecht. Gadebusch: wendische Burg, 1225 Stadt. Malchow: 1147 wendische Burg zerstört, 1235 Stadt. Parchim: wendischer Burgwall, 1225/26 Stadt.

[28]) Bunzlau: Kastellanei 1207, Stadt um 1300. Jauer: slawische Burg, um 1241 Stadt. Liegnitz: 1175 herzogliche Burg, um 1250 Stadt.

Seite 167. 29) Brünn: 1091 herzogliche Burg, 1238 Stadt.
30) Deutsches Städtebuch III (ungedruckt).
31) Welti und Merz, Stadtrecht von Laufenburg 1915, Nr. 1. Herrgott II, S. 364 Nr. 441.
32) Deutsches Städtebuch III (ungedruckt).
33) Deutsches Städtebuch I, S. 641.
34) Über Kulm: Schumacher, Geschichte Ost- und Westpreußens 1937, S. 80. Über Reval: H. v. zur Mühlen, Studien zur älteren Geschichte Revals 1937. Johansen, Nord. Mission, Revals Gründung 1951, S. 29 ff.
35) Thun: Hektor Ammann, Die Anfänge der Stadt Thun, Z. f. Schweiz. Gesch. 13, 1933, S. 327. Bremgarten: Bürgisser, Geschichte der Stadt Bremgarten 1937, S. 8 ff. Rapperswil: Schnellmann, Entstehung und Anfänge der Stadt Rapperswil 1926, S. 14 ff., 40. Aarau: Welti und Merz, Geschichte der Stadt Aarau im Mittelalter 1925.
36) Zwickau: siehe Rudolf Kötzschke, Dietrich von Meissen, N. A. f. Sächs. Gesch. 42, 1924. Deutsches Städtebuch II, S. 238, 244.
37) Frankenberg 1243: Landgraf von Thüringen, Spiesz, Verfassungsgeschichte der Stadt Frankenberg 1930, S. 335 ff. Büren, Deutsches Städtebuch III (ungedruckt).
38) Elbing: Carstenn, Geschichte der Hansestadt Elbing 1937. Im Raume Elbings bestand schon um 750 am Drausensee eine Wikingersiedlung. Braunsberg: Die um 1240 angelegte Ordensburg wurde 1242 zerstört. 1250 entstand eine deutsche Stadtsiedlung. Memel: Burg und Stadt wurden 1242 vom Deutschen Orden und dem Bischof von Kurland angelegt. Frauenburg 1270—78. Marienburg 1274—76.

Seite 168. 39) Berlin: E. Kaeber, Die Gründung Berlins und Köllns, Forsch. z. Brand. preuß. Geschichte 38, 1926. Rave, Berlin 1941, S. 10. Frankfurt a. d. Oder 1253: Deutsches Städtebuch I, S. 534. Landsberg a. d. Warthe 1257: Deutsches Städtebuch I, S. 573.
40) Guben 1235: Städtegründung durch Markgraf Heinrich von Meissen. „Burg nicht nachweisbar", so Deutsches Städtebuch I, S. 551.

Seite 169. 1) Siehe oben S. 153.
2) Hildebrand, Heinrich der Löwe, S. 211 ff., 289 ff.
3) Hildebrand S. 313 ff., 325 ff.
4) In Haldensleben bestand in ottonischer Zeit 966 eine Burg, vielleicht schon in der Zeit Heinrichs I. (920—930). Die Stadt Heinrichs des Löwen triplici vallo et muro forte munita, Lauterberger Chronik, Hildebrand S. 33 ff.
5) Erzbischof Reinald errichtete 1165 für Medebach eine Handfeste, nennt Medebach oppidum, das mit einer fossa umwallt sei, Art. 5, 8, 10. Freilich nennt schon Erzbischof Arnold 1144 Medebach ein honestum oppidum.
6) Siegburg: 1182 oppidum, jus burgense, civitas, Lacomblet I, S. 483. Neuss: 1190 burgenses de civitate Nussia, Lacomblet I, S. 524.
7) Rüthen 1200: Erzbischof Adolf I. (1193—1215), Seibertz I, Nr. 113 infra muros et fossata oppidi, quod aput Ruden pro pace terrae de novo construximus. Bender, Geschichte der Stadt Rüthen 1848, S. 25, 162. Viegener S. 214 f.
8) Attendorn 1222: Seibertz I, Nr. 166 oppidum nostrum Attendorn, quod de novo fossatis et edificiis muniri fecimus. Brilon 1251: Seibertz I, Nr. 269 Olim dominus Engelbertus archiepiscopus loci hujus munitionem ipsi ecclesiae Coloniensi proficuam pacis et tuitioni patrie opportunam previdit. Lappe, Die Bauerschaften der Stadt Geseke 1908, S. 5 ff. Seibertz, UB. I, Nr. 151. Marsberg: Westfälisches UB. IV, Nr. 103, 161. Gleichzeitig hat Engelbert I. Helmershausen, Padberg und Werl angelegt.

Seite 169. [9]) **Liesegang**, Niederrheinisches Städtewesen 1897, S. 34 ff. Rees, Privileg 1228 oppidum de consilio fidelium nostrorum concessimus muniendum. **Liesegang** S. 100. Deutz: Privileg 1230 oppidum Tuitiense propter temporis inclementiam et malignantiam in cursus firment ac muniant, **Lacomblet** II, S. 86.

[10]) Schmalenberg 1242: **Seibertz**, UB. I, Nr. 228 propter collapsionem et destructionem castri, concordavimus, quod oppidum nostrum firmaremus, munitionem expensis communibus edificari faceremus. Bonn: 1243 oppidum Bunnense fossatis et muris duximus muniendum, **Gengler**, Cod. S. 251. Essen 1244: K. **Ribbeck**, Geschichte der Stadt Essen I, 1915, S. 100. Dorsten 1251: **Gengler**, Cod. S. 827. Zülpich 1254: **Lacomblet** II, S. 410.

[11]) Stadtgründungen von Lechenich 1279: **Gengler** S. 242. Brühl 1285: **Gengler**, Cod. S. 412. Warstein 1287: Deutsches Städtebuch III. Kempen 1294: **Kallen**, 650 Jahre Stadt Kempen 1944. Belecke: Privileg 1296, **Gengler**, Cod. S. 174.

Seite 170. [12]) Bocholt 1201: **Keutgen** Nr. 105 S. 67. Coesfeld 1197: **Niesert**, Münster. UB. 1, 2, S. 411. **Sökeland-Hüer**, Geschichte der Stadt Coesfeld 1947, S. 10 ff. Lünen um 1200: **Lappe**, Sondergemeinden der Stadt Lünen 1909.

[13]) Ahlen 1212: **Gengler**, Cod. S. 17. Beckum: 1224 civitas, **Gengler**, Cod. S. 173.

[14]) Brakel 1244: **Gengler**, Cod. S. 266. Nieheim 1228—47: **Parensen**, Die Verfassung der Stadt Nieheim 1941, S. 18. Salzkotten 1247: **Lappe**, Salzkotten 1912.

[15]) Zutphen 1190: Stadtgründung, **Pijnacker-Hordijk**, Rechtsbronnen der Stad Zutphen 1881, S. 5 f. **Düffel**, Die Emmericher Stadterhebung, Ann. d. Hist. Ver. f. d. Niederrhein 124, 1934, S. 1 ff. Gisela **Vollmer**, Stadtentstehung, S. 85 ff., **Lacomblet** II, Nr. 191.

[16]) Bielefeld: **Vollmer**, UB. S. 12.

[17]) Hamm 1243: Westfälisches UB. VII Nr. 546.

[18]) Lüdenscheid: Deutsches Städtebuch III.

[19]) Iserlohn: Deutsches Städtebuch III. Unna: **Lüdicke**, Stadtrecht von Unna 1930. Bochum 1321, **Gengler**, Cod. S. 243.

[20]) Über Wesel: F. **Reinhold**, Verfassungsgeschichte Wesels im Mittelalter 1888, S. 46 ff. **Harlesz**, Zur Geschichte der Stadt Wesel, Z. d. berg. G. V. 24, 1888, S. 57 f. **Lacomblet** II, Nr. 258.

[21]) **Liesegang**, Niederrheinisches Städtewesen 1897, S. 142 f.

[22]) Ratingen: **Redlich**, Ratingen 1928, S. 3.

[23]) Arnsberg 1238: **Seibertz** I, Nr. 212 S. 269 f. Lüdinghausen: Der Bischof von Münster zwingt den Herrn von Lüdinghausen, Stadt und Burg einzureißen, Deutsches Städtebuch III (ungedruckt).

[24]) **Koof**, Die Entstehung der altjülichschen Städte, Diss. Bonn 1926, S. 1 ff., 42, 46 ff., 59, 71, 82, 88 ff., 94.

Seite 171. [25]) Göttingen und Duderstadt: vgl. **Ritter** S. 11 ff. Northeim: **Schnath**, Geschichtlicher Handatlas von Niedersachsen 1939, S. 25. Osterode: **Marwedel**, Die Verfassungsgeschichte der Stadt Osterode 1912.

[26]) Hannover: UB. hg. v. **Grotefend** und **Fiedler** 1860, Nr. 3, 1215. **Weber**, Verf. u. Verw. d. Stadt Hannover, Diss. Gött. 1933, S. 5 f.; Niedersächs. Städtebuch S. 169.

Seite 172. [27]) Vgl. die Übersichten im Deutschen Städtebuch I, S. 432, 434, 435, 442.

[28]) Vgl. die Übersichten im Deutschen Städtebuch I, S. 286, 294, 304, 306, 314.

[29]) Deutsches Städtebuch I, S. 152.

Seite 172. ³⁰) Stralsund 1234: Pommersches UB. I, S. 233 Nr. 307. Loitz 1242: Bewidmung mit lübischem Recht, von Sumpf und Moor umgeben. Kolberg 1255: lübisches Recht am Ostseestrand. Wollin: auf der Insel Wollin gelegen, vor 1278 lübisches Recht. Deutsches Städtebuch I, S. 244, 200, 190 und 263.

³¹) Stargard: 1140 castrum Stargod, 1253 Magdeburger Recht, Herzog Barnim von Pommern. Stolp: castrum Stolpense seit 1236, 1310 lübisches Recht. Markgraf Waldemar von Brandenburg. Deutsches Städtebuch I, S. 232, 242.

³²) Die ersten Städtegründungen des Ordens waren Thorn und Kulm. Die Kulmer Handfeste von 1233 schuf eine Rechtsordnung nicht nur für beide Städte, sondern auch für das ganze Ordensland.

³³) Kaufmannssiedlung in der Neustadt Brandenburg, Magdeburger Recht. Tschirch, Geschichte der Chur- u. Hauptstadt Brandenburg, 2. Aufl. 1936.

³⁴) Deutsches Städtebuch I, S. 553, 611, 589, 308, 572, 640, 566.

³⁵) Deutsches Städtebuch I, S. 546; II, S. 728.

³⁶) Deutsches Städtebuch I, S. 556. Die Stadt wurde 1179 von Heinrich dem Löwen zerstört, aber alsbald neu aufgebaut.

³⁷) Dresden: An die Burg am Taschenberg (vor 1200) wurde um 1212 von Dietrich dem Bedrängten die Stadt angeschlossen (1216 civitas). Groitzsch: Am Fuße der Burg (1060) begründete Dietrich 1210 eine befestigte villa. Eilenburg: 961 Burgward, Stadt um 1220. Spremberg: nach 1250 Stadtgründung, Deutsches Städtebuch I, S. 647. Weißensee 1265: Landgraf Albrecht, Deutsches Städtebuch II, S. 726.

³⁸) Weißenfels: Burg um 1050, Marktsiedlung 1185, um 1200 Stadt. Deutsches Städtebuch II, S. 722. Eisenberg: 1219 civitas, Deutsches Städtebuch II, S. 288. Torgau: seit 10. Jh. Burgwall, Burgmannensiedlung, Stadt um 1260, II, S. 709. Sangerhausen: Markgraf Heinrich der Erlauchte, Burg 1260, gleichzeitig Stadt, II, S. 662. Freyburg a. d. Unstrut: Neuenburg 1076, Stadt als oppidum 1229, urbs munitissima 1253, 1292 civitas, II, S. 487.

Seite 173. ³⁹) Weida 1209: civitas, Deutsches Städtebuch II, S. 387. Plauen: 1122 vicus, 1224 castrum, 1244 civitas, Schmidt, UB. der Vögte von Weida I, S. 83. Deutsches Städtebuch II, S. 186. Ronneburg: civitas 1304, Deutsches Städtebuch II, S. 352.

⁴⁰) Strehla: urbs 1002, 1210 civitas, Deutsches Städtebuch II, S. 217. Reichenbach: Deutsches Städtebuch II, S. 196. Sonneberg: Deutsches Städtebuch II, S. 366 f.

⁴¹) Gotha: Karolingische villa, 1180—89 civitas, Dobenecker II, Nr. 834, Stadt um 1200. Schmidt-Ewald, Verfassungsgeschichte der Stadt Gotha im Mittelalter 1941, S. 5 ff., Deutsches Städtebuch II, S. 307. Thamsbrück: Burg 1149, Stadtgründung um 1193, civitas 1206. Dobenecker II, Nr. 1313, Deutsches Städtebuch II, S. 707.

⁴²) Hann.-Münden: fränkischer Königshof, Stadtgründung 1182—85, Dobenecker II, Nr. 732. Wenzel, Die Gründung der Stadt Münden 1925. Beuermann, Hann.-Münden 1951. Melsungen: 1190 burgus, Dobenecker II, Nr. 842 civitas, Reinhartsbrunner Chronik, MG. SS. 30, 552. Armbrust, Geschichte der Stadt Melsungen 1921. Marburg: Burg um 1130, Stadt um 1200, Küch, Quellen zur Rechtsgeschichte der Stadt Marburg I, 1918. Frankenberg: Stadtgründung wohl 1243, Spiesz, Verfassungsgeschichte der Stadt Frankenberg 1930, S. 335 ff.

⁴³) Über Gelnhausen: siehe oben S. 153 f. Friedberg: 1220 regia civitas, UB. der Stadt Friedberg I, 1904, Nr. 4. Oppenheim: Frank, Geschichte der ehemaligen Reichsstadt Oppenheim 1859.

⁴⁴) Güterbock, Zur Entstehung Freiburgs i. Br., Z. f. Schweiz. Gesch. 22, 1942, S. 202 ff. Noack, Kunstgeschichtliche Probleme der mittelalterlichen Stadtplanung, S. 13.

Seite 173. ⁴⁵) N o a c k, Die mittelalterlichen Städte im Breisgau, Oberrh. Heimat 1941, S. 191. T r o u i l l a t I, S. 260.
⁴⁶) Nördlingen: Friedrich II. 1215 civitas, K. O. M ü l l e r, Nördlinger Stadtrechte des Mittelalters 1933. Biberach: Friedrich II. 1216, K. O. M ü l l e r, Oberschwäbische Reichsstädte, S. 230. Heilbronn: Friedrich II. vor 1220, UB. Nr. 11, 12. S c h ö c k, Das Stadtbuch von Heilbronn, Diss. 1927. Dinkelsbühl: 1235 civitas, Mon. Boica 30, 1, Nr. 732.

Seite 174. ⁴⁷) Richerius in MG. SS. 25, S. 302 Scelestat, que antea parvissima villa erat, francam fecit et eam muris latissimis et burgensibus pluribus ampliavit (vor 1217). Hella F e i n S. 27 ff. M e i s t e r, Hohenstaufen im Elsaß, S. 25.
⁴⁸) Donauwörth: Friedrich II. 1218 Ummauerung, G e n g l e r, Cod. S. 806. S t e n g e r, Verfassung und Verwaltung der Reichsstadt Donauwörth 1909. Lindau: 1216 minister civitatis, K. O. M ü l l e r, Oberschwäbische Reichsstädte, S. 333 ff. Schwäbisch-Hall: G m e l i n, Hällische Geschichte 1896.
⁴⁹) Rothenburg ob der Tauber: B e n s e n, Historische Untersuchungen über die ehemalige Reichsstadt Rotenburg 1837. Eßlingen: vor 1219 Stadtgründung, W e l l e r, Städtegründung, S. 207 f. Wimpfen: um 1220 Stadtgründung Friedrichs II. (am Berg). Ravensburg: um 1220 universitas burgensium, K. O. M ü l l e r, Die oberschwäbischen Reichsstädte 1912, S. 35—94.
⁵⁰) Diessenhofen: 1178 Gründung Hartmanns von Kiburg, W e l t i, Freiburg im Üchtlande, S. 12, 18. S o l l b e r g e r, Verfassungsrechtliche Entwicklung der Stadt Diessenhofen 1936, S. 38 ff., 56. Winterthur: Gründung vor 1180, G l i t s c h, Beiträge zur älteren Winterthurer Verfassungsgeschichte 1906.
⁵¹) Aarau: Gründung kurz nach 1241 durch Graf Hartmann von Kiburg, M e r z, Geschichte der Stadt Aarau im Mittelalter 1925, S. 3. Über die Türme: M e r z, Die mittelalterlichen Burganlagen und Wehrbauten des Kantons Aargau I, 1905, S. 4. Mellingen: 1045 Ansiedlung an der Reußfähre, 1247 civitas, UB. Zürich II, S. 178, 227.
⁵²) Bremgarten: um 1200 habsburgische Stadt, B ü r g i s s e r, Geschichte der Stadt Bremgarten 1937, S. 8 ff. Brugg: wohl 1232 Stadt, M e r z, Die mittelalterlichen Burganlagen, S. 155.
⁵³) Laufenburg um 1250: 1266 cives de Laufenburg, H e r r g o t t II 364, Nr. 441. Baden an Aare und Limmat: Privileg Rudolfs I. (1270—90).

Seite 175. ⁵⁴) Zofingen: Stadtgründung vor 1200, Hektor A m m a n n, Froburger Städtegründungen, Festschrift für Nabholz, S. 89 f. Über Olten: P. W a l l i s e r, Das Stadtrecht von Olten 1951, S. 20.
⁵⁵) S c h n e l l m a n n, Entstehung und Anfänge der Stadt Rapperswil 1926, S. 38. Um 1230 Stadt, Züricher UB. I, 481.
⁵⁶) Klingnau: 1239 castrum et civitatem construere, W e l t i, Stadtrecht von Kaiserstuhl und Klingnau 1905, Nr. 1. M i t t l e r, Gesch. d. Stadt Klingnau 1947, S. 47.
⁵⁷) E i m e r, Tübingen, Burg und Stadt 1945, S. 27 f. Isny 1238: Württ. UB. III 407, K. O. M ü l l e r, Oberschwäbische Reichsstädte, S. 251 ff. Leutkirch: 1239 burgum, Württ. UB. III 441, K. O. M ü l l e r, l. c. S. 171.
⁵⁸) Kenzingen: Burg 1094, Stadt 1248. Sulzburg: um 1150 Burg auf Schloßberg, Stadt vor 1250. Waldkirch: um 1150 Burg Schwarzenberg, Stadt vor 1283. Elzach: 1178 erste Erwähnung der Burg, Stadtgründung um 1187. N o a c k, Die mittelalterlichen Städte im Breisgau 1941, S. 193, 198, 201, 202. G ö n n e n w e i n, Marktrecht und Städtewesen im alemannischen Gebiet, ZGORh. 98, 1952, S. 353 f.
⁵⁹) K l a a r, Der mittelalterliche Städtebau in Österreich bei Ginhart, Die bildende Kunst in Österreich I, 1937, S. 84 ff.

Seite 175. ⁶⁰) Wiener Neustadt: Neugründung 1192. Hainburg: erste Erwähnung 1142, MG. SS. 5, S. 124. Um 1192 Ummauerung, MG. SS. 9, S. 726, Fischer, Siedlungsverlegung, S. 112. Vgl. Lahusen, Zur Entstehung der Verfassung bayrisch-österreichischer Städte 1908, S. 55, 71 ff.

⁶¹) Krems: 995 kaiserliche Burg, Dipl. II, Nr. 170. 1276 universitas civium, FRA. II, Nr. 12. Kaufmännische Ansiedlung um 1014 am Hohen Markt, später Täglicher Markt (1288). Brunner, Krems und Stein 1948, S. 21 ff. Fischer, Siedlungsverlegung, S. 153. Tulln: 1014 Burg Heinrichs II., Dipl. Nr. 198. 1270 Ottokar Stadtrecht, Winter, Urkundliche Beiträge zur Rechtsgeschichte 1877, Nr. 8, 9. Enns: 900 Ennsburg, Annal. Fuld., MG. SS. 1, 415. 1212 Stadtrecht, Fischer, Siedlungsverlegung, S. 108.

⁶²) Wels: 1061 mercatus, 1222 civitas, Meiller, Reg. der Babenberger, Nr. 180. Linz: 906 Markt, nach 1210 babenbergisch, 1236 befestigte Stadt, Hoffmann, Verfassung, Verwaltung und Wirtschaft im mittelalterlichen Linz 1936. Eferding: 1222 Markt, Winter, Urkundliche Beiträge, S. 3 Nr. 3. 1253 ummauerte Stadt, Oberösterr. UB. I, Nr. 204, 214. St. Pölten: 1058 forum, um 1260 Stadtrecht, v. Schwind und Dopsch Nr. 40. Steyr: 985 Burg, 1170 Markt, 1287 Stadtrecht, Oberösterr. UB. IV, S. 66. Lahusen S. 33 ff., 43 ff., 39 ff., 47 ff., 57 ff.

⁶³) Pettau: 977 Burg, 1251 ummauerte Stadt, Pirchegger, Geschichte Pettaus im Mittelalter 1903. Marburg: 1147 Markburg, 1209 forum, 1254 ummauerte Stadt, Pirchegger, Geschichte der Steiermark I, S. 386.

⁶⁴) Graz: nach 1043 Burg Gösting erbaut, 1164 suburbanum castri. Um 1240 Stadterhebung, Herzog Friedrich II., Popelka, Geschichte der Stadt Graz I, 1928, S. 50 ff., 347 ff. Judenburg: 1074 befestigte jüdische Niederlassung, 1259 ummauerte civitas, Pirchegger, Steiermark I, S. 382. Fischer, Siedlungsverlegung, S. 116. Leoben: 1173 forum, 1262 Stadt. Loehr, Leoben 1934, S. 17 ff. Wengert, Die Stadtanlagen Steiermarks 1932, S. 52. Fischer S. 118 ff.

⁶⁵) Friesach: Ummauerung vor 1146 durch Erzbischof Konrad I. von Salzburg, M. Car. III 603. 1255 cives fide digni, M. Car. IV 2591.

⁶⁶) St. Veit: 1176 forum, 1224 civitas, M. Car. 4, 1881. Villach: 1060 Marktprivileg Heinrichs IV., Dipl. VI 1, Nr. 62. Vor 1233 Ummauerung, 1240 civitas, M. Car. IV 2197, Gotbert Moro, Geschichte der Stadt Villach 1940.

⁶⁷) Klagenfurt um 1250: Jaksch II 23, M. Car. IV 2556. Fischer S. 43, 149.

Seite 176. ⁶⁸) Innsbruck zu 1180: Stolz, Politisch-historische Landesbeschreibung, S. 300, Arnold von Lübeck zu 1209: Ummauerung, 1233 civitas, Oefele, Graf von Andechs, Reg.-Nr. 615. 1239 Ottonianum (Stadtrecht des Herzogs Otto von Meran). Fischer S. 112. Lentze, ÖAKR 1953, S. 212 ff.

⁶⁹) Bozen: FRA. II 5, 101, 162, 213. 1265 civitas, Kogler, Archiv für österreichische Geschichte 90, 686 f. 1280 stat. Über die beiden Marktsiedlungen (burgum vetus und novum) Fischer S. 45, 154. Meran: 1237 forum, 1270 burgum, 1290 civitas, Stolz, Historische Landesbeschreibung von Südtirol I, 1937, S. 125.

⁷⁰) Rothenfelder, Die Wittelsbacher als Städtegründer in Bayern, Diss. München 1911. Recknagel, Die Städte und Märkte des bayrischen Donaugebietes, Mittl. der Geogr. Ges. in München 20, 1927, S. 1—118. Hans Leiss, Beiträge zur Entwicklung von Stadt und Markt in Niederbayern, Diss. Erlangen 1935. Keller, Oberbayrische Stadtbaukunst des 13. Jh. 1948. Kelheim 1181: Otto I. Vilshofen 1192. Straubing 1218: Ludwig I. Ingolstadt 1250: Ludwig der Strenge.

⁷¹) Landshut 1204: Annal. Altah. MG. SS. 17, S. 386. München 1158: Marktrecht, 1221 civitas, Annal. Scheftlar. MG. SS. 17, S. 338. Dingolfing:

Seite 176. Privileg 1274 bei Häutle S. 214, Eberl, Geschichte der Stadt Dingolfingen 1856. Landau: Privileg 1304, Häutle S. 223.

[72]) Amberg a. d. Nab: um 1200 Stadt, A. Dollacker, Das wehrhafte Amberg 1939 (Manuskript). Cham: um 1224 Stadtgründung Ludwigs I., Rothenfelder S. 35. Burghausen 1236: Herzog Otto II., Rothenfelder S. 49. Gengler, Cod. S. 449.

[73]) Neuötting: Stadt um 1240, Rothenfelder S. 52. Braunau: 1243 Residenz Herzog Ottos II., 1270 cives, Kriechbaum, Geschichte der Stadt Braunau am Inn 1938. Wasserburg, Stadt um 1300. Kufstein: 1329 Stadt, Kogler, Beiträge zur Stadtrechtsgeschichte von Kufstein (Dopsch, Forschungen zur inneren Geschichte von Österreich, Heft 9). Stolz, Politisch-historische Landesbeschreibung von Tirol, S. 122. Rattenberg: Stadt 1393, Kogler, Recht und Verfassung der Stadt Rattenberg im Mittelalter 1929.

[74]) Freising: 1231 Befestigung der Stadt durch den Bischof, Const. II, Nr. 306 S. 421. Eichstätt: 1180 ummauerte Stadt, civitas, Lefflad, Regesten der Bischöfe von Eichstätt I, 1872, 283.

[75]) Bautzen: Burg Ortenburg nach Thietmar von Merseburg IX 1, V 9. Stadtgründung Ottokars I. 1213, Kretzschmar S. 92 ff. Zur Frühgeschichte der Burg Budissin Walter Frenzel in: 1000 Jahre Bautzen 1939, S. 66 ff.

[76]) Görlitz: 1071 villa, 1215 Stadtgründung Ottokars I., Walther Jecht, Neue Untersuchungen zur Gründungsgeschichte der Stadt Görlitz, Neues Lausitzer Magazin 95, 1919, S. 26. Löbau: um 1225 Stadtgründung Ottokars I., Seeliger, Geschichte der Stadt Löbau, Neues Lausitzer Magazin 97, 1921, S. 162. Zittau: vor 1230 Stadtgründung durch den Herrn von Zittau, 1255 Ummauerung, Deutsches Städtebuch II, 238.

[77]) Prag-Altstadt: 1061—92 vici Teutonicorum, spätestens 1220 als Stadt anerkannt Ottokar I.

[78]) Troppau: 1185 Burg Hradec, 1224 Stadt, Biermann, Verfassungsgeschichte der Stadt Troppau 1872. Znaim: 1048 Burg, 1226 Stadtgründung Ottokars I., Cod. Boh. II, Nr. 288. Olmütz: 1078 Burg, um 1240 Stadt, civitas 1243, 1245, Cod. Mor. III, Nr. 44, 72. 1256 Stadtrecht, Cod. Mor. III, Nr. 228. Zycha, Über den Ursprung der Städte in Böhmen und die Städtepolitik der Přemysliden 1914, S. 36 ff.

[79]) Brünn: 1091 herzogliche Burg auf dem Petersberg, 1210 burgus Brunno, Cod. Boh. II 364. 1238 civitas B., Cod. Mor. II, Nr. 297. 1243 Handfeste. Art. 1. Bretholz, Geschichte der Stadt Brünn I, S. 1 ff., 21, 34 ff., 36 ff.

Seite 177. [80]) Iglau: vor 1131 deutsche Ansiedler im Iglauer Raum, um 1200 Markt, um 1240 planmäßige Stadtgründung, 1249 Handfeste. Zycha, Ursprung, S. 46 f. Schwab, Erörterungen zur Kontinuitätsfrage, Deutsches Archiv f. Landes- und Volksforsch. 8, 1944, S. 252 ff.

[81]) Leitmeritz: vor 1233 planmäßige Stadtgründung. 1227—1927, Stadt Leitmeritz 1927, darin vor allem Hohmann, Die Entstehung der Stadt Leitmeritz, S. 45. Saaz: 1249 Ottokar II. civitas Zatocz (Cosmas). Tippmann, Verfassung und Verwaltung der Stadt Saaz 1912, S. 8 ff.

[82]) Aussig 1253—78: Sonnewend, Geschichte der Freistadt Aussig 1844 (Neudruck 1918). Brüx: 1273 civitatis cives.

[83]) Deutsch-Brod: 1278 Stadtrecht (Iglau). Budweis nach 1265: planmäßige Gründung durch Ottokar II., Budweiser UB. Nr. 6. Pilsen: Altpilsen 125 Markt, um 1292 Neupilsen als Stadt gegründet.

[84]) Löwenberg: 1209 Aussetzung zu deutschem Recht. Goldberg: 1211 Aussetzung zu deutschem Recht. Neumarkt: 1223 Aussetzung zu flämischem Recht, 1235 hallische Rechtsmitteilung. v. Loesch, Gründung und früheste Verfassung der Stadt Neumarkt in Festschrift zur 700-Jahr-Feier

Seite 177. der Stadt Neumarkt 1935. Neisse 1223: Neustadt Neisse, 1245 civitas. Naumburg am Queis: 1233 Aussetzung zu deutschem Recht (Löwenberg. Recht). Ohlau: 1218 deutscher Marktort. Vor 1234 Aussetzung zu deutschem Recht, Deutsches Städtebuch I, S. 812, 755, 827, 823, 822, 840.

[85]) Bunzlau: nach 1233 Stadtrecht. Ratibor: 1217 Marktsiedlung, vor 1235 Stadtrecht, Deutsches Städtebuch I, S. 726, 853.

[86]) Breslau: 1000 Bischofsburg, 1225 deutsche Marktsiedlung, 1241 Aussetzung zu deutschem Recht. K o r n, UB. I, Nr. 12 S. 10. Liegnitz: 1175 herzogliche Burg. S c h i l l i n g, Ursprung und Frühzeit des Deutschtums in Schlesien 1938, S. 72 ff. 1241 Aussetzung zu deutschem Recht. Schweidnitz: 1241—49 Aussetzung zu fränkischem Recht. Jauer: um 1241 Aussetzung zu deutschem Recht.

[87]) Gleiwitz: vor 1246 Aussetzung zu deutschem Recht. Brieg: 1248 Aussetzung zu Neumarkter Recht. Namslau 1249. Landeshut 1249. Weiter um 1250: Bolkenhain, Reichenbach, Ziegenhals.

[88]) Glogau: 1010 urbs, Thietmar von Merseburg 6, 58. 1253 Neustadt, deutsches Recht, Herzog Konrad von Glogau. Oppeln: 1217 deutsche Kaufmannssiedlung, vor 1254 deutsche Stadtgründung.

[89]) Falkenberg: vor 1283 Stadtgründung. Wohlau um 1285. Hirschberg vor 1288. Guhrau vor 1289. Strehlen: 1228 castrum, Strelin, nach 1290. 2 deutsche Marktorte um 1250, nach 1290 vereinigt zu deutscher Stadt. Glatz: 981 Burg, 1114 vicus, um 1300 Stadt.

Seite 178. [90]) S c h r a d e r, Die Städte Hessens, Jb. d. Ver. f. Geogr. u. Stat. 84—86, 1922, S. 10 ff.

Seite 179. [1]) D a u c h, Bischofsstadt, S. 163 ff.

[2]) Eisenach als Residenz: P e t e r, Die fürstliche Residenz in Eisenach 1910.

[3]) Für Wien: W a l t e r, Wien I, 1940, S. 41.

[4]) Brandenburg: T s c h i r c h, Geschichte der Chur- und Hauptstadt Brandenburg, 2. Aufl. 1936. Berlin wird erst im 15. Jh. dauernde Residenz. Deutsches Städtebuch I, S. 490, 511.

[5]) Breslau: seit 1163 Hauptort des niederschlesischen Zweiges der Piasten. Deutsches Städtebuch I, 716. Liegnitz: um 1175 Burg des Herzogs aus dem Hause der Piasten. Oppeln: seit 1254 civitas, seit 1201 Herzogtum Oppeln. Inselschloß der Piasten auf der Oderinsel. Deutsches Städtebuch I, 716, 807, 842 f.

[6]) Braunau: 1243 Residenz Herzog Ottos II. K r i e c h b a u m, Geschichte der Stadt Braunau 1938. München: seit 1253 ständiges Hoflager der bayrischen Herzöge. S o l l e d e r, München im Mittelalter 1938, S. 9. Landshut a. d. Isar: 1255 Hauptstadt Niederbayerns, R o s e n t h a l, Beiträge zur deutschen Stadtrechtsgeschichte I, 1883. Burghausen: 1255—90 Residenz von Niederbayern. Landshut: Herzog Heinrich XIII. Amberg: 1269 herzogliches Schloß.

[7]) Über Lüneburg: Niedersächs. Städtebuch S. 232.

[8]) B r u n n e r, Geschichte der Residenzstadt Kassel 1913.

[9]) C h a r, Geschichte des Herzogtums Cleve, Cleve 1845.

[10]) Geldern: Residenz der Grafen von Geldern seit 1130, dann der Herzöge. N e t t e s h e i m, Geschichte der Stadt und des Amtes Geldern I, 1863. Jülich: 1239 castrum, Stadt vor 1278, Residenz der Grafen von Jülich. Hamm: Residenz der Grafen von der Mark 1226. Bielefeld: vor 1256 Landesburg Sparrenberg der Grafen von Ravensberg. V o l l m e r, UB. der Stadt Bielefeld, S. 19.

[11]) Wismar: 1257 Erbauung der Burg, in der Johann von Mecklenburg residierte. Parchim: seit 1286 Residenz der Fürsten von Werle, Deutsches Städtebuch I, S. 315, 346. Stettin 1295: Deutsches Städtebuch I, S. 235.

Seite 179. ¹²) Meran: 1305 Hauptstadt für Tirol. S t o l z, Politisch-historische Landesbeschreibung von Südtirol I, 1937, S. 125 ff. Innsbruck: 1363 Hauptstadt. Graz: 1379 Residenz der Herzöge von Steiermark. Klagenfurt: 1513 Residenz für Kärnten.

Seite 180. ¹³) K ö t z s c h k e und K r e t z s c h m a r, Sächsische Geschichte I, S. 89 ff.
¹⁴) K ö t z s c h k e und K r e t z s c h m a r, Sächsische Geschichte I, S. 146.
¹⁵) K a l l e n in 650 Jahre Stadt Kempen 1944.
¹⁶) K n ö p p, Die Stellung Friedrichs II. und seiner beiden Söhne zu den deutschen Städten 1928, S. 22 ff.
¹⁷) S c h r a d e r, Die Städte Hessens, Jb. d. Frankf. Ver. f. Geographie und Statistik, 84.—86. Jg., 1922, S. 12 ff.
¹) N o a c k, Die mittelalterlichen Städte im Breisgau, S. 191.
²) Soest: Die alte Königspfalz schon im 10. Jh. Besitz des Erzbischofs. Halle: Karolingisches Kastell 806 (später Moritzburg), 968 dem Erzbistum Magdeburg zugeteilt.
³) Freising: Reichsspruch für 1231, Befestigungsrecht, Const. II, Nr. 306 S. 421. Bamberg 1291: Befestigungsrecht des Bischofs. L o o s h o r n, Geschichte des Bistums Bamberg II 2, S. 855. D a u c h, Bischofsstadt, S. 142. Passau: 1298 Reichstag zu Nürnberg bestätigt die Rechte des Bischofs, Mon. Boica 28 2, Nr. 424, 427. S i t t l e r, Bischof und Bürgerschaft in der Stadt Passau 1937, S. 31. Würzburg: 1400 bischöfliche Landstadt. R ö t t g e r, Die Stadt Würzburg 1929. Mainz: 1462 erzbischöfliche Landstadt, Adolf von Nassau. Trier: 1540 Sieg des Bischofs.
⁴) Für Erfurt war seit dem 11. Jh. der Erzbischof von Mainz der alleinige Marktherr. 1431 anerkannte der Kaiser Erfurt als Freie und Reichsstadt. Doch konnte Erfurt im Westfälischen Frieden den Anspruch auf Reichsfreiheit nicht durchsetzen. 1664 wurde Erfurt kurmainzische Landstadt.

Seite 181. ⁵) Ludwig von Bayern für Kolmar 1330: ORhStR. III 3, S. 75 consulibus et universis civibus civitatis sue in Columbaria.
⁶) Lübeck: Privileg Friedrichs II. 1226, K e u t g e n Nr. 154 S. 186: ut libera semper sit videlicet specialis civitas et locus Imperii. Wien: Privileg Friedrichs II. 1237, K e u t g e n Nr. 165 S. 211 f. civitatem et cives in nostram et imperii recepimus ditionem, ut nunquam de nostra et imperii transeant potestate. Dazu Art. 8: nostra imperialis civitas.
⁷) Mühlhausen: 1180 civitas imperatoris, MG. SS. 16, S. 95.
⁸) Aachen: Friedrich II. civitas imperii, L a c o m b l e t II, Nr. 51 S. 26 f. Nimwegen: Privileg Heinrichs (VII.), 1230 civitas imperii.
⁹) S t i m m i n g, Das deutsche Königsgut im 11. und 12. Jh. 1922, S. 15 ff.
¹⁰) F i c k e r - P u n t s c h a r t, Vom Reichsfürstenstande II 1, S. 76. P l a n i t z, Das deutsche Grundpfandrecht, S. 86.
¹¹) Die Urkunde bei L ü n i g, Cod. dipl. Germaniae II 1733, S. 1073 Nr. 16. W e r m i n g h o f f, Die Verpfändungen der mittel- und niederrheinischen Reichsstädte 1893, S. 54, Anm. 37, 146 f.
¹²) Vgl. P l a n i t z, Das deutsche Grundpfandrecht 1936, S. 88, 94, Anm. 2.
¹³) P l a n i t z, Grundpfandrecht, S. 88 ff.
¹⁴) P l a n i t z, Grundpfandrecht, S. 88.
¹⁵) R e d l i c h, Rudolf von Habsburg, S. 467 ff.

Seite 182. ¹⁶) Aachen 765, Nimwegen 767. Weitere karolingische Pfalzen waren Düren 769, Frankfurt 822, Heilbronn 841, Sinzig 842, Ulm 854.
¹⁷) Dahin gehören Duisburg 927, Dortmund 986, Mühlhausen um 1000, Goslar 1002—24, Solothurn 1027, Nürnberg 1050, Zürich 1054.
¹⁸) Hagenau 1152, Kaiserslautern 1152, Gelnhausen 1170, Seligenstadt 1175, Altenburg 1180, Eger 1180, Wimpfen 1182, Kaiserswerth 1184.

Anmerkungen zu Seite 182 bis 186

Seite 182. [19]) Rothenburg war 1172, Donauwörth 1179, Schwäbisch-Hall zwischen 1180 und 1190 königliche Burgstadt.
[20]) Breisach 1185, Memmingen 1191, Boppard 1193.
[21]) Biberach 1170, Bopfingen 1179, Mülhausen 1186, Dinkelsbühl und Schwäbisch-Gmünd 1188.
[22]) Friedberg 1212, Annweiler 1219, Wetzlar, Oppenheim, Kolmar und Nordhausen 1220.
[23]) Bedeutsam waren Rottweil 1214, Nördlingen 1215, Bern, Neuenburg, Eßlingen, Schaffhausen, Murten 1218, Ravensburg, Überlingen, Villingen 1220, Reutlingen 1235, Offenburg 1241.
[24]) Schlettstadt 1217, Zürich 1219.
[25]) Dahin gehören Breisach, Neuenburg, Rheinfelden, Hagenau, Kolmar, Mülhausen, Dinkelsbühl, Nördlingen, Rothenburg, Wimpfen u. a. Über diese Revindikationen vgl. Oswald Redlich, Rudolf von Habsburg 1903, S. 451 ff.
[26]) Lauterburg 1273, Ensisheim 1276, Eppingen 1280, Selz 1283, Odernheim 1286, Landau 1293. Redlich, Rudolf von Habsburg, S. 468 ff.
[27]) Lindau 1275, St. Gallen und Wangen 1281, Kempten 1289, Leutkirch 1293, Chemnitz und Zwickau 1290.
[28]) Winterthur 1264, Kaufbeuren 1268.
[29]) Alter, Studien zur Verfassung und Verwaltung der Reichsstadt Pfeddernheim 1951, S. 12, 17, 27.
[30]) Aalen 1360, Isny 1365.
[31]) Herford 14. Jh., Würzburg 1396, Erfurt 1407, Hamburg 1510.

Seite 183. [32]) Mainz 1254, Straßburg 1273, Augsburg 1276, Köln 1288, Magdeburg 1294, Konstanz 1370.
[33]) Laible, Geschichte der Stadt Konstanz 1896, S. 112.

Seite 184. [1]) Klingnau 1239: Schw. RQu. XVI, 1 3, S. 227 Nr. 1 castrum et civitatem construere. Oppenheim: Krause, Oppenheim, Frankf. Diss. 1927. Unna 1265: Nr. 1 b, Lüdicke S. 5*ff. Kempen: Kallen in 650 Jahre Stadt Kempen 1944.

Seite 185. [2]) In Westfalen-Rheinland gehören Bochum, Brilon, Recklinghausen und Rüthen hierher, in Mitteldeutschland Duderstadt, Geismar, Gudensberg, Jena, Meiningen und Oppenheim, in Süddeutschland Eßlingen, Kenzingen, Murten, Rottweil, Überlingen, weiter Straubing, St. Veit und Villach.
[3]) Karolingisch waren Bonn, Hameln, Kempten, Lindau, Luzern, St. Pölten und Weißenburg, ottonisch Geseke, Nienburg, Ülzen und Waldkirch. Der salischen Zeit entstammen die Klöster von Chemnitz, Einbeck, Emmerich, Isny, Königslutter und Sulzburg.
[4]) Nahrgang, Die Frankfurter Altstadt 1949, S. 37 ff.

Seite 186. [5]) Weiter Freiburg, Friesach, Gotha, Hainburg, Kempten, Leitmeritz, Linz, Lüneburg, Meißen, Merseburg, Quedlinburg, Ravensburg, Steyr, Tübingen und Znaim.
[6]) Aus späterer Zeit gehören Blankenburg, Breisach, Dorpat, Eisenach, Friedberg, Limburg, Marburg, Nürnberg, Reval, Rochlitz, Rothenburg ob der Tauber, Saarburg, Weida hierher.
[7]) Weiter Fulda, Frankenberg, Danzig, Hainburg, Heiligenstadt, Helmstedt, Lübeck, Lübben, Isny, Namslau, Namur, Naumburg, Oldenburg, Pettau, Saalfeld, Warburg, Wels und Ypern.
[8]) Beispiele dafür bieten Antwerpen, Dorpat, Dresden, Eger, Einbeck, Frankenberg, Freiberg, Freistadt, Gardelegen, Gmünd in Kärnten, Holzminden, Ingolstadt, Isny, Judenburg, Kiel, Leipzig, Linz, Lüneburg, Marburg a. d. Drau, Merseburg, Hann.-Münden, Nürnberg, Oldenburg, Rapperswil, Rothenburg, Stendal, Steyr, Thorn, Thun, Villach, Wels, Wiener Neustadt.

Seite 187. ¹) So wird die dörfliche Herkunft von Dingolfingen, Eßlingen, Göttingen, Memmingen, Meiningen, Nördlingen, Reutlingen, Überlingen nicht geleugnet werden können, ebensowenig die von Bochum, Doetinchem, Gandersheim, Hildesheim, Northeim, Oppenheim. Über Pfeddernheim Alter, Studien zur Geschichte der Verfassung und Verwaltung der Reichsstadt Pfeddernheim 1951, S. 10.

²) Frankenhausen, Gelnhausen, Mühlhausen, Recklinghausen, Schaffhausen. — Diedenhofen, Diessenhofen. — Alsfeld, Bielefeld, Rheinfelden, Saalfeld. — Allendorf, Düsseldorf, Pfullendorf.

³) Erfurt, Dorf Brühl: Rietschel, Markt und Stadt, S. 90. Schnellenkamp, Beiträge, S. 60. Goslar, Bergdorf am Rammelsberg: Frölich, Verfassungsgeschichte, S. 24. Über Halberstadt, Paderborn und Stendal siehe unten S. 188, Anm. 7, 8, 10.

⁴) Für Radolfszell begründete bereits Rietschel, Markt und Stadt, S. 112 f., diese These im Gegensatz zu v. Below, Der Ursprung der deutschen Stadtverfassung 1892, S. 28, Anm. 1. Sie dürfte aber auch für Allensbach richtig sein, wie schon Aloys Schulte, Über Reichenauer Städtegründungen, ZGORh. N. F. 5, 1890, S. 137 ff., annahm. Anderer Ansicht Rietschel, Markt und Stadt, S. 145 ff. Die Urkunden bei Keutgen Nr. 99 und 100 S. 61 ff.

⁵) Erzbischof Wichmann von Magdeburg überläßt 1159 das Dorf Wusterwitz flämischen Kolonisten zur Ansiedlung. Neben das Dorf mit den cultores agrorum, die zinsbare Bauernhöfe besitzen, tritt ein Markt mit den forenses et mercatores, auch cives genannt, die auf 5 Jahre zinsfreie areae bewohnen. Die Bauern leben nach Schartauer Kolonistenrecht, die forenses nach Magdeburger Stadtrecht. Ebenso lag es in Löbnitz 1185; die forenses besaßen curiae in foro, die coloni zinsbare Hufen; für die forenses galt das Recht von Halle, für die coloni das von Burg. Die Urkunden bei Kötzschke, Quellen zur Geschichte der ostdeutschen Kolonisation 1912, Nr. 12 und 16, S. 29 und 34. Rietschel, Markt und Stadt, S. 122 f.

Seite 188. ⁶) Zu Dortmund: v. Winterfeld, Entstehung der Stadt Dortmund, Beitr. 48, S. 28.

⁷) Mutke, Helmstedt im Mittelalter 1913, S. 1—26. In Paderborn wurde 1183 das Dorf Maspern Teil der Stadt. Westfälisches UB. III, add. S. 57 De parte civitatis, quae Aspere dicitur.

⁸) In Halberstadt blieb die Vogtei auch selbständige Dorfgemeinde, als sie im 14. Jh. mit der Stadt in gemeinsamer Mauer zusammengeschlossen wurde, UB. I, S. 320 (1307): advocatia intra muros civitatis H. Ihre Bewohner waren Liten und lebten nach eigenem, vom Stadtrecht verschiedenen Recht. Rietschel, Markt und Stadt, S. 65 ff.

⁹) Zu Bielefeld: Engel, Die Stadtgründung von Bielefeld 1952, S. 49 f.

¹⁰) Über Stendal: Rietschel, Markt und Stadt, S. 120. Aue, Altmärkische Städte 1910, S. 15—22. Deutsches Städtebuch II, S. 62 f.

¹¹) Zu Gardelegen: Aue, Altmärkische Städte, S. 32 f.

¹²) Bozen: 1030 Marktgenossenschaft, Stolz, Politisch-historische Landesbeschreibung von Südtirol II, 1938, S. 264 ff. Dresden: Fischerdorf, Altdresden: Frauenkirche, 11. Jh. Memmingen: in fränkischer Zeit Dorf mit Martinskirche, K. O. Müller, Oberschwäbische Reichsstädte, S. 121 ff. Ulm: 856 villa, Annal. Fuldens., MG. SS. 1, S. 371. Villingen: 817 Dorf, Beyerle, Unters. zur G. d. älteren Stadtv. v. Freiburg i. Br. u. Villingen 1910, S. 161 ff. Zu erwähnen wären noch: Biberach: 1083 Dorf Bibra, K. O. Müller, Oberschwäbische Reichsstädte, S. 230. Brilon: 973 villa, Otto II., Dipl. II, Nr. 29. Burg Steinfurt: 890 villa Selina, Deutsches Städtebuch III. Eisleben: um 800 Eslevo. Grösler, Vom Einzelhof zum

Anmerkungen zu Seite 188 bis 190

Seite 188. Stadtkreis 1910. Gadebusch: 1194 deutsches Dorf, Deutsches Städtebuch I. S. 286. Güstrow: in wendischer Zeit wendisches Dorf, Deutsches Städtebuch I, S. 294. Iglau: Dorf Altiglau, Cod. Mor. III, Nr. 253. Isny: 1042 villa Ysinensis, K. O. M ü l l e r S. 251 ff. Kenzingen: 772 Dorf, N o a c k S. 193. Meiningen: 982 curtis, D o b e n e c k e r I 522. Murten: 1013 Hofmurten I. N o a c k, Kunstgeschichtliche Probleme 1939, S. 10 f. Reutlingen: um 1090 Dorf Rutelingen, Württemberg. UB. I, Nr. 6 S. 77, J ä g e r, Die freie Reichsstadt Reutlingen 1940, S. 1 ff.

[13]) So in Brakel: 836 villa mit der Palburg (antiquum castrum); 1 km südlich lag eine zweite Burg, dort entstand im 11. und 12. Jh. die Stadt, Deutsches Städtebuch III. Kreuznach: 1065 villa, im 13. Jh. Stadtgründung in Altstadt Kreuznach (flußaufwärts). Nordhausen: vor 900 villa N., D o b e n e c k e r 1 294. Saalfeld: 899 curtis Salawelda, D o b e n e c k e r I 286. Stadt 1208 am anderen Saaleufer. Tangermünde: 1105 wendisches Fischerdorf, getrennt von der Altstadt. Überlingen: K. O. M ü l l e r S. 140, nachdem um 1191 eine Marktansiedlung zwischen der alten villa und dem See bestand. Zerbst, Ankuhn: R. S p e c h t, Die mittelalterlichen Siedlungsräume der Stadt Zerbst, Sachsen-Anhalt 16, 1940, S. 130.

[14]) Für beide Städte weist K. O. M ü l l e r, Die oberschwäbischen Reichsstädte, S. 194 ff., 374 ff., die Trennung in Markt- und Dorfsiedlungen nach.

Seite 189. [15]) Oben S. 188, Anm. 6 u. 7.

[16]) Lüneburg: wendisches Dorf, vor 1200 in Stadtmauer aufgenommen. Memmingen: 10. Jh. Dorf (Rundling), 1182 civitas.

[17]) Hameln: 9. Jh. Dorf im Nordwesten der Stadt, um 1200 civitas. Isny: 1042 villa Ysinensis, 1238 civitas. München: Tal, Griez 1255, 1300 in Stadt aufgenommen. Naumburg: dörfliche Wendensiedlung in der Ratsstadt aufgegangen (um 1300). Northeim: Dorf 1002 (mit der Pfarrkirche St. Sixti), an Altstadt 1250 angegliedert. Oschatz: 1207 Dorf Altoschatz, nur vicus; 1246 Stadt. Wangen: 815 Dorf neben Marktsiedlung 12. Jh. Seit 1281 Reichsstadt mit Oberer und Unterer Stadt. Witzenhausen: Dorf, ursprünglich karolingischer Königshof, 1225 Marktsiedlung, 1247 civitas.

[18]) Halberstadt: Vogtei und Westendorf um den Domplatz im 14. Jh. einbezogen. Itzehoe: karolingisches Kastell in der Störschleife, 1238 Stadt (Neustadt). Nördlich auf Geestboden Dorf, 1303 Altstadt. Leiden: B l o k, Geschiedenis eener Hollandsche stat 1918, S. 50 ff.

[19]) Eisleben, Nußbreite und Neuendorf im 15. und 16. Jh. in die Stadt aufgenommen, Deutsches Städtebuch II, S. 430. Überlingen: Einbeziehung des Dorfes in die Stadt im 15. Jh., K. O. M ü l l e r S. 165.

Seite 190. [20]) Weissenfels: Dorf Tauchlitz 1025, Altstadt 1285—91, Deutsches Städtebuch II, S. 722. Osterode: Burgdorf im Tale 1075, später Johannesvorstadt, M a r w e d e l, Verfassungsgeschichte der Stadt Osterode 1912. Wernigerode: Dorf 9. Jh., um 1270 Neustadt civitas, Deutsches Städtebuch II, S. 730.

[21]) Siegen: Dorfsiedlung an der Martinskirche 1079, UB. I, Nr. 3 S. 6. Mitummauerung auch der Martinistadt erst um 1500, Deutsches Städtebuch III (ungedruckt).

[22]) Erfurt: Dorf Brühl mit der Martinskirche vor 1167 (Martini extra). Frankenhausen: Altstadt blieb bis 19. Jh. selbständige dörfliche Gemeinde.

[23]) So in Lüdenscheid: 1067 Kirchdorf, um 1250 zur Stadt erhoben. Dorsten: 10. Jh. Oberhof, 1251 zur Stadt erweitert. Unna: 1019 Kirchdorf, 1278 Stadtgründung. Spätere Bildungen in Lübbecke (1297), Ahaus (1310), Hörde (Dortmund, 1340), Olpe (1310), Ramsdorf (1310), Plettenberg (1397), Deutsches Städtebuch III.

[24]) Brehna: Burg vor 1035, dörfliches suburbium, 1201 villa, 1274 Stadt. Eckhartsberga, Burg um 998 mit Straßendorf, Stadt um 1288. Ellrich: an

Seite 190. Frauenkirche Befestigung mit Dorf, 1292 civitas. Ähnliche Entwicklung in Hettstedt: Dorf (locus) 1046, 1223 villa, Marktflecken der Bergbautreibenden, Burg erst 13. Jh., civitas 1283. Jericho: Burg, Altes Dorf 1144, Südende der Stadt (um 1300). Tennstedt: 8. Jh. Dorf, 2 Burgen, Marktflecken 12. Jh., 1275 Stadt. Vgl. weiter Kroppenstedt (1300), Themar (1319), Lucka (1320), Markneukirchen (um 1350), Güsten (1373), Laucha (1395), Bleicherode (1395).

[25]) Heiligenhafen: deutsches Kolonistendorf Helerikendorp (1249), 1305 Stadt. Meldorf: Kirchdorf um 820, Stadterhebung um 1250. Wilser: 1164 Kirchdorf, 1283 lübisches Stadtrecht, Deutsches Städtebuch I, S. 405, 427, 457.

[26]) W. Noack, Die mittelalterlichen Städte im Breisgau 1941, S. 193—197, mit Plänen S. 188 f., 191. Kenzingen: das alte Dorf 773, später wüst, Stadtgründung abseits vom Dorf auf Elzinsel 1248. Endingen: alemannisches Dorf, Oberdorf (Martinskirche) karolingisch, Niederdorf 9. Jh.

[27]) Noack, Die mittelalterlichen Städte im Breisgau, S. 199. Stauffen 770 Dorf.

[28]) F. Steinbach, Stadtgemeinde u. Landgemeinde, Rhein. Vjbll. 13. 1948, S. 11 f.

Seite 191. [1]) In Friedberg war der Basaltrücken des Ortes schon in augusteischer Zeit besetzt. Schumacher, Siedlungs- und Kulturgeschichte der Rheinlande II, 1920, S. 55. In Reval war die Unterstadt (St. Nikolaus) um 1230 als Handelsstraße angelegt; erst nach 1250 kam es zu einem rechteckigen Marktplatz. Zur Mühlen, Studien zur älteren Geschichte Revals 1937, S. 21 ff.

[2]) Allstedt: 1323—30 planmäßige Marktgründung durch den Grafen von Mansfeld, Deutsches Städtebuch II, S. 263. Dinkelsbühl 12. Jh.: Neeser, Baugeschichte der Stadt Dinkelsbühl 1912. Wasungen: Deutsches Städtebuch III, S. 386.

[3]) Braunau 1260—70: Kriechbaum, Geschichte der Stadt Braunau 1938. Leutkirch 1239: Müller, Oberschwäbische Reichsstädte, S. 177. Weiter Rapperswil (1230), Falkenberg (1283), Ravensburg (1285). Für Villach: Wurzer, Die bauliche Entwicklung Villachs, Carinthia 139. 1949, S. 240 f.

[4]) Achsenkreuz in Kenzingen (1248), Waldkirch (vor 1283) und Endingen (um 1290); weiter Weilderstadt (1223—35), Dinkelsbühl (1235), Aarau (1241) und Bruck (1232). Sodann St. Veit 13. Jh., Witzenhausen (1247) und Iserlohn (um 1240).

[5]) Danzig nach 1224: Deutsches Städtebuch I, S. 34. Andere Beispiele: Enns (um 1200), Falkenberg (vor 1283), Gießen (1248), Görlitz-Obermarkt (um 1300), Kolmar (1214), Königslutter (um 1300), Oldenburg (um 1300), Rostock-Altstadt (1218), Rottenburg (um 1300), Sayda (1250), Tulln (1270), St. Veit (nach 1200), Werben (um 1200), Wien: Hoher Markt (um 1230), Zerbst (1350).

[6]) Schwab, Erörterungen zur Kontinuitätsfrage, Arch. f. Landes- und Volksforschung 8, 1944, S. 252—286.

[7]) Bruck a. d. Mur (um 1260), Freistadt, Leoben (1262), Linz (nach 1210), St. Pölten (1250), Wien (1270—80). Klaar, Straßenplatz und Rechteckplatz, Unsere Heimat 6, 1933, S. 7—23.

[8]) Dortmund (um 1200): v. Winterfeld, Entstehung der Stadt Dortmund, Beitr. 48, S. 43. Dorpat (1224), Elbing (1240), Groningen (nach 1200), Meesen (nach 1200), Frankenberg (1249), Kaufbeuren (um 1200), Nördlingen (1250).

[9]) Arnstadt und Leisnig (um 1200), Greiz (um 1300), Lucka, Berlin (1230), Brünn (1210), Rostock-Neustadt (1252), sog. Hopfenmarkt, Amsterdam (1400).

Seite 192. [10]) Hameln und Kassel-Neustadt (1233), Saalfeld (um 1300), Bitterfeld (nach 1200), Meißen, Mügeln (um 1300), Strehla (1210), Görlitz-Untermarkt (1215) Löbau (um 1200).

Seite 193. [11]) Beispiele in Hamm (1226), Heiligenstadt-Neustadt (1227), Stadt Hagen (1244), Warburg-Neustadt (1229), Grimma (1220), Lübben, Perleberg (1200). Landsberg a. d. Warthe (1257), Braunau i. Böhmen, Bruck a. d. Mur, Judenburg (um 1250).

[12]) So auch in Mühlhausen-Neustadt (nach 1200), Wismar (1226), Demmin (1240), Namslau (1249), Oppeln (1254), Gleiwitz (1276).

[13]) Ebenfalls in Eisenach, Emmerich, Groningen, Hameln, Lindau, Leisnig, Leitmeritz, Maastricht, Rostock-Altstadt, Memmingen, Pettau, St. Pölten. Stettin, Tulln, Wangen und Würzburg.

[14]) Görlitz-Neustadt, Hainburg, Kempten, Linz, Lüneburg, Northeim, Meißen, Meesen, Witzenhausen, Zerbst.

[15]) Weiter in Eisleben, Haarlem, Holzminden, Itzehoe, Coesfeld, Marburg a. d. Lahn, Nördlingen, Osterwiek, Zwickau.

[16]) Öttinger, Wien, S. 104.

[17]) Weiter auch in Weißenfels (1250), Guben (1230), Perleberg (1260), Saalfeld (um 1300), Schmölln (um 1335), Delft.

Seite 194. [18]) So auch in Neustadt a. d. Orla (1250), Thamsbrück (1200), Kahla (1320), Königssee (1300), Laufenberg (1300), Ronneburg (1300), Rudolstadt (1320), Oppeln (1254), Ratibor (1235), Greifswald (1241), in den Deutschordensstädten Kulm (1233) und Königsberg (1255).

[19]) Sodann in Naumburg und Weimar (um 1250), Riga (1230), Rostock-Mitte (1232), den Deutschordensstädten Thorn und Marienwerder (1233). Auch im 14. Jh. finden wir noch Beispiele dafür in Bromberg, Deutsch-Eylau, Eberswalde und Mohrungen.

[20]) Weiter in Kiel (1233), Pasewalk (1239), Anklam (1242), Neubrandenburg (1248), Soldin (1262), Köslin (1266), Oschatz (1246), Breslau (1241), Reichenbach in Schlesien (1250), Frankfurt a. d. Oder (1253), Gleiwitz (1276), Budweis (1265), Pilsen (1292), Posen (1253), Krakau (1257).

Seite 195. [1]) Über Aachen: H a g e n, Römerstraßen, S. 247 ff. Baden-Baden: S c h u m a c h e r, Siedlungs- und Kulturgeschichte der Rheinlande II, S. 63, 190. Baden (Schweiz): S c h u m a c h e r II, S. 190. Wiesbaden: S c h u m a c h e r II, S. 190.

[2]) S c h l ü t e r, Die Grundrißentwicklung der Hallischen Altstadt 1940, S. 29 ff.

[3]) Über Lüneburg: Niedersächs. Städtebuch, S. 229 zu 3. Über Frankenhausen: Deutsches Städtebuch II, S. 292 f. zu 5.

[4]) In Sulza wurden die Salzquellen bereits 884—891 erwähnt, oppidum Sulcz 1355, Deutsches Städtebuch II, S. 374.

[5]) Deutsches Städtebuch II, S. 359 (Salzungen). Über Werl v. K l o c k e, Westfäl. Forschungen 6, 1953, S. 145 ff.

[6]) Z y c h a, Aus dem alten Reichenhall (Festschrift für Erzherzog-Rainer-Realgymnasium Wien 1915).

[7]) Über Hall (Tirol): S t o l z, Politisch-historische Landesbeschreibung von Tirol, Archiv für österr. Geschichte 107, 1926, S. 262. VSWG. 1910, S. 244. ZRG. G. 48, 1928, S. 217 ff.

[8]) Über Friesach: Z e c h n e r, Die Rechte der Kärntner Städte 1928, S. 89 ff. Über Leoben: L. M. L o e h r, Leoben 1934.

[9]) Über Goslar: F r ö l i c h, Betrachtungen zur Siedlungsgeschichte und zum älteren Bergwesen von Goslar 1950. B o r n h a r d t, Geschichte des Rammelsberger Bergbaues, Archiv für Lagerstättenforschung 52, 1931.

Seite 195. [10]) Eberhard Gothein, Wirtschaftsgeschichte des Schwarzwalds I, 1892, S. 583 f. Föhrenbach, Der badische Bergbau in seiner wirtschaftlichen Bedeutung 1910.
[11]) Ermisch, Das sächsische Bergrecht des Mittelalters 1887, S. XV ff.
[12]) Hellwich, Geschichte der Bergstadt Graupen 1868.
[13]) Über Eisleben: Deutsches Städtebuch II, S. 473 zu Nr. 8.
[14]) Über Goldberg: Deutsches Städtebuch I, S. 756 zu Nr. 8.
[15]) Zycha, Über den Ursprung der Städte in Böhmen 1914, S. 46 f. Das böhmische Bergrecht des Mittelalters auf Grundlage des Bergrechts von Iglau I, 1910.
[16]) Über Zwickauer Bergwesen: Deutsches Städtebuch II, S. 246 Nr. 8.
[17]) Frölich, Beiträge zum älteren Bergwesen von Goslar, S. 20 ff.

Seite 196. [18]) Über Freiberg: Deutsches Städtebuch II, S. 77 zu Nr. 5.

Seite 197. [1]) Weiter Danzig-Rechtstadt, Eisleben, Fritzlar, Gera, Graz, Haarlem, Innsbruck, Leoben, Marburg a. d. Drau, Stettin und Thorn.
[2]) So z. B. auch Löwen, Hameln, Helmstedt, Herford, Blankenburg, Mecheln, Attendorn (1212), Brakel (1229), Recklinghausen (1235), Belgern und Sandersleben (um 1300).
[3]) Oschatz (1246), Neubrandenburg (1248), Posen (1253), Budweis (1265), Köslin (1266).
[4]) Ihnen folgten in Süddeutschland die Stadtkerne von Dinkelsbühl (1188) und Nördlingen (um 1200). Weiter Amberg (um 1200), im Norden Brandenburg-Neustadt (1196), Wismar-Altstadt (1196), Hannover (um 1200), Hamm (1226), Zwickau (1250). In Schlesien errichtete man elliptische Stadtanlagen in Löwenberg (1209), Brieg (1249), Leobschütz (1270), Wohlau (1285) und Ratibor (1295).
[5]) Weiter Perleberg und Coesfeld, im 13. Jh. Gelnhausen, Halberstadt (ohne die Vogtei), Nordhausen, Gardelegen, Iserlohn, im 14. Jh. Brüssel, Eimbeck, Frankenberg und Essen, sodann noch Amsterdam (um 1600), Groningen (um 1800).

Seite 198. [6]) Weiter Halle, Hamburg, Hildesheim, Kempten, Konstanz, Merseburg, Olmütz, Osnabrück, Ravensburg, Riga, Salzwedel, Überlingen nud Weida.

Seite 205. [1]) Grundlegend Hermann Keussen, Köln im Mittelalter. Topographie und Verfassung 1918.
[2]) Keussen S. 33* ff.
[3]) Keussen S. 23* ff.
[4]) Keussen S. 50*.
[5]) Keussen S. 41* ff.
[6]) Conrad in Buyken-Conrad (unten Anm. 10) S. 9 ff. Hoeniger II 2, Bürgerlisten.
[7]) Über das Kölner Schreinswesen Planitz, Das Kölner Recht und seine Verbreitung in der späteren Kaiserzeit 1935, und das dort angegebene Schrifttum, bes. Clasen, Hoeniger, Keussen, Konrad Beyerle. Dazu Planitz-Buyken, Die Kölner Schreinsbücher des 13. und 14. Jh., 1937.

Seite 206. [8]) Conrad in Buyken-Conrad (unten Anm. 10) S. 40* ff.
[9]) Keussen S. 43* ff.
[10]) Buyken-Conrad, Die Amtleutebücher der Kölner Sondergemeinden 1936.
[11]) Köln 1154: Keutgen S. 24 ville S. Pantaleonis et eius habitatoribus universis, qui eorum vicinie jure tenentur.
[12]) Neuss 1461 und 1590: Lau Nr. 92 S. 136, Nr. 7 S. 28.

Seite 207. [13]) Straßburg: Bischofsrecht um 1150, Art. 9, Keutgen S. 93 (heymburgen) unum in interiori scil. veteri urbe et duos in exteriori.

Seite 207. [14]) Worms vor 1197: K e u t g e n S. 110.
[15]) Mainz 1175: K e u t g e n S. 351.
[16]) Speyer 1342: Art. 3, K e u t g e n S. 431.
[17]) Über Aachen: G e n g l e r Cod. S. 4.
[18]) Soest um 1150: Art. 37, K e u t g e n S. 142 (pertinent) judicibus illis, qui dicuntur „burrihtere" in viculis illis, qui dicuntur „ty". Dazu Art. 61, 62, S. 144 (in suis conventionalibus, quod vulgo „thy" dicitur). v. M a u r e r. Städteverfassung II, S. 92 f.
[19]) S c h w a r t z, Kurze Geschichte der Hansestadt Soest 1949, S. 20 ff.
[20]) I l g e n in Chroniken d. dt. Städte III (1895), S. XXVIII.
[21]) L a p p e, Die Bauernschaften der Stadt Geseke 1908, S. 34 ff. Aber die westfälische Stadt entstand nicht, wie L a p p e meinte, durch Verschmelzung mehrerer Bauernschaften (Synoikismus), wie schon Rietschel, HVJS, 1898, S. 519 ff., erkannte. So auch F i s c h e r, Siedlungsverlegung, S. 91.

Seite 208. [22]) Über Werl: S e i b e r t z, Rechtsgeschichte von Westfalen III, S. 388, 425, 427 f., 559 f.
[23]) L ü d i c k e, Unna (Westfäl. Stadtrechte I 3) 1930, S. 56.
[24]) In Osnabrück um 1328 lescop, 1348 letscap: R o t h e r t, Geschichte der Stadt Osnabrück I, 1938, S. 69, Anm. 76.
[25]) G. S c h u l t e in Quellen und Forschungen zur Geschichte der Stadt Münster I, 1898, S. 21 ff.
[26]) R o t h e r t I, S. 70 ff., 76.

Seite 209. [27]) R o t h e r t I, S. 79 ff.
[28]) v. W i n t e r f e l d, Geschichte der Stadt Dortmund, S. 44. Die Entstehung der Stadt Dortmund, Beitr. 48, S. 28 ff.
[29]) P h i l i p p i, Westfälische Stiftsstädte, S. 54. H ü b i n g e r, Die Verfassung der Stadt Paderborn 1899, S. 38 ff.
[30]) H ü b i n g e r, Paderborn, S. 31 ff.
[31]) Über Brakel: Deutsches Städtebuch III unter 8 und 9 (ungedruckt).
[32]) Über Brilon: Deutsches Städtebuch III unter 5 (ungedruckt).
[33]) Über Rüthen: Deutsches Städtebuch III unter 5 (ungedruckt). V i e g e n e r, Die Waldmastgenossenschaften der Stadt Rüthen 1927, S. 212, 228 ff.
[34]) Über Bocholt: Deutsches Städtebuch III unter 5. Coesfeld: Deutsches Städtebuch III unter 6 (beide ungedruckt).
[35]) Hameln: Donat Art. 187. M e i n a r d u s S. 508 f., S. XXXXI.
[36]) Halberstadt 1241: UB. I, Nr. 49 S. 53 (Bauernmeister). Deutsches Städtebuch II unter 9, S. 522.

Seite 210. [37]) Duderstadt: Niedersächsisches Städtebuch unter 5 a, S. 108. Über Leiden: B l o k, Geschiedenis ener Hollandsche Stat, 2. Aufl. 1918, S. 50 f. (Vierendeele). Donauwörth: S t e n g e r, Verfassung und Verwaltung der Reichsstadt Donauwörth 1909, S. 79 ff. Nürnberg: B o c k, Deutsche Städtechronik: Nürnberg 1938, S. 21.
[1]) P. J. M e i e r, Zur Frage der Grundrißbildung der Stadt Braunschweig. Braunschweigisches Magazin 1908. T i m m e, Beiträge zur Siedlungsgeschichte der Stadt Braunschweig, Braunschweiger Jb., 3. Folge, Bd. 2, 1940/41. Über den Begriff der Doppelstadt: F i s c h e r, Doppelstadt und Stadtverlegung, ZRG. G. 66, 1948, S. 236 ff.
[2]) Über Burg: Deutsches Städtebuch II unter 5, S. 442 f.
[3]) Über Hamburg: R e i n c k e, Das städtebauliche Wesen und Werden Hamburgs 1951, S. 23 ff.
[4]) Über Quedlinburg: R i e t s c h e l, Markt und Stadt, S. 74 ff. Deutsches Städtebuch II, S. 645 unter Nr. 5.
[5]) Merseburg: Deutsches Städtebuch II, S. 666 f. unter Nr. 5.

Seite 210. [6]) Otto Brunner, Die geschichtliche Stellung der Städte Krems und Stein, Festschrift 1948, S. 10 ff.
[7]) Hildesheim: Gebauer, Geschichte der Stadt Hildesheim I, passim Niedersächsisches Städtebuch, S. 195 unter Nr. 5.
[8]) Rostock: Deutsches Städtebuch I, S. 323 unter Nr. 5.

Seite 211. [9]) Wimpfen im Tal: 1142 oppidum, Württemberg. UB. III, S. 476 Nachtrag Nr. 73. Heiligenthal, Deutscher Städtebau, Plan 14 a.
[10]) Weida: Deutsches Städtebuch II, S. 387.
[11]) Berlin-Kölln: Friedrich Holtze, Geschichte der Stadt Berlin, Tübinger Studien I, 1906, S. 8 f.
[12]) Brandenburg: Tschirch, Geschichte der Chur- und Hauptstadt Brandenburg, 2. Aufl. 1936, S. 37.

Seite 212. [13]) Eine Neustadt neben der Altstadt entstand in Halberstadt (1212), Heiligenstadt und Korbach (1227), Arnsberg (1230), Osterode (1238), Warburg (1239), Osnabrück (1240), Greifswald (1241), Plauen (1244), Salzwedel (1242), Marburg, Wismar, Znaim (1250), Leitmeritz (1253), Osterwiek (1262). Altenburg, Breslau und Stettin (1263), Thorn (1264), Laufenburg und Wernigerode (1270), Hannover (1271), Zutphen (1272), Bielefeld (1278), Frankenhausen (1286), Ratibor (1295), Leiden (1294), Fritzlar (1297), Bremgarten und Wetzlar.
[14]) Über Danzig: Keyser, Die Stadt Danzig 1925, Deutsches Städtebuch I, S. 34 f.
[15]) Über Kassel: Gengler, Cod. S. 467.
[16]) Über Königsberg: Krollmann, Die Entstehung der Stadt Königsberg 1941, Deutsches Städtebuch I, S. 68 f.
[17]) Über Nordhausen: Deutsches Städtebuch II, S. 625. Oldenburg: Niedersächsisches Städtebuch, S. 266. Aschersleben (1303), Eschwege und Langensalza (1306), Göttingen (1309), Frankenberg (1335), Landshut (1338). Schweidnitz (1339), Dillingen (vor 1350), Braunsberg (1350), Gudensberg (1356), Elbing (1375).
[18]) Über Heidelberg: ORhStR. I 1, S. 473 ff.

Seite 213. [19]) Salzwedel 1428: Gengler, Stadtrechtsaltertümer, S. 68.
[20]) Für Hamburg um 1215: Deutsches Städtebuch I, S. 387 unter Nr. 4. Reincke, Hamburgs Rathäuser (1951), S. 56. Das dritte Rathaus Hamburgs (1230) war das erste der Gesamtstadt.
[21]) Nürnberg 1219: Keutgen S. 194 f., vgl. bes. Art. 1, 9 und 10.
[22]) Heidelberg 1392: Art. 5, ORhStR. I 1, S. 480.
[23]) Stettin 1263: Vereinigung von Altstadt und Neustadt, Deutsches Städtebuch I, S. 235.
[24]) Rostock 1262: Deutsches Städtebuch I, S. 323.
[25]) Heiligenstadt 1227—44: Deutsches Städtebuch II, S. 539.
[26]) Osnabrück 1306: Niedersächsisches Städtebuch, S. 261 Nr. 9 a. Weitere Beispiele Berlin-Kölln: Deutsches Städtebuch I, S. 484, Zutphen (1272 bis 1312), Breslau (1263—1327), Oldenburg (1300—45), Langensalza (1300 bis 1356), Kassel (1330—78).
[27]) Über Braunsberg: Schumacher, Geschichte Ost- und Westpreußens 1937, S. 81.
[28]) Über Salzwedel: Riedel, Cod. dipl. Brand. XIV, Nr. V, 1927, S. 3; LI 1299, S. 44; LXX 1315, S. 54 f.; CCCXVI 1434, S. 256 f.
[29]) Über Korbach, Gengler, Cod. S. 650.

Seite 214. [30]) Für Parchim 1282: Gengler, Stadtrechtsaltertümer, S. 69.
[31]) Nordhausen: Deutsches Städtebuch II, S. 625.
[32]) Braunschweig: Stadteinigung 1269, UB. I, S. 15.
[33]) Braunschweig: Gildeaufstand 1293, Sühnevertrag 1299, UB. I, S. 16, 20.

Seite 214. ³⁴) Braunschweig: Rezeß zwischen Rat, Gilden und Meinheit 1448, UB. I, S. 252 ff.
³⁵) Braunschweig: Bestellung der Zehnmänner 1512, UB. I, S. 278.
Seite 216. ³⁶) K r ü g e r, Verfassungsgeschichte der Stadt Güstrow, Mecklenb. Jb. 37, 1933, S. 36.
³⁷) G e b a u e r, Geschichte der Stadt Hildesheim I, S. 71, 88.
³⁸) R e i n e c k e, Geschichte der Stadt Lüneburg I, S. 51.
³⁹) Osterode 1238: M a x, Geschichte des Fürstentums Grubenhagen 1862/63, UB. S. 5.
⁴⁰) Frankenberg-Neustadt 1335: S p i e s s, Verfassungsgeschichte der Stadt Frankenberg 1930, S. 387.
⁴¹) Heidelberg 1392: Einleitung, ORhStR. I 1, S. 478.
Seite 217. ⁴²) Kassel 1283: UB. d. Klosters Kaufungen I, Nr. 60. Fritzlar 1297: D e m a n d t S. 275 Nr. 93. Rapperswil: S c h n e l l m a n n, Rapperswil 1926, S. 44.
⁴³) Halberstadt 1212: UB. I, Nr. 17 S. 22; 1306 nova civitas: UB. I, Nr. 310 S. 238, Ansiedlung von Gröpern, Topf- und Ziegelgießern, Deutsches Städtebuch II, S. 518.
⁴⁴) Über die Osnabrücker Neustadt: R o t h e r t S. 63 ff.
⁴⁵) K e y s e r, Die Stadt Danzig 1925.
⁴⁶) Über Naumburgs Neustadt: B o r k o v s k y, Naumburg a. d. Saale 1928, S. 39.
¹) K e u s s e n, Köln im Mittelalter, S. 41*, 43*, 47*ff.
Seite 218. ²) Augsburg: P ü s c h e l, Anwachsen der deutschen Städte, S. 168 f.
³) Regensburg: 1320 Erweiterung der Stadtmauer, UB. Nr. 382. 1322 Nr. 435, 1349 Nr. 1234 (Stadtamhof).
⁴) H e g e l, Chroniken der Stadt Straßburg 1870, S. 14, Anm. 2, 23.
⁵) Basel 1101: UB. I, S. 9 (Kloster St. Alban). 1383: UB. V, Nr. 25 S. 31 In der vorstat ze Basel, die man nemmet S. Alban. 1388, 1398, 1401: Nr. 110, 233, 292.
⁶) E n t h o l t in Buchenau, Die freie Hansestadt Bremen 1934, S. 12.
⁷) Für Osnabrück: R o t h e r t I, S. 72 f.
⁸) Halberstadt 1306: UB. I, Nr. 310 S. 238.
⁹) Merseburg: Deutsches Städtebuch II, S. 607.
¹⁰) Nürnberg um 1140: G e r l a c h S. 64. P ü s c h e l, Anwachsen, S. 143 f.
Seite 219. ¹¹) K r e i s e l, Würzburg 1930.
¹²) München: vgl. den Stadtplan von München bei D i r r, Grundlagen der Münchner Stadtgeschichte 1937, Anhang.
¹³) Freiburg i. Üchtlande nach dem Stadtplan 3 von J. Z e m p in den Schweizer Städtebildern Bd. 1.
¹⁴) Erfurt 1290: Urkunde des Neuwerkklosters, UB. I, Nr. 405 S. 276 in Nova civitate Erfordensi. Das Augustinernonnenkloster St. Mariae wurde 1196 zum Neuenwerk verlegt, UB. I, Nr. 62.
¹⁵) Soest: I l g e n, Chroniken III, S. XXVII.
¹⁶) Köln: K e u s s e n, Topographie, S. 41*ff., 43*ff.
¹⁷) Für Konstanz: M a r m o r, Geschichtliche Topographie der Stadt Konstanz 1860, S. 77 ff., 110 ff.
¹⁸) Für Paderborn: H ü b i n g e r, Verfassungsgeschichte der Stadt Paderborn 1899, S. 36.
¹⁹) Für Wismar: P ü s c h e l, Anwachsen, S. 35 mit Plan. Eisenach: Plan in Monographien deutscher Städte, Bd. 32. Dinkelsbühl: Plan bei B r i n c k m a n n. Für Eisleben: Plan in Die älteren Bau- und Kunstdenkmäler der Provinz Sachsen XIX, Mansfelder Seekreis 1893.

Seite 219. [20]) Für Nürnberg: Reicke, Geschichte der Stadt Nürnberg 1896, S. 281. Püschel S. 146.
[21]) Für München: Wagner, München, eine Großstadtuntersuchung auf geographischer Grundlage, Diss. 1931, S. 58 ff.
[22]) Memmingen: Müller, Die oberschwäbischen Reichsstädte, S. 102 ff.
Seite 220. [23]) Isny: Müller, Die oberschwäbischen Reichsstädte, S. 255 f.
Seite 221. [24]) Hirschberg, Deutz, S. 102 ff.
[25]) Wackernagel, Geschichte der Stadt Basel I, 1907, S. 188 ff., 312, 323 ff.
[26]) Gengler, Beiträge zur Rechtsgeschichte Bayerns III, S. 68 f.
[27]) Gengler, Beiträge zur Rechtsgeschichte Bayerns III, S. 69.
[28]) Frankfurt: Heinrich VI. 1193, UB. I, Nr. 30 S. 14 f.
[29]) Frankfurt 1222: UB. I, Nr. 58 S. 31.
[30]) Frankfurt 1253: UB. I, Nr. 178 S. 86.
Seite 222. [31]) Frankfurt: Insatzbuch 1337, § 100, UB. II, S. 556 f.
[32]) Frankfurt 1214: UB. I, Nr. 661, S. 327.
[33]) Frankfurt 1326: UB. II, Nr. 293 S. 227.
[34]) Frankfurt 1333: UB. II, Nr. 475 S. 365.
Seite 223. [35]) Für Würzburg: H. Kreisel, Würzburg 1930.
[36]) Merseburg: Friedrich I. 1188. Kehr Nr. 132 S. 111 f.
[37]) Wetzlar 1310: UB. I, Nr. 723 S. 313.
[38]) Für Kassel-Neustadt: Kloster Kaufungen, UB. I, Nr. 60.
[39]) Wien: Privileg für die Flandrer 1208. v. Schwind und Dopsch Nr. 23 S. 38.
[40]) Frankfurt am Main: forum quod dicitur Rossebühel, 1280, UB. I, Nr. 439 S. 212 forum pecorum im Insatzbuch von Frankfurt 1332, UB. II, S. 545.
[41]) Braunschweig: mons cursorum, UB. II, S. 570.
[42]) Fischer, Siedlungsverlegung, S. 36, Anm. 10 a.
Seite 224. [43]) Frankfurt am Main: Fischerfeld (inter piscatores) 1294, Püschel S. 131.
[44]) Sachse, Der Stadtgrundriß von Bautzen 1926, S. 17.
[45]) Über Graggenau und Tal (München): Wagner, München, Diss. 1931, S. 62 ff.
[46]) Stadtplan von Eisleben in: Die älteren Bau- und Kunstdenkmäler der Provinz Sachsen XIX, Mansfelder Seekreis, 1893 Eisleben.
[47]) Püschel S. 146 f.
[48]) Über Hildesheim-Dammstadt: Gebauer, Geschichte der Stadt Hildesheim I, S. 71, 1196, UB. I, Nr. 49; 1232, UB. I, Nr. 122.
[49]) Reincke, Das städtische Wesen und Werden Hamburgs 1951, S. 45 ff. Über die Kremoninsel S. 45, die Grimminsel S. 49, den Rödingsmarkt S. 50, 1258, Kirchspiel St. Jacobi S. 52.
Seite 225. [1]) Niedner, Leipzig, S. 90 ff. Von der Reichsstraße hebt auch Rudolf von Habsburg 1284 hervor: una strata, quae ad imperium pertinet dumtaxat excepta, Cod. dipl. Sax. Reg. II 8, S. 9 Nr. 11. E. Müller, Forschungsergebnisse zur Topographie und Verf. G. des ältesten Leipzig, in Forschungen aus mitteldeutschen Archiven, 1953, S. 250, 254 nimmt diese Stadterweiterung z. T. schon um 1160 an.
[2]) Über die Bedeutung Heinrichs III. für Zürich: Largiadèr, Geschichte von Stadt und Landschaft Zürich I, 1945, S. 32 ff.
Seite 226. [3]) Zürich 1219: UB. II, Nr. 389. Largiadèr S. 81.
[4]) Vgl. die historischen Stadtpläne für Zürich von P. Schweizer (bis zum Jahre 1336) von 1908 und H. Keller (vom Jahre 1504) von 1829.
Seite 227. [5]) In Dortmund lag zwischen den beiden „Dörfern" ein breiter Sumpfstreifen, v. Winterfeld, Entstehung der Stadt Dortmund, Beiträge 48, S. 28. In Soest heißt die Wiesenkirche St. Maria in palude (1229), Rothert, Westfälische Stadtpläne, Rörig-Gedächtnisschrift, S. 431.

Anmerkungen zu Seite 227 bis 230

Seite 227. [6]) Über die Sandkaule in Köln: K e u s s e n, Topographie, S. 12* f.
[7]) Für Lindau: M ü l l e r, Oberschwäbische Stadtrechte, S. 343 ff.
[8]) Für Stendal: A u e, Zur Entstehung der altmärkischen Städte, S. 22 ff.
[9]) Für Zerbst: S p e c h t, Die mittelalterlichen Siedlungsräume der Stadt Zerbst, Sachsen-Anhalt 16, 1940, S. 131 ff.
[10]) Stadtplan bei A u e, Zur Entstehung der altmärkischen Städte 1910.
[11]) H e g e l, Die Entstehung des mittelalterlichen Pfarrsystems der Stadt Köln. Kölner Untersuchungen 1950, S. 69 ff.

Seite 228. [12]) Von den älteren Städten waren das Bremen, Hildesheim, Merseburg, Osnabrück, Paderborn, Wien und Zürich, von jüngeren Brilon, Duderstadt, Eschwege, Görlitz, Göttingen, Greifswald, Heiligenstadt, Königsberg, Nordhausen, Rostock, Salzwedel, Sandau, Stettin, Stralsund, Wernigerode, Wismar und Zwickau.
[13]) 2 Pfarreien in Altenburg, Bozen, Bielefeld, Brandenburg, Eisenach, Elbing, Gera, Gotha, Jena, Kassel, Langensalza, Laufenburg, Nürnberg, Osterwiek, Pirna, Ravensburg, Saalfeld, Siegen, Thorn und Zeitz.

Seite 229. [1]) Über Haldensleben: K o c h, Studien zur Siedlungs- und Bevölkerungsgeschichte der Stadt Neuhaldensleben, Geschichtsblätter für Stadt und Land Magdeburg 74/75, 1941, S. 81. Chronic. Montis Serini, MG. SS. 23, S. 158 (für 1181) Civitas in palude edificata erat, triplici vallo et muro forti munita.
[2]) Breisach: Heinrich VI. 1185. T r o u i l l a t I 260. N o a c k S. 191.
[3]) Calbe a. d. Milde: Deutsches Städtebuch II, S. 447. Eutin: Deutsches Städtebuch I, S. 373. Malchow: Deutsches Städtebuch I, S. 306. Schönau: Deutsches Städtebuch I, S. 873.
[4]) Glosse zum Sächsischen Lehnsrecht Art. 78 des Nikolaus Wurm. Schon der Sachsenspiegel III 66, 2 spricht von einer Stadtbefestigung (stad vesten mit planken [noch] muren, Eckhardt).
[5]) Meschede: Alte Bürgersprache 1486, Art. 3, S e i b e r t z, UB. III, S. 185.

Seite 230. [6]) O v e r m a n n, Hamm 1903, S. 4*.
[7]) Krempe: Deutsches Städtebuch I, S. 415.
[8]) Itzehoe: Deutsches Städtebuch I, S. 408.
[9]) Königsberg in Ostpreußen: Deutsches Städtebuch I, S. 68.
[10]) Ahlen: Deutsches Städtebuch III (ungedruckt). Noch 1245 nur Planken. G e n g l e r, Cod. S. 16.
[11]) Bitterfeld: Deutsches Städtebuch II, S. 435. Schleiz: Deutsches Städtebuch II, S. 361. Weimar: Deutsches Städtebuch II, S. 388. Erst 1450 Stadtmauer.
[12]) Schweidnitz: Deutsches Städtebuch I, S. 877. Noch 1336 nur Graben und Palisaden, 1345 Steinmauren mit 26 Wiekhäusern.
[13]) Sinzig: 1305 Albrecht I. Privileg Erhebung eines Ungelts zur Besserung der Stadtgräben ungeltum in fortificationem et meliorationem fossatorum oppidi. B ö h m e r, Acta Imperii, S. 412 Nr. 573.
[14]) Aachen: Ummauerung 1172—76 durch Friedrich I. befohlen, H u y s k e n s S. 74. 1198 ist die Ummauerung fertig, MG. SS. XXIV, S. 38. G e r l a c h S. 73. Dortmund: zwischen 1232—41, Stadtbefestigung erst 1253 erwähnt, UB. I, Nr. 94.
[15]) Zürich 1219: UB. I, Nr. 389. Für Ulm: E r n s t, Z. f. Württemb. Landesgeschichte 1941, S. 444 ff.
[16]) Über Judenburg: W e n g e r t, Die Stadtanlagen in der Steiermark 1932. S. 59.
[17]) Über Soest: S c h w a r t z, Kurze Geschichte der Hansestadt Soest 1949. Die Mauer entstand um 1180.
[18]) Burg: Deutsches Städtebuch II, S. 443.

Seite 230. [19]) L a u, Neuss (1911), S. 4 *f. E n t n e r, Neuss (1926), S. 21 ff. Rees erhielt 1289 eine Mauer, Westd. Z., Erg.-Heft 6, S. 107. Gisela V o l l m e r, Stadtentstehung, S. 39, 47.
[20]) Über Lüneburg: Niedersächs. Städtebuch, S. 229 unter 5 a.
[21]) Bremen: Niedersächs. Städtebuch, S. 52 unter 5 a.
[22]) Hamburg: Deutsches Städtebuch I, S. 388 unter 5 a.

Seite 231. [23]) Vgl. R i e t s c h e l, Die älteren Stadtrechte von Freiburg, VSWG. 3, 1905, S. 241. W e l l e r, Stadtgründungen in Schwaben, S. 168. Villingen: B e y e r l e S. 167. H a m m S. 94 f.
[24]) Gründungs- und Ummauerungszeiten in Rottweil 1140 und 1240, in Neuenburg 1170—80 und 1212, in Bern 1191 und 1223—74.
[25]) Lübeck: Deutsches Städtebuch I, S. 418. Schwerin: Deutsches Städtebuch I, S. 329.
[26]) Braunschweig-Hagen: Degedingebuch 1325, UB. III, S. 95 ad murum civitatis.
[27]) Rostock: Deutsches Städtebuch I, S. 323. Wismar: Deutsches Städtebuch I. S. 344.
[28]) Schleswig: Deutsches Städtebuch I, S. 445.
[29]) Stendal: Deutsches Städtebuch II, S. 603. Salzwedel: Deutsches Städtebuch II, S. 656. Aken: Deutsches Städtebuch II, S. 409. Brandenburg: Deutsches Städtebuch I, S. 511.
[30]) O v e r m a n n, Lippstadt, S. 4*. Lippiflorium Vers 468 f. forti vallo cingitur ipse locus. Lignea materies primum loca munit.
[31]) Berlin: Deutsches Städtebuch I, S. 484.
[32]) Die von mir ermittelten Zeiten der Erdbefestigung und der Ummauerung waren: für Arnsberg 1207—38, Bielefeld 1261—63, Bozen 1208—65, Eimbeck 1203—56, Fritzlar 1217—38, Heilbronn 1223—41, Heiligenstadt 1228 bis 1244, Klingnau 1251—66, Ratibor 1235—95, Seligenstadt 1232—95, Stettin 1237—75, Stralsund 1234—71, Zwickau 1200—91.
[33]) Gründungs- und Ummauerungszeit in Elbing 1237 bis 14. Jh., Guben 1235—1311, Isny 1238—1396, Korbach 1227—1377, Neisse 1261—1350, Perleberg 1239—1353, Rheinberg 1232—1307, Rüthen 1220—1355.
[34]) Annolied, MG. Chronik 1 VII Zle 110 de sal diu stat iemir loben got: Zle 111 daz in der sconistir burge; Zle 115 ci diu, daz di stat desti heror diuhte; Zle 119 Koln ist der heristin burge ein.

Seite 232. [35]) Orendellied (vermutlich 1160): B e r g e r, Orendel 1888 Zle 3235.
[36]) Mühlhäuser Reichsrechtsbuch um 1200: Einl., M e y e r S. 88.
[37]) Sachsenspiegel II, 71, 5; III 66, 2.
[38]) Mainzer Reichslandfriede Friedrichs II. 1235, Art. 30, Z e u m e r S. 72.
[39]) Basel: Stadtrecht 1260—62, Art. 2, K e u t g e n S. 113. Straßburg: Friedensvertrag 1263, K e u t g e n S. 107. Hamburg: Ordelbok 1270, Einl., L a p p e n b e r g S. 1.
[40]) Anders im Ausland wie in Gran (vicus Strigoniensis 1255).
[41]) Wicbild als Stadtgebiet, z. B. in Mühlhausen I 1, M e y e r S. 88.
[42]) So Maastricht 1229, Kassel 1239, Murten 1245, Freiburg i. Br. 1247, Laufenburg 1248, Freiburg i. Üchtlande 1249, Zofingen 1263 und Winterthur 1264.
[43]) Dortmund 1152: burgum Tremonia, UB. I, S. 74. Bamberg 1160: advocatus burgi, Mon. Boic. 29 a, S. 351. Nürnberg 1163: Mon. Boic. 31, 1 a, S. 416.
[44]) So auch Maastricht 1174, Stade 1180, Goslar, Bopfingen, Dinkelsbühl, Schwäbisch-Gmünd, Weißenburg 1188, Steingaden 1189, Melsungen und Wasungen 1190, Bozen 1208, Brünn 1210, Kaiserslautern 1215, Graz 1222, Leutkirch 1239, Liestal 1241, Linz 1243 und Meran 1270.
[45]) Weiter Fritzlar 1217, Bern 1218/20, Mühlhausen 1219, Luzern 1252, Bremgarten 1253, Breisach 1275, Schlettstadt 1292.

Seite 232. ⁴⁶) Const. II, S. 193 Nr. 156.
Seite 233. ⁴⁷) Goslar 1131 civitas. Dagegen 1290 oppidum Rudolf I., UB. II, Nr. 382 S. 387, aber wieder civitas Nr. 379 S. 385.
⁴⁸) Dortmund: 1220 civitas, UB. I, Nr. 74. Mühlhausen: 1206, Cod. dipl. Sax. reg. A III Nr. 98. Aachen nach 1200: H u y s k e n s S. 80 f.
⁴⁹) Frankfurt: 1142 oppidum, MG. SS. VI, S. 388, civitas 1184, UB. I, Nr. 27. Ulm: 1128 oppidum, UB. I, S. 12 Nr. 8, 1184 civitas, UB. I, S. 23 Nr. 14.
⁵⁰) Oppenheim: 1252 oppidum, K r a u s e, Oppenheim, S. 414. 1226 civitas Friedrichs II., H u i l l a r d - B r é h o l l e s II 623.
⁵¹) Frankfurter UB. Nr. 102.
⁵²) Friedberg 1220 (Regia civitas): UB. Nr. 4. Gelnhausen: 1226 civitas, Frankfurter UB. I, Nr. 78. Wetzlar: 1240 civitas, UB. I, S. 9 Nr. 29, 30.
⁵³) Halle: civitas um 1150, UB. I, Nr. 35, 46.
⁵⁴) Erfurt 1170: UB. I, Nr. 45 S. 19; 1196: UB. I, Nr. 62 S. 28, 65 S. 30.
⁵⁵) Ummauerte civitates waren weiter Eger 1203, Altenburg 1214, Stendal 1215, Dresden 1216, Grimma 1220, München 1221, Freiberg 1223, St. Veit 1224, Villingen 1225 usw.
⁵⁶) Schmalkalden: Chronik Reinhardsbrunn, MG. SS. 30, S. 611.
⁵⁷) Schleswig: Deutsches Städtebuch I, S. 445.
⁵⁸) Chemnitz: Codex dipl. Sax. reg. II 6, S. 2 Nr. 2 extra muros ac forensi in civitate Kemnitz 1264. S c h l e s i n g e r, Die Anfänge der Stadt Chemnitz 1952, S. 25, Anm. 4.
⁵⁹) Hameln: civitas (1185—1206), 1324, UB. Nr. 8, S. 6; Nr. 206 S. 139 (infra muros Hamelenses).
⁶⁰) Über Seligenstadt: S e i b e r t z, Verfassungsgeschichte der Stadt Seligenstadt 1910, S. 52, 66.
⁶¹) Weiter Danzig 1236—1343, Klingnau 1239—66, Stettin 1243—75, Neisse 1245—1350, Berlin 1251—1307 usw.
⁶²) Mainzer Reichslandfriede Friedrichs II. 1235: Art. 26 Z e u m e r S. 76 si civitas muro caret (ist die stat ungemuret).
⁶³) Wetter: 1239 civitas non est muro circumdata. S c h ä f e r, Zur älteren Geschichte von Stift und Stadt Wetter 1921.
Seite 234. ⁶⁴) Aber auch für Maastricht (1243), Witzenhausen (1247), Duisburg und Frankenberg (1243), Klingnau (1215), Radolfzell (1267), Fritzlar (1274), Zofingen (1278), Saalfeld (1287) und Markgröningen (1316).
⁶⁵) So Obernburg (1313), Bockenem (1314), Koburg (1315), Markgröningen (1316).
⁶⁶) So die von Salzwedel (1197—1233), Höxter (1198—1230), Hannover (1202 bis 1240—97), Zwickau (1202—19), Zerbst (1213—50), Bielefeld (1221—63), Heilbronn (1225—41), Stettin (1237—75), Amberg (1242—1326), Greifswald (1248—64) usw.
⁶⁷) E w a l d, Rheinische Siegel III, 1931, Tafel 2.
⁶⁸) E w a l d, Rheinische Siegel III, 1931, Tafel 30.
Seite 235. ⁶⁹) So für Kreuznach (1214), Boppard (1216), Freiburg i. Br., Remagen (1221), Freiberg (1227), Geldern (1229), Braunschweig, Goslar, Mühlhausen und Münster (1231), Stendal (1236), Koblenz (1237), München (1239), Dortmund (1240), Salzburg (1249), Stade (um 1250), Marburg a. d. Drau und Zwickau (1250).
Seite 236. ⁷⁰) Über Mainz: G e r l a c h S. 42. D i e p e n b a c h, Die Stadtbefestigung von Mainz 1928. G a n s h o f, Over stadsontwikkeling, S. 13, 24, 53 f.
⁷¹) Über Worms: S c h u m a c h e r, Siedlungs- und Kulturgeschichte der Rheinlande III, S. 171. G a n s h o f, Over stadsontwikkeling, S. 13, 24 f., 51 f.
⁷²) K e u s s e n, Köln im Mittelalter, S. 6*, 34*, 41*, 43* ff.

Seite 237. [73]) Über Wien: Öttinger S. 107, 122, 175, 181, 185 f.
[74]) Über Passau: Mon. Boica 28, II, S. 285.
[75]) Kentenich, Trierisches Archiv 11, 1907, S. 65. Geschichte der Stadt Trier 1911, S. 98 f. Ganshof, Over stadsontwikkeling, S. 13, 23, 37, 41, 52.
[76]) Über Speyer: Gerlach S. 56. P. J. Meyer, Braunschweigisches Jb. 1912, S. 42.
[77]) Über Maastricht: Panhuysen, Studien over Maastricht 1933, S. 49. Ganshof, Over stadsontwikkeling, S. 41, 43, 51, 52.
[78]) Über Regensburg: Gerlach S. 43.
[79]) Über Augsburg: Berner S. 39. Rietschel, Burggrafenamt, S. 39, UB. I, Nr. 9 (1251). Stadtbuch 1276, Art. 3, Meyer S. 11.
[80]) Über Basel: Ganshof, Over stadsontwikkeling, S. 14, 28, 37, 41, 55, 59.
[81]) Über Konstanz: ein Vortrag von Franz Beyerle (ungedruckt).

Seite 238. [82]) Über Metz: Ganshof, Over stadsontwikkeling, S. 37, 41, 53.
[83]) Über Straßburg: Ganshof, Over stadsontwikkeling, S. 13 f., 19, 37, 41, 54, 60 und 61.

Seite 239. [84]) Osnabrück: Rothert I, S. 62 ff. Privileg Rudolfs I. 1280, UB. III, Nr. 76.
[85]) Für Naumburg: Deutsches Städtebuch III, S. 617.
[86]) Schranil, Stadtverfassung nach Magdeburger Recht, S. 39—43.
[87]) Kreisel, Würzburg 1930.
[88]) Gebauer, Geschichte der Stadt Hildesheim I, S. 43 ff., 71 ff.
[89]) Für Bremen: Niedersächs. Städtebuch, S. 52 f.
[90]) Für Halberstadt: Deutsches Städtebuch II, S. 518 f.
[91]) Für Paderborn: der Stadtplan in den Bau- und Kunstdenkmälern von Westfalen, Kreis Paderborn und Rietschel, Burggrafenamt, S. 278 f.
[92]) Für Merseburg: Deutsches Städtebuch II, S. 607.
[93]) Erfurt: Urkunde Erzbischof Adalberts von 1120, UB. I, Nr. 13 S. 5 f. (cives; magister fori). 1170: Nr. 45 S. 19 (municipium; muro munitum).
[94]) Gedicht des Ligurinus 1182 murisque decora est. Nahrgang, Die Frankfurter Altstadt 1949, S. 63.
[95]) Nahrgang S. 65 ff.
[96]) Innsbruck: 1233 civitas. Oefele, Graf von Andechs, Reg.-Nr. 615. Rietschel, Markt und Stadt, S. 116 f.

Seite 240. [97]) Greifswald 1264: Pommersches UB. II, S. 115 Nr. 751 (murum opponendi).
[98]) Rheinberg 1290: Wittrup Nr. 5 Cum oppidum Berke plancis et propugnaculis ligneis sit munitum, quod propter vetustatem singulis annis non sine magnis sumptibus reparationem exigit.

Seite 241. [99]) Hagenau 1164: Art. 26, Keutgen S. 137 (civitas), anderer Ansicht Franz Beyerle, Anteil des Elsaß, S. 300. Leipzig 1156—70: Art. I, Keutgen S. 64 (civitas).
[100]) München 1173: Mon. Boica 8, S. 410 Ortolfus, qui preest muro. Baumann, Archival. Z. N. F. 14, 1907, S. 255.
[101]) Kretzschmar, Entstehung von Stadt und Stadtrecht 1905, S. 67 (civitas Saxonum 1241).
[102]) Über Wiener Neustadt: Lahusen S. 73, Verhandlungen über de novae civitatis edificatione.
[103]) Querfurt: Deutsches Städtebuch II, S. 647. Rothenburg ob der Tauber 1352: Bensen S. 329. Mühlhausen 1211: Chronic. Sampetrin., muris et fossatis munitas, UB. Nr. 56, S. 15. Frankenberg 1242: Spiess S. 335 ff. Essen 1244: Ribbeck, Geschichte der Stadt Essen I, S. 100. Laufenburg 1248: Züricher UB. S. 211. Frankfurt a. d. Oder 1253: Deutsches Städtebuch I, S. 534.

Seite 241. [1]) Köln 1154: Keutgen S. 24 Nr. 32.
[2]) Köln: Vergleich mit dem Erzbischof 1180, Quellen I, S. 582 discordia super vallo vel fossato. Köln 1258: Schied, Art. 30, Keutgen S. 161.
[3]) Köln: Martin 8 VI 24 (um 1180), Hoeniger I, S. 129 quando archiepiscopus fossa urbis fodiebatur.
[4]) Chronica regia, ed. Waitz S. 131. Keussen S. 183*, Anm. 6.
[5]) Köln: Severin 2 III Titel Juxta veterem fossam; 2 V 1 juxta novam fossam; Aposteln 4 III 4. Hoeniger II, S. 260, 263, 31. Gereon bei Clasen fol. 26.
[6]) Planitz-Buyken S. 103, 158, 159, 161, 206, 356.
[7]) Straßburg: Bischofsrecht um 1150, Art. 83, Keutgen S. 99.
[8]) Goslar 1186: UB. I, Nr. 306 S. 341 (ortum), qui est inter murum et fossatum usque ad portam S. Viti. Krems 1305, Brunner, S. 9 Nr. 21, I 1.
[9]) Worms 1296: UB. I, Nr. 472 S. 311 murum domus fundare super murum civitatis.
[10]) Stade 1318: Stadtbuch Nr. 404 S. 109 fossatum cum particula terre aratorie jure hereditario possidendum.
[11]) Leipzig 1156—70: Art. 2, Keutgen S. 64 trans fossam, qua lapides fodiuntur.

Seite 242. [12]) St. Pölten um 1260: v. Schwind und Dopsch Nr. 46 S. 98 ultra fossatum, quod Laimgrube dicitur.
[13]) Stralsund 1278: II 220. Fabricius S. 32 de spacio juxta fossatum, ubi funes facit.
[14]) Dortmund 1309: Rübel, UB. I, Nr. 318.
[15]) Braunschweig 1314: UB. II, Nr. 759 S. 421 judicium in fossa. 1319: UB. II. Nr. 860 S. 492 vemeding in fossa civitatis. Ebenso in Leipzig: danach wird Thing abgehalten in fossato ante civitatem Lipzk. 1291: Cod. dipl. Sax. R. II 8, S. 12 Nr. 17; iuxta valvam ultimam foris vicum S. Petri. Gersdorf, Stadtb. v. Leipzig 1359 (1856), S. 117.
[16]) Köln: Niederich 6 II 11 (1170—78). Hoeniger II, S. 104. Für Wien: Öttinger S. 181 f.
[17]) Breslau 1274: UB. I, Nr. 44 S. 44 ad muros infra fossata erigendos.
[18]) Stralsund: Stadtbuch 1305 VIII 239. Fabricius S. 189 dammonem seu diconem fossati.
[19]) Stade: Stadtbuch 1317, Nr. 382; 1319, Nr. 444.
[20]) Hildesheim 1345: UB. I, Nr. 947 S. 550.
[21]) Braunschweig 1288: UB. II, Nr. 350 S. 161 ff.
[22]) Halberstadt 1313: UB. I, Nr. 341 S. 266.
[23]) Regensburg 1230: Art. 8, Keutgen S. 198.
[24]) Frankfurt am Main 1304: UB. I, Nr. 840 S. 428.
[25]) Halberstadt 1329: UB. I, Nr. 428 S. 329.
[26]) Braunschweig 1304: UB. Nr. 521 S. 271.
[27]) Straßburg 1239: UB. I, Nr. 261.
[28]) Wismar: Stadtbuch 1284, Mecklenburg. UB. VI, Nr. 112.
[29]) Hildesheim 1167: UB. I, Nr. 33 S. 13.
[30]) Halberstadt 1241: UB. I, Nr. 49 S. 53.
[31]) Lüneburg 1274, 1364: Reinecke S. 271, 184.
[32]) Rheinberg 1295: Wittrup Nr. 8 muros fossata ac alia ad munitationem oppidi spectantia. Linz 1369: Zollprivileg zum Aufbau der Mauern, Gräben und anderen wehrlichen Bauten, O.-Ö. UB. VIII, S. 422 f.
[33]) Freising 1231: Reichsspruch, Const. II, Nr. 306 S. 421. Bonn 1243: Gengler, Cod. S. 251.
[34]) Erfurt 1217: UB. I, Nr. 82 S. 48.

Seite 243. ¹) Weiter für Duderstadt, Emmerich, Halle, Hamburg, Hannover, Herford, Rattenberg und Rostock.
²) In Köln, Braunschweig, Hildesheim und Eisleben.
³) In Lüneburg, Speyer, Heilbronn und Würzburg.
⁴) Wie in Altenburg, Erfurt, Lübeck und Speyer.
⁵) Wie das z. B. in Allenstein, Brugg, Leutkirch, Murten, Neuenburg, Sorau, Vacha, Zofingen der Fall war.

Seite 244. ⁶) Im Westen in Boppard, Deutz, Frankenberg, Neustadt, Friedberg, Lüdenscheid, Rinteln, Saarburg; im Osten in Brandenburg-Altstadt, Falkenberg, Gleiwitz, Goldberg, Kiel, Lübben, Malchow, Namslau, Reichenbach i. Vogtlande, Rochlitz, Schleswig, Spremberg, Tangermünde; in Mitteldeutschland in Apolda, Eilenburg, Frankenhausen, Heiligenstadt, Meiningen, Salzungen, Weida, Weißenfels; im Südwesten in Brugg, Günzburg, Kaiserstuhl, Laufenburg, Memmingen, Murten, Offenburg, Zofingen; im Südosten in Braunau, Eisenstadt, Freistadt, Gemünd in Kärnten, Hainburg, Ingolstadt, Obdach in Kärnten, Radstadt und Ulm.

Seite 246. ⁷) Im Nordwesten waren das Antwerpen, Bonn, Brilon, Emmerich, Hameln, Hamm, Leiden, Lemgo, Löwen, Oldenburg, Rüthen, Siegburg und Werden; im Nordosten und in Mitteldeutschland Bautzen, Chemnitz, Dresden, Flensburg, Frankfurt a. d. Oder, Görlitz, Greifswald, Kulm, Lübeck, Merseburg, Riga, Stendal, Torgau und Zwickau, Eisenach, Eisleben, Frankenberg, Langensalza, Querfurt, Weimar, Wernigerode; in Südwestdeutschland Freisach, Mülhausen, Pfullendorf, Ravensburg, Solothurn; in Südostdeutschland Amberg, Enns, Iglau, Innsbruck, Krems, Leoben, Pilsen, Salzburg, Tulln, Wels und Wien.
⁸) Anklam 1242/43, Neubrandenburg 1248, Soldin 1260, Budweis 1265, Koeslin 1266.
⁹) Gardelegen und Perleberg um 1200, Guben 1225, Holzminden, St. Pölten und Warburg-Neustadt um 1250.
¹⁰) Im Nordwesten Deventer, Dorsten, Lünen, Oppenheim und Siegen; im Nordosten Allenstein, Döbeln, Gadebusch, Hirschberg, Kamenz, Löwenberg, Marienburg, Marienwerder, Pegau, Prettin, Ratibor, Ratzeburg, Schwerin, Stresa; in Mitteldeutschland Artern, Freiburg, Hildburghausen, Jena, Neustadt a. d. Orla, Northeim, Orlamünde, Osterwiek, Schleiz, Thamsbrück, Wasungen; im Südwesten Aarau, Buchhorn, Heilbronn, Kempten; im Südosten Hainburg, Judenburg, Marburg a. d. Drau und Pettau.

Seite 247. ¹¹) Man kann Mainz (1119), Gera (1237), Gotha (1180—89), Höxter (nach 1150), Leitmeritz (vor 1233), Lippstadt (1220), Linz (um 1200), Neuss (um 1200), Rheinfelden (nach 1150), Saalfeld (1208), Überlingen (1222), Oppeln (1254) dazu rechnen, ebenso die Ratstadt von Naumburg (13. Jh.).
¹²) Weitere Beispiele bieten im 14. Jh. Minden, Reval und Zerbst; im 15. Jh. Biberach, Wangen und Thorn. Überlingen hatte nach der Einbeziehung des Dorfes um 1400 weiterhin 5 Außentore.
¹³) Fünftorstädte waren im späteren Mittelalter auch Bochum, Düren, Donauwörth, Duderstadt, Frankenhausen, Glogau, Göttingen, Landshut, Mecheln, Pirna, Recklinghausen, Rudolstadt und Unna.
¹⁴) Gleiches sehen wir in Brünn (1243), Lüneburg (1287), Olmütz (1283), Eßlingen, Freiburg i. Üchtlande und Parchim um 1300, Schlettstadt und Zeitz im 14. Jh.
¹⁵) Weiter Bielefeld 1263, Wetzlar 1300, Eimbeck 1306, Frankenberg a. d. Eder 1335, Brandenburg 1350 und Memmingen um 1400.

Seite 249. ¹) weighuser im Sächsischen Weichbild um 1300 IX 4, § 2. L a b a n d, Magdeburger Rechtsquellen, S. 55; wicborg in der Sententia de advoc. episcop. et

Seite 249.   de munitionibus Friedrichs I. von 1180, Const. I, Nr. 280 S. 387. Planitz, Frühgeschichte, S. 26 f. und Anm. 147.

Seite 251. [1]) Um 1215 ruft Leipzig zur Erneuerung der Eidgenossenschaft auf. Leipzig 1215: Annal. v. Pegau, MG. SS. 16, S. 208 facta est conjuratio valida; multique additi sunt ad eos.

[2]) Friedrich II. 1231, Const. II, Nr. 299 S. 413 nulla civitas, nullum oppidum communiones, constitutiones, colligationes, confederationes vel conjurationes aliquas facere possent. Dazu Const. II, Nr. 156 S. 193.

[3]) Passau: Albrecht I. 1298, Mon. Boic. 28 b, Nr. 146 S. 424 irritum revocamus Capitaneum seu magistrum civium et consilium juratorum civium, que sepedicti cives temeritate propria condere presumpserunt.

[4]) Regensburg 1230: Art. 2, Keutgen S. 197 Si cives pacem servare juraverunt.

[5]) Worms 13. Jh.: Art. 14, Kohler, Wormser Recht und Reformation I (1915), S. 10.

[6]) Riga-Reval 1227—38: Art. 39, Napiersky S. 10.

Seite 252. [7]) Köln: Großer Schied 1258 1, 25; 3, 26. Keutgen S. 160, 169.

[8]) Münster-Bielefeld 1221: Art. 54, Keutgen S. 153.

[9]) Hamm 1226: Art. 5, Overmann S. 1.

[10]) Riga 1211: Art. 4, Livländ. UB. I, Nr. 20 S. 27 Excessus suos singulae civitates si poterunt componant.

[11]) Straßburg 1214: Art. 7, 21, 50, 52, 54; 1245—50: Art. I, UB. I, S. 477 f., 480 ff. Worms 13. Jh.: Art. 127, 131, 132, 138. Kohler S. 36 ff.

[12]) Regensburg 1269: UB. I, Nr. 105 S. 54.

[13]) Regensburg: Friedgerichtsbuch 14. Jh., v. Freyberg V, S. 65—75.

[14]) So z. B. in Straßburg 1245—60: Art. 1—3, UB. I, S. 482.

[15]) Regensburg 1269: UB. I, Nr. 105 S. 54. 1281: Nr. 128 S. 60 f.

[16]) Wesel 1241: Gengler S. 523.

[17]) So z. B. in Eisenach 1283: Art. 4, Gengler S. 182. Kolmar 1286: ORhStR. III 3, S. 49.

[18]) Enns 1212: v. Schwind und Dopsch S. 45 si aliquis intret civitatem, ut civis efficiatur, burgenses debent illum tueri ab omni violentia. Münster-Bielefeld um 1221: Art. 6, Keutgen S. 151.

[19]) Rheinfelden 1290: Art. 11, Welti S. 11.

[20]) Freiburg i. Üchtlande 1249: Art. 82, Gaupp II, S. 97.

[21]) Wesel 1241: Lacomblet II, Nr. 258 S. 133.

[22]) Medemblik 1289: Art. 56, Oude vaderl. Rechtsbronnen I 7, S. 14 Quicunque oppidanus non juvaret universitatem ad compellendos extraneos, ne aliquid faciant contra jus oppidi de Medemblik.

[23]) Speyer 1263: UB. Nr. 103 S. 74 f. Quicunque harum treugarum vel pacis violator inventus fuerit, se sciat perjurium incidisse.

[24]) Planitz, Kaufmannsgilde und Eidgenossenschaft, S. 50.

[25]) Rheinfelden 1290: Art. 32, Welti S. 13 den schaden und den kosten umbe in ze tegedingende, den son die burger gemeinlich han.

[26]) Dortmund 1250: Art. 33, Frensdorff S. 36 Nemini burgensi licet se redimere; si se redimit, omnia bona sua sunt in potestate burgensium. Soest um 1350: Art. 127, Seibertz, UB. II, S. 399 f.

Seite 253. [27]) Nordhausen 1290: Art. 9, Gengler S. 319 tributum sive censum solvant et prestent auxilium ad ipsius negocia civitatis.

[28]) Regensburg: Philipp 1207, Art. 1, Keutgen S. 196 qui communi jure ipsorum reguntur et concives eorum sunt cum eisque consuetudines suas in dandis collectis.

[29]) Goslar 1219: Art. 47, Keutgen S. 182 Omnes in civitate redditus ad negocia burgensium debent adjuvare. Regensburg 1230: Art. 16, Keutgen

Seite 253.   S. 198 Quicunque emendo et vendendo ritum negotiationis exercuerit, ille reddat cum civibus collectas.

30) Regensburg 1207: Art. 4, K e u t g e n S. 197. Anders freilich 1230: Art. 16, S. 198.
31) Erfurt 1271: UB. I, Nr. 248 S. 157. 1288: Nr. 373 S. 246.
32) Heilbronn 1318: UB. I, S. 42 Nr. 96.
33) Duisburg: Privileg des Grafen von Geldern 1279, G e n g l e r, Cod. S. 948 si inter se aliquas exactiones statuere voluerint, hoc facere libere poterunt.
34) Freiberg: Stadtrechtsbuch 1300 IV § 1, E r m i s c h S. 52 Swenne di stat ein geschoz muz haben, das sullen di burger setzen untereinander, wenne si sin an irme heimelichen rate.
35) Neuss 1259: L a u S. 46 si inter vos fiat exactio pro necessitate communi, pauperes cum divitibus equo modo jurent, ut de qualibet marca, prout a vobis statutum fuerit, juxta suas persolvant proportionaliter facultates. Bonn 1285: G e n g l e r, Cod. S. 252 (proportionaliter pro rata solvere). Vgl. auch Regensburg 1232, UB. I, Nr. 61 S. 28. Der Proportionalsteuer ging in den eidgenössischen Städten eine Kopfsteuer nicht voraus. Dazu Adalbert E r l e r, Bürgerrecht und Steuerpflicht 1939, S. 67 ff.
36) Lübeck um 1250: UB. I, Nr. 165 S. 152 Si civium aliquis de bonis suis non juste nec debite talliaverit. München 1347: Art. 461, A u e r S. 176 (guot raiten).
37) Das Braunschweiger Eidbuch von 1402 teilt einen solchen Steuereid mit, UB. I, S. 97. Über den Steuereid auch München 1347 101 § 6, A u e r S. 295. Memmingen 1350: Art. 37, v. F r e y b e r g V, S. 297. Brünn: Schöffensatzungen, Art. 180, R ö s s l e r II, S. 388.
38) Dortmund 1250: Art. 32, F r e n s d o r f f S. 35 Quicunque perjurus reperitur et collectam suam subtraxerit.
39) Lübeck 1226/27: Art. 27, H a c h S. 192 Nullus civis de Lubeke de jure tenetur ire in expeditionem. Goslar 1219: Art. 13, K e u t g e n S. 180. Dortmund 1250: Art. 21, F r e n s d o r f f S. 31. Anders in Bremen 1233: UB. I, Nr. 172, soweit die mercatores zugleich Lehnsleute waren.
40) Wien 1237: Art. 3, K e u t g e n S. 211, so auch Wesel 1241: L a c o m b l e t II, S. 133; 1277: Art. 11, G e n g l e r S. 524.
41) Magdeburg-Schlesien um 1200: Art. 4, L a b a n d S. 5. Hildesheim-Dammstadt 1232 (11): UB. I, S. 63. Lübeck-Memel 1254: Zusatz f. M e t h n e r, Altpreußische Forschungen 10, 1933, S. 297 Quilibet civium tenebitur ad defensionem patrie promodulo suo contra cujuslibet incursum.
42) Magdeburg-Schlesien um 1200: Art. 4, L a b a n d S. 5 Domi remanentes ad defensionem civitatis invigilabunt. Lübeck 1226/27: Art. 27, H a c h S. 192 ad munitionem suam stabunt et civitatem defensabunt. Köln 1206: Art. 6, K e u t g e n S. 70.
43) Riga-Reval 1227—38: Art. 44, N a p i e r s k y S. 11 Quicunque habuerit familiam et proprium panem, in ordine suo vigilabit.
44) Altenburg 1256: Art. 25, G e n g l e r S. 7.
45) Dortmund um 1250: Art. 21, F r e n s d o r f f S. 31 ad tuendum nos possumus si volumus, ascendere muros nostros et propugnacula nostra.
46) Erfurt 1212: UB. I, Nr. 72 S. 35. Augsburg 1251: UB. I, Nr. 9.
47) Hildesheim 1249: UB. I, S. 101 Nr. 206.
48) Dortmund 14. Jh. III 106: F r e n s d o r f f S. 93 f. Dey rat hevet dey hude der muren van der stad ande der vestene.
1) Magdeburg-Schlesien um 1200: Art. 18, L a b a n d S. 6 cives eum in consortium et communionem recipere possunt. Riga Schied 1225: Livländ. UB. I, Nr. 75 S. 81 f. Omnibus volentibus intrare civitatem ad habitandum liceat cives fieri predictae libertatis.

Seite 254. ²) Goslar 1219: Art. 22, K e u t g e n S. 181 Nulli jus, quo burgenses gaudent, concedatur, nisi similiter jus eorum observet.

³) Augsburg 1276: Art. 20, 1, M e y e r S. 59 er sol swern, daz er getriwe burger hie zer stat sol sin mit in ze lidenne ubel unde gut. Dortmund 14. Jh.: Art. 125, F r e n s d o r f f S. 101.

⁴) Halle-Neumarkt 1235: Art. 21, UB. I, S. 211 Si alienus effici voluerit noster burgensis, tres solidos dabit, quod burmal appellatur.

⁵) Magdeburg-Schlesien: oben Anm. 1. Bonn 1243: G e n g l e r, Cod. S. 251 venientes, qui ipsum oppidum inhabitare veniunt et jus concivium suorum voluerint observare. Bern 1218—20: Art. 14, K e u t g e n S. 128 quicunque jus burgensie in civitate cupit obtinere. Tulln 1276: Art. 24, K e u t g e n S. 203.

⁶) Tulln (vorige Anm.): secundum facultates suas, unde civis denominari valeat, intra muros civitatis comparet mansionem.

⁷) Köln: Bürgeraufnahmebuch um 1355. S t e i n I, S. 70 f.

⁸) 15 Jahre in Bern 1218—20: Art. 52, S t r a h m S. 178. 16 Jahre in Rheinfelden um 1300: Art. 12, W e l t i S. 15.

⁹) Zürich 1240: UB. II, S. 46 Nr. 544 universitas civium faciunt juramentum super commodo et honore ville promovendo.

¹⁰) Frankfurt 1440: K e u t g e n S. 246.

¹¹) Rheinfelden um 1300: Art. 42, W e l t i S. 15 swele burger, der sechzehen jar alt ist, die sulen jerlich sweren, so och die burger swerent.

¹²) Regensburg 1334: v. F r e y b e r g V, S. 120 (nach der Wahl) schuln dann alle den maister selben bei ir trewen loben.

¹³) So Aachen 1215: L a c o m b l e t II, S. 27 Nr. 51. Hildesheim 1249: Art. 52, UB. I, S. 105. Altenburg 1256: Art. 26, G e n g l e r S. 7. Köln 1355: Art. 4, S t e i n I, S. 71.

¹⁴) Wien 1237: Art. 8, K e u t g e n S. 212. Innsbruck 1239: v. S c h w i n d und D o p s c h S. 81. Freiburg i. Üchtlande 1249: Art. 48, G a u p p II, S. 92.

¹⁵) Goslar 1219: Art. 2, K e u t g e n S. 179. Münster-Bielefeld um 1221: Art. 52, K e u t g e n S. 153. Lüneburg 1247: K r a u t, Das alte Stadtrecht von Lüneburg 1846, S. 4.

¹⁶) So schon Bremen 1186: Art. 1, Lübeck 1188: Art. 15 f., K e u t g e n S. 19, 185. Stade 1209: Art. 7, G e n g l e r S. 456. Lippstadt 1220: Art. 7, O v e r m a n n S. 3. Hamm: Art. 8, O v e r m a n n S. 2. Bodenwerder 1287: Art. 19, G e n g l e r S. 29. In Schlesien wurden 1155 noch 11 Bürger als Eideshelfer erfordert, T h o r s e n S. 18, Art. 77.

¹⁷) Weichbild IV 1, v. D a n i e l s und v. G r u b e n, Das Sächsische Weichbild 1836, S. 70 Der mag sine vriheit wol behalden selb sibinde siner nehisten magin, wenne en yman zu eigin behalden muge.

¹⁸) Freiburg i. Br. vor 1178: Art. 11, K e u t g e n S. 119. Bern 1218—20: Art. 13, S t r a h m S. 158. Kolmar 1278: Art. 14, ORhStR. III 3, S. 38. Murten um 1245: Art. 16, Schweiz. R. Qu. IX 1, 1, S. 4. Vgl. auch Gelnhausen: Vertrag mit Ysenburg-Büdingen 1372, G e n g l e r, Stadtrechtsaltertümer, S. 418.

Seite 255. ¹⁹) Lindau 1275: Art. 4, G e n g l e r S. 253.

²⁰) Diessenhofen 1260: § 17, G e n g l e r S. 81.

²¹) Regensburg 1230: Art. 6, K e u t g e n S. 198. Hamburg 1497 A 12: L a p p e n b e r g S. 186.

²²) Celle 1292: G e n g l e r, Stadtrechtsaltertümer 417 tamen cum nostris burgensibus dabit suum scot et sculde. Ingolstadt 1312: Art. 10, G e n g l e r, Stadtrechtsaltertümer, S. 424.

²³) Wiener Neustadt 1277: Art. 3, W i n t e r S. 32 ut civitas civibus repleatur. Zürich 1362: G e n g l e r, Stadtrechtsaltertümer, S. 418.

Seite 255. 24) Wiener Neustadt 1277: Art. 3, Winter S. 32 si (civis) egressus domicilium mutaverit, prior actio vero domino reviviscat.

25) Recklinghausen 1235: Gengler, Stadtrechtsaltertümer 426 civium gaudeat libertate, sola tamen curmeda, si cerocensualis fuerit, et si servilis conditionis fuerit, eo jure, quod apud eos vulgo herwede dicitur, exceptis que in decessu suo domino suo debentur. Lechenich 1279: Art. 3, Gengler S. 242. Frauenfeld 1302: Art. 1, Gengler, Stadtrechtsaltertümer, S. 426.

26) Vertrag des Grafen von Sponheim mit der Stadt Kreuznach 1277: ZGORh. 8. S. 14.

27) Mühlheim 1322: Gengler, Stadtrechtsaltertümer, S. 430. Hörde 1340: Gengler l. c. S. 429.

28) Siehe oben S. 255, Anm. 25. Kniecke, Einwanderung in den westfälischen Städten 1893, S. 94 ff. Keutgen, Untersuchungen über den Ursprung der deutschen Stadtverfassung 1895, S. 161 ff. Lau, Entwicklung der kommunalen Verfassung und Verwaltung von Köln 1898, S. 231.

29) Regensburg 1230: Art. 21, 22, Keutgen S. 199.

30) Straßburg: 3. Stadtrecht 1249, Art. 19, Zusatz wohl nach 1260. Strobel. Vaterländische Geschichte des Elsaß, 2. Aufl. 1851, S. 556 unser burger, er sie gotzhusdienstman oder nüt. Basel 1286: Art. 11, 13, Rechtsquellen I. S. 14.

31) Augsburg 1276: Art. 20, § 4—6, Meyer S. 59 f.

32) Freiburg i. Br. nach 1178: Art. 31, Keutgen S. 121.

33) Planitz, Die deutsche Stadtgemeinde, S. 13 ff.

34) Wien: Rechte der Flandrer 1208, Keutgen S. 359 in officio suo libertate aliorum nostrorum burgensium gaudeant. Ebenso auch in Ulm 1403: Art. 1, Keutgen S. 389 unser burger, der ain antwerkman ist, S. 397 Nr. 297.

35) Stendal: Weberordnung 1233, Art. 1, Keutgen 357 quicunque burgensium nostrorum officio texendi uti voluerit, tres sol. ad introitum fraternitatis persolvat. Mühlhausen: Filzmacherordnung 1231, UB. S. 77 quibusdam civibus opus filtri exercentibus relaxavi, ut ipsi inter se facerent unionem. Kürschnerordnung 1297, UB. 1046 welch burger die innung meint zu keuffen. Erfurt 1288: UB. I 375 magister textorum nulli dabit innunge, nisi prius civis factus fuerit civitatis.

Seite 256. 36) Frankfurt: Wollenhandwerk 1377, Art. 64, Keutgen S. 382.

37) Hamburg 1375: Glaser, Kerzengießer, Knochenhauer, Leineweber, Rebschläger, Schmiede, Schuhmacher, Rüdiger, Zunftrollen S. 90, 130, 139, 160, 200, 249, 276. Dazu noch Wollenweber nach 1400, S. 305.

38) Freiberg 1390: Kürschnerordnung, Cod. Dipl. Sax. R. II 2, S. 137.

39) Erfurt 1264: Keutgen S. 394 soluta societate carnificum et pistorum civium nostrorum. Straßburg 1264: Keutgen S. 394 si quempiam civium habentem pistrinum decedere contigerit.

40) Basel 1264: Art. 4, Keutgen S. 370.

41) Wiener Neustadt 1310: Art. 13, 17, 18, Keutgen S. 364.

42) Regensburg: Philipp 1207, Art. 4, Keutgen S. 197. Im Stadtrecht Friedrichs II. von 1230, Art. 16, Keutgen S. 198, werden diese Geistlichen der Gerichtsbarkeit des Bischofs unterstellt.

43) Köln 1237: Lacomblet II, S. 115 f. civibus Coloniensibus scil. ecclesiis et tam clericis quam laicis, qui domos habent sitas Colonie in vico.

44) Frankfurt 1228: UB. I, Nr. 88 S. 46 domini et fratres de Arnsburg nostri notorii sunt concives.

45) Freiburg i. Br. 1291: UB. II, Nr. 115 S. 130 f.

46) Deutsches Rechtswörterbuch II, Spalte 588.

47) Für Goslar: Frölich, Verfassungsentwicklung von Goslar, ZRG. G. 47, 1927, S. 386.

Anmerkungen zu Seite 257 bis 258   439

Seite 257. ¹) Für Bremen z. B. noch Alvardi, domine Amelradis, Berneri filius, Borchardi, Bruningi, Gerberti filius, Odheri, Reymari, Theodolfi.
²) In Osnabrück noch Richtering, Roding, Vromoding.
³) Straßburg: Löselin, Ripelin, Gozelin, Reinboldelinus.
⁴) Rostock: v. Dortmund, v. Koesfeld, v. Köln, v. Magdeburg, v. Stade. Wismar: v. Dortmund, v. Braunschweig, v. Koesfeld, v. Zutphen.
⁵) Erfurt: v. Königssee, v. Elxleben, v. Güttingen, v. Meinwardisburg, v. Hersfeld usw. Neben v. Nordhausen und v. Mühlhausen finden sich v. Halle, v. Gotha, v. Arnstadt.
⁶) v. K l o c k e , Patriziat und Stadtadel, S. 25 ff.

Seite 258. ⁷) In Augsburg finden wir im 13. Jh. noch Hesse, v. Hoy, in Nürnberg Haller, Behaim.
⁸) In Wien kommen dann vor: Günzburger, Pophinger, v. Nikolsburg.
⁹) Von der Altstadt, v. Baumgarten, v. Altenmarkt, v. Kirchof, vom Markt, bei der Nicolaikirche, in der Lagerstrate, v. Lehmhus, von der Möhlen, von der Neustadt, vom Sande, v. Wolde.
¹⁰) Köln: von der Kornpforte, de S. Laurentio, de Pavone, de Cigno, vamme Hirze, von der Huntsgassen, von der Marspforte, de Leopardo, de porta, Schiderich, von der Schüren, von der Stessen, vam Walde. Regensburg: in Curia, in Foro, de suburbio, in den Swal, bi der Wer, Ekker (in fine) usw.
¹¹) Goslar: de Lapidibus, de Peperkellere, de S. Egidio, de Berchbrugge, de Gradu.
¹²) Straßburg: ultra Bruscam, de Curia regia, inter mercatores, Rebestock, Sluch, Stubenweg, S. Thomene, an dem Wasser, Kalbesgasse, Mülneck. Worms: de Arbore rosarum, Crutburgetor, de Mulboum, in platea S. Petri, unter gademere, in der Wollgasse, de Vico Romanorum, de Ort, post coquinam. Speyer: zur Ecke, vor dem Münster, Rohrhaus, zur Taube, Helfant de Elefante, zur Krone, Pfrumbaum, de vico Salis. Konstanz: de arena, in der Bünd, de cimiterio, super domo, de S. Gallo, im Graben, hinter S. Johann, retro macellum, de S. Paulo, ad Portam, de turri, in dem Winkel, von der Witengasse.
¹³) Soest 23: z. B. de Atrio, de Colle carbonum, v. Lake, von der Loo, von der Moden, v. Winden. Dortmund 17: z. B. v. Anedomen, de colle, v. Neuenhof, Palladium. Paderborn 10: z. B. Ubenkameren.
¹⁴) Bremen 14: z. B. Virginum, de Brothalle, de Tyria. Lüneburg 11: z. B. Vamme Sande, juxta Salinam. Halle 10: z. B. de Viridario, ut der Galchstrasse. Braunschweig 9: z. B. van deme klin, bachten den schernen.
¹⁵) Zürich 20: z. B. in Gemine, de Wesin, Mülimatt. Wien 10: z. B. unter den Lauben, auf der Säul.
¹⁶) Weiter Paderborn: ante urbem. Bremen: de Nova civitate. Halle: de Vicu. Zürich: Abdorf. Rostock: von der Neustadt, von der Altstadt. Freiberg: de civitate Saxonum.
¹⁷) Für Köln weiter: von der Lintgasse, von der Mühlengasse, Sandkaulen; für Regensburg: inter Vasores, in ampla strata.
¹⁸) Treppen in Leipzig: de Greten und Goslar: de Gradu.
¹⁹) Köln: de novo foro. Soest: de ovili foro. Wien: am Kienmarkt, Harmarkter. Basel: de foro frumenti.
²⁰) Paderborn: Buden.
²¹) Wismar: von der Mauer. Magdeburg: de muro. Köln: de Erenporce, von der Marspforte, von der Kornpforte. Soest: v. Honporten. Halle: vor dem tore. Hildesheim: vor dem Ostertor. Dortmund: prope fossam. Paderborn: de Valle. Marburg: vom Graben. Braunschweig: von den seven tornen. Trier: vom Turm. Konstanz: im Turn.
²²) Köln: de ripa. Regensburg: super Danubio. Soest: super ripam. Konstanz: de littore fori. Zürich: Schönewerd. Hildesheim: vom Damme. Dortmund:

Seite 258. de ponte. Ulm: Auf dem Steg. Lübeck: von der Brügge. Freiburg: de Canali. Köln: v. Aducht. Regensburg: de Prunlete. Soest: de Puteo. Goslar: van dem Dieke, de Novali. Halberstadt: vamme Lo.

23) So in Köln: de S. Albano, de S. Cecilia, de S. Laurentio, v. Lyskirchen, Pantaleon. In Regensburg: de Capella, de S. Paulo. In Bremen: de S. Stefano, de S. Jacobo. In Lüneburg: v. S. Marien. Braunschweig: de S. Michaele, apud S. Olricum. Zürich: in deme Münsterhove, S. Peter. Wien: bei den Minderbrüdern. Rostock: bei der Nikolaikirche. Lüneburg: juxta cimiterium. Braunschweig: vamme kerkhove. Eßlingen: vom Kirchhofe.

24) Öffentliche Gebäude: Trier: de Palatio. Konstanz: de Castello. Regensburg: in Curia. Soest: de atrio. Bremen: de Brothalle. Zürich: in Gewelbe. Osnabrück: Auf der Gildewort. Marsberg: super theatro. Private Gebäude: Köln: de Pavone, de Cigno, vamme Hirze, de Leopardo. Soest: de Ceraso, de Stella, de Cervo, Rosen, cum pugno, de Tylia. Frankfurt: Stockelin, vom Hohenhaus, zum Rebstock. Basel: zur Sonne. Trier: v. Oeren, Praudum. Marburg: zum Steinhaus. Mainz: zum Schwan, zum Widder, zum Bock. Köln: inter macellos. Zürich: von der Metzg. Soest: van der Molen. Zürich: Mülimatt. Freiberg: zur Apotheke. Köln: de Lobio. Wien: unter den Lauben, auf der Säul.

25) Dortmund: de Campo, de manso. Halle: de Viridario. Zürich: de Wesin. Regensburg: de Haida. Lüneburg: de Bomgarden. Köln: v. Linde. Halle: ut deme hove. Konstanz: de arena.

Seite 259. 26) Regensburg: Upkover 1229—1330. Amann 1281—1400. Braumeister 1286 bis 1400. Chrazzaer 1251—1367. Waiter 1278—1394. Woller 1288—1395. Hansgraf 1191—1267. Erfurt: Vitztum 1251—1365. Martmeister 1212 bis 1302. Murer 1265—1353. Ziegeler 1216—1437.

27) Weiter Greve, Droste, magister putei (Lüneburg), Turner (Freiburg), Torman (Bern), Stokker (Ulm).

28) Weiter dispensator (Spender, Straßburg), Spiser (Konstanz), Kuchimeister (Basel), Bröger (Straßburg), Futterer (Mühlhausen).

29) Kaufmann (Rostock), Merschant (Basel), Institor (Minden), Kremer (Fritzlar), Goldschmied (Zürich), Pannicida (Bremen), Wandschneider (Rostock), Campsor (Lübeck), Upkover (Regensburg), Jocheler (Konstanz), Kiener (Zürich), Salzman (Zürich), Kolman (Freiburg).

30) advocatus (Bremen), Saleman (Dortmund), Baumeister (Frankfurt), Metman (Eßlingen), Rebman (Basel), Winman (Halle), Bader (Konstanz), Fuhrmann (Leipzig), Kempe (Rostock).

31) Schroeter (Hameln), Sartor (Marsberg), Duchmacher (Frankfurt), Wambostickere (Lippstadt), Chrazzer (Regensburg), Waiter (Regensburg), Woller (Regensburg), Tescheler (Zürich), Vilter (Münster), Huter (Konstanz). Lederhoser (Konstanz), Pellifex (Bremen), Riemensnidere (Lüneburg), Sutor (Halle), Gerwere (Halle), Faber (Soest), Kupfersleger (Erfurt), Goldsleger (Erfurt), Klocker (Augsburg), Schilter (Konstanz), Hafener (Ulm), Töpper (Freiberg), Murer (Erfurt), Lapicida (Bremen), Kleber (Wien), Zygeler (Fulda), Fasser (Freiburg). Pistor (Lippstadt), Küchlin (Freiburg), carnifex (Goslar), Schegtere (Köln), Braxator (Erfurt), Höppner (Erfurt), de Grutere (Gent), Verber (Braunschweig).

32) Lermündeli (Freiburg).

33) Ebenso häufig Lange (Lang), Klein, Pinguis, Sinwell, Witte, Schwarz, Rode, Junge, Kind, Puer usw.

34) Weiter Barba, Caput (Dortmund), Dens, Naeseli, Vust.

35) Asinus (Kolmar), Aden (Fritzlar), Aquila (Köln), Bere (Paderborn), Bulle (Bremen), Bullec (Goslar), Cabeliau (Gent), Capaun (Freiberg), Crawe (Wetzlar), Crane (Hamburg), Corvus (Lippstadt), Dachs (Augsburg), Vinke

Seite 259. (Zürich), Vogel (Wismar), Fuchs (Basel), Vos (Hamm), Visze (Dortmund), Vultur (Paderborn), Herinc (Soest), Igel (Regensburg), Kevere (Andernach), Kranich (Frankfurt), Lewe (Münster), Lirca (Bern), Meiss (Zürich), Mule (Wismar), Osse (Braunschweig), Retscheln (Speyer), Rijnvisch (Gent), Specht (Marsberg), Störi (Zürich), Ursus (Osnabrück), Weder (Osnabrück), Wulf (Hameln), Zabel (Goslar).

[36]) Eselfoot (Rostock), Gensevuz (Erfurt), Hannenfot (Lüneburg), Huntfus (Ulm), Kroneben (Braunschweig), Berenbuch (Lippstadt), Lambsbuch (Speyer), Hanenstert (Wismar).

Seite 260. [37]) Schönkint (Basel), Schönhals (Siegburg), Rilke (Münster), Nipere (Lüneburg), Dulcis (Regensburg), Potens (Bremen), Hevecke (Dortmund), Knorre (Fritzlar), Goldoghe (Lübeck), Snebart (Lüneburg), Garlop (Lüneburg).

[38]) Calecop (Soest), Obrasus (Freiburg), Duncker (Osnabrück), Luscus (Bremen), Frasz (Augsburg), Rotgalle (Heilbronn), Rotzemul (Fulda), Stoterinc (Lippstadt), Schindeleib (Fritzlar), Langbein (Eßlingen), Crumfoiz (Fritzlar), Truncus (Ulm), Croppelin (Rostock), Wewat (Speyer), Bresto (Frankfurt), Insanus (Hildesheim), Chriegler (Wien), Mäserl (Wien), Manesse (Zürich).

[39]) Weiter Sconezagel (Erfurt), Sidenschwanz (Speyer), Katzeman (Fritzlar), Schwinlen (Konstanz), Swinauge (Fritzlar), Nachtrabe (Rostock), Affenschmalz (Schaffhausen).

[40]) Weiter Crencelin (Konstanz), forpex (Dortmund), Horn (Köln), Hojke (Lüneburg), Hutstock (Wien), Leiterbaum (Mühlhausen), Nagel (Bielefeld), v. Polch (Trier), Pellel (Halberstadt), Quest (Goslar), Rone (Andernach), Schirm (Konstanz), de Speculo (Köln), Span (Worms), Spannagel (Augsburg), Strulle (Heilbronn).

[41]) Gossenbrot (Augsburg), Swanring (Erfurt).

[42]) Weiter de Palsode (Soest), Pepersac (Hildesheim), Pluvat (Eßlingen), Puntrocke (Hildesheim), Rofsack (Lüneburg), Toversulver (Hildesheim), Vundengot (Marsberg), Wurstebendel (Marburg).

[43]) sapiens (Bremen), Wise (Dortmund).

[44]) bonus (Goslar), Gute (Osnabrück), Engel (Marburg), Engelin (Konstanz), Minner (Augsburg), Christ (Fulda).

[45]) Honestus (Goslar), Ethelerus (Hameln), Sanctus vir (Hilgeman, Dortmund).

[46]) Frund (Speyer), True (Neuß), Trutman (Neuenburg), Trost (Goslar).

[47]) Salghen (Braunschweig), Selig (Wetzlar), Gotgemach (Magdeburg), Gemechlich (Erfurt), Ruhe (Konstanz), Reye (Wetzlar), Tancz (Straßburg), Wohlleben (Freiburg).

[48]) Eisern (Rostock), Imperterritus (Hamburg), Eisermann (Münster).

[49]) Düvel (Osnabrück), Dukere (Soest), Duvelescopman (Paderborn), Argelin (Reutlingen), Ergeste (Dortmund), Hellecrapho (Worms), de Inferno (Paderborn).

[50]) Cobolt (Köln, Soest), Buzibart (Lindau).

[51]) Mortificator (Hildesheim), Mörder (Stralsund).

[52]) Scadelant (Hameln).

[53]) Schlecht (Konstanz), Nichilbene (Fritzlar), Ovelgest (Soest), Unsote (Erfurt).

[54]) Krieg (Zürich), Orloginc (Soest), Strit (Konstanz), Ubeli (Konstanz), Unrowe (Goslar), Wrede (Münster), Reizero (Straßburg), Werre (Freiburg), Trösche (Freiburg), Nidung (Frankfurt), Turbreche (Nürnberg), Trinkgern (Schaffhausen).

[55]) Overstolz (Köln), Stoltinc (Dortmund), Unmaze (Worms), Wilde (Aachen), Wildevur (Goslar), Brosina (Zürich), Zorn (Straßburg), Topler (Nürnberg), Schuttewürfel (Wien).

[56]) Vreisamni (Trier), Liste (Halle), Lureman (Hildesheim).

[57]) Booz (Wismar).

Seite 260. ⁵⁸) Storm (Hildesheim), Musschopf (Regensburg), Angist (Freiburg), Vorchtel (Nürnberg), Grin (Köln, Fritzlar), Springinsfeld (Schaffhausen).
⁵⁹) Beler (Freiburg).
⁶⁰) Unesalten (Lippstadt), Hangenor (Augsburg), Dumme (Lübeck), Esel (Minden).
⁶¹) Avarus (Gir, Köln).
¹) Köln: Schöffenschrein 1 V 6, 1150—80. H o e n i g e r II, S. 298 sapientes civitatis hoc consulti sunt.
²) Hamburg: Stadtrecht 1270 I 1. L a p p e n b e r g S. 1 do wart de mene rad unde stad unde darto de wittegesten van der stad to rade. Bremen: Stadtrecht 1303 IV 33 u. E c k h a r d t S. 82 de tho der Witticheyt pleghet tho gande. Magdeburg, Breslau: Stadtrecht 1261, Art. 3, T z s c h o p p e S. 352 De Ratman legen ihr burding uz mit der wisesten lute rat. Goslar 1360: UB. IV, S. 522 Nr. 697: neben dem Rate haddense ere wiseren darto vorbodet. Augsburg: Stadtrechtsbuch 1276, Art. 2, M e y e r S. 11 Man sol einen gesworn rat haben, von zwelf erberen mannen der besten und der witzegesten, die hie sin.
³) Wien: Stadtrecht 1221, Art. 28, P l a n i t z, Quellenbuch Nr. 263, S. 93 XXIV civium, qui prudentiores in civitate inveniri poterunt. Regensburg 1279: K e u t g e n S. 492 prudentes viri cives Ratisponenses.

Seite 261. ⁴) Magdeburg: Stadtrecht 1188. P l a n i t z, Quellenbuch Nr. 222, S. 71.
⁵) Andernach: Privileg 1171. P l a n i t z, Quellenbuch Nr. 208, S. 66. Großhändler in Wesel: Gisela V o l l m e r, Stadtentstehung, S. 58, Anm. 102. Für Bielefeld: E n g e l S. 83.
⁶) P l a n i t z, Meliorat, S. 163 ff.
⁷) Freiburg i. Br.: Stadtrecht, Zusatz von 1178, Art. 13, P l a n i t z, Quellenbuch Nr. 212, S. 68 Nullus de hominibus vel ministerialibus ducis vel miles aliquis in civitate habitabit.
⁸) T i m m e, Wirtschafts- und verfassungsgeschichtliche Anfänge der Stadt Braunschweig, Kieler Diss. 1931, S. 83.
⁹) v. W i n t e r f e l d, Handel, Kapital und Patriziat in Köln 1925. K u s k e, Wirtschaftsgeschichte Westfalens 1949, S. 69 ff.
¹⁰) Weingüter und Weinhandel finden wir in Wien bei den patrizischen Geschlechtern der Poll, Tierna, Eslarn, Reicholf, Würfel, in Köln bei den Birklin, Cleingedank, Grin, Hardevust, Schonewedder.
¹¹) Otto B r u n n e r, Wiener Bürgertum in Jans Enikels Fürstenbuch, MIÖG. 58, 1950, S. 560.
¹²) In Lüneburg wählten die Sülzbegüterten den Sodmeister. Die Sülzbegüterten mußten Sülfmeister werden, um ratsfähig sein zu können, R e i n e c k e, Lüneburg als Hansestadt, 2. Aufl. 1946, S. 92 ff. Auch in Halle war der Rat im 14. Jh. ausschließlich aus patrizischen Pfännerfamilien besetzt, Deutsches Städtebuch II, S. 532.
¹³) F r ö l i c h, ZRG. G. 47, 1927, S. 350, 424 ff.
¹⁴) M a u r e r, ZGORh. 5, 1890, S. 490 ff.
¹⁵) S t r i e d e r, Zur Genesis des modernen Kapitalismus 1904. Dahin gehörten besonders seit dem 14. Jh. die Herwart, dann die Welser und die Meuting.
¹⁶) Worms um 1198 und um 1216: UB. I, S. 82 Nr. 103, S. 92 f. Nr. 120.

Seite 262. ¹⁷) Worms 1233: UB. I, S. 123 Nr. 163 (cives) IX jurati eligent VI milites in civitate, quos esse crediderint potiores et utiliores nobis. Qui XV una nobiscum semper consilio presidebunt. 1238: S. 133 Nr. 190 quatuor de ministerialibus et octo circumspecti viri de civibus.
¹⁸) Straßburg: Stadtrecht 1214, Art. 1, UB. 1, S. 477 duodecim personae sapientes tam inter ministeriales quam inter cives ponantur annuatim consules. Basel 1258: UB. 1, S. 250 Nr. 343 (7 milites) tunc in consilio existentes.

Seite 262. [19]) R u d o l p h S. 278 Nr. 10.
[20]) Zürich 1225: UB. I, Nr. 427 S. 308. Die Urkunde führt das Ratssiegel. Neben dem Vogt urkunden 5 Ritter und 5 Bürger.
[21]) Zürich 1252: UB. II, Nr. 830 S. 291 (5 Ritter, 7 Bürger). 1265: UB. IV, Nr. 1292 S. 10 (7 Ritter, 5 Bürger).
[22]) Zürich 1231: UB. I, Nr. 461 S. 347. In der Bürgergruppe treten 2 Manesse und ein Bonazzo auf, die sonst zur Rittergruppe gehören.
[23]) Aachen 1252 und 1260: H u y s k e n s, Niederrheinische Annalen 119, 1931, S. 79 f. Q u i x, Cod. dipl. Aquensis Nr. 178. N i p p i u s III, Nr. 6. Ähnlich in Bielefeld: E n g e l S. 88.
[24]) Halberstadt 1241: UB. I, S. 53 Nr. 49.
[25]) Osnabrück 1278: UB. III, Nr. 615 S. 439 f.
[26]) R o t h e r t, Geschichte der Stadt Osnabrück I, 1938, S. 110.
[27]) Goslar um 1230, 1236: UB. I, Nr. 507, 526 S. 493, 526 Volcmarus und Giselbertus de Goslaria (1220—45). Vgl. weiter 1254: UB. II, Nr. 26 S. 126.
[28]) Goslar 1269, 1293: UB. II, Nr. 155, 454 S. 208, 457.
[29]) MIÖG. 58, 1950, S. 327, 331.
[30]) H ö h n S. 30 ff., 43 ff. B r a s z, Verfassung und Verwaltung Würzburgs 1886, S. 40 ff.
[31]) Julie M e y e r, Entstehung des Patriziats in Nürnberg, Mitt. d. Ver. f. d. Gesch. d. St. Nürnberg 27, 1928, S. 88 ff. Ministerialischer Ursprung ist nachweisbar für die Familien von Stein, Koler und Veltzner. Siegmund K e l l e r, Patriziat und Geschlechterherrschaft in der Reichsstadt Lindau 1907, S. 400 ff. Dort kommen vor: milites dicti Herbolder 1252. Patrizier aus der Ministerialität in Eger. S t u r m S. 67.
[32]) M a u r e r, ZGORh. 5, 1890, S. 474 ff. Solche Ministerialen und Patrizier waren z. B. die von Falkenstein, von Veltheim, v. Stülinger, Trösche.
[33]) Boppard 1220: MRhUB. III, Nr. 140 S. 127.
[34]) Boppard 1291: G ü n t h e r, Cod. dipl. Rheno-Mosell. II, S. 480 ff. Nr. 339. G e n g l e r, Cod. dipl., S. 256. Das Stadtsiegel wurde mit 3 Schlüsseln verwahrt, von denen die Ministerialen 2, einen die Bürger erhielten.

Seite 263. [35]) Oppenheim: Stadtrecht Rudolfs I. 1287. F r a n c k, Geschichte der ehemaligen Reichsstadt Oppenheim 1859, Nr. 37.
[36]) Friedberg: Sühnebrief Albrechts I., UB. I, Nr. 162. Dazu M e n z, Burg und Stadt Friedberg, Diss. 1909, S. 64 ff.
[37]) S c h n e l l m a n n, Entstehung und Anfänge der Stadt Rapperswil. Züricher Diss. 1926, S. 96 ff.
[38]) v. W i n t e r f e l d, Handel, Kapital und Patriziat, S. 16 ff.
[39]) v. K l o c k e, Patriziat und Stadtadel im alten Soest 1927, S. 28 ff., 34 ff.
[40]) v. K l o c k e S. 35 ff.
[41]) R o t h e r t, Geschichte der Stadt Osnabrück I, S. 111.
[42]) Z u h o r n, Vom Münsterschen Bürgertum 1940, S. 105 ff.
[43]) M e y e r, Entstehung des Patriziats in Nürnberg, S. 102 ff.
[44]) v. K a r a i s l, Zur Geschichte des Münchner Patriziats 1938, S. 1 ff.
[45]) P f e i f f e r, Das Breslauer Patriziat 1929.

Seite 264. [46]) Klocker (1217—42).
[47]) Meuting 1368 Weber. Arzt 1396 Weber. Fugger 1368 Weber, 1538 Patrizier.
[48]) Köln Schegtere 1205—1328.
[49]) Krazzer 1251—1377. Waiter 1278—1394. Woller 1259—1395.
[50]) Goldsleger, Höppner, Kupfersleger, Murer, Pincerna, Ziegler.
[51]) Bader, Huter, Lederhoser, Schilter.
[52]) Pellifix, Lapicida.
[53]) v. W i n t e r f e l d, Handel, Kapital und Patriziat, S. 15, 24. In Lübeck waren durch wertvollen Besitz im Marktgebiet führend die Barde-

Seite 264. wik, Warendorp, Vrot, Bokholt, vamme Huse, Parchim und Witte. R ö r i g S. 40 ff. Für Braunschweig: T i m m e, Wirtschafts- und verfassungsgeschichtliche Anfänge der Stadt Braunschweig (1931).

[54]) P l a n i t z, Das Kölner Recht, S. 30 ff.; Das Kölner Grundpfandrecht, S. 54 ff.; Das deutsche Grundpfandrecht, S. 94 ff.

[55]) P l a n i t z, Konstitutivakt und Eintragung, S. 184 ff.

[56]) Für Köln: v. W i n t e r f e l d, Handel, Kapital und Patriziat, S. 15, 24, 74. Für Lübeck: R ö r i g S. 50, 243 ff. Für Braunschweig: O h l e n d o r f S. 10.

Seite 265. [57]) v. W i n t e r f e l d, l. c., S. 74.

[58]) Für Köln: v. W i n t e r f e l d passim. Für Lübeck: F e h l i n g, Lübeckische Ratslinie Nr. 176, 209. Für Wien und Regensburg: P l a n i t z, Studien zur Rechtsgeschichte des städtischen Patriziats, S. 318, 332. Für Wetzlar: vgl. C l a u s s, S. 42 ff. (über die v. Hörnsheim, v. Katzenfurt, Münzer, v. Nauborn).

[59]) Für Lübeck: F e h l i n g, Lübeckische Ratslinie Nr. 248, 299. Für Ülzen: J a n i c k e, Geschichte der Stadt Ülzen 1899, S. 13. Für Wien: S a i l e r S. 81—94. Für Regensburg: M o r r é S. 42 ff., 44 ff., 46 f., 48, 52, 53, 57. Für Breslau: P f e i f f e r, Das Breslauer Patriziat im Mittelalter 1929. Große Landgüter und Dörfer besaßen seit dem 14. Jh. die von der Wede, Zindal, Beyer, v. Krakau, Sachse, v. Sitten.

[60]) R e i n m a n n, Die älteren Pirkheimer 1944, S. 23 ff. Für Wien: P l a n i t z, Studien zur Rechtsgeschichte des städtischen Patriziats, S. 322. Für Freiburg i. Br.: M a u r e r, ZGORh. 5, 1890, S. 490. Dort Besitz des Ritters Snevelin 1347 an Dörfern, Schlössern, Hofgütern, Zehnten usw. Freiburg. UB. II, Nr. 60 S. 71 (1288).

[61]) S a i l e r S. 100—109. Österreichisches Landrecht 1237, Art. 41, v. S c h w i n d und D o p s c h S. 45. Wiener Neustadt: Stadtrecht Rudolfs I. 1277, Art. 16, W i n t e r, Urkundliche Beiträge zur Rechtsgeschichte 1877, S. 35. Jans Enenkel bei S c h u s t e r, Geschichte Wiens I, S. 357. Wien: Stadtrecht Rudolfs I. 1278, Art. 10, T o m a s c h e k, Geschichtsquellen der Stadt Wien I, S. 53.

[62]) F r e n s d o r f f, Die Lehnsfähigkeit der Bürger, Nachr. Göttingen 1894, S. 403 f., besonders S. 442. Dazu S t r a h m, Berner Handfeste 1953, S. 68 ff.

[63]) P l a n i t z, Studien zur Rechtsgeschichte des städtischen Patriziats, S. 333. Nachweise bei M o r r é in Anm. 45, 46.

[64]) Für Straßburg bereits 1246: D o l l i n g e r, Revue d'Alsace 90, 1950/51, S. 63 (Müllnheim). Für Augsburg 1264: F r e n s d o r f f S. 446, Anm. 8. Für Nürnberg und Ulm: F r e n s d o r f f S. 447 f. Über augsburgische Geschlechter mit größtem Landbesitz: J. S t r i e d e r, Zur Genesis des modernen Kapitalismus 1904, passim, besonders die Bimmel, Rem u. a. Für Wetzlar: die Dridorf und in der Gasse, C l a u s s S. 21 f., 31 f. Für Nürnberg 1256, UB. Nr. 366 S. 223 civem infeodaveramus.

[65]) Über die Pirkheimer siehe oben Anm. 60. Erblehen des Adels in Schaffhausen. S c h i b, Geschichte der Stadt Schaffhausen, S. 38. Für Ülzen: vgl. J a n i c k e, Geschichte der Stadt Ülzen, S. 13.

[66]) F r ö l i c h, Die Verleihung des Heerschilds an die Goslarer Bürger durch Kaiser Ludwig im Jahre 1340, aus der Zeitschrift des Harzvereins f. Gesch. u. Altertumskunde 73, 1940, SD. 1940. Goslar: UB. IV, Nr. 120. G ö s c h e n, Die goslarischen Statuten, S. 215. F r e n s d o r f f S. 448.

[67]) F r e n s d o r f f S. 443. In Breslau gehörten im 14. Jh. die de Pomerio und die Banck zum Lehnsadel. P f e i f f e r S. 20, 152.

[68]) F r e n s d o r f f S. 444.

Seite 265. ¹) Wismar 1250: Mecklenburg. UB. I, S. 603 Bi der tit, dat her Thitmar van Bukowe unde her Radolf de Vrese spreken der stades wort to der Wissemare unde her Marquardt de smitte unde her Arnold Mule unde her Heinrich von Dortmunde unde her Heinrik van Coperen des rades plagen. Es handelt sich um die Anlegung des ersten Stadtbuches von Wismar.

Seite 266. ²) Hamburg 1251: UB. I, S. 469 f. Nr. 561 Dominus Bertramus, Essici filius, dominus Bernardus de Buxtehude; dominus Johannes de Tuethorpe et alii consules. Zürich 1254: UB. II, S. 353 Nr. 893 Daz sint des rates namen: her Heinrich v. Lunckuft, her Heinrich Vinke, her Fr. Bochli (und 9 andere Herren). Bremen 1255: UB. I, S. 307 Nr. 265 Istam compositionem servare juraverunt dominus Henricus Donelde, dominus Johannes filius Gerthrudis, dominus Herwardus de Bersen (4 domini consules und 4 domini meliores). Köln 1260: Quellen II, S. 435 Nr. 416 Heren Diederichs van me Hirze. Magdeburg: Rechtsmitteilung an Breslau 1261, UB. I, S. 79 Nr. 128 schephene her Brun unde her Goteche unde her Bertolt (mit 13 anderen Herren). Regensburg: Ratsliste 1262, UB. I, S. 99 Nr. 52 (24 consiliarii als domini bezeichnet). Wien 1267: UB. I, S. 2 Nr. 5 dominus Otto de foro, dominus Heinricus de Gotteswelde, dominus Paltramus, dominus Kuno usw.

³) Freiburg 1266: UB. I, S. 179 Nr. 208 (9 Herren als Zeugen). Ebenso Nr. 213, 225, 275, 309, 314, 315, 324, 358, 359, 367, 368. Augsburg 1273: UB. I, Nr. 48 S. 36 (4 Herren, 4 Bürger als Zeugen). Ebenso Nr. 55 a, 62, 69, 71, 72, 78, 79, 80, 82, 84, 89, 94, 95, 100, auch im 14. Jh. Nr. 180, 508 (1355). In Konstanz die Ratslisten seit 1274: B e y e r l e S. 56; so noch 1297: B e y e r l e S. 270. Zürich: Ratsliste 1276, UB. IV, S. 324 Nr. 1617 ständig, noch 1391: UB. VIII, S. 379 Nr. 3127. Straßburg: Ratslisten 1277, UB. III, S. 414 (11 Herren, 14 andere Räte); noch 1400: UB. VII, S. 954 (9 Herren, 20 andere Räte). D o l l i n g e r , Patriciat noble et patriciat bourgeois, Revue d'Alsace 90, 1950/51, S. 54 ff.

⁴) Wien: Treuebriefe von 1288 Mai 16 (Original: Wiener Hauptstaatsarchiv); so z. B. her Greiffe, hern Otten sun. Her Otte, hern Haymen enenkel, her Chunrad der Harmaechter, her Pilgreim der Chrigler, her Chunrad der Polle usw.

⁵) Wien: Anlegung des Eisenbuchs 1370, T o m a s c h e k S. 90. Vgl. auch die Urkunde 1273 Nr. 9, 1292 Nr. 20, 1306 Nr. 46, 1311 Nr. 50, 51, 1315 Nr. 59 usw., weiter FRA. II 18, S. 93 Nr. 77 von 1297 (Schottenkloster, 7 herren).

⁶) In Lübeck gewähren 16 Bürger ein Darlehen, 4 sind als domini ausgezeichnet. UB. II, S. 306 Nr. 354 von 1317. Weiter 1323: Nr. 433, 1327 Nr. 475, 1330 Nr. 514, 517, 1331 Nr. 531 usw. Goslar 1259: UB. II, S. 149 Nr. 62 dominus Bertholdus de Gowesche. Hildesheim 1317: UB. I, S. 380 Nr. 687 Her Arnolt van dem Dampne.

⁷) So in Lübeck 1286: UB. I, S. 452 Nr. 493; 1289: Nr. 536; 1290: Nr. 552; 1331: UB. II, S. 481 Nr. 531; 1336: Nr. 635. Köln 1297: Quellen III, S. 418 ff. Nr. 441 (die ganze Aristokratie mit 2 Bürgermeistern, 16 Schöffen, 16 Offizialen und 8 Konsuln). 1321: Eidbuch, S t e i n I, S. 1 Nr. 1 (Enger Rat). 1343: Quellen IV, S. 268 Nr. 254. Magdeburg: Rechtsmitteilung an Breslau 1295, UB. I, S. 105 Nr. 195 (12 Schöffen und 12 Ratsmitglieder); 1313: Nr. 264 S. 145. Wismar 1336: Mecklenburgisches UB. VIII, S. 644 Nr. 5717; 1344: IX, S. 556 f. Nr. 6313 (6 domini). Hamburg 1334: UB. II, S. 720 Nr. 933.

⁸) Magdeburg: Rechtsmitteilung an Breslau 1261, UB. I, S. 69 Nr. 128 (von 16 Schöffen sind 12 Herren). Wismar 1328: Ratsliste, Mecklenburgisches UB. VII, S. 613, Nr. 4973 (2 Herren von 18 Mitgliedern). Dortmund 1378: UB. II, S. 137 Nr. 117 (von 18 Ratsmitgliedern 3 Herren); 1408: Nr. 464

Seite 266. (7 Herren). Braunschweig 1323: UB. I, S. 33 Nr. 25. Halberstadt 1266: UB. I, S. 110 Nr. 126 (3 Herren von 12 consules).

⁹) Münster 1250: Westfälisches UB. III, S. 274 Nr. 516 presentibus viris honestis, quorum nomina substantur. Dortmund 1287: Westfälisches UB. VII, S. 974 Nr. 2073 honorabiles viros (Ratsliste). Lübeck 1332: UB. Bistum I, Nr. 569 S. 718 Honestus et discretus vir Bruno de Warendorpe. Frankfurt am Main 1313: UB. II, S. 302 Nr. 406 zu Burgen gesast die erberen lude.

¹⁰) Hamburg 1328: UB. II, S. 560 Nr. 716; 1331: S. 632 Nr. 844; 1334: S. 720 Nr. 933 usw. Wismar 1336: Mecklenburgisches UB. VIII, S. 644 Nr. 5717; 1347: X, S. 129 Nr. 6771; S. 114 Nr. 6753. Lübeck 1317, 1345: UB. II, S. 306 Nr. 354; S. 727 Nr. 779. Köln 1370: Quellen IV, S. 602 Nr. 501.

¹¹) B r u n n e r, Land und Herrschaft, 3. Aufl. 1944, S. 269 ff. weist für die Grundherrschaft die Bezeichnung Dominium und Herrschaft nach. P l a n i t z, MIÖG. 58, S. 322. C l a u s s, Wetzlarer Schöffen- und Ratsfamilien, S. 333, nimmt eine Ehrenbezeichnung für die Inhaber der höchsten Stadtämter an; auch Bäcker Rulo führe den Titel, der also nicht auf die Geschlechter beschränkt sei.

¹²) Hamburg 1253: UB. I, S. 481 Nr. 581 (Zeugen) dominus Georgius et dominus Heinricus de Hamme, milites. Wien: Treubriefe 1288 (Original Hauptstaatsarchiv); neben 32 Wiener Patriziern leisten eine große Zahl von Landherren den Treueid. Beide Gruppen führen den Titel „her".

¹³) Unter den Dortmunder Ratsregistern des 14. Jh. tragen die ersten 3 (bis 7) Ratsleute den Herrentitel, z. B. UB. II, S. 137 Nr. 117.

¹⁴) In Augsburg gilt das im Spätmittelalter für die Geschlechter der Hangenor und Langenmantel, die ohne größere Vermögen lange Zeit die Bürgermeisterstellen besetzten, v. S t e t t e n, Geschichte der adligen Geschlechter in der freyen Reichsstadt Augsburg 1762, S. 65 ff., 79 ff. L a n g e n m a n t e l, Historie des Regiments in der heiligen römischen Reichsstadt Augsburg 1725.

¹⁵) Straßburg 1277: UB. III, S. 414 (2) here Hug Ripelin, (23) Hug Ripelin. 1283: S. 415 f. (13) Nicolaus de Kagenecke junior, (22) her Johannes von Kagenecke. Augsburg 1282: UB. I, S. 51 f. Nr. 69 her Volkwin der alte, der junge Volkwin. 1330: S. 260 Nr. 294 her Rudiger der Langenmantel, Rudiger der jung Langenmantel. Konstanz: Ratsliste 1285, B e y e r l e S. 63 her Heinrich v. Tettigkoven, Heinrich v. Tettigkoven der junger. Dortmund 1379: UB. II, S. 137 Nr. 117 her Evert Wistrate, Johan Wistrate; 1389: S. 251 Nr. 257 her Hermann Cleppink, Conrait Cleppink.

Seite 267. ¹⁶) Köln 1275: Quellen III, S. 94 f. Nr. 118. 1321: L a c o m b l e t III, S. 152 Nr. 182. 1334: L a c o m b l e t III, S. 232, 278. 1362: S t e i n I, S. 74 Nr. 24 (von 44 vom engen Rat waren 9 Ritter). 1394: Quellen VI, S. 263 Nr. 172. 1396: Quellen VI, S. 370 Nr. 259 (von 49 Ratsherren ist einer Ritter).

¹⁷) Köln 1321: L a c o m b l e t III, S. 152 Nr. 182; 1334: L a c o m b l e t III, S. 232 Nr. 278.

¹⁸) Magdeburg 1281: UB. I, S. 83 f. Nr. 174 consules: Bertoldus Dotemque, Heinemannus de Chartowe milites, Theodericus Felix usw. 1284: S. 86 Nr. 160. 1285: S. 87 Nr. 163. Halle 1291: UB. I, S. 379 Nr. 418.

¹⁹) Basel 1276: UB. II, S. 116 Nr. 205; 1291: UB. III, S. 21 Nr. 38. Freiburg i. Br. 1261: UB. I, S. 157 Nr. 185; 1283: S. 331 Nr. 363. Straßburg 1261: UB. I, S. 353 Nr. 467 Gobelinum militem, Cunonem dictum sunur (usw). Der Bischof zählt die in der Stadt maßgebenden Bürger auf.

²⁰) Zürich 1277: UB. V, S. 12 Nr. 1656; 1278: S. 65 Nr. 1720; 1279: S. 83 Nr. 1739; 1280: S. 120 Nr. 1775; so noch 1301: UB. VII, S. 197 Nr. 2606.

²¹) So Zeleub 1255, v. Gottesfelde 1273, v. Breitenfeld 1288, Greife 1288, Haimo 1297, Harmarchter 1297, bei den Minderbrüdern 1306.

Seite 267. [22]) Ich finde nur 1243 und 1250 als ersten consul Otto miles (dictus advocatus), UB. I, S. 256 f., 285 Nr. 221, 246.

[23]) Für Gent: B l o c k m a n s, Het Gentsche Stadspatriciaat, S. 341.

[24]) In Regensburg entstanden etwa 40 solche bewehrte Stadtburgen. Vgl. D a c h s, Regensburg, Geschichte und Denkmäler 1950, S. 26. Für Basel: W a c k e r n a g e l, Geschichte der Stadt Basel I, S. 56. Für Metz: S c h n e i d e r, Metz, S. 118 ff.

[25]) M e y e r, Patriziat in Nürnberg, S. 54. v. W i n t e r f e l d S. 78.

[26]) Sie setzten damit die alte Gewohnheit fort, die dem reisenden Kaufmann eine militärische Bewaffnung gestattete. Vgl. P l a n i t z, Frühgeschichte, S. 83; Kaufmannsgilde und Eidgenossenschaft, S. 22 f., 106; MIÖG. 58, S. 322.

[27]) W e g e m a n n, Z. d. Ver. f. Lüb. Gesch. 31, 1941, S. 17 ff. v. M a u r e r, Geschichte der Städteverfassung II, S. 208. v. K l o c k e S. 79.

[28]) Für Goslar: F r ö l i c h, Verleihung des Heerschildes, S. 2 f.

[29]) v. W i n t e r f e l d, Geschichte der freien Reichs- und Hansestadt Dortmund 1934, S. 89.

[30]) B o h n e, Die juristische Fakultät der alten Kölner Universität 1938, S. 124 ff.

[31]) So die in Haida mit den in Porta, die de Chapella mit den Prunnhoven, de Aue mit den Gammerit usw. M o r r é S. 23, 40, 43, 46, 49, 52, 56. MIÖG. 58, S. 333.

[32]) Vgl. MIÖG. 58, S. 333. Besonders für die Gumprecht, M o r r é S. 48. Für Wien: vgl. S a i l e r, Wiener Ratsbürger, S. 139 ff.

Seite 268. [33]) v. W i n t e r f e l d, Köln, S. 37, 40, 41, 76. v. K l o c k e, Patriziat und Stadtadel, S. 44 ff. Z u h o r n, Vom Münsterschen Bürgertum, S. 157 ff. P e t e r s, Z. f. Lüb. Gesch. 30, 1939, S. 88 ff. K o e p p e n, Stralsunder Ratsfamilien, S. 16. Hamburg 1301: 14 XXI 4.

[34]) W e g e m a n n, Z. d. Ver. f. Lüb. Gesch. 31, 1941, S. 27, 31 ff., 43. P e t e r s, Z. d. Ver. f. Lüb. Gesch. 30, S. 124 ff.

[35]) Für Regensburg: M o r r é S. 104. Für Gent: B l o c k m a n s S. 341 ff., für Soest: v. K l o c k e S. 56.

[36]) Für Köln: v. W i n t e r f e l d S. 76 f.

[37]) J. F r e y, De muntmannis 1749. G l a s z, Die Muntmannen, Diss. Münster 1910. G e n g l e r, Deutsche Stadtrechtsaltertümer 1882, S. 463 ff.

[38]) In Tulln wird von incola gesprochen, 1270: Art. 16, K e u t g e n S. 2. Prag: Stadtrecht 1278, Art. 4, R ö s s l e r I, S. 169 famulum, qui muntleyt dicitur.

[39]) Königshofen: Elsässische und Straßburger Chronik, S c h i l t e r S. 305 f. (1698) wenn ein snider oder ein schuchsuter oder was antwerker er was, eime herren hiesche, das er umb in verdienet hette.

[40]) Speyer: Monatsrichterordnung 1314, H i l g a r d S. 28 Wer muntman mit gesworne eide eder mit truwen dut eder nimet. Dazu 1346: S. 218, Anm. 3. In Wien wird von homagium, quod muntmanschaft nuncupatur, gesprochen, 1278 II Art. 24, T o m a s c h e k S. 55. Ernst M a y e r, Verfassungsgeschichte II, S. 32 f.

[41]) 400 Muntleute eines Patriziats in H ü l l m a n n, Geschichte des Ursprungs der Stände III, S. 199. M o l i t o r, Zur Entwicklung der Munt, ZRG. G. 64, 1944, S. 168 ff.

[42]) Regensburg: Privileg Friedrichs II. von 1230, Art. 17, K e u t g e n S. 199 potentes, qui vasallos sibi faciunt ad turbandam pacem civitatis, qui muntman vulgariter nominantur.

[43]) Köln: Schied 1258, Art. 19, K e u t g e n S. 159 f.

[44]) Nürnberg: Privileg Friedrichs II. 1219, Art. 2, K e u t g e n S. 194 civis, qui receperit (muntman), gratiam nostram demeruerit et in utroque pax non violatur.

Seite 268. [45]) Mainz: Landfriede 1235, Art. 15, Planitz, Quellenbuch, S. 98. Österr. Landrecht 1237, Art. 48, v. Schwind und Dopsch S. 66. Bayr. Landfriede von 1244: Art. 45, Const. II, Nr. 427; 1256: Art. 38, Mon. Witt. I, Nr. 177. Österr. Landfriede 1276: Art. 10, v. Schwind und Dopsch S. 107.

[46]) So in Köln der Kampf der Weisen gegen die Overstolzen, der sich von 1225 bis 1268 hinzog. In Wien mischte sich eine starke Patriziergruppe seit Ottokar um 1260 in die städtische Politik ein bis zu dem blutigen Ende von 1308/09. Hierher gehören dann die Wirren der Stolzhirsche in Augsburg 1303, der Auer in Regensburg 1330, der Roten und Schwarzen in Kolmar 1331, der Zorn und v. Mühlenheim in Straßburg 1332. Weiter Bremen 1304.

Seite 269. [47]) Wien 1277 II: Art. 24, Tomaschek S. 55. Augsburg: Stadtbuch, Zusatz von 1303, Meyer S. 73 daz nieman in der stat chainen muntman habin sol; 1457: Meyer S. 294 ff. Regensburg: Privileg von 1312, Art. 14, UB. I, S. 148 Nr. 278. Friedbuch, v. Freyberg V, S. 18. Vgl. auch Worms 1287: Boos, UB. I, S. 279.

[48]) Köln: Schied 1258 II Ad 19, Keutgen S. 178.

[49]) v. Winterfeld, Handel, Kapital und Patriziat in Köln 1925. F. Lau, Das Kölner Patriziat, Mittlg. aus dem Kölner Stadtarchiv 24—26, Westd. Z. 14, 172 ff., 315 ff. Hoeniger, Mevissenfestschrift 1893.

[50]) Koebner, Anfänge des Gemeinwesens der Stadt Köln, S. 105.

[51]) Jude 1152—1674, v. Lyskirchen 1150—1672.

[52]) Mummersloch 1167—1492. Canus 1142—1435. Grin 1149—1459. Hardevust 1140—1435. Spiegel 1180—1492. Quattermart 1168—1441. Gir 1170—1417. Scherfgin 1170—1453. Overstolz 1170—1435. Cusinus 1160—1417. Birklin 1150—1396. Kleingedank 1168—1303. Aducht 1150—1398. Dazu de Aquis v. Mauenheim, v. Niderich, Quentin, Razzo, Vetscholder.

[53]) So z. B. die von Basel, de novo foro, de S. Laurentio, Minnevuz, v. Polheim, Constantinus, de Erenporce, Flacco, von der Lintgasse, von der Marspforte, von der Mühlengasse, Parfuse.

[54]) Hirzelin 1238—1452. de Linto 1275—1482. Schiderich 1287—1482.

[55]) So die Horn (Birklin) 1206—1373. Kranz und Morart (de S. Laurentio) 1241—1316 bzw. 1232—1374. de Pavone (Mummersloch) 1210—1371. Nur 3 Generationen die von der Stessen (Quattermart) 1275—1349.

[56]) vamme Hirze 1260—1450. de Hune 1229—1343. Roitstock 1247—1394. de Salice 1262—1398. Schegtere 1205—1328. von der Schüren 1258—1378.

[57]) Benassis (von der Lintgasse), von der Landskrone (von Hirtze). van den Poe (Mummersloch).

[58]) So die von der Arken 1317—1450. Pantaleon 1311—1408. v. Troien 1330 bis 1409.

[59]) Lau S. 104.

[60]) Tuslingen 1152—1437. de Colonia 1186—1378. Chozzo 1186—1356. Beischer 1191—1291.

[61]) Schneweli 1205—1836. Küchlin 1223—1415. Tegenhard 1239—1522. Meigernissel 1280—1445.

[62]) Meinwart 1239—1378. Wohlleben 1235—1335. Ederlin 1248—1382. Turner 1272—1392.

Seite 270. [63]) Warendorp 1183—1566. Bardewic 1188—1350. Swarte 1190—1367. Wrot 1190—1319.

[64]) von der Brugge 1220—1430. Vorrade 1230—1385. Rode 1210—1343. Coesfeld 1220—1367.

[65]) v. Lüneburg 1293—1774.

[66]) Witte (Albus) 1224—1322. Bocholt 1227—1346. Mornewech 1271—1373. Saltwedel 1227—91. Stalbuc 1229—1303. v. Wifhusen 1225—92.

Anmerkungen zu Seite 270 bis 271

Seite 270. [67]) vom Markt 1162—1306. Monetarius 1162—1298. de Allagen 1188—1284. Niger 1168—1249.
[68]) v. Medebecke 1231, v. Lünen 1232, Make 1249, Schüver 1251, v. Winden 1252, Epping 1266, de Kiwe 1266, Lake 1270, Schotte 1272.
[69]) Reich 1170—1393. v. Ufheim 1166—1309. Vorgassen 1164—1281. zum Rhein 1175—1300.
[70]) Mönch 1221—1358. Schaler 1236—1368.
[71]) Albus (Wyss) 1149 bis 14. Jh. Biber 1149—1304. Müllner 1159—1311. Ortlieb 1127—1225.
[72]) Brun 1211—1346. Fütschi 1274—1311. Gnürser 1231—1305. Krieg 1256 bis 1311. Manesse 1219—1383. Meiss 1225—91. Schafli 1225—1301. Thya 1241—1307.
[73]) Kreuzlingen 1152—1371. Rize 1176—1392. Ströli 1176—1360. v. Wintertur 1176—1339.
[74]) Egli 1243—1420. de Curia 1220—1365. de S. Gallo (Blarer) 1220—1369. in der Bünd 1227—1370.
[75]) v. Ehenheim 1161—1292. Erbo 1190—1300. Löselin 1197—1330. Ripelin 1190—1330. Spender 1190—1328. Wezel 1190—1312.
[76]) v. Kageneck 1258—1325. Lenzelin 1225—1327. v. Schiltigheim 1244—1331. Schott 1237—1328. Zorn 1261—1325.
[77]) Holtmunt 1198—1386. Ritterchen 1196—1296. Wackerphil 1196—1295.
[78]) Dirolf 1216—1392. de Moro 1209—1396. Riberus 1216—1386.
[79]) Hertwici 1163—1224. Helfant de Elefante 1268—1348. Klüpfel 1248—1348. Knoltz 1237—1349. Lambsbuch 1207—1341. Retscheln 1241—1349. Seidenschwanz 1259—1344.
[80]) de Palatio 1167—1322. v. Polch 1200—1678. v. Britte 1297—1454. v. Ören 1300—1562. Praudum 1300—93.
[81]) Super Danubio I 1130—1400. Reich (Dives) 1183—1400. de Fovea (in der Grub) 1170—1349.
[82]) In Haida 1150—1290. Inter Latinos 1170—1324. de Capella 1150—1290. Ante Urbem 1161—1330.
[83]) de Prunneleite 1170—1262. Zauff 1192—1292. de Porta 1130—1258. de Aechkirchen 1150—1258.
[84]) Gumprecht 1216—1400. Nötzel 1214—1400.
[85]) v. Amberg 1213—1342. Amann 1251—1400. Zant 1242—1367. In Curia 1237—1349. Lech 1249—1394. Straubinger 1246—1360. Vessler 1243—1400. Waiter 1278—1394. Woller 1258—1395.
[86]) Auer 1251—1350. Krazzer 1251—1377. Daum 1253—1331. Auf Donau II 1312—1400. Hiltprant 1248—1349. Ingolstetter 1290—1400. Löbel 1284 bis 1387. Prunnhofer 1297—1381 usw.

Seite 271. [87]) Upkover 1229—1330. Saerchinger 1271—1343. Frumolt 1312—60.
[88]) So die Wirento 1178—1276. Paltramus ante cimeterium 1208—78. Heimo um 1200—88.
[89]) Pippinch 1208—1409. Kleber 1208—1417. Grifo 1208—1371.
[90]) Pollo 1239—1539. Tierna 1255—1457. Eslarn 1272—1491. Würfel 1285 bis 1523. Reicholf 1320—1542.
[91]) am Kienmarkt 1255—1396. Vierdunk 1273—1435. Urbaetsch 1276—1415. Hutstock 1276—1464. Schemnitzer 1288—1468. Auf der Säul 1298—1469. Schuchler 1301—1476.
[92]) von der Dieke (de Piscina) 1129—1333. v. Goslar 1120—1346. v. Wildenstein 1120—1333. v. Gowische 1129—1349. v. Barum 1154—1360.
[93]) v. Bilstein 1227—1345. de Levede 1233—1363. Allene 1236—1345. Copman 1236—1345. Quest 1236—1357. Schap 1236—1363.
[94]) v. Givekenstein 1182—1433. v. Schapstede 1182—1441.

Seite 271. [95]) Guzeke 1200—1385. v. Quidelingen 1225—1441. Scriptor 1239—1442. Hagedorn 1243—1436. Treviste 1243—1450. Northusen 1266—1454. Rike 1266—1427.

[96]) Bruno 1138—1254. Keseling 1166—1224. Ovo 1184—1295. Reiner 1184 bis 1307.

[97]) vern Asselen 1213—1461. Korlinge 1213—1443. Schartow 1227—1449. v. Weddingen 1227—1448. Prandon 1234—1427. v. Germersleben 1244 bis 1457. v. Olvenstedt 1250—1464.

[98]) Sachso 1140—1400. Riche (Dives) 1193—1358. Rode 1193—1361.

[99]) vom Königssee 1210—1378. Viztum 1212—1365. v. Totilstedt 1207—1388. Hottermann 1217—1371. Ziegeler 1216—1437.

[100]) Esicus 1190—1289.

[100a]) K o e p p e n , Führende Stralsunder Ratsfamilien 1938.

[101]) de domo 1201—1346. de Borckem 1201—1418. Doneldey 1206—1378. de Stadis 1218—1418. de Niemborg 1225—1395. de Verda 1225—1394.

Seite 272. [102]) de Ruten 1237—1407. Friso 1233—1433. de Hasbergen 1237—1429. de Gropelingen 1250—1433. Rufus 1229—1425. de Arsten 1247—1433. Dux 1233—1342. v. Harpenstede 1237—1367. de Oldenborch 1243—1353. de Haren 1255—1346. de Tyvria 1264—1410. advocatus 1234—1374. Gerardus 1234—1377. Longus 1234—1364. de Bersna 1247—1403. Wulf 1276—1433. de Stura 1292—1429. de Vechta 1298—1390.

[103]) Sotmester 1200—1383. Münter 1219—1381.

[104]) vamme Sande 1228—1370. Lange 1261—1399. Garlop 1272—1558. von der Molen 1288—1477. Wiskule 1290—1552. Von 1290—1400 herrschten nur 16 Familien. R e i n e c k e , Geschichte der Stadt Lüneburg I, S. 82 ff.

[105]) vamme Hus 1204—1340. Holtnicker 1227—1407. Kalen 1231—1612. vamme Kerkhove 1231—1457. van Kalve 1246—1468. Pawel 1250—1612. v. Schepenstede 1251—1599. v. Velstede 1258—1593. v. Gustede 1268—1474. S p i e s s , Fernhändlerschaft und Handwerkermasse von Braunschweig, Hans. Gbl. 63, 1938, S. 29 ff.

[106]) Ludolfi 1271—1656. Doring 1283—1613. Salghen 1291—1467. van Urslewe 1292—1432. van Strobeke 1298—1612.

[107]) T i m m e , Anfänge der Stadt Braunschweig 1931, S. 99 ff.

[108]) v. Werstede 1227—1339. de Orsleve 1252—1403. v. Derneburg 1241—1417. v. Hersleben 1298—1469. Pellel 1264—1429.

[109]) v. Adesleben 1317—1482. v. Strobeke 1343—1427. Zachariae 1371—1499. Lode 1385—1499. v. Brokenstede 1323—1429.

[110]) Burmester 1240—1411. v. Damme 1257—1406. Pepersac 1257—1412. vorn Ewescen 1266—1417. Galle 1278—1423.

[111]) van Herlessem 1310—1427. Luceke 1307—1427. Schönhals 1302—1423. Uppen 1305—1413.

[112]) v. Lingen 1200—1358. von der Vechte 1207—1373. v. Dissen 1217—1410. v. Bramsche 1217—1337. v. Ledebur 1217—1500. v. Melle 1217—1441. v. Varendorff 1217—1457.

[113]) v. Essen 1231—1455. v. Haren 1240—1441. v. Iburg 1244—1474. Visbeke 1246—1452. Schele 1252—1486. Blome 1268—1487. Granberg 1266—1499. v. Ankun 1283—1530. v. Dumpstorp 1289—1489. v. Langen 1285—1505. v. Warendorp 1291—1487.

[114]) v. Lon 1209—1303. Albrandinc 1221—1325.

[115]) Bischopinc 1239—1325. Lewe 1245—1304. Rike 1245—1322. Kerkering 1265 bis 1317. v. Recklinghausen 1261—1312. Travelmannus 1292—1325.

[116]) In Paderborn sind die Salzkotten, Stadelhoven und Vultur von 1239 bis Ende des 13. Jh. bezeugt. In Lippstadt sind als Patrizier bekannt de Ervete 1217—98, de Gesiko 1217—92, de Harehusen 1217—83, de Hirse 1230—82.

Anmerkungen zu Seite 272 bis 273

Seite 272. [117]) de Bruningehusen 1219—1370. Beye 1230—1411. Crispin 1230—1395. Suderman 1230—1424. Swarte 1230—1464. v. Wickede 1230—1424. in der Wistrate 1230—1371.
[118]) Lange 1240—1347. v. Herreke 1249—1393. Bersword 1249—1803. Hovele 1267—1424.
[119]) Kleppinc 1310—1740. v. Hengstenberg 1336—1424.
[120]) v. Ernessen 1220—1323. v. Holthusen 1240—95. de alta Platea 1255—1303. v. Hassel 1255—95. v. Nienborg 1250—95. Monetarius 1255—1317. de Rivo 1255—1322.

Seite 273. [121]) Bresto 1215—63. v. Offenbach 1219—1340. v. Grisenheim 1222—1315. Goldstein 1222—1339. Knoblauch 1227—1340. Heldenbergen 1234—1330.
[122]) v. Glauburg 1276—1340. v. Holzhausen 1279—1340. v. Limburg 1273—1340. v. Hohenhaus 1284—1340. v. Speyer 1293—1340.
[123]) Egerdon 1220—1316. Krochtal 1224—1427. de Riede 1224—1353. Buwli 1226—1427. Bubemberg 1240—1427. v. Lindnach 1266—1420. Schaffhausen 1296—1427.
[124]) v. Lauffen 1220—1350. Lemlin 1220—1461. Gebwin 1278—1471. v. Gmünd 1281—1429. Rotegalle 1282—1387. Strulle 1284—1389. Vaihinger 1284 bis 1446. Feurer 1303—1461. Lutwin 1327—1421. Erlewin 1324—1437. Harsch 1346—1459.
[125]) Havender (Figulus) 1223—95. Razo 1237—92. Rufus 1237—1378. Crieche 1237—1353. Sovilarius 1244—1368. Fainago 1244—1358. Welser 1244—1310. Laidolf 1247—1357. Strowelin 1253—1376.
[126]) Coprelli 1254—1376. v. Halle 1255—1377. Craft 1270—1372. Gwärlich 1271—1364. Ehinger 1292—1375. Besserer 1296—1440. Cünzelmann 1299 bis 1368. Huntfuss 1299—1378.
[127]) Fend 1239—1388. Schongauer 1239—1348. Hornlinus 1246—1454. Welser 1246—1544. Stolzhirsch 1246—1339. Portner 1246—1392.
[128]) Minner 1263—1364. Rem 1282—1396. Bach 1288—1402. Dachs 1288—1396. Lauinger 1280—1534. Gossenbrot 1287—1500. Herbort 1282—1540. Langenmantel 1280—1509. Imhof 1292—1534. Meuting 1293—1500. Vögelin 1299—1447.
[129]) Vittel 1306—1474. Ravensburger 1320—1538. Onsorg 1330—1478. Rehlinger 1341—1451. Ilsung 1340—1538. Pfister 1345—1528. Hangenor 1360 bis 1451.
[130]) Remser 1228—1332. Pluvat 1232—1364. Kils 1248—1344. Nallinger 1248 bis 1412. Kürz 1248—1395. Türkheim 1258—1311. Schühlin 1265—1401. Kürn 1270—1420. Krützin 1286—1376. Metman 1294—1383. Bürgermeister 1317—1410. Lutram 1311—1395.
[131]) Berlewin 1223—97. Kunico 1241—1343. Wikardis 1241—1471. Borner 1279 bis 1459. Teler 1279—1344. Hennink 1288—1371. Marsilius 1294—1392.
[132]) Emerich 1309—80. Melzer 1333—1474. Mulda 1333—1400. Berbisdorf 1347—1485. Gerhard 1351—1487. Monheupt 1362—1485. Osann 1389—1481.
[133]) Bec 1245—1310. de Grimma 1286—1312. de Greten 1287—1386. de Lobenitz 1287—1359. de Pegau 1287—1344. Pellifex 1287—1391. de Berngersheim 1296—1542.
[134]) de Ilburg 1309—1457. Pudernas 1315—1457. de Rötha 1335—1452. de Reudnitz 1385—1500.
[135]) Banz 1252—1350. Kölner 1252—1360. Ruthenus 1254—1341. Darüber P f e i f f e r, Das Breslauer Patriziat im Mittelalter 1929.
[136]) Beyer 1262—1511. Bank 1268—1569. Stillvogt 1272—1406. v. Mühlheim 1274—1500. v. Lamberg 1280—1470. v. Heyde 1280—1500. v. Reichenbach 1286—1390. Engelper vor 1287—1366. v. Sitten 1296—1431.

Seite 273. [137]) Baumgartner 1308—1400. Schwartz 1309—1423. v. Glogau 1313—72. Steinkeller 1331—1500. Peseler 1340—1447. Sachse 1342—1436. Dompnig 1371—1500.

[138]) Für Duderstadt: Wehren 1328—1800. Amilius 1273—1624. Zote 1397 bis 1700. Weiter Badung 1343—1613. Nigerod 1342—1544. v. Westerode 1273 bis 1438. Rumspring 1328—1481. Rode 1379—1498.

[139]) Für Göttingen: de June 1268—1700. Giseler v. Münden 1334—1624. Weiter Schwaneflügel 1331—1611. Wigand 1338—1591. v. Nörten 1299—1543. v. Wake 1272—1504. Raven 1268—1458.

Seite 274. [140]) Für Bielefeld: Specht 1243—1549. Haneboem 1280—1529. Wolde 1289 bis 1470. Für Neuß: König 1272—1461. de Reyde 1272—1382. Kothausen 1243—1372. Für Siegburg: v. Soevenrode 1308—1523. v. Menden 1313 bis 1472.

[141]) Für Wetzlar: v. Gotzelshausen 1228—1388. Reye 1228—1381. Ditter-Beyer 1270—1405. v. Nauborn 1261—1395. Für Koblenz: de Porta 1283—1469. v. Kirchof 1283—1469. de Arken 1300—1469. v. Bachem 1304—1469. Ludingen 1366—1451. Für Hameln: Rike 1237—1393. Marqward 1237 bis 1381. Emmern 1237—1366. von der Velve 1273—1406. Wulf 1276—1381. Für Hann.-Münden: Cassel 1299—1449. Schedlin 1289—1425. de Neist 1296—1419.

[142]) Mühlhausen: Margarete 1251—1350. v. Langelo 1283—1350. v. Urbech 1275—1341.

[143]) Über die mecklenburgischen Landstädte S t r u c k in Meckl. Jb. 101, Beiheft 1928, S. 202 ff.

[144]) In Metz wuchs die Zahl der paraiges im 13. Jh. auf 221 Familien mit etwa 1500 Mitgliedern an. S c h n e i d e r, Metz, S. 147.

[145]) Über das Ausscheiden von Ratsbürgern in Wien S a i l e r, Ratsbürger, S. 165 f. Von 92 blieben im 14. Jh. nur einige 30 übrig. Auch sie verschwanden im öffentlichen Leben im 15. Jh.

[146]) B e y e r l e, Ratslisten, S. 89 ff.

[147]) S t r i e d e r, Zur Genesis des modernen Kapitalismus, S. 86 ff.

[148]) C l a u s s, Wetzlarer Richter-, Schöffen- und Ratsfamilien 1938, S. 133 ff.

Seite 275. [149]) H o f f m a n n, Würzburgs Handel und Gewerbe 1938, S. 153 ff. H e g e l, Mainz, S. 75.

[1]) Worms: Heinrich IV. 1074, K e u t g e n Nr. 79 S. 48.

[2]) Hagenau 1164: Art. 1, Nr. 138; Speyer 1182: Nr. 22; Hamburg 1189: Nr. 104a, K e u t g e n S. 134, 15, 65. Lippstadt 1198: Art. 13, Nr. 142, K e u t g e n S. 149.

[3]) Goslar 1219: Art. 1, K e u t g e n S. 179 Quicunque manens in civitate G. Tulln 1270: Art. 1, W i n t e r Nr. 9 S. 22 civitatis incola. Brünn 1350: Art. 125, R ö s s l e r II, S. 64 inquilinus nec hereditates nec propriam in civitate habens residentiam.

[4]) Göttingen 1354: P u f e n d o r f III app. S. 186 od en mach neyn unser medeborgere oder medewonere syn hus ac neme ad manne eder medewonere, de neyn borgher is, vorkopen. Ravensburg-Waldsee um 1350: Art. 8, M ü l l e r S. 123 in unser statt sesshaft und doch nit burgerrecht hat. Köln 1418: S t e i n II, Nr. 134 unsen burgeren und ingesessenen gelt abzoleenen. Frankfurt um 1350: Art. 65, S e n c k e n b e r g, Selecta juris I, S. 59 kein unsir Burger adir der by uns wonet.

[5]) Neuenburg 1292: Art. 21, ORhStR. II 3, S. 10 Incola autem non civis, qui vulgariter seldener dicitur. Schlettstadt 1292: Art. 8, ORhStR. III 1, S. 11 civis vel seldener. Villingen 1294: ORhStR. II 1, S. 8 burger oder selder; 1371: § 3 S. 30. Wiener Neustadt um 1310: K e u t g e n S. 364 Al burger und auch soldner, die in der stat und an dem wolmarcht sitzend; Ableitung

Seite 275. von selidari, ahd., S c h a d e, Althochdeutsches Wörterbuch II, S. 753. S c h m e l l e r, Wörterbuch III, S. 148, 226.

[6]) Freiberg um 1300: II, 3, E r m i s c h S. 44 Hat ein man eigen rouch, daz ist gemitte herberge, der heizet auch besezzen. Vgl. auch Prag 14. Jh.: Art. 139, R ö s s l e r I, S. 95. Kleve: Stadtrecht Art. 96, ZRG. 10, S. 234 alle burgere ende oir ingesettenen, die binnen der stat vriheit roick ende vuer halden.

[7]) Vgl. oben S. 275 Anm. 1.

[8]) Hamburg 1270: Art. 5, L a p p e n b e r g S. 72 inwoner, de sik under desser stad borgerschop neret. Osnabrück: Begräbnisordnung 1278, P h i l i p p i S. 92 quicunque domum in civitate emerit aut conduxerit, quamdiu ipsam domum inhabitaverit et familiam et expensas in ea habuerit.

[9]) Freiberg um 1300: II 3, E r m i s c h S. 44 he muz schozzen unde wachen. Ravensburg-Waldsee vor 1350: Art. 8, M ü l l e r S. 123 Wer in unser statt sesshaft ist und doch nit burgerrecht hat und der sich verdient mit stur und wacht. Leutkirch 1403: Art. 118, M ü l l e r S. 57 f.

[10]) Brühl 1285: Art. 18, G e n g l e r, Cod. S. 413 nullus vendere debeat vinum ad brocam nisi oppidum ipsum inhabitat tamquam oppidanus et jura faciat, quecunque exigit oppidum.

[11]) Hagen 1296: Art. 9, S e i b e r t z I, S. 572 borghere unde inwonere sullen tol fry syn.

[12]) Prag: Art. 139 (14. Jh.), R ö s s l e r I, S. 95 Qui sedet in civitate quatuor septimanis cum proprio igne, reputatur statim pro cive.

[13]) Villingen 1380: Art. 75, ORhStR. II 1, S. 58. Schlettstadt 1296: Art. 67, ORhStR. III 1, S. 16.

[14]) Neuenburg 1292: Art. 21, ORhStR. II 3, S. 10 Incola autem non civis pacem aliquam, nisi durante judicio, non habebit.

[15]) Schlettstadt 1292: Art. 10, ORhStR. III 1, S. 11 Nullus extraneus vel seldener testis erit super civem, sed tantum civis super civem.

[16]) M. G. S c h m i d t, Die Pfahlbürger, Zeits. f. Kulturgeschichte 9, 1902, S. 241 ff. E. S c h r ö d e r, Pfahlbürger, FS. f. Heymann, 1940, Bd. 1, S. 52 ff. K. Z e u m e r, ZRG. G. 23, 1902, S. 87 ff. Noch heute interessant J. W e n c k e r i, Diss. de Pfalburgeris, Argent. 1698 auf Grund Straßburger Urkunden. Jost T r i e r erklärt die Pfahlbürger dahin: sie wohnen im Zaun, nicht in der ummauerten Stadt, Gött. Nachr. 1940, S. 84.

[17]) Const. in fav. principum 1232, Art. 10, K e u t g e n S. 79 Cives, qui phalburgere dicuntur, penitus deponantur. Mainzer Reichslandfrieden 1235: Art. 13, K e u t g e n S. 79. Den gleichen Satz nahm der Rheinische Bund auf: Worms 1254: Art. 14; Mainz 1255: Art. 2, K e u t g e n S. 83, 84. Auch Verträge von Städten und Fürsten kommen vor, z. B. Speyer mit Pfalzgraf 1313: UB. Nr. 278, Nr. 212 Wir sollent euch in beholfen sin, das die phalburgere abegent.

Seite 276. [18]) Göttingen 1344: Art. 2, v o n d e r R o p p S. 42 de palborgere, de up der borde wonet. Boerde ist die Landschaft im weiteren Umkreis der Stadt, vgl. S c h r ö d e r S. 58.

[19]) Frankfurt 1297: Art. 20, UB. I, S. 349 cives, qui dicuntur palburgere, in die beati Martini debent intrare cum suis uxoribus et familia civitatem et in ea cum proprio igne residenciam facere usque ad cathedram S. Petri. Der Rheinische Bund verlangt dagegen eine ständige Residenz der Pfahlbürger mit Ausnahme einer kürzeren Erntezeit. Mainz 1255: Art. 2, K e u t g e n S. 84.

[20]) Den Pfahlbürger trifft vor allem die städtische Steuerpflicht, Göttingen 1420: Art. 8, v. d. R o p p S. 134, dazu S. 295.

[21]) Goldene Bulle 1356: Art. 16 De pfalburgeris, Z e u m e r II, S. 31 f.

Seite 276. [22]) So vor allem Z e u m e r S. 97 ff., S c h m i d t S. 289 ff. Man beruft sich vor allem auf eine Magdeburger Urkunde von 1432, UB. III, S. 202 f. Nr. 279: tales non sint cives, sed de jure vocantur vulgariter valborger, hoc est ficti cives.

[23]) So besonders Edward S c h r ö d e r S. 53 ff. Weiter Ernst M a y e r, ZRG. G. 44, 1924, S. 294.

[24]) Abzulehnen ist die Gleichstellung Pfahlbürger = Vorstädter; dieser Meinung war v. M a u r e r, Städteverfassung II, S. 241.

[25]) So auch in Nordhausen: Art. 197, F ö r s t e m a n n, Neue Mitteilungen III 1, S. 71.

[26]) Rottweil: Rotes Buch Art. 52 (1315), G r e i n e r S. 128 von der usburgerer wegen, es syent edel oder unedel, geistlich oder weltlich, den wir zu burger empfahen. Dazu Art. 54, 232. Straßburg 1368: Art. 7, K e u t g e n S. 511 Welche ire uzburgere di von Strazburge vur edellute empfangen oder sus vur edellüte hant.

[27]) Das Rote Buch von Rottweil verbietet einen usburger, der ein handtwerck trybt, Art. 374, G r e i n e r S. 224. Ulm 1346: Leineweberordnung, Art. 11, K e u t g e n S. 388; 1403: Art. 3, K e u t g e n S. 389.

[28]) Ulm: Rotes Buch Art. 276 (1403), M o l l w o S. 153 sol sweren und verburgen, zehn jar daz burgerrecht ze halten. Rottweil: Rotes Buch Art. 54, G r e i n e r S. 129.

[29]) Neuenburg 1292: Art. 95, ORhStR. II 3, S. 17 Omnes cives habitantes extra civitatem debent intrare civitatem et jus sue civilitatis servare. Kolmar 1293: Art. 41, ORhStR. III 3, S. 57. Straßburg 1368: Art. 1, 3, K e u t g e n S. 510 f.

[30]) Straßburg 1405—19: Art. 110, K e u t g e n S. 286.

[31]) ORhStR. II 3, S. 33, Art. 1 (1368). Darüber M e r k S. XVI XXXVI f.

[32]) Prag 14. Jh.: Art. 139, R ö s s l e r 1, S. 95.

[33]) Braunschweig 1401: Art. 291, UB. I, S. 125 wen se dat ghevordert hedden, dat ore wonent denne hir nicht lengh en were.

Seite 277. [34]) Hamburg 1292: M XI, L a p p e n b e r g S. 147 (Gäste) pleghen to lighende van einer tit to der anderen.

[35]) Göttingen Statut 1354: P u f e n d o r f III app. S. 175.

[36]) Auch von nonburgensis, Freiburg i. Üchtlande 1249: Art. 122, Z e h n t b a u e r S. 27.

[37]) Emden 1465: F r i e d l ä n d e r, Ostfries. UB. I, S. 720 Were jenich vremett man, de binnen E. guedt kofte.

[38]) Braunschweig 1401: Art. 290, UB. I, S. 125 Uthlude, de neyne stadplicht plegen to donde, alse schoten, waken, uthjagen edder der stad behulpelik to wesende van oren personen wegen.

[39]) Braunschweig 1227: Art. 57, UB. I, S. 7 sinen rechten tol sal he (der kopman) geven. Im Freiberger Stadtrechtbuch (um 1300) in caput XXXX gehört der uzman nicht zu den Zollbefreiten, § 2 ff. E r m i s c h S. 234 f.

[40]) Braunschweig 1227: Art. 57, UB. I, S. 7 Swelich kopman kompt inde stat mit sime gode, he sal hebben geliken vrede als en borgere.

[41]) Erfurt: Ratsverordnung 1263, UB. I, S. 74 f. Nr. 103.

[42]) Augsburg 1349: UB. II, S. 24 dass kein ausswendiger mann, der nicht burger ist, daselbist huser oder andir erbe in der stad beheben muge.

[43]) Tulln 1276: Art. 13, K e u t g e n S. 202 nullus civium proprietatem vel alia qualiacunque jura sub purchfride constituta debet vendere aliquibus, nisi qui in eo, quod purchfriede dicitur, sunt mansuri. P l a n i t z, Studien zur Geschichte des deutschen Arrestprozesses, ZRG. G. 39, 1917, S. 265.

Seite 277. [1]) Guido K i s c h, The Jews in Medieval Germany, A Study of their legal and social Status 1949. Jewry-Law in Medieval Germany. Laws and Court Dicisions concerning Jews 1949.

[2]) Für Lübeck und Hamburg ist Ansässigkeit von Juden nicht nachweisbar, für Bremen sehr spät. G. C a r o, Sozial- und Wirtschaftsgeschichte der Juden I, 1908, S. 435.

[3]) Formulae Imperiales cap. 30, 31, Z e u m e r S. 309 ff. Ernst M a y e r, Deutsche und französische Verfassungsgeschichte II, S. 286 ff.

[4]) Friedrichs I. Judenprivileg für Worms 1157: Art. 1, K e u t g e n S. 452 cum ad cameram nostram attineant. O. S t o b b e, Die Juden in Deutschland 1866, S. 11. Priv. f. Regensburg 1182: J. A r o n i u s, Regesten zur Geschichte der Juden 1887—1902, S. 139.

[5]) Friedrichs II. Privileg in favorem judeorum 1236, Const. II, Nr. 204 S. 274. Schwabenspiegel Art. 214, W a c k e r n a g e l S. 206 da von sullin si des riches knehte sin, unde der römische Künic sol si beschermen. K i s c h S. 129 ff.

[6]) Hagenau: König Richard 1262, G a u p p I, S. 106 Judei de Hagenowe, camere nostre servi, nostre camere tantum et per nostras patentes litteras serviant.

Seite 278. [7]) H. F i s c h e r, Die verfassungsrechtliche Stellung der Juden in den deutschen Städten 1931, Gierkes Untersuchungen 140, S. 5 ff.

[8]) Köln 1252: Quellen II, S. 321 Nr. 308. Der Kölner Schied von 1258 stellt fest, daß der Erzbischof tenet Judeos in feodo ab imperio, Art. 52, K e u t g e n S. 163.

[9]) Mainz 1277: ZGORh. 9, S. 273 f. Der Erzbischof erscheint als Judenschutzherr der Stadt, 1244 bei W e r n e r, Der Dom von Mainz I, 613.

[10]) F i s c h e r S. 27 f., 34.

[11]) K o b e r, Grundbuch des Kölner Judenviertels 1920, S. 17, 29 ff. F i s c h e r S. 100 f.

[12]) F i s c h e r S. 101 f.

[13]) Konrad IV. für Regensburg 1251, UB. S. 39 Nr. 78 judei servi camere nostre specialiter statuta, que per eosdem cives facta fuerint, cum eis custodiant. Ludwig der Bayer 1331, UB. S. 355 Nr. 632.

[14]) Hameln 1277: Art. 14, K e u t g e n S. 177 civitati tenebitur ad jura civilia. Hildesheim 1394: UB. II, S. 461 Nr. 782.

[15]) Quedlinburg 1289: UB. I, S. 43 Nr. 61.

[16]) Augsburg 1298: UB. I, S. 129 f. Nr. 167. F i s c h e r S. 104, 117.

[17]) Regensburg 1207: Art. 4, K e u t g e n S. 197 Eciam Judeus cum aliis civibus civitatis omne onus collectarum portabit. So nach 1342: UB. S. 552, Nr. 1003. F i s c h e r S. 171 f.

[18]) Köln 1259: Quellen II, S. 402 judei, quandocumque nobis duabus in anno vicibus servicium solverent, quodquod marcas nobis dederint, totitem quatuor solidos ad vestre opus Civitatis vobis solvant. K ö b n e r S. 444 f.

[19]) L a u S. 399, Nr. 13 judeos exactionaverunt ad maximas pecuniarum quantitatas. In Erfurt konnte der Erzbischof nach dem Bibrabüchlein die jüdische Tafelsteuer mutare, dum vult, K i r c h o f f, Weisthümer, S. 129.

[20]) F i s c h e r S. 157 ff.

[21]) F i s c h e r S. 111 ff., 115 ff. Für Worms 1254, Straßburg 1260 f., Magdeburg 1309, Halle 1310. Feste Judensteuer in Österreich unter Friedrich dem Schönen 1320, S c h e r e r S. 356 f.

[22]) Für Regensburg siehe oben Anm. 17. Für Worms 1289: UB. I, Nr. 408 S. 267 Unsere burgere von Wormeze beide cristene unde juden. Der Rat läßt sich vom Bischof das Recht bestätigen, christen oder juden ze burger empfahen,

Seite 278. Nr. 454 S. 302. Ebenso im Erfurter Judenbuch S. 26 für 1363: Lancus Judeus et Malke uxor in cives recepti sunt.

Seite 279. [23]) K ö h n e, Wormser Recht, S. 105, Anm. 5. 1321 nahm der Kölner Rat die Juden auf 10 Jahre als Mitbürger auf, L a u S. 181. Das Speyerer Bürgerbuch von 1344 verzeichnet die Juden als Bürger, H i l g a r d S. 490 ff.

[24]) S t o b b e S. 179, 275. L a u S. 177. S c h e r e r S. 337, 342 f. Friedrich II. für Wien 1237: Art. 4, K e u t g e n S. 165.

[25]) MG. Cap. III, Nr. 253 S. 252, Cap. 9 (903—906). Otto I. für Magdeburg 965: Dipl. I, Nr. 300 S. 416 Judaei vel ceteri ibi manentes negotiatores.

[26]) Aloys S c h u l t e, Geschichte des mittelalterlichen Handels und Verkehrs I, 1900, S. 75, 151. C a r o I, S. 191.

[27]) C a r o I, S. 139.

[28]) C a r o I, S. 198. Im Privileg Friedrichs I. für Regensburg von 1182 wird den Juden erlaubt, aurum et argentum et quaelibet genera metallorum et res cuiuscunque mercationis vendere et antiquo more subcomparare, A r o n i u s Nr. 315, S. 139.

[29]) C a r o I, S. 197.

[30]) S t o b b e, Juden, S. 10 ff. S c h e r e r S. 77 f. Herbert M e y e r, Entwerung und Eigentum, S. 172.

[31]) v. W i n t e r f e l d, Handel, Kapital und Patriziat 1925, S. 13; dort auch über einen Dortmunder Fall.

[32]) C a r o I, S. 225 ff.; II, S. 216. S t o b b e S. 181 ff. E r l e r, Archiv f. Kath. Kirchenr. 37, 1880, S. 361 ff.; 38, 1880, S. 353 ff.

[33]) S t o b b e, Juden, S. 103, 231 ff. S c h e r e r S. 77 ff.

[34]) Glogau 1302: Art. 5, T z s c h o p p e und S t e n z e l S. 445 Is ensal ouch dirkeyn jude besunder verkoufen gewant, daz er bi der ellen versnide.

[35]) S c h u l t e I, S. 152. Herbert M e y e r S. 172 f.

Seite 280. [36]) Unten S. 287 f.

[37]) S t o b b e S. 104. Eingehende Ordnung des Judenpfandrechts in Nürnberg 1288, UB. Nr. 761, S. 445 ff.

[38]) S t o b b e S. 104 ff. N e u m a n n, Geschichte des Wuchers in Deutschland 1865, S. 292 ff.

[39]) Breslauer Synode 1266: cap. 10, H u b e, Synod. prov. Gnezens. 1856, S. 70 ut de cetero, quocumque pretextu Judei a Christanis graves seu inmoderatas usuras extorserint, Christianorum eis participium subtrahatur.

[40]) Augsburg: Stadtrechtsbuch 1276, Art. 19 § 7, M e y e r S. 56 Ez sol auch kain jude von eime halben phunde phenninge mer naemen ze gesuoche danne zer wochen zwen phenninge unde von saehzigen einen. Das österreichische Privileg von 1244 Art. 30 (ebenso 1255) erlaubte sogar 8 Pfenninge vom Pfund. In Regensburg sollten für größere Darlehen $42^{1}/_{3}$, für kleinere $86^{2}/_{3}\%$ gezahlt werden. S t o b b e S. 82, 110, 234 f. N e u m a n n S. 321. Caro II, S. 144. Scherer S. 183, 194 ff., 326. C a r l e b a c h S. 41—44.

[41]) Kölner Gesch. Qu. II, Nr. 42. S t o b b e S. 132.

[42]) Ludwig der Bayer 1343: Mon. Zollerana III Nr. 110 wan ir uns und daz Riche mit leib und mit gut angehoert, und mugen damit schaffen, swaz wir wellen. S t o b b e S. 133, Anm. 126 S. 249 ff.

[43]) S t o b b e S. 133 ff. mit Anm. 127—129, S. 252 ff.

[44]) Herbert M e y e r, Entwerung und Eigentum, S. 166 ff.

[45]) H. M e y e r, l. c., S. 184 ff.

[46]) Speyer 1084: UB. S. 11 concessi illis legem, quamcumque meliorem habet populus judeorum in qualibet urbe theutonici regni.

[47]) Eisenach 1283: G a u p p I, S. 204 Si res furtiva empta vel vadio deposita apud Judeum reperitur, ipse juret, se nescire rem furtivam esse, et nummos suos sine usura recipiet et vadium reddat.

Seite 280. ⁴⁸) Wien: Herzog Friedrich II. 1244, Art. 5, S c h e r e r S. 180. Nürnberg 1318: W ü r f e l S. 29 Sullen auch nicht leien auf ding, daz ze kirchen oder altar gehert, oder si muessez umbsunzt wiedergebene. So schon Capit. de Judeis Karls des Großen, cap. 1, Cap. I, S. 258. Dortmund Statut um 1250, I 38, F r e n s d o r f f S. 40. Hildesheim 1440: Art. 33, UB. IV, S. 328.

⁴⁹) H. M e y e r, l. c., S. 219 ff.

⁵⁰) Speyer: Privileg Heinrichs IV. 1090, H i l g a r d Nr. 12. Worms 1157: UB. I, S. 740. In Köln im 12. Jh. Bruningus episcopus judeorum, H o e n i g e r, Schreinskarten II 2, Reg. S. 112.

⁵¹) Worms 1312: UB. II, Nr. 74. Arnold II, S. 216 ff. C a r l e b a c h S. 58 ff. K o e h n e S. 119. Dazu H o e n i g e r und S t e r n, Das Judenschreinsbuch der Laurenzpfarre zu Köln 1888 I, S. 8 Nr. 51.

Seite 281. ⁵²) Worms 1157: Art. 1, 14. UB. II, S. 740, 741.

⁵³) Vicus und platea judeorum, inter Judeos im 12. Jh. in Köln: K o b e r S. 30. C a r o I. S. 433, 448 f. K i s c h S. 291 ff. P o p e l k a, Graz I, S. 183.

⁵⁴) Speyer 1084: UB. Nr. 11, S. 11 Collectos locavi extra communionem et habitacionem ceterorum civium, et ne a pecoris turbe insolencia facile turbarentur, muro eos circumdedi.

⁵⁵) Köln: Urkunde 1091, L a c o m b l e t I, S. 158 Nr. 245 domum suam inter judeos sitam. W a i t z, Verfassungsgeschichte V, S. 372 Nr. 4.

⁵⁶) K o b e r, Kölner Judenviertel, S. 29 ff.

⁵⁷) K e u s s e n, Topographie I, S. 211 zu 1269 3 mansiones sub 1 tecto ad murum judeorum. K o b e r S. 36 f. über novus murus edificatus a judeis.

⁵⁸) Mainz 1096 (Judenstraße): A r o n i u s Nr. 186. Worms 1089: usque ad portam judeorum, UB. I, S. 49 Nr. 57. Prag vicus judeorum 1098, K o b e r S. 19.

⁵⁹) Regensburg 1156: R i e d, Cod. Dipl. S. 226 f. predium nostrum, quod dicitur ad judeos. Würzburg 1182 platea judeorum, 1197 vicus judeorum, Mon. Boica 37, S. 118 Nr. 131; S. 153 Nr. 156. K o b e r, Das Salmannenrecht und die Juden 1907, S. 157. Trier: Liber ann. jur. 1180—90, R u d o l p h S. 9 Judeus, qui pacem violaverit intra (extra) domos judeorum. 1236. R u d o l p h S. 280 Nr. 13.

⁶⁰) Halle 1206/07: Christiani habitaculis judaeorum ignem apponerent (Judendorf), Ann. Reinhardsbrunn. ed. W e g e l e S. 108. Straßburg 1233: UB. I, S. 185 Nr. 236; III, S. 233.

⁶¹) Augsburg vor 1250: K o b e r S. 16. Wien um 1250: S c h w a r z, Das Wiener Ghetto 1909, S. 33. Frankfurt 1280: UB. I, S. 211 Nr. 439 Fridericus, qui moratur inter judeos. Lüneburg 1288: platea judeorum, R i e m e r, Z. d. Hist. V. f. Niedersachsen 1907, S. 314.

⁶²) Breslau 1347: Judingassin, G e i g e r, Z. f. Gesch. d. Juden in Deutschl. 5, 1892, S. 272. Goslar 1330: UB. III, Nr. 860 S. 572 ut twen halven husen in der Hokenstraten, dar de Juden inne wonet. F r ö l i c h, Goslarer Straßennamen 1949, S. 88. Leipzig um 1350: UB. S. 41 Nr. 66, Anm. X. Zu Erfurt: W i e m a n n, Beitr. z. Erfurter Ratsverwaltung d. Mittelalters, Mitt. d. V. f. G. u. AK. 51, 1937, S. 109 und Anm. 44.

⁶³) So in Köln: K o b e r S. 39. S t o b b e S. 94. L a u S. 184. Über Regensburg: S t o b b e S. 80. G e m e i n e r, Geschichte der Stadt Regensburg I, S. 317 f.; II, S. 213; IV, S. 28 N.

⁶⁴) So die Breslauer Synode von 1266 cap. 12: H u b e S. 69 Judei inter Christianos permixti non habitent, sed in aliquo sequestri loco civitatis domos suas sibi conjunctas habeant, ita quod a communi habitatione Christianorum sepe, muro vel fossato Judeorum habitatio separetur.

Seite 281. [65]) Concil. Lateran. IV can. 68, **Mansi** XXII, 1054 ff. **Stobbe** S. 65, 173 ff. **Grätz** VII, S. 17 ff. Für Köln wird die Judenkleidung erst für 1384 bezeugt, **Lau** S. 186.

[66]) Schwabenspiegel Art. 214, 10, **Gengler** S. 177.

[67]) Schwabenspiegel Art. 214, 9, **Gengler** S. 177. **Stobbe** S. 171, 271.

[68]) Schwabenspiegel Art. 214, 11, **Gengler** S. 177. **Stobbe** S. 171 ff., 272 f. Über Nürnberg S. 65.

[69]) H. **Meyer**, Entwerung und Eigentum, S. 176 ff.

[70]) Worms 1312: UB. II, Nr. 74 sollen under in nach jutschen reht richten. Köln 1327: Stein I, S. 19 Nr. 48 sal her clagen vur deme bischoffe unde dene capittele der joitzschaf unde sal da nemen sundere wederrede joitzreight. Die Judenordnung Friedrichs II. von 1238 für Wien erklärt in Art. 4—7 das Judenrecht (lex Patrum suorum) für anwendbar, **Scherer** S. 136.

[71]) Formulae Imperiales 30, **Zeumer** S. 310 volumus ut judeos ad nullum judicium examinandum, id est nec ad ignem nec ad aquam calidam seu etiam ad flagellum, nisi liceat eis secundum illorum legem vivere vel ducere. **Planitz**, Handelsverkehr und Kaufmannsrecht, S. 189.

Seite 282. [72]) Speyer: Privileg Heinrichs IV. 1090, **Hilgard** S. 13 Nr. 12 Nemo judeum aut ad ignitum ferrum aut ad aquam calidam aut frigidam cogat, nec flagellis cedat, sed juret tantum secundum legem suam. So auch Friedrichs II. Privileg für die Wiener Juden 1244, Art. 7, **Scherer** S. 136.

[73]) Cap. I, Nr. 131, cap. 4, 5, S. 258 f. Kapitel 4 beruft sich aus dem Alten Testament auf Moses auf dem Sinai, auf Naaman und Siri und auf Dathan und Abiron.

[74]) Erfurter Judeneid in UB. I, Nr. 51 S. 23 von Erzbischof Konrad von Mainz (wohl zwischen 1183 und 1200). Wien 1244: Art. 19, **Scherer** S. 182. **Kisch** S. 275 ff.

[75]) Schwabenspiegel Art. 215, **Gengler** S. 178; weitere Berufung auf Sodom und Gomorra, die Marter Christi, die Erzväter Abraham, Isaak und Jakob. Der Erzbischof von Köln verbot 1302 ungewöhnliche Formen, **Lacomblet** III, Nr. 24.

[76]) Schwabenspiegel Art. 215, **Gengler** S. 178.

[77]) Der Schwur mußte barfuß, im grauen Rock, ohne Hemd, auf einem dreibeinigen Stuhl stehend, geleistet werden, **Scherer** S. 296 f. **Stobbe** S. 262 f.

[78]) Form. Imp. 30, **Zeumer** S. 309 concessimus eis de rebus eorum propriis commutationes facere et proprium suum cuicunque voluerit vendere.

[79]) Speyer 1090: UB. Nr. 12, S. 12 f. neque de rebus eorum, quas jure hereditario possident in areis, in casis (etc.) seu in ceteris rebus mobilibus et immobilibus eis aufferre quidquam audeat. Worms 1157: Art. 2, **Keutgen** S. 452. Friedrich II. 1236, Const. II, S. 274. **Carlebach** S. 45 f. **Caro** I, S. 190, 443 ff.

[80]) **Kober** S. 40 ff. **Lau** S. 177, 182. **Caro** II, S. 169. **Nübling** S. 272 f.

[81]) Würzburg 1119: **Rosenthal**, Zur Geschichte des Eigentums in der Stadt Würzburg, Anhang S. 3 Nr. 1.

[82]) Mon. Boica 37, 115, Nr. 129. **Kober**, Salmannenrecht, S. 156 ff. **Stobbe** S. 179.

[83]) Würzburg 1206: Mon. Boica. 37, S. 171 Nr. 170. **Nübling** S. 275.

[84]) Nürnberg: Polizeiordnung des 14. Jh. **Baader** S. 9, 23. **Rössler**, Altprager Stadtrecht I, S. 87. **Stobbe** S. 62, 277.

[85]) Schweidnitz: Art. 49 (um 1326), **Görlitz** und **Gantzer** S. 52 Nulla curia vel hereditas in civitate vendi debet nec conferre judeis, nisi fuerit de mandato vel verbo principis.

Anmerkungen zu Seite 283 bis 284

Seite 283. [1]) In Goslar heißt die Kaufmannsgilde unio mercantie Goslarie, fraternitas pannicidarum G. civitatis, der coplude gelde. UB. II, Nr. 13, 660, 996. Meist waren die Kaufmannsgilden einem Heiligen geweiht, wie in Dortmund die Reinoldsgilde; in Fritzlar die Michaelsbruderschaft 1289: D e m a n d t S. 15; die Nikolasgilde von Nymwegen, T e r p s t r a, Nijmegen in de Middeleeuwen 1917, S. 122, und Stettin 1322: Deutsches Städtebuch I, S. 238; die St. Johannesgilde in Bielefeld 1309: V o l l m e r, UB. S. 52, Nr. 99. E n g e l S. 220.

[2]) B u l m e r i n c q, Die Verfassung der Stadt Riga 1898, S. 9 ff., 19 ff.

[3]) v. W i n t e r f e l d, Geschichte der Reichs- und Hansestadt Dortmund 1934, S. 46 ff. Ebenso lag es in Gent: Die Schöffen wurden dem Kreis der Commaneghulde entnommen, v a n W e r v e k e, De Gentsche Stadsfinancien in de Middeleuwen, 1934, S. 45.

[4]) Lemgo 1245: Lippische Regesten I, Nr. 235; II, Nr. 680 S. 104 unio mercatorum veteris oppidi L. dicte vulgariter der koplude ghelde.

[5]) Bremen 1233: UB. I, Nr. 172; 1263: Nr. 314 S. 354 pannicide in hac civitate sunt de melioribus, propter hoc debent esse urbani et mercimonie non exercere nisi honesta.

[6]) Goslar: Privileg Wilhelms 1252, UB. II, Nr. 13 S. 116 fraternitas ipsorum, que Theutonice gelde vocatur, in ipsa civitate Goslariensi in statu tali permaneat (Monopolgilde). Friedrich II. verbot die Gilden 1219, Art. 38, K e u t g e n S. 282. Vgl. F r ö l i c h S. 113.

[7]) Brilon 1289: Bruderschaft der Kaufleute.

[8]) In Minden wählt 1301 die Kaufleutegilde (discretiores) den Rat, P h i l i p p i, Zur Verfassungsgeschichte der westfälischen Bischofstädte 1894, S. 49. Die 1310 genannte fraternitas mercatorum von Stettin scheint mit der gilda S. Nicolai velificatorum identisch gewesen zu sein, Deutsches Städtebuch I, S. 235. In Güstrow stehen der Kaufleutegilde 1238 4 Ratsherren vor, S t r u c k, Geschichte der mittelalterlichen Selbstverwaltung in den mecklenburgischen Landstädten 1938, S. 201. In Kolberg gab es im 14. Jh. 3 vornehme Gilden, die der Sülzherren, Kaufleute und Brauer, S a n d o w, Das älteste Kolberger Stadtbuch 1277—1343, 1940, S. 90.

[9]) Nürnberg 1219: Art. 8, UB. S. 113 Nullus Nurembergensis sit alicujus gaphant de jure, nec unus mercator pro alio. Goslar 1219: Art. 38, K e u t g e n S. 182. 1308 verbietet der Graf von Kleve Gilden für Wesel, L a c o m b l e t III, Nr. 72. Gisela V o l l m e r, Stadtentstehung am unteren Niederrhein 1952, S. 58.

[10]) Fritzlar 1289: D e m a n d t, Quellen zur Rechtsgeschichte der Stadt Fritzlar 1939, S. 15 dilectorum concivium videlicet institorum F. jus ab antiquo servatum.

[11]) Mühlhausen 1231: UB. I, S. 21 f. Nr. 77 utpote alii mercatores quandam facerent unionem.

[12]) So K. W. N i t z s c h, Berliner SB. 1879, S. 4 ff.; 1880: S. 370 ff.; ZRG. 13, 1892, S. 1 ff.

[13]) v. B e l o w, Jb. f. Nationalökonomie und Stat. 58, 1892, S. 6 ff.; VSWG. 7, 1909, S. 411 f.; HZ. 106, 1911, S. 268 ff.; VSWG. 18, 1925, S. 245 ff.

[14]) Bremen 1263: UB. I, S. 354 Nr. 314 pannicide in civitate et in aliis civitatibus sunt de melioribus. In Lüneburg wird nur die Gewandschneidergilde selschop genannt, H e g e l II, S. 428.

Seite 284. [15]) In Dortmund heißt die Reinoldsgilde maior gilda, sie ist die Gilde der Wandschneider, deren Haus das Rathaus war, vgl. Dortmund 1250, Art. 9, 1260, Beil. 3, F r e n s d o r f f S. 24 f., 193; 1261: UB. I, Nr. 110 sub domo consulum, ubi venditur laneus pannus. Lemgo 1322: Lipp. Reg. 2, Nr. 680

Seite 284. S. 104. Brilon 1289: S e i b e r t z, UB. I, Nr. 428. Höxter 1327: W i g a n d, Denkwürdige Beiträge, S. 137 maior fraternitas, que thetunice grote gilde dicitur. Für mecklenburgische Städte: S t r u c k, Mecklenb. Jb. 101, Beiheft 1928, S. 202 ff.

[16]) H e g e l II, S. 377 f., 382. Z u h o r n, Vom münsterischen Bürgertum, S. 187.

[17]) Göttingen 1368: H e g e l II, S. 408; v. d. R o p p, Jb. d. GV. f. Göttingen 4/5, 1911/12, S. 5.

[18]) Goslar: Heinrich VII. 1223 § 52, UB. I, Nr. 430 dat nemend ane vulbord der coplude sek vormeten schal, wand to snydende. 1252: Wilhelm, UB. II, Nr. 13. Braunschweig-Alte Wiek 1240, 1245: K e u t g e n Nr. 262, a, b, S. 356. Halberstadt 1291: UB. I, Nr. 248 S. 193. Bielefeld 1309: UB. S. 53, E n g e l S. 219 f. Hann.-Münden: Ordnung für die Kaufgilde 1384, Z. d. Hist. Ver. f. Niedersachsen 1883, S. 235.

[19]) Magdeburg 1183: UB. I, S. 27 Nr. 55. Erhalten ist eine spätere niederdeutsche Übersetzung und eine Bestätigung von 1214, Nr. 77 S. 38.

[20]) Stendal: Gewandschneidergilde 1231, Art. 1, K e u t g e n S. 357 Nemo presumat incidere pannum, nisi consorcium habet nostre fraternitatis.

[21]) In Utrecht waren bei der Gildebewegung von 1267 die oudermanni confraternitatum civitatis (an Stelle der jurati) führend, M u l l e r, Einl. S. 22.

[22]) Stendal 1231: Art. 8, 2, K e u t g e n S. 357.

[23]) Stendal 1231: Art. 3, S. 357. Nach Art. 5 mußte der in die Gewandschneidergilde eintretende Handwerker seiner Innung abschwören, K e u t g e n S. 357. Goslar: Willküren der Kaufleute 1334, UB. II, Nr. 996 S. 659 der coplude gelde willen vorkopen jowelkeme bederven manne, de echt unde adel sone geboren si.

[24]) Dortmund 1260: F r e n s d o r f f S. 193. Minden 1301: Westfälisches UB. X, S. 1 Nr. 29. Ebenso in Soest: v. W i n t e r f e l d, Z. d. V. f. Gesch. v. Soest und Börde 42/43, 1927, S. 162. In Salzwedel werden die 12 Ratsherren im 13. Jh. aus der Gilde, vornehmlich der Gewandschneidergilde (fraternitas ghilde) gewählt, Städtebuch II, S. 657. In Güstrow 1338, Städtebuch I, S. 295.

[25]) Riga: Schragen 1252, Art. 22—24, 26, 27, 35, 37, Livländ. UB. I, Nr. 243 S. 307 ff.

[26]) Riga: Schragen Art. 12—16.

[27]) Riga: Schragen Art. 7.

[1]) Regensburg um 1148: Marquardus Hansgrave, Mon. Boic. 13, Nr. 67. Handfeste Philipps 1207, Art. 6, K e u t g e n S. 197 magistratum, qui vulgariter hanisgrave dicitur. Dortmund 1261: UB. I, Nr. 110 filius Henrici hansecomitis. Weiter P l a n i t z, Frühgeschichte, S. 52 und Anm. 278. Über die Identität mit dem Wikgrafen (Wikvogt) vgl. meine Frühgeschichte S. 51 ff. mit Anm. 284, 296, 298. In Minden spielte der Wikgraf noch im 15. Jh. eine erhebliche Rolle.

[2]) Der Erzbischof von Bremen-Hamburg verzichtete 1181 auf die hansa. P l a n i t z, Frühgeschichte, S. 56, Anm. 300.

[3]) Über die fraternitas Danica in Köln: P l a n i t z - B u y k e n, Die Kölner Schreinsbücher des 13. und 14. Jh. 1937, Nr. 386 von 1246. Über die Schleswiger Bruderschaft in Soest in der Rumeney B ä c h t o l d, Norddeutscher Handel, S. 269. I l g e n, Chroniken der deutschen Städte 24, S. CXVII, Hans. Gbl. 1899, S. 120.

[4]) Dortmund um 1260: Westfälisches UB. VII, S. 481 de hansegravio Tremoniense. Die Stadt Borkem hat das Recht der Hansegrafschaft vom Dortmunder Hansegrafen zu Lehen. Dortmund 1261: UB. I, Nr. 110 Bertramus filius Henrici hansecomitis.

Seite 285. ⁵) Über die Hanse und die Hansegeschlechter in Regensburg siehe meine Abhandlung in MIÖG. 58, 1950, S. 328 f. Über Lille: Kaufmannsgilde und städtische Eidgenossenschaft, S. 19, Anm. 6, S. 21, Anm. 1.

⁶) P l a n i t z, Studien zur Rechtsgeschichte des städtischen Patriziats. MIÖG. 58, 1950, S. 328 ff. In Wien scheint keine Hanse bestanden zu haben, sondern nur ein Hansgraf, der zunächst vom Rat, seit dem 14. Jh. vom Landesfürsten mit der Überwachung des städtischen Handels beauftragt war.

⁷) P l a n i t z, Studien, MIÖG. 58, 1950, S. 320.

⁸) Bremen: Ratswahlordnung 1405, UB. IV, Nr. 338 S. 441.

¹) P l a n i t z, Kaufmannsgilde und städtische Eidgenossenschaft, S. 68 ff., 72.

²) K l i n k e n b e r g, Die Interpretation des Großen Schieds von 1258, S. 108 f.

³) L a u, Entwicklung der kommunalen Verfassung der Stadt Köln, S. 136 ff., 148 ff.

⁴) L a u S. 150, 155 ff.

⁵) I l g e n, Hans. Gbl. 1899, S. 120. v. W i n t e r f e l d, Z. d. V. f. Soest und Börde 42/43, 1927, S. 162.

⁶) v. K l o c k e, Patriziat und Stadtadel 1927, S. 47 f., 78 f. S c h w a r t z, Kurze Geschichte der Hansestadt Soest 1949, S. 31 ff. Die Rumeney war der vicus Romanorum; so auch in Eger: platea, que dicitur Rompney, S t u r m, Eger, S. 86 (1300).

⁷) F i n k, Frage des lübeckischen Patriziats, Z. d. Ver. f. Lüb. Gesch. 29, 1938, S. 272 f.

Seite 286. ⁸) Deutsches Städtebuch I, S. 392, 394. Doch tritt 1264 die platea divitum auf, Z. Hamb. G. I, S. 365.

⁹) So etwa für Münster seit etwa 1250—1447 (Erbmänner), Z u h o r n, Vom Münsterschen Bürgertum 1940, S. 186 ff. Zwickau (nach 1297): Deutsches Städtebuch II, S. 247. Straßburg nach 1300: N a g e l, Entstehung der Straßburger Stadtverfassung 1916, S. 60 ff. v. B o r r i e s, Zum Straßburger Geschell von 1332, ZOGRh. N. F. 31, 1916, S. 1 ff. Alois S c h u l t e, daselbst N. F. 8. Lindau 1330: Siegmund K e l l e r, Patriziat und Geschlechterherrschaft in Lindau 1907, S. 397 ff.

¹⁰) In Wien unterstützte eine Patriziergruppe bereits um 1260 die Politik Ottokars von Böhmen; erst Albrecht I. vernichtete 1308 die selbständige Politik des Patriziats. In den Kämpfen zwischen den Kölner Patriziergeschlechtern der Overstolzen und der Weisen siegten die ersteren, so daß die Weisen 1268 endgültig die Stadt verlassen mußten, v. W i n t e r f e l d, Handel und Patriziat, S. 35 f. In Augsburg inszenierte das Geschlecht der Stolzhirsche 1303 eine Verschwörung mit dem Ziel, das Bürgermeisteramt zu erwerben, M e y e r, Geschichte der Stadt Augsburg 1907, S. 37 ff. In Regensburg verband sich das Ministerialengeschlecht der Auer 1330 mit anderen Patriziern zur Errichtung einer neuen Stadtverfassung; es kam 1332 zur Stadtherrschaft der Auer und der Verbannung feindlicher Patrizier, vgl. UB. I, Nr. 601, 608, 674. M o r r é, Ratsverfassung und Patriziat, S. 62 ff. In Kolmar kam es im Kampf zwischen den patrizischen Gruppen der Roten und Schwarzen 1331 zu einer neuen Ratsverordnung, die neben den Rat ein Direktorium zur Friedenswahrung bestellte, ORhStR. III 3, S. 79 f. Nr. 68 (1331).

¹¹) N a b h o l z, Soziale Schichtung der Bevölkerung in der Stadt Zürich, Festschrift für Max Huber 1934, S. 314 ff.

¹²) Privileg Rudolfs I. für die Hausgenossen 1277, T o m a s c h e k, Rechte und Freiheiten der Stadt Wien I, S. 34 ff. Nr. 14; Privileg Albrechts I. für die Laubenherren 1288, nur erhalten im Privileg von 1368, T o m a s c h e k S. 168 ff. Nr. 75. P l a n i t z, Studien zur Rechtsgeschichte des städtischen Patriziats, MIÖG. 58, 1950, S. 326.

Seite 286. [13]) L u s c h i n, Geschichte der Stadt Wien I, S. 442.
[14]) W. R e i n e c k e, Geschichte der Stadt Lüneburg I, 1933, S. 82 ff., 89 ff., 94 ff., 190 ff., 353 ff. R e i n e c k e, Lüneburg als Hansestadt, 2. Aufl. 1946, S. 12 ff., 20.
[15]) S c h w a r t z, Kurze Geschichte der Hansestadt Soest, S. 31.
[16]) Werl 1246: Erbsälzer (coctores salis), S e i b e r t z, UB. I, Nr. 246; 1324: Erbsälzergilde, S e i b e r t z, UB. Nr. 1071. Kolberg: S a n d o w, Das älteste Kolberger Stadtbuch, Baltische Studien 42, 1940, S. 903: Gilde der Salzherren (neben Kaufleuten und Brauern).
[17]) Dagegen hatten die Montani eine besondere selbständige Niederlassung im Bergdorf, F r ö l i c h, Verfassungsentwicklung von Goslar, S. 107. 1290 siedeln die Bewohner des Bergdorfs in die Stadt über, F r ö l i c h, ZRG. G. 47, 1927, S. 424 ff.
[1]) Das österreichische Landrecht von 1237, Art. 41, spricht bereits von erbburger (erber burger), v. S c h w i n d und D o p s c h S. 68. S a i l e r S. 186 ff.
[2]) P l a n i t z, Wiener Stadtrecht und seine Quellen, MIÖG. 56, 1948, S. 329. Studien zur Rechtsgeschichte des Patriziats, MIÖG. 58, 1950. S. 326.
[3]) Dieser Meinung war L u s c h i n, Geschichte der Stadt Wien I, S. 453.
[4]) H e n k e l, Beiträge zur Geschichte der Erbmänner in der Stadt Münster 1918. Z u h o r n, Vom Münsterschen Bürgertum 1940, S. 88—193. Erbmännerfamilien waren z. B. von der Wyck, Travelmannus, Warendorf, von der Timme. Die wichtigsten gehörten zu den Fernkaufleuten.
[5]) v. W i n t e r f e l d, Reichsleute, Erbsassen und Grundeigentum in Dortmund 1917, S. 35 ff.

Seite 287. [1]) Basel, Köln, Mainz, Speyer, Straßburg, Trier, Worms. Augsburg, Passau, Regensburg, Wien, Erfurt, Goslar. Dazu Bamberg, Öhringen, Weißenburg.
[2]) Wilhelm J e s s e, Die deutschen Münzer-Hausgenossen, (Wiener) Numismatische Z. 62, 1929, S. 47—92. Dort das ältere Schrifttum, bes. E h e b e r g, Über das ältere deutsche Münzwesen und die Hausgenossenschaften 1879. Schmollers Staats- und sozialwissenschaftliche Forschungen II 5.
) Die Versuche, „zu dem Münzwesen der merowingischen und karolingischen Zeit Fäden zu knüpfen", hat F r ö l i c h mit Recht zurückgewiesen, ZRG. G. 51, 1931, S. 594. Neu anknüpfen möchte W e n z e l, Ver. d. Verb. öst. Gesch. Ver. 2, 1952, S. 74.
[4]) Straßburg: Bischofsrecht um 1170, Art. 77, K e u t g e n S. 98.
[5]) N a g e l, Entstehung der Straßburger Stadtverfassung, S. 51. Bischofsrecht, Art. 93, S. 99.
[6]) A c h t n i c h S. 22, 45. B a l t z e r S. 63. F o l t z S. 34 f. N a g e l S. 51 ff. Dazu K l e w i t z S. 39 f., 49 f.
[7]) Trier: Liber annualium iurium 1180—90, R u d o l p h S. 10. K e u t g e n, Ämter und Zünfte, S. 94. J e s s e S. 77.
[8]) Mainz 1127: UB. I, Nr. 542 S. 450 De ministerialibus et urbanis. Ruthardus magister monete.
[9]) Worms 1165, 1179: UB. I, Nr. 80, 87. R ü t i m e y e r S. 76.
[10]) H o e n i g e r, Schreinskarten II 2, S. 16—18, 246, Bürgerliste 1 II 61, III 13, IV 37.
[11]) Basel 1232: UB. I, Nr. 120.
[12]) Trier: Liber annualium iurium 1180—90, R u d o l p h S. 10 Husgenozen Treverenses. 1236: S. 279 Nr. 12 consorcium civitatis T., quod Huschenozcaph vulgo vocatur. Köln: Laurenz 6 VI 12 (1205—10), J e s s e S. 63, Anm. 5 officium monete, quod dicitur husgenoizschaph.
[13]) So noch G i e r k e, Genossenschaftsrecht I, S 189.

Seite 287. ¹⁴) So vor allem H e g e l, Verfassungsgesch. v. Köln im Mittelalter (1877), S. CCCXIV ff. E h e b e r g S. 125.
¹⁵) So in Erfurt 1262: UB. I, Nr. 181, wo es Aufgabe der Zwölf war, denarios fabricare, aber auch sedeant ad cambiendum; 4 weitere Hausgenossen waren ausschließlich kaufmännisch beteiligt. K i r c h o f f, Weisthümer der Stadt Erfurt 1870, S. 166. In Goslar üben 1231 die Münzer opus aut cambium aus, Heinrich VII. (1231—35), UB. I, Nr. 533 S. 509.

Seite 288. ¹⁶) Köln: Schied 1258 IV 4, K e u t g e n S. 170. Dazu L a u S. 70 Anm. 4.
¹⁷) Augsburg: Stadtbuch 1276, Art. 8, § 6 und 9. M e y e r S. 16 f.
¹⁸) Wien: Rudolf I. 1277, v. S c h w i n d und D o p s c h S. 113 nulli hominum exceptis monete consortibus liceat aurum, argentum aut antiquos denarios emere vel eciam commutare.
¹⁹) Augsburg: Stadtbuch 1276, Art. 8, § 25, M e y e r S. 21.
²⁰) J e s s e S. 67, 68. Augsburg: Stadtbuch 1276, Art. 8, § 3, M e y e r S. 15.
²¹) In Bamberg kamen 1275 Hausgenossen vor, die steuerpflichtige Bürger waren, wenn sie münzten oder wechselten, andere waren nicht Bürger und steuerfrei, S c h w e i t z e r, Archiv f. Oberfranken II 2, 1843, S. 6. Trier 1303: R u d o l p h Nr. 31, S. 294 campsores dicti husgenossen.
²²) F r ö l i c h, ZRG. G. 51, 1939, S. 595 f. E h e b e r g S. 135 f.
²³) Köln 1230: Quellen II, Nr. 121. L a u S. 69. Weiter Bamberg, Basel, Regensburg, J e s s e S. 67 f., 75.
²⁴) Wien 1277: v. S c h w i n d und D o p s c h S. 115.
²⁵) A c h t n i c h S. 46 f. B a l t z e r S. 63 f. F o l t z S. 34. Im Verzeichnis der Straßburger Hausgenossen von 1266 kommen von den Patriziern z. B. 14 Lencelinus, 11 vom Riet, 7 Swarber, 14 de Winterur vor, UB. I, Nr. 619 S. 485 ff.
²⁶) L a u S. 70. Für Trier vgl. die Urkunde von 1351, R u d o l p h Nr. 57, S. 325 f. Für Basel vgl. H a r m s, Münz- und Geldpolitik der Stadt Basel, S. 8 ff. Über die patrizischen Münzmeister in Wien vgl. P l a n i t z, MIÖG. 58, 1950, S. 320.
²⁷) Regensburg 1339: UB. I, Nr. 847. In Köln ist das Hausgenossenamt 1259 als Lehen bezeugt, Quellen II, Nr. 393 feoda, que habebant ratione dicte monete.
²⁸) J e s s e S. 79.
²⁹) N a g e l S. 52. J e s s e S. 76. Weiter Goslar 1259: UB. II, Nr. 62.
³⁰) In Köln 3 Münzmeister, vgl. L a u S. 70.
³¹) F r ö l i c h, ZRG. G. 47, S. 436 f., 441.
³²) Trier: Liber annualium iurium 1180—90, R u d o l p h S. 9 Sex discipuli sunt in moneta, et septimus est magister monete.
³³) Augsburg: Stadtbuch 1276, Art. 8, § 1, M e y e r S. 15. Erfurt 1262: UB. I, Nr. 181. Neben den 12 monetarii standen noch 4 Hausgenossen, die keine monetarii, sondern Kaufleute waren. Regensburg 1316: UB. I, Nr. 320.
³⁴) So Bamberg: J e s s e S. 67. In Trier 30 (1236), R u d o l p h Nr. 12, S. 279 f. K e n t e n i c h, Einl. S. 45*.
³⁵) Wien 1277: v. S c h w i n d und D o p s c h S. 114 nolumus ultra quadraginta octo personas consortum numero de cetero augmentari. Mainzer Chronik 1421: H e g e l, S. 67 (58 Mitglieder). Köln: 1291 Verzeichnis der Münzer-Hausgenossen, L a u, Westd. Z. 12, Correspondenzblatt S. 266 (59 Mitglieder).
³⁶) Über Goslar und Straßburg: J e s s e S. 85.

Seite 289. ³⁷) Speyer 1304: UB. Nr. 227. So auch Weißenburg: v. M a u r e r I S. 542.
³⁸) Speyer 1349: UB. Nr. 532.
³⁹) J e s s e S. 73.
⁴⁰) Erfurt 1354: UB. II, Nr. 417.

Seite 289. [41]) Geschichte der Stadt Wien II, 2 S. 786 ff.
[42]) S c h w e i t z e r , Archiv für Oberfranken II 2, 1843, S. 13 ff.
[43]) J e s s e S. 73, 76 f.
[1]) Köln 1149, 1178—82: K e u t g e n Nr. 255, 256, S. 352 f.
[2]) Köln: Schied 1258, Art. 44, K e u t g e n S. 162, auch 167 f. Auch die Ordnungen der Stendaler Gewandschneider und der Weberinnung von 1231 und 1233 sprechen von fraternitas, K e u t g e n Nr. 263, 264. Weiter St. Pölten um 1260, K e u t g e n Nr. 268, Art. 6, 7.
[3]) Z. B. Köln 1335: K e u t g e n Nr. 299, S. 398. Osnabrück um 1500: K e u t g e n Nr. 312, S. 415.
[4]) consorcium der Handwerker in Hagenau 1164: Art. 23, 26, K e u t g e n Nr. 135, S. 137. Basel 1256: Art. 16, K e u t g e n Nr. 270, S. 366. societas: Basel: Kürschnerordnung 1226, Art. 6, 7, K e u t g e n Nr. 271, S. 367. unio: Mühlhausen 1231: UB. Nr. 77, S. 22 (Filzmacher). Kassel 1337: G e n g l e r , Cod. S. 469 fraternitas et uniones, quae einunge vulgariter dicuntur.

Seite 290. [5]) Goslar 1219: Art. 38, 52 (1223), K e u t g e n Nr. 152, S. 182 f. Stendal 1231: K e u t g e n Nr. 263, S. 356 f. (fratres gulde für Gewandschneidergilde). Münster 1354: K e u t g e n Nr. 295, S. 396. Dortmund 1383: K e u t g e n Nr. 303, S. 401.
[6]) Magdeburg 1183: K e u t g e n Nr. 257, S. 354 (innige). Erfurt 1264: K e u t g e n Nr. 291, S. 394 (einnunge). Landshut 1256: Art. 4, K e u t g e n Nr. 231, S. 325. Straßburg 1264: K e u t g e n Nr. 290, S. 393 f. (einung). Ulm 1419: III 2, K e u t g e n Nr. 288, S. 391.
[7]) K e u t g e n , Ämter und Zünfte, S. 193.
[8]) Geographisch gesehen von Frankfurt, Mainz, Würzburg, Nürnberg bis südlich nach Zürich.
[9]) So besonders in Wien, St. Pölten usw.; über die Kölner Richerzeche oben S. 285.
[10]) S c h a d e , Althochdeutsches Wörterbuch, S. 1310 unter Zunft. L e n t z e S. 26.
[11]) Z a t s c h e k , Handwerk und Gewerbe in Wien 1949, S. 19. Das älteste urkundliche Zeugnis für Wien stammt freilich erst von 1340, aber in St. Pölten wird zeche als Verband der Lederer bereits um 1260 bezeugt, K e u t g e n Nr. 268, Art. 7, S. 361.
[12]) Salzburg: Statuten der Zeche, 11.—12. Jh., UB. IV, Nr. 404 a S. 473 fraternitas, quae vulgari vocabulo zehga dicitur.
[13]) Salzburg l. c.: societas communis est clericis, monachis, sanctimonialibus feminis, laicis.
[14]) Salzburg: Trad. S. Peter 1167/88, UB. I, S. 473 Nr. 404 fraternitas civium S., que zecha vulgo dicitur. Für 1330 wird in Krems von de ceteris zaechiis laicorum gesprochen, B r u n n e r , Nr. 32, A 13, S. 35.
[15]) Salzburg 1368: Art. 20, S t a d l e r S. 111.
[16]) S c h a d e , Althochdeutsches Wörterbuch II, S. 1242.
[17]) v. B e l o w , Wörterbuch der Volkswirtschaft II, S. 977. In Basel finden wir 1226 die Gleichung: confraternie, quod in vulgari dicitur zhunft, K e u t g e n Nr. 271, Art. 5, S. 367; in Würzburg 1279: societates seu corpora sive collegia, que zumphte vulgariter nuncupantur, Mon. Boic. 37, Nr. 433.
[18]) Über diesen Gebrauch kleiner mecklenburgischer Städte vgl. K e u t g e n , Ämter und Zünfte, S. 211.
[19]) hantwerk (opus) in Basel 1226, K e u t g e n Nr. 271, S. 367. Ulm 1346: K e u t g e n Nr. 286, S. 387. Frankfurt 1359: K e u t g e n Nr. 176, S. 240. Officium (opificium) in Hagenau 1164: Art. 23, K e u t g e n S. 137, Nr. 135. Köln 1258: Art. 44, K e u t g e n Nr. 147. Wetzlar 1260: UB. I, Nr. 96 S. 34

Anmerkungen zu Seite 290 bis 291

Seite 290. de singulis officiis constituti. Dazu Schoenwerk, Geschichte der Reichsstadt Wetzlar, S. 134 ff. Lentze S. 48 f.
[20]) Hoeniger, Kölner Schreinsurkunden des 12. Jh., Register II 2, S. 284 ff.
[21]) Keutgen, Ämter und Zünfte, S. 140 ff. Über die Budenreihen in Erfurt S. 145.
[22]) Keutgen, Ämter und Zünfte, S. 138 ff.
[23]) Keutgen, Ämter und Zünfte, S. 151 ff.
[24]) Keutgen, Ämter und Zünfte, S. 157.
[25]) Magdeburg: Schusterordnung (1152—92), Keutgen Nr. 258, S. 354 magisterium sutorum. Braunschweig-Altstadt 1231: Keutgen Nr. 261. Basel: 1261 Schneiderordnung, Keutgen Nr. 274, S. 369, Art. 2.

Seite 291. [26]) Basel: 1226 Kürschnerordnung, Keutgen Nr. 271, S. 366 f., Art. 1—9.
[1]) Keutgen, Ämter und Zünfte, S. 189.
[2]) Nach dem kaiserlichen Stadtrecht für Augsburg von 1156 hielt der Burggraf jährlich mehrfach mit den Handwerkern der Ämter der Lebensmittelgewerbe (Bäcker, Fleischer, Wurstmacher) Thing ab, § 23, 25, 26, Keutgen Nr. 125, S. 92. In Landshut, wo noch 1256 alle einungen verboten waren, unterstanden alle Handwerker gewerblichen Bestimmungen. Landshut 1256: Keutgen Nr. 231, S. 325 f., Ämter und Zünfte, S. 109.
[3]) Köln: Bruderschaft der Bettziechenweber 1149, Keutgen Nr. 255, S. 352. Wien: Privileg für die flandrischen Färber 1208, Planitz, Quellenbuch Nr. 245.
[4]) Halberstadt: 1230 Schuhmacherordnung, UB. I, Nr. 26 nulli extraneo eiusdem officii licitum esset, in civitate illa idem officium exercere. Braunschweig-Altstadt: 1231 Goldschmiedeordnung, UB. I, Nr. 3 ut nullus contra voluntatem (aurifabrorum) et licenciam in opere eorum operando se intromittere presumat. Basel 1264—69: Art. 3, Keutgen Nr. 275, S. 369, Quellenbuch Nr. 326. Freiberg um 1300: UB. III c, 42 § 1 daz kein man ane innunge sal veile backen.
[5]) Braunschweig-Alte Wik 1245: UB. I, Nr. 5 damus talem graciam, que vulgariter dicitur inninge, ut possint ibi emere et vendere pannum. Halberstadt: 1283 Wollenweberordnung, UB. I, Nr. 177 nec quisquam extra civitatem nisi societatis membrum sit, idem opificium operari debeat, quod faciant textores. Leipzig 1386: UB. I, S. 93 Sal ouch ichein snyder in der stat adir vor der stat erbeiten, er enhabe dy innunge czu dem hantwerke gewonnen. In Kassel wurden 1337 alle Zünfte mit Ausnahme der Wollenweber verboten, Gengler, Cod. S. 469.
[6]) Basel: 1226 Kürschnerordnung, Keutgen Nr. 271, Art. 6, 7. Über Lübeck Wehrmann, Die älteren Lübecker Zollrollen 1872, S. 26.
[7]) Halle-Neumarkt 1235: Art. 21—23, Meinardus S. 210. Lübeck 1262: UB. I, S. 252 b (städtisches Einkünfteverzeichnis).
[8]) Magdeburg 1152—92: Keutgen Nr. 258, S. 355 ad opus operatum alienigene infra jus communis fori vendere non debeant, nisi cum omnium eorum voluntate, qui juri illo, quod inninge appellatur, participes existant. Braunschweig-Alte Wik 1240: UB. I, Nr. 4.
[9]) Kuske, „Köln", Zur Geltung der Stadt, ihrer Waren und Maßstäbe 1935, S. 90 ff. v. Loesch, Die Kölner Zunfturkunden I, S. 99* f.
[1]) v. Below, Die Motive der Zunftbildung im deutschen Mittelalter, H. Z. 109, 1912. Der Versuch von Gunnar Mickwitz, Die Kartellfunktionen der Zünfte und ihre Bedeutung bei der Entstehung des Zunftwesens 1936, die Entstehung der Zünfte aus der Idee des Kartells zu erklären, ist nur für besondere Fälle als zutreffend anzusehen, wie für die Einungen in Wien, Zatschek S. 22, vgl. auch Kuske in der Zeitschrift des Instituts für Weltwirtschaft 49, 1939, S. 147.

Seite 291. [2]) Keutgen Nr. 253—55. Dagegen war die Satzung für die Weber in Mainz eine Fälschung, Hoehn, Mainz, S. 34, Keutgen Nr. 252.

Seite 292. [3]) K. O. Müller, Die oberschwäbischen Reichsstädte, S. 372. v. Loesch S. 44.

[4]) Köln: Bronzegießeramt 1330, v. Loesch I, Nr. 7, Art. 6, S. 20 so in sollten si nemanne dey bruderschaph lenen, hee in kunde ir werk. Wismar: Reepschlägerordnung 1387, Planitz, Quellenbuch Nr. 490.

[5]) Köln: Kannegießeramt 1397, Art. 6, v. Loesch I, S. 116.

[6]) v. Loesch I, S. 71*.

[7]) Keutgen Nr. 253, S. 351.

[8]) Stendal: 1231 Gewandschneidergilde, Art. 2, Keutgen Nr. 263, S. 357. Hamburg: Glaserordnung 1375, Keutgen Nr. 305, Art. 10, S. 405. Hameln um 1240: Art. 1, Keutgen Nr. 149, S. 174.

[9]) Stendal 1231: Art. 7, Keutgen S. 357.

[10]) Münster 1354: Art. 2, Keutgen Nr. 295, S. 396.

[11]) Magdeburg: Schildermacherordnung 1197, Keutgen Nr. 259, S. 355 inter se magistrum de communi consilio eligentes. In Basel wird der Zunftmeister mit der meren volge gewählt, 1264—69, Keutgen Nr. 275, Art. 2, S. 369. In Kölner Zünften waren 2 Zunftmeister üblich, auch kamen 4 vor, v. Loesch S. 79*, 81*. In stadtherrlicher Zeit bestimmte der Stadtherr oder sein Beamter den Zunftmeister, so Straßburg 1170: Art. 44, Planitz, Quellenbuch, S. 67.

[12]) So in Stendal 1231: Art. 8, Keutgen S. 357, Nr. 263 Quolibet anno unus magister et quatuor alii boni viri, qui rebus gulde presint, fideliter eligentur. Basel 1264—69: Keutgen Nr. 275, S. 369 (6 Beisitzer). Straßburg: Schuhmacherordnung 1360, Keutgen S. 402, Nr. 304 (meister, die sehse die derzu gekosen sint). Auch in Köln sind im 14. Jh. Beisitzer üblich, v. Loesch S. 82*.

[13]) Köln: Schied 1258, Art. 44, Keutgen Nr. 147, S. 162. Klinkenberg, Großer Schied, S. 113.

[14]) Lentze S. 54, 57, 127, 177, 202. 1435 tritt noch in Straßburg ein Altamannmeister auf, Keutgen Nr. 343 b, S. 441.

[15]) Lentze S. 54, 57.

[16]) Vgl. die Zunftstatuten bei Keutgen Nr. 253, 254, 257, 259; 260, 262, 265; 263; 271—277, 290 usw.

[17]) Keutgen Nr. 255, 256.

[18]) Keutgen Nr. 264, 279—285, 286—289, 297, 292, 295. Dazu Quellen zur Züricher Zunftgeschichte I, 1936, Nr. 10, 11, 12, S. 40 ff. Quellen zur älteren Geschichte des Städtewesens in Mitteldeutschland I, Nr. 130 b, c, 134, 135.

[19]) Freiberg: Kürschnerordnung 1390, Cod. dipl. Sax. reg. II 12, S. 137 kein gesecze züllen sye habin an iren hantwerke, denne waz dy burger seczen und gebihten.

[20]) Münster 1354: Art. 2, Keutgen Nr. 295, S. 396 Dat se nine sunderlinge sate maken, se en doen daz na raide der borgermestere und der schepen, Quellenbuch Nr. 455.

Seite 293. [21]) Mühlhausen: Kürschnerordnung 1297, UB. 1046. Zürich: Krämerordnung 1336, Quellen zur Züricher Zunftgeschichte Nr. 1, 1936: Nr. 4 S. 25 ff., dazu auch Nr. 6, 7, 8 usw.
Köln: Bruderschaft der Duppengießer 1330, v. Loesch I, Nr. 7 S. 19 updat ir werk der duppengeissere reyne bleve. Goldschmiedeordnung 1397, Art. I, v. Loesch I, S. 80. Kannegießerordnung 1385, Art. 3, v. Loesch S. 115. Sarwörter 1397: Quellenbuch Nr. 496.

Anmerkungen zu Seite 293 bis 294

Seite 293. ²) Solche Bestimmungen finden wir in Köln z. B. in den Amtsbriefen der Beutelmacher und Schwertfeger 1397, v. L o e s c h I, S. 11, 163. Dazu v. L o e s c h I, S. 111*.f. Augsburg 1324: M e y e r S. 334 f.

³) v. L o e s c h I, S. 49, Art. 8, 93, Art. 14, 99, Art. 7, 108, Art. 4. Beschränkungen der Arbeiter bei den Kölner Garnmacherinnen, Goldspinnerinnen, Gürtelmachern, Hutmachern (1397 bzw. 1378), dazu v. L o e s c h I. S. 109* f.

⁴) Köln: Drechslerbruderschaft 1178—82, K e u t g e n Nr. 256, S. 353 quicunque homo fraternitatis existens de hac vita decesserit, ad eius excquias eo defuncto IV libre cere dabuntur et ad eius vigilias VI viri, qui sollicite vigilabunt, statuentur et ad eius sepulturam viri ac mulieres venire universaliter compellentur. Basel 1247/48: Art. 6, K e u t g e n Nr. 272, S. 368 omnes confratres sue sepulture cum sacrificio inter erunt. A r e n t z, Die Zersetzung des Zunftgedankens 1935, S. 21 ff.

⁵) Mainz: Weberordnung 1175, K e u t g e n Nr. 252 b, S. 351 quilibet (textorum) singulis annis II d. pro luminaribus super altare B. Stephani persolvat. Würzburg: 1128 Schuhmacherzunft, K e u t g e n Nr. 254, S. 352. Basel: 1226 Kürschnerzunft, Art. 9, K e u t g e n Nr. 271, S. 367 in omnibus festivitatibus corona pendens in Ecclesia Basiliensi cum candelis habundantius impleatur. Nach der gefälschten Mainzer Weberordnung von angeblich 1099 übernahmen die Weber die Instandhaltung des Westportals und des Dachs von St. Stephan. K e u t g e n Nr. 252 a, S. 350.

⁶) Basel: 1271 Maurerzunft, K e u t g e n Nr. 277, S. 371, Art. 6 Ist der gestorbene Zunftgenosse so arm, das er erberen bigrebide nit erzugen mohte, den sullen si erberlich bestatten mit opphir und mit liethe und andir erberer giwonheit.

⁷) v. L o e s c h S. 135* ff.

⁸) Benannt nach der gabel. Die Gaffelgesellschaften waren anfänglich Tischgesellschaften, 1396 wurden sie die maßgebenden Wahlkörper für den Rat. L a u S. 215. v. L o e s c h I, S. 135* ff.

⁹) Siehe unten S. 325.

¹) F r ö l i c h, Kaufmannsgilden und Stadtverfassung im Mittelalter, Schultze-Festschrift 1934, S. 109 f. ZRG. G. 47, 1927, S. 397 f. Auch die Gilde der Zimmerleute blieb verboten, weil es nötig war, zu größeren Bauten fremde Zimmerleute anwerben zu können. Das gleiche Verbot findet sich auch in Würzburg, Mon. Boic. 37, Nr. 433 (1279).

²) Const. II, Nr. 156 Irritamus et cassamus cuiuslibet artificii confraternitates seu societates, quocunque nomine vulgariter appellantur. Dazu Heinrich (VII.) für Worms 1233: K e u t g e n Nr. 113 e, S. 75.

³) Die Erfurter Bestimmung von 1264, UB. I, Nr. 185, spricht von excessibus der Fleischer und Bäcker, quod pro suis culpis pena tali, que veme vulgariter appellatur, merito sit plectendus. Aus Würzburg 1279, Mon. Boic. 37, Nr. 433, erfahren wir, daß die Bäcker nicht frisch buken, vertrocknetes Brot verkauften, die fremden Bäcker schikanierten, die Fleischer das Fleisch zum Wiederverkauf kauften usw. In Köln hatte sich die Fleischerzunft den Ratsbestimmungen widersetzt; so wurde sie 1348 aufgelöst, K e u t g e n Nr. 292.

Seite 294. ⁴) Erfurt 1264: UB. I, Nr. 185 liceat cuilibet tam extraneo quam incole panem suum et carnes libere in civitate vendere in foro, dummodo debitum nobis theloneum inde solvat.

⁵) Wien: Ottokar II. 1276, Cont. Vindob., MG. SS. 9, S. 707 unanimitates omnium artificialium preter monete consortium omnino deposuit, ut emendi et vendendi omnis homo per quinque annorum spacium liberam habeat facultatem. U h l i r z in Geschichte der Stadt Wien II 2 (1905), S. 605. Z a t s c h e k, Handwerk und Gewerbe, S. 15.

Seite 294. [6]) Wien: Rudolf I. 1278, Art. 56 Tomaschek I, S. 49 De unione delenda.
[7]) Zatschek, Einung und Zeche, Stengel-Festschrift 1952, S. 418. Lentze in ZRG. G. 68, 1951, S. 549.
[8]) Wien: Rudolf IV. 1361, Art. 2, Quellenbuch S. 144.
[9]) Wien: Rudolf IV. 1364, Tomaschek I, S. 158.
[10]) Zatschek, Handwerk und Gewerbe, S. 27. In Salzburg wurden die Einungen der Handwerker und Geschlechter 1368 verboten, Stadler S. 111, Art. 20.

Seite 295. [1]) Universitas civium in Köln 1207: Art. 1, Keutgen S. 70. Osnabrück 1225: UB. II, Nr. 196 S. 147. Straßburg 1252: Keutgen S. 14. Altenburg 1256: Gengler S. 6. Tulln 1276: Art. 26, Keutgen S. 203. Universi burgenses in Bern 1218—20, Strahm S. 152.
[2]) Hamburg-Lübeck: Vertrag von 1230, Keutgen S. 520, Nr. 427 commune civitatis in Hammenborch. Bremen 1246 1: Keutgen S. 172. Hildesheim 1217: UB. I, S. 39 totum commune civitatis. Lüneburg 1247: Kraut S. 8 communitas civitatis. Leipzig 1291: Cod. Dipl. Sax. r. II 8, S. 14 Nr. 19 communitatis civitatis Lipzk.
[3]) locus: Flumet 1228: Art. 25, Welti S. 121. oppidum: Bonn 1243: Lacomblet II, S. 148 Nr. 284. Frankfurt 1289: Keutgen S. 449. burgum: Fritzlar 1217: Demandt S. 215 f. Breisach 1275: Art. 20, Gengler, Cod. S. 309.
[4]) Recklinghausen 1235: Lacomblet II, S. 107 Nr. 204. Ebenso Brühl 1285: Art. 3, Gengler, Cod. S. 412.
[5]) Eger 1279: Art. 16, Mon. Egr. Nr. 329, S. 120. So auch Winterthur 1264: Art. 11, Gengler S. 547 nulli domino servire tenetur.
[6]) Murten um 1245: Art. 16, Schw. RQu. IX 1, 1, S. 4 si dominus annum et diem tacuerit, pro libero reputatur.
[7]) Regensburg 1230: Art. 6, Keutgen S. 198. Aachen 1244: Loersch Publ. der Rhein. GK. 7, S. 158.
[8]) Pfullendorf 1220: Art. 3, Gengler S. 355.

Seite 296. [9]) Stade 1209: Art. 10, Gengler S. 457.
[10]) Wesel 1241: Lacomblet II, S. 132. Dazu Lüneburg 1247: Kraut S. 8.
[11]) Riga-Reval 1227—38: Art. 21, Napiersky S. 7.
[12]) Altenburg 1256: Art. 26, Gengler S. 7. Breisach 1275: Art. 20, Gengler, Cod. S. 309. Kolmar 1278: Art. 14, ORhStR. III, S. 38. Neuenburg 1292: Art. 50—52, das. II, S. 13. Schlettstadt 1292: Art. 59, das. III, S. 15.
[13]) So in Würzburg 1205: Mon. Boic. 29, 519. Erfurt 1217: UB. I, S. 43. Osnabrück 1217: UB. II, Nr. 77 S. 57.
[14]) Otto Renkhoff, Stadtwappen und Stadtsiegel, Stengel-Festschrift 1952, S. 56—80. Freiburg i. Br. 1218: UB. I, hg. v. Friedrich Hefele 1938, Siegeltafel I. Goslar 1232—40: UB. II, Siegel-Nr. 31 und Frölich, Z. d. Harzver. f. Gesch. u. Altertumskunde 73, 1940; SD, Tafel I und S. 15. Dortmund 1240: v. Winterfeld, Deutsches Städtebuch III (unveröffentlicht). Boppard 1216, Remagen 1221, Koblenz 1237, alle 3 bei Ewald, Rheinische Siegel. In Regensburg gibt erst das zweite Stadtsiegel Mauern, Türme und Zinnen wieder; 1248: UB. Nr. 73, S. 35. In Hamburg enthielt das sigillum burgensium von 1241 nur ein Stadttor mit 3 Türmen, aber ohne Mauern, Städtebuch I, S. 398. Bielefeld Vollmer, 1270: UB. Siegeltafeln. Engel S. 208.
[15]) domus civium noch in Osnabrück und Regensburg 1244: Osnabrücker UB. II, Nr. 447, 356, 457 S. 362, für Regensburg: Mon. Boic. 53, Nr. 69 S. 32. domus burgensium in Dortmund 1241: Frensdorff S. 260, Beilage 15.
[16]) Worms: Friedrich II. 1233, Keutgen S. 73, Nr. 113 c. Regensburg 1251: UB. I, S. 42 Nr. 81. Goslar 1269: UB. II, S. 208 Nr. 155.

Seite 296. [17]) Zürich 1252: UB. II, S. 291 Nr. 830.
[18]) Lübeck 1220—26: 51, Hach S. 201. Halberstadt 1241: UB. I, Nr. 46 S. 51. Goslar 1277: UB. II, Nr. 235 S. 267. domus consilii in Dortmund 1267: UB. I, Nr. 123 S. 59. In Lippstadt spricht man von der domus concilii, Westfäl. UB. III, Nr. 353, in Recklinghausen 1247 von der domus publica, Ritz, Alte Geschichte des Vestes und der Stadt Recklinghausen 1903, S. 111 f.
[19]) Koblenz 1317: Thea Buyken und Hermann Conrad, ZRG. G. 59, S. 186. Osnabrück 1348: Keutgen S. 229, Nr. 171.
[20]) Speyer 1263: UB. Nr. 103, S. 75. Koblenz 1343: Thea Buyken und Hermann Conrad, ZRG. G. 59, 183, 190.
[21]) Breisach 1275: Art. 2, Gengler, Cod. S. 309. Augsburg 1276: 23, 4, Meyer S. 64. Worms 13. Jh.: Art. 126, Kohler S. 36. Klingnau 1314: Welti S. 241. Köln 1355: Art. 2, Stein I, S. 70 Nr. 20.
[22]) Theodor Görlitz, Der Ursprung und die Bedeutung der Rolandsbilder 1934. Dort die weitere Literatur, bes. S. 1—14.

Seite 297. [1]) Planitz, Die deutsche Stadtgemeinde, S. 69 ff.
[2]) In Hagenau bezeichnet Barbarossa die meliores als loci fideles, weil er sie als ihm eng verbunden ansieht, während die conjurati alle Eidgenossen umfassen. Keutgen, Untersuchungen, S. 228, erklärt die loci fideles als Anfang eines Rates. Sie sind abgabebevorrechtigt und mit Verwaltungsaufgaben für die Stadt betraut (Art. 2, 3, 19, 21, 23). Erbenloser Nachlaß kam in vorläufige Verwahrung von 7 loci fideles.
[3]) Planitz, Frühgeschichte, S. 62, Major gilda.
[4]) Planitz, Kaufmannsgilde und Eidgenossenschaft, S. 70. Drechslerzunft 1179—82 (13). v. Loesch I, S. 34 consensu officialium de Richerzegeheide.

Seite 298. [5]) Planitz, Kaufmannsgilde und städtische Eidgenossenschaft, S. 54 f.
[6]) Aire aan de Leie 1188 (1067—1111): Espinas I, S. 56. Andere Zahlen: 6, 13, 30, 32, 40, Planitz, Kaufmannsgilde und Eidgenossenschaft, S. 55, Anm. 3.
[7]) Daß die Wahl durch die Gemeinde die Regel war, dafür zahlreiche Nachweise in Kaufmannsgilde und Eidgenossenschaft S. 55, Anm. 4.
[8]) Valenciennes 1114 (47, 48): SS. 21, S. 609. Cambrai 1184, 22: Reinecke S. 262. Godefroid Kurth, La cité de Liège, S. 84 ff.
[9]) Verdun 1227: Huillard-Bréholles, Hist. dipl. de Frédéric II 3. S. 330 septem juratos eligere debeant, qui civitati Virdunensi dominarentur.
[10]) Planitz, Quellenbuch Nr. 173, Art. 2 und Ende.
[11]) Gengler S. 6 f., Art. 3, 21 von 1256. Schlesinger, Anfänge der Stadt Chemnitz 1952, S. 131, datiert das Altenburger Stadtrecht auf um 1165. 12 Geschworene noch in Soest und Essen, Seibertz II 1, Nr. 314 S. 391. Ribbeck, Essen I, 1915, Nr. 102 S. 120.
[12]) Eichstätt 1291: Historischer Verein von Eichstätt, S. 2.
[13]) So Freiberg 1307: UB. I, S. 44 Nr. 57. Planitz, Die deutsche Stadtgemeinde, S. 80—84. Über Leipzig: Niedner, Leipzig, S. 31—35. Müller l.c. S. 253.
[14]) So in Bremen: sog. Gerhardische Reversalen 1246, Art. 6, UB. I, Nr. 234 S. 270.
[15]) Brünn: Jura originalia 1243, Art. 32, Rössler I, S. 354. Iglau IV, IV 100, Tomaschek S. 199 f., 211, 300. Tulln 1270: Art. 3, Winter S. 21. Leoben 1284: v. Schwind und Dopsch Nr. 70, S. 137. Krems und Stein 1279: Brunner S. 6, Nr. 12; 1286: S. 7 Nr. 15.
[16]) Waitz S. 16 ff. Nr. 18, Art. 2, 9, 11.
[17]) Kurth S. 94 ff. J. Schneider, La ville de Metz 1950, S. 425 ff.

Seite 298. [18]) Trier: Urkunde 1168 und 1172, MRhUB. I, S. 710 Nr. 683; II, S. 53 Nr. 15. S c h o o p , Verfassungsgeschichte von Trier, Westd. Z. Erg.-Heft 1, 1884, Nr. 103, 114 ff. Utrecht: Urkunde etwa 1177 (angeblich 1122), Hans. UB. I, Nr. 8 S. 5. S t u m p f Nr. 3179. O p p e r m a n n , Westd. Z. 27, 1908, S. 221 ff.

[19]) G a n s h o f , Jets over Brugge, S. 293, 303, Anm. 77, 81. Revue belge 18, 1939, S. 50 f. B l o c k m a n s , De oudste privileges, S. 425 f.

[20]) Für Arras 1194: Art. 45 bei E s p i n a s , Receuil I, S. 278.

[21]) V a n d e r k i n d e r e , La politique communale de Philippe d'Alsace, Acad. de Belgique Bull. de la classe des lettres 1905, S. 749 ff.

Seite 299. [22]) Gent um 1191: Art. 2, RCB. I 3, 2, S. 391 tredecim habeantur scabini, quorum judicio omnes causae rei publicae tractabuntur.

[23]) Koblenz 1104: MRhUB. I, Nr. 409 S. 467 f. Dazu C o n r a d , ZRG. G. 58, 1938, S. 342, Anm. 1. Andernach: MRhUB. II, Nr. 5 S. 51. Über Aachen: H o e f f l e r , Z. d. Aach. GV. 23, 1901, S. 100. Emmerich 1233: L a c o m b l e t , UB. II, Nr. 191 S. 100. Duisburg 1248: G e n g l e r , Cod. S. 947. Wesel 1255: L a c o m b l e t II, Nr. 421 S. 227 f. Im allgemeinen: P l a n i t z , Die deutsche Stadtgemeinde, S. 70—80.

[24]) Münster: K e u t g e n S. 151 ff., Art. 53 f. Dazu Z u h o r n , Vom Münsterschen Bürgertum, Westfäl. Z. 95, 1939, S. 157 ff. Der scabinus der Soester Handfeste Art. 5 ist von der Gemeinde gewählter Stadtschöffe und eydswere, E m m i n g h a u s , Mon. Susat. 139.

[25]) Magdeburg-Goldberg um 1200: T z s c h o p p e und S t e n z e l S. 272, Art. 9 duodecim scabini, quia civitati juraverunt. Th. G o e r l i t z , Die Anfänge der Schöffen, Bürgermeister und Ratmannen in Magdeburg, ZRG. G. 65, 1947, S. 70 ff.

[26]) Frankfurt 1222: UB. I, S. 31 Nr. 58. Wetzlar 1214: UB. I, S. 2 Nr. 5, Anm.; 1228: S. 3 Nr. 12. Fritzlar 1233—34: D e m a n d t S. 217, Nr. 13. Marburg 1248: W y s s I, S. 75 Nr. 84.

[27]) Breslau 1254: UB. I, S. 15 Nr. 18 in presentia advocati et scabinorum XII civitatis.

[28]) Straßburg 1214: Art. 5, K e u t g e n S. 104 consules congregabuntur et si opus fuerit, scabini vocantur ad consilium. Magdeburg 1244: UB. I, S. 56 f. Nr. 107 scabini consules in M. Eßlingen 1248: Württemb. UB. IV, S. 451 Nr. 153.

[29]) Stendal 1280: Lüb. UB. I, S. 370 Nr. 405 advocatus, scabini, consules et commune civitatis Stendalensis. Wesel 1278: Art. 27, G e n g l e r S. 527. Düren 1278: S c h o o p S. 61 advocatus, scabini, consules, magistri jurati et universi opidani notum facimus. Herford 1281: Westfäl. UB. III, S. 591 Nr. 1125. Nürnberg 1313: Art. 6, K e u t g e n S. 196 quicquid consules et scabini civitatis N. statuerint.

[30]) Erfurt 1276: UB. I, S. 184 Nr. 287 magistri consulum ceterique scabini. Brühl 1285: Art. 21, G e n g l e r , Cod. S. 413 scabini de consilio oppidanorum.

[31]) P l a n i t z , Kaufmannsgilde und Eidgenossenschaft, S. 61 f.

[1]) W. G o e t z , Die Entstehung der italienischen Kommunen im frühen Mittelalter, S. B. München, 1944, S. 64 ff.

[2]) G o e t z S. 86.

Seite 300. [3]) Rahewin, MG. SS. 20, S. 440 venturi consules a populo eligantur et ab ipso Imperatore confirmentur.

Doch scheint die Zwölfzahl den Durschschnittssatz auch für Italien ergeben haben, G o e t z S. 86.

Übereinkunft Philipps von Schwaben mit der Stadt Speyer 1198: UB. Nr. 22, S. 26 secundum ordinationem H(enrici) felicis memorie Imperatoris Augusti,

Seite 300. civitati tam auctoritate domini regis quam nostra indulsimus, ut libertatem habeat, XII ex civibus suis eligendi, qui per juramentum ad hoc constringuntur, ut universitati prout melius possint et sciant provideant, et eorum consilio civitas gubernetur. Beachtlich ist, daß der Wortlaut „eorum consilio civitas gubernetur" gering verändert in der Wiener Marktordnung und im Kölner Schied von 1258 I, Art. 43, wiederkehrt, P l a n i t z, Römerstädte an Rhein und Donau 1946, S. 76.

[6]) Basel 11 (88)—90: UB. I, Nr. 55 S. 40. Utrecht 1196: O p p e r m a n n, Westd. Z. 27, 1908, S. 226.

[7]) Straßburg 1201/02 (12 consiliarii und rectores): UB. I, Nr. 144 S. 119. Metz 1207: K u r t h, Metz und das communale Leben im Mittelalter 1910, S. 94. Verdun 1207: C l o u e t, Histoire de Verdun 1870, Bd. 2, S. 354. Konstanz 1212, 1225 (qui sunt civitatis consilium): B l o c h, Z. f. Lüb. Gesch. 16, 30. Worms 1216: B o o s, UB. I, Nr. 120 S. 92 f.

Seite 301. [8]) I l g e n, Hist. Z. 77, S. 104 f. Deutsche Städtechronik XXIV, S. CXXIX. v. B e l o w, MIÖG. 28, S. 525. B l o c h, Z. d. V. f. Lübische Gesch. 16, S. 21. O v e r m a n n, Lippstadt, S. 39*.

[9]) Medebach 1165: Art. 20. Soest um 1150: Art. 36, 39, 43, 44, 47, K e u t g e n S. 147, 142 ff.

[10]) Braunschweig-Hagen: Art. 15, K e u t g e n S. 178 quorum consilio civitas regatur. Lübeck 1188: Art. 6, 12, K e u t g e n S. 184 f. consules. Schwerin: Art. 10, 11, 12, 15, 22, G e n g l e r S. 432 ff.

[11]) R i e t s c h e l, Hist. Z. 102, S. 263 ff. Dagegen mit Recht v. B e l o w, VSWG. 1909, S. 416, 444. J o a c h i m, Z. f. Hamb. Gesch. 14, 1909, S. 153.

[12]) So R ö r i g, Lübeck und der Ursprung der Ratsverfassung, in Hans. Beitr. S. 24.

[13]) O p p e r m a n n, Hans. Gesch.-Bl. 1911, S. 70, 84 ff. B l o c h, Z. d. Ver. f. Lübische Gesch. u. Altertumskunde 16, 1914, S. 3 ff.

[14]) Das ergibt sich schon aus dem Vergleich mit den Münzbestimmungen in Hamburg von 1189, Art. 9; Lübeck 1188: Art. 12.

[15]) Lübeck 1201: UB. I, S. 14 Nr. 9 consules Lubicenses.

[16]) Art. 15, K e u t g e n S. 178 burgenses suos consules habeant, sicut habere consueverunt. B l o c h S. 19.

[17]) Übersicht bei G e n g l e r, Deutsche Stadtrechte, S. 430 f. B l o c h S. 16.

[18]) I l g e n, Hist. Z. 77, 1896, S. 104 f. v. B e l o w, MIÖG. 28, 1907, S. 525.

Seite 302. [19]) I l g e n, Hist. Z. 77, 1896, S. 105. B l o c h S. 21 f. Das Soester Stadtrecht bei K e u t g e n S. 142 f., die Urkunde von 1178 bei S e i b e r t z, UB. I, S. 75.

[1]) Konstanz 1212: B l o c h, Z. f. Lüb. Gesch. 16, S. 30. Köln 1216: Westfäl. UB. III, Nr. 1702 Judex, consules, scabini, civesque universii Colonienses. Worms 1216: B o o s, UB. I, Nr. 120 S. 92 f. Mainz 1244: G e n g l e r S. 276. H e g e l, Verfassungsgeschichte von Mainz, S. 47.

[2]) Der Erzbischof von Köln monierte noch 1258, daß im Rate unvereidigte Nichtschöffen säßen. Schied 1258 I, 43, Quellen II, Nr. 384 S. 385. 1259 beschweren sich Rat, Zünfte und Stadtgemeinde über das aristokratische Regiment der Schöffen und der Richerzeche, Quellen II, Nr. 394.

[3]) Regensburg 1232: UB. I, S. 28 Nr. 61. 1207: Art. 6; 1230: Art. 12, K e u t g e n S. 197, 198.

[4]) Regensburg 1245: UB. I, S. 34 Nr. 70.

[5]) MG. Const. II, Nr. 299, S. 156.

[6]) Vgl. B o o s, Wormser UB. I, Nr. 154—156, 159, 163, 190 (von 1232—38).

Seite 302. [7]) Passau 1225: Stadtrecht Einl., Maidhof S. 168 civium consilio. Ebenso 1231: secundum sententiam et consilium civium corrigantur, Mon. Boic. 29 B, S. 73 f.
[8]) Passau 1225: Einl., Maidhof S. 168 civilis insolentie rabies reprimatur.
[9]) Mon. Boic. 28 B, S. 424 Nr. 146. Maidhof S. 21. Falsch ist es, wenn Maidhof S. 24 das consilium juratorum „in gerichtlichen Elementen" sucht. Die jurati sind Stadtgeschworene, nicht Gerichtsgeschworene.
[10]) Rheinischer Städtebund, Versammlung zu Würzburg 15. August 1256: Keutgen Nr. 124 S. 87.
[11]) Mon. Boic. 42 app. Nr. VI, S. 576 ff.

Seite 303. [12]) Gramich, Verfassung und Verwaltung der Stadt Würzburg 1882, S. 87 f. Lentze, Kaiser und Zunftverfassung 1933, S. 58.
[13]) Mainz 1244: Gengler S. 276 quod ipsi cives viginti quatuor eligent ad consilium.
[14]) Rheinischer Bund, Versammlung zu Mainz am 13. Juli 1254: Keutgen S. 80 Nr. 124 I Judices et consules et universi cives Mogontinenses.
[15]) Hegel, Verfassungsgeschichte der Stadt Mainz 1883, S. 63.
[16]) Hegel S. 179 ff.
[1]) Lübeck 1201: UB. I, S. 14 Nr. 9 consules Lubicenses (unter den Zeugen).
[2]) Lübeck: Privileg Waldemars von Dänemark 1204, UB. I, S. 18 Nr. 12.
[3]) Lübeck 1223: UB. I, S. 28 f. Nr. 24, 25.
[4]) Lübeck 1224: UB. Bistum I, Nr. 51 S. 56; 1225: UB. Stadt I, Nr. 30 S. 36 f. Zollrolle 1220—26: Nr. 32 S. 41. Vor 1226: Nr. 31 S. 37. Dazu Handelsprivileg der Grafen von Schwerin für die Lübecker Kaufleute 1227, UB. I, Nr. 42 S. 54.
[5]) Rörig S. 16; Hach S. 193 f., Art. 28 und 31.
[6]) Hach S. 193 und 200, Art. 30, 50, 51.
[7]) Hach Art. 79, 81, 90, S. 207, 210, 213.
[8]) Vergleich der Stadt Lübeck mit dem Domkapitel und dem Bischof von Ratzeburg, UB. I, S. 55 Nr. 44 von 1229, S. 55 Nr. 48 von 1230. Freundschaftsvertrag mit Hamburg um 1230: Keutgen S. 520, Nr. 427.
[9]) Rostock 1218: Mecklenburg. UB. I, S. 230 Nr. 244 ejusdem oppidi consulibus.
[10]) Güstrow 1228, Parchim 1230—40: Mecklenburg. UB. I, S. 345, 391.

Seite 304. [11]) Hamburg 1225: UB. I, S. 421 Nr. 486.
[12]) Hamburg: UB. I, S. 259 Nr. 292 Consules Hammenburgenses.
[13]) Hamburg 1239: Bestätigung des Privilegs Friedrichs I., UB. I, S. 442 Nr. 516. Braunschweig an Hamburg 1241: S. 445 Nr. 522; 1258: Nr. 632 S. 520.
[14]) Lappenberg S. 1 f.
[15]) Bremen 1225: UB. I, S. 159 Nr. 138.
[16]) Bremen 1233: UB. I, S. 207 Nr. 172. Ebenso 1238: UB. I, S. 241, 244 Nr. 207, 209.
[17]) Bremen: Gerhardische Reversalen 1246, UB. I, S. 269 ff.
[18]) Vgl. oben S. 302.
[19]) Schwartz, Kurze Geschichte der Hansestadt Soest, S. 20, nimmt consules für 1178 an.
[20]) Art. 36, 39, 43, 63.
[21]) Soest 1213: Westfäl. UB. VII, S. 43 Nr. 95.
[22]) Soest bei Seibertz, II 1 S. 391 ff. Nr. 314.
[23]) Overmann weist eine größere Anzahl von Urkunden aus dem 2. und 3. Jahrzehnt des 13. Jh. nach, die mit dem Lippstädter Stadtprivileg die allergrößte Ähnlichkeit haben, während vor 1210 Urkunden einer verwandten Schrift fehlen, Lippstadt S. 109* ff.
[24]) Overmann, Lippstadt, S. 123. Westfäl. UB. VII, Nr. 377 S. 153.

Seite 304. ²⁵) Westfäl. UB. III, Nr. 353.
²⁶) Overmann, Hamm, S. 1*, 30*, 66*ff. Die Aufzeichnung daselbst S. 1 ff., bes. Art. 2, 4, 5, 7. Datierung und Zeugenreihe (12 consules) sind später zugefügt, sie sind beide offensichtlich Fälschungen.
²⁷) Frensdorff, Dortmunder Statuten und Urteile 1882, S. L, Anm. 6.
²⁸) Frensdorff S. 190 Beil. I (cum consilio), S. 191 ff. Beil. II.
²⁹) Lateinisches Stadtrecht (um 1250): Art. 1, 17, 18, 32, 40, Frensdorff S. 29 f., 35, 41.
³⁰) Frensdorff S. 193 Beil. III.

Seite 305. ³¹) Herford 1219—26: Westfäl. UB. III, S. 73 Nr. 144; S. 895 Nr. 1706. Hameln 1235: UB. S. 14 Nr. 20; 1237: S. 14 f. Nr. 21 (12 consules). Recht des Schultheißen 1237—47: Art. 7, Keutgen S. 175, 176 sex viri ex consulibus.
³²) Paderborn 1238: Westfäl. UB. I, S. 174 f. Nr. 266, 268. Münster 1239: Westfäl. UB. III, S. 195 Nr. 356, Anm. Minden 1243: Westfäl. UB. VI, S. 114 Nr. 406; 1244: S. 118 Nr. 416. Osnabrück 1245: UB. II, S. 362 Nr. 457 (consules et universitas).
¹) Erfurt 1212: UB. I, S. 35 Nr. 72 burgenses, quibus dispensatio reipublicae ejusdem civitatis Erfordensis est credita.
²) Erfurt 1217: UB. I, S. 40 f. Nr. 79; S. 43 Nr. 82.
³) Erfurt 1238: UB. I, S. 66 Nr. 119; 1252: S. 86 Nr. 150. Von consules civitatis spricht zuerst die Urkunde von 1256: UB. I, S. 92 Nr. 160.
⁴) Stendal 1215: Befreiung von der Burggrafschaft, Keutgen S. 68, Nr. 107 b. 1233: Weberinnung, Keutgen S. 357 f., Nr. 264, Art. 3, 10, 11.
⁵) Goslar 1219: Art. 48, Keutgen S. 182, 1234: UB. I, S. 510 Nr. 534; 1252: UB. II, S. 120 Nr. 17; 1254: UB. II, S. 126 Nr. 25. Die Urkunde von 1232, UB. I, S. 499 Nr. 518, ist nach Steinberg, Goslarer Urkundenwesen, S. 8 f., 93 f., um 1246/47 anzusetzen. Vgl. Feine, Der Goslarische Rat, S. 26 ff., 46 ff., der den Goslarischen Rat von Heinrich dem Löwen ableitet.
⁶) Braunschweig-Hagen: Art. 15, Keutgen S. 178, dazu oben S. 301. Dazu Frensdorff, Gött. Gel. Anz. 1862, S. 787 f., 1906, S. 278 f. Studien II, S. 288 f. Bloch, Z. f. Lüb. G. 16, S. 19. Andrer Ansicht Rietschel, Hist. Z. 102, S. 243.
⁷) UB. I, S. 8, 9.
⁸) 1269: UB. I, S. 15 Nr. 8.
⁹) Lüneburg 1239: UB. I, S. 31 f. Nr. 62, 64. Reinecke, Lüneburgs ältestes Stadtbuch 1903, S. LIX—LXVIII.
¹⁰) Magdeburg 1244: UB. I, S. 56 f. Nr. 107; um 1250: S. 62 Nr. 116. Feine S. 36 f. Goerlitz, Die Anfänge der Schöffen, Bürgermeister und Ratmannen, S. 84.
¹¹) Magdeburg-Breslau 1261: Art. 1, 3, 64, Tzschoppe und Stenzel S. 351 ff.
¹²) Goerlitz, Anfänge der Schöffen, S. 85.
¹³) Halle 1258: UB. I, S. 273 Nr. 292 (11 consules civitatis). Schöffenbuch 1266: Hertel I, S. 98, 130.
¹⁴) Leipzig 1270: UB. I, S. 6 Nr. 7 (cum duodecim consulibus).
¹⁵) Freiberg 1241: UB. I, S. 10 f. Nr. 14. Vgl. Planitz, Die deutsche Stadtgemeinde, S. 82.
¹⁶) Hildesheim 1240: UB. I, S. 82 Nr. 165. 1246: S. 95 Nr. 195. 1249: S. 101 Nr. 208. Dammstadt 1232: Art. 17, S. 63. Für Halberstadt 1241: UB. I, S. 51 Nr. 46; S. 53 Nr. 49. Über den Gemeindeausschuß für Halberstadt von 1105, UB. I, Nr. 4, Rietschel S. 71 f., v. Below, Entstehung, S. 33. Oben S. 110, Anm. 86.

Seite 306. [1]) Zur Freiburger Stadtrotel besonders Rörig, ZGORh. 26, 1911, S. 38, 27, 1912, S. 16. Niederschrift offenbar erst 1218, vgl. auch Bloch, Z. d. Ver. f. Lüb. Gesch. 16, 29.

[2]) Vgl. noch Keutgen Art. 37, 40, 76, 77, 79, S. 122—125.

[3]) Rörig, ZGORh. 26, S. 44; UB. I, S. 22 Nr. 38.

[4]) UB. I, S. 45 Nr. 59. Weitere Beispiele 1239: S. 52 Nr. 65; 1243: S. 62 Nr. 75; 1246: S. 79 Nr. 91.

[5]) Freiburg 1248: UB. I, Nr. 107 S. 93.

[6]) Dändliker, Geschichte der Stadt Zürich 1908, S. 66 ff., 77 ff.

[7]) Zürich: UB. I 402 judices et consiliarii in Turego. v. Wyss, Abh. z. Gesch. d. Schweiz. Öff. Recht 1892, S. 409 ff.

[8]) 1225: S. 308 Nr. 427 sigillum capituli et consiliariorum Turicensium.

[9]) 1240: UB. II, S. 46 Nr. 544.

[10]) 1250: UB. II, S. 262 Nr. 793. 1252: S. 291 Nr. 830. 1254: S. 361 Nr. 901. Dazu Nabholz, Festgabe für Huber 1934, S. 310.

[11]) So die Berner Handfeste von 1218—20, Art. 7, 18, 20. Strahm, Die Berner Handfeste 1953, S. 149, datiert die Handfeste auf die Zeit vom 15. April 1218 bis zum 23. April 1220. Seit dem Jahre 1862 galt die Handfeste als eine Fälschung, und noch F. E. Welti und Hermann Rennefahrt nahmen das an. Erst Hans Strahm hat die Echtheit der Handfeste nachgewiesen. Bern 1224: FRB. II, S. 45 Nr. 40.

[12]) Bern 1226: FRB. II, S. 76 Nr. 65.

[13]) Bern 1256: FRB. II, S. 431 Nr. 411; 1256: S. 438 Nr. 419; 1265: S. 627 Nr. 583; 1269: S. 722 Nr. 664.

[14]) Flumet 1228: Art. 30, 32, 33, 35—37, Welti S. 122 f.; vgl. 30: eligere de illis XII meliores et sapientiores, qui sunt ville consules vel conjuratores.

[15]) Freiburg i. Üchtlande 1249: Art. 26, 61, 122—124, Gaupp II, S. 87, 94, 103 (viginti quatuor jurati). Art. 66, 119, S. 95, 102 (consiliatores, consules).

[16]) Diessenhofen 1260: Art. 2, 14, 25. Welti S. 130 f., 134. Winterthur 1254: Züricher UB. II, Nr. 901; 1263: Züricher UB. III, S. 299 Nr. 1213 (consules). Stadtrecht 1264: Art. 3, 5, Gengler S. 546 (de communi consilio civium). Luzern Stadtrat 1252, Karl Meyer, die Stadt Luzern 1932, S. 260 ff. (Geschworner Brief).

[17]) Augsburg 1257: UB. S. 16 f. Nr. 15.

[18]) Augsburg 1260: Meyer, Stadtrecht, S. 324 f. (Consules et universi cives). 1264: UB. I, S. 23 f. Nr. 26. 1265: Meyer, Stadtrecht, S. 323 f. 1268: UB. I, S. 29 Nr. 37.

[19]) Augsburg: Stadtbuch 1276, Art. 2, 27, Zusatz. Meyer S. 11, 72 f. Darüber Meyer S. 328.

Seite 307. [20]) Ulm 1255: UB. I, S. 93 Nr. 73.

[21]) Ulm 1264: UB. I, S. 118 Nr. 94. Ulm-Ravensburg 1296: Art. 40, Keutgen S. 193.

[22]) Eßlingen 1248: UB. I, Nr. 60 S. 14.

[23]) Hagenau: Privileg Wilhelms 1255, Gaupp I, S. 103. Neuenburg 1272: ORhStR. II 3, S. 3. Breisach 1275: Art. 9, Gengler, Cod. S. 309. Ratsverfassung auch in Solothurn und Luzern 1252, Rheinfelden 1255, Schlettstadt 1258, Tübingen 1262, Rottweil 1265, Ravensburg 1270 usw.

[1]) Fritzlar 1217: Demandt S. 215 f. Nr. 9 viginti quatuor, quorum est consilium burgi Frideslariensis. 1246: Nr. 24 S. 223 (Scultetus et consules F.). 1248: Nr. 26 S. 224, wo consules et scabini nebeneinander stehen.

[2]) Kassel 1239: Gengler, Cod. S. 468 f.

[3]) Wenck, UB. III, Nr. 133. Demme, Chronik von Hersfeld, S. 12, 103. Aachen 1252: Loersch, Aachener Rechtsdenkmäler, S. 284. Lacomblet II, S. 175, 190.

Seite 307. ⁴) Boppard 1253: G ü n t h e r II, S. 263 Nr. 197. 1291: G ü n t h e r II, S. 480 Nr. 339.
⁵) Oppenheim 1254: 1266, F r a n c k S. 237, 247 Nr. 11, 21.
⁶) Oppenheim 1269: F r a n c k S. 248 Nr. 23.
⁷) Neuß 1255: L a u, UB. S. 44, Nr. 10; 1259: S. 45 Nr. 12.
⁸) Wetzlar 1260: Art. 4, UB. I, S. 33 Nr. 96.
⁹) S p i e s s, Verfassungsgeschichte der Stadt Frankenberg 1930, S. 352.
¹⁰) Frankfurt am Main 1266: UB. I, S. 129 Nr. 263.
¹¹) Friedberg 1266: UB. Nr. 50 (omnes consules et scabini). 1284 und 1285: UB. Nr. 80 und 82 nennen die scabini vor den consules.
¹²) Frankfurt a. d. Oder: Deutsches Städtebuch I, S. 534. Einen späteren Übergang zur Stadtverfassung finden wir in Eschwege 1278, Rees 1280, Marburg 1284, Bonn und Siegburg 1285, Wesel 1291.

Seite 308. ¹) Regensburg: Privileg Heinrichs (VII.) 1232, UB. I, S. 28 Nr. 61. 1245: S. 34 Nr. 70. Friedrich II. bestrafte den abtrünnigen Bischof durch Gestattung der Ratswahl. 1269 wird die Bürgermeister- und Ratswahl festgelegt, UB. I, S. 54 Nr. 105.
²) Passau 1225:, Einl. M a i d h o f S. 168. 1231: Mon. Boica 29 b, S. 73 f. 1298: Mon. Boica 28 II, S. 424 consilium juratorum civium. M a i d h o f, Das Passauer Stadtrecht, S. 20 ff.
³) D i r r, Grundlagen der Münchner Stadtgeschichte 1937, S. 42. Vgl. Denkmäler des Münchner Stadtrechts I, S. 11, 35 Nr. 9, 20.
⁴) Münchner Handfeste 1294: Denkmäler des Münchner Stadtrechts I, S. 40 bis 48 Nr. 22, Art. 1, 3, 5, 7.
⁵) Nürnberg 1256: UB. Nr. 369, S. 225 scultetus, consules et universitas Nurembergensium.
⁶) Dieser Ansicht waren bereits S a n d e r, Die reichsstädtische Haushaltung 1902, S. 48 f., und L e n t z e, Der Kaiser und die Zunftverfassung 1933, S. 8.
⁷) Rechtsmitteilung Nürnbergs an die Stadt Weißenburg: UB. Nr. 761 S. 445 vom Jahre 1288 nos Bertholdus dictus Phinzinch scultetus, consules et scabini necnon universitas civium in Nurenberch.
⁸) Nürnberg: Stadtrecht 1313, Art. 3, 6, K e u t g e n S. 195 f.
⁹) Landshut: Handfeste 1279, Art. 4, 7, G e n g l e r S. 234. Schon in den Verordnungen von 1256 wird von provisores civitatis gesprochen, 1313 von Richter, Rat und Gemeinde. R o s e n t h a l, Beiträge zur deutschen Stadtrechtsgeschichte I, 1883, S. 13 f.
¹⁰) Dingolfing 1274: H ä u t l e, Oberbayrisches Archiv 45, S. 215.
¹¹) Amberg 1294: Art. 22, G e n g l e r, Cod. S. 34 waz dieselben under in trachtend, daz sol der andern wille sein.
¹²) R o s e n t h a l, Beiträge, S. 226 f. In Burghausen treten 1307 12 Ratsherren auf, H ä u t l e, Oberbayrisches Archiv 45, S. 179, in Cham 1341 die Zwölfer, G e n g l e r, Cod. S. 484.
¹) Wien 1221: Art. 28, K e u t g e n S. 210 disponant de mercatu et de universis, que ad honorem et utilitatem civitatis pertinent.
²) Wien 1221: Art. 28, K e u t g e n S. 210 quicunque in aliquo contra illorum XXIV statuta fecerit, solvat judici penam ab ipsis institutam.
³) Vgl. P l a n i t z, Wiener Stadtrecht und seine Quellen, S. 317.
⁴) T o m a s c h e k, Rechte und Freiheiten I, S. 14.

Seite 309. ⁵) Wien: Privileg Friedrichs II. 1237, K e u t g e n S. 211.
⁶) Wien 1237: Art. 1, K e u t g e n S. 211. P l a n i t z, Römerstädte an Rhein und Donau, S. 77 Anm. 93; Das Wiener Stadtrecht und seine Quellen, S. 325 zu Anm. 245.
⁷) Über diese: T o m a s c h e k, Wiener SB. 82, S. 293 f.; Rechte und Freiheiten, S. XXXVI ff., XXXXVI f. P l a n i t z, Wiener Stadtrecht und

Seite 309.   seine Quellen, MIÖG. 56, 1948, S. 292. Für unecht erklärten diese Privilegien Johann Friedrich B ö h m e r, Regesta imperii, S. 483, Ottokar L o r e n z, Wiener SB. 46 B, 1864, S. 72 ff.

[8]) Wien 1278: I, Art. 60; II Art. 12, 17, 18, T o m a s c h e k S. 50, 53 f.

[9]) Wien 1278: II Art. 11, 14, T o m a s c h e k S. 53 sapientiores, fideliores et utiliores de potioribus pro consulibus eligentur.

[10]) Wien 1278: II Art. 15, 16 T o m a s c h e k S. 53 f.

[11]) Wien 1296: Art. 18, K e u t g e n S. 216 von der gemaine der stat zu dem rat werden erwelt zwainzik man. Art. 21 swen deu maist menige mit rechter chur zu dem rat erwelt.

[12]) Wien 1296: Art. 21, K e u t g e n S. 216.

[13]) Wien 1278: II Art. 29, T o m a s c h e k S. 55.

[14]) Brünn 1243: Art. 32, R ö s s l e r II, S. 354 XXIV civium jurati de mercatu et aliis, que ad honorem et utilitatem pertinent civitatis, pro ingenio suo debeant fideliter ordinare. Im Schöffenbuch Art. 405 S. 186 heißt es: juratos tamquam legislatores.

[15]) Iglau 1249 IV 9: T o m a s c h e k S. 211, entspricht dem Art. 32 von Brünn. Dazu kommen IV 100, T o m a s c h e k S. 199, 300. Die Zahl der jurati war 12, T o m a s c h e k S. 125.

[16]) Prag: Königliche Satzung 1287: Art. 13, R ö s s l e r I, S. 171 judicet secundum jus civitatis et de consilio juratorum civitatis. Deutsch heißen sie Eidgenossen. Prag: Statutarrecht Nr. 57 (vor 1360), R ö s s l e r I, S. 37 Nr. 78 (von 1359) S. 51.

[17]) Brünn: Schöffenbuch cap. 221, R ö s s l e r II, S. 107 Ab antiquo per viginti quatuor, qui praesunt consilio civitatis, est ordinatum. cap. 432: S. 202 Consilium plenum civitatis, quod regitur per viginti quatuor.

[18]) Prag: Statutarrecht 36 (1331), R ö s s l e r I, S. 26 De juramento et mutatione consulum omni anno. Das her allejar die schophen vorkeren wolle. 44 (1338), R ö s s l e r I, S. 30 De rationibus juratorum. Quilibet consulatus alteri consulatui succedendi rationem reddere est asstrictus. 56 (1354), S. 36 jurati consules usw.

[19]) T o m a s c h e k, Deutsches Recht in Österreich, S. 124 f., Anm. 7.

Seite 310. [20]) T o m a s c h e k S. 124, Anm. 2.

[21]) D o u b r a v s k y, Organisation der Olmützer Stadtbehörde im Mittelalter, Programm für Mährisch-Neustadt 1905, S. 16. Cod. dipl. Morav. IV, Nr. 296; VI, Nr. 83.

[22]) Tulln 1270: Art. 3, W i n t e r S. 21; Art. 19, S. 24; Art. 1, 2, 26, S. 20, 28. In Leoben erscheinen 1284 neben Richter und Gemeinde 12 jurati als Spitze der Stadt, v. S c h w i n d und D o p s c h S. 137 Nr. 70.

[23]) Wiener Neustadt: Privileg Rudolfs I. 1277, Art. 7, 8, W i n t e r S. 33. Am Ende des 13. Jh. tritt ein Rat in Linz, Salzburg und Innsbruck auf. Linz 1291: Nr. 165 und 167, Oberöst. UB. IV, S. 153 f., 154 f. Die Urkunden werden vom Richter, Rat und den Besten von der Stadt ausgefertigt. In Salzburg wird 1287 durch Schied die Eidgenossenschaft verboten. Die Genannten stellen einen Rat dar, dem Stadtverwaltung und Sühnegericht zusteht. In Innsbruck erscheint ein Rat 1282: S t o l z, Politisch-historische Landesbeschreibung von Tirol, Archiv f. Öst. Gesch. 107, 1926, S. 305.

[1]) E b e r l e S. 50.

[2]) Speyer 1198: UB. S. 26, Nr. 22 (civitas) libertatem habeat, XII ex civibus suis eligendi, qui universitati provideant.

[3]) Straßburg: Stadtrecht 1214, Art. 1, UB. I, S. 477 duodecim ponantur annuatim consules civitatis. 1220: S. 146 Nr. 181.

[4]) Basel: Reichsurteil 1218, UB. I, Nr. 92 S. 61 ne Basilienses de cetero consilium faciant.

Anmerkungen zu Seite 310 bis 311   477

Seite 310. [5]) Konstanz: Päpstliche Urkunde 1248, Neugart-Mone, Episcop. Constantiens. I b p. 622 ne de cetero consules in civitate eligerent.
[6]) Köln: Schied 1258, Art. 43, Keutgen S. 162, 169 (antiqua consuetudo) de communitate civium quidam probi et prudentes assumi possunt ad consilium civitatis. Klinkenberg, Jb. d. Kölner Geschichtsvereins 25, 1950, S. 105.
[7]) Regensburg 1245: UB. I, S. 34 Nr. 70.
[8]) Bremen: Gerhard. Reversalen 1246, Art. 11, 12, UB. I, S. 271 f. Nr. 234. Die Stelle behauptet, es handle sich um eine alte Rechtsgewohnheit. v. Bippen I, S. 147 nimmt für die frühere Zeit Selbstergänzung der Ratsaristokratie an.
[9]) Lübeck-Memel: Zusatz von 1254, Methner S. 298. Magdeburg-Breslau 1261: Art. I, Tzschoppe und Stenzel S. 339. Schweidnitz-Ratibor 1293: Art. I, Tzschoppe und Stenzel S. 420. Schweidnitz um 1300: Art. 1, DRDSI, 1 S. 47. Erfurt 1306: Walch I, S. 96.
[10]) Bern 1218—20: Art. 7, Strahm S. 156. Breisach 1275: Art. 9, Gengler, Cod. S. 309. Schlettstadt 1292: Art. 26, Gény S. 12. So auch in Luzern 1291/92: Art. 5, Geschichtsfreund, S. 162.
[11]) Brünn: Privileg Wenzeslaus II. 1292, Gengler, Cod. S. 418. Wien 1278: II Art. 11, Tomaschek S. 53. Albrecht I. 1296, Art. 18, Keutgen S. 216. Salzburg: Friedrich III. 1481, v. Schwind und Dopsch S. 409 Nr. 220.
[12]) Wetzlar 1260: Art. 4, UB. III 1, S. 33 Nr. 96 statutum est, ut singulis annis ab universitate 12 consules eligantur. Wipperfürth 1283: Art. 1, Keutgen S. 154. Siegburg 1304: Lau S. 58 f. Nr. 9. Dazu Lau S. 23* f. Hamm 1376: Overmann S. 12 Nr. 14.

Seite 311. [13]) Heilbronn 1281: Art. 8, UB. S. 10 f. duodecim consules, qui de melioribus et utilioribus civitatis debent eligi.
[14]) Bonn 1285: Art. 4, Gengler, Cod. S. 252.
[15]) Dortmund 1260: Frensdorff S. 193, Beilage 3. Ähnlich in Werl 1324: Seibertz II, S. 200, Art. 22. In Flumet (1228) sollte jedem neugewählten Ratsmann ein Gildeschmaus (convivium) abgehalten werden, Welti S. 123, Art. 36.
[16]) Minden: Ratsstatut 1301, Westfäl. UB. X, S. 1 Nr. 2 a.
[17]) Straßburg 1263: UB. I, S. 394 Nr. 519 svenne eines rates jar uz kumet, daz derselbe rat einen andern rat kiesen sul.
[18]) Augsburg 1276: Zusatz 27, Meyer S. 72 f.; 1291: S. 76; 1340: UB. I, S. 355 Nr. 374. Rheinfelden 1290: Art. 22, Welti S. 12 die erren des rats sont ein andern rat gen vor sant Verenen mis. Wien 1296: Art. 21. Keutgen S. 216, Nr. 166 diselben ratgeben haben gewalt ze verchern die laeute des rates.
[19]) Hamburg: Stadtrecht 1292 A 6, Lappenberg S. 101. Freiberg: Stadtrechtsbuch um 1300 48, 4, Ermisch S. 253. Hildesheim 1300: UB. I, S. 298 Nr. 173 b.
[20]) Lippstadt 1341: Overmann S. 10 Nr. 11. Rheinberg 1322: Wittrup, Ratsordnung, S. 50 Nr. 15.
[21]) Köln: Eidbuch 1341 II, Art. 1 Keutgen S. 221 as dat jair umbe komen is, so solin die vunfzene heren kesin andere vunfzene, — irre jeclich eynen van sime gesleichte.
[22]) Osnabrück 1348: Ratswahlordnung Art. 1—4, Keutgen S. 229 f. Ähnlich in Lippstadt 1317: Overmann S. 9 Nr. 9.
[23]) Flumet 1228: Art. 35, Welti S. 123. Mainz: Rechtsbrief 1244, Gengler S. 276 uno decedente alter in locum suum succedens protinus eligatur. Duisburg 1248: Lacomblet II, S. 173 Nr. 331; 1279: Art. II, Geng-

Seite 311.   ler, Cod. S. 948. Lechenich 1279: Art. I, Gengler S. 242. Brühl 1285: Art. 1, Gengler, Cod. S. 412.
[24]) Köln: Eidbuch 1341 II, Art. 7, Keutgen S. 222.
[25]) Siehe oben Anm. 21.
[1]) Auch für das italienische Konsulat nimmt Walter Goetz, Entstehung der italienischen Kommunen, S. 86, die Zahl 12 als Durchschnittssatzung an.
[2]) Speyer: Philipp von Schwaben 1198, UB. Nr. 22, S. 26 (civitas) libertatem habeat, XII ex civibus suis eligendi. Utrecht 1196: Oppermann, Westd. Z. 27. 1908, S. 226 12 consules civitatis. Straßburg 1201/02: UB. I, S. 119 Nr. 144 (12 consiliarii).

Seite 312. [3]) Im Kölner Schied von 1258 stellen die Schiedsrichter die Zwölfzahl für die Schöffen, Zunftmeister und Treuhänder in Steuersachen fest, Art. 23, Keutgen S. 168. Seit 1265 wird die Zahl 13 für die Ratsleute herrschend, Quellen II, Nr. 482. Auch in Bonn findet sich die Zwölfzahl von 1285, Lacomblet II, S. 799.
[4]) Worms um 1198: UB. I, S. 82 Nr. 103 de quadraginta judicibus; um 1216: S. 92 f. Nr. 120 ad stipulantibus XL consiliariis nostre civitatis. Annales Wormat. SS. 17, S. 40 Erant in civitate W. 40 consules, qui centum annis consilio presiderunt.
[5]) Soest 1240: Westfäl. UB. VII, S. 219 Nr. 493. Hamm 1213: Overmann S. 2 f. Wetzlar 1228, 1260: UB. I, S. 3, 33 Nr. 12, 96 singulis annis ab universitate XII consules eligentur. Bielefeld 1243: UB. S. 12 f., Nr. 17. Duisburg 1248: Gengler, Cod. S. 947. Minden 1255: Westfäl. UB. VI, S. 182 Nr. 627. Recklinghausen 1300: Westfäl. UB. VII, S. 1242 Nr. 2581. Wipperfürth 1283: Keutgen S. 154 Nr. 145, Art. 1. Rees, 14. Jh.: Art. 4, Liesegang S. 88.
[6]) Lübeck 1232: UB. I, S. 62 Nr. 52. Bremen 1233: UB. I, S. 207 Nr. 172. Braunschweig-Altstadt: Goldschmiedeinnung 1231, UB. I, S. 8. Lüneburg 1239: UB. I, S. 31 f. Nr. 62. Halberstadt 1241: UB. I, S. 51 Nr. 46. Stendal 1251: Keutgen S. 359 Nr. 264 b. Hildesheim 1259: UB. I, S. 134 Nr. 273. Greifswald 1258: Pomm. UB. II, S. 52 Nr. 655. Wismar 1260: Mecklenb. UB. II, S. 160 Nr. 877. Kiel: Stadtbuch 1264, Hasse S. 1. Stralsund I vor 1278: Nr. 120, Fabricius S. 10. Kolberg 1282: Pomm. UB. II, S. 479 Nr. 1241. Görlitz 1298: Cod. dipl. Lus. sup. I, S. 157 Nr. 102. Brandenburg 1306: Riedel IX, S. 7 Nr. 9.
[7]) Erfurt 1210: UB. I, S. 33 Nr. 69. Altenburg 1256: Art. 21, Gengler S. 7 societas XII juratorum. Saalfeld 13. Jh.: Art. 65, Walch I, S. 30 Dy zwolfe von der stad. Freiberg um 1300: Art. 48, 4 Ermisch S. 253.
[8]) Freiburg i. Br. 1220: UB. I, S. 21 Nr. 36; 1223: S. 23 Nr. 38. Zürich 1225: UB. I, S. 310 Nr. 429 8 consiliarii als maior pars bezeichnet; 1250: UB. II, S. 262 Nr. 793. Bern 1226: FRB. II, S. 76 Nr. 65. Flumet 1228: Art. 35, Welti S. 123. Freiburg i. Ü. 1251—57: Züricher UB. S. 270, Nr. 802. Pforzheim 1258: Württ. UB. V, S. 243 Nr. 1476. Ulm 1264: UB. I, S. 118 Nr. 94. Breisach 1275: Art. 9, 10, Gengler, Cod. S. 309. Augsburg 1276: Art. 2, Meyer S. 11. Eßlingen 1277: UB. S. 32, Nr. 137. Heilbronn 1281: Art. 8, UB. I, S. 10 f. Burgdorf 1316: Art. 31, Gaupp II, S. 122.
[9]) Regensburg 1237, 1255: UB. I, S. 30, 45 Nr. 62, 86. Eichstätt 1291: Histor. Verein v. Eichstätt, S. 2. Landshut 1279: Art. 6, Gengler S. 234. Leoben 1284: v. Schwind und Dopsch S. 137, Nr. 70. München: Handfeste 1294 Art. 5, Bayr. R.Qu. 1, S. 42 f. (zwelfer); weiter 1295: Nr. 24; 1297: Nr. 36; 1300: Nr. 38, daselbst S. 51, 52, 54 u. a. Für Iglau: Tomaschek, Deutsches Recht in Österreich, S. 125.
[10]) Passau 1209: Mon. Boica 28, 2 S. 282 Nr. 53.

Anmerkungen zu Seite 312

Seite 312. ¹¹) Soest 1213: Westfäl. UB. VII, Nr. 95 S. 43. Erfurt 1212: UB. I, S. 35 Nr. 72. Freiburg i. Br.: Rotel 1218 IV, 40, 76, K e u t g e n S. 124, 125. Wien 1221: Art. 28, K e u t g e n S. 210.

¹²) Fritzlar 1217: D e m a n d t S. 215 f. Nr. 9. Freiberg 1227: UB. I, S. 6 Nr. 9. Lübeck 1230: UB. I, S. 59 Nr. 48 Consules Lubicenses (24 Namen).

¹³) Bremen 1243: UB. I, S. 256 f. Nr. 221; 1398: IV 144a, E c k h a r d t S. 115 ff. (Verminderung der Ratsleute von 36 auf 24.) Mainz 1244: G e n g l e r S. 276. Lüneburg 1247: K r a u t S. 15. Freiburg i. Üchtlande 1249: Art. 26, 122 f., G a u p p II, S. 87, 103. Rostock 1252: Mecklenb. UB. II, S. 15 f. Nr. 686. Zürich 1256: UB. III, S. 45. Regensburg 1262: UB. I, S. 52 Nr. 99 (24 consiliarii). Osnabrück 1266: UB. III, S. 241 Nr. 345. Stralsund 1285: F a b r i c i u s S. 59, III 395. Brünn: Schöffenbuch 14. Jh., Art. 432, R ö s s l e r II, S. 202 Consilium plenum civitatis, quod regitur per viginti quatuor; Art. 472 S. 216.

¹⁴) Fritzlar 1217: D e m a n d t S. 215 f. Nr. 9 viginti quatuor, quorum est consilium burgi Frideslariensis. Freiberg 1227: UB. I, S. 6 Nr. 9 hii, qui XXIV dicuntur de civitate.

¹⁵) Lübeck 1230: UB. I, S. 59 Nr. 48 (Grenzvergleich der Stadt Lübeck mit dem Bischof von Ratzeburg). Lüneburg 1247: K r a u t S. 15 (Einrichtung des Stadtbuches). Rostock 1252: Mecklenb. UB. II, S. 15 f. Nr. 686 (Bestätigung der Stadtprivilegien). Zürich 1256: UB. III, S. 45 Nr. 958 (Verzicht auf Lehnrecht). Erfurt 1288: UB. I, S. 243 Nr. 373 (Berufung einer Bürgerversammlung).

¹⁶) Soest 1259: S e i b e r t z II 1, S. 391 f. Nr. 314 consilium ex nunc de cetero stare debet in numero XXIV or personarum; 1283: S. 495 f. Nr. 408 consilium opidi nostri, quod stare solebat in triginta sex personis consistent, deinceps in numero viginti quatuor personarum. Bremen 1398 IV 144 a: E c k h a r d t S. 115 ff.

¹⁷) Osnabrück 1266: UB. III, S. 241 Nr. 345.

¹⁸) Wien 1278: II, Art. 14, T o m a s c h e k S. 53 numerum (consulum) minuere vel augere; 1296: Art. 21 K e u t g e n S. 216.

¹⁹) Dortmund 1230: Nr. 68; 1256: Nr. 105, UB. I, S. 22, 47 f. Soest 1256: S e i b e r t z II, S. 366 Nr. 294. Speyer 1258: H i l g a r d S. 66 Nr. 90. Minden 1266: Westfäl. UB. VI, S. 263 Nr. 862. Die 18 Ratsleute in Oldenburg 1345 waren auf Lebenszeit gewählt, von denen jährlich 6 die Stadt leiteten, UB. I, S. 16 Nr. 13. In Zürich treten 1247 18 Ratsleute auf als Beisitzer des Vogteigerichts, UB. II, S. 186 Nr. 701.

²⁰) Regensburg 1258: Nr. 92 a; 1259: Nr. 95; 1295: Nr. 169 f., UB. I, S. 48 f., 88 illi qui dicuntur sedecim. Hamburg: Ratswahlordnung 1270 I 2, L a p p e n b e r g S. 2. Paderborn 1265: Westfäl. UB. IV, 3 S. 518 Nr. 1030. Rostock 1263: Mecklenb. UB. II, S. 220, 274 Nr. 973, 1051. Bremen 1303 bis 1308: I 1; III 1, E c k h a r d t S. 38 f., 57. München 1365: Bayr. R.Qu. I, S. 580 f. Nr. 2.

²¹) Lübeck 1229: UB. I, S. 55 Nr. 44. Erfurt 1265: UB. I, S. 121 Nr. 199. Köln 1341: Eidbuch II Art. 1; 1372: K e u t g e n S. 221 Nr. 167; S. 227 Nr. 168. Für Worms vgl. UB. I, Nr. 163—166.

²²) Trier 1236: R u d o l p h S. 280, Nr. 13. Lüneburg 1253: UB. I, S. 47 Nr. 76. Hamburg 1292 A 6: L a p p e n b e r g S. 101. Neuß 1310: L a u S. 50 f. Nr. 19 (14 scabini und 14 consules). Speyer 1331: UB. S. 506 (14 alter und 14 neuer Rat).

²³) Konstanz: Ratslisten bei B e y e r l e S. 38 ff.

²⁴) Enns 1212 (25): v. S c h w i n d und D o p s c h S. 45 f. sex idonei cives. Landau (Isar) 1304: H ä u t l e S. 227 sechse von der stat. Marburg (Lahn) 1311: Art. 2, UB. I, S. 68 Nr. 1. Oldenburg 1345 (13): UB. I, Nr. 13 S. 16.

Anmerkungen zu Seite 312 bis 314

Seite 312.   Ratingen 1276: Redlich S. 55 f., Nr. 1 octo scabini. Düsseldorf 1288: Art. 2, Gengler, Cod. S. 934. Straubing 1472—81 III 2: Keutgen S. 233. Lechenich 1279: Art. 1, Gengler S. 242 septem scabinos. Brühl 1285: Art. 1, Gengler, Cod. S. 412.

Seite 313. [25]) Wesel 1255: Lacomblet II, S. 227 f. Nr. 421.

[1]) Straßburg 1214: UB. I, S. 477 ponantur annuatim consules civitatis. Braunschweig: Innungsbrief 1231, UB. I, Nr. 8 S. 15 consulibus ipsius anni. Bremen 1246: UB. I, S. 272 consules nostri, qui singulis annis pro tempore fuerint. Ebenso Soest 1259: Seibertz II 1, S. 391 Nr. 314 (duodecim) in consilio ad unum annum permansuri. Braunschweig 1269: UB. I, Nr. 8 S. 15 novi quoque consules pro tempore singulis annis eligentur. Osnabrück 1278: UB. III, S. 433 Nr. 615 singulis annis mutatio scabinorum. Brünn 1292: Gengler, Cod. S. 418 (Consules) per annum tantummodo duraturos. Schweidnitz um 1300: Art. 1, DRDS. I 1, S. 47 annis singulis novi consules eliguntur. Magdeburg-Görlitz 1304: Art. 1, Tzschoppe und Stenzel S. 449 sie sie curen cit, die scheppen zu langer cit, die ratman zu eine jare. Osnabrück 1348: Art. 1, Keutgen S. 229, Nr. 171.

[2]) Augsburg 1291: Meyer S. 76 swen die ratgeben nement auf ir ait, die ratgeben gewesen sint, ze niewen ratgeben an ir stat.

[3]) Lübeck-Memel 1254: Methner S. 298 duo semper de prioribus maneant in novorum substitucione. Ripen 1269: Art. 28, Hasse S. 80.

[4]) Hamburg 1270 I 2: Lappenberg S. 2; 1292: A 6, S. 101 dhe ratmane scolen des ouereindraghen, weder se jenighe nige ratmanne hebben willen ofte nene.

[5]) Kölner Eidbuch 1341 II: Art. 1 und 2, Keutgen S. 221. Dazu Lau. Köln, S. 105 f.

[6]) Braunschweig: Ordinarius 1408, Art. 1, UB. I, S. 148.

[7]) Duisburg 1248: Gengler, Cod. S. 947. Ratingen 1276: Redlich S. 55 f. Brühl 1285: Art. 1, Gengler, Cod. S. 412. Düsseldorf 1288: Art. 2, Gengler, Cod. S. 934.

[8]) Frankfurt am Main 1353: Keutgen S. 235, Nr. 174.

[1]) Konstanz: Ratslisten 1220, Beyerle S. 38 (nach dem Thurgauer UB. von Nr. 106, S. 366).

Seite 314. [2]) Konstanz: Ratslisten 1296, Beyerle S. 69.

[3]) Bremen 1233: UB. I, S. 207 Nr. 173.

[4]) Bremen 1300: UB. I, S. 571 Nr. 540.

[5]) Köln 1305: Quellen III, S. 504 Nr. 528. In schwedischen Städten tritt vielfach deutsches kaufmännisches Element im Rate auf, so in Söderköping, vgl. Sven Ljung. Söderköpings historia I, 1949.

[6]) Flumet 1228: Art. 30, Welti S. 122 de illis XII meliores et sapientiores, qui sint ville consules et conjuratores.

[7]) Augsburg 1276: Art. II, Meyer S. 11 gesworn rat von zwelf erbaren mannen der besten unde der witzegesten, die hie sin. Heilbronn 1281: UB. I, Nr. 32. Bonn 1285: Art. 1, Gengler, Cod. S. 252 maiores universitatis duodecim personas, legales vel fidedignas eligant.

[8]) Auch die Ministerialen in Ulm-Ravensburg 1296: Art. 1, Keutgen S. 190 (63 meliores).

[9]) Straßburg 1226: UB. I, S. 164 Nr. 204. Bei einem Heiratsvertrag waren 12 Konsuln und 14 meliores Zeugen. Ulm 1244: UB. I, S. 73 Nr. 56; bei einem Grundstücksverkauf an das Heilige Geistspital waren die Zwölf und 15 vom Patriziat Zeugen (3 Welser, 2 Razonen, 2 Kursingassarii). Dortmund 1253: UB. I, S. 39 Nr. 94 (8 milites, 18 consules, 16 meliores als Zeugen).

[10]) Magdeburg-Breslau 1261: Art. III, Tzschoppe und Stenzel S. 352 de ratman legen ir burding uz mit der wisesten lude rate. Schweidnitz-

Anmerkungen zu Seite 314 bis 315

Seite 314.   Ratibor 1293: Art. VIII, das. S. 421 consules cum seniorum consilio vigilias civitatis disponunt. Rostock 1261: Mecklenburg. UB. II, S. 186 Nr. 924 (Errichtung eines Altars).

[11]) Lübeck 1265: UB. I, S. 266 Nr. 278 ob impetus, quos ipsius loci consules, maiores ac populares propter hoc moverant contra eum.

[12]) Bremen 1261: UB. I, S. 349 Nr. 308 (consules und seniores beschwören den Rechtsschutzvertrag mit dem Grafen von Oldenburg). Dortmund 1366: UB. I, S. 597 Nr. 807 (Rat und meliores ernennen einen Prozeßkurator). Rostock 1278: Mecklenburg. UB. I, S. 576 Nr. 1447 (consules cum senioribus bestimmen über die Verlosung von Kaufbuden im Rathaus).

[13]) Stendal 1233: K e u t g e n S. 357 (Die consules erlassen mit den maioribus die Weberstatuten). Das Ordelbok für Hamburg von 1270 wird von dem wittigesten rate von H. erlassen, dazu I 1, 4, 5, L a p p e n b e r g S. 1 f., UB. I, S. 671 Nr. 818. Osnabrück 1297: UB. IV, S. 312 Nr. 493 (Statuten mit Zustimmung der discreti erlassen). Rostock 1288: Mecklenb. UB. III, S. 316 Nr. 1977.

[14]) Magdeburg 1313: UB. I, S. 146 Nr. 265 (16 meliores als Schiedsrichter). Ulm 1255: UB. I, S. 95 f. Nr. 73 (Mitwirkung des gesamten Patriziats). Freiburg 1260: UB. I, S. 153, Nr. 180 (Schiedsspruch der meliores wegen des Mistbachs).

[15]) Hildesheim 1295: UB. I, S. 249 Nr. 495.

[16]) Einige Beispiele in Freiburg i. Br. 1246: UB. I, S. 79 Nr. 91; Ulm 1255: UB. I, S. 95 f. Nr. 73; Wismar 1266: Mecklenb. UB. II, S. 295 Nr. 1078 usw.

[17]) Straßburg 1214: Art. 4, UB. I, S. 477 (nicht Vater und Sohn, Brüder). Köln: Eidbuch 1341 II 6, S t e i n, Akten I, S. 29 f. (nicht Vater und Sohn, Brüder, Schwiegervater und Sohn). Augsburg 1342: M e y e r S. 11 (nicht Vater und Sohn, Brüder). Nördlingen 1481—83: B 29, Bayr. R. Qu. II, S. 161.

[18]) Straßburg 1226, 1229, 1231: UB. I, S. 164, 171, 176 Nr. 204, 216, 224 (Erbo filius judicis — Erbo junior).

[19]) Straßburg 1240: UB. I, S. 208 Nr. 270; 1246: S. 229 Nr. 298; 1281: UB. III, S. 415 Nr. 2 und 10.

[20]) Straßburg: Ripelin 1258, UB. I, S. 318, 323 Nr. 422, 428; 1263: S. 402 Nr. 529; 1277: III, S. 414 Nr. 2, 8, 23; 1281: S. 415 Nr. 1, 8, 15; Nr. 12, 19 (Ripelin 1190 nachweisbar). Stubenweg (seit 1230) 1281: UB. III, S. 415 Nr. 8, 9; 1284: III, S. 416 Nr. 11, 15; 1283: III, S. 416 Nr. 11, 13; 1288: III, S. 417 Nr. 12, 15. v. Kagenecke (seit 1258) 1283: III, S. 415 f. Nr. 13, 22; 1308: III, S. 425 Nr. 1, 3.

Seite 315. [21]) Zorn (seit 1261): Straßburg 1319: UB. III, S. 428 Nr. 3, 10; 1321: S. 429 Nr. 14, 17; 1345: VII, S. 898 Nr. 5, 8; 1349: S. 903 Nr. 1, 6. v. Mulenheim (seit 1295): Straßburg 1328: III, S. 432 Nr. 13, 14; 1336: VII, S. 890 Nr. 5. 7; 1349: VII, S. 903 Nr. 9, 10.

[22]) So die Stolzhirsche in Nr. 37, 261, 278, 331, die Langenmantel in Nr. 127, 261, 270, 331, die Welser in Nr. 227, 278, die Herbrot in Nr. 298, 331, 333. Vgl. UB. I, S. 29, 97, 224, 233, 241, 243, 264, 306, 309 (von 1268—1335).

[23]) Regensburg 1255: Nr. 86; 1286: Nr. 138; 1290: Nr. 151; 1307: Nr. 234; 1312: Nr. 277; UB. I, S. 45, 71, 78, 120, 144.

[24]) Erfurt 1217: Nr. 79; 1227: Nr. 96, UB. I, S. 41, 52. Hartmannus, Teodericus, fratres de Gutingin.

[25]) Erfurt 1241: Nr. 128; 1243: Nr. 131, UB. I, S. 72, 74.

[26]) Vitztum (seit 1212) 1265: Nr. 195; 1266: Nr. 203; 1271: Nr. 248; 1272: Nr. 252; 1273: Nr. 262; 1274: Nr. 265, S. 116 f., 125, 157, 159, 164, 166. Kerlinger (seit 1217) 1269: Nr. 235, 1278: Nr. 293, 1281: Nr. 311, S. 148, 189, 201.

Seite 315. ²⁷) Erfurt 1301: Nr. 494, 1303: Nr. 503, 1318: Nr. 609, S. 343, 348, 430, 1321: Nr. 2, 1361: Nr. 538, UB. II, S. 1, 416.

²⁸) Lübeck: de Bardewich 1240: Nr. 85, 1286: Nr. 493; Vorrat 1256: Nr. 120; de Lapide 1286: Nr. 493, 1289: Nr. 536, 1290: Nr. 503, 1293: Nr. 607, UB. S. 85, 207, 452, 488, 503, 540. Korlén, Norddeutsche Stadtrechte II, Art. 128 S. 119.

²⁹) Lübeck: de Warendorp 1308: Nr. 429, 1314: Nr. 449, UB. I, S. 518, 548, 1318: Nr. 366, 1322: Nr. 424, 1331: Nr. 524, 1335: Nr. 612, 1335: Nr. 625, UB. II, S. 315, 372, 476, 559, 574; Pape 1318: Nr. 366, II, S. 315; de Alen 1317: Nr. 354, 1335: Nr. 612, 1346: Nr. 346, II S. 306, 783; Attendorn 1318: Nr. 366, 1322: Nr. 424, II, S. 315, 372.

³⁰) v. Winterfeld, Handel, Kapital und Patriziat, passim.

³¹) Freiburg: Stadtrecht Art. 13 (vor 1178), Art. 16 (vor 1200), Keutgen S. 119; 1248—52: UB. I, S. 91 Nr. 104. Maurer, ZGORh. 5, 1890, S. 480 ff. Nach dem Ämterbuch (seit 1378) gehörte je ein Zweig den Kaufleuten, einer dem Adel an, 484 ff. Schon eine Zeugenliste von 1261, UB. I, S. 157 Nr. 185, stellte 6 Nobilitierte neben 5 Bürger. In Winterthur durfte kein miles eine Amtsstelle annehmen! Gengler S. 546, 1264, Art. 3.

³²) Planitz, Städtisches Meliorat, S. 164 f.

³³) Straßburg 1201/02: UB. I, S. 119 Nr. 144 domino Wernhero marscalco et Walthero sculteto.

³⁴) Foltz S. 32.

³⁵) Worms 1233: UB. I, Nr. 163; II, Nr. 162 S. 723 f. 1238: I, S. 133 Nr. 190. Dieses Verhältnis scheint sich auch später erhalten zu haben, vgl. 1246 Nr. 217, 1252 Nr. 234, 1262 Nr. 302, 1300 Nr. 504, UB. I, S. 150 f., 157, 203, 344.

³⁶) Die Urkunde von 1250, die den Barfüßern einen Platz innerhalb der Mauern überläßt, führt als Zeugen 10 Ritter, 7 Bürger und 10 Zünftler auf, UB. III, S. 353 Nr. 29; in der Urkunde von 1253 sind 2 Ritter und 12 Bürger im Rate vertreten, UB. III, S. 355 Nr. 34; in der von 1268 sind es 8 milites und 4 cives, UB. II, S. 3 Nr. 2; in der von 1276 3 milites, 6 Bürger; 1291: 2 milites und 4 cives, UB. II, S. 196 Nr. 205; III, S. 21 Nr. 38. Foltz S. 48 ff.

Seite 316. ³⁷) Zürich 1231: UB. I, S. 347 Nr. 461; 1250: II. S. 262 Nr. 793, 1253: II, S. 333 Nr. 871; 1256: III, S. 45 Nr. 958; 1259: III, S. 140 Nr. 1054; 1298: VII, S. 55 Nr. 2456. 1277 sind es wieder 6 milites und 6 cives, UB. V, S. 12 Nr. 1656.

³⁸) Zürich 1225: UB. I, S. 308 Nr. 427 (Ortlieb, Biber, Kloton); 1299: VII, S. 85 Nr. 2489 (Mülner, Glarus, Manesse, Beggenhoven).

³⁹) Frankfurt am Main 1223: UB. I, S. 37 Nr. 70 (3 milites, 12 scabini); 1230: I, S. 47 Nr. 91 (7 milites, 12 scabini). 1255: I, S. 92 Nr. 190 (6 milites, 12 scabini).

⁴⁰) Goslar 1236: UB. I, S. 526 Nr. 549, ein Ratsmitglied ist ausgefallen; 1241: I, S. 548 Nr. 582. Das gleiche finden wir in Kolberg 1282, Pommersch. UB. II, S. 429 f. Nr. 1241.

⁴¹) Goslar 1269: UB. II, S. 208 Nr. 155. Feine, Der goslarische Rat, S. 61.

⁴²) Boppard 1291: Günther II, S. 480 f. Nr. 339. Schon 1253, Günther II, S. 263 Nr. 157, stehen consules und milites nebeneinander. In Oppenheim 1254, Franck S. 237, Nr. 11, sind die Spitzen der Stadt der Schultheiß, Schöffen und Rat und Ritter. Die Rachtung Rudolfs I. von 1287 bestimmte, daß unter den 16 Bürgern im Rat 7 Schöffen sein sollten, Krause S. 111 f.

¹) Hansen, Stadterweiterung, S. 15—21.

²) Planitz, Deutsche Stadtgemeinde, S. 20 ff.

³) Köln: Vertrag mit König Philipp 1207, Art. 4, Keutgen S. 70 de voluntate et gratia domini regis erit, quascunque municiones de propriis

Seite 316. rebus et muris suis construxerint. Beitragspflicht aller städtischen Grundbesitzer, Art. 6, S. 70.

Seite 317. [4]) Toul: Vertrag zwischen Bischof und Bürgerschaft, Klippfel, Études, S. 76.
[5]) Labande et Vernier, Ville de Verdun 1891, S. 16. Für Lüttich: Kurth, La cité de Liège, S. 82.
[6]) G. W. A. Panhuysen, Studien over Maastricht in de dertiende eeuw 1933, S 49.
[7]) Straßburg: Stadtrecht 1214, Art. 52, Keutgen S. 106. Verfallene Bußen bestimmte die Stadt zum Mauerbau 1204, Art. 50, S. 106.
[8]) Speyer 1281: Hilgard S. 106, Nr. 144 consules et cives Spirenses concesserunt, ut Eberhardus de Offenbach murum interiorem civitatis Spirensis in curia sua perforare valeat, januam in eodem statuendo. Worms 1296: UB. I, S. 311 Nr. 472.
[9]) Augsburg: Privileg des Bischofs 1251, UB. I, S. 9 f. Nr. 9 cives portas civitatis nostrae universas in sua potestate teneant.
[10]) Regensburg: Stadtrecht 1207, Art. 1, 4; 1230: Art. 16, 17, 22, Keutgen S. 196 f., 198 f.
[11]) Magdeburg 1250: UB. I, S. 62 Nr. 116. Dazu 1277: UB. I, S. 81 Nr. 149.
[12]) Hildesheim 1249: UB. I, S. 100 Nr. 206.
[13]) Goslar 1252: UB. II, S. 116 Nr. 13.
[14]) Dortmund: Lateinische Statuten (um 1250), Art. 9, 21, 32, Frensdorff S. 24 f., 31, 35. Stadtbuch 14. Jh. 106, Frensdorff S. 93 Dey rat hevet dey hude der muren van der stat.
[15]) Erfurt 1212: UB. I, S. 35 Nr. 72.
[16]) Erfurt 1217: UB. I, S. 43 Nr. 82 pro qualicunque causa sive ad vallum aut murum aut eciam collectam vel vigilias civitatis pulsare.
[17]) Erfurt 1216: UB. I, S. 37 Nr. 75. Dortmund 1240: v. Winterfeld, Deutsches Städtebuch III (unveröffentlicht). Goslar 1232—40: UB. II, Siegel Nr. 31, Frölich, Z. d. Harzver. f. Gesch. u. Altertumskunde 43, 1940, Sonderdruck, Tafel I und S. 15.
[18]) Freiburg i. Br. 1218: UB. I, Siegeltafel 1. Mauersiegel als Stadtsiegel, z. B. in Münster 1231, Braunschweig 1231, Stendal 1236, München 1239, Magdeburg 1244, Regensburg 1248.
[19]) Pfullendorf 1220: Art. 8, Gengler S. 236. Müller, Die oberschwäbischen Reichsstädte, S. 194 ff. Weller, Die staufischen Städtegründungen in Schwaben, S. 209.
[20]) Emmerich 1233: Lacomblet II, S. 101 Nr. 191. Düffel, Die Emmericher Stadterhebung, Annal. d. Hist. Ver. d. Niederrheins 124, 1934, S. 1 ff. Mauerbau erst um 1300, vorher nur Erdbefestigungen, S. 24.
[21]) Bonn: Stadtrecht 1243, Gengler, Cod. S. 251 oppidum Bunnense fossatis et muris duximus muniendum.

Seite 318. [22]) Breslau 1274: UB. I, S. 44 Nr. 44 collectam ad muros intra fossata ibidem erigendos persolvant.
[23]) Rees 1289: Liesegang S. 107, Nr. 14. Ebenso Rheinberg 1295: Wittrup S. 8 Nr. 8; 1311: S. 14 Nr. 14.
[24]) Wiener Neustadt 1277: Art. 19, Winter S. 75 porte civitatis et turres in civium potestate maneant. Duisburg 1279: Art. 10, Gengler, Cod. S. 948.
[25]) Schweidnitz-Ratibor 1293: Art. 12, Tzschoppe und Stenzel S. 421 quicunque violaverit municiones civitatis, consulibus secundum decretum satisfaciet, non advocato. Vgl. auch Prenzlau 1270, Pommersch. UB. II, S. 239 Nr. 919.
[26]) Duisburg: Stadtrecht 1279, Art. 8, Gengler, Cod. S. 948 Si inter se aliquas exactiones statuere voluerint, hoc facere libere poterunt et illas, cum ipsis placuerit, revocare.

Seite 318. ²⁷) Regensburg: Stadtrecht Philipps 1207, Art. 4, K e u t g e n S. 197.
²⁸) Nordhausen 1290: Art. 9, G e n g l e r S. 319 Prestent auxilium ad ipsius negocia civitatis.
²⁹) Wien: Stadtrecht Friedrichs II. 1237, Art. 2, K e u t g e n S. 211.
³⁰) So Innsbruck 1239: Art. 4, v. S c h w i n d und D o p s c h S. 80.
³¹) Neuß 1259: L a u S. 46, Nr. 12 ut de qualibet marca juxta suas persolvant proportionaliter facultates. Für eine Kopfsteuer E r l e r S. 67 ff.
³²) Dortmund um 1250: Art. 32, F r e n s d o r f f S. 35 Quicunque perjurus reperitur et collectam suam subtraxerit (er wird amts- und eidesunfähig).
³³) Fritzlar 1237: D e m a n d t S. 220 f., Nr. 18 (den procuratoribus fratrum Minorum wird das Vorrecht erteilt, ut ab omni impeticione eos eximamus). Eßlingen 1281: Nr. 166; 1282: Nr. 175, UB. I, S. 53 f., 61 ff.
³⁴) Bern 1297: FRB. III, S. 666 Nr. 675 (Ludwig von Savoyen als Bürger von Bern wird von städtischen Lasten befreit).
³⁵) Erfurt 1271: K e u t g e n S. 234, Nr. 173 (Erzbischöflicher Beamter ad operas civitatis facere debeat servicia, debeat tamquam alii nostri cives. Ausnahmen: Stadtwachen.
³⁶) Burgdorf 1316: Art. 35, G a u p p II, S. 123 (die 12 consules sind de censu dicto exempti).
³⁷) Braunschweig: Stadteinigung 1269, UB. I, S. 15 Redditus eciam et collecte tocius civitatis reponentur in unum, ut ex una et communi bursa civitatis commoda disponantur.
³⁸) Rostock 1288: Mecklenb. UB. II, S. 316 Nr. 1977.
³⁹) Siegburg: Schied 1304, L a u S. 58 f., Nr. 9 quandocunque exactio, que vulgariter gescoz dicitur, fuerit statuenda distributio computatio facienda. Schweidnitz um 1300: Art. 9, DRDS 1 9, S. 48 consules ponunt personas aptas ad exactiones.
⁴⁰) Bodenwerder 1287: Art. 28, G e n g l e r S. 29. Saalfeld 13. Jh.: Art. 100, W a l c h I, S. 38 der rat sal alle jar rechene, alz die geschoszere rechenunge haben gegeben des geschoszes.
⁴¹) Regensburg: Verordnung 1320, UB. I, S. 216 Nr. 338 (es werden 21 Personen aus Rat und Gemeinde zur Nachprüfung der Steuerpflicht eingesetzt). 1333: I, S. 393 Nr. 701. (Abrechnung über die Stadtsteuern; neben Ratsmitgliedern: Mitglieder der Hanse, der Kaufmannschaft und der Handwerkerschaft.)
⁴²) Worms 1269: K e u t g e n S. 76 Nr. 116 non leve dispendium per diminutionem mensure vini, frumenti et aliorum victualium.
⁴³) Über Ungelt: S c h i l l e r - L ü b b e n V, S. 48; L e x e r II, 1845.
⁴⁴) accisa, assisia, Lüttich 1231: K e u t g e n S. 76, Nr. 115.
⁴⁵) Goslar: Privileg Wilhelms 1252, UB. II, S. 115 f. Nr. 12 super talliis faciendis, quod ungelt dicitur, relinquimus consilio civitatis.
⁴⁶) Mainzer Reichslandfriede 1235: Art. 8, K e u t g e n S. 56. Dazu bereits Hamburg 1189: Friedrich I., Art. 1, K e u t g e n S. 66.
⁴⁷) Hagenau: Privileg Wilhelms 1255, G a u p p I, S. 102 ad opus et communes usus et necessarios civitatis convertantur proventus de statuto.

Seite 319. ⁴⁸) Worms 1300: UB. I, S. 341 Nr. 502 die sehse (sollnt) das ungelt bekeren an der stede bu und an der stede nutz uf iren eit.
⁴⁹) Trier 1303: R u d o l p h S. 295, Nr. 31 possint dictum ungelt augere et minuere, sicut fuerit opportunum.
¹) Speyer: Vertrag Philipps von Schwaben mit der Stadt Speyer 1198, H i l g a r d S. 26, Nr. 22 (die 12 gewählten und vereidigten cives) universitati prout melius possint et sciant, provideant et eorum consilio civitas gubernetur.
²) Enns: Stadtrecht 1212, Art. 25, v. S c h w i n d und D o p s c h S. 45 disponant de mercatu et de universis que ad honorem et utilitatem civitatis

Seite 319. pertinent, sicut melius sciverint. Gleicher Text in Wien 1221: Art. 28, K e u t g e n S. 210. Vergleiche auch Wien 1278 II: Art. 16, T o m a s c h e k S. 54 consules omnibus indemnitatibus inhabitantium caveant, sicut melius unquam possint.

[3]) Brünn 1243: Art. 32, R ö s s l e r II, S. 354. Tulln 1270: Art. 3, W i n t e r S. 21 ad promovenda utilia et honesta ac ejus contraria removenda habere debeat civitas.

[4]) Freiburg i. Br.: Rotel nach 1218 (IV 79), K e u t g e n S. 125. Breisach 1275: Art. 9, G e n g l e r, Cod. S. 309 qui de communi utilitate fideliter disponent. Schlettstadt 1292: Art. 26, G é n y S. 12.

[5]) Schwerin: Stadtrecht um 1225: Art. 22, G e n g l e r S. 434 quicquid consules civitatis ad communem usum ordinaverint, ratum civitas observabit. Hildesheim 1246: UB. I, S. 95 Nr. 195. Freiberg: Stadtrechtsbuch um 1300, 48, 1, E r m i s c h S. 252 di zwelf gesworen sullen gebieten allez daz si wizzen unde daz si dunket gut und nutze sin der stat.

[6]) Freiburg: Rotel nach 1218, IV 79, K e u t g e n S. 125 consules possunt decreta constituere super vinum, panem et carnes et alia secundum quod universitati civitatis viderint expedire. Weiter Enns, Wien, Brünn, oben Anmerkung 2, 3.

[7]) Freiburg i. Br.: Stadtrecht um 1218, Art. 37, K e u t g e n S. 122 Omni mensura vini, frumenti et omne pondus auri vel argenti in potestate consulum erit. Dortmund um 1250: Art. 17, F r e n s d o r f f S. 29 f. Omnes mensure in funiculis pannorum sunt in potestate consilii.

[8]) Soest: Stadtrecht um 1200: Art. 36, K e u t g e n S. 142 Si quis inventus fuerit habere pondera injusta vel funiculos injustos, mensurationes injustas vini et olei, hic vadiabit in domo consulum dimidiam libram burgensibus. Lippstadt um 1200: Art. 2, O v e r m a n n S. 2. Bremen 1246: Art. 5, K e u t g e n S. 173. Heilbronn 1281: Art. 7, UB. I, S. 10 f. Bodenwerder 1287: Art. 29, G e n g l e r S. 29. Rheinfelden 1290: Art. 12, W e l t i S. 11.

[9]) Straßburg: Stadtrecht 1245—60: Art. 18, UB. I, S. 483 Quandocunque consules aliqua instituta fecerint de annona interdicenda, de vino, de cultellis (usw.), quicunque hoc mandatum violare presumpserint, facient eum infra triduum exire civitatem. Brühl 1285: G e n g l e r, Cod. S. 413.

[10]) Bern 1218—20: Art. 18, S t r a h m S. 160 Nullus debet publicum pondus civitatis servare, nisi cui a judice et consilio fuerit commissum.

[11]) Breslau: Privileg 1277, Art. 2, UB. I, S. 46 Nr. 47. Padberg 1290: Art. 4, S e i b e r t z II 1, S. 525 Cum vinum habetur, quanto pretio venumdetur, consules inter se ordinabunt.

[12]) Neuenburg: Stadtrecht 1292, Art. 76, M e r k S. 15 omne pondus auri et argenti in potestate consulum erit.

[13]) v. B e l o w, Ursprung der deutschen Stadtverfassung, S. 58 ff. K e u t g e n, Untersuchungen, S. 212, Anm. 3.

[14]) L a m p r e c h t, Wirtschaftsleben II, S. 489 f. Über das Trierer Weinmaß: L a m p r e c h t S. 492. In Hagenau gilt für Getreide und Wein Straßburger Maß. Hagenau 1164: Art. 22, K e u t g e n S. 136.

[15]) Cap. de villis cap. 9, MG. Capit. I, S. 84. Cap. 816 Ludwig der Fromme, MG. Cap. I, S. 342. Von einem Regelfall sollte man nicht sprechen, andrer Ansicht D o p s c h, Wirtschaftsentwicklung II, S. 339.

[16]) Karl der Große Admonitio generalis 789 cap. 74, MG. Cap. I, S. 60 ut aequales mensuras et rectas et pondera justa et aequalia omnes habeant, sicut et in lege Domini praeceptum habemus.

Seite 320. [17]) So für Augsburg 1156: Art. 4—8, K e u t g e n S. 91. Straßburg: Bischofsrecht vor 1200: Art. 59—79, K e u t g e n S. 97 f.

Seite 320. [18]) Kölner Schied 1258: Art. 49, K e u t g e n S. 163 quod nulli denarii pro dativis recipiantur nisi soli denarii Colonienses monete Coloniensis.
[19]) Kölner Schied 1258: Entgegnung der Bürgerschaft, Art. 5, K e u t g e n S. 164 ae. monetas novas cudi fecit et aliquando denarios depravari in valore et puritate consensit.
[20]) Hamburg-Neustadt: Friedrich I. 1198, Art. 8, K e u t g e n S. 66 Potestatem habeant (cives) examinandi denarios monetariorum in pondere et puritate.
[21]) Lübeck: sog. Lübecker Fragment (vor 1225), UB. I, S. 42 Nr. 32 Consulum inter est, totiens examinare monetam, quociens volunt. R ö r i g, Hansische Beiträge, S. 11 ff.
[22]) Regensburg: Friedrich II. 1230, Art. 11, K e u t g e n S. 198.
[23]) Bremen 1233: UB. I, Nr. 172. L ö n i n g S. 147 ff. In Hannover ging 1241 das Prüfungsrecht des Rates dahin, ut nec falsitas in materia nec levitas in pondere possit inveniri, G e n g l e r S. 186 Art. 10.
[24]) Das bestreitet L ö n i n g S. 150. Aber mehr will D o n a n d t, Versuch einer Geschichte des bremischen Stadtrechtes I, 1830, S. 211, auch nicht sagen.
[25]) E c k h a r d t, Die mittelalterlichen Rechtsquellen der Stadt Bremen 1931, S. 69. L ö n i n g S. 158.
[26]) Bremen: UB. III, Nr. 365 und 366. Gegenüberstellung beider Urkunden bei L ö n i n g S. 185 ff.
[27]) L ö n i n g S. 155, 169. Überwachung der Münze durch den Rat wird auch in Dirschau 1260, Hamm 1269, Halle 1276 überliefert. Vgl. K ö t z s c h k e S. 137, Westfäl. UB. VII, S. 599 Nr. 1321; Hallisches UB. I, S. 324 Nr. 353.
[28]) Worms 1234: UB. I, S. 126 Nr. 172 vendidimus civibus nostris monetam, ut in pondere XXX solidos et eisdem ferramentis per X annos stabilis permaneat. Augsburg 1277: UB. I, S. 40 Nr. 55 (ususfructus der Stadt auf 4 Jahre). Zürich 1290: UB. VI, S. 90 Nr. 2112 (Verleihung an 3 Bürger).
[29]) Regensburg: Städtische Verordnung über Silberbrennen 1303, UB. I, S. 110 Nr. 217. Freiburg i. Br.: Vertrag zwischen Stadt und Graf 1327, UB. I, S. 273 die burgere und der rat süln ouch der müntze gewaltig sin, sie ze besezzende und ze entsezzende und ze slahende.
[30]) Köln 1347, 1379: P l a n i t z - B u y k e n, Schreinsbücher Nr. 1856, 2385, S. 509, 719 sex antiquis grossis Turonensibus aut eorum valore in alio pagemento, sicut domini consules Colonienses statuerunt isto tempore.
[31]) v. M a u r e r, Geschichte der Städteverfassung III, S. 365, 457. Für Köln: E n n e n, Geschichte Bd. I, S. 613 f.
[1]) Köln 1297: Quellen III, S. 418 ff. Nr. 441. Ebenso 1305: Quellen III, S. 504 Nr. 528.
[2]) Köln 1321: L a c o m b l e t III, S. 152 Nr. 182; 1334: L a c o m b l e t III, S. 232 Nr. 278.

Seite 321. [3]) Dortmund 1241: F r e n s d o r f f S. 192; 1267: UB. I, S. 59 Nr. 123.
[4]) Bremen 1261: UB. I, S. 349 Nr. 308.
[5]) Lippstadt 1314: O v e r m a n n S. 8, Nr. 8.
[6]) Fritzlar 1287: D e m a n d t S. 258, Nr. 75.
[7]) Nordhausen 1290: Art. 7, G e n g l e r S. 318. Vgl. Stralsund 1290: F a b r i c i u s S. 81, IV 119.
[8]) Hamburg 1316: UB. II, S. 270 Nr. 371.
[9]) Dortmund 1366: UB. I, S. 597 Nr. 807.
[10]) Stralsund 1256: Pommersches UB. II, S. 32 Nr. 625 consules et commune civitatis Stralesundensis contulimus domui S. Spiritus quandam insulam libere perpetuo possidendam. 1283 fügt die Stadt einer Spitalstiftung aus eigenem unum jugerum hinzu, F a b r i c i u s S. 33, II 246.

Seite 321. [11]) Zürich 1265: UB. IV, S. 10 Nr. 1292.
[12]) Hamburg: Lib. act. 1273, Z. f. Hamb. G. I, S. 432.
[13]) Worms 1278: UB. I, S. 249 Nr. 387. Stralsund 1285: Fabricius S. 59, III 395, S. 60; III 415.
[14]) Goslar 1323: UB. III, S. 439 Nr. 647.
[15]) Straßburg 1201—20: UB. I, S. 119 Nr. 144 (almeinda). 1261: S. 352 Nr. 467. Worms 1277: UB. I, S. 246 Nr. 381. 1314: UB. II, S. 54 Nr. 87.
[16]) Hamburg: Stadtrecht 1270 I 5, Lappenberg S. 2.
[17]) Hamburg: Lib. act. 1267, Z. f. Hamb. G. I, S. 357 resignaverunt consulibus et communi civitatis domum. Erfurt 1266: UB. I, S. 127 Nr. 204. Greifenhagen 1273: Pommersches UB. II, S. 276 Nr. 974. Halberstadt 1275: UB. I, S. 124 Nr. 144.
[18]) Köln: Laurenzschrein 1238, Planitz-Buyken, Kölner Schreinsbücher, S. 103 f. Nr. 453 Si civitas Coloniensis super ipso fossato concessionem aliqua magna necessitate interveniente ratum servare noluerit, civitas Coloniensis ipsum fossatum libertate obtinuimus. Dazu Nr. 1172 S. 297.
[19]) Straßburg 1239: UB. I, S. 202 f. Nr. 261 cum necessitate cogente per eandem insulam murum et fossatum civitatis oporteret transire, in recompensationem aliam insulam in proprietatem possidendam constituentes.
[20]) Kiel: Stadtbuch 1272, Hasse S. 24 f. Nr. 239.

Seite 322. [21]) Trier 1273: Rudolph S. 288, Nr. 24.
[22]) Freiburg i. Br.: 1275 UB. I, S. 249 Nr. 278.
[23]) Ulm 1322: UB. II, S. 48 f. Nr. 35. Weiter Halberstadt 1247: Planitz, Quellenbuch Nr. 299, S. 102.
[24]) Augsburg 1257: UB. I, S. 16 f. Nr. 15 prout ipsi dampnum taxaverint, id ipsum a consulibus certo citius persolvatur.
[25]) Stralsund 1273: Pommersches UB. II, S. 275 Nr. 973 exsolvent consules Sundenses nomine universitatis ville. Vor 1278: Fabricius S. 40, 45, Nr. I 339, III 136.
[26]) Stralsund vor 1278 I 329: Fabricius S. 19 dans consulibus singulis annis duas marcas. I 132 S. 11.
[27]) Rostock 1262: Mecklenburg. UB. II, S. 211 f. Nr. 962 Ista bona receperunt (die 24 Ratsleute). Kiel: Stadtbuch 1270, Hasse S. 21 f., Nr. 208.
[28]) Bremen: Stadtrecht 1303—08 IV 33 b, Eckhardt S. 79.
[29]) Eßlingen 1311: UB. I, S. 183 Nr. 412.
[1]) Freiburg i. Br. (1218—46): Art. 77, 78, Keutgen S. 175. In Flumet ist für die 12 conjuratores der Hauszins ermäßigt, 1228: Art. 32, Welti S. 122.
[2]) Hannover: Stadtrecht 1303—12, Art. 15 Keutgen S. 294. Bonn 1285: Art. 3, Gengler, Cod. S. 252 ad exequendum omnia fideliter sub juramento fidelitatis sint obligati.
[3]) Speyer 1287: Hilgard S. 119, Nr. 159 nullus ad consilium iam assumptus sit camerarius, scultetus, advocatus, magister monete vel etiam thelonearius.
[4]) Stralsund: Ratswillkür 1280, Gengler S. 470.
[5]) Soest um 1200: Art. 47, Keutgen S. 143 Si quis consul pro justicia pretaxatum munus ab aliquo accipere presumpserit.
[6]) Erfurt 1278: UB. I, S. 189 Nr. 293. Ripen 1269: Art. 34, Hasse S. 81 precipitabitur de consilio et nunquam consul efficitur.
[7]) Hamburg um 1285: UB. I, S. 671 Nr. 818.
[8]) Lübeck: Stadtrecht 1227—42, Art. 81, Hach S. 210. Vgl. Ripen 1261: Art. 29, Hasse S. 80.
[9]) Ripen 1269: Art. 30, Hasse S. 80.

Seite 323. [10]) Lübeck: Stadtrecht 1226/27, Art. 50, 51, Hach S. 200.
[11]) Flumet 1228: Art. 37, Welti S. 123.

Seite 323. ¹²) Hamburg: Lib. act. 1248, Z. f. Hamb. G. I, S. 329. Kiel: Stadtbuch 1264, Hasse S. 9.

¹³) Vgl. Conrad in Buyken-Conrad, Die Amtleutebücher der Kölner Sondergemeinden, S. 14*ff. Halle 1266: Hallische Schöffenbücher I, S. 3.

¹⁴) Braunschweig: Degedingebuch der Altstadt 1268, UB. II, S. 99 f. Nr. 225. Der Zweck des Buches ist, ut errores a diversis casibus emergentes valeant inter homines evitari.

¹⁵) Rostock: Verordnung des Rats und der Gemeinde betreffend die Zusammenfassung der 3 Städte, Mecklenburg. UB. II, S. 274 Nr. 1051. Der Rat bestimmt, ut privilegia civitatis in parochia S. Petri in loco tuto sub custodia trium cameriorum reserventur.

¹) Magister civium, in Köln schon 1174 erwähnt, war Leiter der Richerzeche. Anders in Straßburg 1214: Art. 52, aber auch magister burgensium 1215, UB. I, S. 129 Nr. 162. Hildesheim 1224, Schwerin um 1235, Rees 1228 usw.

²) Magister consulum, Soest 1237: Westfäl. UB. VII, S. 201 Nr. 460. proconsul in Hamm um 1220: Art. 7, Overmann S. 2. Weiter Lübeck 1276: UB. Bistum, S. 240 Nr. 249.

³) Worms 1226: UB. I, S. 102 Nr. 136 magister civitatis. Lübeck 1290: UB. I, S. 504 Nr. 557 domino burgimagistro.

⁴) Bürgermeister in Hamburg 1292 A 1: Lappenberg S. 99. Freiburg i. Br. 1292: Schreiber, UB. I, S. 121 Nr. 49. Ulm 1297: UB. I, S. 246 Nr. 304. Augsburg 1303: UB. I, S. 150 f. Nr. 190.

⁵) Magister consilii in Köln 1297: Quellen III, S. 420 f. Nr. 442; Eidbuch 1320: Stein I, S. 10 f. Nr. 19. ratismeister in Saalfeld: Stadtrecht 13. Jh., Art. 25, 78, 104, Walch I, S. 20, 33, 39. meister in Kolmar 1331: Rappoltsteinisches UB. I, S. 313 Nr. 414. Regensburg 1334: v. Freyberg V, S. 120 f. Berlin 1311: Fidicin I, S. 63 (2) gekoren olderlude und die andern radmannen der stad Berlin.

⁶) Wie etwa Schwerin um 1235, Marsberg 1238, Hannover 1241, Wesel 1241, Regensburg 1243, Hildesheim 1249, Fritzlar 1248, Basel 1258, Freiberg 1291, Leipzig 1291, Ulm 1297 usw.

⁷) Worms 1226: UB. I, S. 102 Nr. 136. Soest 1229: Westfäl. UB. VII, S. 136 Nr. 321. Speyer 1239: UB. I, S. 50 Nr. 61. Schleswig 1256: Hasse S. 127. Erfurt 1261: UB. I, S. 102 Nr. 174. Hamburg: Lib. act. 1264, Z. f. Hamb. Gesch. I, S. 363. Lübeck 1271: UB. Bistum I, S. 211 Nr. 215. Köln 1297: Quellen III, S. 420 Nr. 442. Augsburg 1299: UB. I, S. 141 Nr. 177. Münster 1304: Westfäl. UB. VIII, S. 72 Nr. 217.

⁸) 3 Bürgermeister in Wismar 1344, Hildesheim 1345, Nördlingen 1348—51, Anklam 1353. 4 Bürgermeister in Erfurt 1350, Hamburg 1350, Stade 1376.

⁹) Straßburg 1252: UB. I, S. 275 Nr. 361 unusquisque (consul) per mensem unum magister fuit burgensium. Für Köln nimmt Lau S. 111 einen mehrmaligen Wechsel des Ratsmeisters im Jahr an.

¹⁰) In Regensburg wurde 1287 die Amtsdauer des Bürgermeisters auf höchstens 1 Jahr beschränkt, 1334 der Meister jährlich gewählt. UB. I, S. 75 Nr. 144, v. Freyberg V, S. 121. In Augsburg ist der jährliche Wechsel der beiden Bürgermeister bzw. Stadtpfleger bei David Langenmantel, Hist. des Regimes in der heiligen Reichsstadt, Augsburg 1725, ersichtlich.

¹¹) Schwerin: Art. 11 um 1235, Gengler S. 433. Regensburg 1334: v. Freyberg V, S. 120 f. War die erste Wahl ergebnislos gewesen, so schol man wider auf daz haus vordern alle, die vor dar auf waren bei der wal.

¹²) Isny 1381: Die Stadt kauft vom Truchseß Otto die freie Bürgermeisterwahl, Müller, Die oberschwäbischen Reichsstädte, S. 279.

¹³) So in Freiburg i. Br. 1293: Schreiber, UB. I, S. 141. 1316 ging das Wahlrecht auf die Stadt über, Schreiber, UB. I, S. 208 f.

Anmerkungen zu Seite 323 bis 324

Seite 323. [14]) Über die magistri civium in Köln: P l a n i t z, Kaufmannsgilde und Eidgenossenschaft, S. 71. Wegen des Ratsmeisters die Urkunden von 1297 und 1299: Quellen III, Nr. 442 und 477; L a u S. 110.

Seite 324. [15]) Hildesheim-Dammstadt 1196: UB. I, S. 22 Nr. 49. Dazu P l a n i t z, Kaufmannsgilde und Eidgenossenschaft, S. 62.

[16]) Straßburg 1214: Art. 52 ff., K e u t g e n S. 106. Worms 1226: UB. I, S. 102 Nr. 136. Speyer 1239: UB. I, S. 50 Nr. 61. Basel 1258: UB. I, S. 250 Nr. 343.

[17]) Soest um 1200: Art. 43, 44, 63, K e u t g e n S. 142 ff. Lippstadt 1242: Westfäl. UB. VII, S. 235 Nr. 531. Aachen 1251: Q u i x II 5, cod. dipl. S. 133. Freiburg i. Br. 1292: S c h r e i b e r, UB. I, S. 121 Nr. 49. Lübeck 1256: UB. I, S. 207 Nr. 226. Hamburg 1264: Lib. act., Z. f. Hamb. Gesch. I, S. 363.

[18]) Regensburg 1243—55: UB. I, S. 45 Nr. 87. Erfurt 1261: UB. I, S. 102 Nr. 174. Augsburg 1273: UB. I, S. 36 Nr. 48. Köln: siehe oben S. 323, Anm. 14. Wien 1282: S a i l e r S. 15.

[19]) Magdeburg 1302: UB. I, S. 121 Nr. 323. Goslar 1317: UB. III, Nr. 414 S. 282. Halle 1316: Deutsches Städtebuch II, S. 532. Dortmund 1340: UB. I, S. 371 Nr. 546. Stendal 1340 (2 proconsules): Deutsches Städtebuch II, S. 694. Braunschweig-Altstadt 1344: UB. IV, S. 151, Anm. 11. Bremen 1349: Niedersächsisches Städtebuch S. 40. Danzig um 1350 (4 Bürgermeister): Deutsches Städtebuch I, S. 36.

[20]) Konstanz 1301: B e y e r l e, Ratslisten, S. 71. Frankfurt am Main 1311: UB. I, S. 489 Nr. 944. Zürich 1336: Lebenslänglicher Bürgermeister, L a r g i a r d è r, Bürgermeister Rudolf Brun und die Züricher Revolution von 1336, Mitt. d. Antiquarischen Gesellschaft in Zürich 35, S. 47; dazu Beilage 2 und 3, S. 114 ff. Brünn 1345: Art. 308, R ö s s l e r II, S. 141. München 1363: Art. 242, Bayr. R.Qu. I, S. 532.

[21]) Wismar: Stadtbuch 1250, Mecklenburg. UB. I, S. 603 Nr. 648 (2 Bürgermeister) spreken der stades wort. Lübeck 1286: UB. I, S. 452 Nr. 493 consules, qui tunc temporis consilio presidebunt (2 proconsules). Goslar 1329: UB. III, S. 552 Nr. 826 erer ratmanne twene, de do ires rades meister nanten der stad to Gosler.

[22]) Straßburg 1239: UB. I, S. 202 f. Nr. 261. Erfurt 1266: UB. I, S. 127 Nr. 204 (Auflassung an Bürgermeister und Rat). Hamburg 1306: UB. II, S. 79 Nr. 119. Vertrag der Stadt mit dem Grafen von Holstein, diese vertreten durch 2 proconsules und 12 consules. Chemnitz 1308: G e n g l e r, Cod. 487 magistri, consules civium et consulares et universitas civium in Kempniz nos in tutorem defensoremque specialiter elegerunt (vacante imperio übernimmt der Landgraf den Schutz der Reichsstadt).

[23]) Straßburg 1229: UB. I, S. 170 Nr. 216 (Vertrag zwischen Straßburg und Saarburg wegen gegenseitiger Schadensleistung, Straßburg vertreten durch magister burgensium und 5 consules).

[24]) Heilbronn 1371: Karl IV., UB. I, S. 124, Art. 7.

[25]) Soest um 1200: Art. 43, K e u t g e n S. 142 f.

[26]) Soest um 1200: Art. 44, K e u t g e n S. 143. Straßburg 1214: Art. 52 K e u t g e n S. 106.

[27]) P l a n i t z, Kaufmannsgilde und Eidgenossenschaft, S. 56.

[28]) Straßburg 1214: Art. 54, K e u t g e n S. 106 Quandocunque magister cum consulibus ad bonum pacis treugas servare fecerit. Saalfeld: Stadtrecht 13. Jh., Art. 25, W a l c h I, S. 20.

[29]) Hannover 1241: Art. 6, G e n g l e r S. 186 Magister civium corrigat omnes indebitas mensuras sub pena V sol. Wesel 1241: L a c o m b l e t II, S. 133 Nr. 258.

Seite 324. [30]) Schwerin um 1235: Art. 11, Gengler S. 433 Si decreverint consules, super civitatis officia magistrum civium ordinare. Malchow 1235: Mecklenburgisches UB. I, S. 431.
[31]) Schleswig 1256: Hasse S. 127.
[32]) Meyer, Geschichte der Stadt Augsburg 1907, S. 37.
[33]) Regensburg 1330: UB. I, S. 331 Nr. 601, dazu Nr. 608, 610 f. Morré, Ratsverfassung und Patriziat, S. 37 ff.
[34]) Largiadèr, Bürgermeister Rudolf Brun und die Züricher Revolution, S. 30 ff., 47 ff. Sein Nachfolger war der Ritter Rüdiger Manesse, der 23 Jahre, aber bei „einschneidender Verminderung der Kompetenzen", regierte.

Seite 325. [1]) Siehe oben S. 263 f.
[2]) Köln 1216—25: v. Loesch, Kölner Zunfturkunden I, Nr. 113 S. 248. Lau S. 99, 204. Hegel, Städtechroniken XII, S. XXXVI ff.
[3]) Kölner Schied 1258 I: Art. 44, Keutgen S. 162. Klinkenberg, Jahrbuch d. Köln. Gesch.-Ver. 25, 1950, S. 118.
[4]) Köln 1259: Quellen II, S. 453 f.
[5]) Lau S. 101, v. Loesch S. 141.
[6]) So Freiburg i. Br. 1248: UB. I, Nr. 107 S. 93. Speyer 1263: UB. S. 75, Nr. 103. Utrecht 1267 oudermannen confraternitatum civitatis (an Stelle der jurati), Muller in Rbr. I, 3 Inl. S. 19. Gent 1280: Blockmans, Le patriciat urbain de Gand, jusqu'en 1302, 1938.
[7]) Erfurt 1283: Chronic. S. Petr. Handwerksaufstand gegen die divites, Beyer, Entstehung des Rates 1892. Braunschweig 1293: 1. Gildeaufstand, Vertrag mit dem Rate, UB. I, S. 16 Nr. 11. Rostock 1287: Mecklenburg. UB. III, S. 249 Nr. 1898.
[8]) Über Eßlingen, vielleicht vor 1287: Lentze S. 97 ff. Ulm 1292: Zunftmeister im Rate, Müller S. 447. Lentze S. 102. Freiburg i. Br. 1293: Schreiber, UB. I, S. 132 ff., 142 ff. Lentze S. 55 f. Ritter, Kaufleute und Handwerker (diese aus 18 Zünften) waren gleichberechtigt. Neben dem Rat Zunftmeisterkolleg, an der Spitze der Oberzunftmeister.
[9]) Dortmund 1260: 6 Räte aus der Reinoldsgilde, 12 von den 6 Handwerkergilden, Frensdorff S. LVI f., Beilage III, S. 192 f. Lentze S. 14. Goslar 1290: Je 6 Ratssitze für Kaufleute und Berg- und Waldleute, 7 für die 4 Handwerkergilden, Frölich, ZRG. G. 47, 1927, S. 428 ff. Lentze S. 103 ff.
[10]) So in Halberstadt 1289: Neben dem Rat wirken die magistri officiorum bei der Einrichtung eines Klosters mit, UB. I, S. 178 Nr. 226. Hildesheim: Stadtrecht 1300, Art. 120, UB. I, S. 290: 2 Stadtkämmerer überwachen die Stadtfinanzen, einer kam aus dem Rat, der andere ut den ammechten. Gebauer, Geschichte der Stadt Hildesheim I, S. 84. Minden 1303: Westfäl. UB. X, S. 19 Nr. 63. (Über den Eintritt in das Heiliggeistspital entscheidet der Rat) accedente consensu quadraginta nostrorum concivium, quorum est ex officiorum jure, si vocantur, consiliis et negotiis nostrae civitatis M. interesse.
[11]) Wetzlar 1260: UB. I, S. 33 Nr. 96, Art. 4. Lentze S. 48 f. Schoenwerk, Geschichte der Reichsstadt Wetzlar im Mittelalter (Heimatbuch für Stadt und Kreis Wetzlar, 3.—5. Folge), S. 134, 150 f.
[12]) Worms: Erste Rachtung 1233, Keutgen S. 74 f. 3. Rachtung 1300, UB. I, S. 341 Nr. 502; 1341: UB. II, Nr. 316 S. 226 magistri civium, consules seniores ac sedecim consules civitatis. Kohler-Koehne, Wormser Recht und Reformation, S. 131 f. Ebenso treten im Bremer Stadtrecht von 1303 neben dem Rat die Sechzehn auf, je 4 aus jedem Stadtviertel, III 1, Eckhardt S. 57. Weiter Regensburg 1295: UB. I, Nr. 170 (cum illis qui dicuntur sedecim), so auch Nr. 217, 234.

Seite 325. [13]) In den flandrischen Großstädten organisierten sich die Handwerker, da ihre Zünfte vom Patriziat kontrolliert wurden, in religiösen Bruderschaften zum Aufruhr, der 1280 ausbrach und 1302 in der Sporenschlacht von Kortrijk zur vollen Herrschaft der Zünfte führte, P l a n i t z, Die Städte Flanderns, Rhein. Vjschr 11, S. 253 f.

Seite 326. [14]) Magdeburg 1302: UB. I, S. 121 Nr. 223. Neben dem Rat treten die magistri rectores universitatis als Zeugen auf. 1313: Nr. 264 S. 144 We rathman unde the meystere dher vif inninghe in der stat tu M. 1329: Nr. 332 S. 199 wie der stad mestere unde de radmanne unde de mestere van den groten vif inninghen.

[15]) Magdeburg 1330: UB. I, Nr. 334, S c h r a n i l, Stadtverfassung nach Magdeburger Recht (1915), S. 234 f.

[16]) Deutsches Städtebuch II, S. 695. Stendal: Ratsordnung 1345, R i e d e l, Cod. dipl. Brandenburg XV, Nr. 168 S. 124 ff.

[17]) So Gent 1302: B l o c k m a n s, Le patriciat urbain de Gand 1938. Lüttich, wo die Zünfte 1303 die Hälfte, 1313 alle Ratssitze einnehmen, K u r t h, La cité de Liège I, 1910, S. 266, 290 f. Utrecht 1304: Rbr. I 3, M u l l e r, Inl. S. 21 (die Räte werden durch die Alderleute der Gilden gewählt). Über Metz: S c h n e i d e r S. 464 ff. (für 1326/27). L e s t o c q u o y, Les villes de Flandre et d'Italie, 1952, S. 131 ff.

[18]) G r a m i c h, Verfassung und Verwaltung der Stadt Würzburg 1882, S. 52. L e n t z e S. 61.

[19]) Erfurt 1310: UB. I, S. 387 ff. Nr. 555 rogamus de electione inter nos quatuor personarum ad reformandas eo commodius diversas inter nos discordie causas. Singuli artifices seu mechanici civitatis E. duos de suo artificio super se rectores ad compescendas inter ipsos exasperationes et malitias statuerunt.

[20]) Schon 1236 tritt in Trier ein Schultheiß mit 14 Schöffen auf, R u d o l p h S. 280, Nr. 13.

[21]) Trier 1303: R u d o l p h S. 293, Nr. 31. K e n t e n i c h S. 56* f.

[22]) Speyer 1304: UB. Nr. 227, S. 177; 1330: Nr. 397, S. 323 ff.

Seite 327. [23]) Freiburg i. Br. 1248: UB. I, S. 53 ff. F o l t z S. 82 ff. L e n t z e S. 54 f.

[24]) Freiburg i. Br. 1293: S c h r e i b e r, UB. I, S. 124 ff., 131 ff. L e n t z e S. 55 f.

[25]) H a n a u e r und K l é l é, Das alte Statutenbuch der Stadt Hagenau, S. 44.

[26]) H a n a u e r und K l é l é S. 46 f. S c h r i e d e r, Verfassungsgeschichte der Stadt Hagenau 1909, S. 42 ff. L e n t z e S. 119 ff.

[27]) Straßburg 1334: UB. V, Nr. 32.

[28]) v. B o r r i e s, Zum Straßburger Geschelle von 1332, ZGORh. N. F. 31, 1916, S. 1—20.

[29]) L e n t z e S. 122 ff., bes. S. 124.

[30]) Von den 3 Meistern waren 2 die patrizischen Stättemeister, der dritte der Ammannmeister, der zwar als Vorsteher der Handwerker galt, aber auch ein Patrizier war, L e n t z e S. 127.

[31]) L a r g i a d è r, Bürgermeister Rudolf Brun 1936. N a b h o l z, Die soziale Schichtung der Bevölkerung in der Stadt Zürich, Festgabe für M. Huber 1934, S. 314 ff.

[32]) B e y e r l e, Zur Verfassungsgeschichte der Stadt Konstanz im 12. und 13. Jh., Schriften des Vereins für die Geschichte des Bodensees 26, 1897, S. 24 ff. L e n t z e S. 202 ff.

[33]) B e y e r l e S. 27 f. Ähnlich in Heilbronn 1371, wo Karl IV. den Rat aus 26 Mitgliedern (13 Burger, 13 Gemeinde) bestehen ließ. UB. Nr. 278, S. 122 ff.

[34]) G e n g l e r, Cod. S. 782.

Seite 327. [35]) v. Schwind und Dopsch Nr. 146 S. 281 zu 1396.
Seite 328. [36]) Doch nur bis 1328, vgl. Deutsches Städtebuch II, S. 615.
[37]) Deutsches Städtebuch II, S. 619.
[38]) Hegel, Verfassungsgeschichte von Mainz 1882, S. 71 ff. (Friedebrief).
[39]) Demandt, Quellen zur Geschichte der Stadt Fritzlar 1939, S. 39.
[40]) Reutlingen 1299: Jäger S. 75 f. Kolmar 1308: Lentze S. 94. Mühlhausen: Deutsches Städtebuch II, S. 615. Rottweil 1315: Lentze S. 111 f. Eßlingen 1316: Lentze S. 99.
[41]) Schaffhausen 1350: Schib, Geschichte von Schaffhausen 1946, S. 50. Frankfurt 1355: Keutgen Nr. 174—178. Lentze S. 224—250. Koblenz 1366: Bär, Koblenz 1898, S. 22 f.
[42]) Frölich, Die Verfassungsentwicklung von Goslar im Mittelalter, ZRG. G. 47, 1927, S. 435 ff. Lentze S. 102 ff.
[43]) Hildesheim 1345: UB. I, Nr. 949, 950 S. 552 f.
Seite 329. [44]) Für Schwäbisch-Hall: Lentze S. 141. Für Memmingen: Lentze S. 153.
[45]) Gengler, Cod. S. 629.
[46]) Dirr, Studien zur Geschichte der Augsburger Zunftverfassung 1368 bis 1548, Z. d. Hist. V. f. Schwaben-Neuburg 39, 1913, S. 163 ff. Lentze S. 193 ff.
[47]) Steiner, Basels Weg zur Stadtfreiheit, 123. Basler Neujahrsblatt 1941, S. 38 f.
[48]) Siehe oben S. 325.
[49]) Nordhausen 1375: Deutsches Städtebuch II, S. 626.
[50]) Speyer 1349: UB. Nr. 532, S. 406.
[51]) Freiburg i. Br. 1338: UB. I, Nr. 170.
[52]) Müller, Die oberschwäbischen Reichsstädte, S. 82 f.
[53]) Für Biberach 1374: Müller S. 247. Lentze S. 147. Für Isny 1381: Müller S. 278 f.
Seite 330. [54]) Bremen 1330: III 34 c, Eckhardt S. 67.
[55]) Auch in Osnabrück darf 1370 kein Ratsmitglied ein Handwerk ausüben, Deutsches Städtebuch III (ungedruckt).
[56]) Wetzlar 1358: Lentze S. 49.
[57]) Aschersleben 1377: Deutsches Städtebuch II, S. 421. Bautzen 1391: Deutsches Städtebuch II, S. 23.
[58]) Altenburg 1379: Deutsches Städtebuch II, S. 266.
[59]) Köln: Verbundbrief 1396, Stein, Akten I, S. 187 ff. Nr. 52.
[60]) Köln: Verbundbrief 1396, Art. 13, Stein I, S. 196 elle dyeghene, dye nu enbynnen Coelne wonent, eyne gaffel kyesen soilen, dartzu sij sich halden und verbinden soilen. Holtschmitt, Die Kölner Ratsverfassung vom Sturze der Geschlechter bis zum Ausgang des Mittelalters 1906, S. 7 ff.
[61]) Köln: Verbundbrief 1396, Art. III und I, Stein I, S. 191 f., 190.
[62]) Ulm: Vertrag 1333, UB. II 1, Nr. 118. Lentze S. 124 ff.
[63]) Regensburg 1333 f.: UB. I, Nr. 733.
[64]) Basel 1337: UB. IV, S. 125 Nr. 134.
Seite 331. [65]) Kerler in Chroniken der deutschen Städte III, S. 317 ff. Lochner, Geschichte der Reichsstadt Nürnberg 1873, S. 17 ff. Lentze S. 216 ff.
[66]) Sander, Die reichsstädtische Haushaltung Nürnbergs 1902, S. 49 ff. Lentze S. 222 ff.
[67]) Sander S. 60 ff. Eulenburg, Z. f. Soz. und Wirtschaftsgesch. 4, 1896, S. 144 ff.
[68]) Frankfurt: 1366 Verordnung Karls IV. Keutgen Nr. 178, S. 241 f. Lentze S. 245 f.
[69]) Meyer, Geschichte der Stadt Augsburg, S. 79 f.

Seite 331. ⁷⁰) Deutsches Städtebuch II, S. 396 und 421. Für Lübeck: Wehrmann, Die staatsbürgerliche Stellung der Handwerker-Korporationen in Lübeck, Z. d. Ver. für lübeckische Geschichte und Altertumskunde I, 1860, S. 263 ff., bes. 269. Schon 1340 wird als altes Herkommen bezeugt, daß in schwierigen Angelegenheiten die Zustimmung der Älderleute der Handwerkergilden einzuholen sei, UB. II, S. 664.

⁷¹) Hamburg 1376: Deutsches Städtebuch I, S. 396 (9 c). Lübeck 1380: Deutsches Städtebuch I, S. 421 (9 c).

⁷²) Bremen 1433: De Tafel edder Eentracht, Gengler, Cod. S. 344 f. Entholt in Buchenau, Die freie Hansestadt Bremen 1934, S. 15 f.

⁷³) Braunschweig 1384: Gengler, Cod. S. 295. Der dritte Gildeaufstand von 1488 hatte nur einen kurzen Erfolg auf 2 Jahre.

Seite 332. ¹) Dieser Meinung war z. B. Philippi, Zur Verfassung der westfälischen Bischofsstädte 1894, S. 1.

²) Halberstadt 1105: UB. I, S. 3 Nr. 4 jura et statuta civilia. Speyer 1101: Keutgen S. 6. Straßburg 1119: Keutgen S. 13. Köln 1154: Keutgen S. 24 civium jure. Hagenau 1164: Art. 7, Keutgen S. 134. Freiburg nach 1178: Art. 16, Keutgen S. 119 usw.

³) Goslar 1219: Art. 3, Keutgen S. 179. Hildesheim 1232: UB. I, S. 63 Nr. 122. Osnabrück 1248: UB. II, S. 420. Tulln 1276: Art. 24, Keutgen S. 203. Neuenburg 1292: Art. 55, ORhStR. 2, 3, S. 13.

⁴) So in Straßburg 1119: Keutgen S. 13 jus civile et omnibus commune. Augsburg 1246: UB. I, S. 6 Nr. 6 jus commune civitatis, quod vulgariter dicitur purchrecht.

⁵) Jus civitatis in Braunschweig-Hagen: Art. 10, Keutgen S. 178. Über Lübeck Helmold I cap. 86, Schmeidler S. 169. Freiburg i. Br. nach 1178: Art. 39, 47, 71, 76, Keutgen S. 122 ff. Hildesheim 1196: UB. I, S. 23. Straßburg 1214: Art. 6, Keutgen S. 103. Bautzen 1240: Köhler, Cod. dipl. Lus. sup. I, S. 37. Jus burgensie: Burg 1159. Bern 1218—20: Art. 14, 25, 52. Strahm S. 158, 164, 178.

⁶) Graff, Althochdeutscher Sprachschatz 1840, 6. Teil, S. 307, aus althochdeutschen Bibelglossen des Münchner Kodex Tegernsee 10. Jh.

⁷) Notker der Deutsche um 1000: Keutgen S. 44.

⁸) Passau 1207: UB. ob der Enns II, Nr. 356 jus civile, quod vulgo dicitur burkhrecht. Passau 1260: Notizblätter VI, S. 454. Augsburg 1246: UB. I, Nr. 6. Augsburg: Stadtbuch, Meyer S. 325.

⁹) Siegburg 1182: Lau S. 55, Nr. 5 jus burgense.

¹⁰) Rietschel, Markt und Stadt, S. 180 f.

¹¹) So das Freiberger Stadtrechtsbuch von 1300: Vgl. I 8, V 24, 27, XIX 4, 6, XXII 1, XXVII 11, XXX 10 usw. Vgl. Ermisch unter Recht S. 337. Rüthen 1310: Seibertz II, S. 69 Nr. 540.

¹²) Vgl. Planitz, Frühgeschichte der deutschen Stadt, S. 90 f.

¹³) Leipzig 1156—70: Art. 2, Keutgen S. 64 Juris etiam sui, quod wicbilede dicitur. Münster 1178: Keutgen S. 58 jure civile, quod wicbilethe dicitur. Lübeck 1182: Keutgen S. 60 civili vel forensi jure, quod wicbeledhe dicitur. Bremen 1186, 1206: Keutgen S. 19 usw. Dazu Bocholt 1201: Keutgen S. 67.

¹⁴) Osnabrück 1248: UB. II, S. 420 jure civili, quod dicitur wychbelesrechte. Breslau 1280: UB. S. 51.

¹⁵) Halle-Neumarkt 1235: Art. 2, Meinardus S. 126. Freiberg: Stadtrechtsbuch 1300 I 1, 37, IV 3, V 19, 21, 39, 40 usw., Ermisch S. 357 unter Wicbilt. Braunschweig 1312: Keutgen S. 444.

¹⁶) Hameln 1348: Keutgen S. 244. Münster 1222: Art. 42 ff., Keutgen S. 153.

Seite 333. [1]) Medebach 1144: Keutgen S. 145 populo nostro easdem reddidimus leges easdem consuetudines, quas ante benefacionem se habuise asserebant. Regensburg 1207: Art. 7, Keutgen S. 197 omnia jura et bonas consuetudines vel a patre vel a fratre ipsis concessas nos quoque ipsis concedimus. Worms 1232: Nr. 113a, Keutgen S. 73. Frankfurt am Main 1283: Art. 9, Keutgen S. 466. Wien 1296: Keutgen S. 212 bestaeten in elliu deu reht und di guten gewonheiten, den diselbe stat ze Wienne herbraht.

[2]) Friedrich II., Confoederatio cum principibus ecclestiasticis 1220, Art. 10, Planitz, Quellenbuch, S. 80.

[3]) Alcuini epist. 796, MG. Epist. 4, S. 145 Nr. 100. Karl der Große sicherte englischen Kaufleuten im fränkischen Reiche den Königsschutz zu juxta antiquam consuetudinem negotiandi.

[4]) Planitz, Handelsverkehr und Kaufmannsrecht im fränkischen Reich, S. 186 ff.

[5]) Form. Imperiales 32 (vor 825) und 37 (828), Zeumer S. 311, 314f. Dazu Brunner-v. Schwerin, Deutsche Rechtsgeschichte II, S. 64.

[6]) Karl der Große Urkunde 772—774, MG. Dipl. Karol. I, S. 111 Nr. 77. Ludwig der Fromme, Privileg für Utrecht 815: Muller, Cartul. van het sticht Utrecht, S. 14.

[7]) Form. Imperiales 30, 31, Zeumer S. 309 f.

[8]) Planitz, Frühgeschichte, S. 83. Über den Zins: Halberstadt 1036—59: UB. I, Nr. 1 S. 1 rectum censum pro mercatorio usu solventibus. Über die Verfügungsfähigkeit: Naumburg 1033: Dipl. IV, S. 258 Nr. 194 undique licentiam faciendi quicquid voluerit habeat.

[9]) Alpert von Metz 1021—24 für die Kaufleute von Tiel: MG. SS. 4, S. 718. Huy 1066: Chartes confisquées aux bonnes villes du pays de Liège et du conté de Looz après de la battaille d'Othée 1408, ed. Em. Fairon 1937, S. 448; dazu Planitz, Kaufmannsgilde und Eidgenossenschaft, S. 112.

[10]) Planitz, Das Kölner Recht und seine Verbreitung, S. 21 ff. Das Wiener Stadtrecht und seine Quellen, MIÖG. 56, 1948, S. 299.

[11]) Aposteln 2 I 19 (1171—83), Hoeniger II, S. 13 domum ita civile acquisivit ad jus urbale, quod vertere possit quo velit.

[12]) Freiburg i. Br.: Zusatz des 12. Jh., Art. 18, Keutgen S. 120. Ähnliche Sätze auch in Wien: Handfeste 1221, Art. 18, 19, Keutgen S. 208 f., MIÖG. 56, S. 297 f.

Seite 334. [13]) Lübeck 1226/27: Art. 1, Hach S. 185. Hamburg 1270 I: Art. 8, Lappenberg S. 5.

[14]) Soest um 1150: Art. 33, Keutgen S. 142 si aliquis domum suam vel aream dare vel vendere voluerit, is, cui datur vel venditur, dabit sculteto duplum pensionis ilius, que de area illa dari solet annuatim.

[15]) Hamburg-Neustadt: Adolf III. 1189, Art. 1, Keutgen S. 65 liberas areas secundum justitiam Lubicentium. Lübeck 1227—42: Art. 87, Hach S. 212 aream to wichbelde rechte.

[16]) Vertrag zwischen Holland und Flandern 1168: van den Bergh, Oorkondenb. van Holland en Zeeland I, S. 95. Köln-Verdun: Lacomblet, NRh.UB. I, S 326. Köln-Flandern 1197: Hans. UB. I, S. 25. Dazu Riga 1211: Art. 2, Planitz, Quellenbuch, S. 77.

[17]) Const. I, S. 335, 1173: Art. 8; 1252: Dortmunder UB. I, Erg.-Bd. S. 57 Nr. 149.

[18]) Saalfeld 13. Jh.: Art. 8, Walch I, S. 15 f.

[19]) Freiburg i. Br. 12. Jh.: Art. 19, Soest um 1150: Art. 41, Braunschweig-Hagen um 1160: Art. 7, Keutgen S. 120, 142, 178. So auch Bodenwerder 1287: Art. 9, Gengler S. 28.

Seite 334. [20]) Nürnberg 1219: Friedrich II., Art. 3, K e u t g e n S. 194.
[21]) Wien: Friedrich II. 1237, Art. 6, K e u t g e n S. 211. Vgl. P l a n i t z, Das Wiener Stadtrecht und seine Quellen, S. 307.
[22]) Cod. dipl. Sax. reg. I 2, Nr. 240 Data est igitur eis a me libera potestas infra episcopatum vendendi et emendi (1152).
[23]) Magdeburg 1176: UB. I, S. 22 Nr. 46 negociatores, qui venalia in civitatem afferunt, in domo ipsius curie (que foro civitatis adjacet), vendant.
[24]) Magdeburg-Goldberg um 1200: Art. 1, L a b a n d S. 4 quilibet burgensis aut propriam habens domum, quarumcumque rerum venalitatem habuerit, eas in domo propria libere vendere potest.
[25]) Lübeck: Friedrich I. 1188, Art. 10, K e u t g e n S. 185 mercatores cujuscunque regni, cujuscunque civitatis huc veniant, vendant et emant libere.
[26]) Goslar: Friedrich II. 1219, Art. 32, K e u t g e n S. 181 Mercatoribus dicte civitatis per totum imperium mercaturas et negotia sua exercentes.
[27]) Goslar: Friedrich II. 1219, Art. 32, K e u t g e n S. 181 ab omni theloneo liberi existant, preterquam in Colonia, Tyele et Bardewic.
[28]) Otto II. 975 für Magdeburg: Dipl. II, Nr. 112 S. 126. Lothar III. 1134 für Quedlinburg: Dipl. VIII, Nr. 61 S. 96. Vgl. v. K e l l e r, Freiheitsgarantien, S. 170 ff.

Seite 335. [29]) Freiburg i. Br. 1120: Art. 3, K e u t g e n S. 118 Omnibus mercatoribus teloneum condono.
[30]) Lübeck: Friedrich I. 1188, Art. 4 und 10, K e u t g e n S. 184 f. Dazu Hamburg-Neustadt 1189: Adolf III., Art. 2, Friedrich I., Art. 1. K e u t g e n S. 65, 66.
[31]) Hannöversch-Münden 1246: Art. 11, G e n g l e r S. 303. Dortmund: Friedrich II. 1220, F r e n s d o r f f S. 32, Anm. 23 zu Art. 23 des lateinischen Statuts von 1250. Eger 1279: Art. 26, G e n g l e r S. 100.
[32]) Freiburg i. Br.: Zusatz des 12. Jh., Art. 33, K e u t g e n S. 121. Dieselbe Bestimmung für Aachen: Friedrich II. 1215, G e n g l e r, Cod. S. 2 f.; für Wien: Friedrich II. 1237, Art. 3, K e u t g e n S. 211. P l a n i t z, Das Wiener Stadtrecht und seine Quellen, MIÖG. 56, S. 306.
[33]) Lübeck: Friedrich I. 1188, Art. 14, K e u t g e n S. 185. Ebenso 1226/27: Art. 27, H a c h S. 193. Hamburg-Neustadt: Friedrich I. 1189, Art. 9, K e u t g e n S. 76.
[34]) Magdeburg-Goldberg um 1200: Art. 4, L a b a n d S. 5.
[35]) Das Diedenhofener Kapitular von 805, Art. 7 (Cap. I, S. 123), verbietet nur, Waffen zum Handel mitzuführen, nicht zur eigenen Rüstung.
[36]) Reichslandfriede Friedrichs I. 1152: Art. 13, P l a n i t z, Quellenbuch, S. 60.
[37]) Enns: Leopold VI. 1212, Art. 28, v. S c h w i n d und D o p s c h S. 46 quicunque ipsorum possit habere arma vel equum, habeat, ita quod dominus terrae hoc ab ipsis non possit petere.
[38]) Karl der Große Urkunde 772—774, MG. Dipl. Karol. I, S. 111 Nr. 77 res peregrinorum propriae sunt regis.
[39]) Ludwig der Fromme für Utrecht 815: M u l l e r, Cartul. van het sticht Utrecht, S. 14.
[40]) Freiburg i. Br. 1120: Art. 2, K e u t g e n S. 117.
[41]) Soest um 1150: Art. 13, K e u t g e n S. 140.
[42]) Eschershausen 1133—37: Privileg für die flämischen Ansiedler, Hildesheim, UB. des Hofstifts I, Nr. 204.
[43]) In Lippstadt Tod des Bürgers, in Münster-Bielefeld Tod des Gastes. Lippstadt: Art. 11, Münster-Bielefeld 1221: Art. 17, K e u t g e n S. 148, 152.
[44]) Regensburg 1230: Friedrich II., Art. 4, K e u t g e n S. 197.
[45]) P l a n i t z, Frühgeschichte, S. 82 ff.

Seite 335. ⁴⁶) Freiburg i. Br. 1120: Einl. Art. 1, 2, 3, 5, K e u t g e n S. 117 f. Die Geltung des jus mercatorum precipue Coloniensum finden wir in Flumet 1228, Art. 10, W e l t i S. 119. Ebenso in Bern 1218/20, Art. 5, während in Art. 1 und 54 vom jus Coloniensis civitatis gesprochen wird, S t r a h m, Handfeste S. 152, 154, 178. In Schlettstadt 1292, Art. 12 und Neuenburg 1292, Art. 38 wird nur von jus civitatis gesprochen. ORhStR. II 3, S. 11, III, 1 S. 11.

Seite 336. ⁴⁷) P l a n i t z, Frühgeschichte, S. 71. Theodor M a y e r nimmt spätere Entstehung an.

⁴⁸) P l a n i t z, Frühgeschichte, S. 68 f. mit Anm. 376 und 377.

⁴⁹) Soest um 1150: Art. 29, K e u t g e n S. 141 si concives nostri extra provinciam inter se dissenserint, inter se litem componant. Medebach 1165: Art. 17, K e u t g e n S. 147 Nullus civis querimoniam faciat de concivi suo in alienis regionibus; sed si quis habet cum eo agere, coram concivibus suis familiariter et amice terminet.

⁵⁰) Freiburg i. Br.: Zusatz des 12. Jh., Art. 17, K e u t g e n S. 119 ocultas reconciliationes.

¹) P l a n i t z, Die deutsche Stadtgemeinde, S. 5 ff. Kaufmannsgilde und Eidgenossenschaft, S. 30 ff.

²) P l a n i t z, Die deutsche Stadtgemeinde, S. 18—39.

³) P l a n i t z, Die deutsche Stadtgemeinde, S. 40 ff. Hamburg 1270 XII 1: L a p p e n b e r g S. 65 So welk man enen vient hevet, sunder en borger uppe den anderen, unde kundiget he eme sine veide tovoren.

⁴) Worms: Stadtrecht 13. Jh., Art. 14, K o h l e r S. 10.

⁵) Wien 1221: Art. 1 ff., K e u t g e n S. 204—206. P l a n i t z, Wiener Stadtrecht, MIÖG. 56, 1948, S. 312. Hamm 1226: Art. 5, O v e r m a n n S. 1. Altenburg 1256: Art. 9, G e n g l e r S. 6. Saalfeld 13. Jh.: Art. 27, W a l c h I, S. 21.

⁶) So in Straßburg 1214: Art. 7, 21, 50, 52, 54, UB. I, S. 477—481. So auch Riga 1211: Art. 4, Livländ. UB. I, Nr. 20 S. 27.

⁷) Regensburg: Friedgerichtsbuch 14. Jh., v. F r e y b e r g V, S. 65 ff. Vorher schon Privileg Philipps von 1207, Art. 2, K e u t g e n S. 196; städtische Verordnung von 1269: UB. I, S. 54 Nr. 105. Friedegebot auch in Erfurt 1306: Art. 12, W a l c h I, S. 103.

⁸) Münster-Bielefeld 1221: Art. 54, K e u t g e n S. 153 si discordia oritur inter cives, scabini possunt suo consilio componere sine judice.

⁹) P l a n i t z, Kaufmannsgilde und Eidgenossenschaft, S. 76—81. Wien 1221: Art. 4, 8, 10, 11, 14—16, K e u t g e n S. 206 ff. P l a n i t z, Wiener Stadtrecht, MIÖG. 56, S. 313 f.

Seite 337. ¹⁰) Beispiele in Straßburg 1214: Art. 54, 1245—50: Art. 1—3. Regensburg 1230: Art. 2, UB. I, S. 481, 482, K e u t g e n S. 197. Wesel 1241: L a c o m b l e t II, S. 132 Nr. 258 = G e n g l e r 523.

¹¹) Straßburg 1214: Art. 52, 54, UB. I, S. 481.

¹²) Straßburg 1214: Art. 7, 21, UB. I, S. 477, 478.

¹³) Straßburg 1214: Art. 11, UB. I, S. 478.

¹⁴) Regensburg: sogenannter Liechtenberger Schied 1281, UB. I, S. 67.

¹⁵) Regensburg 1269: UB. I, Nr. 105 S. 54; 1281: Nr. 128 S. 66 f.

¹⁶) Wesel 1241: L a c o m b l e t II, S. 132 Nr. 258. Eisenach 1283: Art. 4, G e n g l e r S. 182. Kolmar 1286: ORhStR. 3, 3 S. 49.

¹⁷) Wien 1221, P l a n i t z, Wiener Stadtrecht, MIÖG. 56, S. 315.

¹⁸) Enns 1212: v. S c h w i n d und D o p s c h S. 45 si aliquis intret civitatem, ut civis efficiatur, burgenses debent illum tueri ab omni violentia. Wien 1221: Art. 11, K e u t g e n S. 207. Münster-Bielefeld um 1221: Art. 6, K e u t g e n S. 151 si quid postea (nach der Aufnahme) ei gravaminis subrepserit, in hoc ei tenetur (civitas) assistere consilio et auxilio. Der Schutz

Seite 337.   gilt vor allem auch gegen den nacheilenden Herrn. Frankfurt 1297: UB. I, S. 350, Art. 29.
19) Freiburg i. Üchtlande 1249: Art. 82, G a u p p II, S. 97.
20) Wesel 1241: L a c o m b l e t II, Nr. 258 S. 133 quilibet burgensi, qui ad annos discretionis pervenerit, 6 denarios.
21) Medemblik 1289: Art. 56, Rbr. 1, 7 S. 14 Quicunque oppidanus non juvaret universitatem ad compellendos extraneos, ne aliquid faciant contra jus oppidi de Medemblik.
22) Speyer 1263: UB. Nr. 103 S. 74 f. Quicunque harum treugarum vel pacis violator inventus fuerit, se sciat perjurium incidisse. Rheinfelden 1290: Art. 11, W e l t i S. 11.
23) Rheinfelden 1290: Art. 32, W e l t i S. 13 den schaden und den kosten umbe in ze tegdingonde, den son di burger gemeinlich han.
24) Dortmund um 1250: Art. 33, F r e n s d o r f f S. 36 mit Anmerkung. Soest um 1350: Art. 127, S e i b e r t z II, S. 399 f.
25) Augsburg: UB. I, Nr. 9, Stadtbuch 1276, Art. 3, M e y e r S. 9.
26) Straßburg 1214: Art. 50, 52, K e u t g e n S. 106. Zu Metz vgl. D a u c h, Bischofsstadt, S. 162. Toul: Vertrag zwischen Stadt und Bürgerschaft 1239, K l i p f f e l, Etude, S. 76. Verdun, Mauerbau der Einwohner 1209: L a b a n d e et V e r n i e r, Ville de Verdun 1891, S. 16. In Maastricht ummauerten die Bürger die Stadt zur Sicherung gegen den Bischof von Lüttich, P a n h u y s e n, Studien over Maastricht, S. 49.
27) Regensburg 1207: Art. 1, 4, K e u t g e n S. 196. 1230: Art. 16, 22, K e u t g e n S. 199.
28) Regensburg 1230: Art. 17, K e u t g e n S. 199 ad municionem dent decem libras.
29) Erfurt 1212, 1217: UB. I, Nr. 72 S. 35; Nr. 82 S. 43.
30) Erfurt 1271, 1288: UB. I, Nr. 248 S. 157; Nr. 373 S. 246.

Seite 338. 31) Goslar 1219: Friedrich II., Art. 47, K e u t g e n S. 182. Dazu 1252: UB. II, Nr. 12 und 13 S. 115 f.
32) Dortmund um 1250: Art. 9, 21, 32, F r e n s d o r f f S. 24 f., 31, 35. Dazu E r l e r, Bürgerrecht und Steuerpflicht 1939.
33) Dortmund 14. Jh.: Art. 106, F r e n s d o r f f S. 93 f.
34) Altenburg 1256: Art. 25, G e n g l e r S. 7.
35) Lübeck 1226/27: Art. 27, H a c h S. 192; um 1250: UB. I, Nr. 165 S. 152.
36) domus burgensium in Dortmund: Privileg für Wesel 1241, F r e n s d o r f f S. 260, Beilage 15. domus civium in Osnabrück 1245: UB. II, Nr. 447 S. 356. Regensburg 1244: Mon. Boic. 53 Nr. 69 S. 32. domus communitatis in Worms 1233: K e u t g e n S. 73, Nr. 113 c. Goslar 1269: UB. II, S. 208 Nr. 155 usw.
37) domus concilii in Lippstadt 1238: Westfäl. UB. III, Nr. 353. domus publica in Recklinghausen 1247: R i t z S. 111 f.
38) Speyer 1263: UB. Nr. 103, S. 75. Augsburg 1276: 23, 4, M e y e r S. 64. Koblenz 1343: ZRG. G. 59, 1939, S. 177, 183, 190. Köln 1355: Art. 2, S t e i n I, S. 70 Nr. 20. Verbot der Glocken in Passau 1298: Mon. Boic. 28 II. S. 424 Nr. 146. Koblenz 15. Jh.: C o n r a d, ZRG. G. 58, 1938, S. 346, Anm. 1.
39) So in Worms 1208: UB. Nr. 109, S. 87; in Regensburg 1213: UB. Nr. 49, S. 19.
40) So in Speyer 1207, Regensburg 1211, Osnabrück 1212, Erfurt und Hildesheim 1217 usw.
41) Riga: Schied 1225, Livländ. UB: I, Nr. 75 S. 81 f. Omnibus volentibus intrare civitatem ad habitandum liceat cives fieri predictae libertatis. Tulln

Anmerkungen zu Seite 338 bis 339

Seite 338. 1270: Art. 24, W i n t e r S. 28 quicunque a juratis civibus juris civilis consortium meruerit.

⁴²) Augsburg 1276: Art. 20, 1, M e y e r S. 59 er sol swern, daz er getriver burger hie zer stat sol sin jar unde tac, mit in ze lidenne ubel unde gut. Dortmund 14. Jh.: Art. 125, F r e n s d o r f f S. 101. Köln um 1355, Art. 1, S t e i n I, S. 70, Nr. 20.

⁴³) Halle-Neumarkt 1235: Art. 21, UB. I, S. 211 tres solidos dabit, quod burmal appellatur.

⁴⁴) Bern 1218/20: Art. 52, S t r a h m S. 178 in 15. anno etatis jurare debent omnia jura et libertates urbis se fideliter observare.

⁴⁵) Zürich 1240: UB. II, S. 46 Nr. 544 universitas civium faciunt juramentum super commodo et honore ville promovendo.

⁴⁶) Rheinfelden um 1300: Art. 42, W e l t i S. 15 sweie burger, der sechzehen jar alt ist, die sullen alle jerlichs sweren, so och die burger swerent.

⁴⁷) Regensburg 1334: v. F r e y b e r g V, S. 120 (nach der Wahl) schullen danne alle den maister selben bei ir trewen loben. Vgl. auch Art. 2 im Stadtrecht von 1207 und 1230: K e u t g e n S. 196 f.

⁴⁸) So noch z. B. Aachen 1215: L a c o m b l e t II, S. 27 Nr. 51. Hildesheim 1249: Art. 52, UB. I, S. 105. Altenburg 1256: Art. 26, G e n g l e r S. 7. Nicht hierher gehört die von B r u n n e r S. 6 angezogene Rechtsaufzeichnung für Dieburg: Art. 1, K e u t g e n S. 137. Sie spricht den Satz „Luft macht eigen" aus. Ob die Stelle bis in die Mitte des 12. Jh. zurückgeführt werden kann, ist zweifelhaft.

⁴⁹) Stade 1209: Art. 7, G e n g l e r S. 456 si quis eius libertati obviare voluerit, actori silentio inposito probationis, liceat ei dicti temporis prescriptione libertatem suam probare. Lippstadt 1220: Art. 7, K e u t g e n S. 148. Hamm: Art. 8, O v e r m a n n S. 2.

⁵⁰) Mühlhausen: Reichsrechtsbuch um 1200, Art. 38, 1, M e y e r S. 159 f. Wien 1237: Art. 8, K e u t g e n S. 212. Innsbruck 1239: v. S c h w i n d und D o p s c h S. 81. Kleve 1242: L a c o m b l e t II, S. 137 Nr. 265. Freiburg i. Üchtlande 1249: Art. 48, G a u p p II, S. 92.

⁵¹) Goslar 1219: Art. 2, K e u t g e n S. 179. Münster-Bielefeld 1221: Art. 25, K e u t g e n S. 153. Lüneburg 1247: K r a u t S. 4.

⁵²) Regensburg 1207: K e u t g e n S. 196. Erfurt 1273: K e u t g e n S. 472, Nr. 375 a. Bern 1286: K e u t g e n S. 506, Nr. 414.

⁵³) Hildesheim 1217: UB. I, S. 39 Nr. 74 totum commune civitatis. Lübeck 1241: UB. I, S. 95 Commune Lubicensis civitatis. Basel 1277: K e u t g e n S. 471, Nr. 373 pro bono communitatis nostre.

Seite 339. ¹) Straßburg 1214: Art. 29—38, Art. 39—49, K e u t g e n S. 105 f.

²) Straßburg 1214: Art. 1—4, 5—18, 20, K e u t g e n S. 102—104.

³) Wien: Leopold VI. 1221, Art. 1—16, 17—20, 28, K e u t g e n S. 203—210.

⁴) Wien 1221: Art. 23, K e u t g e n S. 209. Näheres in m e i n e r Abhandlung Das Wiener Stadtrecht und seine Quellen, MIÖG. 56, S. 323 f., über Niederlagsrecht: Graz 1281: Art. 1, G e n g l e r S. 169. Beschränkung der Handelsfahrt auf die königliche Straße, Tulln 1270: Art. 17, K e u t g e n S. 202. G ö n n e n w e i n, Das Stapel- und Niederlagsrecht 1939.

⁵) Lübeck 1226: Art. 1, K e u t g e n S. 186.

⁶) Wien: Privileg Friedrichs II. 1237, Einl. K e u t g e n S. 211. Dortmund um 1250: Art. 26, F r e n s d o r f f S. 33.

⁷) Annweiler 1219: Art. 5, K e u t g e n S. 138. Lübeck 1226: Art. 3, K e u t g e n S. 186. Basel 1260: Art. 10, K e u t g e n S. 115.

⁸) Nürnberg 1219: Art. 11, K e u t g e n S. 195. Hameln 1237—47: Art. 10, K e u t g e n S. 175. Eisenach 1283: Art. 29, G e n g l e r S. 105. Wien 1296: Art. 38, K e u t g e n S. 219.

Seite 339. [9]) Hamm 1213: Art. 16, Keutgen S. 150. Ulm: Rotes Buch, Art. 129 vor 1397, Mollwo S. 108. Besondere Ordnung des Fürkaufs, z. B. Landshut 1279: Art. 20, Gengler S. 235.
[10]) Hameln 1237—47: Art. 2—7, Keutgen S. 174.
[11]) Wien 1208: Keutgen S. 359. Goslar 1299: Art. 38, Keutgen S. 182. Köln 1258: Art. 44, Keutgen S. 162. Hameln 1277: Art. 5, Keutgen S. 176.
[12]) Wien 1296: Art. 9, Keutgen S. 214.
[13]) Hameln 1277: Art. 12, Keutgen S. 177.
[14]) Goslar 1219: Art. 11, Keutgen S. 180.
[15]) Hamburg 1270 I 4, Lappenberg S. 3. So auch Freiburg i. Br. vor 1178: Art. 13, Keutgen S. 119.
[16]) Frankfurt 1297: Art. 20, 22, 26, Keutgen S. 189.
[17]) Regensburg 1230: Art. 17, Keutgen S. 199. Köln 1258: Art. 19, Keutgen S. 159 f. Tulln 1270: Art. 16, Keutgen S. 202. Augsburg 1276: Zusatz zu Art. 27 (1303), Meyer S. 73 ff.
[18]) Frankfurt 1297: Art. 17, Keutgen S. 189. Ulm-Ravensburg 1296: Art. 11, Keutgen S. 191.
[19]) Wien 1237: Art. 4, 1296: Art. 5, Keutgen S. 211, 213. Tulln 1270: Art. 23, Keutgen S. 203.
[20]) Dortmund 1250: Art. 37, Frensdorff S. 37,
[21]) Dortmunder Urteilsbuch 14. Jh. 1. Hälfte: Art. 3. Frensdorff S. 109. Königsfeld 1360: Art. 6, Gengler S. 226.
[22]) Hamburg 1270 I 5—22 (Liegenschaften), II 1—5 (Erbzins), III 1—17 (Familien- und Erbrecht), IV 1—8 (Erbrecht), V 1—6 (Vormundschaft), VI und VII 1—33 (Schuldsachen), VII—XII (Prozeß- und Strafrecht), Lappenberg S. 3—71.
[23]) Lübeck 1240: Art. 177 f., 197, Hach S. 337, 348.
[24]) Lübeck 1240: Art. 148 f., 174, 183, Hach S. 321, 340.
[25]) Freiberg: Stadtrechtsbuch um 1300, Kapitel I—V, VIII—XVII, XVIII bis XXX, XXXI—XXXIII, Ermisch S. 22—69, 83—117, 119—197, 199 bis 222.
[26]) Freiberg: Stadtrechtsbuch um 1300, Kap. XXXIV—XXXX, VI—VII, XXXXII—XXXXVII, XXXXIX, § 5—7, Ermisch S. 223—238, 73 bis 82, 241—252, 257.

Seite 340. [27]) Goslar: Stadtrecht 14. Jh. Mitte, Buch 1—4, Göschen S. 2—100, Buch 5, S. 101—108.
[28]) Magdeburg-Breslau: Systematisches Schöffenrecht (14. Jh. Mitte), 1. Buch, Laband S. 2—12; 2. Buch S. 13—54; 3. Buch S. 54—124; 4. Buch S. 125—183; 5. Buch S. 184—194.
[29]) Brünner Schöffenbuch um 1350: Rössler II, S. 1—338.
[30]) Bremen 1303—08: Eckhardt S. 38—120 (in 212 Artikeln). Dortmund: Magnus liber civitatis vor 1350, Frensdorff S. 65—101 (127 Artikel). Bern: Satzungsbuch 14.—15. Jh., Welti S. 27—258 (417 Artikel). München 1347: Bayr. R.Qu. 1, S. 107—481.
[31]) Utrecht: Liber albus vor 1340, Rbr. I, 3 S. 3—68 (112 Artikel). Haarlem 1390: Rbr. II 13, S. 39—94 (179 Artikel). Dordrecht 1401: Rbr. I 4, S. 1 bis 79 (234 Artikel).
[1]) Freiburg i. Br. 1120: Einl., Art. 1—5, Epilog, Keutgen S. 117 f.
[2]) Soest nach 1120: Art. 17, 20, 22, 23, 29 f., 36—43, 53, Keutgen S. 140 bis 143. Lippstadt um 1200: Art. 1—4, 6—8, 10, 14—16, Keutgen S. 148 f.
[3]) Wien 1221: Art. 17, 23, 1237: Art. 4, 7, Keutgen S. 208 f., 211.
[4]) Altenburg 1256: Art. 15—19 (Münze), 23 (tote Hand), 24 (Heimfall), 25 (Befestigungspflicht der Kleriker und Ritter) usw., Gengler S. 7 f.

Anmerkungen zu Seite 340 bis 341

Seite 340. [5]) So etwa Darmstadt 1333: G e n g l e r, Cod. S. 724. Krefeld 1373: G e n g l e r, Cod. S. 665.

[6]) Neuere Untersuchungen besonders für Breisach und andere zähringische Städte sowie für Regensburg von Franz B e y e r l e, ZRG. G. 35, 1914, S. 510, 39, 1918: S. 318. K l e b e l, Hist. V. v. Oberpfalz und Regensburg 90, 1940, S. 19 ff.

[7]) Regensburg: Philipp 1207, Friedrich II. 1230 (neu Art. 11, 14, 17—22), K e u t g e n S. 196—199. Wiener Neustadt: Ottokar 1251, 1253, Rudolf I. 1277, 1281, Albrecht 1285, 1299, W i n t e r S. 9—14, 32—40. Duisburg: Wilhelm von Holland 1248, L a c o m b l e t II, S. 172 f. Graf von Geldern 1279, Rudolf I. 1290, G e n g l e r, Cod. S. 948 f., 950. Zofingen: Rudolf I. 1279, Rudolf IV. 1363, Schweiz. R. Qu. XVI 1, 5 S. 19, 57.

Seite 341. [8]) Dahin gehören die dem zähringischen Rechtskreise angehörigen Stadtrechte wie Breisach: Rudolf I. 1275, G e n g l e r S. 42 ff. Weiter Wipperfürth: Graf von Berg 1283, K e u t g e n S. 154. München: Herzog Rudolf I. 1294, G e n g l e r S. 293. W. E b e l, Die Willkür 1953, S. 46 ff.: Die statutarische Willkür.

[9]) Das ist bisher verkannt worden, so z. B. auch von M i t t e i s, Über den Rechtsgrund des Satzes „Stadtluft macht frei" (über Geerardsbergen), S. 350 zu Anm. 2.

[10]) So Lübeck: Friedrich II. 1226, K e u t g e n S. 186. Bremen: Erzbischof 1246, K e u t g e n S. 172. Tulln: König Ottokar 1270, W i n t e r S. 19.

[11]) Stade: Otto IV. 1209, G e n g l e r S. 456; 1279 nach Art des Stadtrechts von Hamburg von 1270 Gemeindesache, K o r l é n, Norddeutsche Stadtrechte I, 1950, S. 70. Eisenach 1283: Landgraf von Thüringen, v. S t r e n g e und D e v r i e n t S. 4.

[12]) So Magdeburg für Goldberg (nach 1200), Breslau 1261, Görlitz 1304: L a b a n d S. 4 ff., 14 ff., 133 ff. Münster für Bielefeld 1221: K e u t g e n S. 151. Riga für Reval 1227/28, Hapsal 1279: N a p i e r s k y S. 3, 15. Lübeck für Elbing 1240, Tondern 1243, Reval 1257, Dirschau 1262, Danzig 1263, Kolberg 1297. Vgl. m e i n e deutsche Rechtsgeschichte § 57 I 3 a, S. 185. M e t h n e r, Das Lübische Recht in Memel, Altpreußische Forschungen 10, 1933, S. 263. Dortmund für Memel 1250: F r e n s d o r f f S. 19 ff. mit CLXV ff. und v. W i n t e r f e l d, Beiträge zur Geschichte von Dortmund 46, 1940, S. 1 ff. Frankfurt für Weilburg 1297: K e u t g e n S. 187 ff. Ulm für Ravensburg 1296: K e u t g e n S. 190 ff., für Biberach 1312: G e n g l e r, Cod. S. 209.

[13]) Magdeburger Recht wird zugrundegelegt in der Kulmer Handfeste von 1233: Art. 4, K ö t z s c h k e S. 122, Stettin 1243: K ö t z s c h k e S. 128; Posen 1263: S. 132. Lübecker Recht in Kolberg 1255: Pomm. UB. II, S. 19 f. Dirschau 1260: K ö t z s c h k e S. 136. Wismar 1266: Mecklenb. UB. I, S. 294 Nr. 1078.

[14]) Straßburg 1214: K e u t g e n S. 127. Lübeck 1226/27: H a c h S. 185 ff., Braunschweig-Hagen 1227: K e u t g e n S. 177. Bremen 1248: G e n g l e r. Cod. S. 323. Hildesheim 1249: UB. I, S. 102. Speyer 1263: H i l g a r d S. 74. Hamburg 1270: L a p p e n b e r g S. 1—74. Stade 1279: K o r l é n I, S. 70. Überlingen vor 1279: ORhStR. II, 2 S. 1. Deutz 1289: RhGK. S. 139. Goslar 1290: UB. II, S. 417. Brilon 1290: S e i b e r t z I, S. 525. Schaffhausen 1291: hg. v. M e y e r. Rheinfelden 1290: Schweiz. R.Qu. 16, 1, 7 S. 9. Villingen 1294: ORhStR. II, S. 6.

[15]) Worms um 1300: K o h l e r und K o e h n e S. 4 ff. Zürich: Richtebrief 1304, Archiv f. Schweiz. G. 5. Aarau 1301: Schweiz. R. Qu. XVI 1, S. 10. Burghausen 1307: H ä u t l e S. 179. Bremen 1303—08: E c k h a r d t. Klingnau 1314: Schweiz. R. Qu. XVI 1, 3, S. 239. Werl 1324: S e i b e r t z II,

Seite 341.   S. 198. Ravensburg 1326: OSchwStR. II, S. 57 ff. Eisenach 1333: v. Strenge und Devrient S. 21. Regensburg 1320: v. Freyberg V, S. 7. Medebach und Soest um 1350: Seibertz II, S. 380, 387. Goslar um 1350: Göschen S. 1. Freising 1359: v. Freyberg V, S. 163. Iglau um 1350: Tomaschek S. 193 ff. Braunschweig-Altstadt 1350: UB. I, S. 44. Koblenz 1362: Gengler, Cod. S. 502. Villingen 1371: ORhStR. II, S. 29. Leutkirch 1382: OSchwStR. I, S. 24 ff. Baden 1384: Schweiz. R. Qu. XVI 1, 2 S. 27. Halberstadt 1370—1400: UB. I, S. 572. Memmingen 1396: v. Freyberg V, S. 243.

[16]) Ein Verzeichnis in Planitz, Deutsche Rechtsgeschichte, § 57 II, S. 186 f.

[17]) Für das Freiberger Stadtrechtsbuch um 1300: Ermisch S. XXI; für das Brünner Schöffenbuch um 1350: Gertrud Schubart-Fikentscher in D. A. I, 1937, S. 461.

[18]) Planitz, Deutsche Rechtsgeschichte, § 57 III 2, S. 187. Zu erwähnen wären weiter Rüthen 1310: Seibertz II, S. 69; Rottweil ab 1315: Greiner, Reichsstadt Rottweil 1900; Weimar ab 14. Jh. Ende: Michelsen S. 267; Dießenhofen seit 1380: Gengler, Cod. S. 768; Hameln: Donat seit 14. Jh. Ende, UB. S. 564; Duderstadt seit 1434: Jäger S. 398.

[19]) Regensburg: Friedgerichtsbuch 14. Jh., v. Freyberg V, S. 65 zu pezzern und zu indern oder darczu zu setzen, des habent sie gewalt zu tun von der gemaind der purgern.

[20]) Bremen 1206: UB. I, S. 122 Nr. 103 sub jure civili, quod vulgo wicbeletd vocatur.

[21]) Straßburg 1214: UB. I, S. 477 hec instituta statuentes describi fecerunt. 51 S. 480 jurabant prefata mandata fideliter custodire. Lübeck 1226/27: Art. 28, Hach S. 193 quod civitas decreverit. Flumet 1228: Welti S. 120, Art. 20 secundum decreta burgensium. Emmerich 1233: Lacomblet II, S. 100 Statuta statuere consueverunt, quod Wilkoer sive Buerkoer appellatur. Neuß 1259: Lacomblet II, S. 24 Statuta que vulgariter einunge et cure nuncupantur.

[22]) Soest vor 1200: Art. 63, Keutgen S. 144. Dortmund 1267: UB. I, S. 59 Nr. 123.

[23]) Straßburg 1214: Art. 6, Keutgen S. 103, vgl. auch Art. 1. Wien 1237: Art. 5, Keutgen 211 jura et approbatas consuetudines civitatis. Hagenau 1262: Gaupp I, S. 105 f. antiquum jus et consuetudines approbatae.

[24]) Worms um 1220: UB. I, S. 97 f. Nr. 126 enormes quasdam et reprobas consuetudines abolere.

[25]) Tulln 1270. Art. 2, Winter S. 20. Ottokar bestätigt die Privilegien der babenbergischen Herzöge. 1276: Art. 26, Keutgen S. 203. Nordhausen 1290: Art. 2, Gengler S. 318.

[26]) Kassel 1239: Gengler, Cod. S. 468 Instituta juris et gracie ab antecessoribus nostris conscripta ex negligencia, quorum custodie commissa fuerant, se perdidisse conquerentes, iterato sibi conscribi postulabant.

Seite 342. [27]) Wien 1278 II: Art. 17, Tomaschek S. 54 Precaverunt diligenter, ne per eorum negligentiam jura et libertates civitatis infrigantur.

[28]) Wien 1278 II: Art. 18, Tomaschek S. 54 Tota communitas pro conservandis eorum privilegiis, juribus et libertatibus judici et consulibus rebus et persona debeant astare.

[29]) Wien 1278 II: Art. 12, Tomaschek S. 53 Si judex civitatis ordinationibus non astaret, ipsum quasi statuta imperialia contempnentem corrigi faciemus. Ähnlich in Regensburg 1312: UB. I, S. 148 Nr. 278, 16.

[30]) Brünn: Schöffenbuch um 1350, Art. 405, Rössler II, S. 186 judex debet juratos tamquam legislatores reverenter tractare nullas per se sententias dictare.

Seite 342. [31]) Hamburg 1292: UB. I, S. 722 Nr. 860 donamus eis potestatem, novum jus creandi et statuendi. Hannover 1308: Art. 28, K e u t g e n S. 295 consules mutaverunt statuta antiqua in melius.

[32]) Bonn 1243: G e n g l e r, Cod. S. 251 si quid forte in hiis libertatibus, juribus ac honestis consuetudinibus defuerit vel minus observatum fuerit, supplere cupientes, ipsis plenam concedimus libertatem.

[33]) Leobschütz 1270: Art. 51, T z s c h o p p e und S t e n z e l S. 381 si consules aliquam sententiam tulerint de aliquo articulo, qui non sit predictis insertus sed de novo emerserit ex ignota causa, volumus eam sententiam ratam servari, ac si superius esset scripta. Wien 1278 I, Art. 60, T o m a s c h e k S. 50.

[34]) Wismar 1266: Mecklenburg. UB. I, S. 294 Nr. 1078 Conferimus civitati nostre W., ut libero fungatur arbitrio, quod in wulgari wilkore vocatur, dantes ei opcionen augmentandi et minuendi ipsum arbitrium. Duisburg 1290: Art. 8, G e n g l e r, Cod. S. 950 damus eis liberum arbitrium statuendi in oppidum ipsorum plebiscita, que vulgariter kuiren appellantur.

[35]) Gadebusch 1271: Mecklenburg. UB. I, S. 403 Nr. 1216 Facultatem liberam eisdem concessimus condendi inter se statuta arbitraria, qualiacunque civitati congrua reputaverint et proficua. Luzern: Hofrecht 1291/92, Geschichtsfreund I, S. 162 sezzent (der rat) in der stat swas dien burgerren ze nuze und ze eren komen mag.

[1]) P l a n i t z, Das Kölner Recht und seine Verbreitung in der späteren Kaiserzeit, ZRG. G. 35, 1935, S. 131—168. Vgl. Soest 1250—80: S e i b e r t z II 1, S. 332 Nr. 268 ad immitationem matris nostre sancte Colonie.

[2]) Heinrich R e i n c k e, Kölner, Lübecker und Hamburger Recht in ihren gegenseitigen Beziehungen, Hans. Gbl. 69, 1950, S. 14 ff.

[3]) Lippstadt um 1220: Einl. K e u t g e n S. 147 jura Susaciensium eligere decreverunt. Hamm nach 1226: Einl. K e u t g e n S. 149 jus illorum de Lippia elegerunt.

[4]) So Flumet 1228, Freiburg i. Üchtlande 1249, Kolmar 1278 usw., R e n n e f a h r t, Zähringisches Stadtrecht, Archiv des Historischen Vereins des Kantons Bern 39, 1947, S. 291 f.

[5]) So Rostock 1218, Wismar 1250, Stralsund 1234, Greifswald 1250, Elbing 1240, Memel 1254. Zum Beispiel: Greifenberg hat 1262 jus quod Gripeswolde de Lubeke habetur, Pommersches UB. II, S. 101 Nr. 728.

[6]) K ö t z s c h k e, Die Anfänge des deutschen Rechts, Leipzig. SB. 93, 1941, S. 17 f., 40 f., 50 f. Dazu Halle für Neumarkt: UB. I, S. 208.

[7]) Annweiler 1219: Art. 1, K e u t g e n S. 137. Heilbronn 1281: UB. S. 9. Wesel 1241: L a c o m b l e t II, S. 133 Nr. 258. Halberstadt 1266: UB. I, S. 110 Nr. 126.

[8]) Neueste Zusammenfassung bei C. H a a s e, Gegenwärtiger Stand und neue Probleme als Stadtrechtsforschung. Westfälische Forschungen 6, 1943—52, S. 129 ff.

[9]) Breslau 1242: UB. I, S. 10 Nr. 12 propter locationem civitatis Wratizlauie, quam jure Teutonico locavimus. Liegnitz 1264: UB. S. 7, Nr. 9 cum locaremus civitatem nostram L. jure Theutonico.

[10]) Hannöversch-Münden 1246: Art. 1, G e n g l e r S. 203 Civitas, cum in terra Franconica sita sit, jure Francorum fruitur. Witzenhausen 1264: E c k h a r d t, Politische Geschichte der Landschaft an der Werra und der Stadt Witzenhausen, 2. Aufl. 1928, S. 5. Über Mühlhausen, Nordhausen: Herbert M e y e r, Das Mühlhäuser Reichsrechtsbuch, 3. Aufl. 1936, S. 78 ff.

[11]) Ratibor 1286: T z s c h o p p e und S t e n z e l S. 404. Oppeln wird zum Oberhof für Orte mit flämischem Recht eingesetzt, K ö t z s c h k e, Anfänge, S. 39.

REGISTER

STÄDTEVERZEICHNIS

Bei den mehrmals behandelten Städten wurde nur auf jene Textstellen hingewiesen, die eingehendere Ausführungen bieten

Aachen (Aquae Grani) 12, 16, 17, 33, 36, 49, 62, 121, 153, 195
Aalen 182
Aarau 167
Aguntum (Striebach bei Lienz) 18, 29
Ahlen/Westf. 170
Aire aan de Laie 298
Aken 93, 149
Allendorf 420
Allensbach 74, 78
Altenburg 3, 62, 93, 153
Alzey (vicus Altaiensis) 12, 17, 347
Amberg 176
Amiens (Samarobriva, Ambienum) 45
Amsterdam 204
Andernach (Antunnacum) 5, 9, 14, 16, 26, 33, 121 f., 126 f., 131
Angermünde 202
Anklam 408
Annweiler 342
Antwerpen 62
Apolda 193
Aquileia 22
Arnhem 170
Arnsberg 170, 213
Arnstadt 202
Arras (Atrebatum) 45, 95
Artern 204
Aschersleben 166, 213
Attendorn 169
Augsburg (Augusta Vindelicorum) 5, 10 f., 13, 14, 16, 23, 24, 25, 29, 32, 33, 42, 55, 61, 109 f., 218, 273, 306
Augst (Colonia Raurica) 5, 13, 14, 16, 18, 24, 29
Aussig 177
Avesnes (Aventicum) 11, 25

Baden (Aquae Helveticae) 195
Baden-Baden (Aurelia Aquensis) 12, 17, 18, 195
Baden bei Wien 195
Badenweiler 17
Bamberg 61, 66, 101
Barby 202
Bardowiek 46 f., 50 f., 56, 61, 97

Basel (Basilia) 5, 10, 13, 24, 26, 29, 33, 36, 37, 43, 55, 61, 121, 221 f.
Bautzen 176, 330
Beauvais 382
Beckum 170
Beeskow 202
Belgern 202
Berlin 168, 231
Bern 92, 173 f., 273, 306
Bernburg an der Saale 93, 211
Besançon (Vesontio) 18, 89
Biberach 94, 329
Bielefeld 111, 170
Bingen (Vuncus, Bingium) 6, 10, 26, 33
Birka 50, 58, 156
Bitburg (vicus Beda) 20, 39
Bitterfeld 167
Blankenburg 167, 191, 204
Bleicherode 204
Bocholt 169, 202
Bochum 170
Bodenwerder 484
Bolkenhain 417
Bonn (Bonna, Civitas Verona) 25, 49, 55, 61, 69, 317
Bopfingen 153
Boppard (Baudobriga) 26, 31, 166, 262
Borken 460
Bozen 90, 175
Brakel 170
Brandenburg 93, 164, 211
Braunau 176
Braunsberg 167
Braunschweig 55, 139, 145, 214 f., 272, 331
Bregenz (Brigantium) 6, 11, 13, 14, 16, 23, 25
Breisach (Mons Brisiacus) 24, 26, 92, 155
Brehna 190, 202
Bremen 47, 53, 55, 57, 61, 64, 72 f., 110 f., 271, 304, 330
Bremgarten 134, 167, 174
Breslau 163, 177 f., 263, 273, 318
Brieg 177
Brilon 169
Brixen 164
Bruck an der Mur 246

Planitz, Die deutsche Stadt

33

Brugg 174
Brügge 62, 65
Brühl 190
Brumath (Brocomagus) 36
Brünn 167, 309
Brüx 177
Budapest (Aquincum) 22
Büderich 170
Budweis 177
Bunzlau 167
Büren 167
Burg bei Magdeburg 123 f.
Burghausen 166, 176
Burgsteinfurt 167

Cambrai (Camaraco, Civitas Cameracensium) 34, 102
Cannstatt (Clarenna) 17, 95
Carnuntum 5, 10, 12, 13, 14, 16 f., 22, 24
Celle 145
Cham 166
Chemnitz 164
Chur (Curia Raetorum) 17, 24, 26, 29, 32, 37, 40, 63
Cilli (Celeia) 6, 18
Coesfeld 169
Corvey 47, 53

Damgarten 172
Danzig 90, 157, 212, 231
Demmin 167
St. Denis 45, 57
Deutsch-Brod 177
Deutsch-Eylau 423
Dieburg (Civitas Anderiensium) 18
Diessenhofen 138, 174, 306
Dingolfing 475
Dinkelsbühl 92, 153
Dinslaken 170
Dirschau 500
Dommitzsch 202
Donauwörth 61, 153
Doornijk (Turnaco civitas) 94
Dordrecht 166
Dorstat (Manaritium) 45 f., 48, 55 f., 58
Dorsten 249
Dortmund (Tremonia) 47, 52, 65, 75 f., 130 f., 187, 304
Dowaai (Douai) 95
Dresden 172, 192 f.
Duderstadt 61 f., 166
Duisburg 52, 61, 75, 131
Düren (vicus Marcodurum) 53
Düsseldorf 170

Eberswalde 204
Eckartsberga 190
Eferding 175
Eger 94, 154, 295
Eggenburg 403
Eichstätt 53, 57, 67

Eilenburg 166, 172
Einbeck 94, 167
Eisenach 166, 179
Eisenberg 172
Eisenstadt 191
Eisleben 93
Elbing 167
Ellrich 190
Elzach 167, 175
Emden 164
Emmerich 163, 170, 317
Emona 19
Endingen 190
Enns (Lauriacum) 93, 163
Ensisheim 182
Eppingen 182
Eresburg 3, 4
Erfurt 47, 50 f., 55, 61, 66, 128, 132, 271, 305, 326
Essen 61, 90
Esslingen 174, 273
Eutin 202

Faimingen (Pomione) 17
Falkenberg 177
Flavia Solvia 25
Flumet 134, 137, 306
Forchheim an der Regnitz 47, 51
Frankenberg 167
Frankfurt am Main 36, 53, 61, 131, 221, 239 f., 331
Frankfurt an der Oder 168
Frauenburg 167
Fraustadt in Schlesien 202
Freiberg 196 f., 273
Freiburg im Breisgau 91 ff., 112, 126 f., 132 ff., 306 f., 322
Freiburg im Üchtlande 134
Freiburg an der Unstrut 166 f.
Freising 53, 61, 80
Friedberg 17, 24, 26, 167
Friesach 94, 149
Friesark 90
Fritzlar 53, 87, 307
Fulda 90, 156
Fürstenwerder 172
Fürth 164

Gadebusch 167
St. Gallen 53
Gandersheim 47, 53, 65, 74
Gardelegen 94
Geisa an der Rhön 204
Geismar 419
Gelnhausen 93, 153
Genf (Genava) 18
Gent 65, 203
Gera 194
Germersheim 182
Geseke 169, 207
Gittelde 62

Städteverzeichnis

Glatz 177
Glogau 177
Goldberg 177
Görlitz 416
Goslar 47, 62, 67 f., 122, 128, 130 f.
Gotha 93, 173
Göttingen 166
Gräfenhainichen 204
Gran 158
Graz 94
Greifenhagen 321
Greifswald 195
Grevenbroich 170
Grieth 170
Groitzsch 172
Grona 166
Guben 168
Gudensberg 4
Guhrau 177
Günzburg (Guntia) 17, 244
Güstrow 215

Haarlem 423
Hagenau 113, 122, 151, 327
Hainburg 94, 150, 166
Halberstadt 47, 63, 95, 110 f., 218, 272
Hall 195
Halle an der Saale 47, 50, 55 f., 61, 95, 128, 132, 271
Hallein 195
Hallstadt am Main 47, 51
Hamburg 47, 50—52, 55, 61, 67 f., 147, 224, 271, 303 f.
Hameln 47, 53, 55
Hamm 170
Hanau 167
Hannover 97, 170 f.
Hann.-Münden 96 f., 146
Harburg 181
Harderwijk 170
Harzgerode 204
Havelberg 172
Heddernheim (Civitas Taunensium) 10, 12, 13, 14, 16, 17, 18, 22, 24
Heeslingen 62
Heilbronn 61, 63, 90
Heiligenstadt 90
Helmarshausen 62, 166
Helmstedt 47
Herford 47, 53, 55, 95
Hersfeld 307
Hildburghausen 204
Hildesheim 47, 53, 55, 63, 69 f., 95, 110 f., 210, 272, 328
Hirschberg 177
Hörde 230
Höxter 55, 61, 79
Huy 3, 61, 88 f., 100

Iglau 92, 176, 309
Ingolstadt 93, 176

Innsbruck 90, 175
Iserlohn 167, 246
Isny (Vemania) 11, 329
Itzehoe 47, 189

Jauer (Schlesien) 167
Jeetzel 46
Jena 76
Judenburg 90, 93, 175
Jülich 170
Jünkerath (Egorigium) 12, 347
Jüterbog 97

Kahla 204
Kaisersberg 181
Kaiserslautern 167
Kalkar 170
Kamenz 194
Kassel 94, 212, 307
Kaster 170
Kaufbeuren 182
Kelheim 176
Kempten (Cambodunum) 6, 11, 13, 14, 18, 23, 24, 25, 31, 61
Kenzingen 175
Kiel 171
Klagenfurt 90
Kleve 170
Klingnau 175
Koblenz (Confluentes) 5, 32, 61, 114, 328
Kolberg 172, 283
Kolmar 173
Köln (oppidum Ubiorum, Colonia Claudia Ara Agrippinensium) 5, 6, 11, 12, 13, 14, 16, 18, 24, 26, 29, 32, 33—39, 40—43, 47, 58, 61—64, 69 f., 75, 78, 103 f., 112, 119, 205 ff., 217 f., 220, 240, 263, 269, 291, 302, 323 ff.
Königsberg 202
Konstanz (Constantia) 8, 24, 26, 29, 37, 40, 43, 61, 63, 107 f., 238 f., 269, 328
Korbach 213
Krakau 423
Kranenburg 170
Krempe 230
Krems 61, 94, 166
Kreuznach (Cruciniacum) 12, 17, 25, 36, 61
Kroppenstedt 204
Kufstein 176
Kulm 167
Küstrin 172
Kuttenberg 177

Laa an der Thaya 150
Laasphe 167
Ladenburg (Lopodunum, Civitas Ulpia Sueborum Nicretum) 9, 13, 14, 17, 24, 25, 31, 33, 39
Landau/Pfalz 419
Landsberg am Lech 94, 139
Landsberg an der Warthe 168

Laon 382
Laucha 204
Lauenrode 171
Laufenburg 167
Lauterburg 182
Lebus 203
Lechenich 312
Leiden 62, 167
Leipzig 62, 148, 225
Leisnig 422
Leitmeritz 176
Lemgo 92, 147
Lennep 167
Leoben 175
Leutenberg 204
Leutkirch 175
Liegnitz 167
Lindau 174
Linz (Lentia) 6, 25, 61, 175
Lippstadt 92, 146, 304
Löbnitz 187
Loitz 172
London 45, 55
Lorch (Lauriacum) 5, 14, 23, 25, 29, 31, 47, 52, 149
Löwenberg 177
Lübben 419
Lübeck 79, 96 f., 112, 127, 140 f., 269, 303
Lucca 298
Lüdenscheid 166, 170
Lüdinghausen 230
Lüneburg 47, 62, 146 f.
Lünen 169
Lüttich 49, 61, 63, 69, 107
Lychen 172

Maastricht (Trajectum ad Mosam) 29, 32, 36, 37, 42, 45, 61
Magdeburg 47, 50, 54, 60 f., 63 f., 66 f., 69, 110 f., 128, 132, 271
Mailand 298
Mainz (Mogontiacum) 5, 6, 10, 13, 14, 17, 20, 24, 26, 29, 31, 33—39, 40, 42 f., 55, 61 f., 63, 69, 106 f., 128, 303
Malchin 172
Malchow 167, 172
Marburg an der Drau 93, 175
Marienburg 167
Marienwerder 408
Mark 304
Marsberg 166
Mattium 4
Mechelen 65
Medebach 132, 169, 301
Meesen 203
Meißen 61, 163
Mellingen 174
Melsungen 173
Memel 411
Memmingen 155, 203, 219 f.
Menden 170

Meppen 61
Meran 175
Merseburg 61 f., 69
Meschede 62
Metz (Divodurum, civitas Mediomatricorum) 13, 18, 21, 24, 26, 29, 33, 37, 39, 45, 61, 63, 107
Middelburg 62, 186
Miltenberg (Seiopa) 17, 246
Minden 47, 53, 55, 58, 61, 75
Mügeln 423
Mühlhausen 61, 63, 93
München (Gladbach, Föhring) 95 f., 139 f., 219, 263
Münster 47, 53, 56, 90 f., 208, 272
Münstereifel 170
Murbach 59
Murten 92

Namslau 177
Namur 95
Narbonne 44
Naugard in Pommern 203
Naumburg 61 f., 66 f., 80
Neisse 177
Neubrandenburg 172
Neuburg an der Donau 176
Neuenburg 92, 138, 155
Neu-Ötting 176
Neuss (Novaesium) 31, 33, 166
Neustadt an der Orla 202
Nideggen 170
Niedermendig 22
Nieheim 170
Nienburg 202
Nieuport 389
Nimwegen (Noviomagus, Batavorum Ulpia Trajana) 26, 36, 49, 61, 63
Nordhausen 61
Nördlingen 219
Northeim 166
Nörten 62
Nottingham 389
Nürnberg 90 f., 94, 131, 166, 218, 221 f., 308, 330 f.

Obdach 434
Obernkirchen 407
Odernheim 182
Offenburg 138
Ohlau 177
Oels 202
Oldenburg 172, 217
Oldesloe 171
Olmütz 176, 310
St. Omer (Germ. Sithin) 75
Opatowicze (Kloster) 177
Oppeln 177
Oppenheim 165, 242
Orlamünde 407
Orsoy 170

Städteverzeichnis

Oschatz 93, 148
Osnabrück 47, 53, 94, 111, 208 f., 272
Osterburgen 17
Osterode 166, 171
Osterwieck 55

Padberg 485
Paderborn 47, 52
Parchim 167
Paris 58
Pasewalk 167, 247
Passau (Castra Batava) 25, 28, 32, 37, 42 f., 55, 59 f., 61, 108 f., 302
Pegau 164
Perleberg 164
Pettau (Poetovio) 16, 17, 19, 25, 31, 175
Pfeddernheim 182
Pforzheim 478
Pfullendorf 94, 317
Pilsen 177
Pirna 202
Pisa 298
Plauen 173
Plön 171
St. Pölten (Aelium Caetium) 6, 89, 149
Posen 202
Prag 79, 157, 309
Prenzlau 202
Prettin 204
Prüm 59

Quedlinburg 61, 73
Quentowik (Étaples) 45 f., 48, 58
Querfurt 240

Radolfzell 164
Rapperswil 167, 175
Rathenow 202
Ratibor 177
Ratingen 170, 312
Rattenberg 176
Ratzeburg 434
Ravensburg 165
Recklinghausen 165
Rees 163
Regensburg (Radasbona, Castra Regina) 13, 25, 26, 31, 32, 33—37, 38, 39, 42 f., 47, 55, 58, 61, 69, 108, 127, 218, 221, 270, 302, 337
Reichenbach in Schlesien 173
Reims 45, 101
Remagen (Rigomagus) 131
Rendsburg 167, 171
Reutlingen 328
Reval 163, 167
Rheinberg 166, 240
Rheinfelden 92
Rheinzabern 22
Ribnitz 202
Richensee 408
Riga 163

Rinteln 193
Ripen 313
Rochlitz 93, 148
Ronneburg 173, 204
Rorschach 82
Rosenberg 204
Rostock 210
Rothenburg ob der Tauber 93, 153, 240
Rottenburg (Sumelocenna) 9, 18, 24
Rottweil (Arae Flaviae) 10, 17, 24, 92, 245 f.
Rouen 45
Rudolstadt 204
Rügenwalde 204
Rüthen 169

Saaz 176
Salzburg (Juvavum) 6, 11, 13, 18, 33, 37, 40, 61, 65, 94
Salzkotten 170
Salzungen 434
Salzwedel 93, 149
Sandau 429
Sandersleben 204
Sangerhausen 61
Sayda 422
Schaffhausen 328
Schiedam
Schlawe, Pommern 204
Schleiz 230
Schleswig-Hedeby 46 f., 49, 55, 58, 75, 156 f., 231
Schlettstadt 165, 173
Schmalenberg 412
Schmölln 204
Schwäbisch-Gmünd 153
Schwäbisch-Hall 153
Schweidnitz 177
Schwerin 93, 139, 301
Schwiebus 204
Selz (Salatio) 182
Siegburg 169, 273
Siegen 190
Sinzig 230
Soest 47, 52 f., 55, 104 f., 112, 113, 121, 131 f., 207 f., 263, 304, 335
Soldin 172
Solothurn (Salodurum) 13, 17, 26, 63
Sonneberg 173
Sondershausen 204
Sorau 167
Speyer (Noviomagus, Colonia Nemetum, Spira) 6, 18, 24, 26, 29, 32, 36, 61, 63, 67 f., 88, 106 f.
Spremberg 172, 202
Sprottau in Schlesien 202
Stade 47, 55, 58, 61 f., 65, 139, 146
Stadthagen 167
Stadtroda 204
Stargard 167, 172
Staufen 190
Stavoren 49, 62, 164

Stendal 75, 95, 149, 188, 305
Stettin 157, 167
Steyr 90, 166
Stolp 172, 204
Stralsund 172
Straßburg (Argentorate) 6, 10, 12, 13, 18, 24, 26, 29, 32, 33, 40, 45, 55, 59, 61, 67, 108, 121, 218, 287, 337
Straubing (Sorviodurum) 176
Strehla 166
Strehlen 177
Sulza 195
Sulzburg 175

Tangermünde 93, 163
Templin 202
Térouanne (Tarvenna) 45
Teurnia 6, 9, 11, 13, 14, 16, 18, 25, 29
Thamsbrück 173
Themar 204
Thorn 203
Thun 167
Tiel 61, 67, 74 f., 78
Tondern 65
Tongern (Aduatuca Tungrorum) 18, 29, 38
Torgau 166, 172
Toul (Tullum Leucorum) 29, 34, 61, 63, 100
Tournai (Turnaco, Doornik) 45, 200
Trier (Colonia Augusta Treverorum) 4, 5, 6, 11, 12, 13, 24, 25, 29, 30, 31, 33—37, 39 f., 42, 61, 63, 94, 107, 185
Triptis 204
Troppau 176
Tübingen 166
Tulln (Comagena) 94, 149, 310

Überlingen 90, 189
Ulm 53, 61, 153, 330
Ülzen 93
Unna 170
Üsingen 175
Utrecht (Trajectum Castrum Inferius) 32, 36, 37, 43, 59, 61, 107

Vacha 202
Valenciennes 58, 76, 112
St. Veit an der Glan 93, 175
Verden 47, 61, 82
Verdun (Civitas Verodunensium) 29, 43, 45, 63, 107
Vic 179
Villach (Bilachinium) 90, 175
Villingen 92
Vilshofen 176
Virunum (Zollfeld bei Klagenfurt) 14, 18

Waldkirch 175, 244
Wangen 182
Warburg 170
Warstein 410

Wasserburg am Inn 176
Wasungen 191
Weida 167, 173
Weil-der-stadt 422
Weinheim 82
Weißenburg 308
Weißenfels 172
Weißensee 172
Wels (Ovilava) 11, 12, 23, 25, 90
Werben 166, 172
Werl 195
Werne 204, 230
Wernigerode 202
Wesel 163, 170
Wetzlar 153
Wien (Vindobona) 5, 9, 24, 25, 33, 94, 193, 223, 238, 271, 308 f., 339 f.
Wiener Neustadt 150, 193
Wiesbaden (Civitas Mattiacorum) 12, 17, 18, 24
Wifflisburg (Avenches) 25
Wilster 190
Wimpfen (Civitas Alisinensium) 10, 13, 17, 18, 24, 61, 154
Windisch (Vindonissa) 5, 10, 14, 24, 29
Winterthur 138
Wipperfürth 310
Wisby 156, 163
Wismar 162 f.
Wittenberg 204
Wittstock 202
Wohlau 177
Wollin 413
Worms (Borbetomagus, civitas Vangionum) 6, 10, 17, 18, 21, 24, 26, 29, 31, 33—37, 40 f., 55, 61, 63, 87 f., 105 f., 111, 128, 302
Würzburg 53, 56, 61, 63, 69, 110 f., 121, 221 f., 302
Wurzen 204
Wusterwitz 187

Xanten (Vetera, Colonia Ulpia Trajana) 5, 13, 14, 25, 169

Ypern 65
Yverdon (Eborodunum) 17

Zeitz 62, 203, 211
Zerbst 422
Ziegenhals 417
Zittau 167
Znaim 176
Zofingen 175
Zülpich (Tolbiacum) 166
Zürich (Turicum) 6, 17, 24, 31, 53, 66, 128, 225 f., 306, 328
Zutphen 298
Zwettl 403
Zwickau 153, 167

SACHVERZEICHNIS
ALLGEMEINES

Abgaben 58, 74, 114
Abgang von Geschlechtern 274
Abteistädte 248
Ackerbürgerstadt 40, 204, 255
Adelsleben 267
Akzise 319
alderleute 156, 323
Altstadt 212
Ammanmeister 292
Amt 256, 289; Amtleutebücher 206; Amtsdauer 313; Amtsgenossen 255; Amtsvororte 180
Anleihe 322
Annolied 231
Araber 44, 46
Arbeitslosigkeit 325
Aristokratie 301, 325
Arrest 339
artifiaes 83; artificium 290
Askanier 149
Auersche Wirren 271
Aufhebung von Schuldforderungen 280
Auflassung 264; Auflassungsbücher 323
Aufruhr der Bürger 102 f., 107
Ausbürger 275 f.; Ausbürgerbuch 276
Außengemeinden 206
Außenstifte 227
Auswanderung des Patriziats 274 f.
Autonomie 340; Autonomie der Zünfte 292

Babenberger 149
Bäcker 256
Bäderstädte 12, 195
Bankgewerbe 22; Bankiers 261
Bannmeile 148, 339
Bauernmeister 209; Bauernschaften 207 ff.
Beamte 253, 259
Bede 319
Befestigungseinheit 242; Befestigungshoheit 106
Begünstigung 268
Behörden 266
Bergwerksstädte 177, 195
Bernstein 22
Berufskreise 327
Berufsnamen 124, 258
Besthaupt 255

Bevölkerung 124, 251 ff.
Billigkeitsgericht 58
Bischof 29, 35, 98 f.; Bischofsburg 40; Bischofsstadt 130 ff., 179, 203 f., 232 f.
Bodenbesitz, Bodenrecht 80, 264
Brüderschaft 289 ff.
Bürger 100, 251 f., 336; Bürgeraufnahme 252 f.; Bürgerbuch 285; Bürgereid 116, 252 f., 338; Bürgerhaus 338; Bürgermeister 209, 323 ff., 331; Bürgersteuer 278
Burg 39, 231, 332; burgensis 100, 256; Burggericht 206, 209; Burgrecht 332; Burgstädte 182; burgum 117, 131, 232

Capitaneus 292
castrum 100
causidicus 137
cives 35, 100 f., 107, 256
civitas 18, 36, 38, 143, 149, 232; civitas imperatoris 154, 181; civitas imperii 181; civitas metropolitanea 150; civitatis habitatores 275
Clunyazenserbewegung 85, 98
cohabitatores 275
colonia 19
comes 28, 29; comes tabulus 207
consiliarii civitatis 262
consortium 289
curator 20
curia publica 28

Darlehen 261
decreta 341
defensor civitatis 20, 28, 35
Degedingebuch 323
Dekan 148
Demokratie 301, 330
Deutschordensburg 167
Dienstvertrag 339
divites 128, 264
dominus 265
Doppelnamen 123
Doppelstädte 210 ff.

Ebenburt 268
Edelleute 276

Eid 281 f.
Eidgenossenschaft 102 ff., 107 ff., 135, 152, 251, 289, 298, 304, 336 f.
Eigenkirchenrecht 98
Eigenmann 295
Eigenschaften von Bürgern 124, 260
Einheitsstaat 299
Einkaufsmöglichkeit 293
Einlager 261
Eintrittsgebühr 253, 284, 338
Einungsverbote 294
Eisenbuch 266
Eisenerzabbau 62
England 31
Enteignung 321
Erbbürger, Erbmänner, Erbsassen 286
Erbgut 334
Erbleihe 333
erbloses Gut 135, 143, 152, 335
Erbmännerfamilien 263
Etichonen 151

Fahrnisnachlaß 81
Fahrtgenossenschaft 284
Familiennamen 259
Färber 255
Fehde 111, 251
Fernhändler 45, 57, 124, 161, 260, 268
Feudalstaat 299
figulus 258
Finanzverwaltung 319, 327
Flandern 75; Flandrer 124, 223
Fleischer 256
Fluchtburg 40
Formulae imperiales 58
forum 82, 89, 100, 232
fraternitates 289
Frauengut 333
Freie Reichsstädte 182
Freiheitsbegriff 388
Freizügigkeit 80
Friede 106, 336
Friesen 43 f., 60, 131

Gaffeln 293, 330
Gärtner 256
Gäste 276, 339
Gauburg 36
Geburschaft 206
Gefangenschaft 252
Geistliche 256
Geldhändler 261, 279
Geldwechsler 261
Gemeindebürgerrecht 21, 253, 295, 338
Gemeindegedanke 329, 336
Gemeinschaftsbann 337
Genannte 331, 339 f.
Genossenschaften 118, 218, 283 ff.; Genossenschaftsgedanke 118, 205, 289 f., 297, 338
Germanisierung 31

Gesamtgemeinde 330
Gesamtrat 214
Geschelle 327
Geschlechterherrschaft 325, 331
Gesellschaft 339
Gesindeordnung 339
Gewandschneider 261, 283
Gewerbe 86; Gewerbefreiheit 294; Gewerbestadt 204; Gewerbetreibende 319
Gewohnheiten 333, 341
Gilde 57, 74, 283 ff., 336; Gildegelage 74; Gildegerichtsbarkeit 74, 81, 206; Gildeliste 75, 124; Gildesatzung 75; Gildeverbot 283; Gildevorstand 78
Glasbläsereien 22
Goldbergbau 177, 195
Gotteshausdienstleute 255
Gottesurteil 333
Graf / comes 28, 29, 35, 41, 98 f.
Greif 236
Grundbesitzer 126, 263, 277
Grundbuch 142, s. a. Schreinswesen
Grundsteuer 205 f.
Grundstücksleihe 332
Gründungsstädte 135
Gründungsunternehmerkonsortium 135, 142

Handel 30, 42, 44, 48, 57 f., 279; Handelsfreiheit 80, 334; Handelsgewohnheit 319; Handelskapital 264; Handelssperre 142; Handelsstraßen 61; Handelsverträge 303
Handfeste 332 f., 340
Handschuh 235
Handwerker, selbständige 31, 83, 87, 99, 100, 116, 223, 255; unselbständige 31, 83, 87, 99, 100, 116, 268; Handwerksordnungen 292 f.
Hanse 57 f., 74, 127, 156, 284; Hansekreis 331
Hansgraf 58, 258, 284
Hauptleute 330
Hauptstadt 150
Hausgut 181
Hauszerstörung 104, 113, 131, 137, 337
Heergewäte 255
Heerschild 265
Heerstraßen 61
Hehlerrecht 280
Heiligensiegel 236
Heimburger 207
Helm 267
henzeghelt 285
her 265
Herkunftsname 257
Hilfepflicht 78, 106, 110, 144, 152, 284
Hintersassen 268
Hochgericht 98, 252
Hochzeitsordnung 340
Homeien 208
honestiores 20, 128

honorati principales 28
Honoratiorentum 286
Hörige 255
Hoven 207
Hutgemeinschaften 209

Immunitäten 40, 187, 206; Immunitätsrechte 29, 206
incola 275
Industrie 22
Inninge 76
Innung 255
inquilinus 275
instituta 341
Investiturstreit 85 ff.
Inwohner 275
Italien 31
ius civile 102 ff., 108, 332 f., 338
ius mercatorum 332 ff.

Jahrmärkte 57, 83, 87
Juden 31, 42 f., 46, 72, 277 ff; Judenprivileg 333; Judenschreinsbuch 282; Judenschutzrecht 277; Judensteuer 277 f.
Juristische Person 295

Kammerknechtschaft 277
Karawanenhandel 57
Kartellbildungen 294
Kastelle 9
Kastellaneiverfassung 177
Kaufgut 334
Kaufleute 31, 42, 59, 87, 126 f., 205, 283 ff., 333; Kaufmannsgemeinde 75, 139 f., 205; Kaufmannsrecht (jus mercatorum) 59, 79; Kaufmannssiedlung 60
Kiburger 138, 174
Kinder als Zustimmungsberechtigte 333
Kirchenschutz 282
Kirchspiele 205 ff.
Kleiderluxus 267
Kleiderordnungen 267, 281
Kleinstädte 255, 274
Klerikerburg 39
Klosterburg 62
Klosterstädte 156 f., 185, 203
Kluchten 209
St. Knudsgilde 157
Kodifikation 339
Königsbann 59, 73, 98; Königsbilder 235; Königsboten 58; Königsburg 41, 70 f.; Königsfriede 59, 98; Königshöfe 36, 185; Königskopfadler 235; Königsmunt 75, 99; Königsmuntlinge 72, 74; Königsschutz 74; Königsstädte 130 ff., 233
Kommune 103, 106, 300
Konkurrenzstädte 169
Konkurs 339
Konnubium 267
Konstaffel 327
Konsulat 299

Konsumtionsfonds 64
Kontinuität 26
Konvente 186
Kooptationsrecht 288
Kopfsteuer 319
Kore 136, 144, 146, 303
Krämer 256
Kreuz 235
Kreuzzüge 279
Kriegsdienstverweigerung 337
Kupferschieferbau 195
Kurator 20
Kurmede 255
Kürschner 256

Lagerstädte 21
Landadel 265 f.
Landarbeiter, Landhandwerker 88
Landesstädte 180, 235
Landgemeindetheorie 187, 190
Landgüter 265
Landherr 266
Landrecht 332
Landvogtei 182
Landwirtschaft 30, 44, 187
Lebensmittelhändler 294
Lederer 223
Legionslager 9
legislatores 342
Lehensfähigkeit 265
Lehensgüter 265
Lehrkind 259
Lehrzeit 292
Leischaften 208
Leistungsfähigkeit 319
Liber actorum 323
Lilienveld 331
locator (Stadtgründungstechnik) 149, 164
Lösungsrecht 280
Löwe 236
Luft macht eigen 99, 106
Luxusartikel 31

Magister civitatis 120, 323
magisterium 290
Mainzer Reichslandfriede 232
Majoritätsprinzip 292
mandata 341
Marktgründungsepoche 82, 163 f.; Marktordnung 289; Marktregal 57, 289; Marktprivileg 81 f., 86, 89
Maß und Gewicht 319
Mauerbauordnung 100
Mauersiegel 234
Maximalgröße 203
Meister 256, 292; Meisterstück 292
meliores 64, 102, 110, 118, 136, 256 f., 300; Melioresverband 102, 297
mercatores personati 135 f.; mercatores regis 59, 75, 99; mercatus 82, 100
Metropolitanstädte 63, 150

Mikrokosmos 342
Milites 315
Ministerialen 126 f., 261 ff., 315
Mittelstädte 273
Mitwohner 275
Mönche 256
Monetarius 259
Monopole 284, 288, 320
Montani 128, 261
Morgensprache 284, 292
Mühlhäuser Reichsrechtsbuch 232
Mühlsteine 236
Mullner 258
Münzer 261, 286; Münzmeister 288; Münzprüfung 303; Münzrecht 81
municipium 17, 233 f., 348
Munizipalbehörden 28, 35
Muntabgaben 58, 98; Muntmannen 268 f., 333, 339; Muntprivilegien 58, 72
Mutternamen 123

Nachbarschaften 209
Neubürger 253
Neugründungen 200, 204, 258
Neustadt 43, 212
Normalmaße 319
Normannen 45
Normengebung 341
Not, echte 321
Nutzungspfand 264

Obermeister 292
oberster Zunftmeister 292
Obster 256
officium 289
Oligarchie 327, 330 f.
oppidum 16, 17, 232 ff.; oppidanus 256
ordo decurionum 20, 35
Organe 118 ff.

Parnes 280
Parochie 325; Parochianengenossenschaft 206
Parteien 268
Patriziat 142, 256, 283 ff.; Patriziernamen 257
pax 111
Pfahlbürger 275 f., 339
Pfalzen 36, 131; Pfalzstadt 181, 233
Pfarreien 227 f.; Pfarrerwahl 136
Piastenstaat 177
Platzgeschäft 64
Polizeiwesen 339
portus 55, 65
praepositus negotiatorum (prevôt des marchands) 58
primores 131 f.
Privatrecht 339
Privilegien 135, 333
Prozeßrecht 339
prudentiores 261

Quattuorviri 28
Quellen des Stadtrechts 340
Quellsohle 195

Rad 236
Rat 213; Rathaus 296; Ratsämter 266; Ratsfähigkeit 313; Ratsgedanke 302; Ratsgeschlechter 273, 285; Ratsliste 267, 313; Ratsstatut 309; Ratswahlordnung 143, 304; Ratszeugnis 303, 322
Rechtskreis 341
Rechtsleben 267
Rechtsmitteilungen 341
Rechtsstudium 267
Rechtsträger 113, 295
Reichsadler 235; Reichsburgen 62; Reichsgut 154, 181; Reichslehen 265; Reichsstadt 154, 181, 233
Reichtum 125, 264
Reinigungseid 254
Reinoldigilde 75, 283
Rektoren 108, 126, 136
Rentenkauf 264
Rentenvermögen 264
Residenzstädte 150, 179
Revindikation 182
Revolution 325
Rheinischer Städtebund 302
Richerzeche 75, 126, 285 f., 297
Richter 252
Ritter 266 f.
Rodungsmittelpunkte 178
Roland 296
Romanisierung 23, 31; Römer 31; Römisches Recht 267
Rufnamen 123
Rugsamt 331
Rumeney 285
Rußland 57, 75

Sabbath 278
Sachpfand 261
Sachsenspiegel 232
Salzabbau 62, 146; Salzfuhrleute 139; Salzhandelsstraße 139, 163; Salzquellen 146, 195
scabini 118 ff.
Schiedssprüche 303
Schild 267
Schlüssel der Stadt 324
Schmiede 223
Schöffen 118 ff., 273, 285, 307, 324 f.; Schöffenkolleg 118
Schreinswesen 206, 264, 282
Schulderlässe 280
Schulordnung 339
Schuster 256
Schutz der mercatores 58
Schwabenspiegel 282
Schwur auf Reliquien 341
Schwurbrüderschaft 111, 156, 336

Sachverzeichnis: Allgemeines

Selbstverwaltung 286, 295 ff.
Senat 20, 123
Siebenzahl 312
Siegel 267
Silberabbau 62, 269
Silvani 128, 261
Sippenhilfe 157
Skandinavien 75
Sklavenhandel 22, 57, 72
Slawen 60
Sodmeister 286
Soldner 256
Sondergemeinde 205 ff., 209, 218 f.
Sozialgeschichte 251
Stadtadel 268; Stadtbevölkerung 251; Stadtboten 281; Stadtbuch 323; Stadterweiterung 130 ff., 198 ff., 205 ff., 225 ff. Stadtfreiheit 116; Stadtgemeinde 35, 86, 99 f., 101 ff., 110 ff., 152 f., 295 ff.; Stadtgericht 131; Stadtgeschworene 110, 298; Stadtglocke 104 f., 131, 296, 324, 338; Stadtgründer 128 ff., 235; Stadtkasse 319; Stadtluft macht frei 106 f., 117, 144, 152, 253 f., 295, 338; Stadtmauer 131; Stadtnamen 31; Stadtrat 35, 297 ff.; Stadtrecht 102 f., 108, 332; Stadtrechtsbücher 341; Stadtrechtsfamilien 342; Stadtschöffen 298; Stadtschreiber 340 f.; Stadtsiegel 104, 107 f., 114, 144, 234 ff., 296, 324; Stadttürme 248; Stadtumfang 198; stat 231, 332
Stapelrecht 339
Statuten 303; Statutenbücher 341
Staufer 150 f.
Sterbeabgaben 88; Sterbefall 88, 255
Sterngesellschaft 285
Steuer 20, 28, 30, 106 f., 110, 114, 144, 319; Steuerhoheit 114
Stierkopf 236
Strafrecht 339
Straßennetz 64
Substanzpfand 264
suburbium 55, 101
Sühnegerichtsbarkeit 78, 104 f., 112, 144, 152, 336
Sülzbegüterte 286
Syrer 31

Talmud 280 f.
Territorialpolitik 168
Thora 281
Thronerledigung 278
Tiername 125, 259
Timokratie 330
Tischgemeinschaft 77
Tischgesellschaften 77, 293
Töpfer 22, 223
topographische Namen 258
Torhut 298
Totenkult 77, 284
Tuchhandel 22, 264

Tuchweber 223, 264
ty 207

Übernamen 124, 259
Umschlagsmarkt 87
Unfreiheit 254
Ungarn 60, 75
Ungelt 319, 325
Ungewoinde 112
unio 289
universitas 110, 118
Unternehmerpatriziat 135, 361
urbanus 256
urbs 17, 38, 65, 100
Urkunden, städtische 338
Urteile 303
Urteilsschelte 252, 337

Verbundbrief 330
Verfügungsfreiheit über Liegenschaften 333
Verkaufsstände 264
Vermietung 265
Verordnungen 341
Verpfändungen von Reichsgut 181
Verschwägerungen 267 f.
Verschweigung 117, 295; Verschweigungsfrist 255
Verteidigung 144, 278
Vertretung der Stadt 320
Verwaltungsmittelpunkte 179
Verweisung 106
viculi 207
vicus 17, 20, 54 f., 232
vicus teutonicorum 79
Viertel 330
villa 53, 232
Villicus 258
viri honesti 266
Vogt 265, 324; Vogteien 180; Vogtleute 255, 268
Volksgemeinden 19
Völkerwanderung 25
Vorpatriziat 271
Vorstädte 217

Wachdienste 275
Wahl 310
Währungsgleichungen 320
Wanderkaufleute 57, 74, 99
Wappen 267
Warenhandel 21, 46, 279
Wartrecht 282
Weber 88
Wegegeld 240
Wegenetz 62
Wehr- und Steuerhoheit 114, 316 f., 337
Wehrpflicht 333 f.
Weidegemeinschaften 209
Weinstädte 261
Welfen 139 ff.

Wik 59 ff., 65; Wikbild (Weichbild) 79, 214, 332, 341; Wikgraf (comes vici), Wikvogt 58, 146
Wikinger 50
Willkür 340
wisere 271
Wochenmarkt 83
Wohnung, Wohnsitz 124
Wollengewerbe 255
Wormser Konkordat 86 f.
Wucher 280
Wurzel, aus wilder 150, 164, 177

Zähringerstädte 132 ff.
Zeche 290
Zeugen 314
Zinnbergbau 195
Zins 264, 280
Zinser 255
Zirkelgesellschaft 285
Zivilstadt 9, 25
Zollbefreiungen 80, 334
Zollregel 57
Zugeschworene 313
Zünfte 100, 110, 256, 290, 325 ff.; Zunftverbote 293; Zunftzwang 291
Zuwanderung 89, 116, 257, 274
Zwangsmittel 252
Zweikampf 81
Zwischenhandelsstationen 64
Zwölfzahl 311

SACHVERZEICHNIS
TOPOGRAPHISCHES

Abstand zwischen Mauer und Wall 241
Achsenkreuz 191
Amphitheater 14, 33
antike Städtebauformen 244
Apotheken 258
Aufnahme von Dorfsiedlungen 189
Außentore 248

Basilica 14, 30
Befestigung 104 f., 229 ff.
Berghof 36
Berglage 174
Bernsteinstraße 22
Bischofshöfe 36
Bischofspfalzen 36
Blocksystem 216
Breites Tor 243
Brücken und Kanäle 258
Brückentore 243
Brühl 227
Brunnen und Teiche 258
Burg 165, 186; exzentrisch angelegte 186
Bürgerhaus 115

Canabae 9, 10, 17
cardo 13, 244
civitas = ummauerte Stadt 233; nichtummauerte 233
curia 14

Dämme 258
Decumanus 13, 244
Domburgen 47, 172, 199
domus civium 115
Dorfsiedlung 186
Dorfstraße 190
Dreiecksstadt 198
Dreiecksmärkte 94, 150, 191
Dreitorstädte 246

Eiform 226
Eindeichungen 224
Eintorige Städte 243
Ellipsenstadt 197
Erdbefestigung 12, 47, 101, 142, 155, 39
Erhöhungen 258

Fernstraße 47, 217, 242
Fluchtburg 197
Flußdreieck 225
forum 10, 14
fossa 241 f.
fossatum 233, 241
Frauentore 243
Freiheit 229
Friesentore 243
Fünftorstädte 246

Gassen 258
Gebäude 258
Geburhaus 206
Geschlechtertürme 267
Glockenform der Stadt 13, 198
Grabenbau 101, 241
Grenze, 20-ha 200
Grenze, 400-ha 201
Großburg 168
Grube 227

Halbinselform 174, 243
Halbkreisform der Stadt 197
Handelsstraße 48, 89, 98, 190
Hauptstraße 191, 243
Hauptverkehrsstraßen 219
Häuser 267; Häuserblock 265
Hellweg 47
Hochlage 186
Hofstätte 138
Holz 12, 49, 243; Holzbefestigung 47, 146; Holzmarkt 224
Hügellage 229

Innenausbau 226
Innentore 248
Inselstädte 174
Insulae 13

Judensiedlung 281

Kanalisationsanlagen 16, 33
Kaufmannssiedlung 43, 46
Keilformmarkt 94
Kietze 224
Kirchentürme 249

Klosterburgen 47
Kohlenmarkt 224
Königsburg 46
Königshöfe 36, 47
Kreisförmige Stadt 197

Landseite 225
Längsstraßen 193

Markt, exzentrischer 190 f.; quadratischer 190 f.; Marktbuden 142, 258; Marktgassen 290; Marktplatz 98, 190; marktzentraler Stadtaufbau 97, 193 f.
Marschreihensiedlung 224
Mauern 114, 153, 198; Mauerbau 239; Mauerphasen 237; Mauersteine 238; Mauertürme 249; Niederreißung der Mauern 106, 114

Nebenforen 14
Neues Tor 243

Ostentore 243

Palisadenbefestigung 47, 101; Palisadenzaun 230
Parallelstraßen 96
Pfalzen 34, 36
Pferdemärkte 223
Pforten 243
platea iudaeorum 281
Porta Decumana 13, 248; porta iudaeorum 278; Porta Praetoria 13
portus 48, 55

Rechtecksmarkt 90, 95, 191, 216
Rechtecksstadt 12, 90, 197
Ringe um den Stadtkern 225
Römermauern 235
Roßmarkt 223
Rote Tore 243
Rundform der Stadt 194
Rundlinge 47

Sacellum 33
Salztor 243
Sand 227, 258
Sechstorstädte 247
Siedlungskern 184

Sondergemeinden 114
Sperrplanken 213
Spitaltore 243
Spitzform der Vorstädte 219
Stadtbefestigungen 229 ff; Stadtgrundrisse 12, 47; Stadtkern 247; Stadtmauer 16, 33, 103 f., 107 f., 186, 229 ff.; Stadtraum 189; Stadtteile 258; Stadttore 242
Stein 68, 243; Steinbrücke 221 f.
Straßen 33; Straßenkreuz 92, 95, 138, 216, 244; Straßenmarktanlagen 90 f., 98, 146, 150, 191; Straßenverbreiterung 90
suburbium 55
Sumpf 227

Tempel 33; Tempelstadt 14, 347
Theater 14, 33
Thermen 14
topographische Namen 258
Tor 155, 229, 242 f.; Tortürme 249
Trapezform der Stadt 13, 198
Türme 234, 249

Ufer 225
ummauerte oppida 233 f.
Ummauerung 16, 68, 229 ff.

Vallum 241
Vereinigung mehrerer Siedlungskerne 247
Vertiefungen 258
via principalis 13
Viertorstädte 243
Vorsiedlung 138, 165

Wall und Graben 101, 241 ff.
Wasserbau 224; Wasserleitungen 16, 33; Wasserschutz 186; Wassertore 243
Weichhäuser 249
Weingärten 352
Westentore 243
Wik 67, 158
Wüsten 227

Zaunbefestigung 229
Zinnen 234
Zirkus 14
Zollstätten 45, 61
Zweitortyp 243

PERSONENVERZEICHNIS

Adam von Bremen 366
Adalbero, Erzb. von Trier 107, 114
Adelbert, Erzb. v. Bremen 64
Adolf von Berg 170; Adolf von Mark 408; Adolf von Schauenburg 141, 167; Adolf III. von Schauenburg 147, 304; Adolf IV. von Schauenburg 171, 303 f.
Agathias 28
Agrippa, Marcus Visanius 5
Agrippina 6, 11
Albrecht I., Deutscher König 251, 309; Albrecht der Bär 93, 96, 149, 200; Albrecht, Herzog von Braunschweig 214
Alpert von Metz 74 ff.
Amelricus filius Sigfridi Coloniensis 123
Ammianus Marcellinus 345
Anno, Erzb. von Köln 281
Arbogast, Gaugraf von Trier 36
Arnold von Lübeck 142, 150
Anskar, Erzb. von Hamburg 360
Arnulf von Kärnten 60
Augustus 5, 11, 12, 13, 16

Balderich, Bischof von Utrecht 66
Bernhard II. von der Lippe 92, 146, 230
Berthold II. von Zähringen 132 f.; Berthold III. von Zähringen 134
Rudolf Brun, Bürgermeister 324
Bruno, Erzb. von Köln 67; Bruno von Thankwarderode 55
Brutus 10
Burchard, Bischof von Worms 69, 87 f.

Caracalla 8, 11, 19
Cäsar 5, 12
Chilperich 30
Chlodwig 29, 71
Claudius 6, 11, 12, 18, 19
Constantius 8

Dagobert I. 36, 37
Dietmarus, urbanus aus Worms 123
Diokletian 8
Domitian 12, 19
Drusus 5

Eberwin, Frankfurter Schultheiß 256
Editha, Gemahlin Otto I. 67

Engelbert I. von Berg 169; Engelbert I. von Köln 345
Erich, Dänenkönig 157
Eugippius 350

Fastrada, Gemahlin Karl d. Gr. 53
Fredegar 31
Friedrich I. 86, 92, 113, 114, 117, 150, 168, 300; Friedrich II. 130 f., 225; Friedrich von Bühren 151; Friedrich II. von Österreich (der Streitbare) 252, 339
Fulchar von Lüttich 359

Gerhard II., Bischof von Cambrai 102; Gerhard, Graf von Jülich 170
Gero, Erzb. von Magdeburg 69
Gottschalk, Obotrit 141
Gratian (367—383) 14
Gregor VII. 86 ff.; Gregor von Tours 30, 31, 350

Hadrian 8, 11, 19
Hartmann von Kiburg 138
Hatto, Erzb. von Mainz 43
Heinrich I. 62, 75; Heinrich II. 62, 75; Heinrich III. 65, 67, 74, 85 f., 98 f., 225; Heinrich IV. 87 f., 98 f., 103 f.; Heinrich V. 88 f., 108 f., 117, 130 f.; Heinrich VI. 86 f., 108 f., 114, 120, 155; Heinrich VII. 305; Heinrich III. von Arberg 390; Heinrich II. von Bayern 237; Heinrich, Herzog von Braunschweig 214; Heinrich, Pfalzgraf von Braunschweig 171; Heinrich I. von England 389; Heinrich Jasomirgott 150, 179; Heinrich der Löwe 50, 94, 97 f., 118, 139 ff., 156, 169, 231; Heinrich I. von Molenark 169; Heinrich von Namur 107; Heinrich der Stolze 153; Heinrich, Landgraf von Thüringen 216; Heinrich von Wollenberg 322
Helmold 141
Hermann Billung 62, 66, 71
Hillin, Erzb. von Trier 107
Hugo, Châtelain des Bischofs von Cambrai 102

Innozenz III. 280
Isidor von Sevilla 348

Johannes, Brünner Stadtschreiber 34(
Julian Apostata 8

Kargil, Regensburger Geschlecht 127
Karl d. Gr. 31, 37, 39 ff., 44 ff., 49, 50, 52, 54 f., 60, 71; Karl IV. 276; Karl V. 331; Karl Martell 44
Konrad I. 62; Konrad II. 62, 80, 134, 149; Konrad III. 131 f., 150; Konrad IV. 181, 278; Konrad I. von Hochstaden 169; Konrad II. von Schlesien 216; Konrad von Zähringen 134, 139
Konstantin d. Gr. 8, 14, 29, 220
Kuno von Minzenberg 221

Lampert von Hersfeld 99, 102
Leo IX. 85
Leopold V. 150, 193; Leopold VI., der Glorreiche 150, 237
Lietbert, Bischof von Cambrai 102
Lothar III. 108, 114, 117, 156
Ludwig der Bayer 181, 330; Ludwig der Fromme 37, 49, 52; Ludwig III., Landgraf von Thüringen 97; Ludwig von Savoyen 484
Lullus, Erzb. von Mainz 43

Magnus Hakonarson 406
Marc Aurel 8, 16
Marquart I., Abt von Fulda 156
Maternus, Bischof von Köln 29

Niketius, Bischof von Trier 30, 37
Notger, Bischof von Lüttich 69
Notker der Deutsche 332

Otakar I. 176, 309
Otto I. (d. Gr.) 60, 62, 64, 67, 71 ff., 85 ff.; Otto II. 62, 66 f., 75; Otto III. 62, 65 f., 73 f., 86; Otto IV. 139, 168; Otto d. Kind 139, 145, 305; Otto der Reiche 97, 148
Ottokar, nach 826 Markgraf der Ostmark 37

Philipp von Heinsberg 169, 230; Philipp, Erzb. von Köln 104; Philipp von Elsaß 298; Philipp von Schwaben 108, 168

Pilgrim, Bischof von Passau 237
Pippin 40 f., 48
Pirkheimer, Hans 265

Race 141
Reinald von Dassel 126, 169, 301
Richard Löwenherz 150
Roger von Terno 321
Rudolf I. 139, 181, 308; Rudolf IV. von Österreich 294; Rudolf von Rheinfelden 99
Rüdiger, Bischof von Speyer 69, 237, 281
Ruprecht, Pfalzgraf bei Rhein 212, 216

Salvian von Marssilia 350
Samo 25
Segestes 345
Septimius Severus 8, 21
Severinus, Hl. 24
Siegfried III., Erzb. von Mainz 303; Siegfried von Westerburg 169
Sigebodo, urbanus aus Worms 123
Sobieslaw II. 157
Svend, Dänenkönig 141

Tacitus 3
Thankward von Thankwarderode 55
Theoderich d. Gr. 25, 44
Theophanu 86
Thietmar von Merseburg 102
Tiberius 5, 6, 12
Trajan 8, 9, 12, 18, 19

Ulpian 348

Valentinian 14
Vespasian 9, 11, 12

Welf VI. 156
Wenzel I. 176, 280, 309; Wenzel II. 177
Wichmann, Erzb. von Magdeburg 97, 110, 216; Wichmann von Naumburg 334
Widukind von Corvey 75
Wilhelm von Holland 305
Willigis, Erzb. von Mainz 63
Wirad von Boizenburg 147
Wratislaw II. 157